杨开忠 ◎ 主编

北京大学规划文选（1914–2013）

向上的精神

THE SPIRIT OF STRIVING FOR PROGRESS

北京大学出版社
PEKING UNIVERSITY PRESS

图书在版编目(CIP)数据

向上的精神:北京大学规划文选:1914—2013/杨开忠主编. —北京:北京大学出版社,2014.5
ISBN 978-7-301-22162-4

Ⅰ.①向… Ⅱ.①杨… Ⅲ.①北京大学-教育规划-1914~2013-文集
Ⅳ.①G649.281-53

中国版本图书馆 CIP 数据核字(2014)第 061604 号

书　　　名:	向上的精神——北京大学规划文选(1914—2013)
著作责任者:	杨开忠　主编
责 任 编 辑:	陈　健
标 准 书 号:	ISBN 978-7-301-22162-4/G·3801
出 版 发 行:	北京大学出版社
地　　　址:	北京市海淀区成府路205号　100871
网　　　址:	http://www.pup.cn
新 浪 微 博:	@北京大学出版社
电 子 信 箱:	zpup@pup.cn
电　　　话:	邮购部 62752015　发行部 62750672　编辑部 62752032
	出版部 62754962
印　刷　者:	北京中科印刷有限公司
经　销　者:	新华书店
	787 毫米×1092 毫米　16 开本　46 印张　1148 千字
	2014 年 5 月第 1 版　2014 年 5 月第 1 次印刷
定　　　价:	150.00 元

未经许可,不得以任何方式复制或抄袭本书之部分或全部内容。
版权所有,侵权必究
举报电话: 010-62752024　电子信箱: fd@pup.pku.edu.cn

编委会名单

顾　　问：王学珍　周其凤　王义遒　迟惠生

主　　编：杨开忠

编　　委（以姓氏笔画为序）：

马建钧　尹玉新　吕　斌　朱　强　孙　华
李宇宁　李晓明　李海峰　李　猛　李　强
李　鹰　杨仲昭　肖　渊　吴朝东　羌　笛
张存群　岳庆平　周春燕　孟庆跃　莫元彬
夏红卫　唐伽拉　黄达武　龚旗煌　薛　领

执行编辑：谢广宽

向上的精神（代序）

　　大学精神是大学的灵魂，大学规划体现大学精神。大学精神随时间而演化和丰富，但在这种演化和丰富中却有不变的基因，这些基因弥漫于大学规划的行动和文本。

　　一百多年以来，随着社会变迁、领导更替和自身发展，北京大学精神一直在不断丰富和发展。在救亡图存的维新运动中，梁启超为京师大学堂确立了"中西并重、观其会通、无得偏废"的办学理念。民国初立，首任校长严复强调北大要成为"一国学业之中心点"，要"兼收并蓄，广纳众流，以成其大"。被尊称为"北大之父"的蔡元培先生，树立了六项北大精神，即高尚纯洁、兼容并包、合作互助、发扬蹈厉、独立自由、实事求是的精神，令"思想自由、兼容并包"成为北京大学精神符号。中兴北大的蒋梦麟校长从组织治理的角度提出了"校长负责、教授治学、学生求学、职员治事"的方针。作为思想家，胡适校长强调了"学术独立"、大学"自由"与"自治"等理念；作为一名学者，马寅初在五十年代人口论批评中单枪匹马捍卫真理和学术尊严，用自己的行动诠释了北大的"牺牲主义"精神；在激进思想、革命浪潮席卷全球的二十世纪六七十年代，北大坚持了"红透专深、服务人民"办学的方针，学校在政治运动环境下艰难办学、曲折前进；在思想解放、理想高扬的八十年代，北大总结出了"加强基础，淡化专业，因材施教，分流培养"的十六字教改方针，提出了"勤奋、严谨、求实、创新"的学风要求，影响了全国高校的发展；在市场大潮汹涌澎湃的九十年代，北大提出了"面向社会，适应市场，发扬优势，增强活力，办出特色"的改革思路，澄清了学校与社会和市场的关系，树立了"创建世界一流大学"的宏伟目标；跨入二十一世纪，北大倡导"追求真理、追求卓越、培养人才、繁荣学术、服务人民、造福社会"的办学理念，提出了"学术自由，大学自主；师生治学、民主管理；使命自觉，创新驱动；人文关怀、文化引领；精耕本土，融会全球"的发展原则。

　　尽管北京大学理念和精神随着社会变迁和领导更替不断变化，但变化中一直保留着不变的基因。就我个人看来，这不变的基因就是"与真理为友、以自由为魂"的不断"向上的精神"。正如鲁迅先生所说的，"北大是常为新的，改进的运动的先锋，要使中国向着好的，往上的道路走"，在发展中虽然经历了一些曲折，但"那向上的精神还是始终一贯，不见得弛懈"。无论是风平浪静还是波涛汹涌，北京大学始终力争上游、奋发图强，争取把北大办得越来越好，使中国发展得越来越好。

　　这种向上的精神源于强烈的使命感和责任感。北京大学诞生在甲午战后救亡图存的维新运动之中，承接了古圣先贤修齐治平的理想，先忧后乐的情怀，"为天地立心，为生民立命，为往圣继绝学，为万世开太平"的气度，形成了"以天下为己任"的强烈责任感、"虽千万人吾往矣"的担当意识和"服务于国家社会，不顾一己之私利，勇敢直前"的"牺牲主义"精神。正是这种强烈的使命感和责任感，使得北大师生为了使中国向上发展，在历史的关键时刻迸发出"拒俄运动""五四运动""一二·九运动"等一系列的爱国壮举，深深影响了现代中国发展的历史。也正是基于这种责任感和使命感，北京大学在发展规划中也时刻将学校的命运与国家和民族的命运紧密相连,根据国家发展的需要不断提出新的发展思路,为中华民族的复兴培养人才、创造新知。早在1914年制定的《北京大学计划书》即直陈"大学之发达与否与国家之盛衰强弱有极大之关系",将北大的发展与国家的复兴联系起来。数十年后,北京大学一系列"创建世界一流大学"规划的制定,更是着眼于国家竞争力的提升和中华民族复兴来筹划学校的发展。

向上的精神在学术中体现为一种追求真理、学术至上的科学精神。蔡元培认为"大学者,研究高深学问者也",严复倡言学术的真谛即在于"黜伪而崇真",李大钊提出"只有学术上的发展,值得做大学的纪念。只有学术上的建树,值得'北京大学万万岁'的欢呼"。陈独秀在五四新文化运动中欢呼"赛先生"的到来,大力提倡科学精神。北大在致力于科学研究的同时,为中国的启蒙运动作出了重大贡献。在规划工作中,北大也始终坚持以教学科研为中心,将推动学术发展作为本校的核心目标,在规划方法上也非常注意吸收规划制定的先进理念和方法,不断提高规划制定的科学性。

向上的精神在北大促成了自由、包容、开放的学术传统。正如蒋梦麟所言"研究学术而有所顾忌,则真理不明",学术的发展离不开学者的自由探索,北大在长期的发展中形成了自由、宽容、开放的学术传统。京师大学堂确立的"中西并重、观其会通"、严复倡导的"兼收并蓄,广纳众流"孕育了包容开放的理念,蔡元培的"思想自由、兼容并包"正式确立了这种传统,西南联大"同无妨异、异不害同"的原则和燕京大学"以真理得自由而服务"的精神也为北大自由宽容的学术文化传统增添了新的元素。在这种宽松自由的环境下,北大的规划工作更加重视通过自由讨论形成共识,通过分析说理来引导学校发展,规划文本中数字化的指标和指令性的语言相对较少。例如,在《国立北京大学法律学系计划书》中,每一条下面都详细阐述了规划提出的理由。这也使得北大的规划更具有思想性,不同时期的规划成为研究中国教育思想史的宝贵资料。

向上的精神,也体现为"大学自治,教授治校"民主治理原则。蔡元培先生1912年作为教育总长,在其主持制定的《大学令》中规定大学设立评议会,最早将"教授治学"的理念引入中国;1917年他在改革北大的改革过程中,正式确立了以教授为中心的大学治理结构;上世纪二十年代他大力倡导教育独立、大学自治,为中国高校的民主治理播下了希望的种子。五四新文化运动时期,陈独秀对"德先生"的提倡,为中国民主意识的普及和启蒙运动的发展起到了思想先锋的作用。近年来,北大在制度建设中响应中央号召,继承老北大传统,不断探索和完善"师生治学"的方式,逐步构建现代大学制度。秉承民主治理的原则,北大规划坚持倡导"参与式规划"的理念和原则,动员群众参与,倾听师生意见,不断提高规划制定的民主性和参与程度。如,在《北京大学发展战略纲要2008》制定过程中,学校曾组织40多场座谈会,广泛听取教师、学生、管理人员、服务人员、校友、用人单位等不同利益群体的意见,有600多人直接在会议上发表了自己的见解,部分未能参会的人通过信函、电子邮件等方式向学校提供了意见和建议,通过多种形式的参与来共商北大发展、共谋北大前程。

规划是一种行动。规划的过程也就是协调利益、凝聚共识、动员资源、鼓舞士气的过程,反映出一个学校的精气神。规划也是一种文本。不同时期的规划文本,反映了学校对当时发展状态、自身定位、发展目标和对周围环境变化的认识及其将要采取的措施。从这些历史文献中可以看到一个学校不断成长的历程。各时期的规划凝结着当时全校师生的心血和智慧,他们的思考对今后规划的制定具有重要的参考价值。为了挖掘这些文献的价值,为中国高校领导者和规划工作者提供参考,我们从档案中梳理出了北大历史上不同时期产生的规划文本,选取具有代表性的三十余件辑录成册,分上下两编付梓出版。这三十多个规划文献中,既有综合性的规划,也有专项规划;既有侧重论述学科发展、人才培养、科学研究、队伍建设等事业规划,也有侧重实体建筑、空间布局的校园规划。为此,我们在上编主要收录学科建设与事业规划方面的内容,下编侧重收录校园建设和空间规划的相关文档。上下编内容由近及远依次追溯。

高校的发展规划,是教育部要求推进信息公开的重要项目,本书的出版也是北大推进信息公开、积极响应社会问责的一项探索。现在国内还没有一本专门汇集各高校不同时期规划文档的类似出版物,北京大学率先将自己各时期的规划出版公开,可谓开中国高校规划风气之先,希望本书的出版能为北大和兄弟院校的规划工作者提供参考,为从事北京大学校史研究和中国高等教育研究的研究者提供宝贵的史料。

需要说明的是,由于人们认识能力的局限和时代背景的影响,书中收录的一些规划文本,特别是"大跃进""文革"时期制定的规划,从指导思想到具体措施都包含了不少错误的观点。为了全面、准确、客观地反映历史面貌,我们未做改动。在阅读过程中,需要我们用辩证的、历史的、批判的眼光来看待这些内容。

在本书编纂过程中,我们得到了王学珍、王义遒、迟惠生、羌笛、王希祜等参与相关规划制定的老领导、老同志的支持,得到了北京大学医学部、985/211办公室、国际合作部、信息化建设办公室、图书馆等单位和部门的大力协助,岳庆平、李强、倪斌等曾在发展规划部工作过的同事也提供了宝贵建议,发展规划部的各位同事提供了多方面的支持,在此一并致谢。由于我们亦是第一次出版这样的资料汇编,经验不足,不当之处还请方家指正。

杨开忠
2013年12月

目 录

上编　学科建设与事业规划专辑

北京大学"十二五"改革和发展规划纲要 ··· 3
公共卫生与预防医学学科发展规划 ··· 28
北京大学基础医学学科发展规划(2010—2020) ·· 34
北京大学文献信息资源体系中长期发展规划纲要(2010—2020) ··················· 42
北京大学"985 工程"(2010—2020)总体规划 ·· 49
北京大学发展战略纲要 2008 ··· 120
北京大学创建世界一流大学中长期发展规划纲要(征求意见稿) ··················· 129
北京大学信息化建设规划纲要(2006—2015 年) ······································ 147
  附件 1　北京大学信息化建设规划及实施方案(2006—2015 年)
     ——基础设施建设部分 ·· 157
  附件 2　北京大学信息化建设规划及实施方案(2006—2015 年)
     ——教学部分 ·· 166
  附件 3　北京大学信息化建设规划及实施方案(2006—2015 年)
     ——科研部分 ·· 170
  附件 4　北京大学信息化建设规划及实施方案(2006—2015 年)
     ——电子校务部分 ··· 175
  附件 5　北京大学信息化建设规划及实施方案(2006—2015 年)
     ——信息资源部分 ··· 181
  附件 6　北京大学信息化建设规划及实施方案(2006—2015 年)
     ——形象建设部分 ··· 189
  附件 7　国内外高校校园信息化建设情况简介 ································ 194
北京大学全球战略：全球化背景下的研究与教育(2006—2010) ·················· 199
北京大学创建世界一流大学规划(2003 年—2005 年) ······························· 204
  附件 1　北京大学计划建设的重点学科 ·· 235
  附件 2　北京大学理科学科建设标志性成果 ·································· 237
  附件 3　北京大学文科学科建设标志性成果 ·································· 243
  附件 4　北京大学医学学科建设标志性成果 ·································· 245
北京大学"十五"学科建设规划 ··· 247

北京大学创建世界一流大学规划(2001年修订) ……………………………………………… 253
 附件1 北京大学学科规划 ………………………………………………………… 269
 附件2 北京大学事业规划 ………………………………………………………… 279
 附件3 北京大学校园建设规划 …………………………………………………… 284
北京大学医学部创建世界一流规划 …………………………………………………………… 312
北京大学创建世界一流大学规划 ……………………………………………………………… 322
 附录1 北京大学队伍建设规划(略) ……………………………………………… 334
 附录2 北京大学学科建设规划 …………………………………………………… 334
 附录3 北京大学基础设施建设规划 ……………………………………………… 340
 附录4 北京大学科学园发展规划 ………………………………………………… 346
北京大学"211工程"建设规划 ………………………………………………………………… 350
北京大学改革与发展纲要 ……………………………………………………………………… 394
 关于《北京大学改革和发展纲要》的几点说明
  ——在中共北京大学第九次代表大会上的讲话 ………………………………… 407
关于北大学科建设的意见 ……………………………………………………………………… 418
北京大学"七五"事业发展规划纲要 …………………………………………………………… 427
 附：中国共产党北京大学第八次代表大会关于《北京大学"七五"事业发展规划纲要》的
  决议 ……………………………………………………………………………………… 436
北京大学文科科学研究规划(草稿)(1978年—1985年) ……………………………………… 437
北京大学一九七三至一九八〇年规划(草案)说明 …………………………………………… 450
北京大学跃进规划纲要(修正草案)(1958—1962) …………………………………………… 455
北京大学五年计划提纲 ………………………………………………………………………… 462
 关于制订五年计划工作的几点认识 ……………………………………………………… 467
 关于制订五年计划的通知 ………………………………………………………………… 469
争取学术独立的十年计划 ……………………………………………………………………… 471
中华民国三十五年度国立北京大学工作计划 ………………………………………………… 474
北京大学史学系五年计划 ……………………………………………………………………… 476
国立北京大学法律学系计划书 ………………………………………………………………… 478
发展北大计划书草案 …………………………………………………………………………… 482
北京大学计划书 ………………………………………………………………………………… 488
附录：北京大学章程(草稿) …………………………………………………………………… 493
 附：关于"北京大学章程草稿"的说明 …………………………………………………… 505

下编 校园建设与空间规划专辑

北京大学"十二五"基本建设规划 ……………………………………………………………… 509
北京大学海淀校区文物保护规划
 ——未名湖燕园建筑文物保护总体规划说明 ………………………………………… 538
 附录1 未名湖周边清代赐园基本情况 …………………………………………… 596

北京大学海淀校区总体规划项目交通影响评价报告 …………………………………… 605
北京大学海淀本部校区总体规划（2004—2014） …………………………………… 623
北京大学海淀校区总体改扩建规划 …………………………………………………… 644
北京大学总体计划任务书 ……………………………………………………………… 666
北京大学规划说明书 …………………………………………………………………… 685
关于北京大学的发展规模和五年基本建设计划的报告 ……………………………… 719

上　编
学科建设与事业规划专辑

北京大学"十二五"改革和发展规划纲要

  2010年12月,教育部直属高校"十二五"规划工作会议下发了《教育部办公厅关于推进直属高校改革和发展"十二五"规划制定工作的意见》,要求各直属高校制定"十二五"规划并报教育部备案。2010年12月28日,北京大学党政联席会决定启动北京大学"十二五"规划制定工作。学校成立了以书记、校长为组长的规划编制领导小组、以杨开忠秘书长为组长的规划编制工作小组和以杨开忠秘书长为组长、以发展规划部为依托的规划编制起草小组。编制组坚持科学、民主、依法的编制原则,坚持将顶层设计与专题突破相结合,开展了有关学科分析、队伍建设、人才培养、现代大学制度建设等专题研究,对北京大学"十二五"时期整体战略规划进行了设计。为了提高规划制定的科学性,规划编制起草小组曾多次与教育学院的相关学者进行座谈,征求专家意见;与汤森路透、爱思维尔数据公司、北京大学图书馆合作进行我校学科发展SWOT分析,完成了"十二五"规划纲要学科发展支撑报告。为了提高规划制定的参与性,编制人员在全校范围内组织了学生代表座谈会、教师代表座谈会、校职能部门座谈会、院系负责人座谈会、医学部座谈会;发展规划部还开通了"十二五"规划征求意见网站,陆续收到共约两万字的各种意见建议。规划编制起草小组在规划制定工作中充分吸收学生、教师和各部门意见,经过反复修改,形成了《北京大学"十二五"改革和发展规划纲要》,并于2011年12月27日由学校党政联席会审议通过。2012年6月根据北京大学第12次党代会精神修改后正式定稿,并在发展规划部网站和《北京大学校刊》上公布。这份规划内容丰富、语言精练、图文并茂、形式活泼,前瞻性和可操作性强,得到了教育部领导的高度评价,对中国高校的规划制定起到了引领作用。本书收录的是2012年6月修改编制的文本。主要编纂人员如下:

规划编制工作领导小组

组 长:朱善璐 周其凤
副组长:张 彦 吴志攀 柯 杨 王恩哥
成 员:杨 河 于鸿君 敖英芳 叶静漪 鞠传进 刘 伟 李岩松 海 闻 高 松
     杨开忠 闫 敏 陈十一

编制起草工作小组

组 长:杨开忠
副组长:闫 敏 李晓明 张宝岭 邓 娅 程 旭 马化祥 关海庭 杨忠昭 李 鹰
成 员(以姓氏笔画为序):
    王仰麟 王 雷 方新贵 刘旭东 刘 波 衣学磊 安国江 阮 草 孙 丽
    李 强 张西峰 张新祥 陈东敏 陈宝剑 周 辉 柳军飞 侯建军 莫元彬
    夏文斌 夏红卫 郭 海 黄桂田 蒋宗凤 蒋朗朗 薛 领

编制起草秘书办公室

主　　任：杨开忠
常务副主任：薛　领
副主任（以姓氏笔画为序）：
　　　　吕　斌　孙　华　李　猛　张存群　周春燕
成　　员：夏旭东　谢广宽　陈　丹　唐伽拉　胡少诚　佟　萌　原　帅　杨　超

第一篇　基本形势

自"985"工程实施以来，我校创建世界一流大学经历了"九五"的准备期、"十五"的起跑期，以及"十一五"的加快期，迎来了至为关键的"十二五"时期。我校改革与发展面临新的形势。

一、更加坚实的新基础

（一）学科建设迈上新台阶

学科基地地位继续巩固和加强。截至2010年底，我校共有国家一级重点学科18个，国家二级重点学科25个，国家重点（培育）学科3个，在国内高校名列前茅。

表1　北京大学重点学科建设情况（截至2010年底）

重点学科	数量（个）
国家一级重点学科	18
国家二级重点学科	25
国家重点（培育）学科	3
北京市一级重点学科	3
北京市二级重点学科	10
北京市重点交叉学科	2
国家基础科学研究与教学人才培养基地	21
国家人文社科重点研究基地	13

学科基本跨入全球先进行列。据基本科学指标数据库（ESI）显示，我校进入全球前1%的学科由2006年的9个增加到2011年的17个，全国领先并接近世界一流大学水准。其中，化学与材料科学2个学科进入全球前0.1%，物理学、临床医学、工程学、地球科学、数学5个学科进入全球前0.25%，经济学与商学、精神病学与心理学是中国大陆唯一进入全球前1%的学科。

表2　北京大学入选全球前1%学科在内地高校入选机构中的地位

学科名称	北京大学排名	内地入选前1%的机构数量	排名首位的内地高校
精神病学与心理学	1	1	北京大学
经济学与商学	1	1	北京大学
化学	1	68	北京大学
数学	1	15	北京大学

(续表)

学科名称	北京大学排名	内地入选前1%的机构数量	排名首位的内地高校
药学与毒理学	1	11	北京大学
生物与生物化学	1	12	北京大学
一般社会科学	1	5	北京大学
神经与行为科学	1	3	北京大学
临床医学	2	40	上海交通大学
地球科学	2	19	中国地质大学
环境与生态学	2	11	浙江大学
分子生物学与遗传学	2	4	复旦大学
物理学	3	31	中国科技大学
计算机科学	4	23	清华大学
植物学与动物学	5	25	浙江大学
材料科学	8	45	清华大学
工程学	8	62	清华大学

资料来源：ESI 数据库

新体制机构成为学科发展新的增长点。 自 2004 年以来，我校采取接轨世界一流大学的新体制组建学术特区，先后成立了分子医学研究所、中国社会科学调查中心、北京大学—清华大学生命科学联合研究中心、国际量子材料科学中心等一批新体制单位。其中，高能效计算与应用中心、统计科学中心、定量生物学中心和合成与功能生物分子中心等一批机构创新性地采用了有利于资源共享、协同创新的"内设外用"管理模式。新体制机构已经成为我校吸引全球高端人才、承担国家重大项目、产生高水平科学成果、培养高端创新人才的新学科增长点。

（二）人才培养开创新局面

本科生教育改革进展显著。 元培学院的成立、北大特色通识教育课程体系建设、教育教学一体化的医学课程体系改革，以及"北京大学基础学科专业人才培养试验计划"的全面启动，标志着我校本科教育改革进入一个新阶段。"质量工程"实施成效显著。自 2001 年以来，我校共获得了 64 项国家教学成果奖（其中"北京大学数学人才培养基地建设"获 2001 年国家教学成果特等奖，"构建以素质教育为取向的跨学科通选课体系"和"从实验班到元培学院——北京大学本科培养模式和管理体制改革"分别获 2005 年和 2009 年国家教学成果一等奖）。截至 2010 年底，我校拥有国家级人才基地 21 个、国家级教学名师 16 名、国家级教学团队 14 个、国家级实验教学示范中心 8 个、国家级精品课程 90 门，其数量均居全国高校前列。

研究生教育水平稳步提高。 近五年来，我校积极探索专业学位研究生教育发展的新途径，形成了学术学位与专业学位协调发展的良好态势；积极探索博士生导师制度改革，实现了博士生导师从固定资格制向"导师申请"和"学生选择"相结合的非固定资格制的转变，优化了人才配置；持续推进研究生教育创新计划，探索跨学科研究生培养与交流合作机制，建立了博士生访学制度。近年来，研究生的培养质量和创新能力稳步提高。据 2010 年统计，当年研究生为第一作者发表 SCI 论文数量约占全校论文总数的 70%，研究生已经成为学校科研创新的重要生力军。应届毕业博士研究生实现了直接获得国外大学教职的突破。

（三）科技研发取得新突破

科研经费占比转折上扬。 2004 年以来，我校科研经费增长迅速，竞争力明显上升，科研经费占国家基金委财政拨款的比例、占全国高校总科研经费的比例呈现出良好的反弹上扬态势。

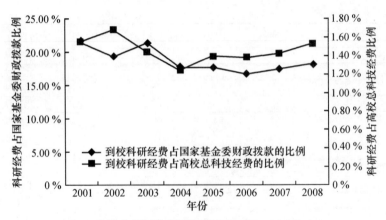

图 1　北京大学到校科研经费占比（2001—2008 年）

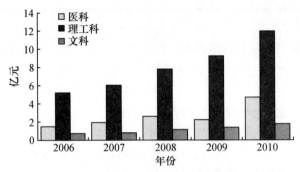

图 2　北京大学到校科研经费（2006—2010 年）

承担国家重大科技项目数迅速增长。近五年来，我校新获批"973"计划项目 19 项，重大科学研究计划项目 14 项，"863"计划重大重点项目课题 28 项。

科研产出成果显著。2000—2010 年间，我校共发表 Science/Nature 文章 50 篇。2010 年，全校发表 SCI 收录论文 4729 篇，其中第一作者文章为 3036 篇，较 2006 年的 1957 篇增长了 55%，论文的平均影响因子也由 2006 年的 2.02 上升到 2010 年的 2.97。过去五年来，我校获得国家自然科学奖 10 项，国家科技进步奖 19 项，国家技术发明奖 7 项，6 项科技成果入选年度"中国高校十大科技进展"。

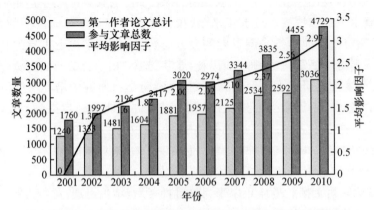

图 3　我校 10 年来 SCI 发表论文数及平均影响因子增长态势

(四) 社会服务实现新发展

社会服务组织化水平显著提升。 与政、产、学、民、媒等合作网络不断完善。2000年以来,与一批中央部门建立了正式合作关系,并与国家发展和改革委员会合作建立了北京大学国家发展研究院。与全国大多数省市建立了正式合作关系,尤其是与北京市、深圳市合作建立了北京大学首都发展研究院、深圳研究生院和深港产学研基地等。有效开展了牵头对口支援石河子大学、西藏大学的工作。与一批国内外大型企业和主流媒体建立了正式合作关系,并合作建立了若干联合研究中心。牵头有效组织了北京新药创制产学研联盟。积极有效地参与了"中关村科技创新和产业化促进中心"即"首都创新资源平台"工作。

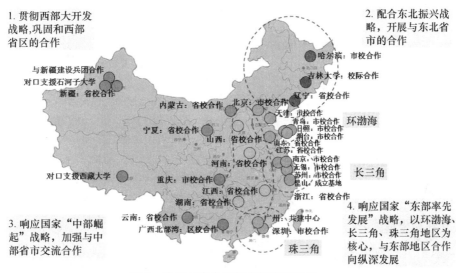

图4 我校国内合作与支援空间格局

高端智囊团、思想库功能有效发挥。 近五年来,我校一批学者专家参与了国家和地方教育、科技、人才和经济社会发展中长期规划研究和起草工作,参与了2008年北京奥运会、医疗卫生改革、应对全球气候变化和国际金融危机等重要政策研究,为国家和地方重大科学决策提供了重要的智力支撑。

高新技术中心功能巩固提高。 近五年来,我校积极承担了"子午工程"等重大科技项目,搭建了北京大学综合性创新药物研究开发技术大平台等一批大型高科技平台。进一步健全了产学研用一体化体制,取得了诸如微处理器、AVS音视频编解码标准、高纯多晶硅生产新技术、智能助残肢体、内窥镜、湿地保护与修复技术、新能源汽车电池等重大关键技术突破。积极参与了中关村国家自主创新示范区建设,成立了产业技术研究院,开展了校办企业股权激励改革试点,完善了科技成果转化机制与知识产权经营管理。

高品质医疗服务中心功能持续增强。 基础更为扎实,截至2011年底,我校拥有了8个附属医院(其中首钢医院和深圳医院为合建),13所教学医院,还筹建了北大国际医院,共建了天津滨海新区医院。规模持续增长,质量稳步提升,临床学科综合优势日益突出。过去四年中,6所附属医院接受门诊2600万人次、急诊221万人次。平均住院日不断缩短,第三医院以6.57天创全国三甲综合医院最短。附属医院均参与了公立医院改革试点。服务中央保健,支援西部和欠发达地区医疗,参与汶川地震、北京奥运、玉树地震等国家应急医疗卫生行动的效能不断加强。

学习型社会基地功能不断提高。近五年来,我校抓住"中央和国家机关司局级干部自主选学基地"建设契机,对接需求,规范培训,打造品牌,为政府、企业、社会团体等大批领军人才提供高端培训和跨国培训,高端化继续教育发展成效显著,承训总量居全国高校之首。另一方面,涌现出了"国子监大讲堂"、平民学校、乾元国学教室等一批特色活动和项目。

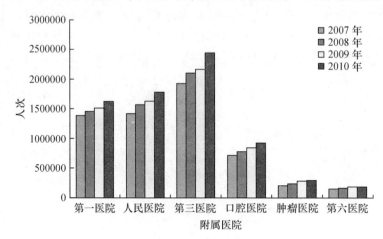

图5　北京大学医学部六所附属医院门诊就诊人次(2007—2010年)

(五) 文化传承创新形成新格局

人文社科发展条件迈上新台阶。近五年来,我校进一步加大了对人文社会科学的支持力度,建成了人文学苑,建立了人文特聘教授和讲席教授制度,成立了高等人文研究院、歌剧研究院、中国画法研究院、文化产业研究院等新的人文社会科学平台,与早稻田大学、莫斯科大学等世界知名大学共同设立的孔子学院达到9所。与地方政府共同搭建了北京论坛、贵阳生态文明会议论坛等交流平台。

文化传承创新影响力不断扩大。近年来,我校争取国家文化传承创新的能力显著增强,参与和承担了中央马克思主义理论研究与建设工程、中华典籍整理、中华文明探源工程、秦汉简牍整理等国家重大工程建设;《中华文明史》《儒藏》等成为中国人文社会科学发展的标志性成果;《五经》等杰出翻译作品引领中国文化"走出去";四项重大历史遗迹考古发掘入选"年度全国十大考古新发现"。近五年来,获资助的国家社科基金重大项目立项16项、教育部哲学社会科学研究重大课题攻关项目立项14项,全国领先。2009年教育部"高等学校科学研究优秀成果奖(人文社会科学)"我校获奖总数及一、二、三等奖数均位列全国第一。

(六) 师资队伍建设达到新高度

师资结构不断优化。教师规模稳中略升,内涵发展不断深化。2005年至2010年,新增教师总数中教授增量占70%,专任教师中副高级以上职称人员所占比例持续上升。年龄结构更趋合理,基本完成了教师队伍的新老更替,中青年学者已成为学校教学科研的中坚力量。学缘结构不断优化,实现了我校教师来源贯通中外的多元化格局。

师资质量显著增强。截至2010年,我校已形成了拥有65名两院院士、30名"千人计划"学者、89名长江学者特聘教授、24名973首席科学家、20名哲学社会科学资深教授以及一批"百人计划"青年学者。具有国际竞争力的高水平师资队伍建设成效显著。

体制创新稳步推进。 近五年来,探索了北京大学特色的事业单位全员聘用制度,在一定范围内试行了教学科研人员"预聘制"即可无固定聘期制(Tenure-track)。探索试行了"讲席教授"和"特聘教授"制度。进一步规范了合同制人员用工管理办法。

(七)国际合作取得新成效

国际交流合作网络显著加强。 近五年来,为适应加快建设世界一流大学和国家对外开放战略需要,我校已与200多个高校和研究机构建立了正式合作关系,合作国家和地区从欧美向亚非拉全面拓展,合作形式从双边合作向多边合作扩展,创建和加入研究型大学国际联盟(International Alliance of Research Universities,IARU),环太平洋大学联盟(Association of Pacific Rim Universities,APRU),东亚研究型大学协会(Association of East Asian Research Universities,AEARU)等多个全球大学联盟。

人才培养国际交流合作进展显著。 近年来,我校依托国际暑期学校计划、博士生联合学位授予试点、硕士生双边学位项目、短期访学以及参加国际会议和双边交换项目等,构建了多渠道、多层次的学生海外学习项目体系。已与日本早稻田大学、美国耶鲁大学等世界一流大学建立起联合本科生培养项目,为本科生及研究生培养营造具有国际视野的多元文化环境。近十年,我校外国留学生规模保持年均8%的增长率,质量稳步提升,结构不断优化,管理服务机制日益完善,来华留学教育的综合效益初步显现。

科学研究国际交流合作迈上新台阶。 科研的国际合作比重显著上升,合作水平处于全国领先地位,国际合作层次不断提高。近年来,与我校合作发表高水平国际科学论文的国家和地区已从20多个扩展到60多个。

图6 近年来我校国际合作机构空间分布

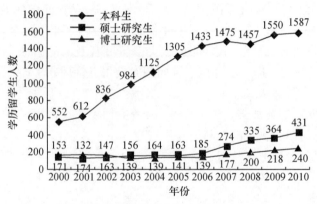

图7 北京大学学历留学生在校人数(2000—2010年)

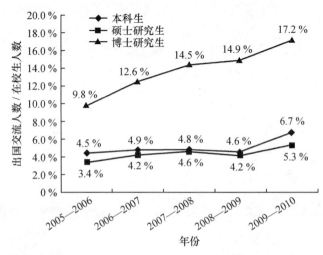

图8 北京大学各类学生参与海外学习的比例(2006—2010年)

(八)校园建设实现新跨越

教学科研空间显著拓展。近五年来,以成府园区、中关园南部、未名湖北部、东南门周边、畅春园东北部、医学部西北区域"一园五区"为重点的校园建设改造取得重大进展,昌平园区由成人教育基地成功转型为学校重要的科研基地。学校产权建筑面积从2000年至2010年增加了110.6万平方米,其中近五年增加了85.6万平方米。2010年生均教学科研建筑面积已达到2005年的2.07倍。

绿色校园建设全面展开。近年来,学校加大绿色校园建设力度,绿色校园文化活力不断提升,2007年新能源利用工作取得重大进展,2010年成功争创住建部、教育部"节约型校园示范单位",并获得林业部、教育部、共青团中央"国家生态文明教育基地"称号。

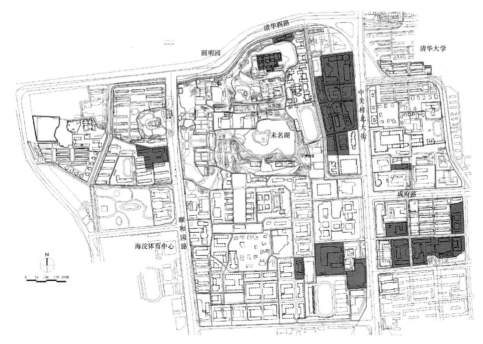

图9　2006—2010年间我校竣工项目

二、至为关键的新阶段

（一）跻身一流的关键期

根据党和国家要求，结合自身实际，我校要力争2018年建校120周年之际率先跻身世界一流大学行列。"十二五"时期是到2018年最后一个完整五年规划期，对于顺利实现目标具有极为关键的意义。

（二）内涵发展的深化期

我校办学规模近年来一直处于相对稳定的状态，但内涵发展的潜力和优势尚未充分发挥，与世界一流大学仍有相当距离。"十二五"时期，我校必须抓住国家加快转变发展方式的战略机遇，坚定不移地稳定规模、优化结构、改进管理、提高质量，不断加快内涵发展步伐，努力实现新的跨越。

（三）深化改革的攻坚期

"十二五"时期是我校改革攻坚期，必须抓住国家着力高等教育改革的战略机遇，发挥国家教育体制改革试点单位的优势，争取先行先试，勇于攻坚克难，成为中国高等教育改革的先锋和典范。

（四）对外开放的提升期

"十二五"时期是我校"请进来""走出去"的提升期，要牢牢把握这一潮头，发挥我国高等教育对外开放的桥头堡作用，切实提高"请进来""走出去"的层次和水平。

三、大有作为的新机遇

(一) 教育改革发展的新机遇

"十二五"时期是全面贯彻落实《国家中长期教育改革和发展规划纲要(2010—2020年)》(以下简称《规划纲要》)第一个完整的五年规划期。教育部正在研究制定《全面提升高等教育质量的意见》《高等学校创新能力提升计划》(简称《2011计划》)。《规划纲要》的深入实施必将从转变发展方式、深化改革、扩大开放、增加教育资源供给和需求等不同方面给我校改革和发展带来新的重大机遇,注入新的强大动力。

(二) 创新发展的新机遇

"十二五"时期是实施《国家中长期科学和技术发展规划纲要(2006—2020年)》的第二个完整五年规划期,国家在继续实施重大科技专项计划的同时,发布并实施《国家重大科技基础设施建设中长期规划(2011—2030年)》《国家战略性新兴产业发展"十二五"规划》《中关村国家自主创新示范区发展规划纲要》。党的十七届六中全会作出了《中共中央关于深化文化体制改革推动社会主义文化大发展大繁荣若干重大问题的决定》。同时,北京市正在实施"人文北京、科技北京、绿色北京"战略,建设国家创新中心。这些建设创新型国家的重大举措将为我校创新发展提供新的多方面的战略机遇。

(三) 人才发展的新机遇

"十二五"是《国家中长期人才发展规划纲要(2010—2020年)》实施和中关村国家自主创新示范区人才特区启动建设的第一个五年规划期,也是北京市实施《首都中长期人才发展规划纲要》,建设世界人才之都的第一个五年规划期。教育部正在组织研究制定《教师队伍建设"十二五"规划》,这为我校实施人才强校战略带来了新的重大机遇。

(四) 对外开放的新机遇

"十二五"是我国加快"走出去",实施"请进来"和"走出去"相结合战略的重大转折期,是中华民族崛起、世界格局变革的重要时期,也是北京全面建设世界城市的第一个完整五年规划期。北京大学是我国教育对外开放的桥头堡和东西方文明交流的重要平台,必将迎来对外开放的历史性机遇。

四、催人奋进的新挑战

(一) 空前激烈的国际竞争

世界正在掀起新一轮高等教育竞争的浪潮,建设世界一流大学,在高等教育资源全球流动和市场全球一体化中赢得竞争优势,成为主要国家和地区的战略选择,各主要大学无不抢抓机遇努力建立自己的全球竞争优势。不进则退,慢进则退。我校在长期发展中已形成了本科教育等一些创建世界一流大学的优势,但在学术研究、研究生教育、国际化水平等方面仍然尚有较大的劣势,面临在空前激烈的竞争中全面提升大学竞争优势的严峻挑战。

(二) 制度创新步入"深水区"

随着跻身世界一流大学进入关键阶段,传统粗放式管理的制约作用日益凸显,已经成为严重影响加快建设世界一流大学进程的关键瓶颈,深化管理体制改革,加快从粗放向集约管理方式转变,提升全面质量管理水平,加速管理的现代化进程迫在眉睫。突破管理瓶颈的关键在于制度深入创新。攻坚克难,推进深层次的制度创新面临在更大、更深的范围和程度上触及根深蒂固的传统利益格局、思想观念和行为方式,是加快创建世界一流大学必须面临的重大挑战。

(三) 资源保障能力紧约束

随着创建世界一流大学工作的深入推进,我校办学资源短缺问题更加突出,已经步入紧约束期,这集中表现在:一是建设用地缺乏,土地空间成为制约建设世界一流大学的瓶颈。二是资金严重短缺。同时,国家不再准许公办高校向银行贷款,中央财政对学校的支持配比于学校获得的社会捐款,社会捐赠相对偏好硬件建设,学校争取社会捐助能力面临考验。

第二篇 战略思路

一、指导思想

以中国特色社会主义理论体系为指导,深入贯彻落实党的教育方针和政策,发扬"爱国、进步、民主、科学"的光荣传统和"勤奋、严谨、求实、创新"的优良学风,勇担使命、追求真理、追求卓越、再立新功,咬定加快创建世界一流大学的目标,以科学办学为主题,以先进文化为引领,以加强党的建设为根本保证,扣住以提升质量为核心的内涵发展主线和以改革创新为动力的"创建"工作主线,抢抓机遇、发挥优势、集成聚焦、开放合作,以更加广阔的视野、更加开放的姿态、更加执著的努力,加快推进创建世界一流大学步伐,进一步巩固提高知识和文化创新、保存、传播中心与领袖人才摇篮的地位和作用,示范引领我国高等教育向中国特色、世界水平迈进,推动我国从高等教育大国向高等教育强国转变,谱写北京大学科学发展、率先发展、创新发展、和谐发展、跨越发展的新篇章。

二、原则与方针

(一) 学术自由,大学自主

蔡元培先生提出的"思想自由、兼容并包",是北大标志性的永恒价值。北大肩负着知识创新和文化引领的使命,加快建设世界一流大学,必须坚持这一价值,并深入挖掘、发展这一价值的当代内涵,正确处理好学术自由、社会责任、科学管理的关系,始终坚持学术自由和社会责任的统一,始终坚持鼓励自由探索与服务国家战略的统一,依法保障研究自由和教学自由,依法保障教师对真理的自由探索和阐释,依法保障学生学习的自由权利;正确处理好大学、政府、社会的关系,始终坚持大学自主、社会协同、政府调控,走大学、政府、社会共同进步之路,依法维护大学的独立性、自主性和法人自治。

(二) 师生治学、民主管理

完善中国特色、北大风格的现代大学制度,加快世界一流大学建设必须坚持党委领导下的校长负责制,继承和创新蒋梦麟先生提出的"教授治学、学生求学、职员治事、校长治校"的传统,以加强师生治学、民主管理为突破口,着力建立健全"党委领导、校长负责、师生治学、职员治事、民主管理"的内部治理体制机制。

（三）使命自觉，创新驱动

加快创建世界一流大学，是应对激烈国际竞争的必然选择，是全民族的重托和广大人民群众的深切期望，每一位北大人都必须深刻认识到自己肩负的责任，倍加自觉、倍加努力地创造无愧于时代的业绩。在当今知识社会、创意社会的背景下，加快世界一流大学建设，必须把创新放在大学发展更加重要的战略地位上来，以科技创新为抓手，制度创新为保障，走使命自觉、创新驱动之路。

（四）人文关怀、文化引领

"文化引领，人文关怀"是北大之所以成其为北大的基本特质和精神基础。敢为天下先、开风气之先，始终坚守与追求进步的、向上的精神是北大立于中国最高学府的基础。在大调整、大变革、大发展的社会转型时代，我校加快建设世界一流大学，必须把"文化引领，人文关怀"贯穿于所有办学、治校活动中，促进人的自由全面发展，造福人民，服务社会。

（五）精耕本土，融会全球

北大始终与国家同呼吸，与民族共命运，与社会共进步。创建世界一流大学要充分发挥这一优势，处理好本土与全球的关系，善用本土资源和需求，融会全球教育要素，发展中国特色，不断提升人才培养、科学研究、社会服务、文化传承创新各项事业的全球影响力和竞争力。

三、基本目标

北京大学"保持中国领先、创建世界一流"分三步走：到2018年建校120周年左右率先跻身世界一流大学行列；到2033年建校135周年左右率先跨入世界一流大学中坚行列；到2048年建校150周年，新中国成立100周年左右率先进入世界一流大学前列。"十二五"时期北京大学要努力全面接近世界一流大学水平，其具体目标如下：

（一）教育质量显著提高

本科生教育率先跻身世界一流大学行列，研究生教育接近世界一流水平。不断为国家培养出具有爱国情怀、国际视野、创新精神和实践能力，在政治、经济、科技、文化各领域能够起到引领作用的一批又一批高素质领袖人才。

（二）自主创新研发能力显著提升

不断取得具有重要影响的原创性科学研究成果，初步实现由跟随型研究向引领型研究转变。科研成果产出质量和全球影响力保持国内领先，并不断提升在国际先进行列中的地位，科学研究水准接近世界一流。

（三）社会服务能力显著提高

决策支持能力显著提高，力争成为具有世界级影响力和竞争力的高端智囊团和思想库。支撑引领中国创造的技术转移能力显著提高，校办产业持续向高端化、国际化转型，初步成为具有国际影响力和竞争力的高新技术中心。继续教育与终身教育显著提升，建设具有全球影响力和竞争力的学习型社会基地。医疗服务能力显著增强，稳固提升医疗服务中心地位。

（四）文化传承创新能力显著提高

更好地支撑、引领中华文化大发展、大繁荣，初步成为具有国际影响力和竞争力的文化传承创新中心。

（五）人才高端化水平显著提高

初步造就具有国际影响力和竞争力的世界级师资队伍。

（六）国际化办学水平显著提高

国际教师比例、国际学生比例、具有海外学习经历的国内学生比例、国际合作论文比例显著提高，留学生质量显著提高，成为深层次、宽领域、全方位的全球化大学。

（七）改革攻坚克难取得重大进展

全面完善与世界一流大学相适应的体制机制，努力形成充满活力的中国特色现代大学制度。

第三篇　主要任务

一、以优质教育培育拔尖人才

（一）强化全面质量管理

强化全员、全过程、全组织的全面质量管理。完善人才培养质量标准，建立健全符合国家标准、具有国际竞争力的人才培养质量标准体系。建立健全人才培养与招生的互反馈机制以及毕业生就业和社会评价对人才培养的反馈机制，不断完善招生制度、高质量生源和人才培养质量控制体系。完善学生评价激励机制，加快建立以过程评价为主的学生评价体系，充分调动学生学习的主动性、积极性和创造性。完善教师评价激励机制，促进教师潜心教学。努力创新人才培养模式，完善人才培养方案，促使本科生和研究生培养过程有机衔接，积极改革课程教学模式，增进师生互动。完善学生管理体制，探索住宿式书院制，推进教学管理与学生管理的一体化。深入实施基础学科拔尖创新人才培养计划，不断优化通识教育课程体系和实践教育体系。继续加强学校体育、卫生与健康教育、艺术教育，促进学生德智体美全面发展。实施创新人才培养综合改革计划，健全教授为本科生授课的基本制度，推进本科生导师制，完善助教制度，进一步推动教学方法的创新。完善以科学研究和创新为主导的研究生导师制度和研究生制度，建立健全竞争性的研究生指标分配制度、博士生入学申请制度和研究生跨学科培养制度，实施研究生海外顶尖学者讲学课程计划、未来大师培养计划，推动专业学位研究生教育综合改革试点工作，大力提升研究生培养质量，打造世界一流研究生质量品牌。

（二）稳定规模，优化结构

在提高质量的前提下，保持全校学生总体规模和本科生、研究生比例基本稳定，优化研究生结构，扩大博士生规模，合理发展专业学位研究生教育；建立动态调整机制，优化学生在学科、专业之间的分布结构。坚持"提高质量、扩大规模、优化结构、趋同管理"的留学生教育方针，依托"留学中国计划"，实施"留学中国北大高峰计划"。与海外知名高校合作举办诸如"中国学"项目的各类高端来华留学项目，完善留学生选拔招录制度，大力提升留学生的招录质量，进一步扩大高素质留学生规模，提高留学生比例，拓展留学生生源国别和地区结构，优化留学生专业学科结构，实现留学生文、理、医、工的协调发展。

（三）多样选择，个性教育

贯彻"因材施教、分流培养"的个性教育方针。在完善元培学院人才培养模式和方案的同时,探索按学科大类招生培养人才,完善多样化人才培养模式和方案。以课程体系建设为重点,加强建设主干基础课、学科大类平台课和通选课,着力提高核心课程的内涵和质量,完善本科核心课程体系,增加专业选修课和全校任选课的比重,深入实施模块化课程教学。实行主辅修和双学位以及灵活的转系、转专业制度。积极推进各种形式的因材施教,鼓励院系实施个性化的因材施教方案。

（四）创新导向,寓教于研

实施创造力培养计划,把"创新、创意、创业"教育贯穿人才培养全过程,加强研究型教学,强化实践教学,提高学生的创新思维能力、批判精神、实践能力和精准表达能力。加强创新、创意、创业课程建设,支持开设讨论课、项目训练、案例教学等课程,丰富互动式的网络课程。加强实验室、实习实训基地建设,进一步完善向学生开放重点实验室、研究基地的制度,强化实验与实践教学体系。创新教学方法,实施"研讨型小班教学"综合配套改革,进一步转变传统的灌输式教学方式方法,深入推进启发式、探究式、讨论式、参与式教学,推广以小班授课、师生互动为特点的课程。鼓励学生广泛参与各类高水平科学研究训练项目、创新性实验计划和创新性学术社团和赛事,举办和开展多种多样的创新、创意、创业活动。实施寓教于研的人才培养计划,鼓励和支持教师及时将最新科学研究成果转化为教学内容。继续加大对学生科研的支持力度,完善研究生参与科学研究的考核和补助制度,鼓励和引导学生进课题组、实验室。鼓励和支持博士生投入原创性科学研究,大力提升博士生创新能力,积极引导博士毕业生到国内外一流学术机构和研发部门从事研究工作。

（五）协同培养,跨界教育

坚持将协同培养、跨界教育纳入学生培养计划,培养学生的广阔视野和博大胸怀,培养学生的跨学科、跨部门、跨国、跨文化交流合作的能力和观察、分析、解决问题的能力。推进学生交换、国际学分互认,加强全英文学位项目、国际学位互授联授项目、海外暑期学校项目、海外暑期科研项目和海外志愿服务制度建设,鼓励和支持学生参与国际国内学术交流,大幅提升学生在读期间出国(境)学习交流比例,力争本科生、研究生有海外培养经历的比例有较大幅度的提高。加强交叉学科学位项目和课程建设,支持以学生为主体的跨学科创新团队建设,进一步鼓励和支持本科生跨学科攻读研究生学位,完善交叉学科研究生培养的制度及评价体系。加强与国家顶尖科研院所协同培养人才的平台建设,不断探索高水平的产学研协同培养人才的体制机制。

二、提升科研全球竞争力

（一）提升品质,优化布局

着力提升品质。着力提高教师的学术成果产出率,提高学术研究的影响力,打造学术精品,涌现一批获得国际国内大奖和同行评价卓越的学术成果。力争20个学科进入ESI全球前1%,各学科在ESI全球前1%的地位全面提升,集中力量确保更多学科进入全球前0.1%（千分之一）、0.01%（万分之一）行列。

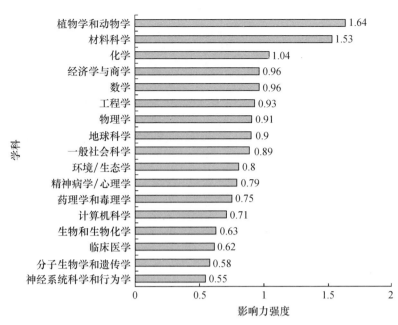

图 10　北京大学进入 ESI 全球前 1% 的 17 个学科的影响力强度

大力优化结构。不断促进数学、物理、化学、地球科学、材料科学、计算机科学、工程学等学科的全球竞争力和影响力的巩固和提高,大力促进生命科学、医学、环境和生态科学、神经科学和行为科学、心理学、空间科学、人文学科、社会科学、经济学和商学全球竞争力和影响力的提升,引领我国学科国际竞争力和影响力转型升级。

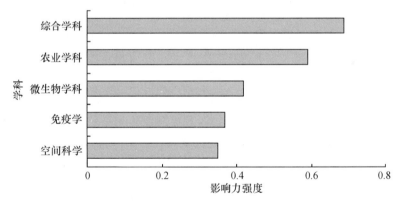

图 11　北京大学尚未进入 ESI 全球前 1% 学科近十年的影响力强度

注:影响力强度计算方式为某学科篇均影响力与世界该学科篇均影响力之比
资料来源:ESI 数据库

(二) 双力驱动,自主创新

借助科学系统自身内动力和社会经济系统外动力的双力驱动,把科学研究自由探索和国家需求导向结合起来,把解决知识结构自身的难题和社会实践中的难题结合起来,实施基础研究特区计划,实施"五十工程计划",大力提升基础研究、应用研究和工程研究的能力,努力突破一批关键的科学、技术和工程问题,产生一批具有首创性、突破性、带动性的重大原始创新成果,加速全面推进从跟随型研究向引领型研究的转变,逐步成为引领国际科学研究与合作的学术中心。

（三）交叉研究,协同创新

实施交叉研究/协同创新计划。瞄准科学前沿和国家发展重大需求,以学科为基础,以改革为重点,以创新能力提升为突破口,搭建交叉研究/协同创新平台与模式,通过政策和项目引导,大力推进交叉研究/协同创新。

明确交叉研究/协同创新主导方向。在大力巩固提升传统数、理、化、地球科学交叉研究、协同创新比较优势的同时,以临床医学、健康科学、脑科学、新一代ICT、新能源、先进材料、生态与环境科学、人文科学、社会科学等为重点,进一步强化对学科交叉、协同创新的引导和扶持,提高交叉研究、协同创新的密度和深度,赶超世界先进水平。

完善交叉研究/协同创新制度。着力破除画地为牢、相互封闭的学术"花盆"壁垒,完善和加强跨界面研究开发中心、委托研究、教师双聘制度、博士后联合工作制度、研究生联合招生培养制度,鼓励联合发表高水平论文和申请专利,改革科研考核评价和经费管理体系,建立有利于人员跨界聘任、人才跨界培养、资源跨界共享的制度环境。

搭建交叉研究/协同创新平台与模式。加快推进交叉科学相关大楼建设,加快推进档案馆、校史馆、图书馆、各院系、所(中心)、实验室的资料室信息一体化,完善以中国高等教育文献保障系统(CALIS)、中国高校人文社会科学文献中心(CASHL)为核心的信息资源共享网络平台,完善交叉科学研究资金制度,进一步提升交叉科学研究能力。依托国家计划,注重与国家创新中心地,特别是中关村国家自主创新示范区以及世界一流大学、研究机构、跨国公司间的实质性合作,积极争取和承载较多的国家协同创新平台,完善一流、高效、协同的知识和技术创新平台体系,进一步形成政产学研的融合发展,用技术转移模式,吸引和集聚国内外优秀创新团队与优质资源,持续产出重大原创成果,培养拔尖创新人才和领军人才。

（四）创新科研体制,提升科研服务

以人才为中心配置资源。完善PI制度,逐步全面推广和完善学术单位及教师国际评估制度,建立健全国际化、科学化、定性定量相结合的重点支持目标领域、方向和项目遴选的流程和办法。围绕领军人才配备人员,打造全球顶尖的创新团队。围绕创新团队配置空间和资源,提供创新管理服务,打造在国内外具有强大影响力和竞争力的研发增长极。

加强公共平台建设。大力提升顶尖科学仪器设备研制能力,新建及扩展升级一批校级科研公共平台,形成通用数据、分析、测试平台和与大型专门平台相结合、集约高效的综合科研服务体系。完善平台管理体制机制,扩大开放度、增加使用率、提升服务质量。

改善科研管理。完善研发管理机构设置,加强院系科研管理人员配备,健全科研管理工作机制,强化学校统筹科研资源的能力。切实加强科研战略规划,充分发挥学术委员会和战略科学家作用,超前部署重大科学研究,引导和支持教师积极开展国家急需的战略性研究、科学技术尖端领域的前瞻性研究、涉及国计民生重大问题的公益性研究,增强承担国家重大研发项目的能力。

三、增强社会服务效能

（一）提升服务能力,促进发展转型

完善决策咨询研究体制机制。针对国家、部门、地方的重大需求,统筹协调校内外各方资源,拓展我校同中央部委及其直属机构的全面合作,建设好国家级的研究中心/院所、地区联合研究基地和平台,形成以北京大学首都发展研究院为依托的服务地方决策支持系统,不断巩固提高我校国家思想库和智囊团的地位和作用。

完善技术转移体制机制。进一步完善产学研一体化统筹协调的机制体制,积极发挥和加强产业技术研究院功能,把北大上地科技园建设成为中关村新一轮发展的协同创新基地。建立健全创新创业理论研究、教育、孵化、高端专利运营和战略性新兴产业导向的国际化协同创新平台体系,成为国家"产学研合作基地建设"改革试点单位,争取我校科技成果转化和产业化绩效有更大幅度增长,支撑和引领产业高端化发展。

创新终身教育体制机制。坚持走高端、高效、高辐射的继续教育发展之路,调整改革继续教育体制,改善继续教育办学条件,巩固提高国家级基地地位和作用,提升教育培训品牌影响力,实现继续教育绩效全面领先的目标。继续发挥"平民教育"的旗帜作用,促进农民工向现代产业工人转型和社会公平。

(二)完善合作网络,引领教科文卫

完善大学科研院所合作网络。巩固和发展大学联盟。以加快受援高校跨越式发展为目标,以对口支援为纽带,以学科建设为导向,以协同创新为平台,集中帮助西藏大学建设世界一流的高原科学和藏文化学科群,集中帮助石河子大学深化西部植物药学研究和新疆屯垦与文化研究。积极做好与中国科学院等国家重点科研院所的合作工作。

完善公共关系网络。进一步深化和拓展与重要媒体的合作,积极承担重要媒体委托研究和培训项目,规划建设好校媒联合研究中心/研究院所和培训基地。注重与国内外非政府组织的交流与合作。加强校友工作,运用现代科学技术的最新成果建立覆盖全球的校友网络。进一步加强校友会制度和条件建设,创新校友活动,深化校友服务,建立校友事业发展的支撑体系,以新思路、新方法开创国际一流的校友工作新局面。

完善医疗卫生服务网络。服务国家和北京医疗卫生改革与发展,加强我校医疗卫生服务能力建设,完善我校医疗卫生政产学合作体制机制,努力支撑健康北京和健康国家建设。

(三)完善区域布局,促进协调发展

扎根北京、布局全国。以首都圈和环渤海地区为中心,以长三角地区、珠三角地区为基地,积极参与东部率先现代化。以北京——哈尔滨为重点轴线、以辽宁沿海地区为重点区域,积极参与东北地区振兴。以京广为重点纵轴线、沿长江和新亚欧大陆桥为横轴线,积极参与中部崛起。以新亚欧大陆桥和沿长江西部段为重点横轴线,以呼包鄂地区—关中地区—成渝地区—滇中地区—北部湾地区为重点纵轴线,更好地参与新一轮西部大开发。积极做好教育帮扶"老、少、边、贫"地区发展。

(四)深化对港澳台交流,服务祖国和平统一大业

不断创新方式方法,全面深化和加强与香港大学、澳门大学、台湾大学、台湾"中研院"等港澳台地区重点高等学校和科研院所的交流与合作。继续做好港澳台研究工作,加强对"一国两制"和祖国和平统一等重大问题的理论研究。进一步做好我校港澳台学生招收和培养工作,进一步做好港澳特区公务人员、企业管理人员的培训工作。进一步做好我校港澳台校友和友好人士工作,加强同港澳台地区社会各界的联系和交流,继续搭建好两岸三地民间交流平台。

四、推进文化传承创新

（一）完善体系结构，强化中心功能

坚持文化引领，抓住国家文化大发展、大繁荣的重大战略机遇，处理好文化传承与创新的关系，以创新为主导，加强文化传承创新人才队伍、条件平台建设，创新体制机制，完善和加强我校文化传承创新体系，巩固提高我校国家文化创新中心和中外文化交流中心的地位和作用。

制定实施北京大学哲学社会科学繁荣计划，紧密结合中国发展实际，进一步加强人文社会科学自主创新能力建设，积极承接和实施国家文史哲基础研究中长期重大专项和学术文化工程，加强中国特色社会主义理论体系道路和制度、重大全球问题、区域问题和国别问题研究，加强文化典籍的整理、编纂与研究工作，大力提升学术创造力、影响力，不断产生和推出一批反映中国特色的重大原创性、引领性、标志性的学术成果，巩固提升我校作为国家人文社会科学学术中心的地位。

（二）强化服务，支撑发展

坚持社会主义先进文化前进方向。围绕社会主义核心价值体系建设，进一步营造"思想自由、兼容并包""百花齐放、百家争鸣"的环境和氛围，解放思想，与时俱进，深刻阐释和倡导人的自由全面发展、社会公平正义、人与自然和谐共生，大力推动社会自觉、文化自觉，继续引领社会文化潮流。

坚持精耕本土、融会全球、贯通古今的原则和方针，吸收借鉴国外优秀文化成果，不断概括出理论联系实际的、科学的、开放融通的新概念、新范畴、新理论，努力形成有说服力、感染力、影响力，具有中国特色的学术话语体系，不断提升我国学术的国际话语权，不断提升中华文化的亲和力和影响力。利用学校学术交流的独特优势，积极开展跨文化交流与合作，继续办好孔子学院，推进在海外合作建立中国研究中心，建设若干具有全球影响力的对外学术期刊、网站以及数据库，积极组织实施优秀学术作品翻译和中华文化经典海外推广计划。

积极承担国家重大文化基础设施建设，寻找、探索通过与地方合作深刻挖掘和推广地方历史文化的新平台新方法。争取中央有关方面和北京市的进一步支持，办好北京论坛、世界大学文化节、国子监大讲堂。

健全高端文化创意人才协同培养基地，大力提升文化创意专业硕士教育品牌。加强文化发展、决策、咨询研究，提升我校作为中国文化发展战略的智库地位。总结歌剧《青春之歌》成功经验，创作一批弘扬主旋律、满足人民群众日益增长的文化需求、体现北大特色的文化产品。深入推进政产学研用相结合，建设文化产学研用协同创新基地，完善和加强跨部门、跨行业、跨国界的文化协同传承与创新平台体系，做大做强北大文化产业。

（三）传承北大精神，弘扬北大文化

进一步发掘北大红楼作为新文化运动、最早传播马克思主义和中国共产党早期活动中心地的精神价值，把北大红楼作为传承北大精神、弘扬北大文化、建设以社会主义核心价值体系为主导的大学文化的重要基地，使之更有助于发扬"爱国、进步、民主、科学"的传统，使"学术自由、兼容并包，大学自主、师生治学，人文关怀、使命自觉，文化引领、创新驱动，精耕本土、融会全球"的理念深入人心。

加强人文校园建设。实施人文教育深化工程，完善人文教育体系，课内课外教育相结合,促进养成健全之个人,创造进化之社会。完善学校文化服务体制,深刻挖掘和推广校园文化。加强校歌、校训建设,丰富开学、毕业等重大活动的文化内涵,树立标志性人物、标志性产品和地标,完善校园内博物馆/陈列馆体系,加快形成北大精神、北大文化的校园识别体系。

五、造就一流的人才队伍

(一) 以教师队伍为根本,建设卓越人才集群

壮大领军人才队伍。以中央"千人计划"、教育部"长江学者奖励计划"、北京"海聚工程"、中关村"高聚工程"、深圳市海外高层次人才"孔雀计划"等人才计划为平台,以国家重点实验室、基地等为依托,大力实施国际顶尖学术领军人才发展计划,重点培养和引进一批具有深厚学术造诣和长远战略眼光、能够把握科技发展趋势和国家战略需求、善于组织重大创新项目和承担国家重大科研任务、具有崇高道德风尚和人格魅力的战略科学家。继续做好中国科学院院士、中国工程院院士推选工作,建立健全北京大学人文和社会科学院士制度,造就和凝聚一批学贯中西、融会古今、享誉海内外的学术领军人物和名师大家。

打造顶尖创新团队。以重大科研项目、重点学科为依托,通过承载和实施"创新团队发展计划""高校学科创新引智计划"及"国家自然科学基金委员会创新研究群体"等人才团队计划,以及"青年千人计划""青年拔尖人才支持计划""新世纪优秀人才支持计划"以及"北大优秀青年人才引进计划"等优秀青年人才计划,培养一批具有国际视野、原创能力和发展潜力的中青年学术骨干,围绕领军人才配备学术平台和学术助手,形成以领军人才为主导、相关人才为补充和配套的人才集群,培养和建设一批具有全球竞争力的顶尖创新团队。围绕国际一流创新团队和基地,建立健全全球顶尖人才跨国界协同工作体制机制。

提升教师队伍国际化水平。借助"外专千人计划""长江学者奖励计划"和"高校学科创新引智计划"等对海外优秀教师的引进平台,以及"海外名师项目"等短期回国工作交流项目与政策,引进一批国际公认的高水平专家学者和团队,努力建设具有世界影响力的国际化师资队伍。继续加强对海外优秀华人科学家的吸引和培养力度,着力推进优秀非华人科学家的引进工作。完善教师学术休假制度和教师国际交流合作能力支持体系,促进教师开展国际交流与合作。

(二) 创新管理体制,增进员工福祉

建设国家人才强校特区。总结近年来人才强校改革经验,借鉴中关村人才特区政策,从建设世界一流大学的实际和需要出发,研究提出人才强校综合配套改革方案,争取把我校整体建设成为国家人才强校特区或综合配套改革试验区。

加强教学科研职位分类管理。建立健全教学科研相结合的研究型教师职位制度,以教学为主的教学型教师职位制度,以及不同类型的专职研究人员职位制度,逐步形成研究型教师职位、教学型教师职位和专职研究人员职位制度优势互补的教学科研职位分类管理格局。

建立无固定聘期制(Tenured)、可无固定聘期制(Tenure-track)和固定聘期制(non-Tenure)教学科研人员分类聘用制度。科学总结"百人计划"和新体制单位试点经验,严格可无固定聘期制教师的考核评估晋升制度,加快新聘用教师并轨采用可无固定聘期制(Tenure-track)。

优化行政、实验技术、后勤队伍,提升管理服务水平。完善合同制聘用行政、实验技术及

后勤队伍的管理办法,探索逐步将合同制作为新进行政、实验技术及后勤人员的主体聘用方式。按照"小机关、大服务"的思路,合理充实学院的行政、实验技术队伍。完善职员职级制,加强职员培训与评估工作,加强职员校内外交流,建设专业化、职业化的高素质行政队伍。以总量控制、按需设岗、公开招聘、平等竞争、固定与流动结合、专职与兼职结合、注重培训考核、加强岗位管理为原则,建设一支结构合理、素质好、水平高的实验技术队伍。推进后勤队伍改革,增强后勤系统保障与服务能力。

统筹事业编制和合同编制。对事业编制和合同编制实行统一核定、归一配置,科学核定学校及各单位事业编制人员和合同制人员的规模和比例。探索在一定的指标范围内,满足规定工作年限和考核优秀的合同制人员转为事业编制人员的机制和办法。

增进员工福祉。用好用活中关村人才特区政策,营建人才发展的魅力环境。实施薪酬待遇领先计划,构建有效的薪酬待遇激励机制,大幅提高教职工整体薪酬待遇,加快跻身世界一流大学的进程。努力通过多种渠道,采取多方式改善教职工住房和医疗保健条件。

(三)学为人师,行为世范

坚持把师德作为教师职业准入门槛,把卓越师德作为造就世界一流教师队伍的基本方向和任务,大力加强师德建设。建立健全思想与行动、自律与他律、激励与约束相统一的师德管理长效体制机制,永续教师教书育人、学为人师、行为世范的职业理想、道德和品格。加强教师职业理想道德和学术道德教育。大力宣传王选、孟二冬等师德楷模的先进事迹。制定教师职业道德规范,健全师德评鉴制度,坚持将师德表现作为教师绩效考核、聘任聘用和评优奖励的首要内容,严格实行师德一票否决制。

坚持"勤奋、严谨、求实、创新"的优良学风,加强师资队伍学术道德规范教育。借鉴世界一流大学的经验,进一步完善北京大学学术规范,建立健全学术不端行为查处惩治制度。

六、营造世界一流的魅力校园

(一)着力建设人文校园

传承校园文脉,保护校园文物。完善文物保护管理机制。加强校园文物普查建档工作和古建标识系统建设工作。严格保护未名湖燕园建筑全国重点文物保护区域各历史时期的文物建筑、历史遗迹遗存,以及文物本体所依存的山形水系、古树名木等历史环境,确保文物依存本体及其相关历史环境的完整性和安全性。传承与创新校园文脉,加强对校园各个历史时期典型建筑和环境的保护,加快推进古籍图书馆建设,推动校内具有历史意义的馆藏和收藏品的保护和展示活动,延续历史记忆。

提升校园文化品质。以图书馆、大讲堂、燕南园为主要依托,整合周边空间,规划建设校园中央公共文化区。以学生活动中心、对外汉语教育学院、新闻与传播学院等大楼建设为着力点,加快完成南校门区域更新改造,提升南校门区域文化品质。以餐饮综合楼建设为重点,加快整治西南学生生活区环境。探索发展住宿式书院体制,加强校园双语化环境建设,营造让学生进行跨学科、跨文化学习的社群环境。推进东校门、校园围墙及周边建设项目、校园家具和标识系统建设。完善校园各类服务的规范和标准。完善校园参访流程与线路空间布局。

深入推进"平安校园"建设。完善学校安全稳定工作组织领导体系、维稳工作体系、矛盾纠纷排查化解体系、校园综合防控体系、安全教育管理与服务体系及应急处置体系,全面提高维护校园安全稳定的能力。

（二）着力建设智慧校园

紧紧抓住国家加快教育信息基础设施建设、加强优质教育资源开发与应用、构建国家教育管理信息系统的机遇，研究制定北京大学智慧校园建设规划，以物联化、集成化、智能化为主要技术路线，以服务创新为导向，将智慧导入校园各个系统、过程和基础设施中，将信息化深植于教学、科研、管理和生活的各个方面，全面构建智慧校园。

（三）着力建设绿色校园

加强生态环境保护教育。通过丰富多彩、行之有效的教育，加快使资源节约、环境友好的意识深植师生员工的思想和行动中。

建设环境友好型校园。多渠道解决校园水系水源问题。推动垃圾分类回收、教材书籍循环使用机制，支持和鼓励学生自发的垃圾循环利用行为，建设循环校园。注重校园生态建设，严格保护古树古木，探索将典型的自然化的生物栖息环境设置为校园生态保护区，禁止改造和破坏活动，保护校园的生物多样性。

建设资源节约型校园。引入物联感知等先进技术成果，建立校园建筑节能监管平台。建设绿色大楼，对校园典型楼宇进行节能改造，完成煤改气工程，建设太阳能示范项目，将校园打造为低碳校园。制定节能减排鼓励政策，全面探索用水用电的定额收费制度，使节约意识深植师生的行为习惯和思想观念中。

发展校园绿色交通。大力推进停车设施的地下化、周边化建设工作，在校园建设项目规划设计工作中统筹考虑停车空间，充分挖掘运动场、绿地等校园地下空间潜力，争取政府支持在校园周边区域建设大型停车设施，循序渐进逐步改善校园交通状况。根据分类管理、分区管理、容量控制的原则，完善符合校情的交通管理规章制度。优化校园交通方式，减少在校园内通行的机动车数量，人行优先，鼓励清洁环保的校园交通方式。提高交通管理的智能化和精致化水平，探索智能交通管理模式，提升校园交通管理效能。

（四）拓展优化校园空间

编制实施新一轮校园总体规划。统筹规划燕园中区、西区和东区，优化提升燕园校区品质。以"中央公共文化区建设工程"和成府园区规划建设项目为抓手，全面完善燕园中区，优化中心校园环境；实施"燕西新区建设工程"，加快推进承泽园国家发展研究院建设工程，着手推动蔚秀园从住宅功能向教学科研功能转化的规划工作，适时启动挂甲屯规划建设，力争扩展畅春新园空间；以加快实施物理西楼、工学与前沿交叉学科研究院大楼、城市环境与景观大楼等建设项目为重点，整合提升燕园东区。加快医学部校区西北区规划建设，增强与燕园校区的连通性。融入北京北部研发和高技术产业带以及昌平国际科教新城建设，积极协同昌平未来科技城，努力把200号建设成为中关村北部新区的重要新节点。

规划建设"未来科学城"。服务创新型国家和北京建设国家创新中心的战略需要，着力在中关村国家自主创新示范区核心区规划建设北京大学"未来科学城"，积极承载国家大科学装置等重大科技创新基础设施，打造高端科技创新城，努力成为世界一流的创新中心；积极吸引国际顶尖大学教育要素，打造国际大学合作城，努力成为国际尖端大学合作中心；积极承载国家和地方文化重大基础设施，打造先进文化创意城，努力成为先进文化国际交流中心；积极营造高品质宜居环境，建设国际高端人才社区，努力成为世界顶尖人才集聚中心。

盘活存量，保障科教。按照"保障科教、激励节约、防止浪费、提高效率"的原则，健全公用房分配和使用制度,完善公房使用定额标准、超额使用收费制度。实行全校公用教室、教学实验室统筹管理制度。优化配置会议中心、社区服务中心空间,界定经营性用房范围。争取政策支持,探索校园周边地区居住用房租赁优先满足学校师生和访问学者租用需求的规制办法。

七、强化国际交流合作能力

(一)健全国际交流合作管理结构

借鉴世界一流大学经验,与学校管理结构调整相配套,建立具备国际化理念、国际化服务标准的管理队伍,重点强化二级、三级学术单位有组织地开展国际交流合作的管理能力,逐步将学校不同层次国际交流合作服务纳入教师社会服务职责,将国际交往纳入二级、三级学术单位和教师评鉴体制,增强学术单位和教师个人自主开展国际交往的能力,调动学术单位和教师个人协同推动国际交往的积极性和创造性,加快深圳研究生院建设"世界一流国际化校区"的进程,努力形成全球全方位、全层面、全员推动国际交往的管理格局。

坚持处理好国民待遇和特殊性的关系,努力创造条件,逐步实现国际国内学生之间、国际国内教职员之间的趋同管理,在基本一体化条件下,完善针对国际学生、国际教职员特点的特色管理制度。

(二)促进"请进来"和"走出去"的协调发展

积极参与国际教育规则、标准和方案的制定,更加重视国际交流与合作的层次和水平,注重紧密型、实质性合作。采取"请进来"和"走出去"相结合的方针。一方面,抓住国家鼓励和支持引进国际优质高等教育资源的战略机遇,围绕21世纪国家与国际社会高度关注的重大问题"请进来",吸引世界一流大学合作建立高水平的国际高端教育项目、联合实验室、跨学科研究中心、国别研究中心以及合作办学机构;另一方面,"走出去",建立我校海外中心或办事处以及教学科研基地等不同形式的"教育存在"。

(三)营造卓越的国际化环境

完善校园双语标识系统和双语信息网络环境,加强英文课程建设,建立可供中外学生选修的英文讲授的公共平台课,同时依托各院系设立一批英文授课的学位项目,营造多语种的教学环境和课程平台,加快建设多语种的语言中心,营建国际化语言环境。扩大高端外文图书期刊、数据库订购,提高外文资料比例和质量,建设北京大学英文书写中心(PKU Writing Center),构建统一高效的北京大学国际事务信息平台,加快形成卓越的国际化信息环境。进一步丰富国际文化节、国际"主题大学日""文化交流周"等国际节事活动,支持跨文化学生社团,加快形成卓越的国际化文化活动环境。在用好国家有关国际交流基金的同时,多渠道筹措资金,建立适合不同需求的"北京大学自主国际交流基金",加快形成坚实的国际化经济基础。

八、完善"党委领导下的校长负责制"实现的体制机制

(一)《章程》驱动,体制创新

以制定和实施《北京大学章程》为驱动力,进一步明确大学治理结构,争取更大的大学自主权。按照党委领导下的校长负责制的原则和要求,依法规范中国共产党北京大学委员会、校长办公会、教职工代表大会、学术委员会、理事会组织规程及其相互衔接的流程和规则,加

快建立健全"党委领导、校长负责、师生治学、职员治事、民主管理"的制度,不断完善中国特色现代大学理论和制度,走世界一流、中国特色、北大风格的发展之路。

(二)加强党的建设,改进领导方式

把握办学方向。坚持社会主义办学方向,把中国特色社会主义理论体系、中国特色社会主义道路、中国特色社会主义制度和北京大学加快建设世界一流大学的具体实践结合起来,学习借鉴人类社会创造的一切科学知识和建设世界一流大学的一切先进经验,不断探索中国特色建设世界一流大学的理论、道路和制度,把科学把握学校办学方向作为党领导学校工作的战略性、全局性方式。

提供思想政治保证。率先建成学习型政党组织,提高全校党员的思想政治水平。进一步改进党领导学校思想政治工作和德育工作的方式,不断提高学校师生员工的思想政治和道德水平,为学校的稳定、改革和发展提供强大的思想政治保证。

坚持组织保障。坚持完善"党委讨论决定学校内部机构设置和内部组织机构负责人的人选"与校长"拟订内部组织机构的设置方案,推荐副校长人选,任免内部组织机构的负责人"的衔接程序和规则,规范学校中层以上干部岗位设置,面向校内外、国内外招聘选拔学院院长/系主任,严格执行干部任期换届制度、干部轮岗交流制度、干部培训制度,健全干部考核评估机制、问责机制和激励机制,进一步健全机构编制和干部管理制度。

坚持反腐倡廉,始终保持党的先进性和纯洁性。认真贯彻《中国共产党关于党员领导干部廉洁从政若干准则》,树立正确的事业观和权力观。严格落实党风廉政建设责任制,加强和完善"一岗双责"制度和责任追究机制,建立健全检查、监督、考评、奖惩等工作机制。建立健全以各项权力为"点"、以具体业务流程为"线"、以制度建设为"面"的动态廉政风险防范制度。

坚持群众路线,创新基层组织工作。坚持党政机关和干部工作重心下移,把基层一线作为培养锻炼干部的基础阵地,引导干部在同师生员工朝夕相处中增进对师生员工的思想感情、增强服务师生员工的本领。坚持把服务师生员工、做师生员工工作作为基层党组织的核心任务和基层干部的基本职责,完善基层党组织工作制度,不断激发基层组织建设中创先争优的内在活力,使基层党组织凝心聚力,成为推动学校改革、发展、稳定的坚强战斗堡垒。

坚持统一战线,发挥民主党派作用。加强和完善统战工作的组织领导,进一步落实党员领导干部与党外代表人士联系交友制度,促进领导干部与党外人士的交流和沟通,逐步建立健全党外代表人士社会贡献的评价体系。不断完善民主党派参与学校治理的体制机制。

坚持构建内容协调、程序严密、配套完备、有效管用的制度体系。以党章为根本,以民主集中制为原则,实行党代表任期制,探索党代表大会常任制,完善党内选举制度,完善党务公开和党内民主决策机制。以《高等教育法》为依据,坚持党委讨论决定学校基本管理制度,真正做到用制度管人管事,使制度建设成为党领导学校工作的基本方式,为创建世界一流大学提供制度保障。

(三)优化管理结构,提升行政效能

加快理顺学校、学部、学系(学院)之间的关系。完善校领导分工制度,规范"学部"制度。以推进试点学院工作为契机,健全"学系(学院)"体制,提高教学科研单位设置的科学性,并积极向二级学术单位放权。推进校本部与医学部的深度融合。进一步明确深圳研究生院功能定位,完善深圳研究生院的制度和管理。

提高行政效能。按照"大部门制"和"管办分离"的原则和要求,进一步理顺相关职能部门的关系,优化机构布局。确定管理服务单位职责权限,完善管理服务部门工作流程、规则和人员职责,探索"一口受理、全程服务"的一站式服务。加强行政管理评估工作,建立健全管理服务工作评估制度,探索全员参与的管理服务评估机制。强化信息公开和校务公开,破除信息封锁,推进部门和岗位信息互联互通。

（四）强化学术权力,推动全员参与

调整和完善学术委员会制度。根据现代大学制度的要求,以研究制定和实施新的《北京大学学术委员会章程》为抓手,更加科学地界定学术委员会与党委、行政的关系,明确划分学术委员会决策与咨询的双重职能,以及职务和非职务的二元委员制度,探索实行学术委员会学生代表制度,完善学术委员会议事决策程序与规则,整合优化学术委员会专门委员会布局,做实学术委员会日常事务工作组织机构,确保学术委员会的独立运行。

完善师生参与管理的制度。坚持教代会以教师代表为主,支持教代会有效发挥作用,依法保持教职员工参与学校民主管理和监督的权力。巩固和加强教授担任学校领导、院系领导、管理服务部门负责人的制度。进一步扩大和完善教授、学生参与专门行政委员会的制度安排。建立健全教师个人表达诉求、参与管理的制度。

第四篇 实施保障

实施北京大学"十二五"规划纲要,必须处理好当前与长远、局部与全局、需要与可能的关系,从组织、计划、协调和控制各方面强化保障措施。

一、健全规划组织体系

深入贯彻落实党委领导下的校长负责制,建立健全学校规划制定和实施组织保障体系。

（一）建立北京大学战略咨询委员会

成立由校内外有影响力的知名人士组成的北京大学战略咨询委员会,为学校改革发展中的重大方针与政策、学校中长期规划、五年规划及年度计划提供咨询。

（二）加强北京大学规划委员会建设

修订完善北京大学规划委员会章程,进一步明确其在学校议事决策结构中的重要地位和作用,优化调整规划委员会组织机构、成员结构、工作机制、会议制度,切实加强规划委员会办公室承载能力建设,配足相应的人员、经费、办公空间与设施,切实加强和发挥规划委员会有关学科建设、机构编制、校园建设、文化建设、空间分配、资源配置等校务发展的规划职能。

二、完善多层次有机衔接的计划体系

（一）做好中长期发展战略、五年规划和年度计划等计划体系间的相互衔接

结合《规划纲要》的要求,修订完善学校中长期发展战略。切实制定好年度计划,对五年规划的目标和任务进行分解和落实,提出年度详细目标、重点任务和实现目标的具体工作部署,分年度、有步骤地组织实施《规划纲要》。

（二）做好规划实施配套工作

分解落实规划任务，制定和完善配套专项规划、行动计划和相关政策。

（三）坚持规划先行，以规划定项目，以项目定预算

规范项目审批制度。依据规划进行前期论证和立项审批，未纳入年度规划的项目原则上不予立项。以项目定预算，凡是没有立项的项目原则上不得给予预算支持。实行项目带动，组织实施好规划确定的项目，通过项目实施促进规划落实，并完善全过程资金、资产、资源配置的内部审计和控制。

三、完善开源节流的投融资体系

（一）实现教育基金三倍增长目标

提高北京大学筹资能力，做大做强北京大学教育基金会，力争到2015年基金规模达到2010年的三倍。完善学校、院系二级筹资工作体制机制，统筹学校、院系筹资资源，发挥校友网络的筹资功能，加快开拓面向境内外个人、企业、基金会的多层次、多样化筹资渠道体系。围绕学校发展需求，加大人才发展基金、讲席教授基金和基础设施基金等重点领域的筹资力度，注重不动本基金的筹集工作。不断完善捐赠项目管理和财务管理，建立健全基金投资体制机制，大力提高基金运营能力，确保和继续提高基金会的公信力。

（二）实施经营性国有资产收入成长计划

完善学校经营性国有资产经营管理体制，加强和规范学校产业管理工作，维护和提升学校股权权益，促进学校经营性资产收益实现较大程度的合理增长。

（三）推进学校财务预算管理体制综合配套改革

改革现行预算分配模式。完善预算委员会的工作机制，逐步推行院系总项预算制度。建立教学、科研和社会服务的成本核算制度，探索有偿使用等方式以提高资产使用效率。

四、建立健全监测评估调控体系

（一）以评估带规划，以规划促评估

建立科学的规划实施效果反馈系统。定期对规划实施过程、进度和是否达到预定目标进行监测评估和跟踪检查，对规划实施发展方向、阶段性目标落实情况、各项强制性内容执行情况进行检查分析，发现问题，及时纠偏。检查各部门、各层次之间行动是否一致，提高规划的可实施程度和实施效率。将评估结果纳入规划修订程序，及时调整和完善规划目标、任务及举措，提升规划的执行力和时效性。对年度计划实施期终考核，建立规划问责制度和反馈机制，及时调整修订规划方案，确定下一学期工作重点，指导下一年度计划的编制。

（二）引入第三方评估机制，建立多元评估系统

建立专家库、数据库、部门合作机制，提高评估工作技术条件，确保评估的客观性和准确性，建立各部门共享的信息数据库，为"十二五"规划评估提供支撑数据。在规划时限基础上合理调整评估周期。通过委托方、实施方和参与部门多方合作的方式进行综合评估。利用独立评估机构、中介机构或相关学术机构的丰富经验和优厚资源，委托第三方机构参与数据统计、分析和测评，从根本上保障规划评估的独立性和公正性，为规划实施做好监督。

公共卫生与预防医学学科发展规划

2011年9月,北京大学公共卫生学院新一届领导班子正式开始工作。新领导班子在总结过往取得的成绩、分析学院发展状况的基础上,在办公会上一致决定制订"十二五"学院发展规划,以指导和引领学院教学、科研和社会服务等各个领域的工作。学院主要负责人负责起草总的规划,学院每位班子成员根据工作分工分别从各自分管的角度起草具体领域发展规划,包括学院人才培养、师资队伍建设、学科和科研发展、国际交流与合作、条件建设等五个方面。2011年10月底,形成了规划初稿,内容包括"十一五"期间学院取得的成绩,面临的主要挑战,"十二五"期间工作指导思想、发展目标和主要任务。该讨论稿提交学院各个层面的教师征求意见,并就相关内容征求学生意见,征求离退休老师们的意见,在各方意见基础上,反复修改和完善,形成修改稿。规划内容向医学部领导作了汇报,并收到了医学部领导和主要职能部门的指导和修改意见。2012年初,本规划在公共卫生学院教代会获得通过,并抄送医学部相关职能部处。2012年3月,北京大学医学部在科研处组织下,专门听取公共卫生学院规划报告。医学部主要领导、各主要管理部门负责人、医学部有关学院负责人到会听取汇报并提出进一步的意见和建议。通过讨论,一致认为公共卫生学院要充分发挥在人群健康研究等领域的优势,充分认识目前学院在高层次人才培养、规模化人群队列研究、科研平台数量等方面存在的不足,从公共卫生基础研究、公共卫生人群研究、卫生政策体系研究三个方面开展工作,提出引进和造就一批高层次的科研人才,建立健全公共卫生预防医学学科体系,整合校内公共卫生资源,建立点面结合的公共卫生队列,完善公共卫生与预防医学实验研究平台等目标。医学部对公共卫生学院规划实施给予了实质性的支持。本书收录的是2012年修改编制的文本。本规划的主要起草者为孟庆跃、王燕、郝卫东、徐善东、王培玉、陈娟、任涛等人。

公共卫生与预防医学是医学学科八个一级学科之一,是社会需求和影响较大、体现高等教育机构社会贡献和责任、以学科交叉和融合为特点、国内外发展最快的医学学科。

公共卫生是组织社会共同努力,预防疾病促进健康的广泛的社会公共事业和人类健康相关的科学与实践活动。如何从公共卫生的角度,建立疾病防治策略和体系、实施有效的以人群为基础的预防控制技术、开展科学的公共卫生干预评价,是国家需要解决的重大的技术和政策问题。这些问题的解决,不仅可以明显改善群体健康,还可以显著降低卫生费用,促进国家实现人人享有基本卫生服务的目标。

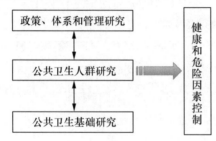

北京大学医学部公共卫生与预防医学学科发展在全国处于领先位置,在科学研究、人才培养和社会服务等方面具有较大优势,为该学科持续和更快发展奠定了良好的基础。但是,从目前其他学校该学科发展的势头来看,以及对2012年国家重点学科申请准备,在某些重要指标上,我们需要清醒,比如相对国内部分公共卫生学院,我们缺乏:高层次人才(长江学者或者国家杰出青年科学基金获得者);高层次科研项目(无国家自然科学基金重点项目等);一定规模和历史的公共卫生人群队列研究基地;英文论文发表的明显优势;已有平台的数量优势(重点学科、教育部重点实验室)。

为了促进公共卫生与预防医学学科发展,公共卫生学院制定了"十二五"发展规划,提出通过加强学科建设、加强师资队伍建设、提升科研层次和水平、完善人才培养体制和提高社会服务能力等,实现在"十二五"期末,在主要指标上缩小与国际一流公共卫生学科差距,为建立国际一流公共卫生学科奠定基础的总体目标。

学校"985"项目对公共卫生学科发展发挥了重要的支撑性作用。在实现公共卫生学科发展目标中,学校特别是医学部的资源将仍然是重要的支撑条件。"985"三期项目已经开始对公共卫生学科支持。为了使得学校支持更加有效,能够与公共卫生与预防医学发展规划相衔接,能够为争取国家一级重点学科申请和建设服务,提出如下"985"三期建设思路。

"985"项目公共卫生与预防医学学科建设主要是五个方面:即引进和造就一批高层次科研人才;根据学科发展需求,健全公共卫生与预防医学学科体系;整合校内公共卫生与预防医学资源形成一个学科整体;着力建设一个点面结合的公共卫生队列研究基地;完善和建设一个公共卫生与预防医学室内科研联合实验平台。

一、引进和造就一批高层次科研人才

根据公共卫生与预防医学学科发展的需要,引进与造就并重,促进高层次学科带头人、杰出人才和骨干教师的建设。人才引进采用国内与国外人才引进并举的方式,并争取在较短时间内填补杰出人才的空白。人才队伍"十二五"建设的目标是强化措施,实现高层次人才引进的突破,至少引进1—2名长江学者或杰出青年基金教授,突出抓好重点学科和拟建设重点学科学科带头人队伍建设;选择15名左右青年骨干教师作为重点培养对象,创造培训和发展机会,加大海外培养和科研支持力度,力争3—4人培养成为杰出人才。

将积极利用学校"985"项目对人才建设的支持政策,实现师资队伍建设的目标。

二、建立健全公共卫生与预防医学学科体系

根据学科发展需求和国内外发展趋势,公共卫生与预防医学需要完善学科体系。近期需要考虑的是新建卫生检验系(对学校有专门报告)、新建全球卫生系。卫生检验系包括理化检验和病原生物学检验,是公共卫生不可或缺的重要技术,国内主要公共卫生学院均设置了该系或者所。全球卫生系的建立主要是可以进行该领域高层次人才的培养。这些机构的建立将充分利用现有人力和物力资源,但也需要学校在空间、经费等方面提供一定的支持。

除此之外,还将根据研究需求,设立部分研究中心,比如老龄健康研究中心等,以现有人员为主。

三、整合校内公共卫生与预防医学资源形成一个学科整体

学校和医学部内有许多与公共卫生与预防医学相关的研究机构,这些机构在各自领域发挥着重要作用。但是,从学科构建的角度,这些机构需要联合和合作,在学科规划的大框架下,形成合力和优势,充分显现出医学部公共卫生与预防学科的整体水平和特色。

在项目支持下,建立医学部公共卫生学科发展委员会,以公共卫生学院牵头,成立有关系、所、中心负责人组成的委员会,讨论与公共卫生有关的规划和项目设计。该委员会负责"985"公共卫生与预防医学资金的预算、分配和使用。

为了能够协调共同发展,"985"是个重要的载体和抓手,利用项目和资金将几个部分粘结起来。为了这个目标,需要在项目设计和分配上,以公共卫生与预防医学学科发展为全局,实现整体设计、各自实施、一体发展的目标。

"985"三期项目可以设计部分项目,用于鼓励和支持机构间的合作研究,促成在较短时间内实现医学部公共卫生与预防医学发展的一体化。

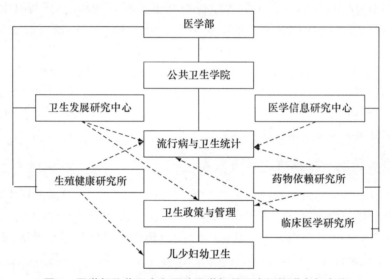

图1 医学部公共卫生和预防医学相关研究机构联合与合作

四、建设一个点面结合的公共卫生队列研究基地

长期以来,我国公共卫生与预防医学学科平台建设存在相当严重的偏性:侧重室内实验室建设,欠缺人群观察实验现场(现场实验室)建设;侧重生物、遗传因素研究的支撑平台建设,欠缺环境因素、灾害因素、突发公共卫生事件、政策体系研究的支撑平台建设;侧重预防控制技术研究,欠缺对防治技术在人群现场的推广、效果评价和政策研究建设。

新形势下,公共卫生与预防医学学科平台建设必须采取现场(人群为基础)实验室和室内实验室建设并举,兼顾基础研究和人群现场研究,搭建预防控制技术在人群现场的推广、效果评价和政策研究的桥梁。瞄准国家和地区重大传染病、重大慢性非传染病和其他重大健康危害等公共卫生问题,面向人群健康促进和疾病预防控制需求,开展重点建设和预防控制技术和政策研究。而实现这一目标的基础是建设符合公共卫生学科发展规律的研究基地和平台。

公共卫生队列研究基地建设将主要解决四个问题。第一,解决公共卫生与预防医学研究缺乏重要原创性发现的问题。目前公共卫生研究领域大多数重要原创性发现都以长期队列研究为基础。第二,解决公共卫生与预防医学研究和实践脱离的问题。队列研究基地可以提供重要条件,用于检验和实践研究发现,将公共卫生研究成果转化为应用技术(转化公共卫生)。第三,解决公共卫生与预防医学学科交叉问题。利用研究基地,可以针对需要研究的主要问题,集中不同学科力量联合公关。第四,解决公共卫生师资队伍建设和人才培养缺乏实践的问题。队列研究基地可以为师资现场研究和学生现场实习提供很好的条件。

公共卫生学院利用学校支持,已经开始了人群队列研究的建立。在此基础上,将进行完善和提升,并以此作为点,进行深化拓展;此外,将与卫生部和中华预防医学会合作,以脑卒中为切入点,在全国面上建立队列。

1. 作为"点"的公共卫生队列研究

该队列将在北京房山区建立,队列人群覆盖共15—20万人左右。研究主题将以主要疾病和政策问题为切入点,通过掌握全人群的健康状况、健康危险因素情况、环境状况以及卫生服务提供与利用情况等信息,从基线调查到不断随访监测,从宏观与微观的角度,在公共卫生的各个领域,包括实验室研究、人群研究和政策研究在内的多种类型的公共卫生研究,提出主要健康问题干预的技术和政策,并在基地进行实践,形成科研成果,向其他区域传播。

公共卫生学院负责基地的硬件建设(配置必要的硬件设施和管理人员,包括聘用1—2名地方兼职管理人员、购置工作必需的计算机、相关办公设备以及工作网络建设)和软件建设(成立基地管理办公室,组建包括管理办公室主任、副主任以及1—2名工作人员在内的基地管理队伍;建立基地管理规章制度,明确相关人员的管理责任和常规工作程序、工作内容),并组织开展基线调查和定期的随访与监测,建立基线调查和随访监测数据库。公共卫生学院和学校其他学院的各个学科和各类研究(实验室研究、人群研究和政策研究)均可在此基础上利用该人群开展前瞻性研究。

2. 作为"面"的公共卫生队列研究

该队列将与中华预防医学会合作,以脑卒中作为切入点,建立多中心大型观察队列,充分发挥学校多学科优势,直接服务于国家重大疾病的控制。中华预防医学会将负责提供现场和协调;医学部研究人员负责主要技术工作,包括研究设计、资料收集、资料分析、报告撰写等。根据需要,将与其他研究机构合作开展有关研究工作。

脑卒中是我国面临的重大公共卫生问题。建立该队列的主要任务是:(1)依托卫生部"脑卒中筛查及防控工程"及其"脑卒中筛查与防治基地"的平台优势,构建脑卒中发生、发展与转归的多中心大型观察队列和病例随访队列。(2)在阶段一,通过巢式病例对照研究并采用多水平Logistic回归模型筛选出脑卒中"发生的危险因素集";在阶段二,通过病例随访队列研究并采用多水平Cox回归模型筛选出脑卒中"发展与转归的危险因素集"。(3)分别以"脑卒中发生的危险因素集"和"脑卒中发展与转归的危险因素集"构成"脑卒中发生的预警指标体系"和"脑卒中发展与转归的预警指标体系";进而,采用多种统计模式识别模型组合预警技术分别建立"脑卒中发生的个人风险评估与预警模型"和"脑卒中发展与转归的个人风险评估与预警模型"。(4)分别以上述"脑卒中发生的预警指标"和"脑卒中发展与转归的预警指标"作为健康管理标记(PHMM),以标记集中的各元素为节点,并分别以脑卒中发生和脑卒中转归结局为输出,构建遗传因素、环境因素和个人生活习惯、个人生理心理因素、既往医疗史和疾病史、临床病理因素、健康干预因素众多因素间的交互网络模型。
（5）依托多中心的脑卒中观察队列和病例随访队列,设计前瞻性健康干预试验,评价各"个性化健康管理处方"的有效性,概况总结出脑卒中适宜个性化健康管理策略。下图是建立的队列研究的主要思路。

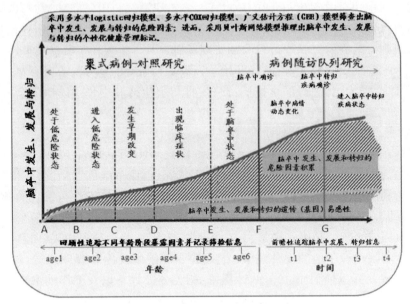

图2　脑卒中队列研究的主要思路

3. 队列研究的支持和管理

队列研究是公共卫生与预防医学未来一个阶段主要学科建设活动,也是需要医学部主要支持的项目。一般来讲,当一个队列运行五年左右,将能够通过其他渠道的支持维持正常运转。需要的资金总额见预算部分。

队列研究基地实行学院总协调下的分课题负责人制。学院对项目负总的责任。分课题负责人根据基地建设要求,提出具体的研究设计,经学术委员会讨论通过,并征得医学部主管部门同意,立项和实施项目。分课题负责人按阶段提出进展报告,并接受评估。

五、完善和建设一个公共卫生与预防医学实验研究平台

建立统一的科研实验平台主要是为了解决资源配置不合理、部分仪器设备使用率低、实验室管理有待提高、实验室布局过于分散等问题。

在学校和"985"项目资金支持下,以目前已经建立的几个实验室为基础,根据公共卫生与预防医学学科发展规划,建立起与公共卫生发展相适应、具有国内领先水平、资源充分共享、管理机制先进的学科整体水平上的室内试验平台(公共卫生与预防医学联合实验室)。

建立联合实验室所需要的学校支持主要包括购置部分仪器设备。所购设备将严格按照科研和学科发展需求。

六、管理机制

医学部建立"公共卫生与预防医学学科发展委员会",由医学部主要领导负责,医学部有

关职能部门、各有关院、中心、所等负责人参加,主要承担学科规划、"985"以及其他项目规划、项目评估等任务。

建立激励和约束机制,"985"项目实行项目负责人和分项目负责人制,公共卫生与预防医学"985"项目负责人与医学部签订任务书;各个子项目负责人与项目负责人签订任务书。

建立项目评估组,评估组三分之二成员来自外部,负责阶段性评估实施和进展情况。

建立项目反馈制度,定期向医学部主管部门汇报项目实施情况;定期向学院和有关机构通报项目基本情况。

七、预期产出

通过"985"三期项目的支持,主要产出将包括:
(1) 杰出人才引进实现突破;
(2) 形成公共卫生与预防医学学科体系,实现资源整合和共享;
(3) 初步建立起点较高、运转高效、产出丰富的公共卫生队列研究基地;
(4) 建立起新管理体制下的公共卫生与预防医学联合实验室;
(5) 主要科研产出指标较大幅度增长。

八、预算

因为医学部在"985"项目中已经对有关机构分别进行了经费安排,预算部分只包括支持公共卫生学院所需要的经费。
(1) 杰出人才引进等,由学校统一安排。
(2) 新科研机构设立和运转:150万元。
(3) 校内公共卫生与预防医学资源一体化(衔接基金):100万元。
(4) 队列研究:房山人群队列,1200万元;全国面上队列,250万元。两项共1450万元。
(5) 联合实验室建设:400万元。

公共卫生学院"985"三期共需要约2350万元,其中部分经费已经批准和使用。

北京大学基础医学学科发展规划(2010—2020)

基础医学是北京大学的传统优势学科,在发展中也经历了一些波折。在2003年教育部学位中心一级学科整体水平评估中,以整体水平高出第二名复旦大学6.27分居于榜首。但在2009年1月教育部公布的基础医学评估中仅排名第三,且仅领先第四名1分。此时,基础医学院新一届行政班子刚刚上任不久,学院对此进行了认真分析思考,对学科现状进行了客观分析,撰写了《北京大学基础医学学科建设问题》的报告,并组织各学系进行研讨、制定各学系规划。在此基础上,对2007年基础医学重点学科规划进行了修订,形成了本规划的初稿。在中央政府和北京大学的"十二五"规划发布后,基础医学院对这一规划又进行了完善,于2012年8月完成了本规划的制定。在讨论制定这一规划的过程中,基础医学院领导班子通过对代表性学系的对比分析,进一步明确了学科现状,对北大基础医学在国内同学科所处的位置以及发展潜力进行了客观评价,发现北大与国际一流大学的差距,对优势学科的进一步发展、对传统学科的促进提升都做了比较深入的思考。规划的制定对基础医学学科建设起到了一定的指导作用。在教育部2012年进行的第三轮学科评估中,北京大学基础医学一级学科在该学科44所参评高校中重夺学科排名第一。本书收录的是2012年8月修改编制的文本。本规划制定的主持人为基础医学院尹玉新院长,具体组织者为周春燕副院长,执笔人为科研办公室周勇副主任。

基础医学(Basic Medical Sciences)是研究人的生命和疾病现象的本质及其规律的自然科学,是现代医学的基础。基础医学是体现学科发展趋势和前沿热点的窗口,是培养拔尖创新医学人才的摇篮,也是服务于国家和社会重大需求的根本。北京大学基础医学学科依托医学部基础医学院,在今后10年将建设成为以系统整合为基础,以原始创新为动力,以培养高素质、创新性人才为根本的世界一流基础医学学科。

一、基础医学学科发展趋势

学科交叉趋势:人类健康与疾病的复杂性已远远超出了单一学科的承载力,基础医学借助于生物学的快速发展,获益于数理化、信息科技等学科的广泛渗透,表现出强大的学科兼容特性和亲和优势,不断深化扩展与上游生物学和下游医学药学的交叉合作。基础医学内部不同二级学科的界限也日趋模糊,走向深度重组与融合。生物医学相关的前沿和交叉学科的发展催生新的科技生长点,显示学科创新发展的生命活力。

系统整合趋势:进入后基因组时代,海量的序列信息有待分析,大规模的基因和基因产物的功能有待揭示,单因素的"还原论"已不适应现代生物医学的发展,系统生物医学集成整合传统的基因组、蛋白质组、代谢组等横向组学技术和分子、细胞、组织、器官、整体等纵向层次研究,开展大规模的组学研究、仿真建模和生物医学验证,成为二十一世纪整体探索、系统揭示健康与疾病等生命复杂现象的主流方法与核心驱动力。

技术依赖趋势：当前基础医学科研、教学水平的提高，越来越倚重于高通量、高精度的先进生物医学技术和高端仪器及软件装备，建设先进配套、广谱共性的技术平台，特别是组学技术、微观成像与在体检测等技术平台，成为抢占学科先机，形成核心竞争优势的战略举措。基础医学科研成果的开发应用，则更依赖于生物技术、生物医学工程等高科技。

转化医学趋势：生物医学的持续高投入与其成果产出应产生相应的社会效益，基础研究的深入和知识的海量积累，应有与临床科研人员的畅通的交流渠道。因此，基础医学与临床医学紧密结合的转化医学得到空前推崇。基础医学更加重视从临床实践中凝练和发掘科学问题，与临床专家合作研究，构建实验室与临床之间信息和成果反馈的双向通道，把基础研究的科学发现和技术创新转变为疾病预防、临床诊断和治疗的新手段。

二、基础医学面临的主要学术问题

二十一世纪人类面临心脑血管病、肿瘤、糖尿病、传染病等重大疾病的严重威胁，面临人口老龄化和老年疾病、人口数量控制与质量提高、环境对健康的影响等严峻挑战。迫切需要基础医学紧密结合临床医学，为实现人口与健康领域国家战略目标提供人才和知识储备以及技术和方法支持。

基础医学主要针对机体细胞、组织、器官、系统的形态、结构和功能，对个体的发育、遗传、免疫异常以及疾病发生、发展、转归、诊断、治疗和预防等开展基础研究和应用基础研究。这些研究将从分子、细胞、组织、整体、群体等不同层次，系统揭示疾病的发生、发展机制，探索疾病防治的新手段。

我们的主要学术方向和关键研究领域包括：① 肿瘤分子生物学及表观遗传学机制与防治基础研究，② 心脑血管疾病和糖尿病等代谢性疾病分子发病机制与防治基础，③ 神经系统疾病研究，④ 免疫功能基因组学及免疫细胞发育与疾病研究，⑤ 感染性疾病研究，⑥ 干细胞及再生医学研究，⑦ 药物蛋白质组和分子药理学研究，⑧ 病理诊断与分子病理学研究。

三、基础医学学科现状和发展瓶颈

基础医学学科依托于北京大学基础医学院，其前身是 1954 年成立的北京医学院基础医学部，是我国最早创建的基础医学学科。学院现已成为国内著名的、多层次基础医学教育、人类生命科学和疾病防治基础研究的教学科研基地。基础医学院学科齐全，优势突出，具有医、教、研综合实力强和各学科交叉渗透的特点。学院科研、教学整体水平居国内领先地位，在重点学科前沿领域取得一批国际先进水平的科研成果，为我国培养了大批优秀的教学、科研人才。

通过"985 工程"的前期建设，学院教学改革深入发展，科研水平持续提高，学科建设成效显著。

构建了结构合理、多学科交叉融合的人才队伍。学院在编教职工 410 人，高级职称人员 66 人，副高级职称人员 67 人，中级职称人员 92 人。近年来，学院积极引进、大力培养高水平专业研究人才，凝聚了一批学术带头人。主要包括：神经生物学家韩济生、病理生理学家韩启德、生物化学与分子生物学家童坦君、尚永丰 4 位中国科学院院士和中国工程院院士病原生物学家庄辉；唐朝枢、李凌松、韩济生、尹玉新、朱毅 5 位 973 计划项目首席科学家；"千人计划"引进教授罗光湘；王宪、高晓明、李凌松、尚永丰、刘国庆、管又飞、王克威、张毓8位长江学者特聘教授和王宪、高晓明、尚永丰、朱卫国、张毓、管又飞、王韵7位国家杰出青年基金获得者。此外，还有教育部新世纪优秀人才计划及北京市科技新星计划入选者17人，博士生导师60人。

形成了一批创新研究团队和群体。学院目前拥有"肿瘤发生/发展的分子生物学和表观遗传学基础（负责人尚永丰院士）"和"代谢综合征及其血管病变（负责人王宪教授）"2个教育部创新团队/国家自然科学基金委创新研究群体，1个教育部创新团队"药物成瘾与镇痛的神经生物学机制（负责人王克威教授）"。

完善了学科体系并加强重点学科建设。学院现设生物化学与分子生物学、生理与病理生理学、细胞生物学、神经生物学、病理学、免疫学、药理学、人体解剖与组织胚胎学、病原生物学、生物物理学、医学遗传学、医学信息学12个系，中西医结合、放射医学2个教研室和1个心血管研究所，获准筹建系统生物医学研究所。2008年基础医学院基础医学一级学科被批准为北京市重点学科。现有7个国家重点学科二级学科，包括：基础医学所属病理学与病理生理学、免疫学；北京大学生物学国家重点学科一级学科所属生理学、生物化学与分子生物学、细胞生物学、神经生物学；北京大学医学部药学国家重点学科一级学科所属药理学。

建设了先进科研技术平台。基础医学院现有神经科学教育部/卫生部重点实验室、分子心血管学教育部重点实验室、卫生部医学免疫学重点实验室、再生医学教育部工程研究中心、国家中医药管理局微循环研究三级科研实验室；拥有人类疾病基因研究中心、干细胞研究中心、生物大分子与纳米生物实验室等先进科研技术平台；以学术骨干为核心的研究室/实验室77个。学院科研条件不断改进完善，目前拥有10万元以上大型仪器设备240余台套。

承担完成一批国家重大科技项目。2005—2009年基础医学院共承担各类科技项目512项，获批或签约科研经费3.9亿元。其中，科技部973、863、科技支撑计划3大主体科技计划及"科技重大专项"课题39项，批准资助经费达1.6亿元；国家自然科学基金项目214项，资助经费1亿多元；教育部、北京市等科技项目114项，资助经费合计4300余万元。学院科学家参与国家重大科技计划项目的作用影响不断增强。

取得一批标志性科研成果。基础医学院每年发表科研论文300余篇，论文学术影响显著提高，发表SCI论文数、期刊IF、论文被引用数持续增长，保持国内领先地位。2005—2009年以第一作者或通讯作者单位累计发表SCI论文634篇，期刊平均IF 3.73。其中20余篇论文发表于 Cell、Nature、Lancet 等IF 10以上国际权威学术期刊，有4篇论文入选中国科学技术信息研究所发布的"中国百篇最具影响优秀国际学术论文"。获国家自然科学二等奖1项，省部级科学技术成果奖11项次。批准授权国家发明专利30项，国际发明专利1项。在肿瘤分子生物学及表观遗传学机制研究、心血管病分子发病机制研究、糖尿病基础研究、针刺镇痛机理研究、免疫功能基因组学及淋巴细胞发育活化与疾病研究、感染性疾病研究、干细胞研究等前沿领域取得一系列国际先进水平的基础研究原始创新成果；同时逐渐加强生物技术和创新药物研发，在基因工程药物、肿瘤免疫治疗、自身免疫病治疗、心血管疾病防治、干细胞治疗、诊断试剂研制等领域，一批研究开发项目已取得动物实验或临床试用良好效果，显示重要应用前景。

开展了广泛深入的科技合作交流。2005—2009年基础医学院主办/联合主办国际国内重要学术会议46个,每年近200人次参加国际国内学术会议做大会报告或分组报告。近5年开展国际国内科技合作项目83项,获国际资助及合同引进科研经费4700余万元。韩济生院士与哈佛大学合作"替代医学研究药物成瘾"获得NIH重点项目经费支持,取得重要学术进展和社会效益。李凌松教授领导的北京大学干细胞研究中心与澳大利亚Monash大学干细胞研究所于2007年共同组建"中澳国际干细胞科学卓越研究中心",得到中国科技部与澳大利亚教育、科学与培训部联合资助,成为国际上第一个国家间合作成立的干细胞研究中心。

提高了教育教学水平。基础医学院招收培养8年制本博连读基础医学和4年制医学实验2个专业学生。每年承担8个专业3000余学生40余门专业基础课教学。现有国家级精品课程9门,并获得国家理科基础科学研究与教学人才培养基地专项支持。每年培养在校博士生300余人、硕士生250余人。近年入选全国优秀博士生论文6篇。

基础医学院发展面临的主要瓶颈问题:

人才队伍建设方面:缺少领军人才,特别是一些传统学科,尚未形成强势研究方向和学术带头人组合,学科发展不够均衡。在人才引进中,人才待遇缺乏竞争优势。学科布局与人员队伍规模与国际一流大学,甚至与国内兄弟院校相比差距较大。以生物化学与分子生物学系为例,见下表:

表1　国内外5所大学生化系正教授编制比较

学校名称	北医生化	协和生化	哈佛生化	斯坦福生化	剑桥生化
教授	8(含院士2)	16(含院士5)	18	17	17

科研队伍组成方面:我们以研究生作为科学研究的主要成员,与国际上以博士后作为主要成员的科研项目体制形成巨大的差别,这也是造成我们落后于国际先进科研水平的重要原因之一。

公用技术平台方面:缺少关键的公用技术平台和专业技术人员,开放共享的实验室运行机制有待完善。

科研空间方面:实验室空间已经成为严重影响人才引进、学科发展的瓶颈问题,重点实验室面积不能达到管理规范要求的标准,成为影响学科评估的一个重要因素。

四、基础医学发展目标和主要措施

(一) 基础医学学科发展目标

5年内,新增1～2个二级学科国家重点学科,使基础医学达到一级学科国家重点学科标准;创建1～2个国家重点实验室,完善部门重点实验室和系统生物学等先进科技平台体系。使教学、科研整体水平保持国内领先,使重点学科和重要学术前沿热点领域跻身国际主流,在部分研究方向取得先进地位和突破性成果。

10年内建设成为以系统整合为基础,以原始创新为动力,以培养高素质、创新性人才为根本的世界一流基础医学学科。

具体体现在:

(1) 教师队伍基本达到世界一流大学水准,在主要领域形成高水平的学术队伍,造就数名在世界范围内有影响的科学家。

（2）在主要学术领域取得一些比较重要的研究成果，对国家的科技进步、社会经济发展做出贡献。

（3）本科教育达到世界一流水准；研究生教育质量接近国际一流大学，为国家培养具有创新精神和创新能力的人才。

（4）改变管理观念，实现管理体制创新，形成良好的学术氛围，建立科学的人才评估体系。

（二）基础医学学科建设措施

1. 以重点学科体系建设为龙头

强化人、财、物资源支持，巩固提高现有生物化学与分子生物学、生理与病理生理学、细胞生物学、神经生物学、病理学、免疫学、药理学7个国家重点学科优势地位。防止和遏制免疫学等少数重点学科的衰退苗头，及时引进替补学术带头人的减员和流失。落实基础医学北京市重点学科建设任务，加强与北京市的学科共建。

择优支持人体解剖与组织胚胎学、病原生物学、放射医学、生物物理学、医学遗传学、医学信息学、中西医结合等学科，突出科研特色和教学优势，加强组织协调和整合集中，培育发展新的重点学科，发挥优势学科对传统学科和薄弱学科的带动作用。

突破学科界限，发挥基础医学院整体优势，把握基础医学与上游生物学和下游医学药学的结合点，实现相关学科的深度融合。鼓励相关学科之间人员的互聘兼职。建立与临床学院联合举办学术会议、联合培养研究生、联合申请科研基金等常规机制。

突出作为研究型大学的研究型骨干学科特色。集中优势力量开展多学科协同攻关，重点突破肿瘤、代谢性疾病、神经系统疾病、传染病等重大疾病的发病机制与防治基础等原始创新研究，形成一批国际先进的研究方向和亚学科群、学科链。形成一批原创性的基础研究成果，持续提高在国际一流学术刊物上发表高影响学术论文的数量质量。

推动基础医学学科发展的转化医学趋势，扩大病理诊断等临床服务和针刺戒毒等社会服务，大力开展创新药物、新型疫苗和诊断试剂、干细胞及再生医学等领域的研究开发和成果转化。鼓励专利技术申请和实施；加强科技开发项目、委托研究、技术转移与服务等项目发展和管理。建立医、教、研和产、学、研紧密结合的创新机制。对国家创新体系建设和医药行业核心技术发展做出贡献。

加强学科建设国际化，促进科研、教学的国际交流与合作。积极与一流海外学者及国际学术机构联合开展科技攻关，联合申请国内外重大科技项目，如NIH项目、欧盟第七框架计划项目等；积极与国际学术机构合作培养博士生；建立完善合作研究及成果分享机制；积极主办大型国际学术会议。

2. 以科技平台体系建设和重点实验室体系建设为支撑

（1）建设综合优势的系统生物医学科技平台

依托基础医学院，创立系统生物医学研究所，搭建系统生物医学科技平台。系统生物医学科技平台建设发展8个技术平台体系：① 基因组学与基因操作技术平台，以学院疾病基因中心为骨干力量，重点发展人类疾病基因组和免疫基因组学研究；② 蛋白质组学技术平台，与医学部分析测试中心的蛋白质组学研究室整合共建，积极参与蛋白质国家实验室建设，侧重研究重要疾病的蛋白质分子结构、时空分布和功能；③ 代谢组学研究平台，通过分析体液或组织测定机体的系统代谢图谱和功能调控；④ 结构生物学技术平台，主要采用X线晶体衍射、冷冻电镜、纳米生物技术等开展与健康和疾病密切相关的蛋白质及蛋白质复合物三维结构解析;⑤ 分子遗传研究平台,重点发展基因诊断和基因治疗技术,开展重大疾病的表观遗传学研究;⑥ 计算生物医学研究平台,构建生物医学信息学及分子模拟平台;⑦ 模式生物及转基因动物平台,优先发展重要疾病的动物模型;⑧ 药物研发技术平台,开展新药靶标、新药临床前及临床研究,包括新型疫苗和诊断试剂的研究开发,高质量完成国家科技重大专项、重大新药创制的候选药物和新药研发关键技术研究等项目,推动转化医学深入发展。

系统生物医学科技平台建设通过集成创建和优化整合生物学、基础医学、药学、中医学、信息学、临床医学的科技资源,形成涵盖基因、蛋白、代谢、细胞、离体动物、整体动物、人体等多层次和多学科的研究机制和技术体系。主要针对肿瘤、心脑血管疾病、重大代谢性疾病、神经系统疾病等复杂疾病进行大规模的组学研究、仿真建模和生物医学验证。系统性解释其发病机理和病生理网络调控机制,寻找合理有效的预防和治疗措施。实现重点疾病的诊断、治疗和预防的新理论、新技术、新设备、新试剂、新药物的全方位创新。

(2) 筹备建设重大心血管疾病分子及转化医学国家重点实验室

心血管病变是危害国民生命健康的"头号杀手"。北京大学心血管研究所与生理病理生理学系在分子心血管学教育部重点实验室运行评估获得优秀成绩基础上,申报创建重大心血管疾病分子及转化医学国家重点实验室。围绕动脉粥样硬化及心肌梗死、高血压、心力衰竭等重大心血管性疾病发生、发展的分子机制及其细胞和基因治疗,发展血管损伤与修复的机制、心脏重塑的分子机制、代谢紊乱与心血管病变、心血管疾病的细胞和分子治疗等主要研究方向。以分子心血管基础研究为核心,运用细胞克隆、多基因表达、蛋白组分析、高通量功能筛选、新模式动物模型、电生理和生物信息学等先进技术体系,综合研究机体代谢调节的机理和心血管病变的发病机制。密切联系临床,多学科交叉,集中优势力量攻关,带动全国心血管疾病基础研究,开发心血管疾病防治的新技术、新药物。争取在 5 年内建设成国际一流的研究心血管病变的国家级基础实验室。

(3) 加强建设神经科学教育部/卫生部重点实验室

主要发展三大研究方向:① 疼痛与镇痛机制的研究(包括针刺镇痛);② 药物依赖机制与防治研究(包括针刺戒毒);③ 神经系统退行性疾病的防治研究。紧密围绕慢性痛、药物滥用以及脑老化与认知障碍等严重威胁着国民健康的关键问题,建立深入细胞和分子水平、从外周和低级中枢走向高级中枢、多种学科技术交叉与渗透、基础研究与临床实践结合的特色研究体系。构建计算神经生物学平台,重点发展神经网络与系统神经生物学研究。努力将神经科学部门重点实验室发展提升成为国内领先、优势研究方向上达到国际先进水平的神经科学人才培养和科研基地,积极争取创建国家重点实验室。

(4) 加强建设卫生部医学免疫学重点实验室

医学免疫学是当前生物医学研究的前沿热点领域。卫生部医学免疫学重点实验室深入发展淋巴细胞发育、肿瘤免疫、免疫功能基因组、自身免疫研究 4 个研究方向。构建发展细胞免疫、分子免疫等技术设备和支持平台。重点研究髓质区胸腺细胞发育特点、胸腺基质细胞的支持作用、阴性选择的调节机制及其与自身免疫性疾病的相关性;新的发育调节分子对发育中淋巴细胞增殖、存活、凋亡与分化的影响及分子机制;活化态 CD4 + T 细胞对免疫应答负调控作用的机制;免疫相关分子、作用靶分子及其功能的基因组学。力争在主要研究方向上取得一些具有显示度的突破性成果,形成自己的学术思想和研究特色。

(5) 加强建设再生医学教育部工程研究中心

干细胞及再生医学是生命科学领域目前最活跃和最具影响的学科之一。北京大学干细胞研究中心是科技部唯一的干细胞研究领域"国家级国际联合研究基地",与澳大利亚 Monash 大学和英国爱丁堡大学共同组建"国际干细胞科学联合研究中心";同时,干细胞研究中心是"再生医学教育部工程研究中心",2010 年将通过验收。该中心围绕胚胎干细胞调控、神经干细胞和肿瘤干细胞研究,干细胞治疗心血管疾病和神经退行性疾病,重点突破干细胞移植治疗帕金森病、干细胞移植治疗角膜损伤、人胚胎干细胞建系及临床应用的定向分化,开展干细胞技术的集成创新与开发应用,整合相关科技和医疗资源,建立产学研一体化的创新体系和先进运营机制,实现高水平研究开发和成果转化。力争在干细胞和再生医学领域进入世界前列。

(6) 发展建设国家中医药管理局微循环三级科研实验室

微循环研究中心是北京大学医学部与天士力集团合作创立的产学研共建研究机构,2009 年被评定为国家中医药管理局微循环三级科研实验室。该中心主要研究微循环障碍病变过程及其中医药防治原理,积极开展国内外科技合作交流,凝聚人才,创新机制,争取在微循环动态可视化技术、血瘀与活血化瘀等研究领域构建国内领先并具备国际影响的科技创新平台。率先在复方中药改善微循环障碍的原理等重要领域取得系列突破。争取创建中西医结合教育部重点学科。

(7) 积极培育创建新的重点实验室

除继续加强对现有重点实验室的支持外,将积极培育创建新的重点实验室。如:表观遗传学、系统生物学、代谢性疾病研究、肿瘤研究、病毒性疾病研究生物安全重点实验室等,以保证可持续发展。

(8) 建设国家或地区病理资源与技术平台

病理学是基础医学与临床医学的桥梁学科。基础医学院病理学系长期发展医、教、研全面结合的典范模式,依托临床病理的优势地位,建立先进的国家或地区病理资源与技术平台,完善和扩充病理标本库、冷冻组织库。实现病理资料的系统化、数字化、信息化管理,在医、教、研各领域综合利用病理资源。建立发展激光捕获及显微切割、组织芯片、免疫组化、分子病理诊断、远程病理诊断等现代临床病理先进技术体系,加强我国第一个 P3 级病理解剖室的建设。发挥扩大作为"北京市病理解剖中心""北京市病理会诊中心""国家病理住院医师培训基地"的重要作用。增加临床标本处理规模,提高疑难病例诊断及医疗纠纷鉴定科技服务水平。力争建立分子病理部门或国家重点实验室,探索和发展分子病理技术在临床病理诊断的运用。

3. 以创新人才体系建设为根本

(1) 完善本科生到博士生完整的高层次人才培养体系

深化 8 年制医学教育为核心的学制学位改革。实施理论教学、实验教学、PBL 教学和创新人才培养计划四个教育改革项目;通过规划基本知识点、优化理论授课内容,以减少"填鸭式"理论教学的比例;通过 PBL 教学培养学生自我学习、主动学习、终身学习的能力;大幅开设选修课、专题讲座以充分尊重学生的学习兴趣,从而获得个性化传授知识的效果;通过调整实验教学、增加设计性实验、推行导师制科研训练加强创新能力培养。推动提高网络教学和多媒体教学,完成一批精品课程建设。树立 8 年制基础医学本博连贯精英专业;突出 4 年制医学实验专业的优势特色,为改变当前实验技术人员的素质瓶颈做贡献。形成卓越的基础医学教育基地。

扩大研究生招收范围,推进自主招生改革,提高研究生生源质量。完善研究生培养机制,推动国内外联合培养。加强研究生学位课程、学位论文、科研训练的有机联系,使研究生人才培养成为一个教学/科研统一一致的过程,提高研究生的科研创新能力。

(2) 创新博士后体制,突破博士后规模瓶颈

大幅增加博士后名额,充实重大科研项目和先进科技平台的博士后科研骨干力量。设立985经费博士后专项基金,承担博士后培养的一部分经费及提供住房等福利待遇,减轻导师的博士后费用负担。

(3) 改革人才培养、引进和使用机制

抓住国家在人才战略上的重大转变这一历史契机,大力引进"千人计划""长江学者"等学术领军人才,特别注重挖掘引进研究工作处于突破临界状态、具有重要发展潜力的副教授和讲师等青年人才。

努力发现培养本土中、青年优秀人才,加大现有人才成长支持力度和重视程度,鼓励推出自己培养的科技领军人才。

大力发展创新研究团队。强化系统生物医学的天然学科纽带作用,实现创新群体攻关团队的规模化纵深性创新突破,转变目前科学研究体系或孤立分散或捆绑拼凑的通病,创新科技资源系统配置、多学科有机融合、大兵团协同攻关的科研机制和项目模式。

推行合同制科技人员聘用制度,重大项目主持人、重点实验室与学校合理分担对合同制科技人员的待遇。推行试聘期制度,试聘三年,进行绩效评估,决定是否正式聘用。改革永久性聘用制度,实行聘任、淘汰和晋升相结合的人才管理与流动,加强人才激励力度,改善待遇,稳定发挥科技人员积极性。建立"分层和分类"、兼顾教学和科研能力的科学评估体系。优化科技人才的年龄、职称、专业、学术与技术的结构组合,增加优势学科人员编制。

北京大学文献信息资源体系中长期
发展规划纲要(2010—2020)

  文献资源体系是北京大学公共服务体系的重要组成部分,丰富的图书、期刊、数据库等文献信息资源是开展高水平教学科研活动的重要保障。2008年2月,按照张国有副校长的安排,北京大学开始起草《北京大学文献信息资源体系管理办法》和《北京大学文献信息资源体系战略发展纲要》。2008年5月,学校召开了"北京大学文献资源体系建设工作会议",通过了上述两个文件。2008年10月28日,校党政联席会讨论原则通过,即日起开始试行《北京大学文献信息资源体系管理办法》和《北京大学文献信息资源体系战略发展纲要》,试行期一年。2010年6月,在上述文件试行基础上,图书馆将《北京大学文献信息资源体系战略发展纲要》修订成为《北京大学文献信息资源体系中长期发展规划纲要》。2010年12月20日,学校召开"北京大学文献信息资源战略发展委员会暨北京大学图书馆工作委员会成立大会暨第一次工作会议",审议通过了《北京大学文献信息资源体系中长期发展规划纲要》。2010年12月29日,上报《北京大学文献信息资源体系中长期发展规划纲要》,刘伟副校长批复同意。本书收录的是2010年12月修改编制的文本。时任书记闵维方、校长周其凤,主管副校长刘伟。起草人员主要有朱强、肖珑、沈正华、沈芸芸、潘筠、陈体仁、刘素清、张春红、巩梅等。

  北京大学文献信息资源体系(Peking University Libraries)是一个由总馆、学科分馆、院系分馆等不同规模的图书馆为主组成的公共服务体系,它是大学基础建设的重要组成部分,是大学培养高素质人才、提高教学科研水平、增强学术竞争力的重要保障。

  随着信息技术的发展,北京大学文献信息资源保障面临着数字资源建设、传统资源的大规模数字化、数字资源的集成和长期保存、用户信息行为大幅度改变等诸多新的挑战。为适应新的变化与发展,整合现有资源与服务,使北京大学文献信息资源发挥最大效益,为实现建设世界一流大学的目标提供一流的文献资源保障,特制定本规划纲要。

一、建设目标与原则

  根据北京大学中长期发展规划纲要提出的到2020年建成世界一流大学的目标,相应地要建成总、分馆协调发展、有效运行的北京大学文献信息资源保障体系。通过合理配置文献资源,推进文献资源数字化和规范化建设工作,提升对教学、科研的学科信息服务水平,实现全校文献资源的通查通借通阅通还,使图书馆对全校教学、科研的文献资源保障与支撑达到世界一流水平。

  基本建设原则如下:
- 与学校学科建设、人才培养的总体目标相一致;

- 全校文献信息资源"共建、共知、共享";
- 总馆牵头、分工合作、整体发展;
- 以学校投入为主,并充分发挥各院系的积极性。

二、建设任务

建成北京大学文献信息资源体系并全面运行,包括组织与管理体制、文献信息资源、服务体系、基础设施、人力资源等方面的具体建设任务。

1. 建立分布式管理的总—分馆基本体制

建立总—分馆基本体制,遵循"文献分藏、读者分流、资源共建、服务共享"的原则,逐步将全校院系分馆/资料室纳入文献信息资源体系中统一建设,协调发展,并按学校学部设置建成理学、信息与工程学、人文科学、社会科学和医学等学科的分馆群,努力创造条件建设学科分馆。

在总—分馆体制下,分馆的行政、人员基本归院系主管,在业务上接受总馆管理和指导,有条件的可逐步纳入总馆管理,实行分馆专业馆员派驻制。

建立北京大学文献信息资源体系组织机构与管理制度,为体系的发展方向、协调以及日常运行提供指导与保障。包括:

(1) 完善《北京大学文献信息资源体系管理办法》及其他相关政策,根据形势发展制定相关制度。

(2) 建立健全组织机构,成立具有决策和咨询职能的北京大学文献信息资源战略发展委员会以及主持协调日常工作的北京大学图书馆工作委员会,在总馆设立委员会办公室(与分馆与文献典藏办公室合署办公);各院系明确一名主管领导负责分馆工作,成立院系资源建设小组;总馆设立分馆与文献典藏办公室以及学科馆员制度,与各院系配合开展工作。

2. 优化结构,提高文献信息资源保障水平

(1) 文献结构和布局科学化。根据"整体规划、合理布局、资源共享、减少重复"的方针,制定总、分馆文献资源发展政策,协调印刷型文献和电子文献的采访与收藏,优化总、分馆馆藏结构,形成全校文献资源合理布局。其中,总馆主要侧重基础性、综合性、稀缺性和跨学科资源的收藏,以及电子资源、外文资源、多媒体等资源的采购;学科分馆根据学科建设和服务对象的需求,收藏本学科领域的学术出版物和其他学术资源,尤其是本学科领域的研究级文献;院系分馆侧重本专业和相关交叉学科文献的收藏,并重视本专业非正式出版的学术特色资源和本院系师生学术成果的收藏。

(2) 突出学科建设重点。加强学校各类重点学科、研究基地和文献依赖型学科的文献资源建设,注重原始资料、经典著作的权威版本、外文新书、重要学术期刊、学术数据库的采集,并保持其系统性、完整性。

(3) 查清缺藏、积极补藏。组织各分馆分学科逐步、全面清查重要印刷型文献的缺藏情况,充分利用文献交换、文献复制、接受捐赠或购买新版本等多种途径补充缺藏文献,进一步提高馆藏文献质量。

(4) 统一规范文献的编目整理、加工和揭示报道,整合全校分馆的文献目录,整合纸本资源、电子资源、多媒体资源等不同类型文献。完成印刷型文献的回溯建库工作。

(5) 加强各类学术资源保存工作。积极创造条件,建成安全和足够的数字资源存储中

心和纸质资源保存空间。

（6）与其他高校和学术图书馆协作共建,互利共享。继续积极主导和参与中国高等教育文献保障系统(CALIS)、中国高校人文社会科学文献中心(CASHL)、高等学校中英文图书数字化国际合作计划(CADAL)等高校资源共建共享项目,提高教学科研的文献资源保障率。

3. 以学科为基础,创新服务体系,提升服务能力

（1）科学规划整体服务布局。总馆和各分馆要本着"走近教学、融入科研"的服务方针,开展服务体系的整体化建设,总馆负责建设全面的服务体系,各分馆要努力更新服务理念,在保障基本服务的前提下,提供学科化、深层次的服务。

（2）提高基础服务水平,包括:

● 实现全校文献资源的通查通阅通借通还。到2020年,在图书馆网络服务平台上统一查询全校的文献资源书目信息,读者可以在全校任一图书馆阅览、复制和借阅文献。

● 延长开馆时间,总馆部分阅览室、部分分馆增加晚间和周末开馆时间,满足读者需求,提高空间利用率。

● 增加读者借书数量,增加电纸书借阅、随书光盘在线服务、研讨室服务等。

● 更新系统,提高读者快速准确发现和获取文献资源的水平。

（3）开展读者需求调查。建立服务宣传推广体系,组织各分馆分学科开展集中性和日常性的读者需求调查,了解读者需求,为提升服务奠定基础。

（4）完善学科馆员制度,深化学科服务,为学校的学科建设提供各类咨询与培训。包括:

● 为学校、各院系、学者个人的发展提供"北京大学学术影响力分析报告"等决策信息和竞争情报分析服务。

● 为科研课题提供更具学科特色的专业化服务,如科研成果前沿报道、课题开题咨询、研究动态综述、成果查新等。

● 为科研工作者提供个人服务,如参考文献收集和管理、最新文献报道、数据统计分析、数学软件、绘图软件等服务。

● 为特定的学科或者专业提供特色资源的数字化加工、采集和发布服务。

● 拓展信息素质教育,为教师、研究生、本科生等不同层次的读者提供不同水平的信息素质教育课程或培训服务,使师生随时可以获得相关信息获取和利用的培训或指导。

● 与学校教学平台整合,为教师或课程提供电子教参、多媒体课件制作等服务。

● 引进多种工具软件,指导和帮助用户使用。

4. 大力开展数字资源建设和资源数字化加工

联合各分馆,开展特色及原生文献资源的采集、加工和建设。加强对本校学人学术成果的收集,建设包括"北京大学知识库""北大记忆"在内的北京大学机构知识库和若干具有全国影响力的专门(特色)文献数据库。包括:

（1）北京大学教学与科研成果数据库(北京大学知识库):以北京大学教学与科研人员的学术成果为基础,利用图书馆目前的数字资源建立数据库,逐年累积数据,不仅能够将原来分散的知识产品汇聚起来,全面展示北大的整体学术成就,在国际学术界提高北大的影响力和知名度,促进科研人员的学术交流和合作;也可以利用文献计量学的方法对数据进行定

量分析,对北京大学科研的产出及学科影响力、竞争力进行测度,为学校和院系领导了解科研学术情况、进行评估和科研决策提供强有力的参考依据,同时也可为本校教师和科研人员的成果影响力查询提供主动服务。

（2）北京大学学位论文数据库:对图书馆收藏的北京大学、燕京大学纸本学位论文进行数字化加工,与2000年以后收藏的电子版学位论文整合,形成完整的北京大学学位论文数据库,提供北京大学学位论文的书目数据查询和全文下载服务。

（3）北大名师数据库:以北大图书馆收藏"北大文库"和"北大名师"数据库为基础,继续收录曾在北大读书、教学、工作过的名人学者的传记、手稿、照片、书目、多媒体资料等。

（4）北大讲座网多媒体数据库:主要收集在北大进行的、有名人学者参加的讲座、访谈、讲演等多媒体节目,进行数字化加工并提供面向校园网的点播服务。北京大学每年发生的讲座、访谈、讲演约2000场,由不同的单位邀请或组办,目前已经采集并保存的不足1/10,北大讲座多媒体数据库的建立将为采集和保存这一珍贵资源做出贡献。

（5）北京大学口述史数据库:系统收集北大学人的著作手稿、札记、书信、讲课稿、照片、音频视频资料、生平传记、研究文献、新闻资料等,并对本人或相关的人进行访谈,以保存可能流失的宝贵资源,形成研究资料库。

（6）古文献及民国资料数据库:以北京大学图书馆收藏的大量古文献(古籍、拓片、舆图等)、民国资料(报刊、图书)为基础,开展数字加工、数据加工、内容加工,既可提供服务、方便读者,也妥善保存了古代及民国的珍贵文献。

加强特色学术文献资源的数字化建设,完善北京大学数字加工中心的功能,充分发挥数字加工中心的作用。包括:

（1）多媒体资源采集和加工建设

针对各学科的发展和个性化需求,开展多媒体资源的加工、采集、采购、存储、管理和点播服务,每年力争达到加工多媒体资源15 TB,保障校园网和图书馆内的无障碍点播和下载服务。

（2）传统纸质资源的数字化建设

开展部分学科的传统纸质资源的数字化建设和保存,增加数字化资源的数量,方便用户的网上获取。拟开展数字化加工的资源以学科需要资料和珍贵馆藏为主,包括图书馆馆藏古籍、拓片、舆图、戏曲曲本,以及校史、档案资料、历史地理资料、学位论文资料、教学参考资料、馆藏卡片目录的数字化回溯加工,年加工量力争达到5 TB。

在开展古文献数字化的同时,建立古籍保护修复实验室,全面开展古籍保护研究及对残损书的修复工作。实验室也可以对其他馆的古籍保护和修复提供技术支持。古籍保护修复实验室将开展包括5个方面的实验,即:纸张检测实验、纸张去酸实验、书籍防虫杀虫实验、书籍抗衰老实验、古籍修复技术实验等,并配备相应的设备。

（3）三维可视化资源的数字加工

对北京大学地质博物馆和北京大学赛克勒考古与艺术博物馆的三维藏品进行数字化加工,如各类地学标本、周口店北京猿人石器、新石器时代不同考古学文化的代表性器物、商代甲骨文、山西曲村西周古墓葬出土的铜器、玉器等,以及陶器、钱币、封泥和民俗文物等,年加工量争取达到5 TB。

5. 服务共享平台建设

(1) 资源数字加工平台

数字化加工平台:在现有基础上,继续建设北京大学数字加工中心,为北京大学各单位提供普通/特殊文献资源、图像资源、实物/实体资源(含考古文物)、多媒体资源(含课程课件、实验、医学手术和法律案例等)和缩微资源的数字化加工,如扫描、拍摄、转换等;北京大学学术资源采集;校外学术资源采集;课程网页制作;个人典藏数字化;学术会议免费摄制,等等。重点提升多媒体、文本和图像的高端数字加工能力。数字加工和采集的资源将包括古文献、民国图书、民国旧报刊、教学参考书、学位论文、期刊目次、多媒体资源在内的各种类型的资源。

网络发布平台:即可以直接收集原生数字资源的平台。在这个平台上,作者或生产者给出对象的元数据后,即可以将资源直接发布到互联网上,如预印本和学位论文的网上提交系统等。

数据加工平台:对数字化的资源进行标准化整理,给出数字对象唯一标识符、元数据、学科分类并进行长期维护。

(2) 资源管理与存储平台

统一规划存储体系,对加工出来的各种数字资源进行分层存储。建立中心仓储保存所有的学术资源数据。对于在线服务的数据,加强灾备措施,落实可靠方案。

建立统一的资源管理系统,以方便资源的采购、整理和编目,便于信息资源从目录数据库到对象数据库的存取(如从索引数据库中直接下载全文),及元数据的长期保存。

(3) 综合信息服务平台

数字资源建设离不开服务平台的建设,有了服务平台,数字资源才能够充分发挥作用;其服务平台建设包括直接面向读者服务的软硬件系统,以及支持这些服务运行的支撑系统。

- 完善信息空间建设。根据信息技术的发展,积极升级网络(IPv6)、服务器及计算机设备、大容量存储设备等信息基础设施,为数字化网络化服务提供更好的基础环境。
- 增建、更新、升级各类应用系统,包括ILS、ERM、统一通信、移动图书馆、自助服务等,改善用户界面,更好地整合各类文献信息资源,便利用户的检索与使用。
- 数字资源信息服务门户平台:整合已有的海量资源和分散的服务,集成统一认证、资源检索、全文下载、文献传递、学科资源导航、网上咨询、手机移动服务、电子教参等各个服务软件系统,实现针对分布异构电子资源的整合检索和获取目标信息的无缝链接,提供个性化服务及嵌入学科建设和科学研究过程的服务。
- 制订、完善、遵循相关的标准规范,加强不同系统间资源的互操作性,采用统一系统平台,整合全校的资源与服务,使我校读者可在任何时间任何地点通过校园网访问文献信息资源。

6. 改善基础设施条件

在总馆的指导下,加强各馆馆舍空间、信息空间等基础设施的建设,为文献信息资源建设与服务提供有力的支撑。

继续建设储存图书馆,缓解全校各图书馆书库空间的不足,并提供文献传递服务。

积极筹建古籍图书馆,按保管文物的要求为古籍提供安全保存、修复、展示、利用的条件。

创造条件,力求使分馆具备相对独立的空间,补充和更新必要的家具和设备,构建高品位学术氛围和良好的学习、研究环境。

加强总馆和各分馆水电、安保和环境(如噪音控制、空调改善、功能专区设置、研讨室)等基础设施的建设,择机对东馆进行大修和改造。

7. 建设结构合理的人力资源队伍,提升馆员素质

建立合理的人力资源体系,优化人员结构,在整个体系内配备能够涵盖全校主要学科、具备文献信息资源管理知识和相关技能的图书馆员队伍。

对图书馆工作人员实行分类管理和聘任,即实行固定编制人员和流动编制人员结合的人事管理制度。全校实行统一的图书馆员聘任、考核和评估标准,实行统一的职称评定办法。总馆协调全校图书馆专业队伍的建设,参与分馆固定编制人员的聘任,在学科分馆试行专业馆员派驻制;对一部分有条件的分馆,其人员可逐步纳入总馆统一管理。

加强对馆员的培养,有计划地选送业务骨干外出进修和业务培训,资助馆员以多种形式参加国内外学术研讨和交流活动,加强对馆员在服务、资源等方面的业务技能培训,开展培训讲座,提高工作人员业务素质、敬业精神和知识水平。

三、实施方案

第一阶段:2010—2013 年

目标:初步建立总、分馆协调发展并运行的北京大学文献信息资源保障体系,使全校教学、科研的文献资源保障率与共享逐步接近国际先进水平。主要工作包括:

按照《北京大学文献信息资源体系管理办法》,成立北京大学文献信息资源战略发展委员会和北京大学图书馆工作委员会和相关工作机构,开展工作;推动人文学科分馆的试验性建设,继续发展院系分馆;对总、分馆人员初步进行分类管理、聘任和考核,完善总、分馆人员和学科馆员配置,在学科分馆尝试固定编制馆员派驻制。

以学校学科建设为基础,完成部分学科文献资源的合理规划与配置。推进文献资源数字化工作,完成"北京大学知识库"的试验性项目2～3个,基本完成全校文献资源的回溯建库工作,开展其他特色数据库的建设工作。

开展读者需求调查,建立读者沟通与服务宣传推广体系。提高基础服务水平,部分实现全校文献资源的通查通阅通借通还,延长开馆时间,增加读者借书数量。

提升对教学、科研的学科信息服务水平,开展学科特色的专业化服务和个人服务,如学术竞争力信息分析、课题咨询、参考文献收集和管理、最新文献报道、数据统计分析、数字化加工、学术活动摄制、电子教参、学术研究工具软件等服务。

推动建立全校文献信息资源服务平台,促进总、分馆采用统一的自动化集成管理系统;扩大储存图书馆建设,促进总、分馆馆舍空间和环境的改善,推动古籍图书馆建设和东楼改造工程。

第二阶段:2014—2016 年

目标:逐步完善北京大学文献信息资源体系的建设,并使之有效运行,文献信息资源保障率初步达到国际先进水平。

基本完成院系资料室发展成为院系分馆的建设工作,逐步发展学科分馆,对全部总、分馆实行人员分类管理和聘任考核制度。

基本完成学科文献资源的规划和配置工作,继续进行"北京大学知识库"和其他特色数据库的建设工作,本地特色资源总量争取达到 150 TB。

基本实现全校文献资源的通查通阅通借通还工作,学科信息服务深入到各院系。

力争完成古籍图书馆的建设、东楼大修工程,改善各分馆的空间和环境。

第三阶段:2017—2020 年

目标:完成北京大学文献信息资源体系的建设,北京大学文献信息资源保障率达到世界一流大学水平。

四、建设保障

1. 经费保障

总馆的经费包括文献资源费、设备费、运行维护费,以学校投入为主。其中,除基础建设进行规模投资之外,维持正常发展的条件及经费给予基本保证。例如,文献资源费以 2009 年度(2500 万元)为基数,根据学校的发展和文献资源价格上涨幅度逐年有所增加(年增 8%)。院系科研经费应按一定比例投入所辖分馆的建设。

总馆实行以增量带动存量的政策,在各院系为分馆投入经费的基础上,为各分馆配套投入经费,用于资源建设和鼓励文献资源的通查通阅通借通还服务及其他学科服务。

各馆均应多方面积极筹集经费,并通过科研项目、争取捐赠以及参与高等教育文献资源共建共享体系建设等方式为自身的发展争取更好的条件。

2. 人事制度保障

根据图书馆工作岗位的需要,图书馆人员的结构及要求如下:

(1)固定编制人员:具备本学科或相关学科背景的高学历人员,从事管理、关键性业务岗位工作,按北京大学正式人员编制聘任;

(2)流动编制人员:具备基础文字知识与计算机技能的人员,大专学历以上,从事基础的、事务性的辅助工作,按合同制聘任;

(3)学生助理:从事介于以上人员之间的工作,分勤工俭学和学分实践两种。

建立国际一流水平的北京大学文献信息资源体系,将会改善我校教学科研的资源环境,保障文献资源适度增长,优化资源结构,开发特色资源,实现资源共建共享,提高资金和空间使用效益,大幅度提高教学科研的文献资源保障率,为本校师生提供更方便快捷深入的信息服务,进一步促进北京大学的人才培养,促进科研成果产出,从而取得良好的社会效益和经济效益,为我校建设世界一流大学提供必要的保障。

北京大学"985工程"(2010—2020)总体规划

2008年8月,中央政府正式启动了《国家中长期教育改革和发展规划纲要》(以下简称《规划纲要》)制定工作。2009年1月7日,《规划纲要》工作小组办公室面向社会公开征求意见;2010年2月28日《规划纲要》(征求意见稿)公布,再次征求意见;2010年7月29日,《国家中长期教育改革和发展规划纲要(2010—2020年)》正式发布。2010年6月,教育部和财政部联合下发了《关于加快推进世界一流大学和高水平大学建设的意见》,要求各"985工程"高校结合《国家中长期教育改革和发展规划纲要(2010—2020年)》的制定与实施,制订学校建设发展方案和切实可行的改革方案。

北京大学按照通知的要求,启动了"985工程"三期规划制定工作,根据《国家中长期教育改革和发展规划纲要(2010—2020年)》《中共中央关于进一步繁荣发展哲学社会科学的意见》和《国家中长期科学和技术发展规划纲要(2006—2020)》精神,在《北大发展战略纲要2008》的基础之上,结合北京大学当时改革与发展实际编制了《北京大学"985工程"(2010—2020)总体规划》《北京大学"985工程"2020改革方案要点》。这两个规划文本最初由职能部门分头起草,形成一个规划框架后下发到各学部、各院系,请各院系分别起草各自的具体规划上报学校,学校在各院系规划的基础上调整原来的规划,组织了不同学科专家的座谈会,对稿件修订后分学部五次征求各院系负责人的意见。最终形成定稿,经学校党政联席会审议通过后,于2010年10月28日上报教育部。本书收录的是2010年10月修改编制的文本。时任书记闵维方、校长周其凤。主持人为林建华常务副校长。主要编写人员有林建华、李晓明、李强、刘波、萧群、吴朝东、李宇宁、谢广宽、胡少诚、马信等。

规划编制说明

今后十年是北京大学创建世界一流大学的关键时期,任务十分艰巨。在编制"985工程"(2010—2020)规划的过程中,学校全面回顾和总结了"985工程"一期、二期建设经验,认真修订了学校的发展战略规划、队伍建设规划、学科规划和校园规划,进一步明确了要在中国率先成为具有特色的世界一流大学的战略目标和主要任务,制定了实现战略目标的指导方针和具体措施。

本规划根据《国家中长期教育改革和发展规划纲要(2010—2020年)》《中共中央关于进一步繁荣发展哲学社会科学的意见》和《国家中长期科学和技术发展规划纲要(2006—2020)》精神,并按照《教育部、财政部关于加快推进世界一流大学和高水平大学建设的意见》的具体要求,在《北京大学改革与发展纲要1994》《北京大学创建世界一流大学规划(2002年修订)》和《北大发展战略纲要2008》的基础之上,结合北京大学当前改革与发展实际编制的。

在发展中国家创建世界一流大学是一个复杂的过程,不仅需要坚定的信心、艰苦奋斗的精神、国家和社会的支持,还需要对学校状况和发展思路的深刻理解,以及对策略和发展进程的准确把握。本规划试图对这些问题做出说明。尽管我们尽了最大努力,但由于时间和水平所限,规划文本还有很多不尽如人意之处,对一些问题的看法和观点未必完全符合北大实际,好在规划本身还可以在执行过程中不断充实和完善。

很多院系的领导和教师参与了本规划的起草和讨论,学校和职能部门的领导都高度关注规划的制定工作,对规划的基本指导思想、基本原则和政策措施都提出了很好的建议和指导性意见。规划也凝聚了广大教师的心血与努力,有700多位教师和工作人员参与了前期《北大发展战略纲要2008》研讨和起草工作。而且,在随后的深入学习实践科学发展观过程中,有更多师生员工参与了学校发展的研讨,形成的共识构成了"985工程"(2010—2020)总体规划基础。我们感谢所有以不同方式参加讨论和提出意见的同事,没有大家的积极参与,本规划不可能完成;还要感谢参与执笔和修改的各位同事。我们希望本规划能够基本反映北京大学的基本状况和对未来发展的观点和看法,也希望本规划的实施能够使北京大学跨入一个新的发展阶段。

北京大学"985工程"(2010—2020)规划编写组
2010年10月31日

概述

创建世界一流大学是北京大学一百多年来几代人孜孜以求的理想,是全国人民对我们的殷切期望,也是国家和民族赋予我们的历史任务。在1994年北京大学党代会报告中,学校提出了要努力创建中国特色的世界一流大学的奋斗目标。江泽民总书记在1998年北京大学百年校庆纪念大会上发出的"要在中国建设若干所世界一流大学"的号召,开启了中国高等教育发展的新篇章。在刚刚过去的十年,北京大学在党和政府以及社会各界的关怀与支持下,全体师生员工艰苦奋斗、开拓创新,各项事业取得了长足发展,基本实现了"两步走"发展战略中的"打基础阶段"的各项发展目标。

从现在到2020年的十年将是北京大学改革发展的关键时期。一方面,北京大学的改革和发展进入到攻坚阶段。另一方面,《国家中长期科学和技术发展规划纲要(2006—2020)》明确提出建设创新国家的战略目标,《国家中长期教育改革和发展规划纲要(2010—2020年)》明确要求到2020年中国要进入人力资源强国行列,并提出了"建成一批国际知名、有特色、高水平的高等学校,若干所大学达到或接近世界一流大学水平,高等教育国际竞争力显著增强"的战略任务,北京大学有条件也有责任在中国率先成为世界一流大学。

为实现创建世界一流大学的战略目标,我们必须认真分析形势、总结经验、凝聚共识、明确任务,团结广大师生员工"以更加广阔的视野、更加开放的姿态、更加执著的努力,加快推进创建世界一流大学步伐,谱写北京大学发展的崭新篇章"。北京大学"985工程"(2010—2020)总体规划就是在这一指导思想下编写的,包括前言、队伍建设规划、教育改革和发展规划、学科发展规划、国际合作与交流规划、校园建设规划、近期行动计划、资金筹措等部分。本规划力求既立足于系统设计、谋划长远,又突出重点、明确近期任务;既注重明确理念和思路,又重视提出扎实的政策举措。

在前言部分,我们回顾了"985工程"实施十年来北大取得的突出成绩,总结了经验。过去十年,北京大学始终围绕创建世界一流大学目标,坚持以队伍建设为核心,以交叉学科为重点,以体制和机制创新为动力的基本指导思想,努力服务国家战略,学校办学条件得到全面改善,师资队伍不断加强,教学改革深入开展,自主创新能力进一步提高,迎来了建校以来最好的发展时期。同时,我们也分析了北大当前面临的历史机遇、挑战和北大的内在优势,分析了在中国建设世界一流大学所应当遵循的基本原则,提出了今后十年的建设目标和任务,指出了加快建设世界一流大学的策略和途径。

队伍建设规划部分阐述了面临的机遇和挑战、队伍建设的目标和原则、人事制度改革的紧迫性和面临的主要任务,并进一步阐述了队伍建设的重点任务和师德师风建设的重要意义。学术队伍是学校建设和发展的核心,我们要以极大的热情,集中资源和力量,积极引进一批世界著名学者和有很好潜力的青年学者,全面实施教师预聘制度;同时,要继续推进人事制度改革,实施教师分类管理,提高教师待遇,改善工作条件,推进合同制建设,提高教师队伍的整体水平,建设一支世界一流水准的学术队伍。

教育改革与发展部分阐述了北大本科和研究生教育改革发展规划和有关问题。人才培养是大学的核心使命;北京大学要为国家和民族培养具有国际化视野、在各行各业起引领作用、具有创新精神和实践能力的高素质人才。通过加大教学投入,要求并鼓励教师把教学作为首要任务,不断提高教育教学水平。我们要积极推进本科教育改革,努力提高质量,建设具有北大特色的多样化和全方位的人才培养体系,使我们的本科教育成为世界最好的本科教育之一。要牢固树立以学生为本的思想,积极推进研究生培养机制改革,提高人才培养质量。

学科规划部分的篇幅比较大,占了六章。我们先是从总体学科布局的角度分析了北大的学科特点,提出全面规划,重点建设的方针,着力建设以院系为基础、以跨学科机构和制度环境为纽带的网络式学科机构。同时,提出了进一步完善学术管理体制的重要性;并提出要根据学科发展趋势和国家重大战略需求,重点加强前沿和交叉学科的建设,增强整体学科实力,服务国家战略。规划按学部分析了各院系和学科的现状、特色和发展思路,还根据各学部和院系意见,列出了学部层面重点建设的领域。这次规划还将深圳研究生院的院系发展规划分别归入相关学部,目的是使大家更全面地了解学校的学科发展全貌。

在国际合作与交流规划部分,我们分析了目前面临的挑战与机遇,指出北京大学的国际合作与交流既要服务于人才培养、学科建设、队伍建设和校园文化建设等目标,还要在服务国家外交战略方面发挥积极作用,在深化各方面国际交流合作的同时,要积极推进"走出去"战略,扩大学校的国际影响。

在校园建设与规划部分,指出了北京大学发展在校园空间上面临的挑战,确立了校园规划的原则和目标;要合理控制学校建设规模,科学利用校园土地,协调学校事业规模发展与有限用地的矛盾,以利于学校的长远发展;要努力建设能够满足教学科研功能要求的现代校园,以人为本的和谐校园,保持历史文化氛围的人文校园,支撑可持续发展的绿色校园。

我们还用一章简要阐述了最近几年的行动计划。行动计划明确了近期的建设目标,分别给出了在本科和研究生教育改革、人事制度改革与队伍建设、学部和院系发展等方面的工作任务,列出了学校应当重点建设的几个重大领域。行动计划的内容尽可能具体和明确,以指导"985工程"今后几年的工作。

在资金筹措与安排中,我们重点强调要"开源节流",提高资源的使用效益。实现创建世界一流大学的目标,仅靠国家的财政支持是不足的,要调动各方积极性,加强社会筹资,增强整体办学和科研能力,努力开拓财源;与此同时,要树立"经营"观念,厉行节约,反对浪费,提高资源的使用效益,实现学校的健康和可持续发展。本章的最后部分简要介绍了"985工程"的2010—2013期间的资金安排、资金管理制度等方面的内容。

从百年校庆至今,经过两期"985工程"建设,北京大学发生了巨大的变化;展望未来,我们既充满信心,也深感任务艰巨、责任重大。我们要牢记110周年校庆前夕胡锦涛总书记视察北大时的嘱托,要以更加广阔的视野、更加开放的姿态、更加执著的努力,加快推进创建世界一流大学的步伐,谱写北京大学发展的崭新篇章。

一、前言

(一)"985工程"十年建设成效

"985工程"一期(1999—2004)是北京大学创建世界一流大学的起步阶段。在这一阶段,学校通过人事制度和工资制度改革,极大调动了广大教职员工的积极性,学术队伍的整体活力明显提高;与此同时,通过加大对教学科研条件的投入,学校的教学科研条件显著改善。"985工程"一期的基本指导思想是"择优扶重",重点支持实力相对较强的基础学科,并为应用学科的发展提供宽松的政策环境。经过一期建设,北京大学的基础学科大大加强,应用学科发展势头迅猛,教育教学改革取得实质性进展,整体学术研究能力显著增强,学校的国际声望明显提高。

在"985工程"二期(2004—2009)中,根据北京大学的学科特点和"985工程"一期经验,学校提出了"以队伍建设为核心,以交叉学科为重点,以体制机制改革为动力,推进学术创新平台建设和学校全面发展"的基本指导思想,在学科布局调整、学术队伍建设、人才培养和制度建设等方面都取得了很大的进展。"985工程"二期在一些重要前沿和交叉学科领域建设了新的机构、聚集了一批优秀学者,使北大的学科布局更加合理、学术研究更加活跃、整体学术实力大大加强。学校还特别加强了公共研究设施和创新平台的建设,鼓励和支持不同学科学者之间的合作,针对学术前沿领域和国家重大需求开展合作研究。与此同时,学校在一些单位试行新的人事聘任制度和预算制度,增强了学术队伍的竞争力,为学校整体制度改革和现代大学制度建设积累了有益经验。学校还进一步推进本科教育教学改革和研究生培养机制改革,提高了人才培养的整体水平。

经过十年建设,我们在学科布局、制度建设、队伍建设、教学改革和科学研究等方面都取得很大进展,学科布局更趋合理,学术队伍更具活力,整体科研实力进一步增强,教学水平和质量有了很大提高,为学校下一步快速发展奠定了坚实基础。

1. 学科布局更加合理,整体实力显著增强

经过十年建设,北大的基础学科得到了进一步加强,前沿与交叉学科发展迅速,工程与应用学科初具规模,整体学术创新能力大大增强。

基础学科实力增强。在"985工程"建设中,学校一直把基础学科的建设作为重中之重,在加强院系建设的同时,还在基础学科领域组建了北京国际数学中心、统计科学中心、量子材料科学中心、科维理天文与天体物理研究所等机构,聚集了一批世界水平的优秀学者。同

时,加强了北京分子科学国家实验室,以及介观物理、湍流与复杂系统、核物理等基础学科国家重点实验室的建设,基础理科的整体实力大大增强。在基础人文与社科领域,在支持教师兴趣导向研究的同时,学校大力推进跨院系、跨学科合作,加强国家重点人文社会科学研究基地的建设,在中华典籍整理、中华文明探源工程、医疗卫生体制改革、出生缺陷干预与生殖健康、和谐社会发展、"三农"等一系列重大领域做出了重要成就,《中华文明史》《儒藏》和"北京论坛"等成果已成为中国人文社会科学发展的标志。

交叉学科发展迅速。北大历来重视交叉学科的建设,上世纪七十年代末就建立了环境研究中心、脑与认知研究中心和语言与听觉研究中心等交叉学科研究机构。在"985工程"建设中,学校一直将交叉学科作为学科布局和发展的重点,组建了前沿与交叉学科研究院、分子医学研究所、深圳化学基因组学实验室、生物动态光学成像中心、功能成像中心、临床研究所等新的交叉学科研究机构,理论生物学中心、生物医学跨学科中心、纳米中心等跨学科研究机构快速发展;建立了核磁中心、超净实验室、动物中心和中国社会科学调查中心等重要的公共研究平台。近年来,北大的交叉学科团队在生物医学、创新药物、能源资源、中国社会发展等领域取得了一批重大研究进展,陆续承担了多项国家重大专项和重大国际合作项目,理论生物中心也成为首个交叉学科领域的自然科学基金委创新群体。与此同时,北大在交叉学科领域创新人才培养方面也取得了进展,一批优秀青年学生崭露头角,主要由本科生组成的竞赛队伍在国际基因工程机器设计竞赛中获得唯一大奖。北大在前沿和交叉学科领域的布局已初具规模。

应用与工程技术学科发展迅猛。近十年来,学校把工程和应用学科建设作为服务国家发展战略、创建世界一流大学的重要组成部分,将微电子、计算机、电子和智能等学科组建成信息科学技术学院,并先后组建了软件与微电子学院、工学院、环境科学与工程学院、建筑与景观设计学院,成立了在全校范围内协调国防科学技术研究的先进技术研究院。北大工程和应用学科借助本校雄厚的学科基础,面向国家重大需求和国际工程学科发展前沿,汇聚了一批海内外优秀学者,广泛开展与国内外知名高校、科研院所和企业的合作,在科学技术创新和成果转化、创新人才培养等方面积极探索,取得了优异成绩。

过去十年,是北京大学学科发展最为迅速的一个时期。据国际基本科学指标(ESI)公布的数据,北大的数学、物理、化学、生物与生物化学、工程科学、材料科学、植物和动物科学、地球科学、环境科学与生态学、临床医学、药学与毒理学、计算机科学、神经与行为科学、一般社会科学,以及分子生物学与遗传学等共15个学科的研究产出都进入全球大学和科研机构的前1%,其中化学学科论文数排名全球第17位,引用次数排名第46位。根据2009年10月《美国新闻与世界报道》对各国大学的分领域排名,北京大学的自然科学位居全球第19,生命科学与生物医学第19,艺术与人文学科第16,社会科学第21,工程与信息科学第31。

"985工程"实施以来,北京大学获得的研究经费从1999年的1.64亿元增加到2009年的12.7亿元。十年来,北大在人文、社会科学、理工和医学领域都取得了一批重大研究成果,在国内外产生了很大影响。在SCI期刊上发表的论文数从1999年的1400篇增加到2009年的4455篇,发表论文期刊的平均影响因子也从1.21提高到2.56。王选教授、徐光宪教授获得了国家最高科学技术奖。1999年以来,北大获得国家自然科学奖、科技进步奖和发明奖53项,何梁何利科学与技术成就奖2项,24项科技成果入选"中国高校十大科技进展",2009年就获得教育部高等学校科学研究优秀成果奖(人文社会科学)59项,其中一等奖8项。以激光汉字照排系统、稀土分离理论、变压吸附气体分离技术、原子钟等为代表的一批科技成果得到实际应用。北大以国家实验室、国家重点实验室和工程中心、省部级重点实验室、人文社会科学重点研究基地和交叉学科研究中心等为基础,构成了较为完整的科研体系,形成了有传统优势的人文、社会科学、自然科学、医学科学等学科不断加强,管理科学、工程技术和应用科学,以及前沿与交叉学科迅速发展的格局,学科整体实力跨上了一个新台阶。

2. 积极推进人事制度改革,学术队伍整体水准大幅提高

学校始终坚持将学术队伍建设作为学校建设的核心,在"985工程"一期建设中,率先开展了人事制度改革,在全校实行的聘任制和岗位津贴制度大大激发了教职员工的积极性和创造性,促进了各项事业的蓬勃发展。在"985工程"二期建设中,学校进一步提出"以队伍建设为核心"的指导思想,根据学科的实际情况,进行了多层次队伍建设的改革探索,使学术队伍整体水平大幅提高。

第一,在全校范围内推进国家"千人计划"和教育部"长江学者"计划的同时,学校设立了主要用于引进优秀青年学者的"百人计划",试行了教师预聘制度。第二,光华管理学院、经济学院、法学院、中国经济研究中心、政府管理学院等财政状况比较好的院系实施了新的薪酬制度,学校提供基本工资、岗位津贴等基本待遇,院系则根据教师的工作状况和队伍建设需要,建立了院系津贴体系。第三,在一些新成立的前沿和交叉学科研究机构中,如分子医学研究所、科维理天文与天体物理研究所、生物动态成像研究中心、深圳研究生院等单位实施了年薪制和预算管理制度,学校提供基本工资和岗位津贴外,还建立了特殊津贴和年度预算制度。新的管理制度增强了责任和成本意识,使这些单位既充满活力,聚集了一批优秀人才,又提高了学校资源的使用效益。第四,在一些竞争比较激烈的领域,学校采取局部调整的策略,生命学院和工学院的新聘人员实行年薪制和预聘制度,原有教师仍然按原体制运行。这对于突破瓶颈,迅速提高学术队伍水准、加快院系发展起到了很好的作用。同时,学校还在一些学科重点建设了一批研究中心,利用中心的特殊政策和资源,加强队伍建设,如理科的北京国际数学研究中心、统计科学中心、量子材料科学中心,人文社会科学的高等人文研究院、中国社会科学调查中心等,都在学科建设和队伍建设方面发挥了积极作用。

通过持续实施人才强校战略、推进人事制度改革,北京大学的学术队伍建设取得了明显的进展。教师队伍的整体状况明显改善,一批优秀的中青年学者已经成为学校教学科研的中坚力量,同时涌现出一批具有较大国际影响的优秀学者。目前,北大在一些重要的学科领域已经进入国际前沿,部分领域取得了世界领先的研究成果。但我们也认识到,学校进行的人事制度改革仍然是局部的,还需不断总结经验,完善制度,形成更加合理的人事管理体系,才能进一步增强学校整体竞争力,实现学校的可持续发展。

3. 本科教育改革取得进展

学校一直把推进本科教育改革,提高人才培养质量,作为学校建设和工作的重点。20世纪80年代,针对国家社会经济的发展和变化以及本科专业过细过窄的状况,学校提出了"加强基础,淡化专业,因材施教,分流培养"十六字教育改革方针,进行了一系列的课程设置、培养方案调整和改革。

1999年,学校启动了以加强通识教育为特征的本科教育教学改革——元培计划。元培学院学生在低年级开展通识和基础教育,高年级进行宽口径专业教育,实行在导师指导下的

自由选课和选择专业制度。在学生管理方面,实行统一的住宿、学籍和学生管理。在元培计划经验基础上,学校全面修订了本科教学计划,加强了主干基础课建设,建立了通选课、大类平台课体系和模块化课程体系,加强了学生的素质教育和实践教育环节,实行了更灵活的选课制、转系转专业制度和辅修/双学位制度,建立了面向国内外学生及社会公众的暑期学校。这些措施使北大本科教育改革更加深入,整体教育质量和水平不断提高。元培计划为北京大学本科教育改革积累了经验,奠定了进一步发展的基础。与此同时,学校扎实推进思想政治理论课建设和第二课堂建设,用社会主义核心价值体系教育学生,以健康向上的校园文化氛围促进学生"文明生活、健康成才"。学校还利用国家留学基金项目、校际交换、海外暑期学校及院系交换等方式,加大对本科生海外学习和交流的支持力度,拓展学生的国际视野。北京大学在推进面向现代化、面向世界、面向未来的创新人才培养体系建设方面已经取得了初步成就。

4. 培养机制改革取得进展,研究教育体系基本形成

自 1978 年恢复研究生教育和 1981 年实施学位制度以来,我校研究生教育取得了长足的发展,招生规模稳定增加,研究生教育的制度、培养体系和管理体系逐步完善。

学科布局不断完善,形成了学术学位与专业学位协调发展的良好态势。北京大学现有哲学、经济学、法学、教育学、文学、历史学、理学、工学、医学、管理学等 10 个学科门类,包括 38 个一级学科博士学位授权点(含 217 个二级学科),以及 2 个二级学科博士学位授权点,自主设置的二级学科 49 个。研究生在校生规模从 1999 年 8048 人增长到了 2009 年 19513 人;在校留学研究生规模从 2000 年 231 人增加到 2009 年 590 人。截止到 2009 年共毕业研究生 51465 人,为国家和社会培养了大批高层次创新型建设人才。近年来,北大的专业学位教育发展很快,现有 14 种专业学位类型,应用型人才培养体系逐步完善,培养了一大批适应社会需要的高层次专业人才。

稳步推进研究生培养机制改革,完善培养制度,不断提高研究生培养质量。学校全面推进博士学位论文匿名评审和导师回避制,建立了研究生教育的质量保证体系。积极推进研究生教育创新计划,促进北大优质教育资源的开放共享,营造创新环境和氛围。通过研究生助研岗位和助研津贴制度,基本建立和完善了研究生资助体系。改进博士生指导教师遴选办法,选拔了一批学术造诣较高、活跃在科研一线的中青年学者(尚无教授职称)担任博士生指导教师。在招生方面,扩大免试推荐、直接攻读博士和硕博连读研究生的比例,研究生招生正在向以素质和能力考核为主的机制过渡。另外,学校还缩短了专业学位的学习年限,逐步减少学术型硕士研究生的规模,推进博士生学制改革,鼓励直接攻读博士学位。在留学生培养方面,外国留学生招生已经全面实行"申请—审核制",还通过建设英文授课的学位项目和与国外知名大学联合培养等方式,扩大留学生规模,吸引优秀留学生,使得留学生在数量、国别、专业结构等方面都有较大改善。

5. 基础条件显著改善,办学实力大大增强

"985 工程"实施以来,我校图书馆、实验室、教室、办公室、体育馆等基础设施的建设规模和速度超过历史上任何时期,基础设施长期制约学校发展的状况明显缓解。

2000 年以来,全校新增教室、办公室、实验室、学生宿舍、学生食堂等各类房屋建筑面积约 85 万平方米,新增建设面积相当于 20 世纪 50 年代到 2000 年建设面积的总和。国际关系学院大楼、教育学院大楼、政府管理学院大楼、新法学楼、光华企业家研修院大楼、经济学院

综合楼、北大医院大楼、第二教学楼、医学部教学大楼等相继建成并投入使用,第一、第三、第四教学楼和文史楼的改造完成,大大改善了学校的办学条件。为了拓展学校未来发展空间,对昌平校区进行了重新规划和改造,使之成为学校未来的重要科学研究基地。为了改善学生的住宿条件,学校新建了畅春园、畅春新园学生宿舍和中关园留学生公寓,改建了多栋学生宿舍,学生整体生活环境得到改善。在体育设施建设方面,学校自筹资金新建了2.6万平方米的综合体育馆,为2008年北京奥运会及残奥会乒乓球比赛的顺利举办做出了重要贡献,也大大改善了广大师生的体育活动条件。

近年来,学校加强了多媒体教室和语音教室的建设。多媒体教室从1998年的4间发展到现在的256间。校内所有楼宇实现联网,并在2002年5月建成我国第一个校园无线局域网络。校园网用户管理系统实现了统一认证、统一管理和统一计费。新生入学系统、学生综合管理系统等跨部门协作的管理系统相继投入运行,为保障教学科研工作的顺利开展发挥了重要作用。截止到2009年12月,北京大学图书馆馆藏总量已逾852万册、数据库455种、电子期刊48078种、电子图书逾200万种,成为亚洲规模最大的大学图书馆之一。近年来,随着数字图书馆资源和服务体系的不断发展,各院系分馆的协调与融合,结合中国高等教育文献保障系统(CALIS)和中国高校人文社会科学文献中心(CASHL)的规模化建设,一个具有现代化国际水准的大学文献信息资源体系已见雏形。

公共超净实验平台的建设和运行,有效改善了纳米科学研究的条件。在河北坝上三北防护林区建成的生态实验站,成为重要的环境和生态研究基地,也为学生提供了优良的野外实习场所。实验动物中心通过了国际权威组织的全面认证,为北大生物医学研究奠定了坚实的基础。

6. 国际合作交流活跃,国际声誉显著提高

"985工程"实施以来,北京大学紧密围绕创建世界一流大学的核心工作,通过全方位、多层次、宽领域对外工作,积极拓展国际交流空间,为学校的学科发展、科学研究和人才培养提供了有力保障和服务;学校还积极配合国家总体外交战略,充分发挥民间外交舞台的作用,提升了北大的世界影响力。

通过"国家建设高水平大学公派研究生项目""学生海外学习项目"、校际交流、暑期学校等多元化渠道,为在校生提供长期或短期海外学习机会。目前已经有50%硕士生、70%博士生在读期间至少有一次出国(境)参与国际学术交流活动,部分院系本科生在校期间也获得了出国交流和学习机会。外国留学生教育也取得了长足的发展。在校攻读学位留学生从2000年1100多人发展到2009年2800人。赴海外直接招收留学生使生源结构日渐优化,质量不断提高。学校积极推进英文授课的研究生项目,与国外一流大学开展本科生教育合作,开办国际暑期学校,吸引了大批优秀的留学生前来学习。

积极利用国际智力资源。利用"北京大学海外学者讲学计划"和外专局和教育部的引智基地,邀请了大批国际著名学者来校访问,参与学校的教学科研工作,取得了很好的效果,国际合作发表论文的数量逐年提高。近年来,学校积极推进与海外高校的实质性合作,1998年至今建立了25个涉外研究中心,包括德国中心、希腊研究中心、科维理天文和天体物理研究所、北大林肯土地政策研究院等,成为促进跨学科、跨地域学术研究和引进优秀学者的重要平台。

过去十余年,北大的国际合作与交流层次不断提高,实现了两个显著的转变:参与主体

由部分院系向全校整体参与转变;交流方式也由单一向多元,从双边向双边与多边共存转变,国际交流对学校的发展与建设发挥了重要作用。

7. "985 工程"十年总结

回首"985 工程"建设十年,北京大学进步显著、成就斐然,这得益于国家和社会的大力支持,得益于中国经济社会持续和快速的发展,离不开全校师生员工的不懈努力,也与学校实事求是地制定改革发展的方针和政策密不可分。在新的发展时期,总结以往经验,找出不足,对实现新的跨越是十分必要的。

创建世界一流大学必须始终坚持北大的使命与追求,坚持党的领导,按照科学发展观的要求,科学把握改革、发展、稳定之间的关系。坚持正确办学方向,以发展为主题,以改革为动力,以创新为灵魂,以稳定为保证,实现学校快速和持续发展。

创建世界一流大学必须紧密结合中国实际。既要根据世界高等教育发展趋势和学科发展前沿,积极发展前沿和交叉学科,大幅提高学校整体教学科研水平,也要密切结合国家重大需求,发挥北大基础研究优势,着力解决国家发展面临的重大问题,在贡献中求发展,在国家崛起和民族复兴的历史进程中,实现大学自己的目标。

创建世界一流大学必须紧密结合北大实际。为实现创建世界一流大学的宏伟目标,我们必须解放思想、开拓创新、锐意改革,大力推进学校的学科建设、队伍建设和体制机制建设。与此同时,学校发展的根本动力来自广大师生员工,必须坚持以教师和学生为本的方针,根据学校的实际情况,制定切实可行的发展战略和措施,实现学校的稳定和发展。

学校创建世界一流大学要坚持以队伍建设为核心。学校要大力营造和培育优良学风和校风,充分发挥北大的整体学科优势,集中力量和资源,在全球范围内大力引进优秀人才,尽快提升学校的整体实力。与此同时,要积极推进学校人事制度改革,努力改善学校整体工作和生活环境,营造良好的学术氛围,使在校教师能够抵御诱惑,安心学问。

创建世界一流大学必须坚持以人才培养为根本使命。在大学的人才培养、知识创新和社会服务三项主要功能中,人才培养是学校的根本使命。要紧密围绕提高教育质量这一核心任务,正确处理好教学与科研的关系,积极推进学校各项工作健康发展。在教育改革中,既要借鉴世界一流大学的成功经验,也要结合中国和北大实际,制订科学合理的方案,稳步推进。

(二) 加快推进创建世界一流大学步伐

1998 年,江泽民同志在北大百年校庆大会上发出了"为实现现代化,我国要有若干所具有世界先进水平的一流大学"号召。过去十年,北京大学响应号召,科学规划,精心部署,稳步实施,各项事业快速发展,成果显著,缩短了与世界一流大学的距离。在北大建校 110 周年之际,胡锦涛同志提出要进一步加快推进创建世界一流大学步伐,最近发布的《国家中长期教育改革和发展规划纲要》也明确提出,到 2020 年要有若干所大学达到或接近世界一流大学水平。这要求我们要以更广阔的视野、更加开放的姿态、更加执著的努力,加快推进创建世界一流大学的进程,谱写北京大学发展的崭新篇章。

1. 世界水准的一流大学

纵观世界一流大学,尽管它们千差万别、各具特色,但都具有一些共同的特征。第一,它们都聚集了一批世界公认的、最优秀的学者,并且培养出了众多在各行各业发挥领导作用的杰出人才。第二,具有一批位于世界前列的学科,并取得了一批划时代意义的研究成果。第三,具有不断进取、开拓创新和追求卓越的精神和传统,具有优良的学风和校风。第四,对自身特点有清醒的认识,具有鲜明的办学特色,具备核心竞争力。正如江泽民同志所指出的:这样的大学,应该是培养和造就高素质的创造性人才的摇篮,应该是认识未知世界、探求客观真理、为人类解决面临的重大课题提供科学依据的前沿,应该是知识创新、推动科学技术成果向现实生产力转化的重要力量,应该是民族优秀文化与世界先进文明成果交流借鉴的桥梁。总之,世界一流大学是具有世界影响力的学术殿堂。

2. 形势、机遇和挑战

改革开放30年来,随着经济持续快速发展,中国发生了历史性变化,人们的生活水平大大改善,国际地位显著提高。与此同时,我们面临着资源过度消耗、环境污染严重、产业结构不尽合理、社会保障体系亟待完善等诸多重大问题。这些问题的解决不仅需要科学技术和社会发展理论的创新,还需要一大批具有开拓精神、能够应对未来挑战的拔尖创新人才。因此,创建世界一流大学不仅是北京大学自身要求,也是民族振兴和全面建设小康社会的国家需要。

随着社会经济发展和人民生活水平提高,在实现了高等教育规模扩张后,社会大众对教育质量的要求日益提高,希望下一代能够接受更好的教育。党和政府高度重视教育,把教育置于优先发展的地位,提出要加快建设中国特色现代高等教育,实现高等教育的历史性跨越。所有这些都为创建世界一流大学提供了良好的社会环境。

中国的快速发展改变了世界格局,中国面临的问题也受到国际学术界越来越多的关注。与此同时,不断增强的国力使我们有能力建设一批世界水平的一流大学。我们要抓住难得的历史机遇,秉承追求真理、追求卓越、培养人才、繁荣学术、服务人民、造福社会的办学理念,加强学科建设和队伍建设,在为国家发展和民族振兴做出贡献的同时,使北京大学尽快成为世界一流的研究型大学。

在创建世界一流大学的进程中,我们也面临诸多来自外部和内部的挑战。

大学制度亟待完善。我们现行的大学制度存在诸多不尽合理之处。从学校外部看,过多的行政干预束缚了大学的主动性和创造性。从学校内部看,管理构架和院系结构不尽合理、学术权力和行政权力失衡等问题制约着学校的发展。大学具有很强的公益性质,大学的使命和任务要求我们不惜成本地追求卓越,提高学校的教育和学术研究水平。而大学的资源是有限的,这要求我们要尽可能地提高资源的利用效益。合理的大学制度有助于确保学校在有限资源条件下,最有效地完成大学使命和任务,并能够争取更多的社会资源。

学术氛围亟待改善。中国社会经济的快速发展为大学提供了良好的发展机遇,但同时也带来了浮躁、急功近利、投机取巧等不良风气。这些社会不良风气已经严重侵蚀了大学崇尚学术、坚持真理、追求卓越等核心价值和理念。我们的确看到了个别教师和学生为追逐私利而不惜损害学校的整体声誉和利益,为一时功利而舍弃学术理想和道德准则的现象。但我们必须坚持"守正,创新"的原则,旗帜鲜明地反对一切不良风气,努力营造良好的学术氛围,使学校真正成为高雅的学术殿堂。

人才竞争异常激烈,创建世界一流大学必须建设世界一流的学术队伍。因此,我们将直接与世界最优秀大学竞争优秀人才。即使在国内,人才竞争也非常激烈,很多优秀大学将资源集中在少数几个优势领域,大力吸引世界优秀人才。我们在人才竞争中面临的严峻挑战是北京地区高昂的生活成本,尽管国家给予我们很大支持,我们也努力提高新聘人员的生活待遇,但高昂的生活成本和房价使新聘人员很难在北京安居乐业。因此,我们必须清醒地认识到人才竞争的重要性和艰巨性,适时调整队伍建设策略,集中资源在某些关键领域,努力吸引世界最优秀人才,加强引进最有发展潜力的青年优秀人才。与此同时,要认真研究引进人才的住房问题,制定好长远规划和策略。

3. 北大的内在优势

北京大学是一所具有独特历史地位和精神传统的学校。"爱国、进步、民主、科学"的精神激励着我们承担更大的社会责任,为创建世界一流的北京大学,为国家发展和民族复兴而奋发努力。"思想自由、兼容并包"的学术传统和"勤奋、严谨、求实、创新"的优良学风使北大一直保持崇尚学术和宽松自由的学术氛围,也激励着一代代北大人不断追求真理、追求卓越、勇于开拓创新。北大的精神文化传统体现了中国传统文化的精髓和内涵,也代表了现代高水平研究型大学的学术气质,是我们创建世界一流大学最宝贵的精神财富。

从学科布局看,北大在人文、社科、理学和医学有很好的基础和积淀,工程学科也以高新技术和新兴工程学科为主,这使我们最有条件在学科前沿和交叉学科领域开展原创性研究,为国家经济社会发展做出贡献。王选教授的汉字激光照排系统和方正的成功,就是一个典型的事例。经过十多年的集中建设,北大的基础条件和设施明显改善,一批具有国际水平的研究基地已经形成。与此同时,面对未来的严峻挑战,国家已经越来越深刻地认识到原始创新和拔尖创新人才培养的重要性,开始加大对基础研究和拔尖创新人才培养的支持力度,这将使北京大学的未来发展处于更有利的地位。

悠久的历史传统、兼容并包和自由的学术氛围、严谨的学风,以及尊重人才、学术独立、追求卓越的理念使北大成为中国最具影响力的大学,成为吸引、培养和聚集优秀人才的学术殿堂。我们已经初步形成了一个规模合理、综合实力较强的高水平教师队伍,聚集了全国最优秀的青年学生。崇高的国际声誉也使北大在国际合作、吸引海外优秀人才等方面处于有利地位。

上述内在优势使我们有理由坚信,在国家和社会公众的大力支持下,经过全体师生员工的共同努力,北大一定能够在中国率先进入世界一流大学的行列。

4. 创建世界一流大学的目标和任务

将北京大学建设成为享誉世界的一流大学是我们坚定不移的战略目标。

《国家中长期教育改革和发展规划纲要》明确提出到2020年建成若干所世界一流大学。创建世界一流大学不仅是国家和社会公众的期望,也是百年来几代北大人的理想。我们要坚定信心,团结一致,艰苦奋斗,勇于创新,以更加广阔的视野、更加开放的姿态、更加执著的努力,加快创建世界一流大学步伐,谱写北京大学发展的崭新篇章。

我们将紧密围绕创新人才培养的根本使命,以队伍建设为核心,以制度建设和体制机制创新为动力,面向国家战略需求和学科前沿,全面规划,重点突破,努力使北京大学率先成为世界一流大学。今后的主要任务有以下几点:

全面规划并逐步完善现代大学制度。调整学校体制结构,明确职能,完善制度。进一步完善评价体系,加强师德建设,营造潜心学问的良好氛围,树立健康的道德风尚和形象。完善人事制度,新聘学术人员全面实行预聘制度。完善教师分类管理制度和人员的合同聘任制度。以提高资源使用效益为原则,完善成本核算和预算管理制度,调动各方积极性,提高学校整体活力和竞争能力。

建立世界水准的人才队伍。采取有效措施,加强学术队伍建设,使北京大学的学术队伍整体水平达到世界最优秀大学水准,在若干重要领域拥有一批世界级的学术领军人物,同时建立起一支强有力的管理服务和技术支撑队伍,为学术队伍提供有力保障。

培养各领域拔尖创新人才。以提高整体素质和创新能力为核心,积极推进本科教育教学改革,建立和完善面向世界、面向未来、面向现代化的多样化和全方位本科教育体系,使北大的本科教育成为世界上最好的本科教育之一。深化研究生培养机制改革,提高研究生培养质量,使北大的学术型研究生培养进入世界先进行列,专业学位研究生成为深受业界欢迎的专业人才。

大幅度提高整体学科实力。面向国家战略需求和学科发展前沿,进一步加强前沿和交叉学科建设,发展工程技术和应用学科,调整和完善学科布局和结构,使学校整体学科实力达到世界先进水平,部分重要学科领域进入世界一流水平。取得一批对国家发展、社会进步有重要影响的学科前沿研究成果。改进科研管理与服务能力,健全知识产权管理和技术转移体系。

提高国际交流与合作水平。紧密围绕人才培养根本使命,着力推进学生海外学习和合作研究,拓展学生的国际视野,大幅提高留学生教育质量和水平。积极配合学校学科和队伍建设,加强与世界最优秀大学教育和科研的实质性合作,积极引进外籍教师,提高学校的整体国际化水平。

北京大学的发展进入了又一个关键时期。回顾过去,展望未来,我们充满信心。在党和政府的领导和社会各界的支持下,经过全校师生员工的不懈努力,我们一定能够使北大率先成为一所在世界范围内享有崇高声誉的一流大学。

二、队伍建设规划

大学的学术地位和声誉取决于学术队伍,大学发展的关键是不断延揽世界最优秀学者,并从制度上保证队伍整体水平能持续提高。为实现创建世界一流大学的宏伟目标,未来十年,北京大学必须全力以赴地在世界范围内吸引一大批最优秀的学者,并努力培养和造就一大批杰出人才,增强学校在国际学术界的竞争力和影响力。

(一)队伍建设的机遇和挑战

1. 学术队伍的基本情况

北京大学学术队伍的结构比较合理,整体实力较强。截止到 2009 年底,共有教师 5866 人(含附属医院 2848 人),分布在 5 个学部和 9 个临床医院,其中中国科学院院士 58 名,中国工程科学院院士 8 名[①],人文社科资深教授 22 名,第三世界科学院院士 16 名。近年来,一大批优秀中青年学者迅速成长,学校现有 21 位国家"千人计划"学者、127 位"长江学者奖励计划"特聘教授和讲座教授、145 位国家杰出青年科学基金获得者和一大批人文和社会科学的优秀中青年学者,他们中有很多人在国际学术界享有很高的声誉。目前,学校的中青年学者已成为学校的中坚力量,承担着学校主要教学和科研任务,其中 15 位是国家教学名师,28 人担任"973 项目"首席科学家,还有 16 个基金委创新群体、22 个教育部创新团队。为进一步加强学术队伍建设,学校设立了旨在引进优秀青年学者的"百人计划",并在一些新设立的

---

① 人事关系在北大的两院院士人数为 42 人。

研究机构中实行了预聘制度和年薪制,使学校的整体学术竞争力得到显著增强。与此同时,学校非常重视管理服务和技术支撑队伍的建设,一批年富力强、有实际工作经验的学者充实到管理岗位。实验技术队伍的学历层次显著提升,学校现有实验技术人员约800人,其中具有高级技术职称的约90人。

2. 面临的机遇和挑战

我们也清醒地认识到,与创建世界一流大学的总体要求相比,北大的学术队伍整体实力和学术影响力仍然存在差距,队伍建设还面临着诸多困难和挑战。

人才竞争意识亟待加强。北大具有良好的学术声誉和学术氛围,现有学术队伍总体状况比较好,这使得我们在队伍建设上的危机意识淡薄。这反映在对人才引进的重要性认识不足,对队伍的前瞻性布局考虑不够,存在"守株待兔"现象,个别单位还存在平均主义甚至"武大郎开店"的思想。北大在队伍建设上存在诸多危机。首先,创建世界一流大学要求在全球延揽最优秀的人才,学校必须要直接面对世界一流大学的人才竞争,但是,无论是财力和制度,我们显然目前还不具备全面竞争的条件,因此,必须利用特殊机制形成局部竞争优势。其次,学校的规模较大、人均资源相对不足,因此,我们需要发挥整体学科水平较高的优势,大力发展前沿和交叉学科,营造良好的学术环境和氛围,形成高端人才竞争的局部优势。另外,北京高昂的生活成本也增加了队伍建设的难度。

人事管理体制有待完善。学校在1999年和2004年先后进行了两次人事制度改革,实行的岗位聘任制度极大地激发了教师的积极性和创造力,促进了学校的发展和建设。近年来,为应对激烈的人才竞争,学校局部试行了教师预聘制度和协议年薪制,聘任了一批世界知名的资深学者和优秀青年学者。与此同时,还采取了多种措施,促进现有教师队伍的成长,改善教师待遇。但一些深层次的制度性问题也逐步显露出来。例如,新旧人事体制教师在评价方式、薪酬管理方面的差异,导致了很多管理上的瓶颈与困难;现有教师编制人员的类别和职责不清,使学校和院系很难进行有效的评价和考核;另外,聘用外籍教师和利用劳动合同制扩大专职科研队伍规模也面临诸多体制性的障碍。

学术评价体系亟待完善。学术评价体系对于贯彻学校使命和任务、平衡教学与科研关系和提高学校整体学术水平都具有重要影响。学术评价涉及对学术机构的评价、对教师的评价和对学生的评价,对教师的评价包括聘任、聘岗和晋升等。我们现行的学术评价常常流于形式,存在很多弊端。例如,对机构的学术评价往往偏重已取得的成绩,忽视对未来发展潜力和学科布局的评价;对教师的评价往往偏重科研而忽视教学,导致教学与科研的关系失衡;另外,我们的学术评价往往满足于自身纵向上的变化,而缺乏与世界顶尖机构的横向对比。我们要进一步完善学术评价体系,使学术评价带给我们更多的危机意识、使命感和责任意识。

北大的学术队伍建设也面临着难得的发展机遇。

国家的整体宏观形势为队伍建设提供了良好的社会环境。《国家中长期人才发展规划纲要》和《国家中长期教育改革发展规划纲要》都把建设高水平的学术队伍作为国家高等教育和科学技术发展的重点;国家积极推进大学制度建设的各项举措为人事制度改革提供了强劲的动力;国家对教育、科研投入的增长为建设高水平学术队伍提供了保障,社会各界支持教育发展的愿望也非常强烈。

改革开放以来,一大批海外留学人员已经成长为优秀学者,他们都希望能够为国家的发展、民族的振兴贡献力量。这是我国教育和学术发展的重要人才库;中国面临的重大问题正逐步成为国际学术界关心的前沿问题和焦点;国内大学条件的改善、国家教育和科技投入增加、国家建设高水平高等教育的决心都强烈吸引大批海外优秀学者回国效力。

北大卓越的学术和文化传统、深厚的学术积淀、优秀的学术队伍和出色的生源质量使我们在国内外学界拥有崇高的声誉,北大是海内外学人创新知识、培育英才、服务社会的最理想的平台;兼容并包的传统、严谨的学风、完善的学科布局和良好的基础设施条件都使北大成为回国学者的首选。

(二) 学术队伍建设目标和原则

1. 队伍建设的目标

创建世界一流大学必须具有一支世界一流水准的学术队伍。学校队伍建设的战略目标是要在2020年使北京大学学术队伍的整体水平达到世界最优秀大学水准,在若干重要领域有一批世界级的学术领军人物。

2. 队伍建设的原则

队伍建设是创建世界一流大学的关键,人事制度改革涉及各方利益,必须处理好学科建设与队伍建设,规模、结构与效益,引进与培养,制度规范化与特殊机制之间的关系,确保学校快速和稳定发展。

队伍建设与学科建设相结合的原则。人才引进对实现学校跨越发展具有重要意义,但人才引进一定要严格按照学校和院系学科布局实施,以保证有效利用学校资源。

兼顾规模、结构与效益的原则。学校的各项事业发展很快,研究生数量增加了一倍,科研经费数增加5倍,但学校的教学科研队伍规模基本没有变化。总体看,我们各类队伍的规模应适当增加,要适当增加学术带头人的规模和技术支撑、服务管理人员规模,要充分利用劳动合同制方式聘用技术支撑和服务管理人员。

人才引进与现有队伍培养相结合的原则。为实现创建世界一流大学目标,我们必须把高层次人才和优秀青年学者的引进作为队伍建设的重点;要努力改善现有教师的生活和工作条件,创造更好的条件,使他们尽快成长;要加强院系领导力量,要建立强有力的学生管理队伍。

制度规范化与特殊机制相协调的原则。人事制度改革涉及每个人切身利益,既要明确改革目标,做好整体制度设计,又要制订切实可行实施方案。对重点领域,学校要加大投入,建立特殊机制,努力使部分重要学科进入世界前列。与此同时,要逐步建立规范的人事制度体系,确保学校健康和可持续发展。

(三) 教师和人事管理体制改革

大学发展的关键在于延揽人才,并使他们安心学术和人才培养,这需要制度来保障。过去十年,北大进行了两次全面人事制度改革,初步建立了较为合理的教师和人事管理制度,进一步改革的试点工作也取得了进展。但从总体看,我们的人事管理制度还不能适应创建世界一流大学的要求。我们要完善包括教师聘任、评价和晋升、薪酬制度等一系列管理制度,并积极推进包括单位预算制度、分类管理制度、目标责任制度在内的一系列相关制度改革。

1. 完善人员合同聘任制

北大的合同聘任主要分为:学术人员预聘制度、聘任合同制度和劳动合同制度。预聘制度适用于新聘教师,预聘期结束并通过审核的教师可获得长期的聘任合同。聘任合同制是学校对事业编制人员管理的基本方式,受聘岗位和周期由合同规定。劳动合同制是通过合同来确定劳动关系的管理方式。

推进合同制管理。要充分发挥合同管理方式的积极作用,加强合同期的管理和评估,实行合同制人员的分类管理,制定相应的福利政策,并拓展劳动合同制的适用范围,推进利用劳动合同聘任专职科研人员、技术支撑人员和管理服务人员。

加强制度建设,保障员工合法权益。加强合同管理制度建设,要完善制度,规范合同文本,保障受聘人员和学校的合法权益,特别要完善合同制人员的评估、续聘和岗位晋升等后期管理,建立起规范和法治化的人事合同管理制度。

推进成本核算制度。要利用合同管理制度推进学校各单位人力资源成本核算制度建设,提高各单位的成本意识和资源利用效益。

2. 教师分类管理

积极推进教师的分类管理,明确各类教师的任务、责任以及相应的评价体系。教师系列人员分为教学科研人员、专职教学人员和专职科研人员,学校要制定各类教师的工作职责、任务、目标,并制定相应的管理规定、评价标准和方法。要逐步提高教师待遇,调动全体教师的积极性。

新聘任的教师要预先明确类别,教学科研人员均应按预聘模式聘任和管理,专职教学和专职科研人员可按聘任合同制或劳动合同制的方式聘任和管理。现有教师队伍的分类管理采取稳步推进的方式进行,学校要制定鼓励政策,使部分教师进入专职教学和专职科研系列。要建立专职科研人员基本工资和福利的分担机制,鼓励院系或课题组利用外部资源聘任专职科研人员。专职教学人员的聘用也应当逐步纳入教学预算管理体系。

3. 新聘教师实行预聘制度

"百人计划"是预聘模式的有益尝试,要总结经验,建立全局意义的预聘管理制度和工作程序,并作为青年教师聘任的主要渠道。新聘教学科研人员将按助教授、副教授和教授系列管理。为了适应国内现实情况,助教授兼聘为研究员。助教授一般应在6年内通过长期教职审核,并逐步晋升为副教授和教授。预聘制的教师实行年薪制,学校和院系提供必要的科研启动经费,为他们的快速成长营造适宜的环境。

学校要制定和完善预聘教师的聘任和审核程序。各院系可以根据学校规定和各自具体情况确定聘任和审核的参考标准,聘任要充分听取国际同行的意见,确保聘任人员的水平和质量。同时,要完善内部审核程序,充分发挥院系及相关委员会的作用,学部及相关委员会要加强对各院系人员聘任工作的指导,把好质量关。

4. 完善教师评价体系

合理的学术评价是保持和提高学术机构和教师学术水准的重要保障,也是贯彻学校教育和学术发展目标的重要手段。

教学是教师考核的重要内容。我们现行的教师考核重视科研成果和项目经费,教学的比重比较低。事实上,人才培养是大学的根本使命,因此,要把教学作为教师评价的重要内容,学校要从制度上保证教学的中心地位。学校要按院系的教学工作量调配人力和财力资源,明确学校付给教师的工资和岗位津贴来源于教学经费,因此,教师必须承担教学工作。同时,学校要加大教学投入,并通过建立专职教学系列的教师岗位等方式,激励教师投身教学和人才培养。院系要明确对教师的最低教学工作量要求和教学效果的考核标准，并作为教师业绩考核的重要指标。要在全校形成教师热爱教学工作、热心教学改革、关心学生成长的良好氛围。

完善教师的评估体系。按教师类别进一步完善教师评估和晋升制度。教学科研系列要建立较高的学术标准，相应的学术评价和晋升应参考国内外专家的意见，与此同时，学部和院系要对教学状况和个人品质进行综合评价；逐步建立教学系列和科研系列的教师评价和晋升标准。通过教师评估体系的建设，在学校形成兼容公平、合理竞争、积极向上的良好氛围。

5. 建立单位人力成本核算制度

单位人力资源的全成本核算制度是提高资源利用效率、调动人员积极性的重要途径。目前，北大的人力成本是按人员编制计划决定的，很难根据工作任务变化做出适时调整。应当认真研究人力资源成本核算的基本原则，制定相关的管理规定和实施方案，逐步推进按工作量核定预算、以预算控制编制的管理模式。院系的人力资源要以承担教学任务为主进行核算，再综合考虑学术研究和学校服务任务。要使院系和教师清楚地认识到教学是教师的首要责任。职能部门和技术支撑单位也要推进人力资源核算制度，鼓励各单位在预算指导下，利用劳动合同制聘任服务和辅助人员。

(四) 队伍建设的重点任务

1. 加大力度引进优秀人才

引进人才关系到学校发展的全局和创建世界一流大学事业的成败，我们要抓住当前人才引进的大好时机，集中力量，全力以赴，在全球范围内寻找和引进有潜力的青年学者和世界著名学者。

充分利用国家的"千人计划"和"长江学者"计划引进高水平学者。高水平学者的引进要与学科规划和科技创新平台建设紧密配合，要主动寻找最优秀人才，并为他们提供更好的发展空间，努力使部分学科的学术水准尽快达到世界先进水平。

优秀青年学者队伍的建设是北大未来学术发展的关键，要全面推进预聘制的实施，在全球范围内积极寻找和引进有发展潜力的优秀青年学者，并创造良好的工作和生活条件，使他们能够迅速成长。今后十年，学校要重点引进400～500名优秀青年学术带头人，大力提升学术队伍的整体水平。

广泛动员，把人才引进工作落到实处。各院系要结合学科规划，制定好相应的队伍建设规划，并主动寻找最合适的人选；各职能部门要密切配合人才引进工作，制定和完善相应政策和制度，提供配套支持；学校要积极筹措资金，积极争取社会捐赠，通过建立讲席教授的方式，加强高层次人才的引进。

2. 促进教师队伍水平全面提高

北大教师队伍整体水准比较高，是创建世界一流大学的重要力量，学校应努力创造条件，全面调动教师的积极性，不断提高教师队伍的整体竞争力。

改善教师的工作和生活条件。要配合教师分类管理制度的实施，加大投入力度，努力改善教师的生活待遇，逐步缩小不同院系间、新老体制间的收入差距，调动广大教师的积极性和创造性。努力改善工作条件和环境，使现有教师快速成长。

发挥整体优势，提高学术水准。要充分发挥北大学科齐全、综合实力较强的优势，加强不同学科间的合作,培养新的学科增长点。在学科规划中,学校将部署一些跨学科的重点发展领域,鼓励现有教师积极参加重大创新平台建设,通过跨学科的教学和学术研究,提高现有教师的整体学术水准。

明确责任,调动院系积极性。教师队伍建设过程中,学校应赋予院系更多资源和更大的自主权,院系也应当统筹和调动各类资源,综合考虑教师的学术成就、教学业绩等多种因素,制定激励措施,努力改善现有教师队伍的工作和生活条件。

3. 加强管理服务和技术支撑队伍建设

学校的管理服务队伍包括学校职能部门、院系的行政管理队伍和学生工作队伍,技术支撑队伍包括各类工程和实验技术人员。

高水平的管理服务对学校发展至关重要。要大力选拔综合素质好、业务能力强、熟悉学校情况的人员,充实到管理服务的关键岗位。明确岗位职责,完善评价体系和激励措施,提高关键管理服务岗位人员的待遇和荣誉感,使他们安心本职工作,认真履行职责。

高水平的技术支撑是学校发展的基础。目前,北大技术支撑队伍比较薄弱,几乎不具备任何设备加工能力,这直接影响了学校整体创新能力。我们要痛下决心,转变观念,大力加强技术支撑队伍的建设。各单位要根据学科发展需要,制定技术支撑队伍建设规划,设立技术支撑关键岗位,改善工作条件,提高待遇和岗位荣誉感,建立一支适应创建世界一流大学任务的技术支撑队伍。

4. 提高学术队伍中外籍教师比例

教师队伍的国际化对营造大学的多元文化氛围、扩大学生的国际视野具有重要意义。随着中国社会经济发展和社会保障体系的完善,中国大学的外籍教师的比例会越来越高。北大要积极推进外籍教师的聘用工作。在聘用中,既要考虑学科发展的需要,也要兼顾多元文化建设的需要。要特别关注外语学科和国际问题研究领域对外籍教师的需求。积极推进外籍教师聘用管理体制的建设,逐步实现规范化、常态化。

(五) 师德师风建设

创建世界一流大学需要有优越的硬件基础,更需要软环境建设,特别要努力营造良好的学术和文化氛围。大学精神文化是在长期的办学实践中逐渐积淀下来、被全体成员认同的一种群体意识和学校氛围,是通过学校成员共同的实践活动,并经历史选择、积聚、传承、发展而成的,体现着大学的价值取向和精神追求,是大学的灵魂。综观中外高等教育发展史,无论在什么时候和哪个国家,一所卓越的、受人尊敬的大学,必定是有着强烈文化使命感的大学,必定是充满文化气息和精神魅力的大学,必定是对本民族文化乃至全人类文明做出卓著贡献的大学。

作为我国近代第一所国立综合性大学,北京大学在一个多世纪的奋斗历程中,始终与民族共命运、与时代同进步,为中国革命、建设和改革事业做出了重要贡献,同时也以独特的办学风格和精神气质著称于世,形成了博大精深的校园文化底蕴。110多年来,"爱国、进步、民主、科学"的光荣传统在北京大学生生不息,"勤奋、严谨、求实、创新"的优良学风和"思想自由、兼容并包"的学术传统在北京大学代代相传,"追求真理、追求卓越、培养人才、繁荣学术、服务人民、造福社会"的办学理念在北京大学不断得到生动体现。独特的校情校史,为北大建设世界一流的大学文化提供了源泉。在新的历史时期,北大需要继承和发扬这些宝贵的精神财富和传统,为加快创建世界一流大学步伐不断涵养氛围、丰富底蕴。

1. 面临的挑战

当今时代,经济快速发展,社会瞬息万变,科学技术日新月异,这使社会充满了生机,同时也带来了浮躁、急功近利、投机取巧等不良风气。作为社会的一员,社会大环境时刻影响着大学。北大创建世界一流的大学文化也面临着挑战和考验。

随着全球化浪潮的演进,西方发达国家凭借其在国际社会中的经济、政治主导地位,推销自己的文化和价值观念,其中与中国特色社会主义不相容的成分不可避免地使一些师生在世界观、人生观、价值观产生困惑。

随着市场经济的快速发展,以商品生产和交换为目的经济意识也渗透到校园,使少部分师生产生了功利化的价值取向,不再追求崇高理想,眼里只有各种具体利益,偏离了大学要引领社会道德与理性的方向。

大学精神的根本是创新,要始终保持开放的心态,鼓励学术创新,要始终保持旺盛的活力,与时俱进地追求卓越。与此同时,大学精神也需要守正,要继承和保护人类优良的文化和道德传统,坚持学术至上和学术自由,坚持核心价值观,抵御社会不良风气,坚持发展自己的核心竞争力。

北京大学在继承和弘扬百余年来形成的价值追求、精神文化的同时,更要密切关注当前面临的精神和文化层面的挑战,不断丰富北大的精神和文化内涵。

2. 弘扬北大优良学术文化传统

作为传承文明、追求高深学问的大学,我们要进一步弘扬北大优良的学术文化传统,坚持北大的核心价值体系,激励师生心怀大志、严谨求实、排除干扰、安心学问,使北大成为新思想、新观点、新理论诞生和发展的学术殿堂,为国家发展和民族振兴做出更大贡献。

要认真组织北大优秀历史文化传统整理工作,不断总结提炼和宣传普及北大光荣传统的精神内涵。结合北大独特的校情校史大力开展爱校荣校教育,积极传播北京大学精神和文化,不断扩大在师生中以及社会上的影响。

3. 加强师德师风建设,引领社会道德与理性

诚实公正地履行责任、尊重他人权利和尊严是建设和谐校园的道德基础。北京大学的师生员工都应规范自己的职业和道德行为,相互关爱、相互尊重、互谅互让,尊重他人、开诚布公、身体力行,努力营造和谐、高雅、活泼和诚信的校园氛围,使北京大学成为引领社会道德风尚的典范。

制定岗位职业操守和道德规范。职业操守是对学校各类人员岗位职责的最基本要求。学校将制定和完善各类岗位职业操守和职业道德的有关规定,包括制定学校各级领导岗位、教师岗位和工作人员岗位的基本职责和纪律,以及岗位的职业操守、行为规范和必备的职业精神等。学校的道德规范包括了社会公共道德和对学校各类人员的特殊道德要求。学术道德是教师和学生学术行为的基本规范,除此之外,教师对学生的健康成长还负有重要责任。

制定学校机构的职业操守和道德规范。学校机构的领导除了自己要严格遵守有关规定之外,对教师、学生和各类人员的职业操守与道德规范的建设负责。领导有责任要求师生员工认真履行各自职责,并要严肃处理任何违背职业操守和道德规范的行为,营造良好的学术和文化氛围。

制定教师的职业操守和行为规范。教师是学校各项事业的主导力量,对学校精神文化氛围建设肩负重要责任。教师应当为人师表、以身作则,严守学术道德规范,尊重他人的学

术成果,严谨求实、摒弃浮躁、诚信公正、探求真理。教师要严守职业操守,认真履行北大教师的责任,认真遵守教学纪律,履行教书育人的职责。教师和学生的关系是神圣和真诚的,学校有责任使这种关系不被任何私利所左右。

制定学生的行为规范。人才培养是大学的核心使命。在教育过程中,一方面对学生进行多样化和全方位的教育,另一方面要求学生遵守学校制定的学生行为规范,努力引导学生勇于挑战自我、追求学术卓越。

加强执行力建设。一方面要结合学校的精神和文化建设,认真制定相应的制度和规范,另一方面必须大力加强执行力度,使规则中体现的北大精神文化深入人心,凸显实效,引导广大师生朝着追求真理、追求卓越的目标努力。

三、教育改革与发展

大学承担着人才培养、知识创新和社会服务三项功能,其中,人才培养是大学根本使命。大学的崇高声誉主要来源于她的毕业生对国家发展和学术事业的历史性贡献。

北京大学的人才培养目标是:为国家和民族培养具有国际视野、在各行业起引领作用、具有创新精神和实践能力的高素质人才。

现代大学的人才培养包括了本科教育和研究生教育,研究生教育又可以区分为学术型研究生和专业学位研究生教育两类。本科是大学教育的基础,也是人的成长及世界观形成最为重要的时期,学校要为他们的健康成长提供良好的教育。研究生教育是培养高层次人才的专业教育,要使他们具备坚实专业基础、良好素质、创新能力和实际工作能力,成长为各行业的领军人才。

（一）本科教育

1. 本科培养目标

北京大学汇集了最优秀的青年学生,他们求知欲强、富于进取精神。学校有责任全力提供启迪智慧、富于挑战和激发创新的教育,使他们既志存高远又脚踏实地、既学识渊博又谦逊达理、既勇于批判又善于合作,使他们成长为各领域的中坚力量和领导型人才。

2. 本科教育发展目标

北大的本科教育要成为世界上最好的本科教育之一。这既是国家发展需要,也是创建世界一流大学的必然选择。

北大的本科教育一直享有盛誉,为国家培养了大批优秀人才。改革开放以来,学校审时度势,积极推进本科教育改革,本科教育进步显著、成绩斐然。今后十年,学校将紧密围绕人才培养这一根本使命,坚持以学生为本的理念和以学习为中心的教学思想,积极推进教育改革及多样化和全方位教育体系的建设,加强素质、创新能力与实践能力的培养,提高人才培养质量,努力使北京大学的本科教育成为世界上最好的本科教育之一。

3. 深化本科教育改革

本科是大学教育基础阶段,要为学生未来发展奠定基础。长期以来,我们的培养方案和课程设置是以培养专家为目标,在社会和学生的需求日趋多样化的今天,我们的本科教育体系需要做出相应的调整。本科教育改革要以提高人才培养质量为出发点和落脚点,从制度上落实教学的中心地位,要在总结历史经验的基础上,根据北大实际和学生特点,参考世界优秀大学的成功经验,制定北大的本科教育改革方案。要坚持北大重视基础的传统,全面加强学生素质,建立和完善多样化、全方位的教育体系。本科教育改革是复杂的系统工程,要切实解决影响全局的瓶颈问题,以点带面,全面推进本科教育改革。

过去十年,学校开展以元培学院为标志的本科教育改革。元培学院实行统一的学籍管理与学生管理,不同专业的学生统一安排住宿,入学不分专业,可以在全校范围内选课,低年级实行通识教育和基础教育,二年级选择专业,实行导师制等;元培学院还根据学科发展趋势,积极推进跨学科人才培养,推动灵活和个性化的培养方案,已经和正在开设的古生物学、政经哲和历史与语言等跨学科培养方案受到了学生的欢迎。元培学院在教学管理和学生管理、跨学科人才培养方案的设置和运行、素质教育等方面的探索为学校教育改革积累了宝贵经验。当然,我们所进行的本科教育改革还是局部的、阶段性的,必须继续深化,才能建成具有北大特色的多样化和全方位本科教育体系,建成世界最好的本科教育之一。

4. 确保教学中心地位

重科研而轻教学是目前比较普遍存在的倾向,国内和国际各类大学排名都比较偏重科研成果和经费,对人才培养成效的关注不够;学校在教师的聘任、考核和晋升过程中,科研的权重大于教学;个别教师甚至无视学校有关规定,精力外流,谋取私利,对教学工作敷衍了事。因此,学校必须从制度上保证教学的中心地位。

学校要从制度、管理、资源调配等方面入手,明确人才培养是学校的根本使命,教学是教师的基本责任。建立合理的教学工作量的核算方法,院系的人员编制和资源投入根据教学工作量进行核算;进一步完善教学评估体系,教师的考核和晋升要将教学态度、能力、水平和业绩作为重要指标;院系教学委员会应对教师的教学工作进行年度评价,作为教师考核和晋升的依据;加强师德师风建设,完善教师职业操守和行为规范的制度文件,形成领导重视教学、教师热爱教学、科研促进教学、经费确保教学、管理服务教学的整体氛围。

5. 推进本科学院建设

目前,北大有两种学生管理模式:元培学院不具特定专业属性,是典型的本科学院模式;而大多数学生直接进入专业院系,由院系全面负责教育和管理。专业院系的主要目标是在专业领域追求学术卓越,这对培养专业人才是有利的。但是,本科教育是人才培养的基础阶段,其核心任务是提高学生的整体素质,使学生具有坚实的知识基础,满足学生多样化需求和为应对未来挑战做好准备。我们的教育要为学生提供更多的培养方案和选择机会,要考虑学生发展潜力的差异,培养学生的学术兴趣,使更多学生成才。作为试验性本科学院,元培学院在学生管理、素质教育、专业兴趣培养和跨学科人才培养等方面积累了经验,是一种符合北大实际和可以全校推广的学生管理模式。

为进一步推进本科教育改革和发展,北大要大力推进本科学院的建设。根据学校的实际情况,可以采取逐步扩大元培学院规模和组建新的本科学院的方式,在五年内实现学生管理从专业学院到本科学院模式的过渡。本科学院要对学生实行全过程管理,全面推进在低年级实行通识教育,高年级实行宽口径的专业教育,实行导师指导下的自由选择专业和课程,推进学分制改革;本科学院要将学生管理与学习指导有机地结合在一起,要建立起强有力的导师队伍和学生管理队伍,所有专业院系教师都要在本科学院兼任导师,参与学生的学业指导和思想政治工作,建立和完善具有北大特色的全方位本科教育体系;本科学院应承担素质教育的任务,要逐步建立各自的素质教育特色和学院文化特点,树立品牌;学校要逐步调整资源调配方式,实现从按院系学生数量向按课程配置资源转变。

6. 加强素质教育

大学是青年人成长和发展的重要时期,除了要使学生掌握必备的专业知识和能力,更应使他们成为素质全面、人格高雅和有教养的人。素质教育的目的是培养健全的人格,既包含树立正确的世界观、人生观、价值观和道德观,也包含学习、思维和创新等基本能力的培养,以及交往、沟通等基本行为素养的培养。

校园文化氛围是素质教育的基础。在社会不良风气盛行的情况下,保持健康和纯洁的校园文化氛围对学生素质培养及人生观、价值观和道德观的形成具有特殊意义。要努力保持高雅、和谐和安静的校园,营造崇尚学术、追求卓越和勇于担当的氛围,形成相互尊重、相互关爱、诚信公正和遵守纪律的道德环境,坚决反对急功近利、投机取巧等社会不良倾向。丰富的校园文化生活是学生素质培养的重要方式,要充分发挥学生社团和社会实践活动的作用,培养学生的团队精神和领导能力。

教师言传身教是素质教育的重要组成部分。教师不仅是学生学业上的导师,教师的思想、言论和行为可以直接影响学生世界观、人生观、价值观和道德观的形成;我们要大力弘扬北大勤奋、严谨、求实、创新的优良学风。教师要言为人师,行为世范,成为学生的榜样和楷模;我们要进一步加强师德建设,建立和完善教师职业守则和学术道德规范,使所有教师都能够严守道德规范和职业操守,关爱学生,关心学生的成长,用他们对学术的追求和奉献精神感染和教育学生。

通识教育课程是素质教育的重要方式。素质是与知识积累和对人类文明的理解密切相关的,要通过通识教育课程,使学生掌握必备的社会、历史、科学、文化和艺术等方面的知识;通识教育课程不应止于导论式的知识介绍,而应通过阅读、讨论和实践活动,使学生能够深入理解人类文明的发展历程,特别应鼓励学生通过精读典籍,体会文明精髓,陶冶情操,树立正确的世界观、人生观、价值观和道德观;爱国主义教育也是素质教育的重要内容之一,要改革政治理论课的教学方式和方法,通过课堂讲授、阅读原著、讨论和社会实践使学生真正理解中国社会发展历程,树立民族自豪感和责任意识。

7. 多样化培养方案建设

根据学校的人才培养目标,北大的人才培养方案必定是多样化的,要为学生提供灵活多样的选择,满足学生多样化的需要和发展潜质,最大限度地调动学生的学习主动性和创造性。我们的培养方案要兼顾院系专业人才培养和学生的多样化需求,要使学生在更宽学科领域打下坚实基础,以适应未来的挑战。一方面,进一步加强基础数学、应用数学、物理、化学、生物、计算机科学和古典语言学等拔尖学生培养计划,鼓励各院系建立各自的专业人才培养计划。另一方面,要在元培学院建立的古生物、政经哲、历史与语言等跨学科培养方案基础上,进一步规划和实施更多的跨学科人才培养计划。

学校将重点利用双主修或主修辅修方式推进跨学科培养计划的建设。各院系认真研究主修或辅修的培养方案和课程模块,明确主修或辅修本专业的基本课程要求;双主修的应当设置在两个相近学科上,主修辅修则可以设置在跨度比较大的两个学科上,学校要对双主修和主修辅修设定总学分要求;要鼓励学生在导师的指导下自主设计个性化的培养方案。鉴于双学位课程负担过重,在全面实施双主修和主修辅修方案后,学校将适当控制双学位。

本科人才培养要充分发挥北大多学科、师资队伍雄厚和科研实力强的优势,设计合理的双主修和主修辅修培养方案和课程体系;教师要积极参加培养方案和课程体系的建设,要指定学术造诣高、教学经验丰富的教师担任各培养计划的主持人,对学生进行全面指导;要鼓励学生参加科研和社会实践活动,将科研和社会实践与专业课学习紧密结合,提高学生的实践能力和创新能力。随着多样化、个性化的培养方案实施,要进一步调整学生评价体系。单一的 GPA 评价模式显然不适合多样化的人才培养体系,要综合考察学生的学业成绩、整体素质和综合能力,建立更加合理、能够激励学生全面发展的评价体系。

8. 转变教育观念和教学方法

转变观念,树立学生的主体地位。我们的教育观念和教育方法是在长期的专业教育模式中形成的。我们有着重视基础,注重专业知识结构完整性的传统,但也存在着忽视整体素质、个性发展和批判性思维的现象;很多教师课堂讲授精彩、条理清晰,但忽视指导学生阅读、课堂讨论和调动学生积极性;我们给予学生扎实的专业基础,但在世界观、人生观、价值观和道德观以及在艰苦奋斗精神、实践能力、创新精神和创新能力等方面的培养注重不够。我们应当努力转变教育观念,转变教师的教学方法和学生的学习方法,真正实现从以教师为中心向以学生为中心转变,树立学生的主体地位,使学生从被动学习者转变为主动学习者。

推进教学方法和学习方法转变。学校要采取切实有效措施,改变目前以教师讲授为主和单纯强调知识的教育方式。要从制度上和资源调配上,鼓励小班上课,要为主干基础课、通选课配备足够的助教岗位;要提倡讨论式和启发式教学,鼓励深度阅读,调动学生的积极性和学习热情;要加强教学内容与社会实践和科学研究的结合,鼓励和培养学生的跨学科思维和批判精神,培养学生具有"独立之精神、自由之思想"的学术气质。北大的教育应当是富于挑战性的教育,要通过个性化的培养方案和问题导向的教育方式,激发学生的求知欲望和学习热情,引导他们不断挑战自己能力极限,使我们的本科教育成为充分启迪学生智慧的教育。转变单纯注重学习成绩的评价方式,建立多元化的评价体系,帮助学生树立正确的价值观和人生观,培养学生不怕困难、艰苦奋斗、勇往直前的大无畏精神。

9. 拓展学生的国际视野

转变较为封闭的培养方案,完善模块化课程体系,将学生国际交流纳入教学计划,加强与世界优秀大学的学生交流与交换,使更多学生具有国际学习经历,培养学生的国际视野和对多元文化的尊重。适当扩大留学生规模,提高留学生的生源质量。进一步推进国际暑期学校建设,适当提高外语授课的比例。

(二) 研究生教育

研究生教育的水平是衡量大学整体学术实力的综合标志之一,在创建世界一流大学中具有重要地位。研究生教育包括学术型与职业型教育两个方面。要努力提高研究生的培养质量,提高创新能力和学术竞争力,使北大研究生教育的整体水平进入世界前列。

1. 研究生教育发展目标

北京大学的研究生教育要为国家和民族培养具有国际视野、在各行业发挥重要作用、具有创新精神和实践能力的高素质专门人才。

学术型研究生的教育任务是培养学术领域的拔尖创新人才。学术型研究生以博士生为主,他们应当具备扎实的专业基础,良好的综合素质和跨学科思考能力,具有较强的创新能力和独立从事科学研究的能力,有潜力成为各自领域的专家。

专业学位研究生教育的任务是为各专业领域培养专业人才。专业学位研究生以硕士为主,他们应当具备较好的专业基础和熟练的专业技能。同时,要充分发挥北大多学科的优势,使他们具有深厚文化底蕴和强烈开拓精神,成为各行业的中坚力量。

北京大学研究生教育2020发展战略目标是:使学术型研究生教育的整体质量达到世界优秀大学的水平;要在某些重要的前沿领域,培养一批具有全球竞争力的青年学者,为实现国家"高层次人才培养主要立足国内"的战略目标做出突出贡献。要建立北大专业学位研究生教育的特色和地位,使我们的专业学位研究生广为社会欢迎。

2. 面临的挑战

北京大学的研究生培养工作在过去十年里取得了长足发展,但与创建世界一流大学的要求和学校培养目标相比,仍有较大差距,面临严峻挑战。

制度和观念制约依然严重,培养机制改革的任务繁重。研究生培养对大学的发展具有双重含义,一方面是大学高层次人才培养的主渠道,另一方面,研究生还是大学承担科研项目的重要力量。研究生培养机制改革的重要任务之一就是要处理好两者之间的关系,切实提高人才培养质量。研究生教育首先应当树立"以学生未来发展为本"的观念。应当明确,学生参与科研项目的主要目的是通过学术和科研训练,提高独立思考和解决问题的能力,提高创新思维和实践能力;指导教师有责任加强对学生的指导,根据学生的特点和未来可能的发展方向,制定合理的个性化培养方案,鼓励研究生积极参与科研项目,安排好学习、研究和实践计划,为学生未来的发展奠定坚实的基础。同时,应当进一步完善研究生培养的成本分担机制,调动各方面资源,提高研究生的培养质量,保障研究生的生活待遇。

学术型研究生培养质量的提高是复杂的系统工程。指导教师的学术水平和学术方向、研究生的生源质量、科研条件和学术氛围等因素都直接影响培养质量,因此,学术型研究生培养质量与学校的队伍建设、学科和基础条件建设密切相关。研究生教育要在学校整体发展进程中,不断进行改革,努力挖掘潜力,最大限度地提高培养质量。这要求学校、研究生管理部门和院系始终坚持解放思想,改革开放,不断进取。

建立具有北大特色的专业学位研究生教育体系的任务艰巨。我国专业学位教育起步较晚但发展很快,尚未形成较为完整的体系,一些单位没有把专业研究生教育置于应有的重要地位,或重经济效益,轻培养质量,或沿用学术型模式,重学术,轻实践。作为综合性大学,北大的专业学位教育既要传授专业知识,培养职业素养,也要使学生具有深厚的文化底蕴和强烈的开拓精神,因此,要努力将通识教育的思想与专业学位教育相结合,建立具有北大特色的专业学位研究生教育体系。

目前,对专业学位教育学费的限制背离了合理的成本补偿机制,影响了专业学位研究生培养质量的提高,不利于专业学位研究生教育的可持续发展,亟需改进。

3. 研究生教育改革

加强导师队伍建设。配合学校学术队伍建设的各项措施,及时认定和遴选优秀学者担任博士生导师,为学术带头人的成长提供必要条件。鼓励教师组成跨学科导师指导小组,鼓励低年级研究生实行跨专业轮转制度,使学生有更多机会选择导师和研究方向,能够在较宽的学术领域接受指导和训练;采取有效措施和政策支持,使导师在研究生培养方面投入更多精力。加强专业学位研究生实习和实践环节,鼓励实行双导师,聘请行业资深专家担任专业学位研究生的兼任导师,着重提升专业学位研究生的实践能力。

推进培养体制机制改革。进一步深化研究生招生制度改革,加大专业面试权重;采取有效措施和激励机制鼓励海内外一流大学的优秀学生来我校攻读博士学位。加强交叉学科研究生培养,建立跨学科、跨院系招收和指导学生的制度,建立研究生跨专业轮转制度和跨专业双导师制度。鼓励研究生参与重大研究项目。改善研究生奖助体系,切实提高研究生生活待遇。

进一步推进研究生课程体系改革。鼓励教师开设有深度、具有挑战性和学科前沿的创新课程;同时兼聘校外名师和资深学者,建设一批具有国际水准的研究生专业课程。采用学分互认的方式,鼓励更多学生参与国际学术交流。要进一步加强研究生教学工作评估,不断提升研究生课程质量。

充分利用国际合作资源。北京大学广泛的国际交流合作为拓展研究生培养模式提供了有利条件。我们要充分利用国家的研究生国际交流计划,同时积极争取各方资源,加强与世界一流大学联合培养研究生,提升北大的研究生培养质量。学校还将在"985 工程"(2010—2020)安排专项资金支持研究生国际学术交流,力争实现所有研究生在校期间都有一次国外学习交流的机会。大力加强留学研究生招生工作,建设富有竞争力的研究生国际项目,努力提高研究生中留学生的质量和比例。

加强研究生社会实践活动。鼓励人文和社科研究生深入社会实践,设立专项资金支持研究生的现场调查、数据收集和案例总结,鼓励针对国家和地方发展重要问题的学术研究。

提高专业学位研究生培养质量。推进专业学位研究生培养方案和教学计划改革,加强实践和实习环节,提高学生的实际工作能力。发挥北大综合学科优势,加强专业学位研究生素质教育,拓宽视野,增强创新和创业能力。修订专业学位研究生教学和学籍管理规定,按培养目标和实际需要,确定毕业实习和学位论文形式。

4. 深圳研究生院

北京大学深圳研究生院由北京大学和深圳市政府于 2001 年共同创办。在学校的指导和支持下,广大师生共同努力,艰苦奋斗,走过了富于挑战和充满喜悦的创业历程,目前已建设成为初具规模、颇具特色、在某些重要领域有一定影响力的北大南国校区。深研院下设信息工程学院、化学生物学与生物技术学院、环境与能源学院、城市规划与设计学院、汇丰商学院、国际法学院、人文社会科学学院等七个学院;在校博士、硕士研究生超过两千名;全职教师达到 100 名。

深研院坚持以交叉学科和应用学科为发展重点,坚持与北大本部学科互补的基本原则,充分利用与香港国际大都会毗邻的有利环境,抓住深圳地区社会和经济转型和建设国家创新型城市的有利机遇,集中发展与国家和深圳长远可持续发展密切相关的优势、特色学科。深研院已建和在建各类实验室 30 多个,化学基因组学实验室已被确认为省部共建国家重点实验室培育项目,城市人居环境科学与工程实验室、集成微系统科学工程与应用实验室等三个重点实验室和一个教育部工程研究中心分中心。

目前,深研院以硕士生的培养为主,重点发展专业学位硕士,为国家和地方培养高素质的应用性人才。实践证明,以硕士生培养为主的发展思路是正确的,深研院招生情况很好,毕业生受到了业界的广泛欢迎,深研院将继续坚持以硕士生为主的方针,在部分学术研究领域,逐步增加博士生数量。深研院在国际合作方面已经取得实质性进展,我们将进一步加大引进优秀外籍教师力度,要使外籍教师比例达到 20% 以上;要加强与国际一流大学合作与交流,加强学生访学与交流,努力使在校学生的 30% 可以到境外学习一个学期以上;加大吸引留学生的力度,争取留学生人数达到 10%。

未来的十年,我们将进一步调整学科结构,一方面要根据深圳市大力发展生物医药、新能源和互联网三大战略性新兴产业的方针,推进学科调整与建设;要依据北大的整体规划和布局,重点发展前沿交叉学科和应用领域,建设具有区域特色和优势的方向;与此同时,深研院将加强金融、国际法、城市及区域规划、文化等学科的发展,为北大整体实力的提升作出实质性的贡献。

5. 软件与微电子学院

北京大学软件与微电子学院是为适应我国经济结构战略性调整的要求和微电子及软件产业发展对人才的迫切需要而建设的新型学院。学院实行理事会领导下的院长负责制,在运行机制和培养模式等方面开拓创新,取得了令人瞩目的成就,为学校开展多种形式办学积累了宝贵的经验。

软件与微电子学院将继续发扬北京大学"思想自由、兼容并包"的优良传统和"勤奋、严谨、求实、创新"的学风,以坚持创新创业、坚持面向需求、坚持质量第一为宗旨,促进和发展软件工程学科、集成电路设计与工程学科,大力建设国家软件人才国际培训(北京)基地、国家集成电路人才培养基地、软件工程国家工程研究中心北京工程化基地和北京大学软件与微电子学院无锡产学研合作教育基地,实现培养高层次、实用型、复合交叉型及国际化人才的目标。

(三) 医学教育

进入 21 世纪以来,科学技术特别是生命科学的迅猛发展正在从根本上改变医学的面貌和发展模式;随着国力增强和人民群众生活水平的提高,以及人口数量增长和老龄化的趋势、生态环境失衡日趋严重等问题的凸显,人们对医疗卫生服务提出了更高的要求,卫生服务体系和模式面临着深刻变革。所有这些都对医学教育提出了新的挑战,促使我们对医学教育做出前瞻性的思考,努力推进和不断深化医学教育改革。

北京大学的医学教育保持了医学专业及其他医学相关专业的综合性特色,在"大医学"背景下培养临床医生/口腔医生和其他医学相关人才,如公共卫生、预防医学、护理、药学、检验,等等。同时医学教育也涵盖了本科、研究生、毕业后及继续教育的各个过程,既有科学学位和特殊专业学位之分,又有医预和医预后的衔接,且特别要求基础知识和实践的紧密结合。这种综合性、复杂性体现了医学教育的特殊性,需要针对社会对医学人才的新要求,系统地实施教育教学改革。

北大医学教育改革总原则是通过系统性的教育方式方法、教学内容的改革,改变长期以来单纯"职业"教育的倾向,强调培养具备综合素质的、适应社会需求的变化、有更大发展潜力的各类医学人才。目前,医学本科新生在校本部进行一年通识教育后,在医学部和临床医院进行专业学习和专业训练。北京大学作为中国医学教育的重镇,将努力为学生提供最好的医学教育。

1. 医学生人文综合素质的培养

医学生的综合素质指除了疾病的诊疗能力外,职业精神、医学伦理意识、以充分交流为主要方式的对病人的关爱与服务、解决临床实践问题的研究能力、预防、康复意识以及团队合作精神,等等。因此,加强医学生综合素质的教育,关键是教育理念的强化。在遵循医学教育规律,认同医学教育也是"全人"的教育,需要"教育教学一体化"的基础上,探索将"通识教育"和"专才教育"相融合的道路。首先加强医学生人文课程,充分利用校本部丰富的教育资源,使学生在北大校园的一年不仅学到更多的人文社科知识,而且受到一种成人的、更独立的校园文化熏陶。医学人文课程(医学史、医学伦理、医学心理、政治思想品德修养等)要合理地融入医学教育。通过加强校园文化活动和提供更多临床实践机会,尤其增加基层实践和探索志愿服务模式,让学生有机会体察民情、奉献爱心、服务百姓、提高社会责任感。加强师德师风、医德医风建设,教师除了通过书本传授知识,更要注重言传身教,发挥职业榜样作用。

2. 课程体系改革

随着医学学科的快速发展和技术进步,现行的以学科为中心的课程体系已经不能适应现代医学人才培养要求。医学教育改革涉及很多方面,重点之一是要通过核心课程体系的建设,加强学生创新能力和实践能力的培养。在学校层面对医学教育教学核心课程体系建设进行宏观设计,要体现素质教育与专业教育的融合、基础课程与临床课程的结合、医学预科教育与医学专业教育的衔接、在校教育与毕业后教育的衔接,要将素质教育和科研思维训练贯穿教育的全过程。在总体教学计划的指导下,各学院将开展包括以器官系统为中心、以问题为中心、以疾病为中心等在内的多种形式的教学改革探索。要减少课堂学时,鼓励和支持学生进行自主学习和创造性学习,加强学生的动手能力和实践能力的培养。

3. 医学研究生教育

首先,采取各种措施加大生源质量较好的研究生招生比例,并对招生类型结构进行调整,扩大专业学位研究生招生比例。通过加大培养机制改革,提高研究生待遇,增强吸引好生源的力度。

其次,进一步加强研究生导师培训工作,帮助导师更加明确职责,掌握现阶段国家、学校对研究生培养过程中各个环节的要求和标准。研究生教学方式和内容改革的原则是,减少书本知识,更加强调实践;结合实际,将大量规划性不强、实用性不强、先进性不强的课程重新梳理,组织建立公共课平台、实验课平台以及职业素质课程平台;努力实现资源优化整合,课程共享。

4. 医学继续教育

医学继续教育特殊性有严格的阶段性划分。毕业后教育是医学继续教育有别于其他专业的特殊阶段。我国目前的医学毕业后教育有三种方式:专科医师(即原来的住院医师规范化)培训;研究生专业学位培养和临床长学制教育的后期阶段。因此,医学继续教育工作首先是继续加强"住院医师规范化培训"工作。加大对住院医师培训管理的力度。加强对住院医师培训的过程管理。改变住院医师考前审核程序,统一审核标准。建立严格的考核程序和完善的管理办法,使这项工作更加规范、严谨并适应国家的要求。同时,积极与行业部门协调沟通,理顺在规范化管理与医学专业学位培养上的不协调、不对接的不顺关系。使医学专业学位培养和长学制学生教育与属地化管理进一步接轨,避免资源的浪费。

5. 大力提高医学教育质量

调动教师教学积极性,增强责任感。要推进教师评价体系建设,通过制定教师的教学和科研任务标准,明确教学是教师的基本责任;鼓励教师参与医学教育教学改革,建立激励机制,奖励在人才培养中做出突出贡献的教师。

加强学科建设,提高人才培养质量。完善医学部学科发展规划,加强对人才培养和医学发展有重大影响学科的建设,提高整体学术水准;积极推进新课程体系的建设,完善本科生和研究生课程体系方案,推进学生创新能力和全面素质训练保障体系建设;要大力加强转化医学人才培养,推进基础医学和临床医学双导师制度,提高研究生培养质量和临床转化研究能力;要继续加强医学教育的国际合作,积极推进临床/科研硕士、博士的国际合作培养,加强学生的国际学术交流和访学。

加强医学教育教学研究,结合国情,探索培养模式的创新。积极支持医教所建立教育教学数据跟踪系统,建设教育教学一体化和科学化的管理体系,通过研究为教改提供依据和指导,同时积极建言政府,促进医疗体制、医学教育体制在国家层面的改革;调整专业学位和学术型研究生的规模、结构和培养方案,推进 MD/PhD 学生的培养。

(四)继续教育

继续教育是北京大学以优质教育资源服务和回馈社会的重要渠道和窗口。当前,经济全球化和我国经济社会的快速发展以及构建终身学习体系和学习型社会的要求,为北京大学继续教育的发展带来了新的机遇和挑战。北京大学继续教育将立足学校教学科研成果与社会实践相结合,将学校历史使命与国家战略相结合,努力开创继续教育发展的新篇章。

党的十七大报告提出要"发展远程教育和继续教育,建设全民学习、终身学习的学习型社会"。《国家中长期教育改革和发展规划》提出"到 2020 年,努力形成人人皆学、处处可学、时时能学的学习型社会"。北京大学有责任积极参与构建国家终身教育体系和学习型社会的伟大历史进程,为国家建设人力资源强国的发展战略贡献力量。"985 工程"建设实施十年来,北京大学继续教育取得了较快发展,教学质量不断提高。非学历继续教育发展迅速,教学、管理与服务水平全面提升。利用远程教育技术开展网络培训取得重要突破。形成了一批国家级、市级精品继续教育课程。

北京大学继续教育 2020 年的发展战略是:以科学发展观作为指导方针,充分发挥北京大学的综合学科优势,广泛借助社会资源,正确处理好继续教育规模、结构、质量和效益协调发展的关系,保证继续教育积极、稳步、健康、优质发展。将北京大学建设成国家培养高级公务人员、高级商务人员、高级技术人员和学术骨干的重要基地。

为此,北京大学继续教育将积极推进办学体制的综合改革,发挥继续教育指导委员会的战略指导和协调作用,构建继续教育管理部门、专门化办学实体与突出学科优势特色的院系继续教育机构协调发展的新体制,把继续教育与院系教学科研工作有机结合起来,以学科建设带动继续教育,以继续教育促进教学进步和科研发展;建立规范的继续教育质量管理和实施体系,充分发挥北京大学的综合学科优势,全面提升教育教学质量;以"服务国家战略、培养高端人才、强化智力支持、提供思想引领"为核心使命,以国家党政干部、企业经营管理人员和专业技术人员为重点,以"中央和国家机关司局级干部自主选学基地"建设为契机,加快继续教育向高层次培训的战略转移。

四、学科总体格局

学科是大学教育和发展的基础,随着社会发展和科学技术进步,人们越来越认识到科学前沿问题和社会发展重大问题的解决都需要多学科合作,交叉融合已成为当今学科发展趋势之一。大学的机构设置、人才培养和资源配置都是以学科为基础,这构成大学的院系结构;大学与科研机构区别之处在于齐全的学科和学科间的合作潜力;一般而言,在大学学科体系中,院系比较成熟,也比较强,而学科间的纽带发展不足;因此,研究型大学应特别关注交叉学科,着力建设以院系为基础、以交叉学科研究机构和跨学科制度环境为纽带的学科网络体系。

北京大学的学科基础雄厚,一直重视前沿和交叉学科的发展。过去十年,学校坚持以交叉学科为重点的方针,调整学校的整体学科布局,组建了一批交叉学科的研究机构,整体学科布局日趋合理;今后十年,我们将针对学科发展趋势和国家战略需求,继续加强院系和基础学科建设,积极推进学科交叉与合作,逐步形成高水平的学科体系,提高北大学科的整体竞争力。

（一）学校学科总体状况

1. 学科状况和特点

北京大学的学科齐全,现有105个本科专业、38个博士一级授权学科(其中18个国家重点学科)和259个博士二级授权学科(其中86个国家重点学科),还设有36个博士后科研流动站。在历次教育部组织的学科评估中,北大均位于前列。按照ESI分类法和统计数据,2009年北京大学的数学、物理、化学、生物与生物化学、工程科学、材料科学、植物和动物科学、地球科学、环境科学与生态学、临床医学、药学与毒理学、计算机科学、神经与行为科学、一般社会科学,以及分子生物学与遗传学等15个学科进入了全球大学和科研机构的前1%;其中,化学学科论文数排名全球第17位,引用次数46位。北京大学自然科学综合排名第19位,生物和生物医学19位,工程和信息31位,艺术与人文16位,社会科学21位。[1]

北京大学的学科特点具有基础性、综合性、交叉性的特色。学科的基础性既体现在具有实力雄厚的基础学科,还体现在重视基础的优良传统,即使是应用学科,也非常重视加强学科基础和基础人才培养。学科的综合性体现在学科齐全和布局合理,我们在人文学科、社会科学和理学一直有很强的基础和实力;与原北医合并后,学校生物医学领域的布局更加合理、整体实力大大增强;在工程领域,信息科学技术学院、环境科学与工程学院和新工学院的建立,形成了北大工程学科发展的新格局。学科的交叉性体现在教师合作意愿高、学校对学科间交叉合作重视,交叉学科研究机构、鼓励学科交叉的政策、跨学科培养人才机制都逐步建立和完善。

2. 学科建设总体目标

创建世界一流大学的关键是建设一批具有世界影响力的学科。这包含了两层含义,一是要使学校的整体学科实力进入世界最好大学行列,二是要使某些重要的学科领域进入世界一流行列。

在国家和社会公众的支持下,北大正处在一个快速发展时期。国家和社会对北大的发展给予厚望,要求我们尽快进入世界一流大学行列;同时,国家在科学技术和社会经济发展方面不断出台的新举措和新投入,也要求学校不断调整我们的发展策略,以实现学校的跨越发展。

为实现创建世界一流大学的宏伟目标,我们必须兼顾发展的跨越性与可持续性。北大的崇高地位和公众的殷切期望,要求我们必须保持快速发展,始终保持国内的领先地位,否则,学校在政策和资源方面会处于不利地位;与此同时,学校必须考虑发展的可持续性,要建立合理和高效的体制和机制,使学校进入健康和可持续发展的良性轨道。

---

[1] 按照2009年《美国新闻和世界报道》对全球大学按学科的排位。

提高学校整体学科实力是学科建设的重要内容。学校整体学科实力涉及院系建设、队伍建设、学术氛围和基础条件建设等方方面面,是一项复杂而艰巨的任务。我们需要进一步调整学科布局,积极推进现代大学制度建设,有针对性地加强院系建设,营造良好的学术和文化氛围,充分调动教师的积极性和创造性,大幅提高学校整体学科实力。与此同时,要面向学科发展前沿和国家战略需求,精心选择基础好、发展潜力大的学科领域,集中力量,重点建设,使其尽快进入世界一流的行列。

(二) 北大学科发展基本思路

1. 全面规划,重点建设

北大的学科齐全,整体实力较强,但与世界一流大学相比,我们仍有差距。为实现学校2020年学科发展目标,我们必须坚持有所为、有所不为的原则,全面规划北大学科布局,并根据学科发展前沿和国家战略需求做出战略选择,集中力量,重点建设,提高学科的整体实力,并使部分学科尽早进入世界一流行列。

全面规划。北大的学科体系是以院系为基础,以跨学科研究机构和跨学科制度为纽带的网络结构。院系是学校人才培养和科学研究的主体,要加强院系建设;跨学科的教育和学术研究是北大学科发展的潜力所在,我们要通过在关键领域建设交叉学科实体机构和进一步完善跨院系教师聘任和人才培养机制的方式,加强院系之间的联系与合作,形成合理的学科结构。

重点建设。可以从以下三个层面考虑和安排建设重点。首先,队伍建设是规划实施的重点和成功与否的关键,无论是院系建设,还是跨学科领域的建设,都要以队伍建设为核心,推进人事管理体制改革,提高学术队伍的整体竞争力。其次,要加强基础学科和前沿学科建设,基础和前沿学科是北大的优势所在,是提高人才培养质量和整体学术竞争力的基础,也是创建世界一流大学根基,要给予高度关注。第三,要根据学科发展趋势和国家战略需求,在学校层面选择一些重要的交叉学科领域,进行重点建设。

2. 加强基础与前沿学科

基础学科是大学教育和研究的根基。综合性大学的人才培养需要强大的基础学科和合理的学科布局,解决国家面临的重大问题也需要深入的基础研究和学科间的合作;我们要进一步加强北大在基础学科和在前沿领域的布局,增强学校在原始创新和拔尖创新人才培养方面的能力。为此,我们应当重新审视北大的学科布局,要特别关注对人才培养有重大影响的基础学科布局,以及在学科前沿和重大科学问题方面的布局。

在人文和社会科学方面,我们将加强中文、历史、哲学、考古、古典学和外语等基础文科的建设,加强社会学、政治学和经济学等基础社会科学的建设;人文和社会科学建设的重点是学术队伍和公共数据平台。在基础理科方面,数学、化学整体基础比较好,要继续加强队伍和公共条件建设;物理学将重点建设量子材料中心、Kavli研究所、理论物理和核研究院等方向和机构;生命科学、环境科学、地球科学都是重要的基础领域,这些学科的建设将纳入到学校生物医学、能源、资源与环境等跨学科建设规划中。在工程学科方面,将加强计算机科学、先进材料与器件、智能科学等应用基础学科的发展。

重点实验室和人文社科研究基地是学校基础研究的重要力量,要大力加强对国家和部委的重点实验室、人文社科研究基地的支持力度,鼓励他们在学校和院系整体学科规划指导下,逐步调整学科布局,扩展学科领域;学校要在人、财、物等方面给予大力支持,支持他们针对学科前沿和国家重大需求开展高水准的研究工作。

3. 加强交叉学科建设

跨学科人才培养和科学研究是北京大学发展的优势所在,也是创建世界一流大学的必然选择。学校要加大力度,通过学科交叉与合作的制度和环境建设,促进不同学科教师之间的合作,提高整体教学和科研水准。学校、院系和各职能部门要把支持学科交叉与合作作为工作的重点,应尽快建立和完善相关制度,为教师兼聘和跨院系研究生培养提供制度保障。

学校将从以下三个方面加强交叉学科的建设。首先,要继续支持前沿与交叉学科研究院、分子医学研究所、纳米科学研究中心、理论生物学中心、生物动态成像中心、功能成像中心和临床研究所等交叉学科机构的建设和发展。其次,要根据学科发展趋势和国家重大需求,选择若干领域,整合全校力量,做好全面规划和布局。学校将组建重大领域的学科发展委员会,加强生物医学、材料科学、资源与环境、经济社会发展和思想文化等重大领域的规划与整合,要将主要交叉学科研究机构纳入重大领域建设规划中,形成北大交叉学科可持续发展的体制和机制。再次,要加强微纳器件实验室、实验动物实验室、蛋白质科学工程、分析测试中心、材料制备和测量实验室、交叉学科大楼等公共条件的建设,为交叉学科发展提供更好支撑条件。

加强交叉学科学术氛围和制度建设。建立教师兼聘制度和跨院系招收和指导研究生制度,形成有利于交叉学科发展的学术和制度氛围;制定相关的政策,为教师兼聘和跨院系招收和指导研究生提供制度保障;学校要积极支持教师参与交叉学科的教学和科研活动,在资源上给予倾斜;要充分发挥学部在跨院系合作方面的职能,完善交叉学科机构管理体制。

4. 加强学术队伍建设

建设世界水准的学术队伍是未来十年学校最重要的任务,也是院系和学部的工作重点。建设世界一流大学必须在全球范围内延揽最优秀人才,要充分利用国家发展的良好机遇,采用特殊机制、付出特殊努力建设世界水准学术队伍;学校要做好队伍建设的整体规划,组建由高层学者和青年学者组成的合理学术队伍;要加强世界著名学者的引进,学校和院系为他们创造更好的工作条件和发展空间,帮助他们组建起高水平的团队,尽快提高北大整体学术队伍的水平;要加强优秀青年学者的引进和培养,学校和院系都要关心他们的工作条件、生活条件和学术环境;学校要特别关注住房、工资待遇、工作条件建设,增强北大人才竞争力;学校要积极推进人事制度改革,关注现有教师队伍的培养,改善工作和生活条件,调动积极性和创造性,提高学校的整体学术水准,使学校队伍建设进入良性发展的轨道。

5. 营造良好的学术氛围

要努力营造良好和宽松的学术氛围,加强对基础研究的支持力度,要对人文学科、基础理科和一些基础社科领域给予特别支持,努力改善工作条件,提高教师待遇,完善学术评价体系,支持教师开展长期和深入的基础研究和跨学科合作,使他们安心学问和教育。

要努力营造鼓励合作和学科交叉的学术氛围,引导教师在学科前沿和国家重大需求领域开展合作研究。科研管理部门和院系要加大重大项目的组织力度,设立专项资金支持跨学科研究项目组织工作;要继续加强交叉学科研究机构和公共研究设施建设。

6. 加强本部与医学部的合作

医学学科的发展关系人类健康,也是科学技术最新进展应用最为集中的领域。北大医学的整体学科实力较强,医疗资源丰富,既是北大最具发展潜力的学科领域,也为医学与文理工学科的合作提供了良好的基础。完成创建世界一流大学的任务,我们必须建立强大的医学学科。今后十年,在进一步加大对医学部学科建设支持力度的同时,要加强本部与医学部的合作,设立专项资金,重点支持基础学科与临床医学的合作。

(三)完善制度,实现学校可持续发展

学校管理包括学术管理和行政管理两部分。作为以人才培养和学术研究为主要任务的大学,学术管理是大学管理的核心,行政管理是大学有效运行的保障,两者对大学发展和运行都有重要影响。大学学术管理体制建设要以推进学术事务民主决策为重点,行政管理体制建设则应紧密围绕学术管理体制建设,健全制度,明确责任,保证学校学术目标的实现。

1. 完善学术管理体制

学术管理体制是现代大学制度的重要组成部分,是学校可持续发展的基础。学术管理体系建设的重要任务是明确学术权力和行政权力的界限,界定职能部门、学部和院系的责任和权力。学校的学术管理主要由各级委员会、职能部门、学部和院系实施;在实际决策中,常常需要学术权力与行政权力同时发挥作用,而职能部门、学部和院系兼具行政管理和部分学术管理的职能,处于强势地位,这也是各级委员会的学术权力容易被忽视的客观原因之一。

学校要逐步完善符合北大实际的学术管理体系。学术管理既要保障"思想自由、兼容并包"的文化传统和师生的学术权益,也要保证社会主义办学方向和学校的整体学术利益,保障不断追求卓越和实现创建世界一流大学目标。

首先,要加强管理的规范化和制度化建设,坚持党委领导下的校长负责制和"三重一大"的集体决策制度,建立和完善重大决策咨询制度,明确学术决策和行政决策权限,形成既发扬民主又高效运行的管理制度。其次,要完善学术事务民主决策制度,明确各类委员会的职责和权力,完善委员会运行机制和决策程序,保障委员会独立履行职责,使师生员工更多地参与学校的学术决策。再次,要明确职能部门、学部和院系的责任、权利和义务,形成更加有效的学术管理构架;要加强和完善学部学术管理职能,扩大院系自主权,调动各方积极性和主动性,提高资源的有效利用,形成合理高效的学术管理体制。

2. 加强院系建设

院系是学校人才培养、学科建设和队伍建设的基础,在"985工程"建设中,学校要特别加强院系学科规划与建设;要有针对性地加强院系指导与协调,使大部分院系管理和教学科研水平进入世界先进行列。

加强院系领导班子的建设。完善院长和系主任的遴选方式,选拔思想素质好、学术视野宽、能够团结和带领师生的优秀学者担任院系的主要领导;在院长和系主任的遴选过程中,学校要明确任期目标和责任,明确政策和资源权限,为院系的发展提供良好的条件;加强院系班子建设,选拔优秀教师担任党委书记,党政领导要齐心协力,把院系工作做好;加强院系的制度建设,要明确学术权力和行政权力,明确各委员会的责任和权限,要充分发挥师生员工的积极性和创造性。

各院系要紧密围绕人才培养的根本使命,着力加强队伍建设,要加强优秀人才引进和现有学术队伍培养,加强技术支撑队伍和管理服务队伍的建设。要根据学科发展趋势和国家战略需求,组织教师积极参与国家重大项目和开展跨学科研究,提高整体学术实力。

学校为院系发展提供良好的制度环境,要积极推进资源核算和预算制度,赋予院系更大的自主权,为院系发展提供良好的条件;要建立以教学任务为主要因素的编制和资源核算体系,激励教师积极承担教学工作;要提高院系科研经费的管理费比例,鼓励教师积极参与国家重大研究项目;加强对基础研究的支持力度,支持兴趣导向的基础研究。

3. 加强学部职能

随着事业的发展,学校的管理跨度越来越大,因此,需要加强学部在学科规划、资源配置、教学改革和队伍建设方面的职能。学部的主要职能是协调和指导所属院系的各项工作,做好学部的学科发展规划,协调跨院系人才培养和学术研究,同时,要根据学科发展规划合理配置资源,协助和指导院系的教师引进、聘任与晋升工作;要选拔学识渊博、年富力强、有一定管理经验的教师担任学部主任;学部设立办公机构,配备一定的专职人员,协助学部主任开展各项工作;学部要建立相应的委员会,发挥院系领导、专家学者和学生作用,建立规范化和制度化的学术和行政管理体制。

各学部应当认真做好学科发展规划,特别应注意院系建设和在前沿与交叉学科的布局。人文学部要加强文史哲与外语学科的合作,建立和加强北大在世界区域文化历史研究方面的力量;社会科学学部要加强学科基础建设,加强对社会发展重大问题的综合研究;理学部要加强公共科研平台的建设,加强学科交叉与合作,特别应加强与临床医学的合作;信息与工程科学学部应当加强信息科学技术与其他工程技术的合作。学部要负责交叉学科研究机构的管理与运行,使学校的管理构架更加合理:例如,分子医学研究所、核磁中心、生物医学成像中心等研究机构将由理学部负责,社会发展中心、社会调查中心等将由社会科学学部负责,高等人文研究院、西方古典学中心等由人文学部负责。

4. 完善机制,提高整体竞争力

近年来北大学术研究发展势头很好,在很多领域都取得了优异成绩,但我们在重要学术领域的开拓性研究和重大理论创新还比较少,在承担国家重大科研项目和服务上还存在一定差距,我们要进一步完善科研管理体制机制,努力在人才培养、知识创新和社会服务等方面做出更大贡献。

为提高资源使用效益,调动各单位的积极性,学校将积极推进单位核算制度的建设。要认真规划单位核算制度的建设方案,根据学校的整体财政状况,制定切实可行的实施办法;要根据承担教学和科研任务,核定各院系的人员编制、薪酬总额和其他各类资源额度,建立合理的资源保障体系;鼓励和支持院系在提高资源利用效益方面的各项努力和探索,并在条件比较成熟的院系试行"单位核算"制度;积极推进公共资源有偿使用制度改革,争取更多的社会资源,增强学校和院系的办学实力。

受学校事业编制的限制,学校科研队伍的体量比较小,很难形成较强的学术团队。要充分利用聘任合同制和劳动合同制,加强专职科研和技术支撑队伍的建设,学校要在福利政策和配套资金等方面提供必要的支持,鼓励院系和教师利用科研项目资金聘任专职科研人员、技术和行政支撑人员,增强学校整体的科研实力。

学校将进一步加强对院系和研究机构的评价,要根据国际惯例和学科发展目标,建立高水准的评价体系和标准,充分发挥国内外部专家的作用;学术机构的评价不仅应考虑现状,还应当对未来的发展潜力给出恰当的评价。

推进知识产权管理和技术转移体系的建设。我们在科技成果转化和服务社会经济发展方面取得过优异成绩,王选教授的汉字激光照排,徐光宪教授的稀土分离都是典型的代表。在新时期,我们要建立和健全学校知识产权的形成与管理的体制,设立知识产权转移的专门机构,积极开展技术许可与转让工作,努力提高科研成果转化和知识产权转移的经济和社会效益,使学校在国家和地方发展中发挥更大作用。

（四）若干重大领域的规划与建设

近年来,为加快学校发展,我们在前沿和交叉学科领域建立了一系列新机构,实行了新的体制和机制,在队伍建设、人才培养和科学研究等方面都取得了很好的成就;与此同时,机构之间缺乏协调,使整体规划和管理变得困难;而且,随着学校进一步发展,设立新机构的要求还会增加。因此,学校必须对整体学科构架做出战略规划和安排,一方面要将现有院系和研究机构纳入总体构架,另一方面,新建机构要按照总体构架安排,这样才能贯彻有所为、有所不为的原则,实现学校的可持续发展。

根据北大的学科特点、学科发展趋势和国家战略需求,学校拟将生物医学、资源能源与环境、先进材料、脑与认知科学、中国社会发展和社会思想文化等列为重点发展领域。要建立相应的咨询委员会,编列重点领域的发展规划,并逐步将现有院系和机构纳入整体规划中。

1. 生物医学

生物医学是北京大学涉及院系最多、学科面最广的重点发展领域。医学部涉及基础医学院、临床医学院、药学院、公共卫生学院,本部有生命科学学院、化学院、工学院、心理系,以及数学、物理、信息和一些社会科学的院系,这些院系构成北大生物医学领域的基础;近年来,学校组建了一系列生物医学相关的交叉学科研究机构,包括分子医学研究所、临床研究所、生物医学跨学科中心、生物医学材料与组织工程研究中心、理论生物学中心、生物信息学中心、医学信息学中心、动态成像中心、功能成像中心、工学院生物医学工程系,以及北大深圳研究生院化学基因组学实验室等。北大的生物医学领域的整体发展势头很好,但需要进一步规划和整合;学校已经建立了生物医学学科发展委员会,其任务是在战略上做好布局,并协调各学科的发展。

夯实生物医学基础。要继续加强生命科学院、基础医学院、临床医学院等院系的学科建设和队伍建设。学校将支持国家蛋白质科学工程和北大生命科学中心的建设,积极推动心理学系和 McGovern 神经科学研究所的规划和建设,通过大力引进优秀人才,夯实本部生物医学基础;医学部将进一步加强基础医学、临床医学、药学和公共卫生等学科的队伍建设,建设新的实验大楼,增强整体教学科研实力。

促进交叉学科健康发展。学校将继续加强交叉学科建设;与此同时,要利用国家投入建设蛋白质科学工程和北大生命科学中心建设的良好契机,加强部分交叉学科机构整合与协调。国家蛋白质工程建设要与北大核磁中心和生命科学院部分课题组统筹安排;北大生命科学中心以交叉学科为发展重点,要与生命科学学院、系统生物学中心、生物动态成像中心、化学院的化学生物学系和分子医学研究所密切配合,实现资源共享和人员共聘;McGovern 神经科学研究所的规划和建设要与心理系、功能成像中心密切配合、协调发展。

生物医学基础条件建设。学校将建设一座新的生命科学大楼,用于北大生命科学中心和国家蛋白质科学工程建设;将加快原校医院的改造和交叉学科大楼,用于生物医学相关的交叉学科研究机构建设;医学部将加快生物医学科研大楼建设,深圳研究生院也将为化学基因组学实验室建设新的实验大楼;与此同时,学校加强动物中心等基础条件的建设,为北大的生物医学发展提供更好的条件。

2. 临床医学

临床医学是北大最有发展潜力的领域,要加强临床医院与基础学科院系的合作,充分发挥临床资源优势,提高临床医学研究水平。在新一期985工程建设中,学校将设立专项经费,支持与临床医院的合作和研究基地建设。学校将成立专门委员会,负责临床合作研究的规划和实施;基础学科院系和临床医院要共同提出建设项目的方案,医院应当提供配套经费和基础条件,用于临床医学研究平台建设;临床医学研究建设规划要与临床研究所、前沿与交叉学科研究院、分子医学研究所、统计科学中心、工学院生物医学工程系和深圳化学基因组学实验室等生物医学交叉学科研究机构的建设统筹安排,真正实现临床医学研究的良性发展。

3. 新型功能材料

材料是典型的交叉学科研究领域,北大的材料学科比较强,规模也比较大,但分布在物理、化学、工学院、信息科学技术学院、地空学院等院系,缺乏整体统筹和协调。我们在凝聚态物理、材料化学、催化、微米纳米等方面有很强的基础,在锂离子电池材料、太阳能电池材料、催化材料等应用领域也取得很好的成就,整体研究水准在国内高校中处于前列,但与世界水准仍有差距。

要坚持基础与应用研究并重的原则。新材料的发现、材料功能的拓展需要系统的基础研究,而材料又是应用性很强的领域;学校鼓励在材料领域进行基础和开拓性的自主研究,但应在若干重要的材料研究领域进行重点规划,形成从基础到应用的较为完整的布局。

要坚持院系与学校整体规划相结合的原则。将建立学校层面的材料领域发展委员会,并组建材料科学研究中心,负责规划和协调全校材料领域的发展和建设;中心应根据学科发展趋势和国家战略需求,确定重点领域,组织教师参与国家重大项目;学校在"985工程"编列专项,加强材料基本制备方法、表征方法的条件建设,以及应用性质和功能的表征能力建设。材料学科中心不设教师位置,所有教师和研究人员都来自各院系;院系要将材料学科的发展纳入各自的发展规划中,并做好教师聘用和学科布局。

材料领域重点发展方向布局要以现有学科为基础,也要考虑学科发展的趋势,特别要关注材料学科的新领域。近期要重点建设纳米材料、氧化物、高分子、特种金属等方面建设;要关注新能源、生物医学、环境、信息等应用领域,开展以介入医学材料与器械、口腔医学材料与器械、金属生物材料及表面改性等生物医用材料研究。

4. 能源、资源与环境

能源、资源、生态与环境涉及多个学科,是国家的重大战略领域。目前,北大与能源、资源和环境相关的研究主要分布在工学院、地空学院、环境科学与工程学院、城市与环境学院,以及化学学院、物理学院和部分社会科学院系。为促进学科之间的合作,学校建立了气候变化研究中心、中国可持续发展研究中心、新能源研究院等跨学科研究机构。

学校将成立能源、资源与环境领域发展委员会,整合各院系力量,统筹能源、资源与环境的发展与建设;北大能源、资源与环境学科的发展要坚持科学技术与政策研究并重的方针,针对国家在能源、资源和环境方面的重大政策和重大技术问题开展合作研究;要选择能源、资源和环境中的几个重点发展的领域,建立相应的协调机构;学校要设立专项资金,支持重点领域的基础和条件建设,带动整体教学和科研水平的不断提高;要特别关注与海洋开发利用有关的科技和政策法律等问题的研究。

5. 脑与认知科学

脑与认知科学既是学科发展的前沿领域,也是涉及神经科学、心理学、信息科学、系统科学和行为科学的交叉学科领域。随着信息科学技术的进步,认知科学发展很快,加之近年来在神经科学等方面的进展,人类认识自己思维的能力大大增强,已经成为科学发展的最前沿领域,孕育重大的科学发现。我们要坚持学科前沿布局的策略,将 McGovern 神经科学研究所的建设与脑与认知科学的发展规划结合在一起,统筹心理学系、信息科学学院和功能成像中心的建设;要坚持以队伍建设为核心,鼓励优秀学者开辟新的领域,并进一步加强相关学科之间的联系与交流,努力为北大脑与认知科学的发展奠定基础。

6. 中国社会发展

经过 30 年的改革开放和经济体制改革,中国的国力增强,人民生活水平提高,国际地位显著提升,但也出现资源过度消耗、环境污染、产业结构不合理、效益不高等问题;与此同时,就业、分配、健康、社会发展也面临诸多挑战,社会发展和体制改革将是国家今后 30 年的重要任务。学校将针对国家发展的战略需求,在社会科学领域进一步加强几个学科群的建设,带动北大整体社会科学的发展。

以社会学系、人口所以及心理系、公共卫生学院等院系为基础,组建社会发展研究中心;学校统筹中国社会调查中心和社会工作研究中心的建设,形成具有世界水准的社会学相关的学科群;我们要努力在社会学领域汇聚一批国际知名学者,与学校的优秀学者一道,针对国家面临的重大社会问题开展高水平的研究;学校将支持社会工作研究中心、社会调查中心的建设和发展,使其成为中国社会发展研究的重要平台。中心的建设要与相关院系的发展相协调,要实现资源共享、教师共聘,增强学校社会学的整体实力。

北大的经济学科发展很快,形成了以经济学院、光华管理学院和中国经济研究中心为主,涉及政府管理学院、国际关系学院、马列学院等多个院系的学科群。学校将加强院系之间协调与联系,加强学术合作与交流,针对前沿领域和国家重大战略问题,组织队伍,开展高水平的学术研究。

北大的政治学主要分布在政府管理学院、国际关系学院和法学院;近年来,北大在国际关系和公共关系领域发展比较快;学校将加强各院系之间的协调与统筹,努力加强政治学的研究和基础人才的培养;学校将积极支持中国宪政历史和未来发展的学术研究,建立具有中国特色的政治学体系。

7. 中国思想文化

中国传统文化思想和马克思主义共同构成了现代中国社会思想文化和道德伦理的基础;近百年来,西方思想文化对中国革命和发展有很大影响,中国传统文化和思想的影响反而被削弱。在中国经济快速发展、人民生活显著改善的今天,人们反而感受到思想和文化领域的迷茫。作为在中国思想文化领域有重要影响的北京大学,要在建立中国思想文化体系、引领社会思想文化潮流等方面有所建树。

北大在中国传统文化和历史、马克思主义基本理论和西方思想文化等方面有比较强的基础。我们要在中国思想文化领域选择若干重大课题,组织北大有关院系的力量,开展长期、深入和全方位的学术研究,努力建设适应新时期中国社会主义发展的思想文化,为和谐社会建设和发展做出应有的贡献。

五、人文学部

北京大学人文学部由中国语言文学系、历史学系、考古文博学院、哲学系(宗教学系)、外国语学院、艺术学院、对外汉语教育学院等院系组成,包括文学、历史学、哲学等三个学科门类,中国语言文学、外国语言文学、艺术学、历史学、哲学五个一级学科。

百余年来,作为中国人文学者的摇篮和学术研究重镇,在北京大学闪耀数代中国最优秀的文史哲学术大师,培养了大批栋梁之材,产生了大批代表先进文化发展方向的高水平成果,不仅为学术传承、文化进步乃至民族发展做出了卓越贡献,而且因其持续发扬着新思想新文化策源地的光荣传统,引领现代中国的思想文化发展方向而著称于世。

(一) 学科发展基本思路

北大的人文学科发展状况对学校发展的全局有重大影响,因此,学校要明确将人文学科建设作为"985 工程"建设的重点。人文学科的发展要立足于北大的传统优势,着眼学科发展前沿,也要兼顾国家发展的迫切需要,同时,要使北大的人文学科在国际上具有更大的影响力。

北京大学基础文科院系如中文、历史、哲学和外语都有很好的基础。我们要继续加强基础学科的传统优势,重点建设中国语言文学、历史学、哲学等国家一级重点学科,以及英语语言文学、印度语言文学等国家二级重点学科,争取在人才培养和学术研究方面取得世界先进水平成果。同时,要坚持人文学科的多样性,坚持"中西并重,观其会通,无得偏废"的学科特色,对于外国语言文学、艺术学等非国家重点学科,要通过人才引进和培养,形成若干核心团队,产生有国际影响的研究成果,增强人文学科的综合实力。

随着中国国际地位的提高,对世界主要区域的文化、历史和宗教的研究将变得越来越重要。根据国家需求和国际发展趋势,我们应当加强世界或区域的历史、文化、宗教等方面的布局,加强西方古典学的教育和研究力量,以及东南亚、中亚、阿拉伯、拉丁美洲、非洲的历史和文化研究。

人文学科建设和发展的关键是学术队伍和学术氛围,人文学科建设经费主要应当用于队伍建设、资料建设、学术交流和人员交流方面。学校在文史哲设立的人文讲席教授将会对这些学科的队伍建设产生深刻影响,我们应当争取更多社会资源,在其他人文学科设立讲席教授,推进这些学科的学术队伍建设。人文学科的另一个特点是学术研究的志趣导向。我们在学科规划中,要充分尊重教师的学术自由和治学特色。同时,也应当经过充分酝酿,精心选择一些重点发展的领域,而且,要建立配套政策加以保证。另外,人文学科建设和发展的基础在院系,在资源分配中,要给予院系更大的自主权。

(二) 院系发展规划(略)

(三) 学部重点建设领域

人文学科之间有着非常紧密的联系,思考和研究中国传统文化和文明必然涉及中国语言文字、历史、哲学;要真正理解中华文化和文明的内涵,必须把中华文明置于世界文明的整体框架中,这就是北大人文学科"中西并重,观其会通,无得偏废"的学术思想根源。

学校一直重视人文学科之间的合作,组建了国学院、儒学研究院和高等人文研究院等综合研究机构,在学术研究和人才培养方面取得了很多成果;在继续加强中国传统文化研究(如经学和中国传统文化研究、中华文明起源综合研究等)以及现代中国研究的同时,我们应当特别加强西方文明与文化的研究(如古典学、社会思想),通过比较研究,深入把握中国文化和思想的特质,总结现代化经验教训,深入了解世界文明的发展历程,推进中国与世界学术文化融和汇通;我们将围绕宗教文化、语言科学等国家迫切需要的研究领域组织精干力量,开展跨学科的研究与合作。

1. 西方古典学

西方古典学以古希腊语和拉丁语为基础,用跨学科的方法研究西方文明之源。它是所有西方人文社会科学如语言、文学、哲学、历史、考古学、政治、法律、宗教、艺术、社会学等学科的基石,是西方各国人文素质教育的核心,也是各高等教育重镇必须建设的人文学科。从国家战略角度看,中国正处于快速发展的过程中,需要更多地了解西方国家的基本价值观和思维方式,才能真正理解他们现在的行为方式,因此,必须深入探究西方文明的源头,即深入研究西方古典学。

北大的西方古典学研究已经具备比较好的基础。现有若干学者通晓拉丁语,长期利用中世纪拉丁文献研究罗马史和中世纪史,长期从事古典学教学与研究及古希腊哲学的研究,还有的专攻奥古斯丁和拉丁哲学,以及多年从事基督教哲学的研究,在古典比较文学和早期基督教研究方面也颇有建树。他们分布在人文学部的不同院系,形成了很好的交叉学科氛围。除此之外,其他学部也有学者对古典学领域的研究很有兴趣,例如法学院有教师专攻古典政治学、罗马法和古典法律史等。目前,有些院系开设了与西方古典学相关的课程。古希腊语和拉丁语课程已开设十年之久,每年修读人数达数百人。北大还培养了从事古典文明研究的博士和硕士研究生数十名,其中多人出国深造。

为加强古典学的人才培养,学校已决定将古典语言学作为"基础学科拔尖创新人才培养计划"的项目之一,这个本科生教育项目包括了中国古典学和西方古典学两个部分。在"985工程"建设中,学校将建立西方古典学研究中心,整合各院系西方古典学的学者队伍,并将在全球范围内引进优秀学者,争取把北大西方古典学中心建设成为具有较大国际影响的研究机构。

2. 现代中国研究

从清末民初到改革开放,是中国最重要的发展阶段,直接影响着我们的现实和未来,影响了中国与世界,却又恰恰是我们研究最为薄弱、认识最为缺失的一段历程。民主、富强,是一代又一代中国人民同心协力、努力追求的核心目标。为了实现这一目标,中华民族经历了一次又一次曲折,一个又一个磨难。回首这段可歌可泣的历史进程,其中的艰难险阻,筚路蓝缕,惊心动魄,非常值得我们仔细体味。中华民族在现代历史进程中的种种际遇,包括危机与转机,坎坷与坦途,困境与突围,问题与对策,不仅对中华民族的生存与发展具有巨大的研究价值,而且也对人类的历史进程具有不可估量的影响,因而蕴含着普遍的现实意义。

北京大学具有研究近现代中国并以这方面的新知、信史、美文为人类培育引领时代潮流之英才的光荣传统。正是北大师生领导发动的五四新文化运动,一举奠定了北京大学在中国现代史上的光荣地位,并使其成为举世公认的中国新思想的发源地。现代中国研究,在北大的历史、文学、语言、哲学、艺术、政治、经济、社会、法律等诸多一级学科中,都有雄厚的力量和悠久的传承。但是作为一门综合交叉而又经世致用的高深学问,需要跨越现行的院系格局,以适当方式整合成一支由多学科教师共同组成的学术研究与人才培养队伍。

现代中国的研究与人才培养,应力求以现当代科学的理论为指导,"立足中国,放眼世界,传承历史,启迪大众"。我们要在世界发展的大趋势下,认识现代中国方方面面发生的变迁与传承、断裂与延续、革命与改革。一方面力求完整、详实地记录一百多年来中国思想、文化、社会与上层建筑各个领域走向现代化的道路,为后续的研究提供权威资料,另一方面也在感受时代脉动的基础上,深入分析阐释现代历史的发展规律,将创新性的学术成果贡献给社会,以期总结过去,研究现状,引领未来。

北京大学文科各院系现有一批学者,长期从事现代中国各方面问题的教学与研究。学术成果丰硕,社会效益显著,为多学科跨院系地搭建一个新兴交叉学科平台,打下了坚实基础。目前可以先从人文学科做起,适当吸收社会科学的力量,多学科跨院系地组织现代中国问题的研究和人才培养,达到"配合国家战略,紧扣时代脉搏,总结基本经验,资鉴发展趋势"之成效。

3. 语言科学与语言推广

中国传统的语言研究主要是"小学",包括音韵学和训诂学等,经典的著作有《广韵》《集韵》《尔雅》等,但都缺少对汉语语法的研究。近代受西学的影响,中国才有了真正意义上的语言学,《马氏文通》可以作为中国语言学起始的一个标志。随着科学技术的进步和社会发展的需求,特别是近代信息技术的兴起和应用,语言的研究已经涉及自然科学的许多领域,如语音信息数字处理研究、文字信息处理研究、口传文化研究、语言认知研究、语言演化和融合研究、智能语言教学系统研发、声乐研究、语言康复研究,等等。显然,语言研究已经成为了科学研究的前沿领域之一。

中国的汉语和各民族语言是中华民族文化的基本载体,文明与文化的传播主要由语言实现,涉及各民族的认知方式和文化的形成,对中国社会各民族的认同方式、语言和民族的自然融合以及政治、经济和文化的发展都十分重要。各民族语言特别是汉语普通话的交际在电子通讯和网络中还存在大量困难和问题,这对语言的研究和语言信息处理提出了新的挑战。随着科学技术的进步和信息社会的发展,语言科学已经是人文和科学技术交叉的新领域。《国家中长期科学和技术发展规划纲要(2006—2020)》提出要以生物特征、自然语言和动态图像的理解为基础,重点发展"以人为中心"的智能信息处理和控制技术。国家基金委也提出以语言以及视、听觉信息的认知研究的重大研究计划。北大在语言学研究上特别是汉语言学的研究处于国内领先地位,在语言科学方面有比较好的基础,因此,学校将积极推动语言科学的发展,整合各方力量,提高北大在语言科学的研究水准。

随着中国国力的增强,政治、经济、文化在世界舞台影响力的增大,汉语这一古老的语言也走向世界,成为继英语、法语、日语等语言之后,又一世界各国学习者感兴趣、希望学习的第二语言,汉语的国际教育和推广也开始进入中国国家战略视野。为此,北大应充分发挥其国内外影响力,积极服务国家战略,加强汉语国际教育和推广研究,促进汉语国际推广和传播健康、持久发展。

4. 社会思想研究

社会思想研究需要聚集多学科综合力量,主要在两个层面开展研究。第一是关于人的基本行为的研究。哲学、经济学、政治学、社会学和历史学等学科都是考察人的基本行为的某一侧面。事实上,学科界限是人为划分的,人的行为并不受学科分类的限制。人的行为及其不同层面的基本模式、基本规范,以及环境和行为的关系等,就构成社会思想这一多学科综合研究的主要对象和内容。二十世纪下半叶迄今,西方政治哲学得到了快速发展,其主题都是人的基本行为方式和规范,甚至最近的很多诺贝尔经济学奖都是以人的基本行为及其原理为对象的。第二,是关于社会的宏观结构、不同形态的社会、现代社会的性质和特征,以及未来发展的预测与构想。这既是社会宏观研究的主要领域,也是新思想和新理论成长沃土。这些研究都是综合性的,非任何一门经典学科所可以独力完成。有关现代性、现代资本主义、世界文明体系和各种文明体系及其关系的研究,以及全球正义和后现代的研究等均是重要的热点问题。

社会思想和理论综合研究是对社会发展新观念、新思想和新理论的探索和研究。因此,我们需要整合和聚集北京大学从事人文学科和社会科学思想与理论研究的学术力量,组建一支强有力的学术队伍。同时,要建设好研究平台,营造良好的合作和学术氛围,形成可持续发展的机制,使学者能够安心从事基础性和原创性研究。我们相信,我们的研究能够为现代中国社会提供新的观念、思想和理论,也能够为人类社会发展提供新的观念、思想和理论。

5. 宗教文化研究

宗教文化研究是基于现代哲学、人文和社会科学的新近成果而形成的一个前沿性、交叉性的研究领域,其方法论旨在强调宗教与文化的关系问题对宗教研究的必要性和重要性。我们不能简单地"以宗教论宗教",而是要把错综复杂的宗教现象置于整个人类文化史中考察、解释和反思。这种方法论开阔了人们的思想,使我们得以更全面地认识宗教现象的丰富文化意蕴,包括传统层面的、习俗层面的、精神层面的、情感层面的和价值层面的等。与此同时,我们可以着眼于"宗教与文化交织而成的历史关系之网",更深入地认识宗教与人类社会的复杂联系及其重要影响,这包括宗教与文化、民族、国家、社会、政治、经济、法律、伦理、科学、艺术的联系和影响等重大问题。我们还要深入思考宗教与文化传统、文化类型、文化心理、文化冲突和文明对话等方面的问题。这些不仅仅限于揭示宗教现象及其问题的复杂性,也把我们引向了当代哲学、人文和社会科学研究领域的交叉点和突破点。

目前,宗教及其相关问题和现象成为全球热点问题,成为关系到民族团结、社会和谐、国家统一和世界和平的重大问题。着眼于宗教文化问题的复杂性和交叉性,我们提出要聚集北大在哲学、人文和社会科学学科的综合力量,用5～10年时间,开展两个系列课题:"宗教与东西方文化传统研究"和"宗教学前沿理论与国内外重大现实问题研究"。在研究过程中,培养一批优秀人才,并取得一批有国际影响的学术成果,为国家发展世界进步做出贡献。

6. 中华文明起源综合研究

依托完善的田野考古网络和丰富的发掘资料,发挥北大学科齐全、综合实力雄厚的优势,包括植物学、动物学、体质人类学、遗传学、冶金学、年代学、环境学、地质学、分析化学、空间技术、科技史、考古学、历史学、文学、艺术学、政治学、社会学、人类学与民族学、宗教学、经济学、法学、传播学等学科的跨学科团队,借助北京大学高性能的大型仪器设备共享体系,充分利用先进的科技分析测试手段,把科技分析、文化研究、断代与领域研究有机结合起来,致力于中国考古学总体框架的构建和用实物资料重写中国上古史。

7. 经学与中国传统文化

在中国传统文化和思想领域,经学一直占据着核心的位置,承担着主要的意识形态功能。经学的研究在传统学术中也是显学,并涵盖了从音韵、训诂、文献到义理的各个领域。由于现代学术的影响,经学的研究被分散在不同的科系,其整体性受到很大的破坏。后来又由于政治等因素的干扰,这个领域越来越呈现出式微的态势。随着中国的发展和中国文化的复兴,学者们充分意识到经学的重要地位。不研究经学,就很难从整体上深入把握中国文化和思想的特质。以中国哲学的研究而言,第一批的学者如胡适、冯友兰先生等忽略了经学的内容。冯先生在晚年已经充分地意识到这个问题,强调经学特别是易学的重要性。这直接地影响了朱伯崑先生《易学哲学史》的创作。这部开创性的巨著赢得了巨大的国际和国内声誉,这在很大程度上取决于其经学和哲学结合的视角。

因此,经学的研究不仅仅是回到过去,更重要的是,它为中国传统思想和文化研究寻找到一个新的生长点,从而促进中国学术的重要进步。北京大学有着很好的经学研究传统以及高水平的学者。汤一介、孙钦善等先生主持的《儒藏》项目奠定了很好的文献基础,哲学系中国哲学专业和中文系古典文献、古典文学等方向的力量提供了很好的研究支撑。经学和中国传统文化研究会很好地整合文史哲等相关院系的学术力量,并引领中国学术的方向,从而提升北大人文学科的学术声誉。

8. 文化产业

2009年国务院颁布《文化产业振兴规划》,文化产业上升为国家战略性产业,是中国未来十年重点扶持发展的新兴产业。文化产业研究不仅涉及艺术学、哲学、历史学、文学等人文学科的知识融合,而且也涉及管理学、经济学、社会学、传播学等社会学科和理工学科的学科交叉。文化产业研究在北京大学具有深厚的学术基础和丰富的学术成果,经过多年教学探索和科研实践,艺术学院和文化产业研究院在全国文化产业学术界取得了良好的学术声誉和广泛的社会影响,在国际文化产业学术领域也享有盛名。

中国文化要面向现代化和面向世界,实现这两个面向是中国文化产业面临的重要任务。文化产业研究将涵盖文化产业与核心价值、文化与经济、文化与科技、文化软实力、文化产业发展战略、文化产业商业模式、文化资源与文化产业、文化产业人力资源开发、文化产业投融资、中国文化"走出去"、文化产业知识产权等重点领域的研究,包括动漫游戏、数字内容、艺术品、演艺会展、文化旅游、艺术设计、影视出版等重点行业,涉及文化体制改革、公共文化服务和文化事业发展等交叉课题。这些研究将依托中宣部、文化部在文化产业研究院设立的国家文化产业创新与发展研究基地,发挥国家智库的功能,整合北大的学术资源、师资优势和社会各界的研究力量,展开前瞻性的理论研究和实践性的应用研究,为党和国家文化产业发展的决策起到思想库的作用。

9. 高等人文研究院

以探讨中国文化核心价值为基本课题,围绕"文化中国"和"文明对话"两大主题,基于北大深厚的人文学科底蕴和优秀学者队伍,突出开创性和国际性特点,深入探讨传统中国文化核心价值的现代转化,以及世界各地区、民族和宗教之间的矛盾冲突和文明共存。近期将深入研究"从儒家人文精神对现代西方启蒙心态的反思",从儒家人文精神的角度,重新认识和评价"启蒙心态",以理解和面对新世纪在生态环境、物质主义及全球社群解体等重要现象。高等人文研究院将通过经典会读、高层文明对话、研讨会等方式使学生和青年教师深入思考我们面临的文化和文明重大问题,提高北大人文教育的培养质量。

六、社会科学学部

中国社会经济的快速发展为社会科学提供了良好的发展机遇。北大的社会科学发展非常迅速,社会科学学部包括了国际关系学院、经济学院、光华管理学院、法学院、信息管理系、社会学系、政府管理学院、马克思主义学院、教育学院、新闻与传播学院、人口研究所、国家发展研究院等院系,涵盖了经济学、法学、教育学、管理学等四个学科门类,政治学、理论经济学、应用经济学、法学、社会学、教育学、工商管理、新闻与传播、图书馆与情报管理学、马克思主义等十个一级学科。整体学术声誉不断提高。

(一)学科发展思路

北大社会科学各学科都十分关注国家发展和社会现实问题,注重理论联系实际和解决国家面临的重大问题。在学术研究上,比较注重研究方法的规范性,努力将实证分析和理论研究相结合,同时,各院系都与国外学术机构建立了广泛的国际学术合作与交流关系。但是,我们也认识到,北大的社会科学教育和研究与世界一流水准还有较大的差距。有几方面问题特别值得注意:第一,我们研究工作的影响还主要局限在国内,在中国社会经济快速发展和国际影响日益增强的情况下,中国问题已经是具有世界意义的问题,因此,我们应当深入研究中国问题,努力增强中国社会科学研究在全球的学术影响力。第二,我们在社会科学基本理论、基本方法方面的研究相对薄弱,缺乏对中国社会经济发展的系统而深入的研究,更缺少在中国社会科学理论体系方面的建树,在对国家重大决策的影响以及国际影响力等方面仍有差距。第三,北大的社会科学基础需要加强,院系调整使部分社会科学基础学科并入到专业学院,繁重的专业培训任务和评价体系对基础学科的发展产生了一定影响,强烈的社会需求使学者很难专心基础学术问题。

经济快速发展和社会进步为中国的社会科学提供了良好的发展机遇,北京大学的社会科学的基础比较好,我们应当抓住难得的历史机遇,努力使北大社会科学整体水平达到世界水准。

根据北大社会科学的状况和学科发展趋势,我们将重点做好以下几个方面工作。重新审视理论经济学、政治学、社会学的状况和发展规划,作为社会科学的基础学科,学校对其发展将给予重点支持和保障,采取措施切实加强社会基础科学的队伍建设、人才培养和学术研究,并给予政策倾斜和资源保障,继续加强对社会发展数据收集和实地社会调查的支持,建设高水平的社会科学研究公共平台;要加大队伍建设的力度,营造良好的学术和文化氛围,通过引进和培养高水平的学者和有潜力的青年优秀人才,形成若干核心研究团队,提高北大社会科学教育和研究的整体实力;要为应用性学科提供足够的发展空间和政策环境;加强与国际著名社会科学研究机构的合作与交流,要充分利用国际研究合作和教师交流,尽快提高北大社会科学教育和科研的整体水平;营造宽松自由的学术氛围,既尊重教师的个人学术志趣和自由,也要选择若干有重要影响、有基础的前沿学术领域,组织力量,取得一批具有国际影响力的成果。

(二)院系发展规划(略)

(三)学部重点建设领域

我们面临的重大社会发展问题需要多学科合作,社会科学学部将在院系规划和建设的基础上,重点加强跨学科研究,组织跨院系的学术队伍。要加强社会调查和数据平台的建设,加强社会科学基本理论和基本方法的研究,同时,推进国家发展研究、社会与政策综合研究以及经济金融数据分析与预测研究,提炼中国经验,服务民族崛起,推进世界发展;要紧密围绕民族问题与边疆发展研究、人口与国民健康研究等国家重大需求,组织精干力量,开展跨学科的研究与合作;要积极推进跨学部的学术合作,要特别关注全球治理、世界区域政治、经济、文化等方面的研究。要努力使北大的社会科学研究进入世界前列。

1. 马克思主义中国化

马克思主义中国化包括两个方面,一是马克思主义与中国实践相结合;二是马克思主义与中国文化相结合,即马克思主义中国化包括实践诠释和文化解读。马克思主义中国化的本质内容要在中国社会实践和中国文化传统两个维度上展开,由此揭示马克思主义中国化的实践意义和文化意蕴,其中,马克思主义与中国文化的联结具有关键作用和意义;只有实现马克思主义与中国文化的结合、融合、磨合和整合,马克思主义在中国的传播与确立,以及马克思主义的中国化才能成为现实。

马克思主义与中国文化的结合是我们面临的重大课题。北京大学在马克思主义和中国文化研究方面都具有雄厚的基础,应当在这个领域作出贡献;马克思主义与中国文化建设是一个十分复杂和困难的课题,我们要深入研究两者之间的如何对话、交流、结合,深入研究马克思主义与中国文化的关系,深入理解儒学在当代社会的地位和作用;马克思主义中国化需要与中华传统文化和精神相结合,其创新和发展要结合中国传统文化。

2. 民族问题与边疆发展研究

建国60年,我国边疆地区社会、经济和民族关系发生重大变化,民族研究亟待加强。这些重大变化表现在几个方面:第一,"土改"和废除农奴制运动中得到解放的一代少数民族农牧民已逐步辞世,年轻一代少数民族缺乏对当年"翻身解放"感受和对党和政府的朴素感情;第二,少数民族青年成长中接受的信息是"文革"对民族地区造成破坏,以及日常生活中感受的激烈生存竞争与就业压力;第三,近年来,西方敌对势力、宗教极端势力、民族分裂势力加紧对少数民族知识分子和民众的渗透,大众传媒和网络交流使少数民族青少年很容易接受境外势力的宣传和影响,部分青年知识分子和学生的民族意识加强,通过"自决""独立"来争取自身利益的观念抬头;第四,目前,我国许多基层政府官员的素质和执政能力不适应社会转型中的巨大变化,部分官员贪污腐化,边疆地区的民生问题迟迟得不到解决。以上诸因素交织在一起,已使我国西部边疆地区成为群体性事件和民族冲突的多发地区。边疆民族问题非常迫切,学术界和研究机构要深入研究边疆地区的状况,分析形势、预测未来发展态势、提出对策性建议。

80年代初费孝通先生接受中央委托重新组建社会学学科,1985年在北大建立社会学人类学所。费孝通先生提出了"中华民族多元一体格局"重要思想,多次到边疆民族地区考察调研,带领青年学者深入边疆实际,开展与现实发展密切相关的专题研究;北大社会学人类学研究所自20世纪80年代中期在费老的带领下,开展了国家社科基金"八五"重大课题"边疆和少数民族地区社会发展研究",随后先后承担了几十项与边疆和民族问题直接相关的国家社科基金、教育部重大课题、文科基地课题,开设"民族社会学""民族与社会"等本科和研究生课程,在这一领域已有一定基础。北京大学将在此基础上积极整合相关院系的研究力量,争取在这个中央和全国都非常关注的重要研究领域作出成绩。

3. 全球治理和国别/地域研究

坚持理论研究为基础,政策研究为导向,依托政治学、历史学、法学、经济学等相关学科,面向国际关系中出现的诸如能源、环境、公共卫生、金融危机、民族宗教等新老问题,结合各种非传统安全问题、非政府组织和公民社会等新生的研究课题,深入研究各国的政治、经济、文化和历史;在世界政治、国际安全、国际战略、国家外交等领域,进行系统学术研究和政策分析,分析和对比当今中国所处的国际环境和相关国家的对外战略,向学生和公众提供有时代气息和大国风范的智慧与知识,为中国的外交和国际战略决策提供智力支持。

4. 国家发展研究

深入我国具体实际,提出创新性的理论、框架,尝试不同学科间的知识交叉与融合,推动经济学与管理学、社会学、政治学、法律,甚至生物、物理等学科相结合,形成一个综合性的知识和思想的新集结。采用"小机构、大网络"的方式,依托一个较小的、精干的组织机构,通过网络式的办法来有效动员各方的积极力量,重点围绕开放经济条件下的宏观经济管理和发展、人口和经济发展、政府在经济发展中的作用等三个领域展开研究。

5. 人口与国民健康研究

联合国前秘书长安南曾经指出,"我们面临着一场静悄悄的革命,这场革命已经远远超出了人口学的范围,它涉及人类的经济、政治、文化、社会生活等各个方面的内容",需要多学科关注和参与。我们将紧密围绕中国人口与发展领域重大问题和学科发展趋势,坚持理论联系实际、定性与定量结合、人口学与其他学科合作的传统,抓住人口健康、老龄与残疾、人口资源环境与可持续发展、人口流动和城市化、社会性别等研究重点,以政策应用为目标开展科学研究;积极参与国家人口战略研究和国际合作,建设人口健康专题文献库、数据库和信息库(包括出生缺陷和先天残疾生物标本库、病理标本库、环境标本库、信息资源库等),推动人口多状态仿真模型以及数据模拟实验室的建立和完善。

6. 社会与政策研究

以数据和定量分析为基础的社会科学发展很快,已经成为深入研究和了解复杂社会问题的有力方法。中国正处在快速发展阶段,我们更需要"科学分析我国全面参与经济全球化的新机遇新挑战,全面认识工业化、信息化、城镇化、市场化、国际化深入发展的新形势新任务,深刻把握我国发展面临的新课题新矛盾,更加自觉地走科学发展道路",这不仅是全党全国人民面对的课题,更是中国社会科学应该担负的历史责任。

2006年9月北京大学成立了以调查、收集、整理、集成中国社会经济和社会科学研究数据为目标的中国社会科学调查中心,并建立了中国第一个全国性综合跟踪调查数据平台,开展了"中国家庭动态跟踪调查"(CFPS)。CFPS的设计邀请了国内外社会科学各领域的著名学者(院士、诺贝尔经济学奖获得者)参与制定问卷,引进了世界上调查领域前沿的技术与调查质量控制体系,试图通过对社区、家庭、受访家庭所有家庭成员的追踪调查,把握中国社会、经济、人口、教育和健康的变迁。

学校计划以中国家庭动态跟踪调查为基础,进一步整合社会科学不同领域和地域的资源,组建以社会学为核心的交叉学科研究机构,开展中国发展进程中的重要社会和经济现象的研究;将采用灵活的用人机制,依托相关学科的高水平学者,吸引和引进国际学术界著名学者,共同开展中国社会问题的跨学科综合研究,努力提升北京大学在该领域内的国际影响力。

7. 经济金融数据分析与预测研究

以世界经济危机为背景,分析在全球化时代我国宏观经济运行规律,探讨规避潜在风险的发展策略,研究政府政策对宏观经济的影响并提出针对性的政策建议对于我国实现又好又快地稳定发展尤其具有重要的意义。我们将汇集政府有关部门、北京大学的有关单位、兄弟院校和地方统计部门、国际上研究机构的各方面的专家,开展深入的、长期稳定的合作;建立刻画我国宏观经济运行的经济预测与分析模型。在经济一体化的背景下,宏观经济学的预测与分析对于我国经济的健康发展具有重要意义,如何建立刻画我国经济运行特点的宏观经济模型对指导我国宏观经济运行具有至关重要的意义;建立我国宏观经济运行的研究和人才培养平台。在现有的基础上吸纳国内外这方面的学者作为中心的研究人员,同时通过这个平台培养能够熟练运用现代经济学手段,而且对我国经济运行具有充分了解的人才,这些人才的培养是我国经济建设所必需的。

七、理学学部

理学部由数学科学学院、物理学院、化学与分子工程学院、生命科学学院、城市与环境学院、地球与空间科学学院以及心理学系等相关院系组成。北京大学拥有很好的理科传统,师资雄厚、设施完备,为教学和科研之重镇,北京大学理科有 26 个国家重点学科,其中数学和化学的所有二级学科都是重点学科。

(一)学科发展基本思路

理科的发展必须面对全球竞争,我们应当进一步加强高层人才和优秀青年人才的引进,要全面实行新聘教师的"预聘"制度和课题组制度,稳步推进教学科研人员的分类管理,努力提高教师待遇和工作条件,建设具有世界影响力的学术队伍;建立合理的评价体系,推进院系、研究机构和教师的国际评估,形成良好的学术氛围。

关注学科前沿和开辟新领域。中国的科学研究发展很快,但在前沿领域的开创性研究还比较少,北大必须有所作为。要加强在理科前沿领域的布局和支持力度,采用特殊机制,构建高水平的学术团队;鼓励教师关注学科前沿,勇于开创新的研究领域,积极参与世界重大前沿领域和基本科学问题竞争;加强对北京国际数学研究中心、北大统计科学中心、科维理天文与天体物理研究所、李政道高能物理研究中心等机构的支持力度,大力加强数学、物理、化学、生物学科、地球科学等基础学科的建设。

加强交叉学科发展,促进跨学科研究。基本科学问题和国家重大需求都需要多学科的解决方案,要坚持以交叉学科作为学科建设的重点。在"985 工程"前期建设中,学校特别关注理科前沿领域和交叉学科的发展,组建了前沿与交叉学科研究院,重点建设了分子医学研究所、理论生物学中心、纳米科学技术中心、生物医学跨学科中心、脑与认知科学研究中心、深圳化学基因组学实验室等机构,加强了对交叉学科研究的支持力度。这些措施极大地丰富了北大理科的内涵,带动了北大院系的学科建设和整体发展。

关注国家战略需求。理科的另一个重要任务是为国家社会经济和技术进步提供基础性的科学支撑,要积极参与国家重大研究计划,为解决国家面临的重大科学技术问题服务。现阶段国家重大研究计划有两种类型,一是为行业发展提供整体解决方案,二是为行业发展提供关键技术储备和科学基础。与工程学科相比,理科在提供整体解决方案方面不具优势,但在提供关键技术和科学基础方面有着很大的发展空间。我们要鼓励教师积极参与国家重大研究计划;科学研究需要长期的积累和艰苦努力,只有在基本理论、基本方法方面有长期的积累,才能产生原创性的研究成果,才能有自主创新的应用技术;要鼓励教师安心学问,坚持从事长期的、基于兴趣的研究。

(二)院系发展规划(略)

(三) 学部重点建设领域

1. 蛋白质科学工程

由军事医学科学院、清华大学和北京大学联合承担的"国家蛋白质科学基础设施——北京基地"的项目已经进入实施阶段;该项目是《国家"十一五"科学技术发展规划》提出启动建设的12项大科学装置之一。蛋白质科学基础设施的建设将围绕蛋白质科学研究的前沿领域和我国生物技术与医药产业、农业与环境保护、重要生物资源的开发与利用等发展需求,保障国家中长期科技规划纲要部署的蛋白质科学重大研究计划的实施,建设高通量、高精度、规模化的蛋白质制取与纯化、结构解析、蛋白质组分析、功能研究等大型装置,实现技术与设备的集成化、通量化和信息化,成为我国蛋白质科学研究和技术创新的基地,形成具有国际一流水平和综合示范作用的蛋白质科学研究支撑体系。

2. 系统生物学

北京大学理论生物学中心自2001年正式成立以来集中了校内数学、物理、化学、生物、工程及信息科学的一批优秀科学家和海外的杰出科学家,形成了一支跨学科的研究团队,培养了一批优秀的跨学科研究生,为推动国内理论生物学/计算生物学/生物信息学/系统生物学的发展起到了重要作用。目前理论生物学中心的主要成员由各院系的教授构成,人员背景偏重理论和计算研究,这在一定程度上制约了进一步的发展。系统生物学除需要进行理论和计算研究以外,也需要开展高通量及定量的系统生物学实验,需要建立公共的系统生物学研究平台。只有理论与定量实验紧密地结合,不同学科在思想、方法、技术等方面全方位地不断碰撞,才有可能做出最原创性的成果。同时,新一代学科交叉型人才的培养,特别是高水平创新型本科生的教育,也都需要有一个拥有多学科背景科研与教学人员的实体才能做好。下一步学校将引进几位"千人计划"学者和一批优秀的青年学者,组建系统生物学研究所。

3. 生物动态光学成像

生命科学的突破通常是由物理手段的发展来推动的,近年来分子成像技术的进步和基因组测序方法的进展加速了分子水平上的生命过程研究。北京大学成立了生物动态光学成像中心,重点研究单分子和单细胞水平的基本生物现象;发展单细胞实时观测技术以便观察单分子的随机现象;发展突破光学衍射极限的超高分辨率光学显微成像新方法,同时提高灵敏度和时间分辨率;发展新型的基于化学特征基团和化学键的生物探针用于生物大分子观测;发展非标记的光学成像技术,如受激拉曼散射光谱显微技术和受激辐射显微技术等,在细胞以及活体水平上进行小分子例如代谢物和药物的动态显微观察;发展针对高通量显微成像技术的新型微量生物样品的操控和观测方法;发展新型的高通量深度基因组测序技术及应用。通过以上新的物理手段,进行干细胞、代谢疾病、癌症等生物医学前沿问题的研究。同时,也积极开展以功能成像为中心的交叉学科研究工作。

4. 量子材料科学

为实现北京大学物理学院的快速发展,学校建立了北京大学国际量子材料科学中心。中心以凝聚态物理、量子材料科学为主要研究方向,致力于打造基础研究的开放平台,探索前沿和重要的物理问题;量子材料科学中心的主要研究方向包括:量子输运、关联电子现象、低维电子气的量子行为、凝聚态物理中的拓扑效应、介观超导体系、量子材料和器件的制备和物性研究、自旋电子学、表面量子行为、先进扫描探针显微学、超冷原子气、介观量子效应、量子材料物性的第一性原理计算、超快光谱学、软物质中的相变及临界现象、玻璃材料的性能和形成机理、单分子尺度上的物理化学、多尺度物性研究等;中心将通过广泛而多样的国际国内合作,营造良好的学术氛围,吸引一批凝聚态物理和量子材料科学领域国际一流学者,以及有潜力的中青年学者和优秀博士后和研究生。在优秀人才队伍建设和有效交流合作建立的过程中,中心将创造积累更多具有国际先进水平、国内领先地位的优秀科研成果,为带动北大物理学学科发展、提升北大在相关专业领域的国际影响力作出积极贡献。

5. 中子谱仪

中国先进研究堆(CARR)是国家大科学工程项目,是国家发改委投资 7.7 亿,在北京建设的一座功率为 60 MW,热中子通量达 8×10^{14} n/($cm^2 \cdot$ s)的多用途、高通量、研究型反应堆,主要用于中子散射研究。与国际同类反应堆比较,中国先进研究堆主要技术指标和性能已经达到了国际前列。

中国先进研究堆北京大学谱仪站是一个能够完成在综合极端条件(压力、温度、磁场、电场、气氛)下,对各种样品进行高强度中子衍射实验的弹性散射谱仪。它主要依赖中子本身具有磁矩,可探测磁性原子的磁矩大小和方向等特点,研究晶体结构、磁结构与物质性质的内在关系。同时利用中子的穿透能力较强的特点,结合温度、压力、磁场等特殊样品环境,开展材料的原位中子散射研究,获得材料的晶体结构、磁结构,相组成与材料的特性的关系和规律。目前项目承担单位北京大学物理学院已组建由国际专家组成的小组,成员来自北京大学、中国原子能研究院、中国科学院、美国密苏里大学、橡树岭国家实验室等,开始进行方案设计。新的中子衍射仪利用位置敏感探测器和弯晶硅聚焦系统,具有强度高和样品小(0.5 克)的特点,特别适合于进行材料的动力学特性研究。

6. 北京国际数学研究中心

北京国际数学中心(BiCMR)是在"985 工程"二期中建立的国际化数学研究基地,得到国家发改委和教育部的直接支持。中心的使命是通过聚集国际一流的数学人才,开展对国际数学前沿问题的研讨,成为具有重要国际影响(例如普林斯顿大学高等研究院)的数学研究与交流平台和一流数学人才的引进和培育平台,带动我国数学研究和教育水平的提升,造就新一代世界领先的数学家。三年多来,中心通过举办各种层面的学术交流活动,聘请国际著名学者开办数学前沿进展研讨班,已经在国际数学界形成了重要影响。在今后的建设中,随着中心建筑的落成,作为"985 工程"重点建设项目之一的数学中心将在 2010—2020 期间进一步加大工作力度,提升北京大学在数学学科的实力和水平,积极扩大在国内外数学研究与人才培养方面的影响,全面推进世界一流数学中心的建设。

7. 统计科学

随着计算机和互联网等信息技术所带来的人类社会数字化进程,我们面对着一个海量数据和信息的时代,统计学在其中扮演着越来越重要的作用,在医疗卫生、机器学习、高维数据分析、生物学、社会学、经济学、工业制造、环境资源和教育学中发展迅速。为了促进北京大学的统计学学科跨上一个新的台阶,也为了促进以统计学为重要工具的交叉学科的发展,创建北京大学统计科学研究中心。统计科学中心将提供一个整合全校统计研究力量,培养综合型的统计人才的平台。本着跨学院、跨学科的方针,中心的研究人员将在中心与学校各个院系之间双聘。中心将建立一支具有国际先进水平的统计学团队,在北大建立一个吸引海内外优秀统计人才的基地。吸引优秀人才到北京大学工作,保持并提高北京大学在统计学研究的领先优势。同时中心将促进统计学与其他学科的交叉合作,提高相关学科的数据分析水平。中心将与其他学科有效交叉,为这些学科的发展提供数据收集和数据分析的统计方法,推动提高各学科的实证研究分析水平。统计科学中心将建设一支与全校各学院有良好互动的研究、教育及应用的队伍,并具有国际先进水平。

8. 分子医学

作为发展生物和生物医学的一个重要举措,北京大学在"985 工程"二期中组建了分子医学研究所。五年来,该研究所以学科前沿布局为牵引,以队伍建设为核心,采用所长负责制的运行机制,根据主攻领域(心血管)的发展需要设立课题组,严格挑选负责人,优化组合队伍。通过举办 Nature 论坛,发表 Science 和 Cell 论文,已在国际上形成了显著的学术声誉;通过心血管研究计划获得 973 立项,小核酸技术在昆山技术研究院落户,在国内也产生了良好的社会影响。在下一期建设中,分子医学所将继续发挥面向科学前沿顶层设计的优势,结合国家在生物医学领域的重大需求,进一步加强队伍建设,力争在心血管领域做出更重要的科学贡献,为我国生物医药产业的发展提供源头创新。

9. 化学基因组学与转化医学

在深圳市的支持下,利用北大深圳研究生院的独特资源,北京大学化学基因组学和转化医学在过去几年得到了很大发展,不仅在学术上,而且在科技成果应用前景方面都有了突出的成果,也吸引了一批优秀的人才。作为既代表着科技前沿,也与国家中长期科技发展规划紧密相关,同时还是我们有可能做得最好的一个领域,我们将在"985 工程"(2010—2020)从队伍建设、平台建设等方面进一步加大投入,使其成为不断产生既有科学前沿水平,也有重大应用前景成果的重要基地。

10. 皮—纳卫星空间探测

北京大学空间科学研究所拥有多年有成效的空间物理研究经验,相关教研室有着 50 多年的研制空间探测仪器的历史,成功实施了中巴资源卫星星内高能粒子探测器,是国内高校首先和迄今唯一卫星上搭载的科学载荷。

北大皮—纳卫星的能力建设将参照 SSL 实验室建设的经验,将与美国伯克利大学分校合作发展空间探测技术。通过合作有效整合凝聚北京大学现存的空间科学与技术领域科研力量,培养相关人才,形成具有争取国家项目实力的科研团队,探索开辟我国有效实施空间科学探测的新途径,争取立项,并实施北京大学皮—纳卫星空间探测,从而获取前沿科学数据,改变目前国内空间研究主要依赖国外数据的状态,争取获得原创性科研成果。

发展空间科学的教学平台,开设皮—纳卫星设计制造课程,使学生参加学习科学卫星研制的全过程。

大力促进北京大学在卫星机械设计、卫星材料、卫星控制、卫星通讯、星载计算机和软件等诸多学科的发展,通过学科融合,逐渐形成新的多学科交叉的生长点,建成具有特色的相关实验室,最终成为我校交叉学科综合发展的又一个高端平台,并为将来皮—纳卫星多种空间应用打下基础。

八、信息与工程学部

北京大学信息与工程学部由信息科学与技术学院、工学院、环境科学与工程学院、计算机科学技术研究所、软件与微电子学院、建筑与景观设计学院等院系组成。目前共有五个一级学科:计算机科学与技术、电子科学与技术、信息与通信工程、力学和环境科学与工程,实际涉及的学科和领域还包括:建筑学、生物医学工程、材料科学与工程、工业管理学,以及能源与资源等。北大信息与工程学部有教师约400名,每年招本科生近600名,学术型研究生约400名,工程硕士约500名。过去5年来,信息与工程学部获得的科研经费年均已超过2亿元,在国家重要科技计划中发挥着显著作用;国际学术声誉也得到不断提高。

(一)发展基本思路

北大信息与工程学科的特点是主要学科都有基础扎实的传统。原因之一是这些院系都源于北大的理科,计算机科学技术主要源于数学,电子科学与技术主要源于物理学,等等;另一个原因是北大的学术氛围更有利于基础学科的发展,即使新建立的北大工学院也是以新兴的工程科学为基本特征的。正是这种历史渊源和学术环境,构成了北大信息与工程学科不同于其他学校的显著特色。我们在今后的学科规划和建设中,要充分发扬这一传统,把它转化为自主和原始创新的优势,使北大在信息与工程学科的发展中处于有利地位。

全面建成小康社会、战略新兴产业的发展和经济结构的转型要求我们国家具备很强的自主创新能力。目前,我们国家的主要产业仍然处于"加工"阶段,核心技术和创意设计主要来自国外,这在发展的初级阶段是可行的、合理的。但随着产业的发展和规模扩大,各种技术壁垒和争端会越来越多,我们产业必须掌握自己的核心技术和自主创新能力。这为以重视基础为传统的北大信息与工程学科的发展提供了良好的机遇。

信息与工程学科要充分利用北大综合实力强、基础研究实力雄厚的特点,保持和加强对信息与工程科学的基本理论和方法的研究,鼓励多学科的合作和学科交叉,要加强计算理论、网络理论、湍流与复杂系统理论等方面的学科布局和建设,使北大成为工程基本理论创新的重要基地;国家重大领域和工程提出了很多重要和基础性问题,我们要鼓励和组织教师积极参与国家重大研究项目,开展系统性的研究,学校更要针对国家重大领域和重大工程中的核心技术问题进行学科和队伍布局。近期,我们应当重点考虑在新材料与功能、新型生物医学工程技术、环境技术、新能源技术、航空航天关键技术、创意设计等方面的建设与学科布局,增强北大解决重大领域关键问题的能力;积极推进信息与工程学部的学科布局和管理构架调整,充分利用信息与工程科学领域科研经费投入比较大的特点,通过体制机制改革和政策调整,增强学术队伍的整体竞争力和活力,提高院系和教师的教学科研积极性和主动性;根据信息与工程科学的学科特点,进行队伍结构调整,形成强有力的研究团队,参与和解决国家重大科学技术问题;在人才培养中,要根据信息与工程科学人才在基础和创新能力方面的需要,大力推进教育教学改革,调动学生的主动和能动性,开展创新和创意设计方面的培养,加强实践环节,为国家培养更具创造性的优秀人才。

北大的信息与工程学科已经有了很好的基础,在很多领域形成了鲜明的特色。在今后十年的建设中,我们应当坚持"有所为,有所不为"的方针,坚持自己的特色,坚持解决国家重大领域和工程中关键科学技术问题的建设方针,坚持在队伍建设和体制机制建设上下工夫,就一定能够推进信息与工程学部的快速发展,促进一批信息与工程学科更具国内外学术和社会影响力。

(二)院系发展规划(略)

（三）学部重点建设领域

1. 虚拟交互式认知

以实现高度智能化的机器感知系统为目标，深入研究人的认识机理与动物的行为，使机器在复杂环境中能够更好地理解人的行为、意图及外部环境的动态变化，构建自然和谐的人机交互界面与虚拟体验，为认知科学研究提供新的近真实情景实验环境，为计算机辅助医疗和康复、智能交通系统等重大应用提供新的理论、技术和试验平台。平台将重点开展以下方面的研究：复杂环境中运动对象的跟踪、识别与行为理解及其在智慧城市中的应用；视觉、听觉、触觉等多感知通道的信息整合、加工和注意机制；基于多感知通道的自然和谐人机交互界面；具有强烈真实感的三维动态增强现实环境；近真实情景下的动态感知、语言认知及其神经机制；针对残疾人康复的虚拟肢体与仿生感知技术。

2. 大气环境与全球变化

随着经济社会的快速发展，大气复合污染在我国快速发展的城市群区域日益突出，导致了严重的大气灰霾和光化学烟雾，并通过细颗粒物和臭氧对区域气候产生重大影响，成为制约未来社会经济发展的重大瓶颈。区域大气污染防治、气候变化和国家清洁空气行动计划等已列入国家2020年科技发展规划和环境保护规划，北京大学将在实施这些规划的过程中发挥重要的组织和领导作用。环境科学与工程学院将依托国家重点实验室和现行两个重大国际合作计划（CareBeijing 和 PRiDe），重点研究大气氧化能力的变化、臭氧和细粒子生成之间的耦合、大气污染的气候效应及区域污染与气候变化协同的控制技术与对策，在大气复合污染基础理论上取得突破，建立国家清洁空气行动计划的技术支撑体系，为国家履行环境国际公约提供技术对策。为了这一目标的实现，将同德国尤利希研究中心和美国海洋与大气署地球系统实验室合作，在校内开展同物理学院大气科学系及地空学院遥感所的合作，在昌平校区建立大气环境与全球变化实验基地，包括大气化学气候超级观测站、飞艇观测平台和集光化学烟雾模拟—植物暴露—人体暴露为一体的大型模拟装置，以及卫星遥感技术和大气复合污染多尺度全耦合空气质量模式系统，使该基地的软硬件达到国际先进水平，成为国际大气化学与气候变化研究的主要基地之一。

3. 清洁能源与资源综合利用

将资源—能源—环境相结合构成一个整体，系统研究新能源与节能减排的基础研究和工程利用。主要建设内容与发展方向：新型能源与非常规能源开发技术；资源高效与清洁利用技术；水资源与水环境技术。这些工作将与化学学院和城环学院等有关教授联合开展。

4. 水污染控制与环境修复

围绕水生态效率开展系统的交叉研究。根据水科学典型的交叉学科特性，主要建设内容与发展方向为：流域生态环境需水与河流系统健康诊断技术；环境微生物培养与特种废水处理技术；新型材料开发及其在水环境治理中的应用；转金属硫蛋白基因植物——蓝藻对重金属的污染控制技术；节能型城镇污水处理厂升级改造与污泥减量化技术。这些领域是代表未来环境学科发展和国家重大需求的典型交叉学科领域，利用我校环境科学与工程学院、工学院、生命科学学院、化学学院、城环学院和地空学院已具有的优势，能够快速取得重大突破。

5. 海洋工程

在北京大学海洋科技发展思想指导下，根据自身的优势，在"有所为、有所不为"的原则下,拟提出如下五个海洋科技研究方向:深海探测与深海环境模拟;海洋能源;海洋生物;海洋工程结构与船舶装备监测与保障;海洋科技中的力学问题。这些研究问题的展开拟与地球与空间科学学院、环境科学与工程学院、生命学院等合作进行。

6. 生物医学工程

未来二十年,生物医学工程学科将面临着前所未有的重大发展机遇。国家中长期战略规划及国家新兴产业振兴计划从根本上确立了生物医学工程学科在国家经济社会发展中的重要地位;医疗卫生体制改革为生物医学工程的发展提供了广阔前景;国家科研投入的大幅提高为生物医学工程学科的发展提供了重要保障。北大生物医学工程学科将紧紧抓住重大发展机遇,面向国家科技发展的中长期规划在人口与健康领域的重大需要,结合国际学术前沿发展方向,明确以下学科发展方向:面向重大疾病的纳米医学;生物材料与组织再生医学;分子与医学影像学;微创介入医学;神经医学工程;移动/远程医学及健康信息学。在进一步巩固研究基础、提高研究水平的基础上,力争在以上几个学科发展方向上启动国家重大或重点项目3~4个。建立多个跨学科、综合性的科技创新平台,以科研成果转化为核心,促进本学科产学研用跨越式发展。

7. 绿色计算与绿色通信

摩尔定律在过去三十年里支配着计算机技术发展的路线图,其模式要点是芯片性能的提高、提高、再提高。近五年来,这样一种支配的模式已经开始改变,发展计算机技术已不再是单纯追求技术自身,而是到了要密切关注其发展对环境和社会影响的时代。高性能计算技术对能源的消耗即是最重要的关注点之一。我们拟通过建立高能效计算与应用中心,吸引有潜力的优秀青年人才,组织推进一套前沿研究计划,培养出一批计算机领域未来的学术带头人。该平台以实现低能耗、低碳排放的绿色计算与绿色通信系统为目标,深入研究计算机软硬件技术与通信技术中的能量消耗机理,探索新型的低能耗计算机软硬件技术与绿色无线通信技术,为互联网数据中心、云计算、移动计算、无线通信等重大应用提供新的理论、技术和试验平台。基于该平台,将主要开展以下方面的研究:绿色计算基础的绿色化机制和理论模型;绿色软件工程:低能耗软件模型、低能耗软件开发方法、低能耗编译技术等;互联网与云计算的能耗模型与低能耗技术;基于绿色计算的应用级并行编程;基于多核处理器、松耦合绿色计算模型;低能耗绿色节能的网络体系架构关键技术研究和开发;低能耗算法和信号处理研究;低能耗绿色节能的接入网、传送网、承载网、移动核心网、管理系统关键技术研究和开发;低能耗绿色网络应用示范网建设;端到端的绿色网络衡量体系和标准等。

九、医学部

医学部下设基础医学、药学、公共卫生和护理4个学院,有8个临床医院,学科覆盖了医学各主要领域。长期以来,北大医学部在高层次医学人才培养、生物医学和药学研究,以及国家公共卫生人才培养和疾病控制等方面,作出了卓越的贡献。特别自2000年原北医和北大合并以后,在"985工程"支持下,不仅医学学科有了长足的发展,与理学部、信息与工程学部在生物医学交叉学科领域的合作取得了令人瞩目的成绩。近年来,医学部特别强调加强基础医学与临床医学的合作与融合,积极参加国家新药创制重大专项,为生物医学和医药研发提供了更加广阔的发展空间。根据ESI统计,北大的临床医学、药理学和毒物学进入全球前1%,在国内医学学科评估中位于前列。

（一）医学面临的挑战和机遇

作为直接关系人类健康又处于科学技术发展最前沿的领域，医学学科在中国将会进入一个发展的黄金时期。一方面，公众要求更高品质、更低成本的医疗和健康服务。另一方面，技术进步在改进和提高医疗服务质量的同时，高居不下的成本大大超出了社会公众的接受能力。处在发展阶段并且主要医疗设备和药品依赖进口的中国，情况更加严峻。作为致力于创建世界一流大学的北京大学，应勇于迎接挑战，要针对国家医疗卫生事业发展中的重大问题和学科发展前沿进行学科布局，要在解决国家重大问题中，建设世界一流水准的医学学科。

在医学部发展上，我们还面临很多困难和挑战。第一，国家医疗卫生体制改革正在进行当中，我们应当组织力量积极参与到相关的研究和试点工作中，为国家医疗卫生政策提供科学咨询。第二，医学人才培养面临巨大挑战，随着公众对医疗服务要求的不断提高，我们要进一步推进教育教学改革，为国家培养更多高素质医药卫生专门人才。第三，我们有丰富的临床医学资源，但临床医学研究长期以来发展较慢，我们应当积极促进基础医学与临床医学、医学和药学、预防和治疗的结合，带动整体医学研究水平的提高。第四，北大有很强的多学科基础，我们要进一步促进生物医学与数学、物理、化学、力学、电子与信息科学等多学科的交叉，培育新的学科生长点，提高学校生物医学的整体学术水平。第五，医学部面临实验室空间短缺等瓶颈问题。第六，由于各种条件限制和政策方面的问题，医学部吸引优秀人才的竞争力比较弱，需要在资源和体制方面加大努力，尽快建设一支世界水准的学术队伍。

（二）学科建设的思路和措施

1. 加强队伍建设

"985工程"（2010—2020）建设中，要坚持"以队伍建设为核心"的基本方针，加大力度推进人事制度改革，集中资源，建设一支具有国际影响力和竞争力的学术队伍。

要努力推进人事制度改革，加强优秀人才的引进力度，要充分利用国家"千人计划"和"长江学者计划"，根据学科发展需要，有计划、有重点地在一些领域引进国际著名学者；同时，要解放思想，积极引进优秀青年人才，推进人事制度建设，在新聘人员中，全面实施"预聘"制度，合理配备启动资源和较好的生活待遇，大幅度提高新聘教师的整体水平，建设一支充满活力、极具发展潜力的优秀青年学术带头人队伍。

建立科学合理的评价体系，推进教师的分类管理，加强实验和技术职称队伍的建设和流动科研队伍建设，明确各类岗位的发展目标和努力方向，完善岗位聘任和晋升制度，充分调动各方积极性，提高整体教育和科学研究水平；建立合理的PI管理制度和课题组制度，提高对PI人员的考核标准，对课题组实行定期专家评估制度，在此基础上，建立与各类人员的责、权、利相匹配的资源分配制度，大幅度提高现有学术带头人的工作和生活条件，使学术队伍建设步入良性和可持续发展轨道。

2. 完善学科布局

要进一步加强基础医学、药学、临床医学等优势学科，在人、财、物等方面加大支持力度，巩固提高现有重点学科优势地位；同时，要大力支持对整体学科发展有重要影响的新兴学科的发展，并防止和遏制少数重点学科的衰退苗头。

突破学科界限，发挥整体优势，促进相关学科的交叉和深度融合；鼓励相关学科之间人员的互聘兼职；建立与临床学院联合举办学术会议、联合培养研究生、联合申请科研基金等常规机制。

集中优势力量开展多学科协同攻关，重点突破肿瘤、代谢性疾病、神经系统疾病、传染病等重大疾病的发病机制与防治基础等原始创新研究，形成一批国际先进的研究方向和亚学科群、学科链，形成一批原创性的基础研究成果。推动转化医学发展，大力开展创新药物、新型疫苗和诊断试剂、干细胞及再生医学等领域的研究开发和成果转化，建立医、教、研和产、学、研紧密结合的创新机制。

3. 加强国际交流与合作

继续积极发展与国外友好院校和机构的合作，进一步推进医学部的国际化进程。树立国际合作交流服务医学教育和科研的指导思想，根据医学部的实际和学科发展需要，制定国际交流与合作的战略目标。要通过科研合作建立紧密的合作关系，积极引进国际优质的资源，以及先进的理念和技术。要通过国际交流推进高素质队伍的建设，继续支持外国专家进行长、短期学术访问。

充分利用国外机构和国家留学基金委资助，鼓励境外培训、研修、参加国际会议、访问、科研合作、公派留学等活动，拓宽学生国际视野，提高人才培养质量。稳定留学生招生规模、提高生源质量，改进留学生和台港澳学生的培养方式。

积极推进科研、教学的国际交流与合作，积极与一流海外学者及国际学术机构联合开展科技攻关，联合申请国内外重大科技项目，如NIH项目、欧盟第七框架计划项目等；积极与国际学术机构合作培养博士生；建立完善合作研究及成果分享机制；积极主办与承办大型国际学术会议。

（三）院系建设规划（略）

（四）学部重点建设领域

要重点加强国家和部门重点实验室建设，针对重大疾病，完善科学研究平台体系布局，努力成为国家创新体系的重要组成部分。

1. 重大心血管疾病分子及转化医学

推动整合心血管研究所、生理学系、分子心血管学教育部重点实验室、卫生部心血管与调节肽重点实验室等基础和临床在心血管研究方面的力量，组建申报重大心血管疾病分子及转化医学国家重点实验室。围绕动脉粥样硬化及心肌梗死、高血压、心力衰竭等重大心血管性疾病发生、发展的分子机制及其细胞和基因治疗，发展血管损伤与修复的机制、心脏重塑的分子机制、代谢紊乱与心血管病变、心血管疾病的细胞和分子治疗等。

2. 神经科学重点实验室

加强神经科学、认知与心理学、精神病学等学科的整合，紧密围绕慢性痛、药物滥用以及脑老化与认知障碍等严重威胁着国民健康的关键问题，建立深入细胞和分子水平、从外周和低级中枢走向高级中枢、多种学科技术交叉与渗透、基础研究与临床实践结合的特色研究体系。构建计算神经生物学平台，重点发展神经网络与系统神经生物学研究。努力将神经科学部门重点实验室发展提升成为国内领先、优势研究方向上达到国际先进水平的神经科学人才培养和科研基地，积极争取创建国家重点实验室。

3. 系统生物医学研究所

整合全校生物学、基础医学、药学、中医学、信息学、临床医学，形成涵盖基因、蛋白、代谢、细胞、离体动物、整体动物、人体等多层次和多学科的研究体系和技术平台，为研究肿瘤、心脑血管疾病等重大性疾病的发病机制提供有力支撑,为复杂性疾病的诊断、治疗和预防提供有实际应用价值的新理论、新方法、新试剂、新设备、新药物。此外,推动不同学科之间的相互渗透和融合。

系统生物医学研究所主要针对重大疾病开展大规模的组学研究、仿真建模和生物医学验证。初期主要针对肿瘤、心脑血管疾病,通过基因组学、蛋白质组学、代谢组学等方法和体系的研究,阐述病生理网络调控机制和发病机理,并应用生物信息学进行仿真建模,以分子遗传、药物研发、转化医学等研究室为平台进行生物/医学验证,为肿瘤、心脑血管疾病等寻找合理有效的预防和治疗措施。要逐渐吸收纳入其他重大疾病(如神经系统疾病)的研究队伍,以实现预测医学、预防医学和个性化医学。

4. 临床医学研究所

北京大学临床研究所的宗旨是推动北京大学临床研究的发展,提高其临床研究水平,为国家培养临床研究专业技术人才,提升我国临床研究的创新能力。用10～15年的时间建设一个中国一流、亚洲领先、世界知名的临床研究所,形成一个专门从事临床研究的教学、科研、服务、培训和组织协调中心。

北京大学临床研究所要积极整合全校临床研究资源,吸引国内外优势资源,形成跨医院的高水平临床研究公共平台。提出、设计、组织和实施高质量的重大临床研究项目,并代表医学部,支撑、协调和管理全校范围内的跨院项目和全国性的多中心合作项目。为附属医院及全国相关机构提供临床研究的技术服务、技术培训和技术推广。逐步发展和建立"临床研究"专业,开展相关教学工作,为国家培养临床研究的高级专门人才。开展国际间的临床研究合作与学术交流;构建全国临床研究网络,推动全国临床研究工作。

临床研究设立的公共平台包括数据管理中心、生物统计中心、项目开发与管理部、循证医学中心、教育培训部。各平台负责对北京大学医学部所有附属医院的临床研究提供技术咨询、伦理指导、数据管理、统计分析等,与各医院已有的各专业临床研究中心一起共同提高北京大学医学部的临床研究水平。

5. 创新药物研究院

北京大学创新药物研究院由一系列重大技术平台构成,将根据北京大学的优势和特点,针对创新药物研发面临的问题,推进体制和机制建设,提高北京大学创新药物研发的整体实力,完成"国家新药创制专项"的各项任务和目标,实现我校创新药物研发领域的快速和可持续发展。

靶标发现与药物筛选技术平台。包括体外和体内活性筛选模型和方法和化合物药效的初步评价;药物设计和结构优化技术平台,将针对靶标,进行化合物结构的设计,为化合物的合成提供指导,同时,进行活性化合物的结构优化,为结构改造提供指导。

样品高效制备与工艺研究及样品库建立技术平台。将合成大量的化合物,并从天然产物和中药中分离鉴定大量的化合物,建立和管理样品库,完成新药的合成工艺优化、天然药物的提取纯化工艺优化,建立适合于工业化生产的制备工艺。

药效学评价技术平台。将对候选药物进行药效学研究,为新药申报提供药效学研究资料;药物代谢与药代动力学研究技术平台,将对候选药物进行体内代谢和药代动力学研究,为新药申报提供药代动力学研究资料。

药物制剂学研究技术平台。将根据新药的理化性质和临床应用,设计剂型,进行药物制剂处方设计和成型工艺研究;提供新药制剂工艺研究资料。

新药质量标准研究技术平台。将按照化学药和天然药物的有关要求,建立新药的质量标准;提供新药质量标准研究资料;新药中试技术平台,将按照国家食品药品监督管理局有关要求,进行化学药的合成工艺、天然药物的提取分离工艺、制剂工艺的中试放大,提供新药申报中试研究资料。

6. 中国卫生发展研究中心

中国卫生发展研究中心的宗旨是致力于建设世界一流的卫生事务智库,以满足卫生政策和卫生体系科学①的教育、研究和政策咨询的需要,为中国参与国际卫生事务提供学术思想和智力支撑,并为中国卫生外交培养复合型的人才,服务于中国和世界卫生事业。

中心将聘请包括世界卫生组织、哈佛大学等机构的知名学者组成理事会,建立国际水准的研究和教学团队,借鉴国际通行的运行机制吸引世界著名学者加盟。中心目前正在积极筹备阶段,为基础设施建设、讲座教授、讲座/论坛项目和奖学金项目等筹集资金。

慢性疾病将成为未来几年中全球日益凸显的四大风险之一。因此,必须加强全球健康治理、各国卫生政策的宏观协调和监督以应对疾病风险和人类健康的挑战。随着中国大国地位的提升,中国有责任和义务,在日益全球化的世界参与国际卫生事务的决策,发出有学术依据、有影响力、既符合人类利益又符合中国利益的声音。事实上,中国正面临着大多数的全球卫生挑战,如:慢性心血管疾病和癌症的流行;全球贸易所带来的跨国健康风险的扩散(如非典);工业污染/碳排放对全球健康产生的影响;新的突发性的健康威胁(如甲型流感)等。在国内,我们也面临着诸多挑战,如与中国高速增长的经济不相称的健康不公平性问题、"看病难、看病贵"的不满之声、三聚氰胺奶粉事件等。

仅靠现代医学知识以及医学技术无法提出能够把握全局的解决方案。因此,我们需要建设一个独立、开放、跨学科、多专业、具有国际水准的机构和团队,通过国际交流、互相激发、协作研究及创新,完成高水平的卫生政策和体系科学研究。北京大学医学部在医学方面综合实力雄厚,北京大学的学科门类齐全,跨学科的综合性研究基础坚实,完全有条件建设一个具有国际水平的卫生政策研究机构。

7. 医药科技园区建设

医学部教学和科研用房比较紧张,影响了队伍建设、人才引进和新购置设备的安装。在"985工程"(2010—2020),我们要集中力量建设西北区医药科技园区综合楼和综合体育馆,并进行医学部园区的整体电力系统改造和部分实验室基础条件改造。西北区是医学部最后一块未开发的土地,对未来发展弥足珍贵。按照医学部《"十一五"期间基本建设任务规划》,将在医学部西北区建设一座综合医药园区,将目前教学区内的大部分实验室搬入医药园区形成一个完整的科研区,同时强化教学区的教学特征。目前,该项目已获得教育部(教发函[2008]37号)、北京市规划委员会(2008规意条字0101号)的相关批复。

8. 公共仪器设备平台建设

以医药卫生分析中心为核心,经严格论证继续添置使用覆盖面大、关键的大型仪器,同时启动新的机制,促进仪器的共享、高效运转和高质量的服务。进一步加强数字校园和电子

---

① 卫生政策和体系科学:包括:1. 演变中的健康问题与疾病负担;2. 与卫生费用投入、医疗保险、人力资源、信息技术和医疗科技有关的政策研究;3. 与卫生体系运营和管理相关的创新与实践;4. 中国与全球卫生。

资源建设,完成信息管理体系的建设,促进科研和教学工作。

十、国际合作与交流规划

国际化已经成为当前教育领域最为引人注目的发展趋势之一。大学必须跨国、跨文化地考虑人才培养、学术研究与社会服务的各个环节,培养具有全球化视野、能够应对未来世界挑战的人才。

自"985工程"实施以来,北京大学紧密围绕建设世界一流大学的中心任务,提出了"深化国际科研合作,更实质性地推动国际交流与合作"的国际合作基本方针,国际交流的规模不断扩大,层次不断提高。国家中长期教育改革发展规划纲要对提高我国教育国际化水平提出了更高的要求。我们应当深入思考北大的国际化发展战略,借助国际合作交流,提高学术研究和人才培养的水平,加快创建世界一流大学进程。

(一) 挑战和机遇

近年来,世界各国的大学相继推出了教育国际发展战略,努力拓展学生的国际视野,各国优秀大学都在努力吸引优秀中国学生。我们应当进一步明确北大人才培养的国际战略,使学生具有广阔的国际视野和胸怀,能够理解各种文化,更具批评和兼容的能力;同时,要营造更好的国际化教育环境,使北大成为汇聚优秀国际教师和学生的重镇。

高层次人才的竞争日趋国际化,尽管在整体资源和机制方面,我们还处于劣势,但必须全力引进世界最优秀的学者;要更多地通过国际学术和教育合作,与世界优秀大学建立教师共聘机制,共享优秀教师资源;要增加教师队伍中外籍人员的比例,改善学校的国际化氛围。

以中文为主的课程教学体系对增加国际学生交流是不利的,如何克服语言上的困难,发挥中国文化底蕴深厚的优势,提高北大的国际地位,是我们面临的重要课题。

随着中国的国际地位和影响力的提高,中国问题也成为全球关注的问题,这为利用国际智力资源,加快大学发展提供了良好的外部条件。我们要抓住这难得的历史机遇,深入思考北京大学国际合作与交流在学校整体发展中的地位和作用,根据学校的实际,全面规划北大的国际合作发展战略,加速推进创建世界一流大学的进程。

(二) 国际合作与交流的任务和目标

到2020年,北京大学的国际合作与交流应当达到世界优秀大学的水平。我们要积极推动教育和学术研究的国际合作,邀请更多在学科领域内具有世界影响力的外籍学者来校讲学、任教和开展合作研究;积极推进多种形式的联合办学和研究,提高学校的整体学术影响力。

要注重培养学生的国际视野,增强国际理解能力和对外交往能力。加强研究生联合培养和本科生交换,要使大多数学生在学期间具有国外学习或实践的经历;积极推进双语教学,构建学科门类齐全的英文课程体系,吸引更多的国际优质生源,使北大成为具有世界影响的留学目的地。

(三) 国际合作与交流的基本原则

为了实现上述目标,学校要重点处理好以下关系:

国家战略与学校学科发展兼顾的原则。作为国际交流最为频繁、规模最大、影响力最强的高校之一,北大在推进自身学科发展的同时,要努力服务国家战略。要积极推进国别和地区研究中心的建设,促进重要国家和地区的历史、文化、政治、经济等领域的研究;要在进一步加强与发达国家一流大学合作的同时,积极推进与发展中国家大学的合作与交流。

学校整体布局与院系之间的关系。院系肩负着人才培养与科研的重任,是国际合作的主体;我们既要充分调动院系国际合作的积极性,使他们充分利用学校的国际资源,提高教学和科研水平,也要在学校层面制定国际化发展战略,建立高效的服务和制度支撑体系,使学校的国际合作步入良性发展的轨道。

兼顾规模、结构与质量关系的原则。留学生人数、学生派出人数、合作项目数等是衡量一所大学国际合作水准的重要指标;我们应该兼顾国际交流的结构、质量、效益等因素,寻求协调发展,在适当扩大规模的同时,有选择地与学术水平高的大学合作。

兼顾英语教学与保持中文主导地位的原则。英语是国际通用语言,加强英语教学有利于促进学校的国际合作;作为最高学府,我们还肩负弘扬中华文化的责任;随着汉语在全球普及程度的提高,中文的重要性也越来越凸显;我们要致力于构建多语言的课程体系,既提供丰富的英语教学课程和英文教材,也要保持汉语教学的主导性,并通过加强留学生汉语教学,使更多的留学生能够真正深入了解中国的文化和科学。

(四) 加强国际合作与交流的具体措施

1. 积极推动英语教学课程体系建设

英语教学课程的欠缺已成为扩大学生交换、提高留学生生源质量的瓶颈。院系、教务部门和国际合作部要制定英语教学课程体系的建设规划,集中资源建设一批高水平的英语教学课程;事实上,英语教学有利于学生掌握学科的最新进展,提高教育质量;要建立英语授课的主干基础课、学科大类平台课和专业课体系,高度重视中国历史文化课程的英文讲授,引导留学生对中国社会与文化的兴趣,培养通晓并热爱中国文化的留学生。

调动各院系教师开设英文课程的积极性,学校要在工作量评价、工资待遇等各方面实行奖励和激励;要聘任一批专职教学的外籍教师,推进基础课的外语授课。

2. 积极拓展学生国际视野

为培养能够应对未来世界挑战、具有跨文化理解能力和国际竞争力的优秀人才,我们要采取积极措施,拓展学生的国际视野。要积极推进外国语言中心建设,提高学生的外国语知识和专业水平;要利用国家留学基金委联合培养研究生项目、基础学科拔尖人才培养项目,以及学校和院系和海外学习项目,力争到2020年,使大多数本科生和研究生在学期间都能在海外知名高校学习和交流;学校将设立专项资金,支持家庭困难的学生出国交流。

积极探索与世界一流大学的合作办学、联合学位、双学位等培养模式,引进国外优质的教育资源;本科层次留学生教育以改善生源结构与质量为主,同时要大力加强研究生教育,提高留学生培养层次;要紧密围绕国家战略,积极推进与阿拉伯、拉美、非洲等地区的国际合作,增强中国高等教育的国际影响力;要逐步推进留学生招生和管理制度改革,在认真总结东南亚招生成功经验的基础上,扩大赴海外自主招生范围,吸引优秀留学生;提高留学生活和管理的服务水平,打破部门界限,整合行政资源,成立"交换学生管理办公室",将交换学生、短期项目学生纳入留学生管理轨道,提供更好的服务。

3. 引进外籍教师,建设国际化的师资队伍

国际化的师资队伍不仅对学科发展非常重要,还将会大大改善学校的文化氛围,增强国际影响。要积极引进外籍教师,努力建设一支高水平、国际化的教师队伍;要完善"海外学者讲学/研修计划",通过国际暑期学校、联合项目、合作办学及学术假期等多种形式邀请国际

学者来校讲学;进一步完善人事管理制度,改善服务,积极引进优秀外籍教师来北大工作。

4. 积极推进科研国际合作,提升国际影响力

努力推进实质性、高水平的国际科研合作。积极开展与国外一流大学的科研合作,通过联合申请国际科研基金,建立联合实验室、跨学科研究中心、国别研究中心等方式推动国际科研合作;依托高等人文研究院、国际汉学家基地等科研平台,促进人文学科的国际合作与交流。从世界文化的视角推动我校社会学科的学术发展;利用"北京论坛""贵阳生态文明会议"等大型国际交流平台,提升北大学术研究的国际影响;积极参与大学国际组织的相关活动,努力发挥领导作用;办好孔子学院,使其成为集校际交流、基金筹集、招生海外宣传、文化传播的综合平台和窗口;加强面向国际的学术出版,组织翻译和介绍代表北大一流学者水平、具有原创性的优秀学术成果,加强与爱思唯尔等国际学术文献数据和出版机构合作,积极创办国际性学术刊物,增强学校的国际影响。

5. 完善国际合作管理和服务体系

以能力建设为重点,建立一支具有国际理念的管理服务队伍。要树立以学生为本的观念,提高留学生管理服务水平,提供招生、学籍管理、学生管理、选课等方面的英语服务;加强校舍资源的管理和配置,为学生交换和留学生培养提供良好的后勤保障;建立"国际合作顾问委员会",更好地发挥国际交流与合作工作委员会的作用,完善决策机制,提高决策和管理水平;加强管理人员的国际交流与培训,提高国际交流与合作的信息化水平。

6. 营造校园的国际文化氛围

努力营造多元的校园文化,通过国际性、跨文化的学术、文化和体育活动,增进各国师生的相互了解,加深友谊;办好"国际文化节"等活动,促进多元文化社区建设,支持学生社团的国际交流,加强留学生学生社团建设;建设信息丰富、及时的北京大学英文网站,通过多种形式广泛传播北京大学的特色校园文化,更好地展现北京大学的国际形象。

十一、校园建设与规划

北京大学校园由燕园校区、昌平校区和医学校区三部分组成,燕园校区为主校区。2009年北京大学校园总占地面积274.4公顷(约4114亩),其中燕园校园面积176.5公顷,医学校园面积39.4公顷,昌平校区校园面积34.6公顷,此外学校土地还包括燕北园教师住宅区、技物大院等。同时,北京大学圆明园校区为北京大学租用土地,租期为50年;在深圳有深圳市支持建设的深圳研究生院校区。

(一)问题和挑战

依据《普通高等学校建筑规划面积指标》(建标[1992]245号)和《关于大学生公寓建设标准问题的若干意见》(教育部2001年2月12日)等相关标准,2009年北京大学在用地、教室、图书馆、行政办公、学生宿舍、学生食堂等项目上建筑面积均不达标。与此同时,学校的快速发展对校园空间提出了更多和更高的要求,学校必须为未来的发展预留一定的空间。

(二)校园规划的基本原则

协调学校事业发展与用地紧张的矛盾,合理控制学校建设规模,科学利用校园土地。对校园空间进行合理定位,适当疏解燕园校区,积极发展昌平校区和拓展新的空间。合理使用规划中的减法原则,改善校园空间结构,提高校园景观质量,营造校园文化氛围。按照对全国重点文物保护单位的要求,遵循在保护中使用为主、修复性利用为辅的原则。

(三) 校园规划与发展

1. 建设满足现代教学科研功能要求的校园

根据学校的发展要求,结合土地利用现状,合理利用校园空间,优化功能分区,统筹协调空间资源配置,对部分土地使用功能进行调整,以求形成现代气息与传统风格相融合的大学校园空间。规划中注重与传统风格的结合,保证与原有环境和建筑的统一协调,使北京大学燕园校区成为一个有机的整体。同时功能分区的调整力求合理和便于操作,使教学科研、行政办公、宿舍、居住等各功能用地相对集中。

燕园校区的主体是教学科研区,包括公共教学区、理科和文科教学科研区等,这些教学科研区相对集中于东门附近、成府园和西门附近。逐步对蔚秀园教职工住宅区、承泽园平房区进行外迁和改造,完成后这一地区将形成新的教学科研集中区。学生居住和活动空间集中于燕园西南部和篓斗桥、畅春园地区。行政办公空间分布于未名湖周边。

校图书馆周边至东南门区域形成较为集中的公共教学区。理科教学科研区集中于校园东门附近、燕东园南部和西部、中关园西北部及成府园南部等地区。文科院系主要集中在校园北部的古建园林区(包括镜春园、朗润园及承泽园的一部分)中、校园南门和成府园中部三个区域,从而形成分别位于北部古建园林区、南门周边及成府园中部等几个相对集中的文科教学科研区。

本科生的住宿区将主要在燕园校区内,研究生住宿将分布在燕园周边地区。学校将尽快开展学生宿舍改造工程,并启动餐饮综合楼的建设,进一步改善学生生活和住宿条件。同时,要加快学生和教师活动中心建设。

行政办公用房相对集中于未名湖周边地区,从而形成环未名湖的行政办公地带。在保护现有环境和建筑外观的基础上,改善内部设施,提高使用效率,并在燕东园结合煤改气项目,在原先煤厂处建设后勤综合办公楼,以保证学校基础设施的正常高效运转。

2. 各园区发展定位

燕园主校区将主要用于学校的基本教学和科研,并统筹安排太平洋大厦、资源大厦、资源东西楼、资源宾馆、中关园留学生公寓等空间资源。

燕东园:将通过置换燕东园青鸟公司和出版社,使燕东园南部和西部成为理科教学科研区;燕东园中部作为后勤行政用房和设备区;燕东园现有家属宿舍区作为学校未来发展的预留区域。

中关园:推进中关园教职工住宅进行逐步置换和滚动改造,近期将作为教师流动公寓,同时,也作为学校长远发展的教学科研预留区。

蔚秀园:作为学校学科发展的预留空间,逐步改造过渡为教学科研区。

畅春园(包括畅春新园):作为研究生公寓集中区。

承泽园:北部作为应用学科教学科研区。

技物大院:用地面积1.38公顷,现状建筑面积1.3万平方米,可作为教学科研区域。

南街(南门以南、四环以北)区域:争取为学校用地,支持应用学科教学科研发展。

圆明园校区:从1996年开始租用,租期50年。用地面积29.8亩(约2公顷),建筑面积11321平方米,可以作为研究生宿舍使用。

肖家河住宅区:除解决部分无房教师住房外,还要考虑其作为蔚秀园、承泽园的置换用房,以及可用作教师流动公寓。

3. 建设以人为本的和谐校园

要努力改善学生和教师的生活和学习工作环境,提升景观质量,营造校园文化氛围,组织好人流车流,还校园于学生、学习和学校。随着校内教职工机动车保有量的增多和对外交流活动的增加,校园机动车流量已远远超过校园空间的承受能力,校园正常秩序受到影响,学生和教师的日常教学科研活动受到干扰,并存在一定的安全隐患。一方面,校内和周边停车空间不足。高峰时间,停车场不堪重负,大量机动车因无处停放而挤占道路空间,造成交通状况进一步恶化。另一方面,校内道路尤其是出入口附近道路交通高峰时间拥堵情况严重。这是未来校园规划中必须要解决的问题。

校园停车与交通问题解决思路包括:在各主要机动车门附近规划建设大型停车设施,截留入校机动车;争取在南街(南门和北四环之间)区域与政府共建大型停车设施;除几条主干道路,其他道路应通过路障限制机动车通行,同时做好交通引导;校内继续挖潜,例如可在校内边角开发 100 个左右车位。尽快启用成府园政府管理学院地下 100 多车位。充分利用校医院、经济学院地下车库等。

4. 建设具有历史文化传统的人文校园

要传承北大人文精神,延续校园历史文脉,保持传统风格和建筑特色。2001 年北京大学未名湖燕园建筑被列入第五批全国重点文物保护单位。风景秀丽的未名湖和遗留下来的古园林,为北大营造了一种高贵和典雅的氛围。我们有责任保护和利用好校园,使悠久的北大景观风格和北大人文精神与新时期的校园建设相得益彰。

5. 建设可持续的节约型绿色校园

贯彻可持续发展理念,保护校园生物多样性和生态环境,提倡低碳生活与绿色环保理念。建设绿色校园,不仅是学校自身发展的需要,更是高校应有的社会责任。高校作为引领社会发展的重要力量,建设绿色校园是响应国家号召,适应社会大背景、大环境要求的重要任务和举措,更是学校培养合格人才,提高学生综合素质,履行社会责任的客观需要。学校应在深刻认识建设绿色校园的紧迫性和艰巨性的基础上,通过合理布局和管理创新,有效整合空间资源,提高空间资源利用率,积极进行设备改造,倡导新能源利用,节能节水,保护生物多样性,大力推动我校绿色校园的建设。

在国际研究型大学联盟会议中,我校承诺至 2010 年,单位建筑面积碳排放在 2005 年基础上降低 15%。同时我校希望 5 年内生均能耗水耗在 2008 年统计数据基础上降低 5%。学校近期正在考虑建设节能减排监测平台,通过网络系统,汇总校园能耗水耗相关测量数据,并进行实时分析评测,观测绿色校园建设实效,并进一步寻找校园节能减排改造潜力。

学校将在现有规章制度的基础上,逐步形成绿色校园建设相关规章制度,并进一步完善节能节水管理制度,包括计量管理、用水用电定额管理、节能工作责任制度等,逐步强化执行力度。下一阶段设备改造工作重点主要包括:集中供暖锅炉房改用清洁能源(煤改气)、节水措施、节电措施、餐饮系统节能减排措施、实行校园垃圾分类处理等。

(四) 昌平校区建设

北京大学昌平校区现有校园用地 34.6 公顷,拟征地 62.4 公顷,其中建设用地 14.8 公顷。建设用地中道路和公共绿地约 3～4 公顷。昌平校区近期除了要完善基础设施和公共支撑条件的建设外,逐步完成对湍流与复杂系统国家重点实验室昌平基地(风洞群)、环境科学与工程学院水环境研究中试实验基地和大气环境研究实验基地、人工微结构和介观物理国家重点实验室、新材料与工程技术研发大楼、国家重大科技基础设施基于能量回收直线加速器的第四代光源项目(ERL)、天然药物及仿生药物国家重点实验室等学科平台的搭建改造工作。

十二、行动计划

（一）战略目标

1. 总体目标2020

北京大学"985工程"（2010—2020）的总体战略目标是要在中国率先进入世界一流大学的行列。我们将紧密围绕创新人才培养的根本使命，以队伍建设为核心，以制度建设和体制机制创新为动力，面向国家战略需求和学科前沿，全面规划，重点突破，努力实现使北京大学率先成为世界一流大学的目标。

2. "985工程"（2010—2013）任务和目标

"985工程"（2010—2013）三期是创建世界一流大学的关键时期。在这阶段我们要努力建立和完善具有中国特色的现代大学制度，基本完成人事制度改革，特别是教师队伍的制度建设，建立具有世界水准的学术队伍；基本建成高水平的本科教育体系，推进研究生培养机制改革，大幅提高人才培养质量；全面规划，突出重点，进一步推进学科调整，加强学科之间的交叉与合作，大幅度提高整体学科实力；大幅提高学校的国际交流与合作水平，提高学校的国际声誉。总体上讲，2010—2013仍然是建设世界一流大学的准备阶段，要集中精力，加强制度和队伍建设，为学校的跨越发展奠定基础。

（二）本科教育改革

要以建设世界最好的本科教育为目标，认真总结本科教育改革的经验和教训，全面规划本科教育改革，抓住影响本科教育发展和质量提高的几个关键问题，制定切实可行的实施方案。

1. 多样化培养方案建设

北大的人才培养目标和学生的个性化需求决定了最好的本科教育一定是多样化的教育。多样化教育主要体现在教学计划和培养方案的多样化，使学生可以根据自己的特点和志向进行选择。与传统专业教育不同，多样化培养方案是在跨学科基础上的多样化，使学生打下更加坚实和更加宽广的基础。多样化培养方案建设的主要任务有以下几个方面。

基础学科人才培养方案。教育部在数学、物理、化学、生命科学和计算机科学五个领域设立了拔尖学生培养计划，北大在古典语言学设立了培养计划。拔尖学生培养计划的目的是培养基础专业人才，这是多样化培养方案中的一种类型。学校鼓励各院系建立以本专业拔尖人才培养为主要目标的培养方案，可以考虑授予本专业的荣誉学位。

双主修和主修辅修培养方案。双主修和主修辅修是多样化的跨学科培养方案的主体，要设计和建设丰富的双主修和主修辅修方案，为学生提供更多的选择。各院系要建立本专业主修和辅修的课程体系，明确主修和辅修本专业的基本要求，积极推进双主修和主修辅修人才培养方案的实施。与此同时，学校将控制和减少个别专业双学位数量。

模块化课程体系建设。模块化课程体系是双主修和主修辅修培养方案的基础。各院系应当建立主修和辅修的基本课程模块，并与相关院系共同商定双主修和主修辅修培养方案的具体要求；在课程模块设计和建设中，要注重加强和拓宽学生的基础，注重学生跨学科知识结构的构建,注重理论与实践结合,注重创新能力的培养;学生可以根据要求,选择双主修或主修辅修培养方案的课程模块,学生的成绩单、毕业证和学位证应注明主修和辅修的专业名称。

通过暑期学校、国际化交流项目等多种方式为学生提供更多的课程选择,打造北京大学本科教育多样化选择平台。

2. 素质教育课程体系

北大目前的本科教育强调专业基础和专业知识结构的完整性,我们也重视学生的全面素质培养,但素质教育的体系尚未完善。大学的素质教育包括基本人格的养成、基本素养教育和基本能力的培养,目的是使学生成为素质全面、人格高雅和有教养的人。素质教育贯穿人生的全过程,在大学阶段,素质教育的课程、校园文化氛围和教师的言传身教对学生整体素质的培养具有重要影响。

素质教育核心课程体系建设。要根据学生整体素质教育的需要,确定素质教育核心课程的内容和领域,并选择一些对通识教育有较深理解的教师,认真开好一批通识教育课程;素质教育课程要注重学生的修养,注重培养学生的世界观、人生观、价值观和道德观。

将政治类课程纳入素质教育核心课程体系。学校要积极推进政治类课程教学方法的改革,鼓励采用课堂授课与小组讨论相结合的方式,加深学生对政治理论和社会发展历史的理解。要把政治类课程作为培养学生人生观、价值观、道德观和爱国主义思想的重要方式,作为学生素质教育的重要组成部分,作为贯彻党的教育方针的重要手段。

基本能力培养和知识拓展课程。在现有通选课的基础上,建设以拓展知识和加强基本能力培养为核心的课程体系;基本能力培养包括阅读、写作、表达和礼仪等方面的内容;知识拓展可以按现有通选课的领域安排。

社会实践课程建设。加强教师对实践活动的指导,要根据素质教育和专业教育的需要确定社会实践的内容和要求。可以设立了解中外民族、文化、历史的社会实践,了解中外社会发展的社会实践,了解社会底层人民生活的社会实践,等等。

外国语教学中心建设。在大学英语教研室基础上,组建北京大学的外国语教学中心,外国语教学中心负责全校的大学英语教学和其他外国语言教学工作。建立合理的运行机制,聘用更多的母语教师从事外国语言教学工作,提高北大外国语教学水平和质量。

加强和促进本科生在导师指导下参与科学研究,培养学生的创新能力与精神。

3. 教学和学习方法变革

我们的教育要使更多的学生成长为国家的栋梁之才,要根据学生的个性和特点制定合理的培养方案和教学方法。学校将推进教育观念的转变,要树立以学生为中心的思想,积极推进教学方法和学习方法的转变。

课堂教学方法的转变。目前大多数课程都采取大班上课的方式,学生讨论的机会比较少,这对调动学生的主动性和创造性是不利的。要鼓励教师更多地采用启发式和讨论式教学方法,对于规模比较大的课程,要配备足够的助教,推进辅导和课堂讨论。

加强阅读和实践环节。要鼓励学生自主学习和深度阅读,教师要对学生的阅读进行指导,提高学生的阅读能力和理解能力;同时,要通过模块化课程体系的建设以及双主修和主修辅修培养方案的建设,适当减少课堂授课,加强深度阅读和小组讨论。要鼓励学生参加科学研究和社会实践活动,鼓励通过在实践中发现和解决问题提高学生的能力。

教学与学习中心建设。积极推进北大教学与学习中心的建设。教学中心承担北大教学状况的跟踪、教师教学状况的评估、教师培训等任务。要积极推进与密歇根大学在教学中心建设方面的合作,积极推动教师的教学方法转变和学生学习方式的转变。

4. 本科生的管理体系

我们实行的是学生入校前选择专业和院系全程负责学生管理的模式。这种模式缺少给学生认真思考和选择专业方向的机会,也不能激励院系进行课程内容和培养方案的改革和调整,不利于拓宽学生的知识基础和进行跨学科的人才培养。学校要积极推进学生管理与专业院系的分离,推进本科学院的建设和元培教育理念的推广和实施。

总结推广元培学院经验,推进本科学院建设。学校将按照元培学院的模式,组建新的本科学院。本科学院将在学工部和教务部的指导下,全面负责学生的日常管理和学业指导;学生的学籍管理和培养方案由院系和教务部负责;经济和管理等专业的本科生教育可仍然暂由专业院系负责。

加强本科学院管理队伍建设。选聘有经验的教师担任各本科学院的院长,并配备相应的学生管理和教学管理队伍;所有的教师都应在某一本科学院中任职,接受本科学院的领导,并担任指导学生的任务。

突出特色,建立本科学院文化。各本科学院要努力形成有特色、有内涵的学院文化;学校鼓励不同专业的学生组成学院,以促进学生跨学科相互学习与交流;学校也鼓励各本科学院在素质教育、专业兴趣、学生社团和学院文化方面形成自己的特色;各本科学院要积极拓展与专业院系的联系,配合院系实施培养方案和教学计划,共同为学生提供更好的教育。

(三)研究生教育改革

加强导师队伍建设,提高培养质量。遴选优秀学者担任博士生导师,鼓励教师组成跨学科导师指导小组,鼓励低年级研究生实行跨专业轮转制度,加强导师对研究生的指导和培养;加强专业学位研究生实习和实践环节,鼓励实行双导师,聘请行业资深专家担任专业学位研究生的兼任导师,着重提升专业学位研究生的工作实践能力。

推进培养体制机制改革。进一步深化研究生招生制度改革,加大专业面试权重;采取有效措施吸引优秀留学生;建立跨学科跨院系招收和指导学生的制度,建立跨专业双导师制度,加强交叉学科研究生培养;鼓励研究生参与重大研究项目。改善研究生奖助体系,切实提高研究生生活待遇。

研究生课程体系改革。鼓励教师开设有深度、具有挑战性和学科前沿的创新课程,聘请海外名师和资深学者,建设一批具有国际水准的研究生专业课程。采用学分互认的方式,鼓励更多学生参与国际学术交流。要进一步加强研究生教学工作评估,不断提升研究生课程质量。

充分利用国际合作资源。利用国家的研究生国际交流计划,同时积极争取各方资源,加强与世界一流大学联合培养研究生,提升北大的研究生培养质量;安排专项资金支持研究生国际学术交流,力争实现所有研究生在校期间都有一次国外学习交流的机会;努力提高研究生中留学生的质量和比例。

加强研究生社会实践活动。鼓励人文和社科研究生深入社会实践,设立专项资金支持研究生的实地考察、数据收集和案例总结,鼓励针对国家和地方发展重要问题的学术研究。

(四) 人事制度改革与队伍建设

1. 人事制度改革

建立学术人员的"预聘"制度体系。青年学者的水平决定了北大的未来。我们要根据国际经验和学校实际,制定全校统一的教师"预聘"聘任制度和程序,充分发挥各级委员会的作用,从制度上保证新聘人员的学术水准;要进一步完善"预聘"教师的审核程序,既要充分发挥国内同行专家的作用,也要广泛听取教师的意见,以及院系和学部领导的意见。努力增强北大的人才市场竞争力,新聘教师实行年薪制和启动资金制度,为新聘教师提供较好的工作条件。

建立教师分类管理制度。现有教师要按专任教学的教师、专任科研的教师和教学科研教师进行分类管理。对不同类别的教师,要制定相应的评估体系;完善教师薪酬制度,不断提高教师待遇。建立公开、公平和公正的绩效考核和评价机制,形成合理的人才引进、培养和流动的人事管理体制,建立有利于优秀人才脱颖而出、人尽其才的机制,营造崇尚创新、兼容并包、自由活跃的学术环境和人文环境。

建立合同制管理体系。学校的聘任合同制和劳动合同制已有相应的制度和规定,要进一步完善制度、规范管理。要积极探讨利用劳动合同制聘用重要岗位人员,要完善劳动合同制人员的福利政策。

完善机制,营造良好学术氛围。探索建立教授的多学院和多系的联合聘任制度;完善学校人事聘用制度,营造公平竞争、活跃自由的学术氛围;积极推进科研体制改革和制度创新,建立适合北京大学实际情况的科研管理体制和评估体系。

人力资源预算与核算制度:推进成本核算制度,利用合同管理制度推进学校各单位人力资源成本核算制度建设,提高各单位的成本意识和资源利用效益。

2. 教师队伍建设

教师队伍建设是学校发展的核心工作,也是"985工程"三期的重点。在创建世界一流大学的关键时期,我们更要以"超常规的热情、超常规的努力、超常规的举措,努力营造人才队伍建设的良好制度和政策环境",创新人才工作机制,加大人才引进和培养力度,努力建设具有世界水准的学术队伍。为保证队伍建设工作有效地进行,北京大学将成立"人才工作协调小组"。校长担任组长,主管和相关副校长担任副组长,成员由各主要部门负责人担任。主要采用以下具体措施:

高端人才引进计划。高端人才带动整体学术队伍水平的提高非常重要,对学校的整体学科布局和发展具有关键性影响。我们要根据学校整体学科规划,加大力度引进高端人才。要建立和健全讲席教授制度,聘请一批具有重要国际学术影响的学者到北大工作;在今后五年,学校将引进30位已经在国外取得成就的高端人才,组建高水平科研平台和人才团队,切实提高北大的学术队伍的整体水平。

青年优秀人才引进计划。青年学者是北大未来发展的基础,学校将全面实施教师的"预聘"制度,实施年薪制和启动基金制度,在全球范围内争取最优秀的青年人才。在"985工程"三期规划中,学校要重点保证青年学者引进计划的资金,在科研启动经费、薪酬待遇和后勤保障方面提供优惠的配套政策,计划利用5年时间,在全球范围内引进150位青年优秀人才。

促进教师队伍快速成长。北大教师队伍整体水平比较高,学科布局也比较合理,这是创建世界一流大学的基础力量。学校要给在校教师压担子、创造条件,使他们能够尽快成长。要积极推进课题组制度,推进教师的分类管理,建立合理的评价体系;统筹资源,努力提高教师的生活待遇,改善工作条件;积极组织和支持教师参与国家重大项目的研究;要积极推进在校教师的国际合作与交流,提高教学和科研水平。

实施海外学者访学计划。要加强与世界优秀大学的合作,聘请国外教师利用学术休假到北大讲学和开展研究。"985工程"三期要设立专项,支持海外学者的访学计划;学校有关部门要安排好相应的条件,提供具有竞争力的工资、差旅费和必要的业务经费。

加强专职科研队伍建设。积极推进利用劳动合同制方式加强专职科研队伍建设。要按聘用成本分担的原则,从科研项目支付专职科研人员部分成本;学校设立专项资金,给予适当配套,并提供必要的福利和保障。今后5年要新增劳动合同制专职科研人员一千人左右。

加强技术支撑和管理服务队伍建设。以服务质量和效益为评估导向,加强实验技术和管理服务队伍的建设。

3. 师德师风建设

道德规范与行为准则制定。我们需要认真研究大学文化、价值体系的内涵,并由此规范教师和学生的行为。要认真梳理学校有关的管理规定,通过编辑和完善教师和学生的手册,把北大文化和精神层面的思想和理念与具体的制度和规定结合起来。

注重创新型大学文化建设。创新型大学的基础在文化,按照建设创新型大学的要求,建立现代大学制度,加快推进学校的体制创新和机制创新,协调好行政权力和学术权力的关系,改变原有的计划经济下的大学模式,建设有利于创新和创新人才培养的文化环境。

(五) 学部和院系发展

1. 决策机制建设

完善学校各类委员会。调研学校学术决策流程和状况,要按照民主集中制和党委领导下的校长负责制的原则,统筹规划学校的学术决策程序。在学校层面,学术决策机构应当包括理事会、党委常委会、校长会议和各类专门委员会,在学院层面包括院务委员会、院长会议、各类专门委员会和教授会等。要充分发挥教师和学生在学术决策中的作用。重要的专门委员会要设立办事机构,以保证委员会的运行和行使职能。

2. 加强学部管理职能

加强学部的建设。加强和完善学部管理体制,选聘年富力强的优秀学者担任学部主任;发挥学部在整体学科规划、交叉学科发展、队伍建设和院系管理等方面的作用,使北大多数院系步入良性发展的轨道;学部建设可采取分阶段进行,人文、理学和信息工程科学的学科比较规整,学部的功能比较明确,可以先试行。

3. 加强院系建设

解决院系发展的瓶颈问题。院系是学校建设和发展的基础,要根据院系的具体情况,有针对性地解决发展瓶颈问题。院系发展要以领导班子建设为契机,紧密围绕队伍建设,建立和健全院系管理制度,使院系步入良性发展轨道。

加强院系领导班子的建设。要完善院系主要领导的遴选方式,选拔思想素质好、学术视野宽、能够团结和带领师生的优秀学者担任主要领导;在遴选过程中,学校要明确任期目标和责任,明确政策和资源权限,要提供良好的发展条件。

为院系发展提供良好的制度环境。学校要积极推进资源核算和预算制度,赋予院系更大的自主权,为院系发展提供良好条件;要大力加强院系学术队伍建设,提高整体学术水平;建立以教学任务为主要因素的编制和资源核算体系,激励教师积极承担教学工作;提高院系科研经费的管理费比例,鼓励教师积极参与国家重大研究项目;加强对基础研究的支持力度,支持兴趣导向的基础研究。

4. 加强学术机构的评估

学校要明确学术机构的管理权限和资源投入,明确阶段性发展目标和评估办法。要逐步推进按国际标准的机构评估;最近,分子医学所和科维理(Kavli)研究所将进行国际评估,要尽快建立研究机构的国际评估管理办法;评估除了要关注已取得成就,更要关注学科布局和队伍水准,以及今后发展的潜力。

(六) 重大领域建设

学校层面重大领域规划与执行。根据学校总体规划,北大在今后五年要重点规划和建设几个重大领域:包括生物医学、临床医学、先进材料、资源能源与环境、认知科学、中国社会发展和中国思想文化。要建立相应的委员会,进行相应的战略规划和咨询,并就有关项目的执行提出意见。日前,学校已经成立了生命科学委员会,其主要职责是规划我校生命科学发展的整体宏观布局,制定和实施我校生命科学学科建设发展规划,为学校生命学科建设重大问题提供决策依据,统筹协调校本部生命科学与医学部合作的有关事宜以及学科建设其他重要事项的审议等。其他委员会应当尽快陆续建立和运行。

1. 生物医学领域建设

近年来,在生命科学和医学的基础上,北大与生物医学相关的交叉学科发展很快,分子医学研究所、理论生物学中心、生物动态光学成像中心、生物信息学中心、深圳化学基因组学实验室、系统生物医学中心等交叉学科机构的建立极大地推动了北大生物医学领域教学和科研的发展。最近,国家正式批准了北京蛋白质科学工程项目,北大和清华的生命科学中心已获立项,与McGovern基金会商讨的神经科学研究所事宜正在进展当中,所有这些都为北大生物医学领域的发展提供了难得的机遇。生物医学领域是学科发展前沿,也是影响北大未来发展的关键领域,我们应当抓住机遇,集中力量建设生物医学尽快进入世界前列。

蛋白质科学工程。国家已经正式批准蛋白质科学工程建设,项目由军事医学科学院主持,北大负责核磁共振技术和相关的基础条件建设,预计将投入2.5亿元。学校要积极组织队伍,充分利用科学工程的建设,做好队伍和配套,提高学校结构生物学的整体水平。

生命科学中心。由北大和清华共同提出的两校生命科学中心建设项目已经在教育部、科技部和财政部立项,将在北大和清华建立生命科学的特区,集中引进一批世界最优秀的生命科学家,尽快提高国家生命科学的水平。预计国家将每年投入2亿元,用于中心的建设和运行。这是北大学科发展的重大机遇。我们要以交叉学科为线索,组织相关的学科和力量,组建北大生命科学中心。要联合现有的部分交叉学科机构,如谢晓亮主持的生物动态成像中心、汤超主持的系统生物学中心、何川主持的化学生物学中心等,共同做好生命科学中心的建设。

McGovern神经科学研究所的建设将为北大心理学和神经科学提供一个非常好的发展机遇。心理学既是社会发展急需的学科领域,也是交叉学科的前沿,心理学的发展可以起到促进理科与社会科学合作、带动学校整体科学发展的作用。神经科学是生命科学的前沿领域,与心理学密切相关。因此,学校应当尽快制定心理学系和McGovern神经研究所的发展规划,并预先启动建设,为争取McGovern基金会的支持奠定基础。

分子医学所。分子医学所是以转化医学为目标的交叉学科机构,在过去五年取得了很大成绩。学校将继续对分子医学所的支持,完成建设15个课题组的目标。分子医学所要加强在转化医学方面布局,进一步加强与深圳转化医学平台和临床医院的合作,尽快提升学校在转化医学和创新药物方面的整体实力,成为具有世界影响的转化医学机构。

创新药物研究院由一系列重大技术平台构成,针对创新药物研发面临的问题,推进体制和机制建设,提高北京大学创新药物研发的整体实力,实现我校创新药物研发领域的快速和可持续发展。

2. 临床医学领域建设

北大在临床医学方面有着丰富的资源和研究力量。985三期建设要着力加强临床医学的整体研究实力,为此,学校决定设立1亿专项资金,用于加强临床医院与校本部和医学部基础学科的合作。学校将建立由本部、医学部和医院组成的专家委员会,专门负责合作项目的实施。学校要继续支持临床医学研究所的发展,支持临床样本库建设,积极推进临床医院的循证医学的发展。与此同时,要积极发挥交叉学科研究院的作用,加强工程学科、生命科学和基础医学与临床医院的合作,积极推进转化医学的发展,提升北大医学研究的整体实力。

3. 先进材料领域建设

北大很多教师都在从事材料相关的学术研究,但力量比较分散。学校将通过建立"材料研究中心"的方式,组织各学科力量,加强北大材料学科的整体实力。材料研究中心要积极支持材料科学的基础研究,同时,要针对国家战略需求,推进新型材料的应用研究。要关注材料学科的未来发展方向,特别要关注生物材料、可再生能源材料、微电子和光学(通信)材料以及环境材料的发展。

4. 脑科学与认知科学领域建设

脑科学与认知科学涉及了生命科学、神经科学、计算科学、社会学、经济学和医学等学科,是多学科交叉研究的热点和未来的关键科学领域。国务院公布的《国家中长期科学和技术发展规划纲要》中,脑科学和认知科学是八个主要研究领域之一,我们应当尽快在脑科学与认知科学领域做好学科布局,组织跨学科队伍,力争在社会认知神经科学等领域获得突破。

5. 能源、资源与环境领域建设

北大的能源、资源与环境涉及城环学院、环境科学与工程学院、工学院等院系,一些人文和社会科学院系也在能源、资源和环境的政策、法规、国际关系等方面有很好的积淀。在能源领域,学校将以清洁能源研究院为载体,组织各方面力量,开展能源相关的跨学科研究。在资源与环境领域,学校将加强各院系之间的合作,重点在生态和环境领域加强整合和投入,增强学校资源与环境领域的整体实力。

6. 社会领域建设

中国社会经济的迅速发展提出了很多重大的理论和实际问题,我们要面向国家在经济发展、社会和谐和进步等方面的重大战略问题与需求,组织多学科团队,开展重大问题的研究。在社会发展领域,我们将以中国家庭动态跟踪调查为基础,加大人才的引进力度,建设社会研究中心,提高北大社会学的整体教育和研究水平。在经济学方面,将进一步加强队伍的整合,选择若干领域,开展高水平研究。在政治学方面,将集中力量开展中国宪政历史和未来发展的研究。

7. 思想文化领域建设

北京大学具有为现代中国社会发展提供新观念、新思想和新理论的传统。因此,要加强对社会思想和理论综合研究的支持力度,调动教师力量,解放思想,勇于创新,努力使北大成为思想理论发展的重镇。要从不同的学科视野、方法,尤其要以综合的手段开展社会政治的基本问题和基础理论的研究,要建立交流与讨论的制度和环境,使不同专业和专长的学者共同关注、讨论和探索重大问题。要建立专门的学术委员会,负责课题遴选和执行,要建立宽松的制度环境,对基础和重大问题的研究提供长期稳定的支持。

(七)国际合作与交流

增加外籍教师和国际交换学生数量,积极推进国际人才培养项目建设,加强国际暑期学校建设;增加英语授课门数,鼓励使用原版教材;积极推动学生的国际交换,为更多学生提供出国访学机会;提高留学生生源质量和规模,使国际学生达到学生总数的20%左右。

推进实质性、高水平的国际科研合作。要与院系密切配合,完善措施,创新机制,大力推动国际科研合作;学校要设立专项资金,积极推进联合科研项目申请和联合科研机构的建设,特别要开展环境、能源、公共卫生等重大领域的国际合作;全面提高北大的学术研究水准和国际影响力。

(八)基础设施建设

学校将积极推进工学院与交叉学科大楼、环境绿色大楼工程、南门区域改造、新法学楼、艺术大楼工程、景观设计学大楼、医药科技园区等基础设施建设,积极推进昌平校区的功能转型,将其建设成为支撑北大科研发展的大型综合平台。本阶段将新增教学科研用房29万平方米,改造4万平方米,基本满足未来一个时期教学、科研的需要。

(九)公共服务体系建设

加强图书馆文献资源、院系文献资源、重点学科资源、档案资源、博物馆资源等的整合,建立完整的信息资源保障系统;完善信息资源共享平台,实现资源的有效共享。

加强仪器设备管理,提高仪器设备的开放度和使用效率,最大限度地发挥仪器设备的作用。学校将进一步加强仪器设备购置的前期论证,加强对仪器使用的监督和管理,合理配置资源,减少重复购置。建立大型公共仪器设备的"管理、开放、共享"体系,学校将在"985工程"(2010—2013)安排资金专门用于仪器设备维护和使用。安排资金支持校园网的进一步发展和电子校务支撑能力的建设,提高学校整体信息化水平和大规模科学计算的能力。

十三、资金筹措与安排

创建世界一流大学是一项艰巨的任务。我们需要动员全校之力,积极推进制度建设和教育改革,大力引进最优秀人才,做好学科布局调整,还要加强基础条件建设,改善师生员工的工作和生活条件。所有这些都需要强大的资金支持。国家实施的"985工程"和"211工程"是队伍建设、学科建设和基础条件建设的重要资源,但从现在的情况看,这还远远不能满足学校发展和创建世界一流大学的需要。与此同时,大幅度地改善教职员工的待遇,逐步建立更加合理的薪酬体系,不能仅仅依靠国家投入,还需要争取社会的支持。因此,学校一方面要厉行节约,实行"节流",提高资源的利用效益,另一方面,要"开源",要拓展争取资源的渠道,筹集更多的资金,为加快创建世界一流大学提供坚实的物质基础。

（一）大力"开源",增强办学实力

北大的经费主要来源于国家教育拨款、科研经费、国家专项教育经费(985和211工程),以及学校的办学收入、知识产权和科技成果转化收入和捐赠收入。随着学校的建设和发展,国家教育拨款和专项经费只占学校整体运行费用一小部分;与此同时,创建世界一流大学目标要求我们加大投入力度,努力改善学校的工作和生活条件,在全球范围内积极引进优秀人才;也要求我们大力增加教育投入,提高人才培养质量。而所有这些都需要有充足的经费保障。因此,学校要进一步开拓资金来源,积极争取国家科研项目,提高知识产权和科技成果转化的效益,提高办学收入和社会捐赠,保障创建世界一流大学目标的实现。

1. 增强科研队伍实力,积极参加国家重大项目

中长期科学技术发展规划颁布之后,国家大幅提高了对科学技术的投入力度。针对国家的重大战略需求,设立了重大专项和支撑专项;与此同时,在基础研究领域的投入也大大增加,增加了重大基础研究计划数量和投入力度,增加了国家自然科学基金委的支持强度,设立了学校自主科研基金,等等。近年来,北大的科研经费总量也不断提高,从1999年的1.6亿增加到2009年的12个亿;可喜的是北大人文和社会科学领域的经费也超过了1个亿。目前,北大的科研经费总量在综合性大学中处于首位,但与以工程学科为主的大学相比,仍有很大差距。

增强学术实力,争取国家支持。未来几年,学校将积极引进优秀学术带头人,新引进的教师预计在400~500人左右;人才引进将主要集中在高层次学者和优秀的青年学者,这将大大提升北大的整体学术力量。学校的科研部和社科部要积极组织队伍,争取国家重大项目,预计到2020年学校的科研经费总量将达30个亿左右。学校据此安排基础条件建设和专职科研队伍。

推进成果转化,服务地方发展。产业升级和区域发展对大学的科学研究和科技成果转化提出了更高的要求,也为大学提供了良好的发展机遇。北大是以基础研究见长的大学,在开拓性和原创性研究方面具有优势,我们要加快学校科技成果和知识产权的转移机制的建设,鼓励教师在开展基础研究的同时,积极参与国家和地方的产业发展,加快新思想和新技术的转移和转化,在贡献和服务国家和地方发展的同时,增强学校的整体实力,提高人才培养的质量和水平。目前,学校在成果转化方面的收入在1个亿左右,到2020年,要使北京大学的知识产权转移和成果转化收入超过10个亿,在国家经济社会发展中发挥更大的作用,产生更好的效益。

2. 推进终身教育,提高办学质量

国家已经确立了加强终身教育的方针,北大要积极推进大学后的继续教育,提高继续教育实力和质量。学校要加强继续教育体制建设。一方面要整顿办学秩序,提高办学质量,同时,要建立和完善合理的运行机制,提高办学效益。目前,学校的教育收入在10个亿左右,其中主要是专业学位的收入为主,继续教育的比例比较低。学校将加强继续教育,进一步提高专业学位教育的质量和效益,争取到2020年北大的教育收入达到20个亿。

3. 拓展筹资渠道,加大筹款力度

北大已经建立起较为完善的筹款体系,教育基金会建立后,与校友和社会各界建立了广泛的联系,积极拓展筹资渠道,扩大筹资空间,取得了很好的成绩。近年来设立的各类奖教

金、奖学金、助学金总数达260多项,受益师生近6000人次;每年资助各学科领域的教学科研和学科发展项目达300余项;筹资支持了遍布全校的校园基础设施建设,如已建成的北京大学体育馆、百周年纪念讲堂、英杰交流中心、图书馆新馆、光华管理学院大楼、国际关系学院大楼、生命科学学院大楼、政府管理学院大楼、法学院科研楼、农园食堂、学生宿舍和正在建设的人文学苑,等等,为师生创造了良好的教学科研环境。与此同时,完善学校、院系两级筹资机制,利用基金会的专业能力支持院系筹资,形成多层次多渠道的筹资体系。但是,与学校发展的需求和世界优秀大学相比,我们的筹资能力和专业化水平还远远不能满足需要。

加强校友联络,建立长效机制。遍布世界各地的北大校友对母校有着很深的感情。他们其中的一些人已经事业有成,一些正在努力拼搏,但大家都希望与母校保持紧密联系,从不同的角度关注和支持北大的发展和建设;校友是学校教育的成果,是学校发展的坚强后盾,也是学校筹资的重要渠道。我们要进一步改进和完善校友联络和服务工作的体制机制,进一步加强校友工作办公室、校友会秘书处的机构设置和人员配备,加快全球校友网络体系建设,建立长效机制,发挥校友在促进学校发展建设中的重要作用。

配合学校发展,积极筹措资金。北大教育基金会将积极配合学校发展和建设,积极宣传学校的建设成果和发展规划,争取更多的社会关注和支持。基金会要根据校园发展规划,积极争取社会捐赠,支持学校基础设施建设;要配合学校队伍建设规划,进一步加大"北京大学讲席教授基金"的筹资力度,为学校高层次人才引进提供长期支持;要配合学校学科和教育发展规划,积极推介学校的学科发展项目和教育改革项目;基金会还将继续秉承"规范、透明、效益、安全、服务"的方针,认真管理各类捐赠款和基金会资金,保证捐赠款的使用符合捐赠者意愿和基金会宗旨,确保资金投资稳定安全和合理收益。

加强专业化建设,实现跨越发展。基金会将与校友会密切配合,加强基金会和校友会的专业化建设,并制定学校筹资的整体规划、筹资目标和行动方案,动员各方力量,实现学校筹资的跨越发展。基金会将开展新的一轮筹资行动,争取实现今后五年筹资30亿的目标,并在2020年前,实现筹资80亿的目标;学校将健全和完善学校的筹资体系,建立专业化队伍和激励机制,确保筹资目标的实现。

(二) 厉行"节流",提高资金效益

我们是在发展中国家创建世界一流大学,这是人类历史上从未有过的尝试,尽管国家大幅度地增加了教育和科技投入,学校也在采取各种措施增加收入,但资金短缺将会是学校面临的长期挑战。因此,我们应当建立更有效率的工作和运行机制,厉行节约,反对浪费,提高资源的使用效益,争取在较少的投入条件下,实现创建世界一流大学的目标。

1. 树立"经营"观念,实现学校可持续发展

大学承担着培养人才、知识创新和社会服务的社会责任。大学是非营利机构,大学的"经营"并非为了获利,而是使全体教师和工作人员了解学校资源使用原则,调动教职员工的积极性和创造性,集中有限资源,完成大学的核心使命。

人才培养是学校的根本使命,提高人才培养质量是学校的首要任务。学校要根据教学任务对各单位进行核算,人才是学校的产出,要根据各单位的人才培养质量和数量调配人力和物力资源。

科技创新是学校的重要任务,是创建世界一流大学的重要内容,对提高学校的学术声誉和人才培养质量具有重要影响,我们要努力提高学校的科技创新能力。科研活动除了产生

科研成果和学术声誉外,还将增加学校科研经费和科技成果转化收入,因此,学校可以对科研活动进行核算。学校要核算科研活动投入产出效益,根据学科布局以及可能带来的科研成果和学术声誉安排人力和物力的投入。

社会服务也是学校的重要社会责任,也是增强学校办学实力的重要途径。学校要对社会服务进行全成本核算,社会服务要承担项目的直接成本,学校要提取适当费用,用于补偿学校为项目付出的人力和物力间接成本。

2. 集中有限资源,增强队伍实力

学校投入要按照"授之以鱼,不如授之以渔"的观念,把资源投入到能够产生更多资源的领域;增加队伍建设投入,建立世界水准的学术队伍和工作条件,将会大大增强学校竞争社会资源的能力。在国家尚未建立科研项目间接费用补偿机制的情况下,近期从资源补偿角度看,似乎是不合算的,但这对学校的长远发展是有力的。因此,要肯花大的资源投入,建立高水平的学术队伍。

3. 厉行勤俭节约,反对铺张浪费

坚持厉行节约,勤俭办学。合理高效使用好"985工程"专项经费。合理安排建设项目,坚持安全、实用、够用的原则,切合创建世界一流大学的实际要求。

继续发扬北大勤俭节约、艰苦奋斗的优良传统,珍惜每一分"985工程"专项经费。调动广大教职员工的积极性,要使教职员工都表现出很强的敬业精神和高度的责任感、使命感,大家发扬艰苦奋斗、厉行节约的精神,使有限的资金发挥最大效益。

(三) 全面规划,保障"985工程"项目资金效益和安全

1. 健全管理机制,严格管理制度

为保证"985工程"的顺利实施,总结以往经验,继续加强健全管理机制,严格管理经费使用。在校党委领导下,成立以校长为组长的"985工程"领导小组,讨论和决策"985工程"的重大问题。领导小组下设"985工程"办公室,协调"985工程"建设内容的具体实施。确定若干重大建设领域,成立相应"985工程"重点建设委员会,咨询、指导相关建设。完善《北京大学"985工程"建设管理办法》《北京大学"985工程"中央专项财政资金管理办法》和《北京大学"985工程"大型仪器设备管理办法》等专项管理办法。

2. 合理调配资源,提高资金效益

确保"985工程"资金使用效益最大化,既是国家利益所在,也是北京大学创建世界一流大学的根本保障。坚持从学校特点出发,统筹考虑,追求资金使用的合理化和高效益。我校通过"985工程"十年建设,已具备了一定的基础。在"985工程"(2010—2013)期间,经费将重点用于队伍建设和科技创新能力建设。

国家经济社会取得全面发展,全社会的平均工资年增长达到14%。这种情况下,单位用人成本不断升高,特别是高端人才的待遇随社会整体水平的提高而需要更大幅度的增长。现有工资待遇体系大大阻碍了学校稳定和引进高端优秀人才。北大作为引进人才和储备人才的重要基地,需要建立起具有国际竞争力、符合我国经济发展水平、具有前瞻性的薪酬体系。对特殊的高端人才,特别是国际公认的高端学术人才采取特殊的政策和待遇水平,吸引他们回国工作并为他们在国内工作提供良好的支撑条件。北京大学近年来始终坚持人才强校战略,想方设法为人才提供工作和生活保障。已在个别学科对新引进人才采取了特殊薪酬体系,即年薪制。从北大的人才队伍结构来看,需要拓展到更多学科。

在"985 工程"(2010—2013)期间,重点建设若干提高创新能力的科技创新平台和哲学社会科学创新基地。以国家重大需求和国际科学研究前沿为目标,在"985 工程"二期建设基础上,紧密结合中共中央关于进一步繁荣发展哲学社会科学的意见和《国家中长期科学和技术发展规划纲要(2006—2020)》所确定的重点领域及优先主题、前沿技术、基础研究和重大专项,面向国民经济建设和社会发展中的重大理论和现实问题,进一步加强"985 工程"科技创新平台和哲学社会科学创新基地建设。着力提高自主创新和成果转化能力、承接国家重大科研任务能力以及解决国民经济与社会发展重大问题的能力,产生一批有重大影响的原始创新研究、工程应用研究和哲学社会科学研究成果,成为我国基础研究的主要基地和创新中心。

3. "985 工程"三期资金使用总体方案

"985 工程"(2010—2020)计划总资金为 150 亿元,其中:政府投入 120 亿元,学校自筹 30 亿元。

在 2010 至 2013 期间资金投入需要 49 亿元,其中,中央专项资金投入需 33 亿元,自筹经费 16 亿元。中央专项资金主要用于校本部总体建设 24.75 亿元,医学部总体建设 7.25 亿元,临床医院与生命科学、化学、物理学等相关学科合作专项 1 亿元。经费使用计划如下:

学科建设共投入 12 亿元,主要用于我校重点学科、公共服务体系及其相关基础设施建设与改造等项目。

提升自主创新和社会服务能力建设共投入 5 亿元,主要用于人文学科重点领域、社会科学重点领域、应用统计学、北京分子科学国家实验室、北京大学中子谱仪站、量子材料、蛋白质科学工程、系统生物学、分子成像技术、生物信息学、虚拟交互式认知、地球观测系统、大气环境与全球变化、海洋科学与工程、清洁能源与资源综合利用、绿色计算与绿色通信、纳米科学、创新药物、系统生物医学和中国卫生发展等相关内容。

学术领军人物和创新团队建设共投入 13.2 亿元,重点实施高端人才引进计划、青年后备人才建设、创新团队建设和骨干队伍建设。

拔尖创新人才培养共投入 1.8 亿元,重点实施基础学科专业人才创新培养试验计划和研究生教育创新计划。

国际交流与合作计划投入 1 亿元,主要用于海外学者讲学计划和海外学者研究计划。

学校自筹的 16 亿元资金将主要来源于捐赠、校办企业分红、办学收入、科技成果转化收入和承担各类科研项目。主要用于建设法学、工商管理、政府管理、生命科学、微电子、软件工程、环境科学等大楼的建设,水、电等基础条件的改造和增容等。

十四、结语

通过全面总结"985 工程"一期、二期建设工作的经验和成就,认真领会教育部关于"985 工程"(2010—2020)建设的指示精神,北京大学提出了在中国率先进入世界一流大学行列的宏伟目标。我们清楚地认识到,创建世界一流大学是一项艰巨的任务,也是一个不断发展、不断追求卓越的长期过程。我们要始终坚持人才培养的根本使命,坚持解放思想,大力推进学校的体制和机制创新,全面规划,重点突破,努力吸引和汇聚国际一流的学者,营造良好的学术和校园文化氛围,实现学校的持续和稳定发展。我们将按照胡锦涛总书记的要求,以更广阔的视野、更加开放的姿态、更加执著的努力,加快推进创建世界一流大学的进程,谱写北京大学发展的崭新篇章。

北京大学发展战略纲要 2008

　　2006 年中央颁布了"十一五"规划和《国家中长期科学和技术发展规划纲要(2006—2020)》，并酝酿制定《国家中长期人才发展规划纲要(2010—2020 年)》《国家中长期教育改革和发展规划纲要 2010—2020》等重要规划文件。国家通过几个大的规划对未来的宏观政策作了新的规划安排。2008 年是北京大学的一个重要的时间节点，北京大学将迎来 110 年校庆，北京奥运会乒乓球比赛将在北大举行，"985 工程"二期即将结束，政府是否投入三期建设并不明确。在这种情况下，北京大学在上级主管部门没有要求的情况下主动发起了新的战略规划制定工作。2007 年发展规划部牵头起草了《北京大学创建世界一流大学中长期规划纲要(征求意见稿)》，提交学校暑期战略研讨会审议。学校决定在 2007 年 9 月正式启动中长期发展战略制定工作，希望从学校的全局出发，抓住机遇，迎接挑战，适应自身发展的需要和国内外形势，凝练出北大的使命与核心价值观，对学校的优势和存在的问题、面临的机遇和挑战科学地进行分析判断，明确今后若干年的发展目标，制定相应的战略举措，形成既切合北大实际、又富有前瞻意识的战略规划，为学校的总体发展提供指导，为建设世界一流大学指明方向。在工作机制上，这次规划活动借鉴了南加州大学等美国高校的规划经验，设置了领导小组、专家组、秘书组等机构(名单见下)，力图提高学科专家在规划中的作用，提高师生员工、校友、用人单位等利益相关者群体在规划中的参与程度。专家组 16 位来自文、理、工、医等不同的学科领域的专家被分为 8 个小组，分别就北大的使命、定位与核心价值观，学科布局与结构，教学与人才培养，科研格局与竞争力，队伍建设，筹资财务与后勤，医学部与校本部融合，管理体制机制改革等重大问题进行专题研究。秘书组建立了发展战略规划网站和 800 名教授的邮件组保持与校内师生的互动，前后组织了 40 多场座谈会、征求意见会等会议，吸引了近 600 人参加。历时两年反复修改形成了《北京大学发展战略纲要 2008》，并提交 2009 年 1 月寒假战略研讨会审议通过。《北京大学发展战略纲要 2008》的主要内容都体现在了《北京大学领导班子贯彻落实科学发展观分析检查报告》中，并为《北京大学"985 工程"(2010—2020) 总体规划》的制定奠定了坚实的基础。本书收录的是 2009 年 1 月修改编制的文本。时任书记闵维方、校长许智宏。

北京大学战略规划工作小组名单

组　　长：林建华
副组长：柯　杨　张国有　李晓明　李　强　刘　伟
成　　员：丁明孝　叶沿林　陈十一　来鲁华　王仰麟　朱　彤　方伟岗　丁　洁　周春燕
　　　　　　林毅夫　陈兴良(因故退出)　　陈平原　陈　来　牛大勇　武亚军　阎凤桥

北京大学战略规划秘书组名单

组　长：李　强
副组长：王小玥　柴　真
成　员：樊建军　贺　飞　谢广宽　孙燕君　胡少诚

一、前言

北京大学正处在创建世界一流大学的关键时期，面临前所未有的发展机遇和严峻挑战。认清形势，明确目标，把握机遇，迎接挑战，使北京大学的学术影响力和整体竞争力获得新一轮明显的提升，是学校当前的迫切任务，也是制定本发展战略纲要的主要目的。

制定发展战略纲要，有必要重温北京大学的历史与使命。

北京大学创办于中华民族危难之际，自诞生之日起，就与中华民族的命运紧密相连，并历史性地扮演了两种角色：推进中国社会进步的思想文化中心，推进中国现代化进程的高等教育中心和科学研究中心。由此奠定了北京大学在中国高等教育中的独特地位，也为北大在国内外赢得了崇高的声誉。

百余年间，北京大学牢记自己的历史使命，并在不同的历史时期形成了鲜明的时代特色，从京师大学堂的"造就通才""发明新理"，到二十世纪初的"教授高深学术、养成硕学闳材、应国家需要"；从马寅初校长的"坚持真理，知难而进"，到世纪之交的"创建世界一流大学"，北京大学的使命始终是：探究、创造和传播真知，通过滋养学识、陶冶情操，最大限度地启迪学生的智慧、培育创新精神，推动社会发展和人类进步。

基于强烈的历史使命感和责任感，北京大学于1994年提出创建世界一流大学的宏伟目标和两步走的发展战略。1998年北大百年校庆，建设若干所世界一流大学成为国家战略，国家开始实施"985工程"。

过去的十年是北京大学历史上发展最快的时期之一，我们紧紧抓住中国经济社会快速发展、国家实施科教兴国和人才强国战略的历史机遇，围绕创建世界一流大学的目标，坚持以学科建设为龙头，以队伍建设为核心，注重体制与制度创新，在学科布局、队伍建设、人才培养、科学研究、社会服务和基础设施建设等方面均取得了卓越成就，赢得了国内外广泛赞誉，为实现创建世界一流大学的目标奠定了坚实基础。

本纲要将通过分析当前学校面临的形势、机遇和挑战，进一步明确未来五到十年的工作目标，厘清思路、凝聚共识，集中解决一些影响学校发展的瓶颈问题，使北京大学在创建世界一流大学的进程中实现新的历史性跨越。

二、形势、机遇和挑战

1. 机遇前所未有

中国30年改革开放的成功实践，为建设世界一流大学创造了良好的条件，同时也对高等教育提出了更高要求。

经济社会的快速发展、知识经济和全球化浪潮迫切需要大批基础扎实、视野广阔、有创新精神和创新能力的高素质人才。与此同时，党和政府提出科学发展观、建设和谐社会、建设创新型国家等理念,把自主创新能力作为提高综合国力的关键。因此,对创新型人才的迫切需求是研究型大学发展的动力,必将催生中国的世界一流大学和高水平研究型大学。

《国家中长期科学和技术发展规划纲要》和正在制定的《国家中长期教育改革和发展规划纲要》凸显了大学在增强国家整体实力中的关键作用。"211 工程"和"985 工程"使大学的竞争力全面提升,国家的科研投入、与企业的产学研合作使大学在国家创新体系中的地位不断提高。

教育与科学研究紧密结合是研究型大学的突出特点,也是创新人才培养的必由之路。进入 21 世纪,科学发展的跨学科性日益明显,学科间的边界变得更加模糊,重大创新更多地出现在学科交叉领域,促进了新兴学科的发展,引发了新的科学和技术革命,推动了社会的进步,这一趋势成为综合性大学跨越式提升科技竞争力和学术影响力的重要机遇。

科学理论超前发展,原始性创新能力成为科技竞争的核心,核能、集成电路、生物技术、纳米技术等现代技术革命的成果更多地来源于基础研究领域的原始性创新。科学理论越来越走在技术和生产的前面,这为以基础研究见长的北京大学提供了广阔的发展空间。

全球化进程正在从经济领域向科技和教育领域延伸。随着中国的国际地位和影响力的提升,中国正在成为科技与教育全球化的重要目的地,中国科技与教育的发展与世界的联系空前密切,世界很多大学都制定了中国战略。这为中国大学与国外大学开展强强合作提供了良好条件。

中国经济社会发展必须克服资源、环境、人口、健康等方面的制约,必须提高科学技术的整体水平,必须解决好政治体制改革和社会发展模式转变等重大理论问题。而中国的发展必将导致世界政治、经济格局的剧烈变化。中国在现代化进程中所面临的重大课题,许多也是世界性的重大前沿课题,问题的解决需要多领域的思想、方法、理论和技术的综合创新,这为中国大学进入世界前列提供了机会。

改革开放以来,海外成长起了一大批优秀的华裔学术人才,其中的一些人已经成为世界顶尖的学者。中国的发展和国内大学条件的持续改善将会吸引更多的优秀学者回国发展,这为创建世界一流大学提供了高水平的人才库。

随着经济的快速发展和社会财富的持续增长,社会公众对大学支持和捐款意愿增强,使大学的办学资源愈加呈现多样性,促进了大学改革的进一步深化。

2. 基础雄厚,优势明显

百年的历史积淀,近十年来的成功实践,为我们谋求跨越式发展奠定了坚实的基础。

在 110 年的办学过程中,北京大学形成了"爱国、进步、民主、科学"的精神传统、"思想自由、兼容并包"的学术传统和"勤奋、严谨、求实、创新"的优良学风,奋发向上、开拓进取的昂扬风貌与宽松自由、包容多样的学术氛围,为自由探索与创造性研究提供了良好的环境,使北大成为优秀学者和青年学子最向往的大学。这种自由的学术氛围和独立的大学精神是建设世界一流大学的必要条件,也是我们引以为荣的北大精神。

北京大学学科门类齐全,在人文学科、社会科学、自然科学、应用科学和医学等领域实力雄厚。近年来,信息、环境和新型工程科学得到快速发展,前沿交叉学科和高技术学科已颇具规模。据统计,截至 2008 年 6 月,北大已有 12 个学科在科学论文影响力方面进入全球前 1% 行列。

学术队伍建设成效显著,基本完成了教师队伍的新老更替,中青年学者已成为学校教学科研的中坚力量,队伍的整体水平大幅提高,一大批优秀学者在国际学术界产生了较大的影响。

本科和研究生教育教学改革取得实质性进展。以"元培计划"为代表的本科教学改革计划和以培养机制改革为重点的研究生教育改革计划稳步推进,继续教育基本完成了向高层次终身教育的转型,学校的多层次高素质人才培养体系正在形成。北大集中了全国最优秀的青年学生,大批优秀毕业生在事业上的成功为母校赢得了声誉,他们对母校发展的支持,是北大的一笔宝贵财富。

学校的基础条件得到明显改善,新增校舍建筑面积逾60万平方米,仪器设备固定资产总值约20亿元,一些学科的设备条件已经达到国际先进水平。

北京大学与海外200多所著名高校和研究机构建立了交流与合作关系。国际交流与合作深入开展,提升了学校的办学实力和国际声誉。

3. 挑战依然严峻

目前,从学校的经济实力、学术环境、人事制度和社会保障体系看,我们还很难与世界著名大学竞争最优秀的学术人才。相反,我们仍随时面临优秀人才流失的危险。最优秀的学术人才是创建世界一流大学的关键,我们在尽可能为优秀人才创造更好的学术环境和生活条件的同时,必须以真诚和满腔热情吸引和留住人才。与此同时,我们还将面对越来越激烈的生源竞争,特别是在研究生层次,我们还很难与国际上一流的大学竞争最优秀的生源。

北京大学学科门类齐全,基础学科的实力较强。但是,由于国家科研管理体制和学术评价机制的制约,勇于创新、宽容失败,鼓励教师对科学前沿进行自由探索的学术氛围不够浓厚。而与此同时,各学科之间相互割裂、重复建设,合作意识不强。上述状况造成了两个方面的结果:一是重大原创性成果不多,成果转化率不高;二是尽管我们学术队伍的整体水平很高,但针对国家重大项目的组织和申报比较困难。

科学技术快速发展、全球化与信息化突飞猛进、各学科领域交叉融合都对高等教育提出了新的要求。北京大学所提供的教育与国家发展和科技进步的需要,与社会的期望还有一定差距。我校的本科教学改革方兴未艾,研究生的分类培养机制仍处于探索阶段,博士生的培养质量与国际先进水平比较仍存在明显差距;学生培养的国际化程度仍然比较低;为学生提供广泛参加社会实践活动的机会,提高学生实际工作能力与适应社会的能力方面有待进一步加强。

中国高等教育的制度环境对研究型大学的发展仍然还有影响和制约。首先,在增加对大学投入的同时,各主管部门对财务、人事、教学和科研等日常事务干预过多,影响了大学对资源的合理配置和高效利用。其次,科研活动的成本核算制度不完善,造成了科研体量越大,学校负担的间接成本越高,影响了大学整体实力的进一步提高。此外,国家的社会保障体制、人事制度等方面还有待完善。我们一方面要坚信大学的制度环境将不断改善,另一方面要积极进取,迎接挑战,最大限度地化不利因素为有利因素,加快学校的建设步伐。

学校的发展面临着严重的资源短缺。除总体性资源短缺,资源的结构性短缺也十分迫切。这表现在,校级可支配资源极度贫乏,专项经费的条块分割影响了资源的有效利用。此外,土地资源匮乏已经成为北大发展的瓶颈。因此,统筹和协调全校资源,开源节流,提高资源使用效率,是学校亟待解决的问题。

我们是在制度尚未完善、资源相对短缺的情况下创建世界一流大学,这对学校的管理提出了更高的要求。学校的管理体制仍然存在很多缺陷和不足,在一定程度上影响了学校的快速发展。例如,直属院系和研究机构过多,管理跨度过宽,使学校对院系的管理和协调都很困难;院系责权利不清,缺乏争取外部资源的主动性和资源配置的预见性;学术权力与行政权力界定模糊,学者参与决策程度比较低,等等。我们必须积极、谨慎地处理学校中的各种关系,调动各方面的积极性。

三、战略目标

未来五到十年学校的总体目标是在科学发展观的指导下,坚持北大的历史使命与精神追求,以体制改革为突破口,以学术队伍建设为中心,全面提升人才培养的质量和科学研究的水平,以优秀的学术成就、杰出的毕业生、独特的文化魅力与良好的师生道德风范成为更具世界影响力的研究型大学。

上述这些目标具体体现为:

(1) 创造吸引和留住优秀人才的制度环境与物质条件,优化教学、科研与管理服务队伍的结构,凝聚一批具有国际影响力的大师级学者,在五到十年内建成具有国际竞争力的faculty(学术队伍),构建规模适度、结构合理、富有活力的一流人才队伍。

(2) 进一步加强学科建设,优化学科结构,提高学科水平。巩固和加强基础学科,积极发展前沿交叉学科和高技术学科,鼓励基础研究与实际应用相结合;坚持重点突出的原则,在整体学科水平保持国内领先的基础上,选择已经或潜在具有国际竞争优势的领域以及对国家经济、社会、政治、文化发展具有深远影响的领域重点支持,使1/3的学科率先进入国际优秀学科行列,在某些领域能够引领学科发展的方向。

(3) 推进校本部和医学部在教学、科研、管理等方面的深度融合,进一步加强基础医学与临床医学在教学和科研上的合作,推动附属医院向研究型医院转变。

(4) 提升科研的整体实力,在科学的前沿领域取得有影响力的原创性成果,在建设创新型国家的重大科学与技术领域做出基础性、原创性、具有引领作用的贡献,在中国改革与发展的重大决策中发挥"智库"作用。建设若干具有国际水平和全球影响力的实验室与研究机构。

(5) 坚持精英教育理念,招收国内外最优秀的学生,为学生提供富于挑战、启迪智慧和创新精神的教育,培养在各行各业具有引领作用的杰出人才。进一步加强学生基础知识、实践能力和创新能力培养,加强学生培养的国际化程度。争取在十年内,使在校期间有机会到国外学术机构学习和访问的学生比例达到50%。扩大留学生的规模,使攻读学位的留学生比例达到在校生的10%,优化留学生的生源结构和学科结构。

(6) 坚持解放思想的精神,着力解决制约学校发展的体制性瓶颈问题,建立现代大学管理制度。重点解决学术权力与行政权力的关系问题,发挥教授在学科建设、队伍建设、资源配置中的重要作用。

(7) 保持和加强北京大学在传承文明和社会主义先进文化建设中的引领作用,在民族复兴的伟大进程中,为弘扬中国文化、促进社会和谐与发展作出突出贡献。

四、战略任务与举措

认清形势,明确目标,把握机遇,迎接挑战,集中力量解决制约学校发展的瓶颈问题,使学校步入可持续发展的轨道。学校未来五年重点工作和举措有以下五个方面。

1. 抓住机遇,建设高水平的学术队伍

学术队伍建设是提高学校竞争力的关键,直接关系到创建世界一流大学的目标能否实现,我们要充分认识队伍建设的重要性和艰巨性。一方面,北大拥有一支国内最优秀的学术队伍,他们是学校发展和建设的主力军,学校必须使这支队伍保持稳定,留住优秀人才。另一方面,充分利用当前人才引进的有利时机,聚集一批世界水准的学者。这就要求我们必须谨慎处理好引进人才与现有队伍的关系,既要积极主动地吸引最优秀人才,也要调动各方资源,改善现有人才队伍的工作条件和生活待遇。要继续深化人事制度改革,完善岗位聘任和职务晋升的各项规章制度,建立人员分类管理的管理体制,营造良好的学术氛围,不断提高北大学术队伍的整体水平。

(1) 根据北大目前学术队伍状况,今后几年应将以下三类人才作为工作重点:一是引进已经具有重要国际影响的学科带头人,二是吸引具有发展潜力的优秀青年学者,三是建设高水平的专职科研队伍。

● 利用社会捐赠设立讲座教席,在一些重要学科领域聘请一批有重要国际影响、能够带动北大整体学科发展的学者。我们要认真做好高层次人才的布局,根据学校的财力编制计划,严格执行聘任审核程序。

● 扩大"百人"计划,引进具有发展潜力的优秀青年学者,逐步使"百人"计划成为人才引进的主渠道。优秀青年学者是北大发展的未来和希望,要完善"百人"计划的配套措施,做好学科布局和人员的选聘工作。

● 加强专职科研队伍的建设。专职科研队伍要按照聘用成本分担的原则,主要从科研项目经费中支付工资和各类相关的福利成本,学校设立专门人事系列,制定相应的政策,并提供必要服务。按照统一管理、费用分担的原则建立和完善教学科研流动编制的管理办法。

(2) 加强实验技术、专职教学和行政队伍建设。

创建世界一流大学,需要多方面人才的协调配合。学校将从实际出发,努力探索一条既有利于调动各类人员积极性,又能有效利用学校核心资源的人员分类管理制度。

● 建立院系教学任务核算体系,完善专职教师岗位聘任和绩效考核管理制度。

● 以按需设岗和注重效益的原则推进实验技术队伍建设。单列实验技术岗位聘任计划,根据业务水平、服务质量和工作效益进行考核评估。

● 认真研究学校管理队伍建设、岗位聘任和绩效考核的相关问题,健全和优化各项规章制度,进一步提高服务意识和管理水平。

(3) 统筹各类资源,建立教师待遇逐步提高的制度体系。

近年来,学校进行了工资制度改革,教职工的待遇有所提高,但与兄弟院校特别是沿海地区相比,仍有较大差距,同时,校内各单位间收入差距较大,这种状况对学校的可持续发展不利。学校将采取切实有效的措施,改善教职员工的工作和生活条件。目前,应主要通过绩效津贴的方式,提高教学、科研、实验技术和管理队伍的待遇。

● 认真总结十年来岗位聘任制度的经验,逐步建立随通货膨胀而及时调整的岗位津贴制度。

● 为适当调节单位之间的收入差距,建立合理的课时费制度。学校重点支持主干基础课、通选课和大类平台课,各院系要根据各自的财力,支持其他类型的课程。

- 建立合理的科研津贴制度。在目前的国家科研资助体系中,对于参与项目的人员成本和学校承担的间接成本,尚未建立合理的补偿机制。学校一方面要积极呼吁政府有关部门高度关注这一问题。另一方面,要认真研究在现有条件下,调动资源、建立合理的科研津贴制度的方案,尽快推广实施。

2. 深化改革,构建现代大学管理体制

全面推进现代大学管理制度建设涉及面宽,并受到外部政策和社会环境的制约,必须采取循序渐进的方式稳步推进。当前,应集中力量,推进内部管理体制的优化,使学校的管理构架更加合理,提高资源配置和使用效率,重点推进和完善校、学部和院系管理体系和学部及院系预算制。

- 成立由校领导、相关职能部门、专家和校友代表组成的专门委员会,对学校管理体制、决策机制、学术权力与行政权力的关系等方面存在的问题提出改革方案。
- 完善校、学部、院系三级管理体制,充分发挥学部在学科布局、交叉学科、队伍建设、资源配置等方面的作用。按照学科发展的内在逻辑调整院系结构,既要确保学科多样性和可持续发展,也要整合力量,增强学科实力,避免资源重复配置。
- 改革现行的部门预算制的模式,逐步推行学部及院系预算制,从学校对院系的微观指标性管理向预算和宏观控制转变,增加院系领导的自主权和责任意识。

3. 推进教育改革,提高人才培养质量

本科教育的基本思路是控制规模、深化改革、提高质量,继续坚持"加强基础、淡化专业、因材施教、分流培养"的方针,稳步推进培养方案、课程设置和教学方法的改革,努力使我们的本科教育适应创新型国家建设和未来社会发展的需要。研究生教育要以提高培养质量为核心,继续推进培养机制改革,完善学术型和职业型研究生分类培养体制,提高研究生教育特别是博士研究生的整体水平。

- 稳步推进元培计划。完成本科培养方案和教学计划的调整,推进按学科大类招生和培养,依托一级学科设置课程模块,取消一些职业培训特征明显的本科专业,改变本科专业设置过细过多的状况。
- 提高课堂教学质量,加强以主干基础课、通选课和平台课为支撑的课程体系建设,加强师生互动,推进教学方法、模式和观念转变,提高学生自主学习的积极性和能动性。
- 加大对本科生参加科研和社会实践的支持,鼓励学生在社会实践和科学研究活动中创造性地学习。同时,要启迪学生的智慧,提高人文和科学素养,加强学生品德、人格和心理素质教育。
- 在全校开展一次研究生教育的大讨论,对导师水平和责任意识、研究方向选择和多学科合作、研究条件和实验设备、生源质量和培养机制、学位管理和质量控制等影响研究生培养质量的诸多因素进行综合评估,制定提高研究生教育质量的行动方案。
- 继续推进培养机制改革,采取措施切实提高博士研究生的生源质量,调整硕士研究生结构,稳步发展职业型硕士研究生教育,适当调整和压缩学术型硕士生规模。
- 加强院系研究生管理职能,进一步下放管理权限,使院系成为研究生教育的主体。
- 深化医学教育改革,积极探索既符合现代医学教育的特点又能够充分发挥综合性大学优势的医学教育培养方案和教学模式。
- 注重信息化时代教育技术的应用,积极探索面向未来的人才培养模式。

- 改革留学生招生和培养方式,提高留学生生源和培养质量。在有条件的院系建立双语授课或英语授课的课程体系,尝试与国际接轨的课程设置、教学内容和教学方法。
- 积极推进学生层面的国际交流,使更多的学生在读期间有海外学习的经历。加强校际交流项目和联合培养项目的建设;设立学生海外学习基金,推进海外学习项目;积极拓展与世界一流大学的联合教学项目。

4. 优化学科结构,增强学术整体竞争力

学校学科发展的基本思路是:巩固和加强基础学科,积极发展前沿交叉学科和高技术学科,重视基础研究与实际应用相结合,鼓励原创性成果转化。完善学术队伍的结构和布局,在尊重学科发展内在规律的同时,探讨组织学科互补的研究组。鼓励不同学科的研究团队合作共同承担国家重大项目,特别是在涉及国家发展、文明复兴以及人类共同关心的重大问题研究中发挥引领作用。

- 充分发挥各级学术委员会和专门委员会的作用,继续推进全校范围的学科评估工作,提高学科布局的前瞻性。尝试以一级学科为基础配置资源,优化学科结构。
- 进一步明确基础学科的核心地位,采取措施加强基础学科建设。重点支持基础较好或有重大发展潜力的优势学科,瞄准学科前沿进行布局,争取在主流领域达到国际前沿水平,在某些领域引领学科的发展方向;积极扶持那些在学科布局中至关重要但近年来有所削弱的基础学科。
- 加大力度支持以学科前沿和重大科学问题为目标的交叉学科研究机构,建立跨院系教师兼聘制度,营造交叉学科发展的制度环境;鼓励不同学科间的合作,加强重大项目的组织和协调。
- 推动全校生命科学与医学、医学与人文社会科学、医学与基础理科等相关学科的交叉、合作和融合,减少学科重叠,优化资源配置,形成新的学科生长点。
- 增强基础医学与临床医学之间的有机结合,在现有的基础医学和临床医学建设成果基础上,以创建新型管理模式为核心,整合各临床医学院的科研力量,成立临床研究中心;以学科为核心,整合各临床医院的教学资源,逐步建立相应的临床学系。鼓励临床医生参加科学研究,鼓励基础医学研究人员更多地参与临床研究,推动附属医院向研究型医院转变。
- 探索科研机构的资源配置方式和运行机制改革,进一步加强国家和部门重点实验室/工程中心和研究基地的建设。
- 针对国家的重大需求和重点支持领域,区域经济发展和企业的需求,建立应用型研究机构,提高争取外部资源的能力,使之发展成为科技成果转化和社会服务的主要力量。
- 发挥北大学科门类齐全的优势,增强人文社会科学等学科以我为主的国际性研究,积极开展对国外社会的实地调查和对全球问题的综合研究。
- 调整和整合科研部和科技开发部的部分职能,鼓励基础研究与实际应用相结合,推动原创性成果的转化和应用。

5. 拓展资源渠道,优化资源配置

实现上述规划目标,资源保障是关键。一方面要积极拓展筹资渠道,更多地争取国家、企业和社会各界的支持;另一方面要加强资源统筹和优化配置,强化效益观念和经营观念,开源节流,提高资源的使用效率,解决好校内资源紧张与学校快速发展之间的矛盾。

- 统筹并优化配置现有资源,使有限的资源(人、财、物)能够发挥更大效益。学校建立专门委员会,统筹校级预算和专项经费的使用。健全学校土地、房屋、人事、学生等重要公共和教育资源统筹利用机制,减少浪费,提高效益。

- 加强科研项目的组织与服务,多渠道争取科研经费,增强学校的整体竞争实力。同时,探索以资源补偿的方式提高资金的使用效率,建立科研项目的成本核算制度,推进公共用房使用的成本分担机制。

- 加强对横向基金的申请与管理,健全知识产权转让机制,鼓励科技成果向现实生产力转化。

- 整合并加强基金会和校友会的力量,加强与社会各界和校友的联系,积极宣传北大发展愿景,加大筹款力度。

- 积极筹措资金,加快校园基础设施建设。实现昌平校区的功能转型,建设和使用好昌平科学园,研究在昌平进一步扩展校园的方案。推进五道口和肖家河教师公寓建设项目,逐步推进蔚秀园、挂甲屯预留地的开发。

北京大学创建世界一流大学的事业进入了一个关键时期。回顾110年的辉煌历程,总结最近10年的建设成就,把握国家发展给我们带来的历史机遇,我们对北大实现创建世界一流大学的目标充满信心。在国家的大力支持下,在社会各界的关爱和扶助下,通过全校师生员工的不懈努力,北京大学在未来的5～10年里必将实现一次跨越式发展,将在建设创新型国家的进程中发挥突出作用,将在国际高等教育界赢得更高的声誉,产生更大的影响。

(注:北大发展战略纲要制定工作于2007年9月正式启动,纲要文本曾先后在2008年1月、2008年9月两次报学校战略研讨会上做过专门讨论,此稿是2009年1月报寒假战略研讨会审议的定稿)

北京大学创建世界一流大学中长期
发展规划纲要(征求意见稿)

2006年中央颁布了"十一五"规划和《国家中长期科学和技术发展规划纲要(2006—2020)》,并酝酿制定《国家中长期人才发展规划纲要(2010—2020年)》《国家中长期教育改革和发展规划纲要(2010—2020)》等重要规划文件。国家通过几个大的规划对未来的宏观政策作了新的规划安排。2008年是北京大学的一个重要的时间节点,北京大学将迎来110年校庆,北京奥运会乒乓球比赛将在北大举行,"985工程"二期即将结束,政府是否投入三期建设并不明确。在这种情况下,2006年3月至7月,发展规划部牵头起草了《北京大学创建世界一流大学中长期规划纲要》,经过2007年暑期战略研讨会审议后,曾作为北京大学迎接2007年教育部本科教学水平评估的重要文件提交评估工作专家组。它同时为《北京大学发展战略2008》的制定积累了经验。本书收录的是2007年6月24日编制的文本。时任书记闵维方、校长许智宏,主持人为校长助理兼发展规划部部长李强,主要参与人员为柴真、吕斌、冯支越、周春燕、谢广宽、唐伽拉、胡少诚。

2006年至2015年的十年,是北京大学创建世界一流大学的关键性起飞阶段。为贯彻中央"国民经济和社会发展第十一个五年规划纲要"的精神,落实《国家中长期科学和技术发展规划纲要》和《国家教育事业"十一五"发展规划纲要》,结合我校实际,特将《北京大学创建世界一流大学规划》进一步完善和细化,制订《北京大学创建世界一流大学中长期发展规划纲要》(以下简称《规划纲要》)。《规划纲要》将以北京大学创建世界一流大学为目标,在科学分析和判断北大发展形势和任务的基础上,进一步明确发展方向,理清发展思路,凝聚发展共识。

一、北大的使命、现状、发展目标和重点策略

(一)北京大学的使命

北京大学的总体目标是建设世界一流的研究型大学。北京大学坚持"思想自由、兼容并包"的方针,继承"爱国、进步、民主、科学"的传统,致力于在各学科创造、继承和传播知识,在教学、研究等领域追求和保持卓越水平,并以此引领文化发展,为中华民族的复兴、世界的和平与发展以及人类的福祉作出贡献,努力成为培养高素质创造性人才的摇篮,成为认识未知世界、探求客观真理、为人类解决面临的重大课题提供科学依据的前沿,成为知识创新、推动科学技术成果向现实生产力转化的重要力量,成为民族优秀文化与世界先进文明成果交流借鉴的桥梁。

(二)确定使命的依据

(1)历史表明,一个伟大的国家必须有一流的大学,一流大学既是一个国家综合国力的

体现,也是国家经济、政治、社会、文化发展的基础。近代以来,世界发达国家的每一次产业革命和科技进步都与当地一流大学的巨大贡献密切相关。二十世纪后期以来,知识经济迅猛发展,经济全球化不断深入,国际竞争日趋激烈,知识不仅成为促进经济增长的引擎,也成为推动社会发展的重要动力。科技创新能力已经越来越成为各国综合国力竞争的决定性因素,越来越成为一个民族兴旺发达的显著标志。创建世界一流大学,对推动科学文化的发展,对国家的繁荣昌盛,具有十分重要的战略意义。

(2)研究型大学是中国建设创新型国家的重要力量。改革开放以来,中国在经济、政治、文化等领域迅速发展。为了实现中华民族的伟大复兴,中国政府提出了建设创新型国家的目标,并实施"科教兴国"和"人才强国"战略。建设创新型国家的核心内涵是增强自主创新能力,推动科技进步;关键在于发展教育,培养人才,使中国从人口大国转变为人力资源强国。大学在建设创新型国家中肩负着不可替代的历史责任。一方面大学是继承、传播人类知识的主要场所,是知识创新的重要策源地;另一方面,一流大学是培养和造就高素质创造性人才的摇篮,是创新型国家所需大批具有创新精神领导型人才的主要供应者。

(3)创建世界一流大学、实现中华民族的复兴是北京大学的历史使命。北京大学诞生于救亡图存的戊戌变法运动中,成立之初就将兴办现代高等教育、复兴中华民族作为学校的使命。蔡元培在阐述北大办学原则时主张"仿世界各大学通例,循'思想自由'原则,取兼容并包主义","仿世界各大学通例"即蕴含了创建世界一流大学的思想。中华民族的伟大复兴是一个艰苦卓绝的历史进程,是所有中国人梦寐以求的理想。北大人将这一理想内化为自觉的行动,从学术独立到民族独立,从教育救国到科教兴国,为民族的独立和解放、国家的建设和发展、社会的文明和进步作出了不可代替的贡献。

经过一个世纪的奋斗,北大已具备创建世界一流大学的条件。从外部环境来看,改革开放以来中国经济、社会迅速发展,在世界上的影响日益增长;国家相继实施"科教兴国""人才强国"战略,政府大力支持高水平大学的建设,社会各领域在建设创新型国家过程中又需要大批具有引领作用的创新型高素质人才,这为北大创建世界一流大学提供了良好的外部环境和广阔的发展空间。从北大自身发展来看,作为中国第一所国立综合性大学,北京大学在一百多年的办学过程中形成了自己的特色和优势,积累了丰富的办学经验,培育了良好的校风和学风,在国内外赢得了很高的声誉;北大拥有齐全的学科结构、众多的国家重点学科、强大的教学和科研队伍、较为先进的教学科研设施,并与国外著名大学和研究机构建立了广泛的交流、合作关系。

依据当今世界历史发展的趋势,在党和政府"科教兴国""人才强国"方针的指引下,北京大学于1994年7月在校第九次党代会提出创建世界一流大学的奋斗目标,1998年5月4日江泽民同志在庆祝北京大学建校一百周年大会上的重要讲话中,又将这一目标上升为国家战略;近年来在建设世界一流大学的探索过程中,北大又进一步明晰了学校的使命和目标。

(三)北京大学的现状

创建世界一流大学不仅是北大师生的共识,也是国家赋予北京大学的使命。为了完成这一使命,北京大学于1999年制定了两步走的发展战略,指出从1999年至2005年的七年,是创建世界一流大学的基础性准备阶段;从2006年至2015年,是创建世界一流大学的关键性起飞阶段。

在过去的七年中,北京大学在创建世界一流大学的过程中取得了显著成就。2000 年 4 月,原北京大学与原北京医科大学合并,组建了新北京大学,拓展了学科领域,优化了学科结构。截至 2005 年年底,北京大学共有 5 个学部、41 个直属院系、8 个附属医院、2 个国家工程研究中心、11 个国家重点实验室、81 个国家重点学科、101 个本科专业(2006 年年底 104 个)、244 个硕士学位授权点(2006 年年底 258 个)、201 个博士学位授权点(2006 年年底 228 个)。此外,北大有 18.5 个国家基础科学研究与教学人才培养基地和 13 个人文社会科学重点研究基地,是国内学科最完整、综合实力最强的高校之一。根据最新发布的基本科学指标(ESI),北京大学的数学、物理、化学等 9 个学科的论文引用次数进入世界大学和研究机构的前 1%。根据教育部组织完成的全国 80 个一级学科的评估,北京大学参加的 33 个学科中,有 11 个学科名列第一,共有 29 个学科进入前五名,居全国各单位之首。

表1　2000 年—2006 年北大基本数据比较

	2000 年	2006 年
校园面积	2707853 平方米(4062 亩)	2721682 平方米(4082.5 亩)
校舍建筑面积	1337488 平方米	1841001 平方米
图书馆藏书	535 万册	594.98 万册
固定资产总额	170107 万元	379552.48 万元
其中:教学科研仪器设备资产值	64915 万元	165299.31 万元
一、教职工总数	17203 人	15946 人
科学院、工程院院士	42 人	59 人
"长江学者奖励计划"特聘教授、讲座教授	37 人	95 人
博士生导师	885 人	1286 人
专任教师	5519 人	5513 人
教辅人员	6056 人	6248 人
行政人员	1450 人	1783 人
二、在校学生数	36982 人	31328 人
本专科学生	13238 人	14662 人
研究生	9399 人(博士 3019 人,硕士 6380 人)	16666 人(博士 5442 人,硕士 11224 人)
成人教育学生	14345 人	12387 人
外国留学生	1379 人	2408 人
三、博士后情况		
在站人数	309 人	613 人
1986 年始累计招收人数	971 人	2398 人
四、专业情况		
本科专业	86 个	104 个
第二学士学位专业	2 个	4 个
硕士专业	177 个(含 2 个专业硕士点)	258 个
博士专业	155 个	228 个
全国重点学科	53 个	81 个
博士后科研流动站	29 个	35 个

	2000 年	2006 年
五、教学科研机构		
院系	35 个	41 个
国家重点实验室	12 个	12 个
国家工程研究中心	2 个	2 个
附属医院(所)	6 个	8 个

在看到成绩的同时,我们也应该清醒地认识到北京大学与世界一流大学相比仍然有较大差距。这些差距主要表现在:教师队伍的整体学术水平还有待提高,世界一流的学科和学术带头人还相对较少;重大的原创性成果不多;在博士生培养质量、经费筹集能力、仪器装备水平和国际化程度等方面尚有较大差距;从学科发展和布局角度看,我们在学科发展重要前沿方向和重大科学问题领域上的力量也仍显不足。

(四) 北京大学面临的挑战

(1) 自主创新的挑战。在 2006 年 1 月召开的全国科学技术大会上,中共中央和国务院明确提出了要坚持走中国特色自主创新道路,在 2020 年把我国建设成为创新型国家这一奋斗目标,并通过了《国家中长期科学和技术发展规划纲要》。国家对创新人才和创新科研成果的迫切需求给高校的人才培养、学科建设、科学研究和社会服务提出了更高的要求。国际国内的人才竞争不断加剧,国家和社会虽然将投入大量的科研经费,但都要通过竞争的方式获得。北大的竞争意识和竞争能力总体来说还需大大加强。

(2) 高等教育大众化对精英教育理念的挑战。目前我国高等教育毛入学率已经超过 21%,高等教育已经进入了大众化阶段,大学与社会的互动关系更加密切,大学开始从社会的边缘走到了社会的中心。在市场化的趋势下,北大能否继续坚持精英教育的理念,能否坚守学术独立、自由和尊严是我们面临的重大考验。

(3) 全球化的挑战。在全球化浪潮席卷全球高等教育的今天,北大面临着双重的挑战:首先,受国际化带来的商业和经济利益的驱动,各国在留学生生源、跨国教育等方面的国际竞争日益激烈化。在竞争中,发达国家处于优势地位,国内一些优秀的学生、卓有成就的教师流向海外。其次,国际化虽然并不是说全世界的大学都要成为一种模式,但事实上许多国家和地区都在借鉴美国的大学模式,如何在广泛学习其他国家的成功经验的同时保存和发扬北大的传统和特色,也是一个重大的挑战。

(五) 战略规划的内容

制定中长期规划的目的,是希望在科学分析和判断北大发展形势和任务的基础上,进一步明确发展方向,理清发展思路,凝聚发展共识,团结北大全体人员,共同完成几个重大目标。因此,规划中主要强调了未来十年重点推动的重大战略,并没有论及大学所有的目标和计划。具体来说,本规划中不包括以下事项:

(1) 学校一直强调的核心工作和常规工作,如加强党的领导、提高教学质量等,这些工作的重要性是不言而喻的,在此无需赘言;

(2) 现在运行良好而不必另订新政策的事务;

(3) 可由各单位自行推动而无需学校特别关注的重要计划;

(4) 执行层面的具体计划和改善举措。

规划中没有提及的项目,绝不是它们的重要性被忽视了,而是它们应该由学校通过其他更合适的途径来处理。

(六) 创建世界一流大学的总体思路

依据研究型大学的理念,北京大学创建世界一流大学的总体思路是:完善综合性大学的学科结构,逐步建立齐全的基础学科体系,重点发展前沿交叉学科,努力拓展工程和应用学科,建设一批达到世界领先水平的学科;健全研究型大学的教育体系,提供高质量的本科教育和研究生教育,培养具有引领作用的高素质人才,涌现出一批杰出的人文学者、科学家、政治家、企业家、教育家、文学家、艺术家、社会活动家;全面提升学校的科研实力,增强学校各类研究机构的可持续创新能力,建设一批可持续发展的科技创新平台,提高整体科技创新能力,力争取得若干在国际上具有重大影响的科研成果,在自然科学、技术科学、工程科学、医药科学的基础研究方面作出原创性的贡献,在人文科学、社会科学、管理科学等方面的研究中不断创造出影响深远的重大成果,充分发挥国家思想库和智囊团的作用,成为民族优秀文化与世界先进文明成果交流借鉴的桥梁;有选择地发展社会服务项目,进一步提高社会服务的水平和质量;进一步提高办学的国际化程度和北大的国际声誉,在面向世界传播中国优秀文化工作中作出重大贡献,使北大成为中西文化交流的重要桥梁;加强队伍建设,面向全球吸引世界一流人才,使北大成为中国最优秀人才聚集的场所,形成名家辈出、群星璀璨的局面;建立和完善现代大学管理制度,营造宽松、公平竞争的学术环境,使北京大学成为优秀人才不断成长、尖端成果不断涌现、创新思想不断孕育和发展的场所。

(七) 北大的中期目标和策略

通过十年奋斗,我们将力争在2015年左右实现以下具体目标:

(1) 学科调整基本完成,使各学科在整体上继续保持国内领先地位,努力使若干重点学科达到或接近世界领先水平。

(2) 招收国内外最优秀的学生,坚持分类培养的方针,为本科生和研究生提供优质教育。

(3) 学校各类研究机构的可持续创新研究能力得到增强,到校科研经费有显著增长,使北京大学的整体科技创新能力明显提高,取得若干在世界具有重大影响的科研成果。

(4) 进一步提高办学的国际化程度和北大的国际声誉,在面向世界传播中国优秀文化工作中作出重大贡献,使北大成为中西文化交流的重要桥梁。

(5) 面向全球吸引并留住世界一流优秀人才,使北大成为中国最优秀人才聚集的场所,形成名家辈出、群星灿烂的局面。

(6) 建立既符合中国实际又有利于参与全球化竞争的现代大学管理体制,打造高效务实的管理队伍,使北大能够适应复杂多变的社会环境,保持高效益和高效率地运转。

(7) 校园环境有较大改观,校园建设能够基本满足学校教学研究的需要,为师生员工提供更为舒适和便捷的服务和设施,实现校园景观和生态的进一步改善,保持校园相对宽松自由的学术环境和良好的人文氛围。

为了实现这些目标,除了常规的工作外,我们要重点推进以下策略:

——循序渐进调整学科结构,区分以学术训练为主的基础学科和以专业培训为主的专业学科,鼓励交叉学科发展,建立符合科学发展趋势和社会发展需求并与世界一流大学相适应的学科体系。

——建立健全科学的学科评估机制,定期对全校各学科的发展状态进行评估,根据评估结果淘汰一些缺乏活力和竞争力的学科,促进学科健康发展。

——落实分类培养的理念,全面推进教学改革。以基本的分类为基础,对本科生、攻读学术学位(academic degree)的研究生、攻读专业学位(professional degree)的研究生、继续教育学生确立分类管理的教学模式。

——突出科研创新的核心地位,深化科研机构和科研管理体制改革,增强自主创新的能力。

——坚持"有所为,有所不为"的方针,有选择地开展社会服务,提高社会服务的水平与效益,满足社会需求,并赢得应有的信誉。

——实施北大国际化战略,扩大国际交流,加强国际合作,不断提高北大的国际化程度和国际知名度。

——深化人事制度改革,营造有利于创新思想发生和发展的良好的学术氛围,面向海内外延揽一流人才,建设一支高水平的教学研究队伍,在保证质量的前提下适当扩大研究队伍的规模。

——开源节流,改善办学条件,努力开拓学校收入来源,引入预算制、公共资源有偿使用机制等新体制,健全资源配置制度,实现资源的优化配置。

——合理控制办学规模,优化办学结构。

二、加强学科建设,创建世界一流的学科体系

建设世界一流大学的核心是建设世界一流的学科和培养具有创新能力的高素质人才。学科建设是关系到学校战略全局发展的系统工程,必须遵循研究型大学的逻辑,按照"以队伍建设为核心、以交叉学科为重点、以体制创新为动力"的学科建设总体指导思想,认真研究,全面部署,择优扶重,统筹规划,完善学校整体规划,确定分步实施方案,切实推进学科建设。

(一) 瞄准学科主流和前沿,加强基础学科建设

1. 发挥传统优势、建设门类齐全、水平一流的基础学科

基础学科是本科生与研究生教育的依托,是科学发现与知识创新的主战场,是衡量大学整体学术水平和声望最重要的指标。主体齐全的基础学科是研究型大学的共性,在本科生教学上,基础学科提供了以通识教育为主干的基础教育;在研究生教学上,基础学科是培养博士的主要场所。北大多年来形成了扎实的基础学科和文理医发展相对均衡的格局,在未来的十年,北大将进一步巩固这一传统优势,继续加强数学、化学、物理学、生物学、文学、史学、哲学、政治学、经济学、社会学等基础学科建设。

2. 发扬创新精神,大力发展前沿学科和交叉学科,进一步完善和优化学科结构

密切关注新的学科增长点,有选择地发展若干对国家社会经济和科技发展有重要影响的新兴学科;交叉学科不仅是科研创新的重要领域,也是培养新型人才不可或缺的基础条件。在未来十年中,北京大学将以发展交叉学科为重点,建设知识创新的平台。与此同时,加强传统文化学科群建设,弘扬和培育民族精神,促进中国文化的发展;适应全球化经济社会发展的需求,加强与世界各国语言、历史、文化、经济、政治等方面密切相关的学科建设。

3. 在保持一级学科整体优势的基础上，巩固或建立二级学科的领先地位

北大将在未来10年内培养并引进一批国际知名的学科带头人，使北大在主流的二级、三级学科中保持或达到国内领先、国际知名的地位。

（二）密切结合社会发展需求，有选择地发展应用学科

专业培训（professional-training）为主的学院，既包括工学院、医学院、商学院、法学院等四大关键专业学院，也包括政府管理学院、新闻与传播学院、教育学院、公共卫生学院等其他专业学院。我们要根据国家经济社会发展的需求，有选择地发展应用学科，不断提高办学质量，创办一流的专业培训学院，为社会输送卓越的专门人才。

为了体现本科生教育中的通识教育理念，提高专业学院的专门化程度，除医学院外的大多数专业学院将逐步过渡到以专业型研究生为主的培养模式。

（三）循序渐进调整学科结构，完善学科布局

根据研究型大学的逻辑，为了加强本科生教育与研究生培养，促进通识教育与交叉学科的发展，我们将遵循"循序渐进、逐步展开"的原则，对学科结构进行调整。调整的目标是，区分以学术训练型为主的基础学科和以专业培训为主的专业学科。使以学术训练为主的学科与以专业培训为主的学科在人才培养模式、队伍结构与管理机制上有所区分。学科调整的长远目标是，将学术型学科组建成文理学院，将以专业训练为主的学科调整、巩固为若干运行相对独立的学院，发挥学院自主办学的能力，实现三级建制、二级管理的运行模式。

学科调整的近期目标是：

（1）从创建世界一流大学的角度出发，加强和完善元培计划，并逐步扩大试验范围，使学科调整与教学改革相结合，适时建立元培学院。以元培计划为基础，探索本科生通识教育的课程结构与管理模式，为在条件成熟时在全校本科生教育中普遍实现"元培计划"模式准备条件。

（2）对明显重复设置的专业逐步进行调整，尽可能减少学科建设上的低水平重复，明确各院系的学科定位与目标，限制院系横向学科扩展，鼓励以研究机构、项目合作、交叉聘任等形式实现跨学科的合作联合。同时，通过职能调整，引导一些以专业训练为导向的专业学科不再招收本科生。

（3）调整学科管理机制，充实完善学部。学部的职能应明确、有限和集中，使其发挥应有的学科管理职能。

（四）建立科学的学科评估制度，促进学科健康发展

为了保持北大各学科发展的活力和竞争力，学校参考国际评价方式，确立科学的评价指标和评价体系，定期对本校的学科发展状态进行评价。

对于新设学科，成立之前要进行规划论证，从校内外聘请相关学科的一流专家根据该学科发展的趋势以及北大的实力进行评估预测，并提出基本的建设要求，制定进入同行第一位的时间表和向世界水准迈进的时间表。达不到基本要求的学科，暂不设立，继续创造条件，待有条件时再新建。达到基本要求确定应发展的学科，要选聘卓越的学术带头人，给予政策、资源等方面的支持，使其尽快高质量地建设起来，争取在较短的时间内能进入国内同行前列，并继续向更高的水平迈进。

对于现有学科，用比较、评价、竞争的方式推动学科建设上台阶、上水平。对现有的并希望保留和支持的学科，用竞争方式来推动。现有的学科要和国内、国外的同行学科进行比

较,确认自身的优势和位置。对发展速度快、建设质量高、社会影响大的学科,给予重点支持。对一般状态的学科,要进行状态评价和给予积极的推动,使其进入良性发展轨道。对于无法达到起码要求的学科,允许再有一个规划期进行建设。实施一个规划期后仍无较大起色,又占用大量资源的学科,应着手进行全面调研和整顿,必要时进行关、停、并、转。保留下来加以支持的学科应该是北大有必要发展,有能力发展,并有希望能建设成一流水平的学科。在发展过程中,达到阶段性水平后,要用更高的标准,更新建设方案,进行新一阶段的建设。激励优势学科向世界一流学科迈进,建设世界级的优势学科。

三、落实分类培养方针,建立与学科建设相适应的人才培养机制

北京大学人才培养的总体目标是为国家和民族培养有国际视野的、在各行业起引领作用的、具有创新精神的领导型人才。北京大学培养的学生应当具有强烈的社会责任感、扎实宽厚的知识基础、严谨求实的科学精神、较强的逻辑思维能力,以及良好的身体心理素质;既具备较强的交往、沟通和合作能力,又具有独立思考的批判精神;既有远大理想,又能够脚踏实地工作。北大继续坚持"精英教育"和"研究型教育"的理念,进一步落实分类培养的方针,对本科生、攻读学术学位(academic degree)的研究生、攻读专业学位(professional degree)的研究生、继续教育学生确立分类管理的教学模式。努力培养人格健全、基础深厚、视野开阔、锐意创新的高素质本科生;努力提高学术型研究生特别是博士生的培养质量,使学生具有扎实的学术基础与较强的创新能力,使博士生毕业论文达到或接近国际领先水平;努力提升专业型研究生培养的职业化、社会化和标准化,拓宽学生的国际视野,增强学生的实际工作能力;努力办好继续教育,重点发展大学后高层次继续教育,建设与一流大学相称的继续教育体系。

(一) 继续深化本科生教学改革

本科生培养区别于研究生培养。本科阶段侧重通识教育、博雅教育;研究生阶段侧重专业教育和技能教育。要逐步将法学、新闻传播、公共管理和工商管理教育改为从研究生阶段培养。由于我国医学领域特殊的行业资格考试,临床医学教育仍从本科培养开始。

在本科生培养中,要坚持教学与研究密切结合,强调以高水平的科研带动高质量的教学,以高质量的教学支持高水平的科研,鼓励教师将科学研究最前沿的新知识传授给学生,鼓励学生参与科研,培养学生的研究能力,着重在"深厚""广博""创新"三个方面下工夫,使学生具备深厚的专业基础、广博的知识、开阔的视野和敏锐的创新意识。继承"爱国、进步、民主、科学"的优良传统,注重课堂教学与课外活动相结合,充分利用学校丰富的社会实践活动和社团活动来培养学生健全的人格。

在教学工作中,要坚持"加强基础,淡化专业,因材施教,分流培养"的方针,在低年级实行通识教育,在高年级实行宽口径的专业教育,重点培养学生对基础知识、基本技能、基本方法的掌握,不断提高学生的基本素质。进一步实施和完善元培计划,并考虑在适当的时候予以逐步推广。稳步推进本科生教学改革,进一步加强教学管理,建立健全本科生导师制。有针对性地推进课程改革,根据各学科的内在逻辑,进一步完善课程体系,建立全面而合理的课程体系结构,进一步推行通识教育;全面修订教学计划,逐步建立由主干基础课、通选课、平台课、研究课程组成的课程体系。加强教学评估工作,通过管理体制有效地提高教师改进教学方法的积极性。

继续加大对教学的投入力度,改善教学基础设施,保证教学活动的正常运转。在完善以课堂教学为中心的教学环节的同时,要创造条件让学生更多地参与科研活动和社会实践,培养学生的独立思考能力、创新精神和实践能力。要进一步发挥素质教育委员会及其分会的作用,为全面提高学生的综合素质提出工作思路、指导性意见和具体要求。在对学生加强管理、严格要求的同时,也要从教育人、培养人的角度出发,切实加强以学生为本、服务学生的意识,加强学生心理教育和咨询工作。要坚持全员育人和全过程育人,把学生的教育教学工作、思想政治工作和日常管理、生活服务有机地结合起来,进一步优化教育环境,为学生营造一个和谐向上、井井有条的学习和生活秩序。医学生的成长和成熟相对时间较长,应建立长期的跟踪机制,对毕业后 5~10 年,甚至更长时间的学生状况进行调查,以此作为对医学教育的自评手段。

(二) 进一步落实研究生分类培养模式

在研究生培养中,应区别专业型与学术研究型两类不同性质的教育。学术研究型教育的终极学位是博士学位(Ph.D),博士生的水平是衡量一所大学学术教育水平的重要指标。而专业教育则不同,多数专业学院应把重点放在专业型研究生的培养上。

在学术研究型研究生的培养中,要坚持"面向世界前沿,坚持国际标准,建设优势学科,创造一流成果,改善管理机制,确保培养质量"的指导思想。要注重创新能力的培养,把科研创新与人才培养结合起来,创造条件让学生更多地直接参与到科研中去。要逐步压缩学术型硕士研究生的规模,逐步过渡到以"硕连博"的方式为主的培养模式,着重提高博士研究生培养质量。要高度重视加强研究生学术道德、学术规范的教育和研究方法的训练,建立对研究生违反学术规范进行责任追究制度。要完善学位论文的全过程管理和研究成果的社会公认办法,提高研究生学位论文尤其是博士学位论文的质量。

专业训练型研究生的培养要有前瞻性,根据社会发展的需求、着眼于实际问题来制订教学计划,建立注重实效的课程体系、实践环节和考核方式,拓宽学生的国际视野,提高学生的实际工作能力。努力提升专业型研究生培养的职业化、社会化和标准化。加强深圳研究生院的建设,提高学生的培养质量。

在研究生培养中,要在"稳定规模、提高质量"的总体方针下,进一步完善研究生招生制度的改革,完善研究生奖助体制。学校根据导师承担的科研课题和经费,根据专业特点分配奖学金,下达研究生招生名额,使研究生教育资源配置更加合理,使研究生的培养和科研实际紧密地结合,从制度上调动和保证导师与研究生从事科学研究的积极性。同时,对一些冷门的基础学科和交叉学科的研究生培养学校将制定特殊政策给予支持,鼓励不同背景的导师联合指导学生。

(三) 发挥北大"名校、名师、名课"优势,发展"高层次、高水平、高效益"的继续教育

继续教育是北大教育事业的重要组成部分,是北大服务社会的重要形式。北大要适应时代发展的需求,积极参与学习型社会的构建,充分发挥综合学科齐全、师资力量雄厚、教学科研制高点的优势,将继续教育办成国内高校师资、高级公务人员、高级商务人员和高级技术人员的重要培训基地。

对继续教育学生要进行分类培养,创造面向市场、面向社会、稳定的、可持续的课程体系。控制办学规模,调整办学结构,提高办学层次和办学质量,重点发展大学后高层次继续教育,积极稳步发展现代远程教育,努力建设与一流大学相称的成人、继续教育体系。强化

一些专业学院的社会服务功能,限制基础类学科进行继续教育。在继续教育部及其培训中心与院系办继续教育双轨制长期存在的情况下,逐步过渡到除了正规的、有学位的 MBA、EMBA、MPA、法律硕士和教育管理博士等培训教育由相关院系主办外,短期培训、非学历培训等继续教育都由继续教育部培训中心统一承担。培训功能应逐步网络化、异地化,加强大兴软件学院等派出教学机构的建设。

四、提高科研水平,增强自主创新能力

增强自主创新能力是国家提出的一个重大战略,大学是知识创新的重要基地,是建设创新型国家的主力军。为了创建世界一流大学,学校认真贯彻全国科技大会提出的"自主创新、重点跨越、支撑发展、引领未来"十六字方针,加强科研机构建设,加大科研经费申请力度,改进科研管理体制,提高自主创新能力,力争在重要领域和主流学科取得若干标志性成果。

(一) 加强研究机构建设

北京大学要发挥综合性大学学科齐全而且发展相对均衡的优势,把交叉学科、前沿学科和高技术领域作为发展重点,搭建科技创新平台,凝聚不同学科的科研力量,在前沿和交叉学科领域培植新的学科生长点。未来十年内,我校科研工作的重点仍是大力推进学科交叉和创新平台建设,特别要鼓励人文、社会科学与理科、工科和医科的合作。充分发挥研究型大学的优势,积极参与国家重点领域、重大项目、关键技术和基础研究,努力创建更多的国家重点实验室和研究基地,高度重视在基础研究、前沿技术和社会公益等研究领域的原始创新,加大组织力度,为增强国家科技和经济持续发展后劲作出贡献;高度重视并切实加强跨学科力量的合作,鼓励多项技术集成的创新模式,实现集成创新。

科研机构要充分利用我校丰富的国际交流与合作资源,通过引智、引资、合作共建等灵活多样的方式,加强与国外一流大学和科研机构及产业的强强合作,要利用各种合作渠道争取国际基金和跨国集团的资助,也要利用好国家留学基金以及各种国际合作经费,使北大的科研力量直接与国际对接,在国际舞台上提升我们的竞争力。

为了保障科研机构的活力,学校将依据新制定的研究机构管理规则对研究机构进行评审。状态良好的,要继续给予鼓励和支持。状态不好的,要限期整改。没有成果、没有资金、没有队伍、没有机制的机构予以撤销。对申请新建的研究机构着重在研究方向、学术带头人、经费保证、管理规则、持续性条件等方面进行审查。不符条件者,不予批准。对已经建立的研究机构,着重进行定期评估。评估的重点在于活动成果和年度经费。对长期达不到要求的机构,同样要采取整改措施,从而促进研究机构改善机制,提高效率,多出成果。

(二) 改进科研管理体制

要推进科研管理体制创新。科研的管理体制应当遵循研究型大学的基本规律,消除影响科研合作及学科交叉的制度障碍,建立有益于学科交叉和科技创新的管理模式,建立与北大学科特点相适应的科研管理体制,合理配置科技资源,提高教学与科学研究活动的效率。学校将在科研机构的建设与管理上积极探索新的机制,对确有发展前途的科研机构将按实体或半实体模式管理,并在人、财、物等方面给予适当的支持。要积极探索科研机构人事管理的新模式,推动新成立的跨学科研究机构采用"虚实结合"、专职与兼职结合或双聘的方式组织科研队伍,加强人员流动,以保证研究机构的学术活力和学科交叉特征。同时,学校将

为科研机构设立适当的管理人员和技术人员编制,以保障其有效运行。科研机构要采用"开放、竞争、流动"的运行机制,根据需要,部分科研人员定期进行流动、轮换或淘汰。

完善科研管理体制,还要形成良好的制度环境。学校将探索建立一个完善的、科学的科研评价体系、一个有利于原始创新的科技评价体系。营造宽松自由、鼓励进取、允许失败、既有责任也有风险意识的学术氛围;同时继续加强学术道德规范的建设,坚决抵制各类违背学术道德的行为,培育既鼓励自由探索又严谨诚信的研究氛围。

（三）加大科研经费申请力度

充足的科研经费是科研工作顺利进行的物质保证,也是世界一流大学的重要特征。2005年,我校到校科研经费达到6.5亿元。今后研究者的科研经费要以对外申请为主,学校只给予必要的支持。我们要继续关注国家重大需求,积极申请研究项目。一方面要加大纵向科研经费的申请力度,争取政府财政的大力支持;另一方面,要积极争取横向资金,多渠道筹措科研经费。学校要组织好科研项目的申请,进一步加强科研项目管理。在项目组织上要注重学科交叉,加强不同学科研究力量的整合,瞄准国家重大战略需求凝聚力量,切实提高争取重大项目的竞争力。

要明确科研管理机构的服务职能。科研管理部门要进一步加强科研组织,及时地把国家有关部委的项目和经费信息与有关的院系和教授沟通,帮助教师争取科研经费。力争在十年内使科研经费有较大幅度的增长,在国内高校中继续保持领先地位。同时要不断加强对科研经费的管理,合理合法、高效及时地使用各类专项经费。

（四）提高科研产出水平

在研究成果方面,既要看数量,更要重视质量,在保持论文发表量的同时,要继续提高学术论文和学术著作的质量,使学术论文的平均影响因子和学术著作的影响力得到进一步的提高。采取有力措施促进科研成果转化,提高科技专利的申请数量,提高人文社会科学科研成果的社会影响力。力争十年之内,在重要领域和主流学科,取得若干标志性成果。承担并完成一批国家重大研究任务,解决一批关系国家经济社会发展的重大问题;完成一批有重要影响的前沿研究课题,进一步提升北大国际学术声誉;攻克一些重大疾病的诊治难题,获得一批重要药物和疫苗的研究成果,在临床科研方面取得新的突破;对传统文化的继承、传播和发展作出重要贡献,为国家经济社会发展和和谐社会的建设提供政策参考。

在科学研究中,我们要遵循科学发展的客观规律,把国家需求与学科发展结合起来,处理好基础研究与应用研究的关系,一方面要重视基础研究的作用和长远价值,给予基础研究稳定的支持,使其有良好的条件探索科学前沿,引领未来的发展方向;另一方面,也要围绕经济社会发展和国家安全的主要领域,加强应用研究,为技术创新和应用开发服务,促进基础研究和应用开发协调发展。

五、深化改革,推进医学部与校本部的深度融合

合校五年来,校本部和医学部在学科融合、科研组织和行政管理的深度融合方面做了大量工作,取得了很好的成绩。在未来十年,我们要在已有成绩的基础上,逐步探索医学部与本部深度融合的新模式,实现资源共享,优化资源配置。

今后十年,医学部与本部深度融合的基本思路是：

（一）调整相关学科结构，优化资源配置，加强医学部自身的学科建设

要探讨建立世界一流医学教育管理体制，增强基础医学与临床医学之间的有机结合，促进医学教育与人文社科及基础学科之间的结合。在现有的基础医学和临床医学建设成果的基础上，充分借鉴国外一流医学院的管理模式，结合多年的管理经验和现有的管理水平，以创建新型管理模式为核心，整合各临床医学院的教学和科研资源，强化组织、管理和学术等方面的统一领导，推进教学、科研、临床和开发有机结合，实现整体协调发展。总结以眼科学、传染病学为代表的临床学系的经验，以学科为核心，整合各附属医院的相关教学资源，逐步建立相应的各个临床医学系。对在医院工作的临床医学系教学人员实行双重聘任，在医疗系列上由医院按照行业管理来聘任，并按照主治医师、副主任医师、主任医师等医疗系列的技术职称聘任和晋升；对参与教学的医务人员由北京大学来聘任，按照讲师、副教授、教授等职称来聘任和晋升。整顿、加强已有的研究中心/研究所的管理，充分发挥研究中心对不同学科、具有共同研究兴趣的研究人员的凝聚作用，整合各个学科的力量，增强竞争力，避免重复性研究，使其成为学术交流的场所、资源共享的平台。推动基础学科与北大校本部相关学科的整合，既保留医学相关的特点，又避免教学内容和研究项目的重复，并促进双方的优势互补，提高竞争力。

（二）进一步促进校本部和医学部在教学科研方面的沟通、合作和整合

医学部未来的发展要以学科建设为核心，推动学科交叉和融合，全面提升综合实力。以医学教育改革为动力，建立和完善有中国特色的现代医学高等教育模式。总结八年制学生教育模式近几年的实践经验，完善管理机制；探索新的途径，使非八年制医学生也能充分接受"通识教育"；改进现有的两年校本部的教学，让更多的医学生受益；推动全校生命科学和医学、医学与文科、理科相关学科的交叉、合作和融合，减少学科重叠，优化资源配置，通过多种方式推进医学部和校本部在学科建设方面的实质性融合；在逐渐融合的过程中改善、提高医学人文教育。

（三）推动校本部与医学部各职能部门之间的沟通，实现行政资源共享

推动各职能部门建立切实可行的工作机制，定期召集有医学部相关部门领导参加的工作例会，沟通情况，共同制定工作计划，起草政策文件。各职能部门要把工作例会制度化，促进双方职能部门的沟通协调。在此基础上，要逐步探索建立一个科层较少、结构明晰、既能实现集中管理又能保持相对独立的行政管理体制。

（四）进一步加强对附属医院的管理和支持，打造研究型医院

利用教育部和卫生部成立两部联合领导小组和工作小组的契机，加强对医学部及附属医院的领导。为了进一步加强对附属医院的领导、管理及支持，探讨医学教学科研与附属医院共同协调发展的良性模式。学校将创造条件，鼓励临床医生走进实验室进行科学研究，同时鼓励研究人员有更多的机会参与临床，推动附属医院向研究型医院转变。

六、实施分类管理、建设一流人才队伍

建设世界一流大学，关键是建设世界一流的教师队伍、研究队伍、管理队伍、服务队伍。队伍建设是学校发展的根本，在未来十年内，北京大学将以队伍建设为核心，始终把队伍建设放在突出位置。加强队伍建设的关键是对人才进行分类管理。我们将以制度创新为重点，继续坚持队伍建设的总体方向，深化和完善教师人事制度改革的各项措施，落实对教员

实行分类管理的理念,并根据学科发展和科研工作的需要适当扩大科研队伍。

(一) 继续推进师资人事制度改革,实施开放性人才战略

依据《北京大学教师聘任和职务晋升规定》规范教师专业职务晋升和聘任的管理,坚持学术道德和学术标准相结合的原则,在招聘和晋升上逐步提高基本要求,面向海内外积极引进优秀青年学者,外部引进和内部培养相结合,汇集一批具有国际水平的学术大师和学科带头人。要适度控制编制内教师的规模,建设高层次创新人才队伍和创新团队,优化队伍结构,形成合理的、可持续的人才梯队。要继续推进师资人事制度改革,完善教师聘任和职务晋升的各项规章制度和配套措施。对在学术上作出杰出贡献的特殊人才,学校应执行灵活的政策,特事特办,吸引或挽留他们在北大继续发挥积极的作用。

(二) 适应研究型大学的特征,建立高水平的研究队伍

坚持"开放、竞争、公正、流动"的运行机制,除了少数项目主持人(PI)外,其他研究人员以科研项目的需要为中心,采用项目合同制等形式,适当增加博士后及其他研究岗位,引进优秀人才,促进人才流动,扩大研究人员的总体规模,提高研究人员的科研水平。

(三) 加强分类管理,完善教学科研辅助人员聘任

对专业性不强的辅助人员,要逐步实现市场化聘用,真正发挥对教学科研的服务功能;对理、工、医科专业中的实验辅助人员,要适度增加编制,建立流动与稳定相结合的上岗机制。

(四) 探索新的管理机制,建设专业化的管理队伍

各级行政管理人员的聘任,要与国家人事制度改革相协调,探索新的管理机制;按岗位需要进行聘任和职务晋升,确定优劳优酬的竞争激励机制,形成人员能进能出、职务能上能下、待遇能高能低的富有活力的机制。

(五) 引入市场机制,深化后勤社会化改革

其他服务人员的管理,要贯彻后勤社会化的原则,在"小机关、多实体、大服务"的基础上,加强成本核算,实行企业化、专业化、集约化、市场化的管理体制和运行机制。要引入市场竞争机制,通过竞争督促服务人员改进服务态度,提高服务质量。充分利用社会资源,大力提高后勤服务的质量和水平。

学校积极配合教育部组织实施的"长江学者""创新团队"和"新世纪人才"等人才计划,严格选拔优秀人才和团队,并预留足够的资金配套支持。与此同时,学校推出一套重点在培养和选拔下一代学术和学科带头人的计划,为北京大学下一步的发展奠定基础。学校致力于建设公开、公平和公正的绩效考核和评价机制,形成合理的人才引进、培养和流动的人事管理体制,建立有利于优秀人才脱颖而出、人尽其才的机制,营造崇尚创新、兼容并包、自由活跃的学术环境和人文环境。

七、推进制度改革和体制创新,建立现代大学管理体系

创建一流大学必须有一流的管理。管理体制创新是创建世界一流大学的巨大动力。管理体制创新的目标是通过改进、完善、创新管理机制,打造高效务实的管理队伍,切实提高管理水平,逐步形成一套既符合中国实际又有利于参与全球化竞争的、比较完善的现代大学管理体制,建立一套流畅完备的运行机制,营造一个积极向上、宽松活跃的学术氛围。

(一)充分发挥学校领导班子的核心领导作用

明确和完善领导班子内部的分工合作机制,坚持民主集中制的原则,充分发挥各专门委员会的咨询、协调作用,建立民主化、科学化、制度化的决策机制。

(二)进一步完善学校各职能部门的管理机制

要进一步明确各部门职能,防止各部门职能的重叠。要根据新形势,及时调整各部门职能,必要时建立新的管理机构,防止出现管理缺位的现象。要加强对各职能部门工作的评估,建立健全职能部门年终述职评估制度,并在此基础上建立机关部门考核评估与奖惩机制。加强各职能部门之间及其与院系的沟通合作。

(三)加强对院系的指导与评估

建立以教务长为核心的院系管理制度和院系汇报制度。加强对各院系的教学评估、科研评估和管理评估。健全院系内部的领导结构,院系领导要坚持民主集中制,充分发挥学术委员会、教授会等团体的作用。

(四)增强服务意识,改善工作作风

全体机关工作人员,包括院系行政教辅人员,应进一步转变工作作风,提高工作效率,强化服务意识,改进服务态度,提高服务质量。

八、加强国际合作,提高国际化程度

面临高等教育全球化的挑战,北京大学要建设世界一流大学,必须建设国际化的创新型教学科研体系,培养具有全球化视野的领导型人才。今后十年,我们要继续在教学、科研、队伍建设等方面加强国际交流,塑造国际化校园,不断提升北大的国际化程度和北大在世界范围内的影响力。

(一)发挥国际交流与合作在人才培养中的关键作用

(1)提高课程设置的国际化程度。鼓励开设英语课程,继续开展和推进与世界一流大学的联合教学项目。

(2)积极推进海外学习项目(EAP),鼓励和帮助学生申请国外奖学金或组织学生到国外一流大学出访、交流和接受培训。在本科生层次,学校要做较大努力来推动本科生的交流计划;在研究生层次,院系和研究生的导师要充分利用更多的国际合作项目让他们有直接交流的体验。同时学校要积极争取社会的支持,设立学生海外学习基金。通过各方面的努力,力争使20%的本科生和50%的研究生能够具有海外学习的经历。

(3)扩大规模,改善结构,做好留学生教育工作。留学生的存在和发展对活跃学术氛围、提高校园生活的国际化程度和扩大国内学生的国际视野发挥着不可替代的作用。我们要继续贯彻执行教育部提出的"扩大规模、提高层次、规范管理、保证质量"的方针,做好留学生教育工作。要扩大留学生的规模,力争使留究生在全日制学生中的比例达到15%左右。要想方设法改善留学生来源结构,提高留学生质量。要改善留学生的居住环境,逐步完善留学生培养方案,改进留学生的管理制度,吸引更多更优秀的留学生来北大求学深造。

(二)建设国际化的科研体系

(1)鼓励联合科研,支持重点学科同国外的著名高校、科研机构、跨国公司等联合建立科研机构,支持教学科研人员与国外知名学术机构开展联合研究项目。

(2)在科研经费的筹集上要积极争取一些国外基金会和国际组织的资源。

（3）在国际交流合作中不断借鉴国外的一些先进经验，逐步改进和完善我校的科研管理机制。

（4）在国际合作交流中提高北大的学术声誉。

（三）通过国际交流促进队伍建设

继续坚持"请进来、送出去"的方针，通过国际交流促进队伍建设。"请进来"就是要充分利用有限的资金、资源和条件吸引最优秀的人才到北大来工作。鼓励各院系邀请海外知名学者来我校进行讲学和研究，并积极聘请一些休假的国外学者来校授课，不求所有，但求所用。"走出去"就是要为教师和管理人员创造更多走出去的机会，增加他们同国外同行交流的机会，不断提高他们的业务水平。

（四）塑造国际化校园

塑造国际化校园是活跃校园文化氛围、拓宽学生国际视野、提高学生跨文化交流能力的重要途径。今后我们要继续办好国际暑期学校，吸引更多的国际学生来北大学习，同时采取各种办法促进留学生与本土学生的交流。继续邀请国际知名的学者、政治家、企业家和社会活动家来校访问或演讲，举办主题大学日、国际文化节等活动，营造国际校园氛围。

（五）提升北大的国际地位和形象

把北大建设成世界一流大学，需要不断提高北大的国际地位和形象。今后我们将重点实施以下策略：

（1）加强与世界一流大学的交流，并从中寻找差距，采取有力措施不断缩小在学科结构、管理方式、筹资渠道等方面与他们的差距。

（2）完善北大的国际交流合作网络，并重点发展可以提高北大国际地位的项目。

（3）从战略高度出发加入一些有影响力的国际性大学组织，并扮演积极的角色。

（4）通过举办国际会议、"北京论坛"等国际学术交流活动，在国际交流中作出自己的贡献，发挥自己的作用，发出自己的声音。

（5）利用"孔子学院"等方式在向其他国家传播中国优秀文化和推广汉语等方面发挥北大的独特优势，在扩大中国文化影响的同时提高北大的国际声誉。

九、探索资源配置机制

资源配置必须依据创建研究型大学的目标，统筹规划、合理分配；要围绕学科建设，本着择优扶重的原则，重点支持优先发展的学科，保护和扶持传统优势学科。在未来十年内，我们要继续开源节流，加强管理，用有限的财力重点支持需要优先发展的学科，努力实现资源的有效配置。为此学校将重点采取以下措施：

（一）在国家拨款稳定的情况下，拓宽收入来源，多渠道筹措经费

要充分发挥基金会和校友会的作用，加大筹款力度；提高科研的申请服务水平，加大科研经费申请力度；鼓励知识产权转让；稳定继续教育收费的规模。

（二）建立健全资源配置制度

充分发挥学科规划、事业规划、校园规划三个委员会的重要作用，重大问题提交党政联席会讨论，保证决策的统一性和科学性，更加有效地配置资源。

（三）在院系、研究中心等二级单位试行并在条件成熟时推行预算制

学校根据院系承担的教学科研任务，确定各院系的预算，通过预算的方式对院系进行约

束。由院系、研究机构向学校提交经费预算报告,学校经过实地调研、充分论证后再予以下拨,并定期检查经费使用情况是否合理合法、高效及时,以增强资源使用效益。

(四) 引入公共资源有偿使用机制,建设节约型校园

按照中央精神,大力倡导节约型社会的原则,节约办学,防止资源配置和使用中的浪费。目前,除了人员的浪费外,主要是办公用房与设备的浪费。学校要逐步推行办公用房有偿使用制度。

总之,全校领导要树立预算观念和成本核算意识,树立艰苦奋斗、勤俭办学的作风,通过成本控制和体制改革,优化资源配置,提高资源使用效率。

十、完善校园规划,建设生态校园

(一) 海淀本部校区的总体规划与空间发展

校园规划是落实学科规划和事业规划的保障。2000年至2005年,五年间学校的总建筑面积虽有了较大幅度的增长,但由于上世纪九十年代招生规模的扩大,本部的全日制在校生人数迅速增长,加上校园空间资源的先天性紧缺,教学科研行政办公设施和公用生活设施仍存在很大缺口,人均面积低于教育部的有关指标,给广大师生在学习、生活和工作等方面带来了诸多不便,无法充分满足各类新办事业对空间的需求。

1. 海淀本部校区今后十年的总体规划思路

在2004年制定并经北京市规划委员会原则同意的《北京大学海淀本部校区总体规划》的基础上,总结近年来校园建设的经验教训,吸收校内外的相关研究成果,结合学校发展的实际,合理利用空间,保持传统风格,优化功能分区,保障教学科研,改善学生住宿环境,组织好人流车流,保护好国家文物,建设既具有深厚文化底蕴又充满青春活力的现代生态型校园。

2. 在规划中必须遵循的原则

第一,服务教学和学科建设的原则:校园规划要服从学科规划,适应教学科研的需要,服务于学科建设的重点,兼顾传统学科和新兴学科,根据不同学科的特点进行区域划分。

第二,可持续发展的原则:总体上来看,我们的校园空间非常有限,在制定校园规划的时候要留有余地,为学校未来的发展保留一定的空间。要主动抓住有利时机,从学校整体规划的角度考虑,在条件许可时积极稳妥地购置新的地块,拓宽校园空间,缓解学校用地的紧张形势。

第三,以人为本的原则:校园建设及其规划设计中要坚持以师生为本的原则,通过各种渠道更多地听取广大师生的意见,做到既要方便广大师生的学习、工作和生活,也要兼顾人文环境与自然环境的和谐。

第四,保护和利用兼顾的原则:未名湖周围是国家级文物保护区,在制定校园规划的时候,必须遵循保护和利用兼顾的原则,一方面要严格遵守有关文物保护和修缮的各项规定,另一方面也要很好地把这些文物保护建筑利用起来,为教学科研服务。

3. 中长期校园规划建设目标

北京大学中长期校园规划目标是:在已批准的校园建设总体规划的基础上,完善合理的空间功能和建设布局;尽快实施学校的整体性景观设计与建设,美化和完善校园景观环境。

为此,要做好以下工作:第一,要加大基础设施的建设力度,创造宜人的学术、科研、文化

氛围;第二,通过对校园用地的调整,提高校园规划的科学性、合理性、灵活性与规范化;第三,对校园北部的传统山水园林及古典建筑区域进行严格的保护,依照法规对其间及周边的建设层高进行控制,对其建筑风格进行限制,保证与原有环境的协调,形成丰富和谐的园林校园景观;第四,依据可持续发展原则,创造良好的生态环境,形成宁静、典雅、优美的生态型校园空间;第五,要积极争取周边可利用的土地,缓解校园用地的紧张形势。

4. 近期校园规划建设目标(2005—2015年)

校园建设的近期目标主要是,基本满足学科建设的发展空间并预留部分未来的发展空间;建成与一流大学基本适应的校园景观环境。拟实现的主要目标有:(1)基本满足学校未来教学发展对公共教室空间的需求。通过公共教室大楼的建设和院系用房功能的调整置换,新增公共教室面积2.5万平方米,使本部校区公共教室座位数超过3万,生均公共教室面积由2005年的1.4平方米上升到2015年的2.6平方米,校园中部的公共教学集中区基本形成。(2)基本满足学校各院系未来科研办公用房需求。通过成府园、工学院与交叉学科研究院、南门地区16楼—27楼、精密实验大楼、勺园外国语学院等的建设和改造,新增科研办公用房28万平方米,使生均教学科研用房由2005年的19.1平方米上升到2015年达到30.9平方米。(3)为学生提供更为舒适和便捷的生活空间、交流空间和服务设施,完成篓斗桥学生公寓、学生活动中心、学生综合餐饮中心的建设和三角地及周边环境的改造,新增学生公寓面积5万平方米,学生食堂面积1.8万平方米,生均学生公寓面积和学生食堂面积分别由2005年的6.3平方米(按教育部标准折算)和1.1平方米上升到2015年的8.4平方米和1.9平方米,基本达到或接近国家和教学部相关要求。(4)实现景观和生态的进一步改善。推进未名湖以北地区的综合治理和水系恢复工作,启动高等数学研究中心和人文大楼建设项目,使校园北部地区景观环境得到整体性的改善和提升,使生态型校园的建设理念得以体现。

(二)医学部、昌平校区、深圳研究生院与本部校区的协调发展

1. 医学部校区规划

进一步优化功能分区,重点推进三个方面的工程:第一,建设科研大楼,保证医学学科发展和教育的要求;第二,建设学生服务和活动中心大楼,保证学生的住宿条件和活动生活空间;第三,完成体育场、篮球排球场的改造,修建奥运体育馆,为在校学生和教职员工提供良好的文化活动空间。

2. 昌平校区规划

为缓解校本部用地紧缺的状况和提高昌平校区的空间利用效率,学校将对昌平校区实施统筹规划,根据学科特点与需求,逐步调整安排一些教学科研机构,实现昌平校区与本部功能互补。

近期目标是作为独立学院的过渡用地,长远规划将考虑与昌平区商议购置周边土地扩大昌平校区空间规模,完善相关配套设施建设。

3. 深圳研究生院校区

学校将根据学科的发展需求和当地条件进一步做好规划工作,明确深圳研究生院的定位,探索合理的学科布局,使深圳研究生院的发展与北京校区的发展相协调。

十一、合理控制规模,不断优化结构

北京大学创建世界一流大学的目标,以及北大的历史传统决定了北大应该是一所精英型大学。同时,北京大学校园面积有限,一直存在用地严重不足的问题。学校建设的内在要求和客观条件的限制决定了我们必须继续坚持"控制规模,优化结构,保证质量,提高效益"的方针。

学校规模和结构的总体目标是,2015年本科在校生规模控制在15000人左右;研究生在校生总数为15000人左右,留学生5000人左右。今后十年要保持和稳定本科生规模,控制并适当减少研究生的规模,提高研究生的教学质量和结构。

2005年北大留学生在学生总数中所占的比例为5%左右,与世界一流大学30%~40%相比仍有较大差距。学校一方面将进一步扩大留学生规模,提高留学生在学生总数中所占的比例,另一方面要改善留学生结构,提高理、工、商、法等专业的学生以及攻读学位学生的比例,同时拓展留学生国家来源,进一步提高国际化水平。

结语

北京大学创建世界一流大学事业已经进入了一个关键时期,我们的发展既面临难得的机遇,又面临着严峻的挑战。北京大学将把创建世界一流大学作为始终不渝的目标,在现代大学理念的指引下,以学科建设为先导和主线,深入探索与研究型大学相适应的学科布局、管理创新、队伍建设、人才培养、资源配置、深度融合的体制和机制,明确北京大学中长期发展的目标、途径和方式。我们坚信,只要目标明确、措施得当,北京大学一定能够实现跨越式发展,不断将创建世界一流大学的事业稳步推向前进。

(注:此稿由发展规划部在2006年3月—2007年5月间牵头起草,报校领导审阅后在2007年本科教学工作水平评估活动中作为学校的规划文本提交教育部本科教学工作水平评估专家组)

北京大学信息化建设规划纲要(2006—2015年)

信息化是高等教育发展的一大趋势,对大学的教学、科研和社会服务等方方面面产生了深刻的影响。北京大学在二十世纪八十年代初即开始推动信息化建设,经过二十多年的推进,深感信息化建设涉及的部门众多,需要加强顶层设计,统筹协调相关单位,加大资源投入,推动健康有序发展。为此,2004年学校决定由迟惠生常务副校长牵头,依托发展规划部等职能部门,制定信息化建设发展规划,并形成了《2004—2010年北京大学信息化建设规划》草稿,草稿主要执笔人为倪斌。2005年陈文申常务副校长接替迟惠生副校长分管信息化建设,11月学校发文成立北京大学信息化建设与管理办公室和北京大学信息化建设协调小组。信息化建设与管理办公室成立后于2006年将制定规划纲要当做首要任务积极推动,起草完成了《规划纲要》和《规划及实施方案》两个文件,于11月27日提交北京大学信息化建设专家委员会讨论。根据专家意见修改后,2007年1月3日再次将这两个文件提交北京大学信息化建设协调小组讨论审议,并于1月11日提交第637次校长办公会正式批准。这份规划的制定,提高了学校各层面对信息化建设工作的重视程度,明确了学校信息化建设的方向,对北大建设智慧校园、提升信息化水平起到了重要作用。本书收录的是2007年3月13日修改编制的文本。本规划的主要参与者有:黄达武、种连荣、张芳、沈如群、张蓓、马皓、李庭晏、王倩宜、李树芳、崔光佐、肖珑、聂华。执笔人为种连荣、刘钊、郭丛斌。

一、前言

信息化的发展水平,体现了一个国家的综合国力与国际竞争力。大力推进信息化,是覆盖我国现代化建设全局的一项战略举措,是贯彻落实科学发展观、全面建设小康社会、构建社会主义和谐社会、建设创新型国家的迫切需要和必然选择。我国"十一五"规划纲要明确指出——"坚持以信息化带动工业化,以工业化促进信息化,提高经济社会信息化水平",这是我们面向新世纪、迎接知识经济和全球经济一体化的挑战所应当承担的共同任务。

教育信息化是国家信息化的重要组成部分,是实现国民经济和社会信息化的基础和重要条件。教育信息化对提高全民族的综合素质、构筑终身教育体系、推动教育改革与发展具有重要意义。高等学校作为推进教育信息化的主体,其自身的信息化水平已经成为衡量高等学校教学和科研综合实力以及现代化水平的重要指标。

北京大学面对新世纪初叶难得的战略发展机遇,站在创建世界一流大学的高度,结合我校实际,依据《2004—2010年北京大学信息化建设规划》(草案),制定《2006—2015年北京大学信息化建设规划纲要》,绘制未来十年北京大学信息化建设的发展蓝图。这对于加速推动北京大学信息化建设,进一步促进教学、科研、管理、服务水平和办学效益的提高,增强我校综合竞争力,支持我校创建世界一流大学的各项进程,都具有十分重大的意义。

信息化建设将推动办学理念的变革,开拓我们的视野,使我们对知识经济时代世界一流大学的内涵与历史使命更加明晰;使北京大学在我国建设学习型社会的进程中发挥中流砥柱的作用;使我校的教学、科研、管理和服务的面貌焕然一新,从而为培养高素质创新人才以及高水平的管理和服务队伍创造良好的环境;使我校的办学实力和知识创新能力大大提升,从而在激烈的国际竞争中立于不败之地。因此,信息化建设不仅是我校创建世界一流大学的规划中至关重要的一个组成部分,而且是我校基础设施和公共服务体系建设的重中之重。

二、建设回顾

北京大学是中国信息网络建设的开创者之一,在教育信息化领域始终走在国内高等院校的前列。自1989年参加"中关村地区示范网"建设伊始,信息化建设经历了信息网络初建和网络应用起步、基础设施扩建和完善、资源建设丰富和深入等历程,目前已经初具规模。校园网基础设施、校务管理系统、电子文献资源、教学科研资源等为教学、科研、管理和服务创造了一个良好的信息化环境,并已经成为全校师生学习、工作和生活不可或缺的一部分,产生了明显的效益,对北京大学"创建世界一流大学"战略的全面实施起到了重要的保障作用。

(一)基础设施初具规模

经"985"与"211工程"的投资与建设,北京大学校园网已建成为国内高校规模最大的校园网络之一。目前,校园网通过两条千兆链路与中国教育和科研计算机网(CERNET)连接,校园网主干于2005年年底升级为万兆链路。网络已通达学校各个角落,校本部信息点数量达到48000个,共220多栋教学楼、办公楼、学生宿舍、教工宿舍实现了光纤互连。联网计算机的数量已超过4.9万台,同时在线的计算机达到2.5万台。

2002年5月北京大学在国内大学中率先启动了覆盖整个校园的无线网络工程建设,这标志着北京大学网络建设在与国际接轨的道路上迈出了重要一步。校园网中部署400多个无线接入点,无线信号覆盖校园各个教学、科研和办公场所,教师和学生已开始享受无线网络给教学、科研、管理和服务所带来的便利。

如今,网络基础设施经过了初建、应用起步、设备完善、规模扩大、性能提高、网络应用广泛和深入等不同阶段,现已具备一定规模。这为学校的教学、科研、管理和服务营造了一个良好的信息化环境,成为全校师生学习、工作和生活不可或缺的一部分,产生了明显的效益,对北京大学"创建世界一流大学"战略的全面实施起到了重要的保障作用。

(二)教学科研成绩斐然

在网络基础设施稳步建设的同时,北京大学业已开始教学科研信息化的探索和实践工作,积累了一定的经验,并取得了一批可喜的成果。在2001年国家教育部颁布的《教育信息化十五年发展纲要》以及《教育振兴行动计划》的推动下,北京大学教学信息化建设可谓成绩斐然——信息化促使学校的教育观念和教学模式发生了新的转变,网上备课、课件制作、网络素材库建设、网络授课、网上交流、网上自学和网络考试等新型教学方式,全面融入各个教学环节;教师在教学设计能力、教学实施能力、教学研究能力和教学监控能力等方面获得大幅度提高,极大地解放了教育的生产力。北京大学现正逐步将网络教学作为常规的教学手段,初步建成如下教学信息化平台:由季羡林、侯仁之等著名教授主讲,为大学生素质教育提供优秀素材的中华文化系列讲座视频点播服务;包括国家教学名师课、国家级精品课等

2300小时的视频课件;已在学校教学应用方面取得了显著成绩的"北京大学教育资源库系统";在全国率先实行通过了ISO 9001认证质量管理体系的医学网络教育;目前国内规模最大,提供非营利课程视频服务的大学课程在线;以及北京大学网络教学平台、北京大学英语教学平台等教学辅助平台。

在教学信息化成绩斐然的同时,科研信息化也绽放奇葩——一些重点学科自主开发了数量不菲,并有重大国际国内影响的信息资源,培养了一批杰出的代表人物和优秀人才,并在学科发展方面取得了有重大影响的科研成果,有力地促进了北京大学在教学和科研领域的改革与发展。这些科研信息资源包括:目前国内生物信息资源最丰富、更新最及时、用户最多的国家级生物信息中心;北大互联网信息研究所开发的中文互联网络信息资源;由中国经济研究中心创办,在目前国内经济学教育科研专业网站中,规模和访问量均排名第一的中国经济学教育科研网;全国法律网站排名位居前列,深受法律界好评的北大法律信息网;在海内外产生重大影响,被日本学术界列为网络精确资源的全唐诗电子检索系统等。

(三) 电子文献形成保障

信息资源是校园信息化的基础,是教学科研的强有力支撑。近十年来,北京大学文献资源建设硕果累累,在建设世界一流大学过程中发挥了巨大的作用。北京大学图书馆不仅在国内高校中以馆藏最丰富著称,还以先进的现代化信息服务体系享誉海内外。目前,图书馆各种数字资源学科门类基本齐全,引进的国内外学术电子资源已达近500个数据库,网上全文期刊达48000多种,各类电子图书和学位论文等近15万册,在国内高校中位居前列;资源的访问量飞速增长,已达到1000多万次检索/年,1000多万篇全文下载/年,包括主页在内的点击率已突破1.5亿次/年。已进行数字扫描加工的古文献、民国图书、学位论文、教学参考书和民国旧报刊等印刷型资源超过2 TB。拥有近15个TB的本地数字资源,并且每年以7—8 TB的速度增长,三年后将超过30个TB。

图书馆装备了国际领先水平的Unicorn集成软件系统,利用互联网建立起了多层次、立体化的远程虚拟服务平台。读者可以在图书馆主页上进行馆藏目录查询、网上预约续借、馆际互借与原文传递、数据库检索、电子期刊和图书阅览及多媒体视频点播等,使用学科资源导航、统一认证、网上咨询、网络培训、课题咨询、新书导读和报纸热点等新型网络服务,利用先进的网络全文传递系统从欧美和港台等地迅速获得大陆所稀缺的文献资源。

中国高等教育文献保障系统(CALIS)管理中心及其文理文献信息中心、医学文献信息中心、中国高校人文社会科学文献中心(CASHL)以及教育部高等学校图书情报工作指导委员会都设在北京大学图书馆,它正成为中国高等教育文献资源共享的重要枢纽。

(四) 电子校务稳步发展

信息化推动了北京大学校务管理手段的现代化,促进了行政效率、管理与服务水平的提高。为响应国家教育改革的需要,北京大学自1992年开始了网络环境下"北京大学管理信息系统"的研制工作。经过十多年的努力,现已完成和部署了十多个校务管理系统,包括本科生教务管理、办公自动化、研究生教育、财务管理、人事系统、外事系统、仪器设备与实验室管理、科研系统、学生宿舍管理和校内信息服务系统等,初步实现了计算机网络环境下的信息管理,积累了较为丰富的高校信息化建设经验,也为校务管理信息化的进一步发展奠定了坚实的基础。

2002年后,随着计算机和网络技术的发展以及人们对信息化建设认识的不断深入,一批典型的、跨部门协作的管理系统相继投入运行。新生入学系统实现了对新生报到时各种信息的实时处理,将校内十余个部门的数据进行有效的共享和集成,使新生报到的管理有了一个较大的飞跃,充分体现了协同办公的思想与理念。面向全校师生的信息服务是电子校务发展的另一重点,系统以多个部门的应用系统为依托,向校内师生提供大量实时的信息。学生可以查看自己的学籍、课程表、成绩和助贷学金。教职工可以从系统中查询工资、科研经费、仪器设备等信息。2004年开始投入使用的校园卡应用系统充分利用了智能卡片技术,以存储卡片为信息载体,将各项管理工作、信息服务直接延伸、细化到了每个人,提供给大家"一卡在手,走遍校园"的便利。

随着信息量的不断丰富,数据的安全保障要求也上升到一个新的高度。在"211"二期工程的支持下,北京大学适时启动了信息网络数据中心建设,建成了以计算中心和图书馆为核心的完整的信息数据安全保护体系,实现了关键业务 7×24 小时不间断运行,能够提供近 29 TB 的实际可使用容量、20 TB 的数据在线备份、5 TB 的关键数据容灾,以保障在最坏情况下北京大学信息化的关键数据不丢失,在最短的时间内能够恢复相应的业务,并且能够通过数据中心强大的数据管理和备份能力给学校各重要部门的重要数据提供多级备份和多重保护,为北京大学的信息化建设保驾护航。

(五)形象建设探索前行

北京大学现行主页自 1995 年首度投入使用以来,其基本架构和设计风格一直沿用至今,它以其简约明快的风格和较为便捷的使用方法,为不少用户所青睐。近年来,伴随着各级单位信息网络意识的增强,以及各级子网站的相继建立,北京大学主页的栏目逐步得以扩充,内容也日渐丰富;"天网搜索""未名 BBS""北大新闻网"和"校内信息服务"等频道开通后,北京大学主页的功能也日趋完善。北大现行主页在推动我校各项事业发展,尤其是在信息化服务和对外宣传方面发挥了巨大的作用。

近几年来,北京大学基于 WEB 形式的二级网站建设也取得了较快的进展,经过学校各单位的共同努力,各二级网站在为学校师生员工、校友和社会群体提供服务方面发挥着日趋重要的作用。目前,学校各单位经过自身筹建,已建成二级网站 160 余个,其中一部分二级网站在设计和信息管理上有比较鲜明的特点,其他单位的网页也能承担起提供基本信息的功能。

北大新闻网自开通以来,已经成功创办了 30 多个专题栏目,比较客观、及时地报道了学校教学、科研、管理以及校园生活等情况,每日发稿量在全国高校自办的新闻网中居于领先地位,现已受到社会公众、主要搜索引擎和媒体较多的关注。

在网站内容的丰富和更新机制方面,校内许多单位都做了辛苦而扎实的工作,例如:北大电视台已在网络上建立起直播平台,循环播放北大电视台最新录制的新闻联播、新闻调查等节目;广播台在网站上建立的播放系统,使用户可以通过点击收听 19 档原创广播栏目;"图片北大"已经收集了新闻、人物、生活、风景等六大类的三千多张照片,吸引了大量校内外用户点击浏览;赛克勒博物馆已将九百多台精品馆藏文物的照片公布于网站上,并为馆藏品建立了基本信息查询系统,用户可以通过该网站查询和观赏馆藏内容。

三、存在问题

北京大学的信息化建设工作一直受到学校各级领导的重视,经过十余年的建设,在基础设施、教学科研、电子校务、信息资源、形象建设等方面取得了丰硕成果。与此同时,我们还应该清醒地看到,与国际上的世界一流大学相比,我校的信息化建设还有不小的差距,还存在不少困难和问题,主要有以下几个方面:

(一)管理体制有待完善

虽然已成立了信息化建设协调小组、信息化建设与管理办公室,但是学校信息化建设条块分割的状况还未得到根本改善,二级部门的信息管理体制和队伍建设还有待完善,部门协调力度仍需加强。

(二)资源整合力度不够

人力资源、信息资源、空间资源和经费资源的有效整合有助于提高资源的使用效率。目前我校在信息化建设过程当中,由于部门之间资源整合的深度和广度不够,使得上述四大资源在不同单位之间的信息共享和工作协同很难实现,不利于学校管理水平和资源使用效率的提高。

(三)应用建设重视不够

在学校发展过程中,信息化应用的需求日益增长,但是目前学校在应用软件和服务平台的建设方面重视不够、投入不足,无法满足实际需求,这一点在教学、科研和服务方面表现得尤为突出。

(四)规章制度不够健全

除了在网络管理方面制定了为数不多的规章制度之外,北京大学在信息化建设方面的规章制度还不够健全,还未形成完整的体系,这使得学校的信息化建设难以理性、健康和有序地发展。

(五)标准规范有待建立

北京大学信息化建设起步较早,初期一直在摸索中前行,缺乏全局规划,完整的信息标准规范体系尚未建立,因而"信息孤岛"现象突出,各部门的相关数据无法达到互联互通,使得部门之间的信息资源不能有效共享。

(六)建设经费缺乏保障

与教学、科研、管理和服务等学校常规性工作的地位相似,信息化建设是保障和促进学校健康发展的一股不可或缺的新兴力量。但在资金投入上,却未能获得如前者一般持续稳定的支持,时常处于寅吃卯粮的尴尬境地。长此以往,不要说难以发挥促进和服务教学科研的作用,更有可能严重迟滞我校各项事业全面发展的步伐。

四、总体目标与指导方针

(一)总体目标

根据北京大学创建世界一流大学的规划和学校的整体工作部署,在未来十年内(2006—2015年),北京大学将进一步完善学校信息化建设的管理体制,整合学校的人力资源、信息资源、空间资源和经费资源,建立完善的信息化建设体系,使得学校的信息化建设达到可持续发展的目标。

我校信息化建设体系将采用1-6-2-1的架构模式,即1个基础设施底层(网络和存储)支持教学、科研、文献、业务和传播等资源库;通过数据共享和集成,在各类资源库的基础上构建教学、科研、电子校务、文献资源、形象传播和决策支持系统等6个应用平台;并辅之以安全机制和保障体系等两方面措施,最终通过具有北大特征的校园信息门户给予统一呈现。

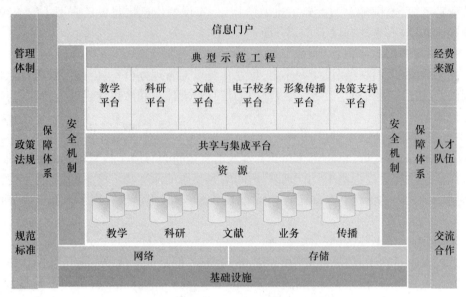

图1 北京大学信息化建设体系结构图

我校将采用先进的网络技术和其他信息技术,加强学校信息网络基础设施建设,建成一个高速、开放、智能的计算机信息网络平台,总体技术(包括采用的信息网络技术和设备、联网的规模、应用水平等)达到世界先进水平;数字化图书馆等公共服务体系建设达到世界先进水平;高性能科学计算平台达到国内领先水平。加快教学资源和文献资源建设,创建学科科研资源中心和交流平台,在未来十年内建立和完善重点学科资源库,根据教学的需要,相关课程实现网上辅助教学,促进学校教学和科研的全面发展。对校园网上所有信息资源进行整合,以构成统一的用户管理、统一的资源管理和统一的权限控制,并在此基础上进行信息深层挖掘和提取;不断加强和完善应用系统建设,通过加强办公自动化和管理信息系统建设(技术和应用水平达到国内领先,实现全面实时资源共享),促进学校管理和服务的现代化。进一步完善北京大学一级主页和二级网页的更新机制,规范和丰富北京大学主页的框架结构和内容,使北京大学的形象化建设能够更好地反映北大的历史传统、文化底蕴和发展现状。

通过上述教学科研、电子校务、信息资源和形象化等方面的建设,全面提高师生的信息素养,把握信息化发展趋势,把信息化作为"建设世界一流大学""培养面向新时代的复合型人才"战略的主突破口,着眼于增强学校竞争力和创新力这条主线,举全校之力,深入推进。到2015年,力争使我校信息化整体水平能够达到世界一流大学的要求,为我校创建世界一流大学作出应有的贡献。

(二)指导方针

按照高等教育改革发展的要求,结合北京大学实际,以信息技术手段支持教学、科研、管理和服务水平的提高;以需求为导向,以应用促发展,强化教育信息资源共享,提高教育管理和服务的科学性、规范性,推动学校在教学、科研、管理和服务各方面的现代化进程。在建设过程中坚持如下指导方针:

- 统一规划,分步实施
- 需求主导,重点突破
- 规范标准,资源共享
- 学科优先,校务示范
- 协调发展,避免重复

五、建设内容

（一）基础设施

在未来十年内,我校将采用先进的网络技术和信息技术,巩固已取得的建设成果,进一步加强和完善校园信息化基础设施建设,将校园信息网络建成为一个高速、开放和智能的计算机信息平台;增强网络可用性,提升网络性能;优化以电子邮件、认证服务、网络控制与管理为核心的网络基础服务,为我校的教学、科研、管理和服务提供高效和稳定的信息基础环境;使我校的信息网络技术、联网规模和应用范围达到世界先进水平,为我校信息化建设的深入开展提供良好的信息支撑和保障体系。

（二）教学科研

在未来十年内,我校将建立起一流、稳定、高效的教学科研平台,优化教学科研过程,使得广大师生将有限的时间和精力投入到有用的工作和学习当中,最大限度地提高教学科研的质量和效率。在教学方面,通过"综合教学信息资源库"的建设,实现本科生和研究生课程的网上辅助教学,为教师提供有效的网络备课环境,提高教学质量和教学效率;为学生提供有效的学习环境;为师生之间的教学互动提供交流平台;对教学的状况进行有效评估,为实现科学的教学评估和决策提供支持。在科研方面,提高高性能计算能力,满足科研计算的要求;设立科研资源中心,通过托管机制统筹管理各学科中已初具规模的科研资源,提供资源共享、交流学习、学术合作的网络平台,藉此完成北京大学科研门户的建立,推动北京大学整体科研实力的增强和均衡发展,促进学科交叉,提升争取国家重大项目的竞争力,创造一批对国家乃至全人类有贡献的科技财富。

（三）文献资源

未来十年,我校将以建设综合性、开放式的一流大学图书馆为总体发展目标,针对北京大学学科发展和人才队伍建设的需求,大力加强学科文献信息资源的建设,巩固和强化传统优势学科资源,增加前沿和交叉学科领域的文献信息资源、学科多媒体资源,开展传统纸质资源的数字化,同时改善服务环境,提高服务能力,最终形成以学科资源为核心、以信息化无缝服务体系为基础的"学科文献信息服务平台",为北京大学的教学科研提供高水平、学科化的文献信息公共服务。

同时,以学科为核心,统筹建设北京大学信息资源共享体系,包括图书馆文献资源、重点学科资源、档案资源、博物馆资源等,建立统一的采集加工、管理与存储以及服务平台,形成一个整体化、数字化、自动化、网络化的信息资源保障系统,最终以信息资源共享平台的形式,实现资源的有效共享,并实现长期保存和管理。

（四）电子校务

校务管理信息化的目标在于更好地服务于教学、科研和管理，在提高学校的整体管理水平和管理效益方面发挥重要作用。在2006—2015年内，我校将采用顶层设计原则，利用构件技术，建设以学生、教工、财务、资产、科研和办公为主线的电子校务主干系统，为领导层提供决策支持服务、为全校师生和校友提供门户网站、为终端用户提供一站式服务，使得我校的校务管理在统一业务平台和数据交换中心的基础上，达到信息的高度共享，实现协同工作。另外，在应用安全方面，我校将建立自动的监控管理系统，保障电子校务整体运行的安全和可靠性；在数据安全方面，将提升数据的安全保障能力，扩大数据存储容量，拓展异构环境下数据存储和保护的手段。最终构建优质的电子信息服务体系和安全运行体系，形成一个安全、统一、集成化的电子校务环境。

（五）形象建设

在2006—2015年内，我校将进一步完善北京大学WEB主页建设，在内容上体现创建世界一流大学在教学、科研、管理和服务这四个层次上的核心要求及内涵，反映北京大学悠久的历史底蕴和文化特色，树立北京大学的网络形象。学校二级网站和二级以下页面的管理和协调将得到加强，在体现各单位特点的基础上，使其与主页有机融合为一个整体，使北大网站所有网页内容丰富，富于变化，整体和谐。此外，我校还将通过新闻网的多媒体报导以及定期和不定期网上展览的方式，以文字新闻、图片、音频、视频等方式形象快速地向社会展示北京大学在科技、文化方面的创新动态，深入介绍北京大学对国内外学术界及社会政治经济生活所作的贡献，为北京大学各项事业的发展创造一个优良的内外部环境。

六、典型示范工程

根据总体目标和指导方针，未来五年内我校信息化建设的典型示范工程呈现如下：

（一）教学环境支撑平台

以提高教学质量和效率为目标，以教师和学生需求为核心，开发网上教学支持平台，将其作为我校教师面授教学方式的重要补充，促进教师和学生的协作交流；协助教师开发15门网上教学示范课程，并以此为基础定期对其他教师进行培训，促进网上教学课程的推广；配合教务部的教学评估工作，开发针对各院系的教学评估系统；争取本科和研究生网上辅助教学课程超过1500门，以期培养学生基于网络的终身学习能力。

（二）科研创新支撑平台

为了构建知识获取平台，未来五年内，我校将从人文学部、社会科学部、理学部、信息与工程学部中挑选五个具有代表性的学科建立学科资源中心，收集整理相关学科的知识点、基本概念、发展历史和研究热点等。此外，为了增强学科内和学科间的学术交流，未来五年内，我校将建立学术交流平台，平台的具体内容包括学术博客、预印本系统、网络视频学术会议等。

（三）电子校务示范应用

建立北京大学综合信息数据服务平台，构架信息共享、协同工作的基础；推广和完善办公自动化系统，建设学生综合管理服务系统、财务综合管理服务系统等典型示范主干应用系统；建立基于信息集成的北京大学信息门户；完善以统一用户、统一授权、安全监控为核心的信息统一安全保障机制。充分体现科学管理、优质服务的工作理念，率先实现规范、科学、高效的电子校务系统。

（四）校园信息门户建设

建设一个简洁、美观和访问便捷的校级中英文主页,合理科学地规划栏目设置,突出内在逻辑和整体性,整合为12—20个栏目的适当比例,反映大学功能的全貌;通过网上展览馆等具体项目的策划和实施,进一步扩大校园门户的多媒体信息容量和跨时性;利用新的内容管理技术,加强子网站的规范,区分规定动作和自选动作,务使责任明晰、内容丰富、更新及时,使校园信息门户整体成为一个畅通的内外传播渠道;使公众对北大人物、学术动态和社会活动有充分及时的了解,使中英文主页成为宣传北京大学历史文化、办学理念、科研创新等的载体。

（五）领导科学决策支持

一流的大学需要一流的管理和科学的决策。在信息化时代,数据分析对大学决策部门的科学决策正发挥越来越重要的作用,大部分国外知名大学都已设立相关部门搜集、整理和分析数据,为学校的科学管理和决策服务。未来五年,我校将以全校各部门现时和历史的数据为基础,建立数据分析平台,形成决策支持系统,为学校各级领导提供决策所需的动态多维数据、信息和背景材料,使学校领导决策更加快速和科学化。决策支持系统的内容包括：以学校人、财、物的相关数据为基础,所进行的学校办学投入和产出分析、本科生和研究生生源质量分析、教育信息化项目的投资效益分析、校友信息汇总分析等。

（六）评估指标体系建设

我校现在的信息化建设缺乏统一的评估标准,这将不利于我校信息化建设健康、稳定和持续的发展。因此未来五年,信息化建设与管理办公室将制定一套合适的信息化建设指标评估体系,规范院、系等二级单位的信息化建设。指标评估体系必须能够反映二级单位信息化的运行情况、投入产出比、危机事务的解决等,具体包括：信息化基础设施指标、信息化基础应用指标、信息化保障体系指标、院系的教学科研信息化建设指标和党政部门的管理信息化建设指标等。

七、保障条件

（一）完善管理体制

切实加强领导,涉及信息化的重大政策和事项要经学校信息化协调小组审定;抓紧研究建立符合行政体制、分工合理、责任明晰的信息化推进协调体制;加大学校内各部门之间的协调力度,明确各部门在信息化建设过程中所应承担的责任,加强对各部门的业务指导;改进信息化绩效评估方法,使信息化融入学校发展的中长期规划当中。

（二）制定政策法规

加快推进信息化政策与法规建设,妥善处理相关规章的制定、修改、废止之间的关系;依据国家的有关法律和条文,制定和完善信息化基础设施、电子校务、信息安全、信息公开、个人信息保护和知识产权保护等方面的校内规范;创造信息化发展的良好政策环境,并进一步加强信息化政策建设中的国际交流与合作,积极参与相关国际规则的研究和制定。

在学校信息化建设过程中有计划、有目的、有步骤地制定如下政策与规定：《北京大学校园网管理条例》《统一身份认证和统一用户管理制度》《信息数据保护制度》《安全防范技术体系与制度》《信息员的考核培训上岗制度》《信息员基本职责》《信息化建设工作考核与奖励制度》《网站建设规范》等。

（三）制定标准与规范

信息标准的制定和管理是学校信息化建设的重要组成部分。信息化标准规范建设的目标是解决"信息孤岛"问题，为全校信息共享与应用整合铺平道路，为学校全面推进电子校务，为师生员工提供一站式服务提供保障。制定包括《北京大学校内单位编码》《北京大学校内人员编码》《北京大学课程编码》《信息标准制定、使用与管理制度》等在内的规范标准体系。

（四）保障经费来源

目前学校信息化建设的经费主要靠"985"工程和"211"工程等专项投入，没有常规预算。制定有效的经费保障机制，将常规预算、专项投入、自筹资金等各种方式相结合，稳定正常的经费来源，保障学校信息化建设的可持续健康发展。

（五）充实人才队伍

研究和建立信息化人才培养制度，确定信息化人才工作重点；尊重信息化人才成长规律，以信息化项目为依托，培养高级人才、创新型人才和复合型人才；发挥市场机制在人才资源配置中的基础性作用，高度重视"走出去，引进来"工作，吸引优秀人才，鼓励海外留学人员参与学校的信息化建设。

人才培训是推进北京大学信息化建设的基础和关键。人才培训包括两个方面：一方面要普遍培训教师提高信息技术应用能力；另一方面要对各单位的"信息主管"和信息助理进行专题培训，并不定期地举办各种技术培训，形成一支较为稳定的信息化建设技术骨干队伍。

（六）加强交流与合作

密切关注信息化发展动向，建立和完善信息化国际交流合作机制。坚持平等合作、互利共赢的原则，切实加强信息技术、信息资源、人才培养等领域的交流与合作。

八、结论

跨入新世纪，北京大学面临着难得的机遇，也面临着严峻的挑战。在二十一世纪初叶基本建成世界一流大学，是党和国家赋予北京大学的神圣使命，也是北京大学全体师生员工的共同心愿，更是北京大学实现振兴与发展的必然选择。

在创建世界一流大学的进程中，不断提高信息技术运用水平，加快实现教育信息化，并以此来带动教育现代化，不但会为教学科研提供强有力的支持，而且会成为学校实现一流管理和一流服务的强大驱动力。教育信息化不但是衡量一流的一个重要指标，而且是北京大学在新世纪，新时期实现跨越式发展的重要推动力和关键因素。

信息化建设是一个复杂的系统工程、一项长期而艰苦的工作，涉及全校教学、科研、管理和生活等各个方面。全面推进学校的信息化建设与学校上下转变观念、转变管理职能、转变工作方式，建立办事高效、运转协调、行为规范的教育管理体制紧密相连。而这些都需要领导高度重视，需要有一定的资金支持，需要有一个强有力的领导机构进行统一协调、统一规划，并辅之以政策和制度方面的保证。

2006—2010年，经过五年时间的努力建设，北京大学将建成一个高速、开放、智能的计算机信息网络平台，总体技术达到世界先进水平；宽带骨干网100%覆盖学校教学、科研和学生宿舍区;教学资源建设初具规模,将建成300门左右精品网络课程;视频会议系统、科研合作和交流平台、重点学科资源库以及一系列先进的科研辅助设施建设日臻完善,大型仪器设备实现充分共享,以信息技术为基础的各种先进教学科研手段的广泛应用,都将为高水平的教学科研工作提供强有力的支撑;不断完善的应用系统,特别是经过全面改造、升级、规范的校务管理信息系统将满足学校人事、财务、学生、资产以及与教学科研管理等业务之间的数据共享要求,大大提高管理工作的效率,决策支持系统的开发和应用将极大提高学校领导决策的科学性和效率,所带来的将不仅仅是工作效益的提高,而且会促进整个学校管理观念、管理体制、管理手段的改变,成为实现"一流大学一流管理"的强大驱动力。总之,以上各种信息化建设内容的实施,将使北京大学成为真正意义上的数字化校园,为创建世界一流大学作出应有的贡献,并在全国高校中发挥良好的示范作用。

从2011年起,再经过五年左右的努力建设,到2015年,北京大学的校园将是一个高度信息化的校园,一个网络化、数字化、智能化有机结合的新型教育、学习和研究的校园。借助这样的一个校园平台,北京大学将大大加快知识的传播速度和范围;大大提高信息资源共享的程度;大大增加行政管理的效率;把学习者从被动接受知识的模式中解脱出来,培养他们独立自主地获取、挖掘、加工和利用信息与知识的能力,实现最优化的学习目标;把教学科研资源与社会知识资源高度整合,与社会结合在一起,从而成为真正意义上的没有围墙的大学。这将是高等教育的一个重大进步,将给高等教育带来诸多崭新的、积极的变化,同时也必将为深化我国的高等教育改革作出重要的贡献。

附件1 北京大学信息化建设规划及实施方案(2006—2015年)
——基础设施建设部分

一、前言

北京大学是中国信息网络建设的开创者之一,在信息化建设领域始终走在国内高等院校的前列。自1989年参加"中关村地区教育与科研示范网络"建设伊始,信息化建设经历了信息网络初建、网络应用起步、网络设施完善、网络规模扩大、网络性能提高、网络应用广泛和深入等不同阶段,现已初具规模。校园网、管理信息系统、数字化图书馆、信息资源等为学校的教学、科研、管理和服务营造了一个良好的信息化环境。信息网络及其应用业已成为全校师生学习、工作和生活不可或缺的一部分,产生了明显的效益,对北京大学"创建世界一流大学"战略的全面实施起到了重要的保障作用。

二、建设回顾

(一)重要发展历程

1. 信息网络初建(1989—1993年)

(1) 1989年参加"中关村地区教育与科研示范网络"(National Computing and Networking Facility of China, NCFC)建设;

(2) 1993年初建北京大学校园网(一期工程),主干网采用了10 Mbps速率的以太网,光缆连接校内11栋楼的局域网,微机作为路由器将整个网络微段化。

2. 网络应用起步(1993—1996年)

(1) 1993年"北京大学管理信息中心"成立,负责全校网络环境下管理信息系统的建设;

(2) 1994年作为中国教育科研计算机网(China Education and Research Networks,CERNET)的创建者之一,承担CERNET华北地区网北京大学主节点建设,并初步完成了校园网上Internet信息服务系统;

(3) 1994年5月,校园网与Internet连通,网络应用迅速开展。

3. "九五""211"一期工程建设(1997—1999年)

"北京大学信息网络建设"成为北京大学"211"工程一期建设的一部分(投资一千万元),完成主干网更新改造(1997年,基于交换网络和虚拟网络技术,主干网采用ATM设备,速率达到622 Mbps),扩大了网络连接范围,改造了部分楼内布线系统,增加了网络信息资源,丰富了网络服务。

4. "985"一期工程建设阶段(1999—2002年)

(1) 2000年校园网主干采用千兆以太网技术,带宽达到1000 Mbps;

(2) 2000年参与国家自然科学基金委员会"中国高速互连研究试验网"(NSFCnet)的建设任务,开展了下一代互联网络关键技术的研究工作;

(3) 2002年5月完成了覆盖整个校园的无线网络工程建设,首开中国大学校园无线局域网先例,标志着北京大学网络建设在与国际接轨的道路上迈出了重要一步;

(4) 采用先进的网络技术和信息技术,进一步完善校园网络建设,增加网络资源,丰富网络服务。

5. "十五""211"二期工程建设阶段(2002—2005年)

(1) 校园网主干核心带宽从千兆升级到万兆,出口带宽从1千兆升级到2千兆,部分拥挤的千兆汇聚链路升级到万兆;

(2) 建立了校园网络管理与安全保障体系,以主动防御为目标,自主研发与采用先进技术相结合,从多个层次多个角度部署安全策略和安全系统,不断加强校园网的管理、监控和安全服务能力,减少了校园网中病毒传播和安全事件的发生,有效提高了网络系统的安全性和稳定性。

(3) 2004年年底参与了"中国下一代互联网示范工程"(China Next Generation Internet,CNGI)的建设。

(二) 建设现状

随着教学、科研和校务管理活动信息化程度的不断加深,校园网已成为支持校园信息化建设的重要基础设施,其服务范围业已覆盖整个燕园校区(有线和无线)、万柳学生区、昌平校区、燕北园和西二旗教工宿舍等。与此同时,校园网的稳定性、可用性和整体性能也在逐年提升。

目前校园网的核心网络带宽已达到万兆速率,出口带宽为2千兆,部分汇聚链路达到了万兆速率,校园网主干由14台Cisco三层交换机组成,同时上网人数达25000人。校园网网络环境结构合理、层次分明、较为可靠,校园网拓扑连接如图1所示。

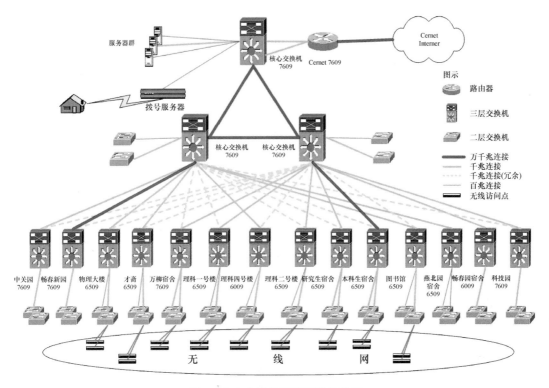

图 1　北京大学校园网逻辑拓扑图

校园网基础统计数据如下表。

表 1　北京大学校园网基础数据统计表

	校本部	医学部	深圳研究生院	大兴软件学院	应用文理学院（昌平、圆明园）	合计	备注
联网楼(栋)	223	48	13	6	15	305	
光缆(芯公里)	2500	637	50	17	25	3229	
信息点	48000	7000	7000	700	2074	64774	
接入交换机	1200	100	300	35	76	1711	
联网计算机	49600	5000	700	489	3920	59709	
办公联网计算机	22000	2500	200	89	90	24879	包括教工宿舍
学生联网计算机	27000	2000	300	400	3500	33200	
开放机房计算机	600	500	200	0	330	1630	
IP 地址	106496 个（包括 1 个 B 类和 160 个 C 类地址段）	16384 个（64 个 C 类地址）				122880 个	
电子邮箱	7144（教工） 10099（学生）						校本部校级邮件服务器统计

注：表 1 中数据的统计时间为 2006 年 6 月。

近年来的数据统计结果显示，自2002年至2005年期间，校园网出口数据流量增长超过4倍，联网计算机数量从2.5万台增加到4.96万台，同时在线计算机数量从1万台增加到2.5万余台，这使得校园网承载能力大幅度提升。此外，校园网稳定无阻塞的主干性能支持了数据、语音、视频、图像等多媒体信息高速传输，使得进出校园网的国内和国际流量快速增长。

2002年我校校园网国内流量总和平均每月为122 TB，2005年平均每月达到512 TB，总量增长4.2倍，国内出流量总和是国内入流量总和的1.7倍。

表2　2002—2005年校园网出口国内流量对比

	2002年	2003年	2004年	2005年
流入(TB)	536	965	1679	2241
流出(TB)	932	1760	2715	3901
合计(TB)	1468	2725	4394	6142

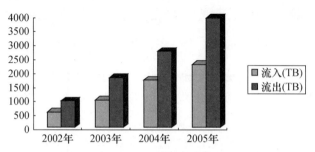

图2　2002—2005年校园网出口国内流量

与国内流量相比，2002—2005年期间我校国际流量的增长更为快速。2002年校园网出口每月平均国际流量1263 GB，2005年每月平均达到9258 GB，总量增长7.3倍，国际出流量总和是国际入流量总和的1.7倍。

表3　2002—2005年校园网出口国际流量对比

	2002年	2003年	2004年	2005年
流入(GB)	3798	4858	18737	45504
流出(GB)	11352	12025	35186	65590
合计(GB)	15150	16883	53923	111094

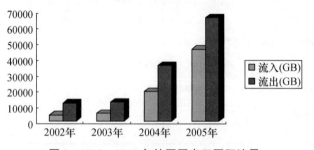

图3　2002—2005年校园网出口国际流量

从流量的统计趋势上看,从2002年开始,我校进出校园网的信息流向发生改变,流出校园网的信息量已超过流入的信息量。这表明北京大学信息资源已越来越受到社会大众的重视,得到大量访问,北京大学在教学、科研、管理以及校园文化等方面的经验和成果已借助信息网络媒介广为传播,并取得了良好的社会效益。

(三)存在的问题

随着北京大学创建世界一流大学项目的实施与深入,学校教学科研活动空前活跃,学术交流日趋频繁,教学、科研、管理和服务已日益依赖于信息网络,对于校园网的要求也不断提高。受投资力度的限制,当前学校信息网络建设所做的工作尚不能满足学校快速发展对于信息技术和网络应用的需求。与世界先进国家大学相比,我校在信息网络基础设施方面仍存在差距,主要表现在信息网络的规模、应用水平、管理水平及信息服务能力等几个方面。较为突出的是:

1. 网络控制和服务质量有待提高

目前校园网出口为两条千兆链路,日常工作时间中链路利用率均达到85%以上。大量的流量传输给校园网上实施面向用户和应用的控制带来了严峻的挑战。此外,校园网上针对网络带宽的管理缺少一体化的性能测量与评估体系,校园网服务质量控制策略不健全,难以满足不同用户对不同网络业务的传输质量要求。

2. 无线网建设扩展在即

由于一期工程经费和无线接入点数量有限,我校校园网现在所能提供的无线网络在一些区域的信号覆盖和信号强度已不能满足大量无线用户随时随地无线上网的需求。

3. 网络服务环境需要提升

校园网中核心网络服务环境,如邮件系统、名字服务系统、校园网用户管理和网关控制系统等,已成为学校日常运行不可或缺的网络服务支撑。随着我校校园网用户数量的逐年攀升和网络利用率的不断提高,这些核心网络服务环境在可用性、可靠性、可扩展性等方面亟待进一步完善和优化。

4. 下一代网络建设

基于IPv6的校园网建设是"中国下一代互联网示范工程"建设的有机组成部分,因此未来十年我校还需加强投资。

三、建设目标

(一)总体目标

在未来十年内,我校将采用先进的网络技术和信息技术,巩固已取得的建设成果,进一步加强和完善校园信息化基础设施建设,将校园信息网络建成为一个高速、开放和智能的计算机信息平台;增强网络可用性,提升网络性能;优化以电子邮件、认证服务、网络控制与管理为核心的网络基础服务,为我校的教学、科研、管理和服务提供高效和稳定的信息基础环境;使我校的信息网络技术、联网规模和应用范围达到世界先进水平,为我校信息化建设的深入开展提供良好的信息支撑和保障体系。

（二）具体目标

1. 校园网基础设施升级与扩展

（1）校园网出口带宽扩容

目前校园网出口带宽为两条千兆链路,日常链路利用率均已超过70%（一致）（如图4示）,这在一定程度上造成进出校园网的网络拥堵现象。未来十年,我校计划扩容两条千兆链路,将解决由于出口带宽不够所带来的网络访问缓慢等问题。

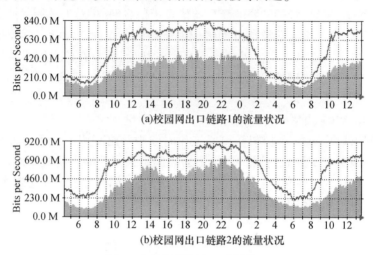

图4 当前校园网出口流量状况

（2）部署万兆核心路由设备

当前校园网核心层由三台Cisco高端的三层交换机组成,三台交换机通过万兆链路进行连接,基于静态路由和策略路由转发数据报文。随着校园网网络利用率和流量的逐年攀升,现在的校园网核心设备和结构在保证服务质量和控制策略等方面不甚健全,难以满足不同用户对不同网络业务的传输质量要求。相形之下,专门的路由设备则由于其系统设计的稳定性,对服务等级协定、路由策略等良好的支持能力,功能更为强大。因此,我校计划以三台路由器来构建校园网核心环境,路由器之间通过动态路由器协议（如OSPF）和策略路由保证数据包的有效转发。这一方面给校园网以更好的稳定性,另一方面通过提高校园网的管理和控制力度,保证为最终用户提供高质量的服务。

（3）防火墙、流量控制设备的补充

目前我校在校园网出口链路中已部署了防火墙和流量控制设备,杜绝异常的网络流量对网络带宽的占用,保证了用户的正常网络需求。其中,防火墙对数据包进行状态检测,过滤非正常传输的数据包,有效地避免了端口扫描、Syn flood泛滥等网络攻击行为,并通过会话控制机制,防范了代理、NAT等不规范的网络行为。而流量控制设备则从应用出发,保证Web、Email、FTP等常规应用所需的传输带宽,适量限制非常规应用,比如P2P文件共享、多媒体流传输等。基于上述考虑,未来十年我校在出口带宽扩容后,需要在相应的链路上部署防火墙和流量控制设备。

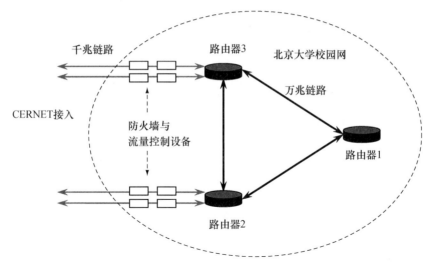

图 5　计划校园网核心及出口链路扩展后的状况

（4）无线网络扩容

2002 年 5 月竣工的北京大学无线网络一期工程完成了燕园校区绝大部分地区的接入信号覆盖，随后校内无线网络用户和应用发展迅速，但由于一期工程经费和无线接入点数量有限，目前所提供的无线网络在一些区域的信号覆盖和信号强度已不能满足大量无线用户随时随地无线上网的要求。大部分学生区有无线信号，但强度不大，死角多，覆盖面积小，大部分地区没有安全访问控制。未来十年，我校计划增加约 1900 个无线接入点，扩大无线网覆盖范围和信号强度，实施无线接入认证并在重要地区部署 802.11i 加密安全传输。当前和未来十年拟增加无线接入点的分布情况如下表所示。

表 4　当前和未来十年拟增加无线接入点分布情况表

	目前 AP 数量	拟增加 AP 数量
图书馆	20	100
公共教室	40	400
会议中心、大讲堂、勺园等	20	50
学生宿舍	135	490
教学科研楼	125	700
行政办公区	30	100
无线网应急系统	10	20
设备备份	20	40
总计	400	1900

（5）有线网络更新与改造

未来十年，我校将完成医学部、西二旗的光纤入地工程、教学/科研楼和学生/教工宿舍网络升级改造、新建学生宿舍及新建教学楼联网和分布层设备升级等项目。

（6）下一代互联网建设

未来十年，北京大学将建设覆盖全校的 IPv6 网络环境，为教学和科研提供下一代网络的基础网络环境和基本网络服务。链路层设备(接入交换机)实现IPv4和IPv6网络共用,物理链路也可通过复用方式实现共享。

2. 高可用性网络服务环境建设

(1) 校园网网络运行、监控与管理系统的完善

目前由计算中心自主研发的高性能网络流量实时统计系统、流量存储与分析平台、网络天气图等系统已在网络流量统计、网络行为分析、网络异常诊断和网络运行维护等方面发挥着重要作用。但高性能、高利用率的校园网环境所产生的海量流量数据,以及层出不穷的未知网络异常等均给校园网的运行、监控与管理带来新的挑战。因此,未来十年我校拟建立网络可用性与性能评估系统,对网络流量和性能量度等建立一套测量分析和数据挖掘的平台,完善资源(包括设备、IP地址、线路、机房)管理,提高网络管理的效率,建立网络事件维护数据库,将用户反映的情况以及解决问题的过程形成一个报告,一方面可从用户角度了解网络目前服务的状况和问题,另一方面也可以积累经验改善网络服务。

(2) 核心信息服务系统的扩展与更新

① 从性能、可扩展性和可用性等方面扩展现有的邮件系统,增加邮件网关、负载均衡等设备。新的邮件系统将承担学生、教工以及校友的邮件服务,服务能力将达到30万用户的量级;

② 更新校园基础信息服务系统,包括Web主页、名字服务、目录服务、认证、计费和管理等服务系统;

③ 研发与部署下一代校园网网关,完成网关客户端改进,集成CA认证和防代理服务,使其可支持IPv6协议,可在万兆网络速度下运行。

(3) 安全、可信的网络服务环境

① 完善和升级校园网已有Windows Update自动更新服务、桌面和邮件杀病毒服务;

② 实时建立微软正版软件的发布和自动补丁分发机制,包括Office等办公软件;

③ 为保障用户个人计算机和重要服务器的安全,建立网络版PC机安全评估系统,发现系统中存在的漏洞,并支持漏洞扫描、杀病毒软件升级(桌面、邮件和在线杀毒),将网络安全从被动转为主动;

④ 研发与部署安全认证系统,包括校园网1x认证的研发与部署,以及跨部门的身份认证(单点登录,中间件软件);

⑤ 提高服务意识,建立网络服务保障机制和相关培训机制,提高服务质量,使校园网用户充分享用已有的先进网络设备和网络技术所带来的便利。

四、实施方案

第一阶段:2006—2007年

校园网基础设施升级与扩展:部署一台核心路由器,完成有线网络更新与改造(Ⅰ期),实施无线网络扩容(Ⅰ期),增加无线AP约1000个,校园IPv6网络建设(Ⅰ期),光纤工程实施。

高可用性网络服务环境建设:扩容邮件服务器,完善校园网网络管理与运行系统,完成IPTV服务器的更新与扩容,建立面向全校的Windows安全服务平台。

第二阶段:2008—2010 年

校园网基础设施升级与扩展:部署两台核心路由器,完成校园网主干核心路由建设,实施无线网扩容(Ⅱ期),增加无线 AP 约 900 个,有线网络Ⅱ期更新与改造,IPv6 网络Ⅱ期建设。

高可用性网络服务环境建设:更新重要服务器,建设安全和可信的网络环境,研发与部署认证系统。

第三阶段:2011—2015 年

校园网基础设施升级与扩展:IPv6 网络Ⅲ期建设,校园网络设备的优化与调整。

高可用性网络服务环境建设:优化和完善重要服务器的配置与管理。

表 5　2006—2015 年信息化基础设施建设实施方案

时间(阶段划分)	建设项目	主要任务
2006—2007 年（第一阶段）	校园网基础设施扩展与升级	部署核心路由器（Ⅰ期）
		有线网络更新与改造（Ⅰ期）
		无线网扩容（Ⅰ期）
		IPv6 网络建设（Ⅰ期）
		光纤工程
	高可用网络服务环境建设	邮件服务器扩容
		校园网网络管理与运行系统的完善
		IPTV 服务器更新与扩容
		面向全校的 Windows 安全服务平台
2008—2010 年（第二阶段）	校园网基础设施扩展与升级	部署核心路由器（Ⅱ期）
		无线网扩容（Ⅱ期）
		有线网络更新与改造（Ⅱ期）
		IPv6 网络建设（Ⅱ期）
	高可用网络服务环境建设	重要服务器更新
		安全、可信的网络环境建设
		认证系统的研发与部署
2010—2015 年（第三阶段）	校园网基础设施扩展与升级	IPv6 网络建设（Ⅲ期）
		网络设备优化与调整
	高可用网络服务环境建设	重要服务器更新
		安全、可信的网络环境建设

五、效益分析

目前,北京大学校园网已经成为全校师生学习、工作和生活不可缺少的基础设施。未来十年,我校将通过信息化基础设施的建设,把网络硬件环境建成为一个高速、开放、智能的网络平台,使校园网用户体验到安全、可信、优质、快速通畅的网络服务,以保障学校日常办公、教学、科研和生活的网络需求。在网络运行和管理方面,信息化基础设施建设将增强对网络运行状况的分析能力,实现对网络的优化配置,提高网络的服务质量,增强网络管理的科学性和先进性。在网络安全方面,将对网络用户的行为进行监测与管理,对恶意滥用网络的行为进行约束,防范病毒在网上的传播泛滥,减少黑客攻击,降低网络安全风险,从而达到净化网络,更好地保障信息网络为教学、科研和管理服务。总体上看,未来十年我校的基础设施建设将会为教学、科研和校务管理的信息化建设提供良好的信息支撑和保障体系,将为北京大学"创建世界一流大学"战略的全面实施奠定坚实的基础。

附件2　北京大学信息化建设规划及实施方案(2006—2015年)
——教学部分

一、前言

教学信息化则是指信息技术在教学工作中的应用。随着信息技术的不断发展和大学教育的不断改革,教学信息化日益成为改进教学方式、提高教学质量和效率的重要途径。它所关心的主要问题为:如何利用信息技术对教师和学生提供有效支持,以提高教学效率和学习质量;如何利用信息技术对教学过程提供支持和跟踪,为改进教学方法和管理过程提供依据。

二、建设回顾

(一) 教学信息化发展状况

20世纪80年代后,随着计算机技术的发展,北京大学开始了教学信息化的探索和实践工作,积累了一定的经验,并取得了一批可喜的成果。在2001年国家教育部颁布的《教育信息化十五年发展纲要》以及《教育振兴行动计划》的推动下,北京大学教学信息化建设可谓成绩斐然——信息化促使学校的教育观念和教学模式发生了新的转变,网上备课、课件制作、网络素材库建设、网络授课、网上交流、网上自学和网络考试等新型教学方式,全面融入各个教学环节;教师在教学设计能力、教学实施能力、教学研究能力和教学监控能力方面获得大幅度提高,极大地解放了教育的生产力。

北京大学现正逐步将网络教学作为常规的教学手段,初步建成如下教学信息化平台:由季羡林、侯仁之等著名教授主讲,为大学生素质教育提供优秀素材的中华文化系列讲座视频点播服务;包括国家教学名师课、国家级精品课等2300小时的视频课件;已在学校教学应用方面取得了显著成绩的"北京大学教育资源库系统";在全国率先实行通过了ISO 9001认证质量管理体系的医学网络教育;目前国内规模最大,提供非营利课程视频服务的大学课程在线;以及北京大学网络教学平台、北京大学英语教学平台等教学辅助平台。

(二) 存在的问题

在充分肯定我校教学信息化所取得成绩的同时,我们也要清醒地看到,与国际上的世界一流大学相比,我国的教学信息化建设还有不小的差距,还存在不少的问题:整体上缺乏教学信息化意识;学校一级没有统一教学信息化的整体规划;院系一级的教学信息化无具体责任人,基本依靠自发自愿等。

随着北京大学师生员工对网络教学平台的接受和频繁使用,他们已经不满足于教学过程和教学资源简单的数字化和网络化,他们对教学信息化提出了更多需求,他们要求对备课过程、课程内容组织、课程评价、对学生资源的整理等环节也需要提供信息化支持。这些要求已经不是简单的教学信息化，而具备了更深层次的内容，是教学信息化的核心内容，同时也代表了教学信息化的具体发展方向。

三、建设目标

（一）总体目标

在未来十年内，我校将建立起一流、稳定、高效的教学平台，优化教学过程，使得广大师生将有限的时间和精力投入到有用的工作和学习当中，最大限度地提高教学质量和效率。通过"综合教学信息资源库"的建设，实现本科生和研究生课程的网上辅助教学；为教师提供有效的网络备课环境，提高教学质量和教学效率；为学生提供有效的学习环境，创建培养高素质、创新型人才的教学基地；对教学的状况进行有效评估，为实现科学的教学评估和决策提供支持。

（二）具体目标

1. 信息化课程管理平台

到 2015 年，我校将建立一个可支持 3～4 万人的、运行稳定的信息化课程管理平台，实现对本科生和研究生信息化教学的全面支持。该系统在硬件上具有可扩充性，在软件上具有构件化特点。该平台的目标是对信息化教学相关的授课行为和学习行为进行有效支持，从而提高教学效率和学习质量。该平台包括如下系统：

（1）课程管理系统。该系统的功能包括管理网络课程的开课，教师账户和密码管理，与教务与选课系统的接口，按照学期的开课和选课信息建立教师的账户和课程学生账户，对以往的课程资源进行有效备份与恢复等。

（2）课程素材与资源管理系统。该系统针对教师所授课程相关的素材和资源提供有效的管理，如分类、查找、提取等。功能包括：基本和组合课程素材管理，面向教师的课程素材管理，课程素材分类与维护，课程知识点的分类与维护，教师备课辅助管理等。

（3）题库与练习作业整合系统。以课程为中心，对相关的题目进行系统地管理并提供基于题目的整合应用，如自测练习编辑、作业编辑、试卷编辑等。

（4）教师备课辅助系统。教师利用该系统可以从资源库中搜索本课程相关的资源，并可以制作新的资源，如制作 ppt 演示文档、制作其他课程课件等。

（5）协作学习与课程讨论系统。该系统支持课程相关的课程讨论，支持教师根据不同组布置不同的作业，并支持基于分组的协作学习方式。

2. 智能化课程评估与教学决策支持系统

该系统特点是利用客观的教学行为数据对授课课程评价提供科学的数据，为教学改革和决策提供可信的手段，而传统的评估和决策主要是通过人为填写的数据得到的。主要包括如下功能和系统：

（1）动态教学和学习行为数据的搜集和存储。该数据主要包括教师和学生参与网络教学的情况，学生作业的完成情况，教师和学生参与讨论的情况等。

（2）基于动态教学行为数据的课程和教学评估系统。主要包括两部分，一是为教师提供科学的评分依据和方便的统计手段；二是为教学评估提供需要的数据支持，如教师学生的网络辅助教学参与程度等。

3. 教学信息资源制作中心建设

未来十年,我校将建立面向全校师生的教学信息资源制作中心。该中心建设包括两部分内容:

(1) 资源制作中心的建设。该中心可以为我校教学信息化提供全面的资源制作服务,如资源采集、资源编辑和资源存储等。从业务上,该中心一方面面向全校提供资源摄录编播服务,另一方面完成教务部每年的教学相关的资源制作任务,如为每年的校级、市级和国家级精品课程制作,每年对必要的课程课堂实况摄录等。

(2) 信息资源的管理。中心每年制作大量的信息资源,这些资源一方面通过网络平台发布并为我校师生服务,另一方面也需要对所有资源进行备份,并长期保存。因此,需要建立一个可扩充的静态的大容量存储系统。

4. 建立完善的教学信息化服务规范和政策保障制度

到2015年,逐步建立起信息化教学相关的服务规范,以及保证信息化教学可持续进行的政策制度,其中当务之急是将信息化教学纳入常规管理。

四、实施方案

第一阶段:2006—2007年

建立适合20000用户的网络教学平台;开发稳定的教学模块。到2007年,网上课程将达到1000门;建立集课程资源和教学过程动态数据为一体的北京大学综合教学资源库管理系统;建立教学动态信息跟踪与统计系统。

第二阶段:2008—2010年

到2010年,网上课程达到2000门;建立基于研究的协作学习平台;建立面向教育的智能搜索引擎。

第三阶段:2011—2015年

到2015年,全部本科生和研究生课程实现网上辅助教学;建立智能评估与分析系统;建立北大教学决策支持系统。

表1 2006—2015年信息化建设教学部分实施方案

时间(阶段划分)	建设项目	主要任务
2006—2007年 (第一阶段)	课程管理系统	管理网络课程的开课 教师账户和密码管理 与教务与选课系统的接口 按照学期的开课和选课信息建立教师的账户和课程学生账户
	课程资源备份系统	按照年度和课程分类备份课程资源 教师和管理员都可以进行备份 教师可以查找以前的课程资源 管理员可以统计全部课程资源

(续表)

时间(阶段划分)	建设项目	主要任务
2008—2010 年 (第二阶段)	课程素材与资源管理系统	基本和组合课程素材管理 面向教师的课程素材管理 课程素材分类与维护 课程知识点的分类与维护 教师备课辅助管理
	教学信息资源制作中心	资源采集 资源加工 资源存储
	题库与练习作业整合系统	以课程为中心,对相关的题目进行系统地管理并提供基于题目的整合应用,如自测练习编辑和试卷编辑等。
	教师备课与资源制作系统	教师利用该系统可以从资源库中搜索本课程相关的资源,并可以制作新的资源,如制作 ppt 演示文档、制作其他课程课件等。
	协作学习与课程讨论系统	该系统支持课程相关的课程讨论,支持教师根据不同组布置不同的作业,并支持基于分组的协作学习方式。
	综合教学信息资源库系统	静态资源管理、动态资源管理、跟踪数据管理
2011—2015 年 (第三阶段)	智能课程评价系统	为教师提供所教课程综合评价,包括作业练习的自动评分、课程讨论参与程度,等等,为教师提供选课学生的全面评价。
	全校范围的教育资源搜索引擎	对全校的教学资源进行全文搜索。
	教学过程分析、评估与智能决策系统	通过该系统,学校领导和教学管理部门可以了解北京大学教学相关的详细情况和动态过程。该系统提供北大所有院系课程教学的动态情况,包括网上课程分布、资源建设分布、学生参与课程情况、教师的参与过程等,这些将为教学改革提供科学的依据。

五、效益分析

教学信息化的实施一方面有利于优化教学过程、提高教学质量和效率,另一方面有助于统计分析详细的教学信息,为学校领导层的科学决策提供依据。其中,教学信息化课程管理平台的建立可以将与教学信息化相关的服务全面清楚地呈现给广大师生,方便师生了解教学信息化的功能,有助于教师利用信息化工具优化具体的课程教学;教学信息资源库系统的建立可以将教师的教学资源进行有效管理,减少教师的重复劳动,为教师备课、课后复习、课程评价等教学活动提供方便,有助于教学质量的提高。

附件3　北京大学信息化建设规划及实施方案(2006—2015年)
——科研部分

一、前言

随着网络技术、通讯技术等计算机技术的快速发展与广泛普及,信息化浪潮在全球正呈现出蓬勃发展的趋势,数字信息时代已经来临。在这样的大环境下,科学研究的方式和方法也正在悄然发生变化。现代化推动数字化,数字化推动信息化,信息化促进现代化,这种良性循环使得全球科学研究越来越凸现信息化的特点,呈现出协同合作和资源共享的趋势。科研信息化作为国家信息化的一个重要组成部分,它能有效提高科研合作与资源共享,提高科研生长力,提升科研水平和创新性,对提高科研效率和提升国家科技竞争力具有非常重要的战略意义。有鉴于此,欧盟、美国和日本等发达国家已相继投入了大量的资金设立专项基金用于支持科研信息化的研究和建设,其中比较著名的项目有英国的 e-Science、欧盟的 EGEE 项目、美国的 NASA Information Power Grid 和 Condor Project 等。在我国,科研信息化也越来越受到人们的重视,政府现已设立了多个专项基金用于支持科研信息化的研究,国内的部分高等院校和科研院所也开始科研信息化的建设。

北京大学是中国信息网络建设的开创者之一,在信息化建设领域始终走在国内高等院校的前列。经过多年的建设,北京大学已经为学校的科研营造了一个良好的网络环境,为科研信息化提供了坚实的物质基础。在充分肯定成绩的同时,我们也要清醒地看到,与创建世界一流大学的实际需求相比,目前北京大学的科研信息化建设还有不小的差距,还存在不少困难和问题。现在北京大学各院系的科研信息化比较凌乱,水平参差不齐,缺少统一的规划和指导。这些问题已经影响了北京大学的科研发展和学术声誉的提升。因此,北京大学科研信息化建设迫在眉睫。

二、建设回顾

(一) 发展历程

早在 1989 年,北京大学就参加了"中关村地区教育与科研示范网络"(National Computing and Networking Facility of China,NCFC)的建设。1993 年,北京大学已完成校园网一期工程的建设,随后在国家"985"和"211 工程"的支持下,北大校园网已经成为国内高校规模最大的校园网络之一。在网络基础设施稳步建设的同时,北京大学也开始了科研信息化的探索和建设工作,积累了一定的工作经验,并取得了一批可喜的成果。

(二) 建设现状

近十年来,北京大学科研信息资源的建设在部分院系得到蓬勃的发展。一批重点学科自主建设了具有国际国内影响的信息资源中心,为培养杰出人才和取得重大科研成果作出了重要的贡献,有力地促进了北京大学在科研领域的改革与发展。这些科研信息资源包括:目前国内生物资源最丰富、更新最及时、用户最多的国家级北京大学生物信息中心;北京大学互联网信息研究所开发的中文互联网络信息资源;由中国经济研究中心创办,在目前国内经济学教育科研专业网站中规模和访问量均排名第一的中国经济学教育科研网;在全国法律网站排名中位居前列,深受法律界好评的北大法律信息网;在海内外产生重大影响,被日本学术界列为网络精确资源的全唐诗电子检索系统等。

(三) 存在的问题

北京大学的科研信息化建设经过多年的建设,在网络基础设施、文献资源和专业信息资源等方面取得了一定的成绩。与此同时,我们还应该清晰地认识到目前北京大学科研信息化建设还存在以下主要问题:

1. 管理体制不够健全,亟待改善

目前学校还没有专门的队伍从学校层面来规划、管理和协调各院系的科研信息化工作。管理队伍的缺失必将影响北京大学科研信息化建设的科学、健康和可持续发展。

2. 专业信息资源建设各自为政,缺乏统一的规划

北京大学的部分学科独立开展了专业信息资源的建设,在国内外已经形成了一定的影响。但是,这些科研信息资源的建设主要由不同院系独自完成,相互之间缺乏协调和信息共享,因而"信息孤岛"现象突出。其次,由于缺少统一规划而造成各学科"单打独斗"的局面,不利于北京大学在国内外影响力的整体提升。最后,北京大学还有很大一部分学科没有开展专业信息资源的建设,这将有碍我校各学科的专业信息资源建设的共享和学术合作,不利于我校科研水平的提高。

3. 科研服务手段有待完善和丰富

目前北京大学提供的科研信息化服务还比较简单,不能支持如在线学术交流和网上合作研究等高级信息化科研任务的需求。信息资源的建设和共享还处于"单向模式",没有体现共建共享的"双向双赢模式"。由于科研交流平台的缺乏,我校各院系的科学研究氛围仍处于自封闭状态,缺乏活跃的研究气氛和研究环境。

4. 应用建设重视不够,建设经费缺乏

我校各院系科研信息化的需求正日益迫切,与之相比,目前学校对应用软件和服务平台建设的重视程度不够,投入仍显不足。科研信息化建设对保障和促进学校科研的健康和可持续发展无疑将发挥非常重要的作用,但我校基本上是各院系自己解决应用软件和服务平台的建设经费问题,学校在资金投入上至今仍缺乏一个长远的规划。长此以往,科研信息化将难以在学校的各院系中健康开展。

三、建设目标

(一) 总体目标

从北京大学各学科科研信息化建设现状和需求出发,以北京大学"创世界一流大学"发展战略为指导,借鉴国内外先进的建设经验、先进理念和技术,结合科研工作的发展趋势和要求,坚持战略性、可行性、先进性和可持续性的建设原则,到2015年力争建成具有国际先进水平的开放式科研服务平台。该平台将以系统化的数字学术科研信息资源为基础,以先进的网络技术为手段,集成各学科的科研资源和服务,为北京大学甚至中国的科研提供如科研资源信息的发布和导航服务、科研网络社区服务、科研人员在线合作研究和交流服务等高效率、全方位的数字科研资源保障和信息服务。该平台将不同于数字图书馆项目,它不在于

提供电子资源数据库服务,而是侧重于提供一个科研服务平台,为科研人员提供信息导航服务,方便科研人员获取资源,方便科研人员之间的信息交流和研究合作等。此外,该平台也将充分利用数字图书馆资源,为北京大学创建世界一流大学作出应有的贡献。

(二)具体目标

1. 科研资源中心建设

研究人员在相关领域积累了丰富的学术知识,这些知识由于缺少一种可对外表达的手段,只能存在于个人的大脑或个人的资料库中而无法与他人共享。北京大学拥有众多全国甚至是世界上都知名的学者和研究人员,以及众多在学术一线工作的博士和硕士研究生。就具体的学科和研究领域而言,上述人员就是一个个孤立的知识库。数字科研资源中心建设的目标就是要给这些孤立的知识库提供一个不同于一般科研资源信息发布网站的平台。在科研资源中心这个平台上,发布信息的不仅仅是网站的建设方,而且包括每一个使用该平台的科研人员。通过一定的权限管理,具有权限的科研人员可以对其他人员已发布的信息进行编辑,使其内容更准确更丰富。与电子资源丰富的数字图书馆项目不同的是,科研资源中心不是简单地提供资源数据库资料,而是为科研人员提供一个有科研指导和资源导航作用的服务系统。使用该平台的科研人员可以了解到其研究领域当前研究的方方面面,可以更快地发现研究方向、确定研究课题,并获得所需资源。例如,想从事"生物信息"方面研究的人员可以通过数字科研信息中心找到有关"生物信息"领域内方方面面的信息,包括主要研究内容、当前研究热点、国内外主要研究机构和研究人员、关键文献、重要国内外期刊和会议、相关的术语和工具软件,等等;如果该研究人员已经具有一定研究经验,他也可对该信息中心的信息进行编辑,删除过时的、修改错误的、添加最新的,等等。这种信息的共建共享,将增加科研人员的交流机会,活跃科研气氛,改善科研环境,进而提高科研水平。数字科研资源中心建设包括学科分类标准、元数据标准、信息发布、信息检索、分类导航、用户管理、版本控制等内容,其具体内容如下:

(1)人文科学:分学科建设人文科学科研资源中心,具体建设内容包括:中国语言文学科研资源中心、历史学科研资源中心、哲学科研资源中心、外国语学科研资源中心、艺术学科研资源中心等。

(2)社会科学:分学科建设社会科学科研资源中心,具体建设内容包括:管理学科研资源中心、经济学科研资源中心、法学科研资源中心、新闻学科研资源中心、国际关系学科研资源中心、教育学科研资源中心、马克思主义科研资源中心、社会学科研资源中心等。

(3)理学:分学科建设理学科研资源中心,具体建设内容包括:数学科研资源中心、物理科研资源中心、化学科研资源中心、生物科研资源中心、信息科研资源中心、地球与空间科学科研资源中心、环境科学科研资源中心等。

(4)医学:分学科建设医学科研资源中心,具体建设内容包括:基础医学科研资源中心、药学科研资源中心、公共卫生科研资源中心、护理科研资源中心等。

(5)工学:由于工科院系在北京大学成立不久,因此工学科研资源中心拟按系来建设,具体建设内容包括:工业工程与管理科研资源中心、能源与资源工程科研资源中心、生物医学工程科研资源中心、先进材料与纳米技术科研资源中心等。

2. 科研交流平台建设

学术交流是科学研究中的一个重要环节。目前,受时间和空间的限制,研究人员很难实现快速、及时、充分的学术交流。科研交流平台的建设就是要打破这种时空限制,为科研人员提供"3A"服务,即为科研人员提供无论在何时(Anytime)、无论在何地(Anywhere)、无论以何种方式(Anyway)都可以进行学术科研交流的服务。科研交流平台建设的具体内容如下:

(1) 学术博客建设:为科研人员,特别是为学术名家提供发表个人学术见解、与他人进行深度学术交流沟通的网络新方式。通过学术博客,科研人员可以公布自己的学术心得和对当前研究热点问题的看法,可以公布针对每个问题和算法的认识,为其他人的学术研究提供帮助。

(2) 预印本发布与交流平台建设:为科研人员及时发布和传播科研成果提供快捷而方便的技术支持,同时提供对预印本评注功能以促进研究人员之间的学术交流,从而推动研究课题的深入发展。

(3) 科研动态信息发布平台建设:针对某个时期国际上的重大研究课题,收集国内外研究的进展信息,并在相关网页上发布,使北大师生能够及时了解当前的研究动态。

(4) 网上合作研究平台建设:为跨校和跨国家科研人员的合作提供技术支持。其功能为:根据学科分类设定若干研究领域;网上发布寻求合作的项目名称和内容摘要;根据意向合作方的实力选择合作者;由专家牵头组建由几个院校组成的联合研究队伍;提出研究项目的任务分工,开展研究工作;定期开展网上交流和成果交换;共同发表研究成果。

(5) 视频会议平台建设:利用先进的网络环境,构建一个全面、灵活、方便、稳定、可靠的网络多媒体通讯平台,在这个平台上充分实现人们"随时随地、面面俱到"的交流。在视频会议平台下,两个或两个以上不同地方的个人或研究团体,通过传输线路及多媒体设备,将声音、影像及文件资料互传,实现在传统会议无法开展的异地远程的互动交流,从而满足科研人员即时互动沟通的需求。

(6) 实时在线交流平台建设:针对科研人员建立类似于QQ和MSN等即时通信软件,为科研人员之间进行实时在线交流提供简单而有效的服务。通过实时在线交流平台,科研人员能通过网络进行学术交流,及时发送和接收信息,进行语音视频面对面的交流等。

四、实施方案

按照科研信息化发展的要求和趋势,我校在科研信息化建设过程中将贯彻统一规划、分阶段实施、紧密协调、共建共享、重点突出的方针。在2006—2015这十年期间,我校科研信息化建设将以各学科为对象,建设以数字资源为主要内容的科研信息服务系统和以信息交互为主要内容的科研服务交流与合作平台,形成功能齐全、资源丰富,服务到位、具有国际先进水平的北京大学科研服务平台。具体实施方案分如下三个阶段:

第一阶段:2006—2007年

实现支撑科研资源中心建设的软件系统;以信息科学中的计算机科学为试点,在上述支撑软件系统之上建立计算机科学的科研资源中心;设计并实现面向科研人员的学术博客软件系统。

第二阶段:2008—2010年

根据一期建设中计算机科学科研资源中心建设的经验,在北京大学众多的学科中按学部有比例挑选10个左右各方面条件都比较成熟的学科,开展科研资源中心的建设,为科研信息化在全校各院系的推广做好应用示范工作;建立预印本发布与交流系统,以最快的时间为科研人员发布科研成果提供服务,使得学术成果能尽快为同行所知;建设科研动态信息发布系统,为科研人员及时了解国内外研究动向及基金申请提供服务。

第三阶段:2011—2015 年

建设网上合作研究平台,为科研人员跨地域的科研合作提供便捷的服务;建设视频会议系统,支持科研人员远距离进行实时信息交流与共享,开展协同科研工作;建设实时在线交流系统,为科研人员提供跨越时空的学术交流服务;在北京大学其他学科全面推广科研资源中心的建设;整合各院系的科研资源中心以及各种服务系统(如学术博客、预印本发布与交流系统、网上合作研究平台等),建立学校级别的统一的科研服务平台,该平台能提供不同系统之间的平滑切换,为用户提供简单、一致而有效的界面,方便科研人员的使用。

表1 2006—2015 年信息化建设科研部分实施方案

时间(阶段划分)	建设项目	主要任务
2006—2007 年 (第一阶段)	开发支撑科研资源中心建设的软件系统	实现开放、易用和高可靠的软件系统,能满足搭建各类中心的基本要求。
	计算机科学科研资源中心建设	以计算机领域通用的分类架构为核心,建立涵盖范围广,种类齐全的资源中心。
	学术博客	建设面向科研人员的学术博客,为科研人员提供通过互联网结识和汇聚同行,自由进行深度学术交流和沟通的简单而有效的平台。
2008—2010 年 (第二阶段)	科研资源中心二期建设	建立十个左右学科的科研资源中心。
	预印本发布与交流系统	为科研人员提供灵活、快速而易用的方式发布科研成果,使得学术成果能尽快为同行所知,提高学术影响力。
	科研动态信息发布系统	动态收集和发布国内外有关科研方面的信息,为科研人员及时了解国内外研究动向以及基金申请等提供信息服务。
2011—2015 年 (第三阶段)	网上合作研究平台	为科研人员跨地域的科研合作提供便捷的服务,为学科内以及跨学科的研究提供服务平台。
	视频会议系统	为研究人员提供实时、在线、面对面的虚拟交流系统。
	实时在线交流系统	为科研人员提供跨越时空的、基于多种访问技术的学术交流服务。
	科研资源中心三期建设	在北京大学其他学科全面推广科研资源中心的建设,实现北大各学科资源中心的建设。同时整合所有中心对外形成统一的平台。

五、效益分析

目前,科研信息化在科学研究中具有日趋重要的地位和作用。2006—2015 年北京大学的科研信息化建设将为科研工作者提供高质量的网络工作平台。通过该平台,科研工作者能够实现真正地跨越时空限制进行协同协作的科研活动以及资源的充分共享和共用。2006—2015 年我校的科研信息化建设将进一步加强教师之间学科内部或跨学科之间的学术探讨,活跃学术气氛,为学术上的创新以及交叉学科的发展提供良好的交流环境,同时也为跨校和跨国家的学术科研合作提供技术支持。2006—2015年我校的科研信息化建设将为科研信息化建设的深入开展和高质量学术成果的取得提供良好的信息支撑和保障体系,从而促进我校科研水平的提高,以及学校学术影响力和学术声誉的提升,进而为北京大学"创建世界一流大学"战略的全面实施奠定坚实的基础。

附件4 北京大学信息化建设规划及实施方案(2006—2015年)
——电子校务部分

一、前言

校务信息化又称为"电子校务",它是在社会信息化发展背景下,利用现代信息和通信技术手段所建立起的一个面向师生员工服务的校务体系。它的建立和推广有利于实现学校信息资源共享,有助于提高学校各部门的工作效率,有益于改善学校领导决策。

北京大学校务信息化建设从1992年起步以来,经过十多年的建设已完成了二十余个应用系统的开发和实施,基本覆盖了上至校级领导、各部处,下至各院、系、所、中心的业务范畴,使我校的信息系统建设走在国内高校的前列。在这一过程当中,北京大学积累了丰富的高校信息化建设经验,为学校信息化建设的进一步发展奠定了良好的基础。

二、建设回顾

(一) 重要发展历程

1. 萌芽初现期(1992年以前)

这个时期,有个别部门为了解决部门内某些重要的业务管理,开始尝试用高效准确的计算机系统代替手工的业务模式,但受当时软硬件条件的限制,计算机系统仅仅局限于后台单机的数据存储、查询统计等业务,无法大规模应用于前台服务。

2. 基础建设期(1992—2002年)

这个时期,网络等基础设施建设发展迅速,北京大学建立了覆盖全校教学科研办公等各个区域的宽带和无线网络,为信息化的发展奠定了硬件基础。1992年,根据教育改革发展的需要,北京大学决定开发网络环境下的"北京大学管理信息系统",进行了面向部门的、小范围的规划并推行切实可行的实施方案。在这个时期,学校开发并实施了几乎覆盖全校各部门的业务应用系统,积累了大量有效的电子数据,整体上提高了各部门的信息化应用水平,进一步奠定了学校信息化发展的软基础。

3. 发展成熟期(2002年—)

随着计算机及网络技术的发展以及人们对信息化建设认识的不断提高,学校开始逐步进入电子校务时代,立足于全校整体的信息化规划和建设成为发展趋势,跨部门、跨系统的数据共享和业务协同越来越受到重视,一些典型的跨部门协作应用如新生入学系统、校园卡系统等开始在学校部署和实施。

（二）建设现状

到目前为止，北京大学已经开发并得到应用的电子校务系统见下表：

表1　已开发并得到应用的电子校务系统

应用系统	用户群
本科生教务管理	教务部，各院系教务人员
办公自动化	党办校办，各院系办公室人员
综合查询	全校主要单位
研究生教育系统	研究生院，各院系研究生教务人员
财务管理	财务部，各院系会计，校内各独立核算单位
人事系统	人事部
学生工作管理	学工部，各院系学生工作干部
外事系统	国际合作部
仪器设备与实验室管理	设备部，各院系设备管理员
大型仪器设备共享系统	设备部，科研人员
科研项目管理系统	科研部
保卫部管理系统	保卫部
学生宿舍管理	学生宿舍管理中心
物资供应与管理	学校药品与器材室，部分校外用户
新生入学	各院系，学校相关部门，新入校学生
研究生网上招生	研究生院，校内外报考人员
校内信息服务	全校师生员工
网上办公系统	党办校办，各院系办公室人员、单位领导
组织部系统	组织部
房屋资产系统	资产部
大型仪器开放基金管理系统	设备部、科研人员
设备采购信息查询平台	设备部、科研人员
211985 经费管理	设备部
外汇管理系统	基金会
统一用户管理	全校人员
学生门户	学生
校园卡应用系统	全校范围
PKU 博客	全校范围

（三）存在的问题

在近二十年的时间里，北京大学的信息化建设在技术发展、环境变化和管理需求等方面都发生了巨大的变化。原有的技术架构、管理体制、应用现状及发展规划已经无法满足电子校务时代对信息化建设所提出的更高要求，具体表现如下：

1. 异构的信息孤岛

受当时网络条件和技术的限制，北京大学前期建立的各个应用系统主要致力于解决某一部门内部繁杂的管理工作。相形之下，当时对于部门之间应用系统的协调合作考虑较少，这使得各部门开发的管理信息系统先天缺乏共享的应用架构，导致学校内部不同部门之间"信息孤岛"现象较为严重。此外，由于各个应用系统开发于不同的时期，所基于的技术背景不尽相同，所采用的数据库管理系统也存在较大的差异，使得各个应用系统存在较为明显的"异构性"。

2. 原技术架构的不适应性

多年来我们一直采用的 PowerBuilder + db C/S 架构在基于网络的应用系统中曾经起到非常重要的作用,但随着系统用户群的扩大,B/S 架构的日趋成熟,以及电子校务时代对信息门户建设所提出的要求越来越高,原有的架构日益显示出"不适应性"。

3. 对信息化建设的各类资源缺乏统一的规划

目前,学校各个系统运行基本按照应用部门的需求进行,系统运行所需的软硬件分别预算,缺乏统一规划,这容易造成资源的浪费。另外,有些部门至今仍把服务器等支持应用的关键设备放在本部门内,由于缺乏专业的环境设计,这些部门的机房条件大都比较简陋,因而存在极大的安全隐患。

4. 缺乏统一的信息标准和项目开发规范

由于缺乏统一的项目开发规范和统一的信息标准,不同部门之间的信息共享和数据交换难以实现,这为各部门的系统维护、功能扩展和协同工作造成困难。

5. 缺乏对业务数据的挖掘与分析

北京大学各个应用系统十几年来已经积累了多达千万条记录的业务数据,但由于相关部门没有对这些数据进行充分的挖掘和分析,所以目前这些数据的功能仅局限于提供简单的查询,而无法为学校管理层的决策提供支持。

三、建设目标

(一) 总体目标

电子校务建设的实质就是学校按照教育信息化的要求,借助技术手段,达到为教学、科研、管理提供综合服务的目的。其总体目标是:建立起覆盖全校各业务部门的综合业务系统,在线提供全方位的实时数据、统计数据和分析数据,具备优质的电子信息服务体系和安全运行体系,最终形成一个统一、集成化的电子校务环境。

(二) 具体目标

1. 电子校务主干系统

按照学校管理和服务的对象将应用系统划分为人(学生、教师)、财、物等几条主线,按照这几条主线建立起跨部门的应用系统,包括学生综合信息系统、人事综合信息系统、财务管理系统、资产管理信息系统、办公自动化系统、科研管理系统、校园卡系统、辅助决策系统等。每个系统涉及的相关部门如下表所示:

表 2 主干应用系统涉及的相关部门

主干应用系统	校长办公室	教务部门					学工部	人事部	科研部	设备部	资产部	财务部	保卫部	校园卡中心	组织部	计算中心	图书馆	校医院	档案馆	校友会	宿管中心
		教务部	研究生院	继续教育部	体育教研部	国际合作部															
学生综合信息系统		√	√	√	√	√	√							√	√	√			√	√	√
人事综合信息系统								√	√				√		√	√					
办公自动化系统	√	√	√	√	√	√	√	√	√	√	√	√	√	√	√	√	√	√	√	√	√

（续表）

主干应用系统	校长办公室	教务部	研究生院	继续教育部	体育教研部	国际合作部	学工部	人事部	科研部	设备部	资产部	财务部	保卫部	校园卡中心	组织部	计算中心	图书馆	校医院	档案馆	校友会	宿管中心
财务管理信息系统												√				√					
资产管理信息系统										√	√					√					
科研管理信息系统									√												
校园卡系统														√		√					√
辅助决策系统	√	√	√	√	√	√	√	√	√	√	√	√	√	√	√	√	√	√	√	√	√

2. 应用集成平台

主干应用系统相互之间的数据交换需要遵循统一的数据交换标准。分立的主干应用系统通过统一的集成平台可以实现信息共享和协同工作，这些应用集成平台包括数据中心、数据交换中心和流程服务中心。

（1）数据中心

数据中心即信息资源数据库，是业务和应用系统的数据基础和交换桥梁。它将各方面的数据以统一的规划和格式存放在数据库中，以便集中管理和及时更新。这些数据包括相关应用系统的公共数据和信息、历史数据和当前数据等。

（2）数据交换中心

数据交换中心提供统一的数据共享和数据交换服务，是应用集成平台最基本的组成部分。各应用系统、外部系统和数据中心通过适配器接入数据交换中心，实现纵向与横向信息的交换和共享。

（3）流程服务中心

流程服务中心将不同部门业务系统中的处理环节定义在统一的流程中进行管理调度和监控，为需要协同工作的业务系统提供基础支撑。它需要采用已有的工作流中间件和数据交换中心来提供基本的服务功能。

3. 数据存储与灾备

数据存储与灾备的主要工作包括：

（1）通过搭建北京大学网络存储平台，将主要信息系统的数据存储移植到网络存储环境，从而实现可靠安全的海量数据存储。

（2）建立北京大学信息网络数据的自动化备份体系，实现校内网络环境下的重要数据的全面保护。

（3）建立北京大学数据级容灾中心，保障在极端条件下关键业务运行的数据不丢失。

4. 建立统一标准规范

信息化建设需要遵从统一规范标准，以建立良好协调关系，降低建设成本、提高生产效率，使每个系统使用的硬件设备和产生的有效信息能够在整个学校的教学、管理等工作中充分发挥作用，从而有利于节约型高校的创建。

（1）项目规范。制定一套合理的立项、审核和结项制度，使项目从申请和实施，从全校的角度统一规划，合理地调配资源。

（2）开发标准。为保证软件的可维护性及可扩展性，学校从事电子校务建设的技术实体单位在应用软件开发的过程必须遵循符合实际情况的开发标准。

（3）数据标准。参照国际标准、国家标准和行业标准，为北大的信息化建设制定一套实用的数据标准。

（4）交换标准。不同应用系统之间的数据交换需要遵循统一的数据交换标准。校务系统的相关数据使用 XML 语言作为数据交换的标准描述语言，同时定义标准的描述格式（即 XML schema）。

5. 统一安全机制

信息安全不仅是一个技术问题，同时也是一个管理问题。信息安全体系包括多个层次的安全管理，只有保证各个层次的安全，才能构建比较完善的信息安全体系。从电子校务应用的角度来看，信息安全包含以下四个层面的内容：

（1）外围防御层：包括基于网络级的防火墙、病毒检测与监控，以及各种入侵检测分析等，其目标是在于将各种非法的攻击排除在系统之外。

（2）边界防御层：根据系统安全的级别选择不同的认证方式，如用户口令、密钥和指纹等，判断试图进入系统的用户是否为合法用户。

（3）访问控制层：访问控制通过限制访问主体（如用户、进程和服务等）和访问客体（如需要保护的资源）的访问权限，使计算机系统在合法范围内使用。它决定用户及代表一定用户利益的程序能做什么，及能做到什么程度。它是信息安全保障机制的核心内容，是实现数据保密性和完整性机制的主要手段。

（4）基础保护层：基础保护层通过建立快速有效的监控机制及应对措施，对应用系统物理介质的异常状态进行检测、反应及控制，对可能出现的软硬件问题迅速作出反应。

其中，外围防御层的安全保护由网络的基础设施来提供，边界防御层、访问控制层和基础保护层的安全管理要在电子校务的应用中专门构建，以保证电子校务中的所有系统能够安全稳定地运行。

6. 信息门户

信息门户通过数据与应用的集成及个性化的控制，为校领导、学生、教师和职员提供全面的学校信息和应用服务。

表3　信息门户数据与应用集成

开发标准 数据标准 交换标准	统一标准规范	信息门户							统一安全机制	统一用户 统一授权 安全监控
		内门户				外门户				
		主干信息系统								
		学生综合信息系统	人事综合信息系统	财务管理信息系统	科研综合信息系统	资产综合信息系统	办公自动化系统		
		本科研究生 / 新生入学 / 学生工作	外事	科研	人事	设备实验室 / 学生宿舍 / ……	财务 / 校园卡	统计分析 / 网络服务		
		集成平台								
		数据综合服务平台			服务整合平台			流程管理平台		
		数据存储与灾备								
		结构化数据存储			半结构化数据存储			非结构化数据存储		
		系统及硬件基础设施								

四、实施方案

第一阶段:2006—2007 年

2—3 个主干应用系统的部分功能投入使用,建立异构环境下的数据交换中心,实现各主干应用系统之间的信息充分共享;搭建北京大学信息门户;在保障稳定运行的基础上,数据存储和灾备中心扩容到 100 T。

第二阶段:2008—2010 年

继续完成主干应用系统的建设,丰富信息门户的内容和功能;建立统一标准,统一规范和合理的安全机制,保障电子校务安全稳定地运行。

第三阶段:2011—2015 年

主干应用系统安全稳定运行,形成一个统一、集成化的电子校务环境。

表4 2006—2015 年信息化建设电子校务部分实施方案

时间(阶段划分)	建设项目	主要任务
2006—2007 年（第一阶段）	主干应用系统	完成学生、财务、办公综合系统中的重要功能模块
	应用集成平台	建立异构环境下数据交换中心,实现各主干应用系统之间的信息充分共享
	数据存储与灾备	建立基础设施、支持重点数据存储,存储总量达到 100 T
	统一标准规范	初步建立北京大学电子校务数据、编码及数据交换标准
	统一安全机制	建立初步的多层安全架构,独立抽取并完善访问控制层功能
	信息门户	建立学生门户
2008—2010 年（第二阶段）	主干应用系统	进一步完善系统功能,使系统覆盖面更广、实用性更强,各项技术指标达到比较稳定和成熟的状态
	应用集成平台	完善数据交换中心的功能,建立面向主题的数据中心,为统计分析和辅助决策打下坚实的基础,并且建立支持流程的服务中心
	数据存储与灾备	扩充应用,优化性能,存储与容灾能力提高 5—10 倍
	统一标准规范	建立完善的北京大学电子校务数据、编码及数据交换标准,建立完整的学校信息化建设流程和规范。
	统一安全机制	建立完善的多层安全架构
	信息门户	不断充实内容
2011—2015 年（第三阶段）	形成一个统一、集成化的电子校务环境,整体技术指标和功能达到一流水平	

五、效益分析

电子校务的实施一方面有利于提高学校各方面的管理质量,另一方面有助于改善面向学生员工的信息服务,促进教学、科研事业发展,具体表现如下:

(一) 实现信息共享与信息处理自动化

电子校务的各类系统均在网络环境下运行,因此电子校务的实行能够实现各部门的信息共享、数据交换和透明访问,能够极大地提高事务处理的响应速度。

(二) 减轻工作强度,提高工作质量

以学费管理为例,在收费信息→收费→注册→开发票→制作记账凭证→汇总的过程中,通过信息自动化处理,实现了信息处理的高效率,提高了信息处理的准确性,大大减轻了业务人员的工作量,提高了学费管理的工作质量。

(三) 改善与加强管理力度,提高管理工作的透明度

在电子校务系统环境下,校领导和各部门、院系领导通过相应的信息入口,可以随时查询本单位的人、财、物等方面的活动情况,有助于学校和院系管理监督水平的提高。另外,电子校务的推行使得学校师生员工获得信息的渠道增多、增强,有利于大家了解学校工作进展情况,有益于提升学校管理形象。

(四) 可提供多种人性化的服务方式

电子校务系统的推行使得一站式办公、网上事务处理等服务方式成为可能,极大地方便学生、教工的日常学习和工作。

(五) 辅助领导层进行科学决策

建立合理的数学模型,分析业务系统中积累的大量数据,进一步挖掘其中潜在的规律和趋势,以指导未来的实践工作。

附件5 北京大学信息化建设规划及实施方案(2006—2015年)
——信息资源部分

一、前言

在知识经济时代里,信息化是推动经济社会变革的重要力量。充分开发利用信息资源、改善信息资源质量、促进信息交流和知识共享是提高经济增长质量、推动经济社会发展转型的重要驱动力。高等院校作为知识生产的重要场所,信息资源对其生存和发展的意义毋庸置疑,它是高等院校校园信息化建设的物质基础,是高等院校教学科研的强有力支撑。近十年来,北京大学在网络信息资源建设方面取得了丰硕成果,在建设世界一流大学进程中发挥了不可替代的重要作用。

二、建设回顾

(一) 建设现状

1. 文献信息资源

北京大学图书馆现为全国高校中馆藏最为丰富的大型综合性图书馆,它以先进的现代化信息服务体系享誉海内外。目前,图书馆各种数字资源学科门类基本齐全,引进的国

内外学术电子资源已达近500个数据库,网上全文期刊达48000多种,各类电子图书和学位论文等近15万种,在国内高校中位居前列;资源的访问量飞速增长,已达到1000多万次检索/年,1000多万篇全文下载/年,包括主页在内的点击率已突破1.5亿次/年。已进行数字扫描加工的古文献、民国图书、学位论文、教学参考书、民国旧报刊等印刷型资源超过2 TB。拥有近15个TB的本地数字资源,每年以7~8 TB的速度增长,三年后将超过30个TB。

图书馆装备了国际领先水平的Unicorn集成软件系统,并在高校图书馆内率先开发和使用数字图书馆服务系统,利用互联网建立起了多层次、立体化的远程虚拟服务平台。读者可以在图书馆门户主页上进行馆藏目录查询、网上预约续借、馆际互借与原文传递、数据库检索、电子期刊和图书阅览、多媒体视频点播,使用学科资源导航、统一认证、网上咨询、网络培训、课题咨询、新书导读、报纸热点等新型网络服务。读者可以利用先进的网络全文传递系统从欧美、港台等地迅速获得大陆稀缺的文献资源。

近十年来,北京大学各院系分馆的建设也取得较大成就。到目前为止,已有17个院系资料室分馆加入到北京大学文献信息资源共享体系中。我校总馆本着"文献分藏,读者分流,个性化服务"的思想,为各院系用户报道文献,并提供相关服务。

中国高等教育文献保障系统(CALIS)管理中心及其文理文献信息中心、医学文献信息中心,中国高校人文社会科学文献中心(CASHL)以及教育部高等学校图书情报工作指导委员会都设在北大图书馆。北大图书馆正成为中国高等教育文献资源共享的重要枢纽。

2. 其他信息资源

在学科成果资源的建设方面,北京大学的81个重点学科都已经或者正在建设自己的学科信息资源中心,如国内数据量最大的生物信息站点——生物信息中心(CBI),诞生于1985年的中国第一套法律法规数据库"北大法宝",独具特色的"全唐诗""全宋诗"和"全宋词"数据库等。

北京大学档案信息化的研究与建设起步于1999年,其建设内容包括档案资源的数字化和档案资源管理和服务平台建设。目前已经初步开展了小批量实验,并完成了大规模实施建设数字化档案馆的方案。

北京大学地质博物馆和赛克勒考古博物馆目前也都在信息化和数字化方面开展了大量工作,均已在网上开展了各种数字化的服务。

(二) 存在问题

在充分肯定我校信息资源信息化建设方面所取得的成绩的同时,我们也要清醒地看到,与世界一流大学的实际需求相比,我校信息资源建设还有不小的差距,还存在不少问题,主要有以下四个方面:

一是资源面向学科的不足。目前我校基础文献资源已经能基本具备,但各学科所需的专业性比较强的资源还远远不足,特别是交叉学科和新增学科。这方面与美国哈佛大学、斯坦福大学等校相比,差距尤为明显,以文献类数据库为例,北大的数据库数量为225个,而哈佛大学为675个,斯坦福大学为787个。

二是资源的共享不足。目前能够面向全校进行大范围服务的主要是基础文献信息资源,而各学科、各院系针对自己研究所建设的学科信息资源则相对分散无序,这种状态不利于学科之间的资源共享。

三是资源的服务不足。由于各类信息资源散布在近百个不同类型的系统平台之中,彼此之间没有链接,所以用户在使用的时候障碍很多(例如需要在不同的系统之间使用不同的用户名、密码反复认证),无法方便、快捷、准确地获取信息。

四是数字化资源的存储与管理不足。以图书馆为例,目前本地已经拥有采购和自建的资源 15 个 T 左右,预计明年会达到 20 个 T。除此之外,还有相当一部分信息资源散落在各个院系,亟需整体规划。

三、建设目标

(一)总体目标

以学科为核心,以为教学科研服务为目标,统筹建设北京大学信息资源共享体系,包括图书馆文献资源、院系文献资源、重点学科资源、档案资源、博物馆资源等;建立统一的采集加工、管理与存储以及服务平台;形成一个整体化、数字化、自动化、网络化的信息资源保障系统;最终以信息资源共享大平台的形式,实现资源的有效共享、保障服务,并实现长期保存和管理。

1. 资源建设

图书馆是信息资源的重要基地,在信息资源开发利用过程中起着不可替代的作用,因此北京大学的信息资源建设将以图书馆和院系分馆文献资源为核心,辅之以重点学科信息资源、档案资源和博物馆资源等,在采集文本和多媒体资源,数字化加工纸质资源的基础上,对这些资源进行整理、管理和保存。力争在十年内建成包括中外文图书 60 万种、中外文核心和重要期刊 7000 种、数据库 600 个、电子期刊 6 万种以及 10 个重点学科的机构知识库(Institutional repository)在内的大型综合信息资源体系,其中本地资源容量可达到 150 个 TB。

2. 资源支撑平台的建设

在信息资源建设的同时离不开资源支撑平台的建设。资源支撑平台建设的成果包括数字加工平台、网络出版平台、数据加工平台、资源管理与存储平台、信息检索平台、资源发布与服务平台。这些平台彼此衔接、互相兼容,共同构成我校信息资源的共享大平台。

3. 标准规范建设

标准规范建设是资源和平台建设的基础,其目标是保证资源和平台建设的兼容、共享和互操作。标准规范建设的最终成果将包括数字化加工、资源描述、资源组织、资源互操作、资源检索和资源服务等方面的标准和规范,成为北京大学信息标准规范体系的重要组成部分。

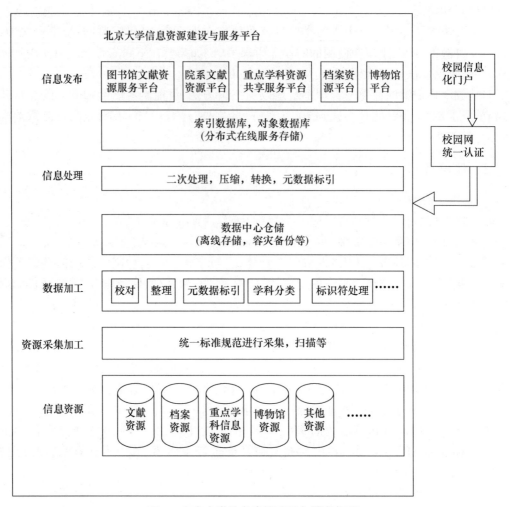

图1 北京大学信息资源建设与服务框架

(二)具体目标

1. 数字信息资源建设

(1)图书馆文献信息资源

北京大学图书馆将以建设综合性、开放式的世界一流大学图书馆为总体发展目标,针对北京大学各学科的发展需求,大力加强学科文献信息资源的保障建设,改善服务环境,提高服务能力,最终形成以学科化资源为核心、以信息化无缝服务体系为基础的"学科文献信息服务平台",为北京大学的教学科研提供高水平的文献信息公共服务。

图书馆文献资源建设包括中心馆和各院系分馆的数字资源的加工、采集、整理、管理和保存。目前准备建设的文献资源内容有:

① 巩固和强化传统优势学科:加强数学、物理、化学、信息科学、空间、历史、哲学、经济、法律、政治、文学等学科的基础资源建设,保障已有核心资源,同时适当补充新资源。十年内力争中外文图书收藏量达60万种,中外文核心和重要期刊7000种,数据库600个,电子期刊6万种。其中可供本地长期保存和服务的资源达20~30个T。

② 增加前沿和交叉学科领域的文献信息资源建设：出版物在网络条件下内容较为广泛，往往涉及很多交叉学科和前沿学科。因此，图书馆在巩固和强化传统优势学科资源的情况下，应增加对交叉学科资源的建设和投入。在未来十年内力争前沿和交叉学科的中外文图书达到2万种，数据库50个，电子期刊1万种，保障这些交叉学科所需的基础资源。

③ 学科多媒体资源建设：针对外语、艺术、生物、化学、经济等学科的发展和个性化需求，开展多媒体教学科研资源建设，在未来十年内力争达到多媒体资源40~60个TB。

④ 传统纸质资源的数字化建设：以学科需要资料和珍贵馆藏为主，包括馆藏古籍、拓片、舆图、戏曲曲本，以及历史地理资料、学位论文资料、教学参考资料、馆藏卡片目录的数字化回溯加工等，开展纸质资源的数字化建设，在未来十年内力争达到资源总量40个TB。

⑤ 院系分馆文献资源建设：以建设书目数据库为目标，在未来十年内争取全校各院系分馆的资源在Unicorn书目系统里均可以获得报道和检索。

（2）重点学科信息资源共享体系

目前我校各院系教师和科研人员的计算机和服务器上，散存着大量已发表的期刊、会议论文、论文预印本、项目申请报告、专著、学位论文、科技报告、数据、多媒体资料、动画、图片等教学科研成果。这些信息资源目前只是对本学科的教学科研发挥作用，对其他相关学科教学科研的作用则没有得到充分发挥。因此我们有必要建立学科信息资源共享体系，以促进学科之间的信息资源共享和交叉，适应新形势下重点学科的发展需要。

重点学科信息资源共享体系是指通过网络收集、保存、管理、检索和利用各种数字资源形式的教学科研成果，建立基于北京大学学术资源和学科体系的大型数据库，即机构知识库（Institutional repository）。数据库将采取"学校建立集中平台、学科分散建设内容"的方针，其主要功能有学术传播、电子出版、长期保存、知识管理、促进交流、共享利用等。

未来十年，我校将根据学科分类、文献类型和分支机构等，重点建设学科资源资料库、社会调查资料海量数据库和文科学术刊物电子期刊群，带动我校机构知识库群的建设：

① 学科资源资料库：以北京大学的学科为基础，以会议论文、论文预印本、项目申请报告、专著、学位论文、科技报告、数据、多媒体资料、动画和图片等为主进行建设。

② 社会调查资料海量数据库：通过开展中国社会经济长期动态跟踪调查，积累中国经济社会变化第一手系统资料，为经济学、社会学、教育学、人口学、管理学、政治学等相关学科的学者围绕国家经济社会发展重大问题开展高水平科学研究而构建的多学科合作支撑平台。

③ 文科学术刊物电子期刊群：以学科群为框架，以我校国家文科重点研究基地创办的电子刊物为基础，申请网络出版权，采用关系型数据库和全文检索引擎，初步开发出北京大学文科学术刊物电子期刊群开放性平台，并对外开放。

在未来十年内，我校将建成包括10个一级学科在内的机构知识库，总容量达到30 TB。

（3）档案资源

拟建立的档案资源信息库将以建设档案数字化系统为主，具备档案实体信息扫描制作及存贮功能；能对多种媒体形式，包括纸张、照片、电影胶片、录影带、录像带等，进行数字化处理；应用计算机来管理制作流程，能在一定程度上恢复破损模糊的档案原件；对批量处理及大容量存贮提供支持；对各种数字文件进行全程管理。

在未来十年内，我校力争完成馆内现有近九万八千余卷（件）档案的数字化工作，总容量力争达到5~10个TB。

（4）博物馆资源

大学博物馆是收集、保护、展示各种重要文物和标本的场所，是高等学校文化基础设施的重要组成部分。随着网络技术的发展和网络教育的兴起，用数字化手段对大学博物馆进行数字化改造，建成基于网络的数字化博物馆系统，对于实现资源共享，保护珍贵的博物馆资源具有极其重要的意义。拟建设的数字博物馆资源包括北京大学地质数字博物馆和赛克勒考古与艺术数字博物馆。在未来十年内，我校将完成上述两个博物馆藏品的数字化加工和建设工作，总容量将达到5～10个TB。

2．信息资源共享大平台

（1）信息资源的数字加工平台

信息资源的数字加工平台包括数字化加工平台、网络出版平台和数据加工平台。

① 数字化加工平台：主要对纸质文献、文字、图像、三维物体和声像资料进行数字化。其中，可以公开的资源将由数字化加工公司制作；对于珍贵档案及图书馆特藏，则需建立一个由加工设备、加工软件、计算机和服务器等构成的小规模生产线，自行进行加工，加工方式主要包括扫描、采集、拍照等。

② 网络出版平台：可以直接收集原生数字资源的平台。在这个平台上，作者或生产者在给出对象的元数据之后，立即可以将资源直接发布至互联网上，如预印本和学位论文的网上提交系统等。

③ 数据加工平台：对数字化的资源进行整理，给出数字对象唯一标识符、元数据和学科分类，并进行长期维护。

（2）信息资源的管理与存储平台

统一规划存储体系，对加工出来的各种数字资源进行分层存储。对于所有的学术资源数据，由学校建立中心仓储保存。对于在线服务的数据，则采取分布式存储方针，尤其对于图书馆等部分资源丰富且服务量大的部门的信息资源，需要在学校的统一规划下，将对外服务的资源进行在线存储。

此外，还需要建立统一的资源管理系统，如使用Fedora、Dspace等系统进行管理，以便于信息资源从目录数据库到对象数据库的存取（如从索引数据库中直接下载全文），及元数据的长期保存。

（3）信息资源服务平台

① 数字图书馆服务平台

数字图书馆的资源建设离不开资源服务平台的建设。数字图书馆服务平台建设包括直接面向读者服务的软硬件系统和支持这些服务运行的支撑系统，如数字资源信息服务门户平台、移动服务系统、读者自助借还书系统、多媒体资源服务系统、自动化管理系统、图书馆网络管理系统、统一门禁系统等。

② 重点学科资源服务平台

重点学科信息资源服务平台由学校统一规划、集中管理和发布。这个服务平台包括学科知识体系、资源类型体系（如预印本论文、学位论文、科研报告等）、元数据体系、检索发布平台和学科个性化服务平台等。我校师生借助这一平台，可以查阅和获取各个学科、各个院系不同类型的信息资源。

③ 档案资源服务平台

建设基于互联网的Web查询系统，通过网络浏览器，使全校师生员工利用互联网随时在授权范围内通过档案馆主页对开放档案进行查询和利用。

④ 博物馆资源服务平台

建设博物馆资源服务平台,通过网络浏览器,使全校师生员工利用互联网随时进行目录及数字对象的查询及利用。

3. 相关标准规范建设

为保证所建立的资源和服务的可使用性、互操作性和可持续性,我们需要进行标准规范建设:

(1) 数字加工标准规范

针对一般数字资源(如文本、图像、矢量图像、音频、视频等)和有关专门数字资源(如古籍、拓片、舆图、字画、手稿、龟甲、金石器皿、竹简、陶器等造型、文字、图案的三维表现)的采集加工,我们需要制定有关数字对象的存档格式(如 TIFF 格式、AVI 格式等)、存档质量(如分辨率)、浏览和服务格式(如 JPEG、MP3 等)、浏览质量、预览格式和预览质量等数字对象的加工与发布标准。此外,还包括数字对象的模型标准、数字对象的唯一标识符体系等方面的标准规范。

(2) 元数据标准规范

描述型元数据:对信息资源内容及外观形态进行详细、全面的描述,建立各种数字资源的描述型元数据及其著录规则,如图书馆的古籍、舆图、拓片、学位论文等需要采用的元数据标准,档案馆的档案所需要采用的档案元数据标准,博物馆资源采用的博物馆藏品元数据标准等。

管理元数据:保存信息资源的加工存档、结构、使用管理等方面的相关信息,以及说明权限管理(版权、所有权、使用权)、防伪措施(电子水印、电子签名)等内容的元数据。

(3) 系统平台接口协议标准

为保证不同资源系统、服务系统之间的无缝衔接和资源的无障碍流动,我们将对系统之间的接口协议做出规定,建立各个系统,如学校一卡通和图书馆自动化系统、教学信息系统与教学参考资料系统之间的数据自动提取及传送的接口协议标准。

(4) 学科知识体系的标准规范

采取学科主题树的方式,建立多级显示的实用学科分类体系,为重点学科信息资源的建设提供基础。拟建成的学科知识体系具备可扩充性,可以根据需求进行不断扩展、合并和撤销。另外,学科体系的类目设置将主要根据我校重点学科目录体系和研究生学科专业目录,建立既有综合类目,又有细目的学科知识体系。

四、实施方案

第一阶段:2006—2007 年

对文献信息资源的建设进行深入调研和总体规划,包括信息资源建设的内容与范畴、具体实施方案等;制订相关标准规范,包括数字资源的采集加工标准、元数据标准、学科知识体系框架、系统平台的接口协议规范等;对相关支撑平台进行调研,提出平台建设方案;率先对这些比较成熟的图书馆文献资源进行小规模建设,主要是采集加工多媒体资源和保护性数字加工珍稀资源(如古文献、民国书刊等)等,到 2007 年资源建设总量预计可达到 5 个 TB。

第二阶段:2008—2010 年

建立包括资源采集加工、数据加工、数据存取与保存的完整资源建设体系以及相应的软硬件支撑平台;逐步开展大规模资源建设,如图书馆文献资源、学科资源、档案资源、博物馆资源建设等;建立 3～4 个学科的重点学科信息资源库;到 2010 年,资源建设总量预计可达到 25～30 个 TB。

第三阶段:2011—2015 年

继续完善信息资源共享平台以及各项标准、政策,进一步优化信息资源建设体系;以整合为目标,完善不同学科、不同类型的资源和资源平台;继续开展大规模资源建设;到 2015 年,资源建设总量预计可达到 80～120 个 TB。

表 1　2006—2015 年信息化建设信息资源部分实施方案

时间(阶段划分)	建设项目	主要任务
2006—2007 年（第一阶段）	标准规范的建设	数字加工标准规范 元数据标准规范 系统平台接口协议规范 学科知识体系的标准规范
	各种支撑平台的调研和需求设计	信息资源的数字加工平台 信息资源的管理与存储平台 信息资源服务平台(包括各类检索、服务等应用系统)
	数字信息资源建设	图书馆文献信息资源的小规模建设 其他类型资源的方案完善、资源准备
2008—2010 年（第二阶段）	支撑平台建设（系统）	信息资源的数字加工平台 信息资源的管理与存储平台 信息资源服务平台(包括各类检索、服务等应用系统) 大型关系数据库
	支撑平台建设（硬件）	门户服务器,检索服务器,数据库服务器,加工服务器,存储系统,微机,数字加工设备,多媒体采集设备,UPS,等等。
	数字信息资源建设	图书馆文献信息资源 重点学科信息资源 档案资源 博物馆资源
2011—2015 年（第三阶段）	支撑平台的完善提高增量,以管理与存储平台、服务平台为主。	
	整合资源和资源平台	
	数字信息资源建设	图书馆文献信息资源 重点学科信息资源 档案资源 博物馆资源

五、效益分析

(一)在互联网资源泛滥的情况下,通过大规模资源建设,为北京大学师生提供总量可以达到 120～150 TB 的海量学术文献资源,将强有力地支持北大教学科研工作的发展。

(二)将初步建立完整的、以学科为核心的文献信息资源服务体系,使北京大学师生能够按学科快速、准确地查询自己所需的文献信息,并得到与之相关的个性化服务。

(三)建立包括资源采集加工、标引整理、保存在内的资源建设平台和相关标准规范,为北京大学今后继续开展资源建设奠定基础。

(四)通过对标准规范和支撑平台等方面的整合,打破北京大学各类各学科资源之间的隔绝,将一个个学术资源"孤岛"连接起来,提高信息资源的共享水平,增加我校教学科研的核心竞争力。

(五)将北京大学的古文献、校史档案、博物馆资源等进行保护性加工,有利于保护我校珍贵的学术资源。

附件6　北京大学信息化建设规划及实施方案(2006—2015年)
——形象建设部分

一、前言

二十一世纪被喻为全球信息化的世纪,各种资讯正在飞速增长,由此产生的海量知识和技术进步给全人类带来了无限的机遇和挑战。大学,作为高等教育实施的基地、各种知识储存的仓库、推动科技和人类进步的智力引擎,在管理上必须采取新策略来适应信息化的大潮。在新的历史条件下,形象信息化建设作为建立和展示大学自身卓越形象的信息化平台,肩负着"信息传播"和"形象管理"的双重使命,是大学整体信息化建设的重要组成部分。

北京大学拥有悠久的历史、优良的传统和严谨的学风。自1999年启动创建世界一流大学计划以来,在国家的重点支持下,全校广大师生紧紧围绕创建世界一流大学的中心目标,抓住机遇,深化改革,在人才培养、学科建设和科学研究等方面取得了丰硕的成果,有力地推动了学校各项事业的发展。然而,北大的形象信息化建设仍存在一些不足,未能将学校教学、科研、管理以及校园文化等风貌全面、客观、及时地反映给社会公众,还无法适应创建一流大学的需要。因此,我们必须加快形象信息化建设的步伐,树立北大良好的国内外形象,为推动我校创建世界一流大学发挥更大的作用。

二、建设回顾

(一)建设现状

北京大学现行主页自1995年首度投入使用以来,基本架构和设计风格一直沿用至今,它以其简约明快的风格和较为便捷的使用方法,为不少用户所青睐。近年来,伴随着各级单位信息网络意识的增强,以及各级子网站的相继建立,北京大学主页的栏目逐步得以扩充,内容也日渐丰富;"天网搜索""未名BBS""北大新闻网"和"校内信息服务"等频道开通后,北京大学主页的服务功能也日趋完善。可以说,北大现行主页在推动我校各项事业发展,尤其是在信息化服务和对外宣传方面发挥了巨大的作用。

近几年来,北京大学基于WEB形式的二级网站建设也取得了较快的进展,经过学校各单位的共同努力,各二级网站在为学校师生员工、校友和社会群体提供服务方面发挥着日趋重要的作用。目前,学校各单位经过自身筹建,已建成二级网站160余个,其中一部分二级网站在设计和信息管理上有比较鲜明的特点,其他单位的网页也能承担起提供基本信息的功能。

北大新闻网自开通以来,已经成功创办了30多个专题栏目,比较客观、及时地报道了学校教学、科研、管理以及校园生活等情况,每日发稿量在全国高校自办的新闻网中居于领先地位,现已受到社会公众、主要搜索引擎和媒体较多的关注。

在网站内容的丰富和更新机制方面,校内许多单位都做了辛苦而扎实的工作,例如:北大电视台已在网络上建立起直播平台,循环播放北大电视台最新录制的新闻联播、新闻调查等节目;广播台在网站上建立的播放系统,使用户可以通过点击收听19档原创广播栏目;"图片北大"已经收集了新闻、人物、生活、风景等六大类的三千多张照片,吸引了大量校内外用户点击浏览;赛克勒博物馆已将九百多件精品馆藏文物的照片公布于网站上,并为馆藏品建立了基本信息查询系统,用户可以通过该网站查询和观赏馆藏内容。

(二)存在问题

在充分肯定成绩的同时,我们也要清醒地看到,与创建世界一流大学的实际需求相比,我校的形象化建设还有不小的差距,还存在不少困难和问题,主要表现为以下几个方面:

1. 管理和更新机制有待完善

长期以来,北京大学的形象信息化建设缺乏统一的管理机构及配套的管理机制,网站建设的技术维护、版面设计和内容更新等工作缺乏统筹协调,致使校级主页内容和版面的更新维护工作难以推动。各职能部门间缺乏有效的信息沟通渠道,未能做到信息互通、优势互补,造成一定程度的重复建设和资源浪费。由于缺乏统一的管理和网站建设规范,各二级主页在设计上也是各自为战,网页结构和菜单名称没有统一标准,部分网页功能简陋,内容设置不规范,使得整个网页和菜单名称没有统一标准,部分网页功能简陋,内容设置不规范,使得整个网页缺乏便捷的信息查询途径。另外,部分网页还存在版面设计陈旧,内容更新迟滞的问题,不利于社会公众及时了解北大的相关信息。

2. 规章制度和技术标准尚未健全

目前,北京大学在网站建设和管理上尚未制定严格的规章制度和统一的标准规范,使得网站建设、管理和维护工作无法可依、无章可循,出现问题也无法追究责任。部分二级主页建设没有明确的责任主体,内容维护无法保障;有些二级主页的版面设计比较随意,在引用北大标志和校名题字时存在不规范现象,这对北京大学的整体形象造成一定的负面影响,亟待建章立制,进行合理规范和约束。

3. 资金投入不够合理

目前,各二级单位在形象信息化建设方面投入的经费都比较少,不少单位仅实行一次性投资,用于购置部门网站服务器和支付外请网页设计费用,对于网站建立后的基础设施维护和信息更新都没有专项资金投入,致使部分单位的网站服务器使用几年后便不能支持网站运行的需求,网站瘫痪和信息滞后的现象屡屡发生,不利于学校形象信息化建设的可持续发展。

三、建设目标

(一)总体目标

学校形象信息化建设主要从学校中英文主页及二级中英文主页建设入手,提高技术含量,增强时代气息,体现北大的文化底蕴和文化特色,与北大的地位和发展现状相适应;整合现有资源;推动学校的国际性和开放性建设,使公众通过对北大人物学术动态和社会活动充分及时的了解,感受到北京大学在国内外学术界及社会政治经济生活中所作出的贡献。在完成这一目标的进程中,应当遵循以下方针:

以"建设是目的,宣传是手段"为宗旨;逐步建立大学视觉识别系统、大学行为识别系统、大学理念识别系统等,使北大的外在标志、发展状况和办学理念等形象特征深入人心。

注:大学视觉识别系统 UVIS(University Visual Identity System)。大学视觉识别是指能够

使公众认知大学品牌的视觉标志,亦即大学外在性的标志,包括大学的名称、办学场所、校园环境、校徽、著名人物等。大学视觉是大学形象的基础。

大学行为识别系统 UBIS(University Behavior Identity System)。大学行为识别主要体现在大学的发展状况、办学方针、组织结构、学术活动,输出知识产权和信息服务的过程中,是被公众切实感知的部分。大学行为是大学形象塑造和传播的关键部分。

大学理念识别系统 UMIS(University Mind Identity System)。大学理念识别主要包括大学的价值观念、发展定位、管理哲学、文化传承等。只有当大学理念被公众普遍认同时,大学的崇高形象才能确立,如"创建世界一流大学""建设综合研究型大学"等。大学理念是大学形象的核心。

(二) 具体目标

1. 校级主页版面更新及资源整合

(1) 整合优质资源制作新版主页

信息化建设与管理办公室将全面整合现有资源,协调各相关部门集中力量推出新版北京大学中英文主页,加大主页的技术含量和信息容量,增强时代气息,提高文化内涵,使之美术设计更具时代美感、信息查找和使用更加便捷,能够反映北大的文化特色和时代风貌,能够在传播北大形象方面发挥更加重要的作用。

(2) 完善管理体制建立更新机制

北大网站应定位于"严肃性、大学性、非营利性和门户性"的特点,逐步建立和完善网站建设管理机制,充分调动和配置北大的有效资源,提高网站的综合质量。信息化建设与管理办公室将建立网站建设维护的管理和更新制度,协调各相关单位做好校级主页的信息更新工作,联合各业务和职能部门开办专题展览和各种形象建设项目,使北大网站的建设和维护更加系统化和制度化。

(3) 面向不同群体提供个性化综合服务

目前,北京大学主页面向校内外多重群体开放,提供一站式的综合信息服务。由于有些校内信息内容具有保密性,不宜对外公开,并且校内外不同群体所需要的信息服务及其关注焦点不尽相同,所以信息化建设与管理办公室将区分不同群体,以门户网站的形式,提供个性化综合服务,满足不同群体的特殊要求,从而为校内教学、科研、管理和服务创造高效、安全的网络运行环境。

2. 二级网站规范管理及内容的推陈出新

(1) 在统筹规划下进行科学管理和指导

二级以下页面是网站的基础组成部分,直接体现二级单位的风格面貌,传递教学、科研、管理和服务工作的实质信息,在北大形象信息化建设中具有极其重要的作用。信息化建设与管理办公室将建立二级网站管理体系,设置二级单位信息主管和信息助理,实行责任到人;制定二级网站的建设规范,对其网页的项目设置、内容管理、更新频率等提出要求,定期监督指导,并组织质量评估,使北大的二级网站内容丰富、富于变化、整体和谐。

(2) 合理配置资源和节约成本

信息化建设办公室将整合学校的资金、技术和人力资源,协调二级单位集资购置大型网站发布服务器,利用学校现有的硬件环境和技术优势,为各二级单位网站的信息发布和管理提供专业的服务,在总体上节约成本,进一步推进学校形象化建设的可持续发展。

（3）以项目建设为依托来构建积极的更新机制

① 建立网上展览馆

根据学校工作的重点和新闻宣传需要，整合校内各职能部门的信息资源，以音频、视频、图片等多媒体的形式，定期或不定期在网上举行专题展览，如举办北京大学教育教学成果展、北京大学优秀教师事迹展、北京大学近期科技成果展等，向社会展示北京大学的发展状况和各方面取得的成就。

② 完善网上博物馆

赛克勒考古与艺术博物馆是北大的重点建设项目，馆内收藏的珍贵文物在国际考古界和艺术界都具有重要价值。我校将通过信息技术把馆藏珍贵文物以及考古发现的相关资料以多媒体的方式展示于网络平台之上，在为公众普及艺术、考古和历史知识的同时，积极向世界展现北大的人文精神、艺术气质和丰富的艺术资源，吸引世界的关注。

③ 挖掘校园文化内涵，丰富电视台和广播台节目

北京大学的学生体育队、艺术团和文化社团，通过参加国际、国内比赛和表演，为推广北大文化、宣传北大形象作出了显著的贡献。未来十年，我校将充分利用网络技术手段，在第一时间内将他们的文体表演和比赛呈现给校内师生和社会公众，使人们能够感受到北大丰富多彩的校园文化。

④ 加强图片库建设

未来十年，我校将通过收录新闻媒体和书报资料上有关北大的重要图片，扩充北大现有图片库，向外界展示北京大学的校史、校景、历史人物、优秀人才和校园文化，为宣传北大形象提供更为有利的条件。

3. 以新闻网建设为基础，推动新闻报道形式的丰富多样

（1）建立专业队伍推动深度报导

北大新闻网是社会公众了解北大教学科研、时事动态和校园文化的重要媒介，在传递北大发展动态、展示北大风采、掌握网上舆论引导主动权方面发挥着重要作用。未来十年，我校将充分发掘新闻网现有设备和技术力量的潜力，有效利用以新闻与传播学院、艺术学院学生为主体的记者团的积极性和专业技能，及时增添和更新多媒体报导手段，使重要新闻消息的报导更加全面深入，使新闻内容更加贴近北大教学科研工作和师生日常生活。

（2）丰富技术手段推动立体报导

数字媒体技术，可以辅助传统的平面文字和图片方式，对新闻报道进行更佳视角、更深层次和更直观可信的描述和剖析。未来十年，我校新闻网将在文字报道这一基本形式的基础上，逐步加入数字音频、数字视频等技术，改进和丰富北大新闻网的报导形式，以更直接形象的方式向社会传递北京大学的发展动态。

四、实施方案

第一阶段：2006—2007 年

建立校级主页的管理和更新制度，建立二级网站的管理体系和建设规范，设置二级单位信息主管和信息助理；建设一个优秀的、富有创意的校级主页，使其成为反映北大悠久历史和文化特色的、具有历史意义的文化标志；建立、推广并完善学生综合信息门户；设立二级网站发布服务器，加强二级和二级以下页面的管理和协调。

第二阶段:2008—2010 年

通过定期或不定期的专题展览的方式,以图文、音频、视频等方式形象快速地向社会展示北京大学的历史、文化和发展状况;建立、推广并完善教学、科研和管理综合信息门户;完善二级网站发布服务器;促进新闻网的建设,充分利用视频、音频和网络技术的结合,改进和丰富报导形式,以更直接形象的方式向社会传递北京大学的发展动态。

第三阶段:2011—2015 年

设立统一指导、统一口径、规范的新闻发布平台,利用该平台建设既有宏观战略,又有微观灵活性的信息收集和反馈机制;区分校内外、教职工和学生群体提供信息服务,建立能够独立运行的多重信息门户,使其充分覆盖全部用户群并提供完整的信息服务。

表1 2006—2015 年信息化建设形象建设部分实施方案

时间(阶段划分)	建设项目	主要任务
2006—2007 年（第一阶段）	北大网站管理	初步确立北大网站的"大学性、严肃性、非营利性和门户性"特色
	北大中英文主页	建成富有创意的、具有时代气息和文化内涵的中英文主页
	个性化信息门户	建成学生信息门户,与校级主页并行运行,并根据反馈意见不断完善
	二级网站及二级以下页面建设和更新机制	制定严格的网站管理、监督制度,推动二级及二级以下页面的及时建立和更新;购置二级网站发布服务器,将学校部分二级单位网站集中于该服务器上 建成包含 5000 张图片的网上图片库,并可按类查询;初步筹备网上展览馆,定期(每 3 月)或不定期地就一个专题举行展览
	新闻网	探索性地将北大电视台制作的新闻及专题视频节目和北大广播台制作的音频节目引入新闻网的多媒体报道中,为新闻网今后开展立体报导做好前期准备工作
2008—2010 年（第二阶段）	北大中英文主页	不断加强主页建设,丰富内容,跟上时代和学校发展步伐
	个性化信息门户	建成教学、科研和管理信息门户,与校级主页并行运行
	二级网站及二级以下页面建设和更新机制	促使二级及以下网站更具有特色和信息提供价值;扩充二级网站发布服务器空间,完善技术服务 建成包含 8000 张图片的网上图片库,并可按类查询;初步建成展览馆平台,定期(每 3 月)或不定期地就一个专题举行展览
	新闻网	提供网络设备和技术支持,推动对学校重要会议及大型活动的网上现场直播;将北大自主制作的广播、电视节目制作成数字节目放入资源库内,供有关用户查询,并留用作资料档案
2011—2015 年（第三阶段）	北大中英文主页	不断加强主页建设,跟上时代和学校发展步伐
	个性化信息门户	区分校内外、教职工和学生等不同群体,建立可独立运行的多重信息门户
	二级网站及二级以下页面建设和更新机制	促使二级及以下网站更具有特色和信息提供价值;完善二级网站发布服务器,建成满足全校二级单位网站建设和发展的综合服务器 建成包含 15000 张以上图片的网上图片库,并可按类查询;定期举行有关北大的网上展览,使用户通过展览对北大的各项工作有全面、深入和形象的了解
	新闻网	从技术上推动新闻网的立体报导和深度报导走在国内高校的前列;建立针对突发性危机事件的应急机制和处理办法,务使危机事件对北大形象造成的危害降到最低程度

五、效益分析

北大网站是以电子信息方式集中展现北大形象的重要舞台,在塑造北大形象方面具有重要地位。校级主页和二级主页的科学规划和规范管理能够更为合理有效地整合各类信息资源,为校史和校园文化的传播提供更加便捷、高效和全面的展示平台;新闻网的丰富和发展能够为学校教学、科研、管理和服务的动态提供及时、客观的传播渠道,维护北大良好的公众形象;以网络用户为依托的信息门户的建立,能够满足不同群体个性化的信息需求,并为学校教学、科研、管理和服务工作创造高效、安全的网络运行环境,为北京大学各项事业的发展创造一个优良的内外部环境。

附件7 国内外高校校园信息化建设情况简介

一、国内高校校园信息化建设情况简介

清华大学、复旦大学和北京大学作为国家重点支持的"985"和"211"类型的高校,在1994年几乎同时开始进行校园信息化建设。经过11年的建设和发展,这三所高校现已成为全国高校信息化建设的领头羊。这三所学校的校园信息化建设状况简要介绍如下。

(一)清华大学

清华大学现有关于校园信息化建设的机构主要为:计算机与信息管理中心(简称计算中心)和信息网络工程研究中心(简称网络中心)。这两个中心在行政和业务上并无隶属关系,它们共同承担清华大学校园信息化建设的工作,在这两个中心之上并无相应机构对二者进行统筹规划。

清华大学计算中心现有教职工80余人,其中事业编制近50名(高级职称占1/4,中级职称占1/2)。目前主要承担数字校园的研究、规划、建设、运行、维护与IT培训等多项职能。该中心机构下设四个室两个部:综合办公室、研究开发室、运行服务室、开发实验室、外联合作部、培训部。其组织结构图如下所示:

图1 清华大学计算中心组织结构图

清华大学网络中心现有教职员工近100人,其中,正高级职称6人、副高级职称13人。主要承担中国教育和科研计算机网CERNET主干网、清华大学校园计算机网TUNET和中国下一代互联网的建设和运行工作,下设承担网络运行管理工作的网络运行和服务

中心,承担学科建设任务的七个研究室,以及支持各项工作的两个办公室。其组织结构图如下所示:

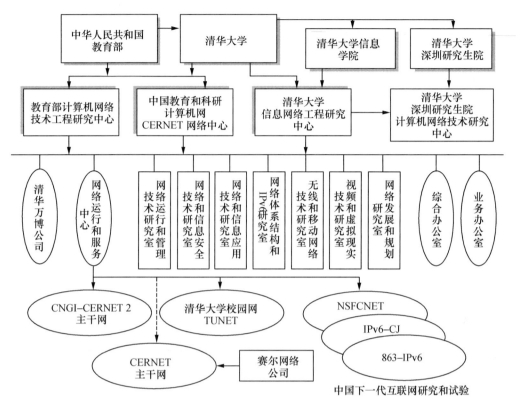

图2　清华大学网络中心组织结构图

(二) 复旦大学

复旦大学信息化办公室主要负责学校信息化建设规划的制定,项目经费的预算以及指导各职能部门子模块的建设。下设网络中心、信息中心和培训中心三个部门。

复旦大学信息化办公室共有编制8人,设主任一名、副主任两名(分别兼任网络中心和信息中心主任)。其下属的信息中心有编制16人,网络中心19人,培训中心9人。其中,信息中心主要负责学校应用管理系统软件的建设和维护更新,保证学校的行政管理系统、信息服务系统、办公自动化系统的正常运行;网络中心主要负责校园网的设备建设,保证网络通讯的畅通,保障IDC和其他应用服务系统设备的正常运行;培训中心主要负责网络运行维护、应用保障管理和相关培训的组织工作。复旦大学校园信息化建设的组织结构图如下所示:

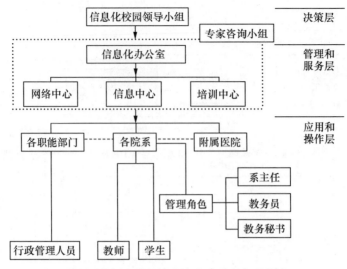

图 3　复旦大学校园信息化建设组织结构图

（三）北京大学

北京大学信息化建设与管理办公室成立于 2005 年 11 月，是北京大学"信息化建设协调小组"的日常办公机构，共有编制 10 名，设主任 1 名、副主任 3 名，下设三个机构：协调推动办公室、政策法规标准办公室、学校形象建设办公室。主要职能是：负责组织制定学校信息化建设的长期规划和阶段性规划；负责学校信息化年度预算的制定、执行与监督，重点负责图书馆、计算中心和现代教育技术中心有关信息化建设方面的预算；负责学校信息化建设项目的审批、执行与监督；负责学校信息化建设资源的协调整合；负责国家信息化建设相关政策、法规、规章制度、标准的贯彻执行；负责学校信息化相关政策、规章制度和相关标准的制定与完善；负责北京大学主网站的建设、运行、维护，并对其子网站建设进行指导、督促和管理；负责组织协调促进跨院系、跨部门，面向社会服务网的互联互通等。北京大学校园信息化建设的组织结构图如下所示：

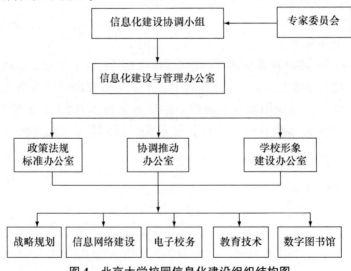

图 4　北京大学校园信息化建设组织结构图

二、国外高校信息化建设情况简介

(一) 耶鲁大学

耶鲁大学的信息技术服务机构 ITS(Information Technology Services)为耶鲁的教学、科研、公共服务和管理程序提供计算与通信的基础设施、服务、支持以及革新,该机构与校园内其他单位合作向学生、教职员工、校友以及其他人员提供广泛的服务。

ITS 与其顾问委员会定期开会,顾问委员会成员来源广泛,有生物学、建筑与工程学、护理学院、分子生物物理与化学、计算机科学、生物信息学、经济、管理和政治学、法学院、教务长、执行财务等,其中也包括 ITS 主任(即学校首席信息官)。其主要责任是商议学校信息技术的需求、优先权、服务和支持等级、定价等。ITS 的管理组织图如下:

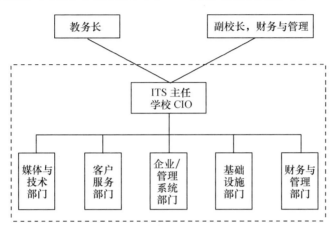

图 5 耶鲁大学的信息技术服务机构 ITS 管理组织图

- 学术媒体与技术部门(Academic Media and Technology)——向整个耶鲁社区提供 IT 服务和解决方案,为教学和科研提供支持服务,包括计算集群(Computing cluster)支持、教学技术组、图书馆系统组、学生上机、Web 工作组、工作站支持服务、社会科学研究服务、媒体服务(教室服务、图像服务、视频服务)等,该部门人数约 90 人;

- 客户支持部门——为使用 ITS 服务的用户提供客户支持,所提供的信息和帮助包括不同的需求、服务等级要求、支付能力和账号等,该部门人数约 43 人;

- 企业系统部门——解决高等教育业务问题,开发可行、创新、集成、可靠的解决方案,包括客户—服务器应用、跨平台方案、桌面和部门应用、Web 应用等,该部门人数约 129 人。

- 基础设施部门——数据中心服务、信息安全办公室、技术和规划、大学声音和数据网(包括电话、长途、语音邮件、有线电视、数据网等),该部门人数约 110 人。

- 财务与管理部门——人数约 20 人。

(二) 哈佛大学

哈佛大学所有与信息技术相关的工作,由负责信息技术的副教务长领导。由一个管理部门具体负责该项工作,即中央管理信息技术部门 CAIT(Central Administration Information Technology)。目前,CAIT 的成员合作开发可应用的 IT 标准、解决方案、规范等,为中央管理的管理、运行和财务系统提供高层次一致性的支持。CAIT 的一个部门是大学信息系统部门

UIS(University Information Systems),UIS 包括如下部门：
- 技术服务——负责计算机产品的销售、硬件维修；
- 企业授权——负责目录检索和当前产品；
- 数字打印服务；
- 哈佛人员目录；
- 部门电话服务——电话服务和定价；
- 学生电话服务——无线服务/电话长途服务；
- 网络服务——哈佛核心网和工程与规划；
- 服务器运行服务；
- 用户支持服务；
- Web 网站开发；
- 新兴技术服务。

数字哈佛(Digital Harvard)是哈佛大学在线学术资源的统一门户，其资源包含远程教育课程、在线博物馆展览、在教学技术方面的创新性成果等。

（三）约翰·霍普金斯大学

约翰·霍普金斯大学的 CIO 由该校负责信息技术的副教务长担任，其也是该校医学院负责信息技术的副校长。该校有专门负责信息技术的委员会。其计算中心（Computing Center)负责提供全校范围内的信息技术服务、客户支持服务、网络与电话服务、企业技术服务与运行(Enterprise Technical Services and Operations)。其中，信息技术服务主要包括：桌面计算服务、协同工具、信息安全、Symantec 防病毒、以太网连接服务、无线网技术、远程访问、电话服务、Email 服务、防垃圾邮件、防病毒、口令重置、灾难恢复等。

（四）加州大学伯克利分校

加州大学伯克利分校的 CIO 是校长内阁成员之一，负责协调信息技术规划和整个校园的策略制定。CIO 的具体职责包括：整个校园 IT 的远景规划；整个校园 IT 的管理；整个校园 IT 的体系结构；整个校园 IT 的感知；整个校园 IT 的安全；整个校园 IT 的政策。整个校园的 IT 有这样几个单位来提供：1. 信息服务和技术部门 IST（Information Services and Technology）；2. 管理部门；3. 教育技术服务部门 ETS（Educational Technology Services）；4. 伯克利分校的图书馆；5. CIO 办公室。整个 CIO 办公室和 IST 部门的总人数约 380 人。

其中，信息服务和技术部门所提供的服务包括：管理系统、应用开发、备份、计算机培训、计算机维修和支持、计算机开发实验室、桌面服务、拨号、目录服务、教育技术、电子邮件、IT 基础设施服务、硬件采购与维修、网路联网、电话服务、无线网络、Web 主机托管等。

（五）新加坡国立大学

新加坡国立大学的计算中心约 200 人，负责为全校提供如下的 IT 相关服务，包括：1. 学术信息系统的开发与维护，以及最终用户支持；2. 企业信息系统的开发、维护，以及最终用户支持；3. 数据库管理；4. 数据中心的容量规划、性能调优、计算资源分配、资源管理、灾难恢复、智能卡访问系统等；5. 信息通信安全；6. 联网服务，包括校园网规划、设计、实施和管理、网络安全、拨号服务、VPN 服务、广域网连接等；7. 超级计算的规划、开发、管理和运行、用户培训等；8. 系统服务，包括：目录服务、EMAIL 服务、文件服务、防病毒、SAN 等；9. 用户支持。

北京大学全球战略:全球化背景下的研究与教育(2006—2010)

二十一世纪是一个开放的世纪,愈来愈广泛而深入的国际合作与交流让全世界紧密相连。随着国际交流大环境的深刻变化,北京大学希望能够在更多的领域、更宽的平台以及更高的层次上开展国际合作与交流,加快建设世界一流大学的步伐。2006年年初,北京大学召开国际交流与合作战略研讨会,探讨了围绕国家"十一五"规划和学校"985工程"二期建设的基本思路,构建新形势下北京大学国际合作与交流的整体发展战略和规划。会议前后,根据常务副校长林建华等校领导的相关指示,校长助理、国际合作部部长李岩松牵头起草了全校性的国际暨港澳台交流合作战略规划,草稿主要执笔人为陈春宝。该文件阐述了北大开展全球交流与合作的使命、目标和策略,具体来讲,主要从办学理念、合作网络、学术交流、人才交流、学生培养、大学治理、校园文化、文化传承、筹资发展、国家战略等十大方面提出了发展策略和实施重点,既体现了战略高度,又具有较强的可操作性。本书收录的是2006年修改编制的文本。本文件的主要参与者有:李岩松、夏红卫、周曼丽、谷雪、陈春宝。执笔人为陈春宝。时任书记闵维方、校长许智宏,主管领导为常务副校长林建华。

导言

北京大学建校一百多年来,秉承"民主科学、兼容并包"的传统,始终站在时代前列和社会发展的前沿,为中国的民族解放和社会进步作出了积极的贡献。在经济全球化浪潮的席卷下,大学的国际竞争越来越激烈,国际交往也越来越频繁。北京大学在新时期的国际交流与合作立足于自身特色和传统,通过强化全球意识,深化改革和开放,提高大学运行能力与办学水平,致力于发展全球化背景下的研究与教育。

使命

坚持面向世界、面向未来,巩固和发展全方位、多层次、宽领域对外开放的格局,为学科建设、教学科研和人才培养服务,为国家的总体外交战略服务。认真研究世界多极化、经济全球化等重大国际问题对国民经济和社会发展带来的机遇和挑战,提出可行的应对良策。

目标

通过拓展国际交流空间,提升国际交流层次,开阔学术视野,把握学科前沿,引进拔尖人才,改革人才培养模式,促进学科建设、教学科研、人才培养和社会服务的全面创新,努力成为国际公认的一流研究型综合大学。

策略

北京大学的全球战略以坚持自身的学科特色、办学理念和人才优势为根本;北京大学致力于发展包括课程、教学、师资、学生、科研、管理等"全方位"的国际合作。

一、增强全球意识,强化国际化的办学理念

北京大学全球战略强调以积极姿态面向世界,在全球的背景下审视自己,要求大学各个方面的人员要具有国际化的思想与观念,即能够以国际的、跨文化的、全球的观念运作大学里的各方面工作。

■ **实施重点**

1. 加强对全球高等教育发展的研究,建立包含国际交流与合作指标的绩效评价体系;

2. 加强和改善国际交流与合作工作委员会的工作,发挥国际交流与合作顾问委员会的决策咨询作用,完善决策机制,提高决策水平。

二、拓展国际交流,建立全球合作网络

要实现创建世界一流大学的目标,参与国际竞争,一定要打破常规实现跨越式发展,开展"强强合作",扬长补短,借助外力发展自己。目前,我校已与50多个国家和地区的220多所大学建立了交流合作关系。未来一段时期,我们需要进一步扩展长期、稳定、有实质性合作项目的校际合作关系,同时积极推动院系级的实质性国际合作与交流。

■ **实施重点**

1. 重新整合具有交流关系的大学与科研机构,发掘合作重点和特色,开展长期、实质合作,建立国际合作的"全球网络";

2. 创新合作模式,拓展合作领域,从签署一般性"交流协议"转移到"项目化"的实质合作,实现工作重心的战略转移;

3. 加强参与大学国际组织与合作联盟的力度与投入,扩大参与收益;

4. 推动院系与海外著名大学或科研机构建立包括师生交流、学术交流和科研合作等的实质性合作关系。

三、加强国际学术交流,推动学科建设与科研创新

在科学研究全球化的背景下,大力推进实质性、高水平的国际科研合作,为北京大学的学者参与国际科学主流的合作与竞争营造良好环境,培养一批具有科学前沿开拓能力和全球竞争能力的科研队伍,大力提升科学研究的自主创新能力和水平,促使更多的科学领域和更多的研究机构进入国际科学前沿。

■ **实施重点**

1. 通过开展合作研究、共建实验室等途径,吸引国外专家、学者参加我校的学科建设工作,促进学术观点、学科体系和科研方法的创新;

2. 加强对院系科研国际合作的指导和支持;

3. 本着"以我为主,为我所用"的原则,积极举办高水平的国际学术会议;

4. 把北京论坛建设成为世界范围内具有重大影响力的、高水平的学术论坛,提升北大学术影响;

5. 加强大师系列讲座建设,邀请国外著名专家、学者来校举办学术报告,掌握国际学术

动态,扩展学术视野;

6. 推动跨学科研究中心、联合实验室的国际合作。

四、开展国际人才交流,促进师资队伍建设

高层次的国际交流为北大在世界范围内选拔高水平学术带头人创造了条件,对学校提高师资水平,改善教师队伍结构发挥积极的作用。通过建立国际化的人才培养、管理与评价体系,北京大学致力于打造一支具有中国特色、北大风格、国际竞争力的师资队伍。

■ **实施重点**

1. 完善和加强"海外学者讲学计划",促进国际学术交流;
2. 加大力度聘用海外杰出人才;
3. 加大力度引进国际高水平的学科团队;
4. 实施"北京大学教师国际学术交流资助计划",选派骨干教师参加国际学术会议和赴海外进修学习;
5. 完善学术休假制度,支持教师参与国际交流;
6. 加大力度引进特聘教授和讲座教授。

五、创新学生培养体系,培养具有国际视野和国际竞争力的人才

开展国际交流是推动人才培养的重要环节。北京大学以培养具有国际视野和国际争力的创新型领导人才为目的,通过形式多样的国际交流活动不断为学生培养体系注入新的内容,使学生素质得到更为全面的锻炼和提高。

■ **实施重点**

1. 加强校际交流项目和联合培养项目的建设;
2. 实施"北京大学学生国际交流资助计划",支持学生参加学术、文化、艺术、体育、社会实践等方面的海外交流,丰富学生海外学习和实习经历;
3. 开展形式多样的国际交流知识、技巧培训,增强学生的国际交往能力;
4. 加强外语授课课程的建设;
5. 举办国际暑期学校,促进国际化课程和教学建设;
6. 提高留学生中高学历生、理工科研究生的比例,努力实现留学生生源的多元化;
7. 加大设立外国留学生奖学金的力度;
8. 加强短期留学的精品项目建设;
9. 加强留学生教育的硬件建设;
10. 加强和改善院系的留学生管理与服务工作。

六、借鉴国外先进经验,提升国际化大学管理水平

随着北京大学国际化程度的不断提高,需要建立一支具备世界眼光、国际理解和管理能力的管理队伍。通过国际交流,为大学管理人员创造更多"走出去"感受和学习的机会,增强他们与国外同行的交流,开阔眼界,学习国外先进的管理经验。

■ **实施重点**

1. 实施"北京大学校务管理人员国际交流资助计划",推动管理人员的国际交流与学习;
2. 开展针对管理人员的国际交流知识和技巧培训,提高国际交往能力和水平;
3. 加强国际交流与合作工作的信息化建设,提高大学运行效率和工作水平。

七、培育多元校园文化,建设国际化和谐校园

北京大学拥有丰富多彩的校园文化传统,多元性是其重要特征之一。努力培育多元的校园文化,为学习、生活在北京大学的各国师生提供了增进了解、加深友谊的交流平台。通过国际性的、跨文化的学术、文化、文娱、体育活动,着力建设一个国际化的和谐校园。

■ **实施重点**

1. 办好北京大学国际文化节等大型活动,促进建设国际化的和谐校园;
2. 支持国际交流类学生社团建设,繁荣国际化校园文化;
3. 以国际化的标准完善校园规划,改善硬件建设,以适应国际交流;
4. 进一步加强"和谐世界"思想的宣传和教育。

八、塑造良好国际形象,积极传播中华文明

伴随着大学国际化程度的提高,各个大学参与全球竞争的压力越来越大。世界范围的高等学校的交流,有助于我们更好地理解世界问题,以及在不同文化和价值观念中共同生存的必要性。在继承大学自身文化传统的前提下,北京大学应更多地参与全球化的竞争,增强国际理解,传播和平、和谐文化的教育理念,塑造良好的国际形象。在21世纪世界多元文化的开放格局中,中华文明只有不断创新,只有注重吸收和借鉴其他民族文化的智慧,才能保持自己的竞争力与生命力。这就要求北京大学及其学者担当起传播中国文化的神圣使命。

■ **实施重点**

1. 加强学校、院系及部门的外文网站和外文宣传资料的建设,形成具有北大特色、符合国际标准的对外形象宣传体系和网络;
2. 主动出击,赴国外大学举办"北京大学日"活动;
3. 建设具有北大特色的孔子学院,积极传播中华文明。

九、积极拓展国际联系,增强国际筹款能力

充分利用北京大学与国际社会各界的联系,促进越来越多的国际工商界名流、社会知名人士对学校的关心和支持,拓宽学校办学资金渠道,增强学校的自我生存、发展能力,缓解办学经费不足的局面。通过设立国际交流与合作基金,支持北京大学教师、学生、管理人员的国际交流,引进国际人才,发展国际合作。

■ **实施重点**

1. 争取国内外基金会、政府和民间机构的资金支持,发展国际交流与合作项目;
2. 设立国际交流与合作基金,并设专人负责具体工作;

3. 进一步做好外国留学生的校友工作。

十、加强港澳台交流，服务国家统战工作和学校建设全局

本着"广交朋友、加深理解、优势互补、携手发展"的宗旨，做好港澳台工作，服务于祖国和平统一大业，服务于港澳的"人心回归"工作。加强与港澳台地区的教育交流与合作，为北京大学港澳台学生学习提供便利。

■ 实施重点

1. 广泛联系各界台胞，深入宣传中央对台方针政策，遏制"台独"，扎扎实实做争取台湾人心的工作，服务祖国和平统一大业；
2. 发挥"文化纽带"作用，加强同港澳台三地的学术、文化、体育、艺术等多方面的交流，加深了解，增进友谊；
3. 发挥"智库"功能，做好面向三地各界的国情培训，提供智力支持；
4. 举办高水平的学术研讨会，共同打造"中国智慧"；
5. 坚持按"保证质量，一视同仁，适当照顾"的原则，搞好港澳台学生工作，培养爱国、爱乡、爱校的创新型领导人才；
6. 进一步加强在港澳台地区的筹款工作；
7. 加强对学校各类港澳台地区交流的归口管理，以形成"合力"。

北京大学创建世界一流大学规划(2003年—2005年)

2002年"985工程"第一期建设顺利完成,为了迎接"985"一期评估、申报"985二期"建设,根据教育部有关指示,北京大学发展规划部结合学校发展实际,在认真总结"985"一期经验,客观分析学校面临的内外部环境和新形势、新任务的基础上,经认真调研论证,制定了《2003—2005年北京大学创建世界一流大学规划》,对未来三年北京大学的发展目标、发展思路和整体工作做出规划,于当年8月21日提交校领导暑期研讨会讨论。为集思广益,做好规划的修订和完善工作,学校在9月份又连续召开6个修订规划专题座谈会,分别邀请各职能部门、院系负责人、发展规划专家及教师代表、工会教代会代表、各民主党派代表和老领导老同志座谈,在全校范围内广泛征求意见,根据大家的意见对《规划》又做了数次修改,六易其稿,经学校学术委员会和校长办公会讨论通过后,于9月29日按要求提前上报教育部。规划分析了学校面临的新环境、新形势和新任务,对未来三年的发展目标、发展思路和整体工作进行了规划,提出了"以队伍建设为核心,以交叉学科为重点,以体制机制改革为动力,推进学术创新平台建设和学校全面发展"的指导思想。本规划是在北京大学创建世界一流大学总体规划框架下制定的阶段性行动计划,是"985工程"二期的实施计划。本书收录的是2002年9月28日修改编制的文本。时任书记闵维方、校长许智宏,起草人员:岳庆平、李强、倪斌、梁枫。

一、前言

根据教育部《面向二十一世纪教育振兴行动计划》和江泽民同志在庆祝北京大学建校一百周年大会上的重要讲话精神,在党和国家的亲切关怀下,1999年,北京大学正式启动创建世界一流大学计划,并集中全校广大师生智慧,制定了《北京大学创建世界一流大学规划》,提出了分两步走,到二十一世纪初叶把北京大学建成世界一流大学的战略构想。创建世界一流大学是北京大学面临的最重大、最难得的历史机遇,是国家赋予北京大学的庄严使命,也是北京大学面向二十一世纪振兴发展的必然选择。三年来,在国家的重点支持下,在教育部的正确领导下,全校广大师生高举邓小平理论伟大旗帜,认真贯彻"三个代表"重要思想,紧紧围绕创建世界一流大学这个中心目标,抓住机遇,深化改革,团结奋斗,有力地推动了学校各项事业的发展,在人才培养、科学研究、学科建设、队伍建设、党建和思想政治工作等方面取得了丰硕的成果,为下一阶段的发展奠定了扎实的基础,也进一步坚定了全校广大师生创建世界一流大学的决心和信心;创建世界一流大学已经成为凝聚北大师生员工共同奋斗、以实现多少代人理想的伟大事业。但是,北京大学深切地认识到,创建世界一流大学是一项需要扎扎实实努力创新的艰巨任务,是一项非常复杂的系统工程,也是一个长期、艰苦的奋斗过程,既要有高瞻远瞩的战略眼光,又要有切实可行的阶段性行动计划。未来三年是北京大学创建世界一流大学的关键历史阶段,是北京大学创建世界一流大学基础性准备阶段的最后三年,也是我国实现第十个五年计划奋斗目标的后三年,如何自觉地使创建世界一流大学的这三年与国家目标相适应,任务繁重而艰巨。本规划是在认真总结"985"一期经验,客观分析学校面临的内外部环境和新形势、新任务的基础上,对未来三年北京大学的发展目标、发展思路和整体工作做出规划,是在北京大学创建世界一流大学总体规划的框架下,对北大阶段性发展规划的细化和落实。

二、三年规划的整体思路和原则

改革是促进教育发展的动力。创建世界一流大学,必须适应新的形势和任务,深化教育改革。"985"一期建设,学校认真贯彻国家关于高等教育"共建、调整、合作、合并"的八字方针,努力组建一个学科更加齐全、结构更加优化、综合实力更强、办学效益更高的新北京大学。2000年4月,原北京大学与原北京医科大学成功实现合并。合并后,校本部和医学部的融合平稳顺利,医学与其他学科的相互交叉显著地促进了高层次人才培养、科研与学科建设,学校的面貌也发生了显著变化。下一阶段,学校将继续高举邓小平理论伟大旗帜,全面贯彻"三个代表"重要思想,坚持解放思想、实事求是的思想路线,发扬与时俱进、开拓创新精神,进一步深化教育改革,推进教育创新,增强办学实力和活力,按照"巩固、深化、提高、发展"的方针,把学校各项改革与发展全面引向深入。"巩固"就是要做好学校布局结构调整的各项后续工作,使学校在新的体制和机制下正常、有序、科学、高效地运转,使教育资源优化组合的效应充分发挥出来;"深化"就是要在已取得成绩的基础上,把学校改革的重点由宏观整体布局调整转向学校内部管理体制的完善,使学校内部管理体制更加适应社会主义市场经济体制和高等教育发展的需要;"提高"就是要搞好学科建设,提高教育质量,提高教学科研水平,为国家提供更多更好的合格人才和科研成果;"发展"就是要与时俱进,加快改革发展的步伐,为创建世界一流大学奠定扎实的基础。

下一阶段,学校要按照江泽民主席"发展要有新思路,改革要有新突破,开放要有新局面"的指示,以创新为灵魂,推进理论创新、科技创新、制度创新和教育创新,实现在创新中发展;要坚持以教育改革和学科建设为核心,以教师队伍和管理队伍建设为关键,以学校的管理体制改革为突破口,以推进科技成果转化、多渠道筹资办学、增强经济实力为后盾,以加强和改进党的建设和思想政治工作为保证,全面提高教学科研水平,全面提高管理服务水平。为此,我们应当坚持这样一些重要原则:

第一,认真贯彻落实科教兴国的战略部署,坚持教育的改革和发展应与社会发展紧密结合,符合国家对人才的要求,为社会主义现代化建设提供各类人才支持和知识贡献。

第二,发挥现代大学的功能。高等教育发展的核心是学术和人才。北大要以培养人才为中心,开展高水平的科学研究,提供优质高效的社会服务,为中华民族的伟大复兴作出自己应有的贡献。

第三,走以内涵发展为主的道路。按照规模、结构、质量内在统一、相互协调的原则,把社会发展的需要和本校的客观实际结合起来,控制规模,优化结构,保证质量,提高效益。

第四,求真务实,扎扎实实打基础,未来三年,要真抓实干,认真完成基础性准备阶段的各项任务,为第二阶段的关键性起飞打下坚实基础。

第五,正确处理改革、发展、稳定的关系。发展是硬道理,是解决问题的关键。改革是促进发展的动力。稳定是改革和发展的保证。要正确处理三者之间关系,努力加快发展步伐。

第六,与"211工程"紧密结合,统一规划,相互促进。要做好"985"二期与"211工程"二期建设的衔接工作,做到统一规划,各有侧重,避免重复,相互促进,相得益彰。

第七,坚持有所为,有所不为,择优扶重,重点突破的原则。始终瞄准国际先进水平,加大国际合作力度,扬长避短,办出特色。

三、三年规划的总体目标和任务

2003年至2005年,是北京大学创建世界一流大学的基础性准备阶段的最后三年。在此阶段内,学校建设的总体目标是:进一步深化教学改革,基本完成学科整合,使北京大学成为包括人文科学、社会科学、管理科学、教育科学、自然科学、技术科学、工程科学、医学科学等学科门类齐全、结构合理的综合性大学;教学改革取得重大进展,本科生和研究生的教育培养质量进一步提高;在科学研究以及高新技术成果转化、产业化方面取得若干标志性的成果,甚至有所突破;通过大规模新老交替过程,一支高水平的学术队伍初具规模;符合现代科学技术和高等教育发展规律的管理体制、运行机制、管理手段和管理队伍基本形成;办学条件有较大改善,教职员工的生活待遇有进一步提高,学生的学习生活条件有明显改善,对外交流与合作进一步拓展,在国际上的影响更加扩大。

为此,将努力完成以下主要任务:

1. 认真抓好学科建设这个核心,进一步完善我校的学科布局,优化学科结构,深化教学改革,全面提高教学科研水平,争取在较短的时间内使我校若干优势学科接近或达到世界先进水平,使培养高素质、创新人才的实力大大增强,同时积极促进和扶持高新技术成果转化。

2. 根据国家社会经济和科技发展的需求,充分发挥学科综合优势,进一步推进理科、文科与医学等方面的学科融合,促进交叉学科和新学科生长点的发展,更大限度地满足国家对高水平自然技术科学、人文社会科学和医学科学人才及成果的需要。

3. 牢牢抓住队伍建设这个关键,进一步深化人事制度的改革,尽快建设一支世界一流的学术队伍,一流的学校管理队伍,一流的实验技术队伍和一流的后勤保障队伍。

4. 不断增强办学实力,多渠道筹措办学经费,开源节流,优化资源配置,强化资源管理,规范经济行为,提高办学效益,为世界一流大学的建设奠定坚实的物质基础。

5. 按照国家的部署,进一步完善公共服务体系、基础设施和学生公寓、教师公寓建设,改善师生生活条件,为教学科研提供强有力的支撑环境。

6. 抓好党的建设和思想政治工作,按照党的十五届六中全会关于"八个坚持、八个反对"的要求,认真改进思想作风、学风、工作作风和领导作风,建设一支政治坚定、作风正派、爱岗敬业、廉洁奉公的党政干部队伍;使北大的党组织永葆生机与活力,为学校的改革与发展,为创建世界一流大学提供坚强的政治保证。

7. 进一步提高政治敏锐性,增强政治意识和大局意识,正确处理改革、发展与稳定的关系,切实做好学校的稳定工作。

8. 进一步优化育人环境,全面推进素质教育。要牢固树立"教书育人、服务育人、管理育人"的思想,不断优化育人环境,以培养学生的创新精神和实践能力为重点,全面推进素质教育,使广大学生成长为"有理想、有道德、有文化、有纪律"、德智体美等全面发展的社会主义事业建设者和接班人。

要进一步做好邓小平理论和"三个代表"重要思想进课堂、进教材、进学生头脑的工作,教育和引导广大师生,自觉高举邓小平理论伟大旗帜,认真实践"三个代表"重要思想,为创建世界一流大学而共同奋斗。

此外,学校还将积极推进国内外的交流与合作,在交流与合作中争取资源,发挥作用,增强实力,扩大影响。关于同中国地质大学(北京)、北京航空航天大学、清华大学等兄弟院校和中国科学院等科研院所的进一步合作或联合办学问题要有更多实质性进展,在深化教育改革,增强办学活力,推进知识创新工程等方面迈出更大的步伐。

总之,未来三年,我们要脚踏实地地完成创建世界一流大学基础性准备阶段的各项工作,为第二阶段关键性起飞奠定扎实的基础。

四、学科规划

4.1 深化教学改革,培养高素质创造性人才

人才培养是学校的根本任务,教学是学校第一位的工作,学校的一切工作、一切人员都应当面向学生,为培养人才服务。要高度重视教学工作,不断深化以课程体系建设为核心的教学改革,大力推进教育创新,努力为培养高素质创造性人才创造条件。

4.1.1 本科生培养

北京大学本科教育教学改革的基本思路是:在"加强基础、淡化专业、因材施教、分流培养"的教改方针指导下,按照"培养知识结构合理,创新意识强烈,适应能力强的高素质人才"的教育理念,在低年级实行通识教育和基础教育,在高年级实行宽口径的专业教育,逐步实行教学计划和导师指导下的学生自由选课学分制。

进一步深化教育教学改革将遵循以下一些重要原则:

(1) 专业教育与通识教育紧密结合

(2) 教学与科研紧密结合

(3) 教师的教学积极性与学生的学习积极性紧密结合

(4) 教学的严格管理与学生的自主选课紧密结合

(5) 专业教育与综合素质教育紧密结合

今后三年,将以课程体系建设为核心,稳步深化教学改革:

1. 元培计划

以前校长蔡元培先生的名字命名的教学改革计划——"元培计划",是全面实践低年级通识教育、高年级宽口径专业教育的教育理念的新探索和尝试。其核心内容,一是突出本科教育在整个高等教育的基础地位;二是进行本科生学习制度的根本改革,把现有的学年学分制度改为教学计划和导师指导下的学生自由选课学分制。

下一阶段,学校将在认真总结经验的基础上,继续推进本科生教育制度的改革。有计划地扩大"元培计划"试验班的规模,逐步实行不分专业招生,学生进校时只按文、理分类,预计到2005年,实现"元培实验班"在校生1000人的规模。

在教学管理上,扩大教学计划和导师指导下的自由选课制度,文、理、医各院系的优秀教师组成学习指导委员会,指导学生选择合适的专业方向、课程体系,并在学习方法、专业思想教育和就业咨询等方面对学生进行指导。

在全校范围推行按院系或学科大类招生,低年级按院系或学科大类打通培养,高年级进

行专业分流(含转院系),修订教学计划("元培计划"的过渡性教学计划),为在全校实践"元培计划"的办学理念和推广"元培计划"实验班的经验打下基础。同时积极准备条件,为明年开设暑期课程做好准备。

2. 通选课建设

通选课从 2000 年秋季开设以来,规模已从最初的一学期 30 余门发展到 130 门。今明两年,学校将召开第三、第四次通选课建设会议,计划到 2003 年 9 月,每学年全校通选课规模达到 200 门左右,其中重点建设 100 门左右精品通选课;计划到 2005 年,精品通选课达到 150 门,涵盖数学、物理、化学、力学、地球科学、空间科学、环境科学、生命科学、信息科学、政治学、法学、经济学、社会学、哲学、心理学、历史学、教育学、语言学、文学和艺术等学科,推动知名教授和优秀教师建设和承担通选课,使通选课走向规范运转的轨道。

为加强通选课建设,在"985"计划一期经费支持下,已为部分通选课、主干基础课教师配备了 100 台笔记本电脑,为进一步加强通选课建设,学校将继续加大投入力度,加强这些课程的资助强度,鼓励和促进教学手段的现代化和信息化。

3. 主干基础课建设

本科基础课是保证本科教学质量的核心。为鼓励教学效果好、科研经验丰富的优秀教师承担基础课,从 1998 年起,学校实行主干基础课制度,确定了 300 多门主干基础课程。目前,北京大学 70% 的教授承担本科课程,其中 50% 的教授讲授本科基础课。主干基础课制度是北京大学培养高素质创造性人才的基础。

北京大学将继续采取课程建设立项的办法加强名牌课程建设,探索提高教学水平的新途径、新机制,促使我校基础课程建设和教学水平再上新台阶。同时加大对优秀课程(含国家名牌课程项目)的评审、支持和经验推广力度。

4. 基础科学研究和教学人才培养基地建设

我校共有基础科学人才培养基地 15 个,文、史、哲和物理学四个基地已通过国家验收评估,均被评为优秀人才培养基地(其中,物理学人才基地已正式挂牌)。下一阶段,要加强基地建设,认真准备教育部对我校其他理科人才基地和全国文化素质教育基地的评估。通过基地建设,加强对教师的培训和教学研究,提高基地建设的水平。

5. 教材建设

目前,北京大学国家"十五"规划教材立项教材共 125 种,北京市精品教材立项 66 种,反映了我校教材建设的潜力,也是国家对我们的期望和赋予我们的重要任务。未来三年,要花大力气,加大投入,努力建设更多的高质量教材。

6. 本科生科研、实习和实践教学

建立"校长本科生科研基金",与其他渠道赞助的学生科研基金一起,支持学生在导师指导下提出的有重要意义的研究课题;继续鼓励有条件的课题组吸收学生参加科研,认真抓好本科生毕业论文和学年论文,社会实践和课外发明创造性实践活动。

7. 教学教务管理

随着教学改革的深化,认真研究和推进教学教务管理办法的修订,使北京大学的教学教务管理工作既规范、严格,又体现育人成才的观念。

8. 教室建设

由于学生自由选课和医学部长学制教育的推行,未来几年,教室需求量将大大增加。为配合教学改革,要加强和加快对学校教学设施的规划和建设。

4.1.2 研究生培养

研究生的培养质量和水平是大学教育和科学研究综合实力的体现,是评估一所大学在全国乃至世界排名的最重要指标之一。

我校研究生教育工作的目标是:建立有效机制,抓好培养环节,规范管理制度,为国家培养基础扎实、富有创新精神的优秀人才。

未来三年,我校研究生教育的基本思路是"提高质量,控制规模,理顺体制,优化结构"。

根据以上定位、目标和基本思路,我们拟从以下几方面推进研究生培养工作:

1. 理顺管理体制

从建设研究型大学的长远发展看,随着本科生的教学管理向"本科学院"转移,院系的研究生教育和教学管理职能应当进一步加强,逐步形成学校(研究生院)的宏观管理和院系的微观管理两个层次。研究生院将主要负责调控规模与结构、管理学籍与教务、整合学科、分配资源,等等;在招生、培养和学位授予等环节,重点在制度建设、规范设置、方案实施和质量保障等方面提出原则性的指导意见,并负责调查研究、监督和检查各院系的研究生工作,督促各学科的导师不断提高培养质量,促使原创性人才和成果的产出。院、系(所、中心)是落实研究生培养任务的基本单位,也是实现培养目标的主要力量。学校将逐步扩大各院系在招生、培养、课程建设、科研参与和论文质量等方面的自主权(化学、物理、数学和中文等院系已试行),院系将负责加强研究生的教学、管理和思想政治工作,还应担负导师队伍的建设,包括师德学风、导师资格认定和岗位培训等责任。

2. 深化教育改革

(1) 研究生学制改革

我们与世界一流大学的主要差距之一在于博士生培养质量。目前,我们的研究生教育把硕士、博士研究生分为两个相对隔绝的阶段,硕士与博士两个阶段都只有三年时间,从事科研的时间很短,这种体制不利于对研究生进行系统教育和开展具有挑战性的研究课题。

为改变这种状况,在国家现行规定允许的范围内,北京大学将把研究生教育分为学术研究型(Academic Studies)和职业训练型(Professional Training),并据此建立不同的学制和培养模式。

对学术研究型的基础学科,要逐步将学校的主要教育资源更多地用于博士研究生培养,逐步扩大直接攻读博士生和硕博连读生的数量,实行5—6年贯通的博士学制,以提高博士研究生的质量和数量;同时,减少基础学科的硕士生数量。

对主要目标是培养应用型人才的职业训练型学科,仍实行硕士和博士两段学制。其中一些学科可以实行两年制硕士,如MBA、EMBA、MPA、法律硕士、工程硕士等专业学位教育。

今后三年将逐步向新学制过渡,努力提高博士论文的整体水平,使北大在高层次人才的培养方面上一个新的台阶。

(2) 修订培养方案,完善学术规范

随着学制的调整,学校将进一步修订现有研究生教学计划与培养方案,特别是5—6年制的博士生教学计划和培养方案。鼓励研究生的跨学科培养。各院系可以根据学科特点,建立科学的人才培养模式。研究生培养方案要遵循教育规律,注重知识建构的"广博"和"精深",注意不同专业和研究方向研究生的个性化培养。

此外，要加强研究生学风和学术规范的教育，进一步完善学校科学研究学术规范。

（3）调整课程体系，加强课程建设

硕士生与博士生的政治理论课，作为北京大学研究生必修的公共基础课，博士生应在综合（资格）考试前、硕士生应在第一学年结束前，修满政治理论课学分。

公共外语课改为选修课，设立水平考试，从过程管理改为目标管理（具体实施方案已经颁行）。对博士生第二外语的学分要求，由各学科的学位分会决定。

加强外语的实用性教学，各培养单位应结合本学科的特点与需要，可开设口语、写作和专业外语课，并规定相应的学分（医学部、国际关系学院、光华管理学院已试行）。

各培养单位应进一步梳理和规范专业课程体系，确定专业学位授予所必修的专业基础课（层次高于本科教育的专业基础课）和专业选修课。同时应注意加强本学科和相关学科的学术史、学术前沿的研讨课的建设。改进教学方法，师生互动，教学相长。教学中应注重研究生的素质培养，在加强基础的同时，注意把握学科的前沿领域、专业技能，增强研究生学术表达能力和在交叉学科开展科学研究的能力。

为促进跨学科的人才培养，5—6年制博士生一般应在其他二级学科至少选修2门或以上课程，应在其他一级学科选修1门或以上的课程。学校支持有条件的院系和研究中心跨学科培养硕士博士人才，并推动建立跨学科的公共课程体系。

（4）完善博士生综合考试

综合考试是博士生的资格考试，只有通过考试的研究生才能进行学位论文研究和申请博士学位。资格考试实行三分之一票否决制以加强博士生质量控制。

3. 提高学位论文质量

（1）博士生在学期间一般应至少发表两篇学术论文。其中理科博士生应发表一篇或以上SCI收录的文章，工科和应用学科博士生应发表一篇或以上EI收录的文章。人文社科博士生也应相应地在核心刊物或重要刊物上发表两篇或以上的研究论文。有关学部应尽快审订核心刊物目录。

（2）进一步规范学位论文的选题报告。报告应包括选题意义、学术史及文献综述、拟解决的问题、拟采用的理论与方法（实验手段）、拟依据的资料与数据等，保证博士论文有较高的起点和扎实的基础。

（3）抓好论文进展的阶段性报告和预答辩等环节，跟踪检查质量。

（4）进一步完善研究生学位论文评阅和答辩的科学、公正评价体系，继续坚持博士学位论文匿名评阅和导师回避制度。各院系应严格按照学校规定，完善同行专家库的建设，认真组织学位论文的评阅及答辩事宜。

4. 加强激励机制

资源将继续向学术研究型的研究生倾斜，为他们提供良好的学习、科研和生活条件，使其能够集中精力进行学习和研究，努力吸引优秀生源，从整体上提高招生质量。为此，学校将调动各方面资源，整合各类奖学金，完善研究生的"助教、助研、助管"制度。

配合国家实行的研究生收费制，制订和实施研究生导师培养基金制和学分计费制。

未来三年中，要加强研究生课程建设的支持和资助，并择优支持一些博士学位论文写作和出版。激励研究生完成高水平的学术作品。

5. 整合学科布局

全校现有一级学科博士学位授权点26个,二级学科博士学位授权点155个(其中全国重点学科81个,北京市重点学科5个)。还有硕士学位授权点180多个。在下一步的学科点建设中,将根据国家经济建设、社会发展和科技进步的需要,支持重点,发挥优势,调整布局。注意扶持新兴学科、交叉学科和国家急需的学科点。学校将根据院系调整的进展,进一步整合学位评定分委员会,强化学术组织在学科点建设和学位教育方面的功能。还将积极支持建立跨行政单位的人才培养与科研机制,鼓励跨学科研究机构以学科交叉培养的方式造就新的复合型人才。

6. 优化导师队伍

全校现有博士生导师907人,其中正在招生的有623人,硕士导师近2000人。未来三年导师队伍建设的重点为:

(1) 继承发扬北大的优良传统和学风,严肃学术规范。

(2) 加强导师队伍建设和人才引进力度,提高导师队伍的整体水平。

(3) 优化导师队伍的学历结构,坚持新聘博导本身应有博士学位或相应学术成果等一般原则。

7. 加强深圳研究生院工作,确保研究生培养质量。

4.1.3 成人、继续教育

未来三年,成人、继续教育改革、发展的总体指导思想是"控制规模,调整结构,提升层次,提高质量,重点发展高层次的大学后继续教育,积极、稳步发展现代远程教育,努力为建设与世界一流大学相称的成人、继续教育新体制奠定必要的基础"。贯彻这一指导思想的具体方案是:

1. 严格控制成人学历教育招生规模,注重成人学历教育教学质量的提高

夜大学、成人脱产班等成人学历教育,校本部每年招生数控制在3500人左右,医学部每年招生数控制在1560人左右,2005年全校成人学历教育在校生规模维持在现有水平。

2. 积极调整成人学历教育的科类、层次、教育模式,不断提高办学层次

要密切注意社会需求的变化情况,支持短线专业发展,控制长线专业招生数量;鼓励在新兴交叉学科、边缘学科、应用学科、技术学科开设新专业,使成人、继续教育在为社会培养急需的专业人才方面作出应有的贡献。

层次结构调整主要任务是逐步减少、取消专科,稳定本科教育(高中起点本科和大专起点本科),发展大学后继续教育,努力提高办学层次。到2005年,除个别专业必须保留少数专科外,其他成人学历教育不再招收专科生。

教育模式的调整重点是改革传统的教育手段和方式,在成人脱产班、夜大学办学形式中努力推行现代远程教育手段,同时利用现代远程教育手段改造函授教育,在未来三年里把所有函授站都改造成为现代远程教育教学中心。

设点布局的调整重点向西部、边远、少数民族地区倾斜,在保证生源质量和办学层次不断提高的基础上,为这些地区培养急需的专业人才,为西部大开发战略的实施作出贡献。

3. 积极发展现代远程教育,推动成人、继续教育的现代化进程

积极稳步推动现代远程教育,不断实践和总结经验,努力提高教学课件的质量和水平。应适当控制规模,加强教学环节,提高教学质量,除学校已签订了协议、必须承担的系统委托

培养的学历招生任务外,到2005年校本部现代远程学历教育招生规模控制在4000～5000人左右,医学部控制在2600～3000人左右。并积极利用远程教育手段开展高层次的大学后继续教育。

4. 重点发展高层次的大学后继续教育,更新知识结构,提高技术、管理人员的水平和素质

高层次的大学后继续教育是把北京大学优势的教育资源向社会辐射、延伸,并主动作用于社会发展进步的重要方式,是我校教育水平、层次、质量的重要标识和教育事业发展充满活力的体现。高层次的大学后继续教育可以在"培养创造性人才"、推动"高新科技成果向现实生产力转化",促进"民族优秀文化与世界先进文明成果交流"方面发挥重要作用。发展高层次的大学后继续教育是"十五"期间我校成人、继续教育工作的重点,要采取得力措施予以保证。

（1）要尽快解决国内访问学者、进修教师、高层次继续研讨班来校研修期间的生活条件问题,克服制约高层次继续教育发展的"颈口"现象,为发展高层次继续教育创造条件。

（2）接收国内高层次的访问学者、进修教师。根据我校可能提供的支持条件及我校重点学科、重点实验室多的实际情况,未来三年我校接收国内访问学者、进修教师的人数将有所增加,校本部每年拟接收的人数为500人次。医学部拟接收访问学者、进修教师及医务工作者进修生人数为1300人。同时注意接收具有副高级以上职称的国内访问学者,适当控制单科进修教师的比例。

（3）围绕着学科前沿问题积极组织高级研讨班、研修班,改善各类高级技术和高级管理人才的知识结构。要发挥我校学科齐全、重点学科多的优势条件,组织多学科协作配合,举办一些跨学科、专业的、综合性较强的高级研修班、研讨班,以培养各类高级管理人员。

未来三年校本部各类高级研讨班、研修班每年拟培训6000人次,医学部拟培训8000人次(含医学院校、各中级以上医院的住院医师、主治医师培训等医学继续教育项目),其他各类短期培训可根据社会需求和学校的实际适当举办。

5. 适应加入WTO后的新形势,加强成人、继续教育领域的国际合作与交流

（1）努力通过现代远程教育手段,沟通与世界著名大学的联系,引进优秀课程,并把我校的优秀课程推向世界,架起优秀民族文化和文明成果交流的桥梁,改善我校成人、继续教育的课程体系。

（2）加强与国外著名大学、科研机构合作,开办高层次的大学后继续教育高级研修班、研讨班。采取"请进来,走出去"的办法,为社会培养综合性、跨学科专业、国际化高级管理人才和学术骨干,推进成人、继续教育的国际化进程。

此外,学校将召开成人、继续教育工作会议,进一步理顺成人、继续教育的管理体制,使学校成人、继续教育工作在2～3年内逐步走向规范化。

4.2 优化育人环境,全面推进素质教育

要牢固树立"教书育人、服务育人、管理育人"的思想,优化育人环境,全面推进素质教育,以培养学生的创新精神和实践能力为重点,使他们成为"有理想、有道德、有文化、有纪律"、德智体美等全面发展的社会主义事业建设者和接班人。

1. 始终把德育放在首位,切实加强对学生的思想政治教育、品德教育、纪律教育、法制教育,引导学生树立科学的世界观、人生观和价值观。使学生做到"坚持学习科学文化与加强思想修养的统一,坚持学习书本知识与投身社会实践的统一,坚持实现自身价值与服务祖

国人民的统一,坚持树立远大理想与进行艰苦奋斗的统一",树立为建设有中国特色社会主义而奋斗的政治方向和为人民服务的价值取向。

2. 大力培养学生的创新精神和创新能力,提高学生的现代科学素质与国际化视野。鼓励学生参与科研活动,改善学生的课外学习与科研环境,加强对外交流,为学生创造更多的对外交流机会;鼓励学生更多地接触社会,参加社会实践。不断加强以"挑战杯"为核心的学生课外科研活动,鼓励学生在学习和继承人类已经创造的优秀文明成果的基础上勇于突破成规,在发现和创造新知识方面敢于独辟蹊径。

3. 进一步加强大学生文化素质教育,发挥多学科优势,培养学生的科学精神和人文精神。树立"健康第一"的思想观念,贯彻北京大学"特色体育"的教学目标,着眼于全面提高学生的身心素质,形成有北大特色的公共体育教育体系。要继续加强对学生的美育和艺术教育,不断提高学生艺术修养和审美情趣,促进学生的全面发展。在开展群众性体育、文艺活动的同时,建设高水平的体育运动队和学生艺术团。

4. 要大力加强校园文化建设。长期以来,北京大学校园文化建设以马克思列宁主义、毛泽东思想、邓小平理论为指导,以培养和造就高素质的创造性人才为目标,继承中华民族优秀文化,汲取世界先进文明成果,发扬北京大学的光荣传统,为创建世界一流大学提供强大的思想保证和精神动力。要以"三个代表"重要思想为指导,继续加强以"政治文化建设为灵魂、以道德文化建设为基础,以学术文化建设为核心,以文体文化建设为重要组成部分,以社团文化建设为有益补充"的校园文化体系建设,形成健康、向上、丰富、多彩,既有多样化又有主旋律,既有多层次又有高品位,既反映高校共性又体现北大特色的浓郁的校园文化氛围。

5. 要大力加强学校的学风建设,坚持严谨而不保守,活跃而不轻浮,锐意创新而不哗众取宠,追求真理而不追逐名利,甘于寂寞,淡泊名利,力戒浮躁,潜心钻研,多思慎思,注重学术积累;要厚积薄发,清除赝品,拒绝平庸,要坚持"百花齐放,百家争鸣"的方针,努力营造相对自由、宽松和激励创新的学术环境氛围。

6. 要大力加强师德师风建设。使教师不但成为传授知识的"经师",更要做善于育人的"人师",努力做到江泽民同志提出的"志存高远、爱国敬业""为人师表、教书育人""严谨笃学、与时俱进",以自己良好的思想和道德风范去影响和培养学生。设置北京大学教师最高奖"蔡元培奖",并于2003年开始颁奖。

7. 适应社会主义市场经济发展的新形势与学校体制改革的新特点,建设全方位的、适合北大特点的学生服务体系。要大力加强和改进学生勤工助学中心、学生就业指导中心、大学生心理咨询中心的工作,构建全方位的、面向学生的服务体系,认真落实"大学生素质教育拓展计划",不断优化综合育人环境,为学生的全面成才创造条件。

4.3 完善学科布局,优化学科结构

实施"985"计划以来,北京大学根据国家科技、社会发展的需要,借鉴世界一流大学的先进经验,在稳步提高基础学科水平的同时,着重发展了一批国家和社会急需的应用性学科,组建和新成立了一批学院和一批跨学科的教学与科学研究中心,学科整体实力极大增强。未来三年,北大将进一步完善学科布局,优化学科结构。

我校学科建设的总体布局是:在学术思想不断创新的基础上,发扬基础学科的传统优势,瞄准学科前沿,建成一批公认的具有国际水平的基础学科,使其成为促进其他学科发展的强大源头;加强对现有应用学科、技术学科和新型工程学科的支持和整合;有选择地重点发展一些新兴的边缘学科、交叉学科,适当增加一些国家急需的应用学科、高新技术和工程学科,从而增强培养高素质创新人才的实力,提高为国家发展作出贡献的能力,积累迎接世界科技革命挑战的潜力。

为此,北京大学在学科建设中将十分重视二十一世纪前沿科学领域的发展,把信息科学、生物医学、新材料科学、环境科学、地球与空间科学及国家经济与社会发展的重大人文、社会科学研究领域等作为学科建设中重点支持的研究方向。

北京大学在学科建设中将十分关注学科在高度分化基础上的交叉与综合,把学科的整合与新生长点的孕育创新作为学科建设工作的主要着眼点,注意学科的鲜明特色和互补性,建设学科群的"行列式"体系,即以性质相近的学科组成学院,统筹教学、科研、科技开发与社会服务,形成学科的"栋";以重要的综合科学任务为纽带,组成横向联系的学科群,一般以研究中心形式组成"梁"。

根据以上考虑,学校已建20余个学院:

法学院、教育学院、政府管理学院、马克思主义学院、外国语学院、光华管理学院、经济学院、国际关系学院、考古文博学院、新闻与传播学院、对外汉语教育学院、数学学院、物理学院、化学与分子工程学院、生命科学学院、地球与空间科学学院、信息科学技术学院、环境学院、临床医学学院、基础医学学院、药学院、公共卫生学院、口腔医学学院和护理学院等。

同时建立跨学科的学科群及研究中心,如:

中国传统文化学科群、经济学与市场经济学学科群、世界文化与跨文化研究学科群、建设有中国特色社会主义理论学科群、新功能材料学科群、生命科学学科群、生物医学学科群、地球科学与资源环境学科群、电子信息科学与技术学科群等。

生物医学与理科跨学科中心、高性能科学计算中心、脑与认知科学研究中心、计算生物学研究中心、纳米科学与技术研究中心、言语与听觉研究中心、北京核磁共振研究中心、卫生政策与管理研究中心、国学研究院、美国研究中心、欧洲研究中心、亚太研究院等。

此外,对于并非国家大量急需,但从国家长远或后备需要也是必不可少的稀缺专业,我校将采取适当保护措施使其稳定提高,如希伯来语、历史地理等。

1. 理科学科建设

北京大学理科学科在国内具有很强的优势,现有博士点63个,其中国家重点学科35个,至2002年9月有院士58人,长江特聘教授和讲座教授51人,国家杰出青年基金获得者54人,都居全国之首。

在"985"二期建设中,为了切实贯彻"上质量,上水平"的宗旨,理科学科建设将以重点学科建设为核心,坚持高标准,突出重点,发挥优势与特色,使北京大学有一批学科及学科的重要研究领域跨入世界先进行列。为此,将根据以下几项具体原则来确定重点学科建设的重点。

(1) 学科基础好水平高,在"985"二期经过建设能接近或达到世界先进水平的学科或在若干重要领域能达到世界先进水平的学科。

(2) "十五"期间承担国家重大项目(包括973项目、863项目、国家重大攻关项目、国防重点项目、基金重大项目)并预期能取得重要标志性成果的学科。

(3) 面向二十一世纪,根据国家和科技发展的需求,必须建设与发展的新兴学科及交叉学科。

(4) 预期未来三年能将科研成果转化形成高新技术产业的学科。

2. 文科学科建设

文科的研究要继续保持并力争扩大领先的优势,要站在江泽民同志提出"四个同等重要"的高度充分认识人文社会科学的重要性,在切实加强基础理论研究的同时,注重把改革开放和现代化进程中的重大理论和实践问题作为主攻方向,努力对全局性、战略性、前瞻性的重大课题作出科学的理论回答,加强综合研究,为"两个文明"建设服务,为党和国家的决策服务。

在研究和解决重大课题的过程中推动人文社会科学各学科的发展;要不断增强创新意识,按照"三个代表"的要求不断推进理论创新、制度创新、科技创新和教育创新,积极探索有中国特色社会主义政治、经济、文化发展的规律,不断产生重大的思想文化成果。在大力加强各门传统学科研究的同时,要大力加强对新兴学科和交叉学科的研究,积极发展跨学科的电子刊物,要不断加强各门学科的理论和体系建设,关注和追赶科学技术的发展,善于从科学技术的最新成果中汲取营养,尤其要加强对信息技术等先进手段的运用,不断提高研究和认识水平,努力担负起认识世界、传承文明、创新理论、咨政育人和服务社会的职责。

要坚持在人文社会科学领域实施若干具有重大意义和影响的专项计划和工程,大力开展"马克思主义中国化发展历程与三个代表"研究、中华文明史研究、东方学综合研究以及"中国司法制度及其改革"问题研究、"转型经济"问题研究、中国经济中长期增长的发展战略研究、优秀古代经典的现代注释研究。建设高水平且易于推广应用的 MBA 案例库、法规与案例数据库、政府决策模型,组织开展"世纪之交的中国社会变迁"若干重大问题综合调查研究、"十五"期间"国家贫困地区义务教育工程"的调研等,出版一系列学术专著、研究报告,取得文科学科建设标志性成果。

要多渠道筹措人文社会科学的科研经费,逐步从"申报项目型"向"社会需求型"转变。在继续保持积极向教育部及其他有关政府部门申报项目的同时,重视面向社会、地方政府、各区域市场、各企事业单位、民间团体及海外机构申请科研经费。提倡两个"80∶20 比例":即政、经、法、国关、新闻、信管等以向社会申请经费为主,申请经费应占研究经费总数的 80% 左右,向国家申请项目经费占 20% 左右;文、史、哲、考古、教育、艺术类科研项目,以向国家申请为主,应占研究经费总数的 80% 左右,向社会申请项目经费占 20% 左右。

3. 医学学科建设

医学学科建设要坚持以重大研究项目促进学科发展的原则,以研究中心为平台,以重点学科为基础,推动相关学科快速发展。在此基础上,调动学院的积极性,投入必要资源,推动弱势学科的发展,以保证生物医学学科整体发展水平,并提高教育水平和质量。

继续支持疾病基因研究中心、干细胞应用研究中心、中医药现代化研究中心、心血管研究中心、神经科学研究中心、肿瘤学研究中心和器官移植中心的相关课题的研究与发展,形成学科发展的领军方阵。

继续加强生物医学跨学科发展中心的工作,进一步促进文、理、工、医的融合,在创新和发展的前提下,不断推出新的学科项目和学科增长点。

根据重点学科的实际情况,在不同程度上支持 20 个国家重点学科的发展,大力推动重点学科中优势项目的发展,强调学科联合,优势互补,资源共享,形成合力,带动重点学科的整体发展。

支持具有极大发展前途的已形成优势的重大科学问题的研究,如:衰老问题及老年性疾病的研究,药理毒理的研究,预防药学的研究等。建立必要机制,随时发现并且评价这类研究并给予支持,在时机成熟时以这些研究作为骨干项目建立研究中心,带动相关学科的整体发展。

大力推动临床学科的快速发展,努力促进基础与临床的结合。

尽快建立北京大学循证医学中心,推动临床循证研究工作,提高临床研究水平和质量。加大对临床学科新技术和新疗法应用的支持,提倡源头创新精神,推动临床应用学科的发展。在临床学科发展中间要特别强调学科联合、优势互补和资源共享。

根据学校学科整体发展的需要,也根据教育发展的需要,在学院层面上启动对弱势学科的扶持。同时也要特别注意投入必要的资源挽救一批学校必需的学科。

建立学科发展科学的评价体系,强化学科发展的管理,提高学科发展的管理水平和效率。

4.4 支持重点学科,发展优势学科,鼓励新兴学科

根据上述学校建设的目标及学科建设的整体布局,我校将重点建设新批准的81个国家重点学科(计划建设的重点学科见附件1),并在其中选择若干"重中之重",使其率先达到国际先进水平,同时积极鼓励学科交叉,充分利用北大多学科的优势,大力促进文科、理科、工科和医科的交叉与融合,计划再支持一批国家急需、符合经济、社会、科技发展需要的新兴学科及交叉学科,使这些学科在高层次人才培养和科学研究水平上达到或接近世界先进水平。

学科建设一定要坚持"有所为,有所不为,择优扶重,重点突破"的原则。未来三年,学校将集中精力,抓住一批校级重点,以这些重点学科为龙头,带动学校全面重点学科建设,对这次评审通过为重点学科的专业将给予必要的配套支持。同时建立健全科学的评估体系和评估制度,根据国际学科前沿发展趋势,对那些经过努力建设,在近期能够达到或接近世界先进水平的重点学科加强支持力度,给以专项支持。力争建成若干具有国际一流水平的优势学科。为鼓励新兴学科和交叉学科,学校将对新组建的学院、新兴学科及交叉学科的研究中心给予必要的经费支持,促进其发展,计划投入2亿元经费加以支持。

理科在保持和发扬35个重点学科优势的基础上,根据国家需要和我校学科实际,重点支持数学、物理、化学学科以及生命科学学科群、信息科学与技术学科群、环境与地球系统学科群,力争尽快产生一批标志性成果(详见附件2),未来三年,理科科研经费争取达到12亿元人民币。

文科在保持和发扬29个重点学科优势的基础上,根据国家需要和北京大学学科实际,把人口学、金融学、西方经济学、企业管理、宗教学、法语语言文学、亚非语言文学等学科建设成新的重点学科,组成中国传统文化学科群、经济学与经济管理学科群、民主法制建设学科群、社会可持续发展学科群、建设有中国特色社会主义理论学科群、外国语言文化学科群。通过重点建设,使这些学科和学科群在高层次人才培养和科学研究水平上达到或接近世界先进水平,力争取得一批突破性的重大研究成果(详见附件3),继续保持国内领先水平,逐步达到世界先进水平。未来三年,文科科研经费争取达到1亿元人民币。

医学学科建设以20个国家重点学科为依托,以1个国家重点实验室、2个教育部重点实验室和8个卫生部重点实验室为平台,选择具有优势和特色、有重大发展前景、对建设世界一流大学的人体生命科学和医药卫生科学有较大推动作用的科学问题为导向,组织优势学

科群,进行重点建设。通过重点建设,促进基础医学与临床医学、医和药、防和治相结合,促进生物医学与数学、物理、化学、力学、电子学等多学科的交叉,促进学科建设形成新的生长点。争取在人体干细胞工程研究与应用、疾病基因学、免疫学、神经生物学、肿瘤学、口腔医学、循证医学、心血管疾病的基础与临床、运动系功能修复与疾病防治、新药研究与开发等10个学科群领域的某些重大发展方向达到或接近国际先进水平,尽快取得若干项标志性成果(详见附件4)。

4.5 加强科研基地和实验室建设

科研基地和实验室工作是高等学校整体工作中的一个重要方面。无论是培养高水平的创新型人才,还是出高水平的科研成果,都离不开高水平的科研基地和实验室工作,对理、工科学科来说,更是如此。即使是对于文科学科,加快现代教育技术的应用、加强科研基地和实验室的建设也变得越来越重要。因此能否建好、管好、用好国家重点实验室、教育部重点实验室、卫生部重点实验室、北京市重点实验室以及全国高校人文社会科学重点基地,是充分发挥投资效益,有效促进高水平人才的培养,进一步提高科研工作水平,建设世界一流大学的重要方面。

经过"211工程""985"建设项目和世界银行贷款"高等教育发展项目"的支持,目前,北京大学正处在一个实验室建设与发展最快的时期。全校共有各类实验室149个,实验室面积已超过10万平方米,全校设备超过10亿元,其中教学、科研设备已达9亿元,部管40万元以上的设备已达250台件,价值约2.8亿元。

在实验室的建设方面,改革了实验室体制,优化了资源配置,加强了实验室管理,我校的基础课教学实验室全部通过了合格评估。在此基础上,建设了一批基础课实验教学中心,建设了一批世界一流的大型仪器设备实验室,加强了重点实验室的投入与建设。在实验队伍建设方面,正在出台新的建设政策与举措,如设立实验技术关键岗位,根据其实际能力与水平在待遇上给予适当倾斜,实行真正的聘任制,在校内外公开招聘以吸引高水平的实验技术人才等。目前,基本做到了大型仪器设备的申请、论证、招标采购的规范操作,加强了大型仪器与实验室的开放以实现资源共享,提高了实验室与设备的利用率。未来三年,将按照"积极发展,规范管理"的方针,有计划、有重点地进一步进行全校的科研基地和实验室建设,加大高水平设备建设的投资力度,大胆进行体制创新。实行校、院(系)两级管理,以大学科方向为依据,兼顾新兴学科、交叉学科并结合教学工作、基础研究和有突破性应用研究设置实验室。取消按原教研室设置、管理实验室的体制,对现有实验室进行必要的调整。实验室要实行主任负责制。

同时,下大力气在实验室管理上逐步实现规范、严格、科学的管理,加强开放和共享公用体系,努力提高和发挥投资效益,以一流的实验室建设、管理水平为人才培养和科学研究、科技创新服务,同时,大胆采用新机制,建设一支高水平、结构合理的实验技术队伍。

加强北大现有国家重点实验室、教育部重点实验室、卫生部重点实验室建设,重点工作将放在国内外有重要影响的国家实验室(National Laboratory)的组成和申办。以化学和生命科学的国家重点实验室、教育部实验室为基础,筹备建设北京大学的国家实验室。加强对实验室的宏观管理,设立北京大学重点实验室主任基金,加强对实验室的学科方向、建制和研究项目的管理。

继续加大对人文社会科学重点研究基地的支持力度,坚持以课题带队伍,通过完成重大课题促进基地建设。

4.6 开拓国际交流的新领域,加强国际交流与合作

开放性是世界一流大学的基本特征之一。未来三年,围绕着服务于"创建世界一流大学"这一核心,为实现一流的科研水平、一流的队伍建设、一流的人才培养目标,北京大学的国际交流与合作要不断开拓新领域,以新思路、新方法,高水准、高效率的交流与合作,为教学科研服务,为国家的总体外交战略服务。

未来三年,为大力支持教学科研人员、管理人员之间的国际往来,将陆续启动知名学人访问计划、学术骨干培训项目、一流大学管理人员面对面等专题项目,系统地跟踪并研究国际上先进的科技教育成果,加快吸收的进程。采取多种方式从海外引进优秀的学术与管理人员,加大引智工作的力度。不断推动北大学生与世界知名大学之间的交流与访问,建立专门的基金予以支持。

要十分强调与国际一流大学的学术交流,实行"强强合作,优势互补",借助外力,发展自己。加强与国际知名大学联合建立研究生院或研究中心,推动与国际知名高新技术企业联合建立研究院和实验室。办好"北京大学—耶鲁大学植物分子生物学和农业生物技术综合研究中心"和"北京大学—莫斯科大学联合培养研究生"等项目,力争创出品牌。

不断加强留学生工作,提高外国留学生的档次。积极参加国际一流学校的联盟,不断扩大学术交流的空间,充分利用国际交流网络受益。同时,要认真研究世界多极化、经济全球化等重大国际问题对国民经济和社会发展带来的机遇和挑战,开展高等教育的国际化与创建世界一流大学等专题研究,提出可行的应对良策。

五、事业规划

5.1 深化人事制度改革,建设高素质人才队伍

5.1.1 深化以聘任制为核心的人事制度改革

"985"计划第一期,我校实施了以聘任制为核心的人事分配制度改革和机构改革。这一制度实施三年,调动了广大教职工创建世界一流大学的积极性,增强了吸引人才的力度,保证了教职工队伍的稳定。随着人事制度改革的深入,岗位聘任、职务聘任、职业聘任等三种聘任制并存的局面,必将逐步过渡到单一的全员聘任制。通过加强培训、扩大服务等措施,积极妥善做好转岗和再就业工作。随着社会保障制度的逐步建立和完善,我校劳动合同制度将得到进一步规范。

5.1.2 建设一流的教师队伍

创建世界一流大学的关键是要有一支具有国际先进水平的学术带头人队伍,这是一项艰巨的任务。前三年,我校根据建设世界一流大学规划,把队伍建设作为重大战略任务来抓,已取得了明显的进步。教师队伍的新老交替已平稳实现,队伍建设的重点目标已基本完成,我校已具有一定程度的人才优势。下一阶段,要在此基础上,进一步牢固树立人才资源是第一资源的思想,坚定不移地持续实施高层次创造性人才工程,把培养、吸引和用好人才作为重大战略任务切实抓好。要创造良好的学术氛围和竞争机制,制定合理的评价体系,鼓励优秀人才脱颖而出。要加强吸引人才和对优秀学术带头人及骨干的支持力度,给予必要的配套经费。未来三年期间计划再招聘200名优秀学术带头人。并择时启动特聘教授计划,采取有力措施吸引学校急需,具有世界一流水平并有较强组织能力的学术带头人来校工

作,或进行合作研究,同时重视培养自己的学术骨干,使学术骨干队伍达到1200人,其中学术带头人400人(包括国际著名学者50人)。计划投入2亿元,作为学术带头人的配套经费。同时,要积极探索并建立富有弹性、更加灵活的用人机制。在编制的范围内,根据学科发展,各学院可在严格、规范的人事制度下,自主地引进人才。

一流的大学必须有一流的管理,一流的管理有赖于一流的干部。未来三年要加强管理骨干队伍建设。大学管理是一门综合性很强的科学,是一种要求很高、难度很大的职业,教育管理专家是一种复合型人才。要切实克服轻视管理和管理人才的偏见,像重视学术骨干队伍那样,重视管理骨干队伍的建设,鼓励优秀学术骨干参加学校管理,建立起300人左右的管理骨干队伍。

5.1.3 以才引才,加强学术环境建设

我校优秀的学术传统、浓郁的学术氛围、良好的事业环境是吸引人才的重要条件。我校已经聚集了一批具有强烈使命感、责任感和献身精神的优秀教师,他们胸怀宽广、崇尚学术、勇攀高峰,有很强的适应性、持久的创新能力,做出了令人瞩目的业绩。以这支队伍为核心,形成了我校吸引和培养人才、为各级各类人才发挥才干的良好环境。我们要继续改善学术环境,宣传我校教职工的高尚品质和奋斗精神,以才引才,使更多更优秀的人才加入到我校创建世界一流大学的队伍中来。

5.2 合理控制规模,不断优化结构

5.2.1 教师队伍规模和结构

未来三年,学校仍将合理控制队伍总量、改善队伍结构、降低办学成本、提高办学效益。根据我校实际情况,在校园面积和经费投入没有较大幅度增加的情况下,到2005年,北京大学将建设一支10000人(其中具有博士学位者2000人)的教职工队伍(基本教育规模),其中专任教师5000人。此外,医疗编制8000人,后勤等其他部门编制3500人,在站博士后增加至1500人。

结构调整的另一个重点,是抓住退休高峰年机遇,以新的设想和新的机制调整队伍,提高管理服务的效益、质量和水平。

5.2.2 学生规模与结构

按照控制规模、优化结构、提高质量的整体思路,北京大学学生规模应该在调整结构的基础上基本维持不变。到2005年,学校全日制学生规模将控制在31350人,其中本专科生16000人,研究生12000人,长期留学生3350人。

1. 本科生

综合学校目前各种物质资源条件与能力,到2005年,北京大学本专科生规模将控制在16000人。

2. 研究生

截至2001年年底,我校研究生与本科生的比例约为0.8:1,从建设研究型大学的长远发展看,北大的研究生规模应接近于本科生的数量。但从目前学校的发展实际出发,未来三年,研究生将不再扩招。到2005年,北京大学研究生规模将控制在12000人,其中硕士生6850人,博士生3800人,医学长学制后期学生1350人。重点在调整学科结构,提高培养质量。在进一步调研论证的基础上,争取在未来三至五年左右的时间内,促使我校在高层次人才的培养方面上一个新的台阶。

3. 留学生

留学生教育的规模和结构是世界一流大学的重要指标,在众多国际知名的高等学府中,留学生人数占全部学生人数的比例达到10%～15%。北京大学目前有长短期留学生共约2500人,距离10%的下限尚有一段距离。其中有一半学生是非学位生,如以学位生比例来算,则我校留学生的比例在3%左右。同时,目前就读北大的海外留学生仍多来自东亚地区,以韩国、日本最多,而他们所选专业也多为中文等文史类学科,理工类等学科较少。因此,在未来三年中,计划拓展留学生规模,到2005年,长期留学生达到3350人。进一步改善留学生结构,使选择理工、商业、法律等方面的留学生比例有所上升;使留学生来源更加多样化,以奖学金、交流项目设置等吸引更多欧美学生,使"国际化的校园"更加名副其实。

4. 继续教育、成人教育

成人、继续教育未来三年整顿的方针是:"控制规模、调整结构、提高层次、保证质量,重点发展高层次的大学后继续教育"。

未来三年,夜大学、成人脱产班等成人学历教育每年招生数控制在5060人,2005年全校成人学历教育在校生规模维持在现有水平。

5.3 推进校内管理体制改革,提高管理水平

一流的大学应该有一流的管理。高水平的科学管理是提高办学效益、是各类人才充分发挥作用的重要方面。要按照规范、严格、定量的精神加强管理制度建设;区别文、理、医等领域的实际情况,在统一政策的基础上采取更灵活的措施,形成适合一流大学办学规律的管理制度。

要按照"理顺关系、革新设置、减员增效、转变职能"的基本思路和指导原则,继续深化和完善党政管理机构改革和干部制度改革,提高管理水平,改进服务质量。

要坚定不移地推行校院系三级建制、校院二级行政管理的体制,按照有利于教学改革,有利于学科整合,有利于资源优化配置和有效利用,有利于加强管理、减员增效的原则,进行院系调整。在完成院系调整后,要尽快建章立制。明确院系的责、权、利和学校与学院之间的关系,使学院成为拥有较大自主权的管理实体,使学校成为宏观调控的决策机构。

要加快后勤社会化改革步伐。在"小机关、多实体、大服务"的基础上,进一步理顺管理与经营服务之间的关系,强化管理、经营和服务分开,加强成本核算,实行企业化、专业化、集约化、市场化的管理体制和运行机制。要引入市场竞争机制,充分利用社会资源,大力提高后勤服务的质量和水平。

要本着严格、公平、透明、效益的原则,继续完善财务改革。按照"统一规划、预算控制、项目管理、单独核算、专款专用、结余留用"的原则,加强对"行动计划"专项资金的管理,细化预算管理,严格会计核算,加强决算分析,适时启动"行动计划"专项经费查询系统,进一步推行财务公开。要理顺学校与有关经济实体的关系,高度重视并充分发挥教育基金会的作用,加大多渠道筹措办学经费的力度,壮大学校的经济实力。同时要健全财务制度,改变拨款方式,改善分配办法,继续实行会计人员派驻制,规范校内经济秩序,加强国有资产管理,进一步提高现有资金的使用效益。

要坚持效益优先、兼顾公平的原则,优化资源配置。设计必要的财务管理办法,促进学校资源的有效、有偿使用。对符合创新要求,具有良好业绩和信誉,并有良好社会效益和经济效益的人才培养、科学研究、社会服务,实行优先配置。杜绝学校公共资源的滥用和部门

占有,完善资源共享机制及有效调度机制。

5.4 推进企业改制,加快高新技术成果转化

知识创新、推动科学技术成果向现实生产力转化是创建世界一流大学的一项重要任务。实施"985"计划以来,北京大学科技产业销售收入屡创新高,2001年达到150亿元人民币,加上技术转让等,以各种方式回报学校超过8000万元人民币,为创建世界一流大学作出了贡献。

未来三年,按照国务院的要求,北京大学将积极、稳妥地推进企业改制。建立"产权清晰、权责清楚、政企分开、管理科学"的现代企业制度,使学校与企业间的关系转换为以资本为纽带的产权关系,以利于成果转化和产业的再投入,有利于学校教学和科研。

要进一步调整科研发展方向,使学校的教学、科研与国家的经济结构战略性调整和产业结构优化密切结合,积极参与国家知识创新工程,将科研人员在实验室所获得的研究成果尽快转化为生产力,为二十一世纪中国的高新技术产业提供源泉,为经济发展和社会进步作出贡献。要加强技术创新,促进科技成果的转化和产学研结合,推进高新技术的产业化进程。

要加快北大科技园建设,实施"高新技术产业创新工程",积极探索科技成果转化、孵化和产业化的有效机制,通过与国内外企业的合作以及产学研合作等多种有效方式,使北京大学成为高新技术创新的重要基地、辐射源和孵化基地。使我校参与建立的高新技术企业成为技术创新的主体和科技教育发展的动力。要使深圳产学研基地在人才培养、科技成果转化及高新技术产业化方面继续发挥好作用。

要建立信息技术、生物技术、医疗技术、新型功能材料等研究开发中心,联合我校相关的院系和国家重点实验室等,在信息处理及通信、软件工程、基因工程、优质动植物培育、新药开发和天然产物开发、稀土功能材料、液晶高分子材料、医用高分子材料、新型存储材料和纳米信息材料,以及医疗器械等方面,真正形成产学研一体化,为科研成果的产业化研究和工程放大提供基础条件。到2005年实现校办产业年销售收入200亿元。

5.5 支援西部大开发,做好高校对口支援工作

长期以来,北京大学十分重视对新疆大学、内蒙古大学等西部高校的对口支援工作。2001年9月,遵照教育部《关于实施"对口支援西部地区高等学校计划"的通知》精神,北京大学与新疆石河子大学又正式签署了《北京大学对口支援石河子大学暨全方位合作协议书》,全面启动对口支援计划。高校对口支援是贯彻党和国家西部大开发战略,促进高等教育均衡发展的需要,是适应中国加入WTO,高等教育国内外激烈竞争的需要,也是贯彻落实"三个代表"重要思想和实现科教兴国历史使命的需要。下一阶段,要按照中央和教育部的有关精神,进一步统一思想,严格履行协议,努力加强石河子大学人才培养和师资队伍建设,由点及面,逐步推进受援学校的学科建设和教学科研工作,促进科技成果转化。要把对口支援工作纳入学校的重要工作日程,派专人负责,专人管理,切实把这项工作当成一项政治任务完成好。同时也要注意调动起双方的积极性,使受援高校在人才培养、师资队伍建设、学科建设以及产学研结合方面有较大的提高,达到一个较高的水平。

5.6 加强党的建设和思想政治工作,提供坚强有力的政治保证

创建世界一流大学,关键在党。要认真贯彻"三个代表"的重要思想,坚持"讲学习、讲政治、讲正气",紧密围绕全党工作的大局,抓住实施科教兴国战略、创建世界一流大学这一主题,全面加强党的建设和思想政治工作。

1. 坚持和完善党委领导下的校长负责制

民主集中制是党的根本组织制度和领导制度,高等学校加强和改进民主集中制的一个关键是坚持和不断完善党委领导下的校长负责制。根据《中华人民共和国高等教育法》,党委对学校的整体工作具有最高决策权。2001年4月,北京大学党委常委会和校长办公会分别审议通过了《北京大学党委常委会工作规则》和《北京大学校长办公会工作规则》,规定了严格和必要的议事程序,今后要严格贯彻执行。要坚持集体领导、民主集中、个别酝酿、会议决定的基本制度,按照民主集中制原则,不断完善党委领导下的校长负责制。

2. 大力加强基层党支部建设

"党的基层组织是党在社会基层组织中的战斗堡垒,是党的全部工作和战斗力的基础"。各基层党委要把基层党支部的建设始终放在工作的中心,坚持从本单位发展新的实际出发,以改革的精神研究和解决党支部建设中面临的理论和现实问题,指导党支部创造性地开展各项活动。对于党支部的基本状况,坚持定期分析,做到心中有数,在工作中要讲求实效,坚决反对形式主义。要着重解决三个问题:一是提高党支部组织生活的质量,保证组织生活有主题、有内容、经常化、制度化;二是调查了解新生党员的基本状况,加强新生党员的教育和管理,提高新生党员的思想政治素质,同时积极探索离退休党员的教育和管理模式;三是加强在青年知识分子中特别是在青年教师中发展党员的工作;认真落实《中共北京大学委员会关于进一步加强在青年教师中发展党员工作的意见》,切实建立党员联系青年教师的制度,加强与青年学术骨干的思想交流,扩大党组织在青年知识分子中的影响力,进一步加大在青年教师中发展党员的力度,解决我校党员中青年教师党员比例偏小的问题,打开在青年教师中发展党员工作的新局面。在学生中发展党员工作要注意考察入党积极分子的政治思想素质,严格组织发展程序,保证党员质量。

3. 深入开展党建课题研究,切实加强党建阵地建设

依托北京大学党建研究会,利用北京大学马克思主义理论研究和人文社会科学研究的综合优势,根据北京大学党建面临的新课题、新任务,积极开展北京大学党建理论和实践问题研究,加强"一会"(北京大学党建研究会)、"一刊"(《北大党建》)、"一套课题"(《北京大学党建研究课题》)建设,切实加强党建阵地建设。

4. 努力推进干部制度改革,不断加强干部选拔任用工作的制度化建设

按照中央关于《党政领导干部选拔任用工作条例》和《深化干部人事制度改革纲要》的要求,进一步加快干部人事制度改革步伐。要以扩大干部工作中的民主和群众参与程度为重点,提高干部工作的公开程度和透明度,尊重群众的知情权、参与权、选择权和监督权,积极引入竞争机制,促使优秀人才脱颖而出,根据北京大学和北京医科大学合并后的新情况,进一步健全相关制度措施,逐步实现领导干部选拔任用、考核、交流、监督等工作的规范化,从制度上防止和克服用人上的不正之风。

一是在年度考核的基础上,分批次、有重点地对中层领导班子进行届中考核和评估,落实干部谈话诫勉制度;二是结合机构改革、院系调整和岗位聘任,采取改任同级非领导职务、平级调岗、高职低聘、高职分流、提前退休等方式,疏通干部"能上能下"渠道;三是根据两校合并的需要,扩大干部交流范围,积极探索并完善校内交流和校外交流相结合的干部交流机制;四是严格干部离任审计和经济责任审计制度,坚持做好干部的收入申报和重大事项报告登记工作。

要进一步建立、健全学校中层后备干部库,完善校级后备干部库,探索建立后备干部人选的培养锻炼、跟踪考察和滚动管理机制,形成一支数量充足、素质精良、专业齐全、结构合理的中层后备干部队伍。

5. 全面加强党校建设,充分发挥党校培训功能

落实《中共北京大学委员会关于进一步加强党校建设的意见》和《北京大学党校工作细则》的要求,明确党校的性质、任务、方针和职责。以北京大学党校(干部培训中心)为基地,以加强政治素质为基础、培养综合素质为导向、提高管理水平为重点,增强干部培训的针对性、实用性和系统性,逐步建构多层面、立体化的干部培训模式。通过轮训,使干部在"理论基础""世界眼光""战略思维""党性修养"几方面切实得到提高。

6. 加强学校思想宣传阵地建设

大力加强学校的思想宣传阵地,特别是校报、电视台、广播台等重要媒体和校园网络建设,高度重视,把握特点,认真做好思想政治教育进网络的工作,并且采取有效措施,加强对网络的管理,兴利除弊,发挥网络在教学、科研、管理和思想政治工作等方面的重要作用。

此外,要高度重视学校的统战工作,积极发挥民主党派和无党派人士在学校改革发展过程中的重要作用,要加强党对共青团、学生会、研究生会以及工会、教代会的领导,加强党风廉政建设,认真落实党风廉政责任制,深入开展反腐败斗争,努力从源头上遏制腐败现象的滋生蔓延。

北大的稳定历来事关全局,至关重要,我们要以高度的责任感和着眼全局的观念,高度重视学校的稳定工作。一是牢固树立着眼于发展的思想,坚信"改革是根本出路",在发展中确保稳定。二是按照三个"有利于"的标准,用实践效果来统一大家的认识。三是对不安定因素,要尽快妥善化解,防患于未然。

总之,北京大学要始终坚持坚定正确的办学方向,坚持用马克思列宁主义、毛泽东思想、邓小平理论和"三个代表"重要思想武装党员、干部和师生员工的头脑,指导学校的全部工作。注意把握好学校的舆论方向,营造良好的学术、政治和思想道德氛围,紧密围绕改革、发展、稳定和创建世界一流大学任务,结合师生员工的工作、学习和思想实际,加强党建和思想政治工作,理顺情绪,化解矛盾,振奋精神,凝聚力量,团结鼓劲,形成强大的合力和创新力,为创建世界一流大学提供坚强有力的政治保证。

六、校园规划

6.1 校园规划的整体思路和原则

6.1.1 总体思路

在1999年制定的校园规划基础上,总结几年来校园建设的经验教训,吸收校内外的研究成果(建议),结合学校发展的实际,合理利用空间,保持传统风格,优化功能分区,保障教学科研,改善学生住宿环境,组织好人流车流,保护好国家文物,建设具有历史文化传统的现代生态型校园。

6.1.2 规划理念

1. 历史的传承性,北大人文精神的体现;
2. 知识型社区的建设、创新的社会氛围;
3. 生态型园林校园;

4. 丰富和谐的景观造型；
5. 与现代世界的节奏相同步；
6. 可持续发展理念。

6.1.3 基本原则

1. 全国重点文物保护单位的要求

按照对全国重点文物保护单位的要求，要保护区范围内，遵循在保护中使用为主，辅之以修复性利用，基本不增建的原则；在建设控制地带，以尊重传统格局为原则，在不突破限高的前提下，充分考虑近期改造的可能性和机遇，滚动改造，合理提高空间的利用率。据此，增扩建的建筑面积余地不大（约20万平方米）。

2. 近期与远期规划相结合，近期重点解决实际问题

近期重点考虑校外学生公寓和教师住宅相互置换，在校内或周边解决学生的住宿问题；同时要尽最大努力在周边征地，以解决校园空间的严重不足问题。中长期深化发展，重视全面的社会网络教育，形成一个具有北大鲜明特色的社区文化环境。

6.1.4 正确处理几个关系

1. 学生宿舍与教学科研用地的关系

我们在考虑学生公寓建设时，必须同时考虑教学科研办公及配套设施的建设，保证教学科研用地，以达到均衡持续发展的需要。

2. 办学规模与资源配置的关系

目前校园空间的有限性与事业规模的不断扩大之间的矛盾日益突出。因此，办学规模必须加以控制。创建世界一流大学必须正确处理数量和质量的关系。理想的状态应当是适度的事业规模、优质的资源配置、优秀的培养质量。

3. 基本建设与环境保护治理的关系

近年来，校园环境保护治理取得了一定进展，但与基本建设投入相比，环境保护和治理的投入还是不足的。下一阶段，要重点整治南区三角地、24—34楼之间；中部遥感楼北侧；北区红1—4楼以北地区以及校园的水系。

4. 功能分区与交通组织的关系

在校园整体规划中充分考虑交通（人流、车流）的组织。在功能分区上尽量减少学生大规模、远距离的移动。教室相对集中，减少骑自行车的必要性，提倡在局部区域内步行。

在校园禁行摩托车；限行机动车，并按规定进行收费管理。

5. 基本建设与基础设施配套的关系

人员、设备、房屋等大量增加，基础设施不堪重负。目前，学校已基本解决了供水问题，今年将根本解决供电问题，但随着煤改气的进行，供暖问题将日益突出，运行成本将大大增加，并且需要一大笔投入。

6. 科技园、留学生公寓项目与校园整体规划的关系

科技园、留学生公寓的规划应与校园整体规划互相衔接、相得益彰，应避免出现不协调的问题。

7. 增加建筑与加强管理的关系

对学校的房地产资源实行"科学规划，合理使用，加强建设，严格管理"的方针，以充分发挥其效益。

正确处理以上七种关系是科学合理进行校园规划的关键。未来三年,"985"投资应适度向基本建设和校园整治倾斜,加快建设速度,加强公房管理机构,加大管理力度,严格执行管理条例,强调开源节流,既要创造必要条件,又要坚持艰苦奋斗。

大规模调整之后,在研究新增机构、规模、设施、设备等时,必须同时考虑房地产和基础设施的配置,避免先定事业、后配资源而又无资源可配的被动局面发生。

6.2 海淀校区总体规划功能分区

本次规划依据校园用地性质及实际情况将海淀校区主校园分为十一种功能区。

1. 教学科研区

(1) 公共教学区

拆除原第三、四教学楼,在校园中心偏东地区建立新的公共教学区。改造现生物楼、文史楼、老地学楼、老化学楼和哲学楼为公共教学楼,并以其为公共教学区中心,向北包括第一教学楼,向南包括光华楼的大部分及电教大楼,向东包括理科楼群的教室楼,建立新的较为集中的公共教学基地。逐步将功能改造后的几栋楼的原办公设施分别迁入规划中的理科和文科教学科研楼群,以包纳原第三、四教学楼的教学使用功能要求,并使教学设施在原有基础上得到适当改善和扩充,从而基本满足未来的公共教学要求,并且使位置和交通更为有利。

(2) 理科教学科研区

规划中的理科教学科研区集中于校园东部、燕东园南部及中关园西北部。校园东部理科教学科研区主要包括理科楼群中的新地学楼和正在建设中的生物楼以及博雅塔附近的部分理科院系用房。扩建中关园西北部的化学教学实验基地。调整改造燕东园南部的实验室用房以形成大型理科实验基地。这样各理科教学科研区相对集中于主校园外围主要出入口处,理科实验基地集中于较独立的周边园区,从而既满足大部分理科院系教学实验和办公的使用功能要求,又减少了可能的污染和干扰。

(3) 文科教学科研区

规划将学校的大部分文科研究院系设置在校园中部、西部及北部,部分迁至校园南门入口处,西门附近文科院系维持现状,一至六院维持现状,在西侧新建国际关系学院楼。这样基本形成了北部园林、南门周边、西门周边及一至六院周边几个相对集中的文科教学科研区。校园北部园林区根据该区的历史变迁、现状空间结构,结合文科的科研性质,对古园林进行清理整治,恢复古典园林风貌,并按环境的容量进行建筑设计与院系的安排,从而建立书院式的环境宜人的文科研究中心。

2. 学生公寓区

(1) 南街本科生公寓区

在校园南部地带,沿当前的南墙内一带,规划南部本科生公寓区。规划保留现33、34楼,对其西面和北面的学生宿舍进行逐步拆建改造,改善内部环境,完善周边生活服务和体育活动设施,建立设施现代、管理科学的本科生公寓楼群。

(2) 西南部研究生公寓区

保留现校园西南部的研究生宿舍区,并进行部分改造和加建,解决部分研究生的住宿问题。

（3）篓斗桥博士生公寓区

在篓斗桥北部的现空置地区规划新建两栋博士生公寓楼,拆除篓斗桥最南端楼房新建博士生楼,并对篓斗桥部分楼房进行功能置换改为博士生住宿使用,从而在此地区建立博士生的集中住宿区。

（4）中关园学生公寓区

逐步置换和改造中关园现有教职工住宅楼,教职工外迁,住宅楼在保留基本户型和结构的基础上进行功能改造,以作为学生公寓楼使用,从而解决校内学生公寓建设的缺口。

加快中关园留学生和外国专家公寓的建设步伐,为校园内功能区域的重新划分创造必要的条件。

（5）万柳学生公寓区

在当前校内学生宿舍面积极度短缺的情况下,在新建的万柳学生公寓区内解决部分学生的住宿问题。同时加快校内学生公寓的建设和改造,争取在尽可能短的时期内,进行万柳学区的功能置换,将学生迁回校内,将万柳逐步改造为教职工住宅区。

3. 行政办公区

为了减少对行政办公职能的干扰和影响,此次规划尽可能保持行政办公设施的现有使用状况,规划改造未名湖北岸的全斋为行政办公区。规划行政办公楼房相对集中于未名湖周边地区,形成环湖的行政办公地带。在保护现有环境和建筑外观的基础上,改善内部设施,提高行政办公的高效率和便捷性。

4. 文化交流活动区

（1）文化交流区

以百周年纪念讲堂为中心的文化交流区力求体现北大的精神与北大的文化。并结合绿树成荫的燕南园南部改造,使此地区成为学生文化活动的场所。校园西部的正大国际交流中心和校园东部的英杰交流中心,作为国际交流会议使用。

（2）学生活动区

在南部本科生公寓区北部建立两栋大学生活动中心,丰富学生的日常生活,使学生能够更好地相互沟通与交流,培养学生各方面的兴趣和爱好。

（3）教职工活动区

对燕南园西北角进行改造,建立教职工活动中心,丰富教职工的业余文化生活,教职工活动区规划要与家属园区的改造一并考虑。

5. 体育活动区

现有的北大体育用地还远远没有达到国家教委所定的指标,将在如今的三教、四教处修建综合体育馆,扩东操场为标准操场,同时增加大型户外体育活动用地。形成五四体育中心、一体和二体三大块体育活动区,并在学生宿舍区内部增加体育活动场地。

6. 服务设施区

在南街本科生公寓区和西南部研究生公寓区的中间地区规划一个服务设施区,包括西南部的拟建的综合性服务大楼,现学一、学三食堂处新建一个综合性的大型食堂,并在燕南园西南角新建改建新的商业服务中心,从而建成一个较为集中的服务设施区。并结合农园、燕南美食等分散的其他食堂和商业网点从而形成一个完善的服务设施系统。

7. 后勤供给保障设施区

保留燕东园东部、东操南部和临湖轩南部的部分后勤供给保障设施用房和用地,以保证学校基本设施的正常高效运转。

8. 医疗卫生区

继续保留和使用原校医院,并进行部分用房和设备的改造,完善医疗设施,建立现代化的高效的管理科学的医疗卫生区。

9. 集中绿地

在此次规划中力求将大块的集中绿地作为一个重要的功能和景观要素,在校园内部贯通和串联着各主要的功能区,烘托和营造校园的文化氛围和静谧气氛,达到视觉上的和谐和心理上的愉悦。在北部园林区,加强对集中绿地和水面的严格保护。在南部教学和生活区,营造新的集中绿地,改善高密度的建筑群的压抑感,创造适宜学生成长和发展的有利环境。西部自化学北楼、化学南楼、校史馆至勺海沿水系构成绿化带。从北部园林区向南,沿静园草坪绿化带至二体绿化带,再向南至规划中的燕南园绿化区和三角地绿化区,接临学生活动中心和体育活动场地的绿化地带,并向南部本科生宿舍区渗透,从而使绿化带贯穿校园南北。在其东另有一条绿化带贯穿南北并与其相接,包括五四体育场绿地、理科楼群绿地和规划中的生物楼西侧集中绿地,并接至北部园林绿化区。而周边园区也各有大型的集中绿地分布其中,从而形成一个完整的绿地系统。

10. 教职工居住区

规划中的教职工居住区主要分布于周边园区,今后的建设原则是在本部不增加教师住宅,并将现有部分教师住宅滚动置换为办公科研和学生公寓用地。

11. 科技园区

北京大学科技园成府片区规划建设成为沿过境道路分布的高新技术产业"孵化"带和商贸带,并结合集中成片开发的科研产业创新园区。

6.3 医学部校区总体规划功能分区

根据历史条件和发展规划的建设要求,医学部校区和所属医院可以规划为六个功能分区。

1. 教学科研及行政区

该区位于校区中西部,为校园主体部分。包括行政 1 号楼、行政 2 号楼、生理楼、生化楼、细胞楼、解剖楼、病理楼、药学楼、公卫楼、护理楼、公共教学楼、毒理楼、中心实验楼和图书馆楼等建筑。

规划中要建设:教学大楼、科研大楼。建设完成后,可以保证医学学科的发展和教育的需求。

2. 学生生活区

该区位于校园中北部区。包括学生宿舍 2、3、4、5、6、7 号楼和位于校园东南角的学生宿舍 8 号楼,也包括跃进厅学生食堂。

规划中要建设:学生宿舍 1 号楼、学生服务和活动中心大楼。建设完成后保证学生的住宿条件和活动生活空间。

3. 体育运动区

该区位于校园中部。包括体育场、篮球排球场、体育馆。

规划中要建设:体育场改造、篮球排球场改造、游泳馆。建设完成后可以为在校学生和教职员工提供良好的体育活动空间。

4. 科技开发与产业区

该区位于校园东南角。主要包括产业楼,规划建设中不再扩大。

5. 临床医、教、研区

该区包括六个分区,即:第一医院区、人民医院区、第三医院区、口腔医院区、第六医院区和肿瘤医院区。临床医教研功能区发挥着医学临床学科发展、临床教育和医疗服务的功能,需要建设的任务仍然很大。

6. 后勤服务与保障区

该区主体位于校园东北角。包括后勤服务的主要部门。在规划中,后勤服务部门将主要向该地区移动,后勤基本设施的改造也以该地区为中心实施。

7. 家属宿舍区

该区主体位于校园东部和东南部。包括了医学部和三院的家属宿舍楼和生活设施。在规划中,要改造8号楼、9号楼、10号楼,新建青年教师公寓,新建老干部活动中心、改造和建设宿舍区外部环境。

6.4 公共服务体系建设

6.4.1 北京大学图书馆发展规划

北大图书馆在"211工程""九五"和"985"一期期间,成功实现了各个项目的预定目标,为教学科研服务的功能有了很大的提高,服务环境有了很大的改善。同时,培养和锻炼了一支专业队伍,巩固了北大图书馆在全国高校中带头人的地位,为冲击世界先进水平创造了条件,奠定了基础。

目前,世界一流大学图书馆都提出了由传统图书馆向数字图书馆转型的历史任务。主要体现在图书馆的信息资源在不断地增加,与信息服务相关的技术平台、组织和管理在不断地发展和完善,对服务环境也提出了更高的要求,参与人员的知识结构也在变化。转变的结果将极大地提高图书馆的服务水平和支持教学科研的能力。所以"985"二期建设的主要任务就是逐步实现这个转变。

为此,图书馆将充分发挥"985"一期建设形成的优势,进一步开展数字图书馆建设、扩大的信息资源,借助先进信息技术手段和网络环境,虚拟与现实相结合,全面提高图书馆的综合服务能力,特别是在支持重点学科建设能力方面有所突破,率先在全国高校中建成具有国际先进水平的学术型、开放式、数字化的大学图书馆系统。

与此同时,分馆综合文献保障系统工程将基本完成,彻底改变全校图书资料管理分散的、混乱的局面,使教师和研究人员利用资料时会感到方便、快捷,有利于推行针对教员文献需求的个性化服务,有利于数字图书馆计划的实施。北京大学图书馆还将配合CALIS二期发展的规划,进一步提高文理、医学中心文献保障作用,实现CALIS管理中心建设目标。为实现这些目标,图书馆计划将自动化集成管理系统硬件及相关设备更新,使图书馆的设备处于最佳状态。图书馆的老馆改造工程将进一步扩大图书馆的面积,改善环境,为创造世界一流的大学图书馆提供必要的条件。

为实现上述总体目标,未来三年,图书馆将重点加强以下几个方面的建设。

1. 数字图书馆工程

(1) 建设目标

努力建设一个学术型、研究型的数字图书馆,构建一个从信息资源、服务方式、服务质量和信息技术诸方面都能达到国际先进、国内领先水平的数字信息服务环境。

(2) 建设思路与内容

本阶段是将一期的工作进行提炼和升级,以期形成一个有统一思路的应用系统体系,具体体现为由完成不同任务的多个子系统有机地结合在一起的软件服务平台。

- 数字资源发展(collection development)子系统:指对原始数字信息的管理与加工,包括采购、收集、原始加工与数据加工等。
- 数字资源存档(archive)子系统:对包括 metadata 在内的原始数字资源的系统化组织、管理与保存,包括实际存档与虚拟存档(如租用的资源)等。
- 数字资源访问(access)与内容发布(delivery)子系统:指建立在存档子系统上的统一访问与内容提供服务系统。
- 辅助服务子系统群:包括资源注册(registration)、名称解析(naming)、用户权限认证(authentication)及管理(access management)和电子商务(e-business)等子系统。
- 扩展服务子系统群:包括推送服务(push)、培训服务(training)、虚拟咨询服务(virtual reference)等子系统。
- 综合服务平台(Portal):该平台直接面对最终用户(读者),建立在上述各子系统的基础之上,可提供适合特定用户群的定制功能等,是数字图书馆的网上门户。

2. 文献资源建设

拥有相对丰富的文献资源是保证图书馆工作服务水平和质量的基本条件。计划通过二期建设,使图书馆的文献资源(中外文图书、期刊、数字化资源、特色文献等)总体达到基本满足师生们的要求。进而通过文献共享的方式,满足各种文献需求的95%以上。欧美世界著名大学图书馆投入经费数量巨大,我们暂时无法与之相比,即使是港台地区的大学图书馆每年购置文献的经费也在5000万~8000万元人民币左右(其他设备等费用尚不在此列)。相比之下,北京大学图书馆的书刊经费近年虽有增加,但仍远不能满足读者的学习和科研需要,不利于北京大学创建世界一流大学的目标的实现。因此,今后必须加大投入,提高北大教学科研的文献保障率。

文献资源建设,计划重点加大以下几方面文献的采购力度:

(1) 将适当增加和调整外文期刊订购。

(2) 书,特别是重点学科和理科外文图书需要进行补救性充实;近几年要重点补充最新外文教材的收藏。

(3) 扩大中文新书购入量,并对重要图书进行精装加工。

(4) 继续扩大数字资源的使用权和收藏数量,为数字图书馆的建设发展提供必要的物质条件。

3. 建立完善的分馆综合文献保障系统

目前,北京大学文献保障体系由校图书馆和系资料室两级组成,现共有系、所资料室40余个,它们是我校文献保障体系的重要组成部分,曾经在各系、所的教学和科研中发挥了重要作用。但是,随着社会信息化、网络化的发展,现有系、所资料室的设置和管理体制的弊端也日益明显,这些弊端主要表现在:由于不少系的专业内容有重复和交叉,所以各系资料室之间、资料室与校图书馆之间的藏书内容重复现象十分严重,这种不必要的重复造成图书经费的浪费,难以向读者提供现代化的信息服务。下一阶段,将建立中心图书馆和学院分馆两级管理体制,对全校文献资源实行统一管理、统一规划、统一布局,节省人力、物力,减少重复建设造成的资源浪费,并有利于实现全校的文献资源共享,进一步提高我校的文献资源保障水平。计划只在学院及少数学科基地建立分馆。根据学校体制改革方案和学院的馆舍、设备、人员等条件,选择条件比较好的学院和学科基地设立分馆,全校分馆建设总数不超过15个,学科基础分馆不超过5个。

建设内容:

(1) 采集充足的专业文献信息

由学院和校图书馆共同筹集资金,由校图书馆负责订购大量和学院专业有关的中外文书刊和电子文献,不断补充分馆的文献资源,形成具有学院专业特色的馆藏体系,满足学院读者的专业文献需求。

(2) 采用相同的图书馆自动化管理集成系统(SIRSI),配备相应的设备,进行规范化、现代化管理。校图书馆要进行统一规划和管理,将分馆的文献资源纳入校图书馆自动化系统。按统一的标准进行采购、编目、借阅和联网等。学院应为分馆配备必要的设备,校图书馆负责对分馆业务工作进行培训和指导。

4. Sirsi 自动化集成管理系统硬件的更新

随着图书馆业务工作的不断开展和扩大,并考虑系统备份等方面的因素,系统对硬件平台的要求也有了新的变化。主要的变化有四个方面,详述如下:

(1) 分馆建设

自去年以来,已有五个系所图书馆作为分馆正式使用 Unicorn 系统。本学期计划将有四个系所图书馆作为分馆使用系统。分馆使用系统将对系统用户数和数据存储容量提出更多更大的要求。

(2) 医学部的并入

医学部图书馆及其下属的六个附属医院图书馆使用 Unicorn 系统,也将对系统用户数和数据存储容量提出更多更大的需求。

(3) 系统版本升级

根据系统软件商的开发计划,Unicorn 系统将于今年下半年升级到新的 Unicode 版本。字符集由 GBK 到 Unicode 的改变意味着目前由两个字节表示的一个字符改变为由四个字节表示。这意味着相同的数据量使用的存储空间的翻倍。

(4) 硬盘备份

由于数据量的大幅度增长,同时考虑到备份的安全性和故障发生后系统恢复的及时性,系统软件商建议采用硬盘镜像备份,这样对磁盘阵列的要求也有了翻倍的需求。必须更新图书馆自动化集成系统硬件平台。

综合以上情况,系统软件对硬件平台的要求将大大提高。为了保证图书馆业务扩充后系统的正常运行,除了要考虑 Unicorn 系统软件的扩容(如增加同时用户数)外,硬件平台的扩容也是一个必须要考虑的关键问题。

建设内容:

（1）实施图书馆自动化集成系统硬件平台（包括双机，存储设备，光纤交换机，磁带库等）更新。

（2）更新和增添微机等相关设备。

5. 数字图书馆研究所

由北大图书馆、CALIS 管理中心、信息技术中心和计算机系等单位共同组建的数字图书馆研究所，经过两年多的努力，现在已经成为图书馆的关键技术研究与实践的实验基地，能够开展国家重大基础研究项目中有关原型系统的研究和实践的实验基地，成为培养高层次、多学科交叉研究生的教学实验与实习基地。图书馆建立"数字图书馆数字化实验室"，开展传统形态文献资源的数字化标准和数字化技术研究、海量数字信息的存储管理与调度实验研究等。在信息科学中心和计算机系建立"数字图书馆关键技术实验室"，开展数字图书馆框架模式、基于 WebGIS 的时空语义查询、基于 OAI 协议的开放性互操作、基于概念模型的自动标引与智能检索等关键技术研究。

二期在承担教育部 CALIS 和科技部重大项目的基础上，继续开展研究，为北大图书馆和CALIS 的发展提供有力的前沿技术支持。力争达到国内领先、国际先进水平。

6. 素质教育基地（视听播放室）

由学校支持建立的图书馆素质教育基地——视听播放室，为全校师生开设音乐课和其他美育教育讲座、播放英语教育片，受到热烈欢迎。计划增加和更新部分设备。

6.4.2 信息网络发展规划

1. 信息网络建设总体思路和发展目标

采用先进的网络技术和信息技术，进一步完善校园网络建设，增加网络资源，丰富网络服务，建立一个高速的、开放的、多媒体的计算机信息网络，为我校的教学、科研和行政管理提供丰富的网络资源和良好的服务，总体技术（采用的信息网络技术和设备，联网的规模，应用水平等）达到世界先进水平，为创办世界一流大学打下坚实的基础。

2. 建设内容

（1）完善管理机制，统一部署学校信息网络建设

成立北京大学信息化领导小组，组织和领导北京大学的信息化建设工作，组织研究并提出全校信息化工作的有关政策和法规，会同有关部门和单位组织规划和筛选信息化建设项目，审批信息化建设项目，协调、解决全校计算机信息网络建设中的重大问题等。

（2）进一步加强信息网络基础设施的建设

信息化建设是一项系统工程，信息网络建设是信息化的基础。随着信息化的深入和水平的不断提高，对信息网络基础设施的建设也会不断提出新的需求，因此，信息网络建设不可能一步到位，需要不断扩充、不断更新，有一个逐步提高的发展过程。下一阶段将继续进行校园主干网扩展，改善楼内局域网设备配置，完成教师宿舍楼联网等工作。

（3）提高网络管理、安全、运行维护水平，提高服务质量

建立监视系统、故障报警系统、统一网络用户管理系统、安全检查系统、网络管理系统、用户管理系统，提高信息网络运行、维护、管理的先进性和科学性，配置有关设备，进行软件开发。

（4）建立网上视频会议系统

在北京大学校本部和医学部建立网上视频会议系统，用于两个校区间和校区内召开交互式视频会议、教学、培训等的使用，提高工作效率和师资利用率。尤其在医学的解剖教学

中可发挥较大作用。

（5）建设新一代北京大学管理信息系统平台

把现代信息技术引入教育行政管理是我国教育发展和改革的需要，它将带来管理观念和管理习惯的深刻变革，增强教育管理决策的科学性，促进教育质量的提高和科研工作的发展。世界一流大学必须有一流的管理，一流的管理必须采用现代信息技术，建设一个高水平的高效能的教育管理信息系统，实现教育管理现代化。

下一阶段，要继续加大投入，使北京大学管理信息系统继续保持在国内领先的地位。

（6）建立高性能的计算服务体系

在"科学与工程计算中心"的基础上，购置性能更高、规模更大的高性能计算机系统，丰富各种必需的专用软件包，改善高性能计算的网络计算环境，健全多层次的专业培训机制，开发和完善管理系统，开展对内、对外的广泛服务，逐步建成国家级的超计算中心。

（7）加强北京大学校园网主页及相关信息资源建设

在学校统一领导下，与新闻宣传部门共同负责北京大学校园网主页的建设和内容更新，充分利用互联网技术，加强对北京大学的全面宣传。

（8）推动校园软件正版化进程

采购校园版的文字处理、数据处理、图形图像处理、桌面病毒防范、多媒体制作等应用软件，供广大师生下载，为我校师生提供更多、更好、合法的系统软件工具，提高我校师生使用正版软件的意识。

（9）建立校园IC卡系统

校园IC卡是多功能卡，具有银行储蓄、自动存取款、身份识别等功能，既可进行身份认证，又可充当电子货币，使用方便、可靠、信息量大。也可用来作为学生注册、选课、借书、上机、在医院就医等身份识别的凭证；它具有银行储蓄、自动存取款的功能，可用来发放奖贷学金、生活补助金等；作为电子货币，可用来交学费、学校食堂就餐、商店购物等。为学生的生活、学习和学校的自动化管理带来了方便。因此，校园IC卡具有广泛的应用前景。计划利用2年的时间完成校园IC卡系统的开发、制作和使用。

（10）紧密跟踪当前世界信息网络技术发展的潮流，开展信息网络技术研究

我校涉及信息技术和网络技术的有关学科和系、所、中心的单位很多，有着雄厚的技术资源和人才资源，下一阶段，要加强领导，开展广泛的协作，充分发挥优势，开展包括网络安全分析系统等方面的信息网络技术的研究和产品的开发，始终保持我校信息网络环境和应用的先进性，并培养出高水平的技术人才。

6.4.3 教育信息资源、教学环境及管理现代化建设

北京大学现代教育技术中心在"211工程""九五"和"985"一期期间，研制了先进的教育资源开发平台，解决了知识产权保护问题，攻克了资源平台中的多项难题和关键技术，为北京大学先进网络多媒体课件制作打下了基础。同时，中心还承担了教育部《移动教育的理论与实践研究》项目，研制成功了移动教育平台，开发了多个现代化无线服务系统，完成了各个项目的预定目标，目前走在国内外前列，为达到世界先进水平创造了条件，奠定了基础。

目前，教育信息资源建设已经成为信息时代高校的重要任务，同时也成为高校扩大影响、提高声誉和作出贡献的重要手段。我国虽然开始重视这方面的工作，但目前还没有一个满意的课件制作平台，鉴于此，我们将在前期成果的基础上进一步完善平台功能，提高平台

的稳定性,建立世界一流的教育资源开发平台;在此基础上,制作更多的具有北京大学特色的名师名课,以满足社会对北大的需求和希望。同时,将充分利用已经取得的研究成果和学校有线和无线教育网,在教学过程、教学手段、教学管理和服务上开发现代化无线服务系统,建设世界先进的教学管理环境。

为了实现上述目标,将重点建设以下内容:

1. 教学资源平台和课件建设

发挥北大优势,提供一套完整、先进的北大教育信息资源库系统,探索并建立具有北大特色的教育信息化应用环境和信息资源建设模式,作为适合教学和科研可持续发展的一项基础性设施,使学校的教学环境跨上新的台阶,在国内达到领先地位,接近世界先进水平,为创建世界一流大学提供基础性条件。

（1）面向教师、学生和管理人员的网络教育资源库系统

● 面向教师的网络多媒体课件开发平台

该平台同时支持网上在线和单用户课件开发方式。其中课件规范参考目前的标准,并根据库代码方式进行扩充。

● 面向学生的网络多媒体课件学习平台

面向学生,提供界面友好,包括内容搜索、答疑、讨论、作业管理等多功能的学习平台。

● 面向管理人员的管理软件

包括教务管理和系统管理等方面的功能。

（2）教学信息资源建设

三年内制作完成120门网络课程。

建成一个较为完善的素材库。以上网络课程,可根据我校教学改革需要,从人文学部、社会学部、信息与工程学部、理学部和医学部选择。

系统特色和创新点:操作方便,保证版权,面向对象,资源复用,教学资源丰富、学科齐全（积累一段时间后）。

2. 教学环境和管理现代化

本项目完成时,北京大学将具有国际一流的、现代化的基于有线和无线校园网的集成运行平台,教师、学生、管理人员、服务人员可随时随地交互、随时随地得到学校的信息和服务。基于这样的先进的硬件和软件环境,北京大学在教学管理、教学服务上将进入一个新的阶段,在管理服务质量和效率上迈上一个新的台阶。

（1）建立起国内一流的多媒体教室实时监控和无线服务系统

该系统建立在有线和无线互联网的基础上,技术先进,操作方便,提供一整套对多媒体教室高质量、高效率的管理和服务设施。管理人员可在控制中心（设在现代教育技术中心）全面监控所有多媒体教室,并可对出现的问题实施远程诊断和操作,实时解决教师遇到的问题。教师和服务人员之间可实现实时无线交互。

（2）网上教学资源管理和课件点播系统

该系统面向全校教师和学生,提供方便丰富的教学和学习资源管理。面向教师提供方便的操作界面,授课教师可随时保存教学资源,并可随时向学生发布,在授课时方便提取。

（3）方便灵活的教务管理和服务系统

学生、教师和教务之间在任何时间、任何地点实现方便交互,学生、教师、教务及教学相

关人员对教学资源的方便访问。

（4）基于无线和有线的网上课程评估系统

该系统可按照学校教务部的要求，方便地配置评估项目。

（5）远程答疑和管理系统

该系统将为远程教育提供方便及时的答疑和管理系统。

6.5 基础设施建设

世界一流大学必须有良好的办学条件。创建世界一流大学对基础设施建设提出了更高的要求：一是适应各学科需要，配置合理、设施完好的仪器设备和教学科研用房；二是适应现代管理需求的各类办公用房；三是满足师生文化体育活动需要的设施和场地；四是满足师生就近解决餐饮的设施；五是满足当前需求并留有必要余地的供电、供暖、供气、供热、给水排水等保障能力；六是优美清洁并反映出现代文明的校园环境；七是满足师生日常需求的生活服务及学生、教职工以及国外或校外进修者、讲学者、合作者住宿所需条件。经过"985"一期建设，学校后勤基础设施有了很大的改善，但是，由于多年来办学经费投入不足，我校基础设施一直处于供给不足、严重老化、失修、失调的状态，基础设施建设仍然有很大缺口，后勤保障系统整体上仍未彻底摆脱被动低效的维持状况。下一阶段，学校将继续加大投入，完成校内水电暖和一部分教学科研楼改造；进一步改善学生住宿条件，一方面加大学校现有宿舍区的滚动改造，另一方面，尽快完成校外学生公寓和教师住宅置换。积极筹建生命科学学院大楼、新化学大楼、国际关系学院大楼、考古文博楼、文科楼群、艺术大楼和医学部教学大楼等，为教学科研创造良好的基础条件。

此外，学校将高度重视校园安全保障设施建设，争取利用三年左右的时间，建设一个初具规模、比较完备的校园安全防范体系，其中包括：视频监控系统、安防报警系统、电子门禁系统和楼宇对讲系统等。计划再投资1000万元用于此方面的建设。

面对艰巨的任务，一方面，学校要继续加大投入；另一方面，要从改革现有的管理体制和运行机制入手，加快后勤社会化改革，引入市场竞争机制，充分利用社会资源，为学校师生员工提供及时、高效、优质的后勤服务。

七、结语

跨入新世纪的北京大学面临着难得的机遇，也面临着严峻的挑战。在二十一世纪初叶基本建成世界一流大学，是党和国家赋予北京大学的神圣使命，也是全体北大人的共同心愿，更是北大实现振兴与发展的必然选择。只有以"三个代表"重要思想为指导，以"创新"为灵魂，不断推进理论创新、科技创新、制度创新和教育创新，坚定不移地走改革创新之路，正确处理改革、发展和稳定的关系，北京大学才能不断地把创建世界一流大学的事业推向前进，才能成为科教兴国的强大生力军。

我们必须看到，创建世界一流大学是一项集"调整、改革、建设、提高"为一体的艰巨任务，高等教育和科学研究长期性和持续性等自身发展的独特规律，决定了创建世界一流大学是一个不断完善、发展的过程，需要几代人坚持不懈的努力，更需要党和政府持续而稳定的支持。全体北大人将满怀信心，同心同德，群策群力，锲而不舍，知难而进，为早日将北京大学建设成为世界一流大学，为中华民族的伟大复兴而努力奋斗。

八、附件

附件 1 北京大学计划建设的重点学科

文科	29 个
中国语言文学	汉语言文字学
	中国古代文学
	中国现当代文学
	中国古典文献学
	语言学及应用语言学
	比较文学与世界文学
哲学	中国哲学
	外国哲学
	美学
	马克思主义哲学
历史学	世界史
	中国古代史
	考古学及博物馆学
外国语言文学	英语语言文学
	印度语言文学
法学	法学理论
	经济法学
	宪法学与行政法学
	刑法
政治学	政治学理论
	国际政治学
	科学社会主义与国际共运
理论经济学	政治经济学
应用经济学	国民经济学
社会学	社会学
	人类学
公共管理学	教育经济与管理
图书馆与情报学	图书馆学
心理学	基础心理学
理科	26 个
数学	基础数学
	计算数学
	概率论与数理统计
	应用数学

(续表)

理科	26 个
物理学	理论物理
	粒子物理与原子核物理
	凝聚态物理
	光学
天文学	天体物理
化学	无机化学
	物理化学
	高分子化学与物理
	分析化学
	有机化学
生物学	植物学
	生理学(与医学部共建)
	细胞生物学(与医学部共建)
	生物化学与分子生物学(与医学部共建)
	动物学
地理学	自然地理学
	人文地理学
环境科学与工程	环境科学
大气科学	大气物理学与大气环境
	气象学
地球物理学	固体地球物理学
地质学	构造地质学
工科	9 个
力学	固体力学
	流体力学
	一般力学与力学基础
电子科学与技术	微电子学与固体电子学
	物理电子学
	通讯与信息系统
计算机科学技术	计算机软件与理论
	计算机应用技术
核科学与技术	核技术及应用
医科	17(20)个
医学	免疫学
	病理学与病理生理学
	神经生物学
	内科学(心血管病、血液病)
	皮肤病与性病学
	儿科学
	外科学(骨外、泌尿外)
	口腔临床医学

(续表)

医科	17(20)个
医学	流行病与卫生统计学
	药物化学
	生药学
	药理学
	精神病与精神卫生学
	运动医学
	妇产科学
	眼科学
	肿瘤学

附件2　北京大学理科学科建设标志性成果

通过实施创建世界一流大学计划,经过5～7年的努力,北京大学将在科学发展前沿和国家目标的学科中,结合引进与培养具有世界级学术水平的带头人,力争取得一批标志性的、具有世界先进水平或者世界领先水平的创新性成果,为国民经济建设和国防建设主战场服务。"十五"期间将重点建设一批承担国家重点项目的学科,如承担国家重点基础研究项目(973)、国家重大科研项目、自然科学基金委重大项目、863、攻关项目以及长江学者计划等;支持面向二十一世纪对科技发展有重大影响的前沿交叉学科;支持在3～5年内有可能将成果转换为高新技术产业的项目等,形成新的标志性成果。

重点建设的学科及研究方向有:

数　　学:基础数学及应用数学的若干重要研究方向

物　　理:理论物理中的若干重要领域

　　　　　凝聚态物理的若干重要方向

　　　　　光学中的激光物理方向

　　　　　核物理与核技术中的2～3个研究领域

化　　学:重点建设化学生物学

生命科学:细胞分化机理与细胞工程

　　　　　化学基因组学

　　　　　生物大分子结构与后基因组学

　　　　　植物基因工程与生物技术

　　　　　生物信息学

信息科学:计算机的核心技术,具有重大突破的拥有自主知识产权的微处理器及其支持软件系统

　　　　　微电子机械集成系统

　　　　　卫星通讯及空间激光通讯

原子频率标准在国防科技中的应用

材料科学：新型光电功能材料

纳米科学与纳米材料，纳米电子学

新型生物医学材料及其应用

环境科学：大气及水的污染治理与监测

生物多样性与保护生物学

生态学

环境工程

地球与空间科学：

地球物理观测与地球内部物理学

考古与第四纪年代测定技术

造山带与地壳演化及陆壳增生与演化

壳幔体系的化学演化及其资源环境效应

史前生命演化与环境

空间探测的综合研究

医　　学：干细胞的临床应用

重大疾病基因的基础研究及基因治疗

临床医学的若干重要领域

交叉学科的若干新方向：

理论生物学

纳米科学与技术

脑科学与认知科学

大规模科学与工程计算

高新技术孵化：

新一代能源，高性能电池

第三代显示器材料等

预期的标志性成果如下：

一、基础研究与应用科学方面

1. 建设世界一流数学学科

用10年左右时间把北京大学数学科学学院建设成为具有世界先进水平的国际性数学研究中心和高素质科学人才基地。在现代数学（基础数学和应用数学）的主要领域内，如现代数论、低维拓扑和整体微分几何、几何分析与偏微分工程、现代分析、动力系统与常微分方程、代数几何与表示论、计算数学与大规模科学工程计算、概率与统计以及应用数学若干重要方向，达到世界先进水平。培养出具有重要国际影响的知名学者。

2. 全面推进化学学科发展

坚持以基础研究为中心，强调化学在科学研究中的基础和中心地位，重点发展核心化学、化学生物学和材料化学。经过努力使化学学院在国际化学界有更大的影响。以化学为本的同时，加强与物理、生物、医学等学科的协作与交流。重点发展核心化学、先进材料的化学制备与性能研究、生命科学中的化学问题。

在化学反应和催化、可控合成、理论化学等方面取得一批国际领先水平的成果。

在生物分子和生物体与化学物质的相互作用和生命过程的化学本质以及新药开发的研究、生物信息的高通量、高灵敏化学方法及其应用的研究取得突破；在国内首先实现活细胞中单个生物分子运动的检测，并应用于医学研究；开发出具有独立知识产权的新颖的生物芯片技术；建立组合化学库，发掘出具有我国自己知识产权的药物靶点及先导化合物，为我国的新药研究打下基础。

3. 建设全国最大最完整的互联网信息采集与分析中心

在北京大学实现全国最大、最完整的互联网内容信息收集与仓储中心。互联网信息是多方面关注的对象，将其全面地、及时地收集、整理、存储管理起来，是具有历史意义的。北京大学应该为国家承担这样一个历史责任。建立"中国 Web 信息博物馆"，形成一个能够持续收集、动态维护、仓储管理、增值开发海量互联网信息的基础设施和环境。

4. 建立和发展具有原创性的力学复杂系统论

建立、发展和完善具有原创性的湍流层次结构理论和湍流旋涡动力学统计理论，建立具有国际先进水平的湍流多尺度结构理论和计算模型；建立包括生物与环境生态系统在内的复杂系统的理论与数值模型；建立和发展面向全国的湍流直接数值模拟与实验数据库；配合现有的大型并行机群研制开发大型的湍流模拟和并行计算软件；发展湍流多尺度结构的分析方法和手段，建立湍流复杂结构的统计描述理论；并应用湍流复杂结构的方法于湍流控制；深入研究与人体健康相关的生物力学过程，探讨人体血管内的复杂流动规律及其对大分子传质的影响，为深入研究微观血液流变学特性提供新方法，在动脉硬化的流体力学机理认识上取得突破；深入开展与环境生态系统相关的复杂系统研究，建立复杂环境生态系统的能值评价体系，并开发复杂环境生态系统的调控技术。

5. 微电子机械系统研究

作为集成化感知和控制信息的高技术综合系统，微电子机械系统（MEMS）将微电子技术和精密机械加工技术相互融合，将对二十一世纪的科学技术和人类生产和生活方式产生革命性的影响，并将在未来高科技战争中起举足轻重的作用，是关系国民经济发展和国家安全保障的关键技术。立足"微米/纳米加工技术国家级重点实验室"，充分发挥北京大学多学科交叉的优势，形成微电子机械系统新的设计理论体系，建立先进的加工工艺，制造出一批既有世界领先水平，又能带动高新技术产业，促进中国经济和社会发展的微器件和系统。

6. 时间—空间分辨的探针物理技术及其应用

将瞬态光学等时间分辨技术与超高空间分辨的探针物理技术（近场光学显微术，原子力显微术，扫描隧道显微术等）结合，探索出新的物理实验技术并在研究微米到亚微米尺度的物理化学过程，单个分子，特别是生物单分子的物理化学研究以及生命物质的物理研究上做出一批成果。在应用技术上发展出能用于医疗的基因探针系统，发展实时和在现场上使用的分子（包括基因）探针技术。

7. 超短、超强激光在微结构材料、光功能材料和超快动力学中的前沿研究

飞秒激光的超短、超强特性为材料科学、物理学和化学等研究提供了一种独特的手段并开创了崭新的研究领域。开展：（1）微聚合和微爆炸制备亚微米—微米尺度的微结构材料及其应用。在微结构材料的制备、新物理思想及其应用获得突破。（2）超高时间空间分辨

光技术及其应用。包括泵浦—探测技术;四维显微技术;微细材料结构分析;微结构材料、有机及新型光功能材料超快光响应及其激发和弛豫动力学过程;生命和生物过程中的超快瞬态现象。

8. 放射性核束物理

以晕核和超重核的发现以及国际上正在兴建的若干大科学工程为标志,核物理正在进入一个新的活跃期,放射性核束物理是其中最受关注的内容。北京大学与科学院合作,在5~7年内,理论工作达到国际领先,在国际会议上做大会报告;实验方面完成标志性的探测设备建设和物理测量工作,达到国际先进水平,获得国家奖励。15年左右取得有重大国际影响的成果。

9. 地震波理论及其应用

研究横向非均匀地球介质中地震波的激发与传播理论;以新的地震波理论为基础研究地球内部的精细结构以及地震震源破裂的细致过程;以新的地震波理论为基础发展石油勘探的新方法、新技术。预期成果:力争在地震波理论方面有所突破。

10. 空间探测的综合研究

空间科学是包括空间物理学、空间天气学、空间环境学、空间微重力、空间生命科学和空间天文学的新兴交叉学科,而空间探测是空间科学的实验基础。空间科学已经成为国际科学、政治、经济和军事争夺的热点。北京大学是我国空间探测研究计划"双星计划"的主要发起和参与单位,也是欧洲空间局Cluster卫星星座探测计划的参加单位。在地面间接探测中,通过电离层多普勒探测和全球定位探测、太阳风和磁暴研究和执行十五863项目,参加"双星计划""120度经度子午工程"、空间站计划以及未来的登月计划等获得我们自己的探测数据,做出原创性科研成果。

11. 植物功能基因组学研究

随着双子叶植物拟南芥(2000年)和单子叶植物水稻(2002年)的基因组项目的相继完成,人们已经在基因水平上了解了这两种高等植物的组成和结构,因此,植物功能基因组学立刻成为国际植物生物学研究前沿的一个焦点。建立大型高通量基因研究平台、蛋白组学研究技术平台和大规模植物转化平台这三个先进的技术平台,把北京大学生命科学植物学研究的整体水平提高到接近国际水平;在植物功能基因组学研究领域突破,做出世界水平的研究成果;建成一个完善的、有10万个突变体单株的拟南芥植物库,将此数据向全世界公布,获得2~5个具有自主知识产权的、控制重要农艺性状的、具有开发和应用前景的基因。

12. 碳代谢与固氮及氮代谢的基因调控网络

在碳代谢基因调控体系和固氮及氮代谢基因调控体系的基础上揭示碳代谢与固氮及氮代谢三者之间的分子调控网络,揭示存在于微生物体内的碳代谢与固氮及氮代谢之间的基因调控网络及其调控机理,建立起大型高通量基因表达研究平台,把北京大学生命科学生物固氮基因调控网络研究的整体水平提高到国际前沿水平;利用蛋白组研究技术和基因芯片技术,研究异型胞分化和格式形成的分子机理,并取得突破性成果。使我校在微生物细胞分化和形成研究及在光合作用与固氮作用相互关系方面达到世界先进水平;获得数个具有自主知识产权的、控制重要农艺性状的、具有开发和应用前景的基因。

13. 重要功能蛋白质的结构和生物信息学

建立结构生物学中心(包括 800 MHz 核磁共振波谱仪,生物大分子晶体结构测定实验室等)、生物信息学中心及计算生物学中心,综合各学科优势形成一个在后基因组时代进行基因的结构与功能研究的学科群。建立整套有国际先进水平的高通量蛋白质结构研究的技术平台,包括高通量蛋白质表达与提纯系统;高通量晶体生长条件筛选系统;快速蛋白结构测定方法,特别是单波长反差散射法;蛋白质与其他分子相互作用研究技术。每年测定 3~5 个重要功能蛋白质分子的结构。在完成基本技术平台建立的基础上,结合生物信息学的分析手段,研究较有创新意义的重要功能蛋白质的结构,特别是具有药物或药物靶标价值的蛋白质分子。得到 1~2 具有开发意义的候选新药,同时与产业化相结合。采用生物信息技术高通量挖掘和评价平台,围绕疾病基因组和药物基因组展开,建立达到世界先进水平的新药和药靶挖掘技术,利用上述平台发现新药或药靶 3~5 个。

14. 软硬件协同设计与系统芯片

根据国际科技和产业发展趋势,充分发挥我校在计算机软件及微电子学领域技术、人才、体制上的优势,通过研制一整套支持我国软硬件协同设计的综合基础设施,在 ASIC 设计、嵌入式微处理器 IP 核的研究及开发、芯片级系统设计等方面取得标志性成果。建立国家级微处理器和系统芯片的研究中心,在未来 1~5 年内,推出实用的微处理器和系统芯片产品,推进我国微处理器产业的发展,并在微处理器结构、系统芯片设计方法学等研究领域取得国际有影响的研究成果,在现代微处理器结构、优化编译、操作系统、计算机模拟和性能评测、软硬件协同设计、系统芯片(System—on—a—Chip)设计。支持系统芯片开发的软硬件协同设计、协同验证平台。立足自主的微处理器核、集成电路 IP 核和系统软件平台,推进众志(Unity)系列系统芯片及系统软件的实用化和产业化。

15. 大气环境化学与物理

利用多种研究手段和开展系统研究的能力,进行大气环境化学和大气环境模拟与控制两个学科方向研究。将研究成果转化成为国家和地方政府进行科学决策的依据。建成具有国际水平的有机示踪物实验室;建成我国第一家具有世界一流水平的室内环境污染与健康研究实验室,三年内取得国家认证,为"绿色奥运"及重要建设项目服务;通过对大气复合污染的化学动力学机制的深入研究,在区域大气复合污染成因及调控原理的基础理论研究上取得重大突破;开展沙尘暴中细颗粒物表面的多相复合化学反应及机理研究,揭示沙尘暴中细颗粒物对城市大气环境质量影响的机理;开展青藏高原低层大气氧化性及城市污染特征的研究,研究臭氧总量减小和 UV-B 辐射加强下,青藏高原低层大气氧化性及城市污染特征。为制订西部城市发展战略提供有效的决策支持,为制订和评估我国履行《蒙特利尔议定书》战略提供科学依据。

16. 碳循环过程及其驱动机制及对全球变化的反应

"碳循环过程及其驱动机制及对全球变化的反应"和"重要生态过渡带生态恢复机制"两个生态学前沿领域的研究工作。这两个工作涉及我国在《京都议定书》履约过程中最大限度争取国家利益和我国在今后实现可持续发展过程中应率先解决的重要问题。特别定位站所在地坝上地区,不但是我国北方农牧交错带的重要组成部分,还是关系到首都经济圈生态安全的关键地区。在我国北方地区典型植物种类对环境条件的生理适应机制、我国温带草原碳循环过程、机理及对全球变化的响应、坝上重要生态过渡带地区的生态恢复机制等方面取得重要成果。

17. 环境生物地球化学

以持久性有机污染物为重点的有毒有害污染物在环境中的归宿和效应,侧重污染物生物有效性、区域环境效应和风险分析。这方面研究不仅是国际这方面研究的热点领域,也是实施我国可持续发展战略、保护生态环境和人体健康的迫切需要。预期标志性成果:

- 持久性有机污染物区域环境地球化学过程及效应;
- 水生生物种群灭绝为尺度的内分泌干扰物质生态风险评价。

18. 纳米电子学基础研究

以北京大学主持的973项目纳电子器件的材料科学为基础:(1)开展以碳元素为主的有机、无机复合材料的纳电子器件的材料研究,提出从碳纳米材料切入研究纳电子器件,发挥交叉学科优势,从实验和理论上探索新型纳电子器件的结构、特性和机理;(2)新型电子发射源:研究具有超强度、高亮度和相干特性的弹道电子发射源(Beeser);(3)新型平板显示器:研制金属纳米线阵列场发射平板显示器及其市场化。

19. 以遥现为背景的图像压缩与解压专用硬件实现

研究基于小波分析的高压缩比、高复现图像质量和便于硬件实现的彩色序列图像压缩与复现,进一步优化定型。在满足共享高通道带宽总体指标及监视分辨率需求的前提下,研究压缩比和复现质量多水平档次,并在DMS控制在动态可变的软硬件系统。将实现对于普通电视机图像的实时采集、压缩和复现,应用于电视电话和电视监控等领域。推出图像压缩芯片,在国际国内市场竞争中占据有利位置。

20. 国家空间信息基础设施关键技术研究

(1)空间信息共享与处理技术。研究在网络分别环境下异构空间信息的共享技术。(2)空间信息压缩网络传输技术。研究适于国土资源和区域经济信息的高压缩比、高复现图像质量的快速压缩和复现技术。预计在空间信息共享技术和空间信息压缩与复现技术方面取得一批有创造性的重大成果,将作为关键技术用于"国土资源和区域精良信息系统"中,将提供关于国家土地资源、土地利用、水资源、森林、地质、矿产、海洋、区域经济等大量数据,从而形成我国空间信息基础设施的雏形。

21. 螺旋波动力学研究

螺旋波动力学工作包括:(1)非线性科学的最前沿课题:反应扩散系统中螺旋波失稳的研究。(2)图灵斑图中斑图选择的研究。图灵斑图的高级分叉或斑图的三维投影的争论的实验与理论工作。

二、技术与产学研基地项目

高水平的基础研究工作不但在学术上有重要影响,而且可转化为生产力,为国民经济作出重要贡献。除了以上在基础研究与应用科学项目以外,北京大学还将在以下技术科学与产学研结合的基地建设方面做出工作。

1. 先进高速大容量光通信系统

随着光通信研究发展,现代一切需求,如经济发展、战场、社会生活等都同信息相关。将来,如高清晰度电视HDTV(16 Mbit/s)、战场通信(2.8 Tbit/s)、灵境(Telepresence,15 Tbit/s)等更是需要大容量系统和设备的支撑。拟结合我们已有的国家863计划、自然科学基金委、信息产业部重大项目,实验上正式研究 40 Gb/s 的技术突破。目标为:在上述重大项目基础上,增加下述功能进行实验,实验系统整体上达到国内领先水平,部分单元技术的指标达到国际先进水平。

(1) 实现 40 Gb/s 波长转发器;

(2) 系统中实现 40 Gb/s 传输速率的克服色度色散、偏振模色散、非线性效应,进行 RAMAN + EDFA 光放大,传输距离 100～150 公里。

2. 宽禁带半导体与新型发光器件

在发展蓝光 LED(发光二极管)的物理基础上,发展 GaN 基的绿光 LED 和蓝光的激光二极管,进而发展利用蓝光 LED 的白光 LED,在其物理过程和工艺过程上做出重要的工作。应用技术上:把蓝光 LED 和绿光 LED 产业化,并建立规模白光 LED 的生产。

3. 以重大疾病为目标的新药开发

在北京大学校本部和医学部国家重点实验室、药业和化工研究开发公司基础上,综合化学、药学、生物学和临床医学等学科的力量,组建药物研发基地,开展以重大疾病为目标的新药开发,化学药物、基因工程药物与中药现代化并进,至 2005 年形成若干新药开发成果。

附件3　北京大学文科学科建设标志性成果

北京大学在历史上是以文科为特色的综合性大学。文科中人文学科底蕴深厚,社会科学学科发展势头良好。在创建世界一流大学的过程中,文科要紧紧抓住学科建设、人才培养和科学研究等主要环节,择优扶重,提倡团队精神,树立创新意识和精品意识,力争经过5～10 年的建设,使文科的有些学科(如文史哲等人文学科)在国内继续保持领先地位,若干领域能达到世界一流水平,在整体水平方面能达到国内外领先地位。第一阶段可望产生以下一些标志性成果:

一、"马克思主义中国化发展历程"专题研究

1. 马克思主义中国化与中国现代化(专著3种)。

2. 毛泽东思想研究("毛泽东思想专题讲座"教材1种,"毛泽东思想专题研究"专著2种)。

3. 邓小平理论研究("邓小平理论专题讲座"教材1种,"邓小平理论专题研究"专著3种,"用邓小平理论武装当代大学生"专著1种)。

4. 邓小平理论与当代中国哲学社会科学发展研究("邓小平理论与当代中国哲学"等专著10种)。

5. 第三代领导人对邓小平理论的实践和发展研究("第三代领导人社会主义现代化论述专题讲座"教材1种,"第三代领导人社会主义现代化论述专题研究"专著3种)。

二、"中国司法制度及其改革"问题的专题研究

1. 建立中国司法制度研究(包括法规和案例)资料数据库(建成全国第一库)。

2. "中国经济与社会转型中的法律研究",完成专著5种。

三、"转型经济"问题的专题研究

1. 出版一套具有权威性的学术著作10种(《转型的微观经济分析》《转型的宏观经济分析》《转型的经济增长分析》《转型的国际经济分析》《转型的道德文化分析》等)。
2. 围绕经济转型问题提出一系列政策建议。

四、建设国内领先的MBA案例库

出版具有权威性的MBA教材。培养大批社会急需的专门人才。

五、"中国经济中长期增长的发展战略"问题的专题研究

1. 这个课题已完成研究报告,将以此为基础出版专著。
2. 建设好全国唯一的"中国经济学教育科研网"(简称CENET)。

六、建立公共政策数据库

1. 该数据库是我国第一个以公共政策和公共政策案例为数据源的大型数据库,现已初具规模。
2. 计划建立我国政府决策模拟系统。

七、"世纪之交的中国社会变迁"若干重大问题综合研究

1. 出版《世纪之交的中国社会变迁》系列研究专著。
2. 开展应用伦理问题研究(包括经济伦理、生态环境伦理、生命伦理、医学伦理等),编写教材,开设课程,出版专著。

八、关于教育经济与管理的综合研究

1. "十五"期间"国家贫困地区义务教育工程"的调研。提出调查报告,制订出实施方案,为政府决策提供科学依据。
2. 集中力量,开展"社会主义条件下高等教育运行机制研究"和"高等教育成本补偿政策研究"。

九、编撰《中华文明史》

1. 编撰《中华文明史》四卷。
2. 《中华文明史纲要》教材一卷。
3. 计划开展中国古代优秀经典的研究。

十、国际冷战史研究

1. 国际冷战史研究丛书10卷本。
2. 国际冷战史电子版多媒体教材(光盘10盒)。
3. 大型档案资料集。

十一、清代外务部档案的整理研究

1. 对首次开放的中国第一历史档案馆的清代外务部档案,进行全面整理,计划出版全部档案。
2. 出版相关的研究专著若干种。

十二、东方学综合研究

组织研究、撰写并出版《东方文化集成》100 种(总预计是 500 种,已经出版了 43 种)。并利用研究成果举办东方学系列讲座。

十三、美学与艺术学研究

1. 编写和出版《美学原理》和《艺术学概论》(高水平教材)。
2. 编写和出版《中国历代美学文库》(24 册,1000 万字)。
3. 编写和出版中国第一部《中国艺术批评史》,填补此方面研究的空白。

附件4　北京大学医学学科建设标志性成果

未来三年,将力争获得一批以高影响因子为指标的、具有源头创新的高水平学术成果,实现知识创新。体现医学生物学研究水平与国际水平接轨的具体成效,在某些学科代表医学研究的最高水平。

1. 完成 10～15 个新的基因功能的研究工作,在理论上明确这些新基因主管的细胞功能的分子机制,认识生物现象本质,认识疾病本质。同时结合心血管疾病、肿瘤、儿科及老年疾病、免疫系统等疾病发生的状况,为应用提出可能的疾病诊断与治疗的新的基因靶点。

2. 成功建成多种组织干细胞培养及前期应用技术,在研究干细胞生长分化规律的同时,在角膜、神经、胰岛、心肌等研究方向上取得突破,为解决相关的疾病治疗问题提供新的途径、创造新的机会。

3. 建立一个较完善的亲和色谱分子烙印技术平台,完成中药样品库及信息系统的建设(建立 2000 种中药和 8000 个提取物样品的实物样品库,建立 100 种中药的有效部位提取物库和 500 个单体化合物库,建立 4000 个复方,12000 种药用植物和 20000 个单体化合物的信息系统),同时建立适合中药特点的现代质量标准。并对中药有效复方开展临床验证,五个中药二类新药的开发研究进入临床试验(获得临床批文),争取获得新药证书,同时建立完善的中药活性成分生物转化体系。

4. 通过跨学科研究在单分子生物学研究中有所突破,利用单分子研究方法探讨疾病相关蛋白单分子动态行为,在单分子水平上揭示蛋白质错误折叠、相互作用、调节因素机制,深入认识生命本质,获得创新性发现。

5. 在环境(如病原微生物、物理化学污染物)与疾病、预防医学方向,提出有指导意义的识别高危人群的手段,如易感基因、暴露因素等,对多基因遗传易感提出新的理论依据、研究手段。

6. 对新兴的临床治疗手段提供高水平的基础和临床研究依据。在肾病综合治疗、血液病治疗、慢性心力衰竭的运动康复、肝组织损伤修复、器官移植、泌尿外科、运动损伤修复、辅助生育、难治性脊柱肿瘤外科治疗、眼外伤组织重建和视功能恢复、口腔颌面外科、仿生牙齿修复、恶性肿瘤的诊断与治疗、儿童行为问题综合研究等方向取得重要突破。

7. 预期实现申报国家级、部级成果200项,预期实现申报专利15项,预期实现以一次性转让或合作开发的成果转让30项。

附件5　北京大学校本部2003—2005年"行动计划"专项资金概算表(略)
附件6　北京大学医学部2003—2005年"行动计划"专项资金概算表(略)
附件7　北京大学各附属医院基础建设总预算(略)
附件8　北京大学图书馆及信息网络建设经费预算(略)
附件9　北京大学中国高等教育文献保障系统(CALIS)建设经费预算表(略)
附件10　北京大学医学部公共服务体系建设及预算(略)
附件11　北京大学校本部基础设施建设及经费预算(略)
附件12　北京大学医学部及临床基础设施建设经费预算(略)
附件13　北京大学2003—2005年"行动计划"专项资金概算表(略)

北京大学"十五"学科建设规划

  2001年教育部启动了第二轮国家重点学科评估工作,并准备按重点学科配置重点建设经费。在评估工作中,教育部要求参评单位制定学校整体的"十五"学科建设规划,内容包括中长期发展目标、学科布局和结构调整、重点建设目录和措施等内容。北大根据前不久修订完成的《北京大学创建世界一流大学规划(1999年—2015年)》,按照教育部的要求制定了《北京大学"十五"学科建设规划(2001—2005)》,并于2001年10月16日经校长办公会审议通过。本书收录的是2001年10月16日经校长办公室讨论通过的文本。时任书记王德炳、校长许智宏,支撑部门发展规划部,主要负责人为羌笛、岳庆平。

一、中长期发展的总体目标

  1995年北京大学第九次党代会正式提出把创建世界一流大学作为北大的奋斗目标。1998年江泽民总书记在庆祝北大建校一百周年大会上的讲话发出了创建世界一流大学的伟大号召。同年,国家教育部制定的《面向二十一世纪教育振兴行动计划》把创建世界一流大学的任务列入了计划,自此,支持北大创建世界一流大学,成为国家落实"科教兴国"战略方针的重大举措之一。

  创建世界一流大学是一个长期的过程,学校确定了两步走的战略。从1999年至2005年,这七年是打基础的阶段。在此阶段,将基本实现对学科的整合,使北京大学成为包括人文科学、社会科学、管理科学、自然科学、技术与工程科学、医学科学等几大门类的综合性大学。学校办学条件将大为改善,重点学科及一批国家急需的新兴学科的学术水平将有明显提高,将建设一批具有国际先进水平的科研及教学实验室;一支高水平的师资队伍及管理队伍将初具规模;人才培养更能适应国家及经济发展的需要。教育改革和知识创新成果显著;将有一批具有国际水平的科研成果显现,高科技成果向现实生产力转化将取得若干标志性成果,对国家经济发展作出更大贡献;北大的国际影响和国际交往程度将进一步扩大。

  从2006年至2015年这十年,北京大学将坚持不懈艰苦奋斗,实现创建世界一流大学的目标。在此阶段内,学校的办学条件将进一步优化,达到国际水平。学科整合及建设的成果将突出显示出来,一批重点学科将达到国际前沿水平;具有国际影响的学术权威及知名学者将在学术队伍中涌现;一些有原创性的重大科研成果及高水平的科研成果将会展现,对国家的科技发展、经济及国防建设作出更大贡献;人文社会科学将对国家的政治、经济和文化、社会发展发挥重要思想库和智囊团作用,成为国家弘扬中华优秀文化与精神文明建设的重要基地;人才培养将更好适应国家需求而成为国家高质量高层次人才的基地及教学中心;国际声誉将更加提高,国际学术交流频繁,将吸引更多的国内外优秀学者来校工作、交流,外国留学生比例大幅度增加,成为重要的国际学术交流中心。

二、学科建设中的学科布局和结构调整

1. 学科结构现状

北京大学自1952年院系调整以后,成为一所以文理基础学科为主的综合大学。改革开放以来,为了适应经济建设、科技与社会发展的需要,参照世界一流大学的办学经验,北京大学在继续重视基础学科的同时,大力加强应用学科和高新技术学科的建设,有选择地发展了一些新兴学科和交叉学科,改变了过去学校学科专业结构较单一的状况,学科结构有了明显改善,学科建设有了较大的发展。目前我校已有人文科学、社会科学、理学、信息与工程科学、医学五个学部,本科生专业86个,硕士授权专业198个,博士授权专业174个,有26个一级学科博士授权专业,博士后流动站26个,上述专业覆盖着10种学科门类。

各层次学位授权专业的学科分布见下表:

表1 北京大学博士、硕士授权专业情况统计

专业类别	博士授权专业数	只有硕士授权而无博士授权的专业数	硕士授权专业数	一级学科授权点
法学	18	3	21	1
工学	3	3	6	1
管理学	7	3	10	1
教育学	3	2	5	1
经济学	16		16	2
理学	63	2	65	13
历史学	8		8	1
文学	17	4	21	1
哲学	8		8	1
医学	31	3	34	4
专业学		4	4	
合计	174	24	198	26

从北大目前各层次学科专业结构和分布来看,多学科多层次的学科结构分布已基本形成,但从国际科学技术发展的趋势和国家迫切需求考虑,北京大学还应重点发展若干高新技术学科、交叉学科及新型工程学科。

2. "十五"期间学科建设的目标和布局

江泽民主席1998年在北京大学百周年校庆大会上指出我国应该建设世界一流大学,"这样的大学应该是培养和造就高素质创造性人才的摇篮,应该是认识未知世界、探求客观真理,为人类解决面临的重大课题提供科学依据的前沿,应该是知识创新、推动科学技术成果向现实生产力转化的重要力量,应该是民族优秀文化与世界先进文明成果交流借鉴的桥梁"。

根据这一指导方针及北京大学的总体发展目标,"十五"期间,我校学科建设的目标是:"适应国际国内经济建设、社会发展和科技进步需要,面向现代化、面向世界、面向未来,形成学科门类齐全、特色鲜明、部分达到或接近国际先进水平、整体处于国内领先水平的学科体系。"

我校学科建设的总体布局是,在学术思想不断创新的基础上,发扬我校基础学科的传统优势,抓住学科前沿,建成一批公认的具有国际先进水平的基础学科,使其成为促进其他学科发展的强大源头;加强对现有应用学科、技术学科和新型工程学科的支持和整合;有选择地重点发展一些新兴的边缘学科、交叉学科,适当增加一些国家急需的应用学科、高新技术和工程学科,从而增强培养高素质创新人才的实力,提高为国家发展作出贡献的能力,积累迎接世界科技革命挑战的潜力。

为此,北京大学在学科建设中将十分重视21世纪前沿科学领域的发展,把信息科学、生命科学、纳米科学、新材料科学、环境科学、地球与空间科学及国家经济与社会发展的重大人文、社会科学研究领域等作为学科建设中重点支持的研究方向。

为此,北京大学在学科建设中将十分关注学科在高度分化基础上的交叉与综合,把学科的整合与新生长点的孕育创新作为学科建设工作的主要着眼点,注意学科的鲜明特色和互补性,建设学科群的"行列式"体系,即以性质相近的学科组成学院,统筹教学、科研、科技开发与社会服务,形成学科的"栋";以重要综合科学任务为纽带,组成横向联系的学科群,一般以研究中心形式组成"梁"。

为此,北京大学在学科建设中将十分强调与国际一流大学的学术交流,实行"强强合作,优势互补",借助外力,发展自己。加强与国际知名大学联合建立研究生院或研究中心,推动国际知名高新技术企业联合建立研究院和实验室。

根据以上考虑,学校已建或将建立二十几个学院:

法学院、教育学院、公共关系学院、外国语言文化学院、工商管理学院、经济学院、国际关系学院、新闻与传播学院、数学学院、物理学院、化学与分子工程学院、生命科学学院、地球与空间科学学院、电子信息科学学院、环境科学学院、临床医学学院、基础医学学院、药学院、公共卫生学院、口腔医学学院和护理学院等。

同时建立跨学科的学科群及研究中心,如:

中国传统文化学科群、经济学与市场经济学学科群、世界文化与跨文化研究学科群、中国特色社会主义学科群、新功能材料学科群、生命科学学科群、生物医学学科群、地球科学与资源环境学科群、电子信息科学与技术学科群等,及一批跨学科的研究中心。如:

生物医学与跨学科中心、高性能科学计算研究中心、脑与认知科学研究中心、计算生物学研究中心、纳米科学与技术研究中心、北京核磁共振研究中心、卫生政策与管理研究中心、国学研究中心、美国研究中心、欧洲研究中心等。

此外,对于并非国家大量急需,但从国家长远或后备需要也是必不可少的稀缺专业,我校将采取适当保护措施使其稳定提高,如希伯来语、历史地理等。

三、"十五"期间拟重点建设的学科

根据上述学校建设的总目标及学科建设的目标及布局,我校将重点建设新批准的81个国家重点学科,并在其中选择若干"重中之重",使其率先达到国际先进水平,同时再支持一批国家急需、符合国际经济、社会科技发展需要的新学科及交叉学科,使这些学科在高层次人才培养和科学研究水平上达到或接近世界先进水平。

计划重点建设的重点学科有:

表2 2001年评上的重点学科

一级学科	重点学科
文科	29个
中国语言文学	汉语言文字学 中国古代文学 中国现当代文学 中国古典文献学 语言学及应用语言学 比较文学与世界文学
哲学	中国哲学 外国哲学 美学 马克思主义哲学
历史学	世界史 中国古代史 考古学及博物馆学
外国语言文学	英语语言文学 印度语言文学
法学	法学理论 经济法学 宪法学与行政法学 刑法
政治学	政治学理论 国际政治学 科学社会主义与国际共运
理论经济学	政治经济学
应用经济学	国民经济学
社会学	社会学 人类学
公共管理学	教育经济与管理
图书馆与情报学	图书馆学
心理学	基础心理学
理科	26个
数学	基础数学 计算数学 概率论与数理统计 应用数学
物理学	理论物理 粒子物理与原子核物理 凝聚态物理 光学
天文学	天体物理
化学	无机化学 物理化学 高分子化学与物理 分析化学 有机化学

(续表)

一级学科	重点学科
理科	26个
生物学	植物学 生理学（与医学部共建） 细胞生物学（与医学部共建） 生物化学与分子生物学 动物学
地理学	自然地理学 人文地理学
环境科学与工程	环境科学
大气科学	大气物理学与大气环境 气象学
地球物理学	固体地球物理学
地质学	构造地质学
工科	9个
力学	固体力学 流体力学 一般力学与力学基础
电子科学与技术	微电子学与固体电子学 物理电子学 通讯与信息系统
计算机科学技术	计算机软件与理论 计算机应用技术
核科学与技术	核技术及应用
医科	17(19)个
医学	免疫学 病理学与病理生理学 神经生物学 内科学（心血管病、血液病） 皮肤病与性病学 儿科学 外科学（骨外、泌尿外） 口腔临床医学 流行病与卫生统计学 药物化学 生药学 药理学 精神病与精神卫生学 运动医学 妇产科学 眼科学 肿瘤学

四、加强学科建设的措施

北京大学为了达到上述的学科建设目标,拟采取以下措施加强学科建设:

1. 建设一支高水平的学科带头人队伍

建设世界一流大学的关键要有一支具有国际先进水平的学术带头人队伍,这是一项艰巨的任务。北京大学在"十五"期间将把师资队伍建设作为学科建设的核心工作来抓。要完善岗位聘任制。创造良好的学术氛围和竞争机制,制定合理的评价体系,鼓励优秀人才脱颖而出。要加强吸引人才和对优秀学术带头人及骨干的支持力度,给予必要的配套经费。"十五"期间预计再招聘120名优秀学术带头人。其中要采取有力措施吸引学校急需,具有世界一流水平并有较强组织能力的学术带头人来校工作,或进行合作研究。计划投入2亿元,作为学科带头人的配套经费。3.6亿用于队伍建设。

2. 集中精力,突出重点

"十五"期间北京大学将集中精力,抓住一批校级重点,以这些重点学科为龙头,带动学校全面重点学科建设,对那些经过努力建设,在近期能够达到或接近世界先进水平的重点学科加强支持力度,给以专项支持。并继续加强国家重点实验室的建设,使这些实验室达到或接近国际先进水平。此外,对这次评审通过为重点学科的专业将给予必要的配套支持。计划拨出6亿元用于重点学科建设。

3. 进一步调整学科结构及布局,加强学科间的交叉与融合

"十五"期间北京大学将进一步调整学科结构,保持和发扬基础学科的优势,加强和发展技术学科、应用学科、新型边缘学科和交叉学科,增设一些急需的新兴工程技术学科,保护稀缺学科,基本完成学科结构的调整和布局。为此,北大将对新组建的学院、新兴学科及交叉学科的研究中心给予必要的经费支持,促进其发展。"十五"期间计划投入2亿元经费加以支持。

4. 进一步加强基础设施和公共服务体系的建设,为学科建设创造良好的支撑环境

"十五"期间是为创建世界一流大学奠定基础的关键时期,学校将进一步改善师生的教学及科研条件,将建设一批新的教学科研大楼,如:生命科学大楼、文科大楼、新法学楼等,同时进一步加强校园信息网、数字化图书馆、文献保障体系的建设及公共教学实验室、教学技术现代化及公用大型现代仪器设备的建设,为教学科研奠定良好的基础条件。"十五"期间将计划投资9亿元。

5. 加强学科建设中软环境建设

活跃学术空气,鼓励创新,加强国内外的学术交流,与世界一流大学及著名研究单位、企业建立有实质性的合作研究交流关系,提升研究水平,建设良好的学术环境。

北京大学创建世界一流大学规划(2001年修订)

2000年4月,原北京医科大学和原北京大学合并组建了新的北京大学。为了适应合并后的新局面,2000年9月北京大学启动了规划修订工作,主要由校长许智宏和常务副校长迟惠生、韩启德负责,发展规划部承担了具体工作。2000年10月,发展规划部连续召开了发展规划专家组会议和6场规划修订专题研讨会,并深入基层征求意见。2000年底,学校完成了医学部发展规划。2001年上半年,发展规划部一方面结合医学部发展规划,对原来的规划进行了相应的调整;另一方面进一步对校园规划部分进行细化和完善,形成了规划修订稿。2001年6月,发展规划部召集了9次专题座谈会就修订稿广泛征求意见,邀请著名学者、离退休老同志、各单位负责人、工会代表、教代会代表、民主党派和无党派代表、普通教师代表共计151人次进行座谈。此外,还收到师生代表的大量书面建议。根据全校师生反馈的意见和建议,学校对原修订稿又一次进行了认真修改,在2001年7月30日形成了定稿。本书收录的是2001年7月30日修改编制的文本。主要撰稿人为岳庆平、吕斌、王武召、倪斌、徐中煜。

概要

《北京大学创建世界一流大学规划》是北京大学在二十一世纪初叶基本建成世界一流大学的中长期发展战略规划。本规划是基于对当前及今后一个时期全球激烈竞争形势的客观分析,基于对国家发展目标及党和国家领导人一系列重要论述的深刻理解,基于对国内外高等教育改革与发展成功经验的深入考察,基于对北京大学百年历史经验与教训的认真总结与思考,基于对学校当前发展状况的冷静评估,采取领导和群众相结合的方式,在集中集体智慧的基础上形成的。

本规划共分六个部分,即:

一、前言

二、机遇与使命

三、改革与建设

四、步骤与前提

五、结论

六、附件

"前言"简要介绍了本规划的基本性质、历史渊源和创建世界一流大学的思想条件,强调《北京大学创建世界一流大学规划》是根据科教兴国战略和江泽民同志的重要讲话制定的到二十一世纪初叶把北京大学建成世界一流大学的中长期发展战略规划,是国家知识创新体系和教育部《面向二十一世纪教育振兴行动计划》中的一个重要内容,是原北京大学和原北京医科大学"211工程"建设规划在新时期的继续丰富和提高。

创建世界一流大学,必须以科学理论武装头脑,解放思想,更新观念,在办学指导思想上有一个大提高和新飞跃,保持一个良好的精神状态。只要我们把锐意改革、开拓创新,同尊重科技和教育的发展规律,发挥师生员工的积极性有机统一起来,就会使北京大学创建世界一流大学的实践健康发展。

"机遇与使命"论述了北京大学面临的历史机遇和巨大挑战,以及创建世界一流大学的客观现状、重要原则和两步走战略。强调创建世界一流大学是北京大学最重大、最难得的历史机遇,是国家赋予北京大学的庄严使命,也是北京大学面向二十一世纪振兴发展的必然选择。北京大学应该顺应时代潮流,大力发展科技和教育事业,努力成为科教兴国的强大生力军,为增强我国的综合国力,实现社会主义现代化和中华民族的伟大复兴,作出应有的贡献;应该以自己悠久而优秀的文化传统和对我国思想文化发展的卓越贡献而成为我国思想文化建设的重镇,并成为与世界先进文明成果交流借鉴的桥梁。

北京大学在中国率先建成世界一流大学,具有扎实的基础和明显的优势。但是,与世界一流大学相比,北京大学还有不少差距和困难。在创建一流大学的过程中,我们应当坚持四条重要原则:一、坚持面向二十一世纪教育改革和发展的方向;二、坚持充分发挥现代大学的功能;三、坚持走以内涵发展为主的道路;四、坚持正确处理改革、发展、稳定的关系。要采取分两步走的战略:从1999年至2005年的七年,是北京大学创建世界一流大学的基础性准备阶段;从2006年至2015年的十年,是北京大学创建世界一流大学的关键性起飞阶段。

"改革与建设"是本规划的主要部分。所表述的核心思想是,北京大学创建世界一流大学的实践必须以改革为动力,贯彻始终,贯穿在学校工作的各个方面。

一是"深化教育改革,增强办学活力",强调要认真贯彻"共建、调整、合作、合并"八字方针,组建一个学科更加齐全、结构更加优化、综合实力更强、办学效益更高的新北京大学。

二是"深化教学改革,培养高素质创造性人才",强调培养人才是学校的根本任务,教学是学校第一位的工作。要全面推进素质教育,深化教学改革,以培养学生的创新精神和实践能力为重点,使他们成为"有理想、有道德、有文化、有纪律"的、德智体美等全面发展的社会主义事业建设者和接班人。到2005年,在校学生总数58978人,学校基本教育规模为62495名标准生,分别比2000年增加59.5%和53.7%。

三是"深化科研体制改革,提高科学研究水平",强调学术研究是大学的生命线。学校的科学研究工作要切实克服脱离实际、低水平重复、力量分散、"小而全"的现象,以提高创新能力、建立创新机制和服务现代化建设为根本导向,坚持科学研究与人才培养相结合、多学科相结合、产学研相结合。要坚持基础研究与应用研究并重发展,区别对待;遵循现代科学技术的发展方向,促进学科整合;重视科研体制的创新。

四是"加强高新技术产业化,推动先进生产力发展",强调知识创新、推动科学技术成果向现实生产力转化,是创建世界一流大学的一项重要任务。要进一步调整科研发展方向,加强技术创新,加快高新技术的商品化、产业化进程,推动产学研结合向更高的水平和层次发展。

五是"推进校内管理体制改革,提高管理水平",强调推进校内管理体制改革是大势所趋、人心所向。要继续深化和完善党政管理机构改革和干部制度改革,坚定不移地推行校院系三级建制、校院两级行政管理的体制,加快后勤社会化改革步伐,继续完善财务改革,优化资源配置。

六是"加快人事制度改革,建设高素质人才队伍",强调人才是最宝贵的资源。要立足于提高各类人员素质,调动各方面积极性,按照"压缩总量、改善结构、加强管理、减人增效、优才优用、优劳优得"的原则,加快人事制度改革。按生员比5∶1、生师比10∶1和教师占教职工总数的50%规划,到2005年我校将按62495名标准生的基本教育规模,建设一支8332人的教职工队伍,其中专任教师4166人。营造有利于优秀人才脱颖而出、人尽其才的环境和机制。培养和造就高层次创造性人才,建立起1000人左右的学术骨干队伍。加强管理骨干队伍建设,建立起300人左右的管理骨干队伍。

七是"加强信息网络建设,加快教育现代化",强调信息化是当今世界经济和社会发展的大趋势,是我国产业优化升级和实现工业化、现代化的关键环节,也是促进教育和科研工作的关键因素。要顺应世界信息技术的发展趋势,抓住国民经济和社会信息化的重大机遇,加快教育现代化的步伐,加强信息网络建设,加速实现教学、科研和管理工作的现代化。

八是"加强基础设施建设,改善办学条件",强调世界一流大学必须有良好的办学条件。现代化的大学要有现代化的基础设施、条件装备和后勤保障。面对创建世界一流大学对基础设施建设所提出的更高要求,要加快后勤社会化改革,引入市场竞争机制,充分利用社会资源,通过相关企业之间的公平竞争,择优签约,为学校师生员工提供及时、高效、优质的后勤服务。

九是"加强校园文化建设,优化育人环境",强调世界一流大学应该有一流的校园文化。北京大学校园文化建设以马克思列宁主义、毛泽东思想、邓小平理论为指导,按照"三个代表"重要思想的总要求,以培养和造就高素质的创造性人才为目标,继承中华民族优秀文化,汲取世界先进文明成果,发扬北京大学的光荣传统,为创建世界一流大学提供强大的思想保证和精神动力。北大在长期发展和斗争历程中形成的爱国、进步、民主、科学的光荣传统,显示的勤奋、严谨、求实、创新的优良学风,要永远发扬光大。胸怀祖国、服务人民,高瞻远瞩、脚踏实地,抓住机遇、开拓创新,艰苦创业、顽强拼搏,同心同德、团结协作,为贯彻科教兴国战略、创建世界一流大学而奋斗,要成为全体北大人的共同理想和精神支柱。要进一步加强和改进教师和学生的思想政治工作,继续加强学校综合育人环境的建设,积极推进以思想道德建设为重点的社会主义精神文明建设,构建全方位的、面向学生的服务体系。

十是"提供优质社会服务,促进大学与社会紧密结合",强调世界一流大学不应该也不可能把自己封闭在围墙之中、"象牙塔"之内,而应该与经济发展和社会进步更加紧密地结合在一起,充分发挥大学的社会服务功能,坚定不移地为建设有中国特色社会主义的经济、政治、文化服务。

十一是"加强对外交流与合作,建设开放性大学",强调现在的世界是开放的世界,开放性是世界一流大学的基本特征之一。要坚持面向世界,巩固和发展全方位、多层次、宽领域对外开放的格局,为教学科研服务,为国家的总体外交战略服务。要认真研究世界多极化、经济全球化等重大国际问题对国民经济和社会发展带来的机遇和挑战,提出可行的应对良策。

十二是"加强党的建设,提供坚强有力的政治保证",强调创建世界一流大学,关键在党。要坚持"讲学习、讲政治、讲正气",贯彻始终代表中国先进社会生产力的发展要求、中国先进文化的前进方向、中国最广大人民的根本利益的重要思想,紧密围绕全党工作的大局,抓住实施科教兴国战略、创建世界一流大学这一主题,全面加强党的建设,坚持从严治党,增强党的凝聚力和战斗力,充分发挥党组织的领导核心作用、战斗堡垒作用和共产党员的先锋模范作用。

"步骤与前提",首先指出了实施创建世界一流大学规划的指导性原则,即"既要有雄心壮志,又必须脚踏实地"。北京大学创建世界一流大学既是时代赋予的紧迫使命,又是艰巨而复杂的长期任务,它是一个不断完善和发展的过程,需要几代人坚持不懈的努力,因此,要有锲而不舍的精神,并且在前后衔接上要有周密的设计。同时,这一规划的实施又是一项复杂的系统工程,因此,要有通力合作的精神,每项建设都要恰当定位,并妥善处理内外部左邻右舍的关系。具体实施步骤一定要遵循"全面规划、突出重点、抓住关键、重在落实"的原则,通过试点,狠抓典型,取得经验,逐步推广。

党和国家的关心和支持是北京大学创建世界一流大学规划能否成功实施的前提。国家对本规划实施所提供的支持环境,特别是足够的经费投入是建设目标得以实现的关键。

"结论"归纳了本规划的基本观点:跨入新世纪的北京大学面临着难得的机遇和严峻的挑战。在二十一世纪初叶基本建成世界一流大学,是党和国家赋予北京大学的神圣使命。只有继续坚持走改革和创新的道路,才能把北京大学建设成为世界一流大学,成为科教兴国的强大生力军,为国家的经济发展和社会主义现代化建设作出更大贡献。创建世界一流大学是光荣而艰巨的任务,要加强党的建设,积极推进以思想道德建设为重点的社会主义精神文明建设,开创思想政治工作的新局面。把北京大学建成世界一流大学,不仅是北京大学的学校行为,同时也是国家行为、社会行为。我们相信,有党和政府的英明领导,有社会各界的鼎力相助,有北京大学全体师生员工的团结奋斗,北京大学创建世界一流大学的宏伟目标一定能实现!

"附件"包括北京大学学科规划、北京大学事业规划、北京大学校园规划、北京大学附属医院规划等四个部分。

一、前言

《北京大学创建世界一流大学规划》是根据科教兴国战略和江泽民同志的重要讲话制定的到二十一世纪初叶把北京大学建成世界一流大学的中长期发展战略规划。党的十五大之后,我国加快推进科教兴国战略,1997年产生的新一届政府宣布把科教兴国作为本届政府的最大任务。中共中央总书记、国家主席江泽民1998年5月4日在庆祝北京大学建校一百周年大会上的重要讲话中,指明了面向二十一世纪教育改革和发展的方向,提出了创建世界一流大学的奋斗目标,揭示了世界一流大学的基本特征。他指出:"为了实现现代化,我国要有若干所具有世界先进水平的一流大学。这样的大学应该是培养和造就高素质的创造性人才的摇篮,应该是认识未知世界、探求客观真理,为人类解决面临的重大课题提供科学依据的前沿,应该是知识创新、推动科学技术成果向现实生产力转化的重要力量,应该是民族优秀文化与世界先进文明成果交流借鉴的桥梁。"这为我们创建世界一流大学提供了科学指南。2001年7月1日,江泽民同志在庆祝中国共产党成立八十周年大会上的讲话中,全面阐述了"三个代表"重要思想,为我们创建世界一流大学提供了伟大的行动纲领。

《北京大学创建世界一流大学规划》是国家知识创新体系和教育部《面向二十一世纪教育振兴行动计划》中的一个重要内容,是原北京大学和原北京医科大学"211工程"建设规划在新时期的继续丰富和提高。国家教育部制定了《面向二十一世纪教育振兴行动计划》，并把创建世界一流大学的任务列入其中。原北京大学第九次党代会和原北京医科大学第六次党代会分别明确提出了创建世界一流大学和创建世界一流医科大学的奋斗目标，制定了各自的"211工程"建设规划，并于1996年起经国家批准实施。2000年4月，原北京大学与原北京医科大学合并组建了新北京大学，北大的发展进入了新的历史阶段。根据两校合并后的新情况，我们对原北京大学创建世界一流大学规划和原北京医科大学发展规划进行了调整、修改和充实，并以此来统一全校的思想，凝聚师生的智慧与力量。

思想是行动的先导。创建世界一流大学，必须以科学理论武装头脑，解放思想，更新观念，在办学指导思想上有一个大提高和新飞跃，保持一个良好的精神状态。邓小平理论是指导中国人民在改革开放中胜利实现社会主义现代化的正确理论，也是指导我们创建世界一流大学的强大思想武器。江泽民同志"三个代表"重要思想和在庆祝北京大学建校一百周年大会上的重要讲话是创建世界一流大学的重要指针。要以邓小平理论武装头脑，认真学习江泽民同志及其他党和国家领导人关于科技、教育的一系列精辟论述，深入考察国内外高等教育改革与发展的成功经验，透彻分析学校的风雨历程和客观现状，对北京大学的历史使命、奋斗目标、发展战略以及学科建设、队伍建设、管理体制、运行机制等事关学校改革发展的根本问题形成科学明确的思路，采取切实可行的措施，坚定不移地付诸行动。

创新是一个民族进步的灵魂，也是国家兴旺发达的不竭动力。要克服因循守旧的传统习惯势力，弘扬开拓进取的创新精神。只要我们把锐意改革、开拓创新，同尊重科技和教育的发展规律，发挥师生员工的积极性有机统一起来，就会使北京大学创建世界一流大学的实践健康发展。

二、机遇与使命

2.1 知识经济与国力竞争中的北京大学

当今世界，科学技术突飞猛进，知识经济已见端倪，经济全球化进程加快，国力竞争日趋激烈。教育作为人才摇篮和知识传播、创新、应用的重要基地，正在成为经济和社会发展的战略制高点，教育的兴衰将决定着综合国力竞争的成败。我国国民经济已经实现了两个根本转变，强烈地呼唤着高等学校进入经济建设的主战场。加快教育改革发展，促进教育、科技和经济的密切结合，已成为当今世界的大趋势和我国社会主义现代化建设的迫切要求。

1994年7月北大第九次党代会提出的创建世界一流大学的奋斗目标，已经上升为国家战略和政府行为。这是北京大学最重大、最难得的历史机遇，是国家赋予北京大学的庄严使命，也是北京大学面向二十一世纪振兴发展的必然选择。北京大学应该顺应时代潮流，大力发展科技和教育事业，努力成为科教兴国的强大生力军，为增强我国的综合国力，实现社会主义现代化和中华民族的伟大复兴，作出应有的贡献。

2.2 弘扬中华优秀文化与促进世界文明的北京大学

思想文化建设是国民和国格塑造的基础工程，民族精神和社会信念对于国家以昂扬的精神风貌屹立于世界先进民族之林至关重要。步入新的世纪，中华民族优秀文化将进一步弘扬，世界先进文明成果将不断涌现，意识形态领域的斗争将更加深入。北京大学应该以自己悠久而优秀的文化传统和对我国思想文化发展的卓越贡献而成为我国思想文化建设的重镇，并成为与世界先进文明成果交流借鉴的桥梁。

2.3 基础、优势与差距、困难

北京大学在中国率先建成世界一流大学,具有扎实的基础和明显的优势:

第一,一个世纪以来,北京大学始终跟随时代的步伐前进,成为享誉中外的著名学府。在中国近现代史上,北京大学是新文化运动的中心和五四运动的策源地,最早在中国传播马克思主义和科学、民主的思想。作为我国重要的教育、学术、文化阵地,北京大学为祖国培养了一代又一代优秀人才,在社会科学和自然科学领域创造了许多重大成果,为我国的革命、建设和改革事业作出了重要贡献。

第二,在百年办学历史上,北大与祖国和人民同甘共苦,始终围绕求得民族独立和人民解放,以及实现国家繁荣富强和人民共同富裕这两大历史任务,以振兴中华、繁荣教育为己任,英勇奋斗,艰苦创业,在长期发展和斗争历程中形成了爱国、进步、民主、科学的光荣传统,在教学相长和传承文明中养成了勤奋、严谨、求实、创新的优良学风。

第三,北大拥有门类比较齐全的学科体系和完整的培养体系。截至2000年10月,已有包括人文科学、社会科学、管理科学、教育科学以及自然科学、技术科学、工程科学、医药科学等各种学科的86个本科专业、2个第二学士学位专业、177个硕士专业和155个博士专业,学科门类之多在国内大学中名列前茅。其中全国重点学科53个,在国内名列第一。

第四,北大拥有一流的学生。截至2000年10月,全校共有学生36982人,其中本专科学生13238人,硕士研究生6380人,博士研究生3019人,成人教育学生14345人。在历年高考招生中,北大新生质量一直保持第一、二位的势头。北大本科生的质量举世公认。

第五,北大拥有较强的教学科研机构和高素质的教师队伍,教学科研成果突出。截至2000年11月,北京大学共有5个学部、16个学院、19个系、98个研究所、126个研究中心,有12个国家重点实验室与工程研究中心、1个国防重点实验室、3个国家重点学科专业实验室、13个基础科学研究与教学人才培养基地、10个国家文科重点研究基地、6个教育部重点实验室、8个卫生部重点实验室、2个国家工程研究中心、1个国防重点实验室、3个教育部开放实验室、6所附属医院、10所教学医院。全校现有教职工17203人,其中专任教师5519人,有教授1163人、副教授1494人。在北大教师队伍中,有中国科学院和中国工程院院士42人,博士生导师885人,有"长江学者奖励计划"特聘教授30人和讲座教授7人。这些数字在全国高校中处于前列。中青年教师中入围国家杰出青年基金、"百千万人才工程"和教育部"跨世纪人才工程"的人数,在全国高校中处于领先地位。在近年历次教学优秀成果奖中北大获奖数名列第一、二名;在历次科研成果奖、SCI科学论文数目榜中,北大在全国高校中也一直名列前茅。

第六,以"北大方正"为代表,北京大学在加强技术创新,发展高科技,实现产业化方面,走出了一条产学研相结合的成功之路,发挥了先锋和示范作用,为我国高新技术产业的发展和知识经济的兴起作出了重要贡献。

第七,北大具有相对良好的办学条件。截至2000年10月,北大图书馆馆藏书刊总数达535万册,建筑面积5万多平方米,是亚洲大学中面积最大的图书馆。校园信息网络建设已具相当规模,走在全国高校的前列。全校教学科研仪器设备资产值达6亿元以上,校园环境优美典雅。

第八,北大具有较高的国际声望和广泛的国际联系。改革开放以来,北京大学对外交流与合作不断向广度深度发展,逐步形成了全方位、多层次、宽领域对外开放的格局。截止到

2001年5月,北大已经与47个国家和地区的207所院校建立了校际交流关系,现有来自75个国家的外国留学生2680人。北大在百年校庆期间举办了"世界著名大学校长论坛",海内外大学校长140多人聚集北京,探讨21世纪高等教育发展的重大问题,产生了广泛的影响。

但是,与世界一流大学相比,北京大学还有不少差距和困难:

第一,教师中有世界影响的一流学者人数很少,吸引和汇聚拔尖人才的机制尚未形成,不少有才华的学者外流。

第二,基础研究上的原始创新成果、应用研究上对国民经济和社会发展有重大意义的研究成果较少,SCI论文数远远落后于世界先进水平的一流大学,科技成果转化为现实生产力的程度较低。

第三,教育思想、人才观念还不能适应社会发展变化的需求,影响了学生素质的全面提高和高层次创造性人才的培养。

第四,符合现代科学技术和高等教育发展规律的管理体制、管理手段和管理观念还没有系统地形成,从而妨碍了学校教学、科研和社会服务水平的提高。

第五,学校办学经费不足,与世界一流大学相比,基础设施严重不足且相对陈旧落后,在很大程度上影响了队伍和学科建设,制约了学校的发展。

第六,从外部环境而言,传统的高等学校管理体制影响了大学办学自主权的充分发挥;在改革开放和发展社会主义市场经济的条件下,社会矛盾的冲击、错误思潮的侵蚀以及西方敌对势力"西化""分化"的干扰,对学校的改革、发展和稳定有一定的影响。

回顾历史,立足现实,前瞻未来,北京大学希望与困难同在,机遇与挑战并存。为了国家和民族的振兴,在国家和社会各界的大力支持下,它将义无反顾,奋然前行,力争通过15到20年的努力,进入世界一流大学的行列。

2.4 总体思路与战略目标

在创建世界一流大学的过程中,我们应当坚持这样一些重要原则:

第一,坚持面向二十一世纪教育改革和发展的方向。教育要面向现代化,面向世界,面向未来,教育应与经济社会发展紧密结合,为社会主义现代化建设提供各类人才支持和知识贡献。我们的大学应当成为科教兴国的强大生力军。北大只有为实现中华民族的伟大复兴作出一流的贡献,才能成为世界一流大学。

第二,坚持充分发挥现代大学的功能。高等教育发展的核心是学术和人才。北大要以培养人才为中心,开展高水平的科学研究,提供优质高效的社会服务,使自己成为培养和造就高素质创造性人才的摇篮,成为认识未知世界、探求客观真理、为人类解决面临的重大课题提供科学依据的前沿,成为知识创新、推动科学技术成果向现实生产力转化的重要力量,成为民族优秀文化同世界先进文明成果交流借鉴的桥梁。

第三,坚持走以内涵式发展为主的道路。北大要有自己的办学特色,按照规模、结构、质量内在统一、相互协调的原则,把经济社会发展的需要和本校的客观实际结合起来,定位在提高上,控制规模,优化结构,保证质量,提高效益。

第四,坚持正确处理改革、发展、稳定的关系。发展是硬道理,是解决中国所有问题的关键。改革是促进发展的动力,稳定是改革和发展的保证。北大要以解放思想、实事求是为先导,以创新为灵魂,以教学改革为核心,以体制改革为突破口,全面推进学校各方面的配套改革,维护学校稳定,增强办学活力,加快发展步伐。

创建世界一流大学既要有高瞻远瞩的战略眼光,又要有切实可行的阶段性行动计划。为此,我们采取分两步走的战略:

从1999年至2005年的七年,是北京大学创建世界一流大学的基础性准备阶段。在此阶段内将基本完成学科整合,使北京大学成为包括人文科学、社会科学、管理科学、教育科学、自然科学、技术科学、工程科学、医药科学等学科门类更为齐全、结构更为合理的综合性大学;教学改革取得重大进展;在科学研究以及高新技术成果商品化、产业化方面取得若干标志性的成果,甚至有所突破;通过大规模新老交替过程,一支高水平的学术队伍将初具规模;符合现代科学技术和高等教育发展规律的管理体制、运行机制、管理手段和管理队伍基本形成;办学条件有较大改善,教职员工的生活待遇有明显提高,学生的学习生活条件有明显改善;对外交流与合作进一步拓展,国际影响进一步扩大。

从2006年至2015年的十年,是北京大学创建世界一流大学的关键性起飞阶段。在此阶段内,学科整合、教学改革和队伍建设将取得显著成效,建成一批达到世界领先水平的重点学科,培养出满足社会需求的有公认信誉的毕业生,涌现出一批杰出的思想家、政治家、科学家和社会活动家、企业家,成为培养和造就高素质创造性人才的摇篮;自然科学、技术科学、工程科学、医药科学的基础研究将取得一批原始创新,获得世界级大奖,应用研究将在对国民经济和社会发展有重大意义的领域取得重大突破,成为认识未知世界、探求客观真理,为人类解决面临的重大课题提供科学依据的前沿;高新技术成果商品化、产业化将取得重大进展,涌现出一批建立了现代企业制度的高科技企业集团,成为知识创新、推动科学技术成果向现实生产力转化的重要力量;人文科学、社会科学、管理科学、教育科学等领域的研究将在建设有中国特色社会主义的经济、政治和文化中不断产生重大的思想文化成果,充分发挥国家思想库和智囊团的作用,成为民族优秀文化与世界先进文明成果交流借鉴的桥梁。

三、改革与建设

3.1 深化教育改革,增强办学活力

改革是促进教育发展的动力。创建世界一流大学,必须适应新的形势和任务,深化教育改革。要认真贯彻"共建、调整、合作、合并"八字方针,组建一个学科更加齐全、结构更加优化、综合实力更强、办学效益更高的新北京大学。

要加速校本部与医学部的融合,充分发挥强强联合、优势互补的巨大潜力。要抓紧推进与清华大学、北京航空航天大学等兄弟院校和中国科学院等科研院所的合作或联合办学。在"十五"期间,要按照教育部的决定,对口支援石河子大学。

要大力推进与北京市及其他若干省市的"共建"工作,在面向全国的同时,加强为区域经济发展服务。1999年我们与北京市合作成立了"首都发展研究院"。我们要以贡献促共建,积极为首都的经济社会发展培养和输送人才,提供科技成果和咨询服务,共同创办高科技示范区,使北大成为首都乃至全国经济发展的助推器、高新技术的发源地和精神文明的辐射源。在办好海淀校区的基础上,要积极稳妥地推进异地办学。

要高度重视并积极加强同国内外著名科研机构、企业的联合协作。根据优势互补、利益共享的原则,建立双边、多边技术协作机制,通过相互兼职、培训等形式,加强科技人员的交流。

3.2 深化教学改革,培养高素质创造性人才

培养人才是学校的根本任务,教学是学校第一位的工作,学校的一切工作、一切人员都应当面向学生,为培养人才服务。要高度重视教学工作,在资源配置上优先保证教学需要,加大教学投入力度。

要克服应试教育的弊端,全面推进素质教育,以培养学生的创新精神和实践能力为重点,使他们成为"有理想、有道德、有文化、有纪律"的、德智体美等全面发展的社会主义事业建设者和接班人。要始终把德育放在首位,使学生坚持学习科学文化与加强思想修养的统一,坚持学习书本知识与投身社会实践的统一,坚持实现自身价值与服务祖国人民的统一,坚持树立远大理想与进行艰苦奋斗的统一,树立起为建设有中国特色社会主义而奋斗的政治方向和为人民服务的价值取向。要在全面发展的基础上鼓励拔尖,在规范的基础上增加选择,积极丰富教学环节,使学生学会求知、学会做事、学会做人、学会审美。要大力培养学生的创新精神和创新能力,鼓励学生在学习和继承人类已经创造的优秀文明成果的基础上勇于突破成规,在发现和创造新知识方面敢于独辟蹊径。要树立"健康第一"的思想观念,贯彻北京大学"特色体育"的教学目标,着眼于全面提高学生的身心素质,形成有北大特色的公共体育教育体系。

深化教学改革是培养和造就高素质的创造性人才的需要。要切实克服专业面偏窄、人文教育和实践环节偏弱、教育内容偏旧、教学方法偏死、培养模式单一、缺乏个性和创造性等弊端,从而使专业教育与通识教育、理论与实践、教学与研究紧密结合起来,使学生具有合理的知识结构和能力结构,具有宽广的视野和扎实的学术功底。我们应该运用综合性大学的独特优势,充分发挥大学在整合传统与现实、历史与未来、科学与人文、理论与实践、个人与社会之间关系中的作用,引导学生努力追求通晓古今中外,兼备科学精神和人文精神。为了探索新的人才培养模式,医学部分专业在2001年实行本科、硕士、博士学位连读的长学制招生计划。

在教育体系中,本科教育立足于提高素质,坚持"加强基础,淡化专业,因材施教,分流培养",积极探索和实行新的办学思路:把本科生教育放在学士、硕士、博士教育体系下的基础教育阶段;开展低年级的通识教育、高年级的宽口径专业教育,实行在教师和教学计划指导下的学生自由选课为基础的学分制;研究生教育着眼于提高创新能力;继续教育重在提高层次,增强活力;留学生教育重在学历教育,改善结构。到2005年,北京在校学生总数58978人,学校基本教育规模为62495名标准生,分别比2000年增加59.5%和53.7%。在校学生中,本专科生16096人、硕士生8495人、博士生3826人,分别比2000年增加21.5%、33.2%和26.7%;留学生4750人,比2000年增加244.5%;成人高等学历教育学生25817人,比2000年增加80%。2005年之后,基本教育规模和结构保持相对稳定。

要继续修订并全面实施面向二十一世纪的教学计划,重点建设好主干基础课程,逐步开设并改进150门素质教育通选课。教授尤其是知名教授要上基础课,建设一批水平高、体系新、教学效果好、特色鲜明、在全国产生重要影响的名牌课程和名牌教材。认真建设好文理基础科学研究和教学人才培养基地以及创建全国名牌课程项目,保持我校在国家教学成果中的领先地位,争取某些成果在国际上产生影响。要大力改革研究生的培养制度,全面提高研究生的培养质量。要积极加强教学基础设施和公共服务体系的建设,应用现代教育技术手段,改进教学方法,建设高水平的继续教育基地,开展现代远程教育,充分发挥北京大学的

名师效应和其他教育资源优势,运用现代信息技术,形成开放式的教育网络。

3.3 深化科研体制改革,提高科学研究水平

学术研究是大学的生命线。学校的科学研究工作要切实克服脱离实际、低水平重复、力量分散、"小而全"的现象,以提高创新能力、建立创新机制和服务现代化建设为根本导向,坚持科学研究与人才培养相结合、多学科相结合、产学研相结合。

在科研布局上要贯彻"稳住一头,放开一片"和"有所为,有所不为"的方针,积极参与"国家创新体系"建设和"高校高新技术产业化工程"。要坚持基础研究与应用研究并重发展,区别对待。基础研究是新技术、新发明的源泉,无论现在和将来都是科技、经济和社会可持续发展的基石。基础研究一旦取得突破,就会对科学技术乃至经济社会的发展产生重大而深远的影响。但基础研究周期长,不可能直接面向市场。因此,基础研究决不能鼠目寸光,急功近利。必须切实克服狭隘的功利主义倾向和急于求成的浮躁情绪,坚持以学术为导向,确立战略重点,登高望远,大力加强基础研究。要高度重视源头创新,在国际学术的前沿,在我校具有优势或对未来国家建设和科学发展具有战略意义的某些基础研究领域,选准方向,结合引进与培养具有世界级学术水平的带头人,进行长期稳定的支持,努力产生一些有突破性的具有标志意义的创新成果。根据国家在"十五"期间重点支持生命科学、信息科学、纳米科学、环境科学和地球科学的部署,结合我校的实际,重点支持若干领域的发展,如:数学(核心数学和应用数学)的主要前沿领域;结构生物学和生物信息学,拟南芥功能基因组研究,细胞凋亡与细胞衰老机制研究,中西医结合肿瘤防治,干细胞的功能及应用;以硅为基底的分子构筑,微电子机械系统机理研究;纳米化学与纳米电子学基础研究;超短、超强激光在微结构材料科学、光功能材料科学和超快动力学中的前沿研究,时间—空间分辨的探针物理、斑图动力学、放射性核束物理、高温超导电子学、湍流理论、甲壳型液晶高分子材料研究;城市氮氧化物及区域氧化性污染的形成机制、影响及控制对策,我国江河洪水—泥沙灾害形成机理及防治研究;地震波理论及其应用,内蒙古—河北北部中新生代陆内构造变形及其动力学研究等。

应用研究是促进科技进步和经济发展的直接动力。要在加强基础研究的同时,着力加强应用研究,坚定不移地以市场为导向,积极面向经济建设主战场,对国家和社会急需的应用研究领域,找准结合点,努力促进科技成果的转化,为发展社会生产力、造福社会作出贡献。要在以下技术科学与产学研结合的基地建设方面做出工作:软硬件协同设计、高速率光纤通信网与新型卫星通信系统的研制、以遥现为背景的图像压缩与解压专用硬件、国家空间信息基础设施的关键技术与示范系统、宽禁带半导体与新型发光器件、稀土分离及功能材料、新型吸附剂的产业化、以肾上腺素受体为靶向的新型抗高血压药物研究。

实施创新基地建设计划。对已有国家重点实验室和国家工程研究中心重新整合,加强管理和支持力度,在国家支持下,设立若干重点实验室和跨学科交叉研究中心,推出更多的高水平成果。根据国家需要设立新的跨学科研究基地并为国家提供有显示度的贡献。支持重点学科人才培养基地和大学生文化素质培养基地建设,增强知识创新和技术创新的能力,产生一批高质量的学术成果。

人文社会科学的研究要继续保持并力争扩大领先的优势,在切实加强基础理论研究的同时,注重把改革开放和现代化进程中的重大理论和实践问题作为主攻方向,加强综合研究,为"两个文明"建设服务,为党和国家的决策服务,积极探索有中国特色社会主义政治、经

济、文化发展的规律,不断产生重大的思想文化成果。要关注和追赶科学技术的发展,善于从科学技术的最新成果中汲取营养,寻找手段,不断提高研究和认识水平。在人文社会科学领域实施若干具有重大意义和影响的专项计划和工程,大力开展"马克思主义中国化发展历程"研究、中华文明史研究、盛唐工程跨学科研究、东方学综合研究以及"中国司法制度及其改革"问题研究、"转型经济"问题研究、中国经济中长期增长的发展战略研究,建设高水平且易于推广应用的 MBA 案例库,组织开展"世纪之交的中国社会变迁"若干重大问题综合调查研究、"十五"期间"国家贫困地区义务教育工程"的调研以及中国宗教艺术实地考察等,从而出版一系列学术专著、研究报告,取得文科学科建设标志性成果。

要遵循现代科学技术的发展方向,促进学科整合。学科的分化和综合是学术发展的两种趋势,是实现知识创新的两种途径。现代科学技术正朝着既不断分化,又不断综合的方向发展,新知识的生长点往往出现在学科的边缘和学科之间的交叉处。目前,许多学科之间已经没有截然分明的界限,自然科学、技术科学、社会科学、人文科学内部各分支领域以及相互间的依赖程度越来越大,解决经济社会发展中遇到的人口、环境、生态、能源、空间等重大问题有赖于各种学科和社会力量的协同努力。要正确认识和处理学科分化和综合的关系,促进学科整合,鼓励跨学科的交叉和融合,在人类基因组、生物信息学、基础医学、新药研制与开发等方面开展合作研究,大力加强医科同文科和理科的交叉和融合,形成新的生长点,开拓新的领域,争取在生命科学和生物工程等领域取得突破性进展。

体制创新是科技创新和进步的保证。要重视科研体制的创新。重点实验室实行开放式运作,固定编制和流动编制相结合。重大科研项目实行主持人负责制。加强与兄弟院校、科研部门特别是大中型企业、实际应用部门和地方政府的联合与合作。在改革科研经费提成分配办法的基础上,制定相应的激励机制。要充分发挥国家重点学科、国家重点实验室和开放实验室以及高层次人才培养基地在知识和技术创新中的带头和示范作用。对优势明显、有希望突破的领域给予重点支持,在校内各种资源的配置上要优先保证,不搞平均主义,以尽快建成高水平的创新基地,在知识创新、技术创新和培养创造性人才方面取得突破性进展。在二十一世纪最有希望、最有发展前途的信息技术、生物技术、纳米技术、新材料以及环境等领域的国际竞争中,北京大学应该占有一席之地。积极促进在科学研究和发展学术方面的海内外交流与广泛合作,为我校师生参与国际竞争积极创造条件。

3.4 加强高新技术产业化,推动先进生产力发展

知识创新、推动科学技术成果向现实生产力转化是创建世界一流大学的一项重要任务。知识经济的重点不在知识本身,而在于如何把知识转化为生产力,转化为利润。由于北大原有学科性质和办学思想的限制,虽然每年有许多高水平学术论文发表,但许多可能转化为生产力的研究成果仍停留在论文、样品、样机或报奖阶段,失去了应有的经济价值和社会价值,这种情况亟待改变。要进一步调整科研发展方向,使学校的教学、科研与国家的经济结构战略性调整和产业结构优化密切结合,将科研人员在实验室所获得的研究成果尽快转化为生产力,为二十一世纪中国的高新技术产业提供源泉,为经济发展和社会进步作出贡献。要加强技术创新,加快高新技术的商品化、产业化进程,建立高新技术的孵化基地。产学研结合要向更高的水平和层次发展,积极探索科技成果转化、孵化和产业化的有效机制,促进现代企业制度的落实,使我校参与建立的高新技术企业成为技术创新的主体和科技教育发展的动力。

要建立信息技术、生物技术、医疗技术、新型功能材料等研究开发中心,联合我校相关的院系和国家重点实验室等,在信息处理及通信、软件工程、基因工程、优质动植物培育、新药开发和天然产物开发、稀土功能材料、液晶高分子材料、医用高分子材料、新型存储材料和纳米信息材料,以及医疗器械等方面,真正形成产学研一体化,为科研成果的产业化研究和工程放大提供基础条件。

要继续支持方正集团和青鸟集团,使之在3～5年的时间内,发展成为更具鲜明特色的大型信息企业,并以此为基础,建立强大的信息产业基地。依托北大的技术和人才优势,大力发展生物制药技术,争取在5年时间内,建成中国有影响的生物制药基地。尽快开辟新的产学研结合领域,同有关单位合作,创建新功能材料基地和智能机械基地。在北京市支持下,同海淀区密切结合,加快北京大学科技园建设,创建一流的高科技园区和高文化社区。

3.5 推进校内管理体制改革,提高管理水平

推进校内管理体制改革是大势所趋、人心所向。要在1999年上半年党政管理机构改革的基础上,按照"理顺关系、革新设置、减员增效、转变职能"的基本思路和指导原则,继续深化和完善党政管理机构改革和干部制度改革,提高管理水平,改进服务质量。

要坚定不移地推行校院系三级建制、校院二级行政管理的体制,按照有利于教学改革,有利于学科整合,有利于资源优化配置和有效利用,有利于加强管理、减员增效的原则,重新调整和组合现有的院系,从而使系成为最基本的学术单位,使学院成为拥有较大自主权的管理实体,使学校成为宏观调控的决策机构。

要加快后勤社会化改革步伐。在"小机关、多实体、大服务"的基础上,要把管理、经营和服务分开,加强成本核算,实行企业化、专业化、集约化、市场化的管理体制和运行机制。要引入市场竞争机制,充分利用社会资源,大力提高后勤服务的质量和水平。

要本着严格、公平、透明、效益的原则,继续完善财务改革。理顺学校与有关经济实体的关系,高度重视并充分发挥教育基金会的作用,不断扩大财源,多渠道筹措办学经费,壮大学校的经济实力。同时要健全财务制度,改变拨款方式,改善分配办法,实行会计人员派驻制,规范校内经济秩序,加强国有资产管理,进一步提高现有资金的使用效益。

要坚持效益优先、兼顾公平的原则,优化资源配置。设计必要的财务管理办法,促进学校资源的有效、有偿使用。对符合创新要求、具有良好业绩和信誉、并有良好社会效益和经济效益的人才培养、科学研究、社会服务,实行优先配置。杜绝学校公共资源的滥用和部门占有,完善资源共享机制及有效调度机制。

3.6 加快人事制度改革,建设高素质人才队伍

人才是最宝贵的资源。当今和未来的国际竞争,说到底是人才的竞争。在知识经济时代,人才将成为一个国家科技创新、经济发展和社会进步的根本保证。创建世界一流大学,关键在人才。我们要牢固树立"尊重知识,尊重人才""人才难得"的观念,加快人事制度改革,把培养、吸引和用好人才作为一项重大的战略任务切实抓好。

要立足于提高各类人员素质,调动各方面积极性,按照"压缩总量、改善结构、加强管理、减人增效、优才优用、优劳优得"的原则,加快人事制度改革。根据教育部"面向21世纪高等学校教师队伍建设纲要"对教师队伍建设的总量与效益、结构与素质的要求,结合我校的实际,按生员比5∶1、生师比10∶1和教师占教职工总数的50%规划,到2005年我校将按62495名标准生的基本教育规模,建设一支12500人的教职工队伍,其中专任教师6250人。结构

调整的重点是压缩非教学人员的比例。随着管理体制改革的进展和向世界一流大学的迈进,人员只进不出、职务只升不降、待遇只增不减是不可能的,下岗分流、减员增效、优胜劣汰、竞争上岗势在必行。学校将采取积极分流、加强培训、发展继续教育、扩大社会服务等措施,妥善做好下岗、转岗和再就业工作。教师要实行聘任制,评聘分开。要加强考核管理,不断优化队伍,激发上进。

营造有利于优秀人才脱颖而出、人尽其才的环境和机制。在出人才问题上,要鼓励和支持冒尖,鼓励和支持当领头雁,鼓励和支持一马当先,这不是提倡搞个人突出、个人英雄主义,而是合乎人才成长规律的必然要求。要大力破除文人相轻、嫉贤妒能的陋习,提倡文人相亲、见贤思齐的新风,促进人才队伍的团结协作,联合攻关。要大力破除论资排辈、求全责备的陈旧观念,提倡不拘一格出人才,青出于蓝而胜于蓝,开创人才辈出、群星璀璨的新局面。要大力破除画地为牢、门户之见,提倡五湖四海、招贤纳士,以海纳百川的宽广胸怀凝聚天下英才,通过国内外公开招聘、竞争择优,选拔优秀学术带头人和管理带头人,并采取有力措施为他们提供良好的生活待遇、较好的工作环境和得力的科研助手,授予他们聘用人员和使用经费的自主权。要克服不讲政治的现象,树立坚定、正确的政治立场,坚持社会主义办学方向,同时要严格区分政治问题与学术问题的政策界限,倡导学术自由,鼓励"百花齐放、百家争鸣",营造浓厚、活跃的文化氛围、宽松自由的学术环境。要建立符合教学、科研和人才成长规律的人才评估体系,不断保持教学、科研队伍的前进动力和创新活力。要改善对学术队伍的管理和服务,大力提高管理水平,增强服务意识,减轻他们的额外负担,使他们能够有更多的时间和精力投入到教学和科研中去。

培养和造就高层次创造性人才。在"跨世纪人才工程"的基础上,积极实施教育部制定的"高层次创造性人才工程",吸引和培养一批具有世界先进水平的优秀学术带头人。要通过校内选拔、校外引进和兼职借聘等多种方式,采取灵活的用人制度,建立起1000人左右的学术骨干队伍。其中,有50名左右能够站在世界科学技术前沿、领导本学科达到国际先进水平的世界著名学者;有300名左右能够担任重点学科和重点实验室的带头人、重大课题的牵头人、名牌课程主讲人和产学研结合的负责人,成为国内著名的专家学者;还要有600名左右能够在教学科研中担当重任、创造优秀业绩的骨干教师。

加强管理骨干队伍建设。一流的大学必须有一流的管理,一流的管理有赖于一流的干部。大学管理是一门综合性很强的科学,是一种要求很高、难度很大的职业,教育管理专家是一种复合型人才。要切实克服轻视管理和管理人才的偏见,像重视学术骨干队伍那样,重视管理骨干队伍的建设,鼓励优秀学术骨干参加学校管理,建立起300人左右的管理骨干队伍。

3.7 加强信息网络建设,加快教育现代化

信息化是当今世界经济和社会发展的大趋势,是我国产业优化升级和实现信息化的关键环节,也是促进教育和科研工作的关键因素。要顺应世界信息技术的发展趋势,抓住国民经济和社会信息化的重大机遇,加快教育信息化的步伐。教育信息化是推进国家信息化战略的重要基础,加快教育信息化,以信息化带动教育的现代化,已经成为实现教育跨越式发展的重要途径。

信息网络建设是教育信息化的基础性工程。为了在二十一世纪把北大办成世界一流大学,必须加快北京大学信息网络的建设步伐,从根本上改善和促进我校师生信息交流、资源

共享、科学计算和科研合作的方式和水平,从而促进我校教育和科研事业的迅速发展。

北京大学信息网络建设的总体目标是:利用计算机网络和信息处理的前瞻技术,建立一个开放的、高速的、先进的计算机信息网络系统,加速实现教学、科研和管理手段的信息化。要进一步扩展校园主干网,将目前校园网的3个主节点扩展到6个。配置4～6个高档交换机构成两个主干环:622 Mbps(或2.5 Gbps) ATM 多媒体主干网和 NX1 Gbps 高速数据主干网;为学生和教员提供一个良好的上网环境;为教员和研究生提供高性能的网络计算环境;建立多媒体的网络教学系统和视频会议系统;建立 Internet 上的各种信息服务系统,丰富网上信息资源;建立一个 IC 校园卡系统,为学生的生活、学习提供一个自动化管理系统;建设一个全校网络环境下的管理信息系统,实现管理工作现代化;建立培训中心,定期进行计算机的应用和网络应用培训;紧密跟踪当前世界信息网络技术发展的潮流,开展信息网络技术研究;加强信息网络的管理,提高运行维护水平和服务质量。

北京大学图书馆建设要积极适应教育现代化的需要,启动和实施数字图书馆工程、多馆综合文献保障系统工程,充实图书文献资源,实现多种文献信息资源的合理配置,努力建成研究型、开放式、数字化的新型大学图书馆系统,争取在全面提高综合服务能力的基础上,在数字图书馆建设的某些项目上接近国际水平。

3.8 加强基础设施建设,改善办学条件

世界一流大学必须有良好的办学条件。现代化的大学要有现代化的基础设施、条件装备和后勤保障。由于多年来办学经费投入不足,我校基础设施一直处于供给不足、严重老化、失修、失调的状态;由于长期在计划体制下管理运行,后勤保障系统整体上仍未摆脱被动低效的维持状况;由于体制的局限,全校师生员工乃至家属的绝大多数生活服务由学校行政负担,这些问题严重制约着学校教学、科学研究等各项事业的发展。要逐步形成这样一种局面:北大的门槛是高的,来北大任职求学是不容易的,而进了北大各方面的条件都是比较优越的。

创建世界一流大学对基础设施建设提出了更高的要求:一是适应各学科需要的配置合理、设施完好的仪器设备和教学科研用房;二是适应现代管理需求的各类办公用房;三是满足师生文化体育活动需要的设施和场地;四是满足师生就近解决餐饮需要的设施;五是满足当前需求并留有必要余地的供电、供暖、供气、供热、给水排水等保障能力;六是优美清洁并反映出现代文明的校园环境;七是满足师生日常需求的生活服务设施;八是满足学生、教职工以及国外或校外进修者、讲学者、合作者住宿所需条件。"十五"期间,要使校园绿化率和绿化覆盖率每年增长3%。要积极筹建生命科学学院大楼、新化学大楼、国际关系学院大楼、考古文博楼、文科楼群、艺术大楼、外国留学生及专家公寓和医学部教学大楼、研究生公寓等项目,建筑面积共计227641平方米;抓紧建设万柳小区学生公寓、五道口学生公寓、45甲学生公寓;征地27.04公顷,建设北京大学科技园和继续教育基地。

面对艰巨的任务,要从改革现有的管理体制和运行机制入手,使后勤服务系统逐步与学校行政剥离,转制为独立核算、自主经营、自负盈亏的市场主体。同时,要加快后勤社会化改革,引入市场竞争机制,充分利用社会资源,通过相关企业之间的公平竞争,择优签约,为学校师生员工提供及时、高效、优质的后勤服务。

3.9 加强校园文化建设,优化育人环境

世界一流大学应该有一流的校园文化。北京大学校园文化建设以马克思列宁主义、毛

泽东思想、邓小平理论为指导,以培养和造就高素质的创造性人才为目标,继承中华民族优秀文化,汲取世界先进文明成果,发扬北京大学的光荣传统,为创建世界一流大学提供强大的思想保证和精神动力。既有多样化又有主旋律,既有多层次又有高品位,既反映高校共性又体现北大特色。

北大在长期发展和斗争历程中形成的爱国、进步、民主、科学的光荣传统,显示的勤奋、严谨、求实、创新的优良学风,生动地体现了中国人民自强不息、开拓进取的民族精神,也是北大永葆生机的重要动力。这种优良传统和精神动力,要永远发扬光大。胸怀祖国、服务人民,高瞻远瞩、脚踏实地,抓住机遇、开拓创新,艰苦创业、顽强拼搏,同心同德、团结协作,为贯彻科教兴国战略、创建世界一流大学而奋斗,要成为全体北大人的共同理想和精神支柱。

创建世界一流大学,是一项集"调整、改革、建设、提高"为一体的艰巨任务,其中必然涉及观念更新、体制交替、资源的重新配置和利益格局的广泛调整。我们要进一步加强和改进思想政治工作,统一认识,化解矛盾,理顺情绪,凝聚力量,正确处理改革力度、发展速度和群众承受程度的关系。继续加强学校综合育人环境的建设,积极推进以思想道德建设为重点的社会主义精神文明建设。同时,还必须警惕社会上的错误思潮和不良势力对学校的干扰,防止某些社会矛盾对学校的冲击,挫败西方敌对势力"西化""分化"的图谋,巩固和发展安定团结的政治局面。

教师是人类灵魂的工程师,也是校园文化建设的主导力量。要以师德建设为重点,加强和改进教师思想政治工作。重视对社会思潮及其表现形式的研究和引导,加强对课堂、讲座、报告、广告、网站的建设和管理。教师要学为人师,行为世范,充分发挥教书育人、管理育人、服务育人的职能。

学生是受教育者,也是校园文化建设的主体。我们要牢牢把握爱国主义、集体主义和社会主义的主旋律,紧紧围绕着为改革、发展、稳定的大局服务,为学生的全面发展、健康成才服务,加强和改进学生思想政治工作,切实加强对学生的思想政治教育、品德教育、纪律教育、法制教育,引导学生树立科学的世界观、人生观和价值观,保持优良的学风。大力开展群众性精神文明创建活动,增强思想政治工作的针对性和有效性。大力加强和改进学生勤工助学中心、学生就业指导中心、大学生心理咨询中心的工作,构建全方位的、面向学生的服务体系。

3.10 提供优质社会服务,促进大学与社会紧密结合

大学的产生根源于社会的需要,社会的需要推动着大学的变革与发展。事实已经证明,"象牙塔"式的教育,不能适应当今时代的需要。世界一流大学不应该也不可能把自己封闭在围墙之中、"象牙塔"之内,而应该与经济发展和社会进步更加紧密地结合在一起,充分发挥大学的社会服务功能,坚定不移地为建设有中国特色社会主义的经济、政治、文化服务。要以提高国民素质为根本宗旨,采取多形式、多层次、多规格的办学方式,充分利用信息网络技术、卫星通信技术等现代高科技手段,大力开展继续教育和远程教育,以灵活的方式为社会各界培养更多的合格人才。紧紧抓住改革开放和现代化建设中的重点、难点和热点问题,进行具有前瞻性、战略性的科学研究,为国家决策提供科学依据,为国民经济和社会的可持续发展提供科技成果。大力开展共建,在面向全国的同时,加强为地方服务,为区域经济和社会的发展培养和输送人才,提供科技成果和咨询服务,以贡献促共建,以共建促发展。促进科技成果转化,推动高新技术产业化,培育高新技术产业化基地,为实现社会生产力的跨

越式发展作出应有的贡献。

3.11 加强对外交流与合作,建设开放性大学

现在的世界是开放的世界。开放性是世界一流大学的基本特征之一。要坚持面向世界,巩固和发展全方位、多层次、宽领域对外开放的格局,为教学科研服务,为国家的总体外交战略服务。广泛开展教育、科技、文化、产业等领域的对外交流与合作,大力支持教学科研人员、管理人员之间的国际往来。系统地跟踪并研究国际上先进的科技教育成果,加快吸收的进程。采取多种方式从海外引进最优秀的学术与管理人员,加大引智工作的力度,提高外国留学生的档次。积极参加国际一流学校的联盟,充分利用国际交流网络受益。加强与外交机构和国际组织的联系,扩大学术交流的支持空间。同时,作为党和政府的智囊团和思想库,要认真研究世界多极化、经济全球化等重大国际问题对国民经济和社会发展带来的机遇和挑战,提出可行的应对良策。

3.12 加强党的建设,提供坚强有力的政治保证

创建世界一流大学,关键在党。要坚持"讲学习、讲政治、讲正气",自觉承担起学习、宣传、研究、实践"三个代表"的历史重任;在一切工作中要始终贯彻代表中国先进生产力的发展要求、代表中国先进文化的前进方向、代表中国最广大人民的根本利益的重要思想,紧密围绕全党工作的大局,抓住实施科教兴国战略、创建世界一流大学这一主题,全面加强党的建设,坚持从严治党,增强党的凝聚力和战斗力,充分发挥党组织的领导核心作用、战斗堡垒作用和共产党员的先锋模范作用。要把用邓小平理论武装全党作为首要任务,加强党的思想建设。要坚定不移地实行党委领导下的校长负责制,着眼于事业发展和新老交替与合作,加强干部队伍和各级领导班子建设。重视党的基层组织和党员队伍建设,加强党对民主党派、共青团、学生会、研究生会以及工会、教代会的领导,在继续抓紧抓好在青年学生中发展党员的同时,特别注意在年轻教职工和优秀学术带头人中发展党员。要牢记全心全意为人民服务的根本宗旨,坚持走群众路线,求真务实,真抓实干。坚持民主集中制,重要问题的决策,必须深入基层、调查研究,广开渠道、集思广益,同时要善于集中,多谋善断,抓住机遇,果敢决策。加强党风廉政建设,深入开展反腐败斗争,努力从源头上遏制腐败现象的滋生蔓延。

四、步骤与前提

4.1 指导原则

北京大学实施创建世界一流大学规划的指导性原则是"既要有雄心壮志,又必须脚踏实地。"北京大学创建世界一流大学既是时代赋予的紧迫使命,又是艰巨而复杂的长期任务,它是一个不断完善和发展的过程,需要几代人坚持不懈的努力,因此,要有锲而不舍的精神,并且在前后衔接上要有周密的设计。同时,这一规划的实施又是一项复杂的系统工程,因此,要有通力合作的精神,每项建设都要恰当定位,并妥善处理内外部左邻右舍的关系。

4.2 试点

具体实施步骤一定要遵循"全面规划、突出重点、抓住关键、重在落实"的原则,通过试点,狠抓典型,取得经验,逐步推广。

4.3 外部支持

把北京大学建成世界一流大学,这不仅仅是北京大学的学校行为,同时也是国家行为、

社会行为,需要得到国家的支持和社会的帮助。党和政府的关心和支持是北京大学创建世界一流大学的前提,充足的经费投入是建设目标得以实现的关键。在实施创建世界一流大学规划的1999—2001年启动阶段,需要国家投入经费18亿元。随着规划的进一步实施,仍然需要国家的继续支持和社会各界的广泛参与。

五、结论

跨入新世纪的北京大学面临着难得的机遇和严峻的挑战。在二十一世纪初叶基本建成世界一流大学,是党和国家赋予北京大学的神圣使命。只有继续坚持走改革和创新的道路,才能把北京大学建设成为世界一流大学,成为科教兴国的强大生力军,为国家的经济发展和社会主义现代化建设作出更大贡献。创建世界一流大学是光荣而艰巨的历史任务,要加强党的建设,积极推进以思想道德建设为重点的社会主义精神文明建设,开创思想政治工作的新局面。把北京大学建成世界一流大学,不仅是北京大学的学校行为,同时也是国家行为、社会行为。我们相信,有党和政府的英明领导,有社会各界的鼎力相助,有北京大学全体师生员工的团结奋斗,北京大学创建世界一流大学的宏伟目标一定能实现!

附件1 北京大学学科规划

附件1.1 北京大学文科学科建设标志性成果

北京大学在历史上是以文科为特色的综合性大学。文科中人文学科底蕴深厚,社会科学学科发展势头良好。今后一段时期,文科要紧紧抓住学科建设、人才培养和科学研究等主要环节,选优择重,提倡团队精神,树立创新意识和精品意识,力争经过5~10年的建设,使文科整体水平在国内保持领先地位,若干领域能达到世界一流水平。近期可望产生以下一些标志性成果:

一、开展"马克思主义与当代现实"研究

1. 马克思主义中国化与中国现代化(专著3种)。
2. 毛泽东思想研究("毛泽东思想专题讲座"教材1种,"毛泽东思想专题研究"专著2种)。
3. 邓小平理论研究("邓小平理论专题讲座"教材1种,"邓小平理论专题研究"专著3种,"用邓小平理论武装当代大学生"专著1种)。
4. 邓小平理论与当代中国哲学社会科学发展研究("邓小平理论与当代中国哲学"等专著10种)。
5. 第三代领导人对邓小平理论的实践和发展研究("第三代领导人社会主义现代化论述专题讲座"教材1种,"第三代领导人社会主义现代化论述专题研究"专著3种)。

二、开展中华文明史研究

1. 编撰《中华文明史》四卷。
2. 《中华文明史纲要》教材一卷。

三、开展盛唐工程跨学科研究

1. 编辑《盛唐画卷》大型图录(500页、800余幅)。
2. 编纂《全世界散藏敦煌文献综合分类目录》。

四、对首次开放的中国第一历史档案馆的清代外务部档案进行整理研究

1. 整理出版全部档案。
2. 出版研究专著若干种。

五、开展东方学综合研究

1. 出版《东方文化集成》100种。
2. 举办东方学系列讲座。

六、开展"中国司法制度及其改革"问题研究

1. 建设中国司法制度研究资料数据库(建成全国第一库)。
2. "中国经济与社会转型中的法律研究",完成专著5种。

七、开展"转型经济"问题研究

1. 出版一套具有权威性的学术著作10种(《转型的微观经济分析》《转型的宏观经济分析》《转型的经济增长分析》《转型的国际经济分析》《转型的道德文化分析》等)。
2. 围绕经济转型问题提出一系列政策建议。

八、建设工商管理案例库

出版具有权威性的MBA教材,培养适应经济全球化发展的高层次管理人才。

九、《中国经济中长期增长的发展战略》

已完成研究报告,以此为基础出版专著。
建设好全国唯一的"中国经济学教育科研网"(简称CENET)。

十、开展"世纪之交的中国社会变迁"若干重大问题综合调查研究

1. 出版《世纪之交的中国社会变迁》系列研究专著。
2. 开展应用伦理问题研究(包括经济伦理、生态环境伦理、生命伦理、医学伦理等),编写教材,开设课程,出版专著。

十一、开展"十五"期间"国家贫困地区义务教育工程"的调研

提出调查报告,制订出实施方案,为政府决策提供科学依据。

十二、开展中国宗教艺术实地考察,在此基础上出一批成果

附件1.2 北京大学理科学科建设标志性成果

通过实施创建世界一流大学计划,经过5~7年的努力,北京大学将在科学发展前沿和国家目标的学科中,结合引进与培养具有世界级学术水平的带头人,力争取得一批标志性的、具有世界先进水平或者世界领先水平的创新性成果。这些成果将主要来自于我校承担的国家重点基础研究发展计划项目(973)、国家重大科研项目,如自然科学基金委重大项目、863攻关项目,以及长江学者计划等,也包括一些居于国际先进水平的交叉学科和新兴学科生长点。

一、基础研究与应用科学方面

1. 建设世界一流数学学科

用10年左右时间把北京大学数学科学学院建设成为具有世界先进水平的国际性数学研究中心和高素质科学人才培养基地。代数学(核心数学和应用数学)的主要骨干领域内,如几何分析、低维拓扑、动力系统、代数几何与表示论及生物信息论和医学统计,在总体上达到世界领先或先进水平。培养10名左右具有重要国际影响的知名学者,2~3名数学家达到在2002年世界数学家大会上做分会报告的水准。

2. 湍流的理论与应用

发展湍流层次结构理论,并应用于对气候、生物等多尺度对层次复杂系统的描述;建立系统的层次结构的复杂性理论,并创立灾害性气候预测学说及基因生物信息系统分类学说;以精确、全面、细致的实验测量建立复杂湍流场的脉动变化实验数据库,彻底验证和发展复杂非均匀可压缩流场中的层次结构律;应用湍流研究新思想,完成开发新型的湍流数值模拟计算方法。总体目标是在湍流理论、实验和计算的结合上,做出一批有国际影响的研究成果。

3. 微电子机械系统研究

作为集成化感知和控制信息的高技术综合系统,微电子机械系统(MEMS)将微电子技术和精密机械加工技术相互融合,将对21世纪的科学技术和人类生产和生活方式产生革命性的影响,并将在未来高科技战争中起举足轻重的作用,是关系国民经济发展和国家安全保障的关键技术。在今后的5~7年里,利用"微米/纳米加工技术国家级重点实验室"的设备和技术,并充分发挥北京大学多学科交叉的优势,组织相关力量,形成微电子机械系统新的设计理论体系,建立先进的加工工艺,制造出一批既有世界领先水平,又能带动高新技术产业,促进中国经济和社会发展的微器件和系统,包括微惯性系统、RF MEMS 器件、微型环境控制系统、全光学 MEMS、生化 MEMS 等。

4. 时间—空间分辨的探针物理技术及其应用

将探针物理技术(近场光学显微术,光纤光学,原子力显微术,扫描隧道显微术等)与瞬态光学等时间分辨技术相结合,探索出新的物理实验技术并在研究微米到亚微米尺度的物理化学过程,单分子的物理化学研究以及生命物质的物理研究上做出一批成果,发表高水平的文章。在应用技术上发展出能用于医疗的基因探针系统,并争取发展出实时的和在现场上使用的分子(包括基因)探针技术。

5. 结构生物学和生物信息学

建立结构生物学中心(包括800 MHz核磁共振波谱仪,生物大分子晶体结构测定实验室等)、生物信息学中心及计算生物学中心,综合各学科优势形成一个在后基因组时代进行基因的结构与功能研究的学科群。通过学科群的建设,建立包括人类基因组数据库及其他通用的生物学数据库的中国镜像中心,同时建设拥有自主知识产权的数据库。综合北京大学多学科的优势,集中数学、力学、物理、化学、生物等各学科的专家开展计算基因组学研究。除了进行基因的发现,数据库搜索,蛋白质功能指认,序列按家族分簇并与之在细胞内的功能相关联外,特别关注整个基因组序列的分析以及如何在整体上整合基因组信息,如:代谢途径分析,信号传导网络,功能聚类分析,进化模式分析,蛋白质折叠类型及基因组的结构分析等。建立跨学科的结构生物学中心,利用先进技术进行大规模、高通量的基因克隆和蛋白质表达、分离、纯化、结晶、NMR样品制备及三维结构解析,为系统地研究完整细胞或生物体中的全部生物大分子的定位、生物学途径提供结构依据。

6. 超短、超强激光在微结构材料科学、光功能材料科学和超快动力学中的前沿研究

飞秒激光的超短、超强特性为材料科学、物理学和化学等研究提供了一种独特的手段并开创了崭新的研究领域,是当前国际上现代科学研究中的重大前沿领域。围绕国际上最前沿和尚未深入的研究工作,结合已有的研究基础和跨学科综合优势,开展如下研究内容:

(1) 微聚合和微爆炸制备亚微米—微米尺度的微结构材料及其应用。包括材料的选取、微爆炸的物理机制、规则立体微结构的制备、光子晶体及相关物理研究、三维光数据存储等。在微结构材料的制备、新物理思想及其应用方面获得突破。

(2) 超高时间、空间分辨光技术及其应用。包括泵浦—探测技术;四维显微技术;微细材料结构分析;微结构材料、有机及新型光功能材料超快光响应及其激发和弛豫动力学过程;生命和生物过程中的超快瞬态现象。在分子至介观尺度上进行新的研究和分析,揭示出新的规律。

7. 放射性核束物理

以晕核和超重核的发现以及世界上(包括我国)正在兴建的若干大科学工程为标志,核物理正在进入一个新的活跃期,其中最受关注的内容,就是放射性核束物理。北京大学的课题组经过长期坚持不懈的积累和引进优秀人才,已经具备国际先进的理论工作和基础很好的实验工作,并与中国科学院合作成立了围绕兰州大科学工程的第一个青年核物理中心。北大组在物理基础和年轻人才队伍方面具有明显的优势。5~7年内,理论工作方面达到国际领先,在正式国际会议上做大会报告;实验方面完成标志性的探测设备建设和物理测量工作,达到国际先进水平,获得国家奖励。15年左右取得有重大国际影响的成果。

8. 地震波理论及其应用

研究横向非均匀地球介质中地震波的激发与传播理论;以新的地震波理论为基础研究

地球内部的精细结构以及地震震源破裂的细致过程;以新的地震波理论为基础发展石油勘探的新方法、新技术。预期成果:力争在地震波理论方面有所突破;平均每年至少在国内外核心刊物上发表10篇论文。

9. 以硅为基底的分子构筑

硅是最常见的半导体材料。我们的研究发现,用光化学方法能够可控地将有机分子组装到平整的硅基底上,得到非常稳定、致密的有机膜,进而可以将特定功能的分子构筑上去。以硅为基底进行分子构筑,是当前表面分子构筑组装技术中最有希望器件化的。将DNA片段组装到硅基底上,发展疾病诊断的生物技术和将DNA模拟物组装到硅基底上发展清洁能源的仿生技术,以及发展其他器件的应用基础研究,有望在5~7年内取得重要创新成果。

10. 甲壳型液晶高分子材料

甲壳型液晶高分子是由北京大学最先提出并成功合成出的一类新型液晶高分子。它的性能与主链型液晶高分子相似但可以用较容易的合成侧链型液晶高分子的方法制备;它可以作为具有控制结构的模型材料;可以通过熔体加工制成纤维并具有异常的分子结构和熔体历史效应;它容易实现高度分子链取向、液晶相温度范围非常宽、热稳定性高;它是液晶高分子的一个新概念。甲壳型液晶高分子的概念一经提出即引起国内外学者的广泛关注,英国、法国等发达国家的著名科学家曾多次发表文章证明该概念的正确性,美国杜邦公司曾向我们索要样品以跟踪研究。最近美国空军组织了10所大学和公司参加的液晶高分子研究项目将甲壳型液晶高分子作为下一代有希望的材料。

在新型甲壳型液晶高分子的设计、合成与基本性能的研究方面我们一直处在国际领先水平。争取在以下几方面取得突破,开发出由我国科学家首先提出并自主研制的先进材料:

(1) 设计、合成不含传统意义上的液晶基元的新型液晶高分子,拓宽液晶高分子的种类,保持现有的优势。

(2) 通过不对称聚合反应制备出不含手性中心的新型光学活性液晶高分子,研究它们在信息显示技术、手性药物分离等方面的应用,实现从甲壳型液晶高分子到先进功能材料的飞跃。

(3) 将现有甲壳型液晶高分子的饱和主链换成共轭主链,发展发光效率高、颜色可调、寿命长的电致发光高分子材料。

11. 纳米化学与纳米电子学基础研究

运用纳米技术和针尖化学研究思想,利用局域热效应导致存储介质气化分解,形成永久性的信息记录点。在新开发的双组分电荷转移络合物存储材料上可重复地记录大面积信息点阵,最小信息点达6纳米。可以进行大面积、高可靠性的信息写入,与现行光学存储技术兼容,实现纳米级的存储。构建仅含数十个有效粒子的化学反应体系,探索非热力学体系的化学反应规律。此项工作为原创性小尺度化学研究,预计2~3年内确立技术基础,发表高水平文章,未来5~7年内取得突破,建立具有独创性的针尖化学学术体系。

研究纳米电子材料的隧穿效应,新型纳米电子器件,新型有机材料的高密度信息存储,新型纳米薄膜材料。目前我们的材料信号写入读出点尺度达到1.3纳米,国际上最好水平是10纳米,新型有机材料是北大合成的,采用真空加工技术具有北大特色,此成果被两院院士评为1997年我国十大科技进展之四。今年又实现了单壁碳纳米管站立在金膜表面上的成果,这是目前各国科学家都在追求的,它首先在北大实现了。用单壁碳纳米管做出了扫描隧道显微镜的针尖,用这个针尖得到了石墨的原子像。该实验室还测得了单壁碳纳米管室温下具有量子特性的 I-V 曲线。目标:达到世界先进水平,实现室温下的单电子隧穿效应,进一步研究纳米电子器件的放大器、振荡器和开关器件,信息存储密度达每平方厘米 10^{12} 到 10^{13} 比特,制备优于 10^{-13} 秒超快时间响应光电纳米薄膜材料。

12. 拟南芥功能基因组研究

拟南芥基因组的全序列已于 2000 年被测定,而它的功能基因组将是全世界科学家的研究热点之一。北京大学和美国耶鲁大学在北大建立的"北大—耶鲁植物分子遗传学及农业生物技术联合研究中心"将构建拟南芥突变体库并将有关数据和资料建成数据库,该数据库将放在国际互联网上向全世界开放;同时在分子生物学水平进行植物发育等方面的研究,并立即将成果应用于水稻、玉米等农作物,为我国农业服务。

13. 细胞凋亡与细胞衰老

细胞的衰老与凋亡是细胞的基本生命现象,具有内在的调控机制。细胞的衰老与凋亡研究对了解生命活动的基本规律具有重要的理论意义,同时对揭示多种疾病的发病机制及治疗也具有重要的应用价值。研究目标是:确定 Tau 蛋白的磷酸化与微管稳定性的关系,搞清早老性痴呆症患者神经元内微管结构紊乱的原因;阐明神经生长抑制因子的功能;克隆参与衰老调控的基因或基因群,分析细胞病理性凋亡与老年性疾病的关系,提出延缓或逆转细胞衰老的新途径;发现细胞凋亡过程中起决定性作用的几种调控因子,并阐明起作用机理,并寻找诱发癌细胞凋亡的药物,研究起作用机理。发表具有国际水平的论文。

14. 北京大学软硬件协同设计

主要研究内容:根据国际科技和产业发展趋势,充分发挥我校在计算机软件及微电子学领域技术、人才、体制上的优势,通过研制一整套支持我国软硬件协同设计的综合基础设施,在 ASIC 设计、嵌入式微处理器 IP 核的研究及开发、芯片级系统设计等方面取得标志性成果。

预期标志性成果:

(1)建立我国自主版权的软硬件协同设计基础设施;

(2)建立我国急需的支持微处理器正向设计的基础设施;

(3)通过设计实现实用的嵌入式处理器和芯片级系统,使得我国在该研究领域取得突破性进展;

(4)建立一套支持教学和专业人才培训的模拟和实验环境。

15. 内蒙古—河北北部中新生代陆内构造变形及其动力学研究

北京大学地质学系以郑亚东教授为核心的研究组,以及由钱祥麟、郑亚东教授执行的国际合作计划,先后确定了北京怀柔云蒙山大型伸展构造、中国第一个科迪勒拉型变质核杂岩、中蒙边界世界最大的巨大型推复构造。其重要研究进展引起了国内外地质学家的广泛重视,继郑亚东教授之后各国地质学家纷纷前往中国内蒙古进行相关研究,确认郑亚东教授的研究成果具有重大的理论意义。进一步研究的关键地质问题为:(1)陆内构造变形的几何学和运动学;(2)构造变形的年代学;(3)构造变形的动力学机理;(4)流体与构造变形的关系。在现有研究基础上,可望在 3～5 年内取得重大突破。提交世界一流水平成果的方式为:(1)在世界一流的地学杂志上发表论文若干篇;(2)国际地质大会上做大会报告,并作为分会特约主持人。

16. 中国江河洪水—泥沙灾害形成机理及防治研究

中国江河独特的泥沙问题已使许多大江大河连年出现"小水大灾"的怪现象。针对这一新问题,去年由北京大学主持开展了国家自然科学基金"九五"重大项目。这一众多学者参与的国家重大项目以揭示大江大河"小水大灾"形成机理及防治方法为明确预期目标,开展一年就取得了很大进展,第一阶段的成果在中、美、英国际会议上做特邀报告后引起很大反响。为此,加拿大CIDA出资加入研究;国家防汛指挥部出资支持扩大研究;美国风险研究主席Roger教授郑重提出带一队一流专家和经费加入研究;中国、美国和德国基金会分别出资支持本项目并开展了定期双边学术讨论会。无疑,这一研究的重要性无论怎样强调都不过分,而独特的科学价值和第一阶段出色的开端已奠定了本项研究在5～7年后一定能取得具有世界领先水平和应用价值成果的基础。

17. 以遥现为背景的图像压缩与解压专用硬件实现

研究基于小波分析的高压缩比、高复现图像质量和便于硬件实现的彩色序列图像压缩与复现,进一步优化定型。在满足共享2 Mbps通道带宽总体指标及监视分辨率需求的前提下,研究压缩比和复现质量多水平档次,并在DMS控制在动态可变的软硬件系统。将实现对于普通电视机图像的实时采集、压缩和复现,应用于电视电话和电视监控等领域。争取在JPEG 2000标准颁布时,率先推出图像压缩芯片,在国际国内市场竞争中占据有利位置。

18. 国家空间信息基础设施关键技术研究

研究内容包括:(1)空间信息共享与处理技术。研究在网络分别环境下异构空间信息的共享技术;(2)空间信息压缩网络传输技术。研究适于国土资源和区域经济信息的高压缩比、高复现图像质量的快速压缩和复现技术。预计在空间信息共享技术和空间信息压缩与复现技术方面取得一批有创造性的重大成果,将作为关键技术用于"国土资源和区域精良信息系统"中,将提供关于国家土地资源、土地利用、水资源、森林、地质、矿产、海洋、区域经济等大量数据,从而形成我国空间信息基础设施的雏形。

19. 城市氮氧化物及区域氧化性污染的形成机制、影响及控制对策

由于城市化和工业化的快速发展,以北京、上海和广州等为代表的城市的大气污染特征正发生深刻的变化。以城市为中心的区域氧化性污染将成为我国新世纪环境问题的焦点,这一问题的基础研究也是世界性的科学难题。瞄准这一重大趋势,北京大学拟在5～7年的时间内,集中优势在以下方面取得突破:光化学氧化性污染的非线性过程;瞬态高活性自由基的在线测量技术;区域氧化性污染的生物标记物和协同作用;以及城市氮氧化物及区域氧化性污染的控制技术和政策体系。

20. 稀土分离及功能材料

这是由我校主持的国家重点基础研究项目(973)的部分内容,包括:(1)稀土分离理论、工艺及应用:解决目前国内外都面临的重稀土溶剂萃取分离体系及工艺设计理论方面的难题,获得具有我国特色的工艺设计理论和有知识产权的实际生产流程,研究和技术水平达到国际领先。(2)稀土功能材料:充分利用在稀土配位化学方面的研究积累和稀土在磁、光、电等方面本征特性,结合纳米材料(纳米晶体、纳米晶薄膜)的软化学制备手段,针对稀土掺杂的半导体和氧化物光学材料、稀土/过渡金属复合氧化物磁光、巨磁电阻材料和电解质材料、分子基功能材料等诸方面,建立完备的制备和表征方法,在所述领域达到国内领先水平,并在国际上拥有一席之地。

21. 斑图动力学研究

我校斑图动力学研究小组的工作处在国际研究前沿,属于国际先进水平。本项工作包括两部分:(1)反应扩散系统中螺旋波失稳的研究。这是非线性科学的最前沿课题之一。课题负责人欧阳颀于1996年第一次发现了螺旋波的对流失稳现象,文章在 Nature 发表后引起很大反响。今年又系统研究了螺旋波的另一类失稳机制,即多普勒失稳。对第三类失稳机制,即扭曲失稳已有理论讨论。通过研究对流失稳与实验中寻找扭曲失稳,发表2~3篇高质量文章。在研究螺旋波的控制中探索一种实时控制模型。(2)图灵斑图中斑图选择的研究。课题负责人于1994年首次发现复杂形态的图灵斑图,即"黑眼"图形以来,在国际上引起图灵斑图的高级分叉或斑图的三维投影的争论。国际同行希望我们设计实验对两种理论做出决断。实验结果将引起国际同行的重视。

二、技术与产学研基地项目

高水平的基础研究工作不但在学术上有重要影响,而且可转化为生产力,为国民经济作出重要贡献。除了以上我校在基础研究与应用科学项目以外,北京大学还将在以下技术科学与产学研结合的基地建设方面做出工作。

1. 高速率光纤通信网与新型卫星通信系统的研制

含双网结构的波分复用光网(WDM)研究,WDM全光网(包括可变节点)研究,光通信中关键波导器件的研究,20 Gb/s 和 40 Gb/s 波分复用光纤传输系统开发研究,高速光纤通信系统色散机理研究等。目前已经通过多项部级鉴定,获得部级和国家科技进步奖,形成了我国自己的知识产权,部分达到了国际先进水平。目标:WDM 光网可实用,20 Gb/s 和 40 Gb/s 波分复用光纤传输系统商用化,光器件(AOTF)等达到国际水平。宽带无线接入网的研制,Ku 频段 TDM/CDMA 的 VSAT 专用网的研制和便携站的研制,基于通用小卫星平台的高中低轨道通信卫星系统,用户信号检测和干扰消除技术研究等。卫星通信实验室长期承担军用通信系统研制任务,为国家科技发展作出了贡献。目标:三年内研制出新型卫星通信设备,可供国防实用。

2. 基于高温超导电子学和相关的物理研究

在高温超导电子学研究的基础上,如对高温超导体中的晶界,小尺度非均匀性的研究和非平衡超导电性的研究,将目前量子干涉器件的灵敏度提高一个量级,达到世界最好水平,并开发出它在医疗技术(如心磁图仪)和地球物理勘探上的进入市场的产品(如大地磁场探测仪)。

3. 宽禁带半导体与新型发光器件

在发展蓝光 LED(发光二极管)的物理基础上,发展 GaN 基的绿光 LED 和蓝光的激光二极管,进而发展利用蓝光 LED 的白光 LED,在其物理过程和工艺过程上作出重要的工作。应用技术上:把蓝光 LED 和绿光 LED 产业化,并建立小规模白光 LED 的生产。

4. 新型吸附剂的产业化

北大固体表面化学组首次发现并在理论和实验上证明许多固体化合物可在载体表面自发单层分散,为催化剂、吸附剂及其他有关材料研制提供了新的原理。取得居国际领先水平的成果,获国家教委科技进步一等奖。该研究组利用单层分散原理,设计制得一氧化碳吸附剂性能明显优于国外同类产品,已获国内外专利。最新研制新型空分制氧吸附剂,此吸附剂是国际上刚出现的新产品,外国公司不卖给中国。我们自己进行研究开发获得突破,使一种稀有元素的单程利用率由目前国外约15%提高到接近100%,质量达国际先进水平,生产成本低于国外方法,有很强的竞争力,有可能大量出口。

5. 以肾上腺素受体为靶向的新型抗高血压药物研究

在北大现有国家重点实验室、药业和化工研究开发公司基础上,结合与北医合并的优势,着手组建新的研发基地,开展以肾上腺素受体为靶向的新型抗高血压药物研究。目前在基因药物(如 α-干扰素)等方面已经取得初步成功经验。在新型基因芯片/基因探针的模型建立、DNA探针的荧光标记方面已经做出新的探索。

附件1.3 北京大学医学部学科建设规划

在北京大学的统一规划下,医学部学科建设的基本思路是:在"211工程"重点学科建设的基础上,充分利用863、973和985等项目,重点支持一些前沿、方向性和交叉学科的发展,加快促进基础医学与临床医学、预防医学的结合,在基础与临床的实际应用中取得标志性成果,为国家卫生政策的制定和疾病防治策略提供科学依据;促进医药结合,开展新药的研制与开发。

"211工程"建设和"九五"期间建设项目,其重点都在学科上。重点建设的生理学、医学免疫学、病理学、医学细胞分子生物学、生殖医学与发育、内科学、外科学、口腔医学、精神病学与精神卫生学、现代药学及新药研究等10个学科领域,目前都接近最后验收阶段。这些建设为学科的进一步发展、交叉、融合与重组,奠定了基础。

到2005年,学科建设的基本方针是以项目带学科,促进医学领域中各个学科之间的交叉与融合,形成新兴的学科,并以点带面,使学科建设整体具有较强的实力。

生命科学领域中的各项研究,近几年发展迅速,特别是人类基因组工程、干细胞的研究与应用等,在国际上取得进展与突破。从某种意义上讲,我们和西方发达国家在这些方面处于非常接近的起跑线上。因此,我们根据原有的学科建设和科研基础,抓住能够取得标志性成果的机遇,确立以建立人类疾病基因库、干细胞医学研究与应用和中西医结合研究三大科研中心为重点,并带动与此相关的一批涵盖医学门类的学科,特别是医学基础理论与临床实践的结合,应用理科与临床医疗的结合,人文学科与临床医学的结合等方面,力争在10~20年内,取得重大成果,在解决人类重大疾病的防治、新药研制等重大科技项目中达到国际公认的水平。

1. 干细胞研究及其临床应用的研究

分离源于胚胎或成人组织的干细胞,体外培养并诱导分化,用于修复不能再生的损毁组织和器官,这是当今生命科学研究中最活跃的领域之一,具有重大理论意义及实用价值。

本项目预计在2~3年内在中国建成国际一流的细胞组织工程干细胞研究的临床应用中心。主要内容包括:

(1) 建立骨髓干细胞和肌肉干细胞的分离纯化和体外培养系统;
(2) 研究干细胞在不同分化阶段的基因表达状态及体外因子的调控;
(3) 利用干细胞移植治疗各种组织坏死性疾病。
(4) 转基因及基因敲除技术,研究开发转基因及基因敲除动物模型,同时进行动物引种、保种及繁育等研究。

经费预算：总计1600万人民币（其中1000万从其他途径解决），用于仪器设备购置及实验室改造（不包括人员及房屋费用）等以及部分研究启动经费。

2. 人类疾病基因研究

人类基因组计划即将完成全部序列图谱，摆在我们面前的一个关键问题是如何开展功能基因组的研究，如何发现人类基因与疾病的关联，使基因序列转变为对人类认识自身的知识，并对这些基因加以利用，从中寻找出可供开发的宝藏，使之能够造福于人类的健康。这些工作将花费远比基因序列分析更多的时间、更大的投入和更繁重的工作量，也更加具有挑战性。我们应该抓住这一机遇，在人类后基因组（Post-genome）研究中做出国际一流的成果。

建立人群研究现场和基地，尤其是遗传流行病学人群现场，作为基因研究基地；开展功能基因的研究，并及时将研究成果转化为基因筛查、诊断和治疗的技术。

经多年的酝酿，在"211工程"的经费支持下和优势实验室的参与下，今年组建了北京大学人类疾病基因组研究中心，建立与国际接轨的一流配套基因研究实验室，实验室500平方米已装修改建完毕，开始进驻工作。能够完成基因克隆、基因测序、疾病基因组学研究、单核苷酸多态性分析（SNPs）、生物信息学分析、基因表达、重组蛋白纯化、人类重大疾病的信号传导机制研究、基因功能分析、基因治疗及基因药物开发等一条龙的配套科研与开发工作，使我校在这一领域进入国际先进水平。同时建立具有我国特色的疾病基因库，疾病基因生物信息库以及人类疾病标本库（血样及组织标本），为功能性基因组研究提供新鲜冷冻人体正常及病理标本。

经费预算2400万元，主要包括：人才引进经费、大型仪器、课题经费和疾病基因库，疾病基因生物信息库以及人类疾病标本库建立。

3. 中西医结合研究与应用

在我国中、西医两种医学体并存、互相渗透、优势互补，经过半个世纪的发展已形成中西医结合这一独立的学科。随着医学模式的转变，中西医结合已成为目前世界医学的主流发展方向。当前各种疑难病症的临床和实验研究、针刺原理的实验研究、中药有效成分的研究；中医舌象与脉象客观化的研究等研究成果，已受到国内、国际医学界的瞩目。在全球回归自然的热潮中，世界卫生组织开始重视传统医药学，从天然药物中开发新药已成为创制新药的重要途径和转折点。其中中药复方的研究是中西医结合的一个重要发展方向，也是中医走出国门，跨进世界医学的重要途径。

中药复方在临床治疗中发挥重要作用，要阐明中药复方的作用机理，使中药走向世界，关键是要找到复方中的药效物质及其作用部位。若能确定多数个药效物质（化学成分）及其作用部位，则可以期待阐明复方的配伍原理和作用机理。由于"药物通过施效于作用部位而发挥治疗疾病的作用"这正是西医的理论，若能证明复方的作用机理是基于配伍于复方中的有效物质合力作用于作用部位而实现的话，那么就可以认为复方的药效物质及其作用部位恰好是中医和西医这两个理论的交叉点和结合点。因此，研究确定中药复方的药效物质及其作用部位，是当前中西医结合的一个重要发展方向和急需解决的问题。

本项目研究内容包括：选择1~2个有明确临床疗效且配伍简单的复方：

（1）研究复方药效物质，阐明复方进入血液中的药效物质是单一化学成分还是不同化学成分的分子群，确定其化学结构。

(2) 研究复方药效物质的作用特点及作用机理,研究药效物质对疾病的作用,观察药效物质对与疾病有关的酶或因子的影响,阐明其作用点或靶点。

(3) 研究复方中药配伍的科学内涵,研究复方中各味药物的加减或不同组合,对药效物质的溶出、吸收、代谢、排泄过程的影响,最终阐明复方中各味药物及其成分对药效物质的影响。

(4) 在复方药效物质的研究过程中,同时研究建立简便、快速、高效和规范的化学成分分离鉴定的新技术和新方法。

(5) 尝试组成使用方便、质量可控、疗效突出的新复方。

经费预算:1000万元。用于在现有基础上建立现代化中药复方研究室所必需的设备及硬件条件,高水平研究人员的配套经费及研究启动经费。

附件2 北京大学事业规划

附件2.1 北京大学校本部队伍建设规划

一、队伍现状

1. 1994年实施"211工程"时的情况

1994年底,国家正式启动了"211工程"建设计划。北京大学作为这一计划的重点建设单位之一,在这五年的改革与发展中,队伍建设取得了良好的阶段性成果。

1994年底,我校共有在职人员7427名(未含220名劳动服务公司人员),其中教师2557名,非教师系列各类专业技术人员1819名,党政管理人员888名,工勤人员1614名(加上劳动服务公司220名,实为1834名)。

在2557名教师中,平均年龄46.3岁;其中教授731名,平均年龄58.6岁;副教授782名,平均年龄46.5岁;45岁以下教师1008名,占教师总数39.4%。731名教授中,45岁以下的教授仅50名,占教授总数6.8%;教师中具有博士学位的人员382名(其中国外归国博士仅60多名),占教师总数的15.8%。

2. 目前队伍状况

1995年,根据我校第九次党代会确定的"北京大学改革与发展纲要"和"211工程"建设规划,学校提出了"控制总量、调整结构、强化管理、解决难点"的近一个时期队伍建设的指导方针。经过几年的努力,教师队伍的建设,特别是中青年骨干队伍的建设取得了良好的成效。

截止到2001年2月23日,全校共有教职工6284名(含后勤产业中心即原劳动服务公司人员,不含博士后人员),其中教学科研人员2284名,占36.3%;各类教学科研辅助人员1517名,占24%;党政管理人员793名,占12.6%;校本部各类工勤人员1310名,占20.8%;校医院、中小学等附设单位人员380人,占6%。

与1994年相比,在职人员总数从7647名(含原劳动服务公司)减为6284名。教师从2557名减为2284名,生师比从10:1上升到16:1;教学科研辅助人员从1819名减为1517名;党政管理人员从888名减为793名;校本部工勤人员从1834名减为1310名。六年多来,教职工总数减少了1143名,平均每年减少190名左右,整体办学效益大大提高。

目前,教师队伍除教授年龄仍然偏老之外,整体状况亦有较大的改善。平均年龄从46.5岁降为44岁;45岁以下的教师比例从39.4%上升到60%;45岁以下的教授从6.8%上升到8%,达178人;具有博士学位教师从14.9%上升到40%,达888人;其中国外归国博士从15.7%上升到36%。

教师队伍状况的改善主要体现在中青年队伍的变化。这些年来,学校除了加强对现有中青年队伍的培养之外,进一步加大了对国内外优秀中青年学术骨干的引进和培养,使我校在百千万人才工程、杰出青年科学基金、教育部、北京市等各级各类的青年人才工程中,均处于全国前列。

3. 存在的主要问题和解决问题的主要难点

虽然学校的队伍建设在"211工程"的实施中,取得了良好的成效,但不论从哪一方面来说,它离世界一流大学的要求还有着很大的差距,队伍建设的任务仍然十分艰巨。

首先,从整体上说,相当部分的学科都还缺乏国际级的一流学者。虽然我们在改革开放的二十年里,成长了一批中青年学术骨干,为学术界世纪之交的新老交替奠定了基础,但由于各种各样的原因,我们还未能把更多的最优秀人才吸引回来。

其次,不论是从现有队伍的整体素质,还是就教师队伍学历、职务和年龄结构而言,都还远未达到比较理想的状态。同时,要消化旧有的问题还会因为现行的体制性的问题,需要一定的时间。例如,在现有的队伍中,要调整工勤人员在整体队伍中的结构,如果仅靠队伍的自然减员,需要15~20年。

再次,在吸引高层次的优秀人才和稳定一些重要岗位的人才上,我们还缺乏能同国际性人才竞争相抗衡的工作环境和生活待遇。为此,我们必须在创建世界一流大学的计划中,给予应有的投入。

二、基本设想

1. 两步走战略

第一步,从现在起到2005年,在队伍建设方面,稳妥推进新老交替,形成适应新世纪需要的高素质的师资队伍,为下一步的发展奠定坚实的基础。

第二步,从2006年到2015年,按照国际公认的世界一流大学标准,建成拥有一批世界知名学者,国内外杰出学者和优秀学子向往的著名高等学府。

2. 改革的基本措施

(1)建立一支以学校、院系两级关键岗位构成的3000名教学科研与管理骨干队伍。这支队伍占我校现有人员的47.7%。同时,建立一支由固定编制人员和流动编制人员组成一般岗位的2000人队伍,其中固定编制人员不超过1000人。

(2)以数倍于"长江学者奖励计划"的津贴力度,设立北京大学特级关键岗位,招募可问鼎世界科学高峰的一流杰出人才。

(3)以扶优扶重的政策,建立以长江特聘教授为突击队的科技攻关特区,从人财物等各方面为突击队提供必要的支持。

(4)建立以多学科海内外杰出青年学者为主体组成的,进行国际最前沿科学研究的研究中心。

3. 抓住新老交替的有利时机进行队伍建设的结构性调整

目前,除了工人队伍之外,我校各支队伍都处在新老换代时期,而且这一大规模的新老交替将陆续在今后的 3—5 年内完成。也就是说,今后的 5 年,将在客观上为我们完成队伍建设的第一步战略计划提供有利的时机和条件。为此,我校将以更大的改革步伐实施队伍建设的总量控制和结构性的调整。

4. 改革人事分配制度

以转换机制为核心,通过人事分配制度改革,进一步完善特殊岗位津贴制,改革职称评审制度,加强编制预算管理,最终建立以岗位聘任为核心的、固定编制和流动编制相结合的用人制度,创造一个有利于优秀人才脱颖而出和发挥才干的制度环境,建设一支高素质的教师队伍和管理队伍,全面提高学校的办学效益和整体水平,为建设世界一流大学提供最基础的保障。

附件 2.2 北京大学医学部队伍建设规划

一、基本点

本着立足国内和引进并重的原则,建立一系列有利于人才培养、脱颖而出的机制,创造有利于人才成长的工作环境、生活环境和学术氛围。与此同时,要加大管理人才的建设和培养,使之医、教、研事业,在科学有效的管理下,良性循环发展。

二、现有医教研青年骨干的培养与使用以及队伍的建设

1. 从战略高度予以重视,依法加大梯队建设的力度

根据《教师法》《高等教育法》等相关的法律法规,以学科发展促梯队建设,力争到 2005 年梯队结构及素质与国内其他医学院校相比居领先水平,为建设世界一流大学打下坚实的队伍基础。

2. 加强对青年骨干的培养

到 2005 年,进一步完善新教师岗前培训,在岗教师继续教育制度,对住院医师通过规范化培训、学历教育、临床医学专业学位培养等方式,对教研人员通过学位教育(在职攻读研究生、在职申请学位)、高级教师研修班、国内外进修等渠道,提高青年骨干的整体素质,培养和造就一批新的青年骨干和学术带头人 100 名。

3. 加大对青年骨干的使用,在工作中锻炼成长

大胆提拔和使用年轻骨干,敢于压担子,逐步使科、系主任年轻化、博士生导师年轻化、管理干部年轻化。积极推荐年轻骨干在社会学术团体上兼职、参加评奖。规定老专家要将培养年轻的学术接班人作为一项重要的工作完成。

4. 使队伍的结构更趋合理、稳定

在三个结构上,即年龄结构、学历结构、职称结构达到合理。力争到 2005 年,青年教(医师)中具有高级职务人员所占比例达到 50%,具有研究生学历人员所占比例达到 80%,在校外完成某一级学历(位)教育或在校内完成其他学科学历(位)教育者所占比例达到 30%以上。

5. 加大扶持力度,建立激励竞争机制

设立优秀青年奖励项目,优秀回国人员科研启动基金,充分利用中华医学基金、国家杰出青年科学基金、跨世纪优秀人才培养计划等,着重面向青年骨干。到2005年,建立起公开考核,平等竞争、按劳取酬、优劳优酬的激励机制,打破平均主义大锅饭,使年轻骨干在平等、公开的氛围中充分展示自己的才能。

三、引进人才的机制

到2005年初步建立起一套完整的引进人才机制,到2010年基本完善。

1. 畅通人才流动的进口和出口

到2002年基本不再大规模接收毕业生。定编设岗后,随着岗位空缺,随时向海内外公开招聘。引进人才以国际和国内公认的科研水平、学术地位为主,同时兼顾相关的综合条件。到2005年,建立起海内外医药卫生人才库。切实严格考核制度,对考核不合格的人员,执行解聘制度,使人员能够真正流动起来,打通出口。

2. 实施有效的激励竞争机制

2001年底按照教育部、卫生部的有关规定,做完基础性的定编设岗工作。岗位决定后,实行"公开招聘,竞争上岗,择优录用,严格考核,合约管理"的用人机制和岗位制度。按照"效率优先,兼顾公平"的原则,建立"以岗定薪,优劳优薪"的激励机制。考核与聘用结合,严格实行业绩与待遇挂钩,考核与聘用结合的制度。到2005年,在增加收入的基础上,进一步拉大不同岗位津贴之间的档次,彻底打破平均主义大锅饭,基本建立起"人员能进能出,职务能上能下,待遇能高能低"的机制。

3. 建立有利于人才发挥创造性的环境

努力为人才发展创造良好的学术氛围,舒适的工作、生活环境,各职能部门牢固树立起服务意识,提高办事效率,让人才全身心地投入到创造中。

四、加大管理队伍的建设和培养

合校后,医学部要充分利用大学光华管理学院和行政管理学院的优势,进一步优化管理队伍,加大中青年党政管理干部培养的力度。在最短的时间内,各级管理岗位上工作的职员,均要达到国家承认的大学本科学历,管理队伍具有现代科学管理专业培训经历的达到80%以上,使管理队伍实现真正意义上的管理知识专业化。

附件2.3　2001—2005年北京大学发展规模自核建议数

	2001年预计		2002年预计		2003年预计		2004年预计		2005年预计	
	招生数	在校生数	招生数	在校生数	招生数	在校生数	招生数	在校生数	招生数	在校生数
一、日校生	9774	27414	10416	28929	11041	30503	11688	31659	12509	33161
1. 研究生	3726	10411	3810	10625	3886	11459	3978	11885	4269	12321
其中:博士生	1077	3181	1103	3343	1128	3615	1154	3669	1210	3826
硕士生	2649	7230	2707	7312	2758	8193	2824	8216	3059	8495

(续表)

	2001年预计		2002年预计		2003年预计		2004年预计		2005年预计	
	招生数	在校生数	招生数	在校生数	招生数	在校生数	招生数	在校生数	招生数	在校生数
2. 本专科生	3825	14011	4020	14940	4200	15243	4390	15521	4560	16090
其中:本科生	3485	13246	3660	13972	3840	14183	4030	14441	4200	15110
专科生	340	765	360	968	360	1060	360	1080	360	980
3. 留学生	2223	2992	2586	3364	2955	3801	3320	4253	3680	4750
其中:研究生	83	330	96	352	110	379	130	414	146	444
二、成人高教	8100	18936	7200	21972	7420	23678	7420	23380	7420	25817
其中:本科生	4700	10426	5150	13561	5570	15940	5770	17430	5970	20117
专科生	3400	8510	2050	8411	1850	7738	1650	5950	1450	5700
合　计	17874	46350	17616	50901	18461	54181	19108	55039	19929	58978

附件2.4　2001—2005年北京大学校本部发展规模自核建议数

	2001年预计		2002年预计		2003年预计		2004年预计		2005年预计	
	招生数	在校生数	招生数	在校生数	招生数	在校生数	招生数	在校生数	招生数	在校生数
一、日校生	8162	21929	8725	23030	9302	24354	9880	25359	10460	26484
1. 研究生	3077	8721	3125	8751	3282	9474	3240	9829	3300	9984
其中:博士生	817	2511	825	2587	832	2781	840	2781	850	2856
硕士生	2260	6210	2300	6194	2350	7042	2400	7048	2450	7128
2. 本专科生	2885	10308	3050	11029	3220	11230	3390	11480	3560	12000
其中:本科生	2885	10308	3050	11029	3220	11230	3390	11480	3560	12000
专科生										
3. 留学生	2200	2900	2550	3250	2900	3650	3250	4050	3600	4500
其中:研究生	80	320	90	340	100	360	110	380	125	400
二、成人高教	5280	13701	5800	16050	6000	17300	6000	18540	6000	20707
其中:本科生	3980	9235	4600	11972	5000	14100	5200	15740	5400	18407
专科生	1300	4466	1200	4078	1000	3200	800	2800	600	2300
合　计	13442	35630	14525	39080	15302	41654	15880	43899	16460	47191

附件2.5　2001—2005年北京大学医学部发展规模自核建议数

	2001年预计		2002年预计		2003年预计		2004年预计		2005年预计	
	招生数	在校生数	招生数	在校生数	招生数	在校生数	招生数	在校生数	招生数	在校生数
一、日校生	1612	5485	1691	5899	1739	6149	1808	6300	2049	6677
1. 研究生										
含长学制	649	1690	685	1874	704	1985	738	2056	969	2337
不含长学制	596	1576	614	1750	632	1842	650	1896	720	2000
其中:博士生	260	670	278	756	296	834	314	888	360	970
硕士生	336	906	336	994	336	1008	336	1008	360	1030
*长学制	53	114	71	124	72	143	88	160	249	337

(续表)

	2001年预计		2002年预计		2003年预计		2004年预计		2005年预计	
	招生数	在校生数	招生数	在校生数	招生数	在校生数	招生数	在校生数	招生数	在校生数
2.本专科生	940	3730	970	3911	980	4013	1000	4041	1000	4090
其中:本科生	600	2938	610	2943	620	2953	640	2961	640	3110
专科生	340	765	360	968	360	1060	360	1080	360	980
3.留学生	23	92	36	114	55	151	70	203	80	250
其中:研究生	3	10	6	12	10	19	20	34	21	44
二、成人高教	2820	5235	1400	5922	1420	6378	1420	4840	1420	5110
其中:本科生	720	1191	550	1589	570	1840	570	1690	570	1710
专科生	2100	4044	850	4333	850	4538	850	3150	850	3400
合　计	4432	1072	3091	11821	3159	12527	3228	11140	3469	11787

附件3　北京大学校园建设规划

附件3.1　北京大学(海淀校区)校园建设规划

一、规划背景与现状

北京大学当今校园由海淀校区、北京大学医学部校区、昌平校区三部分组成,海淀校区为主校区。海淀校区位于北京市海淀区中关村,北依圆明园遗址,西临海淀乡,南接规划中的中关村西区,东邻清华大学和中国科学院。海淀校区由燕园、燕东园、中关园、蔚秀园、承泽园、畅春园等部分组成,其中以燕园为主校园。在区内还夹有成府居民区、市化工第五研究院、挂甲屯居民区、篓斗桥居民区等非北京大学校属用地。北京大学海淀校区现在占地168.38公顷,其中燕园主校区为106.63公顷。原燕京大学未名湖燕园区域被列为全国重点文物保护单位。

海淀校区的总体规划是在促进中关村科技园区发展、实施高校后勤社会化改革的背景下,根据北京大学创建世界一流大学学科发展和事业发展规划提出的开放型规划。北大位于中关村科技园区的核心,对整个园区的发展起着关键作用,建立自己的科技园势在必行。

但是,北京大学校园建设一直存在着用地严重不足的问题,由此导致了功能分区不合理、校园过分拥挤的现状。由于北京大学拥有全国重点文物保护单位,使得大部分建设集中在未名湖以南的地区,教学科研、学生居住密度过高,难以形成创建世界一流大学的硬件环境。同时,校园四周受到北京市城市建设的诸多限制:南有北四环,北有圆明园遗址公园,东部被白颐路分割,西边有城市主干道,几乎没有继续扩展的空间。另一方面,正是由于拥有风景秀丽的未名湖和遗留下的古园林,为北大营造了一种高贵典雅的氛围,这无疑是一份宝贵的财富。把握历史脉搏和时代变迁,能够更好地使北大景观风格与北大人文精神珠联璧合,相得益彰。这次规划是在充分认识这些问题的基础上,努力寻求一种新型的校园空间秩序,使北京大学既能成为世界上教学、科研的学术中心,也能成为社会经济发展的推动力量。

二、规划理念与指导思想

世纪之交的北京大学充满活力,肩负着科教兴国的历史使命。为此,新一轮的校园总体规划是一次开创性的规划,旨在为二十一世纪的北大创建世界一流大学作出形象设计,造就一个具有深厚东方文化底蕴和鲜明时代特色的生态校园。

(一)规划理念

1. 在北京大学海淀校区的主校园,优先考虑教学科研设施建设,创造有利于教学科研发展和文化交流的环境。

2. 为科技成果的转化提供良好的硬件环境,营建北京大学科技园区,促进中关村知识经济的发展。

3. 北大校园文化的外延:不仅要规划围墙内的校园建设,促进北京大学校园文化建设,而且要带动邻近社区,共同建设社会主义精神文明。

4. 学校后勤服务社会化:为保证海淀校区拥有良好的教学科研创新环境,重点将学生宿舍、教师住宅建设纳入北京市的学生公寓建设和教师住宅建设之中,协调规划。与海淀区政府联手建设良好的周边社区文化环境,统筹考虑中关村高科技园区的社区服务,规划建设适当的学校服务型产业。

(二)规划方法

近期与远期规划相结合。近期内重在结合后勤服务社会化,对学生宿舍区进行综合改造,优先调整文科教学科研用地,营建良好的教学科研空间环境;新建北京大学科技园区,培育研发、孵化功能。经过中长期的持续发展,最终努力形成一个有鲜明北大特色的社区文化环境。

三、校园规划建设原则

第一,保持历史的传承性,体现北大的人文精神;

第二,建设知识型的社区,营造创新的社区氛围;

第三,建设生态型园林校园;

第四,形成丰富、和谐的景观造型;

第五,与现代世界的节奏相同步;

第六,实现可持续发展。

四、规划依据

第一,北京市总体规划;

第二,中关村科技园发展建设规划;

第三,北京大学学科发展和事业发展规划。

五、规划期限、范围和征地内容

本次规划目标长期年限为2010年,近期为2005年。

本次规划范围的总用地面积为195.42公顷,拟征地面积27.04公顷,包括:(1)白颐路北延地段两侧用地,共12.86公顷(现成府居民区及化工第五研究院的南部);(2)四环路北侧红线到北大南墙之间的地带,有7.18公顷;(3) 挂甲屯地区5.31公顷;(4) 篓斗桥地区1.58公顷,用于建设北京大学科技园和继续教育基地。

六、空间构成与功能分区

(一) 空间构成

校园的功能分区有主次之分。海淀校区是主校园,是校园文化的中心,承担着公共教学、理科科研、文科研究等教学科研功能。在主校园的周边分布着北大科技园和继续教育基地。北京大学科技园中关村园区包括成府片区、南街片区、篓斗桥片区、挂甲屯片区等四个部分。成府片区侧重于研究与开发,南街片区重在科技成果的孵化,篓斗桥片区是继续教育基地,挂甲屯片区重在提供面向全社会的远程教育服务系统。

(二) 功能分区

本次规划依据校园用地性质及现有情况将校园分为若干个功能区。择要介绍如下:

1. 公共教学区

将公共教学区从南门一带迁至校园中心区域,形成功能完善、环境优美、管理有序的新的公共教学区。

2. 文化活动区

对燕南园南区采纳"只出不进"的原则,实施保护型修缮,逐步将其转变为学生与教师的文化活动场所。

3. 学生公寓区

依据北京市正在实施的大学生公寓建设规划,北京市将在万柳与五道口两地为北京大学提供约20万平方米的学生公寓,其中位于五道口的约8万平方米的学生公寓计划于2002年底交付我校使用。结合学生公寓建设和管理实施社会化,在校园南部区域,沿当前的南墙一带和靠颐和园路一线,通过对现有学生宿舍的改造和改建,保留建筑面积约60000平方米的学生公寓。以保护学生公寓区整体环境为重点,将南墙适当向南推进,结合北大科技园南街片区的开发建设,在南墙南侧安排面向校内外的社区服务功能。

改造中关园南部平房区,新建留学生和外国专家公寓及博士后公寓。建成后,将目前位于勺园和朗润园的留学生公寓和外国专家公寓全部迁到中关园。

4. 理科院系教学科研区

在现有的理科楼群的基础上,把理科院系教学科研区集中于校园东部、成府路南北两侧。近期在北大东门内、新地学楼的北侧建设生命科学大楼,在化学学院楼南侧新建物理化学楼。

5. 文科院系教学科研区

将学校大部分的文科院系集中到校园北部,根据该区的历史变迁、空间结构现状,结合文科的科研性质,建设具有中国传统建筑风格的文科教学科研设施,恢复古典园林风貌。

近期文科院系建设规划:

(1) 文科楼群:地点在镜春园小湖的东侧,规划安排中文系、历史系、哲学系(包括宗教学系)等文科院系的科研办公用房。

(2) 艺术大楼:位于规划的文科楼群北侧,原木材厂位置。规划安排艺术学院的科研、教学、办公用房。

（3）维持一至六院现状,在一至三院西侧、现勺园 2 号楼东侧网球场处新建国际关系学院大楼。

6. 远程网络教育中心区

未来的教育必须面向全社会,强调高可对话性、高信息量。拟在挂甲屯片区修建远程网络教学基地。

7. 体育活动中心区

尽快修建综合体育馆和游泳馆,形成由五四操场、东操场、第一体育馆、第二体育馆、综合体育馆和游泳馆组成的体育活动区。考虑社区体育场地的统筹规划,与海淀区协商共同利用、管理现在的海淀体育馆及其体育场地,并结合各片区的改造,配备必需的户外活动场地。

8. 中心绿地系统

（1）以一条贯穿燕园南北的绿带作为中心休闲绿地,为广大师生提供良好的户外交流活动场所。

（2）进一步加强未名湖区(主要是指未名湖及其周围的山林、西校门一带)文物及山水体系的保护。

（3）综合治理燕园水系:结合北京市正在实施的清河水系改造工程,按照引清泉、阻污源的思路对燕园水系实施综合整治。

9. 北京大学创新园区

以北京大学科技园中关村园区成府片区和南街片区为主,形成高新科技研究创新孵化园区。

成府片区:沿白颐路,形成高新技术产业孵化、研发区。

南街片区:形成北京大学的创业孵化区,与中关村西区的创新科技园区遥相呼应。

10. 社区服务管理区

随着后勤服务社会化改革的进展,在校本部只留出一定比例的社区后勤服务设施用地,包括建设综合食堂、休息娱乐场地、社区服务管理办公用房等。

七、空间形态与景观规划

（一）燕园景观规划总格局

"未名湖—博雅塔—图书馆"之总意象;

"两横一纵"之景观主轴线;

贯穿燕园的开放式中心绿地;

"园中园"式的古典园林新貌与新型建筑协调统一。

（二）轴线·建筑·园林

规划的重点在于继承古典园林神韵,创造现代建筑风格。以一教为界,将校园分为北半部和南半部。南半部不以造园手法为指导思想,着重考虑空间的开放与人流的组织管理;北半部通过"园中园"的造园思想,结合教学科研需要,营造书院风格。

景观轴线包括"两横一纵"三条:（1）西校门—办公楼的横向轴线;（2）东校门—北京大学图书馆的横向轴线;（3）南校门—五四大道的纵向轴线。

景观节点：

（1）东校门的设计：秉承西校门的古典风格，吸取南校门的现代气派，以北京大学图书馆为对景框图。东校门内正对校图书馆的"路"，连同位于计划建设的生命科学院大楼西侧、被设计有微地形的一大片造景绿地及会议中心北侧的半围合绿地广场共同形成理科楼群北侧、东校门内的景观空间，它同时具有聚散功能，被定位为行人与非机动车的通道。而在东校门的北侧、北大科技园成府片区的南缘规划修一条机动车通道，在现遥感楼的东南角附近修建一个校园东机动车入口。

（2）南校门的改造设计：将南校门及南面边界线整体向南推进到北四环北侧，拓宽一个绿地广场。

分区：

（1）未名湖区：湖光塔影是北大的基本象征。在成府区开发的过程中，一定要注意未名湖周围环境的保护。

（2）北部园林：幽静典雅是文人园林的基本特征。

附件3.2　北京大学医学部校园建设规划

医学部校园本部的建设始于1952年，现建筑面积约30万平方米，占地40公顷，它坐落在"燕京八景"之一的"蓟门烟树"的北侧，北临80米宽的四环路，西临70米宽的学院路，东南临40米宽的花园路和花园北路。

医学部东西长950米，南北约540米，由南北两条平行的干道将校园分为东、中、西三部，东西亦有两条基本平直的干道，形成井字形，使校园分为9个小区。

东部中、南两区为职工生活住宅区，北区为动力、食堂、浴室、动物楼等后勤区。

中部北区为学生宿舍区，中区为体育运动区。

南区为医学教育与医疗区（第三临床医学院）。

西部为教学、科研及药学院实习药厂。

医学部规划格局较好，功能分区明确，解决了职工家属，后勤部门与教学科研间的相互干扰，同时也避免了人流与车流的交叉。

医学部校园基本建设总体规划，于1992年北京市城市规划管理局、首都规划建设委员会批准。

根据学校的发展与扩大，总体规划应逐步地加以完善，使学校的基本建设工作能更好地适应学校各项事业的发展，使职工生活的条件得到改善。医学部拟定今后10年基本建设总体规划。

一、教学科研区

学校的西北区规划，此地一直作为规划保留用地，位于学院路与北四环立交桥交汇处，地理位置优越，在学校的总体规划批复中，首规委指示"充分利用西北角用地，满足建筑的需要"。由于我校地处中关村高科技发展园区，所以要建一组体量大的建筑，以高科技与生物工程为主要内容，西北区除保留药厂测试楼和易燃品库以外，药厂房屋全部拆除，规划建设三个项目。

1. 医学科普博物院馆　　建筑面积约 15800 平方米,三层,在学校西校门入口北侧,与南侧科学报告厅相对应。

2. 生命科学大楼　　建筑面积约 25000 平方米,层数 12 层,以科研为主。

3. 高科技生物大楼　　建筑面积 55000 平方米,层数 22 层,以生物技术孵化器与生物医药公司为主要内容。

4. 教学大楼　　建筑面积约 24600 平方米,层数 9 层,拟拆除现学生活动中心、学生会团委的二层小楼,规划建设教学、教室大楼,因我校是五十年代建校的,现教学楼内大部是 200 人左右的大教室,对于班级活动,小课的安排很不方便。建设小教室,对于新时期各班开展德育教育,都很有必要,要设计先进一流的教室,用现代化的教学网络,满足当前教学的各项需要。

5. 信息中心楼　　建筑面积 1630 平方米,层数 3 层,建设地点在现计算机中心位置。

6. 安全监控楼　　建筑面积 4218 平方米,层数 6 层,建设地点在现学校商店位置。

二、学生生活区

1. 研究生公寓　　建筑面积约 28000 平方米,层数 20 层,拆除 1 号学生宿舍,建设研究生公寓,几年来学校扩建了教学、科研用房,但学生宿舍一直非常紧张,尤其研究生,按规定应 2 人一间,但学校目前的条件无法实现,未来的办学方向,学校主要培养研究生、博士生等高层次人才,教育部、北京市教委非常重视学生宿舍的建设,并给予相关的优惠政策,我们要抓住机会,改善学生住宿条件。

2. 学生综合服务中心　　建筑面积 20400 平方米,4 层,建设位置,拆除学生食堂,内容有学生餐厅、理发、洗澡、团委及研究生活动中心。

3. 大公寓二期工程　　建筑面积约 18000 平方米,层数 12 层,拟拆除毒理楼,规划建设高档的招待所,以满足外宾人员住宿。

三、教工住宅区

东小门外教工住宅　　建设 2—3 栋塔楼,建筑面积约 32000 平方米。层数 18 层。

9 号住宅楼改造,建筑面积约 11000 平方米,9 号住宅楼是七十年代建设的,虽经抗震加固,但因住宅布局不合理,单元面积太小,无法满足当前人们生活居住的需要,拟拆除 9 号楼,规划建设一栋 12 层住宅。(9 号楼现面积 4255 平方米,84 户)

8 号住宅楼、10 号住宅楼拆除,规划建设三栋板楼,建筑面积约 44000 平方米,层数 12 层,临街一层可用于商业开发。(现 8 号楼面积 11963 平方米,185 户,10 号楼面积 2388 平方米,45 户)

锅炉房改造后,拆除现锅炉房,规划建设 5 层住宅,建筑面积约 5680 平方米,底层作为活动中心及超市。

四、体育运动区

游泳馆综合楼　　建筑面积 32000 平方米,在学校操场东南角,层数 5 层,以综合体育项目为主,有标准室内游泳池两个,满足学生体育锻炼的同时,为教职工开放,并设有保龄球、壁球、乒乓球等。

五、后勤服务区

锅炉房煤改气工程　建筑面积2376平方米,地点在东北部库房院内,内设4台15T热水锅炉,2台12T蒸汽锅炉,计划2000年底开工建设。

六、校园休闲绿化带

附件3.3　北京大学信息网络建设规划

一、前言

当前,信息是经济发展的战略资源,信息技术已成为社会生产力中重要的因素。社会信息化成为势不可挡的历史趋势,成为促进各行各业发展的关键因素,也是促进教育和科研工作的关键因素。因而,信息网络的建设必然成为学校里重要的、必不可少的基础设施建设,是创办世界一流大学,培养一流人才必备的重要物质条件。

九十年代以来,北京大学一直很重视这方面的工作。从1989年参加"中关村地区示范网"的建设,完成了北京大学校园网(一期工程)的建设,1994年承担"中国教育科研计算机网络示范工程"华北地区网络北大主节点的建设,到1996年启动的我国教育系统的"211工程"的实施,为信息网络建设做了大量的工作,打下了坚实的基础,一直走在全国高校的前头。但是,每次受投资力度的限制,从1990年到1998年,累计投资不超过1600万元,所做的工作总是不能满足信息技术日益发展和对信息网络应用日益增加的需求。为了在21世纪把北大办成世界一流大学,还要加大投资力度,把信息网络建设再提高一个档次。

二、北京大学信息网络建设的现状及存在的问题

"八五""九五"期间国家投资1600万元,学校及校内各单位自筹经费600万元,使北京大学的信息网络建设取得了一定成绩,已具相当规模。

1. 北京大学校园网采用了具有世界先进水平的网络技术和网络设备

● 校园网由网控中心、主干网和各楼内的局域网组成。整个校园网采用一个B类IP地址,按现在的设计,可以配置255个子网,连接65000多台计算机。目前连接有4000多台计算机。

● 校园主干网络采用先进的交换网络和虚拟网络技术,主干网采用ATM网络,速率为622M,到一些主要楼群的速率为155M(ATM)或100M(LAN交换)。主干网交换机配有155 Mbps ATM端口72个,100 Base-FL/TX快速以太交换端口96个。校内各单位局域网已配置高、中、低档交换机40多台。

● 全校共铺设光缆50多条,30多公里,连接50多栋校内教学、科研和行政办公楼群;新建或改建30多栋楼的网络布线系统,现有4000多个信息网点。另外位于校园外的一些单位通过2 Mbps微波与校园主干网相连。通过PSTN电话网与1000多台家庭电脑联网。与CERNET网控中心采用155M速率相连。

2. 校园网提供的服务
- 电子邮件服务
- NEWS 电子新闻服务(news.pku.edu.cn)
- 匿名 FTP 服务(ftp.pku.edu.cn)
- WWW 服务(www.pku.edu.cn)
- Gopher 服务(gopher.pku.edu.cn)
- 电话线拨号入网服务,现连有 1000 多户家庭电脑
- PROXY 服务,配置了二台服务器(SUN 30 工作站和 PC 服务器),向全校教员和学生提供访问 Internet 的代理服务
- 天网中英文搜索引擎(我校计算机系研制的)
- 生物基因数据库查询服务(www.Cbi.pku.edu.cn)
- 美国 Science 杂志查询服务(china.Scienmag.org)
- 高校贵重仪器设备数据库查询服务(www.Emis.pku.edu.cn/sbgx.Html)
- 知识产权法律数据库查询服务(www.Law.pku.edu.cn)
- 北京大学图书馆网上查询服务(www.Lib.pku.edu.cn)
- 北京大学学报和校刊的电子版系统
- 北京大学管理信息系统

3. 信息网络建设存在的问题

信息网络已成为北京大学教学、科研和行政管理不可缺少的基础设施,发挥了越来越重要的作用。1997 年全校每月平均国际信息流入量为 8 GB,1998 年全校每月平均国际信息流入量为 12 GB,年增长 50%。但是,就网络的规模和应用水平以及网络的管理等方面而言,与国际上的一流大学相比还有很大差距,主要表现为:

- 校园主干网进行了更新,但是,全校 50 多栋楼内局域网设备配置大都很低;
- 联网的范围还不广:有 10% 的教学、科研和行政办公楼没有与校园网相连;学生宿舍楼都没有与校园网相连;
- 校园网上的网络服务器数量及档次还偏少和偏低,不能满足使用的要求;
- 网上信息资源还不丰富,资源的开发与管理体制还没有理顺,投入的经费不足;
- 管理信息系统应用还要大力普及和推广,系统的应用和开发还要深入和提高;
- 网络使用的环境和条件要进一步改善,尤其是学生的上网受到很大的限制;
- 网络应用还不够普遍,还要进一步开展培训和宣传,提高信息意识;
- 配合教学的多媒体应用还没有很好地开展;
- 网络的管理还不先进和科学,特别是有关网络安全保密、网络运行管理等方面有好多工作要做,需要配置和开发有关的硬件和软件;
- 教员家庭电脑上网的速率较慢,且不够方便,需要采用新的联网技术。

三、北京大学信息网络建设的未来发展

根据北京大学第十次党代会关于"落实科教兴国战略,创建世界一流大学"的精神,北京大学信息网络建设的未来发展目标是:

采用先进的网络技术和信息技术,进一步完善校园网络建设,增加网络资源,丰富网络

服务,在2003年,建立一个高速的、开放的、多媒体的计算机信息网络,为我校的教学、科研和行政管理提供丰富的网络资源和良好的服务,总的水平(采用的信息网络技术和设备,联网的规模,应用水平等)达到世界先进水平,为创办世界一流大学打下坚实的基础。

具体规划有十个方面:

1. 校园主干网进一步扩展

将目前校园网的三个主节点扩展到六个。配置4～6个高档交换机构成两个主干环:622 M(或2.5 G)ATM多媒体主干网和NX1000 M高速数据主干网,将各主要教学、科研楼内的局域网配置中、高档交换机,实现1000 M到楼,10 M到教员办公桌。

各种网络设备如下:

高档交换机 Cisco Catlyst6500	5 台
高档交换机 Cisco Catlyst6000	8 台
中档交换机 Cisco Catlyst4000	20 台
中档交换机 Cisco Catlyst(2900XL,3500)	200 台
低档交换机 Cisco Catlyst(1900)	200 台

配套UPS电源、空调机

2. 为学生和教员提供一个良好的上网环境

教员和学生只要凭自己的用户账号,就可方便地用机上网。通过联网微机,可以处理电子邮件,查阅图书资料和科技情报,参加各种学术交流。还可进行网上教学和网上学习。这将会大大地提高教学质量,有利于高素质创造性人才的培养。

● 学生宿舍用光纤与校园网相连,楼内配置中、低档交换机,10 M交换到房间,铺光纤35公里,建信息网点12000个,2001年上半年完成校内学生宿舍楼联网工作。

● 配置无线网络中心设备,使得在室外也能与校园网相连,在校园内,何时何地能使用网络而不受地理位置的限制。

● 配置IP网络电话系统,使得在校园网上能打电话。

● 建立开放式微机室为本科生、研究生和教员提供足够数量的联网微机。在理科楼计算中心微机房,配置600台微机。

● 为学生提供一定数量的国际网络通信费用。

● 通过光纤与国家图书馆相连,通过光纤与北大医学部相连。

● 将校内没联网的楼与校园网相连。

● 为教员宿舍楼提供一个良好的网络环境。

部分教员宿舍楼用光纤与校园网相连(建信息网点6000个)。部分教员宿舍楼,采用数字用户线XDSL技术或有线电视网络的CABEL MODEM技术与校园网相连(配置广域网连接设备,如XDSL节点机和接入设备,有线电视网的双向改造设备,56 K MODEM接入设备等)。

3. 为教员和研究生提供高性能的网络计算环境

IBM公司超级计算服务器1台(4个节点,共64个CPU,1000 GB磁盘);配套UPS电源和空调机。

4. 建立多媒体的网络教学系统和视频会议系统

提供一个网上教学、网上学习和网络会议环境,为教学和科研的开展节省时间,提高工作效率。配置设备并配置和开发多媒体系统软件和应用软件。

多媒体服务器   7 台
视频会议系统(包括广域网连接)   4 个
多媒体应用系统及其开发
配套 UPS 电源和空调机
(远程教学系统另外立项)

5. 建立 Internet 上的各种信息服务系统,丰富网上信息资源

网络服务器   SUN 3500   10 台
网络工作站   SUN 60   15 台
各种信息服务系统开发费
(数字化图书馆系统和计算机辅助教学系统另外立项)

6. 建立一个 IC 校园卡系统,为学生的生活、学习提供一个自动化管理系统

IC 校园卡是多功能卡,具有银行储蓄、自动存取款、身份识别等功能,既可进行身份认证,又可充当电子货币。使用方便、可靠、信息量大。可用来作为学生进行注册、选课、借书、上机、在医院就医等身份识别的凭证;它具有银行储蓄、自动存取款的功能,可用来发放奖贷学金、生活补助金等;作为电子货币,可用来交学费、学校食堂就餐、商店购物等。为学生的生活、学习和学校的管理带来了方便。因此,开发 IC 卡的应用是世界的大趋势。

7. 建设一个全校网络环境下的管理信息系统,实现管理工作现代化

把现代信息技术引入教育行政管理是我国教育发展和改革的需要,必将带来管理观念和管理习惯的深刻变革,增强教育管理决策的科学性,促进教育质量的提高和科研工作的发展。世界一流大学必须有一流的管理,一流的管理必须采用现代信息技术,建设一个高水平的高效能的教育管理信息系统,实现教育管理现代化。

这几年来,我校在教育管理信息系统的建设方面做了大量的工作,取得了可喜的成绩,但是,管理信息系统的应用还要大力普及和推广,系统的应用和开发还要深入和提高,还要进行大量的工作。

具体经费支出项目如下:
管理信息服务器   SUN 10000   2 台
                    SUN 3500   4 台
                    PC 服务器   4 台
开发用微机、工作站   30 台
配套 UPS 电源、空调机和外设
外购系统软件
应用系统开发
具体包括下列项目:

● 进一步完善和提高"校内信息服务系统""办公自动化系统"。
● 进一步完善和优化目前校园网上运行的各管理信息系统。
● 研制开发"保卫部管理信息系统""成人教育管理信息系统",集成和改造"科研管理信息系统"。
● 研究数据仓库等有关技术,为研制校级领导辅助决策支持系统做技术储备。
● 开展数据后援系统的研究。

- 开展对管理信息系统运行性能的研究。
- 进一步完善与开发校园地理信息系统。

北京大学具有悠久的建校历史,校园建设历经变化因而形成了一套错综复杂的校园管网系统,其内容包括:地上有电话线、公共天线、电网线、高压线等,地下则有自来水、天然气、暖气、下水道、各种电缆线、网络光缆、防空洞等,由于年久加之维修变化,许多地下管网信息没有准确的记载,有些只记在一些老职工的记忆里,随着校园建设的发展,不断有新的施工项目及新网建立,由于旧有管网太复杂,因而经常出现被误挖坏的现象。为了现代化校园建设的管理,需要建立计算机控制的地理图像信息系统。现已初步建立了一个系统,但要进一步完善与开发。

- 建立与开发综合档案计算机管理系统。

北京大学档案馆保存了北京大学自 1898 年京师大学堂成立百余年来在教学、科研、管理、基建、会计等工作中产生的档案三万八千多卷。这些档案再现了北京大学的历史面貌,是北京大学各项工作和活动的真实记录,是北京大学几代师生员工劳动的结晶,是北京大学乃至国家的宝贵的文件财富。几十年来这些档案在为北京大学发展建设服务,为社会服务发挥了无法替代的作用。档案与图书资料互补,是学校重要的信息来源之一。建立一个计算机档案管理、查询系统,对北大的发展将会发挥重要作用。

8. 建立培训中心,定期进行计算机的应用和网络应用培训

为教学、科研和行政管理提供技术支持,大力培养和提高教员、干部的信息能力(网络应用能力,信息获取、分析和加工的能力)。

9. 紧密跟踪当前世界信息网络技术发展的潮流,开展信息网络技术研究

我校涉及信息技术和网络技术的有关学科和系、所、中心的单位很多,有着雄厚的技术资源和人才资源,我们应该加强领导,开展广泛的协作,充分发挥优势,招贤纳士,深入开展信息网络技术研究。首先结合我们学校具体应用的要求,开展信息网络技术的研究和产品的开发,始终保持我校信息网络环境和应用的先进性,并培养出高水平的技术人才。计算中心成立信息网络研究室,编制 15 人,招聘优秀人才 6～8 名,并建立一个网络实验室,配置相应的设备。研究的课题有:

(1) 网络安全分析系统研究
- 互联网络安全性隐患分析研究
- 黑客入侵形式的分析与诊断
- 黑客入侵的监测和跟踪
- 互联网络攻击和反攻击实验研究
- 防火墙、路由器等安全设施的抗攻击能力分析
- 对不同欺骗行为(用户欺骗、IP 地址欺骗、路由欺骗)的检测

(2) 网络安全关键技术研究
- 防火墙技术
- 加密技术
- 数字签名
- 不可否认技术研究
- 用户身份鉴别和访问权限管理技术研究

（3）网络运行、管理技术研究
- 用户管理
- 计费管理
- 网络性能管理
- 网络故障监测、诊断与分析

（4）网络建设和接入网技术研究
- Cable TV 网接入技术
- 电话网上的 ISDN 接入技术
- 电话用户线上的 XDSL 系列接入技术
- 无线接入技术
- 高速网络组网技术

（5）网上多媒体应用研究
- 利用 Internet 和 WWW 进行远程教育、远程培训、视频会议和远程合作的研究
- Internet 上的语音传输技术

（6）Internet 上的信息发现及信息处理技术
- LDAP 目录服务的研究及在 CERNET 上的应用
- 基于 WWW 的网络新闻系统研究与实现
- 校园网上 Home Page 建设与管理技术研究
- Internet 上的信息发现、信息检索技术研究
- Java 应用

（7）校园 IC 卡工程与自动化管理系统研究

（8）管理信息系统技术研究
- 管理信息系统安全性技术研究与实现
- 基于 WWW 技术的管理信息系统的研究与实现
- 分布式管理信息系统的科学管理研究与实现

（9）数据仓库技术研究与高校综合效益评估

利用数据仓库技术从已积累的大量的管理信息中,提取带有规律性的东西,完成高校的综合效益评估,从而为各级领导的决策提供支持。数据仓库技术将是未来数据库应用的大趋势,目前,我们与国际上的差距较大,该课题的研究与数据仓库技术在实际应用中的实现,将使数据库的应用迈上一个新台阶。

（10）Internet II 的有关技术研究

10. 加强信息网络的管理,提高运行维护水平和服务质量
- 建立一些监视系统、故障报警系统、记账管理系统、安全检查系统、网络管理系统、用户管理系统,提高信息网络运行、维护、管理的先进性和科学性。

需要配置有关设备、软件和进行开发:
监视、报警系统
用户管理、身份认证、记账管理系统
网络管理系统
网络测试分析设备

防火墙、安全检测系统
- 逐步实现对 Email、WWW、DNS 和 PROXY 服务的集中管理;
- 理顺管理机制,保障运行维护费用,提高待遇,稳定队伍,提高服务质量。

需要提供以下运行维护费用:

网络设备及服务器运行的水电费;

网络通信线路(电话线、E1 数据线、市内光纤、CERNET 国内线路)年租费;

网络设备及服务器维护费(按世行贷款的标准为设备费的 4%～7%)。

四、"985"北京大学信息网络建设经费预算共 14950 万元

1. 校园主干网进一步扩展,所需经费为 1700 万元

将目前校园网的三个主节点扩展到六个,构成两个主干环:622 M(或 2.5 G)ATM 多媒体主干网和 1000 M 高速数据主干网,所需经费为 750 万元;

将各主要教学、科研楼内的局域网配置中、高档交换机,实现 1000 M 到楼,100 M 到教研室、实验室和机房,所需经费 850 万元;

需配置的网络设备为:

高档交换机 Cisco Catlyst 6500	5 台
高档交换机 Cisco Catlyst 6000	8 台
中档交换机 Cisco Catlyst 4000	20 台
中档交换机 Cisco Catlyst(2900XL,3500)	200 台
低档交换机 Cisco Catlyst(1900)	200 台

配套 UPS 电源、空调机

广域网接入设备,所需经费为 100 万元。

2. 为学生和教员提供一个良好的上网环境,所需经费为 5740 万元
- 学生宿舍用光纤与校园网相连,楼内配中、低档交换机,10 M 交换到房间,铺光纤 35 公里,建信息网点 12000 个,所需经费为 1500 万元;
- 配置无线网络中心设备,使得在室外也能与校园网相连,所需经费为 250 万元;
- 配置 IP 网络电话系统,所需经费为 50 万元;
- 建立开放式微机室为学生和教员提供足够数量的联网微机,所需经费为 800 万元;
- 为学生提供一定数量的国际网络通信费用,所需经费为 900 万元;
- 校内一些楼的联网,所需经费为 200 万元;
- 通过光纤与国家图书馆、北医相连,所需经费为 70 万元;
- 为教员宿舍楼提供一个良好的网络环境,所需经费为 1970 万元;

部分教员宿舍楼用光纤与校园网相连;铺光纤 35 公里,建信息网点 6000 个。

部分教员宿舍楼,采用 XDSL 或有线电视的 CABEL MODEM 技术与校园网相连。

配置广域网络连接设备,如 XDSL 节点机和接入设备,有线电视网的双向改造设备,56 K MODEM 接入设备等。

3. 为教员和研究生提供高性能的网络计算环境,所需经费为 1200 万元

超级计算服务器	1 台

配套 UPS 电源和空调机

4. 建立多媒体的网络教学系统和视频会议系统,所需经费为1000万元

多媒体服务器　　　　　　　　　　　　　　　7台
视频会议系统(包括广域网连接)　　　　　　 4个
多媒体应用系统及其开发
配套UPS电源和空调机

5. 建立Internet上的各种信息服务系统,所需经费为1000万元

网络服务器　　SUN 3500　　　10台
网络工作站　　SUN 60　　　　 15台
各种信息服务系统开发费

6. 建立一个IC校园卡系统,所需经费为250万元

7. 建设一个全校网络环境下的管理信息系统,所需经费为1700万元

管理信息服务器　　SUN 10000　　2台
　　　　　　　　　 SUN 3500　　　4台
　　　　　　　　　 PC服务器　　　4台
开发用微机、工作站　　　　　　　 30台
配套UPS电源、空调机和外设
外购系统软件
应用系统开发

8. 建立培训中心,定期进行计算机的应用和网络应用培训,所需经费为100万元

9. 建立信息网络研究室,开展信息网络技术研究,所需经费为860万元

10. 加强信息网络的管理,提高运行维护水平和服务质量,所需经费为1400万元

需配置的设备、软件及软件开发:

监视、报警系统　　　　　　　　　　　所需经费为100万元
用户管理、身份认证、记账管理系统　　所需经费为100万元
网络管理系统　　　　　　　　　　　　所需经费为100万元
网络测试分析设备　　　　　　　　　　所需经费为200万元
防火墙、安全检测系统　　　　　　　　所需经费为150万元

五年内需提供的系统运行、维护费:
网络设备及服务器运行的水电费(20万元/年)100万元;
网络通信线路(电话线、E1数据线、市内光纤、CERNET国内线路)租费(50万元/年)250万元;
网络设备及服务器维护费(按世行贷款的标准为设备费的4%～7%)400万元。

五、工程项目经费预算年度表(略)

附件3.4　2001—2005年北京大学图书馆建设规划

北京大学图书馆在2001—2005年的发展目标是:努力缩小与世界一流大学图书馆的差距,争取在全面提高图书馆的综合服务能力的基础上,在数字图书馆建设的某些项目上接近

国际水平。

在此期间,北京大学图书馆将启动和实施数字图书馆工程、多馆综合文献保障系统工程,充实图书文献资源,实现多种文献信息资源的合理配置,继续改善服务环境,培养和吸收专门人才,加强管理,开拓服务手段,建成研究型、开放式、数字化的新型大学图书馆系统,成为不仅在亚洲规模最大,而且馆藏质量及管理和服务水平均接近的世界一流的大学图书馆。到2005年,北京大学图书馆将大大增强文献信息保障能力,有力推动学校教学和科研水平,为北京大学建成世界一流大学提供重要的支撑条件。

同时,"211工程"和"中国高等教育文献保障体系(CALIS)"的实施已初见成效,二期工程即将启动,北大图书馆作为保障系统的管理中心和全国文理文献信息中心,正在成为中国高校文献信息资源共享的枢纽和基地。

为实现上述总体目标,在未来的五年里,图书馆将重点加强以下几个方面的建设。

一、数字图书馆建设五年规划

1. 总体目标

(1)定位:建设一个学术型、研究型的数字图书馆。

(2)服务对象:教师、学生、专业研究人员。

(3)目标:构建一个从信息资源、服务方式、服务质量和信息技术诸方面都能达到国际先进、国内领先水平的数字信息服务环境。

2. 建设思路与内容

(1)建设思路:以数字图书馆研究为先导,通过与国内外同行广泛的交流和合作,针对各种类型的数字资源开展小规模的建设实践和服务,积累知识,培养馆内人才,联合校内同道,于2005年前,建立系统化的北京大学数字图书馆。

(2)建设内容

管理体系建设:建立一套符合数字化信息服务规律的管理运作机制,包括管理模式、服务模式、服务内容、规范规章、工作流程、相关部门与岗位设立等。

人力资源建设:培养一批具有现代化意识,掌握数字化信息服务知识与技术的新型图书馆专业馆员。

资源建设:结合本校重点学科和特色学科教学科研的需要,通过采购、租用、自建、交换、共享等方式,有重点、有计划地发展数字馆藏,丰富服务内容,逐步扩大服务范围,五年内要建设一批拥有高质量、相当规模和数量的数字资源。

系统平台建设:随着建设规模的逐渐扩大,系统地建立良好的计算机网络与硬件环境,以试用选购和集成开发的方式,形成一套有效的工具软件和应用系统,最终建立北京大学数字图书馆系统平台。

3. 建设计划

(1)研究与实验阶段(2001年初—2002年底)

数字图书馆的建设是一个漫长的过程,研究与实验要贯穿始终。本阶段是我馆数字化建设的初级阶段,以研究与实验、小规模数字服务为本阶段的特征。

① 目标:培养先进人才与意识,积累与发展数字图书馆专业知识与技术,提供小规模的数字资源服务,为下一阶段的系统化建设和服务准备条件。

② 方式：以北京大学图书馆为实验环境，以北京大学数字图书馆研究所为研究环境，联合校内同道，形成以馆内研究人员为核心的图书馆需求驱动的多学科交叉的研究队伍，开展广泛的国际、国内交流与合作，对数字图书馆作全面的研究、跟踪与应用实践。

③ 内容

模式研究：指对传统型图书馆在新的数字环境下发展模式的研究，包括服务方式、运作模式、资源存档收藏、共享模式、管理模式、规范规章、工作流程、相关部门与岗位设立等。

框架体系研究：结合模式研究，区分数字网络环境下各类资源与服务提供者的角色，提出数字图书馆应用系统的框架层次结构体系，规范各层次间的数据接口标准和应用服务标准，最终形成数字图书馆的软硬件系统平台设计方案。

标准研究与确定：通过对不同数字资源本身特点和使用方式的研究，充分吸取传统文献资源管理与服务的合理成分，制定或选定一套资源的描述、存档、组织、利用和服务等方面的规范与标准，如各类元数据标准、分类/主题、规范文档等。

知识产权保护：聘请知识产权与法律法规专家，充分掌握现行的相关法律法规和知识产权司法实践，以不违反相关法律法规为前提，尽最大可能提供数字资源服务。

技术应用实践：通过广泛的调研，结合特定的资源与服务，选择一些技术界和专业公司的适用技术、工具等，进行应用实践与研究，积累与掌握一整套有效的技术手段，如动态词表技术、网络知识组织系统(分类/主题/语义网络)、GIS 技术、数字资源版权保护技术、数字化处理技术、各类检索与自动分类技术、跨系统用户认证技术、人工智能、海量信息管理与发布、电子商务等。

示范系统：通过以上开展的研究与实践，建立一批有特色的、提供实际服务的数字图书馆应用示范系统，如古籍数字图书馆示范系统、网上资源导航系统、北京历史地理示范数据库、资源注册系统、资源名称解析系统、学位论文管理与发布系统、教学参考书系统等。

经费估算：

硬件：300 万

软件：200 万

资源数字化：100 万

其他：100 万

共计：700 万

（2）系统化阶段(2003 年初—2005 年底)

本阶段是将前一阶段的工作进行提炼和升级，以期形成一个有统一思路的应用系统体系，具体体现为由完成不同任务的多个子系统有机地结合在一起的软件服务平台。

① 目标：在上一阶段工作基础上，结合 CALIS 二期工程，建立一个全方位的、有较为完整的思想体系的、有较大规模服务能力的系统化的数字图书馆应用平台。最终可将服务扩展到校园网外。

② 方式：依靠本馆与研究所的力量，与一些专业公司合作，以选购、定制、集成开发的方式，融合包括各类思想、数据和示范系统在内的前期成果。

③ 内容

数字资源发展(collection development)子系统：指对原始数字信息的管理与加工，包括采购、收集、原始加工与数据加工等。

数字资源存档(archive)子系统:对包括 metadata 在内的原始数字资源的系统化组织、管理与保存,包括实际存档与虚拟存档(如租用的资源)等。

数字资源访问(access)与内容发布(delivery)子系统:指建立在存档子系统上的统一访问与内容提供服务系统。

辅助服务子系统群:包括资源注册(registration)、名称解析(naming)、用户权限认证(authentication)及管理(access management)和电子商务(e-business)等子系统。

扩展服务子系统群:包括推送服务(push)、培训服务(training)、虚拟咨询服务(virtual reference)等子系统。

综合服务平台(Portal):该平台直接面对最终用户(读者),建立在上述各子系统的基础之上,可提供适合特定用户群的定制功能等,是数字图书馆的网上门户。

经费估算:

硬件:300 万元

软件:300 万元

资源数字化:300 万元

其他:100 万元

共计:1000 万元

总计:1700 万元

二、建立完善的多馆综合文献保障系统工程

目前,北京大学文献保障体系由校图书馆和系资料室两级组成,现共有系、所资料室40余个,它们是我校文献保障体系的重要组成部分,曾经在各系、所的教学和科研中发挥了重要作用。但是,随着社会信息化、网络化的发展,现有系、所资料室的设置和管理体制的弊端也日益明显,这些弊端主要表现在:由于不少系的专业内容有重复和交叉,所以各系资料室之间、资料室与校图书馆之间的藏书内容重复现象十分严重,这种不必要的重复造成图书经费的浪费;众多系资料室占用大量的房舍、藏书、设备和人力资源,但大多只对本系的教员、研究生(有些也对本科毕业生)服务,且开放时间普遍较短,晚上和双休日不开放,造成人力、物力资源的浪费;系资料室的业务工作和人员实际上缺乏统一管理,业务水平难以提高;系资料室资源分散,不利于自动化和网络化建设,难以向读者提供现代化的信息服务。

因此,有必要对我校的图书馆体制进行改革,建立校中心图书馆和学院分馆两级管理体制,对全校文献资源实行统一管理、统一规划、统一布局。这样,一方面可以节省人力、物力,减少重复建设造成的资源浪费,另一方面有利于实现全校的文献资源共享,进一步提高我校的文献资源保障水平。随着学校管理体制改革的深化,逐步实行校、院、系三级管理体制,改革和完善我校图书馆体系的条件也已逐步成熟。

北京大学图书馆体系改革内容:

1. 体制改革

将原来的校、系两级文献保障体系转变为校、学院两级文献保障体系,逐步将系资料室合并为学院级分馆。分馆在行政上属学院领导,业务上属校图书馆领导。学院和校图书馆双方都应把分馆建设视为本单位整体工作中的一项重要内容,予以关心、支持和重视。

2. 分馆建设的原则

学校只在学院及少数学科基地建立分馆,而且一个教学楼内最多只能建立一个分馆。根据学校体制改革方案和学院的馆舍、设备、人员等条件,选择条件比较好的学院和学科基地设立分馆,全校分馆建设总数不超过15个,学科基地分馆不超过5个。

3. 分馆建设内容

(1) 采集充足的专业文献信息

由学院和校图书馆共同筹集资金,由校图书馆负责订购大量和学院专业有关的中外文书刊和电子文献,不断补充分馆的文献资源,形成具有学院专业特色的馆藏体系,满足学院读者的专业文献需求。

(2) 向读者提供优质服务

分馆的开放时间,基本上要和校图书馆保持一致。分馆应向全校师生提供阅览服务,实现资源共享。

(3) 进行规范化、现代化管理

校图书馆要进行统一规划和管理,将分馆的文献资源纳入校图书馆自动化系统,按统一的标准进行采购、编目、借阅和联网等。学院应为分馆配备必要的设备,校图书馆负责对分馆业务工作进行培训和指导。

4. 分馆建设的条件要求

(1) 组织保障

学校应设立校图书馆系统建设领导小组。领导小组由分管校长、校图书馆和学院的负责人组成,对校图书馆文献保障体系的改革和分馆建设的重大问题进行决策。

校图书馆应成立相应的机构,该机构由馆长、有关业务部门的负责人组成。其职责是:统筹规划校图书馆系统建设工作,制定分馆建设计划和具体实施方案;制定分馆建设的各项规章制度;协调和解决校图书馆和学院之间在分馆建设过程中出现的各种问题;具体执行和分馆建设有关的各项业务工作(如分馆的书刊订购、编目、调拨和流通等);对分馆业务工作进行技术指导和业务培训等。

(2) 经费保障

学校和学院要提供分馆建设所需要的资金,学校应给校图书馆增拨经费,用于购买分馆所需要的文献,学院和系应该将原先投入系资料室的资金转为分馆建设专款,用于补充分馆所需文献和设备。

(3) 馆舍保障

学校和学院要提供分馆适用的馆舍。一般情况下,分馆设在有关院系的教学楼内,分馆内设阅览室、书库、工作间等。馆舍面积应与读者人数和不断增长的馆藏文献量相匹配,按每万册书100平方米、每千名读者100平方米计算,藏有8万册图书、2千名读者的中等学院分馆,最少需要馆舍1000平方米。

(4) 人员保障

为了保证分馆业务和读者服务质量,学校和学院应为分馆配备足够的、合格的工作人员。以每万册书1个工作人员、每千名读者1个工作人员计算,藏有8万册书、2千名读者的中等学院分馆,需要工作人员10名左右。校图书馆应对分馆工作人员进行业务管理和培训。

5. 分馆建设进度

校图书馆文献保障体系的改革应随着学校体制改革的步伐逐步进行。根据目前的情况,预期每年可建设 5～6 个分馆,3 年建设 15～18 个分馆,基本建成新的北京大学图书馆文献保障体系。

三、文献资源建设

具备相对丰富的文献资源是保证图书馆工作服务水平和质量的基本条件,欧美世界著名大学图书馆投入经费数量巨大。即使在港台地区的综合大学图书馆每年购置文献的经费也在 5000 万—8000 万人民币左右。目前,我们的各项经费的总合不足 2000 万,外文图书的欠账太多,以数学学院为代表的一些教员,对图书馆不能满足他们的文献需求,意见很大,担心北大的馆藏会出现断层,影响他们的教学和科研。我们希望在今后 5 年里,文献经费可以从目前的 1500 万元,逐少增加到 2500 万元—3500 万元。在继续保持现有文献采购规模的基础上,计划重点加大以下几方面文献的采购力度:(1) 图书馆正向全方位开放发展,一些影印刊不适合向海外读者开放,我们将逐年增加外文原版期刊订购,在 3 年内基本取代影印期刊;(2) 在保证收藏核心刊物的基础上,大量发展电子出版物,以适应网络环境下的数字图书馆的发展趋势;(3) 根据北大重点学科建设的需要,重点地、系统地收藏一批重点学科的外文图书;(4) 扩大中文新书购入量,保证学术书保障率达到 100%,并对重要图书进行精装加工。

经费预算:
(1) 2001 年的预算:2000 万元
(2) 2002—2003 年的预算:2500 万元
(3) 2004—2005 年的预算:3000 万元
经费预算总计:13000 万元。

四、管理和服务模式的转变

(一) 人才培养与人员整体素质的提高

在图书馆的跨世纪转型中,人员素质的提高是基础。每年有计划地引进本科以上学历的高质量毕业生,同时通过在职培训、馆际交流、出国深造等方式全面提高现有人员的素质,在本规划实施期内使馆员整体素质显著提高。重点培养现代化图书馆管理人才、信息技术人才、咨询服务人才、中层管理人员和业务骨干。形成信息管理人才和各学科专业人才的适当比例,鼓励攻读双学位(既有信息管理学学位又有某一学科专业学位),使图书馆既能提供优质高效的一般性服务,又具备较强的研究能力,深入各学科领域开展高水平的学术信息服务。造就一支适应 21 世纪数字化图书馆需要的结构合理的人才队伍。

(二) 以服务为中心的管理体制改革

数字化图书馆将带来一套全新的管理方法。在转型期,图书馆要逐步改革"重藏轻用"的传统管理体制,引进世界先进的管理经验,减少机构设置和管理层次,采用矩阵式组织、目标管理、工作组管理等新的管理方法,以用户为中心,以服务为中心,建立精简、高效、灵活的管理机制。新机制将能够充分发挥资金使用效率,充分挖掘文献信息资源和人力资源的潜力,管理重心从收藏转向服务,在此基础上构建新型信息服务体系,对飞速发展的技术所带来的不断变化的服务环境和用户需求作出灵活反应。

(三) 建立现代化的信息服务体系

改变传统的服务手段,广泛采用信息新技术,变手工服务为电子化、数字化服务,开展网络在线咨询、网上数据库检索、网上文献传递等项服务。管理上变被动服务为主动服务,引进市场意识,注重对用户需求的研究,积极主动地为用户提供多层次的信息服务,根据用户需求的变化不断调整服务方向。强化参考咨询服务,着力拓展深层次的信息服务,为学校的教学和科研提供有力的信息支持。

五、改善服务环境工程

1. 配电及照明改造
2. 上下水系统和暖气的改造
3. 旧馆卫生间改造
4. 旧馆门窗改造
5. 消防系统改造
6. 旧馆网络改造
7. 旧馆室内吊顶和装修改造
8. 旧馆外墙装饰和地面整修
9. 书库电梯更新
10. 图书馆周边环境改造
11. 旧馆阅览室家具更新
12. 旧馆大厅光电显示屏

共计：　　　　　　　　3000 万元
以上经费总计：　　　　17700 万元
数字图书馆　　　　　　1700 万元
文献资源　　　　　　　13000 万元
环境改造　　　　　　　3000 万元

附件 3.5　北京大学海淀校区环境保护规划

1. 规划原则与目标

1.1　规划背景

北京大学作为世界知名高等学府,历史悠久,岁逾百年,拥有独具匠心的景观风格和悠久深厚的人文精神,肩负着培养造就高素质人才,科教兴国振兴中华,弘扬中国传统文化的历史重任。这里聚集着众多满腹经纶的学术泰斗、学富五车的科技精英、出类拔萃的莘莘学子,是一个高智商人群聚居的特殊区域,给他们创造一个优美的学习、科研环境显得尤为重要;同时,北京大学作为与世界交流沟通的窗口,良好的环境质量也是树立国际形象的重要因素;此外,北京大学作为中关村科技园区的核心区组成部分之一,其规划的成败与整个科技园区的发展息息相关,本环保规划就是在《北京大学海淀校区总体规划》的基础上,进一步提出环境方面的具体规划目标和方案,为北京大学实现创建世界一流大学的奋斗目标创造硬件基础条件。

1.2 规划原则

以北京大学的总体规划为基础,以创世界一流大学战略为指导;

以海淀校区环境质量,尤其是水体质量的改善为前提;

以建设环境优雅,舒适宜人的校园为核心;

可持续发展原则。

1.3 指导思想

北大历来被称为中国的最高学府,其地位和作用在国内高校中十分重要,素以历史悠久、学科齐全、人才济济、成果累累而蜚声海内外,近来更在国家 21 世纪创建世界一流大学的战略中得到重点支持。本规划要以北大总体规划与环境协调发展为基础,以校园建设和环境保护为核心来进行,确保北大在成为世界教学科研的学术中心的同时,环境质量得以不断改善,真正做到"一流的学校,一流的人才,一流的环境"。

1.3.1 高起点、着眼于校园长远发展

环境规划要高起点,着眼未来,以校园综合协调发展为中心目标,不但要考虑到现实的环境问题,制定出可行的污染控制、生态保护方案,还要从社会经济发展、城市建设的宏观影响出发,预见到潜在的环境问题,对学校发展战略、校园功能布局提出调整补充意见,为全面实现学校建设发展目标做出环境工程措施、环境管理、环境政策的综合规划安排。

环境规划要与校园总体规划相融互补,充分考虑到未来校园形态、布局的演变,确保环境规划与校园规划的一致,便于环境规划的实施。

1.3.2 注重实用性和可操作性

环境规划应与规划区的实际情况相结合,针对现存的及未来可能出现的环境问题提出解决方案,使规划成果具有实用性;规划的可操作性是规划结果实施的保证,规划方案应与实际环境管理工作相结合,具有可操作性。

1.4 规划范围与规划期

本规划的范围为北京大学海淀校区,包括燕园、燕东园、中关园、蔚秀园、承泽园、畅春园六部分。

本规划的目标年限为 2010 年,近期为 2005 年。

1.5 规划目标

世界一流大学应有一流的校园环境,北京大学校园环境保护的奋斗目标是:

环境综合质量达到世界一流大学的水平,主要环境质量保持良好的状态,建立环境清洁优美、生态良性循环的空间结构模式,建成现代与历史、人文与自然充分融为一体的充满生机和活力的现代化校园。

按照国家制订的环境质量标准,本规划提出北京大学海淀校区环境保护总目标是:实现大气环境质量控制在二级标准以内;未名湖水质达到IV类标准,饮用水源水质达标率为100%;生活垃圾要分类收集。建成高标准生态校园。具体指标见表1。

表 1　环境保护规划具体指标

指标名称	单位	2005 年	2010 年
空气质量		Ⅱ	Ⅱ
未名湖水质		Ⅳ	Ⅳ
饮用水源水质达标率	%	100	100
校园燃气气化率	%	100	100
(校园)1 类噪声达标率	%	80	100

2. 自然环境概况

2.1 地理位置及地质地貌

北京大学海淀校区位于北京市西北的中关村地区,北依圆明园遗址,西临海淀乡,南接总体规划中的中关村西区,东邻清华大学和中国科学院。

北京大学西面为西山山地,海拔 100~600 米,东面为东南倾向的小平原,海拔 20~100 米,平均海拔 43.44 米。这一带原是永定河洪积扇下缘,是摇摆不定的永定河古河道所在的位置,过去有丰富的地下水。整个区域西高东低,是典型的二元结构河流相沉积。上层表层土岩性为砂砾石、粉砂土、粘砂、砂及黄土质粘砂土,厚约 2~10 米;下层为含水层的砂卵砾石、砂砾石及砂。其在整个区域内自南向北厚度变化在 20~90 米之间;局部夹有沼泽湖泊相沉积的微小透镜体。校园整体地势为南高北低,西高东低,燕园内湖南与湖北高差近 6 米,西校门与东操场高差 1.2 米。

2.2 水系

海淀校区附近河流众多,主要有永定河、清河、莲花河等天然河道。现万泉河为园中水系的主要水源。

校园内湖泊有 8.2 公顷,以未名湖为代表,串联了大小不同、形态各异的湖泊 12 个,以未名湖为中心,北有鸣鹤园湖、红湖、朗润园湖(南、北、东三个),西有方池、王八坑湖、勺海亭东湖,东有北材料厂南小湖,南有临湖轩湖,构成了燕园丰富多彩的水体景观。水总存水量 6.5 万立方米,未名湖存水量 3.4 万立方米。未名湖水域总的流向由西南向东北。

2.3 植被

校园总用地面积约 165 万平方米,已绿化面积为 81.2 万平方米。绿化覆盖率为 52.7%。

校园内有各类乔灌木约 55000 株,树木 169 种,其中一、二级保护古树为 416 株。各种绿篱约 21.8 公里,草坪约 25.7 万平方米,1000 平方米以上成块绿地约为 43.81 万平方米。人均绿地面积 24.1 平方米。

2.4 园林景观

北大校园是在八大园林的基础上经过多次扩展,逐步建设起来的,美丽宜人的园林是北大校园风景的一大特色,北大建设者充分利用了这些古典园林基础,保持传统,适当改造,适应了内外园林区的风貌,营建了园林化校园环境。北大校园既有北方园林的宏伟气度,又有江南山水园林的秀丽特色,可谓集江南山水园林精神之大成而自成一格。数百年来,虽饱经沧桑,已非原貌,但其基本格局与神韵依然存在,成为难得的历史遗产,北京大学校园有如此珍贵的园林,自然是珠联璧合,相得益彰。

正是这些古园林造就了现代大学教育功能和中国传统的园林意境的完美结合,创造了山葱水静、湖光塔影、如诗如画的校园环境。

3. 大气环境保护规划

3.1 大气环境现状

近年来,随着北京市城市规模的不断扩大,人口密度也不断增加,加上机动车保有量的持续上升,给城市环境尤其是大气环境造成了严重的污染。虽然北大海淀校区附近没有大的污染源,但由于周围地区人口稠密,交通繁忙,大气质量总体状况不容乐观;加上大气的湍流运动和大气污染物的水平传输,在一定的气象条件下,污染较严重的城市中心大气会影响校园的大气质量。

通过2000年对北大校园春夏秋三季大气质量监测和分析,可以看出,校园空气污染指数大多小于北京市的平均值,说明校园大气质量要好于北京市的平均水平,但在三季监测期间,均有污染物浓度超过国家三级标准。

2000年校园大气监测的统计结果见表2。现场监测表明,气体污染物中O_3小时平均浓度有87%达环境空气质量二级标准。NO_2小时平均浓度有93%达环境空气质量二级标准,日平均浓度全部达到二级标准,其中有88%达一级标准。NO_x小时平均浓度有78%达环境空气质量二级标准,日平均浓度有86%达二级标准。SO_2和CO小时平均浓度全部达到一级标准,日平均浓度全部达到二级标准。

大气颗粒物按日均值计算,TSP的三级达标率为100%,其中二级达标率为86%;PM 10的三级达标率为82%,其中二级达标率为35%。日均浓度分别为0.247和0.186 mg/m³。PM 2.5的日均浓度为0.088 mg/m³。

表2 2000年校园大气监测结果统计表 单位:mg/m³

污染物	最小值	最大值	总平均值	1小时平均			日平均		
				样品数	评价标准	超标率%	样品数	评价标准	超标率(%)
O_3	3.46E-03	0.487	0.094	617	0.16	12.64	30	—	—
NO_2	3.69E-03	0.240	0.051	525	0.12	3.62	25	0.08	0
NO_X	8.04E-03	0.871	0.116	612	0.15	21.73	30	0.10	13.33
SO_2	2.62E-05	0.129	0.029	569	0.50	0	29	0.15	0
CO	2.62E-05	0.015	0.003	258	10.00	0	12	4.00	0
TSP	0.128	0.318	0.247	—	—	—	6	0.30	16.67
PM 10	0.049	0.636	0.186	—	—	—	16	0.15	75.00
PM 2.5	0.019	0.201	0.088	—	—	—	16	—	—

海淀校区的主要大气污染物为臭氧、氮氧化物和可吸入粒子。同时,由于夏季气温高、日照时间长,光化学反应活跃,容易导致气态污染物生成二次细粒子,生成的细粒子会达到较高的污染水平。监测期间二氧化硫污染不是很明显。从多年变化情况看,二氧化硫浓度在近些年来呈下降趋势,应归功于这几年北京市实行的控制二氧化硫排放的环境治理措施。氮氧化物污染相对严重,主要与当前日益增长的机动车保有量以及不良的交通状况有关。

根据国家环境空气质量功能分区,校园为二类功能区,因此采用环境空气质量二级标准进行评价。评价结果见表3。空气质量综合指数为0.84,说明北大海淀校区处于轻微污染。

表3 2000年校园大气环境质量综合评价结果

综合指数 I	单项质量指数(Pi)						大气环境质量
	NO$_2$	NO$_X$	SO$_2$	CO	TSP	PM 10	
0.84	0.40	0.54	0.08	0.34	0.82	1.24	轻污染

3.2 大气环境保护规划方案

北大作为北京市的一部分,其大气质量必然受到周围污染源的影响,尤其是交通源的影响,因此要有效改善校园的大气质量,必须首先改善北大周边地区的空气质量。

校内的主要污染源有:供暖、供气锅炉燃煤排放的烟尘污染、机动车辆行驶排放的尾气污染、建筑扬尘污染等。针对引起大气污染源的特点和污染物的性质,特拟定校园环境规划:

(1) 调整能源结构

整治燃煤锅炉是降低大气二氧化硫浓度、改善环境空气质量的有效途径。校内的供暖锅炉和供食堂、浴室、校医院用的供汽锅炉,全部由燃煤改为燃气。

(2) 发展集中供暖

北大附中锅炉和技物楼锅炉与附近集中供暖锅炉联网运行,可节约能源,减少废气排放。

(3) 降低锅炉能耗

提高锅炉效率和燃气气化率,可提高热能利用率,减少环境污染。

(4) 限制校内机动车流量

现在拥有北大车证的机动车约有800辆。据一天的统计,驶入校内的有证车为364辆,而驶入出租车约为有证车的1.6倍,无证车约为2.5倍。大量校外车的进入不仅污染了校园的大气环境,而且也破坏了校园的静谧和谐。

(5) 减少建筑工地扬尘

施工现场要按照建筑工地的施工要求,采用洒水等方法来降低施工粉尘的污染。选用先进的设备、技术和工艺来降低对环境的影响。

(6) 增加公共绿地面积

4. 水环境保护规划

4.1 地表水污染现状

根据《中华人民共和国国家标准——地面水环境质量标准》,水域功能分为五类,北大校区内的地表水均属于人体非直接接触的娱乐用水区,应该按照Ⅳ类水的标准进行评价。

地面水环境质量的情况并不是十分乐观,从水质监测的数据上看,我校湖泊的COD指标已全面超标,主要超标湖泊有鸣鹤园北湖、方池、勺海亭东湖、未名湖西侧、临湖轩湖、朗润园东湖,共有六个(超标指标见表4),这几个水域富营养化现在严重,有机物的富集程度已相当高;未名湖以兰、绿藻为主,湖色淡绿,其余各湖均有沼泽化趋势;一些不流通、污染严重的水体(如后湖),已呈现发黑发臭的现象。

表4　超标湖泊COD指标　1996年7—8月

湖泊	COD浓度（mg/L）
鸣鹤园北湖	19.1
方池	8.13
勺海亭东湖	9.55
未名湖西侧	8.26
临湖轩湖	9.05
朗润园东湖	12.2
国家标准	IV类：≤8；V类：≤10

1997年对主要水体——未名湖的水质进行了全面监测，结果见表5：

表5　未名湖水质监测结果　　　　　　　　　　　　　单位：mg/L

监测项目	监测值	水质标准（IV类）
硝酸盐氮（毫克/升）	1.12	20
亚硝酸盐氮（毫克/升）	0.1	1.0
硫酸盐（毫克/升）	138	250
氯化物（毫克/升）	45.1	250
耗氧量（毫克/升）	4.45	8
砷（毫克/升）	<0.05	0.1
铬（毫克/升）	<0.05	0.05
总氰化物（毫克/升）	<0.008	0.2
酚（毫克/升）	<0.002	0.01
总硬度（碳酸钙）（毫克/升）	173	450
铜（毫克/升）	<0.5	1.0
锌（毫克/升）	0.02	2.0
铁（毫克/升）	<0.3	0.5
锰（毫克/升）	<0.1	0.5
汞（毫克/升）	<0.001	0.001
NH_3-N（毫克/升）	<0.1	1.0
PH	7.9	6.5—8.5
氟（毫克/升）	0.95	1.5
嗅和味	腥味	
肉眼可视物	悬浮物	
色	淡黄	

从表中的对未名湖水质监测结果和水质IV类标准的对比来看，除了湖水的表观特征呈淡黄色、略有腥味、有肉眼可见的悬浮物存在，不符合地面水环境质量标准对水体的基本要求外，其余指标均没有超标。这与我校一向重视未名湖的管理与污染治理工作成果是密不可分的，但是，未名湖作为北大的标志性景观，仅仅做到这一点是不够的，为了使未名湖永远呈现出"清流起荷波，湖光泛塔影"的怡人美景，应当考虑适当提高水体评价标准。

4.2　饮用水现状

目前我校日供水量1.4万立方米，基本可满足需求，但自备井深约70米，取地下浅层水，硬度大，易污染，不利于人体健康。

根据国家标准,我校饮用水的大体状况较好,但是也存在一些问题,43 楼泵水质总硬度持续超标,近年未见好转,饮用水中氟化物浓度近年有上升趋势,虽目前尚未超标,但已接近国家饮用水标准上限。

4.3 主要水环境问题

(1) 地面水富营养化现象严重。
(2) 部分水体呈现沼泽化趋势。
(3) 未名湖水体表观特征不良。
(4) 饮用水氟化物浓度有所上升。

4.4 原因分析

校内各湖均为人工湖泊,底质不坚,利于水生生物及底质中养分物质释放;同时,水面小,深度不够,容量不大,系统对外界影响较敏感;另外,由于地下水补给丧失,地表水补给量也很少,水系缺乏流通的动力,导致湖与湖之间的渠道严重淤积,湖泊已逐渐演化成蓄水池,水量日益减少,加上万泉河水源的严重污染,也给校内水体质量的恶化雪上加霜。

4.5 水环境保护规划方案

(1) 燕园水系的综合治理

a. 建扬水站,经常更替未名湖湖水,使水域不受污染。
b. 实施自循环大循环工程,将后湖纳入循环系统。
c. 设置人工瀑布、喷泉,以增强曝气和渗气作用,净化水质。
d. 实施多个循环,让水流动起来,使其净化。

(2) 改善饮用水质量

a. 实施保护措施,保证水源水质符合国家标准中相应的水质要求。
b. 杜绝一切威胁水源水质的潜在危险。
c. 打三百米以上深井,替代浅水井。
d. 适度开发,保护水源。
e. 更新改造供排水管网,改善给水质量。
f. 增设水质净化装置。
g. 节约用水,循环使用,提高水资源利用率。

燕园水域水流通图见附图。

5. 噪声环境保护规划

5.1 噪声环境现状

校园噪声的主要来源是建筑噪声、交通噪声和社会生活噪声等。由于校内人员较多,新建、改建等建筑施工不断,出入车辆增加,噪声污染较为严重。

1997 年通过对校园噪声的监测,可以看出,我校校园噪声状况总体平均是属于比较差的一类。建筑工地附近的污染指数大于 1.0,达到了恶化的水平;三角地是人群活动较为集中的地方,污染指数在 0.9 以上;在人流少的翼亭、朗润园,污染指数在 0.64～0.67 之间,属于较好水平。

5.2 噪声环境保护规划方案

施工噪声源是短期污染源,其存在时间取决于施工周期。不同噪声设备影响环境的时间也有较大差异,如挖土机、打桩机仅在施工初期使用,时间较短,振动器在整个施工过程均有使用,许多浇灌均在夜间进行,对环境影响较大。应加强对建筑施工噪声的管理,严格执行《建筑施工场界噪声限值》标准。因施工噪声源无控制设施,要合理安排施工时间,加强管理,文明施工,以减小对师生生活的影响。

交通噪声污染源,是一种移动线源。其污染特征是以道路为轴心,向道路两侧辐射的移动短时污染。应加强校园道路交通管理。控制机动车流量,减少鸣号声,限制车速。

社会生活噪声污染源,与师生社会活动、生活起居密切相关,其污染特征具有明显的时限性。加强社会生活活动管理,逐步改变目前商业、居住和办公多功能混杂的局面。

另外,绿化也可降噪。

6. 固体废弃物规划

6.1 固体废弃物现状

校园固体废弃物主要产生源有:居住区的生活垃圾、建筑垃圾、医院医疗过程中和各个实验室产生的垃圾。目前,校园里建了一个垃圾中转站,比原来桶装为优,但中转站应稍远离宿舍区。

6.2 固体废弃物规划方案

固体废弃物规划要做到减量化、资源化、无害化。

生活垃圾可通过分类收集进行减容压缩处理,从而达到减量(指体积)目的。设计和建设生活垃圾分类收集的配套设施,严格实施垃圾的分类收集。在垃圾的分类收集法规中要求将废纸、塑料、纤维类、玻璃、金属垃圾等分类存放,并将其分别投入到各类垃圾桶中。

建筑垃圾污染的无害化控制方案主要是使之资源化(回填)和严格管理,建筑单位将废弃垃圾首先作回填考虑,剩余部分应运往指定的建筑垃圾填埋厂进行处理,严格控制乱排乱倒行为。

医疗垃圾和废化学药品主要由医疗单位和其余有化学实验室的单位所产生,由于该类垃圾属危险固废,因而必须进行安全处置。

禁止危险废物(如医疗废物等)和其他一般性废物混合收集,禁止建筑垃圾与生活垃圾混合收集、排放;建筑垃圾必须由责任部门严格单独收集、清运处置,而且必须做到及时清运、处置。

垃圾中转站应配置固定式压实器,将垃圾压实,减小体积,便于装卸、运输、贮存和填埋。

7. 放射性物质规划

7.1 放射性物质现状

北大的辐射性物质主要集中在各单位实验室,用于教学、科研、医用和生产。其中,技物系共有含源装置13台,常用的104个辐射源总活度在1.5居里左右,有专人负责;库房里的143个辐射源很少用,总活度在1.5居里。2000年,新调进2个密封源。在学校订购3个氚,总活度15居里。物理系共有密封源36个,用于以教学为主的放射性实验。考古系有11个放射源,有3个存在移动问题。化学系现有4个密封源,由专人管理。

另外在第三教学楼与第四教学楼之间,有一核废料掩埋体,约25米见方,深1.8米,最高处达7.5米,虽然目前没有危害,但是地处教学楼、体育运动中心、餐饮中心集中的地方,不但有碍美观,而且严重阻塞交通,还有可能成为将来重大隐患之一。

7.2 放射性物质规划方案

a. 加强辐射防护工作的制度建设,规定有关职业体检、上岗前防护培训等工作。并加强辐射监测,为规划和管理工作提供依据。

b. 完善学校对辐射防护工作的统一领导。

c. 加强校园规划管理,实行区域控制。凡使用辐射物质的单位,应划定一定的范围,确定有效的防护距离。

d. 在辐射源防护带警告标志。放射性人员个人应自觉佩戴剂量笔,定期进行检测。

e. 对新增的辐射源和设施,严格按环保管理规定进行申报、登记、环评和验收。

f. 增加对辐射防护工作的经费投入,购买最急需的监测仪。对加速器自动监测系统测量数据和物理系CT机测量数据进行比对。

g. 消除隐患,迁移核废料掩埋体。

8. 生态环境保护规划

8.1 生态环境现状

古园林的山水林木,给北大提供了一个美好的环境。几经扩建的校园,兼顾了功能与环境的和谐统一,营建了园林化校园环境。这里不仅有亭台楼阁等古典建筑和假山怪石,而且山环水抱,湖泊相连,堤岛穿插,湖光塔影,风景宜人;校园内古树参天,绿树成荫,四季常青,鸟语花香,园林景色步移景异。

8.2 生态环境规划方案

a. 进一步加强文物山水体系的保护,制订多功能的动态保护对策。

b. 提高校园绿化覆盖率,造就和谐优美的校园环境及良性循环的生态校园。

c. 合理配置和设计各类绿地,使其分布均匀,结构合理,让有限的绿化面积发挥最大的生态效益,真正享有并享受绿色空间。

d. 以一条贯穿燕园南北的中心绿化带作为中心休闲绿地,为广大师生提供良好的户外交流场所。

附件3.6　2001—2005年北京大学预计投资和建成校舍测算表(略)
附件3.7　2001—2005年北京大学校本部预计投资和建成校舍测算表(略)
附件3.8　2001—2005年北京大学医学部预计投资和建成校舍测算表(略)
附件4　北京大学附属医院发展规划(略)
附件4.1　北京大学第一医院发展规划(略)
附件4.2　北京大学人民医院发展规划(略)
附件4.3　北京大学第三医院发展规划(略)
附件4.4　北京大学口腔医学院发展规划(略)
附件4.5　北京大学第六医院发展规划(略)
附件4.6　北京大学临床肿瘤学院发展规划(略)

北京大学医学部创建世界一流规划

2000年4月3日,原北京医科大学和原北京大学合并组建了新的北京大学。合校后医学部的管理机构虽然保留了原有的各个部门,但是没有单独设立的发展规划部,发展规划文件起草一般由主任办公室党委办公室(简称"两办")承担。在规划工作方面,时任医学部"两办"主任兼北京大学"两办"副主任李鹰,具体负责和校本部各个部门特别是发展规划部门的协调与衔接。2000年9月,新北京大学启动了规划修订工作。吕兆丰副校长根据北京大学关于制订发展规划的工作的部署,与校长助理李立明就医学部的发展规划进行了比较详细的分析和讨论,并责成李鹰组织医学部创建世界一流大学规划的文件起草工作。吕兆丰副校长亲自起草了规划的提纲,医学部两办根据提纲在原北医党建工作报告、"211工程"报告、文明校园建设报告和教育处、研究生院、科研处、人事处以及后勤等相关部门提供的工作计划、总结等材料的基础上,由李鹰主笔,孙莉莉、孙晓华、赵春晖等参与,共同起草完成了"医学部创建世界一流规划",最后由时任北京大学常务副校长、医学部主任韩启德定稿。本书收录的是2000年10月修改编制的文本。是时,王德炳任北京大学党委书记,许智宏任校长。

前言

北京大学医学部发展规划是在原北京大学和北京医科大学合并之后组建的新北京大学总体发展规划下,结合原北京医科大学的发展历史、特点以及下一个世纪生物医学领域中的激烈竞争,中国医学教育和医学科研与临床医学的发展变化,基于对创建世界一流大学和一流医学院校的深刻理解,实事求是地分析医学部的现状,在医学部所属的各个单位提交讨论方案的基础上,集体论证而成。规划共分六个部分:

一、发展的目标
二、现状与问题
三、发展的策略
四、发展的规划
五、保障的措施
六、附录

江泽民总书记在谈到我国创建世界一流大学的四条标准时,明确提出:"这样的大学应该是培养和造就高素质的创造性人才的摇篮,应该是认识未知世界、探求客观真理,为人类解决面临的重大课题提供科学依据的前沿,应该是知识创新、推动科学技术成果向现实生产力转化的重要力量,应该是民族优秀文化与世界先进文明成果交流借鉴的桥梁。"这为北京大学医学部指出了努力的方向。

一、发展的目标

原北京医科大学第六次党代会就明确提出要创建世界一流的医科大学的奋斗目标,并在第七、第八、第九次党代会上不断完善,在此基础上制定了北医的"211工程"建设规划,并于1996年起由国家批准实施。

合校后的北医,在新北京大学总体规划下,建设目标是一致的,即建成世界一流大学。在这个总目标的基础上,北京大学医学部的发展目标定位在:全面贯彻党的教育方针,深化改革,调整结构,控制规模,进一步提高教育质量和办学效益,力争在21世纪初叶,把医学部建设成为培养高层次医药卫生专门人才、进行高水平医学科学研究和提供高质量医疗保健的重要基地,成为能够持续地追踪世界前沿科学发展和我国卫生政策制定的科学技术咨询和指导中心。

二、现状与问题

2.1 发展现状

从1912年国立北京医学专门学校的创建,到1952年独立建院,1985年医科大学成立,直至2000年4月与北京大学强强结合,几代北医人团结奋斗,艰苦创业,历经八十多年的风风雨雨,在整体规模、公共体系建设和医教研发展上取得了显著成绩。

目前,医学部有教职工(含五所临床医院)10880人,其中专业技术人员9187人,博士生导师174名,中科院院士和工程院院士10名,国务院学位委员会学科评议组成员9名。形成了包括本专科教育、研究生教育和继续教育的三个教育层次,设有10个学院和3个部和10个临床教学医院。有6个博士后科研流动站,11个国家级重点学科点,1个国家级重点实验室,8个卫生部级重点实验室,11个联合研究中心,19个校级研究所。在全国医学院校中完成科研课题和所获各类科研基金以及在SCI及国内刊物上发表论文数量均名列全国医学院校首位。

医学部在教学、科研、医疗、管理等诸多方面与世界各地广泛交流,与世界卫生组织(WHO)、联合国儿童基金(UNICEF)、美国疾病控制中心(CDC)、美国中华医学基金会(CMB)等国际组织保持良好的合作关系,与十几个国家和地区的20多所大学及大学医学院建立了良好的校际交流关系。医学部先后聘请了225名世界著名学者为客座教授、名誉教授,其中3人是诺贝尔奖获得者。

医学部作为国家医学院校系统里的排头兵,自建立至今培养了一大批遍布国内外的优秀专业人才,在医疗和科研上取得了诸多辉煌的成绩,为人类健康事业的发展,创造世界一流的医学教育事业,打下了良好的基础,但不可否认在现实中依然存在着许多不足之处。

2.2 存在的问题

由于长期以来受计划经济下旧的办学机制影响,面对市场经济,开拓创新精神的不足,医学科技成果转化的步伐较慢,使得学校自身发展能力较弱;在高校管理上运用现代化的管理理念、管理方式和管理方法欠缺,管理水平不高;在人力资源上,缺乏国际知名的高水平、具有创新精神的青年人才;在医学教育上,专业口径过窄,面向21世纪医学教育的课程内容和教学方法还有待于进一步改革和完善;在分子生物学、人类基因组和干细胞研究等前沿学科方面依然薄弱。

三、发展的策略

3.1 坚持走内涵发展的道路,自强自立,不断提高自身发展能力

在社会改革转型时期,靠向国家"等"和"要"是发展不了自己的,只有坚持走内涵发展的道路,遵循医学与医学教育自身的特殊规律,加快医学部内部的管理体制、医学教育、学科建设和临床医院等各方面的改革,扩大办学经费的筹资渠道,才能提高自己在国内外的竞争能力。

3.2 坚持以人为本的原则,提高人才培养的质量和学术研究水平

知识经济的兴起,不仅带动了一场新的产业革命,而且带动了一次新的教育改革,为适应21世纪医药卫生事业的发展需要,加强卫生人才培养,医学教育必将转变思想,更新观念,调整和优化结构,深化改革,不断提高教育质量。合校后的北京大学医学部,可以充分借助北京大学雄厚的文理学科优势,培养出高素质、高水平的人才。我们坚持以人为本,加快医学人才队伍的培养,将人才培养与学科建设结合起来。并以此形成良性循环。

3.3 借助大学综合优势,鼓励医学与人文、医学与理科等交叉和创新学科的建设

科学技术的高速发展,使学科间的相互交叉和渗透已成必然趋势。学科之间的交叉是增强科研创新性最重要的途径。生物医学是当今发展最快的领头学科之一。从20世纪科学发展的历史以及目前的发展趋势来看,生物医学的发展,不能仅仅靠生物学家和医学家,而必须靠数学家、物理学家、化学家、计算机科学家和工程学家等一起来推动。可以预言,未来生物医学的重大突破,一定是通过这些学科的交叉来实现的。而且这些学科的交叉,必能迅速促进医学技术创新,例如:医学数字成像技术、医学微电子技术、医学生物材料技术、药物研制技术、生物医学信息等,从而建立新的疾病诊断手段,在短时内为社会与经济发展作出贡献。

如对社会人文医学的研究。疾病有分子、生物和遗传方面的起源,也有社会、经济、文化方面的起源,在慢性病和老年病等疾病中,社会行为等因素愈来愈成为致病的原因,人文社会医学的主要任务就是全面探索影响人类健康与疾病诸因素的相互关系,正确阐述精神心理、社会、文化、生态环境等各种因素对健康与疾病的作用,弥补生物医学的弱点与不足。还有,在医学高新技术不断发展的今天,人类基因组的研究和干细胞的研究与应用、器官移植、人工器官、人工生殖、克隆技术等带来了一些前所未有的社会伦理问题,这些都需要社会人文医学从理论上作出回答。

合校后的北京大学与医学部,具备了以生物医学发展为目标的学科交叉和融合的条件,而这种学科的交叉和融合又将是两校合并优越性的最好体现。

四、发展的规划

4.1 教育发展

基本思路:坚持教育改革、建设和发展的方向,调整医学教育专业结构,改革医学教育教学模式。加强医学教育教学建设,提高医学教育教学质量。要以培养高层次医药卫生人才为目标,结合中国国情实际,重点加大培养研究生层次教育的力度,稳定本科生教育,适度发展高职高专教育,努力加强医学成人教育,进一步强化毕业后医学教育和继续医学教育,探索和发展医学网络教育。

（1）医学本专科教育

模式：根据加强医药卫生人才素质培养的指导思想，继续实行医学教育专业调整，最终实现医学、药学、口腔医学、预防医学和护理学等五个基本专业设置；医学专业在七年制办学基础上发展八年制医学教育，预防医学专业和口腔医学专业实现七年制医学教育，药学专业实行六年制药学教育；建立符合高素质医药卫生专门人才培养要求的课程体系和课程内容体系。

结合中国国情实际，以临床医学、医学检验、卫生事业管理、药学和护理学为主，开设成人医学教育专业设置，开展3—4年学制的成人专科和成人本科教育。

规模：本科教育在校生规模保持在3500—4000人；高职高专教育在校生规模为700—1000人；成人本专科教育在校生规模为4000—4500人。

条件：为实现本专科医学教育的目标，需要进行的条件建设包括：教学大楼（教室）8000平方米，资金投入2000万元；教学仪器设备资金投入500万元；教学大楼（实验）24600平方米，资金投入8000万元，设施投入2000万元；实验实践教学基地建设资金投入3000万元；临床学生住宿6000平方米；学生活动中心1500平方米，设施设备200万元。

（2）医学研究生教育

模式：根据培养高层次高素质医学人才的要求，结合医药卫生人才培养的特点，实行医学科研学位和临床医学专业学位两类研究生的学历、学位培养；实行长学制医学生后期研究生学历、学位培养；实行研究生硕士、博士两个阶段联合培养；探索医学与自然科学和医学与社会人文交叉学科研究生培养。

规模：坚持大力发展医学研究生教育，在校研究生规模达到2000人，其中硕士生和博士生各占50%；医学长学制后期研究生教育规模为600人。

条件：为保证医学研究生教育的发展，应特别加强研究生培养点的建设，除学科建设的经费投入外，应在研究生培养点建设中投入1000万元。研究生公寓20000平方米，投资6500万。

（3）毕业后医学教育和继续医学教育

模式：毕业后医学教育是医学教育的重要阶段和重要特点，要继续施行规范化的住院医师培养，探索全科医师培养的模式；建立健全继续医学教育的机制，推动对内和对外的继续医学教育；继续加强各类在职申请医学学位的教育。

规模：对外进修教育保持年进修人员不少于6500人，在职申请学位人数年均200人，住院医规范化培训在训人员800—1000人，全科医师培训在训人员年均1000人次。

条件：争取建立3—5个国家级继续医学教育培训基地，建设Ⅰ类住院医规范化培训基地，争取建设全国全科医师培训基地。

（4）医学网络教育

医学网络教育是现代信息技术在医学教育中的应用结果，医学部应面向全国，充分利用现代化的远程教育手段，推广和普及医学教育和医学科学，既可使我们的办学具有较大的规模和发展，又增强了社会效益和经济效益。

由于医学教育的特点，医学网络教育采取基地院校与站点院校相结合的模式进行，并且依据医药卫生人才实际来建立教学专业。

医学网络教育作为开放式教育，将面向基层，其规模会很大，特别是在面向中西部地区的普通本专科和成人本专科教育,将可能年招生人数为 5000 人以上。

4.2 学科建设

在大学的统一规划下,医学部的学科建设基本思路是:在"211 工程"重点学科建设的基础上,充分利用 863、973 和 985 等项目,重点支持一些前沿、方向性和交叉学科的发展,加快促进基础医学与临床医学、预防医学的结合,在基础与临床的实际应用中取得标志性成果,为国家卫生政策的制定和疾病防治策略提供科学依据;促进医药结合,开展新药的研制与开发。

"211 工程"建设和"九五"期间建设项目,其重点都在学科上。重点建设的生理学、医学免疫学、病理学、医学细胞分子生物学、生殖医学与发育、内科学、外科学、口腔医学、精神病学与精神卫生学、现代药学及新药研究等 10 个学科领域,目前都接近最后验收阶段。这些建设为学科的进一步发展、交叉、融合与重组,奠定了基础。

到 2005 年,学科建设的基本方针是以项目带学科,促进医学领域中各个学科之间的交叉与融合,形成新兴的学科,并以点带面,使学科建设整体发展有较强的实力。

生命科学领域中的各项研究,近几年发展迅速,特别是人类基因组工程、干细胞的研究与应用等,在国际上取得进展与突破。从某种意义上讲,我们和西方发达国家在这些方面处于非常接近的起跑线上。因此,我们根据原有的学科建设和科研基础,抓住能够取得标志性成果的机遇,确立以建立人类疾病基因库、干细胞医学研究与应用和中西结合研究三大科研中心为重点,并带动与此相关的一批涵盖医学门类的学科,特别是医学基础理论与临床实践的结合,应用理科与临床医疗的结合,人文学科与临床医学的结合等方面,力争在 10~20 年内,取得重大成果,在解决人类重大疾病的防治、新药研制等重大科技项目中达到国际公认的水平。

4.3 科研重点

1. 组织细胞工程与干细胞研究

分离源于胚胎或成人组织的干细胞,体外培养并诱导分化,用于修复不能再生的损毁组织和器官,这是当今生命科学研究中最活跃的领域之一,具有重大理论意义及实用价值。

本项目预计在 2~3 年内在中国建成国际一流的细胞组织工程干细胞研究的临床应用中心。主要内容包括:

(1) 建立骨髓干细胞和肌肉干细胞的分离纯化和体外培养系统;

(2) 研究干细胞在不同分化阶段的基因表达状态及体外因子的调控;

(3) 利用干细胞移植治疗各种组织坏死性疾病。

(4) 转基因及基因敲除技术,研究开发转基因及基因敲除动物模型,同时进行动物引种、保种及繁育等研究。

经费预算:总计 1600 万人民币(其中 1000 万从其他途径解决),用于仪器设备购置及实验室改造(不包括人员及房屋费用)等以及部分研究启动经费。

2. 人类疾病基因研究

人类基因组计划即将完成全部序列图谱,摆在我们面前的一个关键问题:如何开展功能基因组的研究,如何发现人类基因与疾病的关联,使基因序列转变为对人类认识自身的知识,并对这些基因加以利用,从中寻找出可供开发的宝藏,使之能够造福于人类的健康。这些工作将花费远比基因序列分析更多的时间、更大的投入和更繁重的工作量,也更加具有挑战性。新的北京大学应该抓住这一机遇,在人类后基因组(Post-genome)研究中做出国际一流的成果。

建立人群研究现场和基地,尤其是遗传流行病学人群现场,作为基因研究基地;开展功能基因的研究,并及时将研究成果转化为基因筛查、诊断和治疗的技术。

经多年的酝酿,在 211 工程的经费支持下和优势实验室的参与下,今年组建了北京大学人类疾病基因组研究中心,建立与国际接轨的一流配套基因研究实验室,实验室 500 平方米已装修改建完毕,开始进驻工作。能够完成基因克隆、基因测序、疾病基因组学研究、单核苷酸多态性分析(SNPs)、生物信息学分析、基因表达、重组蛋白纯化、人类重大疾病的信号传导机制研究,基因功能分析、基因治疗及基因药物开发等一条龙的配套科研与开发工作,使我校在这一领域进入国际先进水平。同时建立具有我国特色的疾病基因库,疾病基因生物信息库以及人类疾病标本库(血样及组织标本),为功能性基因组研究提供新鲜冷冻人体正常及病理标本。

经费预算 2400 万,主要包括:人才引进经费、大型仪器、课题经费和疾病基因库,疾病基因生物信息库以及人类疾病标本库建立。

3. 中西医结合研究

在我国中、西医两种医学体并存、互相渗透、优势互补,经过半个世纪的发展已形成中西医结合这一独立的学科。随着医学模式的转变,中西医结合已成为目前世界医学的主流发展方向。当前各种疑难病症的临床和实验研究、针刺原理的实验研究、中药有效成分的研究;中医舌象与脉象客观化的研究等研究成果,已受到国内、国际医学界的瞩目。在全球回归自然的热潮中,世界卫生组织开始重视传统医药学,从天然药物中开发新药已成为创制新药的重要途径和转折点。其中中药复方的研究是中西医结合的一个重要发展方向,也是中医走出国门,跨进世界医学的重要途径。

中药复方在临床治疗中发挥重要作用,要阐明中药复方的作用机理,使中药走向世界,关键是要找到复方中的药效物质及其作用部位。若能确定多数个药效物质(化学成分)及其作用部位,则可以期待阐明复方的配伍原理和作用机理。由于"药物通过施效于作用部位而发挥治疗疾病的作用"这正是西医的理论,若能证明复方的作用机理是基于配伍于复方中的有效物质合力作用于作用部位而实现的话,那么就可以认为复方的药效物质及其作用部位恰好是中医和西医这两个理论的交叉点和结合点。因此,研究确定中药复方的药效物质及其作用部位,是当前中西医结合的一个重要发展方向和急需解决的问题。

本项目研究内容包括:选择 1～2 个有明确临床疗效且配伍简单的复方:

(1) 研究复方药效物质,阐明复方进入血液中的药效物质是单一化学成分还是不同化学成分的分子群,确定其化学结构。

(2) 研究复方药效物质的作用特点及作用机理,研究药效物质对疾病的作用,观察药效物质对与疾病有关的酶或因子的影响,阐明其作用点或靶点。

(3) 研究复方中药配伍的科学内涵,研究复方中各味药物的加减或不同组合,对药效物质的溶出、吸收、代谢、排泄过程的影响,最终阐明复方中各味药物及其成分对药效物质的影响。

(4) 在复方药效物质的研究过程中,同时研究建立简便、快速、高效和规范的化学成分分离鉴定的新技术和新方法。

(5) 尝试组成使用方便、质量可控、疗效突出的新复方。

经费预算:1000万元。用于在现有基础上建立现代化中药复方研究室所必需的设备及硬件条件,高水平研究人员的配套经费及研究启动经费。

4.4 人才资源发展

4.4.1 现有医教研青年骨干的培养与使用以及队伍的建设

(1) 从战略高度予以重视,依法加大梯队建设的力度

医教研青年骨干的培养与使用,人才梯队的建设,是我部发展的核心,各级领导应逐步提高认识,根据《教师法》《高等教育法》等相关的法律法规,以学科发展促梯队建设,力争到2005年梯队结构及素质与国内其他医学院校相比居领先水平,为建设世界一流大学打下坚实的队伍基础。

(2) 加强对青年骨干的培养

到2005年,进一步完善新教师岗前培训,在岗教师继续教育制度,对住院医师通过规范化培训、学历教育、临床医学专业学位培养等方式,对教研人员通过学位教育(在职攻读研究生、在职申请学位)、高级教师研修班、国内外进修等渠道,提高青年骨干的整体素质,培养和造就一批新的青年骨干和学术带头人100名。

(3) 加大对青年骨干的使用,在工作中锻炼成长

大胆提拔和使用年轻骨干,敢于压担子,逐步使科、系主任年轻化、博士生导师年轻化、管理干部年轻化。比如科、系主任,我们规定连续任职不能超过两届。积极推荐年轻骨干在社会学术团体上兼职、参加评奖。规定老专家要将培养年轻的学术接班人作为一项重要的工作完成。

(4) 使队伍的结构更趋合理、稳定

使三个结构合理,即年龄结构、学历结构、职称结构。力争到2005年,青年教(医师)中具有高级职务人员所占比例达到50%,具有研究生学历人员所占比例达到80%,在校外完成某一级学历(位)教育或在校内完成其他学科学历(位)教育者所占比例达到30%以上,初步改善学源结构。对待青年骨干,要做到"以政策留人,感情留人,事业留人",使骨干队伍相对稳定。

(5) 加大扶持力度,建立激励竞争机制

设立优秀青年奖励项目、优秀回国人员科研启动基金,充分利用中华医学基金、国家杰出青年科学基金、跨世纪优秀人才培养计划等,着重面向青年骨干。到2005年,建立起公开考核、平等竞争、按劳取酬、优劳优酬的激励机制,打破平均主义大锅饭,使年轻骨干在平等、公开的氛围中充分展示自己的才能。

4.4.2 引进人才的机制

到2005年初步建立起一套完整的引进人才机制,到2010年基本完善。

(1) 畅通人才流动的进口和出口

到2002年基本不再大规模接收毕业生。定编设岗后,随着岗位空缺随时公开招聘。引进人才以有博士学位的为主,本部基本不考虑本科毕业的人员。发动一切可以利用的力量,广泛联系国内外知名学者专家,年轻的学术带头人,到2005年基本建立起人才库,长期跟踪,以达到引进高层次人才的目的。对考核不合格的人员,严格解聘制度,使人员能够真正流动起来,打通出口。

(2) 实施有效的激励竞争机制

2001年年底按照教育部、卫生部的有关规定,做完基础性的定编设岗工作,岗位决定后,实行"公开招聘,竞争上岗,择优录用,严格考核,合约管理"的用人机制和岗位制度。按照"效率优先,兼顾公平"的原则,建立"以岗定薪,优劳优薪"的激励机制。考核与聘用结合,严格实行业绩与待遇挂钩,考核与聘用结合的制度。到2005年,在增加收入的基础上,进一步拉大不同岗位津贴之间的档次,彻底打破平均主义大锅饭,基本建立起"人员能进能出,职务能上能下,待遇能高能低"的机制。

(3) 建立有利于人才发挥创造性的环境

努力为人才发展创造良好的学术氛围,舒适的工作、生活环境,各职能部门牢固树立起服务意识,提高办事效率,让人才全身心地投入到创造中。

4.5 医院的建设发展

在中国医药卫生事业的发展中,医学院和医院是不可分割的统一体。作为医学生在知识、能力、综合素质和创新思维等方面的全面发展和在医疗、预防、保健和康复等方面的综合培养,临床医院的建设和发展至关重要。一流大学和一流医学院所属的医院,担负着人群疾病的临床治疗、重大疾病的研究和新技术的临床应用以及医学生的培养三大任务。因此,临床医院的发展规划,既要结合社会主义市场经济发展的规律,又要满足人民健康的需求;既要适应国家卫生事业政策改革的变化,又不脱离社会对医学教育发展的需求。

医学部所属医院发展目标是:到2003年,"北医医疗集团"初具规模,在此基础上,到2010年,医疗集团所属的各个医院,建成具有国际标准的高水平临床疾病治疗中心,世界最新临床技术应用的指导中心,高素质、高质量的临床医学生培养基地。

医学部所属医院到2005年,按照一流大学附属医院的标准和现代化医院的管理,深化各个医院内部体制的改革,进一步完善和规划行业要求的各项管理制度与条例,提高医疗质量和服务质量。

4.6 科技成果转化与开发

为推动科研成果向现实生产力的转化,医学部将充分发挥原有知识、技术和人才密集,医、药、预防、保健等学科齐全的优势,依托大学已经形成的"产学研"一体化的良好基础,按照市场经济发展的规律,运用现代管理的理念、模式和方法,在北大方正、青鸟、未名等集团的资金和技术支持下,完成医学部原有各个企业的调整、改制和重组,建立医学信息产业基地、生物制药技术基地以及新型医疗器械的研制开发中心,尽快将生物医药高新技术转化为直接造福于人类的产品。

4.7 校园建设规划

医学部校园本部的建设始于1952年,现建筑面积约30万平方米,占地40公顷,它坐落在"燕京八景"之一的"蓟门烟树"的北侧,北临80米宽的四环路,西临70米宽的学院路,东南临40米宽的花园路和花园北路。

医学部东西长950米,南北约540米,由南北两条平行的干道将校园分为东、中、西三部,东西亦有两条基本平直的干道,形成井字形,使校园分为9个小区。

东部中、南两区为职工生活住宅区,北区为动力、食堂、浴室、动物楼等后勤区。

中部北区为学生宿舍区,中区为体育运动区。

南区为医学教育与医疗区(第三临床医学院)。

西部为教学、科研及药学院实习药厂。

医学部规划格局较好,功能分区明确,解决了职工家属、后勤部门与教学科研间的相互干扰,同时也避免了人流与车流的交叉。

医学部校园基本建设总体规划,于1992年北京市城市规划管理局、首都规划建设委员会批准。

根据学校的发展与扩大,总体规划应逐步地加以完善,使学校的基本建设工作能更好地适应学校各项事业的发展,使职工生活的条件得到改善。医学部拟定今后10年基本建设总体规划。

（一）教学科研区

学校的西北区规划,此地一直作为规划保留用地,位于学院路与北四环立交桥交汇处,地理位置优越,在学校的总体规划批复中,首规委指示"充分利用西北角用地,满足建筑的需要"。由于我校地处中关村高科技发展园区,所以要建一组体量大的建筑,以高科技与生物工程为主要内容,西北区除保留药厂测试楼和易燃品库以外,药厂房屋全部拆除,规划建设三个项目。

1. 医学科普博物院馆 建筑面积约15800平方米,三层,在学校西校门入口北侧,与南侧科学报告厅相对应。

2. 生命科学大楼 建筑面积约25000平方米,层数12层,以科研为主。

3. 高科技生物大楼 建筑面积55000平方米,层数22层,以生物技术孵化器与生物医药公司为主要内容。

4. 教学大楼 建筑面积约24600平方米,层数9层,拟拆除现学生活动中心、学生会团委的二层小楼,规划建设教学、教室大楼,因我校是五十年代建校的,现教学楼内大部是200人左右的大教室,对于班级活动、小课的安排很不方便。建设小教室,对于新时期各班开展德育教育,都很有必要,要设计先进一流的教室,用现代化的教学网络,满足当前教学的各项需要。

5. 信息中心楼 建筑面积1630平方米,层数3层,建设地点在现计算机中心位置。

6. 安全监控楼 建筑面积4218平方米,层数6层,建设地点在现学校商店位置。

（二）学生生活区

1. 研究生公寓 建筑面积约28000平方米,层数20层,拆除1号学生宿舍,建设研究生公寓,几年来学校扩建了教学、科研用房,但学生宿舍一直非常紧张,尤其研究生,按规定应2人一间,但学校目前的条件无法实现,未来的办学方向,学校主要培养研究生、博士生等高层次人才,教育部、北京市教委非常重视学生宿舍的建设,并给予相关的优惠政策,我们要抓住机会,改善学生住宿条件。

2. 学生综合服务中心 建筑面积20400平方米,4层,建设位置,拆除学生食堂,内容有学生餐厅、理发、洗澡、团委及研究生活动中心。

3. 大公寓二期工程 建筑面积约18000平方米,层数12层,拟拆除毒理楼,规划建设高档的招待所,以满足外宾人员住宿。

（三）教工住宅区

东小门外教工住宅 建设2—3栋塔楼,建筑面积约32000平方米。层数18层。

9号住宅楼改造,建筑面积约11000平方米,9号住宅楼是七十年代建设的,虽经抗震加固,但因住宅布局不合理,单元面积太小,无法满足当前人们生活居住的需要,拟拆除9号楼,规划建设一栋12层住宅。(9号楼现面积4255平方米,84户)

8号住宅楼、10号住宅楼拆除,规划建设三栋板楼,建筑面积约44000平方米,层数12层,临街一层可用于商业开发。(现8号楼面积11963平方米,185户,10号楼面积2388平方米,45户)

锅炉房改造后,拆除现锅炉房,规划建设5层住宅,建筑面积约5680平方米,底层作为活动中心及超市。

(四)体育运动区

游泳馆综合楼 建筑面积32000平方米,在学校操场东南角,层数5层,以综合体育项目为主,有标准室内游泳池两个,满足学生体育锻炼的同时,为教职工开放,并设有保龄球、壁球、乒乓球等。

(五)后勤服务区

锅炉房煤改气工程 建筑面积2376平方米,地点在东北部库房院内,内设4台15 T热水锅炉,2台12 T蒸汽锅炉,计划2000年底开工建设。

(六)校园休闲绿化带

五、保障的措施

5.1 管理水平的提高

管理是一个学校的机制问题,管理水平直接关系着学校的各方面发展。我们将结合现代高等医学教育的发展要求,既要实事求是,又要放眼于未来和世界,建立起一系列适应社会发展和市场经济需求、符合现代化管理标准的学科、教育、人事、行政等各项管理机制,建立起一支能更好服务于医、教、研工作,具有较高政治素质和专业水平,且知识面宽广,组织协调能力较强的管理队伍。在管理体制和监督体系方面进一步予以完善,更好地保障医学部的迅速发展。

5.2 自身发展能力的加强

在继续争取国家和各个方面的大力支持下,积极开展知识、技术创新,推动科学技术向生产力转化。使科研和转化形成良性循环,提高自身发展的能力。

5.3 人力资源的发展

无论管理队伍还是医教研队伍,在各个层次人员的培养上,坚持国内培养和引进并重,积极创造有利条件,吸引外来优秀人员,培训在职在岗人员,使各类教学、科研、医疗人员队伍的素质不断优化。

六、附录

附录1 "211工程"项目建设情况(略)
附录2 临床研究与应用对理、工各学科的需求情况(略)
附录3 医院发展规划(略)

北京大学创建世界一流大学规划

1998年5月4日,时任中国国家主席的江泽民同志在庆祝北京大学建校一百周年大会的讲话中宣布:"为了实现现代化,我国要有若干具有世界先进水平的一流大学";北京大学立即组织人员围绕江泽民提出的"创建世界一流大学"目标,编制了北京大学创建世界一流大学的建设框架方案,同时起草了致江泽民的一封信,一起上报教育部。这就是我校《北京大学创建世界一流大学规划》的雏形。教育部建议北大联系清华大学一起申报,1998年7月,北大清华两校领导人联合致信江泽民和李岚清,申请率先创建世界一流大学,这一建议被中央政府采纳。随后教育部制定并发布了《面向21世纪教育振兴行动计划》,决定重点支持部分高等学校创建具有世界先进水平的一流大学和一流学科,并于1999年初正式启动"985工程",即"创建世界一流大学工程"。1999年1月,北京大学第十次党代会总结了此前四年的工作和北京大学前一百年的历史,明确了创建世界一流大学的目标和近期的主要任务。1999年4月至6月,北京大学连续召开了教学工作会议、科研工作会议、财政人事工作会议等系列会议,讨论如何创建世界一流大学,在此基础上形成了《北京大学创建世界一流大学规划》。这一规划的制定,确定了北京大学创建世界一流大学的路线图,争取到了国家18亿元的专项资助,大大改善了北大的办学条件,提高了办学水平。本书收录的是1999年6月30日编制的文本。时任书记任彦申、校长陈佳洱,规划主持人为迟惠生常务副校长,主要撰稿人为岳庆平、吕斌、李强、闫树森、徐中煜、梁枫。

概要

本规划对北京大学在下一世纪初叶实现世界一流大学目标的战略和重要举措做出了基本规划。本规划是基于对下一世纪全球激烈竞争形势的客观分析,基于对国家目标与党和国家领导人一系列精辟论述的深刻理解,基于对北京大学百年历史经验与教训的认真总结与思考,基于对学校当前发展状况的冷静评估,采取领导和群众相结合的方式,在集中集体智慧的基础上形成的。

本规划共分七个部分,即:

一、前言

二、跨入新世纪的北京大学:机遇与使命

三、跨入新世纪的北京大学:改革与创新

四、近期目标及重要举措

五、实施步骤与前提条件

六、结论

七、附录

"前言"主要介绍了本规划的形成过程和主要内容。特别强调作为我国《面向二十一世纪教育振兴行动计划》的重要组成部分,北京大学创建世界一流大学规划,是北京大学九十年代初在国家指导下所制订的长远发展规划和第九次校党代会决议在新形势下的深化,是与国家"211工程"有机结合在一起的,并且应该在我国知识创新工程计划等国家计划实施过程中有所体现。总之,它是贯彻党的十五大精神和第三次全国教育工作会议精神,落实"科教兴国"战略与"社会可持续发展"战略的具体行动。

"跨入新世纪的北京大学:机遇与使命"从四个方面论述了北京大学面临的历史机遇和巨大挑战。步入新的世纪,"科学技术突飞猛进,知识经济已见端倪,国力竞争日趋激烈",创新能力对于维持竞争优势起着决定性的作用,创新体系已成为推动和牵引国家竞争力前进的最有价值的国家财富;北京大学应该以自己卓越的知识创新和技术创新为增强我国竞争能力作出突出贡献,成为我国创新体系的重要环节。

步入新的世纪,中华民族优秀文化将进一步弘扬,世界先进文明成果将不断涌现,意识形态领域的斗争将更加深入;民族精神和社会信念对于国家以昂扬的精神风貌立于世界民族之林至关重要,思想文化阵地对于国民和国格的塑造至为基础;北京大学应该以自己悠久而优秀的文化传统和对发展我国思想文化的促进作用而成为我国思想文化阵地的重镇,并成为与世界先进文明成果交流借鉴的桥梁。

北京大学经过百年的发展,特别是在改革开放后的二十年来,已经打下了良好基础,并且形成了突出的优势。尽管北京大学经过百年的锤炼具备了向世界一流大学迈进的起步条件,但是无论从满足党和国家的期望与时代的要求而言,还是与世界一流水平的大学相比较而言,都存在着相当大的差距。从外部环境来看,来自多方面的限制和干扰影响了大学办学自主权的充分发挥;对大学的重点投入不足引发的长远影响还没有与国家利益深刻地联系在一起。从内部情况来看,北京大学在历史和机遇面前承担了艰巨的使命。为了国家和民族的振兴,她义无反顾,奋然前行,通过15到20年的努力,争取进入世界一流大学的行列。

创建世界一流大学,必须以科学理论武装头脑,在办学指导思想上有一个大提高和新飞跃。创建世界一流大学,是一个长期的过程,既要有远景目标,又要有切实可行的近期行动计划。为此,我们确定了分两步走的战略:从1999年至2005年的7年是北京大学为实现世界一流大学目标而进行基础性准备的时间。从2006年至2015年的10年,北京大学将通过艰苦卓绝的努力,坚持不懈地奔向世界一流大学的目标。

"跨入新世纪的北京大学:改革与创新"所表述的核心思想是,北京大学创建世界一流大学的实践必须以改革与创新贯彻始终,否则就是一句空洞的口号。第一,观念的改革与思想的创新是行动的指南。第二,管理体制的改革必须适应新的形势和任务。第三,创造利于拔尖人才脱颖而出的环境和机制。第四,按最大效益原则优化资源配置。第五,把大学与社会更紧密地结合。第六,充分开拓国际交流的新领域。

"近期目标及重要举措"在指导思想与战略目标的框架下,对北京大学创建世界一流大学的各项近期目标做了规定,并且给出了实现这些目标的相应举措。首先要集中力量办好"深入实施人才工程""实施创新基地建设计划""实施高新技术产业创新工程"等几件大事,取得振奋人心的成果,这对于鼓舞士气、增强凝聚力至关重要。在实现总体战略目标过程中要不失时机地分阶段组织专项计划或工程,狠抓实效,带动学校各项工作全面协调发展,并为国家作出值得称道的贡献。本规划还分别论述了建设高素质的人才队伍,建设高水平的学术研究基地,培养高素质的有创新精神和实际能力的学生,重点产学研基地建设与科学园区的发展,公共服务体系的改造与完善,基础设施及支撑服务体系的解困与更新,以及校园环境与校园文化的建设。

"实施步骤与前提条件"首先指出了实施创建世界一流大学规划的指导性原则,即"既要有雄心壮志,又必须脚踏实地"。北京大学创建世界一流大学既是时代赋予的紧迫使命,又是艰巨而复杂的长期任务,它是一个不断完善和发展的过程,需要几代人坚持不懈的努力,因此要有锲而不舍的精神,并且在前后衔接上要有周密的设计;同时,这一规划的实施又是一项复杂的系统工程,因此要有通力合作的精神,每项建设都要恰当定位,并妥善处理内外部左邻右舍的关系。具体实施步骤一定要遵循"全面规划、突出重点、抓住关键、重在落实"的原则,通过试点,狠抓典型,取得经验,逐步推广。

党和国家的关心和支持是北京大学创建世界一流大学规划能否成功实施的前提。国家对本规划实施所提供的支持环境,特别是足够的经费投入是建设目标得以实现的关键。

"结论"归纳了本规划的基本观点:跨入新世纪的北京大学面临着巨大的机遇和挑战,在下世纪初叶建成世界一流大学是党和国家赋予的神圣使命;改革和创新是完成这一使命的灵魂和原动力;在今后相当长时间内,北京大学要在全面规划的基础上,分阶段有重点地实施若干建设项目,这是一项极其复杂的艰巨任务,需要国家和社会的强力支持;只要我们坚持不懈,协力拼搏,一定会达到既定的目标,我们有信心在不远的将来建成一个充满活力,极具吸引力和影响力,在国内外享有盛誉的新北京大学。

"附录"包括北京大学队伍建设规划、北京大学学科建设规划、北京大学基础设施建设规划、北京大学科学园发展规划等四部分,由于我校创建世界一流大学的具体规划目前还处于讨论研究和不断完善的阶段,所以本"附录"的某些内容定有不妥之处,待今后认真修改后再上报。

一、前言

本规划是把北京大学建成世界一流大学的长远改革和发展的战略规划。中共中央总书记、国家主席江泽民在庆祝北京大学建校一百周年大会上的重要讲话中郑重宣布:"为了实现现代化,我国要有若干所具有世界先进水平的一流大学。"他同时提出了我国创建世界一流大学的四条标准,即"这样的大学应该是培养和造就高素质的创造性人才的摇篮,应该是认识未知世界、探求客观真理,为人类解决面临的重大课题提供科学依据的前沿,应该是知识创新、推动科学技术成果向现实生产力转化的重要力量,应该是民族优秀文化与世界先进文明成果交流借鉴的桥梁。"这为我们创建世界一流大学指出了努力方向。

在北京大学第九次党代会上通过的《北京大学改革与发展纲要》,明确提出了创建世界一流大学的奋斗目标,在此基础上制定了北大的"211工程"建设规划,并于1996年起由国家批准实施。该规划总的投资强度较低,五年内预计只能在一定程度上改善北大的基础条件。创建世界一流大学的规划是国家实施科教兴国战略的一个重要措施,也是国家建立知识和科技创新体系和教育部《面向二十一世纪教育振兴行动计划》中的一个重要内容,投资强度有显著的增加,建设目标与内容更为集中,是北大"211工程"在新时期的继续丰富和提高。

二、跨入新世纪的北京大学:机遇与使命

2.1 知识经济与国力竞争中的北京大学

当今世界,科学技术突飞猛进,知识经济已见端倪,国力竞争日趋激烈。教育作为人才摇篮和知识传播、创新、应用的重要基地,正在成为经济和社会发展的战略制高点,教育的兴衰将决定着综合国力竞争的成败。我国国民经济的两个根本转变,强烈地呼唤着高等学校进入经济建设的主战场。加快教育改革发展,促进教育、科技和经济的密切结合,已成为当今世界的大趋势。

党的十五大之后,我国加快推进科教兴国战略。新一届政府宣布把科教兴国作为本届政府的最大任务。江泽民总书记在庆祝北京大学建校一百周年大会上的重要讲话中,发出了创建世界一流大学的伟大号召。国家教育部制定了《面向二十一世纪教育振兴行动计划》,并把创建世界一流大学的任务列入了这一行动计划。四年前北大第九次党代会提出的创建世界一流大学的目标,今天已经上升为国家战略和政府行为,这对北大来说是一个最重大、最难得的历史机遇,是国家赋予北京大学的庄严使命,也是北京大学面向二十一世纪振兴发展的必然选择。从现在起,我们将把全部工作的重心迅速转移到落实科教兴国战略、创建世界一流大学的目标任务上来,并以此统一全校的思想,凝聚师生的智慧和力量。

2.2 弘扬中华文化促进世界文明的北京大学

步入新的世纪,中华民族优秀文化将进一步弘扬,世界先进文明成果将不断涌现,意识形态领域的斗争将更加深入;民族精神和社会信念对于国家以昂扬的精神风貌立于世界民族之林至关重要,思想文化阵地对于国民和国格的塑造至为基础;北京大学应该以自己悠久而优秀的文化传统和对发展我国思想文化的促进作用而成为我国思想文化阵地的重镇,并成为与世界先进文明成果交流借鉴的桥梁。

2.3 基础、优势与差距、困难

北京大学在中国率先建成具有世界先进水平的一流大学是有自己扎实的基础和明显的优势的:

(1)北大的百年历史始终与祖国和民族的命运紧密相连,始终跟随时代步伐前进,在新文化运动、传播马克思主义和科学民主思想上起着先锋作用,作为我国重要的教育学术文化阵地,为祖国培养了一代又一代优秀人才,创造了许多重大科学技术成果,为我国的革命、建设和改革事业作出了重要贡献。一个大学在本国本民族进步中所作出的突出贡献是世界一流大学的首要标志。

(2)北大在百年办学历史上,始终围绕民族独立与国家富强两大历史主题,以振兴中华的高度历史责任感,在长期奋斗中形成了爱国、进步、民主、科学的光荣传统,在重视教学、努力学习的环境中形成了勤奋、严谨、求实、创新的优良学风,在一代又一代学者的刻苦钻研中形成了执著、负重、宽松、为先的治学传统。一个学校的优良学风、校风是创办世界一流大学的无形的精神力量。

(3)北大拥有门类比较齐全的学科体系,目前已有包括人文科学、社会科学、自然科学、技术科学、工程科学、管理科学、教育科学等各种学科的74个本科专业,138个硕士专业和124个博士专业,学科门类之多在国内大学中名列前茅。其中国家重点学科42个,在国内名列第一。已建立了完整的学士—硕士—博士—博士后的培养体系。

（4）北大有一流的学生,在历年高考招生中,北大与清华两校新生质量,一直保持第一、二位的不变势头。如1997年、1998年两年中,学生在各种科学、艺术竞赛中屡获优胜。北大本科生的质量得到全世界的公认,毕业文凭在美国受到青睐。

（5）北大拥有一支高素质的教师队伍,教学科研成果突出。在北大教师队伍中,有中国科学院和中国工程院院士26人,博士生导师561人,教授814人,这些数字在全国高校中处于前列。青年教师中获得国家杰出青年基金、百千万人才计划和教育部跨世纪人才的人数和清华大学并列,明显高于其他院校。在近年历次教学优秀成果奖中北大获奖数名列第一、二名,在历次科研成果奖、SCI科学论文数目榜中,北大在全国高校中也一直名列前茅。

（6）以北大方正为代表,北大在科研成果产业化,产学研结合,开发高新技术产业上,发挥了先锋和制高点作用,对我国知识产业的兴起作出了重要贡献。

（7）北大具有相对良好的办学条件,全校有15个国家级重点或专业实验室,两个工程研究中心,藏书近500万册的亚洲第一大大学图书馆和价值4亿元以上的仪器设备,校园文化环境优美。

（8）北大具有很高的国际声望和广泛的国际联系,百年校庆时世界上100多所著名大学校长莅临庆典,参与讨论。留学生人数在全国高校名列第一(专学语言的除外),与150所海外大学建立了合作交流关系。

但与世界一流大学相比,北京大学还有不少差距和困难:

（1）教师中有世界影响的一流学者人数很少,吸引和汇聚拔尖人才的机制尚未形成,不少有才华的学者流失,影响了学校的声誉并削弱了学校的成就。

（2）科学文化上有重大创新的研究成果和对经济社会发展有重大价值的开发成果较少,SCI论文数远远落后。

（3）教育计划及学术支撑服务的质量不能适应社会的需求,影响了培养学生的素质。

（4）符合现代化高水准运行规律的管理观念和管理体系还没有系统地形成,从而极大地制约了学校对快速发展的竞争环境的应变能力。

（5）长期投入不足,办学经费拮据。与世界一流大学相比,学校运行经费仅为它们的几十分之一,以致学校教学科研的基础设施大大落后,严重影响到学校的竞争能力和发展。

（6）从外部环境而言,来自多方面的限制和干扰影响了大学办学自主权的充分发挥;对大学的重点投入不足引发的长远影响还没有与国家利益深刻地联系在一起。

北京大学在历史和机遇面前承担了艰巨的使命。为了国家和民族的振兴,她义无反顾,奋然前行,在国家和社会各界的大力支持下,力争通过15到20年的努力,进入世界一流大学的行列。

2.4　总体思路与战略目标

创建世界一流大学,必须以科学理论武装头脑,在办学指导思想上有一个大提高和新飞跃。邓小平理论是指引我国人民在改革开放中胜利实现社会主义现代化的正确理论,也是指导我们创建世界一流大学的强大思想武器。江泽民同志在庆祝北京大学建校一百周年大会上的重要讲话是创建世界一流大学的重要指针。在创建一流大学的过程中,我们应当坚持这样一些重要原则:

第一,必须坚持面向二十一世纪教育改革发展的方向,即坚持教育要面向现代化、面向世界、面向未来。我们的大学应当与经济社会发展紧密结合,为现代化建设提供各类人才支持和知识贡献,成为科教兴国的强大生力军。北大只有在二十一世纪中华民族的伟大复兴中,在回答和解决中国现代化进程中的重大理论和重大实际问题上作出突出贡献,才能成为世界一流大学。

第二,必须坚持以培养人才为中心,以创新为灵魂,积极开拓并充分发挥人才培养、科学研究、社会服务三大功能,使我们的大学成为培养和造就高素质的创造性人才的摇篮,成为认识未知世界、探求客观真理、发展科学文化的前沿,成为技术创新、促进科技成果向现实生产力转化的重要力量,成为为党和政府制定重大政策、为解决人类共同面临的重大问题提供科学依据的思想库和智囊团,成为民族优秀文化同世界先进文明成果交流借鉴的桥梁。

第三,必须坚持以提高为主、以内涵发展为主的方针,北大应当定位在提高上,始终把提高质量、水平和效益放在第一位,办学规模不宜过大,结构应该更加优化。

第四,必须坚持把改革作为发展提高的根本动力,以解放思想为先导,以教学改革为核心,以体制改革为突破口,全面推进学校各方面的配套改革,不断增强学校的适应性和办学活力。

创建世界一流大学,是一个长期的过程,既要有远景目标,又要有切实可行的近期行动计划。为此,我们确定了分两步走的战略:

从1999年至2005年的7年是北京大学为实现世界一流大学目标而进行基础性准备的时间。在此阶段内将完成学科的整合,使新的北京大学成为包括人文科学、社会科学、自然科学、技术与工程科学以及医药科学等几大门类的更为综合性的大学;适应国家需求和国际竞争的新的管理体系和运行机制基本形成;通过大规模新老交替过程,一支高水平的学术和管理队伍初具规模;办学条件将有较大改善,师生待遇将有明显提高;教育改革和知识创新的成果显著;在高科技研究开发及向现实生产力的转化方面会取得若干标志性的成果,甚至有所突破;在国际上的影响进一步扩大。

从2006年至2015年的10年,北京大学将通过艰苦卓绝的努力,坚持不懈地奔向世界一流大学的目标。在此阶段内,学科的整合和优化过程将会显示出突出的成果,一批重点学科会发展成国际的前沿;国际公认的学术权威和知名学者会在学术队伍中涌现,从而为国家和学校赢得国际声誉,吸引更多的优秀人才和学生来校工作和学习;她会以先进的教学手段、教育理念和方法培养出各种类型的满足社会需求的人才,从而成为众望所归的教学中心;她会以对科学前沿的卓越探索,以对科学原理和思路向突破性技术与产品的转化而取得的重大成就,实至名归地成为极具创新能力的研究中心;她的高科技企业集团和以其为龙头的科学园区,通过广泛的伙伴关系和国内外合作,不仅为增强我国的竞争力担当重任,而且为促进世界的技术进步和产业增值贡献良多;她在国家政治、经济和文化、社会发展中将发挥重要的思想库和智囊团的作用;她将是弘扬中华优秀文化,体现中国人文精神研究成果的重要基地,也是捍卫、传播和发展马克思主义的重要阵地;通过多渠道高水平的国际合作,她的国际交流桥梁作用将得到切实的体现。

三、跨入新世纪的北京大学:改革与创新

3.1 观念的改革与思想的创新是行动的指南

必须以邓小平理论武装头脑,认真学习江泽民总书记及其他党和国家领导人的一系列

精辟论述;深入考察国内外高等教育改革与发展的新鲜经验;透彻分析学校百年来的风雨历程;解放思想,实事求是,面向现代化、面向世界、面向未来,认真定好北京大学的位置;对北京大学的使命,办学模式和运行机制,队伍建设和人才培养等事关学校发展的根本问题有明确的改革思路,并形成协调配套的措施。锐意改革创新,尊重教育和科技的发展规律,保护群众的积极性三者加以统一,就会使这一实践健康地发展。

3.2 管理体制的改革必须适应新的形势和任务

认真贯彻"共建、调整、合作、合并"八字方针,重新组建一个学科更加齐全、结构更加优化、综合实力更强、办学效益更高的新北京大学。

抓紧推进与北京医科大学、北京航空航天大学、清华大学等兄弟院校和中国科学院等科研院所的合并、合作或联合办学的计划。我们已与北京航空航天大学建立了"北京大学工程研究院",同清华大学签订了全面合作协议,下半年将完成与北京医科大学的合校。

大力推进与北京市以及其他若干省市的"共建"工作,在面向全国的同时,加强为区域经济发展服务。今年我们与北京市合作成立了"首都发展研究院",我们要以贡献促共建,积极为首都的经济社会发展培养和输送人才,提供科技成果和咨询服务,共同创办高科技示范区,使北大成为首都经济发展的助推器,高新技术的发源地和精神文明的辐射源。

高度重视并积极加强同国内外著名企业的产学研合作。企业是未来技术创新的主体,我们要以产品为核心,以市场为导向,促进科技进步与市场培育的紧密结合,形成强大的技术创新和应用能力。

深化校内管理体制改革是大势所趋、人心所向,1999年上半年,我们以党政管理机构改革为重点和突破口,基本思路和指导原则是理顺关系,革新设置,减员增效,转变职能。改革后的党政管理机构从原来的41个减为19个,精简幅度为53.7%。

1999年7月8日,我校宣布设立人文学部、社会科学部、理学部、信息与工程科学部等四个学部。设立学部的主要目的是为了加强相关学科之间的联系、沟通、交叉与整合,不断提高教学质量和科研水平,努力培养高素质的创造性人才,积极发挥教师在学校发展建设中的主体作用,大力推进创建世界一流大学的进程。我们正在按照有利于教学改革,有利于学科整合,有利于资源优化配置和有效利用,有利于加强管理、减员增效的原则,重新调整和组合现有的院系,使学院成为拥有较大自主权的管理实体。

后勤将在"小机关、多实体、大服务"的基础上,把管理、经营和服务分开。引入市场竞争机制,加强成本核算,改变拨款方式,实行企业化、专业化、集约化、市场化的管理体制和运行机制,使后勤服务走向社会化。

财务改革将本着严格、公平、透明、效益的原则,既要不断扩大财源,又要进一步提高现有资金的使用效率。健全财务制度,改善分配办法,规范校内经济秩序,加强国有资产管理。实行会计人员派驻制。高度重视并充分发挥教育基金会的作用。

3.3 创造利于拔尖人才脱颖而出的环境和机制

通过国内外公开招聘、竞争择优,选拔优秀学术和管理带头人,并采取有力措施为他们提供体面的待遇、配备合适的工作环境和助手,授予他们聘用人员和使用经费的自主权;严格区分政治问题与学术问题的政策界限,创造良好的学术氛围,鼓励学术创新和拔尖人才成长,并在激励机制上制订有效措施;对人才的管理要体现出针对性和服务精神,减轻他们的额外负担;通过合理的评估体系不断保持人才队伍的创新活力。

改革招生制度和教育体系,使优秀学生的特长能够充分发挥,并有利于高素质的有创新精神和实际能力的人才的培养。

3.4 按最大效益原则优化资源配置

为有效使用学校的资源而设计必要的财务刺激办法;对符合创新要求,具有良好业绩并有良好社会效益和经济效益的教学和研究实行优先配置;完善资源共享机制及有效调度机制,杜绝公共资源的滥用和私人占有。

3.5 把大学与社会更紧密地结合

通过体制改革和手段革新建立高质量的继续教育系统,以灵活的方式为社会各界培养更多的合格人才;通过共建等多种方式为首都的发展服务;通过新型伙伴关系的建立为其他地方的社会持续发展服务;采取产学研一体化和科学园区等多种机制加速推动科学技术成果向现实生产力的转化;鼓励研究人员深入实际,研究和解决我国现实社会问题,为建设有中国特色的社会主义服务。

3.6 充分开拓国际交流的新领域

系统地跟踪并研究国际上最优秀的高等教育质量和标准,加快吸收的过程;采取多种方式从海外引进最优秀的学术与管理人员。提高外国学生的层次,保持教学与研究的国际水准;积极参加国际一流学校的联盟,充分利用国际交流网络受益;加强与外交机构和国际组织的联系,扩大学术交流的支持空间。

四、近期目标及重要举措

4.1 集中精力办好几件大事

首先要集中力量办好几件大事,取得振奋人心的成果,这对于鼓舞士气、增强凝聚力至关重要。在实现总体战略目标过程中要不失时机地组织专项计划或工程,狠抓实效,带动学校各项工作全面协调发展,并为国家作出值得称道的贡献。

深入实施人才工程。在"跨世纪人才工程"的基础上,积极参加教育部"高层次创造性人才工程"的实施,吸引和培养一批具有国际先进水平的优秀学术带头人和管理带头人,尽快形成一支结构合理,具有竞争实力的人才梯队。

实施创新基地建设计划。对已有国家重点实验室和国家工程中心加强管理和支持力度,促其多出高水平成果。根据国家需要设立新的跨学科研究基地并为国家提供有显示力度的贡献。支持重点学科人才培养基地和大学生文化素质培养基地建设,增强知识创新和技术创新的能力。产生一批高质量的学术成果。

加强科学园建设,实施"高新技术产业创新工程"。在信息、制药、化工、生物技术等方面实现产业集团的新的飞跃,为国家高新技术产业的发展与国家经济新生长点的发展作出重要贡献。通过与国内外企业的合作以及产学研合作等多种有效方式,使北京大学成为高新技术创新的重要基地、辐射源和"孵化器"。

在人文社会科学领域实施若干具有重大意义和影响的专项计划和工程,如"盛唐工程""中国法治建设研究中心"建设计划等。

4.2 建设高素质的人才队伍

实施创建世界一流大学规划,关键在人才。我们将牢固树立"尊重知识,尊重人才""人才难得"的观念。一个优秀学术带头人在教学科研和凝聚队伍中所起的作用,是其他人难以替代的。

学校的人事改革,将按照"压缩总量、改善结构、加强管理、减人增效、优才优用、优劳优得"的原则进行。学校的事业编制压缩到5000人以下,教师占到教职工总数的一半。人事改革将立足于提高各类人员素质,调动各方面积极性,做到"人尽其才,才尽其用"。结构调整的重点是压缩非教学人员的比例。随着管理体制改革的进展和向世界一流大学的迈进,人员只进不出、职务只升不降、待遇只增不减是不可能的,下岗分流、减员增效、优胜劣汰、竞争上岗势在必行。学校将采取积极分流、加强培训、发展继续教育、扩大社会服务等措施,妥善做好下岗、转岗和再就业工作。教师将实行聘任制,评聘分开,加强教授后的考核管理,不断优化队伍,激发上进。

实施"高层次创造性人才工程",建设一支具有世界先进水平的中青年人才队伍,是学校队伍建设的当务之急。我们将通过校内选拔、校外引进和兼职借聘等多种方式,采取灵活的用人制度,建立起800人左右的学术骨干队伍和200人左右的管理骨干队伍。其中,有50名左右能够跻身世界学术发展的前列、有希望领导本学科进入国际先进水平的重量级学者。有200名左右能够担任重点学科、重点实验室的带头人,重大课题的牵头人,名牌课程主讲人和产学研结合的负责人,成为国内著名的专家学者。还要有500名左右能够在教学科研中承担重任、创造优秀业绩的骨干教师。同时,实行和扩大访问学者计划,聘请海内外知名学者或在实际部门卓有成就的专家担任兼职及客座教授。像重视学术骨干队伍那样,重视管理骨干队伍的建设,坚持两支队伍并重的原则。

4.3 建设高水平的学术研究基地

学校的科学研究工作将以提高创新能力、建立创新机制和服务现代化建设为根本导向,坚持科学研究与人才培养相结合、多学科相结合、产学研相结合,切实克服脱离实际、低水平重复、力量分散、"小而全"的现象。

在科研布局上将贯彻"稳住一头,放开一片"和"有所为,有所不为"的方针,积极参与"国家创新体系"计划和"高校高新技术产业化工程"计划。基础研究是新技术、新发明的源泉,是可持续发展的基石,我们将密切跟踪国际学术发展的前沿,对具有优势的某些基础研究领域,选准方向,进行长期稳定的支持,努力产生一些有突破性的创新成果;同时,面向市场需求,对国家和社会急需的应用研究领域,找准结合点,努力促进科技成果的应用转化,为发展生产力、造福社会作出贡献。我们将特别重视多学科的交叉互补,联合攻关。充分发挥国家重点学科、国家重点实验室和开放实验室以及高层次人才培养基地在知识和技术创新中的带头和示范作用。对优势明显、有希望突破的领域给予重点支持,在校内各种资源的配置上要优先保证,不搞平均主义,以尽快建成高水平的创新基地,在知识创新、技术创新和培养创造性人才方面取得突破性进展。在二十一世纪最有希望、最有发展前途的信息技术、生物技术、新材料以及环境等领域的国际竞争中,北大应该占有一席之地。

文科科研将力争继续保持领先的优势,把改革开放和现代化进程中的重大理论和实践问题作为主攻方向,加强综合研究,为两个文明建设服务,为党和国家的决策服务,积极探索有中国特色社会主义政治、经济、文化发展的规律,不断产生重大的思想文化成果。人文社会科学将关注和追赶科学技术的发展,善于从科学技术的最新成果中汲取营养,寻找手段,不断提高研究和认识水平。

重视科研体制的创新。重点实验室实行开放式运作,固定编制和流动编制相结合。重大科研项目实行主持人负责制。加强与兄弟院校、科研部门特别是大中型企业、实际应用部门和地方政府的联合与合作。在改革科研经费提成分配办法的基础上,制定相应的激励机制。

4.4 培养高素质的有创新精神和实际能力的学生

培养人才是学校的根本任务,教学是学校第一位的工作,学校的一切工作、一切人员都应当面向学生,为培养人才服务。我们将高度重视教学工作,在资源配置上优先保证教学需要,在政策导向上要向教学倾斜。

深化教学改革的目的是提高学生的全面素质,培养具有创新精神和实践能力的高级专门人才,切实克服专业面偏窄、人文教育和实践环节偏弱、教育内容偏旧、教学方法偏死、培养模式单一、缺乏个性和创造性等弊端。本科教育将立足于提高素质,研究生教育将着重提高水平,继续教育将不断增强活力。在学生教育中,我们将贯彻落实江泽民总书记对青年学生提出的"四个统一"的要求,始终把德育放在首位,使学生树立起为建设有中国特色社会主义而奋斗的政治方向和为人民服务的价值取向,继承发扬理论联系实际的学风和艰苦奋斗的精神。在全面发展的基础上鼓励拔尖,在规范的基础上增加选择,使学生学会求知,学会做事,学会做人,学会审美,成为素质高、能力强、具有较强适应性和创造性的社会主义事业的建设者和接班人。

继续修订并全面实施面向二十一世纪的教学计划,重点建设好主干基础课程。逐步开设并改进150门综合素质教育课。知名教授要上基础课,创建一批水平高、体系新、效果好、特色鲜明、在全国产生影响的名牌课程。认真建设好文理基础学科人才培养基地和基础课程教学基地,争取对全国起到示范作用。大力改革研究生的培养制度,全面提高研究生的培养质量。积极加强教学基础设施和公共服务体系的建设,改进教学手段,建设高水平的继续教育基地,开展现代远程教育,充分发挥北京大学的名师效应和其他教育资源优势,运用现代信息技术,形成开放式的教育网络。

4.5 重点产学研基地建设与科学园区的发展

知识创新、推动科学技术成果向现实生产力转化是创建世界一流大学的一项重要任务。这就要求高校在创建世界一流水平的教学和科研基地的同时,必须强化知识和技术的创新,主动培植高新技术,创建世界一流的产学研一体化的成果转化模式,建立高新技术的"孵化"基地,为中国产业发展开发高新技术和产品。北大将进一步调整科研发展方向,使学校的教学、科研与国家的经济建设和产业调整密切结合,将科研人员在实验室所获得的研究成果尽快转化为生产力,为国民经济的发展,为二十一世纪中国的高新技术产业提供发展源泉。由于北大原有学科性质的限制,虽然每年有许多高水平学术论文发表,但有许多可能转化为生产力的研究成果仍停留在论文、样品、样机或报奖阶段。特别是在北大颇具研究积累的信息科学与技术,生物技术及制药,新功能材料开发等方面,这一情况更为严重。

为此,北大在创建世界一流大学的规划中,在发展和提高教学、科研水平的同时,拟建立信息科学与技术、生物技术与制药、新型功能材料等三个研究开发中心(基地)。通过上述研究和开发中心的建立,联合我校相关的院系和国家重点实验室等,在信息处理及通讯、软件工程;基因工程、优质动植物培育、新药开发和天然产物开发;稀土功能材料、液晶高分子材料、医用高分子材料、新型存储材料和纳米信息材料等方面，真正形成"产学研"一体化，为科研成果的产业化研究和工程放大提供基础条件。上述基地分别依托于相关的基础研究单位和它们丰厚的科研积累和人才资源。此外，基地还将引进一批有工程科学技术背景的中青年骨干，注重基地的研究和开发计划与国家目标和国际产业走向的结合，保持所研究和开发的方向对国内同行具有引导和支撑作用。

为推动科研成果向现实生产力的转化，学校将继续加大对方正集团的技术投入，使之在3—5年的时间内，发展成为全国最大的信息产业企业，并以此为基础，建立强大的信息产业基地。依托北大的技术和人才优势，大力发展生物制药技术，争取在5年时间内，建成中国最大的生物制药基地。尽快开辟新的产学研结合领域，同清华、科学院合作，创建新功能材料基地和智能机械基地。同海淀区密切结合，创建一流的高科技园区和高文化社区。坚持知识创新，坚持技术创新，坚持体制创新。用改革的精神推动科教成果转化和科技产业的各项工作，使校办科技产业在激烈的市场竞争中，具有强大的技术创新能力和市场竞争力，同时，充分发挥高校在国家发展民族高科技产业中的生力军作用。

4.6 公共服务体系的改造与完善

当前，信息是经济发展的战略资源，信息技术已成为社会生产力中重要的因素。人类社会从主要依靠物质资源消耗的农业社会，发展到主要依靠能量资源消耗的工业社会，进而开始向主要依靠信息资源消耗的信息社会迈进。社会的信息化成为势不可挡的历史趋势，成为促进各行各业发展的关键因素，也是促进教育和科研工作的关键因素。因而，信息网络的建设必然成为学校里重要的必不可少的基础设施建设，是创建世界一流大学，培养一流人才必备的重要物质条件。

九十年代以来，北京大学一直很重视这方面的工作。从1989年参加"中关村地区网"的建设，完成了北京大学校园网（一期工程）的建设，1994年承担"中国教育科研计算机网络示范工程"华北地区网络北大主节点的建设，到1996年启动的我国教育系统的"211工程"的实施，正在进行的北大211工程"信息网络建设"项目，为信息网络建设做了大量的工作，打下了坚实的基础，一直走在全国高校的前头。但是，每次受投资力度的限制，从1990年到1998年，累计投资不超过1700万元，所做的工作总是不能尽人所愿。为了在二十一世纪把北大办成世界先进水平的一流大学，还要加大投资力度，把信息网络建设再提高一个档次。

4.7 基础设施及支撑体系的解困与更新

世界一流大学必须有良好的办学条件。现代化的大学要有现代化的基础设施、条件装备和后勤保障。要逐步形成这样一种局面：北大的门槛是高的，来北大任职求学是不容易的，而进了北大各方面的条件都是比较优越的。

由于多年来办学经费投入不足，我校基础设施一直处于供给不足、严重老化、失修、失调的状态；由于长期在计划体制下管理运行，近二十年来虽经多项改革，但就保障系统整体而言，仍未摆脱被动低效的维持状况；由于体制的限定，全校师生员工乃至家属的绝大多数生活服务由学校行政负担。这些问题严重制约着学校教学、科学研究等各项事业的发展。

实现世界一流大学目标对校园及基础设施等"硬件"性支撑条件的基本要求：

（1）基本适应各学科需要的配置合理、设施完好的教学、科学研究用房。

（2）适应现代管理需求的各类办公用房。
（3）基本满足师生文化体育活动的设施及场地。
（4）满足师生就近解决餐饮的设施。
（5）满足需求并留有必要余地的供电、供暖、供热、给水排水等保障能力，及合理的管理制度。
（6）优美清洁并反映出现代文明的校园环境。
（7）满足师生日常需求的生活服务设施。
（9）满足国外或校外进修者、讲学者、合作者短期住宿所需条件。
（10）学生及教职工的公寓制住房。即师生住房今后主要应争取政府的政策支持，主要应在校外通过社会化途径解决。

对上述支撑条件的管理，我们正在逐项落实改革措施。从现有管理体制和运行机制的改革入手，使后勤系统的管理、服务、经营基本与学校行政剥离。通过合同及市场机制，为学校师生员工提供及时、高效的优质服务。

4.8 校园环境与校园文化的建设

世界一流大学应该有一流的校园文化，北京大学校园文化建设的奋斗目标是以邓小平理论为指导，继承和发扬北京大学优良传统，建设以教师为主导，以学生为主体，既有多样化又有主旋律，既有多层次又有高品位，既反映高等教育发展一般规律又体现北大特色的校园文化，努力培养和塑造大批高素质的创新性人才。

我们把校园文化区分为以教育为主的和以服务为主的两个方面。以教育为主的校园文化包括四点内容：政治文化建设是灵魂，道德文化建设是基础，学术文化建设是关键，文体文化活动是重要补充。以服务为主的校园文化指坚持寓教于乐，服务育人，构建全方位的、面向同学的服务体系。我们将充实和完善学生就业指导中心工作，扩大就业指导的普及面，增强指导力度；进一步加强大学生心理咨询中心工作，为大学生释疑解惑，使其健康成长；抓紧设立北京大学青年研究中心，运用先进手段和科学方法，及时了解学生思想动态，通过加强研究来增强工作的科学性和预见性。

世界一流大学校园文化建设的内容丰富多彩，但真正落实到工作中还需要有物质上、精神上、制度上以及政策上的保证。我们认为一流校园文化建设需要有四个保证：理论研究是一流校园文化建设的思想和理论保证；基地建设是一流校园文化建设的物质保证；学生工作队伍和学生骨干队伍是一流校园文化建设的依靠力量和组织保证；运用管理手段强化建设效果和规范建设成果是校园文化建设的制度保证。

五、实施步骤与前提条件

5.1 指导原则

北京大学实施创建世界一流大学规划的指导性原则是"既要有雄心壮志，又必须脚踏实地"。北京大学创建世界一流大学既是时代赋予的紧迫使命，又是艰巨而复杂的长期任务，它是一个不断完善和发展的过程，需要几代人坚持不懈的努力，因此要有锲而不舍的精神，并且在前后衔接上要有周密的设计；同时，这一规划的实施又是一项复杂的系统工程，因此要有通力合作的精神，每项建设都要恰当定位，并妥善处理内外部左邻右舍的关系。

5.2 试点

实施具体实施步骤一定要遵循"全面规划、突出重点、抓住关键、重在落实"的原则,通过试点,狠抓典型,取得经验,逐步推广。

5.3 外部支持

党和国家的关心和支持是北京大学创建世界一流大学规划能否成功实施的前提。这一规划已经上升为国家行为。国家对本规划实施所提供的支持环境,特别是足够的经费投入是建设目标得以实现的关键。北京大学在实施创建世界一流大学规划的1999—2001年阶段,需要国家投入经费18亿元。

六、结论

知识经济的初现与我国科教兴国战略的实施,使北京大学不仅面临着良好的机遇同时也面临着巨大的挑战,肩负着成为科教兴国强大生力军的神圣使命,我们将进一步解放思想、转变观念,充分发挥北京大学所拥有的各方面优势,围绕经济建设这个中心,以市场和社会需求为导向,为国家的经济发展和现代化建设作出更大贡献,不辜负党和国家的重托,为实现科教兴国而努力奋斗。

回顾北大的百年历史尤其是改革开放二十年来所走过的路程,我们深刻地认识到,只有继续坚持走改革和创新的道路,才能把北京大学建设成为世界一流大学,从而促进科教兴国战略的实施,为国家的经济发展和现代化建设作出更大贡献。

创建世界一流大学,是一项集"调整、改革、建设、提高"为一体的艰巨任务,其中必然涉及观念更新、体制交替、资源的重新配置和利益格局的广泛调整,我们将通过强有力的思想政治工作,来统一认识,化解矛盾,理顺情绪,凝聚力量,正确处理改革力度、发展速度和群众承受程度的关系。继续加强学校综合育人环境的建设,积极推进以思想道德建设为重点的精神文明建设。同时,还必须警惕社会上的错误思潮和不良势力对学校的干扰,防止某些社会矛盾对学校的冲击。总之,我们将牢牢把握爱国主义、集体主义和社会主义的主旋律,紧紧围绕着为改革、发展、稳定的大局服务,为学生的全面发展、健康成才服务,开创思想政治工作的新局面。

把北京大学建成世界一流大学,这不仅仅是北京大学自身的行为,同时也是国家的行为、社会的行为,需要得到国家和社会的大力支持和帮助。我们相信,有党和国家的英明领导以及社会各界的大力支持和帮助,加上北京大学全体师生员工孜孜不倦的追求和坚持不懈的努力,把北京大学建成世界一流大学是大有希望的!

七、附录

附录1　北京大学队伍建设规划(略)

附录2　北京大学学科建设规划

附录2-1　北京大学在建设世界一流大学计划中的标志性项目(理科)(略)

附录2-2　文科学科建设标志性成果(略)

附录 2-3　北京大学建设世界一流学科理科部分建设方案

学科	发展重点	1999年所需经费（万元）	建设目标	1999年重点建设内容	现有优势条件
数学	基础数学 应用数学 计算数学 金融数学	300	在基础数学、应用数学、计算数学、概率论与数理统计及金融数学等领域作出具有国际水平的研究成果，成为率先到达世界一流水平的数学学科。	几何分析，低维拓扑，动力系统，代数几何与表示论，生物信息论和医学统计。 计算机网络，图书资料，改进研究条件。	现拥有3名院士及国内最好的以中青年为主的科研教学队伍。3位获美国总统科学奖的留美数学家将来北大任教，每年举办"数学特别培训班"培养国内优秀数学人才，正为2002年在北京召开的国际数学大会提交一流水平的科学论文作准备。 数学基础学科人才培养基地1998年被评为全国第一名。
物理	理论物理 凝聚态物理 核物理与核技术 天体物理	500	建设具有世界先进水平的理论物理研究中心。 在凝聚态物理、介观物理，理论物理和场论，高时间空间分辨的强光物理，低能核物理及核技术领域建成具有国际水平的科研基地。在新型DNA芯片、氮化镓发光半导体管、磁性材料等及超导电子学研究领域作出一批具有国际水平的科研成果。 与科学院北京天文台联合共建具有世界水平天体物理研究及人才培养基地。	支持重点实验室建设，准备2000年评估。 超导物理与超导电子学，非线性科学与生命科学中的重要前沿，宽禁带半导体及器件。 放射性核束物理，加速器质谱测年。 共建天体物理研究基地。	现拥有5名院士、1名长江特聘教授，3名国家杰出青年基金获得者和一批优秀中青年为主的教学、科研队伍。 北大理论物理中心是国内高校最强的理论物理研究基地，即将有国际水平的年青的理论物理学家应聘来北大工作。 北大与科学院联合共建天文学学科的试点。 物理基础学科人才培养基地1998年被评为全国第一名。

(续表)

学科	发展重点	1999年所需经费（万元）	建设目标	1999年重点建设内容	现有优势条件
化学	核心化学 材料化学 生命化学 高分子化学与物理 催化科学与技术	500	以分子工程、生命过程的化学问题、稀土材料化学及应用、环境友好及功能高分子材料和催化科学与工程技术为重点研究方向。建设具有国际水平的国家重点实验室，作出一些具有世界先进水平的科研成果。	支持3个国家重点实验室评估。 分子工程、生命过程的化学问题、稀土材料化学及应用、环境友好及功能高分子材料和催化科学与工程技术。	化学学院有7位院士，1名长江特聘教授，有7名国家杰出青年基金获得者，一位美国总统奖的青年化学家将来化学学院工作，是国内最强的化学学院，很有条件争取世界一流的化学学科。同时，我校还与清华大学合作，充分发挥各自在催化基础研究和工程化方面的优势，建立集教学、科研和工程技术为一体的研究中心。 化学基础学科人才培养基地1998年被评为全国第一名。
生命科学	生化及分子生物学 细胞生物学 生物多样性 神经生物学	400	以蛋白质工程、基因表达与调控、基因工程、细胞生物学、神经及脑科学、生物多样性保护为研究重点，建设具有国际先进水平的生命科学研究基地，在上述领域作出具有国际水平的研究成果。	基因表达与调控、基因工程、细胞生物学、神经及脑科学、生物多样性保护。	拥有1名院士及5名国家杰出青年基金获得者。有两个国家重点实验室及一批优秀青年科学家从事上述领域的研究工作，最近将有一位具有世界水平、并获美国总统奖的青年生物学家来北大工作，将会大大地推动生命科学研究水平的提高。 生物基础学科人才培养基地1998年被评为全国第一名。
电子学与信息科学	计算机科学与技术 电子通讯 计算机应用 视觉与听觉信息处理 微电子和微机械	600	以软件平台及软件环境、信息集成及信息系统集成、电子出版系统、光子信息技术、通信网络、视觉与听觉信息处理、微电子技术、原子频标为主要研究方向，建设现代化的实验室，并作出一批具有国际水平的研究成果，并对高技术产业的发展作出贡献。	建立北京大学信息科学与技术学院。 软硬件协同设计，网络与信息安全，千亿次计算基础设施，基于构件的软件技术。 光纤通讯与卫星通信，新型原子频标，水文自动测报。 以遥现为中心的图像压缩与解压硬件，智能语音信号处理方法，国家空间信息基础设施的关键技术，深亚微米器件与电路。	拥有5名院士及一批优秀中青年学术骨干。 已有两个国家工程研究中心及两个国家重点实验室为国家作出了重要贡献。

(续表)

学科	发展重点	1999年所需经费（万元）	建设目标	1999年重点建设内容	现有优势条件
地球与环境科学	大气科学 地球物理学 空间物理 环境科学与生态学 城市与区域科学及规划 可持续发展研究 地质学	400	以全球变化下的资源环境对策、地球表层动态监测的技术与方法、全球变化对我国陆地及生态影响，自然灾害预测及预报，环境模拟及污染控制，地球系统信息机理及数字化地球为主要研究方向，建设具有国际先进水平的重点实验室，为国家灾害预防提供科学根据。	建立北京大学地球与环境科学学院。 城市大气污染形成机制与控制。 大气细粒子的物化特征。 土壤水溶性有机碳环境行为。 数字化地球基础，区域演化与可持续性控制，地表自然过程与环境对人类社会影响，物种多样性。 可持续发展与环境管理。 地质科学的基本理论。	拥有5名院士、5名国家杰出青年基金获得者及一批优秀中青年学术骨干。 此学科群有两个国家重点实验室及5个重点学科，是高校中地球科学领域学科最全的学科群。 地理学基础学科人才培养基地1998年被评为全国第一名。大气科学、地质学也均为国家基础学科人才培养基地。
力学与工程科学	流体力学 固体力学	200	在湍流理论及应用、计算机模拟与仿真领域作出一些具有国际水平的研究。	与北京大学工程研究院建设相结合。 湍流理论及应用，控制与仿真。	湍流国家重点实验室已通过招聘聘任了一位具有国际水平的年轻教授担任实验室主任，有能力将此实验室办成世界一流湍流实验室。
新型交叉学科	纳米科学与技术 脑科学 低维材料与纳米电子学 新材料研究	300	建立世界一流的纳米科学与技术研究基地，研究方向为高密度信息存储材料，单电子现象与器件。纳米化学，纳米物理，纳米生物学。建立脑科学研究基地脑高级功能的认知研究。	结合北京大学工程研究院建设，建立新材料研究中心。与解放军总医院联合建立脑科学中心。 纳米尺度的化学、光学、电学研究，基于准一维材料的制备与器件，新功能材料，新功能薄膜等。	以一批国家重点实验室、开发实验室为基础，利用已有的科研设施和学术骨干，开展交叉、新型学科的实质性研究。拥有多名院士，2名长江教授和一批优秀中青年学术骨干。
总计申请经费				3200万元	

附录2-4 文科学科建设

99年度经费预算(共2000万元)

一、重点建设一批学科优势明显、学术队伍整齐、已经开展或正在组织重大研究项目的研究基地（总计：1250万）

1. 建设马克思主义研究基地　　　　　　　　　　　　　　　　　　　　（100万）
建立马克思主义基本理论和思想品质教育理论信息资料库
开展"马克思主义与中国现代化"研究

开展对马克思主义经典文本的研究和阐释
添置大量图书资料及有关设备

2. 建设中国传统文化研究基地 （200万）
开展中华文明史研究、编撰《中华文明史》
出版《国学研究》与《国学研究丛刊》
召开中韩国际学术研讨会
出版汉学研究国际会议论文集（四卷200万字）

3. 建设中国古代史研究基地 （200万）
开展盛唐工程跨学科研究
开展明清工程跨学科研究
整理国家档案库的晚清历史档案

4. 建设古代文明研究基地 （50万）
添置设备及相关图书资料
编辑出版《古代文明研究》半年刊
编辑出版《北京大学古代文明研究中心通讯》
举办古代文明研究系列讲座
召开中国古代文明起源与形成国际学术讨论会

5. 建设东方学研究基地 （50万）
添置设备及大量相关图书资料
出版《东方研究》年刊及《北大东方学》丛书
举办东方学系列讲座及学术会议

6. 建设比较文学与比较文化研究基地 （50万）
包括东语、西语、俄语、英语等学科在内，组织二十世纪国际汉学（中国学）研究系统工程，计划在5年内完成二十世纪国际汉学（中国学）名著译丛40卷、国际汉学（中国学）史10卷等

7. 建设中国法制建设研究基地 （100万）
开展"中国司法制度及其改革"问题的调查研究，描述中国司法制度的现状及其改革方向，为我国司法制度的改革，提供政策建议。为此：
首先计划在山东、陕西等地开展实地调查
建立中国司法制度研究资料数据库
召开"中国司法改革的比较法和法律社会学透视"国际会议
出版"司法文丛"、《北大法律评论》等

8. 建设中国政府与政治研究基地 （50万）
开展中国社会转型时期的政治发展与行政现代化研究
开展社会主义市场经济发展与政府管理体制改革的研究
开展中国地方政府管理结构与功能转变分析的研究
开展我国社会转型与政府管理的科学化高效化研究
创建公共管理案例库与公共政策数据库
建设公共管理模拟决策实验室和公共管理信息网

9. 建设社会学与人类学研究基地 (50万)
开展"世纪之交的中国社会变迁"综合调查研究
出版《世纪之交的中国社会变迁》系列研究专著
开展"2010年中国居民生活方式变迁研究"

10. 建设工商管理研究基地 (50万)
建设MBA教材。采取新思路,编出高质量
建设MBA案例库
建立北京大学文科信息服务中心

11. 建设高等教育研究基地 (100万)
世界一流大学研究
开展教育发展及其对经济增长贡献的研究
关于"十五"期间继续实施"国家贫困地区义务教育工程"的前期调研与实施方案的制定的研究

12. 建设国际关系研究基地 (50万)
21世纪初中国国际战略研究(包括全球化与21世纪初国际格局研究、中国面临的国际环境及其世界定位、全球一体化中的地区发展研究等)

13. 建设人口学研究基地 (50万)
21世纪新人口问题研究(包括21世纪中国人口政策研究、生育观转变机理研究、中国高龄老人健康长寿对策研究等)

14. 建设古典文献研究基地 (50万)
在《全宋诗》基础上开展对宋文化的全面研究(包括《全宋诗》电子版的开发、《全宋诗》补编、《全宋诗》简编、宋人别集整理等)

15. 建设宗教学研究基地 (50万)
开展"当代中国宗教现状调查与研究"
开展"中国宗教艺术实地考察"

16. 建设中国经济研究基地 (50万)
开展《转型经济》研究(包括转型中的微观经济和宏观经济分析、转型中的经济增长及发展方式的转变考察、转型中的国际经济环境分析、转型中的经济道德、伦理问题研究等)

二、支持国家重点学科的建设(总计:200万)

马克思主义哲学史	中国哲学史	外国哲学史
外国经济思想史	国民经济计划与管理	法学理论
国际法	国际政治与国际组织	社会学
中国现代文学	中国古代文学	中国古典文献学
现代汉语	汉语史	英语语言文学
印度语言文学	考古学	中国古代史
世界近现代史		

以上共19个国家重点学科,每学科拟投入的资金不等,主要用于开展科研(必须提出重大课题)、购置图书资料、添置设备、召开国内外学术会议、出国进修和外请专家等。

三、项目配套和成果再奖励(150万)

四、因不可知因素所预留的 400 万(2000 万乘以 20%)

这 400 万所留经费,如一切正常,则作为校长基金,用于支持预研和学术著作的出版补贴。

附录3　北京大学基础设施建设规划

附录 3-1　北京大学图书馆跨世纪发展规划(初稿)(略)
——数字化工程、文献资源建设及改善服务环境建设(1999—2005)

附录 3-2　北京大学信息网络建设规划(略)

附录 3-3　关于水、电、暖系统基础设施申报改造工程项目

由于考虑到学校资金是比较紧张的,所报改造工程项目按轻重缓急分三类。即(1)必保项目,必须在今年年底前完工或启动,需 7474 万元。(2) A 项可以推后,但明年必须安排,7385 万元。(3) B 项视资金到位情况予以安排,8579 万元。总计 23438 万元。

现分述如下:

一、必保项目	7474 万元
(一)供暖系统	824 万元

1. 为保护首都大气环境,北京市人民政府、市环保局、技术监察局多次发布通告,今年底要建成 40 个无燃煤区,我校正在其中,今年必须改造的有附中、技物两个供暖锅炉房和供洗澡、食堂、校医院用蒸汽的供汽站锅炉房。

北京市环保局已给我校下达限期治理通知书,要求于供暖前必须完成煤改气工作。或与集中供暖锅炉房联网运行。经与有关方面联系,作出如下改造方案。

(1)北大附中锅炉房。

方案一:与双榆树供热厂联网。

总费用	350 万元
其中入网费	100 万元
外网连接改造费用	250 万元

方案二:改造成燃气锅炉房,总费用 240 万元,其中设备费 140 万元,安装费 50 万元,天然气管道费 50 万元。(建议采用方案一)

(2)技物锅炉房与科学院集中供暖锅炉房联网。

总费用	200 万元
其中入网费	180 万元
系统改造费	20 万元

(3)因科学院实行集中供暖,要收取我校科学院宿舍 19、23、25、26 楼的 9540 平方米的入网费 150 元/平方米,共 144 万元。

(4)理科楼群 8.6 万平方米,将投入使用,需改造旧换热站,更新两台换热器、两台循环水泵,改造部分管道,费用约 80 万元。

(5)中关园人才楼年底投入使用,需重做改造原有热力网,并改造 42、43 楼室内管线,费

用 30 万元。

（6）畅春园青年公寓三座楼今年要入住，需改造蔚秀园锅炉房、外热力网，费用约 20 万元。

（二）电力系统　　　　　　　　　　　　　　　　　　　　　4700 万元

1. 我校 35 KV 变电站现有两台 5000 KVA 变压器运行。目前学校用电最大负荷为 7000 KV，新图书馆及百年纪念讲堂竣工使用后，即增加负荷 2200 KW～2500 KW，家属区学校网转市网供电后，可节约负荷约 2500 KV，但是 9 月份理科楼群投入使用后，又将陆续增加负荷 2500～3000 KV。届时全校用电最大负荷将增至 10000 KV 左右，据统计分析现在全校用电量以每年 15%～20% 剧增，到 2005 年将增到 13700～14500 KV。现有 2×5000 KVA 变压器根本无法承担，将严重影响学校各项工作的开展。所以必须尽快启动变电站的改造工作。在现有 35 KV 变电站的基础上，将原有两台 5000 KVA 变压器更新改造为两台 10000 KVA 变压器，即可增加电容量 10000 KVA，由于改造期需 1～2 年，变电站改造工程应于今年启动，改造资金约 3850 万元（其中因双路增容交供电局电力贴费 1800 万元）。今年要做的工作有，完成报批手续、图纸设计、设备选型及设备订货。

2. 家属区校网转市网直供(现已完工)　　　　　　　　　　　540 万元
3. 校园路灯更换旧地埋电缆、增加路灯、更换部分灯具　　　250 万元
4. 学生区路灯电架空线改为地埋电缆　　　　　　　　　　　60 万元

（三）蒸汽站费用　　　　　　　　　　　　　　　　　　　　1090 万元

1. 因蒸汽站锅炉房在校园中心位置，为美化校园环境，满足北京市的环保要求，必须将锅炉房改为燃气锅炉房。总投资约 1010 万元。

　其中：三台 4 吨燃气锅炉及辅机　　　　　　　　　　　　210 万元
　　　　天然气管道费用　　　　　　　　　　　　　　　　500 万元
　　　　锅炉安装费用　　　　　　　　　　　　　　　　　80 万元
　　　　锅炉房改造费用　　　　　　　　　　　　　　　　220 万元

2. 供大浴室用的原容积式换热器已使用十余年，需改造为板式换热系统，费用约 30 万元。

3. 改造大浴室内部设施、地面、墙、门窗及上下水，费用 50 万元。

（四）新化学楼天然气外管道已使用十年，锈蚀严重，是极大的火灾隐患，一旦出事后果不堪设想，亟待改造更新，并重做防腐保温，费用约 60 万元。

（五）白颐路改造向北延伸后，纵贯我校南北，地下水、电、暖、通讯、天然气等主干管道，均需做相应调整，从长远考虑还应在适当位置建两个过路涵洞，以上费用及需交收纳市政的有关费用，共 800 万元。

二、A 项部分　　　　　　　　　　　　　　　　　　　　　　7385 万元
（一）供暖系统　　　　　　　　　　　　　　　　　　　　　1375 万元

1. 为保证发展后的蔚秀园小区供暖要求，满足北京市的环保要求，减少蔚秀园地区的环境污染，应对蔚秀园锅炉房进行改造，安装 15 吨燃气锅炉 2 台，总投资 1020 万元。

　其中锅炉本体 400 万元，天然气外线 200 万元，锅炉安装费用 120 万元，锅炉房改造费用 100 万元，调整管网 200 万元。

2. 为减少外网系统热损失，对外网保温进行修补　　　　　　15 万元

3. 为延长 30 吨热水锅炉使用寿命,应加装吹灰装置　　　　　45 万元
4. 为提高供暖效率,需调整外热力网,并加装平衡阀　　　　200 万元
5. 集中供暖锅炉房应新建地磅房、车库,并加固一期工程部分房屋　90 万元
6. 为保证锅炉安全运行,需改造紧急补水装置　　　　　　　5 万元

(二) 电力系统　　　　　　　　　　　　　　　　　　　　　4370 万元

校内 10 KV 配电线路及新北、学南两路高压架空线需改造。低压配电线路及设备随校园发展而延伸,存在严重隐患,校内变压器有 58 台之多,急需重新规划设计和改造。

学校 70 年代前所建建筑物,楼内配电线路及设备已严重老化落后,存在铝线粉化、铜铝接头过热、绝缘老化、截面容量不够等诸多问题,须有计划地逐楼更新改造。

1. 新建四座低压配电室(学生区、朗镜区、生物楼附近、大浴室附近),改造物理楼低温配电室　　　　　　　　　　　　　　　　　　　　　　　　　　　　500 万元
2. 新北路高压架空线改为地埋电缆铺设(含变压器检修)　　250 万元
3. 学生区配合宿舍改造更新电缆进户线　　　　　　　　　250 万元
4. 学南路配合宿舍改造高压架空线改为地埋电缆铺设(含变压器检修)
　　　　　　　　　　　　　　　　　　　　　　　　　　　250 万元
5. 家属区用电改造二期工程完工后达到北京市规定的每户供电容量 4000 瓦,所需费用
　　　　　　　　　　　　　　　　　　　　　　　　　　　2920 万元
6. 补装、改造、更新校区水表、电表　　　　　　　　　　200 万元

(三) 水井及上下水系统　　　　　　　　　　　　　　　　　1640 万元

目前我校日供水量 14000 立方米,基本可满足需要,但自备井深约 70 米,取地下浅层水,硬度大,易污染,不利于人体健康,从长远看应逐步打百米以上深井,替代浅水井。另外供排水管网 50 年代到 90 年代逐步形成,陈旧老化,布局不合理,为适应学校发展的需要,应逐年加大投资,予以更新改造,改善给水质量。

1. 更新 43 楼井(此为斜井,出水量不足)打两口深井　　　400 万元
2. 校园供水自动控制系统(已完工一期工程,费用 40.5 万元)　110 万元
3. 增设水质净化装置　　　　　　　　　　　　　　　　　50 万元
4. 从配电室到校区 5 个水源井铺设一条专用电缆　　　　　180 万元
5. 上、下水改造工程　　　　　　　　　　　　　　　费用 600 万元
6. 我校现无完整的雨水系统,大多采用路面自然排水,随着校外市政雨水系统日趋完善,要求学校也要完善和新建雨水系统。费用约 300 万元。

三、B 项部分　　　　　　　　　　　　　　　　　　　　　8579 万元

(一) 供暖系统　　　　　　　　　　　　　　　　　　　　　6714 万元

1. 为改善学校校园环境,集中供暖锅炉房建造煤库,投资 1000 万元。
2. 为适应学校发展的需要,热电站锅炉房加装 4 号炉,投资 350 万元。
3. 为提高燕北园锅炉房的供暖效率,对燕北园管网系统进行改造,投资 100 万元。
4. 为提高集中供暖锅炉房的供暖效率,对管网系统进行改造,投资 900 万元。
5. 为节约能源热,对热电站其他风机、水泵进行改造,加装变频装置,投资 170 万元。
6. 已完工的集中供暖工程项目尚缺投资　　　　　　　　4044 万元
7. 20 吨汽炉改造,投资 150 万元。

（二）电力系统　　　　　　　　　　　　　　　　　465 万元
1. 35 KV 电站至新化学楼换为电缆　　　　　　　　50 万
2. 中关园换绝缘线　　　　　　　　　　　　　　　20 万
3. 蔚秀园换绝缘线　　　　　　　　　　　　　　　20 万
4. 朗镜区换绝缘线　　　　　　　　　　　　　　　50 万
5. 家属区路灯换电缆　　　　　　　　　　　　　　60 万
6. 员二至一体、员二至办公楼等更新电缆(含变压器检修)　165 万
7. 校园电网综合信息管理系统,实行计算机控制　　100 万元
（三）上下水系统　　　　　　　　　　　　　　　　600 万元
（四）为节约水资源,满足北京市政府的要求,拟在浴室与学生宿舍之间加装中水设施,总投资 800 万元。

附录 3-4

	概算金额(万元)
土建工程	5249
电气工程	2650
水暖工程	3080
合　计	10979

一、土建工程

序号	工程项目	建筑面积(平方米)	维修内容	概算金额(万元)
1	校内 16～21 楼	9011.8	屋面挑顶翻修,改筒瓦,门窗检修、油漆	260.00
2	第一教室楼	3315.6	屋面挑顶翻修,换铝合金窗,新做地面	100.00
3	第三、四教室楼	9135.3	厕所更新、做防水;换铝合金窗,新做地面	160.00
4	物理大楼	19216.1	室内铲抹墙皮,换铝合金窗,上下水改造	385.00
5	技物大楼	8950.0	配合抗震加固,室内外综合大修,换铝合金窗	132.00
6	文史楼,生物楼,地学楼,化学楼	12262	屋面挑顶,做防水,检修门窗,室内铲抹墙皮,新做地面	540.00
7	燕南园小楼 51～66 号	5650.9	屋面挑顶翻修,室内顶棚、墙皮铲抹,地板维修,门窗检修、油漆	263.00
8	图书馆老楼	2500	配合抗震加固,外檐装修、屋顶防水	400.00
9	镜春园 76、79 号古建平房翻修	1600.0	落地翻建,新做室内外上下水、暖气、电气	640.00
10	朗润园红旗托儿所古建平房翻修			

(续表)

序号	工程项目	建筑面积（平方米）	维修内容	概算金额（万元）
11	全校古建筑	22342	屋面挑顶翻修,做防水,改筒瓦,换铝合金窗,室内维修	1000.00
12	一至六院	12000	屋面挑顶翻修,做防水,检修门窗,室内维修	800.00
13	学生区45～48楼	18270	屋面挑顶做防水,室内墙皮铲抹、地板、换铝合金窗	209.00
14	学生食堂	8000	屋面挑顶,门窗检修,油漆墙裙,墙皮铲除,操作间维修	200.00
15	生物西馆,生物东馆	647.2	屋面挑顶,门窗检修,油漆、地面、墙皮铲抹,上下水改造	160.00
	合　计			5249.00

二、电气工程

序号	工程项目	维修原因	概算金额(万元)
1	技物大楼电气线路、设备改造、更新	电线老化、设施陈旧,尤其供电外线急需更新	150
2	生物楼电气线路设施改造、更新	线路超载运行、电线老化、配电线路设施急待改造、更新	70
3	化学南楼、北楼电气改造	电线老化、配中设施陈旧、用电设备增加很多、线路超负荷急待调整	90
4	外文楼电气改造	老式大屋顶建筑,线路为瓷珠明敷设,老化严重	40
5	北大附中教学楼、宿舍楼换线	线路老化严重,配电设施陈旧,开关熔焊,为50年代末建筑	120
6	科学院19楼、23楼	电线老化、木槽板配线、线径小、开关熔焊、线路超负荷	50
7	学生宿舍楼电气线路更新	最近几年学生用电器增长较快,楼内负荷增大,许多楼为木槽板配线,电线老化,灯具为木质,配电设施陈旧,铜铝线混杂,存在火灾隐患,急需进行线路改造	250
8	民主楼电气改造	线路老化,配电设施陈旧	40
9	全校老配电室及外线改造	配电设施陈旧,存在隐患,急需改造更新	250
10	1～6院、二体电气线路更新	线路老化,需更新调整,配电设施陈旧,外线电缆需更换	200
11	伙食处食堂电气线路改造	员二、学一、豆腐房电线老化,配电设施陈旧,安全性极差	80
12	俄文楼电气改造	电线老化,配电设施陈旧	40
13	校内老区低压供电电缆调整更新	电缆线径小、负荷增大、加速电缆老化,多年铺设在暖气沟内,极不安全	220

(续表)

序号	工程项目	维修原因	概算金额(万元)
14	学生区浴室电气线路改造更新	原设计不合理,灯具位置不当,灯具开关受潮气影响,锈蚀严重,绝缘性能低,存在隐患	10
15	金山生物实验基地换外线	电线杆为60年代木质杆,部分糟朽、开裂严重,许多已倾斜,供电线路线径小、强度不够,急待换杆换线	60
16	红一至红四楼照明线路更新	该建筑为古式大屋顶建筑,老化,开关破损,熔焊较多	80
17	哲学楼电气改造	线路老化,配电设施陈旧	50
18	力学大院电线改造	线路老化,容量小,线路已不能适应负荷的增加	40
19	校内避雷设施检修更新	因目前施工资金有限,不能全将所有避雷设施检修、更新。校内许多建筑避雷设施均已锈蚀,不能起到防雷作用。有的建筑原先没有安装,应补装上	80
20	食堂电梯检修更新	原有四部电梯安全性能很差,曾出过大事故	40
21	物理大楼三期电气改造(除隐患工程,一、二期已完)	大楼为50年代建筑,目前国家级重点实验室很多,室内配电设施陈旧,电线老化严重	120
22	部分路灯电缆更新及老式灯具改造	电缆线径小、老化严重,一些灯具年久失修,可靠性差	30
23	第一体育馆线路及配电设施更新	电线裸露老化严重,配电设施陈旧、破损	40
24	水井装消毒设施及线路改造	因校内基建工程发展,原控制线路阻断,将投入无线遥控装置,另根据北京市卫生局要求,水井需加装消毒设施	50
25	体育中心大厅线路改造	线路需调整改造	20
26	二附中教室供电设施改造	年久失修,线路老化严重,配电设施陈旧	50
27	变压器购置	学校运行中的变压器较多,需要一定数量的备用变压器,1995年曾购置的已用完	80
28	法学楼、地学楼电气检修	楼内电气全部重新设计改造	300
	合　计		2650

三、水暖工程

序号	工程地点	工程内容	概算金额(万元)
1	教学楼暖气维修	室内温度低,管道腐蚀严重,常有跑水发生。(30万平方米)	1200.00
2	教学楼上下水维修,厕所改造	换部分上下水管道,厕所做防水层	600.00

(续表)

序号	工程地点	工程内容	概算金额(万元)
3	办公用楼暖气维修	室内温度低,管道腐蚀严重,常有跑水发生。(10万平方米)	600.00
4	办公用楼上下水维修,厕所改造	换部分上下水管道,厕所做防水层	300.00
5	校医院、食堂、商店、浴室等上下水维修,厕所改造	换部分上下水管道,厕所做防水层	380.00
	合　计		3080.00

附录4　北京大学科学园发展规划

前言

中关村地区产生了我国第一个"电子一条街",第一个高新技术产业区,被誉为中国的"硅谷"。中关村地区是全国科技人员和智力资源最密集的地区,具有人才、科技和知识的优势,高科技产业的发展也有一定基础。为迎接知识经济的到来,落实科教兴国战略,加快高新技术产业的发展,北京市进一步提出了新的中关村地区发展战略即建设"中关村科技园区",这一战略得到了国务院的批准和支持。这不仅是北京市的发展战略,也是国家发展高新技术产业大战略暨科教兴国战略的重要组成部分。北京大学坐落于中关村地区,校园的周边地区,尤其是南面、东面更是居于黄金地段,北京大学以人才、科研、位置的优势在中关村发展战略中具有特殊重要的位置。早在1992年邓小平视察南方发表重要谈话之后,北京大学就及时抓住机遇,提出了周边开发的战略构想:以推倒校园南墙,改造南街工程为契机,在北大周围创办大学科学园,筑巢引凤,为高新技术成果的商品化、产品化和国际化提供载体,同时为企业和企业家们提供一个广泛接触高新技术成果的场所。学校为此组建了北大资源开发公司(后更名为北大资源集团),具体负责科学园的规划和建设工作。经过几年的建设与发展,南街改造工程、燕园教育培训中心、北大太平洋科技发展中心已经或将要建成,北京大学科学园已初具规模;北大科技和智力资源密集,具有众多的国家重点实验室和开放性实验室;文理融通,人文氛围浓郁,创新氛围活跃;高新技术的校办产业具备一定基础。因此,加快建设北京大学科学园,要充分发挥中关村地区高等院校、科研院所和高科技企业的整体优势,通过科技成果和创新知识的产业化,把丰富的智力资源转化为强大的生产力,对于推进产学研的密切结合,探索大学与社会相互沟通的路子,加快经济和社会发展具有重大意义;对实施科教兴国战略,增强我国创新能力具有重要作用。为迎接知识经济时代的挑战,在中关村科技园区的发展战略中,北京大学科学园应进行更明确的定位和更为远景的规划。这一规划在借鉴外国科学园建设有益经验的基础上,着力于创建北京大学科学园自身的特色,为国内兄弟院校科学园的建设发展起到示范作用。

一、北京大学科学园的发展优势

1. 地理位置优越

北京大学科学园位于中关村科技园区的黄金地段,背靠北京大学,毗邻中国科学院和清华大学,是中关村科技园区的区中园,其地理位置无可替代。

2. 北大的人才、科技和校办产业优势

北大历来被称为中国的最高学府,其地位和作用在国内高校中十分重要,素以历史悠久、学科齐全、人才济济、成果累累而蜚声海内外,近来更在国家 21 世纪创建世界一流大学的战略中得到重点支持,北大校办高科技产业的发展水平和综合实力也居全国高校之首,近年来更涌现出许多拥有市场前景的新技术、新成果,亟需通过适当的载体使之转化为现实生产力。

3. 科学园发展具备了一定基础

1992 年,北大推倒南墙组建资源集团以来,已先后完成南街改造工程(2.7 万平方米),燕园教育培训中心(2 万平方米),正在建设 8 万平方米的北大太平洋科技发展中心。已吸引各类企业 300 多家入园,其中 80% 以上为高新技术企业,高新技术企业主要分布在电子信息、生物制药、新材料新能源、环境科学等领域。为学校增加数亿元的固定资产,累计向学校上缴 5000 万元净利润。科学园本身已具备一定的基础,资源集团本身也在这几个大项目的建设中得到发展壮大,并在没有学校拨款的条件下培养出了自身的造血功能,具有不断滚动开发的能力。

4. 面临良好的发展机遇

依靠大学和科学院所建设高科技示范区已经成为国家的战略,北京市亦将高科技产业作为"首都经济"的重要依托,中关村科技园区发展战略已经得到国务院的批准和大力支持,中关村地区已成为国家发展高新技术产业的重要基地,同时也是首都发展高新技术产业的重要基地。北京大学科学园的建设恰逢中关村国家战略的实施,其位置处于中关村黄金地带,背后又有北大的人才优势作为依托,北京大学科学园的发展可谓得天时、地利、人和之便。

二、北京大学科学园的规划原则与空间发展

北京大学科学园以人为本,营造环境,鼓励创业。她将以开放的特点、全新的观念,通过优雅的环境、良好的设施、周到的服务和制度化的条件,为创业者提供一个优良的政策环境和浓郁的创新机制。

北京大学科学园发展规划的原则是,功能布局上趋向集中,空间规划上趋向开放,服务设施上追求完美。

北京大学科学园的空间发展规划是"线、片"结合的原则。长期规划中的北京大学科学园将从北大周边的"一线"向生物城及即将改造的成府区延伸,进而包括国内其他地区有北大参与的科技工业园区,即核心区、扩散区、辐射区。

三、北京大学科学园的发展目标

北京大学科学园在其发展中坚持改革,鼓励创新。努力营造一种吸引、凝聚优秀人才的良好环境,建立能够充分发挥科技人才和经营管理者成长、促进人的聪明才智迅速有效转化科技成果的充满活力的机制,促进科技、教育和高新技术产业的更大发展。坚持对国内外所有创业者的开放,通过良好的政策环境,以竞争为手段,促进自身的发展。紧紧跟踪世界高新技术发展的潮流和趋势,以市场为导向,积极发展高新技术产业、文化产业和商业服务及物业。以完善的现代化基础设施、优美清新的环境、良好的社会秩序环境、浓郁的文化氛围以及高质量的服务等环境支撑条件,吸引大批有志者,为国内外所有创业者搭起一个宽广的舞台,营造一个创新的空间。

北京大学科学园是中关村科技园区的重要组成部分,目标是在未来五至十年内,在北京大学周边地区和附近更开阔的地带筹建规模更大的科学园区。

1. 依靠毗邻北大的条件,利用百年积累的人文环境、基础设施条件,吸引或孵化一批有实力的高新技术企业,使科学园成为连接大学和企业的桥梁,促进学校教学、科研水平的提高和科技成果的转化。

2. 到下世纪初,科学园内将建成几十万平方米的高科技用房和科技开发中心,形成具有创新能力的科技园区,促进中关村科技园区的繁荣与发展,为发展首都经济、提高中国高科技产业水平作出更大贡献。

3. 科学园同时还将建成为具有高环境质量与基础设施齐备的文明社区,为改善校园周边环境,为北大创建世界一流大学作出贡献,同时为改善中关村地区的环境,形成现代化的信息产业市场作出贡献。

四、北京大学科学园的功能

江泽民总书记在庆祝北京大学建校一百周年大会上的讲话中指出,"我们的大学应该成为科教兴国的强大生力军。教育应与经济社会发展紧密结合,为现代化建设提供各类人才支持和知识贡献。"这样的大学"应该是知识创新、推动科学技术成果向现实生产力转化的重要力量"。为适应这一形势,必须加强教育与经济的紧密结合。北京大学科学园作为大学向社会的延伸,应该成为教育与经济社会发展的桥梁;北京大学科学园的发展要依托北京大学和中关村地区科研院所的综合优势,在中关村整体发展战略中应该成为一个重心和亮点,使北京大学科学园孵化出中国社会新的经济增长点。同时,应该将科学园的建设与北京大学创建世界一流大学的目标紧密结合起来,做到相互促进。为此,科学园必须确定自己发展的功能定位。

1. 技术研发和企业孵化基地

北京大学科学园将成为沟通大学与企业的桥梁,促进有市场观念的科学家和有科学头脑的企业家密切结合,双方通过科学园进行强强合作,达到双方受益。科学园充分发挥北京大学的综合优势,采取项目自主开发和技术引进并重的原则,创造、营建有利于中小型高科技企业发展的条件与环境,吸引有创新能力和市场竞争力的高新技术企业入驻园区。科学园将致力于筛选有市场竞争力的高科技项目,通过参与创业投资基金,为其项目的孵化、转化和发展提供资金支持和转化场所。使其成为电子信息、生物制药、精细化工、新材料及环境保护和生物资源利用等产业的基地,孵化出一批能够参与国际竞争的高科技企业。吸引一批国际上著名的大公司和高新技术企业在这里建立它们的研究机构和兴办高新技术企业,使北京大学科学园成为国际经济技术交流合作的基地。

2. 文化产业发展基地

北京大学科学园将注重教育和文化事业的发展,利用北京大学和中关村地区的综合人文优势,把教育和文化作为产业来经营,构建、改造中关村和圆明园周围的人文环境,把文化产业视为21世纪的支柱性产业来发展。净化校园学术环境,为我校师生服务于社会开辟新的领域和舞台。同时,北京大学科学园将以国际性和开放性为特征,为各种学术会议提供交流场所,使之成为国际交流与合作的桥梁。

3. 人才培育基地

北京大学科学园将以北京大学为依托,以教育为产业,发挥教育培训的功能,适应社会主义市场经济发展的需要,为社会、政府培训各类技术专门人才;以"一站式"寄宿教育和"网络"教育为突破口,结合北大深厚的文化底蕴,利用现代信息传播技术促进科技、教育和经济的紧密结合,为区域经济发展服务。

4. 信息集散基地

北京大学科学园将发挥北京大学文理等学科齐全的优势,利用大学的上百年人文积淀、区域特征和良好的基础设施条件,集科技信息、法律、专利、金融财贸、行政管理、公关策划、文化传播、国际关系等方面的咨询、查询服务为一体,使科学园成为信息收集、加工和传播基地。

5. 知识创新支撑保障基地

加强与完善园区的基础设施和社区设施建设,营造适于知识创新的环境氛围;优化土地资源和物业的有效配置,继续加强北京大学周围的土地资源开发和物业管理,实施招商引资,为人才资源、文化资源和高新技术产业的综合开发开辟更加广阔的舞台,提供良好的软、硬件环境,使科学园成为支撑和保障知识创新的文明社区。

五、北京大学科学园的管理

北京大学科学园是我国实施科教兴国战略,推进面向 21 世纪高等教育体制改革,教育为经济建设主战场服务的产物;是为学校服务于社会,架起学校与社会相互沟通桥梁的一项重要举措;是为高新技术成果的商品化、产业化和国际化提供载体,为企业和企业家提供一个广泛接触高新技术成果的重要场地。北京大学科学园的发展是学校创建世界一流大学发展规划的一个重要组成部分。

1. 科学园的管理体制
- 北京大学科学园直属北京大学领导。
- 北京大学校园规划委员会宏观指导科学园的发展、规划。
- 北京大学科学园董事会决定科学园发展的大政方针。
- 北京大学科学园办公室代表北京大学具体规划、建设、开发、经营、管理北京大学科学园。

2. 科学园的运行机制
- 北京大学科学园采取所有权与经营权相分离的原则,科学园办公室具体负责科学园的运行。
- 科学园运行按照市场规律运行,以竞争为原则,鼓励创新。
- 科学园组成技术专家委员会,负责对入园资格审查及项目筛选。
- 科学园创建中介组织促进大学与企业、政府、社会之间的合作与交流。
- 科学园设立创业基金,孵化高新技术和高新企业。

六、北京大学科学园规划图(暂缺)

"行动计划"专项资金预算表(特殊专项)(略)

北京大学"211工程"建设规划

　　1994年7月,中国共产党北京大学第九次代表大会讨论通过了学校改革和发展的目标——在21世纪初叶建成世界一流的社会主义大学,审议通过了《北京大学改革和发展纲要》。此后以此纲要基本内容为主体的申报"211工程"文件,在近一年内组织教师和有关职能部门深入调研论证的基础上,五易其稿,1994年9月学校按照国家教委直属高校工作办公室《关于对北京大学、清华大学两校进行"211工程"部门预审工作的通知》,最终完成了《北京大学"211工程"建设规划》。1994年10月12日至13日,国家教委组织了对北京大学申请进入"211工程"的部门预审。专家组成员和国家教委直属高校工作领导小组成员听取了北京大学的汇报,并进行了实地考察,最后一致通过北京大学申请进入"211工程"的部门预审。教委副主任张孝文代表教委直属高校领导小组,对北京大学"211工程"和预审工作提出了具体要求,他希望北京大学能够建设成为代表国家高等教育水平的、国际可比的世界一流大学。北大根据专家组的意见,对《北京大学"211工程"建设规划》作了进一步修改。12月3日,北京大学教代会第二届第五次会议审议通过了学校"211"总体规划。《北京大学"211工程"建设规划》是在《北京大学改革与发展纲要》基础上细化的建设方案,是向国家申请资助的论证报告和执行方案。本书收录的是1994年10月修改的文本。

时任书记: 任彦申
校　　长: 吴树青
主持人: 吴树青　王义遒
撰稿人: 赵亨利　彭兴业　林钧敬　李安模　马树孚　闵维方　赵存生　吴同瑞　羌　笛　周起钊　杨以文　汪太辅　唐幸生　马云章　孙绍有

　　1993年2月13日中共中央、国务院颁布了《中国教育改革和发展纲要》,接着,国家教委发布了《关于重点建设一批高等学校和重点学科的若干意见》,正式实施"211工程"。在这些重大举措鼓舞下,北京大学随即提出了自己的改革和发展思路,并于1993年5月召开了全校教学改革研讨会,解放思想,转变观念,加快了改革和发展的步伐。此前,在1992年,北京大学进行了全校学科建设大讨论,分析了形势,明确了目标,确定了重点与优先发展领域,制订了以队伍建设为主的政策措施;接着又实施全校内部管理改革的几项重要措施,如精简行政机构与人员,重新确定编制和实行岗位责任制与考核办法,改革校内分配制度、全面实行工资定额包干等。这些都为北大提出全面改革和发展目标,申请列入"211工程"打下了基础。

　　1993年下半年,在校党委书记和校长直接领导下,组织队伍开始进行申报"211工程"的规划和论证工作:一方面起草北京大学改革和发展纲要,确定跨入21世纪的奋斗目标和具体规划,另一方面进一步分析学科优势,积极推动优先发展学科的建设。1994年7月,中国共产党北京大学第九次代表大会讨论通过了学校改革和发展的目标——在 21 世纪初叶建成世界一流的社会主义大学。

以《北京大学改革和发展纲要》的基本内容为主体的申报"211 工程"文件,在近一年来组织教师和有关职能部门深入调研论证的基础上,五易其稿。1994 年 9 月学校按照国家教委直属高校工作办公室《关于对北京大学、清华大学两校进行"211 工程"部门预审工作的通知》,最终完成了《北京大学"211 工程"建设规划》。该规划共分三个部分:一是学校的自我评估;二是建设和发展规划及其可行性论证;三是整体改革思路和实施方案。此外,还有 13 个附件和一本关于重点学科与学科群建设的报告。

按照教委直属办《通知》提纲起草的这三部分既是一个整体,又相对独立。因此,这三部分在文字上难免有重复之处。

1994 年 10 月 12 日至 13 日,国家教委组织了对北京大学申请进入"211 工程"的部门预审。专家组成员和国家教委直属高校工作领导小组成员听取了北京大学的汇报,并进行了实地考察,最后一致通过北京大学申请进入"211 工程"的部门预审。现根据专家组的意见,对《北京大学"211 工程"建设规划》作了进一步修改。

第一部分 北京大学的自我评估

根据国家教委直属高校申请"211 工程"预审的条件,分以下六个方面 18 条对北京大学的工作进行自我评估如下:

1. 北京大学具有较明确的办学指导思想和面向 21 世纪的战略发展目标

1.1 北京大学始终坚持社会主义办学方向

党的十一届三中全会以来,学校花了很大的精力,围绕着坚持社会主义办学方向、维护学校稳定、落实德育首位、全面贯彻党的教育方针,做了大量的工作。逐步形成了比较明确的办学指导思想,这就是:以邓小平同志建设有中国特色社会主义理论为指导,全面贯彻党的基本路线和教育方针,以培养"有理想、有道德、有文化、有纪律"的建设者和接班人作为学校的根本任务,充分发挥人才培养、科学研究、社会服务这三项社会功能;坚持以提高为主和以内涵发展为主的方针,借鉴国内外著名大学的办学经验,优化教育结构,大力提高教育质量和办学效益;坚持"两手抓、两手都要硬",把握爱国主义、社会主义和集体主义的主旋律,切实加强和改进德育工作;正确处理改革、发展和稳定的关系,努力形成一个三者相互促进、良性发展的局面,为在下世纪初叶把北京大学建成具有世界一流水平的社会主义大学而奋斗。

在提高认识的基础上,学校加强和改进了思想政治工作,形成了教书育人的工作体系,完善了思想政治工作制度,保证了培养社会主义事业建设者和接班人的根本任务的完成。学校成立了学生工作领导小组,各系成立了本科生工作小组和研究生工作小组,全校有学生思想政治工作干部 110 人,其中专职 67 人,兼职 43 人,此外有兼职班主任 350 人。与此同时,建立和完善了学生思想政治工作的各项制度,积累了工作经验,有一套行之有效的工作方法,初步形成了教师教书育人、干部管理育人、职工服务育人的良好校园环境。1994 年初,北京大学被评为北京市党的建设和思想政治工作先进高等学校。

1.2 北京大学具有一个团结、战斗的领导核心

北京大学校级领导班子共有 12 人,其中书记 1 人,副书记 3 人,校长 1 人,副校长 9 人(其中有 2 人兼),他们全部都是中共党员,具有高级职称,平均年龄 56 岁。

北京大学的领导班子是个团结、战斗的领导集体,在多年的工作中形成了以下几个特点:一是领导班子比较团结,党政比较协调,领导班子是由各方面的同志组成的,不管是原来一直在北大工作的,还是从校外调入北大的,不管是主管业务工作的,还是专职从事党务工作的,大家都能互相尊重,共同为建设好北大而努力工作;二是领导班子比较重视思想理论建设,学马列、学有中国特色的社会主义理论,从 1987 年开始就成立了校领导理论学习中心组,邀请校内的各个理论学科的专家、教授一起学习,并以此推动全校的理论学习,取得了好的效果;三是领导班子思想比较解放,有较高的理论政策水平,比较注意抓大事,能够正确处理稳定、改革与发展的关系,努力贯彻党的基本路线和教育方针。近几年来,学校重点抓稳定、抓方向、抓改革、抓建设,推动了学校各项工作的开展;四是领导班子能够严格要求自己,勤政廉洁,受到师生的好评。今年 7 月,北京大学召开了第九次党员代表大会,明确了北大发展目标,选举了新的领导班子。这个领导班子素质较高、事业心和责任感较强、能够贯彻党和国家的方针政策,是个团结务实、奋发向上、廉洁自律并能驾驭全局工作的校级领导班子。

1.3 北京大学出台了一系列改革措施,综合办学实力有了明显提高

改革开放 15 年来,北京大学实施了一系列改革措施,综合办学实力有了明显提高。概括地讲,主要进行了以下几个方面的改革:

一是进一步调整了系科专业结构,在继续保持基础学科优势并努力使之创新的同时,着重发展了经济建设、社会发展和科技进步急需的应用学科、交叉学科和新兴边缘学科。1986 年以来,新增本科生专业 12 个,硕士生专业 15 个,博士生专业 22 个,博士后专业 47 个,新增专业方向 165 个,新开课程近 1300 门,使北京大学由原来的文理型的综合大学发展成现在的包括自然科学、技术科学、人文科学、社会科学、管理科学和新型工程科学等多学科的新型综合大学。

二是进一步深化教学改革,学校本着"面向社会,适应市场,发扬优势,增强活力,办出特色"的指导思想,深化了教学改革,制定了"加强基础,淡化专业,因材施教,分流培养"的教学计划,加强了基础课建设,改进了选课办法,完善了学分制。进一步深化了教学内容和方法的改革,促进了学生德智体的全面发展。

三是进行了管理体制的改革,学校对校内不同性质的单位实行了分类管理。对系、所、中心,根据学校下达的教学、科研等任务,重新核定编制,实行工资总额包干。对校部机关实行岗位责任制,精减人员 12.9%。对校办产业和后勤实行承包责任制,调动了教职工的积极性。

四是改革了科研管理体制,调整了科研布局。理科在继续重视基础研究的同时,大力加强了应用研究,有选择地进行了开发研究,取得了诸如电子出版系统这样重大的科研成果。文科加强了理论和现状的研究,这类课题所占的比例超过 70%,把国家改革和发展中急需解决的重大理论和实际问题作为主攻方向,取得了一批重大科研成果。

五是改革了教师管理制度,近五年来有 192 名中青年教师破格晋升为教授、副教授,先后吸引了 60 多位海外博士受聘在北大任教,使学校有博士学位的教师达到 472 人。最近,

学校又启动了"跨世纪人才工程",第一批跨世纪中青年学术骨干87人已经确定,100万元跨世纪人才基金已经到位。学校努力为教师创造一个"有用武之地,少后顾之忧"的工作和生活环境。

六是改进了党的建设和思想政治工作,使党建和思想政治工作紧密地围绕着教学、科研和学生健康成长进行,开展了具有北大特色的既高品位又多层次、既有主旋律又多样化的校园文化建设,取得了良好的效果。通过以上一系列改革和建设,使北大的办学水平、办学实力、办学环境有了明显的提高和改善,得到了国家有关部门和社会各界的好评。

1.4 北京大学制定了面向21世纪的战略发展目标

1994年7月,北京大学召开了第九次党代表大会,认真总结了1986年以来贯彻党的基本路线和教育方针,推进学校改革和发展的实践经验,确定了到下个世纪初叶学校改革和发展的总体目标、改革思路、发展战略和工作任务,制定了《北京大学改革与发展纲要》。

北京大学的总体发展目标是:到下个世纪初叶,把北京大学建设成为一所包括自然科学、技术科学、人文科学、社会科学、管理科学和新型工程科学等多种学科的社会主义综合大学;成为集人才培养、科学研究、社会服务为一身的先进的教育中心和科学研究中心;成为国家培养高级专门人才、发展科学文化、开拓高新技术、研究马克思主义和弘扬民族优秀文化传统的重要基地,成为具有世界一流水平的社会主义大学。

为了实现这个总体发展目标,拟实行分两步走的战略:第一步,从现在起到本世纪末,使北京大学在教育质量、科学研究、队伍建设、社会服务、管理水平以及办学效益等方面有较大的提高,在教育改革方面有明显进展,办学条件有较大改善,在某些学科上接近或达到世界先进水平,为创办世界一流大学奠定基础,为国家现代化建设和首都建设作出重大贡献;第二步,再经过一二十年的努力,到21世纪初叶,使北京大学在人才培养质量、科学研究水平等方面接近或达到世界一流大学的水平,成为我国科学技术文化和综合国力的重要标志之一。

为了实现这个总体发展目标,我们在总结前几年工作经验的基础上,确定了我校改革和发展的思路,这就是:在邓小平同志建设有中国特色社会主义理论指导下,解放思想,抓住机遇,全面贯彻党的基本路线和教育方针,面向现代化、面向世界、面向未来,积极探索同社会主义市场经济体制相适应的新的办学模式和路子,以学科建设和教学改革为核心,以教师队伍和干部队伍建设为重点,以发展校办产业、增强经济实力为后盾,以加强和改进党的建设和思想政治工作为保证,全面提高教育质量和科学研究水平,全面提高管理水平和办学效益,以服务北京,面向全国,走向世界。

2. 北京大学具有优良的校风和学风,积累了比较丰富的办学经验,能够培养出社会公认的、水平较高的高级专门人才

2.1 北京大学在社会上享有较高的声誉,能够培养社会公认的优秀人才

北京大学在96年的办学过程中,形成了热爱祖国、学习马克思主义、民主与科学、改革与进步的优良传统和勤奋、严谨、求实、创新的良好学风。北京大学在长期的办学过程中,积累了较为丰富的办学经验,形成了自己的特色,校园里有浓厚的学术空气,有良好的"百家争鸣"、学术自由的传统。北大的教学工作具有重视基础知识、基本理论、基本技能的特点,她所培养的学生具有比较强烈的爱国主义思想和科学与民主的精神,他们基础扎实、知识面

宽、思想活跃、具有后劲、适应性强，在社会上享有较高的声誉，受到广大青年的仰慕。历年来，北大有较好的生源基础，保送生的质量在全国处于领先地位，他们大部分都是德智体全面发展的各省市最好中学的前三名学生，其中获国际奥林匹克金、银、铜牌奖的，自1987年至1994年有近70人到北大学习，占总数的70%。高考录取的学生质量，北大也处于全国前列，其中全国各省市高考总分前三名的学生约占1/4，"状元"约占1/3。北大文科的录取总分在全国保持绝对优势，1994年平均分数为569分；理科录取总分也处于全国前列，1994年平均分数为635分。北大研究生的录取率约达到25%，即4名报考者录取1名。

　　北京大学培养的学生现已成为我国各条战线的骨干力量，有的已成为政治家、科学家、教育家和其他各方面的专家，不少人在党和政府部门、经济部门、政法部门、教育与科学文化部门担任领导工作，更多的人从事学术性工作。1991年国家教委和国务院学位委员会授予北大29位毕业生"做出突出贡献的中国博士、硕士学位获得者"荣誉称号（其中博士学位获得者20人，硕士学位获得者9人），占全国获此殊荣总人数的4.6%。我国1992年新增补的210名中科院院士中，毕业于北京大学的就有34人，占16%。北京大学已经培养出一批社会公认的优秀人才，其毕业生受到普遍的欢迎和信赖。

2.2　北京大学的本科教学质量达到了世界先进水平

　　1988年，北京大学明确提出了"加强基础，淡化专业，因材施教，分流培养"的人才培养模式，并按此修订了教学计划，加强了基础课的建设，改进了选课办法。据1990年到1992年的统计，正、副教授的开课率分别为74.9%、76.8%、75.4%。1993年至1994年度共有69名博士生导师开设了79门基础课，其中11门为全校公共选修课。学校还大力提倡更新教学内容，开设能反映当前社会科技文化发展的新课程。八年来，北大为本科生新开课742门，这样每学期全校为本科生开设的课程可达1500～1700门之多。学校先后制定了以推行和完善学分制为内容的16项教学管理措施及一些"活"与"严"相结合的教学管理制度。此外，北大还尽最大努力改善教学条件，目前有藏书440万册、中文期刊18641种、外文期刊9888种，为学生开设基础实验和专业基础实验的实验室面积11551平方米，拥有实验仪器设备6860台件，价值6585万元，实验开出率达到100%。1990年至1993年四年中，北京大学出版社共出版了本校作者的教材和参考书294种。北大具有较为完备的本科教学的基础设施，但与世界先进水平相比差距甚远。

　　由于采取了以上措施，北京大学的本科教学质量居于全国同类学科专业的前列。截至1993年的统计，北大已有140位教师获得全国或北京市教学优秀奖。在1989年和1993年两次全国性评比中，北京大学获得优秀教学成果特等奖的有3项，全国优秀奖的有8项，市级优秀奖的有29项。1985年以来，北京大学共出版教材1000余种，在1988年和1992年两届全国普通高校优秀教材评选中，北大共有115种教材获国家级和部委级奖，其中获国家特等奖13种，获国家优秀奖39种，名列全国高校之首。北京大学在历年英语统测中成绩优秀，90、91、92届本科毕业生四级英语统测通过率分别为87.72%、85.24%、87.08%，优秀率分别为19.89%、16.35%、16.66%；六级通过率分别为32.53%、59.34%、60.52%，在全国高校中名列前茅。北京大学毕业的本科生有许多被世界著名大学所录取，在国外就读研究生期间，成绩优秀。据国内外学者的评价，认为北京大学所培养的本科毕业生在学习知识的深度和广度上，已达到了世界先进水平。

2.3 北京大学已经建立起较为完整的学士—硕士—博士—博士后培养体系

北京大学现有学士专业 85 个,硕士专业 146 个,博士专业 97 个,并在 13 个一级学科设有博士后流动站,涵盖专业 67 个(其中文科 21 个、理科 46 个)。博士点分布在哲学、经济学、法学、教育学、文学、历史学、理学、工学等八大学科门类的 23 个一级学科里。能与硕士专业对应的学士专业有 69 个,占学士专业总数的 81%;能与博士专业点对应的学士专业有 49 个,占学士专业总数的 57.6%;69% 的博士专业也是博士后专业。北大所有招收本科生的院(系)均设有学士专业、硕士专业和博士专业。北大学士、硕士、博士、博士后专业分布情况,如表 1 所示。

表 1 北京大学学士、硕士、博士、博士后专业分布情况

层次	门类	合计	哲学	经济学	法学	教育学	文学	历史学	理学	工学
学士专业		85	4	11	9	1	24	5	28	3
硕士专业	专业数	146	8	12	26	3	22	7	57	11
	所在一级学科数	27	1	1	4	2	2	1	11	5
博士专业	专业数	97	6	7	14	2	14	6	41	7
	所在一级学科数	23	1	1	4	2	2	1	10	2
博士后专业	专业数	67		6	3		6	6	39	7
	所在一级学科数	13		1	1		1	1	7	2

北京大学自 1985 年开始实行推荐优秀应届本科毕业生免试录取为硕士生的办法,同年开始实行优秀在读二年级硕士生提前攻读博士学位,1993 年开始试行优秀应届本科毕业生直接攻读博士学位和优秀在读一年级硕士生转为硕士、博士连续培养的办法。学校先后制定了《北京大学关于硕士生提前攻读博士学位的办法》《北京大学培养直攻博士学位研究生的试行办法》《北京大学硕士研究生、博士研究生连续培养的试行办法》等规章制度。经过试点,逐步积累了本科生与硕士生打通培养、硕士生与博士生连续培养的经验。目前,各院(系)已经或正在对学士生、硕士生、博士生教育进行整体规划,使各层次人才培养既目标明确、相对独立,又互相衔接、承前启后,形成完整的人才培养体系。

近几年来,根据国家需要,学校不断地调整了学生层次结构,研究生所占比重逐年提高,办学效益居全国高校前列。北大近 5 年在校研究生数如表 2 所示。

表 2 北京大学在校研究生人数

	1990 年	1991 年	1992 年	1993 年	1994 年
总数	2636	2665	2922	3161	3595
硕士生数	2202	2193	2393	2511	2780
博士生数	434	472	529	650	815

从表中可知在校研究生的数量,特别是博士生的数量是逐年增加的。从 1978 年至 1994 年,共有毕业研究生 8530 人,其中硕士毕业生 7788 人,博士毕业生 742 人。北京大学年招收研究生的国家计划数、在校研究生数以及毕业研究生数,均在全国名列前茅,已经成为国家培养研究生的重要基地。

3. 北京大学具有一批较强的学科,获得了一批较高水平的重要科学研究成果

3.1 北京大学学科门类比较齐全,基础学科较强

北京大学是我国学科门类较为齐全,重点学科最多,基础学科力量雄厚的一所大学。北京大学目前拥有5个学院,29个系(其中理科13个,文科16个),39个研究所(其中理科19个,文科19个,文理交叉的1个),43个跨学科的研究中心。在97个博士研究生学科专业中拥有国家级重点学科42个(其中理科23个,占全国理科重点学科的1/2;文科19个,占全国文科重点学科的1/3),约占全国重点学科的10%。在42个重点学科中,约有1/4的重点学科可以达到或者接近世界先进水平。北大拥有国家级实验室15个(其中重点实验室11个,专业实验室4个),在全国高校中名列前茅。北大的重点学科和国家重点实验室具有较为广泛的覆盖面,覆盖了大部分博士学科专业。

改革开放15年来,北京大学在继续保持基础学科优势的同时,着重发展了经济建设、社会发展和科技进步急需的应用学科、交叉学科和新兴学科,使北京大学由原来的文理综合大学发展成为包括文、理、经、法、管等多种学科的先进的教育中心和科研中心。目前,世界各国普遍采用科学计量排序来衡量一个大学的教育科研的水平和效益。据中国科技信息研究所、信息分析研究中心公布的1983年至1993年的科学计量排序,其中1983年至1991年,北京大学无论是在被SCI收录数量还是被引用的数量方面均居全国高校之首。1992年至1993年北大在SCI收录数量上排在第二位,但论文引用率仍排在第一位,按照国际通行标准衡量北大被列为中国大学四强之首。1992年,在中科院新增补的210名科学院院士中,北大占13名,超过新增补院士的5%,也居全国高校首位。以上情况说明,北京大学学科较为齐全,并且拥有一批较强的基础学科,在国内外占有重要的地位。

3.2 北京大学获得了一批在国内外有较大影响的科研成果

自"六五"规划以来,北京大学共完成国家级和省部级科研任务1985项,其中文科455项,理科1440项。截至1993年底,我校共获得国家级和省部级的科研成果奖618项,其中文科261项,理科357项。这期间在国内外学术刊物上发表论文33896篇,其中文科18260篇,理科15636篇。出版学术专著4245部,其中文科3519部,理科726部。北京大学获国家级科研成果奖的数量和等级均居全国同类高校的前列。

在北京大学获得的众多科研奖中,获奖等级较高的项目占有一定的比例。例如,近10年来,我校理科获得了第三世界科学院数学奖2项(全国仅3项),联合国教科文组织颁发的青年科技奖贾乌德·侯赛因奖1项(全国仅1项),国家自然科学奖36项(居全国高校之首),国家发明奖7项,国家科技进步奖29项,在国家三大奖中有一等奖10项。此外还获得了国际空间组织奖1项,陈省身数学奖2项,陈嘉庚奖1项,第一届王丹萍奖2项(全国共5项)。北大文科也获得了一批重大的科研成果,如1998年,北京市首届哲学社会科学优秀成果奖特等奖共10项,北大占7项;一等奖共35项,北大占11项。1994年首届国家图书奖评选结果,共有45种图书获国家图书奖,北大占5种,是全国高校中唯一获奖单位。由此可以反映出北京大学科学研究的实力。

北京大学除了在基础研究中获得了一批国内外有影响的成果外,在应用研究领域里,也取得了一批重大的科技成果。如,由徐光宪教授主持研究的稀土串级萃取理论及稀土分离一步放大工艺,应用于生产实际新增产值5亿元。由石青云教授主持研究的指纹自动识别

系统,是目前世界上最先进的指纹自动识别系统之一,在美国国际竞争中中标。文科在经济体制改革、法制建设、社会发展、国际关系、精神文明建设等方面也作出了一批重要研究成果。如,费孝通教授的《小城镇四记》等论著,研究了小城镇经济社会发展的模式,为我国农村改革特别是苏南地区经济社会发展模式的形成作出了重大贡献;厉以宁教授的股份制研究,闵维方教授的我国高等教育投资规模效益研究,曾毅教授的应用于中国等第三世界国家的家庭状态生命表模型的创立、应用及计算机软件研制等研究成果,受到有关部门的高度重视,为国家的决策提供了重要依据。应该说,北大这些重大的科研成果,为国家的经济建设和社会发展作出了重要贡献。

北京大学科学研究的另一个重要特点,是发挥基础学科的明显优势,创造性地开拓新的应用领域,乃至创办新的产业。例如,王选教授建立在数学理论基础上的汉字信息处理电子出版系统,已经经成为新兴产业,带动了印刷业的革命,1993年产值达9亿元,取得了巨大的社会效益和经济效益。此外,还有建立在生物学基础上的植物基因工程;建立在分子结构研究基础上的分子工程为新兴药物产业的创立开辟了途径;建立在计算机软件理论基础上的软件工程开创了新的软件产业等。北大正在建设的电子出版新技术和软件工程两个国家工程研究中心,能够把基础、应用和开发有机地结合起来。不仅如此,一批有别于传统工程技术学科的新兴工程技术学科也会应运而开拓发展起来。

3.3 北京大学的科研经费,在全国综合大学中处于首位

北京大学由于学校的地位和声望以及教师的水平和实力,近几年来获得了较多的科研经费,学校争取到的科研经费一直处于全国综合大学首位,并能逐年有所增长,教师、科研人员人均所占有的科研经费数居全国同类高校的前列。

近年来,北京大学理科科研经费呈增长趋势,每年所争取到的科研费在综合性大学中一直居首位,其中纵向经费约占70%,详见表3。1993年理科教师人均科研经费为3.8万元。

表3 1984—1993年理科科研经费统计 (万元)

年度	经费总计	纵向经费					
		小计	科委计委专项	"863"项目	攻关	科学基金	博士点基金
1984	811.96	639.86	534.8	—	26.50	78.56	—
1985	1139.98	735.12	420.6		34.67	170.00	109.85
1986	1166.30	669.57	251.1	—	136.47	168.00	114.00
1987	2575.00	1762.10	999.5	120.62	229.18	329.80	83.00
1988	3152.50	2518.04	1251.2	274.23	431.51	446.6	114.5
1989	2931.10	2518.04	1196.0	406.675	421.67	453.9	112.2
1990	2896.40	2309.21	951.8	346.90	434.31	465.6	110.6
1991	3638.7	2310.60	1075.2	204.00	546.00	372.7	112.7
1992	6982.4	5174.33	2220.7	516.25	1486.38	792.0	159.0
1993	5261.6	4784.15	2640.9	476.75	515.00	955.5	196.0

近年来,北京大学文科在经费十分紧张的情况下,通过多种渠道的努力,人文社会科学研究的经费也逐年有所增加。据不完全统计,"六五"期间,北大人文社会科学研究经费981万元,年均约200万元;"七五"期间,1490万元,年均约300万元。1991年,上升到497.9万元,教师人均科研经费约4000元;1992年,714.1万元,教师人均约6000元;1993年,870万

元,教师人均约7000元。

4. 北京大学有一支高素质的教师队伍,并拥有一批在某些领域有一定学术地位的高水平的教授

4.1 北京大学拥有一支高素质的教师队伍

北京大学现有教师总数2600人,其中专任教师2115人,主要从事科研工作的教师485人,教师占教职工总数的35%。

北大的教师中,有中国科学院院士29人,中国工程院院士1人,第三世界科学院院士3人,国务院学位委员会学科评议组成员34人,国家级有突出贡献的中青年专家26人,博士生导师334人,教授717人,副教授888人,讲师727人。有高级职称的教师1605人,占教师总数的62%。教师中有博士学位的有389人,占教师总数的15%;有硕士学位的有889人,占教师总数的35%。从总体上讲,北京大学拥有全国最强的教师队伍,拥有的中科院院士、博士生导师以及有博士学位的教师数量均在全国高校中名列前茅。

近几年来,经过调整,教师队伍结构状态逐步趋于合理。由于老教师的离退休和青年教师的不断补充,原来教师队伍年龄结构老化的状况有所缓解,教师平均年龄为44.76岁,40岁以下的青年教师已占教师总数的43%;随着职务晋升工作的正常化,教师职务结构发生了明显的变化,改变了职务偏低的状况;由于吸收和引进了一批高学历的教师,使学校教师队伍的学历结构发生了可喜的变化,具有硕士、博士学位的教师已超过教师队伍总数的一半以上。

北京大学广大教师忠诚党的教育事业,具有良好的师德和学风。几十年来,他们认认真真治学,勤勤恳恳工作,为国家培养了大批优秀的学士、硕士、博士毕业生,获得了一批在国内外有较大影响的科研成果,为祖国的社会主义建设事业作出了应有的贡献。同时也表明北大的师资队伍有着雄厚的实力。

北大还拥有一支752人的实验技术人员队伍和323人的图书资料人员队伍,其中的高级职务分别占28%和21%,本科及以上学历人员分别占47%和48%。这支队伍素质较高,对教学科研工作作出了重要贡献。广大实验技术人员不仅开出了高水平的教学实验,保证教学质量的提高,而且保持了全校1741台大型仪器设备的正常运作,为科研工作和研究生教育提供了良好的实验条件。他们中间有一批水平较高,身怀绝技的人员,有宝石鉴定的专家,有生物标本制作的能手,也有既是激光管制作的巧匠,又是激光测试中新谱线的发现者,等等。图书资料人员保持和发扬了编目工作的优势,又开展了图书馆自动化和联机、光盘情报检索,提供查新服务,充分发挥图书馆的情报职能,为教学科研服务。有的人非常熟悉各种资料,被人称作"活字典",成了高级参谋咨询人员。

4.2 北京大学拥有一批国内外知名的学者

北京大学拥有一批国内外知名的专家和学者,他们的学术成就得到了国际上的尊重和推崇。据不完全统计,北京大学的教师中有15人担任了国际学术组织中的领导工作,有21人获得了一些国家和地区高等学校及科研院所授予的名誉博士或科学院院士称号,有14人获得了国际性的科学奖。北京大学教师队伍中,既有一批学识渊博、造诣精深、蜚声中外的老教授,如著名的社会学家费孝通、雷洁琼、袁方,著名的语言学家季羡林、闻家驷、金克木、李赋宁,著名的经济学家陈岱孙,著名的法学家陈守一、王铁崖、芮沐,著名的哲学家张岱年,著名的文学家林庚,著名的历史学家邓广铭、周一良、田余庆、张芝联,著名的考古学家宿白,著名的数学家段学复、程民德、廖山涛,著名的物理学家胡宁、胡济民、杨立铭、吴全德,著名的气象专家谢义炳,著名的化学家邢其毅、唐有祺、徐光宪、高小霞、张青莲、冯新德、张滂,著名的地理学家侯仁之,著名的力学家王仁,著名的地质学家董申葆等。正是他们造就了北大在国内外的学术地位和优良学风。进入 80 年代以后,在这一代宗师的指导下,又成长出一批成绩卓著的中年教师,他们中的许多人已成长为新的学科带头人,如理科的中科院院士、数学家姜伯驹、张恭庆、石青云,物理学家甘子钊、陈佳洱、赵柏林,化学家黎乐民、刘元方,生物学家翟中和,计算机专家王选、杨芙清;文科著名的学者有厉以宁、胡代光、吴树青、裘锡圭、金开诚、袁行霈、严家炎、罗荣渠、马克垚、汤一介、叶朗、张玉书、胡壮麟、沈宗灵、肖蔚云、罗豪才、赵宝煦、邹衡等,他们成为当今国内外知名的学者,北大教师的中坚。近几年来,又有一批年轻的教师脱颖而出,他们在学科前沿作出了突出的成绩,成为新的学科接班人,如生命科学院院长陈章良、人口所所长曾毅、高教所所长闵维方、国际关系所所长袁明,以及 50 岁以下的博士生导师郭懋正、彭立中、文兰、王诗宬、王雪平、丁明孝、陶澍、葛晓音、陈来、马戎、申丹等。北京大学将继续按照"尊重老年、依靠中年、寄希望于青年"的精神建设一支我国最强的教师队伍。

多年来,北京大学一直比较注意年轻学科带头人的选拔和培养,制定了一系列特殊政策,从 1987 年起就确立了对年轻教师破格晋升教授、副教授的制度。1994 年初,学校又制定了"北京大学优秀中青年教师选拔培养办法",并完成了 1994 年度的评审,使优秀人才及时脱颖而出。目前,北大 50 岁以下的博士生导师有 14 人,50 岁以下的教授 78 人,40 岁以下的副教授 195 人。他们在教学、科研工作中作出了突出的成绩,引起了国内外学术界的关注。在有些学科领域,如化学、数学、生物等已经形成了一个较为年轻的学术骨干群体。

5. 北京大学具有较好的办学条件和良好的校园环境

5.1 北京大学具有良好的学习、工作和生活环境

北京大学于 1990 年制定了学校整体建设规划,并报经上级主管部门批准。近几年来,学校按照整体建设规划进行了较大规模的建设,使师生具有一个良好的学习、工作和生活的环境。

北京大学全校总占地面积为 2318722.4 平方米,校舍建筑总面积为 857432.5 平方米,其中教学科研行政用房 174974.63 平方米,生活福利附属用房 682458.07 平方米。现有各类教学科研用房 172010.9 平方米,其中教室 28738.6 平方米,实验室 92655.2 平方米,科研用房 13222.7 平方米,图书馆 25727 平方米,体育馆 11667.4 平方米,生均占有各类教学科研用房 12.7 平方米。现有各类学生宿舍 109129.5 平方米,本科生人均占有建筑面积 5.3 平方米,研究生人均占有 8.17 平方米。目前学生教学、生活用房的生均面积尚没有达到国家规定的现行标准,再经过两年的努力,生均占有的教学用房有可能达到国家规定的标准,而学生宿舍生均面积仍难达到国家规定的标准。

近几年来,北京大学花了很大工夫解决教职工住房困难,现有教职工住宅 260779.11 平方米。预计 1995 年底前可交工三居室 522 套,可以腾出二居室 420 套,一居室 60 套,散居 210 套,这样将有 1212 户不同程度改善居住条件。1996 年将有 343 套三居室和二居室交付使用,预计有近 700 户可以改善居住条件。根据目前情况测算,今后两年内我校教职工住房

条件将有较大程度的改善,但尚做不到完全解决困难。据预测,到 1996 年底我校具有中级职称的约 370 人仍住不进二居室,约有 50 户已婚青年职工仍没有家属住房。

北京大学拥有一个师生工作学习和生活的良好校园环境。北大于 1992 年荣获国家教委授予的"文明校园建设"优秀奖,北京市政府授予的"文明校园"称号;北京市公安局连续 4 年为北京大学保卫工作记功(二等功一次、三等功三次);北大的治安综合治理工作连续 3 年获先进集体称号。北京大学有一个优美的校园环境,1986 年、1992 年、1993 年分别被评为"全国绿化先进单位""全国造林绿化先进单位""全国部门造林绿化 300 佳单位";1985—1993 年连续 9 被评为"北京市绿化美化花园式单位";1992 年被评为"北京市卫生先进单位",1993 年被评为"北京市卫生红旗单位"(全市独此一家)。

5.2 北京大学已经形成了多渠道集资办学的格局

近几年来,北京大学改革了经费筹措的渠道,逐步形成了以国家拨款为主多渠道筹措办学资金的新格局,并且已经取得了实质性的进展,具备了筹措部分经费增强自我发展的能力,学校预算外收入占总经费的比例逐年有所增长。例如,1990 年至 1993 年预算外的收入占学校总收入的比例分别是 54.82%、58.96%、60.82%、61.16%。

除国家拨款外,学校办学经费主要来自以下四个渠道:一是校办产业的创收,近几年来北大的校办产业有了较快的发展,特别是北大方正集团公司、生物城及资源开发公司等支柱产业的发展,使校办产业的上缴利润由 1989 年的 402 万元增加到 1993 年 1648 万元,1994 年预计可突破 2000 万元;二是科研经费,除国家科研事业费外,五年来北大共争取到各项科研经费 1.8 亿元;三是社会捐赠,由于北大的地位和影响,近几年来学校不断收到了一些海内外著名人士的捐赠款,其中比较大宗的有李嘉诚先生捐赠的 1000 万美元、邵逸夫先生捐赠的 2000 万元港币、赛克勒先生捐赠的 500 万美元、意大利捐赠的 500 万美元等;四是其他收入,主要是指对外服务、委托培养和学生学杂费等方面的收入。

多年来,由于教育经费短缺,物价上涨较快,支出增长高于收入增长,教育经费入不敷出,经费不足成了制约学校事业发展的重要因素。房屋年久失修,图书资料短缺,实验条件不足,基础设施老化,教学设备无力更新,办学资金严重短缺,希望国家能增加对教育的投入。

5.3 北京大学已进行了校内管理体制改革,办学效益逐年提高

北京大学从 1988 年起就进行了以工资总额包干为核心的校内管理体制的改革,对机构设置、人事制度、校内分配制度、住房制度、医疗制度、离退休保障等校内管理体制进行了一系列的改革,对不同性质的机构和部门实行了不同的管理体制和运行机制。对院、系、所、中心实行工资总额包干,建立了系级自我发展自我约束的机制,加强了管理,精减了人员,优化了队伍,调动了干部和教师的积极性;对机关实行目标管理责任制,以任务定岗位,以岗位定职责,精简了 8 个处级机构,减少了 81 名管理人员,占原有人员数的 12.9%,提高了工作效率;对校办产业实体实行承包生产经营责任制,逐步推行全员合同制,校办产业效益明显提高;对后勤实行管理、服务与经营职能分开,对经营实体实行企业管理或半企业管理,引入竞争机制,效率明显提高。由于实行了这一系列的内部管理改革的措施,使学校的办学效益逐步有所提高。

由于学校已进行了校内管理体制的改革,教职工总数由 1991 年底的 7968 人减少为现在的 7437 人,减少了 531 人。比国家教委下达的 7700 人的控制数少 263 人。在现有教职工

中,校本部4768人,其中专任教师2115人,占校本部总数的44.4%;党政管理人员639人,占校本部的13.4%;教辅人员(含图书、实验、工程、财会等)1122人,占校本部的23.5%;工勤人员892人,占校本部的18.7%。与此同时,在校生的规模由1991年9月的9686人(其中本科生5662人,硕士生2193人,博士生472人,大专生180人,外国留学生559人),增加到1994年9月的13087人(其中本科生8026人,硕士生2780人,博士生815人,大专生716人,外国留学生750人),办学效益有了明显提高。

5.4 北京大学具有较大的国际影响,开展了较为广泛的国际交流与合作

北京大学具有较为广泛的国际影响,在世界上享有一定的盛誉。1993年底,在菲律宾马尼拉举行的"亚洲高等教育研讨会"上,大会秘书处以问卷的形式向近千名与会者作了"亚洲最佳10所大学"的调查,该调查以亚洲100所主要大学为对象,根据它们的名气、学术水平、专业设置、办学规模及教师在国际上的影响来进行评选。中国入选为"亚洲10佳大学"的有两所,北京大学名列第五,台湾大学名列第九。

北京大学开展了较为广泛的国际交流与合作,到1993年底,北大已与32个国家和地区的100所高等院校建立了校际联系,其中有实际合作与交流效果的学校约占50%,包括代表团互访、互派交流学者、交换学术资料、开展合作研究、联合培养研究生、联合召开国际会议等。到目前为止,北京大学已授予88位外国的著名学者为北大的名誉教授、名誉博士,其中有7位诺贝尔奖获得者。1993年,北大共聘请了43位长期外国专家来校任教,208名短期外国专家来校讲学。与此同时,改革开放15年来,北京大学先后派出1500多名教师出国进修(一年以上)。据1981年至1993年的统计,短期出国参加国际会议、开展合作研究、进行讲学访问的教师已达4831人次。自1981年至1993年,北京大学共举办国际学术会议149次。1994年1至8月,由北大主办和参与承办的国际学术会议已达26次,北京大学具备举办和接待国际性和地区性学术会议的经验和条件。此外,学校每年还要接待8000~10000名短期来访的外宾,包括国家元首和政府首脑。北京大学已经具备了全方位开展国际学术交流的能力。

北京大学是我国实行对外开放比较早的大学,早在1950年就开始招收外国留学生,到1994年7月,共接受了102个国家的12000名长短期外国学生来校学习。据国家教委统计,1993年全国近200所高等学校共接受了近1.5万名长短期外国留学生来华学习,其中北大接受了1552人,约占1/10,居全国高校前列。

综上所述,改革开放15年来,北京大学已全方位地开展了较为广泛的国际合作与交流,已经形成了与发达国家和地区水平较高的大学有实质效果的合作关系,是我国在世界上最享盛誉的一所大学。

6. 北京大学"七五""八五"重点项目建设执行情况及效益评估

6.1 北京大学重点建设项目执行情况

1984年春,经国务院批准将北京大学扩建工程列入国家"七五"重点建设项目,共投资1.25亿元,建设29万平方米,"八五"期间北大扩建工程继续被列为国家重点建设项目。经过近十年的建设,该项目建设执行的情况如表4所示。

表 4　北京大学扩建工程执行情况

项　目	批准面积(m²)	在施及竣工面积(m²)	未完面积(m²)
化学楼	20000	20780	—
静电加速器	6000	6413	—
风雨操场	4000	4557	—
学生活动中心	2000	2000	—
学生宿舍	40000	41567	—
学生食堂	6000	3000	3000
福利及附属房	16000	20678	300
教工住宅	80000	80000	—
教学楼群	116000	32043	83957
小　计	290000	211038	87257

6.2　北京大学重点建设项目的效益评估

由于北京大学在"七五""八五"期间完成了大部分重点建设项目中的任务,在以下几个方面取得了明显的办学效益:一是改善了教学科研条件,新增教学、科研用房59236平方米,特别是化学与分子工程学院、技物系、计算机系、地球物理系、马克思主义学院、法律系、国政系、地质系、城环系、经济学院、工商管理学院、知识产权学院等明显地改善了教学、科研条件,促进这些院系教学、科研的发展,取得了一批重大的科研成果。例如,化学与分子工程学院研制的稀土分离一步放大工艺投入生产新增产值5个亿;二是改善了教职工的居住条件,新建教工住宅8万平方米,一批教职工搬进了新居,进一步调动了他们的工作积极性;三是为我校调整各类学生的比例,发展研究生教育创造了条件,新建学生宿舍41567平方米。1986年我校的学生规模为12847人,其中本专科生为9912人,硕士生为2361人,博士生为185人,外国留学生为389人。扩建工程大部分完成后,1994年我校学生的规模为13087人,其中本专科生为8742人,硕士生为2780人,博士生为815人,外国留学生为750人,虽然学生总数增加不多,但高层次学生所占的比例有明显提高,博士生数增加了3.4倍,使学生的层次结构趋于合理;四是改善了学生文化体育活动和生活条件,新建风雨操场4557平方米,学生活动中心2000平方米,学生食堂3000平方米,福利及附属楼20678平方米,给学生的文化体育活动和生活服务提供了方便,有利于学生德智体全面发展。

第二部分　北京大学的建设和发展规划及其可行性论证

1994年7月,北京大学召开了第九次党员代表大会,认真总结了上次党代会以来贯彻党的基本路线和教育方针、推进学校改革和发展的实践经验,确定了到下个世纪初叶学校改革、发展的总体目标、办学思路、发展战略和工作任务,制订了《北京大学改革与发展纲要》。现根据国家教委的要求,对北京大学"211工程"项目学校整体建设子项目作如下论证报告:

1. 历史、现状与发展目标

1.1　历史

北京大学是国家教委直属的一所重点综合性大学。她创立于1898年,是我国一所具有光荣革命传统和广泛国际影响的高等学府。在北京大学九十六年的办学过程中,大体可以分为两个阶段:解放前的五十一年,从总体上讲,她是一所半封建半殖民地性质的学校,但由于北大拥有一批革命者和进步人士,由于他们的存在和斗争,使北京大学成为中国新文化运动的中心和具有划时代意义的五四运动的策源地,中国共产党的创始人李大钊、陈独秀、毛泽东曾在北大任教或任职,为中国共产党的成立和新民主主义革命的胜利做出了突出的贡献;解放后的45年,北京大学在党和国家的亲切关怀下,有了迅速的发展,在以下三个方面为国家的经济建设、科技进步和社会发展作出了自己应有的贡献:一是为国家培养了一大批合格的高级专门人才,解放以来北京大学共为国家培养了7.3万名本专科毕业生,1万名毕业研究生,2万名成人教育毕业生,他们现在已经成为社会主义建设的骨干力量,其中著名的科学家周光召、杨乐、王选、著名经济学家厉以宁、著名新闻记者郭超人、著名作家刘绍棠等以及受党中央表彰的优秀知识分子代表蒋筑英、雷雨顺等就是他们中的杰出代表。我国1992年新增补的210名中科院院士中,北大毕业的有34人,占16%。此外,北大还培养了1.2万名外国留学生。北京大学已经成为我国培养高级专门人才的重要基地;二是为国家提供了一大批重大的科技成果,既有理科的诸如人工合成胰岛素、百万次电子计算机及电子出版系统这样的重大的科技成果,又有文科的诸如社会主义初级阶段理论以及社会学、人口学、经济学、法学、国学等领域的重大社会科学成果,对于推动经济和社会发展作出了重要贡献;三是为国家和社会提供了一大批宝贵的精神产品,这里既包括如黄楠森教授负责主编的多卷本《马克思主义哲学史》,中国传统文化研究中心与中央电视台联合制作的150集《中华文明之光》电视系列片,古文献研究所编辑整理的《全宋诗》(已出版15册1000多万字),裘锡圭教授主持研制的汉字库等,也包括一些自然科学著作,对于传播马克思主义,弘扬民族优秀文化,宣传爱国主义,加强精神文明建设具有重要的作用。正是在这些精神产品的熏陶下,在北大首先喊出了"团结起来,振兴中华""小平您好!"这样具有时代意义的口号。

1.2 现状

1.2.1 优势

由于党和国家的支持,在北京大学九十六年的办学过程中形成了自己的特色和优势,与兄弟院校相比,在以下7个方面目前处于领先地位:

——北大拥有较强的师资队伍。现有教师2600人,其中教授717人,副教授888人,高级职务占教师总数的62%。有中国科学院院士29人,中国工程院院士1人,博士研究生指导教师334人,国务院学位委员会学科评议组成员34人,国家级有突出贡献的中青年专家26人。教师中具有博士学位的有472人,占18%,有硕士学位的有889人,占35%,两者共占教师总数一半以上。从总体上讲,北大的师资水平在全国高校中是名列前茅的。

——北大是我国学科较为齐全、重点学科最多、基础学科较强的大学。目前拥有5个学院、29个系、39个研究所、43个跨学科研究中心;设有85个本科生专业,146个硕士生专业,97个博士生专业,42个国家重点学科,在13个一级学科的67个专业设有博士后流动站。

——北大具有较强的科学研究能力,取得了一批较重大的科研成果,其中国家自然科学奖36项,居全国第一。社会科学奖处于全国高校前列。按照国际惯例统计的"学术榜",北大位于全国高校之首。教材获奖数也居全国高校之首。科研经费和校办科技产业的营业额均居全国同类高校首位。

——北大拥有较为先进的教学、科研设施。现有117个教学、科研及综合服务性实验室,15个为国家级实验室,其中重点实验室11个、专业实验室4个、部、市级重点实验室2个,在建的国家工程研究中心2个;北大图书馆是全国高校中最大的图书馆,现藏书440万册,并设有全国文科综合文献情报中心。北大出版社被评为全国优秀出版社,年出书500余种,也在全国享有盛誉。

——北大具有悠久的历史和光荣的传统。北大在近百年的办学过程中积累了较为丰富的经验,培育了良好的学风和校风,在国内外具有良好的声誉和影响。

——北大同国外高等学校和科研学术机构有着广泛的交流与合作关系。改革开放以来,已先后同世界上32个国家和地区的100所国外大学及学术机构签订了学术交流协议。许多国外著名的专家学者、杰出的政治家、科学家、实业家被授予北大的名誉教授、名誉博士,聘请大批学有专长的外籍专家学者来讲学,每年接收近千名外国留学生、研究生和进修生。1981年以来共举办国际会议175次。每年有700多人次出国访问、讲学或参加国际会议。

——北京大学地处首都北京,受到党和国家更多的关怀与支持,也得到了北京市的大力支持。学校领导班子团结,党政协调,具有开拓创新精神。北京大学现有全国人大代表5人、全国人大常委2人,全国政协委员19人、全国政协常委5人,民主党派正、副主席5人,他们具有较强的参政议政能力和较高的知名度,他们积极参与校政,协助监督,对于学校的建设和发展具有重要作用。

北京大学以上一些特色和优势,为创办世界一流大学打下了基础,提供了基本的框架和条件。

1.2.2 差距

我们清醒地看到,与世界一流大学相比,北京大学尚有很大的差距,具体表现在以下几个方面:

——北大虽然培养了一大批优秀人才,但还缺乏堪称世界杰出的人才。在北大毕业生中虽有一批在国内较有影响的人物,但称得上是当代政治、经济、文化、科技领域里的杰出人物是个别的,特别是博士研究生培养在某些方面与世界一流大学相比有较大的差距。

——北大虽有一批国内第一流的学者,但世界公认的学术权威和知名学者为数不多,还没有诺贝尔奖获得者这样的权威学者。

——北大虽然出了一批在国内外很有影响的科研成果,但还缺乏具有划时代意义的世界公认的重大科技成果。

——学校的管理无论在办学效益还是在管理水平上,与世界第一流大学相比,都有较大的差距。学科结构也不够合理,不够全面。

——办学条件,诸如办学经费、信息渠道、实验手段、技术后勤、教学设备等都有较大的差距。

1.2.3 困难

北京大学在改革、发展和创建世界一流大学过程中,还存在着许多现实的困难和矛盾,归纳起来主要有以下三个方面:

——经费不足。学校财政缺口较大、教师待遇偏低、师生员工住房紧张的状况在短期内难以根本解决,现有的办学条件严重制约着学校的发展。

——队伍不稳。今后几年是我校教师离退休的高峰期,现有的教授、副教授到本世纪末将有60%达到离退休年龄,年轻教师的补充是个严峻问题,年轻学术骨干的选拔和培养有待进一步加强。

——体制不活。目前教育体制的改革仍然滞后于经济体制的改革,"统得过死、包得过多"的弊端仍然存在,主动适应社会发展的灵活的教育机制短时期内难以形成,传统的教育观念严重制约着学校的发展。

这些差距和困难说明,北京大学要建设成为世界一流大学,任务是十分艰巨的,需要我们作很大的努力。

1.3 创办世界一流大学的重要意义

北京大学是我国的一所重点大学,把北京大学建设成为世界一流的社会主义大学在以下五个方面具有十分重要的意义:一是世界一流大学是一个国家综合国力的重要标志之一,是我国对外的一个重要窗口,具有极大的感召力和促进作用,创办世界一流大学有利于推动我国经济和社会的发展,有利于振奋民族精神;二是世界一流大学是培养优秀人才的摇篮,创办世界一流大学有利于培养能够参加国际竞争的拔尖人才和大师级的学者,有利于培养党和国家领导人;三是世界一流大学是重大科技成果的诞生地,创办世界一流大学有利于出具有划时代意义的科研成果;四是世界一流大学是新思想的发源地,由于世界一流大学人才荟萃、学科综合、环境宽松、信息灵通,创办世界一流大学有利于产生新的思想,成为国家的"智囊团"和"思想库";五是世界一流大学具有示范作用,对于全国高等学校犹如建立了一支"国家队",对于提高我国高等教育的质量和水平将会产生重大的影响。

1.4 发展目标

根据我国面临的形势和国家对北京大学的要求,我校的总体发展目标是:到下个世纪初叶,把北京大学建设成为一所包括自然科学、技术科学、人文科学、社会科学、管理科学和新型工程科学等多学科的社会主义综合大学;成为集人才培养、科学研究、社会服务为一身的先进的教育中心和科学研究中心;成为国家培养高级专门人才、发展科学文化、开拓高新技术、研究马克思主义和弘扬民族优秀传统文化的重要基地,成为具有世界一流水平的社会主义大学。

为了实现这个总体发展目标,拟实行分两步走的战略:第一步,从现在起到本世纪末,使北京大学在教育质量、学科建设、科学研究、队伍建设、社会服务、管理水平及办学效益方面有较大的提高,在教育改革方面有明显进展,办学条件有较大改善,在全国综合大学中全面处于领先地位,某些学科接近或达到世界先进水平,为国家和首都的经济和社会发展做出切实的贡献,为创办世界一流大学奠定基础;第二步,再经过一二十年的努力,到21世纪初叶,使北京大学在人才培养质量、科学研究水平等方面接近或达到世界一流大学的水平,成为我国科学技术文化发展和综合国力的重要标志之一。

1.5 建设项目

根据我校的总体发展目标,从现在起到本世纪末,我校拟通过"211工程",重点进行以下三个方面的建设:一是基本建设和基础设施建设项目,主要是理科楼群(含教室楼)、图书馆楼、教学设施、文化艺术馆及基础设施建设等,共计11.8万平方米,约需经费6.9亿元人民币;二是70个重点学科和12个学科群的建设,共需经费3.1亿元人民币;三是公共服务体系的建设,主要是文理综合文献信息中心、校园信息网与计算中心和分析测试中心,共需经费3.18亿元人民币。以上三项总计需要经费13.18亿元人民币(详见附件)。

1.6 经费筹措

从1994年至2000年的七年间,按不变价格计算,北京大学"211工程"建设共需经费

13.18亿元。这笔经费拟通过多种渠道筹措:争取国家"211工程"专项拨款7.8亿元,我校校办产业创收3亿元;科研经费1亿元;社会捐赠款1.38亿元。

2. 师资队伍建设

2.1 教师队伍的结构分析

近几年来,学校重视教师队伍建设,采取了一系列的措施,稳定教师队伍,并且使教师队伍的结构逐步趋向合理。到目前为止,我校教师中高级职称的占62%,中级职称占28%,初级职称占10%;40岁以下的青年教师已占43%;具有博士学位的占15%、硕士学位的教师占35%,具有博士学位和硕士学位的教师占总数的一半以上。教师平均年龄为44.6岁。

2.2 学校各类人员的编制预测

到1995年,北京大学教职工总数拟减少到7237人,其中专任教师2070人,教辅人员1067人,科研编制1321人,工勤人员830人,行政人员599人。师生比为1∶10,教职工与学生比为1∶4.4。

到2000年,北京大学教职工总数拟定为6200人,其中专任教师1900人,教辅人员800人,科研编制1350人(其中教师900人),工勤人员500人,行政人员400人,附属单位1250人。师生比为1∶13.2,教职工与学生比为1∶6.9。

2.3 教师队伍建设的目标

到本世纪末,北京大学教师队伍建设的目标是:通过调整教职工队伍的宏观比例,提高教师所占的比重,优化教师的年龄、学历和职称结构,实施跨世纪人才工程,改善教师的工作和生活条件,建设一支政治素质好,总规模为3000人,其中固定编制2800人,内有中科院、工程院、社科院院士60人,国际知名学者80人,博士生导师600人,正教授800人,整体上处于国内一流水平,在国际上有重大影响的教师队伍,造就大师级的学者,形成北大学派。

2.4 加强教师队伍建设的措施

为了达到上述目标,拟通过以下一些措施来加强教师队伍建设:一是有计划地增加教师在教职工中的比例,从1995年至1999年间,每年选留教师150人,到2000年教师可达2800人(包括科研编制教师900人),按15000名学生规模计算,师生比可达1∶13.2。这样北大的教师队伍中保持2800名左右相对稳定的骨干教师,还可以用200个教师编制聘请流动教师,如兼任助教的研究生、进修教师、访问学者、短期回国的留学人员及校外的兼职教师等;二是有目标地优化教师队伍结构,今后几年内拟从博士毕业生、博士后出站人员以及在国外获得博士学位的留学生中,每年选留50~60人。再加上通过在职培训的方法提高现有教师的学历水平。这样到2000年,北大具有博士学位的教师将从现在的472人增加到1000人,教师的年龄也将大幅度下降,35岁以下教师、36—50岁教师和50岁以上教师的比例约为4∶3∶3。教师平均年龄从目前的44.76岁降低到42岁。根据北大教师的素质及承担教学、科研任务的实际状况,高、中、初级职称比例拟控制在6∶3∶1;三是有组织地提高教师的政治、业务素质,组织教师学习有中国特色的社会主义理论,参加必要的社会实践活动,进行师德师风的教育。同时,要安排好教师的教学和科研工作,积极创造条件使广大教师出国进修、参加国际会议、参与国际竞争,提高学术水平;四是有重点地抓好学术带头人的建设,我校跨世纪人才工程已经启动,已评出第一批优秀中青年学术骨干87人,由方正集团公司赞助的优秀中青年教师培养奖励基金100万元已经到位。今后每年评审一次,并对已选拔出的人员实行一年一检查、三年一滚动的管理办法,实行淘汰制。预计到1997年,这支队伍将达到150人,到2000年将达到200人。

3. 学生规模与教学

3.1 学生规模

培养人才是学校的根本任务,北京大学作为我国的一所重点大学坚持以提高为主的原则,提高人才培养的质量,提高办学层次,提高办学效益。

1994年秋,北京大学全日制在校注册学生总数为13087人,其中博士生815人,硕士生2780人,本科生8026人,大专生716人,外国留学生750人。成人教育学生6900人。研究生与本科生之比为1:2.3,全日制学生与成人教育学生之比为1:0.53。

到1995年,北京大学全日制在校注册学生总数拟达到13830人,其中博士生950人,硕士生2850人,本科生8670人,大专生610人,外国留学生750人,成人教育学生7000人。研究生与本科生之比为1:2.3,全日制学生与成人教育学生之比为1:0.51。

到2000年,北京大学全日制学生总规模仍保持在国务院批准的"八五"末期的规划数15000人,其中博士生1500人,硕士生3500人,本专科生9000人,外国留学生1000人。成人学历教育和高层次继续教育学生拟达到8000人左右。研究生与本专科生之比为1:1.8,全日制学生与成人教育学生之比为1:0.53。

考虑到当前制约学校规模的主要因素是学生的住房困难,拟通过深化改革,逐步增加走读生和在职研究生的数量以及学生住房社会化等方式逐年加以解决,具体实施方案仍按国家教委下达的年度计划执行。

3.2 人才培养的目标和规格

北京大学培养的学生应具有高尚的道德情操,强烈的爱国主义思想和创造精神,坚实的业务基础和实践能力,成为社会公认的优秀人才,其中一部分毕业生应能成为我国当代政治、经济、科技、文化等领域里的杰出代表。

根据这一培养目标,必须招收一流的学生,给予一流的培养,出一流的人才,使北京大学真正成为我国培养高层次的专家学者和管理人才的摇篮。为此,北京大学要根据国家需要和自身的特点,着重培养两种规格的人才:一是要培养能够从事教学、科研等学术工作的研究型人才,经过若干时间的锻炼,将来能够成为某一方面的专家、学者、教授,少数人能够成为国际知名的学者,个别杰出人才能够达到诸如诺贝尔奖获得者的学术水平;二是要培养一批社会主义建设迫切需要的高层次的应用型和复合型人才,注意引导学生到基层工作,成为政府各级公务员、企事业单位和乡镇企业的专业人员和管理人员,少数人经过长时期的努力能够成为各级领导骨干,个别杰出人才能够进入党和国家领导人的行列。

3.3 提高教学质量的措施

北京大学教学改革的基本方针是:面向社会,适应市场,发扬优势,增强活力,形成特色。根据这一方针,围绕着提高教学质量,除建设一支优秀的教师队伍这一最重要的措施外,还拟采取以下一些措施:

一是引进竞争机制,改革现有的招生、培养和就业办法,在国家宏观管理下,学校实行自主招生,重视对学生全面素质、能力和优异特长的考核,把真正优秀的学生招进来;学生实行交费上学,逐步完善学分制,建立优秀学生的奖励制度和合理的淘汰制度,增强学生学习的动力和压力;学生毕业就业逐步实行在国家政策指导下"自主择业",充分调动学生学习的主动性和积极性。

二是逐步建立起比较科学、完善,能够适应未来发展需要的本科生、硕士生、博士生课程体系,使各层次既目标明确、相互独立,又互相衔接、承前启后。主干课程要保持国内一流水平,相当部分课程要达到世界先进水平。在重视基础理论教学的同时,要加强教学中的实践环节,重视实验、实习、习题课等教学环节,吸引学生参加科学研究、教学实习、调查研究、社会服务等活动,提高学生的动手能力、写作能力、调查研究和解决实际问题的能力。

三是本科生培养继续实行"加强基础,淡化专业,因材施教,分流培养"的方针。低年级按相近的专业或系进行宽口径的基础教育,选聘学术水平高、教学经验丰富的教授、副教授主持基础课教学;高年级学生按志趣、特点、学习状况和工作趋向实行分流培养。要努力办好文科和理科"基础科学研究与教学人才培养基地"及综合基础实验班。此外,文科学生要普遍学一些理科知识,理科学生要学一些文科知识,外语类学生要增加一些外语以外的专业知识,使北大本科生的培养达到世界一流水平。

四是研究生的培养要拓宽专业基础,跟踪科学前沿,加强相关学科知识的学习和实践性的教学环节,注重培养研究生的优良学风、探索精神、独立工作能力和创造能力;要积极探索研究生培养制度和培养方式的改革,进一步扩大试行优秀本科毕业生直接攻读博士学位和硕士、博士连读的办法,增加有实践经验的研究生的比重,继续实行研究生兼任助研、助教、助管制度;要重视发挥群体效应,逐步推行导师负责和集体培养相结合的培养方式,努力开出高质量的能够反映当代科学前沿和具有交叉和综合性特点的研究生课程,使北京大学的研究生教育向世界一流水平迈进。

4. 学科建设

4.1 学科结构现状

北京大学自1952年院系调整以后,成为一所以文理基础学科为主的综合性大学。改革开放以来,为了适应经济建设、科技进步和社会发展的需要,参照世界一流大学的办学经验,北京大学在继续重视基础学科的同时,大力加强应用学科和技术学科的建设,有选择地发展了一些新兴学科和交叉学科,改变了我校学科专业结构比较单一的状况,学科建设有了较大的发展。目前我校已有学士专业85个,硕士专业146个,博士专业97个,家重点学科42个。上述专业覆盖着8个学科门类,硕士专业覆盖27个一级学科,博士专业覆盖23个一级学科。各层次学位授权专业的学科分布见表5。

表5 北京大学各层次学位授权专业的学科分布

	总数	哲学	经济学	法学	教育学	文学	历史学	理学	工学
学士专业点	85	4	11	9	1	24	5	28	3
硕士点数	146	8	12	26	3	22	7	57	11
所在一级学科数	27	1	1	4	2	2	1	11	5
博士点数	97	6	7	14	2	14	6	41	7
所在一级学科数	23	1	1	4	2	2	1	10	2
重点学科数	42	3	2	4	1	7	3	20	2

从北大目前各层次学科专业结构分布情况看,硕士专业点已基本上覆盖学士专业点,只缺少数应用学科和技术学科专业。而博士专业点,尚缺一部分应用学科、技术学科、新型工程学科。

4.2 学科水平分析

北大现有 97 个博士专业点,现就每个博士专业的总体水平,参照:1)学术带头人的学术水平及学术队伍的整体学术水平;2)在若干主要研究方向上的科学研究水平及取得的科研成果;3)能否持续地、独立地培养出与国际水平相当的博士,是否培养出若干名已成为本学科的杰出代表;4)在教学、科研工作中,能否较快地吸收国内和国际上的新技术、新成果,其教学、科研设备与国际上同类学科相比所处的水平如何等四方面情况进行分析,按照基本达到或接近国际同类学科的先进水平,与国际同类学科先进水平有一定的差距,与国际同类学科先进水平有较大差距的三种情况进行分类:

(1) 基本达到或接近国际同类学科的先进水平的专业有基础数学和中国古代文学等 18 个博士专业,占全校博士专业总数的 19%。

(2) 与国际同类学科先进水平比较,尚有一定差距的博士专业有 73 个,其中理科 36 个,文科 37 个,占全校博士专业总数的 75%。这类专业的一般情况是在 1～2 个研究方向上,科学研究工作进入学科前沿,有些领域达到国际先进水平,并取得一些较高水平的研究成果;学术带头人的学术水平较高,有的是中科院院士;能培养出与国际水平大体相当的硕士,并培养出一些优秀博士。但这类专业整体学术队伍的教学、科研水平、仪器设备等方面与国际同类学科先进水平比较,有一定的差距。

(3) 与国际同类学科先进水平比较,差距较大的博士专业有 6 个,其中理科 3 个,文科 3 个,占全校博士专业总数的 6%。这一类专业,虽然有学术带头人但后继乏人。从教学、科研及仪器设备的整体水平看,与国际同类学科先进水平比较差距较大。这类专业培养出合格的博士较少,个别专业尚未培养出博士。

4.3 学科建设的目标

到本世纪末,北京大学学科建设的目标是:根据国家经济建设、社会发展和科技进步的需要,参照世界一流大学的学科模式,进一步调整结构,建设符合中国国情、面向现代化、面向世界、面向未来的,门类比较齐全又有北大自身特色的,整体上达到国内先进水平(国家重点学科争取达到 60 个左右)、部分(约有 20 个国家重点学科)达到国际先进水平的学科体系。到 2010 年,预计北京大学博士生专业(按现行专业目录)可达到 120 个,其中有 50 个左右博士专业点能够达到或者接近国际同类学科专业的先进水平。

预计到本世纪末,下列专业力争保持(打 * 号的)和达到国家重点学科水平:

数学:基础数学*、应用数学*、计算数学*、概率论与数理统计

物理学:凝聚态物理*、理论物理*、原子核物理*、无线电物理*、电子物理与离子束物理*、光学、空间物理、无线电电子学、半导体物理与半导体器件物理

化学:物理化学*、无机化学*、分析化学*、有机化学*、高分子化学与物理*、放射化学、环境化学

地理学:人文地理学*、自然地理学、遥感与地图学

大气科学:天气动力学*、大气物理学*

地质学:古生物学及地层学、构造地质学

生物学:植物生理学*、生理学*、细胞生物学*、生物化学及分子生物学*
力学:固体力学*、流体力学*
计算机科学与技术:计算机软件、计算机应用
哲学:马克思主义哲学*、中国哲学*、西方哲学*、美学
经济学:外国经济思想史*、国民经济计划与管理*(社会主义市场经济)、政治经济学、西方经济学、中国经济思想史
法学:法学理论*、国际法*、刑法学
政治学:政治学理论、科学社会主义
国际政治:国际政治学*
社会学:社会学理论和方法*、人口学
教育学:高等教育学
心理学:心理学*
中国语言文学:中国现当代文学*、中国古代文学*、中国古典文献学*、现代汉语*、汉语史*、语言学
外国语言文学:英语语言文学*、印度语语言文学*、比较文学、俄语语言文学
历史学:中国古代史*、考古学*、世界近现代史*

预计有50个左右博士专业,到2010年达到或接近国际同类学科的先进水平,约占我校现有的博士专业点总数的二分之一。

此外,结合学校的具体情况,下列专业拟在本世纪末达到博士专业的水平:

哲学:伦理学
经济学:国际金融、企业管理、人口经济学、统计学
法学:经济法学、行政法学、科技法学
政治学:行政学、马克思主义理论教育、政治思想教育、中共党史
教育学:教育经济学
文学:文艺学、汉语文字学、朝鲜语言文学、西班牙语言文学
理学:分子生物学、生态学、科技情报学
工学:信号与信息处理、管理科学、加速器物理及应用、生物技术、环境工程、环境规划与管理学
医学:药物化学

4.4 加强学科建设的措施

北京大学为了达到上述的学科建设目标,拟采取以下一些措施加强学科建设:一是进一步调整学科结构,保持和发扬基础学科的优势,加强和发展应用学科、新兴边缘学科和交叉学科,适当开设新兴工程技术学科,采取措施保护稀缺学科,通过联合办学发展工程、医、农等学科,使北大的学科结构更能适应经济建设和社会发展的需要;二是构建"行列式"的学科体系,学校拟根据学科的性质,纵向组建十几个学院,使学院成为组织教学和科研的实体。横向以重大的综合性科研课题为纽带,组建若干个研究中心,形成12个学科群,以充分发挥北大学科齐全的优势。12个学科群是:数学学科群、生命科学与生物工程学科群、新功能材料、器件与分子工程学学科群、电子信息与技术学科群、地球系统与资源环境学科群、社会持续发展学科群、中国传统文化学科群、政法理论与民主法制建设学科群、经济学与市场经济

学科群、国际政治与国际关系学科群、世界文化与跨文化研究学科群、中国特色社会主义理论学科群;三是确定重点学科和优先发展的学科群,对于学校现有的42个重点学科和拟新建的约20个左右重点学科,学校将在人力、物力、财力上继续给予重点支持,使其较快达到世界先进水平。在学校拟组建的12个学科群中,其中数学学科群、中国传统文化学科群已经达到或接近国际先进水平。一些对我国经济和科技发展有重要影响的学科群,学校将创造条件,予以优先支持;四是建立良好的学术环境,认真贯彻双百方针,坚持马克思主义的指导,提倡民主与科学精神,活跃学术空气,实行学术自由,鼓励教师解放思想,实事求是,大胆探索,勇于创新,为繁荣我国的教育科学文化事业作出更大的贡献。

5. 科学研究

5.1 完成科研任务的情况

自"六五"以来,北京大学共完成国家和省部级科研任务1895项,其中文科455项,理科1440项,鉴定成果910项,其中达到国际先进水平的300项,国内首创的148项,达到国内先进水平的462项,获得国家专利136项,技术转让项目40项。北京大学不仅在基础研究领域取得了丰硕的成果,而且在高新技术及科研成果转化方面也取得了显著成绩。文科还为国家的改革、法制建设和精神文明建设作出了重要的贡献。其中获得全国首届专利金奖的由王选教授发明的汉字激光照排系统仅1994年就实现产值18亿元,创造了巨大的社会效益和经济效益。徐光宪教授研究的稀土串级萃取理论在七家企业应用后新增产值5亿多元。程民德、石青云教授研制的指纹自动识别系统,在国际招标中击败众多对手在美国得到应用。由陈章良教授研究的转基因抗病毒烟草,已在大田推广种植2万多亩,改变了我国过去香料烟草只能依靠进口的局面。文科费孝通教授的《小城镇四记》等论著,对我国城乡关系、工农关系以及农村现代化、工业化的道路进行了理论探讨,为我国农村改革作出了重要贡献。厉以宁教授主持起草的《中华人民共和国证券法》,受到人大常委会的肯定。肖蔚云教授牵头的《一国两制基本法律制度》的研究,为香港回归祖国后法制建设作出了贡献。曾毅教授研究的《应用于中国等第三世界国家的家庭状态生命表模型的创立、应用及计算机软件研制》为人口家庭规划决策管理提供了科学依据。

自1981—1993年,北京大学共获得科研经费37355.84万元,其中国家级科研经费25183.83万元,省、部级科研经费7313.81万元,横向科研经费4858.2万元。近几年来,北京大学获得的科研经费在全国综合大学中一直处于领先地位。1993年,理科科研经费为5261.6万元,理科教师人均科研经费为3.8万元;文科科研经费为870万元,文科教师人均科研经费为7000元,均居全国同类大学的前列。

1981年至1993年底,北京大学共获得国家级和省部级科研成果奖618项,其中国家三大奖72项(国家自然科学奖36项,国家科技进步奖29项,国家发明奖7项)、文科国家级奖37项,省部级奖509项。1981年至1993年,北京大学共出版各种专著4245部,在国内外学术刊物上发表论文33896篇,其中在国外学术刊物上发表论文4635篇。1981年至1994年8月,北京大学共举办过各种国际学术会议175次。

5.2 目前承担科研任务的情况

目前,北京大学理科教师共承担了国家攀登计划64项,科学基金重大项目15项,重点项目42项,面上基金313项,博士学科点基金项目113项,"863"高技术研究项目35项,"八五"重点科技攻关项目85项。其中在攀登计划项目、科学基金项目、博士学科点基金获得资助总数和申请项目批准率上,北京大学都居高校之首,说明了北京大学在我国基础研究领域里的重要地位。

"八五"期间,北京大学文科教师承担了国家社科基金项目67项,其中重点项目30项。国家教委项目145项,北京市科研项目11项,其他项目79项,各级各类科研项目共计302项,共获得科研经费2000余万元。"八五"期间已获得各种奖284项,其中国家级奖8项,省市部委级奖105项,先后取得了一大批高水平的研究成果。如厉以宁教授的股份制研究,闵维方教授的我国高等教育投资规模效益的研究,江美球教授的《把秦皇岛建成首都新门户》的研究,闵庆全教授的《建立我国国民经济核算体系问题》的研究等,都受到了有关部门的重视和好评。

5.3　科学研究的目标

北京大学科学研究的总体目标是通过调整布局,加强组织,抓住重点,建设基地,改革体制,到本世纪末,在获奖成果、论文数量和质量、科研经费等方面继续保持国内同类高校的领先地位;基础研究要面向国际学术前沿,创造出具有世界先进水平的重大成果;应用研究要面向经济建设主战场和社会发展中的重大课题,为我国社会主义现代化建设做出贡献。

北京大学人文社会科学研究力量雄厚,水平较高,从总体上看,一直属于国内领先地位,某些领域已接近或达到世界先进水平。据此,文科科研的总体目标应是国内第一、世界一流,具体要求是:科研成果的数量和质量继续保持国内高校的领先地位(包括在国内外重要评奖活动中的获奖成果数及等级、国内外核心期刊发表论文数及被征引率、国内外重要出版社出版著作数、学术论著被国内外高等院校采用为教材或参考书数等项指标上居国内第一或领先地位);承担省市级以上重点科研项目及课题经费数保持领先地位;拥有数量较多的国际知名学者和中青年学术带头人,在国际性学术组织和全国性一级学术组织中担任主要负责人数居国内第一;主办全国性或国际性重要学术会议数、国际合作研究项目数、出国参加学术会议和高级访问学者数等指标居国内第一;在若干学科领域(如有中国特色的社会主义理论、社会主义市场经济学与人口学、中国传统文化、中西比较文化等)集聚研究力量,取得重大的、突破性的研究成果,逐步形成具有理论特色的学派,成为国内外公认的学术研究中心。

文科科研要把国家改革和建设中急需解决的重大理论和实际问题作为主攻方向,要为各级领导的科学决策起到"智囊团""思想库"的作用,大力加强以下四个方面的研究,力争取得具有重大理论和实际意义的成果:一是加强马克思主义基本理论、特别是邓小平建设有中国特色的社会主义理论的研究,发挥北京大学学科综合的优势,通过深入研究,深刻揭示这一理论产生的时代背景、丰富内涵和伟大意义,并通过对新的实践经验的科学总结,来充实、丰富和发展这一理论体系;二是继续重视文史哲等基础研究,选择一批具有战略性、综合性的研究课题联合攻关,为社会主义精神文明建设、为中华文化的复兴提供新的研究成果,注重人文科学的普及、推广和应用;三是加强文科应用性研究,在建设有中国特色的社会主义理论指导下,研究改革开放和现代化建设中的重大现实问题,积极参加国家的经济体制改革和法制建设工作,承担政府部门和企事业单位的政策咨询和调查研究课题,充分发挥我校文科在国家经济建设和民主法制建设中的作用;四是加强国际和区域问题研究以及中外文化比较研究,为我国扩大对外开放的国策和独立自主的和平外交政策服务。"九五"期间,力争在下列重点研究方向上取得重要的乃至突破性的研究成果:有中国特色的社会主义理论研究、市场经济新体制与社会主义经济学、社会主义工商管理学、工商与市场人口学、政治体制改革与民主法制建设研究、冷战后国际关系的新发展及对策研究、亚太地区经济发展与合作研究、台港澳研究、社会学与人类学研究、中国传统文化研究、现代化进程比较研究、世界文学研究、东西文化比较研究、中华民族凝聚力研究、语言学的发展与应用研究、社会持续发展的人文社会因素研究。

北京大学理科在科学研究方面的目标是：把北京大学建设成为我国基础研究与应用研究的高水平研究中心以及高新技术探索的重要基地。在基础研究领域，努力迎接21世纪的挑战，在探讨物质与生命的本质与规律、地球与宇宙的演化及其基本规律、智力的产生与发展及其数学抽象等重要领域，争取获得几项具有重大影响的突破性成果；在应用研究领域，针对我国在下一世纪持续发展的需要，在理论和实验上争取获得若干项具有国际先进水平的重大科研成果；在高新技术领域，根据高新技术的发展趋势以及我国的发展规划，在信息、生物、材料、环境、药物等关键技术与工程方面有新的突破，为发展我国的有关高新技术产业做出贡献。通过各种层次科学研究的深入开展与有效组织，促进综合性学科的建设与新兴科学领域的发展，为提高我国整体的科学文化水平与研究者的素质，为开拓新兴科技产业增强我国的长远发展潜力作出应有的贡献。努力使北京大学在科研经费、获奖成果、发表学术论文、科研队伍的素质等方面居于我国综合大学的首位。

到本世纪末，使北京大学学术论文发表数量在世界上的排序由目前第530位进入到前200名，争取"九五"期间科研经费达到4亿元。到下世纪初叶，使北京大学在世界著名大学科技榜的排序进入前100名。

5.4 提高科学研究水平的措施

为了实现上述目标，北京大学将通过以下几项措施，提高科学研究水平：

一是继续调整布局，经过近十年调整，北京大学文科科研方向70%已转向现状与应用课题的研究。今后将继续发挥文史哲基础研究的优势，选择具有重大影响的课题开展综合性研究；同时集中科研力量投入马克思主义基本理论和建设有中国特色的社会主义理论研究，争取形成有北大特色的理论学派；加强应用社会科学研究，如人口学、市场学、保险学、知识产权等，积极参与国家有关部门调查研究，决策咨询和民主法制建设；加强国际与区域问题研究。理科研究要继续保持少而精、高层次的基础研究队伍，争取在有重大学术价值、科学前沿课题取得突破，同时要跻身经济建设主战场，在生命、信息、材料、环境、能源等方面承担国家重大科技攻关项目、"863"项目、产业部门与企业的重大项目，以及开发农村城镇的项目，形成基础、应用、开发协调发展的局面。

二是加强组织。基础研究队伍要少而精、高层次，还要加以组织，使科研选题具有重要意义的国际前沿方向；应用、开发研究，尤其是重大综合任务，需要集中人力，专兼结合，以兼为主，合理流动，专职研究队伍以保证研究工作的持续性、集中性。积极组织多学科跨学科的综合课题研究，创造机制，促进人才合作交流。大力组织"九五"及下世纪初叶的重大课题，作出规划，努力承担国家各类研究项目与横向课题。

三是抓住重点，校、院、系三级都要有重点。在当前人力、资源、手段都感紧张时，尤其需要相对集中力量。有重点，以形成拳头，但也要照顾一般，特别是对基础研究。同时，还应鼓励结合教学的科学研究。

四是加强基地建设。重点研究课题可以建立研究所或研究中心等科研机构。有步骤地对现有科研机构进行调整、改革、充实、提高。对基础、应用、开发等不同类型的机构进行分类管理。学校研究机构人员专兼结合,以兼职为主,可以定期流动。以开发研究为主的研究机构可以实行企业化管理,对科研机构实行定期评估,不起作用的应予撤销。

五是改革科研管理体制,科研项目实行首席专家负责制,由首席专家负责组织项目的研究。可以跨院、系聘用。为有利于开展跨学科的综合研究,要积极探索跨学科研究中心的组织机制,使科研经费、科研设备等由各有关院、系合理分配。

六是充分利用开放条件,开展合作研究。鼓励、利用校外国外设备和条件进行前沿课题研究,聘请国内外著名学者来校兼职讲学或指导研究,吸引国外学者短期来校工作,以及聘请国外学者参与科技成果评价等活动。

七是发扬优良传统,贯彻双百方针。民主、科学精神是北大的立校之本,在新的历史条件下,要进一步发扬我校这一优良传统,在科学研究中坚决贯彻双百方针,实行学术自由,为人文社会科学研究创造良好的学术环境。鉴于历史经验,要严格区分政治问题和学术问题,如果一时难以区分,应先当学术问题对待,采取保护态度。在学术是非问题上鼓励自由争鸣、平等讨论,提倡勇于坚持真理和修正错误的精神。鼓励科学探索和创新,努力形成浓厚的校园学术气氛和独树一帜的北大学派。

6. 基本建设和教学科研条件

6.1 基本建设

北京大学占地230公顷,全校现有校舍总面积为857433平方米,其中教学科研行政用房174975平方米,生活福利附属用房682458平方米。在生活用房中有教工住宅260779平方米,学生宿舍109130平方米,本科生生均面积5.3平方米,研究生生均面积8.17平方米,无论教工还是学生的住房均没有达到国家规定的住房面积。

1984年,北京大学经国务院批准,列入国家"七五"重点建设计划,扩建总面积为29万平方米,投资1.25亿元。经过近十年的建设,共完成21万平方米,其中教学科研用房5.9万平方米,教工住宅8万平方米,学生宿舍4.1万平方米,学生活动场所0.7万平方米,学生食堂0.3万平方米,福利及附属用房2万平方米。因物价上涨、经费短缺,尚有8.6万平方米的教学、科研用房(即理科楼群中的三座楼)没有完成。

到1995年,北京大学校舍总面积将增加71535平方米,主要是生活福利附属用房,其中有教工住宅61016平方米,部分教工可改善住房条件。从总体上看,北京大学除教职工及学生住房仍十分紧张外,教学科研行政用房仅占现有学校总面积的20.4%,与世界一流大学相比相差甚远,不利于提高教学质量和科研水平。为此,急需增加教学、科研用房。

根据经上级批准的北京大学"七五"校园建设规划,到1990年底,北大总建筑面积应达到106万平方米,现已建成85.7万平方米,目前尚差20多万平方米,其中约一半为教工住宅。为此,到2000年,为了提高北京大学的整体办学能力,在申请"211工程"项目中拟重点建设以下几个教学、科研用房项目:

6.1.1 理科楼群的建设

1984年春,该项目经国务院批准列入国家"七五"计划,现已建成3.2万平方米的地学楼和法学楼。由于经费缺乏,尚有8.6万平方米的新教学楼群(含教室楼)急待建设。这三栋教学楼的建设,对于提高北大整体的教学、科研水平及办学效益具有极为重要的意义,特别是对于加强理科重点学科和重点学科群的建设具有重要的作用。据估算,需要经费3.32亿元人民币。该项目拟在1995年启动。

6.1.2 图书馆的建设

图书馆是师生获取知识的主要场所,世界第一流大学都拥有规模宏大的现代化图书馆。如哈佛大学拥有97个图书馆,藏书超过1000万册。北京大学图书馆具有光荣的历史,中国共产党的创始人李大钊同志曾担任过馆长,毛泽东同志曾在这里接受马克思主义。但今天的北大图书馆,建于"文革"时期,无论从规模到内部设施已远不能满足师生进行教学、科研的需要,特别是北京大学拥有众多的人文、社会学科,迫切需要扩建与改造原图书馆。新扩建的图书馆共2.5万平方米,需经费2100万美元(约1.9亿元人民币),李嘉诚先生已答应资助1000万美元。该项目已在1994年启动。

6.1.3 教室楼及基础教学设施的建设

北大的教室大多建于50年代,不仅数量少、条件差、设备陈旧,排课率高达100%,而且有些教室急需翻建,拟新建一栋教室楼(7400平方米,需投资0.3亿元)。与此同时,需要添置一些基础实验设备、计算机教学设备、语音及电化教学设备等,需经费0.4亿元。

6.1.4 基础设施建设

北大基础设施陈旧,大多数建于50年代,长期以来,由于学校规模和事业的不断发展,学校的建筑面积由解放初期的10万平方米,发展到现在的85万多平方米,基础设施长期超负荷运转,水、电、暖严重供应不足,管线老化,危机四伏。为了适应学校建设和发展的需要,确保新建楼房的水、电、暖供应及学校的正常运转,学校迫切需要增加电的供应,进行水网的改造,扩大供暖面积,完成热电联运二期工程,共计需要投资8000万元。

6.1.5 北大文化艺术馆的建设

北大是我国最老的大学之一,具有悠久的历史和光荣的传统,是我国传统文化研究的中心,为了弘扬中华民族的优秀文化,学校以文、史、哲及考古系为主,开展了国学研究,并取得了可喜的成果,受到了国内外各界人士的关注。同时,北大是一所综合性大学,拥有较强的文科,具有发展艺术教育的条件和基础,拟筹建艺术系。为了适应开展国学研究和筹建艺术系的需要,拟建设一座集教学、科研、美育、交流、表演、展览等多功能为一体的文化艺术馆,总面积为7000平方米,加上配套设施及搬迁费用,共需经费0.6亿元。该项目拟于1996年启动。

为了提高北大整体办学能力,以上五项建设总面积11.8万平方米,连同基础设施共需要6.9亿人民币,年度经费使用情况如下表所示:

表6 年度使用经费情况

投资(万元) \ 年度 \ 项目	小计	1994年	1995年	1996年	1997年	1998年	1999年	2000年
理科楼群	32000	1000	10000	12000	800	1000		
图书馆新馆	19000	450	7150	6700	4700			
基础教学设备	4000	400	2100	600	600	100	100	100
水电暖基础设施	8000	2000	2500	2500	1000			
文化艺术馆	6000			500	2000	2000	1500	
合 计	69000	3850	21750	22300	9100	3100	1600	100

除此以外,学校还将通过经常基建经费和自筹经费,建设教工住宅近20万平方米,新建学生宿舍8000平方米,翻建10万平方米。还将另建工商管理学院大楼、国际政治大楼、力学楼、国际学术交流中心、高科技开发中心、学生活动中心、分析测试中心、培训中心等建筑。这些建筑完成后,北大将为每一位教师和客座学者提供工作场所,从而大大改善教学科研条件,有利于加强国际交流。

6.2 仪器设备情况

北京大学拥有各类实验室117个,其中有基础课实验室20个,专业基础课实验室21个,专业实验室45个,科研实验室21个,综合实验室10个。有国家级实验室15个,其中重点实验室11个,专业实验室4个,此外有省部级实验室2个,在建工程研究中心2个。截至1993年12月,全校有500元以上的仪器设备固定资产30784台件,价值27096万元,其中用于教学科研的仪器设备有26064台件,价值22209万元。在全校的仪器设备中2万元以上的1741台件,价值14813万元。万元以上的546台件,价值11136万元。10万元以上的281台件,价值9451万元。

据1990年至1993年的不完全统计,我校每学年度大型仪器设备使用总机时近20万小时,每台平均800～900小时。每学年度使用仪器设备的本科生约5000多人,研究生1500～2000人,教师约400人;每学年度承担科研项目1100～1500余项,北京大学仪器设备的使用效益较好。

预计到2000年,随着我校教学、科研任务的加重,教学科研仪器设备的总价值拟从现在的2.22亿元增到6.22亿元,增加4亿元。其中基础教学设备约5000万元(含经常费和教学基地建设费),世界银行贷款重点实验室设备约5000万元,分析测试中心新进仪器设备约6000万元,校园网设备约4000万元。其余2亿从科研经费购置。预计增加这些仪器设备以后,我校计算机教学将全面普及并有所提高,外语训练水平将上一个台阶,计算机辅助教学、多媒体教学将大规模启动,基础实验训练将逐步由固定设置的实验过渡到开放式的学生自行设计、自行装置的实验,从而大大提高学生的动手能力。

此外,我校的校园信息网将逐步完善,网络资源逐步充实,将有超级计算手段,教学科研管理人员将基本上配备联网微机,管理信息系统进入日常工作,国际联网的信息服务系统高速正常运行。为此,学校拟投资6000万元,主要用于建设:1)网络及服务系统;2)超级计算机;3)各种数据库;4)管理信息系统。北大校园信息服务网建成后,可建立大学管理信息系统,实现管理工作现代化,达到国外中等大学水平。

为了进一步更新与改善现有分析测试中心设备技术的手段,提高理化分析水平,以配合原有的新兴学科和学科群的建设,到2000年前,学校拟投资700万美元,购置以生物大分子和材料结构分析测试为主的大型先进仪器。总的分析测试中心投资约为6300万元。北大分析测试中心建成后,不仅可以为北大的教学、科研服务而且可以面向北京、华北乃至全国,为培养人才、建新型学科和发展经济服务。

6.3 图书资料建设

北京大学图书馆是我国高校中最大的图书馆,在国际上有一定影响。现藏书440万册,现刊6500多种(其中中文占40%,西文占45%,其他语种占15%),视听文献1.5万种、4.5万件,光盘13种。北大图书馆最具特色的是拥有线装古籍150万册,其中有珍善本3万种,22万册,有1000多种稀有的版本或孤本等珍贵图书,有中文旧期刊1.2万种,2.8万册。但随着北大事业的发展,原图书馆已远不能满足师生教学、科研的需要。

到 2000 年,北京大学拟新建设 2.5 万平方米的研究图书馆,共建文、理综合文献信息中心,新馆建成后,共可容纳藏书 700 万册,提供阅览座位 5000 个,具有现代化的设施,成为集教育、学术研究与文化交流于一体的与世界各地建立广泛信息网络联系的现代化文献信息中心,不仅可为本校的师生提供优良的服务,而且向国内外开放,为促进各国文化交流及中华灿烂文化走向世界作出贡献。

北京大学学科齐全、覆盖面广,具有建设综合文献信息中心的条件,综合文献信息中心的建设,拟在现有的基础上确定重点收藏的科目,增加年入藏文献数量,使核心文献入藏量达到 90%,在文种上以英语为主,兼顾其他语种,改进服务方式,实行现代化管理,大力保护和开发特藏资源。本项目拟从 1994 年启动,以五年为一阶段,通过逐年投入,累积建设,用于中文图书、外文图书、中文期刊、外文期刊、非书资料的总投资,五年共需经费 1.63 亿元。

北京大学出版社是以出版教材和学术著作为主的出版社,1993 年被中宣部和国家新闻出版署评为"全国优秀图书出版单位"。1994 年被国家教委评为"全国先进高校出版社"。年出书达到 494 种。北京大学出版社拟"立足北大,面向全国,走向世界"。到本世纪末,达到国内一流水平。到下世纪初叶,力争成为世界一流出版社。

7. 国际交流和国际影响

7.1 北京大学在国际上的影响

北京大学是我国的一所著名的高等学府,也是一所在世界上较有影响的大学。1986 年亚洲一些国家和地区的高等院校的管理人员和教授分别投票,选举他们心目中的世界前十所著名大学。尽管综合评选结果没有北大,但由教师投票选出的名次中,北京大学与芝加哥大学、麻省理工学院、密歇根大学、普林斯顿大学并列第八;1993 年底在菲律宾马尼拉举行的"亚洲高等教育研讨会"上,大会秘书处以问卷的形式向近千名与会者作了"亚洲最佳 10 所大学"的调查,该调查以亚洲 100 所主要大学为对象,根据它们的名气、学术水平、专业设置、办学规模以及教师在国际上的影响来进行评选。中国入选的有两所大学,北京大学名列第五,台湾大学名列第九;北京大学拥有一批著名的专家、学者,他们的学术成就和地位在不同程度上得到了国际上的尊重和推崇,据不完全的统计,北大有 15 人担任了国际学术组织中的领导工作,有 21 人获得了一些国家和地区高等学校及科研院所所授予的名誉博士和科学院院士的称号,有 14 人获得了国际性的科学奖。北京大学是我国在世界上最享盛誉的一所大学。

7.2 北京大学在国内的地位

北京大学在历史上被誉为"中国的最高学府",曾为我国的革命和建设作出过杰出的贡献。从总体上讲,北京大学在人才培养的质量、科学研究的水平以及为社会服务的能力这三个综合指标上处于全国同类大学的前列。在历次全国性的科研获奖、教材评比、学术榜排序、校办产业排名以及新生入学的质量等方面,北京大学均处于全国综合大学的首位。这是由于北京大学拥有全国较强的教师队伍、较强的基础学科、较好的办学条件、较丰富的办学经验、良好的学风和校风以及优良的学术环境。

7.3 国际交流

北京大学是我国实行对外开放比较早的大学,到目前为止已和 32 个国家和地区的 100

所高校建立了校际联系,每年约有 60 个国家的 600 多名长期留学生和 500 多人短期来校学习,现已授予了 88 位外国的著名学者和著名人士为北大的名誉教授、名誉博士,其中有 7 位是诺贝尔奖获得者。1993 年,北大聘请了 43 位长期外国专家、208 位短期外国专家来校讲课。与此同时,北大从 1981 年至 1993 年派出参加国际会议、合作研究、考察访问、实习培训的教师已达 4831 人次。近年来,每年保持在 700 人次左右。自 1981 年至 1994 年 8 月共举办国际会议 175 次。

7.4 扩大开放的目标和措施

为了把北京大学建设成为世界一流大学,拟实行国际化的办学方针,不断扩大培养外国留学生的专业种类,提高质量,进一步扩大对外的交流和合作,增大开放程度。到本世纪末,北京大学的外国留学生的数量拟达到 1000 人,其中本科生 250 人,研究生 250 人,进修生 400 人,高级进修生 100 人;经过调整后,与北大有实际交流和合作关系的学校拟达到 130 所;每年由北大举办的国际会议拟达到 20 次;每年聘请外国专家的人数拟达到长期 50 人、短期 300 人;派出教师的规模拟达到长期 100 人/年,短期 1000 人/年。北京大学将积极参与国际学术评价活动,一些基础学科博士论文评审、科研成果评价,将逐步扩大吸引国际同行专家参与。同时,北大将积极发展与国外专家合作指导研究生、开设新课程、举办新专业,以至联合筹办院、系、研究所和中心。此外,北京大学将积极开展境外联合办学的试点,以进一步扩大北大的影响。

8. 管理体制改革

我校管理体制的改革,正如在自我评估中所述的,自 1988 年以来,我校在机构设置、人事制度、校内分配制度、住房制度、医疗制度以及离退休保险制度等方面进行了一系列改革,并取得了明显的效果。为了把北京大学建设成为世界一流大学,我们拟进一步改革管理体制。

8.1 领导体制

北京大学是实行党委领导下校长负责制的学校。党委要全面贯彻党的基本路线和教育方针,切实加强党的自身建设和思想政治工作,把领导学校的改革和建设放在党委工作的中心位置,研究决定事关全局的重大问题。党委要充分尊重并发挥以校长为首的行政指挥系统的重要作用。校长是学校法人代表,党委要支持校长充分行使职权,使校长能积极主动、独立负责地做好各项工作。

8.2 改革管理体制

为了便于管理,提高效率,促进相关学科的渗透联合,北京大学拟实行校、院、系三级管理体制。全校拟成立人文学院、社会科学学院、法学院、工商管理学院、外国语言文化学院、数学力学学院、电子信息科学学院、物理与技术学院、化学与分子工程学院、生命科学学院、地球科学学院等十几个学院。校级主要抓宏观管理和目标管理,学院要成为拥有相应权利的管理实体,系集中精力抓教学科研。通过管理体制的改革,努力做到层次清晰,职责分明,精简高效、运转灵活。考虑到实行三级管理有一定难度,拟根据"一次规划,分步实施,先易后难,逐步完成"的原则分步实施。在条件成熟的情况下,拟通过联合办学的途径,建立北大的医学科学中心和工程科学中心。

8.3 改革劳动人事制度

学校对校内不同性质的单位实行分类管理,健全和强化新的运行机制,在科学划分校、院、系三级职责的基础上,根据各学院的教学、科研等任务,重新核定其编制,并依据经费"包干使用,超支不补,结余留用,自求平衡"的原则,对院实行工资总额包干,并赋予学院有人员调配、考核、晋升、奖惩、分配及在教学、科研经费指标范围内的审批权限,建立自我约束机制,使学院成为自行运转的办学实体。在此基础上,要进一步完善聘任制,严格考核制度,优化队伍结构,提高工作效率,体现按劳分配原则,调动教职工的积极性。

8.4 进一步深化机关改革

机关改革要本着精干、高效的原则,精简机构、压缩编制、理顺关系、改善服务,严格考核、提高效率。对机关工作人员要实行聘任制和目标管理责任制,要逐步建立和完善机关工作的各种规章制度和程序体系,引入竞争机制,实行年终考核,拉开内部分配差距,改善服务,提高工作效率,使机关工作规范化、科学化、制度化。到 2000 年,机关的工作人员拟从现在的 639 人精减到 400 人。

8.5 后勤改革

北京大学后勤改革拟遵循"三有利"的原则,即有利于改善师生员工的工作、学习和生活条件;有利于确保学校稳定和贯彻"三服务、两育人"的原则;有利于挖掘潜力、增收节支,改善办学条件,减少学校投入。

学校后勤改革的近期目标是:以转变观念提高认识为基础,以转换运行机制为核心,建立精干高效的行政管理机构,充实和完善各种类型的服务实体,扩大服务项目和范围,全面提高服务水平和能力。与此同时,引进竞争机制,参与市场竞争,实施独立核算,根据后勤工作的不同情况,分步实施社会化或半社会化,为学校的发展提供保障。

到本世纪末,北京大学后勤改革的目标是:进一步解放思想,转变观念,转换机制,调整体制,按照"管理、服务、经营"职能分开的原则,全面贯彻"小机关、多实体、大服务"的格局。优化育人环境;适应教学、科研和师生员工生活的需要,建立起自我发展、自我完善、自我约束的良性循环的运行机制。后期服务要成为独立核算,自负盈亏的经营服务实体。学校除对必要的大型基础设施投入外,要逐年减少对后勤部门的行政拨款数量,逐步实现后勤服务社会化,管理工作科学化,生产经营专业化,形成具有中国特色和北大自身特点的后勤保障服务体系。

9. 发展校办产业

9.1 校办产业的现状

北京大学校办产业拥有 40 个公司,8 个校系办工厂,职工近千人。1993 年产值突破 10 亿元,利润 1.5 亿元,支持学校各类办学经费 3700 万元。其中方正集团公司营业额 9.14 亿元,利润 1.3 亿元,上交学校 1600 万元。1991 至 1993 年三年间,方正集团公司的营业额和利润连年翻番,形成了"研究—开发—生产—营销—服务"一条龙的完整体系。无论从规模还是效益方面,北京大学的校办产业均居全国高校之首。

9.2 发展目标

北京大学校办产业的发展,要充分发挥学校基础研究力量雄厚和多学科的优势,以高新技术为依托,以市场为导向,以产品为龙头,以效益为根本,集中力量建成五大重点产业和十个规模效益型支柱企业。五大重点产业是:信息技术产业、生物工程及制药产业、新兴材料产业、光机电一体化产业及高科技园区产业。十大支柱企业是:北大方正集团公司、北大生物城有限公司、北大制药集团公司、北大青鸟软件科技开发有限公司、北大资源开发公司、北佳信息技术有限公司、北大指纹电子公司、北大大友软件系统有限公司、北大精细化工公司、北大光机电发展公司。到本世纪末,争取实现校办产业年产值100亿元,利润10亿元,上交学校2亿元,为学校的建设和发展提供强有力的财力支持。

9.3 发展校办产业的几项措施

为了达到上述发展目标,北京大学发展校办产业拟采取以下几项措施:

一是建立北大科技园区,在北京大学校园外的东部和南部建立北大科技园区,使其成为校办科技产业的集中地,成为北大科技产业的"窗口"和高新技术的辐射源。在科技园区内建立起与市场经济相适应的管理体制和运行机制,建立起产权清晰、责权明确、政企分开、管理科学的现代企业制度。

二是加强校办产业队伍的建设。到本世纪末,北京大学拟建立一支1200人的以专职人员为骨干,兼职人员相配合,富有活力的科技产业队伍。选派思想素质好、事业心强、懂技术、善经营、会管理的优秀人才进入企业领导岗位,并建立起团结协作、富于实干及开拓精神的领导班子和精干务实的校办产业队伍。

三是通过股票上市、建立投资风险基金、贷款等方式多方筹集资金,增加对校办产业的投入。重点支持技术含量高、前景好、经济效益大的高新技术项目,加快实现企业商品化、产业化和国际化的进程。

四是对校办产业拟根据其自身的特点实行特殊的政策,调动校办产业人员的积极性。在职务评聘上拟实行条件单列、职数单下、单组评审的方式,充分考虑其在校办产业工作中的水平和业绩;在收入分配上采取与企业效益挂钩,实行多劳多得、合理拉开差距。对发展校办产业做出突出贡献者给予表彰和奖励。

第三部分 北京大学整体改革思路和实施方案

为了实现上述总体建设与发展规划,在下个世纪初叶,把北京大学建设成为世界一流的社会主义大学,必须在办学体制、内部管理体制和运行机制以及学科结构、教学内容与方法、科学研究、经费筹措渠道等方面进行一系列改革。改革是提高学校办学效益和水平的必由之路,是创办世界一流的社会主义大学的必由之路。

北京大学改革和发展的总体思路是:

在邓小平同志建设有中国特色的社会主义理论指导下,解放思想,抓住机遇,全面贯彻党的基本路线和教育方针,面向现代化、面向世界、面向未来,积极探索同社会主义市场经济体制相适应的新的办学模式和路子,以学科建设和教学改革为核心,以教师队伍和干部队伍建设为重点,以发展校办产业、增强经济实力为后盾,以加强和改进党的建设与思想政治工作为保证,全面提高教育质量和科学研究水平,全面提高管理水平和办学效益。

根据以上改革和发展的总体思路,拟进行以下九个方面的改革:

1. 学科建设与改革

1.1 调整和完善学科结构

综观当今世界一流大学,多为学科门类齐全、拥有一批高水平学科,能够广泛介入社会、政治、经济、科技、文化诸多领域,推动社会发展和科技进步的学校。北京大学在历史上是一所拥有包括文、理、法、医、工、农六个学院和一个文科研究所的多学科综合大学。虽然当时学校的规模和今天不能相比,但从学科的齐全来说则是一所符合国际通行标准的综合大学,院系调整以来直到今天,北大的规模得到了空前的发展,办学层次有了显著的提高,系科结构也在既定的框架内有了相当大的改善,但是,从目前各层次学科专业结构分布情况和建设世界一流大学的需要来看,现有的办学领域和系科设置还显得比较狭窄,尤其是缺少应用学科、技术学科和新型工程学科,不能充分适应建设社会主义市场经济发展的需要。

为此,我们必须在继续保持和发扬现有文理基础学科优势的前提下,利用已有的基础和条件,大力加强应用学科和技术学科的建设,积极发展一批人文科学、社会科学和自然科学互相渗透的新兴学科和边缘交叉学科,以适应解决社会、经济、科技发展的综合课题和培养高层次跨学科人才的需要。同时积极创造条件,有选择地建设一批我国现代化建设事业急需的、能够为国家的行业改造和企业技术改造作出重大贡献的新型工程技术学科和医药学科,采取措施,保护少数国家并不大量需要,但又不可或缺的稀有学科,并通过加强校内学科建设和积极发展联合办学两个方面,努力扩大我们的办学领域,拓宽现有学科科类结构,使北京大学逐步发展成为一所真正意义上的综合大学。

1.2 加强学科交叉,构建"行列式"式的学科体系

当代学科发展的主要趋向是在高度分化基础上的高度综合,呈现出高度交叉和整体化趋势。新兴学科、边缘学科、交叉学科层出不穷。根据这一突出特点以及我校现有的学科特色和优势,学校将以逐步成立起来的若干学科群和学院为依托,构建"行列式"的学科体系。在这个体系中,以重大的综合科研课题为纽带,以一个或若干个重点学科(或国家重点实验室)为依托,成立横向联合的研究中心,形成以科研任务为主的12个学科群(其中6个文科、5个理科、1个文理交叉学科),构成体系的"行";同时根据学校实施三级管理体制的整体规划,按照性质相近的学科组成若干学院,负责组织教学、科研、社会服务与产业开发,构成学科体系的"列"。以"列"为支柱,以"行"为桥梁,通过这个"行列式"的学科体系建设,真正形成基础、应用、开发和教学、科研、生产协调发展的崭新的学科格局。

1.3 积极探索联合办学和国外、境外办学新途径

高校之间多种形式的联合办学,资源共享,优势互补,共同发展,符合中国国情,是提高办学质量和办学效益的新思路。学校将通过与国内大学之间的联合办学,逐步使北大的办学领域扩大到医、工、农等方面。可以在隶属关系、经费渠道、组织机构不变的条件下起步,在教学、科研、产业、国际合作等方面先行展开。在这方面,我们已经与北医大、北京航空航天大学等校有过多次接触,联合办学的前景良好。与此同时,我们还将积极探索其他途径的多种形式的联合办学和国外、境外办学的新模式。

1.4 加强领导,增加投入

为保证上述学科改革和建设思路的实施,学校已经成立了以主管校长为组长的学校"学科建设领导小组",其成员由有关专家和职能部门负责人组成,统筹学校教学、科研、联合办

学,尤其是学科建设的改革、规划、协调、检查、评估,决定支持学科建设的措施及奖励办法等。各学科群均设由若干名专家组成的该学科群专家委员会,负责本学科群的建设和发展工作;自1995年起,学校每年从校办产业的创收中拿出150万元,作为支持学科建设的经费;学校将切实贯彻"重点建设"的方针,每年底对全校各个重点学科和学科群建设的进展情况进行检查,由目前文、理6个学术委员会分会,分别进行评估,提出调整和改进的意见。

2. 大力推进教育和教学改革,进一步提高本科生教育质量

教育教学改革,主要是改革在长期集中统一的计划经济体制下形成的包得过多、统得过死、专业划分过窄、与社会相脱节等弊端,使北京大学能够培养出为国家科学文化和社会经济发展做出杰出贡献的一流人才,使北大毕业生在未来的人才市场上具有最强的竞争力。

2.1 进一步转变教育观念

深化教育教学改革,必须改变领导和教师中的不适应时代要求的教育观念:首先必须改变片面注重智育、忽视德育的观念,全面贯彻党的教育方针,培养德智体全面发展的人才;第二,必须改变专业划分过细、课程体系过窄的培养观念,代之以素质教育、终身教育观念,注重培养学生主动获取知识的能力、独立思维能力、创造能力和对人才市场的适应能力;第三,改变教师主宰教学、学生被动接受知识的观念,树立学生是学习主体、充分发挥学生的主动性和个人特长、因材施教、教学相长的观念;第四,改变封闭式教学观念,树立开放办学观念,聘请海内外有真才实学的专家学者参与教学,鼓励学生在学习过程中参与社会实践。

为推动北大的教学改革转变教学观念,学校将继续采用行之有效的方法,每年至少召开一次教学研讨会,分别就本科生、研究生教学改革中的突出问题进行充分讨论,以总结经验,统一认识,制订措施,推进改革。学校鼓励教师和职能部门提出见解,发表论文著作,进行教改试点等,并将继续办好《高等教育论坛》,以活跃思想,为教学改革出谋划策。

2.2 改革招生、就业制度

改革现有的招生、就业制度,逐步实现"优生源、优教育、优就业"的最佳配置。北京大学要逐步扩大统一招生工作中的自主权,要强调对学生的素质和优异特长的考核,努力把国内最优秀的学生吸引到学校来。学校实行收费上学,对于生活确有困难的学生提供贷学金、勤工俭学的机会或适当的特殊补助。对优秀的学生给予较高数额的奖学金,对国家重点保证的条件艰苦的特殊专业学生,提供特殊专业奖学金和助学金。学校将广开渠道,扩大奖学金的来源,同时努力创造条件,提供更多的勤工俭学机会。毕业生就业,除少数特殊需要继续由国家计划分配外,多数由市场调节,实行"供需见面""双向选择"和"自主择业"的办法。学校广泛收集人才市场信息,进一步加强学生的就业咨询指导。学校定期进行毕业生跟踪调查,收集社会和用人单位对毕业生的反馈信息,以改进学校的教学和学生思想政治工作,使北大毕业生在社会和人才市场上具有最强的竞争力。

2.3 改革教学计划和培养方式

本科生教学要继续实行"加强基础,淡化专业,因材施教,分流培养"的方针,并据此修订教学计划。低年级要在较宽的范围内进行坚实的基础教育,聘请有丰富经验的教师讲授基础课,加强计算机、外语等工具和技能训练;高年级根据学生个人志趣、特长和学习状态、工作趋向,分研究和各种不同应用方向,分流选学课程和参加实践环节。使教学计划对每个学生有一定程度的灵活性,以充分调动每个学生的学习主动性,使优秀的人才脱颖而出。

学校对不同类型的专业、学科的教学实行分类指导,对基础学科和一些应用实务学科在培养要求和方式上应有所区别,但总体上都应体现北大教学基础宽厚的特色。

努力办好"基础科学研究和教学人才培养基地",办好文理科综合基础试验班。完善以学分计算学习量的学分制,努力扩大学生选课自由度,选修课学分应占总学分30%以上。同时逐步推行业务导师制,以加强教师对学生选课和学习的指导,学校规定各专业或专业方向的课程目录和修满的最低学分数,学生修满规定课程取得学分可以提前毕业,也允许学生中途停学参加工作,在不超过七年内修满学分即可毕业。

创造条件拓宽学生的文化知识视野,激发学生的学习主动性和创造性。文科学生应学习一定的理科知识,理工科学生应学习一定的文科知识,并鼓励文、理科学生互选课程或跨系科专业选修课程。学校规定本科生阶段必须选读一两门艺术课程。学校努力开辟第二课堂,继续组织好"中国传统文化""当代自然科学进展"等系列讲座,指导和组织好学生的学术活动。

加强教学中的实践环节,鼓励学生自己钻研,多读参考书,进行独立工作的训练。文科要加强写作训练、课堂讨论,要推广案例分析、模拟教学等方法;理科要加强学生独立设计的实验训练。要积极创造条件鼓励本科生早期参加科研实践,广泛邀请有实践经验的专家学者来校教学,努力创造条件组织学生参加工作实践或野外实习或进行社会调查,鼓励学生参加各种社会实践活动;在有条件的专业可探索试行学习—工作—学习的"夹心"教学方式,使教学与生产劳动密切结合。学校将积极创办教学—科研—生产(服务)三结合的基地。

2.4 加强课程建设,改革教学内容

从21世纪对人才所要具备的知识结构和能力结构出发,设计新的课程体系,使本科生—硕士生—博士生课程有机结合起来,使各个层次既目标明确、相对独立,又互相衔接、承前启后。课程体系由公共(全校)基础课、学科大类(学院)基础课和专业课(包括按分流培养的要求开设的课程)组成。要明确每门课程在人才培养中的地位和作用。

根据学科进展、社会需求、教学规律和要求重新审视课程内容。改革课程内容应能使学生根据课程性质掌握基本知识、基础理论或基本技能,了解本学科的前沿进展,更重要的是要使学生学到本学科的独特的研究和分析方法。学校要以建设优秀课程的条例为准则,坚持有计划、有重点地进行课程质量分析,进行质量化的课程评估。教务部门定期召开座谈会、研讨会,收集师生的意见和建议,及时反馈,以改进教学;组织学术造诣深和教学经验丰富的教师按照革新的教学内容编写教材。制定教材出版计划,筹措教材出版基金,鼓励教师积极编写面向21世纪的新教材。

改变照本宣科和讲解过细的教学方式,提高学生自我获取知识的能力。在教学过程中应有意识地增加一些"难关"或"障碍",以提高学生克服困难、刻苦钻研、独立探索的能力。要积极创造条件,推广现代化教学手段,如电视录像教学、计算机辅助教学、多媒体教学等。

2.5 改革教学管理办法,发扬优良学风

在教学过程中实行"活"和"严"相结合的管理制度。"活"的一面体现在充分发挥学生的学习主动性和个人特长,以便为优秀人才脱颖而出创造条件,其中包括学生选课自由、学习年限的灵活、自学免修取得学分、允许转系转专业、优秀学生可直接攻读研究生以及硕士、博士连读等;"严"的一面体现在确保所有毕业生达到合格的质量要求,其中包括学校严格规定毕业的最低学分、取消课程不及格补考制度、由非任课教师负责课程考试命题、严格考试

纪律等。为加强各系在教学管理过程中的竞争意识,学校将每年公布各系教学状态指标,实行按开课课时和学生数发放教学业务费的制度。

2.6 积极适度地发展成人教育

北京大学的主要任务是培养高层次的人才,但也应充分发挥学校师资力量强、具有优良的教育环境和传统的优势,为发展我国的成人教育、继续教育做出应有贡献。发展成人教育也是我校与地方及企业联合办学、扩大社会联系、为经济建设服务的重要方面。学校总的方针是积极、适度地发展成人教育。成人教育改革的重点是从成人学历教育逐步过渡到高层次的继续教育,使北大成为高校教师进修和高层次岗位培训的继续教育基地;成人教育的师资队伍以兼职为主,特别是要注意聘请社会上和生产第一线上的有实践经验的人员;进一步改进成人教育管理体制,逐步建立起自我完善、自主发展的运行机制;努力改进教学方法,发挥现代化教学手段作用,提高教育质量和办学效益,形成具有北大特色的成人教育体系。

3. 深化研究生教育改革,努力提高研究生培养质量

学校要认真贯彻落实党中央、国务院在《中国教育改革和发展纲要》中提出的"高层次专门人才的培养基本上立足国内"的精神,坚持适度发展研究生教育的规模,在研究生教育中以博士生教育为重点的方针。积极推进教育教学改革,吸引优秀生源,施行优质培养,全面提高研究生教育质量,建立达到国际先进水平的具有中国特色和北大特点的研究生教育体系。

3.1 吸引优秀生源,改革培养模式

学校要采取有力措施吸引优秀生源到北大来攻读硕士学位和博士学位,确保新生的入学质量。学校要求各院(系)及导师在教学工作、学术活动、校际交流中,主动积极地物色优秀人才,建立联系,加强指导,吸引他们报考北大的研究生。除通过入学考试录取研究生外,继续实行接受推荐的优秀应届本科毕业生免试录取为硕士生,在读优秀硕士生提前攻读博士学位,接受推荐的优秀应届硕士毕业生和在职人员免试录取为博士生等办法;要进一步探索非本学科学生和有实践经验的在职人员入学考试办法,促进新兴交叉学科的发展,使有经验的工作人员提高学历。

在继续总结经验深化改革,按照硕士、博士两个独立层次培养研究生的同时,在一部分学科实行优秀应届本科毕业生直接攻读博士学位,硕士生、博士生连续培养的办法。

3.2 重点抓好博士生教育,大力提高培养质量

在培养目标上,要求博士生既在本门学科掌握坚实宽广的基础理论和系统深入的专门知识,又要掌握一定的相关学科知识;具有独立从事科学研究工作的能力;在科学或专门技术上做出创造性的成果。博士生的培养方案应尽可能按一级学科或学科群为单位制定。

在培养方式上,实行导师负责和集体培养相结合的办法,有条件的要成立博士生指导小组。指导小组由博士生导师任组长,由3～5名本专业和相关学科专业的专家组成。

在课程学习上,实行学分制,规定应修的课程和须修满的学分数,并通过严格的学科综合考试检查博士生拓宽、加深知识的情况。

在科学研究上,鼓励博士生积极参与国家经济建设、科技进步和社会发展的重大科研任务,提高科研能力和创新能力。

在学位论文上,要理论联系实际,总结学习和科研成果,能够表明作者达到培养目标的要求。

开展中外导师联合培养博士生的工作,作为立足国内培养高层次专门人才的补充。根据"按需派遣,保证质量,学用一致"的方针,积极慎重地推行。

改进和完善博士生兼教学、科研、管理助理(助教、助研、助管)的工作,与校人事制度改革相结合,按需设岗,择优聘用,分类付酬,使博士生在工作实践中得到锻炼,增长才干;同时增加收入,改善待遇。

3.3 加强导师队伍建设,改进培养方式

继续实行严格遴选硕士生指导教师的制度,不断总结经验,改进自行审定增列博士生指导教师的工作,坚持标准,严格要求,保证质量,公正合理,按需设岗,逐步形成制度。

各硕士点、博士点都要形成年龄结构、知识结构合理的指导力量梯队,实行导师负责和集体培养相结合的培养方式,充分发挥学校、院系、学科专业的整体优势,拓宽培养研究生的专业口径,优化研究生的知识和能力结构,积极开设交叉学科的综合性课程,提高高层次人才的培养质量。

3.4 完善管理制度,保证学位授予质量

随着研究生教育的改革和发展,不断健全和完善研究生的招生、培养、学籍管理和学位授予等各项管理制度。改革研究生经费的管理使用办法,建立科学的可操作的研究生教育质量的评估体系。积极开展研究生教育管理的科学研究,逐步建立起自我约束、健康发展的研究生教育管理机制,以保证学位授予质量。

4. 深化科研体制改革,提高科学研究水平

4.1 调整科研布局

理科基础研究工作要保持和发扬北大的传统和优势,努力创新攀高峰,积极争取承担国家重大项目和重点课题,坚持长期攻关,力争取得突破性成果;应用研究要面向国民经济建设主战场,适应社会主义市场经济建设的需要,进一步加强高新技术领域的研究,如生命科学、信息科学、材料科学、环境科学、能源科学等。力争承担更多国家重大科技攻关项目、863项目,及各产业部门和企业的重大项目;并通过建立"基础研究—应用研究—科技开发—形成产业"一条龙的工程研究中心,创办几个高科技开发中心,形成基础研究、应用研究和开发研究协调发展,教学、科研、生产相结合的新格局。

文科科研要把国家改革和发展中急需解决的重大理论和实际问题作为主攻方向,要为国家决策起到"智囊团"的作用。大力加强以下四个方面的研究,力争取得具有重大理论和实际意义的科学成果:一是要加强马克思主义基本理论和建设有中国特色社会主义理论的研究,解放思想,敢于创新,逐步形成具有北大特色和水平的理论学派;二是继续重视文史哲等基础研究,选择一批具有战略性、综合性的研究课题作为攻关项目,发挥北大学科齐全、基础雄厚的优势,开展综合性研究,注重人文科学的普及、推广和运用;三是加强文科应用性研究,如人口学、市场学、管理学、保险学、科技法与知识产权等,积极参加国家的经济立法和其他方面的法制建设,承担国家和有关部门的政策咨询和调查研究课题,充分发挥北大文科在经济建设、精神文明建设和民主法制建设中的作用;四是加强国际和区域问题等方面的比较研究。

4.2 改革科研管理体制

要进一步深化科研管理体制改革,力争建设一批国家级基础研究所,开展跨学科综合性

研究的体制建设,进一步完善并强化竞争机制和激励机制,以利于优秀人才与成果的脱颖而出;要建立科学的科研成果评估制度,设立科研基金、出版基金和奖励基金并加强对它们的管理。在科研经费使用上实行课题组负责人负责制,实现科研机构评估、成果奖励制度化与科研管理手段科学化。

为促进交叉学科的发展,突出重点,形成拳头,我校将通过改革运行机制,对人员聘用、经费分配及提成、仪器设备共用等采取一些倾斜政策和措施,鼓励系际间、学科间的科研合作、联合攻关,以打破校内科研人员的单位所有制和分散的、低效益、低水平的重复劳动状况,使科研的综合优势和潜力真正得以发挥出来,力争搞成若干具有重大经济效益、社会效益和科技价值的研究项目;与此同时,还要组织好校际之间的科研合作。

4.3 改革和加强科研队伍建设工作

在科研队伍建设方面,一是要制定措施,优化结构,发挥科研队伍的整体积极性;二是要努力建立一支以1000名专职科研人员为主体、2000名兼职科研人员和研究生为生力军的科研队伍,特别是注意选拔、培养和引进一批中青年的学术带头人。创造条件吸引国外优秀年轻人才来校工作;三是要加强国际学术交流与科技合作,注意聘任国内外知名的学术权威来校任教、讲学、指导研究;四是要进一步改革和加强博士后流动站的工作,发挥其在科学研究和人才培养中的重要作用;五是要在全校范围内创造良好的学术风气和环境,开阔研究人员的视野,加强学术交流,提高研究人员的素质;还要通过各种学术活动和科技竞赛等途径,促进大学生和研究生的成长。

4.4 改革和加强科研机构与基地建设工作

根据国家"稳住一头,放开一片"的原则,北京大学总体上是属于"稳住一头"之列,力争成为国家"稳住一头"的重点高等学校。另外学校还必须有步骤地对现有科研机构分门别类地进行调整、充实、改革、提高,对以基础性或应用基础性研究为主的研究单位,要精干队伍、增强投入、创造条件,力争建设一批国家级基础性研究所及研究中心;对以科技开发为主的单位,则采取各种有效措施促使其参与市场竞争,努力创造高水平的成果和效益;对已建立的实体性的科研机构,应进一步明确方向,落实任务,选好带头人,提高研究水平;对非实体性的科研机构,要充分发挥其协调作用,组织好相关人员开展合作研究;配合学科群建设,根据优先发展领域的需要以及北大自身优势和特点,组建一批综合性的跨学科研究中心,如生命科学研究中心、功能材料与器件研究中心、地球系统研究中心、电子信息科学研究中心、药物研究中心及中国传统文化研究中心、跨文化研究中心等,并在人力、物力、财力上予以支持;要充分利用并拓宽同国际学术组织的联系渠道,加强与国外大学、科研机构、企业的科技合作和信息交流,扩大共同研究开发领域,发展与有关单位的协作研究或研究基地的联合共建,如微电子北方基地等。

5. 改革管理体制和运行机制,提高办学效益

5.1 学校领导机构与决策机制改革

坚持并完善党委领导下的校长负责制。党委负责全面贯彻党的基本路线和教育方针,领导学校的改革和建设,研究并决定事关全局的重大问题。在工作分工上,党委负责领导全校党的自身建设、思想政治工作和干部管理工作,统筹全校的学生、宣传、监察及纪检等工作机构;校长是学校法人代表,对全校行政工作实行统一指挥。党委要支持校长充分行使职

权,使校长能积极主动、独立负责地做好各项工作。为了加强对重要工作的集体领导、分工负责,有利于党政协调,提高工作效率,将建立和健全若干专项工作领导小组,如规划领导小组、学科领导小组、人事领导小组和产业管理委员会、学生工作委员会等。

进一步健全校务委员会、学术委员会等机构并明确其职能,充分发挥教职工代表大会的作用,定期听取学校工作的报告,讨论学校改革和发展中的重大问题,对学校的工作提出意见和建议,增加决策透明度,逐步形成民主科学的决策机制、监督机制和规范化的高效率的行政管理体制。

北京大学拟设立董事会,帮助学校筹集办学资金,对学校的发展和决策提供咨询,充分运用社会力量支持北京大学办学。

5.2 实施校、院、系三级管理体制改革

北大现有院、系、所、中心及部、处上百个,在业务上均直接面对学校,校级管理跨度过大。这种状况既导致学校主要领导精力过度分散和劳累不堪,无法集中精力议大事抓全局,也导致学校管理薄弱、办事效率不高,更使北大综合优势和潜力无法充分发挥、新的学科方向的发展受到限制。因此,改革现有的校、系两级管理体制,实行校、院、系三级管理体制势在必行。

实行三级管理,以院为基础。校级侧重于宏观管理,主要抓好学校整体规划和不同时期发展目标、方针政策和规章制度的制定;学院要成为拥有相应权力、独立运行的管理实体,统筹教学、科研、开发与行政,负责本院的人、财、物及学籍等各项管理工作;系级则集中精力抓好教学和科研。学校正在拟定各个管理层次的具体任务,真正做到职责分明,精简高效,运转灵活。

这项改革是一个结构性的大调整,涉及面广,操作难度较大。学校将组成专门性的研究班子和操作班子,根据"一次规划,分步实施,先易后难,限期完成"的原则,逐步实施。

5.3 深化以人事制度改革为重点的校内管理改革

北京大学前一阶段集中力量进行了校内管理改革,方向对头,也取得了一定的成效。但改革的力度还不够,矛盾和问题还很多。因此,必须进一步解放思想,改革现有的运作机制,探索建立新的管理模式。

首先根据实施三级管理体制的改革方案,科学设计和调整校院管理机构和人员,形成层次合理、职责分明、精简高效、运行有序的管理系统。根据"公布岗位、择优聘任、严格考核、优胜劣汰"的原则,引入竞争机制,优化管理队伍。

其次要根据校内不同单位性质,强化分类管理,根据"包干使用,超支不补,结余留用,自求平衡"的原则,进一步推行"工资总额动态包干",并加大改革力度,提高超缺编费额度,调动院系压缩人员、优化队伍的积极性;对校办产业,根据企事分开原则,严格实施全员合同制;对后勤及有关部门,根据管理、服务与经营分开的原则,努力形成"小机关、大服务、多实体"的格局,逐年减少学校负担的人员及人头费,逐步向社会化过渡。

第三,改革和完善工资制度和校内分配制度,建立起有效的激励机制和约束机制。要切实体现按劳分配的原则,使责、权、利相匹配,指挥权与分配权相统一,奖勤罚懒,拉开档次,克服分配中的平均主义。进一步强化考评制度和监督机制,健全组织,加强领导,形成制度,使考核结果成为提职和晋级增资的重要依据。

第四,采取有力措施,调整校内教职工的结构比例。本着确保教学、科研、党政管理和校

办产业第一线工作人员需要,压缩二线人员编制的原则,逐步提高教学、科研人员的比例,使专任教师、科研教师、教辅人员、管理人员、后勤人员的比例逐步达到3∶2∶1.5∶1.5∶2。为此,从现在开始就把好入口,除高学历层次的毕业生、留学生、骨干教师和优秀管理、技术人员外,冻结一般人员的调入;加快3个校办工厂的合并与后勤人员的分流工作,对富余人员要妥善处理,多渠道消化、安置。到本世纪末,使学校在编人员减少到6200人,其中专任教师1900人,教辅人员800人,管理人员400人,工勤人员500人,产业开发人员400人,专职科研人员1350人(教师900人,管理、辅助、工勤人员450人),附属单位850人。师生比达到1∶13.2,教职工与学生比达到1∶6.9。

5.4 机关改革

机关改革要本着精干、高效的原则,精简机构、压缩编制、理顺关系、改善服务、严格考核、提高效率。对机关干部和工作人员要实行聘任制和目标管理责任制,设岗招聘,择优上岗;要逐步建立和完善机关工作的各种规章制度和程序体系,使管理工作有章可循,使机关运转灵活、有序,做到机关工作科学化、制度化。到本世纪末,学校管理人员要从现在的639人精简到400人,提高学校的管理水平和办事效率。

5.5 后勤改革

改革宗旨:为了适应建设世界一流社会主义大学的目标要求,北大后勤改革的宗旨是更好地为教学、科研、产业提供后勤保障,为全校师生员工的生活提供优质服务。因此,完善科学管理,主动适应需求,提高服务质量,增强经济实力,改善办学条件,优化育人环境,以保证学校各项工作的正常运行和发展,是后勤各项改革的出发点和归宿。

改革方向:根据后勤各部门的职责,将管理、服务、经营分开,建立和完善各自的运行机制,积极创造条件,努力通过推行全额核算的途径使有偿服务、经营服务实体逐步实现社会化。

改革原则:有利于调动后勤职工工作积极性,解放生产力,提高后勤投资的经济效益和社会效益;有利于完善科学管理,形成后勤系统整体优势,增强凝聚力;有利于挖掘现有人员、技术、设备、设施潜力,增收节支,不断增强后勤的自给能力、发展能力和自我调剂能力;有利于提高后勤干部职工队伍的政治思想素质,职业道德和技术水平,形成高水平的管理骨干和技术骨干队伍;有利于不断提高管理水平、工作效率、服务质量,提高后勤职工的待遇。

改革内容:一是体制改革,按管理、服务、经营分开的原则,核定管理人员编制,划分出服务、经营实体,实行分类归口管理;二是运行机制改革,根据分类管理的原则,建立和完善不同的运行机制,机关试行工资总额动态包干,经营服务实体实行利润承包责任制;三是财务管理改革,经营服务实体实行经营独立核算。

6. 改革现有人事管理模式,加强队伍建设

6.1 优化队伍结构

要本着"双向选择、优胜劣汰"的原则,进一步完善聘任制,建立起队伍的竞争机制和流动机制,通过实行固定编制和流动编制相结合的用人制度,逐步形成相对稳定的骨干层和流动有序的流动层,建立起一支高水平、高素质、专业化、整体结构合理的教师队伍、管理队伍、产业开发队伍、职工骨干队伍,为把北京大学建设成为世界一流的社会主义大学奠定坚实的基础。

建设一支具有良好政治业务素质、骨干相对稳定、结构合理的教师队伍(包括年龄结构、学历结构、职称结构和专业结构),提高教师中的中青年比重、高学历人员比重。到本世纪末,使北大教师的平均年龄由现在的44.76岁下降到42岁,使老(50岁以上)、中(35—50岁)、青(35岁以下)教师的比例达到3∶3∶4;高、中、初级教师职称的比例拟保持在6∶3∶1,具有博士学位的教师由现在的472人增加到1000人。

要制定出一套切实可行的办法和措施,吸引人才,稳定队伍。鼓励党政管理干部把党政管理与思想政治工作当做一门科学、一项崇尚高的事业、一个建功立业的岗位去研究、实践和奉献,努力使这支队伍有较高的学历、较高的素质,并得到与其成绩和贡献相应的待遇;要建立健全干部的培训制度,注重培养出一批既懂党政管理,又能从事教学科研的复合型干部,其中具有硕士、博士学历的要逐步达到60%以上;逐步建立起党政管理干部的上下交流、内外交流、横向交流的机制,打破政工干部封闭循环状况;建立健全党政管理干部的交叉任职制度和输送制度,形成干部选拔、培养、使用和输送的良性循环机制;要从领导体制、运行机制和工作制度上保证党组织的政治核心作用的发挥。

加强校办产业队伍的建设。到本世纪末,北京大学拟建立一支以专职人员为骨干,兼职人员相配合、富有活力的科技产业队伍。选派思想素质好、事业心强、懂技术、善经营、会管理的优秀人才进入企业管理岗位,以建立起团结协作、精干务实、具有开拓精神和奉献精神的企业领导班子。

加强现有职工队伍岗位技术培训,重点抓好技术工人队伍建设,提高人员素质和服务能力,在此基础上,实行考工考技定级,优化职工队伍结构,更好地发挥这支队伍在学校建设中的作用。

6.2　实施"跨世纪人才工程",建设好两个200人队伍

首先是通过实施"跨世纪人才工程",选拔和培养200名相当于博士生导师的中青年学科带头人,连同仍在岗的博士生导师拟达到400人。其中,代表国家最高学术水平的科学院和社科院院士拟达到60人左右。通过"跨世纪人才工程"的实施,建立和完善学术带头人的选拔、培养、晋升的制度,着力抓好学术梯队的建设,建设一支高水平的师资队伍。目前,该工程已经启动,首批评选出优秀中青年学术骨干87人,人才工程基金100万元已经到位,按照"北京大学方正优秀中青年教师培养奖励基金试行办法"对上述87人进行资助,资助内容包括:个人生活津贴每人每月150元;对教学、科研、应用开发等方面的优秀成果予以奖励,一等奖5000元,二等奖3000元;对教学、科研工作给予经费支持,如资助科研项目,出版教材和学术专著,购买图书资料,参加国内外学术会议,改善实验室条件等。对选拔出的人员将进行一年一检查、三年一滚动的管理,不符合条件的将被淘汰。这支队伍将不断扩大,到1997年将达到150人左右,到2000年将达到200人左右。选拔工作将继续提倡"五湖四海","土""洋"一视同仁。

按照干部队伍建设的"四化"方针和德才兼备的原则,大胆选拔、培养和使用优秀的年轻干部。到本世纪末,要培养出200名中青年党政管理骨干。从现在起就着力抓好后备干部队伍建设。学校已经建立了后备干部数据库,今后将进行动态考察,优胜劣汰,并通过多种形式的校内党校培训,提高他们的政治理论水平和领导能力;同时充分利用北大多学科的优势,培养复合型高等教育管理在职博士生,作为未来校、院、系党政领导骨干;学校将通过多种渠道,选送党政管理干部到社会上挂职锻炼或出国学习、进修、短期考察,以开阔视野和提

高管理水平。

6.3 尽最大努力改善教师的工作和生活条件

把提高教师的待遇和改善教师的住房条件作为学校领导的重要职责,努力做好,使他们"有用武之地,少后顾之忧"。除必要的物质条件以外,还必须建立良好的学术环境,提倡民主与科学的精神,活跃学术空气,支持和鼓励以科学研究为基础的大胆探索和自由争鸣,特别是鼓励教师进一步解放思想,在坚持四项基本原则的前提下,大胆探索和研究当前改革开放和社会发展中迫切需要解决的现实问题,为促进人才的成长和科学的进步提供良好的学术氛围。

7. 改革和拓宽经费来源渠道

北京大学要跻身于世界一流大学的行列,必须有较充足的教育经费作为保证。在国家拨款作为学校经费来源主渠道的同时,借鉴国际经验,实施广筹资金的战略,即通过多种渠道努力拓宽经费来源,改善办学条件。今后学校教育经费应主要来自以下五个方面:一是国家和地方政府的拨款,这是学校经费来源的主渠道;二是学生交纳的学费,学费的数额将随大多数家庭收入的提高而逐步增加,使之在实际培养费用中占有一定的比例;三是科研经费,在继续保持学校基础研究经费领先地位的同时,努力增加横向科研经费的来源;四是校办产业的收入,应成为今后支持学校办学的重要财源;五是积极争取获得更多的来自社会各界、国内外的捐赠。

7.1 大力争取科研经费

学校经费来源的主渠道依然是国家财政,但目前和今后相当长的一段时期内,国家财政不可能宽松。我们当然要力争国家有更多的投入,但绝不能放松自己的努力。首要的就是应大力争取科研经费,这方面大有潜力可挖。北大的科研经费在综合大学中是位居前列的,但同工科大学相比,则有很大的差距。今后除继续努力争取基础学科方面获得更多的科研经费外,还要加强与国内外企业、国际机构及科研单位、大学的合作与联系,注意去努力争取开辟横向科研经费的渠道。

7.2 发展校办产业,使之成为支持学校办学的重要财源

要充分发挥北大基础研究实力强和多学科的优势,以高新技术为依托,以市场为导向,以产品为龙头,以效益为根本,以增强学校办学实力为目的,集中力量建成几个重点产学研工程和规模效益型科技企业,成为支持学校办学的一个重要财源。

学校将在校园外的东南部建立北大科技园区,重点研究开发信息技术、生物工程及制药、新兴材料等领域,重点发展北大方正集团公司、北大生物城有限公司、北大制药集团公司、北大资源开发公司、北佳信息技术有限公司、北大青鸟软件科技开发有限公司、北大指纹电子公司、北大大友软件系统有限公司、北大精细化工公司、北大光机电发展公司。到本世纪末,北大的校办产业年产值争取突破100亿元,利润和上缴学校的部分拟有较大幅度增长,为学校的建设和发展提供强有力的财力支持。

学校将在科技园区内建立起与市场经济相适应的管理体制和运行机制,建立起产权清晰、责权明确、政企分开、管理科学的现代企业制度。通过股票上市、建立风险投资基金、贷款等方式多方筹集资金,增加对校办产业的投入。重点支持技术含量高、发展前景好、经济效益大的高新技术项目,加快实现企业商品化、产业化和国际化的进程。

学校已经成立了"产业管理委员会",下设"产业办公室",负责日常事务性工作,具体落实学校发展校办产业的政策和规划。下一步,我们将根据现代企业制度和校办企业自身特点,进行管理体制上的改革,实施规范化管理,以促进企业的发展壮大,同时保证学校权益和资产的保值增值。

7.3 充分利用北大的实力和影响,争取更多的社会捐助

学校将充分利用北大的实力和影响,特别是要抓住1998年建校100周年的有利时机,积极争取获得更多的来自社会各界、国内外的捐赠款,增强学校的经济实力。这方面北大有得天独厚的条件,应当充分加以利用。这两年通过各方面的努力,捐赠资金已经落实的和近期可以落实的,达2300万美元以上,折合人民币约为2亿元,今后仍要继续开辟这方面的财源。学校制定了对引进无偿捐赠资金的教职员工(学校领导干部除外)的奖励办法,并已开始贯彻执行。

7.4 改进和强化财、物管理,厉行节约,提高使用效益

财务管理要坚持综合财务预算的积极平衡,统筹运用学校资金,增强宏观调控能力,增强聚财、理财、生财的能力。同时,建立合理的规范化的财务管理制度,进一步加强对各级财会工作的指导,学校将进一步做好校友联络工作。通过校友,扩大捐款渠道。调动各级组织开源节流的积极性。审计工作在财务审计、制度审计基础上,加强经济效益审计,促进学校各级组织强化科学化管理,提高资金使用效益,保障国有资产保值增值。对违法违纪、侵害学校利益、造成严重经济损失的行为,积极配合学校严肃查处,主动提供有利证据。要进一步加强学校的物资管理,提高使用效率,严防国有资产流失。

8. 实行国际化的办学方针,扩大开放与国际合作、交流

8.1 积极发展对外交流与合作

为把北京大学建设成为世界一流的社会主义大学,必须扩大开放,实行国际化的办学方针,积极发展对外交流与合作,包括代表团互访、互派交流学者和留学生、交换学术资料、开展合作研究、联合培养博士生、合作召开学术会议等。到2000年,争取使与我校有交流与合作关系的国外大学和学术机构达到130所左右,每年由我校举办的国际学术会议达到20次左右;本着"按需聘请,择优录用,保证质量,讲求实效"的方针,更广泛地聘请外国知名学者来校讲学或进行合作研究,要把聘请的重点放在新兴学科、边缘学科和重点学科上来,到本世纪末,每年聘请外国专家学者长期50人次、短期300人次;要进一步加强选派出国进修和短期出访教师工作,以学科建设、教学科研和师资队伍建设规划为依据,提高派出质量,逐步扩大派出规模。到本世纪末,年派出国进修教师100人左右,短期出访人员1000人次左右。

8.2 保证质量,提高层次,发展留学生教育

由于我国改革开放的步伐不断加快,经济发展,政治稳定,世界上出现了中国热、汉语热,要求来北大学习的外国留学生和学者越来越多。根据学校总体规划,到本世纪末,在校留学生总数为1000人,其中本科生250人,研究生250人,高级进修生和学者100人,进修生400人。同时招收短期班学生1000人。为适应这种形势的需要,我校将:

进一步改革招生制度,不断扩大招收培养外国留学生的专业种类,提高招生层次,提高培养质量。根据国家教委关于接受外国留学生办法改革的有关精神,在完成国家教委下达的招生任务前提下,充分发挥北大办学优势,积极挖潜,创造条件,保证质量,逐步增加招收

自费留学生,特别是高层次留学生的数量。作为世界一流大学的标志,北大还应适当扩大招收理工科留学生的数量。

在管理体制上,学校将在原来留学生管理机构和对外汉语教学中心的基础上,成立"海外教育学院",负责海外学生(包括港澳台学生)的管理工作和基础汉语教学工作以及海外合作办学工作。

建立一支人员相对稳定、政策水平、业务水平较高的海外学生工作队伍,以服务的精神做好海外学生管理工作、思想宣传工作和友好工作。同时,妥善处理好各种矛盾和问题,确保学校稳定。

建立健全教学和管理的规章制度,努力提高留学生教学质量。

不断改善留学生的学习、生活条件。学校正在原有6座留学生楼的基础上,新建7、8号楼,预计1995年完工。

8.3 积极开拓国外、境外办学或联合办学

近几年,我校已在香港地区进行联合办学试点,并取得了一定的经验,可以逐步推广,到本世纪末,要扩大到日本、韩国、马来西亚等国家和地区。积极探索国外、境外办学或联合办学的新模式,充分利用国外、境外的资金、智力和经验,特别是世界一流大学的发展经验,促进学校的发展。

9. 进一步改进和加强德育与思想政治工作

9.1 积极进行马克思主义理论课和思想政治教育课改革

在坚持马克思主义基本原理的前提下,积极探索马克思主义理论课和思想政治教育课的改革。改革的核心是教学内容,着重研究如何使学生掌握马克思主义和建设有中国特色社会主义的理论;改革的根本途径是理论与实际的结合;改革的要求是提高课程的针对性和说服力,要精,要管用;改革的目的是帮助学生树立坚定的社会主义信念、科学的世界观和正确的人生观。要着手制定北京大学德育大纲,明确德育的目标、内容、方式、方法和考核指标,使德育逐步规范化和制度化。

9.2 改进和加强思想政治工作

新时期学校思想政治工作,要紧紧围绕经济建设这个中心和改革发展的实际任务,紧紧围绕培养社会主义建设者和接班人的目标,发挥引导、服务与保证的作用,在结合渗透上下工夫,切切实实地排除干扰,化解矛盾,理顺情绪,凝聚人心,坚定信念,明确方向,为改革发展和学生健康成才提供良好的舆论环境。

思想政治工作是一项关系全局的工作,是全校各个部门和全校党员、干部、教职员工的共同职责,必须进一步树立全员德育意识,教职工要为人师表,忠诚于党的教育事业,进一步贯彻落实"教书育人、管理育人、服务育人"的方针,把思想政治工作贯穿到学校工作的各个领域中去。

9.3 搞好校园文化建设

校园文化是人才培养和思想政治教育的"第二课堂",具有独到的陶冶功能。学校要继承和发扬北京大学的光荣革命传统和"勤奋、严谨、求实、创新"的良好学风,发挥学科齐全、教师力量雄厚的优势,把校园文化建设与思想政治工作的改进和加强紧密结合起来,使思想政治工作的政治性与艺术性、理论性与实践性、方向性与多样性相结合,把德育、智育、体育、

美育有机地统一起来,活跃校园文化、艺术、体育、科技等活动,陶冶学生情操,不断推出一些学生喜闻乐见又具有北大特点、体现北大水平的活动,逐步形成一个高品位、宽领域、多层次,既有主旋律,又丰富多彩的校园文化氛围,使北大的学生在良好的校园环境中健康地成长。

9.4 确保学校稳定,为改革和发展创造良好的环境

北大的稳定事关全局,是学校改革和发展的前提,至关重要。我们要充分认识维护学校稳定的长期性、重要性和复杂性,高度重视,形成共识,齐抓共管,做好深入细致的思想政治工作,确保北大的稳定。并在此基础上,以改革促发展,以发展求稳定,形成长治久安的局面,为北京大学创办世界一流大学提供良好的校园环境。

北京大学改革与发展纲要

1991年4月全国人大四次会议通过了《国民经济和社会发展十年规划和第八个五年计划纲要》。北大准备制定《北京大学事业发展的十年规划和"八五"计划》,王义遒副校长带领师资办公室、研究生院、社会科学处和自然科学处的负责人深入院系调研,对每个学科的发展状况进行摸底。1992年,北京大学进行了全校学科建设大讨论,分析了形势,明确了目标,确定了重点与优先发展领域,提出了相应的政策和措施。1993年2月13日中共中央、国务院颁布了《中国教育改革和发展纲要》,接着,国家教委发布了《关于重点建设一批高等学校和重点学科的若干意见》,正式实施"211工程"。北京大学随后召开1993年教学改革研讨会,贯彻落实《关于加快改革和积极发展高等教育的意见》和国家发展高等教育的"211工程"计划。下半年,在校党委书记和校长直接领导下,学校组织队伍开始进行申报"211工程"的规划和论证工作,起草了《北京大学改革和发展纲要》等文件。1994年7月,中国共产党北京大学第九次代表大会讨论通过了学校改革和发展的目标——在21世纪初叶建成世界一流的社会主义大学,审议通过了《北京大学改革和发展纲要》。《北京大学改革与发展纲要》是北京大学自主制定的规划,在格式上突破了传统的五年计划,是一份典型的战略规划。本书收录的是1994年7月修改编制的文本。

时任书记:任彦申
校　　长:吴树青
主持人:吴树青　王义遒
撰稿人:赵亨利　彭兴业　林钧敬　李安模　马树孚　闵维方　赵存生　吴同瑞　羌　笛
　　　　　周起钊　杨以文　汪太辅　唐幸生　马云章　孙绍有

党中央、国务院颁布了《中国教育改革和发展纲要》,提出并准备实施我国高等教育改革和发展的"211工程"。为了实现《纲要》和"211工程"所确定的战略目标和任务,指导九十年代乃至下个世纪初北京大学的改革和发展,把北大建设成为世界一流的社会主义大学,为国家经济建设、社会发展和科技进步作出更大贡献,特制定本纲要。

一、形势与任务

1. 面临的形势和机遇

当今世界正处于一个大变动的历史时期。从国际上看,两极格局已经终结,世界向多极化方向发展,国际竞争,尤其是以经济和科技实力为基础的综合国力的竞争更加激烈,而综合国力竞争的实质是人才、教育的竞争。因此,世界各国都在努力改革或调整本国的教育政策,以适应这种竞争的需要。从国内来看,我国的改革开放和经济建设进入了一个新的发展阶段,经济的腾飞正在带动教育的发展,人才竞争的加剧使尊重知识、尊重人才开始变为现实。经济建设和社会发展的巨大原动力正在把教育推上战略重点的位置,建设作为国家综合国力和文明程度重要标志之一的世界一流大学的任务,提到了国家的议事日程。随着《中国教育改革和发展纲要》的实施和国家"211工程"的启动,为高等教育的改革和发展注入了新的活力。北大作为国家一所重点大学,理应进入国家"211工程",获得国家更多的支持,促进学校的更快发展。再过四年,北大将迎来建校一百周年,我们应以此为契机,进一步调动全校师生员工的积极性,增加学校的凝聚力,争取海内外友好人士对北大办学的更多支持。

我们必须抓住当前这个有利的发展机遇,不断加大改革力度,加快发展步伐,参照世界一流大学发展过程中的经验,结合学校在96年办学过程中积累的经验及形成的特色,积极探索新时期社会主义综合性大学办学的新模式、新路子,争取在2010年或稍长一点的时间内,把北京大学建成世界一流大学。

2. 把北大建成世界一流大学的必要性与可能性

把北大建设成为世界一流大学具有深远意义。北京大学担负着为国家培养高级专门人才,发展科学技术文化和促进现代化建设的重大任务。北京大学在全国高校中所占的位置和所承担的历史重任,决定了北大必须力争成为世界一流的高等学府。应该说,建设世界一流大学本身就是社会主义现代化建设的题中应有之义,是提高我国综合国力、国际威望的一个重要途径。

把北大建成世界一流大学不仅是必要的,而且经过不断努力也是完全可能的。邓小平同志曾精辟地指出,现在,我们国内条件具备,国际环境有利,再加上发挥社会主义制度能够集中力量办大事的优势,出现发展速度较快、效益较好的阶段,是必要的,也是能够做到的。从外部环境来看,社会主义市场经济的发展和社会主义精神文明建设,对我国高等教育事业产生了巨大的推动作用。经济体制改革解放着生产力,既对教育体制、教育结构、教学内容的改革提出了新的要求,增强了高等教育自身改革的压力、动力和活力,也将为教育的改革和发展提供更为有利的外部环境和物质基础。正在逐步建立的政府宏观管理、学校面向社会自主办学的高等教育体制,为大学主动适应社会、经济、政治、科技、文化的需要,进而获得更快发展,增加了新的可能性。从北大的现有基础和条件来说,北京大学在96年的发展过程中,形成了自己的传统和特色,成为世界上一所有影响的大学,具备了进入"211工程"的条件和创办世界一流大学的基础,主要表现在以下几个方面:

——北大拥有较强的师资队伍。现有教师2600余人,其中教授717人,副教授888人,中科院院士29人,博士研究生指导教师334人,国务院学位委员会委员及学科评议组成员34人,国家级有突出贡献的中青年专家27人。

——北大是我国学科较为齐全、重点学科最多的大学。目前拥有5个学院、29个系,39个研究所,43个跨学科研究中心;设有85个本科生专业,146个硕士研究生专业,97个博士生专业,覆盖了国家27个一级学科,其中在13个一级学科的67个专业设有博士后科研流动站。

——北大拥有较为先进的教学、科研设施。现有42个国家级重点学科点,117个教学、科研及综合服务性实验室,其中15个为国家级实验室;北大图书馆是高校中最大的图书馆,现藏书440余万册,并设有全国文科综合文献信息中心。

——北大具有悠久的历史和光荣的传统。北大在近百年的办学过程中形成了自己的特色和优势,积累了较为丰富的办学经验,培育了良好的学风和校风,在国内外具有较高的声誉和影响。

——北大同国外高等学校和科研学术机构有着广泛的交流与合作关系。改革开放以来,已先后同世界上31个国家和地区的100所大学及学术机构签订了学术交流协议。目前有41位国外著名的专家学者、杰出的政治家、科学家、实业家担任北大的名誉教授、名誉博士,其中有获得诺贝尔奖的7人;还聘请大批学有专长的外籍专家学者来校讲学,每年接收数百名外国留学生、研究生和进修生。

必须指出的是,与世界一流大学相比,目前我们在学科结构、教学科研水平、办学条件和管理水平等方面还存在着较大的差距,把北京大学建设成为世界一流大学,任务是艰巨的,困难是很大的。我们的主要现实困难是:

——经费不足。教育经费严重短缺,学校每年的财政缺口较大,师生员工住房紧张、待遇偏低,基础设施陈旧,教学、科研、生活条件较差,现有办学条件同建设世界一流大学的要求不相适应。

——队伍老化。教师和干部队伍年龄偏于老化,年轻的学术骨干和管理骨干数量不足,也不够稳定。今后几年是我校教师离退休的高峰期,现有的教授、副教授到本世纪末将有75%达到退休年龄,年轻教师,尤其是年轻学术骨干、学科带头人需要补充。

——体制不活。近年来由政府包揽办学的格局已经打破,但主动适应社会发展的新的体制和机制尚未形成;学校内部管理体制改革需要进一步深化;此外,学校结构也不够完善,尚未形成真正意义上的综合大学所需的学科结构。

总之,北大现在是挑战和机遇同在,困难与希望并存,出路只有一条,即"抓住机遇,解放思想;深化改革,发扬优势;同心同德,真抓实干"。我们相信,有党中央的正确领导,有北大全校教职员工团结一致、脚踏实地的努力,我们的目标一定能够实现。

二、发展目标、发展战略、办学思路和指导方针

3. 发展目标

根据我国政治、经济、文化、科技和社会发展的战略目标,世界新技术革命和高等教育发展的总趋势,结合我校在96年的办学过程中形成的条件与优势,我校的总体发展目标是:到下个世纪初叶,把北京大学建设成为一所包括自然科学、技术科学、人文科学、社会科学、管理科学和新型工程科学等多种学科的社会主义综合大学;成为集人才培养、科学研究、社会服务为一身的先进的教育中心和科学研究中心;成为国家培养高级专门人才、发展科学文化、开拓高新技术、研究马克思主义和弘扬民族优秀文化传统的重要基地。成为具有世界一流水平的社会主义大学。

4. 发展战略

为了实现这个总体发展目标,拟实行分两步走的战略:第一步,从现在起到本世纪末,使北京大学在教育质量、学科建设、科学研究、队伍建设、社会服务、管理水平及办学效益等方面有较大的提高,在教育改革方面有明显进展,办学条件有较大改善,为创办世界一流大学奠定基础;第二步,再经过一二十年的努力,到21世纪初叶,使北京大学在人才培养质量、科学研究水平等方面接近或达到世界一流大学的水平。

5. 办学思路

在前些年工作的实践中,我们基本确定了我校的改革和发展的思路,这就是:在邓小平同志建设有中国特色社会主义理论指导下,全面贯彻党的基本路线和教育方针,积极探索同社会主义市场经济体制相适应的新的办学模式和路子,抓住机遇,解放思想,以学科建设和教学改革为核心,以教师队伍和干部队伍建设为关键,以发展校办产业、增强经济实力为后盾,以加强和改进党的建设和思想政治工作为保证,全面提高教育质量和科学研究水平,全面提高管理水平和办学效益。

6. 指导方针

为了实现我校的总体发展目标,我们要坚持以下的正确指导方针:

——坚持社会主义办学方向,坚持党对学校的领导,全面贯彻党的基本路线和教育方针,把培养社会主义事业的建设者和接班人作为学校的根本任务。

——坚持改革的方针,适应社会主义市场经济体制,建立面向社会自主办学的新体制,以发扬学校优势,增强办学活力,形成办学特色。

——坚持以提高为主和持续、稳定、协调发展方针,以提高教育质量和办学效益为重点,合理调整博士生、硕士生和本科生比例,适当增加研究生比重。

——坚持开放办学的方针,一方面要加强与社会的密切联系,充分利用社会的人力、物力、信息资源办学,并通过校际联合,扩大学校的学科领域;另一方面要进一步扩大对外交流与合作,学习和借鉴世界一流大学的有益经验。

——坚持自力更生、艰苦奋斗、勤俭办学的方针,一方面要多渠道筹措办学经费,努力改善办学条件;另一方面要勤俭节约,努力提高办学效益。

——坚持安定团结的方针,正确处理改革、发展、稳定三者之间的关系,稳定是基础,改革是动力,发展是目的。我们要确保学校的稳定,努力深化改革,促进学校各项事业蓬勃发展。

三、学科建设

7. 学科建设目标

学科建设是学校的根本建设。我们要按照建设世界一流的社会主义大学的目标,适应国家经济建设、社会发展和科技进步的需要,建设面向现代化、面向世界、面向未来的,门类比较齐全且有自身特色的,整体达到国内先进水平、部分达到国际先进水平的学科体系。

根据这一目标,我们要在保持和发扬文、史、哲、数、理、化、生、地等基础学科优势的同时,进一步合理调整现有校内的学科结构、拓宽专业口径,继续有选择地增设一些新的应用学科,发展一些新兴边缘学科和交叉学科,开办一些与新技术、高技术产业相适应的新型工程技术学科和医药学科,保护一些稀有学科。同时积极推进校际联合,逐步把北大办成一所与国际惯例相适应的真正意义上的综合大学。

8. 重点学科建设

我校现有国家级重点学科42个,约占全国重点学科的10%。在继续办好这些重点学科的同时,力争再建设一批新的国家级重点学科,到本世纪末,使我校的国家级重点学科数达到60个左右,约占全国重点学科的7%。

9. 学科群建设

学科之间的相互渗透、交叉、综合是当代学科发展的重要特点。加强学科群建设是适应解决社会、经济、科技发展等综合课题及培养高层次的跨学科人才的需要。根据北大在学科方面的特色与优势，拟建立12个学科群（其中文科6个，理科5个，文理互相渗透1个）。学科群的建设，一是性质相近的学科成立学院，形成基础、应用相结合的教学、科研、开发协调发展的学科联合群体；二是以重点综合课题为纽带，形成以科学研究为主干发展的横向联合的学科群体，其组织形式可以是多学科的联合研究中心，如科学视化方法与技术研究中心、新型功能材料及器件研究中心、生命科学研究中心、光子学与光信息技术研究中心、数学研究中心、中国传统文化研究中心、中国特色社会主义理论研究中心、社会持续发展研究中心等。

四、人才培养与教学改革

10. 人才培养的目标与规格

北京大学应能培养出社会公认的优秀人才，其中一部分毕业生应能成为当代政治、经济、科学、文化等领域里的中坚和骨干力量。根据这一标准，必须招收一流的学生，给予一流的培养，出一流的人才，真正成为培养高层次专家学者和管理人才的摇篮。北大要着重培养两种类型的人才：一是能够从事教学、科研等学术性工作的基础学科人才，将来成为专家、教授、学者，其中少数人能够成为国际学科前沿的带头人、著名科学家，达到诸如诺贝尔奖获得者的学术水平；二是培养一批社会主义建设迫切需要的高层次应用型和复合型人才，成为政府各级公务员、企事业单位的专业人员和管理人员，其中少数人经过长期实践能够成为领导骨干，进入国家党政领导人行列。

11. 学生的规模与结构

北京大学应坚持以提高为主和持续、稳定、协调发展的方针，在保证高质量的前提下，要保持适度规模，把重点放在培养高层次、高质量的人才上。到下世纪初，学校全日制学生的规模拟达到15000人（包括留学生1000人），成人教育学生拟控制在8000人以内。具体数字如下：

本专科生10000人

研究生5000人（硕士研究生3500人，博士研究生1500人）

成人教育学生8000人以内

本科生、研究生之比为1.8∶1

师生比拟达到1∶10以上。

12. 深化教学改革

我校学科建设和教学改革的基本方针是：面向社会，适应市场，发扬优势，增强活力，形成特色。从这一基本方针出发，我们必须：

——改革现有的招生办法，实行自主招生，加强与重点中学的联系，吸引优秀学生，强调对学生的全面素质、特别是能力的考查。实行缴费上学制度，建立相应配套措施，对家境困难的学生设立贷学金、困难补贴；对品学兼优的学生设立奖学金，并逐步加大奖学金的力度。在培养过程中，实行"活"与"严"相结合的管理办法，加强学籍管理，引进竞争机制，调动学生学习的积极性和主动性。逐步完善学分制，实行选课制和主辅修制，允许转系转专业，允许适当延长在校学习时间或提前毕业,建立使绝大多数学生能够合格毕业,使少数真正突出的学生能够脱颖而出的灵活的教学机制。要改革学生的分配制度,实行面向社会,在国家政策指导下自主择业。

逐步建立起比较科学、完善、适应未来发展需要的本科生、研究生课程体系,使各个层次既目标明确、相对独立,又互相衔接、承前启后。主要课程要保持国内一流水准,要编写出具有世界一流水平的教材。要加强教学中的实践环节,重视实验、实习、习题课、课堂讨论等教学环节,积极引导学生理论联系实际,参加教学实习、社会调查、军事训练、生产劳动、社会服务等项活动,提高学生动手能力、写作能力、调查研究和解决实际问题的能力。要吸引学生较早参加科学研究实践,把教学与科研密切结合起来。要逐步形成完善的德育体系,加强体育和美育的教学与活动,使德智体美劳渗透于全部培养过程。

——本科生培养要继续实行"加强基础,淡化专业,因材施教,分流培养"的方针。切实加强通识教育,建立全校性通识教育课程体系,低年级按相近专业或系进行宽口径的基础教育,选聘学术水平高、教学经验丰富的教授、副教授主持基础课教学。努力办好文科和理科"基础科学研究与教学人才培养基地"及综合基础试验班。高年级要根据学生的志趣、特点、学习状况和工作趋向分流培养。努力探索应用学科的实际工作能力的培养,加强各类学生的计算机与外语能力的训练。鼓励文、理科学生互选课程或跨系科专业选修课程,增强学生对人才市场需求的适应性和灵活性。

——研究生培养要拓宽专业基础、跟踪学科前沿、加强相关学科知识的学习和实践性的教学环节,注重培养研究生的优良学风、探索精神、独立工作能力和创造能力;要积极探索研究生培养制度和培养方式的改革,进一步扩大试行优秀本科毕业生直接攻读博士学位和硕士、博士连读的办法,努力提高培养质量和办学效益;要重视发挥群体效应,逐步推行导师负责与集体培养相结合的培养方式;要进一步完善学分制和实行较为灵活的学习年限制度;要努力开出高质量的反映当代学科前沿和具有交叉、综合性的研究生课程;要继续实行研究生兼任助研、助教、助管制度;要进一步健全和完善研究生招生、培养、学籍管理、学位授予等方面的规章制度,保证学位授予质量。

13. 稳步发展成人教育

扩大教育对象的范围,推行终身教育,注重更新知识的回归教学是我校今后的重要任务之一。随着科学技术的不断进步,许多工程师、科学家、教师、工商界人士在工作间歇将重返课堂,接受新知识、新科学的学习。因此,要根据社会需要,不断调整成人教育的专业结构、层次结构以及招生人数,把教育重心从现有的学历教育过渡到高层次的继续教育。与此同时,积极探索开展职业教育和为乡镇企业、国有大中型企业服务的新途径。要不断改进成人教育教学方法,发挥现代化教学手段作用,提高教育质量和办学效益,形成具有北大特色的成人教育体系。

五、科学研究

14. 科学研究的目标

北京大学不仅要成为培养高质量人才的基地,而且要成为我国基础研究、高新技术研究及人文社会科学研究的重要基地。我校应充分发挥自身的优势和特长,要在获奖成果、发表论文的数量与质量以及科研经费的数量等方面继续保持国内领先地位;基础研究要向国际先进水平看齐,创造出具有国际先进水平的重要科研成果,应用研究要面向经济建设主战场,为我国社会主义建设和世界科学技术文化发展做出贡献。

15. 调整科研布局

理科科研工作要保持和发扬我校基础研究的传统和优势,选择具有重大学术价值的学科前沿课题,积极承担国家"九五"期间重大项目和重点课题,坚持长期攻关,力争取得较大成果;要投身国家经济建设主战场,进一步加强应用研究,如生命科学、信息科学、材料科学、环境科学、能源科学等。力争更多承担国家重大科技攻关项目、"863"项目,及各产业部门和企业的重大项目;并通过建立"基础研究——应用研究——科技开发——形成产业"一条龙的工程研究中心,创办几个高科技开发中心,形成基础研究、应用研究和开发研究协调发展,教学、科研、生产相结合的新格局。

文科科研要把国家改革和发展中急需解决的重大理论和实际问题作为主攻方向,加强以下四个方面的研究,力争取得具有重大理论和实际意义的科学成果:一是要加强马克思主义基本理论和建设有中国特色社会主义理论的研究,解放思想,敢于创新,逐步形成具有北大特色和水平的理论学派;二是继续重视文史哲等基础研究,选择一批具有战略性、综合性的研究课题作为攻关项目,发挥北大学科齐全、基础雄厚的优势,开展综合性研究;三是加强文科应用性研究,如人口学、市场学、管理学、保险学、科技法与知识产权等,积极参加国家的经济立法和其他方面的法制建设,承担国家和有关部门的政策咨询和调查研究课题,充分发挥我校文科在精神文明建设和民主法制建设中的作用;四是加强国际和区域问题等方面的比较研究。

16. 加强科研机构和基地建设,深化科研管理体制改革

要进一步加强科研机构建设,对已建立的实体性的科研机构,应进一步明确方向和任务,落实队伍,选好学科带头人,促进研究水平的提高;对非实体性的科研机构,要充分发挥其协调作用,组织好相关人员开展合作研究。学校将配合学科群建设,组成一些新的多学科的联合研究中心,并在人力、物力、财力上予以支持。

要进一步加强科研基地建设,我校现有3个国家工程研究中心、11个国家重点实验室、4个国家教委开放实验室,是国内高校中目前国家实验室最多的单位,我们要通过各种途径加强管理,努力使之成为真正的"国家队";要通过基地建设和学科群建设,加强科研协作,共同承担一些重要科研任务,促进交叉学科研究,增强应用开发研究;要充分利用并拓宽同国际学术组织的联系渠道,加强科技信息交流,扩大共同研究开发领域,共建科研基地。

要进一步深化科研管理体制改革,建立并强化竞争机制和激励机制,建立科学的科研成果评估制度,设立科研基金、出版基金和奖励基金,在科研经费使用上实行课题组负责人负责制,实现科研机构评估、成果奖励制度化与科研管理手段科学化。

六、社会服务

17. 开展社会服务是大学的重要社会职能

北京大学要建设成为世界第一流的大学,不仅要出一流的人才、一流的成果,而且要凭借学校优秀的人力资源、信息资源、科技成果和科研设施,积极为社会服务,提高办学的社会经济效益。北大要努力通过科学研究、科技开发、建立新兴产业来促进社会生产力发展;通过文化研究及其成果,向社会提供精神产品,为弘扬民族文化、建设社会主义精神文明服务;

通过社会调查、参与立法和咨询服务,为国家的经济、政治、文化、教育的重大决策提供科学依据。

18. 建立北大科技园区,积极发展校办产业

要充分发挥我校基础研究和多学科的优势,该高新技术为依托,以市场为导向,以产品为龙头,以效益为根本,集中力量建成几个重点产学研工程和规模效益型科技企业。到本世纪末,拟重点研究开发信息技术、生物工程及制药、新兴材料等领域,重点发展北大方正集团公司、北大生物城有限公司、北大制药集团公司、北大资源开发公司、北佳信息技术有限公司、北大青鸟软件科技开发有限公司、北大指纹电子公司、北大大友软件系统有限公司、北大精细化工公司、北大光机电发展公司等企业,使营业额、利税和上缴学校的部分都有大幅度增长,成为支持学校办学的一个重要财源。

19. 努力为首都建设发展服务

北京大学地处首都北京,要积极为首都的政治、经济、文化建设服务,其中包括积极为首都培养和训练各方面的高级专门人才、提供智力服务、承担有关科研任务、开放实验室等教学科研设施,成为首都建设和发展的智囊团和人才基地。

七、队伍建设

20. 优化队伍结构

根据北大发展的需要,我们将进一步调整学校各单位的编制和各类人员比例,本着确保教学、科研、党政管理和校办产业等一线工作人员需要,压缩二线人员编制的原则,确定学校各类人员结构,逐步提高教学、科研人员比例,提高高级职称人员比例,提高高学历人员比例。到2000年,我校教职工总数约为6200人,其中从事教学和科研的教师应不少于50%。

21. 教师队伍建设

创办世界一流大学必须建立一支精英荟萃的师资队伍。到本世纪末,北大教师总编制数要达到2800人(含兼职人员300人),其中具有博士学位的教师人数从目前的450多人增至1000人左右。要新培养200名相当于博士生导师的学科带头人,连同原有的博士生导师总数拟达到500人左右。其中,代表国家最高学术水平的科学院院士拟达到40人左右。为实现这一目标,一是要从本校选拔、培养中青年的学科带头人,使他们能脱颖而出;二是要从校内外毕业的博士生或博士后人员中选留一批真正优秀的出类拔萃的人才;三是从国内相应的学科中选聘社会公认的学科带头人;四是从国外招聘具有真才实学和发展前途的出国留学人员来校工作。我们要通过"跨世纪人才工程"的实施,建立和完善学术带头人的选拔、培养、晋升的制度,着力抓好学术梯队的建设,逐步建立起一支高水平的师资队伍。

博士后流动站在科研和人才选拔培养中发挥了重要作用。我校现已在13个一级学科64个专业设立了博士后流动站,到本世纪末,要争取使我校的博士后流动站数达到18～20个,博士后流动人员达到150～200名。

要逐步建立教师队伍的流动机制,改变传统的教师队伍模式,优化教师队伍的结构,逐步形成相对稳定的骨干队伍与有序流动的助教层相结合的新模式;对青年教师既要继续实行择优破格晋升的办法,也要实行对表现平庸者不再聘用的竞争机制;要树立开放办学的观念,面向社会招聘优秀人才,扩大吸收社会上的知名专家来校任教兼职;要逐步完善教师聘任制,因事设岗、按岗求人,对不合格者予以解聘;要逐步提高教师队伍的学历水平,今后聘

任的中青年教师一般应有博士学位,至少要有硕士学位,对现有低学历教师,采取攻读在职研究生或在职读学位办法,鼓励他们提高学历水平;要尽最大的努力改善教师的工作条件和生活条件,使他们"有用武之地,少后顾之忧";除必要的物质条件以外,还必须建立良好的学术环境,提倡民主与科学的精神,活跃学术空气,支持和鼓励以科学研究为基础的大胆探索和自由争鸣,特别是鼓励文科教师进一步解放思想,在坚持四项基本原则的前提下,大胆探索和研究当前改革开放和社会发展中迫切需要解决的现实问题,为促进人才的成长和科学的进步提供良好的学术氛围。

22. 干部队伍建设

办好北京大学,不仅需要有高素质的教师队伍,而且必须要有高素质的专职党政管理干部队伍。要像重视培养学术带头人一样来重视党政干部队伍建设。党政管理干部队伍继续实行专、兼职相结合的方法。专职干部要将党政管理作为一门科学、一项崇高的事业、一个建功立业的岗位去研究、实践和奉献,努力钻研管理业务,成为管理专家。学校要从待遇和发展前途等方面给予合理的安排。要吸收有组织管理能力的教师兼任党政管理职务,为办好校系服务,在职称评定、待遇等方面应当充分考虑教师在管理服务工作中的贡献。要按照干部队伍建设的"四化"方针和德才兼备的原则,大胆选拔、培养和使用优秀的年轻干部,到本世纪末,要培养出200名中青年党政管理骨干,同时建立健全干部的培训制度、交流制度、交叉任职制度和输送制度,形成干部选拔、培养、使用和输送的良性循环机制。

八、管理体制改革

23. 学校的领导体制

坚持并完善党委领导下的校长负责制。作为学校行政负责人的校长是学校的法人代表,主持校务。学校重大问题由学校党委集体讨论并做出决定,行政工作中的重要问题在校长主持的校长办公会上讨论决定。为协调学校各方面工作,建立教务会议和行政会议制度,各学院、系、所、中心实行行政首长负责制,党组织支持、配合本单位行政负责人工作,参与本单位重大问题的讨论、决定,并对本单位工作起监督、保证作用。

要进一步健全校务委员会等咨询机构,健全学校各类专门委员会的职能,发挥教职工代表大会民主参政议政职能,定期听取学校工作报告,讨论学校改革和发展中的重大问题,对学校工作提出意见和建议;加强审计、监察、统计机构职能,发挥党的政治核心及保证作用,逐步形成民主科学决策机制、监督机制和规范化的高效率的行政管理体制。

我校拟设立董事会,对学校发展的重大问题提供咨询和决策,帮助筹集办学经费,充分运用社会力量支持北大办学。

24. 实行校、院、系三级管理体制

随着社会和学校本身的不断发展,北大已经发展成为一个庞大体系。从管理上看,跨度过大必然影响办学效率,新的学科发展也将受到制约。因此,按学科专业的特点,将学校分设为若干学院,变现在的校、系两级管理为校、院、系三级管理势在必行。

实行三级管理,应本着精简高效、责权一致、党政分设机构、党政干部交叉兼职的原则。校级主要抓宏观管理和方针政策的制定,校级职能部门按职能分类,设置相应的处室。学院拥有相应的办学自主权,成为自行运转的办学实体,下设相应的科室,系级则摆脱日常行政事务,集中精力抓教学、科研,系只设1~2名秘书。

考虑到实行三级管理有一定难度,我们将根据"一次规划,分步实施,先易后难,逐步完成"的原则,积极稳妥地进行。在条件成熟的情况下,通过联合方式,建立北大的医学院和工学院。

25. 后勤改革

后勤改革是学校改革的一个重要方面。后勤改革应当遵循"三有利"的原则,即有利于确保学校的稳定和贯彻、落实"三服务两育人"原则;有利于挖掘潜力,增收节支,改善办学条件,减少学校投入;有利于改善师生员工的生活条件和工作条件,形成一支有凝聚力的稳定的基本队伍。

学校后勤改革的近期目标是:以转换内部运行机制为核心,加大改革力度,强化服务功能,扩大服务项目和范围,全面提高服务水平和能力。同时,增强实力,参与市场竞争,增收节支,减轻学校负担,为学校的发展提供保障。

到本世纪末,学校后勤改革的基本目标是:按照"管理、服务、经营"职能分开的原则,逐步形成"小机关、大服务、多实体、企业化"的格局。后勤服务集团要成为独立核算,自负盈亏的经营、服务性实体。学校除对必要的大型基础设施投入外,要逐年减少对后勤部门的行政拨款数量,最终不再给予直接投入,逐步实现后勤工作社会化。

26. 机关改革

校部机关改革要本着精干、高效的原则,精简机构,减少层次,理顺关系,转换机制。要逐步建立和完善学校各种规章制度、程序体系,使学校各级各类人员的工作有章可循,使学校的机关工作高效、有序,使学校的管理工作真正规范化、专业化、制度化。

九、改善办学条件

27. 加强实验室和校园信息网建设

建设好教学科研实验室,加强和完善相应的技术支撑体系是提高学校教学科研水平的重要保障。要有计划地建设具有世界一流水平的教学科研实验室,改进和完善实验室管理和仪器设备的供应、服务及维修体系,搞好实验技术队伍建设,使之成为现代化教学、科学研究、发展重点学科和新兴学科的重要基地;要进一步加强基础课和专业基础课实验室的建设;对已有的重点实验室要进一步充实和完善,全面提高科学实验和管理水平,同时抓好第二批、第三批国家重点实验室和工程研究中心的建设,发挥其在全校科研队伍中的骨干作用。北大要成为世界一流大学还必须逐步改善学校的通讯系统和信息传递手段,包括学校办公电话和教师、职工住宅电话、学生用电话;并建立学校本身的和与社会联网的计算机信息网络,为教学、科研建设一个分布式的计算机环境和信息服务系统。

28. 进一步办好图书馆、出版社

我校将兴建具有一流水平的新的北大图书馆。为全国服务的文、理科综合图书资料中心也设在馆内。新馆将采用世界最新技术手段装备,成为集教育、学术研究与文化交流于一体的、高度自动化的、与世界各地信息网络联网的现代化文献信息中心。在规模与功能上,新的北大图书馆将成为亚洲一流的大学图书馆,在世界上也将名列前茅。

北大出版社要坚持把出版物的社会效益放在第一位,坚持出版物高层次、高质量、高水平的原则,千方百计地多出和出好教材与学术著作。要继续扩大和完善各种出版基金,以保证优秀教材和科学论著能及时出版。北大出版社要本着"立足北大,面向全国,走向世界"的发展战略目标,积极参与国内和国际市场竞争,努力把北大出版社办成国内一流、在世界上有较大影响的出版社。

29. 进一步搞好校园长远规划和建设

要进一步搞好校园长远规划,搞好校园卫生、绿化、美化和人文景观建设,完成北大扩建工程以及东南西环校园房屋改造与建设工程,努力把北大校园环境建设得更加完善,更加优美,为全校师生员工的学习、工作和生活提供更加完善的设施和服务。教职工住房与学生宿舍是当前学校发展的桎梏之一,要通过争取国家投资、集资和捐资等多种途径,迅速扩大住房建设,同时要转变机制,积极探索住房社会化机制,如建设集体公寓等。

30. 多方筹措教育经费

北京大学要跻身于世界第一流大学的行列,必须有较充足的教育经费作为保证。在国家拨款作为学校经费来源主渠道的同时,按照国际惯例,实行广筹资金的战略。到本世纪末,校办产业的营业额、利税和上缴学校的部分都要有大幅度增长,成为支持学校办学的一个重要财源。与此同时,我校应充分利用北大的实力和影响,通过收取学费,增加科研经费以及积极争取获得更多的来自社会各界、国内外的捐赠款等方式增强学校的经济实力。

同时强化和改进财物管理,厉行节约,提高使用效益。财务管理要强化节资、集资、融资功能,调动增收节支的积极性。审计工作要加强效益审计,对制度审计既要依据有关法规,又要从实际出发,有利于事业发展,着重查处那些违反国家和学校财经纪律,侵害集体,造成严重损失的行为。

十、扩大开放与国际合作、交流

31. 进一步扩大对外交流与合作

更加广泛地与世界一流大学建立起经常性的联系,包括代表团互访、互派交流学者和留学生、交换学术资料、开展合作研究、联合培养博士生、合作召开学术会议等。到 2000 年,争取使与我校有实际交流与密切合作的国际大学和学术机构达到 100 所左右,使我校举办的国际学术会议达到 100 次左右。

更广泛地聘请外国知名学者来校讲学或进行合作研究,本着"按需聘请,择优录用,保证质量,讲求实效"的方针,把聘请重点放在新兴学科、边缘学科和重点学科上来,到本世纪末,每年聘请外国专家学者长期 50 人次、短期 300 人次。

进一步增强选派出国进修和短期出访教师工作,以学科建设、教学科研和师资队伍建设规划为依据,提高派出质量,逐步扩大派出规模。到本世纪末,年派出国进修教师 100 人左右,短期出访人员 1000 人次左右。

32. 进一步提高外国留学生的数量和质量

到 2000 年,在校外国留学生总数达到 1000 人,其中本科生 300 人,研究生 300 人,高级进修生和学者 150 人,进修生 250 人;同时招收短期班学生 1000 人。除此以外,我国港澳台地区学生还会有较大增长。

33. 积极探索国外、境外办学或联合办学

近几年,我校已在香港地区和新加坡进行联合办学试点,并取得了一定的经验,可以逐步推广,到本世纪末,要扩大到日本、韩国等国家和地区。开展中外导师联合培养博士生的工作,作为立足国内培养高层次人才的补充;积极探索国外、境外办学或联合办学的新模式。

十一、党的建设与思想政治工作

34. 加强党的建设

加强党的建设是我们做好各项工作的保证。我们要进一步增强党组织自身的凝聚力,对广大群众的吸引力,在促进学校稳定、改革、发展中的战斗力这三个环节,积极地加强党的建设。

要加强党的思想理论建设,坚持用邓小平同志建设有中国特色社会主义理论武装全校干部和党员,通过学习,不断解放思想,学会运用马克思主义的立场、观点和方法研究新情况,解决新问题,提高贯彻党的基本路线和教育方针的自觉性。

要加强党的组织建设。首先是要加强学校各级领导班子建设,使之成为坚持正确方向、领导改革发展的坚强集体;二是加强基层党支部的建设,充分发挥党支部的战斗堡垒作用;三是坚持从严治党的方针,努力提高党员素质,发挥党员的先锋模范作用;四是认真做好优秀中青年干部的选拔、培养和使用工作,造就跨世纪的党政管理干部队伍;五是进一步做好组织发展工作,吸收更多的中青年优秀分子入党。

要加强思想作风建设,坚持民主生活会制度和民主评议制度,确保党的组织在学校工作中真正发挥领导作用、政治核心作用和战斗堡垒作用。学校各级党的干部要坚持密切联系群众,关心群众疾苦,为群众办实事;要加强廉政建设,廉洁自律。

35. 加强和改进德育与思想政治工作

我们要以邓小平同志建设有中国特色社会主义的理论为指针,本着"确保稳定、立足改革、着眼建设、创造特色"的原则,努力加强思想政治工作和校园文化建设,为培育高质量的人才提供优良的环境。

新时期学校思想政治工作,要紧紧围绕经济建设这个中心和改革发展的实际任务,紧紧围绕培养社会主义建设者和接班人的目标,发挥引导、服务与保证的作用,在结合渗透上下工夫,切切实实地排除干扰,化解矛盾,理顺情绪,凝聚人心,坚定信念,明确方向,为改革发展和学生健康成才提供良好的舆论环境。要积极探索马克思主义理论课和思想政治教育课的改革,结合改革和发展中出现的新情况、新问题,加强对学生进行马列主义、毛泽东思想、特别是邓小平同志建设有中国特色社会主义理论的教育,加强党的基本路线教育及爱国主义、社会主义、集体主义和国情教育,加强中国近代史、现代史、中国革命传统及中华传统美德的教育,以爱国主义为基点,帮助他们逐步树立科学的世界观和正确的人生观。

思想政治工作是一项关系全局的工作,是全校各个部门和全校党员、干部、教职员工的共同职责,必须进一步树立全员德育意识,教职工要为人师表,忠诚于党的教育事业,进一步贯彻落实"教书育人、管理育人、服务育人"的方针,把思想政治工作贯穿到学校工作的各个领域中去。

36. 搞好校园文明建设和基础文明建设

创办世界一流大学必须有一个健康、优良的校园环境。我校具有光荣的历史和优良的传统,这是宝贵的财富。我们要继承和发扬北京大学的爱国主义、学习马克思主义、民主科学以及改革与进步的传统,要进一步树立"勤奋、严谨、求实、创新"的良好学风。要不断加强校园文化建设,优化育人环境,使学生在良好校园环境中健康成长。

37. 确保学校稳定,为改革和发展创造良好的环境

北大的稳定事关全局,是学校改革和发展的前提,至关重要。我们要充分认识维护学校稳定的长期性、重要性和复杂性,高度重视,形成共识,齐抓共管,做好深入细致的思想政治工作,确保北大稳定。并在此基础上,以改革促发展,以发展求稳定,形成长治久安的局面,为创办世界一流大学提供良好的校园环境。

十二、重点建设项目

38. 有关提高北大整体办学能力的建设项目

实施"211 工程"最根本的目的是为了更好地提高学校整体的办学能力、教育质量、科研水平和办学效益。围绕着提高学校整体办学能力,我校拟重点建设以下几个项目:

——北京大学研究图书馆的建设

世界第一流大学都拥有一个或若干个现代化的图书馆。北大图书馆具有光荣的历史,但今天的北大图书馆,无论是规模还是内部设施都无法满足教学、科研的需要。因此,原有的图书馆迫切需要扩建与改造。根据初步设计方案,新图书馆将在原有基础上进行扩建,总面积为 2.5 万平方米。

——北京大学国际学术交流中心的建设

为了进一步适应改革开放和对外交流的需要,我校急需建设一个拥有现代化设备的国际学术交流中心。据初步设计,总面积为 1.5 万平方米。

——北京大学教室楼的建设

课堂教学是大学教育的主要方式,教室是大学教育的主要场所。世界第一流大学无不具有良好的教室条件和先进的教学设备。我校的教室大多建于 50 年代,不仅数量少、条件差、设备陈旧,排课率高达 100%,而且有些教室急需翻建。据初步设计,需要建设一座教室楼(7400 平方米),主要用于公共基础课的教学。

——北京大学文化艺术馆的建设

北大是我国最老的大学之一,具有悠久的历史和光荣的传统,是我国传统文化研究的中心。为了弘扬中华民族的优秀文化,我校以文、史、哲、考古系为主,开展国学研究,取得了可喜的成果;同时,北大具有发展艺术教育的基础,拟筹建艺术系。为了适应我校开展国学研究和建立艺术系的需要,急需建设一座集教学、科研、美育、交流、演出、展览等多功能为一体的文化艺术馆。

——教学设备的更新与建设

先进的教学设备是创办世界第一流大学的硬件条件。为此我校急需添置和更新以下一些教学设备:一是数、理、化、天、地、生等基础教学实验设备,二是为提高学生计算机使用能力,文理科都需要普及使用的计算机设备,三是为提高学生的外语水平而需要添加的语音设备,四是为了适应现代化教学需要而添置的电化教学设备等。

39. 有关学科和学科群建设的项目

我校拟重点建设的 70 个重点学科和 12 个学科群。为了切实搞好我校的重点学科和学科群的建设,要继续完成理科楼群的建设(这个项目已列入"七五"时期北大扩建工程,已经计委立项及国务院批准,但因资金不够未完成)。

40. 公共服务体系建设

根据我校的条件和优势,拟建设以下三项公共服务体系:

——文、理综合图书资料中心

文献资源建设是高等学校建设的一项重要的基础工作,是培养高层次人才和进行科学研究的重要保障,在高等学校范围内建设图书文献资源共享系统,对于全国高校的建设具有重要作用。根据北京大学和北大图书馆的具体情况,具备建设高校文、理综合图书资料中心的条件和基础。

文、理综合图书资料中心的建设,拟在现有的基础上确定重点收藏的科目,增加年入藏文献数量,使核心文献入藏量达到90%,要改进服务方式,实行现代化管理。

——北大校园信息服务网

为了进一步完善校园网的建设,更好地发挥其效益,拟增加网上资源,丰富网络服务,为教学、科研建设一个分布式的计算机环境和信息服务系统,建立大学管理信息系统,从根本上改变北大落后的计算环境。

——北大分析测试中心

现代化的分析测试中心,是发展高新技术的重要手段。为了创办世界一流大学,在此基础上,拟装备一批在无机物与有机物的成分分析、分离分析技术、有机物结构鉴定、晶体结构与表面结构分析以及各种物化性能测试等方面具有国际先进水平的测试仪器,建立起以北大为中心,面向北京、华北乃至全国的测试协作网或服务网,为培养人才、建设新型学科及发展经济服务。

关于《北京大学改革和发展纲要》的几点说明
——在中共北京大学第九次代表大会上的讲话

吴树青

一九九四年七月十九日

各位代表:

我完全同意汪家镠同志代表中共北京大学第八届委员会向大会做的工作报告。报告实事求是地总结了近八年来学校党的建设和各项事业取得的成绩和存在的问题,提出了今后学校改革和发展的目标以及实现这个目标要完成的主要任务。为了更好地贯彻落实党代会的精神,使我校在本世纪最后的六年时间里有一个较大的发展,提高学校的办学水平和教育质量,学校初步制订了到下个世纪初叶的改革和发展纲要。这一纲要虽然经过多方调查研究,召开了不少座谈会,听取了各种不同的意见,但今天看来还比较粗糙,不够具体,所以只能作为一个讨论稿提供给大家,请大家提出意见,以便进一步修改。

这个纲要共有12个部分,分为40条。内容大体可以分为三大部分:第一部分讲了形势和目标以及达到这个目标应遵循的指导方针和办学思路,第二部分是要达到这个目标应完成的几项主要任务,第三部分是我校在申报"211工程"中要重点建设的几个主要项目。

现在,我就《纲要》做几点说明。讲三个问题:一是我校发展目标的含义是什么?它是根据什么提出来的?二是为了实现这个目标,在今后相当长的时间里,我们着重要抓哪些工作?三是我校在申报"211工程"中要重点建设哪些项目?

一、我校总体发展目标的含义是什么?是根据什么提出来的?

在《北京大学改革和发展纲要》中,对我校到下个世纪初期的发展目标作了这样的表述,即:到下个世纪初叶,把北京大学建设成为一所包括自然科学、技术科学、人文科学、社会科学、语言科学、管理科学、教育科学、医药科学和新型工程科学等多种学科的社会主义综合大学;成为集人才培养、科学研究和社会服务为一体的先进的教育中心和科学研究中心;成为国家培养高级专门人才、发展科学技术文化、研究马克思主义、弘扬民族优秀文化传统的重要基地,成为具有世界一流水平的社会主义大学。这段话有三层含义,从不同角度对我校的发展目标作了具体的描述。

第一层含义是要把北京大学建设成为多种学科的综合大学,这主要是从扩大办学领域,完善学科专业结构,更好地适应社会主义建设需要来讲的。院系调整以后,我校是一所以培养文理基础学科人才为主的综合性大学,五十年代末开始发展了一些应用学科和专业,改革开放以来,适应经济建设、科技发展和社会进步的需要,我们对学科专业作了较多的调整,取得了明显的成绩。但总体上说,我校的学科领域不够广泛,远不能适应建设世界一流水平大学的需要。从世界范围来看,一些名牌大学大抵有宽广的办学领域,理工结合,文理兼备,学科比较齐全,不仅基础学科强大有力,而且工农医齐全。这种多学科的环境才有利于培养具有创造精神的高层次人才,有利于出具有划时代意义的科学文化成果。所以,我校发展目标中第一层含义是指今后我们要进一步扩大办学领域,发展更多的学科,完善学校的系科专业结构。这样做才能适应我国社会主义建设事业对高级专门人才的需要,利用多学科的优良学术环境,培养高层次的人才,出高水平的科研成果。同时,才能与世界一流大学接轨,有利于学校的自身发展。

第二层含义是从大学的功能角度讲的。自古以来,大学是同知识的不同运作状态紧密地联系在一起的。传授知识,形成了大学的第一个功能即培养人才;创造知识,形成了大学的第二个功能即科学研究;运用知识,形成了大学的第三个功能即社会服务。世界一流大学到目前为止虽没有公认的统一的标准,但多数人都把能否培养社会公认的优秀人才,出具有划时代意义的科研成果,具有良好的社会服务功能作为世界一流大学的显著标志。北京大学作为我国的一所著名高等学府,理应具有这三种功能,成为先进的教育中心和科学研究中心。

第三层含义是从我校的特色角度讲的,我国共有1064所高等学校,各个学校都有自己的特色和任务。我校在96年的办学过程中,形成了自己的特色和传统,具有丰富的办学经验、较强的基础学科,以及研究马克思主义、弘扬民族优秀文化的传统。因此,我们要努力发扬这些优势,把北大建设成为国家培养高级专门人才、发展科学技术文化、研究马克思主义、弘扬民族优秀文化传统的重要基地。

北大发展目标这段话比较长,概括起来,最核心的内容就是要把北京大学建设成为具有世界一流水平的社会主义大学。世界一流是对学校的教学、科研水平的要求,它在国际间具有可比性;社会主义则是讲学校的性质,二者合在一起,可以比较全面地表达出我们在21世纪初期所要达到的奋斗目标。

把建设世界一流水平的社会主义大学作为我校到21世纪初期的发展目标,既是我国社会主义现代化建设对我们提出的要求,也是北大广大师生员工的共同心愿,同时也符合学校发展的实际。

首先,根据国内外形势发展和我国社会主义建设的需要,中国应当通过一段时间的努力,创办出若干所具有世界一流水平的大学。当今世界正处在大变动的历史时期。在这一大变动过程中,国际竞争十分激烈,而竞争的实质是以经济和科技实力为基础的综合国力较量。综合国力的较量,说到底是人才的竞争,特别是第一流人才的竞争。谁占有第一流人才,谁就将执21世纪的牛耳,而第一流人才的竞争又归结为第一流教育的竞争。因此,世界各国都在努力改革和调整本国的教育政策,增加教育投入,以适应这种竞争的需要。我国自然不能例外,特别是小平同志重要谈话和党的十四大以来,我国的改革开放和经济建设进入了一个新的发展阶段,国家四个现代化建设迫切需要一批高质量的人才。而经济的腾飞也正在带动着教育的发展,经济和社会发展的原动力正在使教育的战略重点地位越来越得到重视。今年六月中旬召开的全国教育工作会议上,江泽民同志强调指出,"在我们这样一个有近十二亿人口、资源相对不足、经济文化比较落后的国家,靠什么来实现社会主义现代化建设的宏伟目标呢?具有决定意义的一步,就是把经济建设转移到依靠科技进步和提高劳动者素质的轨道上来,真正把教育提到优先发展的战略地位,努力提高全民族的思想道德和科学文化水平。这是实现我国现代化的根本大计"。李鹏同志在大会上所作的主题报告中也指出:"教育事业能否得到较快较好的发展,将直接影响到我国现代化战略目标能否顺利实现"。为此,党中央和国务院颁布了《中国教育改革和发展纲要》,为我国教育事业的发展提供了纲领性文件,并且专门由党中央和国务院出面召开全国教育工作会议。《纲要》和全教会对高等教育的发展,提出了一个"211工程",即要求集中中央和地方等方面的力量办好100所左右重点大学和一批重点学科、专业,力争在下世纪初,有一批高等学校在教育质量、科学研究和管理水平方面,达到世界较高水平。最近,国务院在关于《纲要》的"实施意见"中,更是明确提出,"争取有若干所高等学校在21世纪初接近或达到国际一流大学的学术水平"。这说明,为了适应形势的要求和我国现代化建设的需要,党和国家已经把建设若干世界一流学术水平大学的任务提到了议事日程。面对党和国家这种需要,我们北京大学义不容辞,责无旁贷,应当也必须以舍我其谁的气概去努力实现党和国家的要求,力争在建设世界一流学术水平的大学中站在最前列。

其次,建设世界一流大学的目标也是根据我校的实际情况提出来的。世界上的名牌大学不是凭空出现的,它的形成都有一个历史过程,通常都需要具有较悠久的发展历史,积累较丰富的办学经验,并在长期的发展中形成自己的传统、特色和优势。从这方面看,在全国建设若干所达到国际一流大学的学术水平的学校,我们北大是具有优势的,北大是中国最老的大学之一,在近百年的办校过程中,形成了自己的特色和优势,在国内外有较广泛的影响,应当说初步具备了创办世界一流大学的基础。这个基础概括地讲,有以下六个方面:一是北大学科比较齐全,办学领域比较广,重点学科比较多,初步形成了创建世界一流大学的基本框架。当然,我们的学科并不齐全,还称不上真正意义上的综合大学,这需要通过联合办学等方式来加以弥补。但在全国高校中应当说我校的整体条件是更为优越的。二是北大拥有一支较强的教师队伍,既有一批学识渊博、造诣精深、蜚名中外的老教授,又有一批成绩卓著的中青年教师,北大教师在国际上享有较高的声誉。三是北大拥有较好的生源,北大培养的学生基础扎实,视野宽广,具有后劲,在国内外享有较好的声誉,成为优秀学生心目中向往的学校。良好的生源是创办世界一流大学的重要条件。四是北大具有良好的学术环境,是国际上较有影响的学术中心。我校与许多国家和地区的一大批知名大学签订了校际交流协议,每年派出一批教师出国讲学、进修或参加国际会议,聘请了一批国内外知名学者担任我校名誉博士、名誉教授、客座教授等,其中有6名诺贝尔奖获得者,每年在北大召开国际会议十余次,我校的外国留学生也是在高校中最多的,且还有更多的留学生愿来北大学习。这说明我校享有较高的国际声誉。五是北大拥有国内较好的办学条件,拥有较先进的教学、科研设施,各类实验室和国家重点实验室较多,并拥有全国高校最大的图书馆和出版社。六是北大在近百年的办学过程中,积累了较丰富的办学经验,培养了良好的学风和校风,在国内外具有较好的声誉和影响。正是以上这些优势和特色,使北大初步具备了创办世界一流大学的基础和条件。

当然,我们也清醒地看到,我们与世界一流大学相比,还有很大的差距,建设成世界一流的水平,还有很多困难,除了经费仪器设备,教学科研基础设施和教职工物质生活条件外,还表现在以下几个方面:一是北大虽然培养了一大批优秀人才,但还缺乏堪称世界杰出的人才。在北大毕业生中虽有一批在国内较有影响的人物,但称得上是当代政治、经济、文化、科技领域里的杰出人物是极个别的;二是北大虽有一批国内第一流的学者,但世界公认的学界泰斗和世界知名的学者也为数不多,也没有诺贝尔奖获得者;三是北大虽能出一批在国内很有影响的科研成果,但还缺乏具有划时代意义的世界公认的重大科技成果;四是我们的管理与世界第一流大学相比,无论在办学效益还是在管理水平上都有较大的差距。要缩小乃至最终消除这些差距将会面临许多困难。这些困难和差距说明,北大要建设成为世界一流大学,任务是十分艰巨的,需要我们作很大的努力。

第三,建设世界一流大学的目标,是我们学习和落实小平同志重要谈话和党的十四大精神,抓住机遇,加快发展,使北大上新的台阶的需要。世界一流大学的形成大多经过了一个漫长而曲折的历史发展过程,在这个过程中,曾出现了各种历史机遇,一些有识之士适时地抓住了这些机遇,并加以利用,有效地促进了大学的发展。例如,20世纪40年代后期,斯坦福大学在学校严重缺乏资金的情况下,大胆独特地把土地出租给一些公司,建立科技和工业相结合的高科技园区,他们把土地出租的收益用来高薪聘请著名教授,从而使学校的学术水平显著提高,步入了世界一流大学的行列。又如麻省理工学院原是一所多科性的工科院校,1930年康普顿担任院长后,他提出没有一流的理学院,就没有一流的工学院,并建立了独立的理学院,聘请著名的科学家任教,后来又开设了人文和社会科学的公共核心课程,开辟了一条理工结合、多学科相互交叉渗透发展的道路,使麻省理工学院跻身于世界著名大学的行列。我们学校虽然早在几年前已经提出过创建世界一流水平大学的口号,但限于当时的条件,很难集中力量具体组织研究和开展广泛的讨论,从而也就无从真正去加以实践。现在,我们面临着学校发展的大好时机。随着我国经济建设高潮的到来,必然会出现一个文化建设的高潮。特别是随着《中国教育改革和发展纲要》的颁布和"211工程"的启动,一个大好的机遇摆在我们面前,我们一定要珍惜和抓住这个千载难逢的历史机遇,使我校在创办世界一流大学的进程中迈上一个新的台阶。

对于能不能把北京大学建设成世界一流大学,有不少同志有这样那样疑问,这是可以理解的。到目前为止,对什么是世界一流大学并没有一个严格的界定标准,而是人们对一所大学的总体评价。正如我们在前面所讲的,北大在创办世界一流大学的过程中有基础,有差距,有困难,也有希望。世界怎样看北大,我愿借此机会介绍一点情况。情况之一是,1986年亚洲一些国家和地区的高等院校的管理人员和教授投票,选举他们心目中的世界前10所著名大学。尽管综合的评选结果没有北大,但由教师投票选出的名次中北大与芝加哥大学、麻省理工学院、密歇根大学、普林斯顿大学并列第八。情况之二是,1993年在菲律宾马尼拉举行的"亚洲高等教育研讨会"上,大会秘书处以问卷的形式向近千名与会者作了名为"亚洲最佳10所大学"的调查,该调查以亚洲100所主要大学为对象,根据它们的名气、学术水平、专业设置、办学规模以及教师在国际上的影响来进行评选。中国入选的有两所大学,北京大学名列第五,台湾大学名列第九。情况之三是,我校拥有一批著名的专家学者,他们的学术成就和地位也在不同程度上得到了国际上的尊重和推崇,据不完全统计,其中有15人担任了国际学术组织中的职务,有21人获得了一些国家和地区高等学校及科研院所所授予的名誉博士、科学院院士的称号,有14人获得了国际性的科学研究奖。由此可见,只要我们坚持正确的办学方针,只要全校师生员工,特别是全体共产党员一致努力,只要我们积极向国家和社会乃至全世界争取对北大办学的支持,到2010年,或者更长一点时间内,把北京大学建设成为世界一流大学还是大有希望的。

二、为了实现我校的发展目标,在今后相当长的时间内,我们着重要抓哪些工作?

为了把北大建设成为有中国特色的世界一流大学,我们要抓哪几个方面的工作,汪家镠同志的报告中已经作了比较系统的阐述,我这里拟从实现我校改革和发展纲要的角度,就其中的几个问题作些补充。

1. 积极扩大办学领域,大力改进学科结构,逐步向真正意义的综合大学迈进

北京大学在历史上是一所包括拥有文、理、法、医、工、农六个学院和一个文科研究所的多学科的大学。虽然当时学校的规模和今天不能相比,但从学科的齐全来说则是一所符合国际通行标准的综合大学,院系调整以来直到今天,北大的规模得到了空前的发展,办学层次有了显著的提高,系科结构也在既定的框架内有了相当大的改善,但是,从建设世界一流大学的需要来看,我们现有的办学领域和系科设置还显得比较狭窄,不够宽广。为了实现我们的发展目标,必须通过大力加强校内学科建设和积极发展联合办学两个方面,努力扩大我们的办学领域,完善我们的学科专业结构。

从加强校内的学科建设来说,要在稳定和提高现有的文理基础学科的同时,利用已有的基础和条件,积极发展一批文理应用基础学科和应用学科,并充分利用北大现有学科比较齐全的优势,注意发展人文科学、社会科学和自然科学互相结合、互相渗透的新兴学科和边缘交叉学科,以适应解决社会、经济、科技发展的综合课题和培养高层次跨学科人才的需要。同时要积极创造条件,有选择地建设一些能够为国家的行业改造和大企业技术改造作出重大贡献的新型工程技术学科和医药学科。例如,当前全世界都在研究信息高速公路问题。这实际上是经济发达国家为适应信息型经济发展到一定阶段的要求,为之建立基础结构的问题。这一计划如果实现,必将大大推动信息型经济的进一步发展,并给物质型经济的发展提供更加强大的推动力,和深刻改变其面貌。我国也正在研究建设以 C^3S(即计算机、通讯、

芯片、软件)产业群为基础的国家经济信息网,这就要求大力发展电子信息科学技术,我们在学科建设中必须考虑如何适应国家的这一需要。再如,中国政府已于今年3月批准要把《中国21世纪议程》(即《中国人口、环境与发展白皮书》)付诸行动,并已推出了第一批优先项目计划。这是为对付全球范围内的生态环境退化这一全人类面临的共同挑战,我国政府以高度的历史责任感和积极态度参与全球环境与发展事务的实际体现。这一议程提出的人口、环境与社会经济协调发展的基本思路,不仅涉及多门自然科学,而且涉及经济学、法学、社会学、人口学等多门社会科学,它的实行,要求我们大力加强对可持续发展问题的研究。这方面例子可以举出很多,说明国家在发展过程中提出了许多新的要求。因此,我们的学科建设既要有雄厚的基础学科,这本身是世界一流大学必不可少的条件。同时又要积极拓宽领域,能够为国家的经济社会和科技发展直接作出重要贡献,这同样是世界一流大学所不可缺少的标志。所以,下一步学科建设要着重抓学科群的建设,这一问题后面另作说明。

从发展联合办学来说,我们同样要从两个方面着手。一是抓同国内大学之间的联合,逐步使北大的办学领域扩大到医、工、农等方面。这可以在不动办学体制、经费渠道、组织机构等条件下起步,先在教学、科研、产业、国际合作等方面先行展开,逐步创造条件。这方面已经与北医大等有过多次接触,前景良好。一是抓同涉外境外联合,或者在校内合作建立二级学院,或者在境外合作办学,这方面也已有了眉目。今后要以更加积极的态度来推进这种联合,并努力争取国家教委和有关领导部门的支持。

2. 大力推进教育和教学改革,不断提高教学质量,使我校成为培养各个领域优秀人才和杰出人物的摇篮

世界一流大学的一个共同特点,就是有很高的教学水平,能培养出一流的人才,成为国家公认的在经济、政治、科学、文化等各个领域内杰出代表和优秀人才的摇篮,并能培养出一批世界知名的杰出人物。向世界一流大学的目标迈进,要求我们大力推进教育和教学改革,招收一流的学生,给予一流的培养,出一流的人才。使我校的毕业生能成为当代中国经济、政治、文化、科技领域里的中坚和骨干力量,少数人经过长期实际锻炼后能成为各个领域的领导骨干,进入国家领导人的行列。

为此,在今后相当长的一个时期内,学校发展的重点不在于扩大规模,而在于提高培养层次,提高人才素质。到本世纪末,要使研究生特别是博士生的比重有较大的增加,使本科生和硕士生、博士生之比逐步增加到接近4∶2∶1。同时要增加外国留学生的比重,特别要增加来自国外的研究生和高级进修生的比重。在成人教育方面要积极创造条件发展高层次的继续教育,以200号为基地,举办诸如市长班、经理班、各种社会中介组织骨干培训班,等等,使北大真正成为一所以提高为主,培养高层次学术性骨干和高层次应用型和复合型骨干人才的基地,使未来国内经济、政治、科学、文化的知名人士和领导骨干中北大人占一个相当大的比重。

为了提高办学层次和水平,除了在招生、就业等方面按照国家教育改革的要求逐步实行学生缴费上学、建立奖贷学金,以及大多数毕业生自主择业制度外,在教学改革方面,着重抓好两个方面的工作。一是在课程设置、教学内容和教学方法上进一步深化改革,注重素质和能力的培养。本科生要加强通识教育,建立全校性通识教育课程体系,进行宽口径的基础教育。逐步创造条件使所有的文科学生都需学习必需的理科知识,所有的理科学生都需学习必需的文科知识,并鼓励文、理科学生互选课程或跨系科专业选修课程,以拓宽学生的知识视野,激发学生学习的主动性和创造性。研究生要拓宽专业基础,跟踪科学前沿,加强相关

学科知识的学习和实践性的教学环节，注重培养他们的优良学风、探索精神、独立工作能力和创造能力。本科与研究生教育都要适应21世纪的需要，调整课程结构，编写出高质量的教材。二是在教学制度上推进改革，在培养过程中实行"活"和"严"相结合的管理办法。"活"的一面是在学生学习年限、转系转专业、优秀本科毕业生直接攻读博士学位、硕士、博士连读等方面逐步创造条件，放宽限制，使真正优秀的人才能够及早脱颖而出。"严"的一面是把好质量关，严格要求，严格管理，建立起合理的淘汰制，确保毕业生和学位授予的质量。

为了提高教学质量，培养出大批优秀人才，除了要积极推进教育和教学改革外，一个十分重要的方面是要大力加强对教师特别是比较年轻的教师的教风建设，即从教学能力、教学责任心和教师职业道德方面加强对青年教师的培养。北大老一辈的教师在人品、道德和文章各个方面堪称楷模的大有人在。正是他们的言传身教，使北大树立起了良好的学风。他们严肃的教学态度和高超的教学艺术和水平，以及对学生既严格要求，又关切备至的作风，得到了一代又一代学生的敬仰，使北大有着良好的声誉。这种严肃执教、严格要求、精益求精、诲人不倦的教风，能不能得到继承，能不能发扬光大，直接关系到能否提高学校的教学水平，能否向世界一流大学迈进。现在，学校的年轻教师越来越多，即使他们中的优秀者也还没有真正能过好教学关。如何当好一个教师，如何搞好教学工作，应当树立什么样的教风，需要大力加以培养。至于那种把教学工作当做额外负担，不认真备课，在讲台上随心所欲、信口开河、夸夸其谈的现象，绝不能让它在北大滋生，蔓延。因此，必须采取措施帮助青年教师把老一辈教师的优良的传统和教风继承下来，并使之发扬光大。这是把学生培养成优秀人才的刻不容缓的任务。

3. 认真加强科研工作的组织和管理，深化科研体制改革，力争有更多的重要科研成果问世

世界一流水平的大学，除了学科整全、教学水平高、能培养出一流人才外，另一个共同特点是有很高的科研能力和水平，能够取得重大的科研成果，特别是在基础研究方面能取得具有划时代意义的科研成果，据统计，从46—81年，世界上获得诺贝尔奖金的成果中有70%出在大学中，特别是在那些世界第一流大学作出的。我校要向世界一流的社会主义大学这一目标前进，也必须在科学研究方面不断攀登新的高峰。为此，一要明确目标，二要加强组织，三要改革体制，四要加强基地建设。

明确目标是指根据学科的不同性质，要有明确的主攻方向，大致说来，理科的各个基础学科要向国际先进水平看齐，选择具有重大学术价值的科学前沿课题，创造出具有国际先进水平的重要科研成果，争取有一部分能获得各学科最高荣誉奖。技术学科、工程学科、应用研究则要适应国民经济主战场的需要，紧密围绕用先进技术装备国民经济各个部门和行业、大型企业的技术改造、发展高科技产业，以及对国外先进技术的消化、吸引、创新等迫切问题开展研究，为我国的经济建设作出有重大社会效益和经济效益的贡献。文科的基础学科一是要在马列主义基本理论，特别是有中国特色社会主义理论的研究方面，一是要在传统文化、世界文化和跨文化的研究方面为发展理论、繁荣学术作出具有重大意义的成果。同时要加强国际和区域问题等方面的比较研究，为国家处理国际和区域问题提供理论根据、背景材料和发展趋势的预测和咨询。应用性研究则要能为国家制定法律和政策提供有科学根据的咨询和对策。

加强组织一是要在校内打破科研人才的单位所有制和各种低水平的重复劳动，使我校学科齐全的综合优势真正得以发挥出来，并逐步形成基础研究、应用研究、开发研究协调发展，教学、科研、生产或经营相结合的新格局。一是要在发展联合办学中组织好校际之间的

科研合作,产生出一加一大于二的效益。

改革体制是指要进一步建立和完善科研基金制度、科研成果评估制度、科研奖励制度等,建立和强化竞争机制和激励机制,充分调动科研人员的积极性。同时要确保重点,组织科研分类,使一些重点项目能率先取得重大突破。

加强基地建设一是要加强我校已有的国家重点实验室、国家教委开放实验室、国家工程研究中心的管理,努力使之成为真正的"国家队"。二是要进一步争取新的国家级基础研究基地和工程(技术)研究中心的建立。

除此之外,要进一步贯彻双百方针,发展北大良好的学术环境。这对发展科研具有特别重要的意义。

4. 实行开放式和国际化的办学方针,广泛延揽人才,建设一支高水平的师资队伍

扩大办学领域,改进学科结构,提高教学质量,创造科研成果,这一切都离不开人,离不开强大的师资队伍。世界公认的一流大学无不具有很强的教师阵营,拥有一批世界公认的学界泰斗和知名学者。哈佛大学前校长科南特曾说过"大学的荣誉不在于它的校舍和人数,而在它一代一代教师的质量。一个学校要站得住,教师一定要出色"。这是很有见地的。我们要向世界一流大学迈进,就必须十分重视师资队伍的建设。到本世纪末,我们至少应当培养出200名相当于博士生导师水平的年轻的学科带头人,新增科学院院士一二十人(包括将要设立的社会科学院士)。这才能为21世纪初叶进入世界一流大学奠定基础。对此,学校已经作出了实施"跨世纪人才工程"的计划,并已经开始起步,也已取得了一定的成效。但是,教师和干部队伍年龄偏于老化,大批骨干教师在今后几年将进入离退休高峰期,而年轻的学术骨干和管理骨干虽然正在成长,然而数量远不能满足需要,在市场经济的冲击下,队伍也不够稳定,一部分学科后继乏人,原有的优势正在丧失。这是影响我们实现发展目标的最大困难所在。解决这个问题,需要有新的思路,新的机制,以便广泛延揽人才,为我所用。

随着社会主义市场经济的发展,人才流动是一种必然趋势,也是一种历史的进步。同时,国际人才交流也将越来越得到发展,我们要适应这种形势,实行开放式和国际化办学的方针,即在主体上依靠北大自身的教师队伍的同时,广泛吸引国内外优秀人才来校兼职任教和讲学。学校在人员编制上要扩大教师(包括专职教师和科研编制中的教师)的比重,使之从现在的1/3上升到1/2。同时要建立和完善固定编制和流动编制相结合的教师队伍新模式,既允许人才流动,又要千方百计稳定骨干。对青年教师既要继续实行破格晋升的办法,也要实行不合格者不再聘用的竞争机制。要逐步提高教师队伍的学历水平,今后新进入北大从教的讲师,至少应有硕士学位,并逐步发展为一般要求具有博士学位。对现有低学历教师,要有计划有步骤地采取攻读在职研究生或在职攻读学位的办法鼓励他们提高学历水平。同时要面向社会招聘优秀人才,扩大吸收社会上的知名专家来校任教兼职,担任相关的教学和科研的领导人。要通过争取各种基金和发展国际合作办学来延聘更多的外国知名学者来校任职或讲学。对一些已在国外定居或工作的有成就的年轻学者,要通过各种方式加强同他们的联系,给他们以某种名义,争取他们定期回国讲学。总之,要千方百计去发现、培养、选拔和延聘人才,形成一支以我为主、专兼结合、内外结合的高水平的师资队伍。这不仅为了解决教师队伍的新老交替,而且也是形成强大师资阵营的需要。

5. 广开经费渠道,大力增强学校办学的经济实力

世界一流大学都以强大的国力为后盾,有比较充足的教学经费,比较优越的物质技术条

件。这方面我们即使到 21 世纪初叶,也是无法与之比拟的。但我们作为一个发展中的社会主义国家,又不可能等待经济发展到同发达国家相同的程度时再去建设世界一流的大学,因此必须从实际出发,通过多种渠道尽量拓宽经费来源,努力改善办学条件,并大力提高办学效益,使有限的资源发挥出更大的作用。

为了增加学校的教育投入,改善工作和生活条件,我们必须实行多渠道广筹资金的战略。过去教育经费主要依靠国家财政。但目前和今后相当长的一段时期内,国家财政不可能宽松。一是改革以来国家财政在国民生产总值中的比重日趋下降,目前已从过去 30% 以上降到 13%。二是中央财政在国家财政收入中的比重也在下降,分税制后可以制止其下降趋势,但要回升到理想水平需要一个较长的时期。三是这几年内外债都已陆续进入高峰,加上各种支出都要求增长,财政捉襟见肘之势不是短期能改变的。我们当然要力争政府有更多的投入,但绝不能放松自己的努力。这里,我们特别要重视以下三个方面的工作。一是大力争取科研经费,这方面大有潜力可挖。我校的科研经费在综合大学中是位居前列的,但同工科大学相比,则有很大的差距。今后除继续努力争取基础学科方面获得更多的科研经费外,还应当特别注意去努力争取开辟横向科研经费的渠道。例如,文科的科研经费只靠国家和教委的社科基金,即使拿到了其中相当大的比重,总量还是不大的。但如果文理结合起来,抓交叉边缘学科的项目,挤到自然科学基金中去,同一项目资金可有成十倍甚至更多的增长。理科的科研如有良好的应用背景,能解决经济部门、行业或地区的问题,同样可以获得较高的投入。这方面要认真研究,精心组织。二是发展产业,这方面要进一步解放思想,完善政策,改革体制,引进人才,使之为学校提供更雄厚的财力支持。三是寻求外援,扩大捐赠,这方面北大有得天独厚的条件,应当充分加以利用。这两年通过各方面的努力,捐赠资金已经落实的和近期可以落实的,达 2300 万美元以上,折合人民币约为二亿元,超过国家十年的重点基建投资。今后仍要继续开辟这方面的财源。学校已经制定了对引进无偿捐赠资金的教职员工的奖励(学校领导干部除外)办法,并已开始贯彻执行。

很多同志关心在《纲要》中有没有改善生活条件的指标,在《纲要》中没有写,原因在于,一是在财力上我们没有充分把握,二是不确定因素较多,如物价、住房、离退休体制、医疗等都在进行新的改革。不写不等于不做,在力所能及的范围内,学校要努力改善教职工生活条件,尽量减少大家的"后顾之忧"。

三、我校申报和实施"211 工程"要重点建设哪些项目?

"211 工程"计划是国家教委会同国家计委提出来的。

在最近召开的全国教育工作会议上,李鹏总理又再一次强调,这是一项国家重点建设项目,要分期分批地加以实施,要通过这一计划的实施,推动高等教育改革和多种形式联合办学,促使学校布局和结构趋于合理,提高办学规模效益和教育质量。要充分发挥科研优势,发展同企业的结合,推进科研成果的产业化,特别是发展高新技术产业。

根据这个精神,结合我校的实际,为了把我校建设成为具有世界一流水平的社会主义大学,我们上报了三个方面的重点建设:

(一) 有关提高北大整体办学能力的建设项目

北大学科比较齐全,拥有一批具有较高学术水平的基础学科,同时拥有一支国内最强的教师队伍,具有雄厚的办学实力,但由于办学条件的限制不能最大限度地发挥办学潜力。为

此,急需建设一些基础性的教学、科研设施,以提高北大整体办学能力。有关提高北大整体办学能力的建设项目我们一共提出了5项:

1. 理科楼群的建设

1984年春,该项目经国务院批准已列入国家"七五"计划,现已建成3万平方米的地学楼和法学楼。由于经费缺乏,尚有8.3万平方米的理科楼群急待建设。这三栋楼的建设,对于提高我校整体的教学、科研水平及办学效益具有重要意义。

2. 新图书馆的建设

图书馆是师生获取知识的主要场所,世界一流大学都拥有规模宏大、设备先进的图书馆。哈佛大学拥有97个图书馆,藏书1000万册。剑桥大学拥有世界最著名的研究型图书馆。北大图书馆具有光荣的历史,曾经为我国革命作出过重要贡献,但今天的北大图书馆,无论从规模到内部设施已远不能满足师生进行教学和科研的需要,迫切需要建设2.5万平方米新的图书馆。值得高兴的是香港李嘉诚先生已经同意资助1000万美元建设北大新图书馆,并且第一笔捐款已经到位。该项目力争在建校百周年时能启用。

3. 教室楼及基础教学设施的建设

课堂教学是大学教育的主要方式,教室是大学教育的主要场所。世界一流大学无不拥有良好的教室条件和先进的教学设备。我校的教室大多建于五十年代,不仅条件差、设备陈旧,而且数量少,排课率高达100%,急需建设一座7400平方米的新教室楼。与此同时,需要装备一些基础实验设备、计算机教学设备、语音及电化教学设备,以提高学生的实验动手能力、运用计算机能力及外语水平。

4. 国际学术交流中心的建设

北大是我国的最高学府,也是世界上一所有影响的大学。近五年来,由我校主办的各类国际会议共57次,接待来自141个国家和地区的外宾及港澳台同胞近三千批,2.5万人次。每年约有60个国家的600多名长期留学生和500~700多名短期留学生在北大学习。北大已经成为世界知名的学术活动中心,为了适应改革开放和对外交流的需要,我校急需建设一个拥有现代化设备的国际学术交流中心,总面积约1.5万平方米。

5. 北大文化艺术馆的建设

世界一流大学都有自己的特色和传统。北大是我国最老的大学之一,具有悠久的历史和光荣的传统,是我国传统文化研究的中心。为了弘扬中华民族的优秀文化,我们以文、史、哲及考古系为主,开展了国学研究,并取得了可喜的成果,受到了国内外各界人士的关注。同时,我校是一所综合性大学,拥有较强的文科,具备发展艺术教育的条件。为了适应我校开展国学研究和艺术教育的需要,我校拟筹建一座集教学、科研、美育、交流、演出、展览等多功能为一体的文化艺术馆,总面积约7000平方米。

(二)有关重点学科和学科群建设的项目

如前所述,世界一流大学一般学科比较齐全,拥有一批举世公认的高水平的学科,不仅基础学科较强,而且有强大的医工农等学院。

为建成世界一流大学,"211工程"应当包括学科建设和发展的内容。要努力拓宽学校的学科领域,积极扩大重点学科的数量。我校除积极发展联合办学外,现有校内的学科建设将保持和发扬文、史、哲、数、理、化、生、地等基础学科的优势,巩固和加强现有的应用学科,特别是要加强与我国实行社会主义市场经济密切相关的政、经、法等学科的建设,有选择地发展一些文理结合的新兴学科和交叉学科，同时要积极创造条件，开办一些与新技术、高技术产业相适应的新型工程技术学科和医学、药学学科，以逐步形成同我国社会主义现代化建设的需要和世界新技术革命相适应的，能反映北大特色和优势的，有利于提高北大教育质量和科研水平的学科体系。重点学科争取达到60个左右，占全国重点学科的8%。

为了更好地适应经济、社会和科学技术文化发展的需要，更好地发挥我校的特色和综合优势，在学科建设上今后要以加强学科群的建设为重点，即一方面以性质相近，关联度高的学科组建成学院形成基础、应用结合，教学、科研、开发协调发展的学科联合群体；另一方面以重大综合课题为纽带形成的、以科学研究为主干发展的横向联合的学科群体。究竟组成多少学科群，经讨论后初步设想建立13个学科群，其中理科6个，文科6个，文理交叉的1个，但这需要进一步广泛征求意见和深入论证后最后确定。通过学科群的建设，争取出一批具有世界先进水平或者对我国社会主义建设具有重大理论意义和实际意义的科研成果，培养一批跨学科的高层次人才。

（三）公共服务体系的建设

根据我校的优势和条件，建议在我校建设以下三项公共服务体系：

1. 北大文、理科综合图书资料中心

文献资源建设是高等学校建设的一项重要的基础工作，是培养高层次人才和进行科学研究的重要保障，在高校范围内建设图书文献资源共享系统，对于全国高校的建设具有重要作用。根据我校的条件和北大图书馆的具体情况，具备了建设高校文、理综合图书资料中心的条件和基础。因此，我们建议将文、理综合图书资料中心建在北大，不仅对我校的建设和发展具有重要意义，而且从投资和效益方面讲也优于其他学校。

2. 北大校园信息服务网的建设

1989年国家计委利用世界银行贷款建设中关村网，同时拨款支持北大校园网的建设。经过三年的努力，已通过国家验收，现已正常运行一年。为了进一步完善校园网的建设，更好地发挥其效益，拟增加网上资源，丰富网络服务，为教学、科研建设一个分布式的计算机环境和信息服务系统，建立大学管理信息系统，实现管理工作现代化。

3. 北大分析测试中心

现代化的分析测试中心，是发展高新技术的重要手段。北大分析测试中心七十年代以来，经国家科委、教委多次投资建设，目前已初具规模，做了大量的工作，具有较好的工作基础。在此基础上，建议国家进一步投资，进一批先进设备，建立起以北大为中心，面向北京、华北乃至全国的测试协作网或服务网，更好地为培养人才和发展科学技术服务。

以上三个方面的建设是我们申报"211工程"的初步设想，有待于国家正式批准。此外，在学校物质条件建设方面一个突出的问题是教职工住房和学生宿舍的建设，由于这不属于"211工程"支持的范围，我们没有报这方面的工程，但学校在正常基建经费方面将仍向住房建设倾斜，同时正在设法筹集资金，使学生宿舍的建设能够及早起步。

以上是对《北京大学改革和发展纲要》的简要说明。我们希望全校师生员工能以极大的热情在各自的工作岗位上努力工作，以优异的工作成绩，为我校早日进入"211工程"，实现本届党代会提出的奋斗目标，为把北京大学建设成为世界一流的社会主义大学作出积极的贡献。

关于北大学科建设的意见

1990年5月,北京大学常务副校长王义遒带领师资办公室、研究生院、社会科学处和自然科学处的负责人,对全校113个主要学科的状况进行了深入调查,分析了北大学科的现状,提出了北大学科建设的目标,制定了发扬基础学科传统优势、巩固加强应用学科建设、加强队伍建设、创造良好的工作条件和学术环境等措施。它虽然名为"关于北大学科建设的意见",实质上是学校制定的一份学科发展规划。这份规划继承和发展了北大"七五"规划的发展策略,并直接影响了1994年《北京大学改革与发展纲要》的制定,起到了承上启下的作用。本书收录的是1990年9月修改编制完成并于1993年刊载于《高等教育论坛》第1期的文本。时任党委书记王学珍、校长吴树青。

本世纪最后十年,是北京大学发展史上关键的十年。这十年中,国家经济建设将有很大的发展,而北大现有教学、科研骨干中的大多数人将陆续退出工作岗位。21世纪北京大学能否继续保持并发展她在我国高等教育和科学文化上的地位,能否为我国现代化社会主义物质文明和精神文明建设作出更大的贡献?这在很大程度上取决于这十年中我们能不能卓有远见地对我校学科建设的结构布局作出合理的规划,并脚踏实地地付诸实施;能不能培养、选拔和吸引一批年轻的学术骨干和学科带头人。为此,从1990年5月份起我们组织师资办公室、研究生院、社会科学处和自然科学处,对我校以硕士研究生专业为基础的113个主要学科(文科68个,理科45个)的状况作了调查。在此基础上,对学科建设的布局和措施,提出了几点意见。

北大学科现状和建设目标

我校现有85个本科专业,131个硕士专业,91个博士专业。硕士专业口径大体上相当于二级学科。在这次调查中对某些专业口径过窄的学科作了归并,共合成了113个学科,这大体上反映了我校的学科分布面。在91个博士专业中有国家教委评定的重点学科42个。

这次调查,我们根据学科发展的前景、国家需要程度(包括专业人才的需求和研究课题及科学技术的社会需要),与国内(外)同行比较中我校该学科的学术水平和地位,以及学科带头人和学术水平的状况,把我校学科粗略地分成四种情况:

一、学科有广阔的发展前景,国家建设需要,我校学术水平处于国内前列,学术梯队整齐,有50岁以下可望作学术领导人的人选。这类学科占总数的四分之一(24.8%)。共28个(文科17个,理科11个),其中绝大多数是教委评定的重点学科(共24个,文科15个,理科9个)。

二、学科有开阔的发展前景,国家建设需要,我校现有学术水平较高,但学术梯队不齐,后继乏人,当前亟需补充青年骨干。这类学科占三分之一(32.7%),计文科21个(其中重点学科4个),理科16个(其中重点学科9个),共37个。

三、从学科发展前景和国家需要看,我校应当建设发展,但目前该学科的教学科研总体水平尚待提高,近年需要着重给以支持使其较快成长的,计文科12个,理科4个,共16个,占14.1%,基本上都是新兴学科。

四、这类学科有两种:一是学科本身有较好的发展前景,我校已形成一定特色,具有较高学术水平,但当前国家无迫切需要。对这类学科,宜继续保持一支少而精的队伍,在学术上加以保护,使之继续作出贡献;二是学科总体发展前景良好,国家也有一定需要,但我校的学科方向需作调整或队伍需要重组。这类学科文科有17个,理科有14个(其中还有3个重点学科),共31个,占27.4%。

此外,尚有个别学科,从学科发展和国家需要看,在我校存在的必要性不大,可收缩调整。

这次调查虽然比较粗糙,四类情况的划分也带有主观和不准确的成分,但还是可以大致看出,我校众多的学科中只有四分之一近期内可望继续保持国内领先水平;约有一半亟需增添年轻的学术骨干,才能继续保持优势,有的则可上升为新的重点学科;另有四分之一或需加以保护,继续维持一支少而精的队伍,或需调整重组。总的说来,我校学科发展中后继乏人的情况严重。

上述缺少中青年学术骨干的状况,也可以从教师年龄结构看出。全校教师平均年龄目前(1990年5月)为44.6岁,其中文科43.6岁,理科45.9岁。如不计现在国外的在编年轻教师,平均年龄数还会增加两三岁。51岁以上的教师占总数46.2%,其中文科为38.3%;理科为53%;而51岁以上高级职称教师占高级职称教师总数的84.7%,其中文科81.9%,理科86.7%。教师年龄老化状况,理科比文科更严重。

由此可见,学科建设从根本上是教师队伍的建设,而当前我们却面临着对新生力量的急需与客观可能性之间的严重矛盾。对此,我们必须明确今后五年至十年内学科建设的目标,设计合理的学科发展布局,区分轻重缓急,采取切实可行的措施加以解决。

根据国家社会主义建设和学科发展的需要,结合我校学科建设的现有成就和特点,我们认为北京大学学科建设的目标应是:按照社会主义新型综合大学方向和面向现代化、面向世界、面向未来的要求,建设适应国家经济建设、社会发展和科技进步需要的,基础和应用配置合理,互相交叉渗透,门类比较齐全又有自身特色,整体达到国内先进水平,部分达到世界先进水平的学科体系。

——以不断创新的精神发扬基础学科的传统优势,进一步有选择地发展新兴边缘学科和交叉学科;巩固和加强现有应用学科,并适当增设一些新的应用学科和新型工程技术学科。

——办好现有的国家重点学科,力争建设一批新的重点学科,使他们在人才培养和科研成果上真正成为本门学科的国家代表队,处于世界先进行列;我校所有学科都应具有自己特色,达到国内先进水平。

——要为国家社会主义物质文明和精神文明建设作出实际的贡献;哲学社会科学应成为坚强的马克思主义理论阵地,为解决我国经济建设、社会发展和改革开放中的重大问题作出贡献;自然科学、技术科学要为繁荣世界科学技术,促进我国生产力和国民经济的发展,并

——为推动我国和我校科技产业发展作出贡献。

——建成条件较好的学术研究基地和工作环境，部分学科应成为本门学科的国际学术中心，成为我国科技文化对外开放的窗口。

不断创新，发扬基础学科的传统优势

人文社会科学和自然科学的基础学科是北京大学的传统优势学科，我校42个重点学科中绝大多数都属此类。继续保持和发扬这类学科优势不仅是维护北大的传统特色和国内外声誉的需要，也是为了发挥综合大学在国家文化科学发展和社会主义建设中应有的作用。

当前发展基础学科困难很多，既有经济条件的原因，也有近年社会上某些价值取向变化的原因，但根本上是因为国力比较薄弱，因而困难也不会在短期内消失。但我国是有悠久文化和勤劳、智慧人民的大国，中国应该也能够为人类文明作出贡献，国家发展也需要有自己的基础研究为后盾，基础学科的重要性一定会逐步被社会所认识，国家也一定会逐步增加对基础学科的投入。目前，"保护基础"已成为国家教委的政策，我校应当发扬自己的优势，不断创新，争取各方面的支持，把基础学科真正办好，使他们成为出人才出成果的国家代表队。

为了使我校的基础学科办得能适合我国国情，健康发展，具有特色，在学科建设中要注意几个问题：

一、学术方向要紧紧抓住本学科的发展主流，把握住推动学科发展的前沿，科学发展中要解决的课题成千上万，只有少数处于主流地位。一些关键课题的解决往往会使很多难点迎刃而解，把学科大大向前推进，这些课题构成学科的前沿方向。基础学科必须真正抓住这些前沿才能对科学发展作出贡献。我们必须具备这样的雄心壮志与勇气。学科发展中前沿方向是经常变动的，各方向的地位此起彼伏，互有消长，在处理学术方向时要注意继承和创新的关系。有些学科我校曾有一批造诣很高，为本学科发展作出了重要贡献的学者。发扬优势固然要继承他们的业绩，进一步开拓前进。但有时前辈学者在那个时代所从事的前沿方向，在今天已经退居其后了，这时我们就应勇于转换方向，迎着新的前沿去研究新问题。另一方面，科学上一时的热点、热门课题并不总是抓住学科发展的关键，我们也不能随波逐流，总随着学术界的"热点"转移。相反，有的方向一时看来冷落，但只要真正抓住关键，经过锲而不舍的长期钻研，也可能出现柳暗花明、豁然开朗的境界。如何正确判断？我们只能依靠学者，采取"百家争鸣"的方针。

二、基础学科也要注意联系实际，树立应用意识，尽可能抓住有应用背景或前景的学术方向。基础学科要联系实际，注意应用与抓学科主流与前沿在许多情况下并不矛盾。有时，基础学科研究由于结合了我国社会主义建设实际，解决了应用中的关键问题，反而会把学科本身大大推进一步，创造出具有中国特色的学派，使本门学科的发展深深植根于祖国土壤中。近年来我校对基础学科联系实际虽有所重视，但无论是人文社会学科，还是自然科学，都应进一步努力，使我校基础学科的发展更符合国家建设的需要，得到社会的理解和支持。

三、注意学科的交叉与结合。事实证明，学科发展的前沿和突破口往往是在几个学科交叉的结合部，不同学科的相互渗透与学习是新的学术思想和科学方法的源泉。学科众多，互相结合是我校的一个优势，我们已经成立了不少研究综合课题和新的交叉学科的研究中心，它们在促进学科交流与结合中已起了很好作用。今后更应该提倡学科间的相互学习和共同研讨的机动灵活的学术活动,而不一定都要建立组织。我们还应进一步注意文理科之间的相互结合和渗透,在一定条件下也可采取人员的重组和"嫁接",例如,已有一些理科教师到经济、法律等系工作。还可根据需要,有选择地发展一些新兴的交叉的基础学科。

四、基础学科在人员配备上要注意少而精,高层次。学科众多是我校的一个优势,但由于全校总编制的限制,每个学科只能配备一支较小的学术队伍,和科学院等单位相比,这又是我们的弱点。因此我校各学科的每个成员都应在学科的一个方面创造特色,有所成就。这给我们选留与物色学术骨干提出了很高的要求。另一方面,一个学科在学术方向上决不能面面俱到,追求分支齐全,重要的是在主要方向上办出特色,具有第一流的水平。

根据以上考虑,我校基础学科的建设应作以下的部署:

在人文社会科学方面,首先要大力加强马克思主义基本理论各学科,包括哲学、政治经济学、科学社会主义等。这些学科要能够根据当代中国和世界政治、经济的变化和科学、技术的进步,成为宣传、捍卫马克思主义,反对资产阶级自由化,抵制"和平演变"的重要思想理论阵地。其次要加强马克思主义指导下的人文社会科学的专业理论学科,包括史学、法学、经济学、文艺学、政治学、社会学等。在发展这些学科中要注意对中国和世界各国当代和近现代发展状况的研究,使这些学科为我国改革开放和两个文明建设提供思想和理论武器。

在自然科学方面,我们固然要在揭示自然基本规律的若干选定方向上进行真正的基础研究,例如在基础数学、理论物理、生命科学、基础地学等方面,以便丰富人类知识宝库,但从当前我国国情出发,更应加强对开拓高新技术、发展生产力和开发资源有重大应用价值和影响的基础学科前沿方向上的研究,例如应用数学、计算机理论、非线性科学、介观物理、结构化学、分子生物学、神经生物学、能源和资源科学、生态学和环境科学等。

为了发展我校文理综合优势,考虑到现有基础,在今后十年中我们应注意发展一些新的综合基础学科。例如,连接传统语言学与哲学、思维科学、人工智能及计算机技术的新的语言科学;运用最新数学理论和计算机技术于社会科学(经济学、社会学、人口学、教育学等),以期探讨决策、规划、控制、管理科学化的管理科学;以神经生物学、心理学、哲学、信息科学为基础的认知科学;以化学、物理、生物、地质相结合探索材料的性能与结构之间关系,并寻求其人工定向合成为目标的材料科学与分子工程学等。此外,根据我校条件,应联合有关文科力量,适时建设艺术科学。

对一些国家需求不多,我校有传统特色的基础学科,我们还要着力保护,使之维持一支精干的力量,进行持久的探索。例如一些古代语言文字学科、少数语种语言文化等。理科中的粒子物理、天体物理研究要求有极其庞大的仪器设备,非我校力所能及,但由于它们涉及解释自然奥秘的前沿,为维护我校学术地位,也应保持一支精干力量去参与国内外的共同探索。

巩固与加强应用学科

从50年代后期起,我校发展了一批应用学科。特别是近十年来,学校贯彻"扬长避短"的方针,应用学科有了长足发展,学科结构有了明显变化。但多数新建应用学科的师资队伍还有待加强,科研成果还有待丰富提高。这次调查中被列为第三类的学科中大部分属应用学科,如财务学、国际金融、经济法、情报学、博物馆学、社会工作与管理、计算机系统与结构、遥感技术等。因此,在90年代我们要把巩固和加强现有应用学科作为工作重点,使这些学科具有配套的学术梯队和技术队伍,开出系统的课程,为国家有关部门完成有实际意义的科研课题或任务。

我校应用学科建设要注意以下几个问题:

一、避免与兄弟院校重复,要办出自身特色。应用学科与国家建设有紧密联系,社会需求较多,往往成为一时热门,竞相开办,我们要防止一哄而起,要办就要办出北大特色。"北大特色"的共同点就是应用学科与基础学科有紧密联系,以基础学科为坚强依托和后盾,因而其建设和发展显示出独创性和独特性;同时还体现着北大学科众多的优势,我校应用学科往往渗透了相邻学科的滋养。例如,我校博物馆学的发展以考古学为坚实基础和背景。

二、应用学科必须密切结合实际,与社会实际工作部门保持紧密联系,争取承担国家建设中的重要研究课题和各部门委托的研究任务,如国家"八五""九五"科技攻关任务、高科技任务,要面向科技主战场和工农业生产战线。应用学科应当"开门办学",争取有关部门的支持,聘请校外有实际工作经验的专家学者来校兼职、授课,合作研究,担任顾问等,以维系联络渠道,弥补学校之不足。有条件的还要力争建立校内或校外的实践基地,使教学、科研、实践(生产)结合起来。为完成国家需要的重要综合科研课题和实际任务,可以设立综合研究中心,例如石油天然气研究中心。

三、一些由基础学科演变发展起来的应用学科除保留一支少而精的骨干继续从事基础研究外,主要队伍要真正面向应用,真正按照应用学科的特点和规律进行学科建设。例如,我校概率统计学是从基础数学中衍生出来的,今后发展除继续以基础数学为坚强后盾外,要着重面向实际,以应用学科的特色来进行建设。

四、要从有条件的理科应用学科逐步发展一些新型工程技术学科。北京大学要办成一所真正的新型综合大学,需要也应当开设一些有别于传统工程学科的、面向跨世纪的新技术和高技术的新型工程技术学科。在这方面我校有一些优势,已从一些基础与应用学科中发展起来一些新兴产业,如电子印刷出版系统、指纹识别系统、生物有机和精细化工产品、植物基因工程等,这类新产业主要依靠高技术和新技术,它们对人力、场地、设施的要求比传统产业相对较少。学校要重点支持这些学科,从科研、开发新产品着手,逐步形成产业,并在此过程中探索建设新型工程技术学科体系。这个体系应包括学科的理论基础、技术基础、工程设施、组织和管理、经济分析等。

根据我校现有基础,可望通过五年准备、五年建设,发展以下一些新型工程技术学科(这些学科的准确名称将随着建设进程逐步标准化)。

1. 信息工程。从现有的电子印刷出版系统、图像语音识别系统和智能化通信网络系统出发,建设以信息科学和计算机软件及系统为基础,包括各种信息技术应用系统的工程技术学科。

2. 生物工程。以分子生物学和细胞生物学为基础,从现有的植物基因工程和细胞工程的研究和开发出发,衍生开拓新型农牧业的工程技术学科。

3. 精细化学工程和分子工程。以分子和材料的结构和性能之间关系的理论为基础,探索分子和材料的定向设计和合成技术,并以此形成新兴技术产业。我校在新型催化剂、吸附剂和生物有机产品(如饲料与药物)的研究开发已有很好基础,今后应通过组织规模生产,探索开拓新型工程技术学科。

4. 微电子与光电子技术。以物理、化学和电子学为基础,组成与探索微电子和光电子新器件的材料、器件原理和工艺为主的新技术学科。可以微电子研究所、软件固化市属重点实验室为主,联合物理、化学、无线电电子学系的有关学科共同建设

关键在于队伍建设

我校学科建设的目标能否达到,关键在于能否建设一支高质量的队伍。这支队伍的主体是教师,还有专职科研人员、技术人员和少量管理人员。这支队伍中学术骨干,尤其是学术带头人的培养及选用更是关键中的关键。目前,我们面临着师资队伍青黄不接和接纳新生力量的客观条件十分困难的严重矛盾,必须有一套系统的设想和切实的措施,早作未雨绸缪,否则学科建设目标就会落空。尽管目前面临困难,队伍建设的目标不能降低。"取法于上,得乎其中",只有本着高要求才能保持进入21世纪以后北大的高水平。

下面是我们队伍建设的几点考虑:

一、关于学科队伍的规模与结构模式

按学校长远发展规划,在校学生人数将达到15000人,其中本专科生10200人,研究生3600人,外国留学生600人,干部班、进修教师600人。这样,可设想全校有专任教师2000人。若长远专职科研编制可设想为2200人(现有1321人,拟再向国家教委申请逐步增加900人),其中有教师职称或相当于教师的学术人员1500人,则我校长远教师队伍可达3500人(现约为2700人,其中有约900人为科研编制),即比现在增加800人(其中600人为科研编制)。这大体上是我校学术队伍的长远规模。由于教职工住房等困难,在90年代前五年,教师队伍的增长将会是很慢的。

我校长远约有相当于研究生专业的二级学科约150个。根据以上规模,则每个学科平均不足25人。若每个学科下有4—5个分支学科或学科方向,则每一分支平均不过5—6人。考虑到一些学科承担着公共基础课的任务,如马列主义理论和德育课、体育、公共英语、计算机、高等数学、普通物理,以及将来拟扩大开课的大学语文、中国通史、艺术和美育、化学、生物等,他们的编制较大,再考虑到近年内增加教师人数的实际困难,每一分支学科的平均人数将只有3—4人。这大体上就是我校学术队伍的总体分布状况。

根据以上情况,我校大多数学科,尤其是基础学科,学术队伍的配置模式基本上是少而精,高层次。一个分支学科在教学和科研上的工作模式大体上是一两名学术骨干带领一两名助手或接班人,以及一些硕士、博士研究生。当然,各学科的具体人数配置要视其担负的教学科研任务的轻重而异。这样,给每一学科选配的人员素质就应当是高水平的,能成为学术骨干的,以保证每个学科办出特色,达到国内先进水平。

另一方面,对于承担了重大科研课题或科技开发任务的少数学科,特别是一些应用学科或技术学科,他们往往需要不同方面的人员协调工作,需要一支人数较多、结构合理的队伍,我们应当给以重点保证,配备人员较多而相对集中的学术和技术队伍。

这样,少而精、高层次的分散与重点保证的相对集中相结合将是我校学科队伍的基本配置模式。

除了学术队伍以外,还必须相应的配备实验技术、图书资料和组织管理人员。在一定程

度上说，这支队伍的后继无人的问题更为严重，新增人员的素质也亟待提高。我校现有实验技术人员约 700 人，图书资料人员约 400 人，从长远规划看前者应增加到约 1000 人，后者约 500 人。当务之急是要保证补充的人员能安心本职工作并不断提高其业务能力。

二、十年培养和吸收 100 至 200 名全国第一流的学术领导人

为了实现学科建设目标，保证跨世纪后北大的学术水平继续处在国内前列，并在部分选定方向达到国际先进水平，为了使年青一代能接替现在我校老中年著名学者的学术业绩，我们必须在 90 年代培养和吸收 100—200 名具有全国第一流水平的学术领导人。为此，从现在开始各系所都要把这项工作看作重要任务，经常关注校内和校外（包括现在国外深造的）在本学科上学有成就、有发展前途的年轻学者，掌握一批名单，以便通过校内培养和从校外、国外吸引等办法造就一批新的年轻学术带头人。

优秀的学术领导人只能从教学科研实践中进行识别和锻炼出来，为了造就近 200 名年轻学术带头人，就要有更多的青年候选人。当前为吸引年轻优秀人才需要采取一系列得力的特殊措施。

1. 要正确认识评价和信赖当代青年，给青年教学科研人员加任务、压担子，使他们在比较紧张的工作中锻炼自己，增长才干。

2. 多渠道解决青年教师住房这一阻碍我校吸引青年人才的主要问题，可采取的途径有：争取国家投资，迅速增建一批住房；争取国家投资在中关村附近建筑公用的青年公寓；争取与外单位合资建房，在一定时期内允许共同使用，以后产权归学校；集资建房等。校长每年有权特批至少十套住房以吸引少数杰出的青年学者来校工作。

3. 继续实行青年教师不占系所名额破格晋升高级职称的办法，鼓励年轻教师脱颖而出。为此还要争取我校可实行合理的教师职称结构比例，使够资格的教师都能得到相应职称。

4. 在北大内部实施的浮动工资基础上，给取得博士学位的工作人员以一定津贴，体现学校对高学历的认可。

5. 给青年教师以进修和深造的机会。应当试行教师连续工作五年给一年学术休假的制度，以便利用学术休假到国内外学术机构或实际部门进行进修、科学研究、调研考察等活动。

6. 适当扩大博士后流动站和博士后流动人员的名额，以便使更多的青年学者能通过博士后工作期的考察被吸收到北大学术队伍中来。鼓励并采取灵活政策接受国内访问学者和流动编制人员来校进行科学研究工作，允许从科研项目经费中开支流动人员的报酬和生活津贴。

7. 对已在国外取得固定职位，品学兼优，愿为祖国教育科研事业出力者，学校可聘为教师，每年在北大工作几个月至半年，实行来去自由政策。

8. 要鼓励中老年教师认识自己的历史使命，为了祖国的教育科学事业，积极扶植后辈，甘当人梯，为他们创造条件，开辟道路，使之早出成绩。我们一方面要宣传、树立青年典型，使他们在学术界显露头角，另一方面也要宣传、奖励提携他们的前辈教师。

三、引导青年认识自己的历史重任,走又红又专、迅速成长的道路,为社会主义北大的建设作出自己的业绩

1. 要求青年教师努力学习马列主义、毛泽东思想,树立坚定正确的政治方向。学校要根据人文、社会、自然等不同学科情况,分别开出学习马克思主义理论书单,做出计划,加强辅导,定期检查和考核,还可组建业余大学组织马列主义学习。

2. 鼓励青年了解国情,接触工农,联系实际。每个新教师应在几年内有一段时间深入厂矿企业、农村或基层政法机关进行社会实践,为今后选择正确的学术方向打好坚实基础。

3. 青年教师既要搞教学,也要做科研,还应当承担学生思想教育工作或一定的组织管理工作,要自觉地挑重担,领重任。实践表明,这有利于学术带头人的迅速全面成长。今后培养选拔学术带头人不仅要注意业务能力和学术成就,而且要注意其是否有一定的领导管理能力,否则对开拓发展学科也是不利的。

4. 认真做好新参加工作的教学科研人员的岗前培训和见习期的考察工作。学校每年组织新到校的工作人员集训,介绍北大情况,了解办好北大的目标与方针任务,学校的优良传统,教师的责任与道德,前辈的榜样,以及学校的各种规章制度和纪律,使每一名新工作人员做好必要的上岗准备。对于有见习期的工作人员,还应提出见习期的要求,在见习期内要有专人负责进行考察,见习期满,应作小结,确定是否按期转正。对新参加工作的人员,无论有否见习期,都应有专门的老教师指导、把关,帮助他们迅速掌握工作基本功,顺利成为一名合格的工作人员。

四、制订计划,分轻重缓急配备学术队伍

各系、所应对本单位各学科的队伍配备,根据学科状况分轻重缓急作出计划。首先要保证有希望成为全国重点的学科,做出补充学术梯队的分年度计划。从全校看,在"八五"期间争取再增列十几个重点学科,十年共20个左右是有希望的(当然也会有极少数学科会从"重点"下来)。对这些学科的青年教师选聘、提升职称以及晋升教授、申请博士生导师等都要在保证学术水平的基础上作出周密的安排。对于我校拟发展的一些新学科或急需加强的学科也要作出相应安排。今后全校每年留人进人计划,晋升职称名额分配,博士点和博士生导师资格的申请都要从学科建设的总体考虑出发,提出细致的方案,学校师资办公室会同社会科学处、自然科学处、研究生院,除作出五年、十年计划外,每年还要制订学科建设人员配备方案。

创造良好的工作条件和学术环境

除了学术领导人和梯队以外,创造良好的工作条件和学术环境也是学科建设的重要内容。这包括图书、资料、信息、器材、实验技术设备及相应的服务系统,以及优良的学风,贯彻百家争鸣的学术民主气氛等。

预计近年内学校经济状况难以根本好转,靠学校资金大幅度改善教学科研的物质条件是不大可能的,各学科将主要依靠通过自己承担各种科研任务取得物质支持。已经是国家重点学科的,情况可能会好些,因为国家已决定采取一些措施保证这些学科得到不同程度的支持。因此,今后五年、十年争取更多的国家重点学科是我们的重要任务。为此全校各部门

要共同努力，这些学科点本身更应以拼搏的精神顽强争取。

在国家教委支持下，"文科综合图书资料中心"的建成将极大改善我校文科图书信息条件。靠世界银行贷款余额支持的"经济和社会分析模拟实验室"的建成，为我校文科高层次计算机应用创造了条件。近期由学校和重点学科资金正在建设两个文科普通计算机实验室，这对计算机应用在文科的普及和提高将产生良好影响。学校还将通过文理结合和交流来扩大文科教学研究人员使用现代科学技术手段的途径。

学校还将通过各种途径解决文科教师接触各种社会实际资料的问题。出版难也是影响当前科研人员积极性的一种因素。学校已经设立了教材出版基金，出版社还设立了"北京大学文库"和"青年学者文库"，这也是一种出版基金形式。我们还将争取条件设立科学著作出版基金。

建好、管好、运用好新的世界银行贷款资助的10个国家重点和专业实验室及1个计算机网，管好、用好"七五"计划期间国家和北京市投资建设的7个重点和开放实验室是理科许多学科的重要任务。这些实验室的受益面遍及理科23个重点学科的大多数及个别文科重点学科。学校对重点（专业）实验室的仪器设备将作统筹安排，以便提高北京大学仪器设备的总体水平，改善其配套条件。例如，计算机、理化分析仪器、信号（图像）处理系统的水平和配套情况都要得到改善。我们还要通过争取新的国家实验室和工程研究中心，争取"八五"国家科技攻关项目、"863"项目以及重大基础研究项目等途径来改善实验装备。

改善实验装备技术和图书信息资料的服务系统也是十分重要的。这不仅要做好这两支队伍的配备及其素质的提高工作，而且要改善服务条件，如实现送货上门、自动化等，还要不断改进管理工作。

当前进行学科建设必须强调树立优良学风。近年来急功近利、浅薄浮夸的作风对文理科的学术工作都有不小的影响。我们一定要发扬北大一贯坚持的严肃严谨、实事求是的科学作风，在博大精深的基础上求得创新；无论是教学还是科学研究都必须坚持严格要求。

学科建设必须发扬百家争鸣、学术民主。在学术工作中我们必须坚持马克思主义指导，必须坚持社会主义的政治方向，每个学术工作者都必须坚持为社会主义祖国服务的立场，但是学术上的是非曲直，学术观点的分歧只能通过百家争鸣的民主讨论来解决，不允许独断专行与压制异己，也不能用少数服从多数的原则判定某一种学术观点的正确与错误；教师的研究方向不能强行改变，而只能通过经济的、社会的手段加以引导；教师的学术见解不能任意组织批判，学校要积极举办各种学术活动，使教师经常了解学术动态，参与学术讨论。只有在这样的学术气氛中，学科建设才能顺利进行，学术才能蓬勃发展。

最后，为了搞好学科建设，我们还要充分利用对外开放政策所提供的国际合作条件。这包括通过派出去、请进来的办法建立新的学科方向，利用国际合作开展科学研究，掌握一些新的研究方法和仪器设备，取得一些科研基金。有的学科如高能物理和天体物理，需要庞大的设备，这不是一个学校甚至一个国家的能力所允许，如果学科方向是该学科中的主流，我校也应跻身这类"大科学"，并在其中发挥一定的作用以维护我校学术地位。利用国际合作条件，一定要注意从学科建设需要出发，为我所用。再派出进修、访问、合作研究等方面都要以学科建设计划为根据，选好恰当人选，绝不要盲目随流，为机会所左右。

1990年9月

北京大学"七五"事业发展规划纲要

依据现有的档案资料看,《北京大学"七五"事业发展规划纲要》是北京大学在"文化大革命"结束后正式制定并审议通过的第一个正式五年规划。"文革"结束后,中国结束了频繁的政治运动,确立了以经济建设为中心的基本路线。1984年中央颁布《中共中央关于经济体制改革的决定》,国家逐步由计划经济向市场经济转变。为了满足市场经济发展对人才的需求,1985年中央颁布了《中共中央关于教育体制改革的决定》,决定逐步扩大高校办学自主权,大学有了一定自主发展的空间。1984年北京大学领导班子调整,王学珍任党委书记,丁石孙任校长。新的领导班子,面临新的形势,对未来的发展做出了新的布局,制定了"七五"规划,该规划于1986年经北京大学第八次代表大会审议通过。"七五"规划虽然在从形式上看仍是一份中规中矩的五年规划,但在内容上这份规划孕育了此后北大十几年的主要发展思路,具备了战略规划的雏形。它确立的"世界先进水平的、有中国特色和北大自身特点的社会主义现代化大学"这一目标,基本上包含了世界一流大学的主要要素;在学科建设方面提出的大力发展应用学科和新兴边缘学科;在人才培养方面提出要大力发展研究生教育;在科学研究方面提出在继续重视和保证必要的基础研究的同时,要大力加强应用研究,积极地有选择地进行开发研究;在后勤工作中提出要改革后勤工作,充分发挥经济杠杆的作用,提高服务质量和工作效率;在队伍建设中提出了要试行教师职务聘任制,逐步对中年骨干教师实行学术假制度。在体制改革方面提出要实行院、系并存的体制,成立更多的学院,扩大院、系自主权。这些思想都是随后十多年北大的基本发展策略,具有相当的前瞻性。本书收录的是1986年3月27日经中国共产党北京大学第八次代表大会审议通过的文本。时任书记王学珍、校长丁石孙,主要参加人员有赵存生、赵亨利、刘乐坚等。

北京大学是国家重点大学之一,担负着为社会主义现代化建设事业培养高级专门人才和发展科学技术文化的重要任务。我们应当根据国家经济、社会和高等教育发展的战略目标以及北京大学在八十多年建校历史中特别是在新的历史时期形成的各种条件,努力把北京大学建设成为一所具有世界先进水平的、有中国特色和北大自身特点的社会主义现代化大学,成为包括自然科学、技术科学、人文科学、社会科学、管理科学、教育科学等多种学科的先进的教育中心和科学研究中心。我们要为实现这个目标而努力奋斗!

为此,我们要结合学校实际,认真贯彻执行《中共中央关于教育体制改革的决定》。要坚持四项基本原则,努力用辩证唯物主义和历史唯物主义指导学校工作;坚持"教育必须为社会主义建设服务,社会主义建设必须依靠教育"的指导思想和"教育要面向现代化,面向世界,面向未来"的战略方针,适应经济建设、社会发展和科技进步的要求,搞好学校的改革和建设;坚持着重提高质量,在保证质量的前提下积极稳步地有选择地发展数量的办学思想,处理好学校发展建设中的各种关系;努力为国家培养更多更好的有理想、有道德、有文化、有纪律的各种专门人才和作出更多更好的科学成果。

我们要团结全校师生员工,充分调动和发挥各方面的社会主义积极性,重点抓好学校结构改革、教学改革和管理改革,抓好学科建设和以教师为主体的办学队伍建设以及校园基本建设,大力提高教育质量和科学水平,为学校九十年代后的振兴和发展创造更为有利的条件。

为了实现上述要求,现提出北京大学一九八六年至一九九〇年事业发展规划纲要如下:

一、进一步改革系科专业结构和人才培养层次结构,从总体上提高学校为社会主义建设服务的能力和水平

(一)为了适应经济、社会和现代科学技术发展的需要,从总体上提高北京大学为我国社会主义建设服务的能力和水平,我们要按照继续重视基础学科专业,大力加强应用学科专业,有选择地积极发展新兴边缘学科专业以及在着重培养本科生和研究生的同时,挖掘潜力积极培养其他规格和层次学生的精神,进一步改革学校的系科专业结构和人才培养层次结构,以逐步形成同社会主义现代化建设的需要和世界新技术革命的发展相适应的,能反映北大的优势和特点的,有利于提高教育质量和科学水平的,有利于多出人才、出好人才、多出成果、出好成果的新型的学校结构。

(二)文科应在巩固和发展文、史、哲、外国语言文学等基础学科专业并使之沿着理论联系实际、为四化建设服务的方向加以改造的同时,大力加强马列主义理论、财经、政法、社会、管理、图博、情报等偏重于理论性或实际应用性的学科专业,以适应社会主义经济建设、政法建设、思想文化建设等方面的需要。要加强中国革命和建设问题研究中心以及有关马列主义理论专业的建设,并积极创造条件,筹建北京大学马列主义理论教师培训中心,既促进我校马列主义理论学科专业的建设,又为高校培训马列主义理论课教师,逐步使北大成为我国马列主义理论教育和研究中心之一。

(三)理科要在巩固和发展数、理、化、生、地等基础学科专业的同时,大力加强技术科学、应用科学和新兴科学方面的学科专业,并建立一些与之密切相关的工程性专业。为加强技术科学的教学与研究,要于近期内成立技术科学学院。

(四)加强文科和理科之间、文科各学科之间和理科各学科之间的联系与渗透,建设好跨学科的综合性研究中心,发展交叉科学和边缘科学。已经建立的环境科学、信息科学、管理科学以及中国革命和建设问题、比较文学、美国问题等研究中心,要充分发挥作用,积极开展工作,努力做出较大成果。与此同时,还要根据需要与可能,逐步增设一些新的研究中心。要加强高等教育科学研究所的工作,使之成为具有协调和组织文理各有关学科联合开展高等教育科学研究和人才培养工作职能的研究中心。

(五)在着重培养本科生和研究生的同时,积极开展各种形式的成人教育和委托教育,形成以本科生、研究生为主兼有其他规格、层次的学生结构,以便充分发挥学校的优势和潜力,尽可能多地培养国家急需的各种人才。适应这一改革,要在条件具备的时候,在成人教育部的基础上成立成人教育学院,加强成人教育方面的组织管理工作。

二、在保证质量的前提下,积极稳步地增加招生数量,扩大学校规模

(一)到一九九〇年,计划内全日制在校学生总数达到15000人。其中:

本科生10000人；

研究生3000人；

专科和干部专修学生500人；

进修教师(含国内访问学者)1000人；

外国留学生500人。

(二) 计划外委托培养学生以及各种成人教育学生达到8000人。其中：

委托培养研究生800人；

夜大学生600人；

函授教育6000人；

短期教育600人。

到一九九〇年，在校各类学生总数为23000人。其中列入国家计划内并由学校提供住宿等条件的学生为15000人；计划外委托培养及各种成人教育(一般不由学校提供住宿条件)学生为8000人。

三、加强学科建设，大力提高学校的教育水平和科研水平

(一) 原有基础较好的老学科，应继续巩固和提高，保持并发展自己的优势和特色，近几年发展建立起来的新学科，要大力扶植和加强，采取有效措施促其尽快生长；今后还要根据国家需要和现代科学技术发展，有选择地建立一些新的学科。

(二) 在学科建设中，要特别注意抓好能够代表学校教育水平和科研水平的重点学科的建设。

1. 确定重点学科的标准是：

(1) 国家急需发展的学科，或在我校具有优势和特色的学科，或对国家经济、社会发展有长远意义的学科，或对提高学校学科总体水平有重要作用的学科；

(2) 师资力量较强，教学和科研基础较好；

(3) 科研方向明确，有水平较高的学科带头人。

根据我校具体情况，重点学科可分为两类。一类是已经具备上述条件的学科，或经过申报列为国家级重点学科，或列为校级重点学科；一类是尚未全部具备上述条件但从学校角度必须加以重点建设的学科，也可列为校级重点学科。

2. 对重点学科建设的要求是：

(1) 具有一支学术水平较高、结构较为合理的教学科研梯队；

(2) 实验仪器设备比较先进，图书资料比较完备；

(3) 学术水平在国内领先，在国际上也有一定地位，主要研究工作处于当前世界科技前沿，并取得较大成果；

(4) 能培养同国际先进水平相当的博士研究生，并能按需要接受博士后研究人员工作。

3. 建立重点学科的评估和审查制度，尽快确定第一批重点学科。经确认后的重点学科若达不到建设标准，其重点学科资格应予以撤销。

四、深入进行教学改革，提高人才培养质量

(一) 进一步明确培养目标，修订教学计划。要坚持德、智、体全面发展的方针，培养热

爱社会主义祖国和社会主义事业,具有为国家富强、人民富裕而艰苦奋斗的献身精神和不断追求新知、实事求是、独立思考、勇于创造的科学精神;具有较高的道德修养,能够自觉维护社会主义民主与法制,遵守纪律的高级专门人才。特别要注意从中培养突出的优秀人才。要按照既培养科学研究工作者、高等学校教师又培养党和国家各级后备干部、各种实际工作者的培养目标以及加强基础,适当扩展知识面,注重培养实际能力和创造精神,增强适应性的教学改革原则,继续修订和完善各专业的教学计划。力争五年内各个专业都能形成一套同实现专业培养目标相符合的、体现改革精神的、有利于培养高质量人才的教学计划。

(二)改革和完善招生办法,努力提高新生质量。学校应和有关省、市及若干重点中学建立固定的联系,以便招收更多德、智、体全面发展的毕业生和具有特殊才能的学生。同时,根据专业性质逐步提高既具有高中毕业学历又有一定实践经验的在职人员的入学率。

(三)切实加强基础课的教学,保证必要的教学时间,精选教学内容,坚持由有经验的教授、副教授、讲师讲授基础课。

1. 加强和改进马列主义理论课教学,认真实施和逐步完善我校马列主义理论课教学改革方案,提高各门课程的教学质量,争取到一九九〇年编写出方案中规定的三个系列课程的主要教材,并力求具有国内先进水平。

2. 加强各专业基础课的教学,并采取措施尽快充实和提高公共外语教师队伍,搞好第一外语和第二外语的教学,努力做到学生在本科阶段第一外语基本过关。同时要开好专业外语,对尚没有国内教材的可选用部分外国教材,并尽快编出自己的教材。

3. 在自然科学、技术科学、管理科学以及其他有关学科的学生中应切实搞好数学、物理、化学等基础课的教学并普及电子计算机应用知识,保证必要的上机时间,使学生受到应有的基本训练。

4. 继续加强实验、学习、社会调查、社会实践以及咨询服务等教学中的实践环节,提高学生理论联系实际、分析和解决实际问题的能力。

(四)完善学分制,加强因材施教,在基本要求一致的前提下使学生有更多的学习主动权。

1. 总结近年来减少必修课、增加选修课,减少课内讲授时数、增加自学时间的经验,逐步形成合理的课程比例和课时比例,编制出与实行学分制相适应的课程目录。

2. 巩固和发展优秀学生可以跳级、提前毕业或在本科阶段修完两个专业、获得两个学位以及部分学生可以转系转专业或申请免修某些课程,对优秀本科毕业生可推荐为硕士研究生等因材施教的措施,以利于快出人才,出好人才。延长暑假、开设暑期课程的办法要加以巩固和完善。

校系要掌握一批政治思想好、业务能力强的因材施教学生名单,积极创造条件予以重点培养,使其尽快成才。

3. 改革教学方法,努力实行启发式教学。改革单一的授课方式,根据课程性质,采用讲授、讨论、答疑、研究、实践等多种方式提高教学效果。加强对学生选课、自学及从事课外科技文化学术活动的指导。随着教室条件的改善,提倡同一课程由不同教师授课并允许学生选择,以促进教学水平的提高。

4. 适当扩展专业面,逐步在有关专业发展双学位制和主辅修制,加强专业之间的交叉和渗透,增强学生的适应性。

（五）结合教学改革，加强思想政治工作和学风建设。要加强和改进马列主义理论教育、形势政策教育、爱国主义教育、思想品德和作风纪律教育，并把这些教育同专业教学、参加社会实践、进行军事训练、开展课外活动以及加强学校管理紧密结合起来，使学生树立共产主义远大理想，具有为人民服务的献身精神、较强的组织纪律性和勤奋、严谨、求实、创新的优良学风。在进行教学改革、使学生掌握更多的学习主动权的同时，应注意坚持标准，严格要求，加强和改进学习成绩考试、考核制度，杜绝考试作弊现象。争取五年内初步形成一套同新的形势、任务和学生特点相适应的，促进有理想、有道德、有文化、有纪律的社会主义建设专门人才成长的思想政治工作制度。

（六）加强体育和美育，开好体育课和文化艺术课，活跃群众性的课外体育活动和文化艺术活动，办好学生体育代表队和文化艺术社团，增强学生体质，提高学生的审美能力和文化艺术修养。为此，要加强体育教研室的建设，要建立艺术教研室，并积极创造条件筹建艺术系。

五、坚持面向经济建设、为四化服务的方针，大力开展科学研究工作

（一）认真贯彻《中共中央关于科学技术体制改革的决定》，改革和加强科学研究的组织管理工作，推动科学研究工作的大力开展。

1. 调整科研布局，按照面向经济建设、为四化服务的方针以及提高重点学科水平，建设先进的教育中心和科研中心的要求，进一步处理好基础研究、应用研究、开发研究的关系和理论研究、历史研究、现状研究的关系。

理科应在继续重视和保证必要的基础研究的同时，大力加强应用研究，积极地有选择地进行开发研究。基础研究的课题数量应少一些，但要保证较强的科研力量和较高的工作水平，坚持长期攻关，力争取得重大成果。应用研究和开发研究应尽快加强，并应投入较多的力量使之迅速发展。要注意研究成果的推广和应用，使之尽快转化为现实的生产力。

文科应在继续重视和保证文史类基础性研究的同时，大力加强理论和现状研究，特别是加强对社会主义现代化建设中重要理论和实际问题的研究，还要加强外国问题研究，尤其是对美国、西欧、苏联、日本和第三世界的研究，以适应对外开放和面向世界的需要。

此外要注意发挥综合大学的优势，开展文理交叉、各学科渗透的综合性研究，以促进新兴边缘学科的发展。

2. 加强科研力量的组织工作，尊重科学研究工作的规律，进一步处理好点和面的关系，个人研究和集体研究的关系，做到重点紧紧抓住，面上放开搞活。要在充分肯定个人努力的同时，大力提倡团结协作，搞好集体攻关。

学校要紧紧抓住文科和理科"七五"科研规划中的重点课题，组织力量进行科研协作和集体攻关，力争取得较重大的成果。

3. 加强在课题选择、研究方式、成果评价等方面的引导工作，纠正轻视应用和开发研究、轻视实际问题和现状研究、不重视实际效益以及力量分散、在低水平上重复劳动等现象，注意在工作评价、成果奖励、职务晋升、经费支持等方面采取相应措施予以调节。

（二）巩固提高现有科研机构，用好科研编制。对现有 40 多个研究机构，要加强领导。实体性的研究机构，应进一步明确方向和任务，落实编制，选好学科带头人，制订研究计划，定期检查其工作进度及成果情况。非实体性的研究机构，要充分发挥其协调和组织相关学科人员开展合作研究的作用。今后要把工作重点放在巩固提高现有研究机构上，对新设研

究机构要加以控制。全校科研编制目前已达到1230人,到一九九〇年还应有所增加。这些编制要陆续分配到各系和各研究机构,由这些单位根据实际情况掌握使用。要把研究生和高年级本科生作为开展科研工作的一支新生力量,注意组织和吸收他们参加科研工作。

(三)建设一批先进的重点实验室,使其成为开展科学研究、发展重点学科和新兴学科的重要基地。加速建设:视觉、听觉信息处理实验室,语音实验室,考古年代测定实验室,计算机管理模拟实验室;积极创造条件,争取国家有关部委的支持,重点建设:结构化学实验室,蛋白质工程实验室,固体物理(微结构与微加工)实验室,刑事侦查实验室,微电子科学实验室,重离子束分析技术实验室,湍流实验室,环境科学中心实验室,材料科学中心实验室;原有一定基础的重点实验室如:电子显微镜实验室,计算中心实验室,分析测试中心实验室,生命科学中心实验室,遥感技术应用中心实验室等,要进一步补充和完善条件,全面提高科学实验的水平;进一步充实和加强电化教育中心、普通物理、基础化学等公用基础教学实验室,建立考古博物馆。这些实验室应成为国内先进的实验室,并努力接近世界先进水平。

(四)加强图书资料工作和出版工作,办好图书馆、出版社和学报。要努力筹资兴建研究图书馆,尽快建成印刷出版大楼,扎实地开展图书馆计算机管理工作。

(五)校办工厂要贯彻为教学、科研服务的指导思想,改善经营管理,在完成产值、利润计划的同时,积极配合学校进行科技开发,研制新产品。

(六)贯彻"百花齐放、百家争鸣"的方针,坚持学术民主,严格执行党的有关政策,创造生动活泼的学术环境,做到研究无禁区,发表有纪律,评价看效果。鼓励不同学派和学术观点之间的切磋和争鸣,坚持实践是检验真理和发展真理的唯一标准。

(七)扩大对外开放的渠道和规模,积极开展校内外和国内外的学术交流活动,创造条件,逐步使我校成为国际性学术中心之一。

六、加强研究生培养工作,为立足国内培养高级专门人才作出应有贡献

(一)充分发挥我校在培养高级专门人才方面的优势和潜力,逐步增加在校研究生人数。一九九〇年计划内在校研究生人数达到3000人,计划外接受委托培养的在校研究生达到800人。在计划内研究生中,攻读博士学位的研究生为500人左右。

(二)结合重点学科建设和师资队伍建设,创造条件争取增加授予硕士学位和博士学位学科点的数量和博士生导师人数。

(三)认真总结近几年来研究生培养工作的经验,修订硕士学位研究生培养方案,加强研究生课程建设和对研究生科研工作的指导,解决好研究生和本科生在培养方面的衔接问题。开展对已毕业研究生工作情况的调查,采取措施巩固和发展我校研究生培养方面的长处(基础比较扎实,知识面较广,适应性较强),弥补和克服其不足(外语水平不够高,动手能力不够强),提高研究生的质量。

(四)加强对研究生的全面指导。要认真贯彻校学位评定委员会通过的《北京大学对硕士研究生指导教师的几点要求》,导师应对研究生的招生、培养、管理、授予学位和思想政治工作全面关心,严格要求。

(五)创造条件积极开展同外国大学和学者联合指导研究生的工作。聘请国外著名学者来校进行合作研究,并指导研究生。积极招收外国留学生来校攻读硕士或博士学位。从一九八五年下半年起在数学、物理、化学、生物、地球、力学等学科设立博士后科研流动站,接

受国内外已获得博士学位的人员开展博士后研究工作。

七、积极开展科技开发工作，为四化建设和学校发展服务

（一）根据《中共中央关于教育体制改革的决定》，我们要在执行国家的政策、法令、计划的前提下，充分发挥学校人才密集、知识密集、学科齐全的优势，挖掘潜力，积极开展计划外人才培训、科研协作、技术开发及科技文化服务等工作，促进我校教学、科研的发展，并为四化建设多作贡献，为学校筹集办学资金。

（二）科技开发工作主要包括以下四个方面内容：一是人才培训，即接受计划外的研究生、本科生、专科生、旁听生、进修教师或举办进修班、夜大学、函授教育及各种类型的短训班等；二是协作科研，主要包括承接委托科研项目、工程设计、新产品研制、咨询服务等；三是成果转让，包括各种新技术、新产品、新工艺及计算机软件等各种成果转让；四是科技文化服务，主要是利用学校各种设施、仪器设备、图书资料，提供分析、测试、加工、复制录音、录像等。

（三）为了搞好我校的科技开发工作，除加强科技开发部，统管全校各系各单位的科技开发工作以外，拟成立科技开发公司。该公司是从事科技开发和科技服务的经济实体，在经济上与学校脱钩，实行独立核算，自负盈亏。

（四）搞好科技开发工作，要调动全校各方面的积极性，兼顾国家、集体（校、系）、个人三方面的利益。经费管理实行校系分成，切块包干，节支留用，超支不补的原则，做到各尽所能，各得其所。科技开发工作既要进一步解放思想，又要遵纪守法，讲求经济效益。学校要吸引一批有识之士从事科技开发工作。到一九九〇年，争取全校创收水平有一个较大的提高。

八、改革后勤工作，提高服务质量和工作效率

（一）后勤工作要进一步贯彻为教学、科研服务，为师生员工生活服务的工作方针，努力为多出人才、出好人才，多出成果、出好成果作出更大贡献。后勤改革的总方向是逐步实行社会化。"七五"期间，要继续实行并进一步发展任务承包责任制或经济承包责任制，调动后勤职工的工作积极性。

（二）到一九九〇年，我校后勤工作的水平应有一个较大的提高，以进一步改善师生员工的学习、工作条件和生活条件。

为此，近五年内要有计划地抓好几项带全局性的工作，切实为师生员工办几件实事：

1. 下工夫办好食堂，降低成本，提高质量，改进服务态度，建好冷库以及副食品零售网点；

2. 搞好煤气管道安装工作，到一九八七年年底前使大多数住户装上管道煤气；

3. 采取民办公助的办法，五年内逐步普及校内电话网；

4. 搞好教室和公共设施的使用和管理，对教室的使用逐步实行计算机管理；

5. 搞好宿舍及环境卫生，进一步绿化和美化校园，使师生员工有一个清洁、舒适、安静的生活环境；

6. 认真搞好住房的建设、分配、管理和维修，到一九九〇年使全校师生员工的居住条件有明显的改善；

7. 办好校医院，改善医疗条件和质量，增加住院医疗病床。

（三）改革后勤工作管理体制。由于后勤工作便于考核和计算，在加强思想政治工作的同时，要充分发挥经济杠杆的作用，把权力下放到基层，积极推行定额管理、经济承包责任制和任务承包责任制。具备一定条件的单位，可逐步同学校脱钩，实行独立经营。后勤承包单位要同后勤管理职能部门分开，在扩大承包单位经营自主权的同时，加强职能部门的监督管理。各承包单位要在保证"三服务"的前提下，搞好创收节支，以进一步改善后勤工作条件和职工福利。

九、搞好校舍扩建工程，为学校九十年代的发展创造物质条件

（一）我们要群策群力，全面规划，千方百计地争取和创造各种条件，力争到一九九〇年完成已被列入国家重点建设项目的校舍扩建工程中的主要项目，以便把北大建设成为既能够适应现代化教学、科研的需要，又方便师生员工工作学习和生活的具有中国传统风貌和时代特点的国内第一流的教学、科研中心。

（二）北大校园的建设，拟分作不同层次的三大区：一是北面的朗镜区，将完整地保留老北京大学的传统风貌，有计划有步骤地改建未名湖周围的古建筑，保护和完善我校的园林艺术；二是南面的教学和学生生活区，拟采取加固维修、清整美化、填平补齐、配套成龙的办法，逐步完善教学、生活设施，并尽快兴建一些阅览室、文体活动场所、学生宿舍等，改善学生的学习和生活条件；三是东面拟新建的理科楼群，该区应具有时代特点又与北大校园总体格局相协调，以适应现代化教学、科研的需要。

（三）努力用五年或稍多一点时间，完成扩建校舍29万平方米的任务。整个扩建工程包括三个方面：一是教学、科研用房14.8万平方米，主要项目是化学楼、加速器实验室、风雨操场、理科楼群等；二是生活用房12.6万平方米，其中学生宿舍4万平方米，学生食堂6千平方米，教工住宅8万平方米；三是附属用房1.6万平方米，主要是出版社、印刷厂、校医院及锅炉房的部分用房。

整个工程的建设，应首先考虑功能，以人的活动和需要为中心，讲求实用和效益，切实改善师生员工教学、科研和生活条件；其次要考虑总体连接，既具有我国的民族特色，又具有现代化时代的特点，整个工程要确保质量。

十、统筹安排，努力建设好四支办学队伍

（一）教师队伍

1. 根据学校发展规模和科研任务，到一九九〇年教师总数应达到3500人左右（包括专职科研编制），即比现在增加800人。从一九八六年起，平均每年要从优秀的获得硕士或博士学位的研究生中选留200人左右补充教师队伍（其中50人替补退休的教师）。在选留教师时，要注意把好质量关，优先保证师资力量比较薄弱的新建的系和专业以及学校重点建设发展的学科。此外要积极争取尽可能多的在国外取得博士学位的研究生来校工作。同时要注意引聘校外优秀人才，接受访问学者，以加强我校的薄弱学科和新设学科。

从一九八六年起，试行教师职务聘任制。

2. 继续加强教师的培养提高工作，全面提高教师的政治和业务素质。教师原则上要既搞教学又搞科研。科研编制除少数骨干外，一般采取定编不定人的办法进行使用（少数由学校直接领导的研究机构除外）。逐步对中年骨干教师实行学术假制度，使他们在连续承担几

年教学任务或党政管理工作以后有机会进行提高和从事学术研究。继续有计划地做好选派教师到国内外考察、进修、从事合作研究、参加学术会议、支持兄弟院校办学、进行咨询服务等工作,以帮助教师联系实际、更新知识、掌握学科发展新动向、提高研究能力和学术水平,适应新的形势和新的任务的需要。

3. 在提高教师整体水平的同时,大力加强学科带头人的选择培养工作以及学术梯队的建设。首先要在中年骨干教师中选择和培养新的学科带头人,其次要注意从青年教师中物色学科接班人,对符合条件的人选,要尽快让他们挑起学术领导工作的担子,并从各方面给以支持和保证,以便做出成绩得到校内外的承认。

4. 打破教师的"部门所有制",加强教师的校内流动和学术交流,提倡开展跨系科的合作研究,促进人才"移植"和学术"嫁接"。继续选调一些教师加强新建系科,选调一些理科教师到文科工作,促进文理渗透。采取跨系科、跨专业培养研究生和本科生等办法,培养既懂理又懂文、具有新型知识结构的人才,充实教师队伍。

5. 搞好任职资格评审工作,形成合理的职务结构,促进教师队伍的建设和教学、科研水平的提高。与此同时,按照国家有关规定搞好教师退休工作。

(二) 党政管理干部队伍

1. 适应学校工作发展的需要,应建设一支专职和兼职相结合的、又红又专的党政管理干部队伍。凡具备条件的党政管理干部,要兼搞教学或科研工作,实行"双肩挑",并按其实际水平评定教学、科研等职务。在晋升职务时,应把从事党政管理工作的成绩作为重要依据。

2. 要从大学生、研究生中选留一批政治上强、业务上好的优秀毕业生做党政管理工作,并逐步把他们培养成为既能从事教学与科研,又精通党政管理工作的专家。

3. 对现有党政管理干部,应分别不同情况,采取相应的培养提高措施。

兼职从事党政管理工作的专任教师,应规定适当的任期,期满后根据工作需要和本人情况或去搞教学科研或继续兼职从事党政管理工作。这类人员一般仍按教师晋升职务。

近几年来新留校的党政管理干部,根据工作需要和本人情况,有的可保送攻读研究生,有的可在职攻读学位,有的可进党政管理研究班学习,以至选派出国深造。取得学位或学习期满后,一般实行"双肩挑",并根据他们的实际情况,评定相应的教学或研究职务。

多年来专职从事党政管理工作的干部,一部分实行"双肩挑",在主要从事党政管理工作的同时,兼搞与工作关系密切的教学或科研,如马列主义理论、高等教育管理、社会学、行政学、伦理学、党的建设等,并按其水平评定教学或科研职务;另一部分人则继续按现行党政管理干部职务系列进行培养、考核、晋升。

(三) 实验技术和图书资料工作队伍

1. 继续有计划地选留硕士毕业生、本科毕业生并从现有教师中选调合适人员充实这支队伍,不断提高这支队伍的整体素质。

2. 总结经验,继续办好实验技术专修科;创造条件自办或委托附中办实验技术、图书资料中专班,培养实验技术和图书资料工作的初级工作人员。

3. 充分利用我校办学条件和职工学校、电视大学、夜大学、委托培训等形式,加强对现有人员的定向培养,提高他们的业务能力。

4. 搞好实验技术、图书资料人员的专业技术职务聘任工作,相应专业技术职务享受与教师同等的待遇。

（四）生产和后勤工作队伍

1. 继续从教师中选调合适人员充实校办工厂和后勤管理工作,并注意从本科毕业生中选留热心后勤工作并有一定管理才能的人担任后勤管理干部。

2. 采取委托培养或者自办职业中专班、技工班等办法,补充校办工厂和后勤部门的技术干部和技术工人队伍。

3. 充分发挥劳动服务公司的作用,更多地承担后勤工作任务。

4. 进一步办好职工学校,加强校办工厂和后勤职工队伍的政治和业务培训,提高队伍素质和工作水平。

十一、加强分类指导,改革学校管理体制

（一）为了适应经济建设、社会发展和科技进步的需要,我校将根据自身特点,新建或扩建一些新的系科专业和科研机构,加上原有的系科专业和科研机构,我校将成为全国系科专业和科研机构较多、学科门类比较齐全的综合大学。为适应这一发展形势,要加强学校管理体制的研究和改革,努力实现有效的科学管理。

在"七五"期间仍实行院、系并存的体制。除现已成立的研究生院、经济学院外,近几年内还拟成立技术科学学院、政法学院、外国语言文学学院、成人教育学院(类似研究生院)等,其他学院的建立将根据需要和可能,成熟一个,建立一个。

（二）简政放权,扩大院、系自主权。校一级主要抓全校党政大事,研究政策,考虑长远发展,对院、系工作进行检查评估,考核任命中层以上干部和评审、晋升副教授以上高级职务,进行校际交流等,除此之外,要把更多的权力下放到院、系。

（三）进一步完善岗位责任制和任务责任制,逐步建立决策、执行、咨询和反馈系统,开展科学的评估工作,不断提高管理水平和工作效率。

以上规划纲要,在执行过程中,可根据形势的发展进行必要的补充和修改。为了实现这一纲要,我们要切实加强和改善党的领导,加强和改进思想政治工作,认真落实党的各项方针政策,充分调动广大师生员工的社会主义积极性,发挥各级党组织、行政各部门,以及工会、共青团、学生会等群众组织的作用,团结一致,同心同德,克服困难,努力奋斗!

附:中国共产党北京大学第八次代表大会关于《北京大学"七五"事业发展规划纲要》的决议

（一九八六年三月二十七日通过）

中国共产党北京大学第八次代表大会经过审议,原则同意《北京大学"七五"事业发展规划纲要》。今后在贯彻执行过程中,可根据形势发展的需要作必要的修改或补充。

大会号召全校共产党员同全体师生员工一道,克服困难,奋发进取,为实现这一纲要而努力奋斗!

北京大学文科科学研究规划(草稿)(1978年—1985年)

"文革"期间,文科科研由于涉及意识形态问题,基本上处于停顿状态。1978年为了推动文科科研的开展,社会科学处推动各系制定科研规划,以此推动对文科科研发展的讨论。此稿是在各系规划的基础上汇总而成,提交各院系讨论,最终并未成稿。本书收录的是1978年8月社会科学处发布的文本。规划主持人为社会科学处处长王学珍。

中 文 系

科研方向

文学专业要结合我国文艺战线的斗争,开展对马克思主义文艺理论的研究。古典文学的研究,以唐诗研究为重点,同时加强近代文学史的研究。现代文学的研究以中国现代文艺思潮史和鲁迅、郭沫若研究为重点,并加强对建国以来文学现状的研究。

汉语专业科研重点是汉语语法,同时逐步开展实验语音学的研究,用现代化手段研究汉语语音。

古典文献专业科研重点:一、古文字,首先开展对汉隶的研究;二、文化史,先从对先秦的职官研究开始;三、古籍整理和研究,先对《诗经》《论语》《孟子》《史记》等进行整理和研究。

科研项目

一、教材

教研室	研究题目	参加人员	完成时间	备 注
现代文学教研室	中国现代文学史	严家炎		文研所唐弢主编北大参加,人民文学出版社
文艺理论教研室	马列论文艺文选	吕德申		共选40多篇,加注释
	西方文艺理论			
当代文学教研室	新中国文学三十年		1980年	
	中国民间文学史			
古代汉语教研室	《古代汉语》	郭锡良等	1979年	
	《中国历代语言学论文选》	郭锡良等	1980年	
现代汉语教研室	《现代汉语语法》	朱德熙等	1978年	
	《现代汉语语法研究》	朱德熙等		
语言理论教研室	《语言学理论》	徐通锵等	1980年	
古典文献教研室	古籍整理史	孙钦善等	1979年	

二、专著

古代文学教研室	关于《红楼梦》(题未定)	吴祖缃		
	高适、岑参研究与年谱	彭 兰		
古典文献教研室	古文字简史	裘锡圭	1978 年	

三、专题课

教研室	研究题目	参加人员	完成时间	备 注
古代文学教研室	唐诗研究	林 庚等		
	中国近代文学	季镇淮等		
	韩愈研究	季镇淮等		
	楚辞研究	林 庚		
	左传研究	吕乃岩		
	杜甫研究	冯钟芸		
	李白、李商隐、李贺诗的研究	陈贻焮		
	唐代诗歌艺术	袁行霈		
	汉魏六朝的诗	倪其心		
	古代小说史	周先慎		
	聊斋研究	吴祖缃		
	红楼梦研究	吴祖缃、沈天佑		
	戏剧选讲	周 强		
现代文学教研室	中国现代文艺思潮史	严家炎、黄修已	1982 年	
	中国现代话剧发展史	袁良骏	1981 年	
	中国新诗发展史	孙玉石	1982 年	
	鲁迅杂文研究	袁良骏		
	郭沫若研究	孙玉石	1980 年	
	夏衍研究	袁良骏		
现代文学教研室	现代作家作品研究	严家炎、唐沅、黄修已等		
文艺理论教研室	诗歌概论	刘 烜		
	鲁迅文艺思想	闵开德		
	古代文艺理论	张少康		
当代文学教研室	民间文学概论	段宝林等		
	鲁迅与民间文学			
	文艺创作论	谢 冕等		
古典文献教研室	音韵基础知识	周祖谟	1978 年	
	古籍整理实习	阴法鲁等		
古代汉语教研室	《汉语史》中的语法研究	王力、郭锡良等		
现代汉语教研室	重言方言研究	王福堂等		
	实验语音学研究	林 焘等		
语言理论教研室	现代语言学流派研究	徐通锵等		

四、资料、选编、工具书

教研室	研究题目	参加人员	完成时间	备 注
古代文学教研室	中国文学史参考资料		1980 年	
现代文学教研室	鲁迅年谱	王 瑶		鲁研室主编王瑶参加
当代文学教研室	新中国文学作品选			
	中国民间歌谣选			
	中国民间故事选			
古典文献教研室	汉隶字典			
	先秦职官表			
	楚辞长编			游国恩遗有初步资料
	中日文化交流史料	严绍璗		

五、论文

教研室	研究题目	参加人员	完成时间	备 注
古代文学教研室	《西遊记》考证	季镇淮		
	《儒林外史》考证	季镇淮		
现代文学教研室	学习毛主席论鲁迅（题暂定）	王 瑶		

历 史 系

科研方向

中国史专业。古代史部分重点研究隋唐宋辽金史。近代史部分重点研究中国资产阶级问题和中外关系问题。现代史部分重点研究民主革命时期的若干专题。

世界史专业。以近现代史部分为重点，近现代史研究室重点研究俄国史、日本史，当前着重完成老沙皇扩张史的研究。

考古专业。近几年重点是在综合研究考古出土文物和文献资料的基础上，编写《旧石器考古学》《新石器考古学》《商周考古学》《秦汉考古学》《隋唐考古学》，同时，积极开展运用现代科学技术手段鉴定分析出土文物的研究。

科研项目

一、教材

教研室	研究题目	参加人员	完成时间	备 注
考古教研室	旧石器考古学	吕遵鄂	1981—1982 年	
	新石器考古学	严文明	1981—1982 年	
	商周考古学	邹 衡	1981—1982 年	
	秦汉考古学	俞伟超	1981—1982 年	
	隋唐考古学	宿 白	1981—1982 年	

二、专著

教研室	研究题目	参加人员	完成时间	备注
世界古代史教研室	希腊史专题	朱龙华	1983年	
世界近、现代史教研室	沙皇扩张史下册	刘祖熙等	1981年	
	俄国史	刘祖熙等	1981年	
	日俄关系史		1983年	
亚非拉美教研室	菲律宾民族独立战争史	周南京		
	南部非洲史	郑家馨等		
	亚非拉与中国的关系			
	大西洋奴隶贸易			
欧美史教研室	拉美独立战争	罗荣渠	1981年	
	巴黎公社	张芝联	1981年	
	拿破仑欧洲霸权的建立	潘润涵	1981年	
	美帝霸权的兴起	齐文颖	1981年	
	法国史	张芝联	1983年	五院校合作
	中国与拉美的关系	罗荣渠	1983年	
中国古代史教研室	康熙传	商鸿逵	1981年	
	宋辽金史	邓广铭	1981年	
	岳飞传	邓广铭	1981年	
	古西北边疆少数民族	张广达		
	封建社会土地制度	张传玺		

三、论文、专题研究

教研室	研究题目	参加人员	完成时间	备注
世界近、现代史研究室	日本历史问题论文集	沈仁安等	1981年	
世界古代史教研室	前资本主义社会形态问题		1985年	
欧美史教研室	美国黑人运动	杨立文		
中国近代史教研室	中国资产阶级问题			
	中外关系问题			
中国现代史教研室	现代帝国主义侵华史	丁则勤	1981年	
	中国土地改革运动史	成汉昌	1981年	
	十年内战史	王树棣	1981年	

四、资料、工具书

教研室	研究题目	参加人员	完成时间	备注
世界近、现代史研究室	俄国与巴尔干的关系		1981年	
	俄国与波兰的关系			
	日本史论文集(翻译)	日本史组	1981年	
	日本史史料集(编译)	日本史组	1981年	

(续表)

教研室	研究题目	参加人员	完成时间	备注
世界古代史教研室	编译古代史论文集	朱龙华 周怡天	1981年	
	图录		1981年	
	亚述学的资料介绍		1981年	
亚非拉美教研室	教学参考资料	周南京	1981年	
	印度尼西亚历史辞典			
欧美史教研室	欧美近现代史资料	齐文颖	1981年	
	美国史主要著作介绍		1983年	
中国现代史教研室	中共党史教学参考资料	成汉昌等	1981年	
	中国现代史教学地图		1981年	

哲 学 系

科研方向

加强对马克思主义哲学基本理论,特别是毛主席哲学思想的研究,对马克思主义认识论、唯物辩证法和无产阶级专政下继续革命的理论进行较深入的研究。

中外哲学史要加强对近现代部分的研究,开展对当代资产阶级哲学流派的研究。

加强对自然辩证法、数理逻辑的研究。

开展美学的研究。

科研项目

一、教材

教研室	研究题目	参加人员	完成时间	备注
中国哲学史教研室	中国哲学史上、下册			
欧洲哲学史教研室	欧洲哲学史			
辩证唯物主义与历史唯物主义教研室	马克思哲学思想史			
	毛主席哲学思想			
	辩证唯物主义			
	历史唯物主义			

二、专著

教研室	研究题目	参加人员	完成时间	备注
中国哲学史教研室	中国唯物主义思想发展史	张岱年		
	数理逻辑上编	王宪钧等		
	数理逻辑下编	王宪钧等		
	中国古代逻辑思想发展史	李世繁	1982年	
美学教研室	中国美学史	于 民		

三、论文、专题研究

教研室	研究题目	参加人员	完成时间	备注
欧洲哲学史教研室	现代资产阶级哲学流派研究			
	德国古典哲学专题研究			
辩证唯物主义与历史唯物主义教研室	哲学笔记注释			
	马恩列斯论无产阶级专政			
	毛主席论无产阶级专政下继续革命的理论			

四、资料

教研室	研究题目	参加人员	完成时间	备注
中国哲学史教研室	中国哲学史教学参考资料			
欧洲哲学史教研室	西方哲学史资料选辑			
	欧洲哲学史原著选编			
	欧洲哲学史史料学			
美学教研室	中国美学史资料			
	西方美学史资料			

五、翻译

教研室	研究题目	参加人员	完成时间	备注
美学教研室	康德的判断力批判	宗白华		

国际政治系

科研方向

国际政治专业着重开展对苏美争霸和第三世界反霸斗争的专题研究。
政治理论专业着重开展对国际共运中的路线斗争、共产国际与中国革命等专题研究。

科研项目

一、教材

教研室	研究题目	参加人员	完成时间	备注
民族解放运动教研室	第三世界概论	梁守德	1981年	
	古巴简史	王 杰	1981年	
	马来亚、新加坡人民的反帝斗争	张锡镇	1980年	

(续表)

教研室	研究题目	参加人员	完成时间	备注
帝国主义政治教研室	战后美国的对外政策	蒋士观	1980年	
	战后日本的对外关系	王炳元	1980年	
	关于三个世界划分的理论(题目另定)	魏世华	1980年	
	当前美国绥靖与反绥靖的斗争	蒋士观	1979年	
国际共产主义运动史教研室	国际共产主义运动简史	张汉清等	1980年	
	社会主义学说史	曹长盛等	1982年	
	伯恩斯坦、考茨基修正主义政治观点批判	黄宗良等	1982年	
	苏联现代修正主义批判	颜富明等	1982年	
	第一国际史	张汉清等	1982年	
	国际共产主义运动史教学大纲	张汉清等	1979年	约十万字

二、专著

教研室	研究题目	参加人员	完成时间	备注
民族解放运动教研室	民族解放运动史	梁守德等	1979年	人民出版社约稿,校内已印上册
	印度共产党和印度革命	陈峰君、雷洁琼等	1981年	人民出版社约稿
	中东民族解放运动史	黄文铺、李湖	1981年	人民出版社约稿
	南非民族解放运动史	宁骚	1979年	人民出版社约稿
帝国主义政治教研室	帝国主义史上册	方连庆等	1979年	人民出版社约稿
	苏□关系	刘金质、李石生	1982年	
	苏美争霸是世界不得安宁的根源	梁根成	1980年	
	苏联是怎样从无产阶级专政蜕变为法西斯专政的	颜富明、李石生	1978年	小册子人民出版社约稿
	苏联概况	李石生、刘金质	1979年	《各国手册丛书》之一,上海辞书出版社约稿
基础课教学组	中国政治思想史	谢庆奎等	1979年	人民出版社约稿

三、教学参考资料

教研室	研究题目	参加人员	完成时间	备注
国际共产主义运动教研室	国际共产主义运动参考资料	张汉清等	1979年	
	当代国际共运若干专题参考资料	张汉清等	1979年	
中共党史教研室	共产国际和中国共产党人物传记、大事记	向青、石志夫	1982年	
	中国共产党反对反马克思主义思潮的斗争	林代昭、潘国华	1982年	
	陈独秀问题资料	李学文	1982年	
	共产国际和中国共产党关系人物传记选译	向青、石志夫、孙岩	1978年	翻译

四、论文

教研室	研究题目	参加人员	完成时间	备注
中共党史教研室	人民解放战争期间资产阶级中间路线批判	潘国华	1979年	
	批判王明"左"倾机会主义土地路线	屈国英	1979年	
	一九二四至一九二七年共产国际和中国共产党	向青	1979年	
	五四时期马克思主义反对反马克思主义三次论战	林代昭、潘国华	1980年	
	遵义会议和王明"左"倾机会主义军事路线批判	屈国英	1980年	
	遵义会议以后共产国际和中国共产党	石志夫	1980年	
	五四运动和中国共产党创立时期的陈独秀	李学文	1980年	
	第一次国内革命战争时期陈独秀右倾机会主义剖析	李学文	1981年	
	共产国际和中国共产党的创立	向青	1980年	
	中国共产党反对戴秀陶主义、国家主义派的斗争	潘国华、林代昭	1981年	
	中国共产党反对托陈取消派的斗争	潘国华、林代昭	1981年	

经 济 系

科研方向

政治经济学专业结合我国和其他社会主义国家的实际,结合战后帝国主义的经济状况,进行政治经济学基本理论的研究,特别是社会主义经济规律的研究。要拨乱反正,努力完整地、准确地阐述马、恩、列、斯、毛主席的经济思想体系,要加强社会主义经济计划管理的研究。

经济史和经济思想史的研究以马克思主义经济学说发展史研究、当代资产阶级经济学说研究、中国经济思想史研究和中国近代经济史研究为重点。

世界经济专业着重开展对苏联和美国经济的研究,同时加强对第三世界经济的研究。

科研项目

一、教材

教研室	研究题目	参加人员	完成时间	备注
政治经济学第一教研室	政治经济学(资本主义部分)	张纯元、肖灼基等	1979年	修改初稿
	政治经济学(帝国主义部分)	王茂根、付丽元等	1979年	
	《资本论》一至三卷讲义	徐淑娟、金以辉等	一卷1978年 二卷1980年 三卷1981年	
	《资本论》第四卷研究		1985年	
政治经济学第二教研室	政治经济学(社会主义部分)	张友仁、李克刚等		
	毛泽东经济思想研究	刘方棫		
计划与管理教研室	工业企业管理	闵庆全	1980年	
	会计核算原理	闵庆全	1980年	
	统计学原理	胡建颖	1981年	

(续表)

教研室	研究题目	参加人员	完成时间	备注
经济史经济学说史教研室	经济学说史讲义	陈岱孙、商德文 罗志如、胡代光 赵 靖等	与教育部统编教材、重新修订	与外单位协作
	现代资产阶级经济理论批判			
	中国近代经济思想史			
	外国经济史	朱克烺	1979年	与外单位协作修订教材
	中国近代经济史	陈振汉等	1978年	
世界经济教研室	世界经济概论	北大、人大世经专业合作	1979年	
	美国经济	洪君彦等	1979年7月	与人大合编
	西德经济	杜厚文	1979年	
	英国经济	王怀宁、李荣章	1979年	
	印度经济	巫宁耕等	1979年	与人大合作
	日本经济	王章耀、田万仓	1979年	与人大合作
	国际金融与国际贸易	王怀宁	1979年	
	苏联经济	张德修等	1979年	与人大合作
	南斯拉夫经济	张德修等	1979年	

二、专著

教研室	研究题目	参加人员	完成时间	备注
经济史、经济学说史教研室	价值论、剩余价值论等发展史	陈岱孙		
	《剩余价值理论》提要与注译	陈岱孙	1985年	
	二十世纪的英国经济	罗志如、厉以宁	1979年底	
	资本主义国家国民经济核算体系(SNA)	罗志如等	1981年	争取与有关单位协作
	现代资产阶级经济增长理论批判	范家骧	1980年	
	从凯恩斯到现代凯恩斯	胡代光、厉以宁	1979年	
经济史、经济学说史教研室	当代资产阶级经济学主要流派	胡代光、厉以宁	1979年	
	现代资产阶级通货膨胀理论批判	胡代光	1979年	
	批判现代资产阶级对《资本论》的歪曲和篡改	胡代光	1981年	
	批判现代资产阶级对《帝国主义论》的歪曲和篡改	胡代光、余泽波	1981年	
	资本主义工业化比较研究	厉以宁	1981年	
	三十年代以来西方资产阶级的经济学说	杜 度	1980年	
	数理经济学研究	杜 度	1982年	
	社会主义制度下的价格制度	杜 度	1984年	
	清代四川省的土地关系和农业生产	陈振汉	1980年	
	清代经济史述论稿	陈振汉	1981—1985年	
	中华人民共和国经济史稿	李德彬	1980—1984年	

(续表)

教研室	研究题目	参加人员	完成时间	备注
世界经济教研室	关于无产阶级贫困化问题	洪君彦	1979年	
	通货膨胀简论	王怀宁	1979年	
	苏联国家垄断资本主义	张德修等	1979年	

三、论文

教研室	研究题目	参加人员	完成时间	备注
政治经济学第一教研室	无产阶级贫困化问题	王茂根等	1980年	
	政治经济学对象的几个问题	张秋舫等	1980年	
	《资本论》若干原理对社会主义革命和建设的指导意义			
政治经济学第二教研室	列宁经济思想研究	张友仁		
	斯大林经济思想研究	张友仁		
计划与管理教研室	价值规律和我国物价	王永治	1979年	
经济史、经济学说史教研室	论马克思的《经济学—哲学手稿》	商德文	1979年	
	论《哲学的贫困》在马克思政经学发展中的地位与作用	商德文	1979年	
	中国古代经济思想史专题研究	赵 靖等	1981—1985年	
世界经济教研室	关于日本经济发展的展望	田万仓等	1978年	
	美国军工结合体	赖荣源	1979年	
世界经济教研室	苏联经济管理体制的演变	张康琴	1979年	
	苏联的农业政策	蔡沐培	1979年	
	苏联社会帝国主义对□□特点	陈 源	1979年	

四、资料

教研室	研究题目	参加人员	完成时间	备注
经济史、经济思想史教研室	中国近代经济思想史资料汇编	赵 靖等	1980年	
	清实录经济资料选辑上编	熊正文等	1981—1985年	
	清实录经济资料选辑下编	熊正文等	1980年	

法 律 系

科研方向

着重研究马、恩、列、斯、毛主席的法制思想和我国政法工作的实践经验,以加强社会主义法制建设。要开展对国际公法、国际法和国际关系史的研究,以配合我国的外交斗争,为毛主席革命外交路线服务。要加强对资产阶级法学流派的研究。

科研项目

一、教材

教研室	研究题目	参加人员	完成时间	备注
国家与法理论教研室	法学概论	陈守一、张宏生等	1979 年	
国家与法历史教研室	中国法制史	肖永清	1978 年	
	外国思想史	王 哲	1979 年	
	中国政治思想史	张国华	1979 年	
	外国政治制度史	由 荣	1979 年	
宪法教研室	学习宪法讲话	肖蔚云、魏定仁等	1978 年	
	资本主义国家政治制度	肖蔚云、龚祥瑞等	1980 年	
刑法教研室	刑事侦察			和公安部合编
	刑事诉讼			
	刑法			
民法教研室	《家庭私有制和国家起源》注译			

二、专著

教研室	研究题目	参加人员	完成时间	备注
国家与法理论教研室	社会主义法制的基本理论问题	张宏生、王勇飞、朱华泽	1980 年	
	马克思主义国家学说	王勇飞、张云秀、姜同光等	1980 年	
	资产阶级法学流派	张宏生	1980 年	
	美国政治制度	沈宗灵	1978 年	
	美国法律制度	沈宗灵	1985 年	
	资产阶级法学概论	沈宗灵	1980 年	
	毛泽东法学思想研究	张宏生等	1985 年	
国家与法历史教研室	唐律研究	肖永清、莆 坚	1979 年	
	先秦法律思想研究	张国华	1978 年	
	中国古代刑法研究	饶鑫贤	1979 年	
宪法教研室	马克思主义论宪法	肖蔚云	1985 年	
	试论我国的基本政治制度	肖蔚云、吴撷英等	1985 年	
	我国公民的权利和义务	肖蔚云、吴撷英等	1985 年	
国际法教研室	国际法实践三十年			
	大陆架			

三、资料

教研室	研究题目	参加人员	完成时间	备注
宪法教研室	外国宪法汇编	龚祥瑞、肖蔚云、魏定仁	1980 年	
	学习中华人民共和国宪法参考资料	肖蔚云、魏定仁等	1980 年	
国际法教研室	国际法院问题	邵 津		
	海洋法问题	王铁崖		

(续表)

教研室	研究题目	参加人员	完成时间	备注
刑法教研室	法院、检察院组织			
	刑事侦察资料			
民法教研室	马恩列斯毛主席论婚姻家庭			
	马恩列斯毛主席论民法			
	政策法令汇编(第三集)			
	民事案例汇编			
	资产阶级法律批判			

图书馆学系

科研方向

着重进行图书馆基础理论的研究,开展关于图书馆现代化管理的研究。

一、教材

教研室	研究题目	参加人员	完成时间	备注
图书馆学教研室	图书馆学基础		1980年	附教学参考资料
	革命导师论图书馆		1980年	
	藏书建设		1980年	
	读者服务工作		1980年	
	图书分类和主题		1980年	
	图书编目		1980年	
目录学教研室	目录学		1980年	附目录学参考资料
	文科工具书		1978年	与中文系合作
	马列主义书籍目录学		1980年	
	图书馆学专业文选		1980年	
	中国历史书籍目录学		1985年	附教学参考资料
	中国书史		1980年	附教学参考资料
	古书分类与编目		1980年	
	中国文化史		1985年	附教学参考资料
	文艺书籍目录学		1985年	
科技文献教研室	电子计算机在图书馆情报工作中的应用		1980年	
	情报学基础		1981年	
	西文图书编目		1980年	
	图书馆建筑与设备		1982年	
	化学、生物文献学		1985年	
	图书馆学专业英语		1979年	

二、专著

教研室	研究题目	参加人员	完成时间	备注
图书馆学教研室	图书馆学概论		1980年	
	理论图书馆		1985年	
	图书馆基本技术		1979年	
	中国图书馆事业史		1985年	
	儿童图书馆学		1980年	
目录学教研室	常用成语典故汇编		1979年	
	简明中国目录学史		1983年	
	古籍版本分类与编目		1985年	
	青少年阅读书目解题		1983年	
	中国史学发展史		1985年	

三、资料

教研室	研究题目	参加人员	完成时间	备注
图书馆学教研室	图书馆学辞典		1985年	
	外国图书馆学研究资料汇集		1985年	
	外国图书馆学译丛		1985年	
目录学教研室	外国目录学译丛		1985年	
科技文献教研室	非书型资料著录法		1985年	译文
	西文目录学顺排检规则		1985年	译文
	国际标准著录法		1985年	译文
	图书馆现代化设备（图集）		1985年	

四、论文

教研室	研究题目	参加人员	完成时间	备注
图书馆学教研室	新中国图书馆事业三十年		1979年	论文集
	图书馆学论文集		1985年	论文集

说明：这是文科各系初步酝酿、讨论的科研规划草案，其中有一些项目可能不准确或有遗漏，现印发各系供进一步讨论、修改。

社会科学处
一九七八年八月

北京大学一九七三至一九八〇年规划(草案)说明

由于政治运动频繁,《北京大学(1971—1975年)五年规划纲要》没有也无法贯彻实施。1971年林彪出逃的"九一三"事件发生后,周恩来主持工作,开始纠正"文革"的一些错误,北大的科研工作逐步恢复。1972年7月14日,周恩来在会见外宾时对周培源说:"你回去把北大的理科办好,把基础理论水平提高,这是我交给你的任务。有什么障碍要扫除,有什么钉子要拔掉。"北大师生备受鼓舞,酝酿把遭到严重破坏的教学科研工作恢复起来,学校积极制定《北京大学一九七三至一九八〇年规划》。这份规划的原件已经找不到,本书收录的是1972年修改编制的规划草案的说明。与1970年的"四五"规划相比,这份规划虽然仍然充斥着"革命语言",但内容更加贴近现实,对学校存在的现实问题进行了分析,提出了一些相对务实的指标。当时学校负责人为革委会主任王连龙,主持人及编写人员不详。

在毛主席无产阶级革命路线指引下,经过无产阶级文化大革命,我国工农业生产和科学技术发展很快。办好社会主义大学,造就工人阶级知识分子新部队的任务,显得更为迫切。为适应社会主义革命和社会主义建设的需要,我们必须以党的基本路线为纲,开展批林整风,推动教育革命不断深入。对学校的建设,要有一个长远的规划,使各方面的工作有计划、按比例地发展,更加自觉地贯彻执行毛主席的革命路线。"在订计划的时候,必须发动群众,注意留有充分的余地。"要坚持勤俭办一切事业的方针,挖掘潜力,反对铺张浪费、贪大求洋。

现将我校一九七三至一九八〇年规划(草案)分以下几个方面加以说明,供大家讨论,以便进一步修改。

一、专业设置

遵照毛主席"教育要革命"的伟大指示,我校在教改实践中,结合三大革命运动,改造旧专业,建设新专业,取得了初步成绩。文化革命前,全校共有十八个系,五十六个专业(理科二十七个,文科十三个,外语科十六个)。现在共有六十四个专业。由于我们对综合大学的任务理解不够全面,实践不够,缺乏经验,专业设置还存在一些问题,主要是:

(一)有些基本理论方面的专业设置不够,使某些方面基本理论的教学和研究受到一定影响。

(二)少数专业分工过细,内容过窄,培养的学员适应性不强。

(三)少数相近或相同的专业设置重复,造成人力、物力的紧张和浪费。

(四)个别专业的方向还不太明确。

根据总理指示精神和综合大学特点,专业设置要紧密结合三大革命实践,有利于理论联系实际,有利于教学、科研、生产三结合,有利于加强基础理论的教学和研究。要正确处理局部和全局、目前和长远、需要和可能等关系。在调查研究和教改实践的基础上,对我校专业

设置进行统一调整,全面规划。具体意见是:

1. 专业设置要全校一盘棋,性质相近或相同的专业要有步骤地集中;总校和分校根据实际情况可以有所重复。

2. 某些比较成熟的专业,相对稳定下来;暂时看不准、方向不够明确的专业,可继续进行试验;基础较差,而国家又急需的专业,应积极创造条件。

3. 理科专业设置要体现理科的特点;同时,也要保留少量技术性较强的专业,以利于加强基础理论的教学和研究。

4. 对工厂办不办专业的问题,要在总结经验的基础上,进一步加以研究。

计划在"四五"和"五五"期间,设置专业七十六个,其中理科四十六个(包括汉中分校七个),文科十四个,外语科十六个。

二、招生

遵照毛主席关于"从有实践经验的工人农民中间选拔学生"的指示,我校从一九七〇年开始招生,现在在校学员共四千一百三十二人。制定招生计划应注意到:

(一)根据社会主义革命和建设发展的需要,以及学校的实际培养能力,确定招生数量和发展规模。

(二)充分利用现有条件,尽可能多地为国家培养人才。要多办一些短训班,适当扩大短训班的招生人数。

(三)考虑到教育革命还处在试验阶段,每年招生人数适当增加,逐渐达到一定规模。

(四)根据过去的经验,学校的规模要适当,不宜过大。

初步计划"五五"期间,在校学生总数逐步达到一万人(包括汉中分校一千人),其中普通班八千人,短训班一千人,研究生五百人,留学生五百人。普通班理科五千人,文科二千人,外语科一千人。平均每年招生二千二百五十人。经过讨论,大家认为一万人的规模大了一些。在校学生人数以多少为宜,要在修订规划时进一步研究。

三、科研

两年来,我校的科学研究工作有了一定开展,三十二个项目取得了初步成果。但是由于我们对加强基础理论研究认识不足,有些政策界限不清,理论研究比较薄弱。今后,要进一步坚持科研为社会主义革命和建设服务的方向,加强基础理论研究,鼓足干劲,力争上游,反对爬行主义,努力赶超世界先进水平。主要抓好以下几点:

(一)现有为工农业生产、国防建设服务的研究项目,要继续切实搞好,在实践的基础上,提高理论水平。

(二)要充分发动群众,通过调查研究,确定几项基础理论项目,选准题目,长期坚持下去。

(三)也要重视群众性科学实验中提出的问题,注意总结工农兵的实践经验,探讨新的理论。

(四)文科要加强马克思主义基本理论的研究(包括理论、现状和历史),从各专业的实际情况出发,结合学科领域革命大批判和教材编写,明确研究项目和重点。结合国内外阶级斗争形势,有些专业要加强对外国的研究。

外语科要根据国家需要和专业实际情况,逐步开展对语言规律和外国文学的研究。

(五)要充分发挥现有科研设备的能力,同时有计划、有重点地逐步更新。根据科研需要和可能,对一些不定型的科研设备,提倡自己动手制造。

(六)加强图书资料(特别是外文书刊)的建设和情报资料的收集研究,为科研创造条件。

(七)要有专职科研编制,"四五""五五"期间达到三百五十人(理科二百五十人,文科一百人)。

四、工厂

校办工厂在教学、科研、生产三结合中发挥了积极作用,取得了很大成绩。目前共有校办工厂九个,今年计划完成产值一千八百万元。

校办工厂要把培养人放在第一位,结合教学和科研,既要有一定批量生产,又要搞研究试制,充分发挥三结合基地的作用,为教学、科研和实验室的改造作出贡献。工厂是校办,系办,还是专业办,要通过总结经验,加以解决。

现有工厂要巩固提高,适当调整,并根据教学、科研的需要,有一定的发展。通过大搞技术革新,提高机械化程度,在不增加人的情况下,产值要逐年略有增加。近几年内保持固定工人一千四百五十人,行政管理人员一百人,教师、技术员一百五十人,总计一千七百人。产值每年二千万元至二千五百万元,利润五百万元左右。

五、农场

遵照毛主席的《五·七指示》,六九年以来,有一千九百七十五名教职员工先后在鲤鱼洲和大兴农场参加过劳动锻炼,精神面貌发生了深刻变化,并为国家创造了财富。今后,要继续坚持《五·七指示》的道路,进一步办好农场,并通过多种形式,使广大教职员参加三大革命实践,接受再教育,改造世界观。

(一)办农场的根本任务是,培养锻炼干部,改造知识分子队伍,提高教职员工的路线斗争觉悟。发扬自力更生、艰苦奋斗的革命精神,勤俭办场,增加生产。要创造条件,使在农场锻炼的教职员及时了解教育革命的发展形势。

(二)农场编制为二百至二百五十人。全校教职员共三千五百人,除老弱病残者外,能参加劳动锻炼的三千人左右,已经参加一年以上劳动锻炼的一千六百人,还有近一千五百人没有参加过劳动锻炼。没有参加过劳动锻炼的,每年安排六分之一到农场劳动,大体五六年时间轮换完。

(三)农场有可耕地一千三百亩,目前种植面积一千一百亩,要加强劳动组织和机械化程度,鼓足干劲,努力提高产量。耕地面积多少为宜,再进一步研究。

(四)要搞好政治学习,根据农时忙闲适当安排。农闲时可组织部分同志到农村作调查研究,接受再教育。

(五)林院作为后勤的生产基地,由校务组领导。

六、教职工队伍

我校现有教职员工六千七百三十六人,其中教员二千二百三十八人。教职员工与学生的比例是1:0.6；教员与学生的比例是1:1.9。（五九年，教职员工与学生的比例是1:2.2；教员与学生的比例是1:6.3。）由于近两年在校学生总数较少，校办厂工人增加较多，一些该退休的年老的教职工未办退休手续，造成教职工比例过大，这只是暂时现象。

制订人员规划，必须贯彻精兵简政的原则，充分发挥现有人力的作用，合理安排使用。

（一）机关干部和校办厂工人的总数原则上不增加，根据需要，可在校内调整。

（二）随着学生的增加，教员、教辅人员和后勤工人相应地、按比例地增加。

（三）按照市文教组的精神，参照过去的比例，根据当前教育革命的形势和特点（如以社会为工厂、厂校挂钩、学生程度不齐需加强辅导等），确定新的师生比例。除科研编制外，到"五五"期间，教员与学生的比例，普通班和短训班为1:5，研究班为1:2，留学生为1:1。

（四）到"五五"后期，教职工总数为八千四百七十人，其中教员二千九百七十人（教学二千五百五十人，科研三百五十人，生产七十人）；教辅人员五百人；干部、职员一千五百人，工人三千五百人（包括校办厂工人一千四百五十人）。比现有人数增加一千五百至一千七百人，其中教员增加七百多人，教辅人员增加二百多人，后勤工人增加六百多人。如果规划中的学生人数减少，教职工人数也应相应减少。

（五）在制定人员规划时，必须考虑经费开支和住房问题，精打细算，严格控制。

七、基建

我校现有房屋总面积三十二万多平方米（不包括汉中分校六万九千平方米，二百号六万平方米），其中生活用房十四万多平方米，教学用房五万多平方米，工厂用房二万七千平方米，其他（如行政、托儿所、食堂等）九万七千平方米。

当前房屋紧张的原因：

（一）房屋平面使用系数小。

（二）年久失修，危险房屋多。

（三）学校办工厂、教职员工增加（比文化革命前多六百户）等新的用房因素多。

（四）房屋面积减少，六九年后退给房管局一千多平方米。

（五）数力系、无线电系从二百号迁回总校。

（六）缺乏统一管理，使用效率不高。

基建规划的原则是：遵照"勤俭办一切事业"的方针，狠挖现有房屋的潜力，统一管理，合理使用。随着师生员工的增加，接收留学生，聘请外国专家，以及图书馆、科研、校办厂用房的扩大，还必须有计划地新建部分房屋。

计划到一九八〇年，新建房屋一十三万一千平方米（不包括汉中分校新建技物大楼八千七百三十七平方米），总校建筑总面积达到四十五万多平方米。在讨论中，同志们一致强调要挖掘现有房屋的潜力，新建房屋一十三万一千平方米的规划要尽量压缩。

房屋建筑分期部署：

（一）七三年至七五年，每年平均二万平方米左右，"五五"期间共建七万平方米左右。

（二）建筑重点是实验室和教职工宿舍。实验室等教学用房六万平方米，家属宿舍六万平方米，其他一万平方米。

（三）建筑步骤：七三年主要建图书馆、家属宿舍；七四年主要建电化教学楼、数学楼、家属宿舍；七五年主要建留学生楼、无线电楼。"五五"期间主要建亚非所、化学楼、家属宿舍。

八、经费

"财政的支出,应该根据节省的方针。"少花钱,多办事,并用生产利润解决一部分经费问题。

(一)根据教育革命的发展、人员的增加、设备的更新和添置,按照国家的指标,适当地增加一些经费。

(二)发扬经济民生,加强经济核算,严格财务制度,实行经费指标包干。

(三)经费具体规划:

七三至七五年,教育经费三千七百二十五万元(其中教学设备费二百八十万元,图书经费一百二十万元),科研经费九百万元,基建经费八百四十八万元,共五千四百七十三万元。

"五五"期间,教育经费六千七百万元(其中教学设备费四百八十万元,图书经费二百八十五万元),科研经费一千五百万元,基建经费七百〇三万元,共八千九百〇三万元。

九、加强领导

制定长远规划是一件大事,各单位要有一名总支副书记负责,切实抓好。要贯彻总路线的精神,艰苦奋斗的精神,充分挖掘人力、物力、财力的潜力,提倡顾全大局,反对本位主义。

这个规划(草案)是初步的,现发给大家讨论,结合党委扩大会议上提出的意见,再作进一步修改。

一九七二年八月

北京大学跃进规划纲要（修正草案）（1958—1962）

《北京大学跃进规划纲要（1958—1962）》是大跃进时期的政治产物，此规划于1957年9月18日经北京大学第三次党代会讨论修订予以通过，并决定提交校务委员会讨论通过，作为全校师生员工的行动纲领。当时学校还出现了"体育跃进规划""民主党派基层组织跃进规划纲要"等跃进规划。由于工作性质的限制，教学科研短期内很难像钢铁和粮食一样迅速增长，在规划中"畅想未来"成为学校参与当时政治运动的一种特殊形式。本书收录的是1957年9月18日修改编制的文本。时任校长马寅初、党委书记陆平，具体撰稿人员不详。

根据党的社会主义建设总路线，在整风运动胜利的基础上，在继续进行政治战线和思想战线上的社会主义革命的同时，积极开展文化革命、技术革命；贯彻执行教育为无产阶级政治服务、教育与生产劳动相结合的方针；不断地促进教学、科学研究和生产大跃进，把北京大学建成先进的共产主义大学。为实现这一任务，我们必须在党的领导下，用马克思列宁主义的、批判的、革命的精神，彻底批判资产阶级的教育思想和学术思想，破除封建的、资本主义的教育传统，粉碎资产阶级伪科学，解放思想，在各学科、各门课程上巩固地竖起马克思列宁主义的红旗；举办工厂、农场并与校外生产单位"挂钩"，组织师生参加生产劳动，把生产劳动列入教学计划，使教育与生产劳动紧密结合起来；加强学生德育、智育和体育几方面的教育，培养学生成为"有社会主义觉悟的、有文化的劳动者"；大力培养新师资，继续改造旧知识分子，尽快地建立起一支又红又专、既能从事脑力劳动又能从事体力劳动的教师队伍；贯彻全党全民办科学和科学为政治服务、为生产服务的方针，坚持"百花齐放，百家争鸣"政策精神，积极开展科学研究工作，使我校成为教学、科学研究和生产的联合基地，使科学研究迅速赶上世界先进水平；树立勤劳朴实、刻苦钻研、大胆开创、力争上游的新校风。

我们全校师生必须鼓足干劲，大干特干，苦战三年，为提前完成这一伟大的任务而奋斗！

一、根据以提高为主兼顾普及的精神，充分发挥潜力，用多种多样的方法为国家培养大量的社会主义建设人才。

1. 从1958年开始，五年内本科学生的人数增加到一万五千人，文科与理科学生的比例约为三比七；研究生增加到约一千人，进修教师增加到约五百人，外国留学生五百人；

2. 根据国家需要，增设尖端学科的专业和专门化，其中1959年以前应增设"概率论数理统计及运筹学""无线电及电子学"和"放射化学"等专业；

3. 在有条件的系，积极试办半工半读，取得经验后，再考虑推广；

4. 根据国家需要与我校的条件，开办各种短期的专业训练班，训练在职干部；

5. 举办单课多课、多种多样的业余教育，自1958年开始，三年内多数系都应举办函授班或夜校，并编写出通俗易懂的函授或夜校教材，五年内，函授生和夜校学生人数达到三千人；

6. 从1958年开始，每年吸收旁听生二千至三千人，根据做什么、学什么、缺什么、补什么

的精神,吸收在职干部来校旁听一门或两门课程,所学课程经考试合格后,发给证明;

7. 和北京市教育局协作,由我校帮助若干所本市中学进行教学工作或教学指导工作;和工农业生产单位联系,帮助他们普及文化教育,举办各种学校。

二、培养学生成为"有社会主义觉悟的、有文化的劳动者"。即又红又专、脑力劳动与体力劳动相结合的、共产主义的全面发展的新人。毕业生应达到以下要求:

1. 具有坚定的工人阶级立场、共产主义的世界观、人生观和道德品质;能为建设社会主义、共产主义而辛勤劳动,艰苦奋斗,养成敢想、敢说、敢做的共产主义风格;

2. 能掌握本专业的理论知识、历史知识和技能;了解本门科学的最新成就;具有一定的独立工作能力和识别与批判资产阶级学术思想的能力,并学会运用所学知识去解决实际工作中的问题;

3. 树立热爱体力劳动的思想和从事体力劳动的习惯,并能掌握一定的生产技术,能从事生产劳动;

4. 除残疾病弱者外,都能根据本人的体质情况,经常进行锻炼并分别达到劳卫制二级和一级标准。

三、大力培养、大胆使用青年教师,积极改造老教师,提高老干部的政治思想水平与科学水平,三年内建成一支又红又专的师资队伍。到1960年底,在校教师中有60%以上,到1962年底有80%以上的人应基本上具有共产主义的世界观、人生观和马克思主义的教育观点、学术观点;掌握现代科学理论,并能解决实际问题;除年老病弱不宜从事体力劳动者外,经过劳动锻炼,能从事生产劳动。

五年内,支援其他兄弟学校能开课的教师200人至250人,其中能做教学领导骨干的占10%。

四、本校职工应具有共产主义觉悟,忠于自己的职责,精通本行业务,能创造性地、出色地完成工作任务;树立热爱体力劳动的思想和从事体力劳动的习惯,能从事生产劳动。在文化上,五年内,现有文盲应达到相当于初中程度的文化水平,现有小学以上文化程度的,应达到高中的文化水平,具有相当于高中以上文化程度的,一般应订出进修计划,学习大学课程或进行与业务有关的科学研究。

五、各级党政工团领导人员,和参加革命多年的老干部应努力把自己培养成为又红又专的干部。每年应抽出一定时间脱离生产,系统地学习马列主义理论,或以参加红专训练班和选课办法学习业务知识。争取在一至三年内开出一门课程。学习一门外国语,学一些人文科学和自然科学的知识。

六、教育与生产劳动结合是共产主义教育的核心,是培养共产主义新人的必由之路,也是这次教育革命的中心问题。为此,应把教学、科学研究和生产劳动密切结合起来,使学校成为三者的联合基地。

教育结合生产劳动有两种主要形式:一种是学校自办工厂和农场,一种是师生下乡下厂。原则上这两种形式应同时并举,互相结合,但又须按照专业的性质有所区别:理科各专业主要是举办与本专业业务性质相结合的工厂和农场,使师生经常参加生产劳动,同时每年还必须以一定的时间集中到工厂农村参加工农业生产劳动;文科各专业主要是下乡下厂,参加工农业生产劳动,校内办工厂应注意与理科协作,统筹安排。

目前在自然科学和外国语言文学各系暂时实行八、三、一,社会科学各系暂时实行七、

四、一制,即每年用八或七个月的时间进行课堂教学和调查、实习,三或四个月的时间进行生产劳动,一个月的时间休息。每年三或四个月的生产劳动的时间中,有两个月(自然科学和外国语言文学各系)或三个月(社会科学各系)的时间是集中的,有一个多月的时间是分散在每周进行的,即每周都有8到12小时用来进行生产劳动。

自1958年开始还应按照专业的性质和年级的高低采取下列方式加以试行,以便取得经验,逐步推广。文科可以采用搬到工厂和农村去,结合生产劳动,进行教学的办法。理科可以试行每周以比12小时更多的时间在校内结合专业的工厂中进行生产劳动的办法,也可以试行搬到与本专业性质一致的、具有科学研究设备的工厂中,一面参加生产劳动,一面进行教学的办法。在搬到工厂和农村中去边劳动边教学时,应就地帮助群众普及文化教育或举办专科学校,并可以吸收一部分工人、农民和干部与我校学生一起学习。

七、加强马列主义理论的教育和政治思想教育,充分发挥其改造思想、提高觉悟的战斗作用和在教学与科学研究中的统帅作用。马列主义的理论教育和政治思想教育的目的是:兴无灭资,为彻底消灭一切剥削阶级和剥削制度及其残余服务,为共产主义的伟大目标服务。为此,必须贯彻"以研究中国革命实际问题为中心,以马克思列宁主义基本原则为指南的方针,废除静止地、孤立地研究马克思列宁主义的方法"。尤其应该以马克思列宁主义在中国的发展——毛泽东同志的著作为纲来进行教学,大力克服教条主义。马列主义理论课(包括专业基础理论课)又是党的思想工作的重要组成部分;必须在各级党组织的直接领导下进行。政治课教员必须深入班级,担任党组织的工作。

马列主义理论教育和政治思想教育的主要内容是:培养师生员工的工人阶级的阶级观点、群众观点和集体观点,劳动观点(即脑力劳动与体力劳动相结合的观点),唯物观点和辩证观点。

现在"共产主义在我国的实现,已经不是什么遥远的将来的事情了",因此,我们必须开始在党内外普遍进行共产主义思想的教育,引导他们以不断革命的精神跟上形势,顺利地逐步通过共产主义这一关。

目前在我校形成的马列主义学习与资产阶级学术思想批判的高潮是广大群众粉碎资产阶级思想束缚和教条主义的思想大革命,对于已经组织起来的各种学习组织必须加强领导,使之巩固起来,坚持下去。在这个学习运动的基础上,在五年内培养出具有坚定的工人阶级立场,一定的理论修养,熟悉毛泽东同志主要著作,并能运用解决一些实际问题的马列主义理论骨干队伍500人。

在教学方法上应吸收老解放区政治教育的经验,实行听报告、学习文件、集体讨论、总结思想等办法。政治理论课的考试和成绩的评定,应以本人的思想行为表现和运用马列主义解决实际问题的能力为标准,采用思想总结和群众鉴定的方法,由各级党组织加以审定。

八、教学计划必须贯彻党的教育方针,体现学生的培养规格,必须根据国家需要和群众创造的先进经验,以革命的精神经常加以修改。教学计划必须包括德、智、体三方面的教育。必须把(政治)思想总结、整风和生产劳动列入计划,作为其中的重要组成部分。学生必须达到教学计划对生产劳动的要求,并经考核合格后,始得升级或毕业。

教学计划中的课堂教学时数不宜过多,目前自然科学和外国语言文学各系每周的上课时间应以不超过24学时为原则,社会科学各系每周的上课时间以不超过20学时为原则。

九、课程内容应根据教学、科学研究和生产劳动三结合的精神,继续加以改革,不断提高教学质量。

1. 文科各专业的课程应根据下列原则进行彻底的改革：

甲、文科各专业的课程应以马列主义理论作为核心，发挥统帅和灵魂作用，其他课程都要围绕这个核心去开设，不可主次不分，平均对待。

乙、各类历史课程均应贯彻厚今薄古方针，加强近代、现代史，特别是中国的近代、现代史，古代史也应贯彻古为今用的精神。

根据形势的需要，文科有关各系应加强和增开亚非国家近代现代政治、经济、哲学、历史和文学等课程。

丙、文科各专业的教学应贯彻理论联系实际的原则彻底纠正重外轻中、重书本轻实际、重史料轻理论、重考据轻分析等倾向。同时文科各专业的教学还应富有战斗性，对于资产阶级的学术思想及现代修正主义思想应进行坚决的斗争；对现代国内外有代表性的资产阶级学术思想还应开设专门课程或专题讲座去进行系统的批判。

丁、为了培养学生识别与批判资产阶级学术思想的能力，更好的学习马列主义，文科各专业今后在高年级仍要开设介绍资产阶级学说的课程，或在一门课程的讲授中介绍各种不同的见解。讲授介绍资产阶级学说的课程时，应进行批判，自己暂时还不能很好批判时，应欢迎人家批判。

戊、在外国语言文学各专业除根据上述精神进行改革以外，还应加强基本语的训练，特别是加强口语及外文写作能力的训练，使毕业的学生既能阅读一般的报章杂志和文艺书籍，又能作比较流利的会话和写作一般性的文章。

2. 理科各专业的课程应根据下列原则进行改革：

甲、课程内容应密切结合生产实际，彻底克服脱离生产、脱离实际的现象，应研究和总结我国生产建设的经验和广大群众的创造发明，以提高课程内容。

乙、努力革新课程内容。使它能真正反映现代科学技术的新成就。清除陈腐落后的课程内容。

丙、加强基础课。每个专业均应在低年级进行严格的基础知识训练，基础课应由水平较高的教师担任。

丁、在课程内容和一切教学环节的运用上，都要注意培养学生解决实际问题的能力，注意结合生产劳动的实践并加强实验、实习和计算。在低年级就应打好基础，纠正轻视实验和计算的偏向。

戊、要求教师努力学会用马列主义的哲学观点来解释自然规律和自然科学的发展，反对唯心主义和形而上学的观点。

十、从1958学年开始，除新开的专业课保、专门化课程、选修课程和校外兼任教师所担任的专题讲授之外，所有的课程，凡没有教科书的，都应于讲授前发讲义，个别有困难的课程可推迟到1959学年开始发讲义。要求两年内，各专业的主要课程都有教科书。

十一、反对资产阶级学院式的教条主义和形式主义的教学方法与学习方法，提倡理论联系实际，发扬学习的独创精神，教师应联系学生的思想、从学生实际水平出发来进行教学。文理科都应将整风的精神适当的贯彻到教学中去，实现师生合作教学相长。除课堂讲授外，有些课程可以采取重点讲授，大鸣大放、大辩论的方式，也可以采取群众集体讨论、教员辅导的方式。还可以采取能者为师的办法，吸收各行各业的能手进行专题讲授。学生中在某些专门问题上有深入研究和突出成就的,也可就该问题作专题报告。

十二、贯彻"百花齐放、百家争鸣",科学为政治服务、为生产服务和全党全民办科学的方针,大力开展科学研究工作。

理科方面应以世界尖端科学和国内生产所需要的新技术的研究为主并借以带动和丰富基础理论,以迅速改变目前为科学而科学、脱离实际、抱残守缺等一切落后的面貌。同时,有一部分与尖端科学和当前生产还不能直接联系的重要的基础理论也必须充分重视,配备一定力量加以研究。要求:一年之内大多数研究项目都能密切联系生产实际,基本理论的研究要有明确的目的性;三年内,在尖端科学的某些重要方面和重要基础理论方面达到世界先进水平,提前完成国家科学规划和中苏科学合作协定所委托给北大的任务。

文科方面的研究工作应彻底纠正厚古薄今、脱离实际的偏向,将学习毛泽东同志的著作,研究和总结中国社会主义革命和社会主义建设中的问题作为中心;同时要贯彻兴无灭资,对国内外有代表性的资产阶级学者的学术思想进行批判,对现代修正主义进行不调和的斗争。对于我国古代文化遗产,应以马列主义的、革命的、批判的精神,加以研究整理,并贯彻古为今用的原则。应加强对亚非各国科学文化的研究工作,并培养这方面的专门人才。要求:

1. 在研究和总结中国社会主义革命和社会主义建设中的问题方面,三年内,除结合教学工作编写出教科书外,要写出若干水平较高的论文和专著,以丰富马列主义理论;

2. 在学术思想批判方面,三年内要对在我校有深厚影响的资产阶级学术思想,作出彻底的、系统的批判,并积极对国际上有代表性的资产阶级学者的学术思想和现代修正主义进行批判。使我们能在国际学术思想的斗争中起到应有的作用。

3. 三年内,应用马列主义立场、观点写出中国通史、中国文学史、中国哲学史、中国经济史、中国法律史等专著。并应将我国古代的主要学术著作和世界各国主要学术著作,择其重要的,加以编译或整理,同时还应出版各种资料。

4. 三年内,应结合教学,在亚非各国的现代政治、经济、文化等方面搜集一套比较完备的资料,写出若干水平较高的论文、专著和教科书,并形成一支研究队伍,使我校成为研究亚非国家问题的基地之一。

5. 根据需要与可能,编纂各种工具书。

为保证上述任务的完成,必须:

1. 制定科学研究的长远规划,并制定检查制度,贯彻执行。

2. 贯彻破除科学研究的神秘观点和认为科学研究工作只能依靠少数专家的资产阶级路线及其影响,在这次科学研究大跃进的基础上,形成一支包括师生员工在内的群众性的科学研究队伍,坚决依靠群众来开展科学研究工作;

3. 树立共产主义思想,加强科学协作,教研室内部、教研室与教研室之间、系与系之间都应互相帮助、互相配合。根据综合大学的特点,开展一些重大的、综合性的科学研究工作,系与教研室还应主动与业务部门和科学研究机关,特别是科学院各所、室加强联系,进行协作,相互支援;

4. 为使我们的科学研究工作能密切联系生产迅速提高科学水平,应打破资产阶级的传统观念,真正深入厂矿企业和农业合作社中去调查研究,向"土专家"学习,向群众学习。总结他们的经验,帮助他们提高。同时我们还应积极开展科学普及工作,尽可能帮助工农解决一些生产技术上的问题,并在"科学普及协会"的统一领导下,向工农宣传普通的科学知识和编写一些普及科学的小册子。

5. 根据需要建立科学研究机构,并建立保密制度。

十三、实现组织军事化、行动战斗化和生活集体化。根据国家的规定,在全校师生员工中组织民兵。逐步采取措施,帮助员工家属从家务劳动中解放出来,从事生产和社会服务工作。

十四、不断改进体育教学工作,大力开展群众性的体育活动,加强体育工作中的思想教育。树立人人为建设祖国和保卫祖国而坚持锻炼的风气,达到增强体质,增进健康的目的。要求一年内全校学生除身体残废和有慢性病者外,都达到劳卫制标准,其中40%达到等级运动员水平。在教职员中首先要做到人人作广播操,天天作广播操。一年内,青年教职工中有半数以上达到劳卫制标准。

积极开展国防体育活动。在学生和青年教职工中逐步普及军事知识和军事技术训练,三年内每人都能学会一项以上的国防体育项目。

十五、除四害、讲卫生,要求1958年内消灭老鼠、麻雀、苍蝇、蚊子和臭虫,形成"人人搞卫生,个个爱清洁"的风气,并建立经常的检查评比制度,以互相督促,不断改进,实现"消灭疾病,人人振奋,移风易俗,改造国家"的目的。两年内,使我校全部绿化,并随着新的基本建设的完成,同时完成绿化工作。

十六、加强对外文化交流工作,我们要继续从中国实际情况出发,有选择、有分析地、创造性地学习苏联和兄弟国家的先进经验,提前完成我校和莫斯科大学及苏联其他大学1958年的科学合作项目,并争取以后能逐步扩大合作的范围和改进合作的办法,三年内要和各社会主义国家的主要大学建立经常的联系和合作。和资本主义国家各主要大学之间的交换书刊资料和学术论文的工作,也要设法加强。积极参加国际学术活动,使我校能在国际学术活动中发挥积极的作用。

十七、实行党委领导下的校务委员会负责制,各系也应实行系总支领导下的系务委员会负责制。

加强校务委员会,调整其成员,使其成为能够正确的贯彻党的方针政策、密切联系群众的集体领导的机构。校务委员会除校长、副校长为当然主席、副主席外,其他委员由民主方式产生。校务委员会中青年教师、职工和学生应保持适当的比例。

加强对各级教学和行政领导干部的配备和教育管理,使各个领导环节都能保证贯彻执行党的政策。

为加强学生中的政治思想工作,建立级主任制度。

十八、贯彻勤俭办学的方针。反对好逸恶劳,铺张浪费的思想,发扬克勤克俭和艰苦奋斗的精神,使我校的人力、物力和财力都能保证用在最需要的地方,做到少花钱多办事,把事办好,并争取五年内用生产劳动所得的收入解决经常经费的30%～40%。

十九、继续反对主观主义、官僚主义、宗派主义,彻底扫除官气、暮气、阔气、骄气和娇气,深入联系实际,密切联系群众,调动一切积极因素,充分发挥群众的积极性和创造性。为此,必须巩固发扬整风运动中已经形成的批评与自我批评的新风气。把大鸣大放大辩论大字报的社会主义民主形式运用到日常生活,一直到教学工作中去,每年进行一次整风,总结经验,提高觉悟,改进工作。每年召开一次师生员工代表的会议,检查总结学校工作,讨论制定下一年的工作规划。为及时鼓励群众的创造性,学校或各系、各行政单位,可根据需要不定期地召开评比会议,表扬先进人物,推广先进经验。

二十、确立新型的、社会主义的人与人的关系,任何劳动都应该受到尊重,任何人都应该以普通的劳动者的姿态出现。在领导和被领导之间提倡既有民主又有集中,在教师和学生之间提倡尊师爱生,教学相长,在脑力劳动者和体力劳动者之间、教学工作人员与行政工作人员之间提倡互相尊重,互相学习。肃清旧时代的、封建的和资本主义的人与人的关系的残余,把学校变成一个"我为人人,人人为我","互助合作、互相学习、互相促进"的具有共产主义思想的和睦大家庭。

二十一、在党的领导下,共青团、工会、学生会应充分地发挥组织作用,对各种不同对象,采用各种方式,积极地进行社会主义、共产主义的思想教育,积极宣传和执行党的各项政策,并动员群众千方百计地完成本校的五年跃进规划。

帮助民主党派继续深入进行政治思想上的改造和组织上的改造,在实现本校五年跃进规划中,充分发挥其积极作用。

二十二、各级党政工团负责干部,要搞"试验田",要经常深入实际,接近群众,了解情况,与群众打成一片,并学会抓两头带中间,组织参观展览,评比竞赛。每年于元旦、五一、七一、十一各进行一次评比,以不断推动跃进高潮。

党政领导干部每年应抽出一定时间到各地参观访问,接触实际。全体干部每人每年至少应参加体力劳动一个月。

积极改进工作方法,采取具体措施,明确职责分工,有计划、有秩序、有节奏地进行工作,克服事务主义和忙乱现象。

虚心学习兄弟学校和有关单位的经验,经常注意总结自己的经验,以不断改进我们的工作。

北京大学五年计划提纲

北京大学自 1954 年起开始制定五年规划,当时中国已经开始实施第一个五年计划。学校认为,有计划的经济建设,要求国家建设事业的各个方面、各个环节和各个部分,在发展中能经常协调一致,保持着一定的比例,它就要求各个方面和各个部门的工作都能逐步地计划化,在学校层面"按照计划办事"也已日益成为大学做好工作的必要条件。"为了把大学的各项工作纳入整个国家计划的轨道,使之能更好的符合国家的需要,为了进一步克服工作中的盲目性和被动性,加强工作的预见性和计划性",北京大学决定自 1954 年制定学校五年计划。本文之后两份文件是北大制定规划时下发的通知和提纲,以及当时学校对规划的"几点认识"。这些材料对研究当时北大的发展具有宝贵的历史价值。本书收录的是 1954 年修改编制的文本。时任校长马寅初,具体编写人员不详。

- 关于制订五年计划工作的几点认识(1954 年)
- 关于制订五年计划的通知(1954 年)

一、五年计划期间的方针任务

根据国家过渡时期的总路线,北京大学在五年计划期间的基本任务是:坚决贯彻教学改革,全面实施教学计划,积极地发展科学研究工作;有计划地提高与培养师资;不断提高师生员工的社会主义觉悟,逐步增加学生中工农成分的比例;保证一九五八年以后毕业的学生符合综合大学培养人才的规格,能适应国家第二个五年建设计划的需要,把北京大学建设成为一个完全新型的社会主义性质的大学;同时发挥它在全国综合大学中的重点作用。

这就是说,在五年计划期间首先应在"学习苏联并和中国实际情况相结合"的方针指导之下,在过去两年教学改革的基础上,更全面深入地学习苏联的先进教育经验和最新的科学成就,着重改进教学内容,继续执行并改进各种科学的教学方法,加强并巩固教学组织,建立和健全各种必要的教学制度,以贯彻教学改革,全面实施教学计划,不断提高教学质量。这是我们今后的中心任务。科学研究工作是高等学校教学工作的基础,是贯彻教学改革,全面实现教学计划、提高教学质量、培养研究人才的中心环节。因此,积极地有计划地开展科学研究工作,也是我们今后的主要任务。要使教学工作与科学研究工作得以顺利进行,必须积极提高现有师资,大力培养新师资,保证在五年计划期间有在数量上能满足教学需要,质量上能胜任教师学职条例所规定的各项任务的教师。结合上述各项任务,在五年计划期间还必须加强马克思列宁主义的理论学习,不断提高师生员工的社会主义觉悟,肃清封建、买办、法西斯思想的残余,划分工人阶级与资产阶级的思想界限,批判各种错误的和反动的思想观点,建立工人阶级思想在学校中的领导地位。

学生阶级成分的改变是高等学校改造的根本问题之一。在五年计划期间还必须积极吸收工农分子入学,逐步增加学生中工农成分的比例。

以上就是实现五年计划基本任务的主要工作环节。完成这些工作任务的目的在于保证一九五八年以后毕业的学生符合综合大学培养人才的规格,能适应国家第二个五年建设的需要;把北京大学建设成为一个完全新型的社会主义性质的大学。并在培养师资提供教学改革和科学研究工作的经验等方面发挥它在全国综合大学中的重点作用。

二、招生计划

1. 大学生招生计划(见附表一)
2. 研究生招生计划(见附表二)
3. 进修教师招收计划

三、专业增设计划

1. 专业增设应根据以下原则考虑:

甲、要在办好现有专业的基础之上,增设新的专业。

乙、国家迫切需要增设而我们又有条件增设的专业,应尽快增设。

丙、国家迫切需要增设,而我们目前的条件尚不具备,但作为一个综合大学则是应当设置的专业,应努力创造条件,在一定时期内设法增设。

2. 为拟定本计划的其他各部分(如师资培养计划等)的方便起见,可适当地考虑第二个五年计划期间的专业设置问题。

3. 本校拟于一九五四学年度起增设语言专业及法律专业,一九五五学年度起增设胶体化学专业,一九五六学年度起增设地质专业、达尔文主义专业、波兰语专业、捷克语专业(后两个专业一九五四学年度起先设班,五六学年改为专业)。

四、专门化设置计划(见附表三)

专门化设置的原则:

甲、国家需要,我校又有条件设置的专门化,应尽早设置。

乙、国家迫切需要,而我校目前条件不足者,可采取以下方式争取设置。

(1) 争取校外援助。

(2) 争取邻近专门化教授副教授指导讲助,结合开展科学研究工作积极准备。

丙、国家需要不很迫切或需要量不很大的专门化,而我校有这方面专家的,仍可考虑设置。但学生分配数量应加以控制,或者隔年开设。

五、苏联专家聘请计划(见附表四)

1. 某些科学部门,目前在我国的水平较低,必须请专家帮助提高的,可考虑聘请。
2. 聘请专家应有重点,但亦应照顾到各种学科。
3. 四年内每年来校专家的人数,应尽量使之接近。

六、教学改革计划

1. 制订或修订教学计划的计划

专业教学计划在过去一年尚未经深入研究和修订的,应于一九五四年以内在苏联专家的指导下比较彻底地加以修订。在四年之内,改为五年制的专业,在改制时应即制订新的五年制教学计划。

2. 制订或修订教学大纲的计划

甲、一九五五学年度以前,除专门化课程以外已经开设的课程都应当订出符合师生水平、符合科学体系和教学计划的要求,并在科学内容上和思想观点上基本上正确的教学大纲。今后四年内,教学大纲的质量应随着师生水平的提高和科学本身的发展,使之不断趋于完善。

乙、专门化课程的教学大纲应接近现代科学发展的水平。

3. 新课开设计划

要求在一九五七学年度将教学计划中所规定的应开出的课程全部开出,并要求这些课程能基本上符合教学计划的目的和要求。

4. 教材建设计划

甲、要求:在五年计划的终结时期,就全校范围来讲,除专门化课程以外,大多数课程应有符合教学大纲要求和学生水平的,在科学内容上和思想观点上基本上正确的教本(教科书)或讲义。

乙、建设教材的办法

(1) 如已有基本适用的苏联教材的,应当优先翻译和采用。必须加以改编的,逐步搜集资料进行改编。

(2) 如目前尚无适用的苏联教材,但校外已有编好的基本上符合"甲"项要求的教本和讲义,亦应尽量使用或酌量加以改编。避免重复编写。

(3) 如果目前尚无适用的教材,应从编写讲稿或编写讲授提纲开始。讲稿和讲授提纲一般不印发同学。讲稿内容可逐年充实。如果讲稿内容已比较地成熟,经研究室讨论同意,教务长批准,可印成讲义。在教师已有较丰富的教学经验充分地掌握该课的资料并已将这些经验和资料充实在讲义中时,由我校提出,可在高教部统一计划和领导下,积极地编写教本。

5. 教学形式实施计划

甲、今后四年内,教师应能正确地运用专业教学计划中规定的全部教学形式,并能体会其精神实质,把各种教学形式有机地配合起来,以培养学生的独立工作能力,提高教学的质量。

乙、讲课、习题课、课堂讨论、实验、质疑答疑、考试、考查、教学实习、生产实习和教育实习等教学形式,如在教学计划中已有规定,都应在一九五四学年度加以采用,从全校范围来讲并应总结出比较成熟的经验,提高其质量。

丙、在教学计划中规定有学年论文和毕业论文的专业,在推行这两种教学形式时,就全校范围而言,一九五四学年度应重点开始,一九五五学年度再逐步推广;就某一专业而言,可根据教学任务与师资情况订出不同的进度,但应保证一九五七学年度的毕业生能受到全部的训练，使能符合教学计划的全部要求。

6. 教研室的调整和增设计划，各系可根据过去两年的工作经验和未来工作发展上的需要，提出调整和增设教研室的初步计划，教研室是推动教学改革的最重要的组织。过去，不论是教研室的领导或是教研室的工作制度和方法，都还存在不少问题，亟待改进和提高。各系应将改进教研室的工作规定在计划之内。

7. 教学制度的建立与改进的计划：

包括加强学校各级行政机构，制订各级行政机构的工作制度和条例、制订各项教学工作条例和科学研究工作条例等等。这部分计划由校行政具体研究。

七、科学研究计划

1. 什么是科学研究工作？

甲、科学研究是独立的、具有创造性的专题研究和写作工作。综合现有的资料加以分析、得到新的结论，或根据他人未曾利用过的资料加以分析研究证实或改变前人的结论，或是重复他人的实验但能加以改进等等，也就是凡能产生一定原始性、创造性和新的内容的工作，都算做科学研究。开始时，科学研究工作的质量可以有很大不同，应由较低级的水平逐渐提高到较高的水平。

乙、一般的重复别人的实验、查阅文献、搜集资料、整理资料、一些翻译工作，和参加学术讨论等工作是科学研究的必要的而且是重要的准备工作，是进入科学研究工作的必经阶段。但这些工作本身还不能看做是科学研究工作。

丙、一般的教材编译工作和准备专门化课程的工作不能看做是科学研究工作。其中有些可以看做是科学研究的准备工作。所谓结合专门化的准备和教材编译工作开展科学研究，应指在进行这些工作过程中就发现了的问题进行专题研究。研究的成果就可以充实和改进教材内容。所以，专门化的准备和教材编译工作本身虽不是科学研究工作但为开展科学研究创造必要的条件。

丁、应当把甲、乙、丙三项工作加以区别。这样可以使教师明确努力的方向和奋斗目标。对于科学研究了解过于广泛是不妥的。这将影响教师放松努力。

应当肯定过去一年强调结合教材建设和准备专门化课程开展科学研究，在当时的具体条件之下，仍然是必要的。

2. 科学研究与教学工作结合的问题，把科学研究工作比较狭隘地了解为仅仅服务于教学的看法，是不妥当的。因为综合大学不仅是教学中心，同时它也是科学研究中心。科学研究工作可以直接效劳于教学，也应献身于提高科学水平和解决经济与文化建设中的实际问题。它具有一定程度的独立性，而科学水平的提高和实际的问题的研究也正可以更多地丰富教学内容，提高教学质量。学生进行课程论文写作、毕业论文写作和科学小组的工作，也都是建筑在科学研究的基础之上的。所以我们应当在比较广泛的基础上，去了解科学研究工作和教学工作之间的关系。

3. 就全校范围而言，积极开展科学研究已然成为进一步提高教学质量完成教学改革的一个关键问题。如何指导课程论文、毕业论文及研究生论文已成为或即将成为全面完成教学计划中迫待解决的严重任务。

但在开展科学研究的过程中，应按照不同的系、科、教研室目前教学改革的实际发展情况与师资的具体条件,规定不同的要求和进度,并应逐步地由低级阶段提高到高级阶段,不应躐等以求或要求过高过急。

4. 今后四年科学研究工作应争取做到以下几点:

甲、若干系科,应适当地配合专门化的设置,在学术成就较高的教师的倡导之下,吸引若干讲、助、研究生、大学生,寻求共同的科学研究方向,以个人的研究工作为基础,逐步地形成若干科学研究中心,并和科学院取得在计划上、工作上、人力上、设备上的密切合作。

乙、若干和生产有直接的、密切的联系的科学研究工作,应尽早地和有关的企业部门建立经常的互利的科学工作联系合同。

丙、逐步加强各教研室间、各系之间在科学研究的计划上、工作上、人力上的配合与合作。

丁、发展大学生科学研究小组,争取绝大多数模范生和优等生在四年以内均能参加科学小组。教研室应将领导学生科学小组工作,列入自己的工作计划中去。

戊、五年计划终结时期,全校范围内,应有多数教师能参加科学研究工作。

己、大多数教研室在五年计划终结时期都有自己必要的科学研究实验室或资料室,以及其他的物质设备。

5. 对于制订科学研究五年计划的要求。要求各系科提出四年内科学研究的方向,并尽可能地提出最近期间具体的科学研究题目。

八、师资补充及提高、培养计划

1. 师资补充计划

要求五年计划期内师资在数量上能满足教学工作的需要,在质量上能够达到"教师学职条例"中所提出的要求。

2. 师资提高与培养计划

甲、教授副教授主要应通过科学研究工作提高其业务水平,提高讲、助的科学水平和教学质量则主要采取以下三种方式:

(1)以开展科学研究工作作为较长期的提高的方式。

(一)在教授的指导之下,进行专题研究或其准备工作。

(二)在有苏联专家的教研室,自专家来校工作之时起,可抽调优秀讲助,离职改为研究生,或减少其一部分的教学工作,在专家指导下学习。研究生毕业后仍回原教研室。

(三)根据今后专业和专门化发展的需要(同时照顾到第二个五年计划期内可能设置的专业、专门化的需要)选派优秀的讲助作为留苏研究生归国后仍回本系。

(四)估计在两三年内,教研室的全部教学工作量还达不到教师教学工作量定额时,为了更快地、更有效地培养师资以满足将来教学工作的需要,应抽调一部分讲助离职改为进修生或研究生,进行培养将来仍回原教研室。

(2)对于部分需要准备开设新课(包括一部分专门化实验、专门化课程在内)的讲助,在一定时期之间,还需要采取围绕一门课程,短期学习的方式进行培养。

对于按短期学习方式培养的讲助,可按照教学任务的实际需要情况,适当地减少或减免其教学工作量,以便集中精力备课,或派赴有关学校机关进修。但为限不超过两年。

(3)对于基础较差现在还没有条件采用上述(1)项办法立即开始科学研究或其准备工

作,同时也不负担(2)项所述的准备开课的任务的少数助教,可通过有计划有选择地补修课程的方式来提高自己,以后再逐步过渡到采用前两种方式进修。采取这种方式进修的助教,应订出学习计划,按照一定的检查制度有领导地进行补课或补做课程论文、毕业论文。

丙、讲助的培养计划应当和教研室教学任务的需要,以及学职、学衔条例结合起来考虑。

丁、全体教师在一九五七学年度以前可在自学自愿的基础上,系统地学习两门到三门政治理论课。

九、翻译人员和教学辅助人员的培养和补充计划

1. 翻译人员按每一专家三名计(由学校统一考虑)。
2. 资料员按每一资料室三名计(由学校统一考虑)。
3. 实验员及其他教学辅助人员按照教研室实际需要提出。

十、基本建设和财务计划

1. 房屋修建计划,包括以下项目:
甲、实验、研究室、实验室(由系或研究室考虑)。
乙、教室、资料室。
丙、学生及工作人员的宿舍、饭厅、托儿所、医院。
丁、工农中学
戊、图书馆(乙—戊、由学校统一考虑)。
2. 仪器设备增补计划(由系或教研室提出)
3. 图书补充计划
4. 科学研究经费计划
5. 一般财务计划

注:本校拟于一九五四学年度开始,改为二部制,即上午、下午各上课六小节,拟定基本建设计划及财务计划应以此为根据。

关于制订五年计划工作的几点认识

一、五年计划的性质和要求

甲、五年计划是一个任务计划,指标计划和方针计划,它一方面应尽可能具体,但另一方面并不能作成一个工作执行计划。

乙、所谓任务就是指① 国家给我们的招生任务,② 教学改革任务,③ 重点大学任务。
所谓指标就是完成这些任务所需要的人力、物力、财力的指标。
所谓方针,就是以这样的指标来完成这样的任务的工作步骤,方法和组织措施。

丙、因此五年计划，基本要求就是任务明确，指标先进和方针具体可行。也就是计划的先进性和切实性。

丁、今天具有一定条件来订一个粗略的计划，这些条件是：① 两年教学改革有了初步经验，教学规律初步有所掌握，② 今后四年任务和要求明确了，③ 有基本指标即教师工作量和学职条例，但由于我们经验还不多所以还不可能预见到四年之内工作的具体发展，所以一方面肯定五年计划不但是必须订，而且可以订，另一方面也不可以要求过于具体周密，必须估计到将来可能修改。正因为将来要修改，所以现在更要周密地反复的考虑订出更切实的计划，否则将来修订计划亦无必要的基础了。

二、制订五年计划的中心问题

甲、五年计划要满足先进性和切实性，必须充分估计五年计划的任务重、指标高，而我们主观力量不足。

乙、任务重、指标高表现在：① 招生任务大，到一九五七年大学生约增加一倍，研究生增加两倍，② 教学改革全面完成教学计划，需要大量高级师资，③ 外校对我校要求高，师资培养，教材建设，教学经验，科学研究经验，④ 科学研究任务重，⑤ 工作量指标高。

丙、我们力量不足，则表现在：① 教师思想改造尚未完成，资产阶级思想影响还不小，② 教师数量在数、理、化三系中不足，普遍则质量不高，③ 党在教学工作中力量不强，缺乏经验，④ 行政制度和物质保证尚不能满足教学和科学研究的要求，⑤ 对苏联先进经验尚缺乏系统研究和贯彻，而中心是师资问题。

丁、正确地解决五年计划的先进性和切实性的矛盾，绝不是大量的削减任务和降低指标，当然结合实际，适当地削减任务，放慢一些改革速度在不同的系科是可以考虑的，就总的精神看来，还是如何克服困难的问题。

戊、各系的困难是不尽相同，在某些系中，困难是很大，但有些系困难不十分大，性质也不尽相同，如物理系师资严重不足，而经济系则满足不了教师工作量，因此解决困难的具体办法也不可能完全一致。

己、这一点正是各系订好五年计划的关键问题，也就是说，明确了任务和指标之后，必须深入研究本系的具体困难，找出克服困难的办法，而进行这项工作，也必须充分动员教师群众，克服教师中存在的各种保守思想，开动脑筋，找出克服困难的办法。

三、制订五年计划的步骤和日程

甲、制订五年计划的基本步骤是：① 系研究自己的任务全校五年计划提纲，工作量和学职指标。② 制订自己五年计划提纲，并在全系教师中反复讨论，取得思想一致。③ 以教研室为基础填写五年计划表格。④ 系平衡计划。

乙、其中心是系制订自己的五年计划提纲，这是决定性环节。

丙、目前应把更多的干部力量投入到制订五年计划工作中来。（应以校长办公室为首吸收有关部门负责同志参加，组织筹备小组。）

丁、日程

七月十日前应完成各种筹备工作，分别动员系主任、系秘书干部。

七月十二日校长向全体教师动员。

七月十三日至十七日系拟定自己系的五年计划提纲。

七月十八日至二十一日教研室填计划表格。

七月二十二日至二十四日系平衡计划。

关于制订五年计划的通知

今年,已是我们国家进入有计划的经济建设,并开始执行第一个五年建设计划的第二年。有计划的经济建设要求国家建设事业的各个方面、各个环节和各个部分,在发展中能经常协调一致,保持着一定的比例,因此,它就要求各个方面和各个部门的工作都能逐步地计划化。同时,计划化,按照计划办事,也已日益成为我们做好工作的必要条件。为了把我们学校的工作纳入整个国家计划的轨道,使它能更好的符合国家的需要,为了进一步克服我们工作中的盲目性和被动性,加强工作的预见性和计划性,使我们能更全面,更有系统更有计划地学习苏联,按照预定的目标前进,我们决定自现在至七月底,进行制定我校五年计划的工作。

五年计划应该规定自一九五四学年度至一九五七学年度四年期间的发展方向和奋斗目标,并应根据发展方向和奋斗目标规定出今后四年的具体任务和各项任务之间的相互关系,应规定达到奋斗目标和完成各项具体任务的主要工作和进行这些工作的基本方法和步骤。因此,五年计划既是任务计划也是执行计划,既是事业发展计划也是工作计划,当然,要求五年计划像年度计划一样详细、具体是不可能的,也是不必要的。

五年计划应该是先进的,而同时又是切实可行的,因此,在制订五年计划时应该注意下列几点:

(一)应根据国家的需要并结合我们的具体情况按平均先进的指标,来规定我们的任务,计划我们的工作,要从当前条件出发,但又不为它所限制,要使我们的工作在现有的基础上步步提高,要克服消极保守的思想,也要防止急躁冒进的情绪。

(二)要在不断提高质量的前提下发展数量,光顾数量不管质量,或强调质量而不发展数量都是不对的。

(三)要从今天出发同时照顾到明天的需要,要适当考虑到第二个甚至第三个五年计划的远景。将今天与明天现在与将来结合起来。

(四)计划中各项任务与各项工作应互相协调配合,平衡地发展。

(五)在计划中可以订得比较具体的项目,应尽可能订得具体。

各系、科在制订五年计划时应首先仔细研究《北京大学五年计划提纲》,体会它的精神和要求,然后结合本系科的具体情况,拟订自己系科的五年计划提纲,并根据总结本系科工作情况时发现的各项问题,研究今后四年对于每项工作的具体要求,然后交全体教师讨论。最后再根据系科自己计划纲要,进行具体的填表计算等工作。

在现在制订我们的五年计划,是具备了必要的条件的。这些条件是:

(一)已经有了两年教学改革的初步经验;

（二）自现在至一九五七学年度各专业的招生人数已初步确定；

（三）教师教学工作量的标准已有初步方案；

（四）绝大部分专业的教学计划已在苏联专家的指导下修订完毕，少数专业虽未修订完，但教学计划的主要内容已大体肯定；

（五）经过工作总结对教学改革发展到现阶段的基本情况已有比较细致的了解等等。但是，由于这是一件新的工作大家都缺乏经验，在进行时一定还会碰到很多困难。希望各系科、各教研室的负责同志和全体教师发扬创造精神，共同努力来完成这一工作。

争取学术独立的十年计划

胡 适

    1945年9月,国民政府任命胡适为北京大学校长;1946年7月,胡适正式到任。此时北大已由昆明返回北平复校,在接收伪北大的基础上恢复了文学院、理学院、法学院,新建了农学院、工学院和医学院,学科更加齐全,办学规模也得到了充分发展。胡适对北大的发展充满信心,大力延揽名师,想用七八年的时间一心一意把北大办成世界一流的学术中心,酝酿着一个中国实现学术独立的"十年计划"。1947年8月26日,胡适在南京面见蒋介石,正式提出了他的"十年高等教育发展计划",9月8日写成《争取学术独立的十年计划》,同年9月28日刊登于《中央日报》。在这篇珍贵的文献中,胡适提出了两个著名的观点:(1)为了实现中国的学术独立,国家应该集中最大力量,支持5—10个具有良好基础的大学,使他们成为"第一流的学术中心";(2)国家应该制定一个十年计划,分两个阶段支持这些大学的发展,第一个五年支持5所,第二个五年扩展到10所。他还引用芝加哥大学和约翰霍普金斯大学的发展来论证这一计划的可行性。胡适的这个计划具有很强的前瞻性,但当时并没有得到国民政府的支持。内战爆发和社会动荡很快使北大面临严峻的经费匮乏,师生陷入困顿,学术独立的计划更成为梦幻泡影,知名学者向达曾对胡适哭诉:"我今天愁的是明天的生活,哪有工夫想十年二十年的计划?十年二十年后,我们这些人都死完了。"半个世纪后"985工程"的启动,方才实现了胡适校长未了的愿望。本书收录的是1947年9月28日刊载于《中央日报》的文本。

    我很深切的感觉中国的高等教育应该有一个自觉的十年计划,其目的是要在十年之中建立起中国学术独立的基础。

    我说的"学术独立",当然不是一班守旧的人们心里想的"汉家自有学术,何必远法欧美"。我决不想中国今后的学术可以脱离现代世界的学术而自己寻出一条孤立的途径,我也决不主张十年之后就可以没有留学外国的中国学者了。

    我所谓"学术独立"必须具有四个条件:

    (一)世界现代学术的基本训练,中国自己应该有大学可以充分担负,不必向国外去寻求。(二)受了基本训练的人才,在国内应该有设备够用与师资良好的地方,可以继续做专门的科学研究。(三)本国需要解决的科学问题如工业问题、医药与公共卫生问题、国防工业问题等等,在国内都应该有适宜的专门人才与研究机构可以帮助社会国家寻求得解决。(四)对于现代世界的学术,本国的学人与研究机构应该能和世界各国的学人与研究机构分工合作,共同担负人类学术进展的责任。

    要做到这样的学术独立,我们必须及早准备一个良好的、坚实的基础。所以我提议,中国此时应该有一个大学教育的十年计划,在十年之内,集中国家的最大力量,培植五个到十个成绩最好的大学,使他们尽力发展他们的研究工作,使他们成为第一流的学术中心,使他们成为国家学术独立的根据地。

这个十年计划也可以分做两个阶段。第一个五年,先培植起五个大学。五年之后,再加上五个大学。这个分两期的方法有几种好处:第一,国家的人才与财力恐怕不够同时发展十个第一流的大学。第二,先用国家力量培植五个大学,可以鼓励其他大学努力向上,争取第二期五个大学的地位。

我提议的十年计划,当然不是只顾到那五个十个大学而不要那其余的大学和学院了。说的详细一点,我提议:

(一)政府应该下大决心,在十年之内,不再添设大学或独立学院。

(二)本年宪法生效之后,政府必须严格实行宪法第一百六十四条的规定,"教育文化科学之经费,在中央不得少于其预算总额百分之十五,在省不得少于其预算总额百分之二十五,在市县不得少于其预算总额百分之三十五"。全国人民与人民团体应该随时监督各级政府严格执行。

(三)政府应该有一个高等教育的十年计划,分两期施行。

(四)在第一个五年里,挑选五个大学,用最大的力量培植他们,特别发展他们的研究所,使他们能在已有的基础之上,在短期间内,发展成为现代学术的重要中心。

(五)在第二个五年里,继续培植前期五个大学之外,再挑选五个大学,用同样的力量培植他们,特别发展他们的研究所,使他们在短期内发展成为现代学术的重要中心。

(六)在这十年里,对于其余的四十多个国立大学和独立学院,政府应该充分增加他们的经费,扩充他们的设备,使他们有继续整顿发展的机会,使他们成为各地最好的大学。对于有成绩的私立大学和独立学院,政府也应该继续民国二十二年以来补助私立学校的政策,给他们适当的补助费,使他们能继续发展。

(七)在选择每一期的五个大学之中,私立的学校与国立的学校应该有同样被挑选的机会,选择的标准应该注重人才、设备、研究成绩。

(八)这个十年计划应该包括整个大学教育制度的革新,也应该包括"大学"的观念的根本改换。近年所争的几个学院以上才可办大学简直是无谓之争。今后中国的大学教育应该朝着研究院的方向去发展。凡能训练研究工作的人才的,凡有教授与研究生做独立的科学研究的,才是真正的大学。凡只能完成四年本科教育的,尽管有十院七八十系,都不算是将来的最高学府。从这个新的"大学"观念出发,现行的大学制度应该及早彻底修正,多多减除行政衙门的干涉,多多增加学术机关的自由与责任。例如现行的学位授予法,其中博士学位的规定最足以阻碍大学研究的发展。这部分的法令公布了十六年,至今不能实行,政府应该早日接受去年中央研究院评议会的建议,"博士候选人之平时研究工作及博士论文,均应由政府核准设立研究所五年以上并经特许收受博士候选人之大学或独立学院自行审查考试,审查考试合格者,由该校院授予博士学位"。今日为了要提倡独立的科学研究,为了要提高各大学研究的尊严,为了要减少出洋镀金的社会心理,都不可不修正学位授予法,让国内有资格的大学自己担负授予博士学位的责任。

这是我的建议的大概。这里面我认为最重要又最简单易行而收效最大最速的,是用国家最大力量培植五个到十个大学的计划。眼前的人才实在不够分配到一百多个大学与学院去。(照去年夏天的统计,全国有二十八个国立大学,十八个国立学院,二十个私立大学,十三个省立学院,二十一个私立学院,共计一百个。此外还有四十八个公私立专科学校。)试问中国第一流的物理学者,国内外合计,有多少人?中国专治西洋历史有成绩的,国内外合计,有多少人?这都是大学必不可少的学科,而人才稀少如此。学术的发达,人才是第一要件,我们必须集中第一流的人才,替他们造成最适宜的工作条件,使他们可以自己做研究,使他们可以替全国训练将来的师资与工作人员,有了这五个十个最高学府做学术研究的大本营,十年之后我相信中国必可以在现代学术上得着独立的地位。

这不是我过分乐观的话,世界学术史上有许多事实可以使我说这样大胆的预言。

在我出世的那一年(一八九一),罗氏基金会决定捐出二千万美金来创办芝加哥大学。第一任校长哈勃尔(W. R. Harper)担任筹备的事,他周游全国,用当时空前的待遇(年俸七千五百元)选聘第一流人物做各院系的主任教授,美国没有的,他到英国、欧洲去挑。一年之后,人才齐备了,设备够用了,开学之日,芝加哥大学就被公认为第一流大学,一个私家基金会他能做到的事,一个堂堂的国家当然更容易做得到。

更数上去十多年,一八七六年,吉尔门校长(D. C. Gilman)创立霍铿斯大学①,专力提倡研究院的工作。那时候美国的大学还都只有大学本科的教育,耶鲁大学的研究院成立于一八七一年,哈佛大学的研究院成立于一八七二年,吉尔门在霍铿斯大学才创立了专办研究院的新式大学,打开了"大学是研究院"的新风气。当时霍铿斯大学的人才盛极一时。哲学家如杜威,如罗以斯(Royce),经济学家如伊黎(Ely),政治学家如威尔逊总统,都是霍铿斯大学研究院出来的博士。在医学方面,当霍铿斯大学开办时(一八七六),美国全国还没有一个医学院是有研究实验室的设备的!吉尔门校长选聘了几个有研究成绩的青年医学家,如倭斯勒(Osler)、韦尔渠(Welch)诸人,创立了第一个注重研究提倡实验的医学院,就奠定了美国新医学的基础。所以美国史家都承认美国学术独立的风气是从吉尔门校长创立大学研究院开始的。一个私人能倡导的风气,一个堂堂的国家当然更容易做得到。

所以我深信,用国家的大力来造成五个十个第一流大学,一定可以在短期间内做到学术独立的地位。我深信,只有这样集中人才,集中设备,只有这一个方法可以使我们这个国家走上学术独立的路。

三六、九、一八、第十六个九一八周年纪念日

(选自 1947 年 9 月 28 日《中央日报》)

---

① 即现在美国的约翰·霍普金斯大学,编者注。

中华民国三十五年度国立北京大学工作计划

  1945年,抗战日战争胜利结束,北京大学即着手筹划在北平复校后的发展大计。学校和一些院系都在制定相应的发展计划。《中华民国三十五年度国立北京大学工作计划》起草于1945年,定稿于1946年2月,虽然题为年度工作计划,实则为北大复校的发展规划。规划中提出扩大办学规模,恢复农学院、工学院,恢复各科研究所,是一份雄心勃勃的发展规划。本书收录的是中华民国三十五年(1946)2月编制的文本。时任校长为傅斯年代理校长,起草人不详。

  国立北京大学现在西南联合大学之中,三十五年春复员之后,西南联大三校当各自分设。

  西南联大全校学生不满二千人,因僻处昆明,就学者不便前往。三校复员之后北方以及沿江各省,求学人员之众多,当顿使北大清华两校学生名额广大增加。即以北京大学一校而论,在三十五年度暑假招收新生及各院系各级插班生之后,将较此时西南联大学生之数为多,又因适应北方教育之需要,已由教育部准予将北洋政府时代使本校停办之工农两学院恢复。全校学生人数将在四千人以上。根据以上考虑编此工作计划。

  一、北大招考学生向取严格,惟若严格太过使大多数就考学生转入私立学校,未必与国家办理教育之政策相符。故今后招考,拟于部定标准外,不另加限制。然新生入学之后必加以严格之训练,军事之管理。故各院第一年级拟集合一地。最好能在西山区域,使其能与城市生活隔离,以便基本学科与外国语能在此一年中建立甚好之基础。与其严于入学考试而宽于入校后之训练,毋宁反之。照现行制度,文法两院一年级及理工农等院一年级功课大都相同,并无系别。故此法似属可行。

  二、北大文学院向负时名。近年以来,虽所请教员有请假出国者,然早经约定者为数不少。兼以北大图书馆汉籍部分,在全国大学中居第一位,所收集之史料,亦并可观。故迁返北平分立之后,文学院必可负研究工作之责任,于学术之推进及研究人员之训练上拟于有所贡献不仅以教学为限。

  三、北大理学院自民国二十年大改革后在国内理学院中居重要之地位。今虽教员人数不为太多,然标准则甚高,略加增聘,旧有各系必能甚为充实(数学物理化学地质生物)拟增设应用算学(以统计为主)及天文两系,并将生物系分为动物植物两系。北平方面存物损失无多,加以补充必能致力于研究而有助于科学之进步。

  四、法学院原有法律政治经济三系,教授人数多能充实,今后法律系应注重法理,政治系当与历史系合作经济系并办一研究所。

五、拟恢复之工学院,为避免与左近之工学院①重复起见,拟暂设四系。如经费不充裕,先自一年级办起,北平补习班习工科之学生可转入他校。

六、拟恢复之农学院实为配合北方各省之需要而建议在建国步骤中有其必需。既属创办性质开始设备须予充实。②

七、北京大学之研究所设立最早依大学设有之学科而分科设立,如研究所国学门研究所、理学门等研究所,国学门成效最著,所造就之人才甚多。现尚存在者仅文科研究所一门复员之后,仍须将各科研究所恢复。因限于经常费将暂不列入该预算内。指导人员由教授中选择兼任之所需经常费,亦由学校经常费暂行酌支。

---

① 1945年10月的草稿中指清华大学工学院。
② 在1945年10月的草稿中,第六条后附《国立北京大学恢复农学院计划大纲》,1946年2月稿件中删除。

北京大学史学系五年计划

　　这份规划是北大现存最早的一份五年计划。抗日战争胜利后,北大各院系都在准备返回北平,筹划复校后的发展大计。受胡适校长"十年学术独立计划"的影响,文学院师生备受鼓舞。1945年8月27日,汤用彤在昆明主持文学院教授谈话会,研究文学院发展计划,提出了"复校计划即复兴计划",取代日本在学术界的地位、成为"亚洲学术研究中心"等宏伟的目标。8月29日,汤先生在家中主持召开第二次谈话会,讨论了史学系、西语系的计划。《北京大学史学系五年计划》就是在这段时间内形成的。规划中提出学校要实现"十年学术独立计划",首先应重点支持文史哲等基础好、起点高、耗费低的人文学科。在史学发展思路上,提出要突破传统儒道思想的束缚,引入社会史和唯物史观,开创科学化的史学。计划中还列举了详细的研究计划。总的来看,这份规划短小精悍、见解精辟、思路清晰、举措详细,是民国时期发展规划的典范之作。本书收录的是1945年修改编制的文本。

　　中国过去史官之尊重,史例之完整,史料之丰富,向为各国所称述,现时各大学史学系,不能发扬光大,辉宏历史之作用,兹为使中国史学在此科学时代,能创出一种科学化之史学起见,特拟就史学系五年计划以质北大史学系诸教授。

　　(1) 胡校长《十年学术独立计划》。曾属伟大亟需。惟是中国现时各大学之设备,对于科学研究之基础,何能与各国并驾齐驱,就中尤以关于自然科学方向之设置,与外国原子设备,相差不能以道里计,所谓"学术独立"者,是不仰赖他人之谓,中国现时自然科学之限度,欲于最短期内,不仰赖他人,系属不可能之事。明治维新中,西洋留学生如伊藤辈归国及掌政,一切国业从缓,独对于科学仪器机械之设备,尽量扩充。(日本铁道轨路之窄,上距战前为世界第一。当时伊藤明知路轨窄不能持久。但他宁可使十年后再造,而不可使十天后东京无路轨。可见其求速之亟切。)中国现状,能否办到。故"十年计划"现时即需着手。而将来可望驾欧美而上上之科学,乃系人文科学,而非系自然科学。以人文科学只须外国书籍和教授,而自然科学则必须大量迅速之科学仪器机械及人才技术之设置,是又非使数年后政治入轨不能为力。故十年计划,应先入人文科学入手。

　　(2) 在人文科学中,如史学、哲学(社会学科学)、文学,以中国所有基础,并不弱于外国。此中尤以史学为最易见长于他国。顾颉刚的"层累式的古史"的论文风动一时,倘能加意培植,不难有继顾氏而起者,故在人文科学中,尤以先从事于史学之独立为较易,以中国史学之良好基础,任何国家,不敢望其肩背,只须豪杰之士,急起直追耳。

　　(3) 中国过去史学界最大缺点,为儒家学说思想所把持,或竟为道学所把持,既无社会学人类学眼光,更无社会史或唯物史的观念,即如清代赵瓯北之伦,虽间有科学及统计学眼光,然对于圣经贤传、高文典册,捧承不遗余力。即如章实斋,亦有尊经述孔,则古称先之观念,何况其他。现在欲求史学之独立,惟有在旧的纸堆中,翻陈出新,作成几部有世界眼光的

科学化的著作,所以在五年计划中:

(A) 专家著述方面

此须专责之史系教授及研究生或导师,以每人每年一种著作为限,著作方向,如

中国史人年表(将历史上一切史家作一详尽年表)

中国史著年表 (将一切史家著述作一详尽年表)

中国史料提要 (如四库提要之例)

中国史学史(须详尽,至少须有五百万字)

中国文化史 (须详尽,至少有三百万字)

中国史事统计表(如一切战争革命建制经济等统计)

其他专著 (须从大题入手,不可著偏僻精窄之小题)

(B) 团体研究方面

在研究院中提高材生至少十人,连同导师,在特辟之史学图书馆内,按日工作,聚首研究,分工作事。其范围如下:

中国史年表(只系年数,为最易初步工作)

中国历史词典或词书 (至少须有万条以上,八百万言以上)

中国史各种表解图按(至少须有二百种以上)

中国名人生卒大事表

中国编年史(只编大事)

世界编年史(如春秋大纲式,只求精确,不求详细)

中日战争史料(只汇纂八年抗战史料)

清史审订 (将已成之《清史稿》审订其史例)

民国史汇辑(函知政府汇送材料)

以上各种著作,均须在五年内出版。

(C) 建制方面

与国史馆取联系关系

函请政府在各部院设置史官

函请政府各部院供给史料(如国民党史稿之类)

函各地方政府咨送各省志及各县志

总之,史学旧料极多,亟须研究生之共同整理,由导师分配工作。每月薪给如现在北平生活须三百万以上,导师担任指导,须负限定出版之责,各研究生及导师须在同一地段住居。每日在办公室共同工作六小时,每周将工作呈院校长检阅,不单作工作报告表而已。如此五年之内,必有大量精贵出版物产生,自能使外人惶骇,然后将最精贵作品分令外文系翻译成外文,此系目前最易办到之工作。

国立北京大学法律学系计划书

这是一份民国时期北大法学教育改革的纲领性文件。文件形成于1945年11月4日,它着眼于复校后北大法学的发展,总结了民国时期法学教育的弊端,提出要直面当时中国法治素质不高、法律与实践脱节严重、法律法官威信很低的现实,改革法学人才培养模式、扩大培养范围、提升法学研究能力等主张。基于这些主张,规划中提出要建立独立的法学院、延长学习年限、充实法学研究机构等措施,对每一个措施都详细陈述了理由。时任校长胡适,代理校长傅斯年,具体起草人不详。本书收录的是民国三十四年(1945年)11月4日修改编制的文本。

(一)法律教育应有的认识

过去将法律学系视为法官训练班,将现行法条之能机械的适用,视为法官唯一应有的训练,乃吾国三十年来办理法律学系的最大错误。因为在一个法治素养不甚高的国家,在一个法律与现实脱节甚远的社会,机械的适用法条,非仅使人民为求达到所期望的公平而另向法律之外找办法,并且使人民对于素不信任的法律与素不重视的法官,更加强其鄙视的程度。吾国推行法治将近四十年而未成功,历史背景与社会环境,固为其要因,而法律教育的失败,亦难辞其未能辅助实施法治的过咎。

为了挽回法律与司法者的威信,对于法官的训练,将不能仅限于现行法条之灌输,而必须使其对于社会,多加认识,对于有关适用法律之其他社会科学,多加了解,对于社会纠纷的解决,多作成能惬合人心的判决。

为了确立法治的基础与树植推行法治的人才,今后法律学系,将不仅限于司法官的训练,而必须将法律教育普及于其他一切与执行法律有关之人员,使其在执行法律的时候,确能了解法律奉守法律。

为了调和理想与现实的矛盾,促使法律与社会的和谐,法律教育的范围,不能仅限于现行法的研究,而必须扩及于古今中外法学理论以至法律与现实社会间关系的探讨;法律教育的目标,亦不能仅限于执法人才的训练,而必须着眼于能指导立法与司法之法学家的培植。

本于上述的认识,吾人提出下列二原则:

(二)法律教育的原则

第一原则 修业年限与学科分配,应有其独特性。

理由 法学与其他社会科学不同,正如医学之与其他自然科学相异,医学治疗人类生理上的失常,法学纠正人类社会中的病态,医学训练的不当,会发生庸医杀人的情形,法学教育的失策,亦会造成恶法害民的结果,因此就对于人生的关系言之,法学与医学,实殊无二致,现制医学教育可以独立成为学院,有其独特的修业年限及课程编制,则法学教育若不能扩充法律学系为法律学院(Law school),至少对于其修业年限与课程编制,亦应承认其独特性,而允许与其他学系不同,并且法律学系课程的繁重,绝非其他学系可比,而研究法学所需要的知识,其广泛的程度,尤与其他学系不同,现制将法律学系之修业年限,与修习学分,与其他各学系划为一律,就立制之意义言,实无存在的必要,就现制之结果言,尤难免有粗制滥造之讥。

第二原则　研究工作,应确定下列三大方向:

(1) 介绍西洋法学名著与各国法典;

(2) 整理中国旧法制与旧法学;

(3) 调查法律实施之情形。

理由　吾国现行法典多仿自欧西,与吾国故有之风俗习惯不同,与现时之社会环境亦脱节过甚,如何使现行法典能适应社会,能使社会得于法律秩序中进步,实为当前急需解决的问题,而此种问题之必须解决,更确定了当前法学研究的任务。

吾人认为:

现行法既多仿自西洋,便必须多多介绍西洋法学名著与各国法典,以为了解现行法的资助。

现行法与故有之风俗习惯不同,便必须从速整理中国旧法制与旧法学,以为沟通现行法与旧观念的基础。

现行法与社会脱节过甚,便必须加强法律实施情形的调查,以供今后立法司法的参考。

(三) 实施的方法

(甲) 为了实现第一原则吾人提出下列四种方法

(1) 法律学系应分三组:

司法组——着重民刑法及诉讼法之训练

外交组——着重民刑法及国际法之训练

行政组——着重民刑法及宪法、行政法之训练

理由　司法与行政,均为执行国内法的机关,在执行法律的时候,其自由裁量权的大小,固有范围广狭的不同,而其均不能违背法律,则在公务的本质上,实无二致。吾国数千年来行政司法不分,民国成立后,行政权更凌驾司法而独尊,吾人认为,欲养成行政人员知法守法的能力,由法律学系训练行政人员,则合法的行政,必可早日实现,而法法的基础,亦可从而树立。

外交本亦为行政公务的一种,吾人认为,由法律学系训练外交人员。则将不致再有与国内法相抵触之条约条款的订定,更不致因外交人员之不谙法律,而影响华侨利益的保护。

(2) 修业年限应加长

其办法有三,得择一行之:

一、修业五年,新生录取,不受同等学力与高中毕业百分比的差别;

二、修业五年,新生录取仍受同等学力与高中毕业之百分比的差别,惟第五年时,享受公费待遇;

三、修业六年,毕业时授予硕士学位。

(3) 一年级学科,应不依部订大一共同必修科的标准。

(4) 一般社会科学与外国文字之训练,应特别加重。

附注:详细课程编制,须俟修业年限确定后,再拟定。

(乙)为了实现第二原则,吾人提出下列四种方法:

(1)原有研究机构,应再加充实。

现有之研究机构计有二种:

一、北京大学法律研究室。

现况 法律研究室设立的目的,乃在给予优秀毕业生能继续研究的机会。自民国二十八年设立以来,已搜集英德文及中文图书多册,并承罗钧任先生家属捐赠钧任先生遗书百余种,都数百余册。

在法律研究室研究者曾有三人,均为助教;

曹树经君研究中国法制史与法律思想史,已完成中国古代法制史的整理,并作成《中国法制史导言及史前期法制之探讨》论文一篇;

闻鸿钧君研究外国法律思想,其论文正草拟中;

胡正谒君研究中国特别刑法,曾作成《中国特别刑法之研究》论文一篇,现已离职。

充实之方法 吾人认为法律研究室的范围,应再扩大,并依上述所举三大研究方向,分组从事:

甲、外国法学研究组

今后工作,分为二项:

　　子、选译西洋法学名著及法典;

　　丑、择定专题从事研究。

乙、我国旧法制与旧法学研究组

得先就已有史料从事整理;

傅代校长并允许于返平后,将中央研究院历史语言研究所所藏之明代三法司档案,全部交与研究室研究。

丙、社会调查组

得先与清华大学、燕京大学、云南大学社会学系合作,从事调查各地方法律习惯,加以整理。

前三组之译稿与论文,应与书局约定,出版丛书。

各组由教授参加研究,并因工作需要,得聘请具有能力之研究人员,共名义与待遇,得依资力提高至研究员。

二、北京大学法科研究所法律部门。

现况 研究所法律部门,乃为法律系毕业生继续研究以获得硕士学位而设;研究者之名义为研究生,现计分三组:

甲、中国法制史及法律思想史组

曾有研究生二人,闻鸿钧君与崔道錄君,现均休学,改任助教。

乙、犯罪学组

现无研究生。

丙、司法调查组

计有研究生二人,贺祖斌君与张挹材君,贺君休学,张君研究所学分修习已满,毕业笔试均及格,并作有《诉讼当事人》论文一篇,唯毕业口试,尚待补期举行。

充实之方法 本研究所在学校组织系统上,虽与上述法律研究室各自独立,但此后研究生从事研究工作,不妨依研究题目之性质,受研究室相当组别之指导,且更得于学位获得后,加入研究室为研究员,如张挹材君之研究论文,偏重于社会调查方面,将来即能加入该室之社会调查组,至于本研究所之组别,亦应视需要而增加,如法理学,国际私法,刑法等组,殊应即予添设。

(2) 教员应增加为十人,其聘任应依下列标准:

一、具有研究能力;

二、精通外国文字。

理由 教授职务,不仅授课,且须参加研究工作,即就授课言,亦非仅使学生能适用现行法为其限度。

(3) 法学图书,应多搜集,成立阅览室。目前暂定以中、英、德、法、日五种文字的法学著作为标准。

(4) 选聘外国法学教授来系讲学。

理由 今日中国法学之依然落后,是为不争之事实,而法律学系之师资,多须选自留学生,亦有其不可非议之原因,然而此究竟系过渡办法,不宜作为长久的制度,归根还是要使自己的学术独立方可。就此观点言之,则聘请外国法学教授来我国讲学,非仅可刺激我国教授之研究与兴趣,而急谋学术之独立,且对于本科学生研究与了解西洋法学,亦有更多之帮助;至于派遣留学生所耗费之大量金钱与不必要之时间,亦可因此而节省甚多。再者,今日中国大学中之研究员生,以及本科学生,对于各项科学之了解,与外国语文之能力,较诸十余年前,已大有进步,所以聘请外国教授来我国讲学与辅助研究,较之过去北大其他学系聘请西人讲学,必更有收获。

发展北大计划书草案

这是一份北大历史上少有的以学生为主体起草的发展规划。1927年8月,控制北京的奉系军阀将北大和其他8所高校合并组成国立京师大学校,次年6月,南京国民政府将京师大学校先后改名为中华大学和北平大学。在北大师生不断的抗争下,1929年8月正式恢复国立北京大学校名,由蔡元培任校长、陈大齐任代理校长。面临新的发展形势,北大学生会组织起草了《发展北大计划书》,为北大发展描绘了宏伟的发展蓝图,力图与欧美著名大学并驾齐驱。规划中提出要设立研究院、发展研究生教育,发展应用学科,增设工学院、农学院和医学院,提高教师待遇,改善教学科研和生活学习条件,并作出了详细的经费预算。规划制定后刊登于1929年10月1日的《北大日刊》公开征求意见。这份规划体现了北大学生对学校发展的理想,但对现实的估计过于乐观。当时北大办学经费十分紧张,规划中提出的举措大多无法实现。本书收录的是1929年10月1日在《北大日刊》刊载的文本。

第一章 组 织

本校现有组织,分预科、本科、研究所三级。预科分甲乙两部。民国八年本科废去文科理科法科之名目,改用分系法,共分十九系。现设立者为数学、物理、化学、地质、生物、国文、英文学、德文学、东方文学、哲学、教育、心理、史学、政治、法律、经济等十七系,俄文系现暂停办,天文系则迄今尚未正式成立。本校现虽设有三院,唯非纯依学术之性质而分。按现行大学组织条例,大学须设有三科。本校现有各系,适可分为文理法三学院。至旧设之研究所,已开办者仅国学一门。而其性质与欧美各大学之研究院不同。此我校旧有组织之概略也。我校历史悠久,成绩昭著。当兹复校成功,更应力求发展,俾与欧美各著名大学并驾齐驱。唯欲谋北大之发展,应首求组织之完善。本会有鉴于此,爰首草订组织之最低标准,兹依计划,分为八项,述之于后。

一、研究院
   A. 自然科学研究所
   B. 社会科学研究所
   C. 文学语言研究所
   D. 哲学教育研究所
   E. 其他研究所
于本学期内设立。

[说明]按大学为研究高深学术之所,大学本科仅供研究初步之专门学识。本校本科各

系课程完备,教授[程]度亦可与欧美大学相埒。故必须增设研究院,以便在本科毕业者,得继续研究高深学术。依本科现设各系之内容与性质,可于本期内,先设立上列之四研究所。俟后待添设学系有相当成绩时,得再随时增设。

二、文学院

1. 哲学系

2. 教育系

3. 国文系

4. 英文学系

5. 德文学系

6. 法文学系

7. 史学系

8. 东方文学系(内授梵文蒙藏文等)

9. 日文学系(脱离东方文学系另设,于本期成立)

10. 俄文学系(本学期恢复)

三、理学院

1. 数学系

2. 物理系

3. 化学系

4. 地质系(经济地质门应于本期恢复)

5. 生物系

6. 心理系

7. 天文系(应于本期内添设)

8. 地理学系(应于本期内添设)

四、法学院

1. 法律系

2. 政治系

3. 经济系

4. 社会学系(本学期内添设)

5. 新闻学系(于十九年添设,但在本学期内须添设新闻学课程,任各系选修)

五、工学院

于本学年内组织筹备工学院委员会。

[说明]本校原有工科,后因故停办。查理科与工科,关系綦切。二者必须并设,理论与实习,始得相辅进步。现行教育方针第四条云,大学及专门教育,必须注重实用科学,充实科学内容,养成专门智识技能。吾校现正力求发展,添设工学院实为至要。

六、农学院

于两年内设委员会筹备之。

七、医学院

于三年内筹备添设。

八、预科

九、附设专科

（A）美术专科（本学期设立）

（1）音乐系

（2）美术系

（3）戏剧系

（B）体育专科（下学期添设）

[说明]本校自蔡先生长校以来，极力注重体育与艺术教育。民国十一年，先后成立学生军及音乐传习所。体育之重要，勿庸赘述。艺术为文化之结晶，我最高学府，不宜忽视，本会依据大学组织条例与学校现有之各种设备，特先计划设立艺术专科及体育专科（附艺术专科组织大纲于后）

第二章　教　　员

本校教员之待遇至为菲薄，且近年来，经费支出欠薪颇多，本校教授，率多枵腹从公，或兼课他校，以维生活，其爱护北大之热忱，殊堪钦佩，今后当即增加薪金，改良待遇，兹拟定标准，条述于左①：

1. 教授

（A）类别

  1. 正教授

  2. 副教授

  3. 预科教授

（B）待遇

  1. 正教授月薪由四百元至六百元

  2. 副教授月薪由三百元至四百元

  3. 预科教授月薪由二百元至三百元

  4. 本校教授由本校设备宿舍

（C）限制——本校教授不得兼授他校课程

2. 讲师

（A）类别

本科讲师

预科讲师

（B）待遇

本科讲师每小时薪金五元

预科讲师每小时薪金四元

3. 助教

待遇——月薪由八十元至一百四十元

---

① 从竖排文本转录，原文如此，后同。

第三章　课　　程

1. 教材——(a) 内容力求新颖丰富,(b) 各系课程指导书每学年必须审定一次。
2. 实习——凡须实习之课程,必须按时实习。
3. 考试——本预科考试,均采取严格主义,预科注重堂上考试,本科偏重论文平时成绩与学年考试并重。

第四章　校　　址

本校校址,颇不敷用,若再谋发展,校址必须扩充。本会计划将西至北海,东至北河沿,北至嵩公府北端,南至御河桥畔,划为北京大学区。此长方形区域内,多古庙废府,及破旧小屋,可由学校陆续收买,辟为校址,至译学馆第三院,因距本大学区较远,将来可划作预科及附设专科之地址。至详细规划,另制图标志,附于本篇之末。

第五章　建　　筑

1. 宿舍
（A）学生宿舍——学生居住公寓,对于求学颇不适宜。故建筑宿舍,诚为当务之急,就现在同学人数计,当先建筑内容二千人之宿舍,于十九年度内开始动工。本校向无自习室,宿舍当按一人一室建筑,至于浴室食堂,阅览室、游艺室、暖气管等,新建宿舍均应设备。
（B）教员宿舍——亦于十九年度内开始建筑。
2. 图书馆
建筑图书馆之理由,当无[屑]赘,吾校藏书至富,图书馆之需要,至为迫切。务须于本期内,开始建筑,建筑费最低不得减于五十万元。
3. 大礼堂
大礼堂需要之急切,等于图书馆,亦务于本学期内开始建筑,一切形式设备,当力求新式完备,如射影机、演说声音放大机、无线电收音机、无线电播音机等,务须设置,其宏大,以能容万人为标准。
4. 体育馆
体育馆应于十九[年]度内开始建筑,如泅泳池、各种球场、田径赛场、浴室等,均为必需之设置。
5. 大钟楼
吾校校址宽宏,同学众多,如无统一之时计,诚有碍于作业,故必建筑大钟楼,以定标准时间。此楼当建于景山高处,或附属于图书馆。
6. 气象台
气象台为天文系必需之设备,应与天文系同时添设,亦宜建于景山上。
7. 无线电台
此为物理系必需之设备,亦应建于景山上。

8. 试验学校

此为教育系应有之设备,务于本学年内筹备添设。

9. 校医院

吾校师生数千人,于疾病之治疗,传染之预防,以及种种学校卫生之设施,急应有一完善之机关,故校医院之建设,诚属刻不容缓,务于本学年内,开始建筑,在未建筑前,于本学期内,暂无择定旧有地址办理。

第六章 设 备

北大设备,向称完善,但历年来故步自守,且迭遭暴力摧残,故现有设备,缺憾颇多。今学校恢复伊始,于设备上自当力求增改。惟设备多□,不能一一列举。左列五项,乃素所曾见者:

1. 图书仪器。北大购买图书及仪器,向无一定经费,故历年购置,多所忽略,为发展计,实有固定经费额之必要。往昔购买图书,偏于旧用之课本,新近出版书籍杂志,多未购置。兹列举二要点如左:

a. 图书仪器,按每月经费五分之一购买。

b. 国内外每年出版书籍杂志均应购买。

2. 北大丛书。出版丛书,为一校精神所寄托,北大丛书,在过去成为吾校特色之一。近数年来,学校多事,出版工作,中辍已久。为提高师生研究学术志趣与发扬北大精神计,出版丛书,刻不容缓,兹括举三项办法如左:

a. 组织北大出版委员会办理出版事宜。

b. 本校教员学生之译著,经出版委员会审查合格后得称北大丛书。

c. 出版后除应得之版税外,由学校酌给译者相当之奖金。

3. 讲义。北大采用之课本,或教员编译之讲义,向由学校镌印发给,往往学年终了,讲义中断,零编断稿,等于废纸,于功课系统之研究上,影响甚大,且积习所至,讲义每多滥发糜费尤属不少,至于印刷不精,更足以减少阅读之兴趣。为学校计,为同学计,势宜加以改革,方法有四:

a. 凡有教科书之教本,学校可不翻印,由学生出半价由学校津贴半价购买,(以必修科及规定之选修科为限)

b. 教员编译之讲义,仍有学校铅印他系学生选修该项功课领取讲义时,不交特种讲义费,然必须登记以堵滥发。

c. 讲义印刷,必须清晰正确,纸张必须优良。

d. 凡附有图表之讲义,必须精印。

4. 试验学校:此专为教育系而设,由学校创办中小学校各一所,作该系实习之用。

5. 经济实习室:学业应重实习,自然科学然,社会科学亦然,经济系之课程,如簿记、会计统计等,均应实行实习,宜设置经济实习室。专备该系实习。

6. 印刷所:本校应另办一印刷所,购备新式印刷机,以便印刷讲义,翻印书籍,出版丛书。此项印刷所待工学院成立后可预设于工厂内。

第七章 经 费

　　一切建设,在在需款,故发展北大,非确定预算,增加经费不可,增加经费可分二项。一曰常年费,根据北大扩充后最低限度之需要,估定一相当数目之经费,以谋增加,二曰特别费,各项建筑及设备以其需要之程度有缓急,举办有先后,故经费数目亦须分别期限,逐渐筹划。兹分别计划,列其标准如左:

1. 常年费

甲研究院每月三万元(以北平研究院为标准)

乙①附设美术专科每月六千元(按该专科共有音乐美术戏剧三系照每系每月平均二千元计算)

丙②添设天文、地理、社会、日文四学系,每月共一万六千元(按每系每月平均四千元计算)

丁附设体育专科每月一千五百元

戊添设新闻学系,每月一千元

上列甲乙丙丁戊五项,均于本学期内增设,故本学期内每月应增加经常费共五万四千五百元。

2. 特别费

甲图书馆建筑费六十万元

乙大礼堂建筑费三十六万

丙扩充校址(如收嵩公府修理景山等)十五万元

丁其他筹备费在建筑费,

　　A 工学院等筹备费

　　B 体育馆建筑费

　　C 试验学校筹备费

　　D 其他

3. 除本学期外凡以后添设院系及其他建筑设备等项经费,届时另行核算

各项建筑地址之分配:附图并注明如左

1. 本计划以谋集中各学院构成一大长方形之校址为原则。
2. 各研究院院址须临近于各该学院之院址,俾各学系便于彼此沟通。
3. 体育馆办公处,大礼堂与大操场,建筑于各学院中心地点。
4. 图书馆、生物院、医学院、医院校园建于景山内,因该地幽静宜于潜修学业,陶冶性情。
5. 教员学生宿舍,建于景山之西部,虽距离稍远,但将来须于景山及各学院间,设置电车或汽车。
6. 预科专设于北河沿译学馆。
7. 北京大学区范围内之地皮,宜按期用土地收买法购买。

　　附图悬于二院公告牌。

---

① 原文作"丙",依顺序改为"乙"。
② 原文作"乙",依顺序改为"丙"。

北京大学计划书

这是目前见到的最早的一份北大计划。1912年民国初立，北京大学面临着生死存亡的考验，一年换了四任校长。1912年教育部以经费短缺为由要求停办北京大学，严复据理力争，先后写了《论北京大学校不可停办说帖》和《分科大学改良办法说帖》向政府申述北大不可停办的理由，教育部放弃停办方案。不久严复辞职，马相伯受委托代章士钊主持北大。两个月后何燏时接替马相伯任北大校长，教育部再次以经费不足为由，要求北大暂缓开学，并打算将它并入北洋大学。在全校师生和社会舆论的反对下，教育部被迫收回成命。1914年1月，胡仁源接替何燏时任北大校长，决心整顿学校、振兴北大，拟定了《北京大学计划书》。《计划书》是胡仁源的治校纲领，也是目前能够找到的北大校史上最早的一份规划文件。他认为大学设立的目的，在于造就硕学通才、养成专门学者。大学的发展与国家的盛衰紧密相连。他在这份计划中分析了中国大学办学效果不佳的原因，提出了扩招新生、修订课程、增聘教师、派教员出国进修、提升学生实践能力、严格学生纪律、改善办学条件等措施。此后三年，胡仁源大力延揽人才、增设学科、兴建红楼，扩大了北大的办学规模，为蔡元培先生掌校后的改革创造了条件。本书收录的是民国三年（1914年）9月8日修改编制的文本。

关于教授事项

一、添招新生

本校分科自去秋旧班学生全体毕业以后，秋季始业计开文、理、法、工四科，文科国文学一班，理科数学理论、物理、化学各一班，法科法律（内分兼习英法、兼习法法、兼习德日法）、政治、经济各一班，工科、土木、采矿、冶金各一班。本岁秋季始业后，旧班学生考试及格者升入第二年级，去岁所有各门均拟添招第一年生各一班，文科除国文学外，拟添开中国哲学、英文学二门。各科招考额数约计文科七十名，理科三十名，法科一百十名，工科四十名，合计二百五十名。暑假后，在北京上海两处招考已经录取及预科今岁毕业各生照例升学者计达一百八十名。九月一日在北京本校续行招考一次，从严录取，期与预定额数不甚相远。此次考试资格除文科外，均限高等学校及与高等相当之学校毕业得有文凭者，试验成绩尚属可观。录取各生拟俟第三次招考取定后再行一并详报。

二、添聘教员

秋季始业以后，学生额数加增一倍有余，所增钟点先就原有各专任教员中酌量分配，俟有溢出再添聘教员任之，以期节省经费，计文科添聘专任教员二人，理科添聘专任教员一人，法科添聘专任教员二人（内一人原系兼任教员），工科添聘专任教员一人，外国教员人数仍与上学期相同，兼任教员人数亦较上学期略有增加，惟不甚相远，各科教员人数及授课时间薪俸数目已另案详报。

三、订定课程

本校课程向系按照部章办理，惟部订大学规程，因当时用意力求完美，故科目颇觉复杂，为教授上便利起见，不得不参酌各国情形酌量合并，而各科目内容仍期与部订规程适相符合，又各科目教授时间东西各国大学多有不同，非有实际经验不易规定本校旧班功课，本系随意办理且教职员更换频繁深苦无从参考现拟，按照上学年经验所得，参酌各国情形规定时间先行试办，俟一年以后再行按照实际情形酌量修改以期各科目所包含范围完备无缺，而教授时间不至有过多过少之弊。

四、编定教授要目

欧美各国大学最重教授要目，考其规程所载大抵各科目教授内容条分缕析，至为详备，非惟教者学者均预知程序有所适从，而学校程度之高下、教授之良窳均于是乎判之。本校自上学期起即着手编定此项要目，惟头绪纷繁颇需时日。现除少数科目外均已告成，拟即继续进行期于开学前一律竣事，详加审查后再行报部，本学年各科教授，即以此为标准。俟一年以后再就经验所得酌加修改以期日增完备。

五、订定实验规则

本校试验成绩向照部定章程办理，惟部章系统括大，概于细微节目多未规定，施之实际颇困难，现按照本校情形分别拟定文理法工四科成绩考查规则及试验细则。上学年试验即系照此办理尚属满意，拟即照此推行，仍随时按照情形酌量修改。附呈各科成绩考查规则及试验细则各一份。

六、注重实地教授

高等教育原期造就专门人才蔚为世用，而其流弊学生往往随班听讲毫无心得，最上者亦仅默记讲义以备试验，毕业以后遂一切束之高阁，揆诸设学之初意适相背驰，此等流弊欧美各国亦多不免，而东方学校为尤甚。现拟注意以下各节以期力矫此弊。

甲、文科学生除听讲外应各就性之所近于所学中选择一门，参考群籍极深研几，与担任教习互相讨论，所有心得随时记述，每次考试须参酌平时成绩以定高下。

乙、理科学生除听讲外应注重各种实验及解答问题，实验于规定时间在实验室教授解答问题，物理数学化学各门每星期上堂若干时，由教员命题，命各生轮流解答，按其优劣评记分数，与学年考试成绩参酌平均以定高下。

丙、法科学生除听讲外每星期轮流上堂二次，由教员就所学中提出疑问令学生解答或由学生就所学中提出问题自相辩论，而教员决定之，以养成判断及辩论之能力。法律门学生每月一二次由教员带领赴各厅观审以资验习。

丁、法科第四年级学生应各就性之所近，于主要科目中选择一种专门研究，每星期上堂四小时，专与担任教习互相讨论，毕业论文题目即就此中选择。

戊、工程学生除听讲外应注重计画、制图、室内及野外实习，每岁假期中由教员带赴各处工场矿山铁道分门实习以资历练。

己、各科毕业考试均注重论文，文理法科论文须就所学科目中选择问题，为有统系之研究，工科论文须计画一铁道、桥梁、矿山、工场等之设备图画及说明书，均完备者方为合格，毕业论文非经试验委员会认为对于所学确有心得兼能发明引伸者不得毕业。

七、理工科实验之设备

甲、模型　本校所用模型近年以来陆续购买，然为数无多，尚不敷教授之用，此等模型类多，价目甚贵且有非购买所可得者，现拟除必须品仍随时购买外，并运动欧洲各国工厂分别寄赠。今夏理科夏学长及教员伦特、王鎣赴欧时，即嘱其顺便办理此事，前接来书知英德各厂家已允寄赠贵重图样模型多件，拟俟战事稍停、交通便利再行继续进行。

乙、仪器　今岁添招学生，校中所有各种仪器已不敷用，暑假前即已择其最紧要者函向欧美各国购买，现有已陆续运到者，惟有重要仪器多种应向德国购买，须俟战事结局方能继续办理。

丙、实验室　本年分除原有实验室外，拟添设理科物理实验室一处，工科化学实验室、材料试验室、试金室各一处。现工科化学实验室、试金室略已布置就绪，此外各处所需重要物品均已陆续向欧洲购买。惟开战以后运送中止不得不暂时停辍，俟战局稍定再行继续进行。

八、养成专门学者

大学设立之目的，除造就硕学通才以备世用而外，尤在养成专门学者。欧洲数百年来阐发新理、立说、制器以转移天下者，类皆出于大学教授之中，故大学之发达与否于国家之盛衰强弱有极大之关系。我国创立大学垂十年余，前后教员无虑百数，而其能以专门学业表见于天下者殆无人焉，不可谓非国家之耻矣。推其原因厥有数端：（一）欧美各邦均以教育为最高尚之职业，而大学教授尤为社会推重，故任其事者类皆研究学问为目的，惟曰孜孜不厌不倦，我国则不然，社会心理大都趋重于官吏之一途，为教员者多仅以此为进身之阶梯，故鲜能久于其任，欲矫此弊延聘教员务宜慎选相当人才，任用以后不宜轻易更换，国家对于教员尤宜格外优遇以养成社会尊尚学术之风，庶聪明才智之士能专心于教育事业，而专门学问日增发达；（二）上次开办分科，每门仅有学生一班，而自入学至毕业，应修科目多至二三十种，往往仅以教员一二人任之，各人每年所担任科目本已极多，而且逐年更换流弊所极种种敷衍塞责，教者学者两无所益，现拟力矫此弊。各科功课由教员按照所学分别担任至多不过三四科目。认定以后每年相同，非有必要情形不复更易。俟经费充裕再按照东西各国办法分设讲坐；（三）数十年来世界学术发达日新月异，我国僻处东方，新知识之输入稍觉迟缓，故研究学问之士居本国日久往往情形隔阂，学问日退，拟仿照日本大学办法，于各科教员中每年轮流派遣数人分赴欧美各国，对于所担任科目为专门之研究，多则年余，少则数月。在外时仍支原薪而所有功课由本科各教员代为分别担任，则于经费毫无出入而校内人士得与世界最新智识常相接触不至有望尘莫及之虞。

关于管理事项

一、订定任务规则

大学旧章所有事务分为教务、庶务、斋务三部分,民国成立以后裁撤各科教务长,所管各事由各科学长及学监主任分任之,以致办事权限多有未甚分明之处,此外各课亦因时势变迁原有规则多不适用。现拟按照部颁新章将此项规则重新订定,所有事务详细分配俾办事人员各有专责而免彼此争执之弊,附呈任务规则一份。

二、订定学生操行考查规则及惩戒规则

大学自民国以来,管理稍形松懈以致学风颓敝、纪纲废弛,屡次酿成风潮,为世诟病。去秋开学后于管理方面加意整顿,一年以来各科学生均尚能潜心向学,确守校规,上学期为便于管理起见,参照部章订定操行考查规则及惩戒规则,施行数月颇着成效。现拟照旧办理,仍随时体察情形酌量修改,以期校内秩序整齐严肃而养成良善之学风,附呈学生操行考查规则及惩戒规则各一份。

三、整理图书馆

大学图书馆所藏中西书籍不下十数万卷,向因管理不得其人,颇多散失。自今岁春季以来大加整理,将所有书籍详细清查,从新编定目录,并添设中西书籍阅览室各一处。自秋季开学以后,每日自上午八时至下午十时常川开放。俾学生来校纵览以省出借手续,而免散失之虞。各国出版新书,仍酌量情形随时购买,以期各科应用书籍日增完备。

四、修改礼堂

本校礼堂甚为狭隘,故历年举行开学毕业诸仪式均用第一讲堂,今岁秋间开学以后,分科学生将近五百人,第一讲堂亦不能容。现将原有饭厅稍加修葺以为礼堂之用,该处地方宽广,约可容六七百人。以上各种仪式均可在此举行。

五、添设学生休息室

本校因房屋不敷,向未设备学生休息室,故下课以后散处各处,颇觉不便。新礼堂地方宽广,拟添置器具,略为布置,平时即作为学生休息之用。购买中西报章及各种杂志,俾学生下课时间得以在此阅览。

六、整理寄宿舍

自去秋开学后即划出原有预科校舍一部分,另辟大门出入,以供学生寄宿之用。现在大加整理,计可容四百余人。添设食堂、浴室、接待室,设事务员二人,常川住劄管理舍内秩序、清洁卫生,并对一切起居出入详细报告,使寄宿各生得以安心向学,而养成优美之学风。

其他事项

一、讲堂之分配

秋季开学以后学额扩充,各科讲堂均须增加,现就原有办事室设法归并,稍加修葺,改为讲堂,计今岁已可勉强敷用,惟明岁添招新生,尚须另筹办法。目下经济情形,城外新大学建筑一时自未能竣事,惟有仍就现有校舍设法布置。本年预算原有工科添造房舍一项,此项工事明岁开春以后须即着手进行,原估计二万余元除去所须砖瓦木料,拟就大学工程处酌量拨用外,大约不过一万元上下已足敷用。此项房屋造成后拟供工科图画室及各种实验室之需,而将地质研究所借用讲堂设法收回以供文科之用。此后数年内即可照此布置,更无须添设讲堂,俟经济充裕再行设法扩充。

二、经费之筹画

本校今岁秋季以后学生额数加增一倍有余,所有职员及办事经费力求撙节较上学年有减无增。惟教员经费项下极力核减,分科预科合计尚须加增三千余元。明岁秋季以后,添开第三年级尚须扩充学额五六百名。拟就原有教员,设法加增钟点,酌量归并班次,当不至再有十分增加,惟学生众多所需书籍及实验之设备均须添置,临时经费项下自不得不宽为筹备。届时当再详细估计报部核定。

附录：北京大学章程（草稿）

新中国成立前的北京大学，曾先后颁布了《奏拟京师大学堂章程》(1898)、《钦定大学堂章程》(1902)、《奏定大学堂章程》(1904)、《国立北京大学章程》(1920)、《国立北京大学组织大纲》(1932)、《国立北京大学组织大纲》(1947) 六部章程。新中国成立后，特别是1952年院系调整后，北京大学的办学体制发生了巨大变化，继续制定新的章程进行规范。

1955年高等教育部拟订了"中华人民共和国高等学校章程草案"，北大即根据这一草案并参照"苏联喀山大学章程"起草了《北京大学章程（草稿）》，于1956年1月向校领导征求意见。本书收录的是1956年1月17日修改编制的文本。从现有文献和档案来看，这一章程草案最后并未通过。但章程反映了北大学习苏联教育的情况和学校对制度建设的长远构想，可看做当时学校制度建设的一项规划，仍具有一定的历史价值，所以作为附录收入本书。

第一章　总　　则

第一条　北京大学根据《中华人民共和国宪法》第九十四条的规定，实现中华人民共和国公民受教育的权利。北京大学的基本任务是根据国家社会主义建设的需要，培养在理论科学和基础科学方面从事研究工作或教学工作的专门人才（或其他方面的专门人才）。他们需是具有一定的马克思列宁主义水平，掌握现代科学和技术知识，并能正确地运用于国家建设事业、身体健康、忠实于祖国、忠实于社会主义事业和准备随时保卫祖国的人才。

为了完全这个基本任务，北京大学进行以下的工作：

（一）在高度的思想水平和科学水平上，以理论联系实际的教育方法，进行教学工作和教学法工作；

（二）对全体学生、研究生、教师和学校的其他工作人员进行马克思列宁主义的理论教育和政治思想教育，并批判资产阶级的各种唯心思想和学术观点，以提高他们的马克思列宁主义的理论水平和政治觉悟；

（三）有计划地进行科学研究工作，以提高教师的科学水平与教学质量，促进国家文化科学水平的提高，并促进国家建设事业的发展；

（四）编写和翻译适合本校及其他综合大学需要的，具有高度水平的教科书和教学参考书；

（五）对学生进行体育教育和加强学生的体育锻炼以增强学生的体质；

（六）办理函授与夜校教育，使国家在职工作人员在业余时间完成大学学业，从而提高他们的科学水平。

北京大学具体地培养下列方面的专家：

（1）数学；（2）力学；（3）物理学；（4）气象学；（5）化学；（6）植物学；（7）植物生理学；（8）动物学；（9）人体及动物生理学；（10）自然地理学；（11）经济地理学；（12）地质学；（13）历史学；（14）汉语言文学；（15）新闻学；（16）俄罗斯语言文学；（17）德国语言文学；（18）法国语言文学；（19）英国语言文学；（20）哲学；（21）心理学；（22）政治经济学；（23）法律学；（24）马克思列宁主义理论；（25）中国革命史；（26）图书馆学。

第二条　北京大学（包括北京大学函授学校和夜校）的设立和停办，由中华人民共和国国务院决定，北京大学的系、专业、函授部和夜校部的设置和变更，由中华人民共和国高等教育部（以下简称高等教育部）决定。

第三条　北京大学的各民主党派和工会、青年团、学生会等社团组织，在中国共产党北京大学委员会的统一领导下，配合学校行政进行政治思想教育工作和其他工作，以保证学校教学任务的完成。

第二章　学　生

第四条　北京大学用考试的方法招收学生。高级中学毕业或具有同等学力、身体健康、政治可靠、年龄在廿七周岁以下的中华人民共和国公民均可投考北京大学。国家在职工作人员的最高入学年龄为卅五周岁。投考北京大学函授学校、北京大学夜校或北京大学函授部、夜校部的考生则不受上述年龄的限制。北京大学并接受根据我国与外国所签订的文化协定而被派遣来华学习的外国留学生。

进入北京大学学习的学生（不包括外国留学生）必须通过下列入学考试的科目：

（一）理科学生（生物系在外）：汉语、政治常识、数学、物理、化学；

（二）生物系学生：汉语、政治常识、达尔文主义、物理、化学；

（三）文科学生：汉语、政治常识、历史、地理。

第五条　北京大学生的基本义务是：

（一）努力学习马克思列宁主义和专业知识，不断提高自己的政治思想水平和增进科学技术知识，注意培养独立工作能力；

（二）准时上课、按时完成实验、实习和其他作业，按规定的时间参加考试和考查；

（三）遵守学校纪律，遵守公共秩序，保守国家机密，爱护和保卫公共财产，注意爱国主义与国际主义精神和共产主义道德品质的培养；

（四）经常锻炼身体和注意清洁卫生，不断增强体质；

（五）尊敬师长和学校其他工作人员，对同学团结友爱，注意礼貌和文化生活的修养；

（六）毕业后接受国家分配的工作。

第六条　北京大学学生按自愿原则参加科学小组、体育团体、文娱团体、义务劳动和社会工作。

第七条　北京大学每年评定并奖励优秀生一次，优秀生的条件为：连续两学期考查成绩均及格，考试成绩均为"优等"或考试成绩均为"优""良"而在一学年中有突出的进步，模范地履行学生基本义务并积极参加社会工作。

第八条　对违反学校纪律和国家法纪的学生，由校长按情节轻重予以下列处分：

（一）劝告；（二）警告；（三）严重警告；（四）留校查看；（五）开除学籍。

受劝告、警告、严重警告、留校察看处分的学生，经过一段时期考察确有改正错误的表现者，由校长决定撤销其处分。

第九条 对经济困难的学生，由学生本人申请，经校长批准后给予人民助学金，对优秀生给予奖学金，其办法另定之。

第十条 北京大学学生的学习年限为五年，专修科为三年。

第十一条 北京大学发给每个学生"学生证"和"记分册"。

第十二条 北京大学的毕业生由国家分配工作。

第三章 研 究 生

第十三条 北京大学培养下列方面的研究生，以满足国家对高等学校师资和科学研究干部的需要：

（1）数学；（2）力学；（3）物理学；（4）气象学；（5）化学；（6）植物学；（7）植物生理学；（8）动物学；（9）人体及动物生理学；（10）自然地理；（11）经济地理；（12）地质学；（13）历史学；（14）汉语言文学；（15）新闻学；（16）俄罗斯语言文学；（17）德国语言文学；（18）法国语言文学；（19）英国语言文学；（20）哲学；（21）心理学；（22）政治经济学；（23）法律学；（24）马克思列宁主义；（25）中国革命史。

第十四条 凡年龄在四十岁以下，具备下列条件之一者，得向北京大学申请作研究生：

（一）高等学校本科应届优秀毕业生或领有优等成绩文凭的专家，并经原学校学术会议推荐者；

（二）高等学校本科毕业并有两年以上科学工作，教育工作或其他与科学有关的实际工作经验确有科学研究能力者；

（三）未经高等学校本科毕业但经科学机关，高等学校或省市级以上部门证明其确实具有高等学校毕业的水平与从事研究工作的能力并负责推荐者。

第十五条 北京大学每年招收研究生的名额由高等教育部规定。

第十六条 投考北京大学研究生的入学考试包括专业学科、马列主义和一种外国文。其科学论著可作为考试成绩的一部分，经高等教育部特殊批准者得免去外国文考试。

第十七条 北京大学研究生的入学考试由北京大学组织文科和理科两个研究生考试委员会主持。研究生考试委员会的组织条例另订之。

第十八条 北京大学研究生的修业期限，一般为四年，如有特殊情况经高等教育部批准者得缩短至三年，个别的最长不得超过五年。

第十九条 北京大学培养研究生的主要方式是在学术导师指导下，按个人计划进行独立的工作。

第二十条 北京大学研究生通过必修课程的考试和副博士学位论文答辩后，按照副博士研究生培养条例的规定，授予副博士学位。

第廿一条 北京大学研究生享有人民助学金待遇，但如在原工作单位继续领取工资者，不再给予助学金。

第廿二条 北京大学研究生毕业后，保留原有职务者，仍回原单位工作，原无工作岗位者由高等教育部统一分配工作，分配时先照顾北京大学的需要。

第四章 教学人员和教学辅助人员

第廿三条 北京大学有下列职别的教学人员：
（一）教研室主任；
（二）教研室的教授；
（三）教研室的副教授；
（四）教研室的讲师；
（五）教研室的助教和实习助教；
（六）教研室的教员。

第廿四条 北京大学经高等教育部批准，可以设专作科学研究工作的教授、副教授、讲师和助教。

第廿五条 北京大学有下列职别的教学辅助人员：
（一）实验室主任、资料室主任、教学实习场（站）主任；
（二）高级实验员；
（三）实验员、资料员、助理员；
（四）函授教学视导员；
（五）技师、技术员、工长、技工、饲养员、绘图员、练习生等。

第廿六条 北京大学教研室的教授、副教授、讲师和助教的职务由获有相当学衔的教师担任。对未取得学衔的教师，凡担任助教职责范围工作者，聘行为实习助教，凡担任讲师、副教授职责范围工作者，聘任为教员。

第廿七条 北京大学教学人员经过北京大学学术会议讨论通过后，由校长聘任。由高等教育部分配来的教学人员，由校长聘任后向学术会议宣布，北京大学的教学辅助人员，由校长任命。

第廿八条 北京大学教学人员和教学辅助人员的编制，由高等教育部批准。

第廿九条 北京大学教师的任务：
（一）以马克思列宁主义思想、共产主义的道德和先进的科学技术知识教育学生，对学生全面负责，培养学生成为德才兼备的、身体健康的、全面发展的人才；
（二）完成教学工作、教学法工作和科学研究工作；
（三）指导学生改进学习方法，培养学生的独立工作能力；
（四）通过政治理论学习、业务学习和科学研究工作，不断提高自己的政治思想水平和科学水平。

第三十条 北京大学教研室各级教师的职责如下：
（一）教研室教授和副教授的职责：
（1）担任讲授；
（2）担任实习课、习题课和课堂讨论；
（3）担任实验课；
（4）进行答疑；
（5）指导教学实习、生产实习和教育实习；

（6）进行考试、考查和测验；
（7）指导课程论文、学年论文和毕业论文；
（8）领导或独立进行科学研究工作；
（9）根据教研室主任所给的任务进行教学法工作；
（10）指导学生科学小组；
（11）评阅和批改学生的作业和实验、实习的报告；
（12）指导研究生和进修教师；
（13）担任教研室主任所分配的教学行政工作和参加教研室会议。
（二）教研室讲师的职责：
（1）担任讲授；
（2）担任实习课：习题课和课堂讨论；
（3）担任实验课；
（4）进行答疑；
（5）指导教学实习、生产实习和教育实习；
（6）进行考试、考查和测验；
（7）指导课程论文、学年论文和毕业论文；
（8）在教授、副教授领导下进行或独立地进行科学研究工作；
（9）根据教研室主任所分配的任务进行教学法工作；
（10）指导学生科学小组；
（11）评阅和批改学生的作业和实验、实习报告；
（12）担任教研室主任所分配的教学行政工作和参加教研室会议。
（三）教研室助教的职责：
（1）担任实习课：习题课和课堂讨论；
（2）担任实验课；
（3）进行答疑；
（4）进行考查和测验；
（5）指导教学实习、生产实习和教育实习；
（6）在教授、副教授领导下参加科学研究工作；
（7）根据教研室主任所分配的任务进行教学法工作；
（8）评阅和批改学生的作业和实验、实习的报告；
（9）体育、外国语文课程的助教应担任该课程的授课和考试工作；
（10）担任教研室主任所分配的教学行政工作和参加教研室会议。

第卅一条　北京大学实施"高等学校教师教学工作量和工作日办法"以保证合理地使用教师力量，使他们集中精力从事主要的工作。并保证按劳取酬工资制度的实现。

第卅二条　北京大学的教学人员，每年享有六至七个星期的休假期。

第卅三条　北京大学的教学人员、教学辅助人员和其他工作人员，男性年满六十岁（女性年满五十岁），一般任职满廿五年（女性任满廿年），其中在本校任职五年以上者，自愿退休或因年老体弱经学校劝其退休者得依本人任职年限，对人民事业之贡献，目前工作表现及家庭经济情况，每月发给原工资40%—60%的退休金至死亡时止，如不合上述条件但必须退休者,可酌情发给一个月至十二个月的原工资。

第卅四条 北京大学的教学人员、教学辅助人员和其他工作人员违犯工作纪律的,按国家规定的惩处办法给予纪律处分。

第五章 教 学 工 作

第卅五条 北京大学根据高等教育部批准的教学计划和教学大纲进行教学工作。

第卅六条 为了保证教学质量,培养学生的独立工作能力,规定教学方式如下:

(一) 讲授;

(二) 实验;

(三) 实习课、习题课、课堂讨论;

(四) 教学实习、生产实习和教育实习;

(五) 课程论文和学年论文;

(六) 毕业论文;

(七) 学生的自学和作业;

(八) 答疑;

(九) 考试和考查。

第卅七条 一学年分为两学期。第一学期自九月一日起至一月廿五日止。第二学期自二月九日起至七月五日止。

假期:

寒假:自一月廿六日起至二月八日止;

暑假:自七月六日起至八月卅一日止;

春假:放假三日——四月四、五、六日。

因专业性质和各年级学习要求的不同,因而在教学计划上所规定的第一、二学期的起讫日期和以上规定不一致时,按教学计划的规定执行。

年节和纪念日的假日,按国家的规定执行。

第卅八条 每学期期末学生必须按教学计划的规定参加考试和考查,每门课程的考试一般应由讲授该课程的教师进行;考查由领导实习、实验、课堂讨论等作业的教师进行。理论课程的考查由讲授该课程的教师进行。

考试按"优等""良好""及格""不及格"四级评定成绩;考查按"及格""不及格"两级评定成绩。但生产实习、教育实习和化学类专业的分析化学的考查按四级评定考查成绩。

第卅九条 学生的升级和留级由每学年第二学时考试后办理一次。学生的升级、留级和退学按"高等学校课程考试和考查规程"办理。

第四十条 北京大学学生必须参加国家考试,学生在学完了教学计划上所规定的各门课程,完成了全部作业,并且所有考试和考查均及格的学生,才能参加国家考试。国家考试及格的学生,按国家考试委员会决定授予所学专业的专家资格和注明专家资格的文凭,全部课程考试成绩为"优等"和"良好"、国家考试成绩亦为优等的学生,按国家考试委员会的决定授予优等成绩的专家资格文凭,北京大学在未实行国家考试制度前,学生毕业时必须参加毕业考试,毕业考试及格的学生,由学校发给毕业证书。

第六章　科学研究工作

第四十一条　北京大学开展科学研究工作的目的,是为了不断提高教师的科学水平,提高教学质量和促进国民经济和科学的进一步发展。

第四十二条　北京大学科学研究工作的范围如下:

（一）对各门科学和技术问题进行研究；

（二）对发展科学和国家建设事业有重大意义的问题进行研究；

（三）有关学术思想批判的研究；

（四）编写反映现代科学成就的教科书、教学参考书和专门著作；

（五）总结先进教育经验,进行改进教学和教学法工作的研究；

（六）接受业务机关、企业和科学研究机构所委托的题目加以研究；

（七）收集、整理、研究和总结祖国的科学文化遗产,总结先进工人、农民、专家和企业的工作经验。

第四十三条　北京大学的科学研究工作按计划进行,科学研究计划由学校学术会议审查,校长批准后,呈报高等教育部备案;对于科学和国民经济有重大意义的各项科学研究计划,须由高等教育部批准。

第四十四条　北京大学采取积极措施以推广和实施各项科学研究成果。

第四十五条　北京大学的科学研究工作与中国科学院及其他科学研究部门和生产部门密切联系和合作。

第四十六条　北京大学有权出版教师的科学著作、学术论文、讲义、习题题目汇编、实验指导说明、教学法指导书等。

第七章　师资和科学研究干部的培养

第四十七条　北京大学根据高等教育部规定的任务与名额,负责培养进修教师和博士研究生(即博士生)。

第四十八条　北京大学博士生通过博士学位论文答辩后,按照博士生培养条例的规定授予博士学位。博士生毕业后,保留原有职务的仍回原单位工作,无工作岗位的,由高等教育部统一分配工作,但先照顾北京大学的需要。

第四十九条　北京大学对现任教学人员、教学辅助人员和其他行政工作人员的业余进修和准备学位论文应该给予帮助。

第八章　北京大学的领导和机构

第五十条　北京大学设校长一人,由高等教育部提请国务院任命。校长对高等教育部负责,领导学校的全部工作并对外代表学校,校长所颁布的命令只能由高等教育部部长的命令废除。

第五十一条　北京大学校长的职责如下:

（一）领导全校教师和工作人员贯彻执行政府的政策、法令和高等教育方针、完成高等教育部所规定的各项任务，领导全校教学、教学法、科学研究、政治思想、体育活动、人事和行政总务等工作；

（二）任免系主任、教研室主任、教师、教学辅助人员、行政工作人员、政治工作人员和工人；

（三）批准校内规则和学术会议的决议，但学术会议关于授予教授、副教授学衔的决议须报请全国学位和学术委员会批准；

（四）监督和检查学生遵守学习纪律的情况和教职员遵守工作纪律的情况，颁布对学生和教职员工奖惩的决定；

（五）批准学生和研究生的入学、升学、留级、毕业、休学、复学、退学、开除学籍、批准发给助学金和奖学金；

（六）掌管学校的经费和财产。

第五十二条　北京大学设副校长三—五人，校长助理一——二人，协助校长分工管理文科各系的教学与科学研究工作，理科各系的教学和科学研究工作，政治思想与人事工作，行政总务工作与函授教育与夜校教育工作。副校长与校长助理均对校长负责，由高等教育部提请国务院任命。校长缺席时由副校长一人代理校长职务。

副校长与校长助理的职责如下：

(一) 管理文(理)科各系教学与科学研究副校长的职责是：

(1) 领导和检查各系和各教研室的教学、教学法和科学研究、学术批判等工作，直接领导校属各教研室的工作；

(2) 主持学术会议分会的工作；

(3) 组织学校的科学讨论会，领导学校的出版活动，领导学校的有关教学的机构；

(4) 领导各系和各教研室培养研究生和提高教师科学水平的工作；

(5) 领导和督促各系和各教研室推广和运用科学研究成果的工作；

(6) 监督和检查课程表和考试日程表的编制和执行；

(7) 监督各系和各教研室对学生科学小组的领导；

(8) 负责掌管学生的入学、升级、留级、休学、复学、退学、开除学籍等工作。

(9) 领导各系招收学生和研究生的工作；

(10) 领导学术思想批判的工作。

(二) 管理函授和夜校教育工作的副校长(或校长助理)的职责是：

(1) 领导函授部和夜校部的全部工作；

(2) 领导和检查函授或夜校的教学和教学法工作；

(3) 组织函授和夜校学生的招收；

(4) 对函授部及夜校部学生的学习进行系统的监督；

(5) 领导和监督函授教学辅导站的工作；

(6) 向有关系和教研室布置有关函授或夜校的教学工作；

(7) 向校长建议有关函授或夜校的教职员工的任免或奖励，处分等事项。

(三) 管理政治思想和人事工作的副校长的职责是：

(1) 管理学生的政治理论教育和直接领导政治课教研室的工作；

（2）组织教职员工的马克思列宁主义学习，协助管理文（理）科教学和科学研究的副校长领导学术思想批判的工作；

（3）管理全校时事政策学习的工作；

（4）管理学生的课外思想教育和课外活动；

（5）指导校内群众团体的活动：协同学校党团及其他社团进行政治思想教育工作；

（6）直接领导学校人事工作的机构；

（7）负责办理教师和工作人员的任免、鉴定和对师生员工的奖励、处分等工作；

（8）协同教学与科学研究副校长掌管学生的入学、升级、留级、毕业、休学、复学、开除学籍等工作；

（9）负责指导学生和研究生的工作，负责毕业生的分配工作；

（10）掌管工资、福利和评定学生人民助学金的工作。

（四）管理总务行政工作的副校长（或校长助理）的职责是：

（1）领导学校的全部总务工作；

（2）供应教学、科学研究和行政总务上必需的设备、家具和物资等；

（3）领导学校的基本建设工作和校舍、设备等的修缮工作；

（4）保证教室、实验室、资料室、办公室、宿舍、食堂和校内各地的清洁卫生、水电保暖等。

（5）受校长委托处理财务问题；

（6）负责学生、研究生和教职员工的生活福利和文化生活的设施；

（7）负责学校的安全警卫工作。

第五十三条 北京大学在领导干部条件具备前可设教务长、副教务长、总务长、副总务长、人事处处长、副处长，协助校长领导有关部门的工作，但不作为一级领导。正副教务长、正副总务长、正副人事处长由高等教育部任命。

第五十四条 北京大学学术会议是学校最高的学术机构，在校长领导下讨论学校教学、科学研究及其他工作中的主要问题。北京大学学术会议由下列人员组成：校长、副校长、校长助理、正副教务长、总务长、人事处长、图书馆馆长、中共北京大学委员会、民主党派、工会、青年团委会等组织的代表，系主任、直属教研室主任、科学水平较高的部分教师。

学术会议由校长担任主席，其他成员由校长报请高等教育部批准。在必要时，可由校长邀请本校有关人员、校外行政和生产部门、教学和科学部门的有关人员及本校苏联与其他兄弟国家专家列席学术会议，学术会议在主席缺席时由代行校长职务的副校长代行主席职务。

第五十五条 学术会议的任务是：

（一）审议学校学年、学期的教学工作计划并检查计划的执行情况；

（二）审议科学研究计划和科学研究工作并检查计划的执行情况；

（三）讨论和研究教学、教学法、科学研究工作中的主要问题，审查系和教研室的教学工作、教学法工作和科学研究工作的报告，交流教学和科学研究工作的经验；

（四）讨论并检查师资培养工作和研究生培养工作；

（五）组织全校性的教学讨论会、科学讨论会和报告会；

（六）讨论重要的学术问题；

（七）审查并推荐科学研究成果；

（八）讨论并检查学校出版工作；

（九）讨论并检查政治思想教育工作和学术思想批判工作；

（十）讨论教授、副教授、讲师和助教学衔的授予；

（十一）讨论教学人员的任免和提升；

（十二）讨论校长认为应交付学术会议讨论的其他重大问题。

第五十六条　学术会议每两月举行一次。必要时，主席召开临时会议。学术会议的各项决议，除授予教授和副教授学衔的决议须报全国学位和学衔委员会批准外，其他的各项决议，经校长批准后生效。

第五十七条　北京大学学术会议下设文科与理科两个分会，由文、理科副校长分任主席，成员包括有关教务长或副教务长，有关系主任、副系主任、教研室主任、有关系（科）中科学水平较高的部分教师，由主席报请校长批准，并向高等教育部备案，在必要时，可由主席邀请本校行政部门、党、团、工会等组织负责人及其他有关教师，校外行政和生产部门、教学和科学部门的有关人员及我校苏联与其他各兄弟国家专家列席会议。分会在主席缺席时由教务长或副教务长代行主席职务。分会每月举行一次，必要时主席可召开临时会议。分会的各项决议须经校长批准后才生效。

第五十八条　学术会议与分会各设秘书一人，由校长从讲师或副教授中聘任。其职责是：协助主席进行会议的各项准备工作和督促检查学术会议（分会）决议的执行，保存学术会议的各项重要文件。

第五十九条　北京大学校长为处理涉及方面较多的行政工作，可召开行政工作会议。校行政工作会议的参加人为：校长、副校长、校长助理、正副教务长、正总务长和其他有关负责人员。在必要时系主任和教研室主任可以参加与该系和该教研室有关问题的讨论。

第六十条　北京大学的系是按一种或性质相近的数种专业培养学生和研究生的教学行政组织。

第六十一条　系设系主任一个，由校长从教授或副教授中遴选和任命。系可设副系主任或系主任助理一至三人协助系主任进行教学、科学研究和政治思想教育工作。系主任、副系主任和系主任助理由校长任命后均应报高等教育部备案。

系主任的职责是：

（一）领导本系所属教研室的教学工作、教学法工作、科学研究工作、培养研究生和培养、提高师资工作；

（二）领导和组织本系各教研室的教师和在本系担任教学工作的其他教师执行本系所属专业的教学计划和教学大纲；

（三）协同系的社会团体对学生进行政治思想教育和遵守纪律的教育；

（四）领导本系教师编写和翻译教科书和教学参考书；

（五）负责本系招收学生和研究生工作；

（六）领导学生的自学工作，检查学生的学习成绩和关心学生的健康；

（七）领导本系学生的科学研究工作，组织本系学生的科学讨论会，监督各教研室对学生科学小组工作的领导；

（八）领导本系的教学行政工作，领导和筹建实验室和资料室的工作、与校外有关生产部门和科学部门的联系与合作的工作，与已毕业的学生的联系工作；

(九) 担任教师职责范围内的教学工作。

第六十二条　系学术会议是系的学术机构,在系主任的领导下讨论本系的教学工作、教学法工作、科学研究工作、思想教育工作、培养研究生工作、本系的工作计划和总结、各教研室的工作报告和其他重大问题。

系学术会议每月举行一次,必要时可由系主任召集临时会议。

第六十三条　系学术会议的成员为:系主任、副系主任、系主任助理、教研室主任、科学水平较高的部分教师和本系共产党、工会、青年团等社团组织的代表。系学术会议由系主任担任主席,其他成员由系主任报请校长批准,系学术会议开会时,可由系主任邀请有关人员列席。

第六十四条　北京大学的教研室是按一门课程或性质相近的数门课程进行教学工作、教学法工作和科学研究工作的基层组织。教研室的成员包括教研室主任(副主任)、教研室的教授、副教授、讲师、助教、教员和博士生、研究生等。

第六十五条　北京大学教研室的设置和撤销须经高等教育部批准。专业课的教研室由它们所属的系主任领导。公共课、基础课的教研室由校长、副校长、教务长、副教务长或有关的系主任领导。

第六十六条　教研室的任务:

(一) 进行本教研室所负责的各门课程的各种形式的教学工作和教学法工作:领导和组织学生的教学实习、生产实习、教育实习、课程论文、学年论文、考试、考查、毕业论文等工作;

(二) 编写和翻译教科书、教学参考书、教材和准备直观教具;

(三) 制订教研室的科学研究工作计划,进行科学研究工作;

(四) 对学生进行政治思想教育工作;

(五) 领导学生的自学工作;

(六) 指导学生的科学小组工作;

(七) 培养研究生、博士生和进修教师的工作;

(八) 组织本教研室成员进行政治理论学习和业务学习的工作;

(九) 领导和筹建实验室和资料室的工作;

(十) 建立和保持与校外有关生产部门和科学部门的联系与合作的工作;

(十一) 担负有函授或夜校教学任务的教研室负责函授或夜校的教学工作和教学法工作。

第六十七条　教研室设主任一人。在必要时教研室可设副主任、助理主任进行工作。教研室主任、副主任由教授、副教授担任,在必要时亦可由讲师担任。教研室主任和副主任由校长聘任,并且报高等教育部备案。

第六十八条　教研室主任的职责:

(一) 领导教研室的教学工作和教学法工作,对教研室成员各种形式的教学形式进行质量方面的检查和监督;

(二) 分配教研室成员的教学工作、教学法工作和其他工作任务;

(三) 组织和领导学生的自学工作,检查学生的学习成绩;

(四) 领导学生科学小组的工作;

(五) 领导培养研究生和进修教师的工作;

（六）领导教研室成员提高科学水平和政治理论水平；

（七）直接参加和领导教研室的科学研究工作；

（八）领导教研室成员进行编写教科书、教学参考书和教学大纲的工作；

（九）拟定教研室工作计划，总结教研室的工作；

（十）批准教学日历；

（十一）主持教研室会议；

（十二）担任教师职责范围内的教学工作。

第六十九条　为加强对学生的学习的指导与进行政治思想教育，北京大学各系一、二年级的班各设班主任一人，班主任由各该系及政治理论课教研室的青年讲师助教担任，其具体任务是：

（一）组织有关教师合理安排学生自学时间；

（二）与本班的教师合作，帮助学生改进学习方法；

（三）指导班长进行工作；

（四）与教师、青年团、班会配合，通过教学过程和日常生活，对学生进行有关学习态度、学习纪律、集体主义等思想教育。

第七十条　北京大学设置下列有关教学的机构：图书馆、实验室、资料室、陈列室、各种教学实习场（站）、博物馆、标本室及各仪器制造修缮储藏单位。

第七十一条　北京大学设置下列行政机构：

（一）学校办公室（下设秘书科、外事科）；

（二）教务方面：教务科、科学研究科、进修教师与研究生科、教材科、函授和夜校教育科；

（三）人事方面：人事科、学生科、档案科、校卫队；

（四）总务方面：庶务科、会计科、膳食科、设备供应科、卫生室、印刷所；

（五）学报编辑办公室；

（六）校刊编辑室。

以上行政机构的人员编制由高等教育部批准。

第九章　财产和经费

第七十二条　北京大学的财产——校舍、设备和仪器等都是国家的财产，北京大学的财产未经高等教育部批准不得转让。

校长负有保管全部财产的责任。

第七十三条　北京大学的经费来源为国家预算拨款，经费的使用应贯彻厉行节约的方针。

第七十四条　北京大学为独立的机关，具有法人地位。

第十章　附　　则

第七十五条　北京大学设于北京西郊海淀。

附：关于"北京大学章程草稿"的说明

此草稿主要根据高等教育部拟订的"中华人民共和国高等学校章程草案"（最近已在部务会议通过，尚待国务院批准），并参照"苏联喀山大学章程"拟写。

草稿与"高等学校章程草案"（以下简称"草案"）有以下较大的出入：

（一）草案的第一章（总则）中，在"北京大学进行以下的工作"后没有"办理函授与夜校教育"一项；

（二）草案的"总则"中没有"培养下列方面专家……"一项；

（三）草案的"总则"中没有入学考试项目；

（四）草案第二章"学生"中对"优等生"条件的规定是："对于一学期内全部课程考试成绩为优等"，考查成绩为"及格"和道德品质良好并且积极参加社会工作和体育锻炼的学生；

（五）草案第八条没有"国家法纪"字眼；

（六）草案没有第三章（研究生），而把对研究生的规定放在"师资和科学研究干部的培养"一章中，草案的精神是不把研究生当作学员，而作为与进修教师和博士生一样的师资与科学研究干部培养对象。我校草稿的精神是把研究生当作学员，因此在"学生"章后另列一章（喀山大学章程中亦如此）。另外，草案把研究生分为副博士研究生与博士研究生，我校草稿中的研究生单指副博士研究生，并称博士研究生为博士生；

（七）草案中规定只设一个管教学与科学研究工作的副校长，并规定在工作需要时，可再设专管科学研究工作的副校长，我校草稿中规定设管文科与理科教学与科学研究工作的两个副校长，而不设管科学研究工作的副校长；

（八）草案中规定学术思想批判工作由教学科学研究副校长及政治思想人事副校长共同领导，我校草稿中规定主要由教学科学研究副校长领导；

（九）草案对学术会议任务的规定中没有"领导出版工作"与"推荐科学研究成果"两项；

（十）草案中学术会议会期是一月一次，我校草稿是两月一次；

（十一）草案中对学校机构的规定中：

（甲）有秘书室，无全校办公室；

（乙）无教材科；

（丙）有研究生科，不称进修教师与研究生科；

（十二）草案中无校址的规定（苏联高等学校校章中有此规定）。

北京大学秘书室
1956 年 1 月 17 日

下 编
校园建设与空间规划专辑

北京大学"十二五"基本建设规划

2010年6月22日,教育部下发《教育部关于"十二五"期间加强学校基本建设规划的意见》(教发〔2010〕7号),要求各高校编制本校"十二五"基本建设规划并报相应的教育主管部门备案。根据教育部的要求和校领导的安排,北京大学发展规划部牵头组织基建工程部、医学部后勤与基建管理处、房地产管理部、财务部、计算中心、总务部等相关职能部编制完成了《北京大学"十二五"基本建设规划》,经学校审批通过后报送至教育部发展规划司。本书收录的是2010年6月修改编制的文本。时任书记闵维方、校长周其凤。项目负责人为周其凤校长、鞠传进副校长、医学部李鹰副主任。

1 学校概况

1.1 历史沿革

北京大学是国家教育部直属普通高等学校,创办于1898年,初名京师大学堂,是我国近代第一所国立综合性大学,也是当时中国最高教育行政机关。1903年,京师大学堂设立医学实业馆(后改称医学馆),成为北京大学医学部的历史源头。1912年5月,京师大学堂更名为北京大学,著名的教育家、启蒙思想家严复出任校长;同年10月,国立北京医学专门学校也在医学馆的基础上成立。1916年,著名民主革命家、教育家蔡元培出任北京大学校长,对北大进行了卓有成效的改革,促进了思想解放和学术繁荣,北京大学逐渐发展成为新文化运动的中心、五四运动的策源地,成为中国最早传播马克思主义和科学民主思想的发祥地,以及中国共产党最早的活动基地。陈独秀、李大钊、毛泽东、胡适、蒋梦麟、鲁迅、马寅初、李四光等一批杰出人物都曾在北京大学任职或任教。1937年卢沟桥事变后,北京大学与清华大学、南开大学南迁长沙,共同组成长沙临时大学。1938年初,临时大学迁往昆明,改称国立西南联合大学,在十分艰苦的条件下,仍继续坚持教育文化事业,为国家培养了一大批优秀人才。抗战胜利,北京大学北返故园,于1946年10月在北平正式复学。在20世纪三四十年代,国立北京医学专门学校一度名为北平大学医学院,后并入北京大学成为北大医学院。1952年,教育部对全国高等学校进行院系调整,北京大学整体迁入燕园,清华大学和燕京大学的文、理、法科以及辅仁大学、浙江大学、中法大学等高校的有关科系并入北京大学。与此同时,北京大学医学院脱离北京大学,独立为北京医学院,后更名为北京医科大学。经过院系调整,北京大学成为一所以文理科基础教学和科学研究为主的综合性大学。

改革开放以来,北京大学在继续加强和发展基础学科的同时,着力发展国家经济建设、科技进步和社会发展急需的应用学科、交叉学科和新兴学科,并于1994年提出创建世界一流大学的奋斗目标。1998年,在北大百年校庆庆典上,创建世界一流大学成为国家战略。2000年4月3日,北京大学与北京医科大学合并,组建了新的北京大学。经过"211工程"和

"985工程"的建设,目前北京大学已经成为一所拥有自然科学、技术科学、新型工程科学、医药科学、人文科学、社会科学、管理科学、教育科学和语言科学等多门类、多学科的综合性研究型大学。同时,前沿与交叉学科成为学科发展新的增长点,学科整体实力处于国内领先水平,一批学科进入世界先进行列,某些学科达到世界一流水平。

一百多年来,"思想自由、兼容并包"的学术传统,"爱国、进步、民主、科学"的精神,"勤奋、严谨、求实、创新"的学风,在北大代代相传、生生不息。不同时期的"北大人"为民族的解放和振兴、国家的建设和发展、社会的文明和进步作出了不可替代的贡献,在中国走向现代化和繁荣昌盛的进程中起到了先锋和骨干作用。据不完全统计,新中国成立以来,北大教师和校友中已有8人获得国家最高科学技术奖,12人成为"两弹一星"元勋,近500人当选两院院士。北大的毕业生和教师为我国自然科学、人文社会科学、医药卫生科学、工程技术科学以及国防事业、文学和艺术等文化事业的发展作出了很多奠基性和开拓性的贡献。

1.2 办学特色

北京大学的办学特色是厚重的历史积淀与适应时代发展变革的有机结合,在一百多年办学和社会变革中,形成了"爱国、进步、民主、科学"的精神和为民族的振兴、国家的发展和文明的进步贡献力量的强烈责任意识。在学术领域,北京大学"思想自由,兼容并包"的传统代代相传,一直保持了宽松、和谐、自由和公平的学术环境,聚集和成长起了一批又一批学术大师,为国家的教育和学术发展作出了卓越的贡献。在教育领域,北京大学一直以扎实宽厚的基础教育和丰富多彩的校园文化而著称。多年来,学校坚持以马克思主义世界观和方法论为指导,致力于教育教学改革,努力为学生提供更加丰富多样的培养方案,为国家各个领域培养优秀人才。这些独特的精神传统、学术文化氛围和教育教学体系构成了北京大学鲜明的办学特色。

1.2.1 爱国进步、民主科学的精神传统

北京大学是一所与国家民族命运紧密相连的大学。在中国近代风云变幻的历史上,始终高举"爱国、进步、民主、科学"的旗帜,始终站在时代发展的前列,从首倡新文化运动、发起五四运动、传播马克思主义和科学民主思想、建立北京共产党小组,到提出"振兴中华"口号,制定创建世界一流大学宏伟目标,都反映了北京大学师生"以天下为己任"、勇担重任的精神。在新的历史时期,这种胸怀天下、勇担重任的精神激励着全体师生员工团结奋进,坚持中国特色社会主义办学方向,不断追求卓越,努力把北京大学建设成为世界一流大学。它也激励着青年学生"修身、齐家、治国、平天下"的情怀和为中华民族振兴贡献力量的决心,使他们在进入北大那一刻起,就感受到自己承担的社会责任,不断激励自己刻苦学习,追求真理,努力回报社会,造福人民。在爱国进步、民主科学精神的激励下,一代又一代的北大人自觉站在国家和民族发展进步的前沿,为中华民族的振兴、为中国特色社会主义事业的发展不懈努力,作出自己的贡献。这种独特的传统已经成为北大精神中不可分割的重要组成部分。

1.2.2 思想自由、兼容并包的学术传统

思想自由、兼容并包是北京大学在长期办学过程中形成的重要学术文化传统。京师大学堂建立伊始,就确定了"中西并重、观其会通,无得偏废"的办学指导思想。随后,严复校长提出"兼收并蓄,广纳众流",蔡元培校长提出"仿世界各大学通例,循思想自由原则,取兼容并包主义",以及西南联大遵循"同无妨异、异不害同"的原则,都体现了北大自由兼容的学术风气。北大的自由兼容是与严谨求实的学风相辅相成的。百年来,北大秉承"博学审问,

慎思明辨"的治学精神,坚持"勤奋、严谨、求实、创新"的学风,严谨治学,追求真理,为中国教育和科学文化事业不懈奋斗。这些学术文化传统在北大生生不息,成为北大鲜明的学术文化特色。思想自由、兼容并包和博学审问、慎思明辨的学术文化传统铸就了北大良好的学术氛围,使北大的学术思想非常活跃,各种新观点、新思想层出不穷,不同学术观点的对话和碰撞激发了学生学习的主动性,培养了学生的独立思考、严谨求实的学术作风、判断真伪的能力和勇于创新的精神。

1.2.3 重视基础、尊重选择的育人特色

重视基础和以人为本、尊重学生选择是北京大学教育教学改革的精髓,也是在北大建立符合国情和校情、面向现代化、面向世界、面向未来的教育体系的关键。重视基础是北大办学长期坚持的传统。北京大学的教育一直以深厚、广博和严谨的基础著称,实践证明,只有具备扎实宽厚的知识基础,才能够触类旁通、厚积薄发,更好地适应未来的发展变化。在社会经济和科学技术快速发展的今天,具备扎实宽厚的基础变得尤为重要。"重视基础"就是要根据学科发展趋势和国家需求,进一步拓宽学生的知识基础和学术视野。"尊重选择"既是调动学生学习热情、贯彻"以人为本"方针的要求,也是提高教育质量,为国家培养高素质人才的需要。"尊重选择"对大学提出了更高的要求,要求大学提供更多更广博的课程、更多的专业和科研选择机会,也要求建立合理的培养方案和课程体系。

上述办学特色既包含了北大一百多年来形成的精神和学术文化传统,也有近年来学校在教育教学改革中的成功尝试和经验,但这只是北京大学众多特质中的一部分。今后,学校将继续努力,积极探索,发挥北大的特色和优势,努力走出一条符合校情、符合国情、面向现代化、面向世界和面向未来的高素质人才培养道路。

1.3 学科体系、办学规模与教职工状况

北京大学是一所以人文、社会科学、理学、医学和技术科学为主的综合性大学。截至2009年9月30日,北京大学共有人文、理学、社会科学、信息与工程、医学等5个学部,下设47个直属院系,10个国家重点实验室,2个国家工程中心,8个附属医院,113个本科专业,253个硕士学位授权点,211个博士学位授权点,18个一级国家重点学科,25个二级国家重点学科,3个国家重点(培育)学科,13个省、部重点学科,39个博士后科研流动站,涵盖了理学、医学、工学、法学、文学、历史学、哲学、经济学、管理学、教育学等十个学科门类。

北京大学高度重视队伍建设,学校现有教职工19141人,其中专任教师5866人,教辅人员6430人,行政人员1882人,工勤人员2485人,科研机构人员1486人,校办企业职工334人,其他附设机构人员658人。这支队伍汇集了各类优秀人才,包括中国科学院院士59人,中国工程院院士8人,第三世界科学院院士16人,文科资深教授21人,"长江学者奖励计划"特聘教授、讲座教授111人,"973项目"首席科学家25人,国家杰出青年基金获得者144人,博士生导师1447人。

目前北京大学共有各类学生38873人。其中,本科生14199人,专科生611人,研究生18920人(其中博士研究生6838人,硕士研究生12082人),外国留学生2780人,成人脱产本专科生725人,进修生1648人。

2　事业、学科和校园发展规划

2.1　事业规划

2.1.1　总体原则

"十一五"期间,北京大学紧紧围绕创建世界一流大学的目标,抓住中国经济社会快速发展、国家实施科教兴国战略的机遇,积极争取国家与社会的支持,根据国家需求及学科发展的前沿动态进行学科布局,在教学、科研与社会服务等方面取得了显著成就。"十一五"期间,学校的办学条件显著改善,图书馆、实验室、教室、办公室、体育馆等基础设施的建设规模和速度超过历史上任何时期,硬件条件长期制约学校发展的状况有明显缓解;基本完成了教师队伍的新老更替,队伍整体水平大幅提高,学术视野更加开阔,众多优秀的中青年学者成为学校教学科研的中坚力量,并涌现出一批在国际学术界具有较高地位的优秀学者;形成了多层次的人才培养体系,学生规模结构更加有利于学校按照研究型大学的方向发展,实施了包括元培计划在内的本科生教学改革,推进了研究生培养机制改革,人才培养质量明显提高;科研活动更加活跃,在方法和技术与国际先进水平接轨的同时,将学术研究与国家发展相结合的意识也得到加强,科研管理体制进一步完善,科研竞争力明显增强,科研成果的数量与水平大幅度提升;国际化水平显著提高,与国外著名高校和研究机构建立了最广泛的交流与合作关系,且近年来不断向纵深发展,形成了一种良好的势态。学生对外交流规模日益扩大,烘托出浓厚的国际化氛围。

正如胡锦涛总书记在北大建校110周年座谈会讲话中指出的,北京大学正站在一个新的发展起点上。为进一步总结经验、明确方向、凝聚共识,结合深入学习贯彻科学发展观活动,我校在全校开展了学校发展战略的大讨论,对北大当前的形势、未来的机遇和挑战进行了全面而深入的分析,提出了精英教育与世界水平的学术研究相结合的核心使命。以此为出发点,我们提出北大中长期事业发展规划的指导原则是"控制规模、调整结构、优化配置、科学发展"。

2.1.2　控制学生规模,调整学生结构

人才培养是大学的中心任务。北大人才培养的目标是到2020年,把北大的本科教育办成世界上最好的本科教育之一,研究生教育接近或达到世界前列。为实现这个目标,在本科教育阶段,我校在课程体系、培养方案、管理体制等方面实行了一系列改革措施,取得了巨大成就,进一步巩固了北大"重视基础、尊重选择"的育人特色。更重要的是,我们通过改革来摸索经验,明确了建立"多样化"和"全方位"的本科教育体系的总体方针。这要求我们为学生提供更多高质量的课程、多样化的培养方案、个性化的学业指导、丰富多彩的课余文化活动。研究生教育的水平是教师水准、科研条件和学术氛围的综合体现,我们一方面要继续加强基础科研条件的建设,同时也要充分利用各种渠道,如前沿交叉学科培养、国际合作、共同导师等方式不断提高研究生的培养质量。因此更多的教学资源、人力资源和行政资源的投入是我们在本科阶段实施精英教育,在研究生阶段提高学术水平的前提和保障。

如果把北京大学与美国主要研究型大学进行比较就可以发现,过去十年,北大与美国主要研究型大学走了一条完全不同的道路。北大的办学规模特别是研究生的规模持续快速增长,表明了我们正在努力搭建研究型大学的基本框架。相比于北大,美国几所主要研究型大学的办学规模和学生结构则基本保持稳定。截至目前,北大的本科在校生是哈佛大学的两

倍,学生总数是耶鲁大学的三倍。而从办学经费来看,我们只是耶鲁大学的20%,也就是说北大学生的人均办学经费只是耶鲁大学的1/15。预计未来很长一段时间北大办学经费紧张的状况仍将持续,因此在资源有限的条件下,北大应该控制规模,提高办学质量,走内涵式的发展道路。

研究生的体量和水平是研究型大学发展的基础。我校在校研究生的规模目前已经超过1.8万人,研究生与本科生的比值达到1.24:1。与国内兄弟院校相比,我校研究生的比例最高。即使与海外高校相比,这个比值也是相当高的。从学生结构上分析,我校研究生以硕士研究生为主,占总数的2/3,而硕士研究生当中则以学术型硕士研究生居多,占硕士生总数的2/3。这样两个2/3的结构与北大研究型大学的定位是不相符的。通过比较分析我们了解到,美国最好的研究型大学的研究生结构有这样三个特点:其一,博士生数量大于硕士生;其二,博士生中专业型博士占相当的比重;其三,硕士生以专业型硕士为主,学术型硕士的数量非常有限。结合上述分析,我们认为,北大应在继续推进培养机制改革的基础上,采取措施切实提高博士研究生的生源质量和规模,调整研究生特别是硕士研究生的结构,稳步发展专业学位硕士研究生教育,压缩学术型硕士生规模,并在有条件的应用学科领域试点专业型博士学位教育。

2.1.3 深化改革,完善制度,提高师资队伍整体水准

"985"工程实施以来,北大立足于人才强校,始终坚持以师资队伍建设为核心,把建设一支高水平的教师队伍作为创建世界一流大学的关键。在"985"工程一期规划中,北大明确提出"建设世界一流大学,关键是建设世界一流的教师队伍"。在"985"工程二期规划中,进一步提出了"以队伍建设为核心"的思路。

为了营造有利于杰出人才成长的学术环境,学校于2004年开始实施新一轮师资人事制度改革,并先后启动了"百人计划""海外学者讲学计划"等一系列人才计划,极大调动了全校教师的积极性创造性,也吸引了大批海内外优秀学者汇聚北大,教师队伍的结构不断优化,队伍的整体素质、活力和核心竞争力得到显著提高。初步形成了以两院院士、人文社科资深教授、长江学者、国家杰出青年科学基金获得者和国家自然科学基金委创新研究群体为核心的总数超过300人的拔尖人才梯队,还涌现出以王选、孟二冬、徐光宪以及"蔡元培奖"获得者为代表的一批"学为人师、行为世范"的教师楷模。同时我们也清醒地认识到,我校与世界著名大学竞争最优秀的学术人才的能力还不够,优秀人才流失的压力依然存在。高层次领军人才和青年后备人才不足,科研队伍结构不合理,专职科研人员的数量相对较少,严重制约着科学研究的发展。教师、科研人员、实验室与教学辅助人员的分类管理机制不明确,评价机制、激励机制仍有待改进。近年来由于生活成本的提高与待遇改善的相对停滞,中青年学者的住房和生活面临不少困难,生活压力偏大,后顾之忧较多,影响了学校的队伍建设。

人才队伍是提高学校竞争力的关键,直接关系到创建世界一流大学的目标能否实现。一方面,北大拥有一支国内最优秀的学术队伍,他们是学校发展和建设的主力军,学校必须使这支队伍保持稳定,留住优秀人才。另一方面,充分利用当前人才引进的有利时机,聚集一批世界水准的学者。这就要求我们必须谨慎处理好引进人才与现有队伍的关系,既要积极主动地吸引最优秀人才,也要调动各方资源,改善现有人才队伍的工作条件和生活待遇。要继续深化人事制度改革,完善岗位聘任和职务晋升的各项规章制度,建立人员分类管理的管理体制,营造优秀人才引得进、留得住、用得好的良好氛围和环境。建成一支规模适度、结

构合理、富有活力、具有世界水准的一流学术队伍。

2.1.3.1 坚持"三管齐下"方针,建设高水平的教师队伍

"十二五"期间,我校提出"三管齐下"的队伍建设方针,一方面加强引进已经具有重要国际影响的学科带头人,一方面加强引进具有发展潜力的优秀青年学者,同时还要营造良好环境稳定校内学术人才。

(1) 利用"千人计划""讲席教授"等特殊机制吸引高层次人才。学校根据学科布局和财力编制计划,积极利用国家的"千人计划"凝聚一批具有国际影响力的大师级学者;积极吸引社会捐赠或划拨专款设立专项基金,增加"讲席教授"职位,在一些重要学科领域聘请一批有重要国际影响、能带动北大整体学科发展的学者。通过五到十年的努力,争取使高层次人才能达到整个教师队伍的20%,使北大重现大师云集、名家辈出、群星灿烂的局面。

(2) 加强和扩大"百人计划",引进具有发展潜力的优秀青年学者,逐步使"百人计划"成为人才引进的主渠道。优秀青年学者是北大发展的未来和希望,为了吸引具有发展潜力的优秀青年学者,北大推出了"百人计划"。"百人计划"借鉴了美国大学的 Tenure 制度,采用有限期合同的方式聘用青年学者作特聘研究员(相当于美国的助理教授),为他们提供良好的工作环境和生活条件,并配备研究生等研究资源,通过1~2个为期三年的聘期进行考核,考核合格的转聘为教授或无固定期限的副教授,连续两个聘期考核不合格的学校不再续聘。今后,我们要总结"百人"计划的经验,完善相关配套措施,做好学科布局和人员的选聘工作,逐步实现所有新聘人员都按"Tenure track"方式聘任和管理。

(3) 进一步完善和加强"海外学者讲学计划",加大力度聘任高水平的外籍教师来我校长期任教或短期工作,提高外籍教师在我校教师队伍中的比例,促进教师队伍的国际化和多元化。

(4) 营造良好的学术环境,稳定校内的优秀学术人才。坚持北大思想自由、兼容并包的学术传统,建立和完善民主的决策机制、高效的执行体系、公平的评价体系、明确的责任体系,营造自由宽松的学术氛围,培养严谨的治学精神。改进学术晋升机制,减少急功近利的频繁评估和检查,使教师能够潜心从事教学和研究工作。同时学校努力为教师提供体面的生活保障和良好的工作条件,逐步缩小院系之间的待遇差距,提供更多的国际交流机会,推广学术休假制度,营造学术至上的氛围,为教师的学术发展创造良好的条件。

2.1.3.2 加大投入力度,扩大专职科研队伍规模

我校快速发展的科研事业仅靠有限的专任教师已无法支撑,迫切需要一支优秀的专职科研队伍来补充研究力量、提供团队支持。规模适中的专职科研队伍是世界一流研究型大学的共同特征。目前我校专职科研队伍体量偏小,同世界一流大学相比存在较大差距。我校专职科研机构人员同专任教师的比值约为0.47∶1。而剑桥大学的比值为1.59∶1。牛津大学的比值则达到2.06∶1。目前,我校教师系列中专职从事科研工作的人员十分有限,专职科研人员的主体为博士后。今后学校将加大投入,按照聘用成本分担的原则,建立一支以项目聘用为主的合同制专职科研队伍。学校一方面要设立专门的非事业编制科研人员系列,制定相应的政策,并提供必要服务,鼓励学术机构通过项目经费聘用合同制科研人员。另一方面要利用博士后制度在户口、保险、住房及子女入学等方面已形成相对成熟的管理办法,改革博士后管理制度,扩大博士后队伍规模,延长博士后工作年限,增加专职科研队伍体量。通过这两方面的努力,力争使我校的专职科研队伍(含博士后)与专任教师的比例达到

或超过0.9∶1,为我校科学研究的可持续发展提供有力的支撑。

2.1.3.3 以服务质量和效益为评估导向,加强实验技术队伍建设

实验室技术人员是实验科学教学研究工作中不可或缺的重要力量。学校要进一步完善实验技术人员的激励机制,将实验技术人员从教辅人员中单列,专设聘任计划、薪酬标准与考核评估体系;改善实验技术人员的工作环境和生活条件,依据市场行情提供具有竞争力的薪酬待遇;根据业务水平、服务质量和工作效益对实验技术人员进行考核评估;加强实验技术人员的培训,通过内部培养和外部引进相结合,建设一批高水平实验技术队伍。

2.1.3.4 统筹利用各类资源,逐步提高教职工待遇

近年来,学校进行了工资制度改革,教职工的待遇有所提高,但与兄弟院校特别是沿海地区相比,仍有较大差距,同时,校内各单位间收入差距较大,这种状况对学校的可持续发展不利。学校将采取切实有效的措施,改善教职员工的工作和生活条件:(1)认真总结十年来岗位聘任制度的经验,逐步建立随通货膨胀而及时调整的岗位津贴制度。(2)为适当调节单位之间的收入差距,建立合理的课时费制度。学校重点支持主干基础课、通选课和大类平台课,各院系要根据各自的财力,支持其他类型的课程。(3)建立合理的科研津贴制度。在目前的国家科研资助体系中,对于参与项目的人员成本和学校承担的间接成本,尚未建立合理的补偿机制。学校一方面将积极呼吁政府有关部门高度关注这一问题。另一方面将认真研究在现有条件下调动资源、建立合理的科研津贴制度的方案,并尽快推广实施。

2.2 学科规划

学科发展水平是衡量一所大学办学水平的重要标志之一。"十一五"期间,在"985工程"和"211工程"的支持下,北京大学的学科整体实力始终保持国内领先地位,一批学科进入世界先进行列,某些学科达到世界一流水平。国际基本科学指标(ESI)的相关数据显示,到2009年,北京大学已有数学、物理、化学、生物学与生物化学、地球科学、材料科学、工程、植物与动物科学、临床医学、环境和生态学、社会科学、药理学和毒物学、计算机科学等14个学科进入全球大学和科研机构的前1%。其中,化学学科论文数排名第17位,引用次数排名第44位,已跻身世界优秀的化学学科行列。2009年10月份《美国新闻与世界报道》发布了对世界大学在各学科领域的分类排名。在这份报告中,在自然科学领域,北京大学排在全球第19位;在生命科学与生物医学领域,北京大学也位列第19位;在工程与信息科学领域,北京大学位列第31位;在艺术与人文学科领域,北京大学位列第16位;在社会科学领域,北大排名第21位。一个涵盖文理医工多学科的综合性研究型大学的学科体系已经基本搭建起来。

2.2.1 学科建设的总体思路

在"十二五"期间,我校学科发展的基本思路是:加强基础学科建设,重点发展前沿交叉学科,重视基础研究与实际应用相结合,鼓励原创性成果转化,总体保持一个有前瞻性、综合平衡、重点突出的势态。与此同时,采取队伍建设与平台建设并举的方针,注重学科的超前布局,在一些重要的前沿领域力争取得先发优势。在具体实施中,要强调五个结合,分别是:

(1)点与面结合:注重新机制单位与学校整体制度和机制的建设相结合;学科主动布局与传统院系的发展相结合;交叉学科研究机构的建设与院系整体发展结合。要瞄准学科前沿和国家重大需求,进一步完善北京大学的学科整体布局,注重学科体系建设,着力提高学科水平。

(2)基础和应用的结合:要继续加强基础学科建设,同时,要利用北大基础学科优势,完善鼓励交叉学科发展的体制和机制,鼓励教师积极响应国家和社会发展的需求,有重点地开展工作。国家中长期科技发展规划、哲学社会科学发展规划、创新国家、和谐社会、资源节约型社会建设,以及社会对职业型教育的需求都是学校学科发展的重要参考因素,但我们所选择的内容应当符合北大建设研究型一流大学的目标。

(3) 教育与学术研究的结合:在进行学科规划时,要牢记人才培养是学校的根本任务,研究型大学的最大优势是能够为国家培养高素质、创新型人才;在学科条件建设过程中,要把人才培养作为重要的条件和要求之一。

(4) 本部与医学部的结合:继续加强本部与医学部在学科建设方面的合作和融合,学校可以设专门的资金渠道,用于支持双方合作的领域,在"985工程"和"211工程"建设中要投入更多的资源在医学教育和临床医学研究方面。

(5) 学科建设与制度建设结合:通过体制机制的建设,并利用资源投向进行引导,在更高、更广的层面上促进学科交叉融合,孕育新的学科生长点,实现学科发展与平台基地建设、人才培养、科技创新、队伍建设的良性互动,建成一批达到国际先进水平的学科。

2.2.2 重点建设好关键的公共学术平台

综合性强是北京大学学科生态的基本特点之一,文理医工普遍较高的水准是交叉学科得以蓬勃发展的优良土壤,提供了十分丰富的可能性。在理工医方面,将重点建设以前沿和交叉学科为特点的国家科技创新平台,包括北京分子科学国家实验室、分子医学、物质科学前沿、数学科学国际化研究和交流、创新药物与药学、微纳系统、信息科学技术、地球与环境科学、先进技术与工程科学等若干科技创新平台,通过平台建设,提升创新能力。在人文社会科学领域,建设好学术资源的公共服务体系,加强图书资料建设,特别要加强社会学、政治学、新闻和艺术等方面的公共条件建设。

"十二五"期间重点建设的公共平台举例说明:

2.2.2.1 生物医学跨学科创新平台

在过去几年里,生命科学和医学是北京大学重点发展的领域之一。不仅医学部的工作得到了全面推进,分子医学研究所的成立、生命科学学院的跨越式发展、生物医学工程领域实力的壮大、以化学基因组学为核心的交叉学科活动在北大深圳研究生院的开展,使生物医学的发展在北大浮现出一个令人振奋的新格局。而最近成立的功能核磁成像中心和生物动态光学成像中心又给这样的格局增添了重要的元素。一大批世界级中青年科学家聚首燕园,雄心勃勃地不仅要在中国创造科学发展的辉煌,还要以科学上的成就推动经济社会的发展。

"十二五"期间,我校将继续以生物医学作为建设的重点,从战略和策略上营造出一个以生物医学为核心,横跨理工农医多学科,连接基础研究到应用转化多环节,整合校本部、医学部和附属医院优势资源的交叉学科大平台。为实现这个目标,我校将在基础设施建设上进一步加大投入力度,将规划新建一幢超过20000平方米的生命科学科研大楼;改造老校医院区域,提供超过6000平方米的实验空间;新建超过60000平方米的工学院与交叉学科大楼;在医学部西北区建设一座综合医药园区,将目前医学部教学区内的大部分实验室搬入医药园区形成一个完整的科研区;并在深圳研究生院开拓约10000平方米新的空间。依托上述空间的拓展和条件的改善,我校将在"十二五"期间重点建设一批跨学科研究机构和实验平台,包括系统生物医学研究所、生物动态光学成像中心、分子医学影像技术研究中心、生物医学跨学科研究中心、生物医学材料与组织工程中心、临床研究所、中国卫生发展研究中心、创新药物研究院、化学基因组与转化医学研究中心。结合上述机构的建立和发展,"十二五"期间,我校将在现有生物医学队伍规模的基础上至少再招聘 20 名在国际学术舞台上已经卓有成就的知名学者,或在相关领域具有发展潜力的优秀年轻人。同时,在采取"特区"政策招聘新人的实践中,完成现有人员管理方式的并轨,并通过人力资源分类管理的改革,使队伍结构更加优化,活力更强。

规划中的生物医学跨学科创新平台将与国家发展的战略需求相结合,除了积极参加重大新药创制、重大传染病防治和转基因作物等国家重大专项,以及蛋白质重大基础研究计划等工作外,还要通过积极创造高质量的知识产权,为国家战略新兴产业的发展作出突出的贡献。

2.2.2.2 北京分子科学国家实验室

北京分子科学国家实验室由北京大学化学学院与中国科学院化学研究所联合筹建,2007 年 12 月通过建设论证。北大化学与分子工程学院与中科院化学研究所具有深厚的历史渊源。双方学科齐全而且互补,涵盖了化学科学的几乎所有领域,分别是我国科学院与高校中化学研究综合实力最强的研究单位,在科学研究和人才培养方面一直有着密切的联系与合作,在相关研究领域凝聚了一大批优秀人才,为我国化学事业的发展作出了重要贡献。两单位强强联合,共同建设"北京分子科学国家实验室",将探索和开创科学院和高校实质性合作的新模式,更好地面向国家重大战略需求和国际科技前沿,开展基础性、前瞻性和战略性的创新科学研究,并吸引、凝聚和培养高水平人才,提高我国分子科学研究的整体水平。

该实验室以核心化学(反应及其过程)为基础,将加强一级学科内、外的交叉与融合,重点发展材料化学和化学生物学,注意发展能源化学、新药创制等方向。通过"十二五"期间的重点建设,将达到以下目标:理论研究在保持国际先进的基础上,将会取得具有自主知识产权、自我开发的理论软件包;在合成化学方面取得一批国际先进或领先的研究成果;在有机、无机和高分子材料方面,将会在有机光电功能、无机稀土和分子磁性功能材料、高分子液晶、光子以及柔性光电材料方面取得重大突破,部分达到国际领先水平,并部分实现在能源、环境和国防领域中的应用;在化学生物学方面,将会进一步引进和建设一支更加合理的研究队伍,在解决生命科学和医学等重大基础性课题中发挥积极作用,推动我国化学生物学的发展,使得我国该领域的研究能够迈向国际先进行列。

2.2.2.3 中国先进研究堆(CARR)北京大学中子谱仪站

发挥北京大学物理学科的传统优势,开展物质科学的前沿研究,并努力争取重大国家科技项目,积极参与国家大科学工程建设,这是我校"十二五"期间的重点支持方向之一。目前已经进入签署合作协议和启动实施的国家大科学工程项目之一是中国先进研究堆(CARR)北京大学中子谱仪站(暂定)项目。中国先进研究堆是由国家发改委投资 7.7 亿,在北京建设的一座功率为 60 MW,热中子通量达 8×10^{14} n/(cm^2 · s)的多用途、高通量、研究型反应堆,主要用于中子散射研究。与国际同类反应堆比较,中国先进研究堆主要技术指标和性能已经达到了国际先进水平,并位居前列。目前工程进展顺利,将从 2010 年开始陆续为国内外科学家提供世界一流的中子科学综合实验平台。

中国先进研究堆北京大学谱仪站(暂定)是一个能够完成在综合极端条件(压力、温度、磁场、电场、气氛)下,对各种样品进行高强度中子衍射实验的弹性散射谱仪。目前项目承担单位北京大学物理学院已组建由国际专家组成的小组,组长为王恩哥院士,成员来自北京大学、中国原子能研究院、中国科学院、美国密苏里大学、橡树岭国家实验室等,开始进行方案设计。新的中子衍射仪利用位置敏感探测器和弯晶硅聚焦系统,具有强度高和样品小(0.5

克)的特点,特别适合于进行材料的动力学特性研究。

中国先进研究堆北京大学谱仪站(暂定)预计在两年内建设完成。其商讨中的实验运行模式为北京大学占30%机时,中国原子能研究院占20%机时,对国内外客户开放50%机时。初步已确定的部分研究题目有:(1)研究不同温度和磁场条件下的微观晶体结构、磁结构、磁致伸缩效应、巨磁热效应、巨磁阻效应及其变化规律。分析磁结构与巨磁致伸缩、巨磁热、多铁、巨磁阻和超导等效应之间的内在联系,探索提高材料性能的途径,寻找有实际应用价值的磁性功能材料。(2)研究特殊环境下(温度、压力、磁场、电场等),材料的物理和化学特性与其晶体结构、磁结构、相组成和电子结构的关系。重点研究在相变处输运、比热、力学等性能异常与磁结构的关系。研究多种磁效应之间的相互关联性。研究多相共存、金属—绝缘体相变、相分离和自旋玻璃现象在磁性材料中存在的起因和与性能的关系。发现影响材料性能的关键机理,从而为认识和解决材料应用的关键技术提供基本的理论指导。

2.2.2.4 蛋白质科学基础设施

"国家蛋白质科学基础设施—北京基地"项目是《国家"十一五"科学技术发展规划》重点建设的12项大科学装置之一。蛋白质科学基础设施的建设将围绕蛋白质科学研究的前沿领域和我国生物技术与医药产业、农业与环境保护、重要生物资源的开发与利用等发展需求,保障国家中长期科技规划纲要部署的蛋白质科学重大研究计划的实施,建设高通量、高精度、规模化的蛋白质制取与纯化、结构解析、蛋白质组分析、功能研究等大型装置,实现技术与设备的集成化、通量化和信息化,成为我国蛋白质科学研究和技术创新的基地,形成具有国际一流水平和综合示范作用的蛋白质科学研究支撑体系。

"国家蛋白质科学基础设施—北京基地"由北京大学、军事科学院和清华大学联合实施,北京大学生命科学学院、分子医学所、化学学院、工学院等成为蛋白质平台的主要研究力量。该项目的建成将从总体上提升我国蛋白质科学和生物技术的核心竞争力,促进我国蛋白质研究持续创新能力的迅速提高,进而推动我国基础科学和前沿技术整体水平的提高。

2.2.2.5 区域生态、环境与可持续发展创新平台

针对国家减排策略、生态保护、环境污染调控、城市化和区域可持续发展等方面的重大需求,北京大学将建设以野外生态—环境监测网络为基础、室内模拟和分析中心为依托、辅以强大数值模拟能力的区域生态环境与可持续发展研究创新平台。野外观察网络将以塞罕坝站为核心,建设大老岭等5～10个野外站、安阳和济宁城市与区域发展监测站,并与兄弟院校合作,构成系统的监测网络;平台将引进先进设备,不断提高室内分析、实验模拟和数值模拟能力,在10年内建成具有国际先进水平,包括野外观测网络、具备实验分析、模拟能力和基础数值模拟能力的硬件平台。

该平台建设将有助于我校进一步完善相关领域的学科布局,在保持地理学国内领先优势的同时,发挥生态学在国内全球变化研究方面的引领作用,并将在"十二五"期间建成包括三名院士、一名千人计划教授、五名长江教授、十名杰出青年基金获得者为核心,并具有整体国际影响力的高水平研究团队。

依托平台建设,我校在现有教育部重点实验室的基础上,组织申报国家重点实验室,进一步加强与国外相关研究机构的实质性合作,将实验室建成具有国际影响力的开放型研究和交流平台;同时,组织申报科技部城镇化与村镇建设工程中心,建设我国城镇化与城市发展领域的人才培养和研究基地。

平台建设将在现有工作基础上，进一步强化针对上述国家目标的研究能力，发挥学科交叉优势，力争在今后十年中在相关应用基础研究和国家战略咨询两个方面取得更多突破。平台将依托国家重大研究项目，围绕三个各有特色且相互交叉的方向组织研究：（1）全球变化及其生态响应；（2）区域环境污染及其生态与健康危害；（3）城市与区域可持续发展。在陆地生态系统碳源汇特征、全球变化的生态响应和适应机制、长时间尺度环境演变的关键技术及机理、史前与历史时期人地关系与当代生态问题、内分泌干扰物质对动物种群的长期危害、区域尺度微量有毒污染物的人群健康影响、区域可持续发展的自然—社会制约因素、中国城镇化和城市可持续发展动态监测等方面的应用基础研究取得具有国际影响的成果。在本领域最影响力的学术刊物发表系列研究成果。并基于相关研究成果，为国家在减排策略、生态保护、污染控制和区域发展等方面提供重要决策咨询建议。

2.2.2.6　大气环境与全球变化实验基地

随着经济社会的快速发展，在城市大气二氧化硫和颗粒物污染防治取得积极进展的同时，大气复合污染在我国快速发展的城市群区域日益突出，导致了严重的大气灰霾和光化学烟雾，并通过细颗粒物和臭氧对区域气候产生重大影响，成为制约未来社会经济发展的重大瓶颈。这一新型大气污染是世界性难题，在国际上尚无成熟的防治技术和经验，亟需探索大气复合污染的控制理论和技术手段。在区域污染控制中同步关注气候变化问题，可以在污染防治和气候变化领域实现"双赢"，这是国际环境科学发展的新动向，符合大气复合污染控制的国家需求，不仅有助于将我国在区域污染控制和气候变化方面的决策紧密联系，对提高我国的灾害性天气的预测能力以及减灾、防灾决策具有十分重要意义，并将为我国确定在国际公约中的国家立场等方面提供科学依据。

区域大气污染防治、气候变化和国家清洁空气行动计划等已列入国家2020年之前的科技发展规划和环境保护规划，北京大学将在实施这些规划的过程中发挥重要的组织和领导作用。北京大学环境科学与工程学院将依托国家重点实验室和现行两个重大国际合作计划（CareBeijing 和 PRiDe），重点研究大气氧化能力的变化、臭氧和细粒子生成之间的耦合、大气污染的气候效应，及区域污染与气候变化协同的控制技术与对策，在大气复合污染基础理论上取得突破，建立国家清洁空气行动计划的技术支撑体系，为国家履行环境国际公约提供技术对策。为了支撑这一目标的实现，将同德国尤利希研究中心和美国海洋与大气署地球系统实验室合作，在昌平校区建立大气环境与全球变化实验基地，包括大气化学气候超级观测站、飞艇观测平台和集光化学烟雾模拟—植物暴露—人体暴露为一体的大型模拟装置，使该基地的软硬件达到国际先进水平，成为国际大气化学与气候变化研究的主要基地之一。

2.2.2.7　环境过程与健康效应科技创新平台

以解决国家在环境与健康方面的重大问题为目标，瞄准服务于这一目标需要重点发展的基础科学和政策研究方向，通过整合北京大学在环境健康领域的基础和实力，聚集一批从事环境与健康研究、具学科交叉与合作能力的高水平科研人才，形成环境与健康交叉学科前沿领域的研究平台。该平台依托在昌平校区建设的大气环境与全球变化实验基地，通过组建收集与分析环境健康数据的信息中心，促进基础科学与社会科学的交叉与融合，实现高质量的基础研究向高质量的政策分析研究转化，为国家解决环境与健康的重大问题提供可靠的技术与政策支持。

在5～10年内，项目总体建设达到或者接近世界一流水平，其主要表现在以下三个方面：(1) 在大气环境与人体暴露研究方面取得重大突破,成为在这一领域技术水平和理论方法领先的研究机构；(2) 通过对分子标记物、环境基因组学等的研究提出环境健康风险的识别技术,通过对环境健康影响机理的研究提出阻断健康风险的技术；(3) 形成一支拥有1～2名左右具国际领先水平,3～5名具有重大国际影响的研究团队；(4) 成为培养和造就在国际环境与健康研究领域有重要学术影响人才的摇篮；(5) 成为在国际环境与健康和相关领域有重要学术影响,为国家资源环境重大问题提供决策咨询的学术机构。

2.2.2.8　先进技术与工程科学创新平台

先进技术与工程科学创新平台以国家和行业发展急需的重点领域和重大需求为导向,围绕国家科技发展战略和学科前沿,系统建设湍流与复杂系统、先进材料与生物医学、清洁能源与能源清洁利用等优势学科创新平台以及国防科技平台,为北京大学人文、社科、理、工、医科的全面发展和前沿交叉学科的重大发展作出贡献。在5～10年内建成未来若干尖端新技术的前沿学科和交叉学科的研究中心和人才培养基地。

通过深入整合校内的科研力量,不仅在基础研究方面,而且在大型工程应用方面形成强大的科研实力,建设成一支在若干领域国内领先的国防科研队伍。发挥学校在师资方面的优势,形成具有一定规模的国防人才培养能力,为国家的国防建设输送高级人才。

先进技术与工程科学科技创新平台将依托北京大学昌平校区的空间资源,以提高国防科研的能力、特别是承担大型项目能力为核心,以国防人才队伍建设和基础科研条件建设为主要内容,紧密围绕国家中长期发展规划中与国防相关的六大专项,逐步建立国防学科。通过采取灵活和特殊的机制,发挥学校现有的科研优势,尽快地提升北京大学在国防科技领域的地位。

先进技术与工程科学创新平台的建设主要集中在以下五个方面：

清洁能源与资源综合利用科技创新基地：将资源—能源—环境相结合构成一个整体,系统研究新能源与节能减排的基础研究和工程利用。主要建设内容与发展方向：(1) 新型能源与非常规能源开发技术；(2) 资源高效与清洁利用技术；(3) 水资源与水环境技术；

航空航天发动机科技创新基地：北大工学院在今年5月将成立航空航天工程系,结合国家航空航天重大需求,将针对我国在飞行器"心脏"发动机研发的薄弱点,在工信部和学校的支持下,拟与国内多家研究队伍一起组建航空航天发动机研究基地。该基地的主要研究方向包括：(1) 航空航天发动机多物理场耦合的复杂流动现象与机理；(2) 航空航天发动机先进推进原理与方法；(3) 发动机高温热防护材料与结构；(4) 发动机推进动力学与控制。

湍流与复杂系统科技创新基地：依托湍流与复杂系统国家重点实验室建设,主要开展力学和其他学科交叉的基础研究,包括如下几个方向：(1) 湍流理论与复杂流动基础理论及复杂流动的湍流工程模型；(2) 复杂控制系统的分析与综合研究；(3) 新型材料的复杂力学性能与原理；(4) 生物及医学复杂系统。

先进材料与生物医学科技创新基地：主要开展现代生物医学技术、先进材料与纳米技术等相关的研究和创新工作。主要方向包括：(1) 先进医疗器械和诊断技术；(2) 应用纳米技术和开发再生能源材料；(3) 新型功能材料与功能器件的设计理论、制备方法与性能表征技术；(4) 细胞与组织力学。

海洋工程科技创新基地：北京大学工学院在学校大力发展海洋科技的指导思想的指引下,根据自身的优势,提出如下五个海洋科技研究方向：(1) 深海探测与深海环境模拟；

(2)海洋能源;(3)海洋生物;(4)海洋工程结构与船舶装备监测与保障;(5)海洋科技中的力学问题。

2.3 校园规划

2.3.1 校园总体情况

北京大学校园由海淀本部校区、昌平校区和医学部校区三部分组成,海淀校区为主校区。2009年北京大学校园总占地面积274.4公顷(约4113.5亩),其中海淀校区面积176.5公顷,医学部校区面积39.4公顷,昌平校区面积34.6公顷,此外学校土地还包括燕北园教师住宅区、技物大院等。同时,北京大学圆明园校区为北京大学租用土地,租期为50年。本部校区中,燕园(即虎皮墙以内)为主校园,占地约105公顷。燕园周边分布有成府园、燕东园、中关园、承泽园、蔚秀园、畅春园(含畅春新园)等园区,周边大部分园区主要用地功能为家属宿舍,土地为北京大学土地。

2.3.2 校园空间发展面临的挑战

校园空间是落实学科规划和事业规划的保障。目前北京大学校园空间的局限与学科发展、事业规模扩大之间的矛盾日益突出。北京大学海淀校区自十九世纪二十年代燕京大学建校以来,海淀本部校园面积从1926年的104.14公顷增至现在的约176.5公顷,占地扩大70%,而建筑面积从8万平方米增加到约130万平方米,人员更是从当时的800多学生、100多教职工增加到现在的约3万学生、6千教职工。校园人口增长了30余倍,建筑总量增长了15倍。特别是近年来北京大学事业规模发展迅速,学生人数的增加,教师队伍的扩大,研究规模的增长,空间需求巨大。近20年来学生总人数和建筑总面积的增长都在基数很大的情况下又增长了一倍多,人口密度和建筑密度增加速度之快实为前所未有。

依据《普通高等学校建筑规划面积指标》(建标[1992]245号)和《关于大学生公寓建设标准问题的若干意见》(教育部2001年2月12日)等相关标准,2009年北京大学在用地、教室、实验室、图书馆、行政办公、学生宿舍、学生食堂等项目上建筑面积均不达标,校园规划和建设面临巨大压力。

2.3.3 校园规划的原则和目标

北京大学校园规划的总体原则是:在保证校园适当建筑密度的基础上协调学校事业规模发展与用地紧张的矛盾,合理控制建设规模,科学利用校园土地,谋求可持续发展;对校园空间进行合理定位,积极拓展昌平校区空间,疏解海淀和医学部校区部分功能;合理使用规划中的减法原则,改善校园空间结构,提高校园景观质量,营造校园文化氛围;按照对全国重点文物保护单位的保护要求,在保护区范围内,遵循在保护中使用为主,辅之以修复性利用,基本不增建的原则。保护范围内已有的非文物建筑,区别情况予以整治或者逐步拆除。在建设控制地带,以保护历史文化景观、尊重传统格局为原则,建筑高度、体量、色调、风格都不得破坏文物保护单位的环境风貌。

结合学校发展的实际,提出以下4个具体发展目标:

2.3.3.1 合理利用校园空间,优化功能分区,统筹协调空间资源配置,建设一个满足现代教学科研功能要求的创新型校园

根据新的发展要求,结合土地利用现状,合理利用地形和建筑,对部分土地使用功能进行调整,保持建筑与环境的统一协调,以求形成传统风格与现代气息相融合的大学校园空间。功能分区的调整力求合理和便于操作,使教学科研、行政办公、宿舍、居住等各功能用地

相对集中。

海淀本部校区的主体是教学科研区,包括公共教学区、理科教学科研区、文科教学科研区等,这些教学科研区相对集中于东门附近、成府园和西门附近。其中公共教学区集中在校园中心偏东的校图书馆周边至东南门区域;理科教学科研区集中于校园东门附近、燕东园南部和西部、中关园西北部及成府园南部等地区;文科教学科研区主要集中在校园北部的古建园林区(包括镜春园、朗润园及承泽园的一部分),校园南门区域,成府园中部区域。学校计划逐步对蔚秀园教职工住宅区、承泽园平房区进行外迁和改造,在这一地区形成新的教学科研集中区;学生居住和活动空间集中于燕园西南部和篓斗桥、畅春园地区。由于用地紧张,在燕园内部主要解决本科生的住宿问题,并力争达到教育部规定的本科生标准生均建筑面积,研究生住宿争取在周边园区解决。"十二五"期间计划启动28、29、30、31、32、35楼区域的宿舍改造工程,进一步改善学生住宿条件。为缓解食堂空间不足问题,规划中的餐饮综合楼也应尽快启动,并进一步整合和优化食堂布局。结合南门区域改造,在现16—18楼地块建设教师学生活动中心,解决学校学生和教师活动空间不足问题,丰富学生和教职工的业余文化生活;行政办公空间分布于未名湖周边区域,并在燕东园结合煤改气项目,在原煤厂处建设后勤综合办公楼,以保证学校基本设施的正常高效运转。

医学部校区位于中关村科技园区海淀园中心区,西隔学院路与北京航空航天大学相对,东为花园路,北隔北四环与北京科技大学相望,南为花园北路,规划总用地39.3530公顷,其中医学部本部学校用地面积38.9131公顷,城内学生宿舍用地面积0.44公顷。按照北京市规划委员会"关于北京大学医学部校园控规深化设计研究意见的函"批复:规划总建筑面积66.6623万平方米,其中地上建筑面积57.7636万平方米,地下面积8.8987万平方米。绿地面积11.965644万平方米,绿地率33.6%,容积率1.63,建筑密度25.9%。在《北京市区中心地区控制性详细规划》中医学部校园用地分为两种性质,教学区属教育科研设计用地,教师生活区属居住用地,医学部的校园总体规划遵循了原规划用地功能的分区,由规划城市支路将学校分为三个部分:西部以教学为主,中部为运动场地和学生生活区,东部以教工生活区为主,共分为六个功能区,即教学科研区、研发区(拟新建)、体育活动区、学生生活区、附属设施区、教工住宅区,各功能区由校园主环路串联。

医学部一直是我国医学教育的重要基地,现有12个一级学科博士、硕士授权点,47个二级博士学位授权点和59个二级学科硕士学位授权点,6个博士后流动站。考虑到医学教育的特殊性,实验课程的比重高达50%以上。根据《普通高等学校建筑规划面积指标》(建标[1992]245号)文件中的医学院校实验用房计算标准,医学部现有学生近万人,需实验用房建筑面积应达90000平方米以上,而现有实际面积不足50000平方米,缺口近50%。研究生科研训练是创建一流的研究型大学的重要内容,同样面临巨大的用房难题,这与高层次人才培养的发展趋势是极不相称的。此外,医学部还拥有1个国家重点实验室、5个教育部重点实验室、6个卫生部重点实验室等一批国家和部委重点实验室,由于办学空间的限制,这些重要科研机构的基础设施条件远远不能满足实际需求,拥有空间不足相关部门规定的一半,有些机构甚至不足三分之一,严重制约了这些机构的快速发展。西北区是医学部校区最后一块未开发的土地,对未来发展弥足珍贵。按照医学部《"十一五"期间基本建设任务规划》,医学部西北区将建设一座综合医药园区,将目前医学部教学区内的大部分实验室搬入医药园区形成一个完整的科研区,并将同时强化教学区的教学特征。目前,该项目已获得教育部(教发函[2008]37号)、北京市规划委员会(2008规意条字0101号)的相关批复。

  昌平校区位于昌平区十三陵西山口村,现有校园用地34.6公顷。1959年,在当时中共北京市委领导建议下,后经中央批准,北大选定在昌平十三陵西山口建设北大理科新校址。当时政府曾为北大昌平校区的发展预留了数千亩土地,但由于"文革"等历史原因,北大昌平校区的发展被打断,大量土地被地方政府陆续挪作他用,目前只剩下500亩大小。近年来北大科研事业快速发展,最近五年科研经费一直保持两位数的增长,其中理工医类的科研经费年均增长率超过27%,五年间累计增长了1.4倍。随着国家科研投入的持续增加以及16个重大专项的全面实施,我校科研体量将继续保持快速增长的势头,预计到2015年,全校理工医类的科研经费总量将超过20亿元。而北大的校园面积有限,周边受到四环路、颐和园、圆明园等多方面限制难于发展,办学空间严重不足,已经成为制约科研事业发展的瓶颈。此外,地铁四号线路过北大东门,东门区域是我校理工科的科研设备,特别是高端精密仪器最为集中的区域。2009年地铁四号线通车运行后产生的振动和电磁波等对高精密仪器的使用造成了严重影响。尽快为我校未来的新增科研体量和部分大型精密仪器寻找新的发展空间已经成为我校保持和提升科研竞争力的当务之急。为此我校提出在昌平校区周边新征1000亩左右的土地(约合62.4公顷,其中可建设用地14.8公顷,其余为山地和林地)。在未来的五到十年内,将昌平科学园建成一个占地约1500亩,建筑面积40万平方米,容纳近十亿元大型科研装备、上千名科研人员,每年承担8~10亿元科研任务,集大型科学装置、国家级重点实验室和工程中心、国家重大科研项目和前沿交叉学科平台,持续地产出一批重大科研成果并不断实现科技成果向现实生产力转化的大型现代化科学研究基地。

2.3.3.2 改善学生和教师的生活和学习工作环境,提升景观质量,营造校园文化氛围,组织好人流车流,还校园于学生、学习和学校,建设一个以人为本的和谐校园

  随着校内教职工机动车保有量的增多和对外交流活动的增加,校园机动车流量已远远超过校园空间的承受能力,校园正常秩序受到影响,学生和教师的日常教学科研活动受到干扰,并存在一定的安全隐患。一方面,校内和周边停车空间不足。高峰时间,停车场超负荷运转,大量机动车因无处停放而挤占道路空间,造成交通状况进一步恶化。另一方面,校内道路尤其是出入口附近道路交通高峰时间拥堵情况严重。

  校园停车与交通问题解决思路,包括:在各主要机动车门附近规划建设大型停车设施,截留入校机动车;争取在南街(南门和北四环之间)区域与政府共建大型停车设施;除几条主干道路,其他道路应通过路障限制机动车通行,同时做好交通引导;校内继续挖潜。校内边角可开发100个左右车位。成府园政府管理学院地下尚有100多车位没有启用。充分利用校医院、经济学院地下车库等。

2.3.3.3 传承北大人文精神,延续校园历史文脉,保持传统风格和建筑特色,保护好国家文物,建设具有历史文化传统的人文校园

  2001年北京大学未名湖燕园建筑被列入第五批全国重点文物保护单位,有效保护北大校园这一内涵丰富而价值珍贵的文化遗产,科学、合理、适度地发挥其今天在校园建设中的积极作用,成为校园规划的主要工作内容。风景秀丽的未名湖和遗留下的古园林,为北大营造了一种高贵和典雅的氛围,这无疑是一份宝贵的财富,如何保护和利用好校园的魅力景观,使悠久的北大景观风格和北大人文精神与新时期的校园建设相得益彰,也是对校园规划的一个挑战。

景观规划的重点在于保护,并恢复和发扬旧日园林的神韵,在继承传统的基础上创造新格局。燕园主校园可分为北部传统区和南部新兴区,北部传统区保留了大量明清期间的私家园林,而南部新兴区位于台地上,地表鲜有水源,没有园林。燕园景观规划总体格局包括:"一塔湖图"之总意象;"两横两竖"之景观主轴线;开放式中心绿地贯穿燕园;"园中园"式的古典园林新貌。

结合燕园景观规划的总体格局,我校制定了景观轴线规划与保护思路:西校门与办公楼(贝公楼)建筑中轴线的联结——原燕大校区主轴线。这一轴线继续秉承严格保护的原则;南校门起的五四路轴线,两侧分布有学校各时期的主要建筑。这一轴线结合南校区区域的改造,在延续历史格局的基础上赋予时代特色;北京大学图书馆的东西轴线与成府路中线的连接线,未来教学区中心轴线。在此线与中关村北大街的交接处新建北京大学东校门,并对东校门至图书馆这一轴线道路进行改造,建设成为步行活动空间和景观道路;第二体育馆、静园草坪、钟亭连线至德、才、均、备四斋的中心线,这是内藏的一条轴线,也是人文景观和历史意义极为重要的一条景观轴线。这一轴线也将继续保持其原有风貌。

绿地系统规划力求将大块的集中绿地作为一个重要的功能和景观要素,在校园内部贯通和串联着各主要的功能区,烘托和营造校园的文化氛围和静谧气氛,达到视觉上的和谐和心理上的愉悦。规划一条以未名湖风景区为核心的、贯穿燕园南北的中心绿带作为中心绿地,为广大师生提供良好的户外交流活动场所。

为疏解燕园南部区域建筑过于密集压抑的现状,可考虑拆除电教大楼,改为公共绿地,为学生营造大片开放空间和活动交流场所,还学校于学生。

鉴于如今燕园中的未名湖和其他小湖溪的水体及其周边环境的恶化,规划从整个水域的动力点出发,按照引清泉、阻污源的思路进行水系规划整治。同时可积极引入中水系统,缓解水系景观用水水源紧张的问题。

2.3.3.4 贯彻可持续发展理念,保护校园生物多样性和生态环境,提倡低碳生活与绿色环保理念,建设可持续的节约型的绿色校园

教育资源是社会资源的重要组成部分,建设绿色校园,不仅是学校自身发展的需要,更是高校应有的社会责任。高校作为引领社会发展的重要力量,建设绿色校园是响应国家政策倡导,适应社会大背景、大环境要求的重要任务和举措,更是学校培养合格人才,提高学生综合素质,履行社会责任的客观需要。学校应在深刻认识建设绿色校园的紧迫性和艰巨性的基础上,通过合理布局和管理创新,有效整合空间资源,提高空间资源利用率,积极进行设备改造,倡导新能源利用,节能节水,保护生物多样性,认真贯彻落实科学发展观,推动高校绿色校园的建设。

在国际研究型大学联盟会议中,我校承诺至2010年,单位建筑面积碳排放在2005年基础上降低15%。同时我校希望5年内生均能耗水耗能在2008年统计数据基础上降低5%。学校近期正在考虑建设节能减排监测平台,通过网络系统,汇总校园能耗水耗相关测量数据,并进行实时分析评测,观测绿色校园建设实效,并进一步寻找校园节能减排改造潜力。

学校已批准建立绿色校园建设委员会和绿色校园建设工作小组,统筹全校节能减排和环境保护相关工作,协调学校发展规划部、基建工程部、总务部、水电中心、餐饮中心、供暖中心、校园管理服务中心、运输中心、学生宿舍管理中心、会议中心等相关职能部门在校园规划、基础设施建设、维修改造及日常工作、学习、生活运行过程中加强节能环保管理,严格执

行国家节能环保标准,积极采用新技术、新工艺、新设备,营造良好的校园文化氛围,进一步开展"绿色校园"建设活动。

学校相关管理机构包括发展规划部校园规划与可持续发展办公室、总务部运行办公室节能办公室、实验室与设备管理部环境保护办公室。学校目前已制定有《北京大学环境保护规定》《北京大学动物废弃物处理实施细则(试行)》等相关规章制度。目前学校已建设全校性绿色校园网站 http://green.pku.edu.cn,并计划尽快完成英文界面网站的设计和建设。

学校将在现有规章制度基础上,逐步形成绿色校园和绿色校园建设相关规章制度,并进一步完善节能节水管理制度,对学校目前已经制定的有关节能管理制度,包括计量管理、用水用电定额管理、节能工作责任制度等进一步完善,并强化执行力度。下一阶段设备改造工作重点主要包括:集中供暖锅炉房改用清洁能源(煤改气)、节水措施、节电措施、餐饮系统节能减排措施、实行校园垃圾分类处理等。

3 现有办学条件

3.1 现有办学条件总体情况

截止到2009年底,北京大学校园总面积2742343平方米(4113.5亩),房屋1953184平方米,其中校本部占地1978597平方米(2968亩),房屋1558560平方米(不含已出售教工住宅面积373243平方米);昌平校区占地370216平方米(555亩),房屋53369平方米;医学部校区393530平方米(590亩),房屋341255平方米。

表1 2009年北京大学全校校舍用房缺额情况表　　　　　　　　单位:平方米

	现有面积	应有面积	缺额面积
一、用地	2742343	3135284	392941
二、九项主要校舍			
教室	92813	102612	9799
图书馆	67462	114951	47489
实验室	292307	334795	42488
体育馆	38185	42755	4570
会堂	15911	12216	-3695
行政办公用房	75825	161105	85280
学生宿舍	382200	628866	246666
学生食堂	23995	52935	28939
生活福利用房	102138	152696	50558
三、其他建设项目			
教工宿舍	39606	46828	7222
教工食堂	13540	17520	3980
教工住宅	182876	686147	503271
运动场		231128	231128
科研用房	228964		
室外工程			
基础设施			
其他	397362		

3.1.1 海淀及昌平校区土地和房屋情况

海淀及昌平校区的校园用地按用途划分为:教学科研区411175平方米(617亩),体育活动区109300平方米(164亩),学生生活区164725平方米(247亩),教工住宅区341800平方米(513亩),实习用地25128平方米(38亩),附属学校用地111113平方米(167亩),其他用地1185572平方米(1778亩)。

现有房屋按功能划分为:(1)九项基本办学用房815741平方米,其中教室59283平方米,图书馆57438平方米,实验室实习场所及附属用房191467平方米,体育馆35485平方米,会堂12419平方米,行政办公用房63794平方米,学生宿舍286250平方米,学生食堂20822平方米,生活福利及其他附属用房88783平方米。(2)其他校舍796187平方米,其中教工宿舍38076平方米,教工食堂13540,教工住宅118246平方米,科研用房228964平方米,其他用房397362平方米(产业商业用房及附属学校用房)。

3.1.2 医学部校区土地和房屋情况

医学部校区内大部分为多层建筑,近年零星建设了部分高层建筑,以十二层以内的板式建筑为主。各区房屋均由学校通过不同的行政部门进行自管,能有效利用及合理使用,少量房屋破损严重、使用不便,将根据学校事业发展需求逐步拆除。校园用地按用途划分为:教学科研区150315平方米,体育活动区43188平方米,学生生活区41709平方米,教工住宅区94420平方米,其他用地63898平方米(其中23464平方米为附属设施区,40434平方米为城市道路用地)。

现有房屋按功能划分为:九项基本办学用房275095平方米,其中教室33530平方米,图书馆10024平方米,实验室实习场所及附属用房100840平方米,体育馆2700平方米,会堂3492平方米,行政办公用房12031平方米,学生宿舍95950平方米,学生食堂3173平方米,生活福利及其他附属用房13355平方米。

3.2 校园用地比较紧张,办学空间严重不足

按照92指标分析,北京大学校园用地面积缺口为392941平方米(589亩)。但考虑到实际情况,校本部用地缺口应为1500～2000亩。主要原因如下:(1)在学校现有土地面积中,校园占地少。学校现有总占地4113.5亩,包括海淀本部校园占地2968亩,医学部校园占地590亩,昌平校区占地555亩。在校园用地中有约985亩土地(包括校本部843亩、医学部142亩)为已出售教工住宅用地,附属学校用地以及其他零散用地,无法用于教学科研以及学生活动,不应当列入校园占地。(2)校园占地中,可以利用土地少。学校校园占地3128亩(不含教工住宅、附属学校等),其中环境绿化用地(包括湖泊水系)比较多,共计1876亩,绿化率指标高。扣除绿化用地后,学校可以利用土地仅1252亩。(3)校园地理位置以及规划限制,土地利用率不高。由于学校紧邻圆明园、颐和园重要景区,校园内未名湖及周边区域被列为全国重点文物保护区,在校园建设方面,规划条件限制非常严格(建筑高度控规、容积率指标等),因而学校土地实际利用率非常低。

学校房屋长期以来比较紧张,近年来虽然一直加大基本建设,但随着办学规模和事业发展规模的不断扩大,在校舍方面仍然存在较大缺口。按照92建标等指标测算,九项主要校舍用房缺额515789平方米。其中,教室缺额面积9799平方米,图书馆缺额面积47489平方米,实验室缺额面积42488平方米,风雨操场缺额面积4570平方米,行政办公用房缺额面积85280平方米,学生宿舍缺额面积246666平方米,学生食堂缺额面积28933平方米,生活福

利及其他附属用房缺额面积 50558 平方米。

3.3 科研用房难以满足事业发展需求

北京大学现有 1 个国家实验室、10 个国家级重点实验室、2 个国家工程中心和 63 个省部级重点实验室，以及 13 个教育部人文社科重点研究基地。经过两期"985 工程"和"211 工程"的重点建设，学校教学科研装备条件有了极大的改善，主要的基础课教学实验室全部得到更新及改善。学校还多渠道筹集资金，集中力量建设了一批具有国际先进水平的公共科研平台和专业实验室，组建了具备手术介入灵长类疾病模型、转基因小鼠模型等技术的实验动物中心，电子显微镜实验室、加速器质谱实验室、分析测试中心、化学中级仪器实验室、造山带与地壳演化实验室、凝聚态实验室、微/纳器件实验室、高性能蛋白质组学实验室等，组建了化学基因组学和创新药物、社会跟踪调查体系、功能成像等交叉学科研究平台，为交叉学科发展提供了必要的基础。设备总值由 1995 年的 1 亿元增加到 2009 年的 22.8 亿元。这些装备对教学质量的提高、学科结构及方向的调整，特别是科研水平的提升发挥了重大作用。

但是，与科研装备和水平快速增长的趋势相比，科研用房的增长缓慢。截至目前，校本部现有科研用房 217903 平方米，难以满足北大科研事业发展的需要。下图是理工医类科研装备和面积的增长情况，一定程度上反映了北大科研条件的紧张情况。根据教育部 2003 年印发的关于《高等学校重点实验室建设与管理暂行办法》的通知要求，国家及教育部重点实验室面积应不低于 3000 平方米，并相对集中。2010 年初，结合"十二五"基建规划的制定工作，我校对校内的国家级和省部级重点实验室的用房条件进行了调查，发现我校重点实验室面积普遍不达标，部分实验室面积只是标准的一半，而且比较分散。许多新引进人才只能暂时挤用别人的实验室，有些系、室五六位青年教师挤在一间狭小的房间里工作，使科研人员的潜能难以得到有效的发挥。以承担国家"重大新药创制"科技重大专项课题研究的"天然药物与仿生药物国家重点实验室"为例，这是目前我国唯一依托高校进行药学研究的国家重点实验室（拥有中科院院士 2 人）。成立近 20 年来，规模和人员不断扩充，科学研究体量和水平在不断提高，但实验用房一直未得到相应增加。目前，该实验室的使用面积不足 2600 平方米，而要保证完成科技重大专项课题以及国家科技计划的其他课题，所需要的实验室面积应为 8300 平方米。实验室拥挤不堪，过度饱和，且无专门库房，各种有机溶媒、试剂、气体、大量药材只能堆放在楼道或实验室，存在安全隐患。另外，科研用房短缺也制约着目前发展态势良好的实验室的未来规划。例如，国家级转化医学实验平台，地表过程分析与模拟教育部重点实验室、医学生物学实验室等，目前都分散在教学楼内混合使用，均存在因实验室面积不足致使发展后劲不足等问题。尤其是在争取申报国家重点实验室时，由于实验用房窘迫，使这些优秀的实验室多次丧失了申报建设国家重点实验室的机会，造成北京大学相关学科布局和发展的战略性损失。

北京大学现有北大医院、人民医院、北医三院、口腔医院、北医六院、北京肿瘤医院、深圳医院、首钢医院共 8 所附属医院，都是知名度高、群众信赖的三甲医院。附属医院在临床实践中遇到的大量临床问题，均需要进入实验室开展相关分析、研究。临床研究在现今的循证医学时代成为医学科学从基础走向临床的必经之路，现代的每一项医学新技术、新方法、新药物，乃至增加老药物的新适应证，等等，都离不开高质量的临床研究。临床研究对于发现临床问题、总结疾病的临床特点和诊治规律，乃至病因的探索和最终确定都起着至关重要的作用。目前，我国的临床研究上属于起步阶段，与国际发达国家的差距十分明显。我国虽然在许多大型医院里建立了一批临床药理基地,加强了对新药上市的研究和管理工作。但是,我国目前还没有一个专门从事临床研究的设计、实施、学术推广、管理等系统性工作的高水平学术机构或平台,因此也还没有一个大学或学术机构能培养专门从事临床研究的人才。就北京大学而言,临床学科和专家分散在各个不同的院系和附属医院,尚没有一个共同的平台使其形成整合优势,研究水平和质量需要进一步提高。而教学、科研面临的用房窘迫,不仅直接影响到临床医疗水平的跟进发展,更难以企及医改提出的"完善标准化、规范化的临床医学教育,提高医学教育质量"的要求。

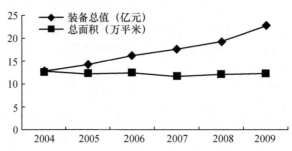

图1 北京大学理工医科研面积和装备的增长情况

3.4 受地铁振动影响,精密仪器亟待转移安置

北京大学作为集教学、科研于一体的综合性大学,拥有大量价值昂贵的高端教学、科研设备(设备总值约24亿元,大型贵重仪器设备拥有量居全国高校之首),同时根据学科发展和国家重大需求,我校还承担了大量精密设备研制开发相关的科学研究工作,这些仪器设备及相关科学研究在为国家培养高素质创新人才、提高我国整体科研水平、推动区域高新技术产业发展等方面发挥着极其重要的作用。

高精密实验设备对地铁列车运行过程中产生的振动和磁场极其敏感。在北京地铁四号线的规划中,我校就表示希望地铁四号线能够避让北京大学东部理科教学科研区。经多次协商,地铁公司表示通过加设"钢弹簧浮置板道床"等措施可以有效减弱振动影响。在此承诺基础上,为配合北京市轨道交通发展大局,我校同意四号线从东校门周边地下穿过。地铁四号线投入运行后,我校专门组织专家进行了科学的振动监测工作,论证结果表明,虽采取各种先进的减振手段,地铁运行所产生的环境振动仍严重改变了原有的理科实验环境,四号线周边区域已经不能满足高精密实验仪器设备的正常运行要求,甚至导致仪器的损坏和报废。而且,低频振动随距离衰减慢、影响范围较大,地铁4号线运行对附近的实验仪器设备均会产生不同程度的影响。为尽量减少地铁运行对北大理工科教学科研工作的影响,我校急需另觅新址转移安置部分高精密仪器和大型实验设备。

4 "十一五"基本建设规划执行情况

4.1 规划执行情况

"十一五"期间北京大学列入基建计划的项目共有76项,总面积2008310平方米,计划总投资1213914万元。其中:

已列入2006年初北京大学基建投资计划的项目39项,面积731904平方米,总投资317166万元。其中已竣工交付使用的项目共计36项,共完成面积700546平方米,共完成投资275064万元;在建项目1项,面积12158平方米,计划投资5858万元,已完成2614万元;有2个项目暂不上计划,分别为财保楼和艺术大楼(其中财保楼暂停计划,艺术大楼将在"十二五"规划中和歌剧院大楼合并)。已竣工交付使用的项目中,销号项目23项,已结算未销号项目5项,已竣工未结算项目8项(详见附表《北京大学十一五基本建设完成情况表》)。

"十一五"新增项目37项,教育部已批可研或者立项的有12项,其中已竣工交付使用的项目2项(未结算),共完成10595平方米,完成投资3343万元,分别为教育学院大楼和附中图书馆扩建;在建项目7项,面积106008平方米,已完成投资23514万元,分别为北京国际数学研究中心、人文大楼、微电子大厦、工学院与交叉学科大楼一期二期(合并为一个工程)、景观设计学大楼、科技成果转化中心、北达资源中学学生食堂。正在进行前期工作的项目1项,为环境绿色大楼;暂不上计划的项目1项,为燕北园文体活动中心。

"十一五"规划中的其他规划新增项目25项,正在施工的项目1项,为医学部的学生综合服务大楼。其他的项目有部分在进行项目的前期筹备,如餐饮综合楼、肖家河经济适用房、医学部医药科技园区综合楼、医学部的家属区住宅改造等。其他项目根据实际情况略有调整。例如拟将社会、心理及人口所等改建项目、新闻中心等改建项目、学生活动文化综合楼、教学办公综合楼1#和2#合并为南门区域教学楼,正在申报立项中;拟将承泽园教学科研楼1#和2#合并为国家发展研究院大楼,目前已经立项,正在申报可研;拟将艺术大楼与歌剧院大楼合并为艺术歌剧院大楼;拟将环境绿色大楼移到成府园区,在原地点建立生命科学大楼等。除了原来"十一五"计划中已有的项目,还有部分新增的项目,具体情况请参见"十二五"基本建设规划投资情况表(附表5)。

4.2 "十一五"基本建设规划存在的问题

"十一五"北京大学基本建设规划存在的问题主要在于项目的推进比较缓慢。规划新增项目只有医学部的学生综合服务大楼已上计划并在建中,其他的项目均在前期报批阶段,其原因可归结为以下三点:

项目的前期报批手续比较复杂繁琐,影响了项目的进度;

有部分项目的资金来源得不到落实,影响了项目的开展;

由于学校的规划方向发生变化,项目的设计方案也随之改变,因此也影响了项目的推进。

表2 北京大学"十一五"基本建设计划完成情况表

序号	项目名称	项目类别代码	所在校区	建筑面积(平方米)	总投资(万元)	累计完成投资(万元)	完成情况
	"十一五"基本建设计划项目合计			2008310	1213914	304535	
	一、已列入2006年初基建投资计划项目			731904	317166	277678	
1	百周年纪念讲堂	5	燕园	12419	12800	11706	已完成
2	北大光华企业家研修院	14	成府园	29933	18376	14039	已完成
3	北大医院大楼	9	成府园	32768	17822	13765	已完成
4	北京大学体育馆	4	燕园	26900	25545	25268	已完成
5	财保楼	6	燕园	4000	1288	0	暂不上计划
6	畅春新园学生宿舍研A楼等4项	7	畅春新园	50300	11940	10968	已完成
7	畅春园学生宿舍63#	7	畅春园	8300	1530	1168	已完成

(续表)

序号	项目名称	项目类别代码	所在校区	建筑面积（平方米）	总投资（万元）	累计完成投资（万元）	完成情况
8	城内学生宿舍	7	医学部	9604	4824	2804	已完成
9	地下车库	17	燕园	10000	1600	1600	已完成
10	附小地下车库	17	附小	2870	1749	1723	已完成
11	附小教学楼及宿舍	17	附小	11700	4600	4396	已完成
12	附小教学楼加层	17	附小	1443	623	382	已完成
13	公共教室楼	1	燕园	36512	15360	13962	已完成
14	国政楼	14	燕园	9997	4670	4663	已完成
15	金工实验楼	3	燕东园	3330	990	788	已完成
16	经济学综合楼	14	成府园	15120	9388	7329	已完成
17	开闭站及电缆隧道	16	燕园	677	210	210	已完成
18	考古教学楼	14	燕园	2377	1303	1214	已完成
19	科技大楼	17	中关园	52000	23026	23026	已完成
20	科技发展中心二期	17	燕园	37244	14300	8995	已完成
21	科技发展中心一期	17	燕园	41279	12220	12220	已完成
22	蓝旗营教工住宅	12	蓝旗营	99471	34500	33771	已完成
23	理科楼群 4#	3	燕园	26451	14000	12808	已完成
24	篓斗桥学生宿舍及食堂	7	篓斗桥	20800	5300	4581	已完成
25	煤改气	16	燕园	0	4200	4200	已完成
26	青年教师周转楼	17	附中	6758	1200	1600	已完成
27	田刚住宅	12		0	280	280	已完成
28	图书文献保障体系			0	5000	5000	已完成
29	新法学楼	14	成府园	12158	5858	2614	未完成
30	新化学南楼	3	中关园	22634	11000	8944	已完成
31	学生食堂（农园）	8	燕园	9482	4600	3733	已完成
32	学生宿舍 38#	7	燕园	17600	3400	3082	已完成
33	学生宿舍 41#—43#	7	燕园	26000	5150	4940	已完成
34	研究生公寓	7	医学部	43277	11730	13428	已完成
35	燕北园住宅配套	17	燕北园	3200	630	469	已完成
36	燕园社区综合楼	17	燕北园	5500	1012	999	已完成
37	医学教学大楼	3	医学部	24600	14782	15003	已完成
38	艺术大楼	14	成府园	15200	8360	0	暂不上计划
39	征地（篓斗桥）	0	篓斗桥	0	2000	2000	已完成
二、计划新增项目				1276406	896748	26857	
（一）	教育部已批可研或立项			168947	108234	26857	
40	北京国际数学研究中心	14	燕园北部	6500	14858	5987	在建
41	人文大楼	14	燕园北部	15000	7500	5074	在建
42	教育学院	14	南门区域	7780	2960	2825	已完成
43	微电子大厦	3	成府园	18000	11051	8047	在建
44	工学院与交叉学科大楼一期（力学实验楼）	3	燕东园	8400	3412	942	合并为工学院与交叉学科大楼
45	工学院与交叉学科大楼二期	14	燕东园	45600	25080		
46	环境绿色大厦	3	东门区域	24000	19200	0	上报计划中
47	景观设计学大楼	14	成府园	22300	11432	26	上报计划中

(续表)

序号	项目名称	项目类别代码	所在校区	建筑面积（平方米）	总投资（万元）	累计完成投资（万元）	完成情况
48	北大科技成果转化中心	17	成府园	14200	10736	3405	在建
49	附中图书馆扩建	17	附中	2815	944	518	已完成
50	北达资源中学学生食堂	17	资源中学	1852	611	33	在建
51	燕北园文体活动中心	9	燕北园	2500	450	0	暂不上计划
(二)	其他新增项目			1107459	788514	0	
52	艺术学院与歌剧院大楼	3	成府园	20800	14560	0	上报计划中
53	餐饮综合楼	8	燕南园周边	25500	12240	0	上报计划中
54	肖家河经济适用房	12	肖家河	618333	420000	0	上报计划中
55	社会、心理及人口所等改建	14	南门区域	8275	3310	0	合并为南门区域教学楼
56	新闻传播学院等改建	6	南门区域	8100	3240	0	
57	学生活动文化综合楼	9	南门区域	14013	5610	0	
58	教学办公综合楼-1	6	南门区域	14158	6370	0	
59	教学办公综合楼-2	6	南门区域	14013	6310	0	
60	勺园改建	6	燕园	24000	10800	0	暂不上计划
61	学生综合服务大楼	9	医学部	20000	8424	0	在建
62	教学科研综合楼-1	14	燕南园西	28500	15680	0	暂不上计划
63	学生体育中心	4	医学部	10000	5000	0	上报计划中
64	中水处理厂	16	燕园北部	1000	3000	0	暂不上计划
65	软件工程大厦	14	成府园	11760	5880	0	上报计划中
66	北京大学医学部医药科技园区综合楼	14	医学部	120000	72000	0	上报计划中
67	筹资会所	6	燕园北部	405	810	0	暂不上计划
68	朗、镜教学科研用房A	14	燕园北部	1369	690	0	暂不上计划
69	教学科研综合楼-2	14	燕南园西南	24900	13700	0	暂不上计划
70	服务综合楼	9	燕南园西	5600	2520	0	上报计划中
71	学生公寓	7	燕南园南	25733	7720	0	上报计划中
72	承泽园教学科研楼-1	14	承泽园	4500	2025	0	合并为国家发展研究院大楼
73	承泽园教学科研楼-2	14	承泽园	12500	5625	0	
74	挂甲屯小区征地拆迁(5.4公顷)	0	挂甲屯		131000		暂不上计划
75	家属区住宅改造	12	医学部	90000	30000	0	上报计划中
76	老干部活动中心	9	医学部	4000	2000	0	暂不上计划

5 "十二五"期间基本建设任务

"十二五"期间，我校计划在昌平校区以北征地62.4公顷(其中可建设用地14.8公顷)，规划新建基本建设项目29项，总建筑面积155.6万平方米，其中海淀校本部114.4万平方米，医学部25.4万平方米，昌平校区15.8万平方米。除教职工住宅(78.8万平方米)外，规划的办学用房和其他校舍总面积为74.1万平方米，与2006年初列入我校基建投资计划的总体规模基本相当。

"十二五"期间，我校基建规划投资总额124.7060亿元，其中：已列入2010年基本建设投资计划项目需要投资 4.8233 亿元,规划 118.0727 亿元,"211 工程"三期投资 1.81 亿元。从资金来源看,教职工住宅集资 79.78 亿元,此外,校园基础设施项目需要学校筹资 44.926 亿元,"十二五"期间按年度分别为 10.2956、11.3963、10.5735、8.0794 和 4.5812 亿元(详见《北京大学"十二五"基本建设规划投资情况表》)。

6 财务状况分析

2006—2009 年间,我校经费总收入超过 172 亿元,收支保持平衡,其中 2009 年经费收入突破 45 亿元,比 2006 年增加了 7.6 亿元,年均增幅达到 9%。"十二五"期间,根据《北京大学"十二五"基本建设规划投资情况表》,我校基建规划投资总额 124.7 亿元,其中教职工住宅集资 79.78 亿元,学校筹资 44.926 亿元。为确保规划项目的顺利实施,学校必须集全校之智慧,聚全校之合力,积极筹措建设资金,力争"十二五"建设计划顺利实施。

6.1 筹资方案

我校针对每个项目的实际情况,明确了筹资方案,形成了"十二五"基本建设项目资金筹措计划:筹资总额 124.4055 亿元,其中:国拨投入 2.4335 亿元,占筹资总额的 2%;自筹 14.4824 亿元,占筹资总额的 12%;内债建设 0.2888 亿元,占筹资总额不足 1%;社会捐赠 5.9006 亿元,占筹资总额的 5%;其他(985)经费 19.3192 亿元,占筹资总额 15.5%;地方政府拨款 0.35 亿元,占筹资总额不足 1%;校属单位自筹 1.351 亿元,占筹资总额 1%;企业合作 0.5 亿元,占筹资总额的 1%;教职工住宅集资 79.78 亿元,占筹资总额的 64%。具体情况见附表。

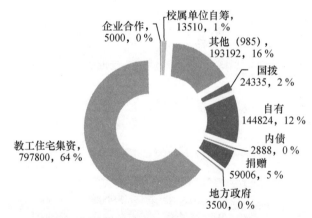

图 2 "十二五"期间建设资金筹措结构图

6.2 筹资方案的可行性分析

根据要求,学校填报了《北京大学"十一五""十二五"期间财务收支分析表》,在据实填列"十一五"期间的各项收入支出基础上,对"十二五"期间的各项收支、事业基金、银行存款等情况进行了测算。测算坚持了实事求是、积极稳妥的原则;测算以 2010 年为基期,采用"十一五"期间趋势分析法、结合学校"十二五"期间事业规划进行的。各项项目测算依据在报表中做了详细说明。测算结果表明,按照学校事业规划,经过积极争取,本次编报的"十二五"期间基建投资计划在财务上是可行的。

需要说明的是,财务收支分析表是依据学校正常事业发展测算的,对于教工住宅集资项目,考虑到建设资金来源为教职工,学校本着项目资金收支平衡原则,不会影响正常事业收支规模,因此,测算中未涉及。

具体测算说明见表3：

表3 "十二五"期间各项收入支出测算说明

序号	项目名称	测算说明
(一)	上年结转	
(二)	经费总收入	本行为计算项,"十一五"期间年均增长率9%,预计"十二五"期间年均增长率为10%
1	财政补助收入	本行为计算项,"十一五"期间年均增长率为9%,占总收入56%;预计"十二五"期间年均增长率为9%,占总收入55%
	中央教育经费拨款	"十一五"期间年均增长率8%,考虑"985"工程拨款不均衡等特殊因素,"十二五"期间以2010年为基期、按照年均增长率5%测算
	其中:修购专项	
	地方教育经费拨款	"十一五"期间年均增长率6%,考虑目前基数较小,预期北京市共建范围、规模扩大等特殊因素,"十二五"期间以2010年为基期、按照年均增长率15%测算
	科研经费拨款	"十一五"期间年均增长率15%,根据国家增加科技经费投入的宏观政策、学校重点发展科研事业的规划,科研经费拨款可维持较高增长率,"十二五"期间以2010年为基期、按照年均增长率15%测算
	基本建设拨款	维持2010年拨款基数
	上级补助收入	维持2010年拨款基数
	其他经费拨款	"十一五"期间年均增长率4%,"十二五"期间以2010年为基期、按照年均增长率4%测算
2	学校自筹经费收入	本行为计算项,"十一五"期间年均增长率为11%,占总收入44%;预计"十二五"期间年均增长率为13%,占总收入45%;体现了学校自筹经费能力逐年提高
	教育事业收入	"十一五"期间年均增长率15%,根据学校学历教育学生稳定规模、调整结构,培训规模稳定增长的事业规划,"十二五"期间以2010年为基期、按照年均增长率10%测算
	科研事业收入	"十一五"期间年均增长率20%,"十二五"期间以2010年为基期、按照年均增长率15%测算
	经营收入	"十一五"期间年均增长率12%,"十二五"期间以2010年为基期、按照年均增长率12%测算
	附属单位缴款	"十一五"期间年均增长率8%,由于2010年预算口径不完整,基期调整为2009年,由于"十二五"期间中关新园投入运行,万柳学生公寓、会议中心等附属单位将有能力扩大上缴规模,年均增长率调整为50%,"十二五"期间以2009年为基期、按照年均增长率50%测算
	土地转让收益	
	其他收入	2006—2009年增长率14%(由于2010年预算口径不完整,"十一五"期间年均增长率-8%),由于"十二五"期间学校积极争取社会捐赠,加强科技成果转化、扩大企业上缴规模等原因,年均增长率调整为15%。"十二五"期间以2010年为基期、按照年均增长率15%测算
	其中:捐赠收入	

(续表)

序号	项目名称	测算说明
(三)	经费总支出	本行为计算项,"十一五"期间年均增长率15%,预计"十二五"期间年均增长率为8%
1	教育事业支出	本行为计算项,"十一五"期间年均增长率16%,预计"十二五"期间年均增长率为10%
	其中:人员性经费	"十一五"期间年均增长率8%,根据学校加大力度提高引进高水平人才力度,扩大非事业编制人员规模的事业规划,人员经费支出在未来事业经费支出中占比逐年提高,"十二五"期间以2010年为基期、按照年均增长率15%测算
	公用经费	"十一五"期间年均增长率17%,考虑学校基础条件建设日趋完善,学校公用经费支出规模相对稳定,公用经费支出在未来事业经费支出中占比逐年降低,"十二五"期间以2010年为基期、按照年均增长率5%测算
2	科研事业支出	"十一五"期间年均增长率14%,科研支出占科研收入的67%,"十二五"期间以2010年为基期、按照年均增长率15%测算,科研支出占科研收入为64%
3	专项拨款支出	"十一五"期间年均增长率22%,考虑"985"工程拨款等专项经费拨款年度不均衡,"十二五"期间以2010年为基期、按照年均增长率5%测算
	其中:修购专项	"十二五"期间以2010年为基期、按6%的年均增长率测算
4	基建支出	数据来自《附件5—投资情况表》的"'十二五'期间分年度投资计划"
5	经营支出	"十二五"期间以2010年为基期、按12%的年均增长率测算
6	其他支出	"十二五"期间以2010年为基期、按5%的年均增长率测算
(四)	结转下年	"十二五"期间以2010年为基期、按5%的年均增长率测算
(五)	事业基金——一般基金	"十二五"期间以2010年为基期、按5%的年均增长率测算
(六)	年末银行存款	"十一五"期间年均增长率为13%,考虑财政拨款采用国库集中支付模式拨付、基建年度垫款等因素,"十二五"期间以2010年为基期、按5%的年均增长率测算
(七)	学校年末借款总额	维持基数
	银行贷款	维持基数
	其中:贷款中用于基建项目支出	维持基数
	贷款利息支出	维持基数
(八)	(一)+(二)-(三)-(四)	计算项

6.3 保障措施

6.3.1 多渠道筹资

办学经费来源多元化是高等教育发展不可逆转的大趋势。为加强学校多渠道筹措办学经费来源,学校通过营造宽松的政策环境,推动各院系开展多种形式的办学和多方争取海内外的捐赠,鼓励和协助广大教师们积极争取各种科研经费,加大各校办产业、附属单位回报学校,确保学校每年具有稳定的自筹经费收入。特别值得关注的是,历史上,我校很多基建项目是使用社会捐赠资金建设的,如奥运乒乓球馆、光华学院大楼、政府和法学院大楼、百周年纪念讲堂,等等。最近两年,我国在社会力量支持教育方面的大环境正在逐步形成,学校发挥自身优势,重点加强校友工作,建立校系两级筹款机制,筹资能力进一步提升。2008年学校获得捐赠额位列非公募基金会第一名。学校有能力获得更多社会捐助支持项目建设。

6.3.2 分解筹资责任

为完成"十二五"基本建设筹资任务,在统一规划、严格管理的前提下,按照使用单位的性质和"谁使用、谁投入"的原则,把部分筹资压力分解到使用和受益单位。其中,使用单位是独立法人的,如产业、附中、附小等,使用单位要负责投资、管理和维护。使用单位是校内各单位的,要区分情况:校内非法人独立核算单位要独立筹集建设资金;校内集中核算单位部分具备筹资能力的,学校鼓励和引导他们拿出自有资金、积极争取捐赠建设;对公益性建设项目,如学生宿舍、食堂、公共教室楼、综合性的教学科研楼、重点发展学科大楼以及公共的基础设施,由学校负责筹资。此外,教职工集资建房项目,包括"十二五"期间投资额最大的肖家河经济适用房项目总投资74.5亿元、医学部家属区危旧房改造项目和东北区教工宿舍总投资5.28亿元,由教职工个人承担。

6.4 困难和问题

创建世界一流大学的目标需要具备一定的物质条件,特别是要解决基本建设方面的瓶颈问题。"十二五"基本建设计划,就是针对学校办学空间不足、校舍用房紧张的实际情况制定的,符合学校的长远发展规划。能否按期筹得建设资金,是"十二五"基本建设计划能否实现的关键。为此,"十二五"期间,学校在保证发展、规避风险的原则下,明确思路,克服困难、开源节流,扎实工作,力争建设资金按期到位,严格使用,确保效益,保证学校持续健康的发展。

"十二五"期间,肖家河教工住宅是学校投资规模最大的基建项目,对学校长远发展具有重要意义。在教育部领导的大力支持下,已签订项目征地补偿安置协议。资金方面,全部项目成本打入售房收入,项目整体上收支平衡,但是,实现销售收入前,阶段性筹资压力仍然很大,希望得到教育部支持和帮助。

7 发展存在的问题

7.1 肖家河教师住宅项目急需银行贷款支持

我校肖家河教师住宅项目已于2009年底签署了征地协议,即将进入征地拆迁阶段。根据协议,北大需支付土地方6亿元现金及6万平方米还建商业面积,以及项目地块内提供拆迁安置房源12万平方米;北大获得集体土地49.88万平方米,其中建设用地33.97万平方米。近年来,随着房地产市场价格的日益高涨,项目地块内农民的拆迁预期补偿要求也在不断攀升,导致拆迁成本大幅度增加,建设成本也相应提高。经初步测算,肖家河项目建设总投资约75亿元,其中:征地及拆迁费用为44.5亿元,建安及其他费用为25亿元,不可预见费3.5亿元,财务成本2亿元。由于项目建设成本耗资巨大,依靠北大自有资金无法完成,必须使用银行贷款解决建设资金不足的问题,以后期的住房销售收入偿还贷款。

2009年9月22日,财政部、教育部发布了《关于启动中央高校减轻债务风险试点工作的通知》(财教【2009】242号),提出"任何高校新增银行贷款,必须报经主管部门、财政部审批同意"。为保证肖家河项目建设资金,我校已于2009年底将银行贷款和还款计划上报教育部,希望教育部考虑到北大的实际情况予以支持。

7.2 校园空间亟待拓展

如前所述,北大现有校园用地不足,缺额面积大,发展空间受到限制,加之受地铁振动影响,我校急需将大型实验设备和高精密仪器转移安置,确保教学科研工作的顺利开展。为此我校提出在昌平校区周边新征 1000 亩土地，建设北京大学昌平科学园。该方案得到了北京市政府和昌平区委区政府的大力支持。2009 年 2 月，受刘淇书记和郭金龙市长委托，市委常委、教育工委书记赵凤桐召集市教委、市规划委等部分单位负责人，开会研究我校提出的昌平校区征地事宜。经相关部门会商，决定由市规划委牵头，会同市国土资源局、昌平区政府等单位研究提出规划和相关意见，报市政府研究。目前，我校正积极与市规划委用地处沟通昌平新征土地规划等相关事宜。希望教育部对此给予大力支持。

7.3 医学部东北区土地长期被外单位占用，回收存在难度

医学部校园东北区域土地为北京大学所有，但被北京市第三建筑工程有限公司（简称三建公司）长期占用，现有一处平房区，占地面积 4309 平方米，建筑面积 1507 平方米，为三建公司 1957 年所建临时工棚加固而成，建成后由该公司作为临时职工宿舍使用至今，共有住户 100 余户，且据三建公司称现已办理房产证。长期以来，北京市三建公司侵占校内资源，也对校区环境和安全带来隐患。与此同时，校内青年教工及引进人才公寓、周转房等严重不足，急需收回该土地进行建设，需要各级政府部门出面协调解决现有住户的拆迁、安置及我校对此地块的使用权问题。

7.4 加大对医学部医药科技园区的支持力度

医学部医药科技园区的建设不仅会极大改善医学部的办学条件，缓解空间紧张的巨大压力，更有利于保证医学部在服务国家战略，承担国家重大科研项目方面发挥引领作用。建设中的医药科技园区将包括拟进入综合性新药研究开发国家级医学实验技术大平台的天然药物与仿生药物国家重点实验室、中药现代化研究中心、药物依赖研究所及其他新药研究开发相关机构；拟进入防治慢性病及感染性疾病科研平台的教育部、卫生部分子心血管重点实验室、心血管研究所，教育部、卫生部神经科学重点实验室、神经科学研究所、精神卫生重点实验室、卫生部医学免疫学重点实验室及感染病研究所，教育部再生医学工程中心、干细胞研究中心等国家一流研究机构；拟进入生育健康及人口素质研究平台的北京大学生育健康研究所；拟进入临床研究平台的北京大学 8 所附属医院、15 所教学医院、8 个临床药理基地的国际国内知名临床专家、临床流行病学专家、医学统计学家、临床药理学家、生物医学工程专家、医学伦理学家等方面的专家团队等。这些都是面向国家重大需求、承担国家重大任务的主要科研单位和科研人员。同时，随着医学部医教研工作稳步发展，科研项目数平均每年以 20% 以上的速度增长，在科研体量增加的同时，研发能力逐渐接近或超越国际同行尖端水平，这些均大大增加了对科研用房以及配套硬件设施的需求。

随着医药科技园区的建设，这里将形成一个完整的以科学研究为主体的学科群，从而为今后我国医药卫生事业的科学研究和产业化发展奠定坚实的基础。希望教育部对医药科技园区的建设给予更多关注和更大支持。

8 预期效益分析

按照我校"十二五"基本建设规划的构想，到 2015 年，在事业规模保持基本稳定的前提下，北京大学的整体办学条件将会得到进一步改善，办学空间有较大拓展，图书馆、实验室、学生宿舍、学生食堂等主要校舍面积将有实质性的增加。与此同时，长期以来科研用房紧张的状况将得到一定程度的缓解，科研装备条件、基础设施支撑条件将根本性改善。北大科研的整体水平，争取国家重大科研项目的能力将得到提升。

到"十二五"末,我校将在昌平校区建成一个占地1500亩,建筑面积21万平方米,集大科学装置、开放性公共科研平台、国家重大科技项目和国家重点实验室于一体的,持续地产出一批重大科研成果并不断实现科技成果向现实生产力转化的大型现代化科学研究基地。医学部校区医药科技园区的建成将极大改善医学部现有办学条件,将成为生物医药领域连接基础研究到应用转化,产学研相结合的国家级医药科研基地。

肖家河项目的建成将彻底改变北大教师住房紧张的状况,不仅使北大在激烈的人才竞争中保持优势,而且将为校园周边土地的置换和功能调整提供支持,为北大整体校园规划开拓空间。

到2015年,随着我校南门区域改造工程、人文楼、生命学院、环境学院、歌剧院与艺术学院大楼等项目相继完工投入使用,我校可以基本实现主要院系拥有独立的教学科研大楼,而且每一位老师在校园内都拥有一定面积的科研和办公用房。届时我校广大师生的学习和工作条件将进一步改善,校园布局将更趋合理,校园环境更加优美,一个符合世界一流大学要求的北大校园将呈现在世人面前。

北京大学海淀校区文物保护规划
——未名湖燕园建筑文物保护总体规划说明

在《北京大学海淀本部校区总体规划》编制时,根据北京市规划委员会和北京市文物局的要求,学校发展规划部于2005年1月开始组织编制《未名湖燕园建筑文物保护总体规划——北京大学海淀校区文物保护规划》和《北京大学海淀校区总体规划项目交通影响评价报告》。文物保护规划的编制工作于2005年7月底完成,形成了《未名湖燕园建筑文物保护总体规划——北京大学海淀校区文物保护规划》,本书收录的是规划的文字说明部分。在对校园文物现状进行深入细致调研基础上,本规划对校园历时沿革和现状文物进行认定,确认了保护对象,对文物价值、文物现状、周边环境和管理利用情况进行了评估,分析了目前存在的问题,并制定了保护规划方案(包括保护区划、保护措施、文物和历史建筑利用等具体保护措施)。这份规划先后于2005年12月5日、2006年12月20日被国家文物局、北京市文物局审批通过(国家文物局《关于未名湖燕园建筑文物保护总体规划的批复》(文物保函[2005]1391号)、北京市文物局《关于同意〈未名湖燕园建筑文物保护总体规划〉的复函》(京文物[2006]1730号)。本书收录的是2006年12月修改编制的文本。规划的完成单位为清华大学建筑设计研究院、清华大学文化遗产保护研究所、北京大学发展规划部。规划组组长:吕舟(清华大学文化遗产保护研究所所长),成员:魏青、刘煜、邹怡情、张荣、高天、张帆、张光玮。

第一章 综合概况

1.1 区域概况

1.1.1 区位

北京大学海淀本部校区位于北京市西北的中关村北部地区:北依圆明园遗址,西临海淀乡,南接中关村西区,东邻清华大学和中国科学院。由于其紧邻北京西北郊皇家园林所在地区,因此处于静宜园、颐和园等九项文物保护单位的建设控制范围之内[参见《北京市人民政府京政发(1987)156号文》],同时,其所在基址也是清代皇家赐园集中分布的地区。

本次规划范围主要为北京大学海淀本部燕园主校区范围,地理位置位于北纬39°53′～40°09′,东经116°03′～116°23′附近。

校园本部总体地势东南高,西北低,原系古代永定河冲积扇的一部分,又是摇摆不定的永定河古河道。西北低洼地带为原河道范围,绝对标高44.50～45.50 m,地表5米覆盖层之下为卵石、粗砂组成的含水层;东南高起部分为原河岸台地,地形平坦,绝对标高48.60～50.56 m。

图 1　北京大学海淀校区分布示意图

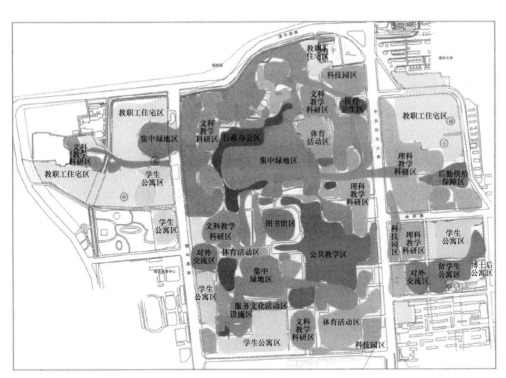

图 2　北京大学功能分区结构示意图
（引自北京大学海淀校区发展总体规划）

图3　北京大学城区位置示意图

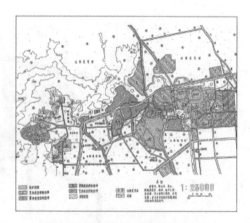

图4　颐和园、静宜园等九项文保单位保护区划范围示意图

1.2　校园概况

1.2.1　用地范围及功能分区

（1）用地范围

北京大学海淀本部校区位于北京市海淀区西北四环外，占地约180公顷，其中燕园主校园为106公顷，湖山绿地28.82公顷，约占16%。本部校区由以下七个部分组成，分别为：燕园、成府园、燕东园、中关园、蔚秀园、承泽园、畅春园。

（2）功能分区

校内按功能主要划分五类用地：教学科研区、学生生活区、教职工生活区、体育用地和绿地、行政后勤。

（3）现状问题

发展用地不足：北京大学海淀本部校区相比燕大以及解放初期已经有了不小的扩充，但对于日益发展的大学校园来说，用地依然十分紧张。同时，北大本部校区四周城市建设及文物保护单位的控制要求也在一定程度上限制了校园建设：南侧为北四环和中关村西区，北侧为圆明园遗址公园，东侧为清华大学，西侧有城市干道万泉河路，周边没有直接的可发展用地。北京大学海淀本部除燕园外其他组成部分多为飞地。这种情况不仅极大地影响了学校的整体性，也对学校的教学科研活动和广大师生的日常生活造成了诸多不便。

局部用地性质混杂：朗润园、燕东园、中关园局部地区内教学科研用地与教工生活区掺杂，功能分区不甚合理。

（4）发展建设方向

依据《1991年校园总体改扩建规划》和《2004—2014年北京大学海淀本部校区总体规划》，今后在燕园内主要是进行现状建筑的调整和拆建，对校园南部学生宿舍进行滚动式改建，在校园中部通过置换和改建形成公共教学区。新建设基本集中在成府园，主要是教学科研设施和医疗设施的建设。燕园周边其他园区通过改建、新建和置换建设一定数量的教学科研设施和学生公寓。

1.2.2 道路交通

北京大学海淀本部校区南靠北京四环路,东临城市干道中关村北大街,交通出行十分便利。东部为即将建成的地铁四号线。学校周边有客运交通系统通往市内、火车站和机场。

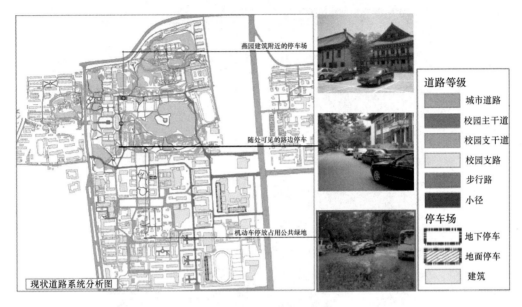

图5 现状道路系统分析图

(1) 校内交通现状

北京大学校园道路系统随学校发展逐步形成。北部未名湖区道路线型为结合山水地形的自由式园林化道路,南部则为不规则方格网状道路,两者反差较大,道路环境衔接较为生硬。

现状问题:

a. 车流量大于环境最佳容量;

b. 停车场地不能满足需要;

c. 人流、车流混杂,阵发性流量大,规律性强,存在交通安全隐患;

d. 过多的车辆行驶和停放对历史环境的质量和风貌造成负面影响;

e. 道路系统不够完整、交通组织不够合理;

f. 校内部分道路铺装状况不佳。

图 6 道路铺装情况

图 7 主干道状况

图 8 次干道状况

图 9 校园支路状况

图10 步行路状况

图11 游园小径状况

图12 东门交通状况

图13 东门机动车入口交通状况

图14 西门交通状况

图15 西门机动车入口交通状况

(2) 校外交通现状

城市道路将北大海淀本部校区分割成多块,东部被城市干道中关村北大街和成府路把化学楼、物理楼等理科教学科研用房和中关园小区、燕东园住宅区与燕园主校园分隔开;西部被多条城市道路将蔚秀园、篓斗桥地区、畅春园和承泽园等与燕园主校园分隔开。

现状问题:

a. 校园外城市道路车流量大,在校园出入口形成交通瓶颈,车流量、人流量大;

b. 教学科研用地紧邻城市道路,存在噪声污染、空气污染、振动干扰;

c. 校园紧邻城市干道,对出入校园师生安全造成一定危险;

d. 北大西门外颐和园路为双向单车道,现有车流量已超出正常道路负荷;

e. 北大东门人行入口缺乏足够回旋空间造成人流、车流拥堵,距车行入口过近,并对在附近停留的出租车辆缺乏管理。

1.2.3 基础设施概况

总体上沿未名湖区的各项基础设施条件较好,各项目设施较为齐全;北部历史园林区内部分平房区存在基础设施不足的情况,现将基础设施中与文物保护相关的内容分述如下。

给排水设施:

燕京大学时期建筑周边的排水设施大都可继续利用。北部的平房住宅区缺乏现代化的给排水设施,较大影响了生活质量。燕京大学时期建筑四周的排水设施仍然可用。

电力通信设施:

在部分历史园林区域及北部园林区域曝露在地面上的电力通信设施对景观产生了不良影响。

空调及供暖燃气设施:

燕京大学时期校舍建筑在后期改造中加设了大量的现代化设施,虽然在安放位置上避开了主要立面及空间环境,但仍在整体环境和建筑形象上对原有风貌造成了一定的影响。

公共卫生设施：

校园区域内缺少公共卫生间,北部居住区的公共卫生间设施较简陋,对环境影响较大。燕园北部和蔚秀园等居住区域存在垃圾露天堆放的情况。北部园林区域的垃圾箱等设施过于显目,与环境不协调。

图16　干扰视线的露明线路　　图17　园林环境中的电力通信设施　　图18　过于显目的垃圾箱

图19　突兀的烟囱　　图20　蔚秀园住区的公共卫生间　　图21　作为水塔的博雅塔

图22　形象简单生硬的开水房　　图23　燕大建筑背后的空调设备

基础设施建筑形象：

博雅塔是燕京大学时期建造的水塔,因被赋予了中国传统建筑形象而成为燕园景观中不可缺少的标志性建筑,对校园环境产生了非常积极的美化作用。但现今部分处于重要景观区域的基础设施在形象处理上较简单生硬,缺乏艺术性,对周边的历史环境产生了不利影响。

图 24　基础设施现状图

1.2.4　环境概况

1.2.4.1　水体

湖光水色是燕园风景的重要特色,以未名湖为主体的湖泊水系是燕园景观的重要组成部分。据测量,北大校园内有水域面积 8.22 公顷[来自校方环保资料]。未名湖水系以湖泊为主要水面,以小溪串联起几十个大小不同、形态各异的湖泊、池塘,形成了丰富多彩的燕园水体景观。

燕园水系原以东西向的水系为脉络,与天然地表水流向一致,因势利导,水道畅通。水源为泉水和层压水,流量稳定。水流从西校门外引入后,分为两支,南支经勺海流入未名湖,再折向东北,而后汇入万泉河。北支经镜春园,流入朗润园,最后也从东北汇入万泉河。自上世纪 70 年代起,北京西郊地区大量开采地下水,地下水位急剧下降,原先水源已经干枯。校园北墙外万泉河成为未名湖水系补给的另一来源,进水口位于鸣鹤园西北。校园内水系通过改造形成自循环系统。但水源匮乏依然是燕园水系一个重要问题,不少湖面因水源不足而呈干涸状态,不仅影响到燕园的自然风光,而且还关系到整个校园的环境质量。

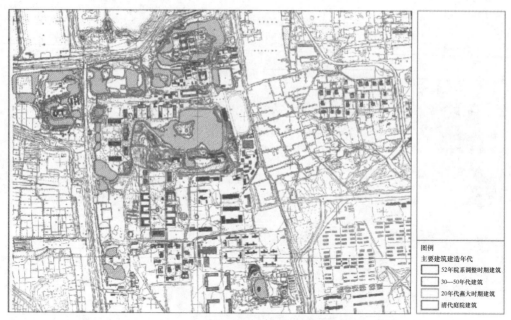

图 25　未名湖周边山形水系变迁图

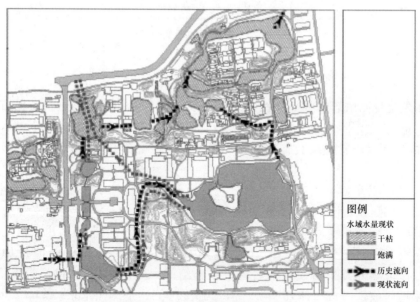

图 26　未名湖水系流向变迁示意图

图 27　优美的水景

图 28　干枯的河道和湖面

1.2.4.2　山体

燕园园林之山，多为土山，是挖掘河湖之土垒叠而成，适当以石点缀。主要山脉大体环湖沿河而成东西走向之势。山体支脉纵横，构成错综复杂的空间形式。

园林的山水格局，为建筑提供了优美的空间环境。植物配置和建筑又赋予园林生机和神采，构成和谐优雅的园林景观，提供了优美并包含着深厚科学文化内容的校园环境，如诗如画。

图 29　山体形状

表1　北京大学校园观赏植物分布表

分　区	校本部		朗润园—镜春园区		未名湖区	
种类	数量	%	数量	%	数量	%
常绿乔木（株）	4946	100	496	10	1716	34.7
落叶乔木（株）	7608	100	1752	23	1556	20.5
花灌木（丛）	1709	100	149	8.7	421	24.6
绿篱（米）	3833	100	231	6	582	15.2

图30　林荫道

图31　古树与燕大建筑

图32　绿化形成的轴线景观

图33　曲径通幽的园林小径

对园林山体的改变主要来自于建设项目的需要。对比燕京大学建设前后可知从燕京大学建设之初就存在对园林山体及湖面的较大改动。这种改动在现今北京大学的建设中也偶有发生。从校园建设的角度来看这种变化是难以避免的，但从对历史园林环境保护的角度来看，这种改变却又是应该尽量避免的。

朗润园山体变迁对照图

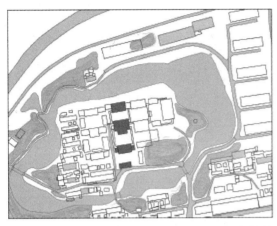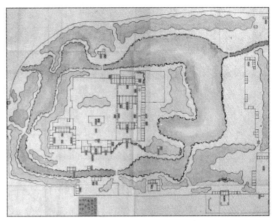

图34　朗润园山体变迁对照图

以朗润园为例说明其山形水系由古至今的变化。图34左图为朗润园现状,右图为朗润园样式雷图样,分别说明了清代和现今该园的大体面貌。

从图面上可明显地看出,由于建设量的加大,原有周山环抱的面貌已然变得断断续续,其园林意境必然大受影响。

1.2.4.3　绿化

据航空照片转绘计算,校园本部绿化覆盖面积为35.5公顷,占陆地面积的41%,其中教学区37%,燕南园67.7%,学生宿舍区28.9%,镜春园、朗润园53.7%,未名湖区63.7%。植物不仅是园林的主要造景因素,也为全校师生提供了舒适、健康、优美的学习、生活、工作环境。

据生物系1982年的《北京大学校园植物名录》统计,校园植物共有94科441种。据1982年5月调查,校园本部的园林观赏植物约141种,14200余株、丛。地被植物,在图书馆、办公楼前庭,有园林工人精心培育的大片野牛草,以及大量野生的羊胡子草、二月兰、紫花地丁、野菊花等,都具有很高的观赏价值,并在保持水土、防止风沙、保护环境方面,起着乔木所不能替代的作用。

校内观赏植物中有许多北京地区稀有珍贵的品种,如七叶树、海州常山、火炬树、黄檗、栓皮栎、鸡爪槭等。早在燕大时期,校园植物就已分别按不同树种,挂有相应学名的牌子。

据校绿化队调查,全校共有古树1096棵,约占乔木总数的9.1%,其中300年以上的有23棵,100年以上的有1073棵。像岛亭的油松,西校门内桑树,临湖轩前两颗白皮松等都成为校园内宝贵的遗产,具有很高的价值。

北京大学海淀校区现有主要古树名木分布详细情况见图35。

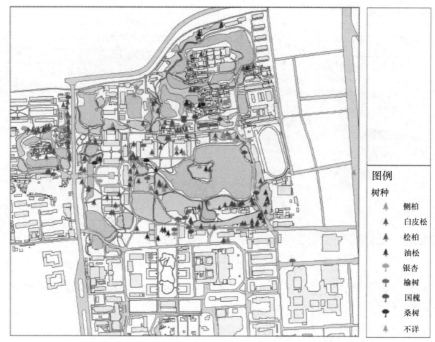

图35　北京大学海淀校区现有古树名木分布图

图36　北京大学校园典型古树名木

1.3　环境污染

参考《北京大学环境保护办公室成就》,北大燕园主要污染类别以及已经采取的治理措施和成效见下页北京大学环境治理成效表。

表2　北京大学环境治理成效表

污染类别	污染源	治理措施	成效
水污染	万泉河水 水道不通 生活污水、垃圾排放 校医院污水	1. 加强对万泉河入水口管理,避免在非引水期有受污染水灌入。 2. 将北材料厂附近污水源导入总污水排放管道。定期清理湖面垃圾。 3. 对校医院污水处理站进行改造。采用新的消毒方案。 4. 疏通水道、清淤。 5. 生物治理。	较好

（续表）

污染类别	污染源	治理措施	成效
空气污染	锅炉烟囱（浴室、食堂）汽车尾气	1. 系统改造，采用燃气系统。 2. 开挖地下热水井。 3. 控制车流量，禁止低于排放标准的汽车进入学校。	较好
建设项目扬尘	建设工地及施工运输道路	工地洒水、修建围栏	较好

1.4 旅游概况

海淀地区自金代起便成为京郊著名游览圣地，名胜古迹众多。从辽、金至清代，区境内即建有旅游设施，修建了专为皇家备用的"御道""御河"。新中国建立后，特别是80年代以来，旅游设施和服务得到迅速发展。今天海淀区已经成为名胜古迹众多，服务设施齐全，交通便利，环境优美的文化旅游区。

随着大学校园游在整个社会中的悄然兴起，北京大学作为著名的高等学府，凭借其辉煌的历史和优雅的校园环境，吸引着越来越多的游客，特别是五一、十一和寒暑假期间。因为学校建设尚未对如此规模的游客游览需求做出相应的考虑，使得游览人流对校园环境、交通、师生的工作、学习秩序造成了一定的干扰。考虑到现实需要，学校相应的旅游服务设施和管理工作还需要进一步加强，以减少因旅游带来的负面影响。

图37 北京大学暑期的参观游览状况

图38　游览服务设施现状

第二章　历史沿革及文物认定

2.1　历史沿革

2.1.1　燕京大学历史概况

1919年司徒雷登就任燕京大学校长,次年选中了西郊海淀旧日淑春园、勺园遗址作为校园基址,并以4万银元的价格从陕西军阀陈树藩手中购得。燕大校址选定后,校方委托美国建筑师亨利·墨菲(Henry Killam Murphy)负责规划设计,方案采用了中国古典建筑形式和造园艺术特点。

墨菲最初的方案是一个大体的概念,建筑呈严整的合院式,并沿一条主轴线布置。前半部分为教学办公区,后半部分为学生生活区。其后,墨菲对规划进行了修改,未名湖的山形水系部分反映在他的规划中。由于协和女子大学的并入,规划在校园的南侧增加了女生部,男生宿舍基本挪到轴线的北侧。男女生宿舍之间形成了一条与主轴线垂直的次轴,两条轴线的交点上,为一2000座的教堂,以突出教会大学的主题。方案后来又根据地形进行了一些调整,大致形成了今天燕园建筑的格局。1921年燕京大学校舍建筑开始陆续修建,1929年规划中的主要建筑基本得以建成,但处于中心的教堂未能实现。其后,燕京大学又陆续以购买和租借形式将朗润园、鸣鹤园、镜春园大部、蔚秀园、农园等处作为校址及教职工居住区。

未名湖燕园建筑经过统一的规划,主体建筑一次集中建成,它们建筑风格统一,整体格局完整。燕大校园建筑是中国近代建筑中传统形式与现代功能结合的一项重要创作,有很高的艺术价值。

图39 1920年规划鸟瞰

图40 1922年燕大规划

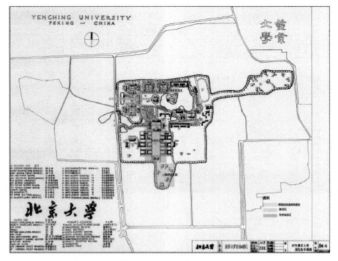

图41 墨菲规划的燕京大学总平面

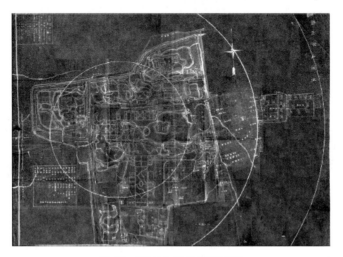

图42 燕京大学校园平面图
（北京大学档案馆藏）

图43 燕京大学校园风貌

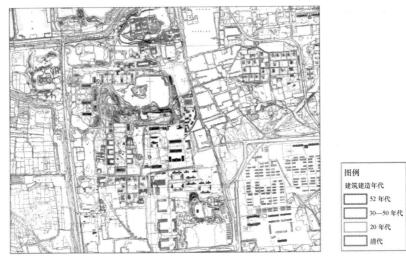

图 44　50 年代北京大学建设状况

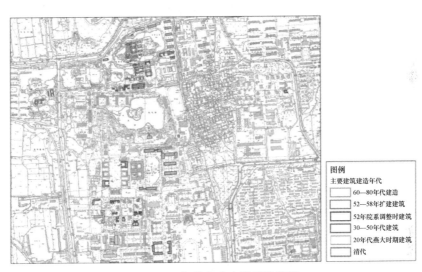

图 45　70 年代北京大学建设状况

表 3　燕京大学校园租借、购入年代

名　称	租借、购入年代
淑春园、勺园	1921 年,由陈树藩手中购入
燕南园、燕东园	1921 年作为教工住宅
鸣鹤园	19 世纪 20 年代购入
镜春园	1952 年后北大购入
朗润园	1923 年起向载涛租借作为教师住宅,1953 年北大购入
农　园	1928 年燕京大学 45200 银元购入
蔚秀园	1931 年燕京大学购入作为教工住宅
承泽园	1953 年北大购入

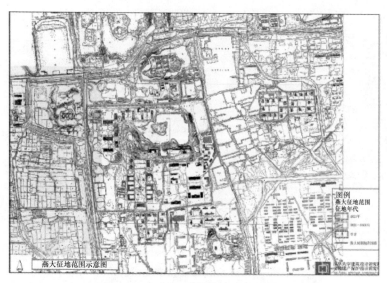

图46　燕京大学征地年代表及征地范围示意图

2.1.2　北京大学在未名湖周边的建设概况

1952年，北大迁入原燕京大学校园，完整地保留了原燕园校舍建筑，并逐步进行了大规模的校园建设。其中，女生宿舍按已有样式补建两栋，基本实现了墨菲规划中对女生宿舍、体育馆之间围合空间的构想。改革开放后，民主楼西北修建了塞克勒考古与艺术博物馆，填补了最初规划中未能实现的建筑布局。

之后，北京大学又先后进行了若干次扩建，在原有燕京大学校园风格的基础上逐渐形成了现有的校园风貌。

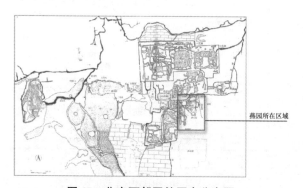

图47　北京西郊园林历史分布图

2.1.3　规划范围内历史园林沿革

清末，西郊已形成了以三山五园为主和其他一系列大小园子的园林区。在北大校园的用地中包括了八个古园遗址，即建于明末（1612年至1614年）米万钟的"勺园"（清康熙、嘉庆时相继改为"洪雅园""集贤院"），清乾隆时期和珅的"淑春园"，清嘉庆惠亲王的"鸣鹤园"及庄静公主的"镜春园"，清道光奕訢的"朗润园"，奕譞的"蔚秀园"，寿恩公主的"承泽园"，以及清末溥侗的"治贝子园"。

此次保护规划主要工作的范围为北京大学海淀本部校园。

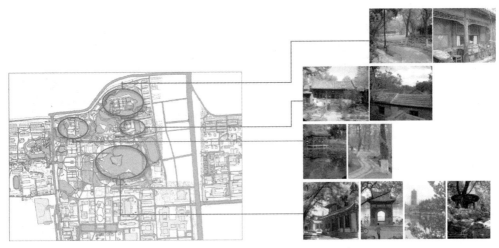

图 48　北京大学未名湖周边现状示意图

实际上,这四处旧日园林,都是从清代前期的自怡园中逐渐分化出来的。可是,自怡园一名早已失传。要说明它的来历,就必须追溯到清朝前期在西郊地区的园林建设。有关这些园林的详细情况可参见本说明后的附录。

2.1.4　其他历史遗存

2.1.4.1　地下遗存

北京大学校园地处海淀台地边缘,埋藏着丰富的古代文化遗存。在这里曾发现新石器晚期遗址,并多次出土战国以来各个历史时期的遗址、墓葬和文物。主要的考古发现详见左表。

表 4　北京大学校园主要的考古表现

类别	名称	时期	发现时间	发现地点	描述	数量
新石器晚期遗迹	磨制石斧	不祥	1956 年	佟府甲三号院	做工精巧	1
	新石器晚期遗存	碳 14 测年距今 4855 年	1997 年秋	理科楼群工地地下 5 米	对遗存进行调查清理的面积约 45 平方米,共出土石器 11 件,陶片 130 多片,以及许多动植物遗骸。石器包括石磨盘 1 件,残石磨棒 4 件,残石杵 2 件,石斧 1 件,"刀形器"1 件,残磨石 2 件,经加工的残坯料 1 件,剖面呈菱形的黑色石制品残块 1 件,此外还有多件有使用痕迹的球形和长形砾石。除此之外,在泥层中和文化层中,采集到麋鹿角、狍角、鹿齿、龟甲、蛋壳、贝壳、鱼骨、鸟骨、啮齿动物的下颚骨,以及其他尚待鉴定的兽骨共计数十块。	多件
战国至辽金的遗存	瓮棺	战国时期	1955 年	中关园	瓮棺是由两个红陶瓮套合而成。	1
	陶井	汉代	1970 年	俄文楼东	井由多个圆形的陶制井圈一圈圈叠摞而成,此种陶井在北京地区十分常见,流行于战国至两汉时期。	1

(续表)

类别	名称	时期	发现时间	发现地点	描述	数量
战国至辽金的遗存	土圹墓	汉代	1985年	燕南园	出土有汉代的灰陶小罐。	1
	灰坑	汉、魏、战国时期	1990年	北大电话室前	出土大量战国、汉代的陶片及烧土。在一个小型的灰坑底部平放着一块"千秋万岁"瓦当。瓦当直径16厘米,字体圆转似为东汉末至魏晋时期的遗物。	
	陶片	战国时期		临湖轩周围至图书馆一带		多件
辽金时期遗存	墓葬	辽代	70年代初	图书馆新馆旁	有鸡腿瓶、瓷碗、梳子等器物。	1
	墓葬	金代	1953年	哲学楼工地		1
元、明、清的遗存	砖室墓	元代	1994年	24楼南侧	两座砖室墓,一座为单室仅存下半部;另为双室两个拱券形墓室并排而建。两墓早年都遭受过破坏未留下随葬品。	2
	砖室墓	元代	1997年	图书馆新馆工地	出土时仅存墓底。墓为南北向,宽1.2米,长在2米左右(仅露出一半),残高0.47米,墓底距地面2.15米。因早年已遭破坏,除棺钉和残骨外,未发现随葬遗物。	1
	观音头像	元明时期	1997年	理科楼群工地	铜制,佛像高12厘米,造型端庄和蔼,做工精巧。	1
	吕怀健和吕志伊墓	明代	1925至1926年	燕南园59号	出土了墓志两盒,共4方。瓷盘1个,瓷盆一个,骨灰坛3个。吕怀健为山东按察司金事,约死于明嘉靖三十五年(1555),初葬于畏吾村,即今之魏公村,后迁葬于此。吕志伊为怀健之孙,曾任山东新泰县知县,死于明万历二十九年(1601),葬北海淀。	2
	"米家坟"	明代	1929年	第二体育馆西南方的土坡中	发现著名画家米万钟之父米玉的墓志铭两方。此地应为"米家坟"所在。米玉墓志涉及米家在燕园地区的活动,为研究燕园历史的珍贵史料。今存于办公楼内。	1
	陈忠墓志铭	明代	1993年	五四操场南侧资源楼工地	《赠太常寺博士陈公合葬墓志铭》现藏于海淀区文物管理所。	1
	黑釉骨灰罐	明代	70年代中期	燕南园61号		1
	勺园遗迹	明代	1997年	勺园8号楼工地	出土木桩、湖岸石等园林遗迹。	
	杭爱墓	清代	50年代中期	六院	墓室有石门,室内设有棺床,因早年被盗未发现其他遗物。	1
	木棺	清代	1969年	五四操场北侧	出土时尸体尚未完全腐烂,随葬品包括许多首饰和衣物等。	1

注:近年来,随着校园建设的开展,旧日园林中的建筑遗址等也大量被发现。如勺园大楼、鸣鹤园考古楼、朗润园中古中心建设中均有发现。对于这些园林遗迹的调查,可为西郊园林的研究提供有价值的资料。遗憾的是,由于种种原因,这些地下遗存没有得到很好的考古发掘、整理和研究。

2.1.4.2 古典园林遗迹

明清园林的历史遗存,包括原有山形水系、遗留的建筑遗迹、附属文物、古树等。详见下页表。

表5 园林历史遗迹表

类别		现有名称	描述	数量
清代西郊赐园历史遗迹	淑春园	建筑遗迹 慈济寺庙门	原淑春园建筑大部焚毁,仅存慈济寺庙门一座	1
		附属文物 石舫	湖心岛东侧(详见附属文物表)	1
		山形水系	大体保持原貌	
		古树 桧柏、油松、国槐、白皮松、银杏、桑树等	长势,保存状况良好	123
		地下埋藏	地下埋藏丰富。曾发现新石器遗址,多次出土战国以来多个历史时期遗址、墓葬和文物。比较著名的有静园杭爱基等。——详见上表	
	朗润园	建筑遗迹 朗润园157、158、159、160、161、165号院等	对比清末样式雷图,以及现场调研,这些建筑应仍为清末朗润园建筑遗存	6
		附属文物		
		古树 桧柏、油松等	长势,保存状况良好	10
		山形水系	大体保持原貌	
		地下埋藏 建筑遗迹	世纪末对岛上东所、中所(中国古代史研究中心、经济研究中心)房屋整修时,发现大量清代建筑基址	
	镜春园	建筑遗迹 镜春园79甲、82、79(垂花门)号院	对比清末金勋先生绘图等,以及现场调研,这些建筑应仍为清末镜春园建筑遗存	5
		附属文物		
		山形水系	大体保持原貌	
		古树 桧柏、国槐等		
		地下埋藏	不详	
	鸣鹤园	建筑遗迹 校景亭	原名翼然亭,燕京大学20年代后期增画彩,北京大学于1984年曾进行修葺	1
		方池	校景亭西	1
		附属文物 乾隆半月台诗碑	鸣鹤园西北	1
		山形水系	大体保持原貌	
		古树 桧柏、油松、国槐等	长势,保存状况良好	34
		地下埋藏 建筑遗迹	修建文博学院楼时曾发现清代建筑遗迹	

注:带*的为明清旧园遗物

2.2 文物认定与保护对象

2.2.1 保护范围及建设控制地带中需保护的文物

据原燕京大学未名湖区保护范围及建设控制地带图中规定,需保护的燕大时期校舍建筑27处,北部历史园林遗迹4处(院),未名湖区历史园林遗迹2处,石刻(碑)2处以及石桥5座。具体情况见文物认定表。

2.2.2 有重要历史价值的名人故居(燕南园、燕东园)

燕南园和燕东园皆与燕园的位置关系而得名,燕京大学时期这两处园子主要为学校教职工的居住地。现以燕南园为例说明其历史概况及与燕京大学的关系。

燕南园占地48亩,原主要作为燕大外籍教师的住宅,按照当时所有中外教师住宅的编号顺序,燕南园的住宅被定为51号到66号,这一编号从燕大到北大,一直没有变更。

燕南园的建筑以"洋式"为主,多为两层小楼,附带一个小花园。室内装饰也具有典型的西洋风格:铺设木地板,楼梯设在屋内,屋里有供冬天采暖的壁炉,上下两层楼各有独立的卫生间。燕大时期的燕南园虽然是为外籍教师而建,但也有中国教授居住,洪煨莲教授、吴文藻谢婉莹(冰心)夫妇和40年代后期住进来的严景耀雷洁琼夫妇就是这里的早期居住者。

表6 现已明确的燕南园名人故居

编号	原居住	现使用
51号	饶毓泰、江泽涵	数学研究所招待处
54号	洪煨莲	居住
55号	冯定、陈岱孙	居住
56号	周培源	居住
57号	冯友兰	居住
59号	储圣麟	居住
60号	夏仁德、王力	居住
61号	侯仁之	居住
63号	马寅初、陆平、魏建功	居住
64号	翦伯赞	居住
66号	吴文藻、谢婉莹	居住

表7 文物认定表

名称	原名	始建年代	描述	利用方式	现状照片
西校门	校友门	1926	西校门原名校友门,因1926年原燕京大学校友集资兴建而得名。原为燕京大学正门。	使用	
办公楼	施德楼、贝公楼	1926	屋顶歇山加庑殿组合形式,红柱、白粉墙、蓝绿斗拱彩画。	现主要为学校办公场所	
外文楼	穆楼、丙楼	1920—1929	燕大时期为教室	现为外语学院	

(续表)

名称	原名	始建年代	描　述	利用方式	现状照片
民主楼	宁德楼	1920—1929	原燕大神学院	现为西语系	
化学北楼	睿楼	1920—1929			
化学南楼	化学楼	1920—1929			
档案馆	图书馆	1920—1929	原燕大图书馆	现为北大档案馆	
红一至四楼	德、才、均、备斋	1920—1929	德、才、均、备斋构成两组品字形院落，东西向建筑原为燕大男生宿舍，南北向两座为男生食堂。	校办公场所	

(续表)

名称	原名	始建年代	描述	利用方式	现状照片
体斋、健斋		1920—1929	体斋为两层八角亭形状，与健斋以回廊相连。原为燕京大学宿舍。	大卫·帕卡德基金会以及访问学者公寓。	
第一体育馆	华式体育馆	1920—1929	原男生体育馆	现为北大体育馆	
博雅塔		1926	仿通州燃灯塔建，为水塔，十三级，高37米。中空，有螺旋梯直通塔顶，钢筋水泥建筑。塔因当时燕大哲学系教授博晨光的叔父捐建而得名。		
生物东馆	校医院	1929		生物系使用	
临湖轩		1926	中国式庭院，20年代时为燕大校长司徒雷登住宅和贵宾接待室。"临湖轩"是燕大教师冰心所命名。后为燕京大学贵宾接待室和会议室。	北京大学贵宾接待室	

(续表)

名称	原名	始建年代	描述	利用方式	现状照片
俄文楼	适楼	1920—1929	原为燕大女生教室		
南、北阁	甘德阁（南）、麦风阁（北）	1924	原名甘德阁（南）和麦风阁（北），是以原燕京大学首届女部主任麦美德命名。其中，麦风阁原为音乐教室、男女生活动室；南部甘德阁为女部的办公楼。	现分别为北京大学国际合作部、北京大学学生就业指导中心等办公场所。	
钟亭		1929	内置铜钟，该铜钟是1929年1月燕京大学由城里迁来新址后购得。		
岛亭	斯义亭、鲁斯亭	1929	为亨利·鲁滨逊·鲁斯（《生活》《时代》杂志创办人）为纪念其父鲁斯（原燕大副校长）捐资修建，得名"斯义亭"。1998年，鲁斯基金会又捐资重修岛亭，命名为"鲁斯亭"。这里曾为燕大师生聚会厅、餐室、北大工会图书馆、地球物理系教研室等场所。		
一、二、四、五院		1926	形式为三面围合的两层硬山顶合院建筑。内部结构并不完全相同，门窗装修也有细微差别。这里原为燕大女生宿舍和食堂。	现为院系办公场所	

下编　北京大学海淀校区文物保护规划

(续表)

名称	原名	始建年代	描述	利用方式	现状照片
第二体育馆	鲍式体育馆	1929	原女生体育馆。由威廉·鲍埃夫妇捐建。		
校景亭	翼然亭		原名翼然亭,为重檐四角方亭,亭正西面有白石砌岸的长方形鱼池。翼然亭应早在乾隆年间就已经存在,上世纪20年代,鸣鹤园成为燕京大学一部分,翼然亭也得到了整修,并在亭内彩绘燕园校景十二幅,校景亭因此得名。1984年北京大学对校景亭再次进行修缮。		
杭爱碑		康熙二十四年	东面的一座是康熙二十四年二月杭爱去世两年以后敕建的石碑,以表彰他一生的功绩;西面画的是同年九月礼部侍郎中稚虎的祭文,背面还有康熙十四年嘉奖杭爱的诰命。两块石碑的碑文满汉文并用,整体古朴庄严。石碑原来立于现在六院和俄文楼之间的土山上,燕京大学建新校址时移于现在的地方。		
花神庙碑		乾隆年间	又称莳花碑,有巨大碑体和碑座。两块碑的碑文大同小异,正面是进献给花神的祈祷词,背面是进献人的名字。立碑的时间分别是乾隆十年和乾隆十二年。石碑的出处,主要有两种说法,一说是这两座石碑原立于未名湖南岸的慈济寺;另一说来自圆明园。		

(续表)

名称	原名	始建年代	描述	利用方式	现状照片
石舫		清代	淑春园遗物，仿颐和园之"清宴舫"所建。石舫上部建筑已被焚毁，仅剩石质船身。		
慈济寺山门		清代	原淑春园遗物		
镜春园75、79号		清末	基金会等	居住、办公	
朗润园160号		清末	上世纪九十年代进行过维修	经济研究中心	
石桥			原保护范围内标明的石桥共5处。分别位于西门内、德斋以南、备斋以南、一体西北和朗润园内。	使用中	

2.2.3 历史遗迹、文化景点

除上述明清时期古园遗迹和燕大未名湖校舍建筑外,北京大学海淀本部校区中还有相当数量的重要历史遗迹、文化景点等等,这些部分是明清时期的遗迹,部分是燕京大学以及北京大学建国后增添的具有历史和文化价值的雕像和纪念碑等。详见文本附录3。

2.3 相关历史环境

燕园建筑文物本体所依存的历史环境主要包括以下两个部分:

2.3.1 明清时期园林景观

北大海淀燕园校区范围内的明清历史园林遗迹虽大部分损毁,但像朗润园、鸣鹤园、镜春园、蔚秀园等处的山林水系基本还保持明清时期原貌并遗留少量建筑遗迹。这些构成了北大优雅的自然背景环境。

2.3.2 燕京大学时期开始逐步形成的呈现中西文化相结合的校园环境

民族传统风格的个体建筑

燕园单体建筑外部样式采用民族传统的大屋顶形式,内部运用了当时先进的设施,整体比例严谨、尺度合宜,工艺精致,和谐地融合于原有园林之中。

主次分明的轴线布局

燕园建筑规划布局,充分利用原有山形水系,采用了中国建筑传统的布局手法,注重空间围合及轴线对应关系,格局完整,区划分明。整体建筑布局轴线主次分明,串联了三组功能和性质均不相同的建筑群。第一条主要轴线是以西校门为起始点的东西向轴线,通过办公楼,越过山林、湖面,穿过湖心岛亭,伸延到东面湖岸,消失在遥远的绿丛中;第二条主轴线是以南部第二体育馆为起始点的南北向轴线,穿过现在的一至六院间的大庭院,越过山林,到达两组建筑之间,最后也消失在北部园林区之中。此外,还有许多由三合院构成的次要轴线与其交错呼应。这种轴线的布置手法,使山水园林贯穿其间,不仅建筑与园林环境相互渗透,高度统一,而且保持了建筑布局的完整性,使它与自然环境的结合达到了顺应自然,融为一体的效果。

第三章 专项评估

3.1 价值评估

3.1.1 总体价值评估

未名湖燕园建筑群为近代著名学府——燕京大学旧址,现位于北京市海淀区北京大学校园内。原燕京大学以清代名园"淑春园"故址为中心兴建校舍,于1921年开工,1929年建成,是中国近代校园规划及建筑创作的优秀作品。

该建筑群以未名湖为中心,分布有东西向和南北向两条主要轴线,大部分建筑在轴线两侧布局。主要建筑有西校门、办公楼、档案馆、民主楼、外文楼、化学北楼、化学南楼、俄文楼、第一、第二体育馆、南北阁、博雅塔、德斋、才斋、均斋、备斋(现红一至红四楼)、体斋、健斋、一、二、四、五院、临湖轩、钟亭、岛亭[文中所引为现状建筑名称。原燕京大学时期建筑名称及功能请参见文本后附《保护对象明细表》]等。在燕南园和燕东园还建设有教工宿舍。燕园建筑风格主要为中国传统复兴式建筑。建筑群组大都为三合院式，总体布局合理，局部尺度适宜，与古典园林保留下来的山水地形地貌结合紧凑。建筑物多为二、三层，主要建筑用灰瓦红柱，石造台阶，浅色墙面，檐下有斗拱梁枋，施以彩画；次要建筑取传统民居和园林建筑形式。湖边的博雅塔外观仿照通州燃灯塔为八角密檐式。燕园内尚留若干明清旧园遗物，也有从圆明园及周边园林搬来的石刻小品。未名湖区现仍保持初建时的原貌，整体环境优美和谐，具有很高的艺术价值。

从下页表格对照中可见，未名湖燕园建筑与其他属于全国重点文物保护单位的大学校园相比的特殊性在于：燕园建筑是吸取了中国传统建筑文化之后，有系统，大规模的规划及建筑创作，其建筑更多地融汇了中国传统的建筑形象，风格更加统一。

图 49　清华大学

图 50　东北大学

图 51　武汉大学

图 52　岳麓书院

表8　属于全国重点文物保护单位的大学校园

保护单位名称	类别	地点	批次	描述
未名湖燕园建筑	近现代重要史迹及代表性建筑	北京市海淀区北京大学校园内	第五批	详见总体价值描述
清华大学早期建筑	近现代重要史迹及代表性建筑。	北京市海淀区清华大学校园内	第五批	始建于1909年，完竣于1936年，分别于1909年、1914年和1930年三批开工建成。1911年竣工的新校门为仿文艺复兴券柱式大门，清华学堂（又称一院）为德国古典式大楼；1914年竣工的图书馆、科学馆、体育馆和大礼堂，均采用当时美国流行的校园建筑风格；1936年建筑与前期建筑风格相一致，采用美国近代折中式的校园建筑风格，特点是砖混结构，外形对称，比例端庄，立面三段式划分，利用清水砖墙面砌出线脚。现建筑整体保存较好，使主校园区仍保留近代校园的典雅风格。

(续表)

保护单位名称	类别	地点	批次	描述
岳麓书院	古建筑及历史纪念建筑物	湖南省长沙市湖南大学校园内	第三批	岳麓书院位于长沙市岳麓山下。北宋开宝九年（976年）潭州太守朱洞创建，大中祥符八年（1015年）真宗赐以"岳麓书院"门额，为宋代四大书院之一。南宋时聘理学家张栻主持，朱熹曾到此讲学，从学者达千余人。清光绪廿九年（1903年）改为高等学堂，后又改为高等师范、湖南工业专门学校；1926年正式成立湖南大学。千年以来，书院历经兵火，屡废屡修。现存建筑为清代所建，有御书楼、六君子堂、十彝器堂、濂溪祠、湘水校、经堂、赫曦台和自卑亭。书院内有唐、宋、明、清碑刻七十三通。岳麓书院在长沙市岳麓区岳麓山湖南大学校园内，为中国古代著名的四大书院之一。始建于北宋开宝九年（公元976年）。历经宋、元、明、清多次修复，基本上保持了原有格局，占地面积共3万余平方米。现存建筑是在清同治六年（公元1867年）大修后的基础上，从1976年到1984年历时15年的修复重建而形成的，现有建筑包括围墙、风雩亭、吹香亭、潢门池、饮马池、大门、二门、讲堂、半学斋、教学斋、御书楼、百泉轩、文泉、拟兰亭、汲水亭、四箴亭、濂溪祠、山斋旧址、船山祠、湘水校经堂、后花园、时务学堂纪念馆、六君子堂、崇道祠、碑廊、文庙及自卑亭，完整保存了历史上教学、藏书、祭祀三块结构，是我国保存最完整、规模最大和唯一延续办学的书院。院内存有自明代至清代的大量碑刻、匾额，是研究中国古代书院教育的重要场所。
武汉大学早期建筑	近现代重要史迹及代表性建筑	湖北省武汉市武汉大学校园内	第五批	武汉大学早期建筑位于湖北省武汉市东湖之滨的珞珈山、狮子山等10余座起伏的山丘之间。1930年3月开始兴建，1936年全部竣工，占地面积200多公顷，建筑面积7万多平方米。在3条南北轴线与2条东西轴线相交汇的轴线网络上，形成以图书馆、理学院、工学院为主体的三个建筑群组。3条南北轴线为：中心花园（小操场）至图书馆；理学院至工学院和水工试验所；理工二院至大礼堂（现为人文科学馆）和办公厅（现为电讯学院楼）。2条东西轴线为：学生俱乐部至图书馆和理学院；体育馆至中心花园和大操场、大礼堂。形成轴线分明，变化有序的整体美。在建筑整体上，遵循了"轴线对称、主从有序、中央殿堂、四隅崇楼"的中国传统原则，又引入西方的罗马式、拜占庭式建筑式样。在建筑单体造型上，更是形式各异，互不雷同。该建筑群还十分注重与自然环境、人文环境的有机融合，使建筑与环境相得益彰，堪称我国近代大学校园建筑的佳作和典范。

(续表)

保护单位名称	类别	地点	批次	描述
东北大学旧址	近现代重要史迹及代表性建筑	辽宁省沈阳市	第五批	东北大学旧址位于沈阳市皇姑区北陵大街东侧，新开河北岸。1923年开始筹建，至1930年陆续建成。东北大学是张作霖统治东北时期由奉天和黑龙江两省联合创办的高等学府，是20世纪初东北地区的规模最大的一所由文、法、理、工、教育五个学院组成的综合性大学。1928年张学良任校长后，实行男女同校，增设学院，延聘教授，大力发展体育，一批著名学者如章士钊、梁思成等在此任教。学校为国家培养了一批优秀的革命和建设人才，在中国近代教育史上占有重要地位。东北大学旧址建筑采用中西结合的建筑形式，主要建筑各具特色，保存完好，为近代优秀建筑群，具有较高的历史、艺术、科学价值。

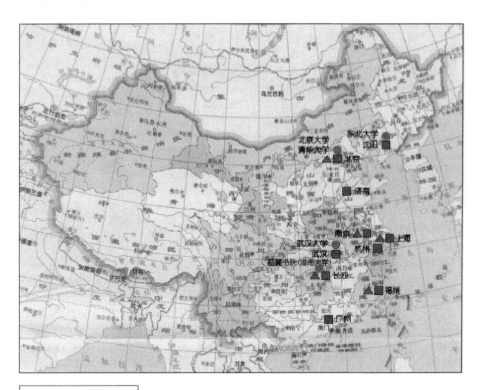

图例
- 属于全国文保单位的大学校园
- 中国教会大学分布（1850—1950）
- 建筑师墨菲的建筑实践

未名湖燕园建筑的几个重要特征
a. 为数不多的仍作为大学校园使用的文物保护单位
b. 曾经是教会学校
c. 一个外国建筑师在中国建筑实践历程中的重要作品

图53 属于全国重点文物保护单位的大学校园

3.1.2 分项价值评估

分项价值评估对未名湖周边地区不同历史遗存按照历史价值、艺术价值、科学价值、社会文化价值等四项分别评述,具体内容见左侧分项价值评估表。

表9 分项价值评估表

评估对象	对象类别	价值类别			
		历史价值	艺术价值	科学价值	社会文化价值
京郊赐园遗迹	文物本体及其环境	这些赐园遗迹是中国古代北方私家园林至今为数不多的遗存,是我国造园史的珍贵例证。同时这些遗迹也真实地记录着清中晚期至民国初期的重大历史变革。具有重大的历史价值。	体现了清末中国北方传统园林在造园艺术上的成就,有较高的艺术价值。	不同时期建造的园林将水系流畅自然地组织成一整体,其理水方式有一定的科学价值。	其历史及人文韵味为后来的燕大和北大提升了文化内涵,具有重大的社会文化价值。
燕京大学遗迹	文物本体及其环境	燕京大学历史及与其相关的重大历史事件、历史人物生平的物质载体,中国教育史、文化史、对外关系史等多方面的重要例证;作为较早尝试融合中西文化的规划及建筑创作,在中国建筑发展史上具有重大意义;作为墨菲早期的代表作品,记录了建筑师的创作轨迹,是对其进行研究的重要素材。	较成功地融合了西方校园格局与中国传统院落布局及园林山水,较好地在中国传统建筑形式中运用了西方建筑技术,并取得了比例造型上的良好效果。具有相当高的艺术价值。	其中引入的校园规划理念对后来国内校园规划形成一定的理论影响。同时运用西方建筑技术结合传统建筑形式取得成功。	作为燕京大学历史的物质载体成为一种抽象的文化象征,在燕京大学校友的记忆和情感中有着不能磨灭的印象。增厚、丰富了北大校园的文化内涵。
历史遗迹依存		诸如圆明园等著名历史园林中的遗物,不仅在对这些园林的研究上有较高的价值,亦见证一段惨痛的民族历史,具有一定的历史价值。	这些遗物大都工艺精美,有些堪称艺术精品,具有相当高的艺术价值。		作为可供欣赏凭吊的历史遗物,能引发积极的社会教育意义,并提高了北大校园的文化气息,具有一定的社会文化价值。
北京大学人文环境	历史建筑及现状环境	北京大学在此发展的历史印迹,见证了新中国成立以来的社会变革、中外文化技术交流、高校教育发展以及各学科建设发展的历程,随着时间的推移,将具有越来越重大的历史价值。	北大校园建设在一定程度上继承、完善了墨菲早先的规划设想,形成了完整的校园空间环境,并在部分新的发展区域形成与之协调的新环境,具有一定的艺术价值。		北大独特的校园环境是业已形成的代表中国文化及科技先进性的北大这一文化概念的载体,寄托着无数人的怀念和向往,具有重大的社会价值。

3.2 现状评估

3.2.1 文物本体现存质量评估

文物建筑现存质量评估

评估标准:对文物建筑的质量评估分以下五个方面进行,各方面的评估级别及标准见下表。

评估统计:文物建筑的残损级别评估参照左侧残损级别对照表进行。评估统计结果见左侧文物建筑现状质量评估图和统计图表。

表10 文物建筑现状质量统计表

项目	残损级别	评定标准
墙体	基本完好	墙体表面酥碱残损面积小于15%,墙体不见结构型裂缝
	Ⅰ级	墙体表面酥碱残损面积小于40%,墙体不见结构型裂缝
	Ⅱ级	墙体表面酥碱残损面积小于70%,墙体不见破坏型结构裂缝
	Ⅲ级	墙体表面酥碱残损面积小于70%,墙体存在破坏型结构裂缝
	Ⅳ级	残损程度超出"三级残损"界定者,为"四级残损"
结构	基本完好	木结构无明显变形、拔榫、开裂
	Ⅰ级	木结构无严重变形、拔榫、开裂,构件残损小于20%
	Ⅱ级	木结构有显著变形、拔榫、开裂,构件残损小于40%
	Ⅲ级	木结构有显著变形、拔榫、开裂,构件残损小于60%
	Ⅳ级	残损程度超出"三级残损"界定者,为"四级残损"
屋面	基本完好	屋面破损面积小于10%
	Ⅰ级	屋面破损面积小于30%
	Ⅱ级	屋面破损面积小于50%
	Ⅲ级	屋面破损面积小于70%
	Ⅳ级	屋面破损面积大于70%
装修	基本完好	建筑装饰无明显残损
	Ⅰ级	建筑装饰部分残损小于20%
	Ⅱ级	建筑装饰部分残损小于50%
	Ⅲ级	建筑装饰部分残损小于80%
	Ⅳ级	建筑装饰部分残损大于80%
基础	基本完好	建筑基础无明显残损
	Ⅰ级	建筑基础不见破坏性沉降
	Ⅱ级	建筑基础存在破坏性沉降

评估说明:燕大时期建筑从整体上说不属于中国传统木构建筑,但因其采用的建筑形态仍为中国传统样式,本评估所涉及的建筑评估项目可以借用,因此采用相同方式进行评估。

从评估结果看,大部分燕大时期建筑保存状况较好,少量作为居住使用的园林建筑保存状况较差。

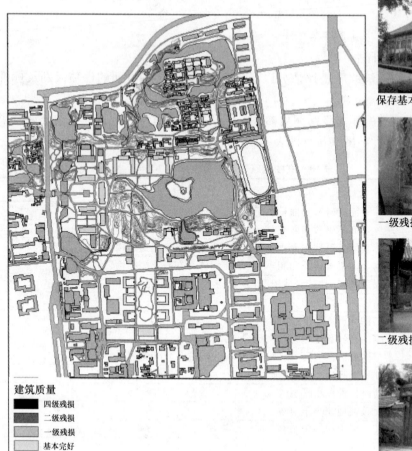

保存基本完好的文物建筑

一级残损的文物建筑

二级残损的文物建筑

四级残损的文物建筑

图54　文物建筑现状质量评估图

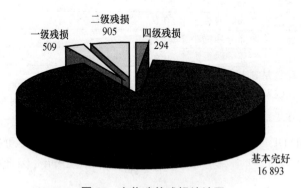

图55　文物建筑残损统计图

表11 文物建筑残损级别表

建筑残损级别	分析评估内容				
	基础	墙体	结构	屋面	装修
基本完好	基本完好	基本完好	基本完好	基本完好	基本完好
一级残损	基本完好	一级残损	一级残损	一级残损	一级残损
二级残损	一级残损	二级残损	二级残损	二级残损	二级残损
三级残损	三级残损	三级残损	三级残损	三级残损	三级残损
四级残损	二级残损	四级残损	四级残损	四级残损	四级残损

历史遗迹现存质量评估

根据历史遗迹现存状况将现存质量分为基本完好,轻微损坏,一般损坏和严重损坏四个级别,具体评估统计见左图及统计表格。

评估说明:在历史遗迹分类中,叠石、桥、石雕、碑刻碑铭等多属于石质文物,在所有附属文物中占绝大部分。受风雨侵蚀,人为破坏,这些石质文物出现了不同程度的损坏。因此在附属文物本体的保护工作中,石质文物的保护必将成为主要内容。

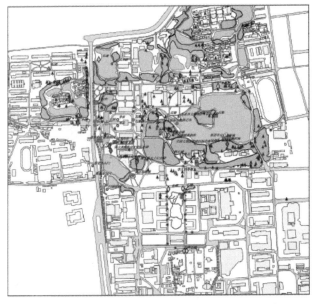

图56 历史遗迹分类分布示意图

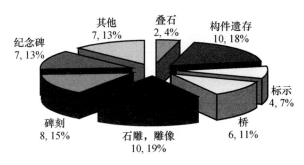

图57 历史遗迹分类统计示意图

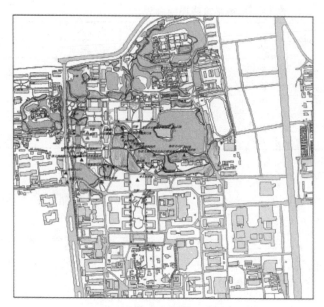

图 58　历史遗迹保存质量示意图

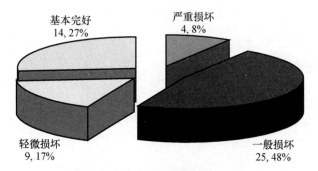

图 59　历史遗迹保存质量统计示意图

图 60　轻微损坏的历史遗迹

图 61　一般损坏的历史遗迹

图 62　严重损坏的历史遗迹

3.2.2　周边历史环境保存状况评估

（1）风貌分区

燕园未名湖风貌区——在原清代名园淑春园故址上建造的近代校园规划及建筑典范，较完美地结合了中国传统山水格局、传统建筑风格与现代建筑功能，主要实物遗存包括原燕大建筑、附属文物等。主要范围集中在未名湖区周边及静园。该区域建筑风格以燕大时期建筑为主，带有明确的中国传统建筑形式，白墙红柱灰瓦。建筑之间形成院落式的围合关系。

赐园遗址风貌区——以中国传统山水园林为主要环境特征，保存了较多的历史遗迹，包括山形水系、园林建筑、绿化植被、附属文物等。包括鸣鹤园、镜春园、朗润园、蔚秀园。该区域以中国传统建筑为主，成院落式布局，处于重要景观位置的建筑高度一般不高于 2 层。建筑布局与山水环境紧密结合。

别墅风貌区——建造于 1920—1940 年，建筑风格分为中国传统北方民居和西式小洋楼两种风格。建筑建造、设计质量很高，尺度适宜，环境幽雅静谧。主要分布在燕南园、燕东园小楼区。

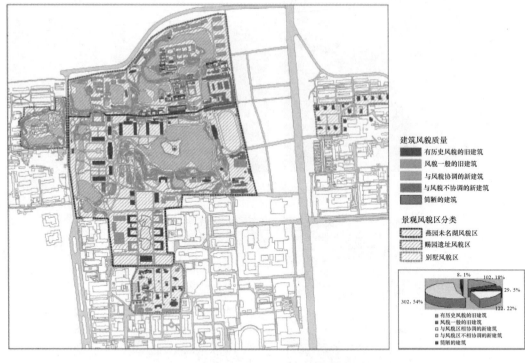

图 63 历史风貌分区与建筑风貌评估图

图 64 燕园未名湖风貌区

图 65 赐园遗址风貌区

图 66 别墅风貌区

（2）建筑风貌协调性评估

图 67　有历史风貌的旧建筑

图 68　风貌一般的旧建筑

图 69　与风貌区相协调的新建筑

图 70　与风貌区不协调的新建筑

图 71　简陋的建筑

根据上述各区域风貌特征对所包含的建筑进行风貌协调性评估，评估分为以下几类，评估结论见左图及统计表。

图72 各区域风貌协调性评估图

(3) 驳岸水系现存状况评估

除山体及园林绿化外,另外一项对展现历史园林风貌至关重要的内容就是水系的驳岸处理。由于历经百余年的变化,现有驳岸形态掺杂了各个时期的改动,因此有必要对其进行分类评估。类别划分及评估结论见下图示。

图73 连续的传统风格叠石驳岸

图74 散乱的传统风格叠石驳岸

图75 现代风格叠石砌筑的驳岸

图 76 现代方石砌筑的驳岸

图 77 混合方式砌筑的驳岸

图 78 现代硬质护坡的驳岸

图 79 自然土坡形式的驳岸

3.3 管理与利用评估

管理评估：

评估说明：

1. 未名湖燕园建筑作为全国第五批重点文物保护单位，保护对象数量大，种类多样，层次丰富，且均与学校日常教学生活关系密切，保护管理工作难度较大。

2. 该文物保护单位的日常管理和维护由北京大学各有关单位负责，目前保护范围明确，保护修缮工作实施成效较好，大部分文物建筑和其历史环境都得到了较好的保护。

3. 由于没有文物保护的专门机构，文物档案的管理存在一定的问题，对文物利用中的改造缺乏保护文物真实性的控制。

4. 附属文物的保护和管理存在一定的问题。

利用评估：

注：利用方式评估指现状利用方式对文物价值和安全性的危害程度，A 为影响较大；B 为有一定影响，C 为影响不大。

评估说明：

（1）除用于居住的建筑外，其他利用方式对建筑外观形象影响不大。

（2）大部分使用功能发生变化的建筑，室内都经过了较大的改造。即便是功能基本保持的教学科研建筑,由于使用要求的变化,内部也进行了改造。以上两种情况都对文物建筑的原有面貌造成了较大影响。

（3）由于有使用功能的要求,大部分文物建筑不能完全对公共开放。

表12 文物建筑利用评估表

文物建筑名称	历史功能	价值评估	现状评估	现状功能	外观观赏性评估	内部观赏性评估	利用方式评估	内部可开放性评估
西校门	校门	高	基本完好	校门	高	较高	C	完全开放
办公楼	办公	高	基本完好	办公	很高	较高	C	限制开放
外文楼	教学	高	基本完好	教学科研	很高	一般	B	限制开放
化学北楼	教学	高	基本完好	教学科研	很高	一般	B	限制开放
民主楼	办公	高	基本完好	办公	高	一般	B	限制开放
化学南楼	教学	高	基本完好	教学科研	高	一般	B	限制开放
档案馆	图书馆	高	基本完好	档案馆	高	一般	B	限制开放
红一楼至红四楼	居住	高	基本完好	办公	高	一般	B	限制开放
第一体育馆	体育设施	高	基本完好	体育设施	高	较高	C	限制开放
博雅塔	市政设施	高	基本完好	市政设施	很高	一般	C	不开放
生物东馆	医院	高	主体基本完好,局部一级残损	教学科研	高	一般	B	限制开放
临湖轩	居住	高	基本完好	对外交流	高	较高	B	限制开放
俄文楼	教学	高	基本完好	教学科研	高	一般	B	限制开放
南北阁	办公	高	基本完好	办公	高	一般	B	限制开放
钟亭	景观	高	基本完好	景观	高	较高	C	完全开放
一、二、四、五院	居住	高	基本完好	教学科研	较高	一般	B	限制开放
第二体育馆	体育设施	高	基本完好	体育设施	高	较高	C	限制开放
岛亭	公共集会	高	基本完好	无	高	较高	C	限制开放
健斋	居住	高	基本完好	办公	较高	一般	B	限制开放
体斋	居住	高	基本完好	办公	较高	一般	B	限制开放
校景亭	景观	较高	基本完好	景观	高	较高	C	完全开放
教育基金会	居住	较高	基本完好	办公	较高	较高	B	限制开放
中国经济研究中心[中路院落建筑]	居住	较高	基本完好	教学科研	较高	较高	B	限制开放
镜春园宿舍79号	居住	较高	二级残损,部分建筑四级残损	居住	较高	一般	A	限制开放

表 13　管理评估表

文保单位名称	保护级别	管理状况					人员状况		
		占地范围	原有保护范围	原有建控地带	说明标志	记录档案	管理机构	人员数量	编制
北京大学未名湖燕园建筑	第五批全国重点文物保护单位	主校区占地范围：131.9ha	50.18ha	81.74ha	有（市保、国保两处标志）部分附属文物没有标志说明	有，未经系统编目整理	总务部、基建工程部负责修缮，保卫部负责消防和保卫。暂无专门文物保护机构	无明确配置	学校事业编制

第四章　保护规划文本说明

4.1　编制说明

4.1.1　编制背景

1990 年，"原燕京大学未名湖区"被列入北京市第四批重点文物保护单位，并明确了需要保护的对象和保护区划。2001 年该保护单位以"未名湖燕园建筑"的名称被列入第五批全国重点文物保护单位，其保护对象和保护区划延续了当年作为市级重点文物保护单位的相关规定。经过十余年的城市建设和校园建设，"未名湖燕园建筑"周边的环境已经发生了较大的变化，同时由于北京大学自身发展的方向和空间环境上的压力，使得现阶段有必要根据现实条件重新审视分析当初制定的保护与管理内容，解决文物保护自身、文物保护与学校建设发展之间面临的问题。本保护规划即是在这种背景下，由北京大学发展规划部委托，清华大学建筑设计研究院文化遗产保护设计研究所编制的。

表 14　文物保护单位说明

编号	名称	建成年代	地理位置	描　述
11	原燕京大学未名湖区	1919—1926 年	海淀区北京大学	该湖区主要建筑有：校门、科学实验楼、办公楼、外文楼、图书馆、体育馆、临湖轩、南北阁、男、女生宿舍、水塔及附属园林小品等。整组建筑采用中国传统建筑布局手法，结合原有山形水系，注重空间围合及轴线对应关系，格局完整，区划分明，建筑造型比例严谨，尺度合宜，工艺精致，是中国近代建筑中传统形式与现代功能相结合的一项重要创作，具有很高的环境艺术价值。

上表为北京市文物局官方网站上公布的对"原燕京大学未名湖区"文物保护单位的说明。下段文字为国家局对该文物单位的说明：

未名湖燕园建筑，第五批公布的全国重点文物保护单位

未名湖燕园建筑群为近代著名学府——原燕京大学旧址，位于现北京大学校园内。原燕京大学以明代名园"勺园"故址为中心兴建校舍，于 1920 年开工，1926 年建成，是近代仿古建筑的优秀作品。该建筑群以未名湖为中心，呈四周分布。主要建筑有校门、办公楼、图书馆、外文楼、体育馆、南北阁 1—6 院、岛亭、水塔和男女生宿舍等，全部为清宫式建筑风格。

建筑大分散,小集中,主轴线为东西向。各群组大都为三合院式,总体疏朗,局部尺度适宜,与自然地形地貌结合紧凑。建筑物多为二、三层,主要建筑用灰瓦红柱,石造台阶,浅色墙面,檐下有斗拱梁枋,施以彩画;次要建筑取民居园林形式,湖边水塔为八角密檐式。园内尚留一些明清旧园遗物,也有从圆明园遗址搬来的石刻小品。现未名湖区仍保持初建时的原貌。

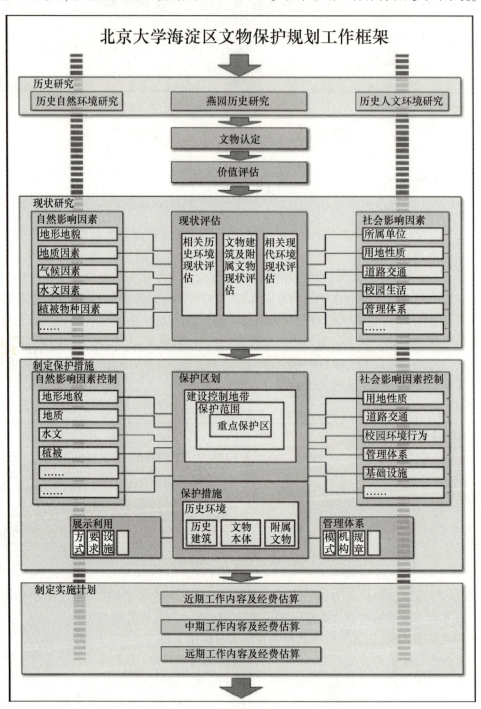

图80 北京大学海淀区文物保护规划工作框架

4.1.2 编制依据

本保护规划编制的依据除了与文物保护相关的各项法律法规之外,另一主要参考的文件是北京大学于2004年编制的《北京大学海淀本部校区总体规划》。该规划反映了北京大学于2004年至2014年的发展目标与实施措施。在满足学校发展要求同时,该规划也对校园范围中文物古迹的保护予以了充分的考虑。因此,该总体规划成为本次保护规划的重要参考文件,规划分期的划定也与总体规划取得一致。本保护规划经审批通过后,相关内容应纳入该总体规划中。

4.1.3 保护规划的工作范围

本保护规划的主要工作范围为北京大学海淀本部校区。此范围包括了经国家文物局认定的"未名湖燕园建筑"的所有内容。同时,考虑到燕东园、蔚秀园与燕京大学建校历史以及与该地区更早的历史文脉密切的关系,本保护规划也对这两处地区现存历史遗迹的保护提出了相关的规划要求。

4.2 关于保护规划框架和文物认定

4.2.1 规划目标的制定

将北京大学的良性发展放在非常重要的位置。这主要是因为从总体上讲北京大学迁校以来不仅很好地传承燕京大学校园,而且经过自身长期的建设和积淀,已经将燕京大学的物质遗存融入到北京大学的校园文化中,并逐渐形成了较之燕京大学时期更加完整更加丰满的校园风貌。这一校园环境成为北大文化的物质载体;同时,北京大学的兴衰与否也成为该物质环境是否能继续保持其生命力和文化内涵的关键。因此,只有将文物保护和校园发展建设协调一致,才能在这两方面取得双赢的成效。

4.2.2 保护规划框架的制定

所制定的框架以本保护规划的目标为前提,突出燕京大学时期建筑在北京大学海淀本部校区内所有历史遗存中的重要性,即将保护核心放在这一具有独特风貌的校园文化环境的形成、发展和延续的历史轴线中。因此,燕京大学时期的校舍建筑成为本次保护规划框架中的第一层次。

北部赐园的遗存现为"未名湖燕园建筑"所在的历史环境中重要的组成部分,其实未名湖及其周边环境也为清末赐园。这些园林环境的遗存不仅能够说明这一地区的历史脉络、文化特征,同时也是燕京大学确定此地为校址的主要原因之一,并在燕京大学从规划到实施,最终形成现今面貌的过程中起到关键性作用,因此也是需要保护的重要对象,本规划中列入第二层次。

燕南园燕东园是燕京大学时期教工居住的地方,其建筑风格和历史环境与未名湖燕园建筑风格和环境存在一定差异,是对燕园建筑的绝好补充,有利于更全面地了解这一时期校园建筑风格及规划思想。蔚秀园亦是京西赐园之一,现仍较好地存留部分山形水系和园林建筑。燕京大学建校不久,蔚秀园就成为燕大的教工和学生居住地,在一些燕京大学人物的回忆录有所提及。基于对这三者的价值评估和现状评估,考虑到它们与"未名湖燕园建筑"的历史关系,将其划为本次保护规划框架中的第三层次。

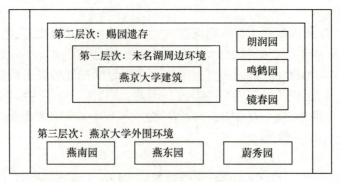

图81 保护层次示意图

4.3 关于保护区划的调整

4.3.1 现有保护区划的描述

现燕京大学未名湖区保护范围及建设控制地带说明

（一）保护范围

东：北段以现状围墙为界（注：现状围墙以东20米以内为大城坊公共通道）。南段至图书馆四层楼西墙及其南延长线。南：东段至图书馆四层楼北墙及其东延长线。中段至距女生体育馆以南25米的平行线。西段至现状五层楼北墙及其延长线。西：南段至距六院女生宿舍楼西墙20米，北段至现状围墙。北至现状围墙。

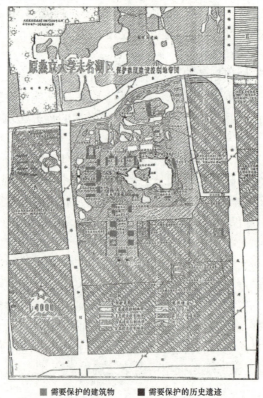

■ 需要保护的建筑物　　■ 需要保护的历史遗迹

图82　1990年北京市文物局公布原燕京大学未名湖区保护范围

(二)建设控制地带

Ⅰ类：

1. 燕京大学保护范围以北至清华东路(原文有误,应为西路)规划红线之间地带。
2. 东至颐和园路规划红线。南至宿舍区围墙。西至万泉河。北至清华东路规划红线。

Ⅱ类：

东至圆明园东路规划红线。南至距清华西路规划红线50米。西至大城坊公共通道。北至清华西路规划红线。

Ⅳ类：

1. 保护范围以东：

东北至圆明园东路规划红线。南至公共通道(公共通道以北京大学总体规划中东门附路为准,宽度为20米)。西至大城坊公共通道。北至Ⅱ类地带。

2. 保护范围以南：

东:北段至圆明园东路规划红线,南段至四层物理楼西墙及其南延长线。南:东段至四层物理楼北墙及其东延长线,西段至三层宿舍楼北墙及其延长线。西至颐和园路规划红线。北:西段至保护范围,东段至公共通道。

Ⅴ类：

东至成府路规划红线。南至北四环路规划红线。西至颐和园路规划红线。北至Ⅳ类地带。

此Ⅴ类地带内建筑高度应低于30米。

其他地带按北京市人民政府京政发(1987)156号文静宜园、颐和园等九项文物保护单位的保护范围及建设控制地带不变(引自国家文物局官方网站)。

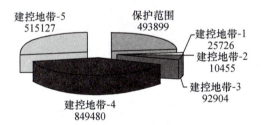

图83 保护区划各类面积统计图

4.3.2 本次规划建议进行的调整

保护范围的调整建议

考虑到校园建设发展,原有道路线型和用地边界发生变化,为能更明确保护区范围,原保护范围东段由"图书馆四层楼北墙及其延长线"变更为"以遥感楼南侧东西向道路北侧及生物楼东侧南北向道路西侧为界"和"以求知路道路南侧为界"。南侧中段由"至距女生体育馆以南25米的平行线"变更为"沿第二体育馆南侧道路"。

建设控制地带的调整建议

建设控制地带的划定参考了1990年北京市文物局公布文件,并依据本次规划对保护对象的价值认定和现状评估。为利于保护历史园林蔚秀园、燕京大学时期燕东园和燕南园的历史环境和历史建筑,建设控制地带内容调整为蔚秀园园林遗存、燕南园、燕东园小楼区划为Ⅲ类建设控制带,以控制新建设对历史环境的影响。考虑到校方建设和管理的实际困难和需要,只将蔚秀园、燕南园、燕东园历史风貌保持较好、风貌特征较突出的范围划入Ⅲ类建设控制带。

保护范围中的校园改造

本次规划中确定需要改造和调整的处于保护范围内的区域包括以下内容:

YY_N_04,YY_N_05,YY_N_06,YY_N_07,YY_N_08,YY_N_09,YY_N_10,YY_N_11,YY_N_12,YY_N_13,YY_N_14,YY_N_25,YY_N_26,YY_N_27。地块编号及改造调整控制详见规划图纸 P11,P13,P15,P17。

这些区域的划定目的是使其与历史环境更为协调,并有利于北京大学在有限空间内得以正常发展。所有改造区域的属性均调整为学校的教学科研或对外交流用地,属于学校发展建设中必不可少的内容。这些建设内容的必要性在《北京大学海淀本部校区总体规划中》和相关建设工程意向书中已有论述。本规划认为,在以确切的历史文献为依据,合理控制其建筑密度、容积率及具体的风貌形式的前提下,这些改造将有利于历史环境的再现。

关于该部分详细内容参见本说明4.7内容。

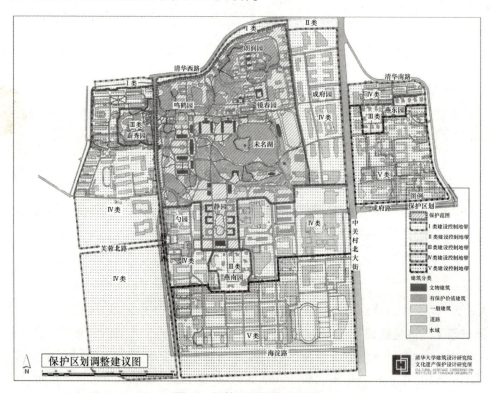

图84 保护区划调整建议图

4.4 关于保护措施的说明

4.4.1 文物建筑保护措施

本保护范围内文物建筑保护措施分为:日常保养、现状整修、重点修复三类。各类保护措施的实施目的、实施要求及工程量统计见文物建筑保护措施表。

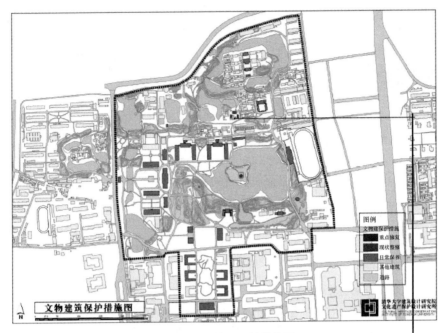

图85 文物建筑保护措施图

图86 需日常保养的文物建筑　　图87 需现状整修的文物建筑　　图88 需重点修复的文物建筑

表15 文物建筑保护措施表

措施	目的	实施面积	具体要求	备注说明
日常保养	及时排除隐患，避免更多干预	34772 m²	日常保养应分类、定期、按规范进行；保养与监测结合；重点保养灾害和损伤的多发、易发部位。该类建筑需要在基本保持现状的前提下进行一般性工程措施。需要管理单位对这类建筑的质量状况进行监控，在日后的维护勘查过程中，一旦发现比较明显的残损问题，经相关部门的审批后按照有关的规范实施保养修整工程。对于原有室内外装修应予以保护，不应随意更换拆除。	
现状整修	去除后期的不当改动，恢复建筑原有风貌	338 m²	对后期使用中有较大改动，拆除改造时室内外添加的构件，特别是不符合原设计规制的建筑构件，对于丢失或已不存的部分，采用传统工艺、材料进行复原。	本类措施是在不扰动现有结构，不增添新构件，基本保持现状的前提下进行一般性工程措施。

下编　北京大学海淀校区文物保护规划

(续表)

措施	目的	实施面积	具体要求	备注说明
重点修复	排除结构险情,修补损伤的构件,恢复文物原状	20 m²	进行这类保护工程的建筑在进行维修前,需要进行详细的勘查测量,制定保护修缮设计方案,严格地按照程序论证审批	

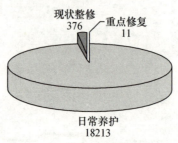

图89 文物建筑保护措施统计图

4.4.2 历史遗迹的保护措施

由于位于北京大学校园内的各类历史遗迹大都与现有校园环境相融合,成为校园文化景点的组成部分甚至是主题内容,因此在制定历史遗迹保护措施中的基本原则是尽可能保持现状。

对少量历史遗迹提出迁移的建议。一是梅石碑:由于该石质文物表面雕刻内容为线描,暴露于室外环境中很容易因风化腐蚀等环境因素造成对其艺术价值的损害,而加以遮罩的方式进行保护又将对其观赏造成不良影响,因此建议馆藏保护。二是"紫琳浸月"碑:原址位于蔚秀园东侧建筑群西北角,其现状所处居民区绿地内,丧失了其所标示的景观意境与周边环境之间的关联,因此建议在原址风貌改造之后将其回迁复位。

因为北京大学发展和使用功能的要求,东操场需要向东扩出,同时调整的还有东侧道路位置和红线宽度。对于东操场东侧燕京大学时期修建的围墙,规划建议按北京大学海淀校区总体规划中的要求向东迁移9—11米左右。具体位置关系见下图。迁移中应保持围墙的

由于历史原因,长期以来,北京大学体育文化设施严重不足,不但不能满足北京大学事业不断发展对体育文化设施的需要,而且基本的体育教学科研活动也受到了很大的限制。随着北京大学学科和事业的发展以及学生人数的增加,现有的体育设施已经难以满足需要。在土地和资金相对有限的情况下,本着节约的原则,北京大学规划对东操场进行改造,以物尽其用,适应新的体育教学科研与广大师生业余体育文化活动的需求。东操场的改造已经纳入北京大学海淀校区总体规划,此规划已经过北京市规划委员会审批(2004 规复函字 0366 号)。

图90 东操场东侧围墙迁移位置图
(引自北京大学海淀区总体规划)

原有材料和做法,迁移后保持原有围墙和道路的相对位置关系,并在原址和新址的关键位置设立与环境协调的标识物,说明此次迁建原因,迁建段落以及原址的位置。

另外一点需要指出的是,除校舍建筑之外还有一些具有时代特色的历史遗迹应在保护工作中得到重视。遗憾的是诸如燕京大学时期的路灯、果皮箱等已经在校园设施的更替中消失了,现余主要内容为铸有燕京大学字样的井盖,应对其加强管护,防止盗失。

图91　历史遗迹保护措施图

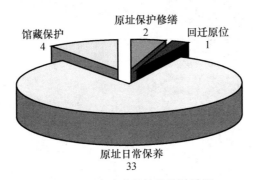

图92　历史遗迹保护措施统计图

4.5　关于环境保护与整治

"未名湖燕园建筑"的环境保护与整治指对园林环境和历史风貌区的保护与整治。

4.5.1　园林环境的保护与整治

此部分指对北京大学依存的园林环境的保护与整治。其对象包括山形水系和园林绿化。在现状调研及分析基础上,对山形水系及园林绿化存在问题提出相应的保护整治措施。其目的为继续提高校园环境质量,尽可能保留原有环境信息,突出北京大学校园环境特色。其保护整治原则是立足现状分析,尊重北京大学的环境特色和历史发展脉络,并考虑到现实可操作性，提出切实可行的保护和整治措施。

山形水系的保护与整治

山形水系的保护与整治本着在不对校方的基本建设产生较大影响和压力的前提下，结合学校的改造或建设工程尽可能恢复原有风貌的原则进行。

对山体的恢复本着尽可能展现原有园林设计意图的原则进行。由于不可能大量减少现有的建设规模，对原有山体进行大规模恢复，因此这些少量的山体恢复应能对周边园林环境的改善、对原有重要景观的再现起到较明显的效果。

水源的补给是个长期问题，并依赖于整个区域基础环境的改善。在目前的情况下大量恢复原有水域是不大现实的。但立足于文物保护的基本原则，对于已经消失的水域，在远期规划项目中可以结合北京大学实际情况为水系的恢复预留必要的空间条件。

在水源补给难以及时解决的情况下，对现有水域湖底采取防渗措施是一减缓水体流失、保持校园风貌的有效举措。但所采取的方式应是生态的，以避免局部的整治措施给整体自然环境的生态循环带来不利影响。

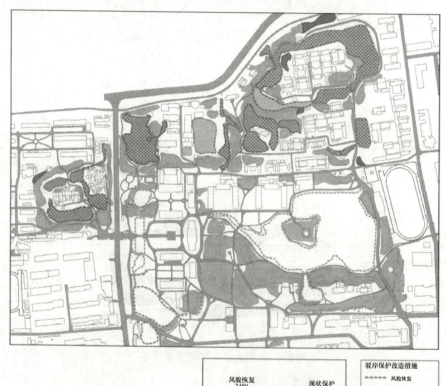

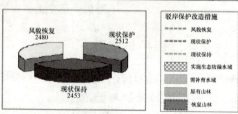

图93　驳岸保护与改造措施统计图

对驳岸的保护与整治首先应达到驳岸所属水域空间整体的和谐统一。由于现在的校园环境已经形成中西风格融合的空间环境，因此不必对水域驳岸做忠于传统园林风格的恢复。

在西校门入口内的几何形水体形态与周边严整的轴线布局和空间环境仍是和谐的。对于其他区域仍保持传统风貌的叠石驳岸或自然土坡,应予以保护,避免简单的叠石处理。在同一空间环境中出现不同叠石砌筑风格的时候,建议按照传统方式进行风貌调整。

园林绿化的保护与整治

针对现状中园林绿化的问题,共制定了下列七项整治措施。具体实施区域见左图。

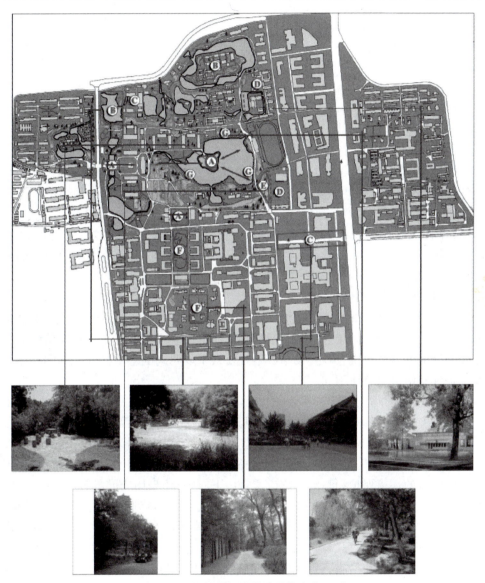

图 94　园林绿化问题整治具体实施区域

A. 对现有绿化进行修整以让出景观视线通廊

岛亭周围绿化现长势过密,以至于从岛亭向外几乎看不到周边景色,而从湖岸其他地方也看不到岛亭。西校门内办公楼前的轴线关系、空间感受因树木生长过密显得略微封闭。

B. 对现有绿化进行修整以获得疏密有秩的园林绿化效果

由于长期疏于修理,北部园林绿化生长杂乱,植物配置略显单调,没能保持传统园林疏密有致、空间层次丰富的景观特点。

C. 对新建设区域补植绿化

新建设区域在尺度、规模上与老校区有很大差异,缺乏与老校区协调的景观设计,使得新建设区域缺乏绿化遮蔽和与历史环境协调的绿化环境,使得新老校区风格迥异,同时亦给师生带来一些不便。

D. 配合改造工程培育绿化

对于将要进行的改造项目,应认真考虑基地景观绿化,在造景风格上与周边环境取得协调。

E. 对长势过茂的植被进行修剪以突出主景

受到植被长势过茂的影响,如博雅塔这样的景观标志物在某些地方被浓密的树冠遮挡,其标志物的景观效果有所削减。

F. 去除与景区风貌不协调的绿化

燕南园内采用的齐整绿篱,与别墅风貌区和谐自然的风格不相协调,特别是配合日后对燕南园的改造,将改变居住性宅院的空间划分方式,功能上将不再采用这种绿化形式。

G. 改造现有等距排布的行道树

沿未名湖岸和北部园林区的步行道行道树间距过于均等,显得比较机械,和师法自然的传统园林风格不相协调,建议在有条件的情况下适当调整植株间距,并在新建设区的景观设计中避免出现此种情况。

4.5.2 历史风貌区的保护与整治

此部分是指对规划范围内3个历史风貌区:未名湖周边景区、历史园林区、别墅景观区环境的保护与整治。历史风貌分区的整治是在对建筑风貌协调性进行明确评估划分的基础上对不同等级的不协调建筑、道路、设施等景观要素采取明确的整治措施。不同历史风貌区的环境保护和整治措施有所不同。

——未名湖周边景区:延续燕京大学时期建筑师墨菲的规划思想和建筑风格,尊重其原有基址——淑春园的园林环境。该区域不协调建筑较少,主要是后期建设的基础设施用房。道路铺装应能区分车行和步行道路,园林绿化应能体现出最初墨菲规划的景观轴线关系。

——历史园林区:此区是京西存留不多的清末赐园遗迹,文物价值、历史价值、艺术价值较高。针对此区的环境保护和整治措施应遵守以下原则:梳理历史园林各元素——建筑、山水、绿化配置等,去除其中无价值的添建建筑并遵照能够收集到的历史资料对环境进行整治。特别是其中具有特色的历史景观点,如朗润园西南角原有水榭,后因环境及建筑本身的变动而改变,在环境整治过程中对这类景点应予以恢复。对留存的历史遗迹应根据保存现状进行适当的保护和整治措施。该区域还面临新建设项目可能带来的影响,为减少这些项目可能在风貌上带来的危害,在项目筹划初期就应把保持、延续甚至适当恢复园林原有景观风貌作为项目建设的重要原则进行考虑。

别墅景观区:作为燕京大学时期不可分割的部分,在建筑风格和历史环境方面对"未名湖景区"是极好的补充。依据对其的价值分析、现状分析,其整治措施应达到有效保护、充分利用、切实可行的目的。在该区域的改造过程中可以添加适当的现代建筑元素,但应保持原有空间尺度和历史建筑及环境的可识别性。由于此区域原是作为各户宅院使用,因此形成了一些明确划分宅院范围的绿化及设施,日后应依照区域整体改造规划,按照新的环境氛围进行调整。

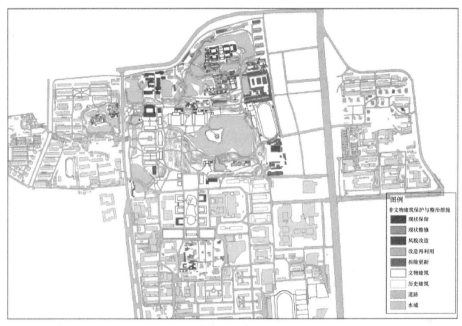

图95 非文物建筑保护与整治措施图

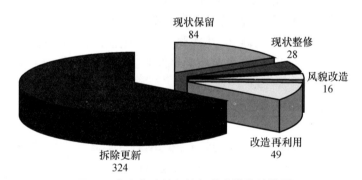

图96 非文物建筑保护与整治措施统计图

4.6 关于文物建筑和历史建筑的利用

4.6.1 文物建筑利用

以文物保护理论和北京大学发展的实际需求为出发点,合理利用文物建筑将有利于其保护。合理利用文物建筑必须遵循以下原则:

——将合理利用作为保护燕京大学建筑遗存的有效手段。从现状分析来看,文物建筑是否被合理利用对于文物建筑能否健康保久至关重要。合理的利用使得文物建筑能获得更精心的日常保养,受到更多的关注,建筑自身出现的种种病害也都能得到更为及时的解决。

——利用的功能应不影响文物古迹的价值。由于时代的不同,现今的利用,包括将来的利用,都会因为功能要求的变化或多或少地对建筑进行改造。这是时代进步带来的必然结果。从价值分析上,燕京大学时期的建筑最主要的价值体现在其整体规划布局,空间关系,建筑造型风格等方面。因此在对这些主要文物建筑的利用过程中首先应该注意和强调的是这些价值的保持，使得整个校园外部空间环境不受侵扰。对于建筑内部格局和设备设施的更新，则可在保证建筑整体安全性的前提下予以适当的放宽。

——对文物建筑的利用应对北京大学的发展产生积极的效益。本原则旨在对文物建筑的利用予以限定。由于该文物保护单位保护上的成效与北京大学的发展有着密切的关系，因此在文物建筑的利用上也应该强调其与学校发展的关系。如何更好地对文物建筑加以利用，更大地发挥文物建筑的内在价值对于校园文化品位的提升和对人的吸引力，避免单纯出于教学、办公空间的调配确定文物建筑的功能归属，是校方应该重点考虑的问题。

——对文物古迹的利用应真实地展现其自身的历史形象，利用尽可能的手段阐释文物古迹的价值。由于利用中不可避免地将对文物建筑的面貌作出调整，但文物建筑各个时期的面貌又都是有重要的历史价值的，因此在不断的变动中，应该将各时期的面貌真实地记录下来，并将其中有重大价值的予以展示。

在此原则指导下，原燕京大学校园建筑可延续其使用功能作为教学、科研、办公用房。对于未名湖北部园林中作为居住使用的建筑遗存，将其建筑功能随用地性质调整变更为教学科研、办公用房。

4.6.2　历史建筑利用

对历史建筑的保护和利用基于对其所做的价值评估和现状评估。它们界定了历史建筑利用和改造程度，同时应结合保护规划和校园总体规划对历史建筑所处地段的全局考虑，合理安排适当的使用功能和使用强度。

对于保存状况不佳的重要历史建筑应采取必要的保护措施，以避免其继续损毁。对于已丧失原有功能并在其所在区域有新的功能要求的历史建筑，可对其进行改造利用。改造中应尽可能保持原有建筑风貌，仅从使用的必要性和保证建筑质量出发对其局部进行可识别的改造措施。

4.7　关于文物保护与校园发展

北京大学作为中国著名学府，其发展对于我国的教育事业、科学发展和人文素质培养具有非常重要的意义。因此在保证文物保护的前提下应充分考虑到学校建设发展的实际需求。通过严密、周详、专业的保护规划，可将两者结合起来，达到双赢的效果。

在保护规划中，通过价值论证、可行性分析和规划设计，将保护规划划出三个层次，不同层次的保护对象采取不同的保护和整治措施，以达到预期的保护效果和目的。

在北京大学北部历史园林风貌区和燕南园内，通过对现存建筑及环境的梳理和评价并结合2004年北京大学制定的校园总体规划中对用地性质和功能分区调整的规划设想，整理出"YY_N_04，YY_N_05，YY_N_06，YY_N_07，YY_N_08，YY_N_09，YY_N_10，YY_N_11，YY_N_12，YY_N_13，YY_N_14，YY_N_25，YY_N_26，YY_N_27，YY_S_ll"15块改造区域。（参见规划图纸P17）通过制定改造后的控制指标达到既满足文物保护要求，亦满足学校对教学科研用房建筑面积的要求。上述用地中朗润园周边大部分地块改造项目已经由北京大学向北京市规划委员会报批并获得通过。

文物建筑只有采取合理利用才能延长其寿命，发挥其价值。作为文物保护单位的北京大学校园，它的良性发展将对文物建筑及历史环境的保护产生积极的影响。因此从这种角度考虑校园发展有利于文物保护。"未名湖燕园建筑"保护名单上的文物建筑大多保存现状完好,这与北京大学对其利用和保护是息息相关的。在日后的文物保护工作中应继续发挥其积极影响,通过合理使用文物建筑达到保护文物,弘扬北京大学深厚历史文化底蕴的目的。

4.8 其他

4.8.1 宣传教育计划

为能更好地保护全国重点文物保护单位"北京大学未名湖燕园建筑",保证文物建筑、历史遗迹、历史环境保存与校园发展的良性互动,使之更好地在提升北京大学人文环境质量和精神凝聚力方面继续发挥积极作用,达到弘扬中国传统文化和发展历史的目的,应对会对此文物保护单位造成影响的北京大学师生、管理和使用单位、游客等的行为进行规范,并在学校的日常管理方面实施文物保护思想教育,使文物保护观念深入人心。

4.8.2 文物保护管理机构的设置

考虑到北京大学作为高等教育机构的特殊性,其管理机构宜简宜精,建议可结合学校机构设置专门的文物管理部门,可与校园规划办合署办公,其人员构成应以考古、历史、建筑和文物保护的专业人员为主。

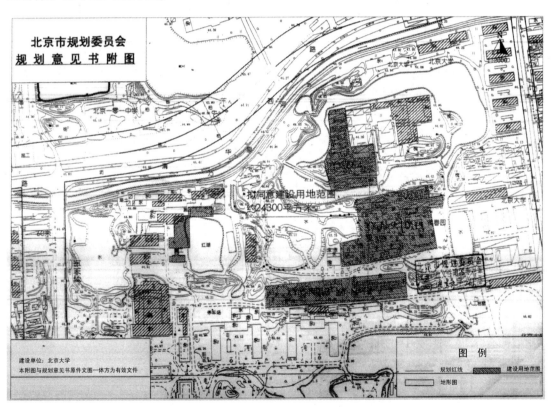

图97 北京市规划委员会规划意见书附图

附录1 未名湖周边清代赐园基本情况

1. 自怡园

海淀地区开始的园林建设,最初营建的就是"三山五园"中的畅春园和圆明园。康熙二十六年(1687年),首先在海淀镇西北的低地上,利用万泉河下游明代清华园的遗址,兴建了皇家御苑的畅春园。康熙又立即下令为武英殿大学士明珠在畅春园下游,也就是它的东北一侧,兴建自怡园。

该园的设计和建造,出自著名画家兼造园叠山艺术家叶洮,这也是他造园艺术的代表作。园中以水景取胜的水源,来自畅春园,经由明代勺园故址,流注园中。不幸的是这一代名园,仅仅经历了37年,到了雍正二年(1724年),因明珠之子揆叙得罪而被"籍没"。自怡园之名不再见于记载。

当时,从康熙四十八年(1709年)开始兴建的圆明三园,相继经营,前后历时60余年。到了乾隆中期,三园相继建成之后,自怡园的故址才重新见于记载,这就是日后闻名的春熙院[春熙院应即今镜春园和朗润园的前身,详见后]和淑春园。实际上,从现在未名湖周围地区的燕园也就是历史上的淑春园一直向北,经过镜春园,直到朗润园,南北连成一片,这就是原来名盛一时的自怡园的所在。

图98 清初此区域园林分布图

2. 淑春园

乾隆晚期,淑春园被赐给了文华殿大学士和珅。和珅开始了淑春园的大规模建设。当时修建的石舫,至今尚存。根据所流传的查抄和珅家产清单,可以知道当时淑春园中共有楼台六十四座;全院共有房屋 1003 间,游廊楼亭 357 间[故宫博物院《史料旬刊》十四期,490页]。

道光年间,淑春园成了睿亲王仁寿的赐园,称睿王园。因睿字满语读作"墨尔根",因而又有"墨尔根园"之称。此名称一直沿用到 1921 年校园初建。清咸丰十年(1860)八月,英法联军放火焚烧圆明园,墨尔根园也未幸免,遭到极大破坏。民国初年,军阀陈树藩以两万银元买下淑春园,后又于 1920 年被燕京大学校长司徒雷登购得,并立即进行了整体的规划建设,终于利用早年自怡园中最南部分的一大湖泊及其西部地区建成了一座设备齐全,并以"湖光塔影"著称的大学校园。新中国成立之后,1952 年进行院系调整,燕京大学与北京大学合并,北大从城内迁入燕园。校园也进行了大规模的不断改扩建,而燕园的整体建筑都被保留了下来。并于 1990 年 2 月 23 日,经北京市人民政府公布为北京市文物保护单位,同年 10 月北京市文物事业管理局在未名湖上游北岸立碑。2001 年未名湖燕园建筑又被国务院公布为"全国重点文物保护单位"。现淑春园旧物大部毁坏,仅存湖心岛东侧湖水中的石舫和湖南岸的慈济寺庙门。

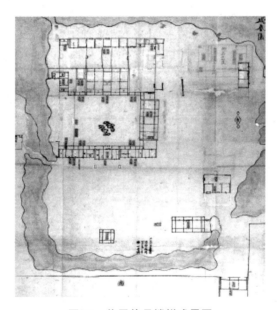

图 99　临风待月楼样式雷图

3. 春熙院(镜春园、鸣鹤园)

鸣鹤园

乾隆四十七年(1782),原淑春园北部另划分一园,改称春熙院,包括今镜春园以及朗润园部分。后春熙院又被分作东、西两部分。西部赐给了嘉庆帝第五子惠亲王绵愉,称鸣鹤园;东面南部较小的园林赐给了嘉庆帝第四女庄静公主,改称镜春园;北面称为朗润园。在 1860 年,英法联军火烧圆明园时,鸣鹤鹤、镜春园也遭到破坏,园中大部分建筑损毁,只有几处建筑遗存。同治三年(1864),绵愉去世,鸣鹤园仍为他的后代所拥有。因长期无力修葺,该园便日渐荒落。当时园中情形屡屡见于清末醇亲王奕譞(蔚秀园园主)的诗文之中。

"鹤去园存怅逝波,翼然亭畔访烟萝。百年池馆繁华尽,匝径松阴雀噪多。"

虽然这时的鸣鹤园已日趋荒废,但据记载,当时奕详与奕谟(绵愉之子)二人还居住在园内。民国初年,鸣鹤园属徐世昌所有,改称淀北园。他大量拆毁园内建筑,将可利用建材运走,鸣鹤园遭到了又一次大的破坏。之后不久,鸣鹤园又转入陕西督军陈树藩手中,他在那里建有夏令别墅和祠堂。20年代中后期,燕京大学校长司徒雷登从陈树藩手中购得此园,作为新建成的校园的一部分。现旧日园中遗址遗存主要包括红湖南岸的校景亭原鸣鹤园翼然亭、方池等等。原中所、东所内尚有部分清代石岸、石座、砖墙、建筑等遗址遗迹可寻,但大多明显后期改建。红湖北岸原有六角形龙王亭在近年被移走。园中岗阜丘陵基本上还保持原貌。园西北处有乾隆半月台诗碑一座。

解放后,鸣鹤园中增建了许多新建筑,主要包括生物楼、动物房、考古楼等等。

镜春园

镜春园面积与鸣鹤园相比小很多,它在咸丰十年(1860年)也遭到破坏,园中建筑所剩不多。光绪二十二年(1896年)九月,镜春园并入鸣鹤园内。民国初年,镜春园和鸣鹤园一起归徐世昌所有,合称淀北园。他把鸣鹤园中幸存建筑进行拆毁,但估计对镜春园并未有大的破坏。20年代前期,燕京大学以淑春园旧址为中心开始建校时,现在的镜春园仍属徐世昌所有。而当时燕京大学已经租借镜春园北邻的朗润园作为教职员工的住宅,中间隔有镜春园,不便通行,必须绕道东门外来往。新中国成立之后,镜春园才并入北大校园,从而使北部校园连成一片。北京大学迁入燕园以后,对镜春园进行了修建,在原来的基础上修建了北大建筑公司和北大材料厂。

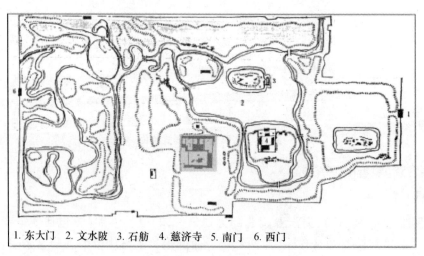

1. 东大门 2. 文水陂 3. 石舫 4. 慈济寺 5. 南门 6. 西门

图100　淑春园

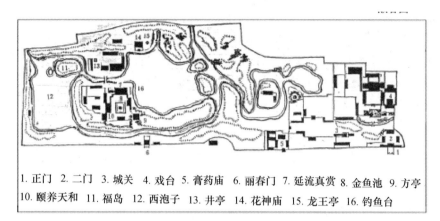

1. 正门 2. 二门 3. 城关 4. 戏台 5. 膏药庙 6. 丽春门 7. 延流真赏 8. 金鱼池 9. 方亭 10. 颐养天和 11. 福岛 12. 西泡子 13. 井亭 14. 花神庙 15. 龙王亭 16. 钓鱼台

图 101　鸣鹤园

4. 朗润园(又称春和园、庆王园)

朗润园原名春和园,清嘉庆(1796—1820)年间为永璘赐园。永璘是乾隆帝第十七子,嘉庆二十五年(1820 年)封庆亲王,所以春和园又俗称庆王园。道光四年(1824 年),永璘的后人奕彩被夺去爵位,按照清朝惯例,春和园也被收归内务府管理。咸丰二年(1852 年)前后,春和园转赐奕訢(恭亲王),始改称朗润园。朗润园东西略长,南北稍窄,东西与南北的直径比约为3∶2。园中间是由闭合的水面环绕的方形岛屿,岛上分布着园内主要的建筑——东、中、西三所。根据北京图书馆所藏的《样式雷图籍》所载,朗润园早期共有大小房屋 153 间,游廊 57 间,垂花门 1 座,门罩 2 座,四方亭 1 座,灰棚 12 间。咸丰初年,经过奕訢的修缮和增建,园内大小房屋达到 237 间,增建了三孔石平桥 1 座,四方亭 1 座,足见当时园林规模之盛。朗润园全盛时期有东西两门,东门斜对今成府街西口,西门北临万泉河,出门有石平桥,过桥向西,便是直通万寿山的大道。中所自南而北,前有宫门"乐静堂",后有正殿 5 间,殿后有土山。东所自南而北依次有宫门"春和别业",正殿"恩辉余庆",抱厦殿"澄怀撷秀"等。西所内为方形庭院,正厅为书房"益思堂"。东所东南侧建有四方亭"涵碧亭","涵碧亭"三字为恭亲王亲笔手书。光绪二十四年四月奕訢去世时"共计瓦房 294 间,灰棚 42 间,游廊 72 间,统计 408 间"。奕訢去世后,朗润园改作内阁军机处及诸大臣会议的地方。民国初年,紫禁城小朝廷将朗润园赏给载涛作为私产。载涛曾购得原圆明园西洋楼大水法石屏风、翻尾石鱼、一对石雕麒麟和丹墀等圆明园遗物。石鱼在朗润园放置多年,燕大 1930 年届校友毕业时从载涛手中将此鱼购买赠送母校,摆置在未名湖畔。石麒麟和丹墀存放朗润园多年以后被置于北大办公楼前。大水法石屏风在"文革"以后由圆明园管理处征得北大同意后放回原处——大水法御座后面。燕京大学 1923 年起,向载涛租借了朗润园,用作教工的住宿区。一些很有名的教授如吴雷川、郭绍虞、博爱理(Miss. P. A. Boring)、蔡一谔等都曾居住在此。朗润园翻开了荟萃中国知识界精英、成为高等学府校园一部分的新篇章。直至 1952 年北京大学与燕京大学合并后,在 1953 年北大以人民券八亿二千六百五十万元购得朗润园。其后北大陆续在园中东部和北部建起 8 至 13 公寓和北大招待所。20 世纪 90 年代又有中国经济研究中心和中国古代史研究中心两家科研机构分别落户于朗润园修葺一新的东所和中所。

中所的中院和后院现在是中国古代史研究中心。2000 年 6 月至 2001 年 6 月北京房修一建筑工程有限公司对房屋和地面进行了全面的整修。中所的后院正房五间,在施工中发现它们的地下基础均为10cm直径的柏木桩上加青石,是一种为增加疏松地层的承压能力而采用的地基工程做法。应该是因为园内多水,地基承压能力弱所采取的办法。

现在的朗润园较之旧日,从建筑上来说,已经有了很大的变化。园内尚存一些旧建筑遗存,混杂于园内民居等建筑之中,也都为清朝末叶陆续修造。

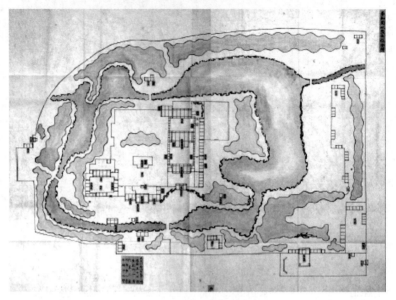

图102 朗润园样式雷图

附一:重修朗润园记

　　朗润园原名春和园,清嘉庆年间为乾隆帝第十七子永璘之赐园,故又俗称庆王园。道光末年转赐恭亲王,始称朗润园。光绪廿四年奕訢去世,朗润园收归内务府。此时慈禧太后常居颐和园垂帘听政。朗润园一度成为内阁军机处及诸大臣议事之所。一九一一年清帝逊位,朗润园仍属皇室所有,旋赏与醇贤亲王奕譞第七子载涛为私邸。二十年代初燕京大学建校,征得此园,□充教员住宅。据《春和园地盘画样全图》与《样式雷图籍》载,朗润园主要建筑分中、东、西三所,早期共有大小房屋一百五十余间,游廊亭阁等数十间。咸丰二年,奕訢曾大事修缮和增建,时全园大小房屋达二百三十七间,游廊七十七间,是足见斯园当日之辉煌。物换星移,风雨百年,而今园内东所与方亭等诸多建筑已荡然无存。但主体建筑虽年久失修,榱楠圮损,丹□剥落,然大体风貌依旧。嘉庆帝当年御匾致福轩、恭亲王题壶天小镜匾及张凯等人书法藏之高阁,神采宛然。为保护历史文化遗产,缓解北京大学办公用房紧张状况,承上级有关单位批准,由中国经济研究中心筹资,于一九九五年十月至一九九七年五月对斯园主体建筑进行全面修缮,共修复中所官门三间,东配房五间一进,正房五间二进,抱厦殿五间及抱厦三间,耳房五间,游廊二十二间,方亭一座,计千余平方。材石坚致,丹刻富丽,有加于昔焉。会其费为三百余万元,适有香港名士钱果丰、利国伟、曹其锋等慷慨捐助,共襄此盛事,诚义举也。然则斯园之用甚益于公务,而非寻常之为观游之计也。既作为以吸引海外经济学者回国工作,发展中国经济研究与教育为宗旨之中国经济研究中心之办公场所而发挥其经世致用之志,不亦宜乎?

　　公元一九九七年五月五日侯仁之、张辛撰张辛并书。

5. 北大范围内其他历史园林沿革

蔚秀园

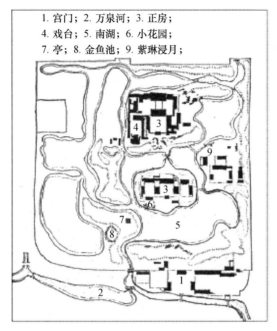

图103 蔚秀园平面图

蔚秀园亦是清代皇家园林之一,园域面积很大,东部与北大主校区仅有一路之隔,西至万泉河,南与畅春园遗址接壤,北与圆明园遗址隔路相望。蔚秀园现在的园门与西校门正好相对。蔚秀园原名含芳园,为昔日圆明园附属园林之一。

蔚秀园早先是载铨的赐园。道光十年(1836年),载铨袭封为定郡王,咸丰三年(1853年)加亲王衔,所以当时含芳园又称为定王园。载铨于咸丰四年(1854年)去世,蔚秀园便收归内务府。咸丰八年(1858年)含芳园转赐给醇亲王奕譞。就在赐园的当年冬天,咸丰皇帝为含芳园赐名"蔚秀园",并亲笔题写"蔚秀园"三字赐予奕譞,从此便有蔚秀园之名。现可搜集到关于蔚秀园诗词较多,可从侧面了解到园林中的山水特色。如:《蔚秀园新葺山弯小室晚坐》一诗:

> 开窗恰值秋容丽,山色波光一览收。
> 砌有幽丛工点缀,杯余新酿尽勾留。
> 风皱翠藻浮池面,霞灿丹枫舞岸头。
> 日暮酒阑新月上,芦花深处唤扁舟。

根据样式雷图可以得知,蔚秀园当时的园门向南开,园中湖泊环绕小岛,将园区分为东、中、北三个相对独立的小岛,岛上分别有独立的建筑群。其中以中部和北部两座小岛为主体,东部小岛上有一石碑,上刻"紫琳浸月"四字,为奕譞亲笔所书,该碑至今仍存园内。

咸丰十年(1860),英法联军攻占北京,纵火焚烧圆明园时,蔚秀园也遭到了严重的破坏。此后,为了随侍西太后在颐和园听政,奕譞曾对蔚秀园进行修葺。但据记载,这次修葺时设计平凡,工事简陋,与焚毁之前的蔚秀园不能相提并论。修葺而成的建筑中有一部分保留至今。奕譞于光绪十六年（1890）去世，蔚秀园收归内务府管理。直到清朝覆亡前夕，才赠送给奕譞的第五子载沣作为私产。

1931年12月燕京大学购得蔚秀园，当时蔚秀园占地120余亩，园中有房80余间，树木尚有千余株，稍加修葺以后便作为教职员工宿舍。在燕京大学时代，蔚秀园基本还保持着往日的面貌。1952年，北京大学迁入燕园以后，为了解决教职工的住宅之需，于1973年至1979年先后在园中西部和北部，建造了15幢楼房，之后又在园区南部修建了一座幼儿园。

现在园中仅有东南部分湖泊相连，土山、刻石、旧迹尚明晰可见。湖岛上遗存的建筑物，并非1860年前园中建筑之布局，应是后来奕譞修整园林的部分建筑遗迹。

勺园（后称弘雅园，又称集贤院）

勺园故址位于今北京大学本部西南部，面积不大。勺园是米万钟在明万历四十年（1612年）至42年（1614年）间构筑，是校区内开辟最早的一处园林。园林建成后命名"勺园"，取"淀之水滥觞一勺"之意。勺园的建筑精巧玲珑，具有江南园林建筑的风格。据《春明梦余录》《燕都游览志》记载，勺园当时占地约百亩，园中以水景见长。在米万钟于万历四十五年（1617年）亲手绘制《勺园修褉图》[现藏于北京大学图书馆]中，可清晰地看到当年勺园风貌。

明清易代之际，勺园逐渐荒废。清朝康熙年间，勺园旧址上重建了一座"弘雅园"，并一度作为恭亲王的宫邸。乾隆年间，圆明园已成为皇上设朝听政的地方，"弘雅园"改作"集贤院"，专供从城内来上朝的达官贵人休息，而来华的各藩属国和外国使节也常常在此居住。清咸丰十年（1860）八月，英法联军放火焚烧圆明园，集贤院一同被毁。民国初年，勺园一带为军阀陈树藩所占有，之后被燕京大学购得，作为教学用地。因当时建设校舍是以淑春园遗址为主设计校园建筑，在勺园遗址上修建的建筑很少。80年代后，北京大学在勺园故址上修建了勺园大楼，用以接待外国学者和留学生，并在勺园楼群之北营建了亭榭曲廊。北边的亭中悬有溥仪之弟溥杰所题写的"勺海"匾额，南边的亭中有当代著名书法家赵朴初先生所题写的"缨石"匾额。"勺海""缨云"均系当年勺园的重要景点。

现原址已无勺园旧日建筑和园林遗迹，只有地下尚有园林基础遗址埋藏。1982年在现勺园五号楼北侧小湖曾发现花岗岩石条修砌的建筑基础。

图104　北京大学档案馆藏米万钟"勺园修褉图"

农园（治贝子园）

农园最初的园主是晚清宗室贝子载治,所以农园最初的名字为"治贝子园"。到光绪中叶时载治二子溥侗继承了这座园子。随着清朝末年皇室没落,治贝子园也因抵押欠款被查封。当时治贝子园约有四顷多地,园内有大小水井六眼,园内各种大小树木八百四十余棵,内有大小房屋共一百三十九间。1928年地方法院拍卖治贝子园,燕京大学以45200银元购得此园,所得地皮258.1亩,房屋71间,此后治贝子园就归属于燕京大学。园子此时已破败不堪,遂大部分辟为农场,农园之名,因此而来。1952年北京大学迁入燕园以后,在农园一带进行了较大规模的修建,将其建成了重要的教学区。先是在农园的遗址上开辟了五四运动场,之后又在运动场以北修建了第三教室楼,西边修建了五四体育馆和农园食堂,东边修建了露天游泳池。旧日园林遗迹现大部分都已经荡然无存了。仅在游泳池以南、三教以东,有一座四合院形式的小庭院,这是在农园部分遗址的基础上修建的。现为中国哲学暨中国文化研究所,门前有中国古代哲学家老子的站立雕像。

附:治贝子园重修记

有清以降,皇室名臣纷置庭园于燕园西郊。治贝子园为宗室贝子载治之别业。光绪中叶,其子溥侗继有此园,因酷爱京剧,别号红豆馆。迨入民国,是园为燕京大学购得,易名农园。星移斗转,昔日临湖晓山,嘉木庭林,抱厦游廊,半已倾圮,半已夷平,唯后殿数间,东西回廊尚残存矣!名园盛衰,能不感慨系之乎!陈鼓应教授雅好博古,钟情是园,奔走呼吁,其友人雷永泰校长、陈金发董事长,嘤气教库,慷慨襄助,重修残园,遂得今日之辉光。乐斯园之延寿兮,享嘉义而文昌,乃作此记以铭。

北大哲学系、中国哲学暨文化研究所撰 1996年4月2日

承泽园

承泽园位于挂甲屯以南,南临畅春园遗址,东部隔万泉河与蔚秀园相望。位于北大校园本部最西处。承泽园大约始建于雍正三年(1725年),为圆明园附属园林之一。最初赐予果亲王允礼为邸园。后至道光年间,道光皇帝把京西王公的园林进行了重新分赐。道光二十五年(1845年),他把承泽园赐给了寿恩公主。寿恩公主是道光皇帝第六女,所以当时的承泽园又俗称六公主园。寿恩公主在咸丰九年(1859年)去世,承泽园收归内务府。光绪二十年(1894年),承泽园又赐给了庆亲王奕劻。

1900年八国联军再次劫掠圆明园及附近园林时,承泽园并未受到破坏。辛亥革命后,承泽园仍为奕劻所有。奕劻去世以后,承泽园为文化名人张伯驹先生购得,成为北京大学购入该园前的最后一位主人。张伯驹先生曾于1948年被燕京大学聘任为导师,担任艺术史课程。1952年北京大学迁入后第二年,张伯驹将承泽园卖给北京大学。

据样式雷图等记载,后期的承泽园总体上分为南北两部分,中间隔以东西走向的溪湖。当时园门向南开,南部为宫门和附属房屋,北部为园区建筑的主体部分,又分为东西两所,建有正房、厅堂、小亭、城关等建筑若干。北京大学购得此园以后,在园区南部修建了教工楼,因此南部建筑已荡然无存,北部仍保存部分旧日园林建筑,分隔南北二区的土山湖溪遗迹仍

明晰可见。1998年北京大学校庆之际,在马来西亚华裔人士廖宗明先生资助下,按原貌对承泽园北部西所进行了修缮,现为北京大学科学与社会研究中心的办公地点。

1999年北京市海淀区政府将承泽园列为区重点文物保护单位。

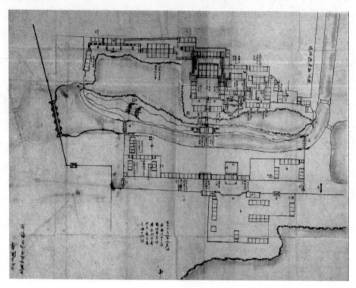

图105　承泽园样式雷图

北京大学海淀校区总体规划项目交通影响评价报告[①]

2005年,为了配合北京大学海淀校区总体规划项目的建设,北京大学发展规划部委托北京工大福田交通工程咨询有限公司以及北京工业大学北京市交通工程重点实验室承担"北京大学海淀校区总体规划"项目的交通影响评价研究。评价和分析该建设项目建成投入使用后,新增的交通需求对周围交通环境产生的影响程度和范围,从而在满足一定服务水平的条件下提出对策,减小项目所带来的负面影响,缓解项目产生的交通量对周围道路交通的压力。福田公司7月底完成了交通影响评价报告,并将报告提交北京市交通委员会审批,于2005年10月18日正式审批通过(《北京市交通委员会关于北京大学海淀校区总体规划项目交通影响评价报告评议意见的函》(京交规函[2005]705号))。本书收录的是2005年9月修改编制的文本。审批后的《北京大学海淀校区文物保护规划——未名湖燕园建筑文物保护总体规划》和《北京大学海淀校区总体规划交通影响评价报告》与《北京大学海淀本部校区总体规划》被共同作为北京市规划委员会审批北京大学规划建设项目的依据。

项目完成单位: 北京工大福田交通工程咨询有限公司
　　　　　　　　北京工业大学北京市交通工程重点实验室
项目负责人: 张智勇
技术顾问: 任福田
项目主要完成人员: 荣　建　刘　影　杨　蕊　刘　铮　徐　伟

1　项目背景

为了配合北京大学海淀校区总体规划项目的建设,北京大学发展规划部委托北京工大福田交通工程咨询有限公司以及北京工业大学北京市交通工程重点实验室承担"北京大学海淀校区总体规划"项目的交通影响评价研究。评价和分析该建设项目建成投入使用后,新增的交通需求对周围交通环境产生的影响程度和范围,从而在满足一定服务水平的条件下提出对策,减小项目所带来的负面影响,缓解项目产生的交通量对周围道路交通的压力。

1.1　项目位置及四至情况

北京大学海淀校区总体规划项目用地隶属海淀区,项目位于海淀区中关村地区,北依圆明园遗址,西临海淀乡,南接中关村西区,东邻清华大学和中国科学院,西侧为颐和园路。项目具体位置如图1项目规划位置示意图所示。

[①] 本文中的图1—图20及附表1—附表3由于篇幅过多,编者根据内容需要进行了删节。

1.2 项目规划用地

项目内部的功能布局如图2项目用地性质示意图所示。

项目地块控制性详细规划如图3研究区域控制性详细规划图所示。

项目现状和规划主要经济技术指标

项目为校园总体规划,总用地面积1789000平方米,总建筑面积1790000平方米,现状总建筑面积1218000平方米,新增建筑面积572000平方米。北京大学海淀校区由燕园、燕东园、中关园、蔚秀园、承泽园、畅春园等部分组成,其中以燕园为主校园。北京大学海淀校区占地约180公顷,其中燕园主校园为106公顷。主要经济技术指标如表1(略)所示:

2 项目研究依据

本项目的主要工作依据如下:

北京市规划委员会发布的市规发[2001]1001号文件"关于对部分新建项目进行交通影响评价的通知",见附件1;

项目初步设计方案,见图2;

北京市规划委员会关于同意《北京大学海淀校区校园总体规划》的复函(2004规复函字0366号),见附件2;

北京市中心地区用地控制性规划;

相关道路交通现状调查资料;

国家相关法规及规范;

《北京市区道路系统规划方案》(1999年经59次市长办公会议通过),见图1。

3 项目研究范围

3.1 研究区域范围及依据

根据研究所采用的方法,以及建设项目的用地性质和交通影响特性,将影响范围定为整个北京市区。进一步分析建设项目周边的用地性质、道路条件和地理特征:该项目位于市区西北部,项目南侧为城市快速路四环路。根据项目周围的道路条件和自然地理条件,确定重点研究区域为:东起中关村东路(城市主干道),西至万泉河路(城市快速路),北起清华西路(城市主干道),南至四环路(城市快速路)。如图4项目影响范围及道路等级示意图所示。

3.2 周边用地规划及开发

周边地块控制性详细规划如图3研究区域控制性详细规划图所示。

3.3 项目计划建成年份及依据

本项目预计在2005年动工,2008年投入使用,因此交通影响分析假定2010年为研究的最终目标年,评价此规模的交通需求对相应道路网的影响。

4 现状交通系统

4.1 研究区域现状道路设施及交通流量

北京工业大学北京市交通工程重点实验室针对研究范围内道路网和重要路口进行了多次基础调查和高峰小时交通量调查。项目影响范围内交通组织如图5项目周边路网现状交通组织示意图所示。

调查发现该范围内的高峰小时时段发生在早7:00—9:00之间和晚17:00—19:00之间,主要调查结果如下:

表2 研究区域现状道路设施及交通流量调查结果

	道路名称	道路等级	红线宽度(m)	车道数	道路结构	是否实现	方向	通行能力	单向交通量(pcu/h)	单向负荷度(V/C)	双向交通量(pcu/h)	双向负荷度(V/C)
研究区域主要道路	中关村东路(照片1)	主干道	50	6	3	否	南向北	2580	2223	0.86	4442	0.86
							北向南	2580	2219	0.86		
	中关村北二街	次干道	30	2	1	是	南向北	630	458	0.73	900	0.72
							北向南	630	442	0.70		
项目周边道路	清华西路(照片2)	主干道	60	2	1	是	东向西	860	795	0.92	1602	0.93
							西向东	860	807	0.94		
	四环路(照片3)	快速路	100	8(主路)4(辅路)	4	是	东向西	6400(1600)	6487(1701)	1.01(1.06)	12939(3385)	1.01(1.06)
							西向东	6400(1600)	6452(1684)	1.01(1.05)		
	万泉河路(照片4)	快速路	80	6(主路)4(辅路)	4	是	南向北(辅路)	4600(1500)	3849(738)	0.84(0.74)	7573(2117)	0.82(0.66)
							北向南(辅路)	4600(1500)	3724(779)	0.81(0.78)		
	芙蓉北路	次干道	35	2	1	是	东向西	580	353	0.61	777	0.67
							西向东	580	424	0.73		
	颐和园路(照片5)	次干道	40	2(北面)4(南面)	1(北面)2(南面)	是	南向北	580(北)1260(南)	526(北)1140(南)	0.91(北)0.90(南)	1045(北)2358(南)	0.87(北)0.94(南)
							北向南	630(北)1260(南)	519(北)1218(南)	0.82(北)0.97(南)		
	中关村北大街(照片6)	主干道	60	6	3	是	南向北	2580	2328	0.90	2708	0.91
							北向南	2580	2380	0.92		
	成府路(照片7)	次干道	50	4	3	是	东向西	1260	1036	0.82	2125	0.84
							西向东	1260	1089	0.86		
	中关村北一街	次干道	20	2	1	否	南向北	300	196	0.65	400	0.67
							北向南	300	204	0.68		

照片 1 中关村东路

照片 2 清华西路

照片 3 四环路

照片 4 万泉河路

照片 5 颐和园路

照片 6 中关村北大街

照片 7 成府路

现状道路交通评价及症结分析

现状研究范围多以教育科研及住宅为主,项目影响范围内各条主要道路交通流量较大,负荷度较高。

重要节点

考虑到项目建设对周边路网的影响程度,对下列交叉口进行调查:

四环路——颐和园路路口:十字形路口,四环上跨,位于项目南侧,有信号灯控制。路口处,东、西、南入口均为一个左转车道、两个直行车道、一个右转车道;北入口为两个左转车道、两个直行车道、一个右转车道。交通量调查结果如表3所示。

表3 研究区域现状主要道路交叉口高峰小时交通量及评价分析

四环路——颐和园路		高峰小时交通量(pcu/h)	高峰小时负荷度(V/C)
东入口	东向南	376	0.94
	东向北	338	0.56
	东向西	893	0.89
西入口	西向南	396	0.66
	西向北	340	0.85
	西向东	905	0.91
南入口	南向东	382	0.76
	南向西	261	0.87
	南向北	437	0.55
北入口	北向东	318	0.40
	北向西	173	0.35
	北向南	526	0.66

颐和园路——清华西路路口:T字形路口,位于项目北侧,有信号灯控制。路口北面为101中学南门。路口处,东入口拓宽为一个直右车道、一个左转车道;西入口拓宽为一个直左车道、一个右转车道;南入口拓宽为一个直左车道、一个右转车道。交通量调查结果如表4所示。

表4 研究区域现状主要道路交叉口高峰小时交通量及评价分析

颐和园路——清华西路		高峰小时交通量(pcu/h)	高峰小时负荷度(V/C)
东入口	东向南	323	0.54
	东向西	454	0.76
西入口	西向南	318	0.45
	西向东	433	0.74
南入口	南向东	267	0.38
	南向西	248	0.50

4.2 研究区域现状公共交通设施

目前项目处于市区西北部繁华地区,交通便捷,公交线路较多,研究范围内有60多条公交线路,以及规划地铁四号线,能够满足项目的要求。现状研究范围内:四环上有五站,即海淀桥、海淀、中关村、中关村一街、保福寺;清华西路上有两站,即颐和园路东口、圆明园;万泉河路上有四站,即西苑、西苑中医院、芙蓉里、六郎庄;颐和园路上有两站,即北京大学、海淀;中关村北大街上有四站,即清华西门、中关园北站、中关园、中关村;成府路上有两站,即蓝旗营、清华园。其中学校西门以西50米处,东门南北各100米处均有车站。现状中关村北大街上有公交港湾和公交专用车道。并且在颐和园路与海淀路交叉口的东北面有47路的起讫站。详见表5和图6项目周边公交线路及站点布局示意图：

表5 项目现状周边公交线路

序号	公交线路	终点站	高峰小时班次间隔(min)	车型	经过道路
1	16支	二里庄—西便门	5	单机	四环路
2	47	北京西站—海淀	5	单机	四环路
3	209	北京站—颐和园	5	单机	四环路、清华西路
4	302	巴沟村—辛庄	5	铰接	四环路
5	332	动物园—颐和园	5	铰接	四环路、颐和园路
6	323	七里庄—天通北苑	5	铰接	四环路
7	355支	西二旗北站—小营西站	5	单机	四环路、中关村北大街、颐和园路、成府路
8	384	人民大学—永丰站	5	铰接	四环路、颐和园路、万泉河路
9	718	康家沟—颐和山庄	5	单机	四环路、颐和园路
10	732	交通服务中心—颐和园	5	单机	四环路、颐和园路
11	737	香山—孙河东站	5	单机	四环路、中关村北大街、清华西路
12	740	天隆建材市场—天隆建材市场	5	单机	四环路
13	751	张仪村—南七家	5	单机	四环路
14	808	北宫门—石佛营	5	单机	四环路、颐和园路
15	820	万年花城—万年花城	5	单机	四环路
16	826	小红门东站—颐和园	5	单机	四环路、中关村北大街、清华西路
17	834	管庄惠河建材市场—中央党校北门	5	单机	四环路、中关村北大街、清华西路
18	840	大瓦窑南站—大瓦窑村	5	单机	四环路
19	944支	明春苑—奶子房	7	单机	四环路
20	983	北湖渠—王佐汽车站	7	单机	四环路
21	106运	田村—北宫门	5	单机	四环路
22	109运	锦绣大地市场—北京金融学院	5	单机	四环路
23	110运	半壁店—望京新城	5	单机	四环路、中关村北大街、成府路
24	307	巴沟村—回龙观小区	5	铰接	中关村北大街、成府路
25	331	香山—新街口豁口	5	铰接	中关村北大街、清华西路、成府路
26	355	廖公庄—育新小区	5	单机	中关村北大街、成府路
27	365	闵庄南里—永丰站	5	单机	中关村北大街
28	375	韩家川南口—西直门	5	单机	中关村北大街
29	375支	西直门—永丰站	5	单机	中关村北大街、清华西路
30	628	东北旺中路—康家沟	5	单机	中关村北大街、清华西路、成府路
31	716	菜户营—颐和山庄	5	单机	中关村北大街、清华西路
32	717	菜户营—东北旺乡	5	单机	中关村北大街
33	726	前门—颐和园	5	单机	中关村北大街、清华西路、成府路
34	731	康城南站—顺新百货城	5	单机	中关村北大街、成府路
35	743	西直河—中央党校北门	5	单机	中关村北大街、成府路
36	749	东北旺土井村—亮马厂	5	单机	中关村北大街、颐和园路、清华西路、成府路

(续表)

序号	公交线路	终点站	高峰小时班次间隔(min)	车型	经过道路
37	801	北宫门—工大东站	5	单机	中关村北大街、颐和园路、清华西路
38	811	回龙观小区—马场	5	单机	中关村北大街
39	814	建材城东里—天坛南门	5	单机	中关村北大街
40	816	宝盛里公寓—菜户营	5	单机	中关村北大街、成府路
41	951	南十里居—东北旺中路	7	单机	中关村北大街、成府路
42	982	西北旺—西客站	7	单机	中关村北大街
43	特4	国防大学—前门	5	单机	中关村北大街、清华西路
44	特6	北京西站—韩家川南口	5	单机	中关村北大街、清华西路
45	205运	中苑宾馆—上地桥	5	单机	中关村北大街
46	320支	北京西站—西苑	5	单机	颐和园路
47	825	四惠站—一亩园	5	单机	颐和园路、清华西路、成府路
48	827	北京西站—善各庄	5	单机	颐和园路、清华西路
49	206运	同京旅社—北宫门	5	单机	颐和园路、清华西路
50	320	北京西站—西苑	5	铰接	清华西路
51	332支	六里桥—颐和园	5	单机	清华西路
52	810	建材城东里—双龙超市	5	单机	清华西路
53	815	二里庄—杨闸	5	单机	清华西路
54	973	城铁上地站—苹果园地铁	7	单机	清华西路、万泉河路
55	特5	北京南站—香山东路	5	单机	清华西路
56	708	高楼村—天秀花园	5	单机	万泉河路
57	725	南花园—一亩园	5	单机	万泉河路
58	817	国防大学—张仪村	5	单机	万泉河路
59	904	西直门—香山	7	单机	万泉河路
60	933	温泉北站—西直门南	7	单机	万泉河路
61	968	大兴长途站—西北旺市场	7	单机	万泉河路

4.3 项目周边内机动车和自行车停车设施状况

现状研究范围内无公共机动车和自行车停车场。

4.4 项目周边行人设施状况分析

现状研究范围内行人设施比较完备,各路口处均有人行横道。中关村北大街上有两个过街天桥,距离北京大学东门 100 米;成府路上,规划路西侧和中关村北二街西侧各有一个过街天桥;中关村东路上,中关村北二条南北 200 米各有一条人行横道,并配有过街信号灯。

5 项目研究范围内交通设施规划

道路规划

详见图 7 项目周边路网道路规划平面布置图和图 8 项目规划周边路网交通组织示意图,具体数据如表 6 和图 9 项目周边路网道路规划横断面示意图所示:

表6 研究范围内规划道路

道路名称		道路等级	红线宽度(m)	车道数	道路结构	是否实现
研究区域主要道路	中关村东路	主干道	50	6	3	否
	中关村北二街	次干道	30	2	1	是
	中关村北一条	支路	20	2	1	否
项目周边道路	清华西路	主干道	60	2	1	是
	四环路	快速路	100	8(主路) 4(辅路)	4	是
	万泉河路	快速路	80	6(主路) 4(辅路)	4	是
	芙蓉北路	次干道	35	2	1	是
	颐和园路	次干道	40	2(北面) 4(南面)	1(北面) 2(南面)	是
	中关村北大街	主干道	60	6	3	是
	成府路	次干道	50	4	3	是
	中关村北二条	次干道	25	2	1	否
	中关村北一街	次干道	20	2	1	否

重要节点

考虑到项目建设对周边路网的影响程度,对下列交叉口进行调查:

四环路——颐和园路路口:十字形路口,四环上跨,位于项目南侧,有信号灯控制。路口处,东、西、南入口均为一个左转车道、两个直行车道、一个右转车道;北入口为两个左转车道、两个直行车道、一个右转车道。

颐和园路——清华西路口:T字形路口,位于项目北侧,有信号灯控制。路口北面为101中学南门。路口处,东入口拓宽为一个直右车道、一个左转车道;西入口拓宽为一个直左车道、一个右转车道;南入口拓宽为一个直左车道、一个右转车道。

6 项目交通预测

6.1 预测年限

本项目预计在2005年动工,2008年投入使用,因此交通影响分析假定2010年为研究的最终目标年,评价此规模的交通需求对相应道路网的影响。

6.2 背景交通预测

预测交通的产生及吸引量是以本地区的建设规模和建筑的不同性质构成为基础,不同性质的建筑将具有不同的交通产生和吸引指标。此次研究为研究区内道路网的流量和负荷度做出评价,根据土地使用及路网分布情况,将研究区划分为7个交通小区,并在研究区域外设置了14个虚拟的交通小区。具体划分情况见图10项目影响范围及分区示意图。内部交通小区出行方式划分如表7所示;项目开发前研究区内各交通小区高峰小时产生和吸引的机动车交通量如表8所示:

表7 内部交通小区出行方式划分

	步行及自行车(%)	公共交通(不含轨道,%)	小客车(%)	出租(%)	其他方式(%)
1区	27	51	15	5	2
2区	20	43	26	8	3
3区	24	44	22	7	3
4区	20	43	26	8	3
5区	23	45	23	6	3
6区	23	45	23	6	3
7区	20	43	26	8	3

表8 项目开发前各交通小区高峰小时机动车产生、吸引量表

小区编号	高峰小时出行产生量		高峰小时出行吸引量		出行产生吸引总量	
	人次	车次	人次	车次	人次	车次
1	1733	231	1403	187	3136	418
2	543	123	450	102	993	225
3	4019	777	6383	1234	10402	2011
4	3534	801	6115	1386	9649	2187
5	512	99	610	118	1122	218
6	693	134	460	89	1153	223
7	437	99	710	161	1147	160
8	17921	5018	17843	4996	35764	10014
9	7700	2361	7353	2255	15053	4516
10	7516	2305	6737	2066	14253	4371
11	3571	1000	3214	900	6785	1900
12	6346	1777	5904	1653	12250	3430
13	30114	8432	30075	8421	60189	16853
14	7608	2333	7024	2154	14632	4487
15	4448	1364	3936	1207	8384	2571
16	8439	2588	7079	2171	15518	4759
17	7109	2180	6910	2119	14019	4299
18	18557	5196	18332	5133	36889	10329
19	29964	8390	27218	8347	57182	16737
20	2472	758	2279	699	4751	1357
21	2716	833	2286	701	5002	1534

根据北京市不同性质用地的出行率推算,研究区域内各个交通小区在项目开发前的高峰小时产生和吸引的机动车交通量如附表1所示。

非项目交通量是指在建设项目用地范围内,保持现状土地使用和建筑规模的前提下,在目标年周边道路交通流量预测值,它反映过境交通和研究范围内其他项目所产生的交通量对周边道路的影响。运用交通规划软件对该研究范围内在目标年进行有无建设项目在相对应的规划路网上进行交通流量分配。其结果详见图11——2010年项目开发前周边路网高峰小时交通量分配示意图。

交通负荷度是衡量道路拥堵程度的重要指标,通过对周边道路交通负荷度的分析可判

断项目产生的交通量对周边交通系统的影响程度。道路负荷度大于1.0,表明道路上的实际流量已超过了道路的承担能力,道路被车辆堵塞;道路交通负荷度在1.0到0.8之间,则出现拥挤,车辆运行处于不稳定状态,稍遇干扰,则会阻塞交通;小于0.8,则表明车辆可以正常行驶。根据交通分配结果,可以得到研究区域内路网的负荷度,与图11的交通量分配结果相对应的路网负荷度如图12——2010年项目开发前周边路网高峰小时交通负荷度分析图。

6.3 项目交通预测

预测交通的产生及吸引量是以本地区的建设规模和建筑的不同性质构成为基础,不同性质的建筑将具有不同的交通产生和吸引指标。根据该建设项目的用地性质和建筑规模以及一些调查数据预测该建设项目的交通生成量。

交通生成率指标参考了北京科技大学及北京大学改扩建前的调查数据。详细调查数据如附表3所示,调查总结如表9所示:

表9 调查数据总结

调查项目	建筑面积(万平方米)	交通生成量(人次/小时)	生成率(人次/万平方米)
北京科技大学	48.1	4482	93
北京大学	121.8	14412	118

北京科技大学现状总建筑面积48.1万平方米,在东、西、北方向各有一个门,高峰小时生成人次为4482人次,生成率为93人次/万平方米。北京大学现状总建筑面积121.8万平方米,在西、南方向各有一个门,在东面有两个门。高峰小时生成人次为14412人次,生成率为118人次/万平方米。

此次学校增加建筑面积是为了改善教学科研条件,学校事业规模(含招生及教师规模)总量控制不变,因此认为本项目的交通生成率不会发生大的变化,本项目的交通生成率取118人次/万平方米。

表10 根据项目建设进度分别预测周边路网高峰小时交通生成量表

建设进度	新增建筑面积(万平方米)	交通生成量(人次/小时)
正在建设	18.23	2151
近期新建(已取得规委规划项目审批意见书并完成环评)	18.12	2138
已进行过交评	5.90	696
新建	15.53	1835
合计	57.8	6820

表11 项目周边路网高峰小时交通生成量表

建筑类别	建筑面积(万平方米)	交通生成量(人次/小时)
教育科研用地	57.8(增加)	6820

根据《北京市城市总体规划》对北京市居民出行方式结构的预测,同时结合该建设项目所在区域的特点和潜在客户阶层的交通工具可能拥有的水平,预测该建设项目在平日高峰小时出行方式的结构,如表12所示:

表12 该建设项目出行方式结构表

建筑类别	步行及自行车(%)	公共交通(不含轨道,%)	小客车(%)	出租(%)	其他方式(%)
教育科研及体育场用地	24	58	10	5	3

根据北京市各种用地出行率推算,高峰小时产生吸引增加合计为675 pcu/h,其中产生量为180 pcu/h,吸引量为495 pcu/h。北京大学校园总体规划未来新建建筑主要用于改善学校的教学科研条件,师生规模基本保持不变。同时,新建建筑多属于教学科研用途,而不属于商业用途的特点,不会增加较多人流。目前北京大学有大约8000学生在万柳公寓住宿,未来一年内将陆续回迁至学校周边以及校园内新建学生公寓,学校每天通学的交通流量将会有较大的减少。项目建成后研究区内各交通小区高峰小时产生和吸引的机动车交通量如表13所示:

表13 项目开发后各交通小区高峰小时机动车产生、吸引量表

小区编号	高峰小时出行产生量		高峰小时出行吸引量		出行产生吸引总量	
	人次	车次	人次	车次	人次	车次
1	1883	251	1470	196	3353	447
2	543	123	450	102	993	225
3	5369	1038	10081	1949	15450	2987
4	3675	833	6229	1412	9904	2245
5	564	109	678	131	1242	240
6	719	139	486	94	1205	233
7	437	99	710	161	1147	160
8	18069	5079	18134	5033	36203	10112
9	7799	2382	7412	2277	15211	4659
10	7516	2305	6737	2066	14253	4371
11	3647	1034	3303	941	6950	1975
12	6447	1803	5990	1665	12437	3468
13	30215	8456	30171	8467	60386	16923
14	7709	2372	7122	2178	14831	4550
15	4580	1395	4045	1226	8625	2621
16	8562	2628	7167	2192	15729	4820
17	7248	2219	7021	2141	14269	4360
18	19578	5240	19326	5169	38904	10409
19	31333	8459	28235	8419	59568	16878
20	2641	785	2387	715	5028	1500
21	2915	866	2412	715	5327	1581

此次研究为研究区域内道路网的流量和负荷度做出评价,根据土地使用及路网分布情况,将研究区域划分为7个交通小区,研究范围外分为14个虚拟交通小区。具体划分情况见图10项目影响范围及分区示意图。项目交通生成量的分布状况如图13项目影响范围交通需求分布预测期望线示意图和图14项目外部交通分布示意图所示。根据北京市不同性质用地的出行率推算,研究区域内各个交通小区在项目周边路网高峰小时产生和吸引的机动车交通量如附表2所示。

项目交通量是指在建设项目实现、使用前提下,在目标年周边道路交通流量预测值,它反映过境交通和研究范围内项目和其他项目所产生的交通量对周边道路的影响。运用交通规划软件对该研究范围内在目标年进行有建设项目在相对应的规划路网上进行交通流量分配。其结果详见图15项目建成后周边路网高峰小时交通量分配示意图。

交通负荷度是衡量道路拥堵程度的重要指标,通过对周边道路交通负荷度的分析可判断项目产生的交通量对周边交通系统的影响程度。道路负荷度大于1.0,表明道路上的实际流量已超过了道路的承担能力,道路被车辆堵塞;道路交通负荷度在1.0到0.8之间,则出现拥挤,车辆运行处于不稳定状态,稍遇干扰,则会阻塞交通;小于0.8,则表明车辆可以正常行驶。根据交通分配结果,可以得到研究区域内路网的负荷度,与图15的交通量分配结果相对应的路网负荷度如图16项目建成后周边路网高峰小时交通负荷度分析图。

6.4 项目交通分配

项目研究范围目标年交通状况如下表,非项目交通预测中,周边路网负荷度多在0.91以上,较高等级道路负荷度都在1.00以上。和项目交通预测对比研究区域内重要道路高峰小时负荷度分析如表14所示:

表14 规划年研究区域有(无)项目道路交通量分配结果

	道路名称		单向交通量(pcu/h)	单向负荷度(V/C)	平均交通量	平均负荷度
研究区域主要道路	中关村东路	南向北	2488 (2413)	0.96 (0.94)	2492 (2455)	0.95 (0.93)
		北向南	2496 (2351)	0.93 (0.91)		
	中关村北二街	南向北	561 (538)	0.89 (0.85)	543 (520)	0.86 (0.83)
		北向南	525 (502)	0.83 (0.80)		
项目周边道路	清华西路	东向西	845 (787)	0.98 (0.92)	847 (790)	1.00 (0.92)
		西向东	848 (793)	0.99 (0.92)		
	四环路主路	东向西	6458 (6435)	1.01 (1.01)	6467 (6444)	1.01 (1.01)
		西向东	6475 (6452)	1.01 (1.01)		
	四环路辅路	东向西	2008 (1985)	1.00 (0.99)	1964 (1941)	0.98 (0.97)
		西向东	1920 (1897)	0.96 (0.95)		
	万泉河路主路	南向北	4401 (4378)	0.96 (0.95)	4378 (4355)	0.96 (0.95)
		北向南	4354 (4331)	0.95 (0.94)		

(续表)

道路名称			单向交通量(pcu/h)	单向负荷度(V/C)	平均交通量	平均负荷度
项目周边道路	万泉河路辅路	南向北	815 (792)	0.81 (0.79)	840 (817)	0.84 (0.82)
		北向南	865 (842)	0.87 (0.84)		
	芙蓉北路	东向西	566 (521)	0.98 (0.90)	592 (548)	0.98 (0.91)
		西向东	618 (575)	0.98 (0.91)		
	颐和园路(北)	南向北	591 (527)	1.02 (0.91)	590 (520)	0.98 (0.86)
		北向南	588 (512)	0.93 (0.81)		
	颐和园路(南)	南向北	1209 (1138)	0.96 (0.90)	1237 (1182)	0.98 (0.94)
		北向南	1265 (1226)	1.00 (0.97)		
	中关村北大街	南向北	2321 (2278)	0.90 (0.88)	2321 (2274)	0.90 (0.88)
		北向南	2320 (2269)	0.90 (0.88)		
	成府路	东向西	1247 (1196)	0.99 (0.95)	1250 (1207)	0.99 (0.96)
		西向东	1253 (1218)	0.99 (0.97)		
	中关村北一条	东向西	262 (239)	0.87 (0.80)	260 (237)	0.87 (0.79)
		西向东	258 (235)	0.86 (0.78)		
	中关村北二条	东向西	570 (547)	0.98 (0.87)	540 (518)	0.90 (0.82)
		西向东	509 (468)	0.81 (0.77)		
	中关村北一街	南向北	362 (338)	0.84 (0.80)	445 (420)	0.71 (0.67)
		北向南	527 (501)	0.57 (0.54)		

注：高峰小时交通流量单位为pcu/h,括号内为无项目时流量或负荷度。

由表中数据可知,项目影响范围内的大部分道路负荷度在0.95—1.00之间。项目开发后,项目使周围道路负荷度水平有一定的增加,主要是对项目附近的颐和园路、清华西路、中关村北大街等一些毗邻道路产生一定的影响,使其负荷度最大增加0.08左右,对其他路段的交通负荷也均有一定的影响;但总体影响不大。

2010年建设项目投入使用后,项目周边路网各条主要道路的平均负荷度大多在0.99左右,表明影响范围内路网的交通负荷度处于相对较高的状态。

通过对路网和交通构成的进一步分析,2010年北京大学海淀校区总体规划项目开发后,对影响范围内的各条道路都将产生一定的影响,使道路负荷度水平有一定的增加。

6.5 研究范围内主要节点的流量流向分析

研究范围内主要节点分析如图19重要交叉口高峰小时交通量及负荷度图所示。

灯管路口的通行能力按照以下公式进行计算:

$$C_s = \frac{3600}{T}\left(\frac{t_g - t_o}{t_i} + 1\right)\varphi$$

1) 一条直行车道的设计通行能力计算公式为:

式中:C_s——一条直行车道的设计通行能力,pcu/h;

　　　T——信号灯周期,s;

　　　t_g——信号每周期内的绿灯时间,s;

　　　t_o——绿灯亮后,第一辆车启动、通过停车线的时间,s;

　　　t_i——直行或右转车辆通过停车线的平均时间,s/pcu;

　　　φ——折减系数,可用0.9。

2) 直右车道通行能力计算公式为:$C_{sr} = C_s$

式中:C_{sr}——一条直右车道的设计通行能力,pcu/h。

3) 直左车道设计通行能力计算公式为:$C_{sl} = C_s(1 - \beta'_l/2)$

式中:C_{sl}——一条直左车道的设计通行能力,pcu/h;

　　　β'_l——直左车道中左转车所占比例。

4) 直左右车道设计通行能力计算公式为:$C_{slr} = C_{sl}$

式中:C_{slr}——一条直左右车道的设计通行能力,pcu/h。

表15　四环路——颐和园路交叉口高峰小时交通量及负荷度分析表

四环路——颐和园路		高峰小时交通量(pcu/h)	高峰小时负荷度(V/C)
东入口	东向南	380 (372)	0.95 (0.93)
	东向北	349 (320)	0.50 (0.46)
	东向西	1493 (1483)	1.07 (1.06)
西入口	西向南	398 (390)	0.57 (0.56)
	西向北	290 (266)	0.73 (0.67)
	西向东	1505 (1496)	1.08 (1.07)

(续表)

四环路——颐和园路		高峰小时交通量(pcu/h)	高峰小时负荷度(V/C)
南入口	南向东	382 (371)	0.55 (0.53)
	南向西	311 (303)	0.78 (0.76)
	南向北	587 (569)	0.49 (0.47)
北入口	北向东	318 (309)	0.40 (0.39)
	北向西	223 (211)	0.32 (0.30)
	北向南	528 (518)	0.44 (0.43)

四环路——颐和园路交叉口高峰小时交通量及负荷度分析如表15所示,由表中数据可知,项目开发后对该路口将产生一定的影响,但影响不大。

表16 颐和园路——清华西路交叉口高峰小时交通量及负荷度分析表

颐和园路——清华西路		高峰小时交通量(pcu/h)	高峰小时负荷度(V/C)
东入口	东向南	296 (281)	0.59 (0.56)
	东向西	529 (519)	0.88 (0.87)
西入口	西向南	296 (281)	0.42 (0.40)
	西向东	505 (480)	0.84 (0.80)
南入口	南向东	310 (290)	0.44 (0.41)
	南向西	260 (250)	0.52 (0.50)

颐和园路——清华西路交叉口高峰小时交通量及负荷度分析如表16所示,由表中数据可知,项目开发后对该路口将产生一定的影响,但影响不大。

6.6 公共交通需求预测

根据类似项目数据和该项目的机动车出行量的预测数据可以推算出该项目在高峰小时共有3000人采用公交轨道方式出行。其中产生为800人,吸引为2200人。

建设项目周围的公交线路多采用国产单机公交汽车,该汽车一般拥有座位20～24个,站立面积6.46～7.50平方米,高峰运行时允许每平方米站立9人,一般高峰时每辆公交车的核定载客人数为75～90人。据调查这些公交线路高峰时的满载系数为0.8～1.1之间,多为0.85左右。每辆车在该公交站点允许上客10～15人,通常为12人左右。现有公交线路60余条,高峰时每条线路每8～10分钟发车一辆,每小时来车400辆左右。综上所述,公共交通在高峰小时可输送乘客约4800人。

通过对建设项目周围公共交通线路及轨道交通的可达性,以及对公共交通及轨道交通需求和供给的预测推算认为,考虑到未来年项目研究范围内其他规划建设项目的公交需求,本项目周边的公交线路能够满足该项目产生的公交需求。

6.7 停车需求预测

《北京市大中型公共建筑停车场标准》和《公安部、建设部停车场规划设计规则》规定停车配建指标如表17所示:

表17 北京市各种建筑停车需求指标

建筑性质	机动车	自行车
教育科研	45辆/万平方米	200辆/万平方米

根据上述指标,同时考虑到预测该建设项目的停车需求,对于该项目的停车需求预测,如表18所示:

表18 该建设项目停车需求预测结果

建筑性质	数量(万平方米)	机动车停车位(辆)	自行车停车位(辆)
教育科研	57.8(新增)	2601	11560

该建设项目作为一个科研院校建筑规划项目,必须辅以足够的停车设施,为用户提供便利的交通条件,并符合未来交通发展趋势。

规划整个校园需要8055个机动车位和35800个非机动车位。

根据对北京大学现状调查并结合预测分析认为,规划年进入北大的车辆大约有4000辆/天,根据机动车停车需求调查及预测,一般为30%的停车需求,北京大学整体实际需要1250个机动车停车位来满足停车需求。

7 项目交通组织

7.1 项目交通组织

2010年项目投入使用后,根据项目高峰小时产生和吸引的机动车交通量,考虑到中关村北大街、颐和园路、清华西路以及毗邻各条道路与项目位置的关系,通过合理设计出入口及项目内部交通组织(图18),使出入口交通流量趋于合理,尽量减少项目对周边道路的影响。

对于无信号路口,假设项目出口对应的道路来车分布服从泊松分布,那么项目出口的通行能力采用的计算公式如下:

$$Q_{出口} = \frac{Q_{主路} e^{-qt_0}}{1 - e^{-qt}}$$

$Q_{主路}$——主要道路上的交通量,pcu/h;

$Q_{出口}$——出口的通行能力,pcu/h;

——$Q_{主路}/3600$,pcu/s;t_0——临界间隙,s;
——次要道路上车辆跟驰行驶的车头时距,s。

利用上述公式,通过计算和查表以及根据项目高峰小时产生和吸引的机动车交通量,通过分析各类建筑具体的吸引和产生量,推算出项目进口和出口在高峰小时的出入量,同时根据出口位置对应的外部道路的交通量,计算出项目出口的交通量以及通行能力如表19所示,具体交通信息如图19项目出入口高峰小时交通状况示意图表示。

表19 项目进口和出口的出入量及出口通行能力

出入口编号	功能	出入口机动车交通量(pcu/h)	出入口机动车负荷度(V/C)
1	入口	66	0.22
	出口	120	0.40
2	入口	90	0.30
	出口	160	0.53
3	入口	88	0.29
	出口	110	0.37
4	入口	390	0.78
	出口	130	0.26
5	入口	390	0.78
	出口	130	0.26
6	入口	420	0.84
	出口	150	0.30
7	入口	420	0.840
	出口	150	0.30
8	入口	120	0.40
	出口	160	0.53
9	入口	100	0.33
	出口	100	0.33
10	入口	83	0.28
	出口	68	0.23
11	入口	83	0.28
	出口	68	0.23

通过对建设项目出入口的交通量和通行能力的分析(表18),通过合理的设置和交通管制措施,可以看出该建设项目的出入口能够满足机动车出入项目的需要。但是对开口道路将会产生一定的影响。

7.2 公共交通

目前项目处于市区西北部繁华地区,交通便捷,公交线路较多,研究范围内有60多条公交线路,以及规划地铁四号线,能够满足项目的要求。现状研究范围内:四环上有五站,即海淀桥、海淀、中关村、中关村一街、保福寺;清华西路上有两站,即颐和园路东口、圆明园;万泉河路上有四站,即西苑、西苑中医院、芙蓉里、六郎庄;颐和园路上有两站,即北京大学、海淀;中关村北大街上有四站,即清华西门、中关园北站、中关园、中关村;成府路上有两站,即蓝旗营、清华园。其中学校西门以西50米处,东门南北各100米处均有车站。现状中关村北大街上有公交港湾和公交专用车道。并且在颐和园路与海淀路交叉口的东北面有47路的起讫站。

7.3 行人或自行车设施

项目内部行人和自行车组织比较合理，具体情况如图20目标年自行车及行人交通组织图。

8 项目交通影响分析及改善措施

一、项目处于市区西北部繁华地区，交通便捷，公交线路较多，研究范围内有60多条公交线路及规划地铁四号线，能够满足项目的要求。

二、影响范围内中关村东路、清华西路等道路还未按规划实现，高峰小时交通量较大。建议上述道路与项目同期完成规划。

三、由于项目成府园区由对外开放的科技园开发性用地改为教学科研用的划拨性土地，建议校园内部大成坊路按规划实现，作为项目内部交通出行的重要通道；同时，为了改善项目周边交通状况，对社会开放。

四、对于项目的停车需求，在本文6.7中有详细计算说明，建议项目按其实际需求配置1250辆机动车停车位。

五、影响范围及项目内部行人设施设置合理，能够基本满足行人的要求；畅春园学生宿舍与燕园有颐和园路相隔，学生上下课须横穿颐和园路，对该路的机动车通行影响较大，在畅春园与燕园之间应设一座人行过街天桥，以减缓行人对颐和园路车流的干扰。由于畅春园与燕园间的过街天桥已获得北京市规划委员会的批准，建议对其尽早落实、实现。

六、项目内外部交通组织较为合理，出入口进出交通量不会对周边道路造成很大影响，但为改善出入口进出机动车效率，建议深化出入口交通工程设计，尽量做到行人与机动车分离。

9 总结与建议

通过对该项目进行交通影响分析和评价后认为，经过合理有效的交通组织和交通管理后，该建设项目的开发对周边路网有一定的影响，但影响在允许范围内。建议按北京市规划委员会关于原则同意《北京大学海淀校区校园总体规划》的复函（2004规复函字0366号）确认的规模进行建设。

北京大学海淀本部校区总体规划(2004—2014)

为了更好地适应北京大学面向21世纪的事业发展规划和创建世界一流大学的需要，北京大学发展规划部和北京大学城市规划设计中心于2001年启动《北京大学海淀本部校区总体规划（2004—2014）》（以下简称2004年版《校园总规》）编制工作，经多轮校园规划委员会、校长办公会、领导班子战略研讨会、专家论证会的审议研究和修改完善，于2004年4月定稿，并于2004年5月报送市规划委审批，经过十数次汇报与修改，于2004年11月获市规划委审批通过（《北京市规划委员会关于原则同意〈北京大学海淀本部校区校园总规划〉的复函》2004规复函字0366号）。随着我国高校校园空间发展理念的逐步完善和我校推进创建世界一流大学工作进程的不断加快，2004年版《校园总规》中部分构想的前提和背景已经发生了改变。基于近期学校事业发展要求和未来长远发展的考虑，北京大学对《校园总规》进行了系统性完善和局部性调整，形成了《北京大学海淀本部校区总体规划（2004—2014）》修订版。本书收录的是2006年7月修改编制的文本。2007年2月27日北京市规划委员会审批同意（北京市规划委员会详细规划处《关于北京大学海淀本部校区规划调整研究意见的复函》）。具体起草人员如下：

2004年编制工作

编制单位：北京大学发展规划部、北京大学城市规划设计中心
校领导：闵维方　许智宏
分管校领导：林钧敬
发展规划部部长：岳庆平
规划主持人：吕　斌
规划编制人员：郭立佳　夏旭东　唐伽拉　徐　辉

2006年修订

分管校领导：陈文申
发展规划部部长：李　强
规划主持人：吕　斌　冯支越
规划编制人员：夏旭东　唐伽拉

前　言

为了更好地适应北京大学教育科研事业的发展,北京大学于2004年4月完成了《北京大学海淀本部校区总体规划》。本次规划基于北京大学面向二十一世纪的事业发展规划和创建世界一流大学的需要而制定的,以建设具有历史文化传统的现代生态型校园为理念,旨在确保教学科研,改善学生住宿环境,通过优化整合校园空间资源,科学合理利用校园用地,积极寻求新的发展空间,协调与解决学校事业规模发展与用地紧张的矛盾,在继承校园空间历史文脉的基础上,建立适应时代发展的开放型格局。

2001年初,遵照北京大学校园规划委员会的要求,北京大学发展规划部和北京大学城市规划设计中心就共同完成了2001年版北京大学海淀本部校区总体规划(规划期2000—2010年)。这个规划是在1992年版北京大学海淀本部校区总体规划的基础上,总结近10年来校园建设的经验教训,吸收校内外的相关研究成果,结合学校发展的实际,进一步提出了建设具有历史文化传统的现代生态型校园的原则。该规划经北京大学校园规划委员会2002年第一次(扩大)会议审议通过。随后,2002年学校领导班子寒假战略研讨会进行审议,并决定将住万柳学生公寓的学生尽快迁回燕园校区,2003年3月北京市政府又批准我校在畅春新园建设研究生公寓,并同意将成府科技园用地置换为教学科研功能用地。以此为背景,从2002年上半年开始,校园规划委员会主任林钧敬副校长多次主持召开了由国内城市规划专家、市规委郊区二处负责人、北大校园规划委员会成员等参加的北大校园规划研讨与论证会。根据会议的精神与意见,发展规划部又对2001年版校园规划做了多次调整和修编。之后又经学校领导班子战略研讨会及校长办公会多次审议于2004年4月定稿,并于2004年5月13日将《北京大学海淀本部校区总体规划》及相关资料报送北京市规划委员会,经过十数次汇报介绍与修改,按照规划审批208个工作日(折合日历天数九个多月)的规定周期,最终提前三个多月于2004年11月25日获得北京市规划委员会关于原则同意《北京大学海淀本部校区总体规划》的复函。

与此同时,北京市规划委员会根据近年我国城市规划行政变革的要求,在批准《北京大学海淀本部校区总体规划》的复函中还要求我校尽快编制《北京大学海淀校区文物保护规划》和做出《交通影响评价报告》。在此之前,国家文物局和北京市文物局也要求北京大学编制《北京大学海淀校区文物保护规划》,并且北京市文物局于2004年9月6日还正式下文,要求北大尽快完成校园文物保护规划的编制工作。

根据北京市规划委员会与市文物局的相关要求及学校领导的批示,发展规划部于2005年1月5日开始,通过向具备文物保护工程甲级勘察设计资质的国内九家设计单位进行资格招标,最终选定清华大学建筑设计研究院编制《北京大学海淀校区文物保护规划》,编制工作于2005年7月底完成,现正在向国家文物局和北京市文物局申报审批中。同时,发展规划部也向具备编制交通影响评价资质的有关单位咨询并进行资格招标,最终选定北京工大福田交通工程咨询有限公司担当《北京大学海淀本部校区总体规划交通影响评价》工作,此项工作也于2005年7月底完成,并正在报有关主管部门审定。审定后的《北京大学海淀校区文物保护规划》和《北京大学海淀本部校区总体规划交通影响评价》与《北京大学海淀本部校区总体规划》将被共同作为北京市规划委员会审批北京大学规划建设项目的依据。

本次《北京大学海淀本部校区总体规划》为北京大学未来 5 年,乃至于未来 10 年的校园空间发展提供了基本格局,并连同《北京大学海淀校区文物保护规划》和《北京大学海淀本部校区总体规划交通影响评价》构成了对校园建设实施规划管理的准则。

北京大学校园规划委员会
主任:林钧敬
2005 年

第一章　规划原则与依据

1.1　规划背景

为了更好地适应北京大学教育科研事业的发展,为北京大学实现创世界一流大学的奋斗目标做出必要的基础准备,由北京大学发展规划部委托北京大学城市规划设计中心对北京大学海淀本部校区进行总体规划。

本次规划是基于面向二十一世纪的事业发展战略规划而提出的具有开放型格局的规划。本次规划在充分认识现状问题的基础上,寻求一种新的校园空间秩序,使北京大学既能成为世界一流的教学科研学术中心,又能在相关的社会活动中发挥主导影响作用。

1.2　校园规划的理念和原则

1.2.1　总体思路

在 1999 年制定的校园规划基础上,总结几年来校园建设的经验教训,吸收校内外的相关研究成果,结合学校发展的实际,合理利用空间,保持传统风格,优化功能分区,保障教学科研,改善学生住宿环境,组织好人流车流,保护好国家文物,建设具有历史文化传统的现代生态型校园。

1.2.2　规划理念

历史的传承性,北大人文精神的体现
知识型社区的建设、创新的社区氛围
生态型园林校园
丰富和谐的景观造型
与现代世界的节奏相同步
可持续发展理念

1.2.3　基本原则

(1) 按照对全国重点文物保护单位的保护要求,在保护区范围内,遵循在保护中使用为主,辅之以修复性利用,基本不增建的原则,不改变文物原状,不损毁、改建、拆除文物建筑及其附属物,不进行其他建设工程,不在建筑物内及其附近存放易燃、易爆及其他危及文物安全的物品。保护范围内已有的非文物建筑,区别情况予以整治或者逐步拆除。在建设控制地带,以保护历史文化景观、尊重传统格局为原则,在不突破限高的前提下,充分考虑近期改造的可能性和机遇,滚动改造,合理提高空间的利用率,新建筑和构筑物必须符合建设控制要求,建筑高度、体量、色调、风格都不得破坏文物保护单位的环境风貌。

(2) 在保证校园适当建筑密度的基础上协调学校事业规模发展与用地紧张的矛盾,合理控制学校建设规模,科学利用校园土地,以利于学校的进一步发展。

(3) 合理使用规划中的减法原则,改善校园空间结构,提高校园景观质量,营造校园文化氛围。

(4) 通过改建和置换,在校内和周边解决学生的住宿问题。

(5) 尽可能争取在周边征地,以解决校园空间的严重不足问题。

1.2.4　正确处理几个关系

(1) 学生宿舍与教学科研用地的关系

在考虑学生公寓建设时,同时考虑教学科研办公及配套设施的建设,保证教学科研用地,使之均衡持续发展。

(2) 办学规模与资源配置的关系

目前校园空间的有限性与事业规模的不断扩大之间的矛盾日益突出。因此,办学规模必须得到控制。创建世界一流大学必须正确处理数量和质量的关系。理想的状态应当是适度的事业规模、优质的资源配置、优秀的培养质量。

(3) 基本建设与环境保护治理的关系

近年来,校园环境保护治理取得了一定进展,但与基本建设投入相比,环境保护和治理的投入还是不足。因而,要分阶段地对一些重点区域进行逐步治理。

(4) 功能分区与交通组织的关系

在校园整体规划中充分考虑交通(人流、车流)的组织。在功能分区上尽量减少学生大规模、远距离的移动。公共教室相对集中,减少骑自行车的必要性,提倡在局部区域内步行。

在校园禁行摩托车;限行机动车,并按规定进行收费管理。

(5) 基本建设与基础设施配套的关系

近年来,校园内人员、设备、房屋等大量增加,基础设施不堪重负。目前,学校已基本解决了供水和供电问题,但随着煤改气的进行,供暖问题将日益突出,要规划好以供暖为重点的基础设施配套建设。

(6) 新建成府园教学科研区等项目与校园整体规划的关系

新建的成府园教学科研区等几处项目的规划建设应与校园整体规划相衔接、相得益彰。

(7) 增加建筑与加强管理的关系

对学校的房地产资源实行"科学规划,合理使用,加强建设,严格管理"的方针,以充分发挥其效益。

正确处理以上七种关系是科学合理进行校园规划的关键。未来几年,"985"投资应适度向基本建设和校园整治倾斜,加快建设速度,加强公房管理机构,加大管理力度,严格执行管理条例,强调开源节流,既创造必要条件,又要坚持艰苦奋斗。

大规模调整之后,在研究新增机构及其规模、设施、设备等时,必须同时考虑用地、用房和基础设施的配置,避免先定事业,后配资源而又无资源可配的被动局面发生。

1.3　规划依据

《中华人民共和国城市规划法》(1989年12月26日)

《中华人民共和国文物保护法》(2002年10月28日)

《国务院关于公布第五批全国重点文物保护单位和与现有全国重点文物保护单位合并项目的通知》(国务院2001年6月25日)

《城市规划编制办法》(建设部1991年9月3日)

《关于大学生公寓建设标准问题的若干意见》(教育部2001年2月12日)

《普通高等学校建筑规划面积指标》(建标[1992]245号)

《北京城市总体规划(1991年至2010年)》(1993年)

《北京市文物保护管理条例》(1997年10月16日)

《北京市文物保护单位保护范围及建设控制地带管理规定》(北京市文物局、北京市规划局1987年)

《北京市人民政府关于严格控制颐和园、圆明园地区建设工程的规定》(北京市人民政府1991年)

《北京市区中心地区控制性详细规划——海淀区》(北京市城市规划设计研究院、北京市海淀区城市规划管理局1999年9月)

《原燕京大学未名湖区保护范围建设控制地带图》

《北京大学海淀校区文物保护规划——未名湖燕园建筑文物保护总体规划》(清华大学建筑设计研究院、清华大学文化遗产保护设计研究所、北京大学发展规划部2005年11月)

《2003—2005年北京大学创建世界一流大学规划》(北京大学2002年9月28日)

其他国家相关法规、北京市规划部门相关规定和设计要求

1.4 规划期限、范围和征地内容

北京大学校园由海淀本部校区、昌平校区和医学部校区三部分组成,海淀本部校区为主校区。昌平校区现为北京大学应用文理学院教学使用,对昌平校区将在综合利用的基础上进行规划建设。医学部校区的校园规划作为单项规划单独进行,在此不再涉及。

海淀本部校区位于北京市西北的中关村地区:北依圆明园遗址,西临海淀乡,南接中关村西区,东邻清华大学和中国科学院。海淀本部校区由燕园、燕东园、中关园、蔚秀园、承泽园、畅春园等部分组成,其中以燕园为主校园。燕园主校园东南部地形平坦,绝对标高48.6—50.56m,北部湖区地形低洼,绝对标高44.5—45.5m。

本次规划范围主要为北京大学海淀本部校区的占地范围。北京大学海淀本部校区占地约177公顷,其中燕园主校园为106公顷。

本次规划建议能够在承泽园西北征地约2公顷,缓解校园用地的紧张状况。并希望能够在肖家河征得35公顷用地,用于建设教职工住宅。

本次规划的期限为2004年—2014年,其中近期为2004年—2009年。

第二章 现状与发展目标

2.1 校园建设的历史沿革

北京大学是具有百年历史的名校,今日的北京大学海淀本部校区是在原燕大基础上经

过五十年的扩建逐渐发展而形成的。

表1　北京大学海淀本部校区各阶段校园规模

时期	学生总人数	教职工总人数	总占地（公顷）	总建筑面积（万平方米）
1926年燕大建成时	813	108	104.14	8
1957年院系调整后扩建工程基本完成时	8924	4090	145	29.08
1987年	12711	7451	168.3	50.5
2004年现状	26215**	6284***	177.3	122

* 资料来源：北京大学1991年《北京大学改扩建规划》、北京大学2004年《2003—2008年北京大学高等教育发展情况调查表》、北京大学资产管理部2003年《北京大学本部住房工作五年计划》和《北京大学公用房发展规划》相关统计以及其他相关资料

** 不包括成人教育学生人数

*** 不包括离退休人员

上世纪20—30年代由美籍建筑师亨利·墨菲（Henry Killam Murphy）规划设计的燕大校园奠定了现在北京大学海淀本部校区的雏形，1953—1957年根据当时院系调整时城建部民用设计院提出的扩建方案，向东扩建了教学区，向南新建了学生宿舍区，同时在中关园建造了一批临时性教职工住宅。上世纪60年代在昌平县建昌平校区（当时称为200#办事处）。上世纪80年代，依据1979年北京大学规划设计室编制北大总体规划草案，确定了新教学楼群、东西部学生宿舍和西部住宅区的扩建，并在燕园校园内部建设了部分的学生活动和服务设施，在燕园周边建设了大量的教职工住宅。1991年校园规划室在1979年规划的基础上，进一步对校园建设进行了校园改扩建规划。

2.2　海淀本部校区规划遇到的困难

北京大学校园建设一直存在着校园用地严重不足的问题，由此而导致了功能分区不合理，校园过分拥挤的现状。尤其由于北京大学未名湖燕园建筑被列入第五批全国重点文物保护单位，使得大部分建设集中在未名湖以南的地区，促使教学科研用房、学生宿舍密度过高，给校园规划和学校发展带来了很大困难。同时，校园四周的城市建设也限制了校园地域的进一步扩展：南有北四环，北有圆明园遗址公园，东部为清华大学校园，西边有城市主干道。校园几乎没有再发展的腹地，使北大的建设发展受到很大影响。另一方面，风景秀丽的未名湖和遗留下的古园林，为北大营造了一种高贵和典雅的氛围，这无疑是一份宝贵的财富，同时如何保护和利用好这份财富，使悠久的北大景观风格和北大人文精神与新时期的校园建设相得益彰，也是对校园规划的一个挑战。

2.3　学科规划、事业规划的相关要求

2.3.1　学科规划、事业规划和校园规划的关系

校园规划从来不是孤立的，其与学科规划、事业规划存在极其密切的关系。校园规划一般要围绕和配合学科规划、事业规划去进行，但又在很大程度上影响和制约学科规划、事业规划的制定。

在北京大学校园规划、学科规划、事业规划三者的关系上，目前校园空间的相对有限与学科建设的全面发展、事业规模的逐渐扩大之间的矛盾日益突出，针对学科规划和事业规划

中对校园规划的相关要求,此次校园规划对此做了合理的调整和整合。

2.3.2 学科规划对校园规划提出的要求

在《2003—2005年北京大学创建世界一流大学规划》的学科规划中提出,在本科生的培养中,加强专业教育与通识教育的紧密结合、教学与科研的紧密结合、专业教育与综合素质教育的紧密结合;有计划地扩大"元培计划"试验班的规模;扩大教学计划下的自由选课制度;并在全校范围推行按院系或学科大类招生,低年级按院系或学科大类打通培养,高年级进行专业分流,为在全校实践"元培计划"的办学理念打下基础;同时扩大通选课的规模,加强主干基础课的建设。这些相关学科规划的提出,势必要求加强教室的设施配备和扩大教室——尤其是公共教室——的建设规模,此次校园规划中针对这种情况,在校园中心部位将规划和建设一片相对集中的公共教学区,置换和改造现有的部分教学科研设施为现代化的公共教学楼,并新建公共教室大楼。

学科规划也提出了要优化育人环境,全面推行素质教育,培养学生的创新精神和创新能力,加强学生的文化素质教育,培养学生的科学精神和人文精神。因而在此次校园规划中,加强了文化交流空间的建设,新建和改造部分用房为学生的文化交流设施,同时在用地紧张的校园内尽可能地使用规划中的减法原则,拆除部分建筑,进行环境的设计和改造,扩大学生活动和交流的场地。

针对学科规划中提出的加强科研基地和实验室建设的要求,在校园规划中尽可能地统筹安排和解决各院系科研和实验室建设用房要求,并加强原有各类实验室的改造建设。

同时针对学科规划中开拓国际交流领域,加强国际交流与合作的要求,在中关园南部规划建设一个集中的国际文化交流区域。

2.3.3 事业规划对学生规模的控制及对校园规划的相关要求

在上世纪20年代燕大建成时,学生总数不足千人,对校园设施的要求相对简单。至上世纪50年代后期院系调整基本完成时,学生总数已近9千人,1987年学生总数已达1万3千人,其后学生总数虽有波动,始终维持在万人上下。1999年扩招以后,学生规模急剧扩大,2002年学生总数已超过2万人。(以上学生总数均不包括成人教育学生人数。)

针对近年来扩招以后学生规模的急剧扩大所产生的相关问题,《2003—2005年北京大学创建世界一流大学规划》的事业规划中提出合理控制规模、优化结构的方针,对学生规模在未来几年内的发展做了合理的控制。

这种对学生规模的控制,将有利于校园相对有限的各项资源的充分利用,有利于校园规划和建设的顺利进行。但是在现状资源已经相对紧张的情况下,学生规模的这种缓慢增长仍旧对校园规划提出了很高的要求。主要表现在对教学科研设施、学生公寓、文体活动和文化交流场地以及相关配套设施的容量要求方面。在校园规划中通过建设大规模的集中公共教学区,以容纳随之增多的公共和基础课程教学。通过新建和置换各院系的教学科研用房进行相应的教学科研规模的扩大和质量的提高。通过滚动改造和置换增加学生公寓面积,改善学生公寓生活环境。在学生公寓区规划交流活动场地,满足学生相关活动要求。

由于事业规划中要求进一步扩大留学生的规模,至2005年,长期留学生将达到3350人。在此次校园规划中,中关园南部的国际文化交流区域内,规划和建设一定规模的留学生公寓,以适应未来留学生教育的发展。

2.4　校园规划建设发展目标

迈入新世纪的北京大学充满活力,北大肩负着科教兴国、振兴中华、弘扬中国传统文化、强国富民的历史使命。为此,新一轮的校园总体规划要为二十一世纪的北大创建世界一流大学做出形象设计,通过用地功能的调整和空间的整合,造就一个具有深厚东方文化底蕴又具丰富现代感的生态校园。

本次规划在1991年规划基础上,依据校园发展现状,对海淀本部校区的建设进行了新的调整和扩建。在燕园校区内部由于已经基本没有可利用的空地,因而主要是对现状建筑的调整和拆建,对校园南部学生宿舍进行滚动式改建,在校园中部通过置换和改建形成公共教学区。新建设施基本上集中在成府园,主要是教学科研设施和医疗设施的建设。在燕园周边其他园区通过改建、新建和置换建设一定数量的教学科研设施和学生公寓。

本次规划力求达到以下的建设发展目标:
(1) 传承历史,体现北大的人文精神,建设具有鲜明的北大特色的校园环境。
(2) 优先考虑教学科研设施建设,创造宜人的学术、科研、文化氛围。
(3) 通过对校园用地的调整,提高校园规划的科学性、合理性、灵活性与规范化。
(4) 对校园北部的传统山水园林及古典建筑区域进行严格的保护,依照法规对其间及周边的建设层高进行控制,对其建筑风格进行限制,保证与原有环境的协调,形成丰富和谐的园林校园景观。
(5) 体现可持续发展原则,创造良好的生态环境,形成宁静的、典雅的、优美的生态型校园空间。

第三章　总体空间形态与景观格局

3.1　燕园景观规划总格局

"一塔湖图"之总意象
"两横两竖"之景观主轴线
开放式中心绿地贯穿燕园
"园中园"式的古典园林新貌

3.2　轴线(建筑)园林

规划的重点在于保护,发扬和恢复旧日园林的神韵,继承传统、创造新风格。燕园主校园可分为北部传统区和南部新兴区,北部传统区在明清期间产生了大量的私家园林,而南部新兴区位于台地上,地表鲜有水源,没有园林。对规划的指导意义在于:南部校区,不宜以造园手法为指导思想,考虑开放空间与人流的组织和管理。而北部的园林宜越纯越好,通过园中园的造园思想,结合教学科研共用,赋予古园林新的文化诠释,营造书院风格。总而言之,北部需保护和完善,而南边则进行分区改造(重在功能分区)。

3.2.1　景观轴线
西校门与办公楼(贝公楼)建筑中轴线的联结——原燕大校区主轴线。

南校门起的五四路轴线,两侧分布有学校各时期的主要建筑。

北京大学图书馆的东西轴线与成府路中线的连接线,未来教学区中心轴线。在此线与中关村北大街的交接处新建北京大学东主校门。

第二体育馆、静园草坪、钟亭连线至德、才、均、备四斋的中心线,这是内藏的一条轴线,也是人文景观和历史意义极为重要的一条景观轴线。

3.2.2 园林

未名湖区:湖光塔影是北大的基本象征,需要保护和完善。开发成府园时,一定要注意未名湖周围环境的保护。

北部古建园林区:书卷气、雅、精致,是人文园林的基本特征,北部园林范围不大,但幽静典雅,更难得的是这些或为昔日皇家园林,或为私家苑囿,其中孕育了浓厚的人文气息。北部园林应具备的要素:山水林木风景、建筑人文景观与文心和诗意的学术氛围。

3.3 对建筑高度的控制

依据《北京市区中心地区控制性详细规划——海淀区》和《原燕京大学未名湖区保护范围建设控制地带图》对北京大学海淀本部校区的高度控制要求,结合燕园古建园林地区的景观结构要求和海淀本部校区现状,对北京大学海淀本部校区的建筑高度进行控制。

全国重点文物保护单位地带范围内为非建设用地,只进行必要的修缮维护和环境的恢复整治改造。

本规划中对建筑高度的控制严格遵从以上文件的高度控制要求,力求通过对建筑高度的控制保障北部古建园林区的景观要求,保持燕园景观的总体格局的空间效果,同时使燕园内部整体景观更为协调,更符合校园的文化和氛围。

第四章 土地利用规划

4.1 规划原则

合理利用地形和建筑,形成现代气息与传统风格相融合的大学校园空间。根据新的发展要求,结合土地利用现状,对部分土地使用功能进行调整。注重与传统风格的结合,保证与原有环境和建筑的统一协调,使北京大学海淀本部校区成为一个有机的整体。提供合理优化的用地布局和便于操作的土地调整方案,创造有北京大学传统和特色的独特的校园空间。使教学科研、行政办公、宿舍、居住等各功能用地相对集中。

4.2 功能分区

本次规划依据校园用地性质及实际情况将校园分为十种功能区。

海淀本部校区的主体是教学科研区,包括公共教学区、理科教学科研区、文科教学科研区等,这些教学科研区相对集中于东门附近、成府园和西门附近,并逐步对蔚秀园教职工住宅区、承泽园平房区进行外迁和改造,在这一地区形成新的教学科研集中区。学生居住和活动空间集中于燕园西南部和篓斗桥、畅春园地区。行政办公空间分布于环境优美的未名湖周边。

4.2.1 教学科研区

(1) 公共教学区

在校园中心偏东的校图书馆周边地区形成新的公共教学区。改造现生物楼、化学楼、哲学楼为公共教学楼,并以此为公共教学区中心,向北包括第一教室楼,向南包括光华楼的大部分、电教中心,向东包括理科楼群的教室楼,以及规划中的公共教室大楼,形成新的较为集中的公共教学区。逐步将这几栋楼内原科研和办公设施分别迁入规划中的理科和文科教学科研区。规划拆除电教大楼东侧的老三教(现为工会、团委办公场所),以理科5号楼(法学楼)东西轴线与理科1号楼南北轴线的交叉处为中心点,建设约20000平方米左右的公共教室大楼。从而基本满足未来的公共教学要求,并且使布局更为合理,有利于交通组织。

(2) 理科教学科研区

规划中的理科教学科研区集中于校园东门附近、吉永庄东部、中关园西部及成府园东部和南部等地区。校园东门附近理科教学科研区主要包括理科楼群中的理科教学科研用房以及博雅塔附近的部分理科院系用房,并结合成府园东部的理科教学科研用房,从而使东门附近形成相对集中的理科教学科研建筑群。新建中关园西北部的新化学南楼。调整改造吉永庄西部部分建筑以形成工学院及其他交叉学科建设规划用地。这样各理科教学科研区相对集中于主校园外围主要出入口处。

(3) 文科教学科研区

规划将学校的文科院系部分迁至校园北部的古建园林区中,包括镜春园、朗润园及承泽园的一部分,部分迁至校园南门入口处,西门附近文科院系基本维持现状,一至六院维持现状,在成府园中部地区建设文科院系用房,从而形成分别位于北部古建园林区、南门周边、西门周边、一至六院周边及成府园中部等几个相对集中的文科教学科研区。根据校园北部古建园林区的历史变迁、现状空间结构,结合文科的学科性质,对古建园林区进行清理整治,并遵从古典园林风貌与合理的环境容量,进行建筑设计与安排使用单位,从而建立书院式的环境宜人的文科教学科研区。

(4) 图书与档案信息区

大图书馆与档案馆维持现状,对大图书馆旧馆进行外立面与内部的改造翻新。

4.2.2 学生公寓区

由于用地紧张,在燕园内部主要解决本科生的住宿问题,并力争达到教育部规定的本科生标准生均建筑面积,研究生住宿争取在周边园区解决。

(1) 南部本科生公寓区

在校园南部地带,沿当前的南墙内侧一带,规划南部本科生公寓区。保留现33#、34#楼,对其西面和北面的学生宿舍逐步拆建改造,其中36#、37#、38#—40#楼等楼已改造完成并投入使用。通过这样的滚动改造,将这一地带逐步建设成为一个内部环境优美、生活服务和体育活动设施完善、管理科学的本科生集中住宿区。

(2) 西南部学生公寓区

保留现校园西南部的学生宿舍区,并进行部分改造修缮,完善各项服务设施,作为另一个相对集中的学生集中住宿区。

(3) 畅春新园、篓斗桥研究生公寓区

近期已在万泉河公园东部2公顷土地上新建了4.5万平方米(其中地上建筑面积4万

平方米)的畅春新园学生公寓,作为研究生公寓区。

在簸斗桥北部的现空置地区规划新建、置换八栋研究生公寓楼,其中拆除畅春园南端的临时用房(现家佳物流中心占用),建63号研究生公寓楼,并对畅春园部分青年教师和博士后住房进行功能置换,改作研究生居住使用,从而在此地区建设改造约3万平方米的研究生公寓,并结合规划中配套建设的学生食堂,形成与畅春新园相毗邻的研究生的集中住宿区。

(4) 中关园学生公寓区

逐步将中关园现有教职工住宅楼置换和改造成学生公寓楼,教职工外迁,住宅楼进行功能改造,从而解决校内学生公寓建设的缺口。

(5) 万柳学生公寓区

在当前校内学生宿舍极度短缺的情况下,在最近建设的万柳学生公寓区(占地10.8公顷,建筑面积8.8万平方米)内解决部分研究生的住宿问题。同时加快校内学生公寓的建设和改造,争取在尽可能短的时期内,进行万柳学生公寓区的功能置换,将学生回迁至校内和周边。

4.2.3 行政办公区

为了减少对行政办公职能的干扰和影响,此次规划尽可能保持行政办公设施的现有使用状况。规划大部分的行政办公用房相对集中于未名湖周边地区,从而形成环未名湖的行政办公地带。在保护现有环境和建筑外观的基础上,改善内部设施,提高使用效率。并在现学一食堂西侧结合大浴室改造兴建总务综合办公楼,以保证学校基本设施的正常高效运转。

4.2.4 文化交流活动区

(1) 文化交流区

以百周年纪念讲堂为中心的文化交流区力求体现北大的精神与北大的文化,并结合绿树成荫的燕南园南部改造,使此地区成为学生文化活动的场所。

(2) 学生活动区

在百周年纪念讲堂南部建设独立的学生活动中心和文化服务综合楼,丰富学生的日常生活,使学生能够更好地相互沟通与交流,培养学生各方面的兴趣和爱好。

(3) 教职工活动区

对燕南园西北角进行改造,建立教职工活动中心,丰富教职工的业余文化生活。

(4) 国际文化交流活动区

通过对中关园南部的改造,在此建设一个集中的国际文化交流活动区,包括一定规模的留学生公寓。

校园西部的正大国际交流中心和校园东部的英杰交流中心,也作为国际交流会议使用。

4.2.5 体育活动区

现有体育馆(第一体育馆、第二体育馆、五四体育中心)约一万平方米,还有东操场、五四体育场等处,体育设施与体育活动场地严重不足,体育用地规模远远没有达到国家规定的指标。规划在如今的五四游泳池处修建综合体育馆(2.5万平方米,先做2008年北京奥运会乒乓球比赛场馆)。对东操场进行改造。改造后将分为三个区域,其中两个区域为两个足球场,另一个区域为投掷场、棒垒球场和高尔夫球练习场。从而形成五四体育中心、一体体育中心和二体体育中心三大块体育活动区,并在学生公寓区内部增加体育活动场地。

4.2.6 服务设施区

在南部本科生公寓区和西南部本科生公寓区的中间地带规划一个服务设施区,现学三食堂、家园餐厅处新建一个综合性的大型食堂,并在燕南园西南角改建新建商业服务中心,从而建成一个较为集中的服务设施区。结合农园等其他食堂和商业网点形成一个完善的服务设施系统。同时在篓斗桥研究生公寓区内建设学生食堂,为附近住宿的学生提供餐饮服务。

4.2.7 后勤供给保障设施区

保留燕东园东部、东操场南部和临湖轩南部的部分后勤供给保障设施用房和用地,并进行逐步改造,以适应各项发展要求。

在燕园西北部建设中水厂,为校园北部水系的整治和恢复提供景观用水。

4.2.8 医疗卫生区

目前设在主校园内的校医院,不仅房舍陈旧,用房紧张,而且传染病的流行表明医院是一个非常严重的污染源。为了方便保障师生的医疗服务,就近迁址新建校医院势在必行。对此,学校决定将成府园CF-W-09和CF-W-10地块规划给校医院用于建设新的"校医院大楼",从而建立现代化的高效的管理科学的医疗卫生区。

4.2.9 教职工居住区

教职工居住区主要分布于海淀主校区周边园区,包括畅春园、中关园和燕东园。区内建筑多为1970—1980年代修建,规划滚动改造。

同时结合中关园南部地区的改造建设,在中关园东南部建设一个集中的博士后公寓区。

4.2.10 科技园区

科技园区主要包括位于燕园东南角的太平洋大厦和资源东、西楼,位于燕园西南角的资源宾馆,位于中关园西部的方正大厦,以及成府园北部部分用地。

第五章 专项规划

5.1 绿地系统与水系规划

5.1.1 绿地系统规划

在此次规划中力求将大块的集中绿地作为一个重要的功能和景观要素,在校园内部贯通和串联着各主要的功能区,烘托和营造校园的文化氛围和静谧气氛,达到视觉上的和谐和心理上的愉悦。规划一条以未名湖风景区为核心的、贯穿燕园南北的中心绿带作为中心绿地,为广大师生提供良好的户外交流活动场所。

在北部园林区,加强对集中绿地和水面的严格保护。在南部教学和生活区,营造新的集中绿地,改善高密度的建筑群的压抑感,创造适宜学生成长和发展的有利环境。从北部园林区向南,沿静园草坪绿化带至第二体育馆绿化带,再向南至规划中的燕南园绿化区和三角地绿化区,接临学生活动中心和体育活动场地的绿化地带,并向南部本科生宿舍区渗透,从而使绿化带贯穿校园南北。在其东另有一条绿化带贯穿南北并与其相接,规划拆除第四教学楼,结合公共教室大楼的建设,改建一处较为集中的绿地,使其与五四体育场绿地、理科楼群绿地相连接,并延伸向北,从而与北部园林绿化区相贯穿。成府园区以博雅塔为视觉焦点,规划与未名湖景区相呼应的20米—25米的绿色视廊,并延伸至中关村北大街东部。同时北部园林绿化区经西门绿化带向西延伸至篓斗桥一带,进而与承泽园古典园林绿化带渗透连接,从而形成一个完整的绿地系统。

本次规划通过新增部分集中公共绿地,对原有环境进行整治改造以及在新建用地中对绿地率提出合理的控制要求等手段,规划增加公共绿地10公顷,使公共绿地面积达到校园用地面积的30%以上。

5.1.2　水系整治规划

对燕园水系进行综合性治理。鉴于如今燕园中的未名湖和其他小湖溪的水体及其周边环境的恶化,规划从整个水域的动力点出发,按照引清泉、阻污源的思路进行水系规划整治。同时建设中水系统,缓解水系景观用水水源紧张的问题。

5.2　交通组织与道路系统规划

5.2.1　现状及问题

（1）校内外交通关系

城市道路将北大校园分割成多块,东部被城市干道中关村北大街和成府路把化学楼等理科教学科研用房和中关园小区、物理楼等理科教学科研用房和规划中的成府园东部以及燕东园住宅区与燕园主校园分隔开,西部被多条城市道路将蔚秀园、篓斗桥地区、畅春园和承泽园等与燕园主校园分隔开。

（2）校内交通现状

北大校内道路是随校园不断扩展,逐步延伸而形成的。北部未名湖区为结合山水地形的自由式园林化道路,南部则是无规则的方格网状道路;人流、车流混杂,阵发性流量大,规律性强,流量高峰成周期性变化,集中在上下课时间里;另一特点是自行车数量多,高峰期流量较大。

（3）现存问题

从总体上看,城市道路对校区造成了分隔,大量师生员工频繁穿行城市干道存在着严重安全问题;城市交通对校园特别是教学区,存在噪音、振动的干扰等问题。从校内道路系统分析,存在着各级道路系统不够完整、交通组织不够合理等问题。

5.2.2　交通组织与道路系统规划

（1）对城市道路规划和管理的建议

校园西侧的颐和园路现已由海淀体育馆北向西拓宽与万泉河路相交,建议由海淀体育馆往北保留现状不再拓宽,以便保护蔚秀园和鸣鹤园园林不遭破坏也减少对校园环境的干扰。

同时由于畅春园研究生公寓已经开始建设,篓斗桥研究生公寓近期也将开始建设,当这一地区的研究生公寓投入使用后,大量人流、自行车流出入校园西门,必将造成新的安全隐患。因而建议近期对这一地带的城市交通组织采取一定的限制措施,对这一地区交通状况进行进一步的改善。

（2）校门的规划和调整

现状燕园主校园在东、南、西方向设有校门共六处,其中人行专用门3处（西门、东门、南门）,机动车专用门1处（西侧门）,人车混行门2处（东侧门、东南门）,规划建议在燕园主校区西部增加新的机动车门或人车混行门。

水塔东北的小东门现已封闭,开新建的东侧门(遥感楼前)作为人车混行门使用。

新改建的东南门(理科2号楼和法学楼之间)目前只允许校内车辆通行,未来将考虑对社会车辆开放。

校外车辆通过西侧门和东侧门进出校园。

规划建议在勺园6号楼北部附近增加一个新的机动车门或人车混行门。

同时成府园建设和使用后,将在成府园南部和北部开设新的校门,方便这一地区人员的出入。

(3)校内道路系统规划

调整完善燕园内部主路、次主路和支路三个系统。除主路外其他道路对机动车辆进行限行,从而保障人行安全和营造校园宁静的文化氛围,增强部分道路的绿化和景观质量,保持风景绿化区自由式的园林小道风格。

同时进一步完善步行道系统,通过对机动车的限行、调整用地功能分区、减少远距离交通流量等措施,完善校园北部的景观步行道和校园南部学生公寓周边地区的生活性步行道。

(4)车辆停放场地规划

结合道路布局和建筑物入口方位,调整自行车停车场地和车棚位置,采用相对集中方式分别设立。

机动车停放场地,结合入口、集会、外事、校级机构等所在地考虑,并建设和开放部分地下空间作为停车场地使用。

5.3 历史文化建筑与景观保护规划

5.3.1 历史文化建筑与景观现状

(1)明清古园的历史与现状遗址遗存

北京大学海淀本部校区,早在金代就成为京郊著名的风景区。到了明代,大规模构筑园林,至清代多成为封建帝王的"赐园"。民国期间成为燕京大学校园。

校园的用地中包括了八个古园遗址。这八个古园遗址在位置上与圆明园毗邻,在内容、造园风格上与圆明园之万春园中的若干园中园有类似之处。不同于宏丽的皇家园林,也有别于咫尺山林的私家园林而独具一格。

- 勺园(后称弘雅园,又称集贤院):勺园是米万钟在明万历四十年(1612)至四十二年(1614)间构筑的,是全校开辟最早的一处园林。园建成后命名"勺园",取"淀之水滥觞一勺"之意。勺园的建筑精巧玲珑,具有江南园林建筑的风格。明清易代之际,勺园逐渐荒废。清初归皇室,不久改为"弘雅园"。清圣祖康熙把它赐给郑恭亲王作了宫邸。乾隆年间,圆明园已成为皇上设朝听政的地方。"弘雅园"改作"集贤园",专供从城内来上朝的达官贵人休息。清咸丰十年(1860)八月,英法联军放火焚烧圆明园,集贤院一同被毁。现原址地上已无勺园旧日建筑和园林遗迹,只有地下尚有园林基础遗址埋藏。1982年在现勺园五号楼北侧小湖曾发现花岗岩石条修砌的建筑基础(参见历史文化建筑与景观现状评价图及保护规划图中的勺园故址标记)。

- 淑春园(又名十笏园、睿王园、墨尔根园,现未名湖区):乾隆中叶之前,淑春园已经存在,附属于圆明园。乾隆四十九年(1784)淑春园被赐给了文华殿大学士和珅。和珅开始了淑春园的大规模建设。他耗用巨资和人力将淑春园中的一个小潭开凿成湖泊,这就是现在北大校园中的未名湖,他还修建了石舫,至今尚存。道光末年,淑春园成了睿亲王仁寿的赐园,因而改成睿王园。

因睿字满语读作"墨尔根",因而它又有"墨尔根园"之称。清咸丰十年(1860)八月,英法联军放火焚烧圆明园,淑春园也未幸免,变成了一片废墟。民国初年,军阀陈树藩想在此建别墅,以两万银元买下了淑春园。1920年燕京大学校长司徒雷登从军阀陈树藩手中购得淑春园和南部的勺园故址作校址。现未名湖区淑春园旧物仅存湖心岛东侧湖水中的青石石舫和湖南岸的慈济寺庙门。

- 镜春园(前身春熙院、鸣鹤园):镜春园是乾隆年间从淑春园中划分出来的,最初叫做春熙院。后春熙院又被分作东、西两部分。东部较小,赐给了嘉庆帝第四女庄静公主,改称镜春园。同时或在此后不久,春熙院西部赐给了嘉庆帝第五子惠亲王,称鸣鹤园。光绪二十二年(1898),镜春园并入鸣鹤园内。因此校内现在的镜春园,应为鸣鹤园。在1860年,英法联军火烧圆明园时,鸣鹤园也遭到了破坏。民国初年,徐世昌向紫禁城小朝廷租下此园,改称淀北园。他大量拆毁园内建筑,将可利用建材运走。新中国成立之后,镜春园才并入北大校园。现旧日园中遗址遗存主要包括红湖南岸的校景亭(原鸣鹤园翼然亭)、湖北岸龙王亭以及部分石岸、石座、砖墙等遗址遗迹,以及混杂于现民居等建筑中的旧日镜春园建筑残存。

- 朗润园(又称春和园、庆王园):朗润园原名春和园,清嘉庆(1796—1820)间为庆亲王永璘赐园,故又俗称庆王园。道光末年,春和园转赐恭亲王奕訢,始改成朗润园。奕訢去世后,朗润园改用作内阁军机处及诸大臣会议的地方。民国初年,紫禁城小朝廷将朗润园赏给载涛作为私产。现在的朗润园较之旧日朗润园,从建筑上来说,已经有了很大的变化。园内尚存一些旧建筑遗存,混杂于园内民居等建筑之中,也都为清朝末叶陆续修造。

- 蔚秀园(又称含芳园、定王园):旧日蔚秀园介于南北两御园畅春园和圆明园之间,位置相当重要。它原为载铨赐园,名含芳园。因载铨后封定亲王,又俗称定王园。咸丰八年,含芳园转赐醇亲王,始有蔚秀园之称。1860年英法联军火烧圆明园之时,蔚秀园近在毗邻,也遭到严重摧残。现尚存湖面西岸残丘上的一座旧日古亭。

- 承泽园:承泽园原为道光帝第六女寿恩公主的赐园。光绪中叶又赐给了庆亲王为私产。解放后辗转为我校所有。现在园中的景物,大体还保留原来的样子。现存建筑包括园内西北角小湖北岸的一座楼阁,这是我校旧日园林中所保留下来的唯一双层建筑。

- 治贝子园:现在五四运动场及其附近一带地方,最初是清宗室贝子载治的别业,俗称"治贝子园"。光绪中叶,载治子溥侗继有其地。1922年左右,溥侗将该园抵押,后被银行拍卖,为燕京大学所得,改为农场,称农园。

此处建筑原正殿五间,三卷式共十五间,后殿亦三卷十五间,硬山卷棚顶,东西游廊与前殿互通。五六十年代,建筑已多半倾倒,不复抢救。八十年代初,为建五四游泳池,把部分前殿彻底拆除。九十年代初,台湾教育界友好人士募捐二十万美元重修园内建筑,恢复治贝子园旧貌,今日我们所看到的治贝子园现状即为这次重修后的成果。

- 畅春园:畅春园原是清康熙帝在明代李伟清华园的旧址上扩建而成。院内分为东、中、西三路,我校范围内的是东路最北的一区。畅春园于1860年被英法联军所焚毁。除畅春园小东门内的恩佑寺和恩慕寺这两座庙门残存至今,畅春园的其他建筑都已荡然无存。

除这八处皇家赐园外,校园范围内还存有部分私家园林遗址,如现北大附小位置处的原王家花园,现仅存一处单体建筑,保存尚好。

(2) 燕大建校初期的规划建设

原燕大校园规划建设时,在皇家园林遗址上,用了传统的中国古代建筑与西方建筑相结合的设计方法,形成了现在这一地带的独特景观,曾被称赞为"中国文化和现代知识精华的象征"。

1920年北京通州协和大学、北京协和女子大学及北京汇文大学合并,建成燕京大学,校长司徒雷登从军阀陈树藩手中以六万银元买到了淑春园和南部的勺园故址作校址,由美国建筑师亨利·墨菲负责校园规划设计,并于1921年动工,1929年基本落成。校园最初用地40公顷,学生800人。1928年至1931年先后征得朗润园、鸣鹤园、镜春园、蔚秀园、承泽园为教工宿舍福利区,同期还购得治贝子园为燕大农学系实习场地。

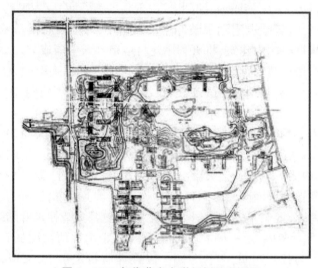

图1　1920年代燕京大学规划总平面图

燕园景区的建筑布局,采取了主次分明的轴线系统,并以此为脉络。燕园校门(今西校门)开向正西,设计的当时,正好对准遥遥在望的正西方玉泉山上的宝塔。校园的东西主轴线以此为基准而建立,它以西校门为起始点,通过办公楼,越过山林、湖面,穿过湖心岛亭,延伸到东面湖岸,在这条主轴线上,中间的一带丘陵划分了前方布局严整的教学区与后方环湖的风景区。在这条东西主轴线之外,又设计了一条南北向的次轴线,并在这条次轴线上,布置了男女学生宿舍。男生宿舍在北,女生宿舍在南,中间隔以丘陵和湖泊,布局和谐自然。其中所有建筑物,虽然功能上的要求不同,却一律采取三合院式的成组设计。在体形上或大或小、或开或合;在整体布局上既各有特点,又互相联系。整个布局在自然与人工的结合中,建筑功能与环境统一,建筑艺术与环境协调。采用传统民族风格的个体建筑与古老园林风格相协调,纵横交替的建筑轴线布置与园林环境相互渗透,建筑组群母题的应用构成和谐的韵律。建筑与山水、道路、树木相融合的空间序列,使人产生多种美的感受。

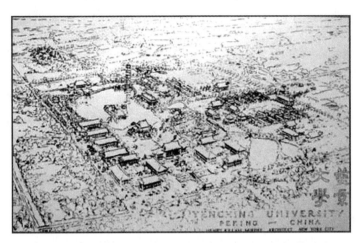

图2　1920年代燕京大学校园规划鸟瞰图(亨利·墨菲设计)

（3）其他历史文物、遗址和历史文化景点

除上述古园遗址遗迹以及燕大建校初期的建筑建设，北京大学海淀本部校区中还有相当数量的重要历史文物、遗址和历史文化景点，如：

- 石碑：梅石碑、乾隆诗碑、三·一八纪念碑等
- 雕像：蔡元培像、李大钊像、塞万提斯像等
- 亭：钟亭等
- 墓：斯诺墓、魏士毅墓、葛利普墓等
- 门：校友门等
- 其他文物：四扇屏、华表、翻尾石鱼等

这些文物部分是明清时期的历史文物，部分是建国后增添的具有历史和文化价值的雕像和纪念碑等。

5.3.2　历史文化建筑与景观保护规划

2001年7月，国务院批准公布了文化部、国家文物局提出的第五批全国重点文物保护单位，北京大学未名湖燕园建筑名列其中。对于这样一座具有优秀建筑传统和园林特色的校园，如何保护历史文化遗产，使校园规划既能保持原有特色又具有时代特征，从而形成一种和谐的校园环境，是本次规划的一个重点。

（1）全国重点文物保护单位保护地带

在全国重点文物保护单位的保护范围内，严格遵守《中华人民共和国文物保护法》《北京市文物保护管理条例》及其他相关法律法规要求。

在文物保护单位的保护范围内，不改变文物原状，不损毁、改建、拆除文物建筑及其附属物，不进行其他建设工程，不在建筑物内及其附近存放易燃、易爆及其他危及文物安全的物品。保护范围内已有的非文物建筑，区别情况予以整治或者逐步拆除。

需保护的文物建筑，在不改变原状、不危害文物安全的原则下，分级分类，合理利用。对需保护的文物建筑进行必要的保养和维修。严格按照古建筑消防管理的规定，加强一切火源、电源的管理，配备必要的灭火设备。在重点要害部位，根据实际需要，安装自动报警和灭火装置。

（2）建设控制地带

北京大学海淀本部校区大部分用地位于颐和园、圆明园地区建设控制地带范围内，因而此范围内兴建新建筑和构筑物，必须符合建设控制要求，建筑高度、体量、色调、风格都不得破坏文物保护单位的环境风貌。

一类建设控制地带：为非建设地带。地带内只准进行绿化和修筑消防通道，不得建设任何建筑和地上附属建筑物。地带内现有建筑，应创造条件拆除，一时难以拆除的，须制定拆除计划和年限。北京大学燕园主校园西北角部分地区为一类建设控制地带，现地面无建筑物。

二类建设控制地带：为可保留平房地带。在二类建设控制地带内必须采用中国传统形式。地带内现有的平房应加强维护，不得任意改建添建。不符合要求的建筑或危险建筑，应创造条件按传统四合院形式进行改建，经批准改建、新建的建筑物，高度不得超过3.3米，建筑密度不得大于40%。北京大学燕园主校园东北角部分地区为二类建设控制地带，现地面有少量一层建筑物。

四类建设控制地带：为允许建筑高度18米以下的地带。地带内靠近文物保护单位一侧的建筑物和通向文物保护单位的道路、通视走廊两侧的建筑物，其形式、体量、色调应与文物保护单位相协调。北京大学海淀主校园中部、成府园、燕东园北部、蔚秀园以及畅春园等地区位于四类建筑控制地带范围内。规划建筑限高18米，并要求其形式、体量、色调与未名湖区古典建筑相协调。

五类建设控制地带：为特殊控制地带。地带内针对有特殊价值和特殊要求的文物保护单位的情况实行具体管理。北京大学燕园主校园南部以及燕东园南部位于五类建设控制地带范围内，规划建筑限高也基本维持在18米，并结合实际情况进行环境的整治和空间格局的保护。

此外，燕园和蔚秀园的围墙也要进行严格的保护。

（3）环境恢复整治地带

在燕南园和燕东园内的早期别墅建筑区、承泽园和蔚秀园的山水园林区，以及燕园未名湖北部和周边的部分民居建筑区设置环境恢复整治地带。这些地区都保留着有价值的历史文化建筑和景观，但同时又都存在着房屋年久失修、居民乱搭乱建、周边环境脏乱等问题，急需整治。因而，在这些地区内，修缮建筑，整治环境，保留原有园林水系，清理乱搭建的平房建筑，保护古树木，维持曲径通幽的园路系统，恢复原有的古典院落风格，部分地区逐步改用作院系研究用房和办公用房。

（4）空间格局保护地带

南门附近的三组建筑虽然建设时间并不久远，但空间感觉宜人、格局合理，加强了五四路轴线的景观效果，形成了南门地区的优雅环境。因而在以后的规划建设中，这种院落式、围合式的空间格局将予以保留，在此基础上进行这一地区的改造建设。

（5）其他历史建筑、历史文化景点的保护

对于全国重点文物保护单位保护地带之外的古园遗址遗存和其他历史文物也要进行严格的保护。古园遗存的古典建筑定为保护建筑物，不得拆毁和破坏，并进行必要的修缮和维护，并对周边环境进行整治。对于石墙、山门、景亭等历史文物，进行必要的考证和标识说明，采取定期的维护和保护措施。对于古树木要进行保护和标识，原有的河湖绿地、绿化景观要进行保护和恢复。

（6）建筑高度的控制

为了对燕园历史文化建筑与景观进行整体的保护,使新建建筑不破坏燕园景观的质量与整体感,本次规划对建筑高度的控制比北京市控制性详细规划和《原燕京大学未名湖区保护范围建设控制地带图》的高度控制要求更为严格。

全国重点文物保护单位地带范围内为非建设用地,只进行必要的修缮维护和环境的恢复整治改造。燕园主校园除全国重点文物保护单位地带范围外的高度控制基本都维持在18米以下,同时燕园周边园区的控制高度也大部分都控制在30米以内。这样不但保障了北部古建园林区的景观要求,同时使燕园内部整体景观更为协调,更具有校园的文化气质。

在成府园的建设中为了更好地提升博雅塔的景观效果,设置了大面积的绿化景观廊道。

5.4 基础设施规划

5.4.1 给排水设施

（1）给排水管线

目前,海淀本部校区给水管道总延长34240米(DN50—DN300毫米),污水管道总延长34680米(DN150—DN300毫米,D400—D600毫米)。规划改造给水管道7070米(DN75—DN300毫米),改造排水管道6940米(DN15—DN300毫米)。

（2）水源

2001年新掘6眼460多米深的深层基岩水井,再加上原有的4眼水井,预计可满足10年至15年的供水需求。

2002年新掘地热井1眼,井深3186米,出水温度59℃,流量2234立方米/24小时。地热水现已供应学生浴室及勺园客房使用,今后将结合学生公寓滚动改造,供给学生公寓及室内游泳馆使用。

（3）中水系统

在燕园西北部建设中水厂,并建立较为完善的中水管网,为校园北部水系的整治和恢复提供景观用水。

5.4.2 供电设施

（1）变配电改造及增容工程

高压供电等级由35 KV提升至110 KV的电站已经完成,其配套工程力学开闭站、水塔开闭站、五四开闭站、勺园开闭站、学生区开闭站、镜春园变配电室土建及设备安装已就位。低压敷设2003年10月已完成。

（2）全校配电室设备

变压器72台,总容量46850 KVA。电缆线径120—300平方毫米,总延长12680米。架空线线径70平方毫米,总延长4560米。其中目前尚有建设安装年限超过20年或容量不能满足需求的变配电室11座,规划二至三年内改造完毕(包括4560米架空线的落地)。上述工程完成后,预计可满足学校10年规划的需求。

5.4.3 供暖设施

海淀主校区连同燕北园、北大附中、技物大楼、科学院宿舍楼,现有供暖面积合计125万平方米,供暖锅炉房3个,社会供暖3处。其中,集中供暖(燃煤锅炉房)供暖面积94万平方米,供暖管线约28公里;蔚秀园(燃气)锅炉房供暖面积14万平方米,供暖管线7公里;燕北园(燃气)锅炉房供暖面积10万平方米,供暖管线3公里。

社会供暖的北大附中、技物大楼、科学院宿舍楼,供暖面积分别为5万平方米、1.3万平方米、0.7万平方米。

由于近期中关园、成府园等园区的建设,将新增建筑面积近60万平方米,为此需要增加与之相应的供暖能力。规划对集中供暖锅炉房进行扩容改造,将现有发电机房、冷冻机房拆除,在原址扩建局部二层的新锅炉房,总建筑面积约1000平方米。内装14 MW燃气热水锅炉三台,增加供暖能力60万平方米。

同时根据北京市的有关要求进行煤改气的建设。

5.4.4　校园安全防范系统

根据中共北京市委教育工委关于在首都高校积极推广校园科技创安工作的指示精神,我校规划在三年内分三期完成"校园安全防范系统(可视监控、报警、门禁、对讲)"工程。

第六章　近期建设规划

6.1　成府园区的建设

成府园区的建设是近期规划建设的一个重点。园区西南部和东北部主要安排各院系的教学科研用房,以缓解燕园内部教学科研用地的严重不足。西北部和东南部为科学园区用地,西部的中间地带用于建设新的"校医院大楼"(原校医院将从燕园内部迁移至此)。

6.2　学生公寓的滚动改造和建设

近期规划建设的另一个重点是燕园南部的本科生公寓的滚动改造和畅春园、篓斗桥地区研究生公寓的建设。

6.3　综合体育馆的建设

近期规划在现五四游泳池处修建2.5万平方米综合体育馆,在2008年北京奥运会期间作为乒乓球比赛场馆使用。

6.4　中关园南部的建设

近期在中关园南部主要规划建设文化交流建筑、留学生公寓、博士后公寓以及部分教学科研用房。

6.5　燕园及周边其他教学科研设施的恢复整治和建设

除成府园区外,近期在燕园及周边地区规划建设的教学科研设施主要包括理科楼群南部的公共教室大楼、承泽园内的文科研究用房以及中关园内的新化学南楼等,并对第一体育馆北部的木材厂进行环境整治改造,改为人文学科教学科研楼使用,对朗润园和镜春园内的部分民房进行恢复整治,改为北京国际数学研究中心和部分文科院系用房使用,并改造生物东、西馆为文科教学科研使用。

6.6 部分行政办公用房的建设

近期规划建设的行政办公用房主要指资源宾馆东北部的总务综合办公楼,并改造外文楼和化学北楼为行政办公用房使用,对博雅塔东南地区杂乱用房进行环境整治改造,改为财务部、保卫部办公用房使用。

6.7 服务设施的完善

近期主要建设的服务设施包括燕南园南部的餐饮综合楼以及簸斗桥地区结合研究生公寓的改造而规划建设的学生食堂。

6.8 中水系统的建设

近期在燕园西北部建设中水厂,并建立较为完善的中水管网。

附图1:用地现状图(略)
附图2:总平面图(略)

北京大学海淀校区总体改扩建规划

　　二十世纪八十年代,为了解决严重的用房短缺问题,北京大学申请建设理科教学楼群,并得到了政府的支持,作为国家重点建设项目建设。根据国家计委的批复和北京市城乡建委的要求,北京大学校园规划委员会和规划委员会办公室委托北大基建处设计室对北京大学海淀校区进行总体改扩建规划设计。在规划设计过程中,校园规划委员会多次讨论了规划设计的指导思想、设计原则和其他有关问题,对设计的多种方案进行了比较和认定。设计室顺利制定了《北京大学海淀校区总体改扩建规划》,经过校园规划委员会和校领导讨论通过后,上报政府部门审批。本书收录的是1990年编制的文本。编制人员名单见下:

编制单位:北京大学建筑设计室
主　任:王宏昌
项目负责人:汪　宇
专业设计负责人:汪　宇(建筑)　秦魁杰(校园绿化)　唐幸生(给排水)　姚德霖(供热)　陈明福(供电)
参加设计工作人员:汪　宇　唐幸生　姚德霖　洪曼曼　吕　平
外邀人员:秦魁杰　陈明福　陈跃华　张兴华
参加工作技术人员:傅　蔚　游舜国　徐　冲　李文华　宋之凯　郝建平等
校内协助单位:校长办公室　规划办公室　教务部　总务部　人事处等

第一章　规划设计依据

　　1. 国家计委[1985]838号文批复的"北京大学基本建设总体任务书",确定北京大学发展规模:在校学生15000人(其中本科生10000人;研究生3000人;来华留学生500人,进修生500人,干训生1000人),教职工人员总数先按8000人进行规划设计。总体任务书批准扩建校舍总建筑面积29万 m^2(其中教学科研用房14.8万 m^2,教工宿舍8万 m^2,学生宿舍4万 m^2,福利及附属用房2.2万 m^2)。(附件1)

　　2. 市政府同意北大在大有庄扩建征地9.68公顷,和设审字89026号北京市城市规划管理局审定北京大学燕北园(现称颐明园)居住小区规划设计方案通知书。(附件2)

　　3. 北京大学理科教学楼群设计任务书和87年地规发字第130号报审北京大学理科教学楼群设计方案、12月29日首规委"首都建筑艺术委员会全体会议审查北京大学理科教学楼群设计方案纪要"。1988年11月28日国家教育委员会基本建设局,首都规划建设委员会

办公室"北京大学教学楼群扩初设计审查会会议纪要"。(附件3)

4. 规划编制定额参照:

(1) 教育部《一般高等学校校舍规划面积定额》;

(2) 北京市人民政府[1984]京政发102号关于新建居住区公共设施配套建设的规定。

第二章 学校概况和规划设计原则

一、学校概况

北京大学校本部位于北京市西郊海淀镇,东邻清华大学和中国科学院,校园中间还夹有成府居民区和市化工研究院,南接海淀镇,西邻海淀乡和西苑中医医院,北面是圆明园遗址。校内东南部地形平坦,绝对标高48.60~50.56 m,北部湖区地形低洼,绝对标高44.50~45.50 m。占地总面积168.3公顷,其中湖山绿地28.82公顷占17.1%;1990年建筑总面积75万m^2,其中临建及破旧危房12.9万m^2占17.2%(图总规-2及附表五)。

北京大学是一所委属重点综合大学,它具有学科齐全、教学科研力量雄厚的特点。全校共有文、理、语言、政经法四个学科,29个系,86个本科生专业,132个硕士生专业,90个博士生专业;8个博士后流动站;167个教研室;36个研究所;25个研究中心;国家重点学科42个,已建成国家重点实验室4个;北京大学同22个国家和地区的78所大学和机构建立了联系,学术活跃,交流广泛。北京大学现有中国科学院学部委员18人,教授446人,副教授1160人,讲师775人,共有教学科研人员3456人,教职员工总数7919人;另有外国专家38人,外籍名誉教授、名誉博士25人。88年在校全日制学生12711人(本科生9818人,博士生429人,硕士生2464人,其中有来自89个国家和地区的留学生518名);非全日制学生9745人(函授部9230人,夜大学515人),在册学生总数为22456人。由于层次结构的调整和我校新生参加军训等原因,90年底在校全日制学生10168人(本科生6802人,硕士研究生2150人,博士研究生434人,研究生班52人,进修教师190人,外国留学生540人),非全日制学生5164人(函授部4917人,夜大学247人),在册学生总数为15247人。北京大学现有教学科研、行政机构及附属单位见下表:

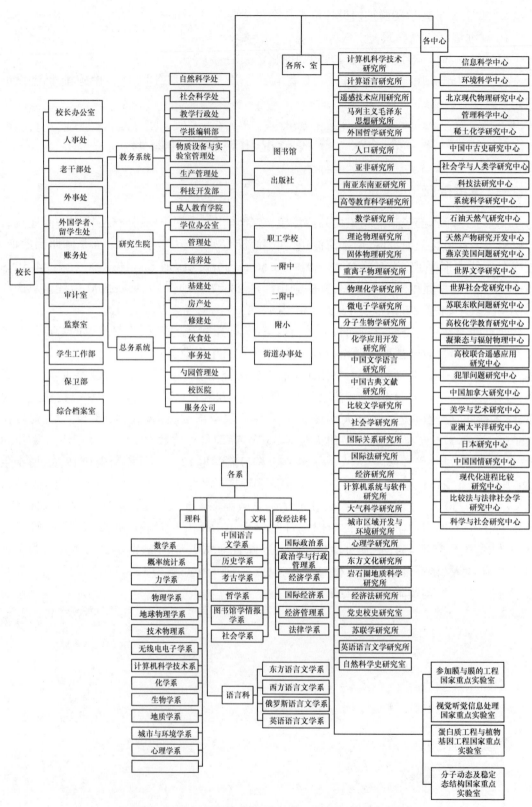

图1　1990年北大教学科研、行政机构及附属单位一览

北京大学的历史从1898年开办京师大学堂开始,原校址分散在市内马神庙、沙滩、北河沿、端王府夹道、府右街、国会街和西郊罗道庄等多处。解放后,经院系调整,于1952年确定迁址到原燕京大学。今日的北大校园是在原燕大校园基础上经过四十年的扩建逐渐发展而形成的。原燕大校园是美国建筑师墨菲(HENRY KILLAM MURPHY)规划设计的,于1921—1926年建成。院系调整时根据当时城建部民用设计院提出的总平面扩建图向东扩建了教学区,向南新建了学生宿舍区,同时在中关园建造了一批临时性平房住宅。扩建工程于1953—1957年基本完成。1959年委托清华建筑系毕业班按当时拟定的近期13000学生,远期16000学生的规模,提出过一份近远期规划方案(方案将主校门设在蓝旗营),并按此规划方案定位建成了物理大楼等。后因确定在昌平县建200#分校,此方案未获批准。1964年200#停建。直到1979年按照国家教委要求,由北京大学规划设计室重新编制了北大总体规划草案。1983年4月,成立了北京大学校园建设规划委员会,并将上述草案向全校征求意见。这以后,又按此草案确定了新教学楼群、东西部学生宿舍和西部住宅区的扩建。这次规划设计是在充实调整1979年规划基础上进行的。综合上述校园发展概况、校园扩建大致分为三个阶段:

表1 校园发展、扩建的三个阶段

时　期	学生总人数	教职工总人数	总占地(公顷)	总建筑面积(万 m²)
1926年燕大建成时	813	108	104.14	8
1957年院系调整后扩建工程基本完成时	8924	4090	145	29.08
1987年现状(图总规-2)	12711 (22456)	7451 (9336)	168.3	50.5 (67.7)

* 括号内为含函授生、夜大生,含退休教职工、含临时建筑等的总数。

校园的扩建、发展,因受到当时财力、社会条件和指导思想的限制,一些布局在当时看是合理的,而现在看则不甚合理。从现状看,存在着部分功能分区混乱(图总规-6),福利及公共设施不配套(图总规-11),临时建筑、危旧房屋多(图总规-4),园林绿化分布不均匀(图总规-13),人流交通系统缺乏组织管理(图总规-8)和管网系统不完善不合理的现象(图总规-19)。这次规划设计注意在原有历史基础上找出现状中存在的问题,吸取先进经验,提出改、扩、建的规划方案。

二、规划设计原则

1. 有利于开展教学科研,培养全面发展的社会主义建设人才;有利于不断改善教职员工工作、生活条件。
2. 尊重历史,考虑原有轴线变化关系,保护历史文化遗产,保护景观。
3. 充分利用原有校舍和设施,通过调整、改造和扩建,克服现状中存在的问题,努力达到国家各项经济技术指标。
4. 远近结合,合理规划,提高使用率,考虑发展和变化,适当留有余地。
5. 结合综合大学特点,力求功能分区明确,布局紧凑合理,节省用地。
6. 保持环境特点,造就一所具有完整绿化体系,新老和谐统一,空间幽美宁静的校园环境。
7. 规划各类交往场所,为促进师生员工在思想、学术、文化、体育各方面的交流和提高创造条件。

8. 建筑布局、园林绿地、人车交通、管网系统进行综合规划,努力创造一空间丰富、运行畅通、互不干扰的总体。

在落实具体建设项目和进一步作出各区详细规划时,都应遵循上述总体规划原则。

应该指出老校园的改扩建规划不同于新建院校,它不可能完全按主观意向进行,而会受到已有布局和校内各方面现有条件的制约。由于学校历史较长还需要了解历史的进程和师生员工的心理习俗,才能融汇过去,承认现实和展望将来,提出一些近期切实可行,远期总体合理的具体方案。与此同时,还要看到随着时间的推移,可能会出现一些新的矛盾需要不断地进行再调整,这也是必然的。总之要力求通过规划的实现把北大建设成为一座具有世界先进水平、中国特色和北大自身特点的社会主义大学,为我国培养高层次的专门人才和开展高水平的科学研究工作创造有利的条件和环境。

第三章 建筑规划设计说明

一、明确功能分区、划分用地范围

老校园要在充分考虑现状的基础上调整完善已有功能分区,力求做到功能分区明确、总体分布合理,符合分期建设和发展的需要。通过功能分区的划分和调整,统一筹划旧区利用和新区建设的内容,确定各类发展用地范围;在分析校内外交通的基础上疏通网路;保持原有校园特色,保护和建设以绿化为主的空间环境;调整管网系统;逐步达到改变现状中存在的不合理状况,建立起正常的校园生活秩序。同时在进行各分区规划设计时,对近期改建、扩建提出具体方案。

按功能划分五类用地(图总规-7):

(1)教学科研区:位于校内中段,文科语言科安排在西部,可充分利用原燕大旧址幽静的环境,对原建筑无须做大的改造,西校门为此区对外主要出入口。理科相对集中安排在东部,利于集中敷设各类管道、节省能源和运用先进技术、管理手段,以正在新建的教学楼群为中心,新开东校门为理科对外主要出入口。以图书馆电教为主的公共教学区在文、理二大科之间便于各学科共同使用。向北改造成府居民区作为此区发展用地。

(2)学生生活区:尊重现状仍集中在校园南部,以便统一安排课外活动场地完善生活福利设施,另在中关园南部安排带眷博士后等生活用房。

(3)教职工生活区:以离开教学区,布置在校园外圈为原则,形成三个居民小区,有利于校园内以教学为主体的学习环境,也利于住宅区与城市沟通,改善生活福利公用设施的配置。

(4)体育用地和集中绿化用地范围力求接近规划定额、分布均匀、融会贯通。

(5)行政后勤管理和附属单位用地采取相对集中安排,根据工作性质分布在校园合适位置。

二、各功能区规划设计说明

(一)教学科研及图书馆区

随着科学教育事业的迅速发展,各类学科在相互渗透,边缘学科在不断诞生,这要求建筑具有通用性、适应性、多功能使用可能性。但现状是教学科研用房严重不足,许多学系分散多处,由于课题经常变动一些老房屋几遭拆改而受到破坏。不少教学科研设备分散安置在临时建筑、活动房屋和学生用房内,甚至因无房堆放在露天或走廊中,条件低劣,困难甚多。随着科教协作、科技开发和社会服务项目的建立,对校园房屋的使用又会提出多种新的要求。根据以上各点,规划应进行合理调整,逐步完善,以适应教学科研发展需要。(图总规-3)

(1) 理科

以物理楼、化学楼和"七五"批准新建的教学楼群为主体。新楼群采用相对集中布局 7.2 m 模数网格式设计和框架结构、具备变化调整的灵活性。该楼群中安排给理科使用的有 1 号楼(计算机、数学、概率等系和计算中心、计算机及数学研究所等);2 号楼(无线电、地球物理等系及研究所);3 号楼(地质、地理等系及研究所);4 号楼(生物、心理等系及研究所)。现生物楼保留;现物理楼、技物楼、文科系楼内的使用单位重新调整,迁出学生生活区的各系用房;化学楼南侧和西侧预留作该学科发展用地,拆除 1—15 斋临时建筑和喜羊胡同。现吉永庄规划为扩建力学系楼。上述规划落实后,各系均得以调整和扩充,基本满足要求。近期各系衍生的新学系或研究所用房一般在原属系用房内调剂。一些不能进楼,需要单建的特殊用房一般规划在科系用地范围内安排。

(2) 语言科、文科、政经法科

语言、文科安排在学校西部、中部。政经法科在东部原教学楼和新楼群 5 号楼内。校直属教研室,研究所和研究中心有一些可安排在现为住宅区的燕南园小楼内。这些小楼可以根据使用者的需要,结合修缮,有步骤地进行内部装修,以满足新的功能要求,也可适当扩建文科语言科各系的研究机构则根据项目资金落实情况在朗镜区逐个安排。朗镜区原有住户迁出,结合园林保护作出小区改造规划后进行翻建或利用原有四合院进行装修。

(3) 图书馆

图书管理需要打破一些老框框,将部分封闭型改为开放型,扩大开架阅览,声像阅览、微缩贮藏,使图书馆能成为图书资料、技术情报、信息交流的中心。规划分三部分:(1) 现校图书馆(藏书量 470 万册)主要为教学服务,待教学分区基本形成后,恢复原燕京老图书馆作为善本书专用图书馆。(2) 逐步完善各系楼中以情报信息和专业期刊为主的专业图书室。(3) 根据科教事业发展情况,增建新图书馆,方案一:建于现成府居民区,规划预留用地(现成府区有城市居民三百余户和市化工研究院,改造困难很大)。另一方案:是在现有图书馆东面扩建(占用一部分草坪,同时可以考虑拆除文史、地学楼改为绿地)。

(4) 教室

减少原分散在各系用房内的教室,建设含有大、中、小各类集中使用的教室楼以便统一调度管理,提高使用率,促进师生交流,造就宁静环境减少过去上下课人流交叉穿行对交通环境的干扰。除现有电教楼和一、三、四公共教室楼外,在新建教学楼群设计中包括 7400 m² 教室楼(现第二教学楼拆除)。

(5) 博物馆和教育科研交流

在新建教学楼群 2 号楼内设大学博物馆,内设校史文物、科技成果、科普和活动展室等四部分。美国赛克勒博士赠款在民主楼北建造一座考古博物馆。在新建的 1 号楼和 2 号楼中间设有部分开展国内外学术活动的用房。

(6) 档案馆

保留人事档案室,按照国家档案馆规范要求,在 5 号楼西侧新建 1867 m² 科技档案馆。

(7) 科技协作和开发

规划在中关村现汽车库处建高科技开发中心(可建约 2.8 万 m^2 左右,含地下 2 层汽车库),为北大与国内外教学、科研单位协作提供活动场所,目的是将这部分内容迁出教学区有利于保持教学区内以教育为主的完整性和宁静环境,也便于各协作单位频繁往来。对于各系各部门建立的技术开发、社会服务安排在校园南端临街部位(包括四环路、中关村和海淀路)。(图总规-3)

(8) 教学实习试验

实习试验用地,在校园内已无地可容纳,除采取改造、挖潜外,还要另谋出路扩大占地: (1)对现位于红湖的试验动植物饲养基地,重新与在建的考古博物馆一起做出保护现有山水林木,修饰美化环境的小区规划,创建鸣鹤园动植物园地。(2)结合改建拟建的新建项目充分利用部分上人屋面如利用2号、4号楼等屋面解决部分气象、天文、生态研究等方面的试验用地。但较大的植物类实习试验用地在校园内无法解决,须另谋出路。

(9) 成人教育部门

北京大学的成人教育,自1956年开始招生以来长年没有解决固定用房问题,现只能在临时房、活动房、地下室内游动,困难甚大。规划难以在校本部内作出具体安排,建议另行考虑。

综合上述,逐步改造成府居民区,作为规划预留教学科研及图书馆区的发展用地。

(二) 学生生活区

学校要创造条件,以全面发展的要求对学生进行培养,校园规划则既要注意为学生创造良好的学习、生活物质条件和环境,又要重视精神文明建设教育,重视学生课余生活的安排,包括有足够的文体活动和开展学术交流,社会交往的场所,以利于扩大学生知识面,进行品德教育,促进全面发展。北大现有的学生宿舍大都是五十年代建造的3—4层楼房,设备陈旧,不利管理;同时建造时密集成片没有预留配套用房用地和户外活动用地;三十年来,在西北一侧又先后扩建了四个食堂、校医院、大浴室和文化活动中心,形成这个地段人流高度集中(图总规-9);在38和40楼间又设有通往海淀镇闹市的小南校门,造成大量人流、自行车在楼间穿梭。楼与楼之间除一点行道树外基本上是黄土露天,一走动,尘土飞扬,环境很差(图总规-8);而现在不少学生宿舍尚被公用房或家属占用,1987年统计学生平均居住水平 3.8 m^2/生,1990年新生外出军训后提高到 7.39 m^2/生。规划拟在现状条件下改善环境,进行一些合理调整。

表2　学生组成结构现状与规划

名　称	科　类	自然规模学生		折算规模学生总人数	本科生		研究生(硕士生、博士生)		进修		干训生		外国留学生		成人教育(夜大生、函授生)
		总人数	%		人数	%	人数	%	人数	%	人数	%	人数	%	
1988年现状	全　校	13292			9818		2893 (2464,429)		445				518		9745 (515,9235)
1990年现状	全　校	10168			6802		2636 (2202+434)		190				540		5164

（续表）

名　称	科　类	自然规模学生		折算规模学生总人数	本科生		研究生(硕士生、博士生)		进修		干训生		外国留学生		成人教育(夜大生、函授生)
		总人数	%		人数	%	人数	%	人数	%	人数	%	人数	%	
1985年总体任务书，初定的规划计算值	全　校	15015	100%	20285	10010	100%	3005	100%	1000	100%	500	100%	500	100%	
	其中：文科	3124	21%	5493	1510	15%	639	21%	470	47%	150	30%	355	71%	
	理科	7932	53%	9814	5950	60%	1647	55%	290	29%			45	9%	
	政经法科	2954	20%	3688	1880	19%	474	16%	160	16%	350	70%	90	18%	
	语言科	1005	6%	1290	670	6%	245	8%	80	8%			10	2%	
1991年事业发展计划调整值	全　校	15000		20267	10200		3600 (2700+900)		400		200		600		6500 (600,5900)

* 学生总人数内不含成人教育学生数

（1）居住安排

依据房间使用面积大小和环境条件不同进行调整：安排本科生、研究生住在南和西南侧16—48楼内；外国留学生住在勺园，带眷博士后等安排在中关园南部"七五"新建的503#—506#学生公寓内。待学生人数达到规划规模、腾出学生生活区内被占用的房屋、落实上述安排后，居住水平可达到国家标准本科生 6 m²/生，研究生 10 m²/生，平均居住水平为 8.78 m²/生。（附表五）

（2）调整小南门位置，改变交通状况造就静空间

规划拟将现教委库门改为西南校门，关闭小南门，减少学生宿舍区内穿行人流量。同时调整宿舍楼出入口的方位将自行车流和人流引导到楼群外缘，以形成无车流的半封闭式内庭步行区，造就动静分开外动内静的空间环境。（图总规-3）

（3）统筹安排，改善自学环境

无论从近期或长期来看都会有相当部分的学生需要在宿舍内自习，因此在上述改善交通状况的同时，需要综合考虑学生宿舍区内楼与楼之间的绿化、体育活动、自行车存放三方面的用地规划，拟采取以下措施：在道路两侧设立相对集中的自行车棚，改变分散无章的堆放状况；在38—40楼中间，28—31楼中间开辟两块花园式内庭绿地；完善16—18、19—21、22—24和25—27等楼间绿化形成庭院绿地，同时在适当位置布置小块活动场地；待总能工程完成后，拆除31楼老锅炉房和食堂，取消44楼南煤场，再开辟两块集中绿地和活动场地，这样可缓解该地区人流过密，条件低劣的状况，重新创造幽美宁静的学习、生活环境。（图总规-3）

（4）完善生活福利配套设施

为了使学生在德、智、体诸方面得到全面发展，除安排好教学、食宿条件外，对他们的课余活动也必须给予重视，创造一定的条件。除1989年新建文化中心和体育中心作为开展文化、体育活动和社团活动的场所外；规划拟逐步再将封闭式的燕南园改为半封闭式，在南侧几组旧宅楼内可安排一些文化活动和学生管理机构；由学五食堂向东拓宽40米形成学生区综合服务带（包括食堂、浴室、商店、书店、储蓄、邮政、修理部等）；结合房屋修缮改造老楼内卫生设备条件，增设饮水设备，服务台等。

（5）远期规划设想

学生宿舍28—38楼为1958年前后建造，部分采用大型振动砖墙板结构体系和木屋架，质量较差，布局不甚合理，规划待条件许可时连同原灯泡厂一并拆除，重新对学生生活区作

出整体改造规划方案,但近期只作改造环境的规划。

(三) 体育活动用地

北大现有原燕京第一、第二室内体育练习馆共 4310 m^2,1989 年新建风雨操场 4178 m^2,室外有五四运动场、东操场、二体东西球场、勺园球场共占地 75200 m^2(7.52 公顷)。按一般高校定额 9 m^2/生,15000 学生应有体育用地 13.5 公顷,尚缺 5.98 公顷。

规划结合新开的西南校门,在南侧开辟一个球类活动场,在学生居住区内增加一些零散活动场地,为此可增加部分体育用地,同时需恢复第三教室楼南侧 25 M 绿化带,以改善噪声对教室楼的干扰,为此将减少球场用地 0.2 公顷。

实现上述校内调整之后体育用地可达 8.9 公顷,勉强能达到 6 m^2/生,尚缺 4.6 公顷无法增加。万里同志几次提到"北大必须修一个体育馆,没有这个就不是第一流大学"。规划拟在五四游泳池北预留一 5000 m^2 多功能体育馆用地,该馆由北直接出入东校门,可同时供体育比赛、演出、集会等多种用途。并可室内外结合使用。(附表3)

(四) 教职工生活区

北大 1990 年教职工住房总面积 26.41 万 m^2,其中成套楼房 20.58 万 m^2,占 77.9%,破旧危房 5.83 万 m^2,占 22.1%;有房户的平均居住水平为 55.8 m^2/户。教职工住房分布在中关园、燕东园、蔚秀园、承泽园、畅春园、燕南园、镜春园和朗润园等处,其中原燕大时的朗镜区旧宅院不少已被拆、改、翻建,燕南园已被夹在学生区和图书馆中间;燕东园除扩建多层住宅外尚存部分燕京时的小楼,经地震,破坏较大,且楼本身也已破旧;中关园还留存一部分 1952 年建造的简易平房,已经使用近四十年,仍在勉强维持。因住房紧缺,住户还占用部分学生宿舍等。另外由于住宅是分批扩建的,生活福利设施不配套,例如:全校近 5000 住户只有不足 150 m^2 的托儿站;小学生上学最远往返一次要走 5 公里;老年人看病去校医院往返也有数里之遥等(图总规-11)。随着生活水平提高,社会交往的变化,对生活区的要求也在变化,如要求改善居住环境,开辟休息和老年、儿童活动场地,增添服务设施等。这些方面离城市对居住小区的要求尚存在不少差距;有待于调整完善。

规划安排校园内只保留朗润园住宅:8—13 公寓等,迁出朗润园、镜春园平房居民,集中到校园周边形成东、西、北三个居住小区,七个组团:西小区——蔚秀园、畅春园、承泽园,其中蔚秀园已建成,"七五"—"八五"继续完成承泽园、畅春园的组团建设;东小区——中关园、燕东园和清华园、朗润园等,"五七"扩建清华园,"八五"——2000 年改造完成中关园、燕东园和朗润园。在对东西小区改造的同时,参照北京市居住小区公用设施定额,一并提出改扩建方案;北小区(骚子营颐明园)规划已批准,现开始实施。(图总规-3,图总规-15)

对居住小区内平危旧房的改造,规划拟:(1) 改造中关园:拆除平房,南侧、东侧兴建 12—14 层高层住宅,中间开辟一块 5600 m^2 集中绿地。西侧继续扩建多层住宅,在化学楼东侧,南侧保留 20—30 米绿化隔离带。(图总规-3)

(2) 改造燕东园:拆除旧宅小楼(现住 1~2 户/栋),保留原有格局、珍贵树木,改建成 3—4 层小楼(8~12 户/栋),可续建多层楼,也可保留几栋小楼作办公建用。(图总规-3)

(3) 完善朗润园组团:改造现修建处材料场,可按四合院布局扩建几组住宅小楼,同时补建住宅配套用房(图总规-3),或作为保留用地,待建设时再作详细方案。

新建改建住宅的总面积和户型,按人员结构组成统一进行规划安排。总体任务书批复:

北大教职工人员总数先按8000人进行规划设计,其中校本部教职工与学生比例为1:3.6,教师与学生比例为1:8。现状调查:

表3　1990年12月北大教职工组成情况

人员组成	在职教职工			在职教职工人员结构			已退休教职工		1990年在职及已退休职工		
	人数	住房分类人数	%	专任教师	非教学人员	附属单位人员	人数	%	人数	住房分类人数	%
总　计	7919		100	2655	4087	1177	1060	100	8979		100
教授级	582	Ⅳ类 2082(人)	26.3	446	117	19	184	37	766	2474(人)	27.6
副教授级	1500			1100	299	101	208		1708		
讲师级	1909	Ⅲ类 1956(人)	24.7	775	881	253	105	10	2014	2061(人)	23
教　员	47			44	3				47		
助　教	1106	Ⅰ、Ⅱ类 3881(人)	49	290	670	146	21	53	1127	4444(人)	49.5
员　类	70				29	41	5		75		
尚未定职称	715				573	142	387		1102		
工　人	1990				1515	475	150		2140		

附注:教职工中单身职工560人占7.1%,校外居住51人占0.6%,双职工784人占9.9%
1990年已退休教职工共1060人占在校教职工总数13.4%

对在职教职工居住用房进行具体规划时,综合考虑到人员组成结构的现状和发展变化,进行初步估算详见下表:

表4　在职教职工居住用房规划

住房标准	居住人员类别及人数	居住用房规划				
		户数	户数%	占总人数%	居住用房面积	平均定额
	总计:8000人	6160	100%	87%	42.04万m²	66.75 m²/户
Ⅳ类住宅	其中:相当副教授以上:2160人	2156	35%	27%	18.33万m²	85 m²/户
Ⅲ类住宅	相当讲师级:2080人	1848	30%	23%	12.01万m²	65 m²/户
Ⅰ、Ⅱ类住宅	助教及一般职工:2960人	2156	35%	27%	10.78万m²	50 m²/户
单　身	800人			10%	0.92万m²	30% 15 m²/人 70% 10 m²/人

"七五"期间经教委、计委及市区有关部门大力支持,北大征得骚子营住宅用地9.68公顷(其中含代征地3.93公顷),小区全部建成后可增加住宅面积10万m²左右,预计校本部旧区:中关园、燕东园、朗润园、承泽园平危旧房改造完成后可增加住宅面积13万m²左右,综合上述新建和改造完成后,全校住宅总面积可达43万m²左右,若全部居住在职人员,勉强能达到国务院现在颁布的住房低线标准。问题是从1990年12月现状调查来看:北大现有住宅总面积26.4万m²中,含离退休人员住房6.24万m²,占24%,外调人员、遗属及其他人员住房2.61万m²占10%。同时按在职人员的现状年龄、职称情况,对1991—2005年离退休人员进行初步测算,共有3417人将离退休,平均每年离退休228人,若按规划平均居住水平估算,所需各类住宅总面积约为19.8万m²,为在职人员规划居住用房总面积的47%。故希望有关部门对非在职人员、离退休人员住房问题能进一步研究作出具体安排,否则直接

影响到在职教职工住房问题的解决和住房规划的落实。由于已有住宅建设用地不可能建造那么多住房,可考虑采取以下措施:(1) 陆续征用骚子营北和北京体院西等土地作为住宅建设用地,(2) 参加城市统建,(3) 购买部分校外住宅等。

居住区公共福利设施:

公共福利设施按集中、分散两类规划,集中部分考虑教职员工与学生共同使用,如医院、大浴室、文体设施等。分散部分在各生活小区中统一安排:(详附表三)

(1) 附属中学

现有附属中学两所,一附中为北京市重点中学(30 班),二附中为区重点中学(24 班),按此规模确定用地范围和扩建内容。(附表三)

(2) 附属小学

现有一所东附小,共计 37 班。计划自筹资金在畅春园建立西附小(12 个班),"八五"在燕北园建北附小(12 个班),缩小东附小用地(改 18 个班),腾出部分用地作为扩建总能工程用。

(3) 附属托幼

现有东西两所幼儿园共 $5778 m^2$ 18 班,朗润园托儿所 $464 m^2$,燕东园、承泽园家属托儿站共 $125 m^2$。规划在燕北园建 6 班幼儿园,4 班托儿所,并在承泽园、燕东园两处利用旧宅楼院改设东西小区托儿站,并在中关园南端增设南区托儿站。

(4) 医院、卫生室

校医院门诊楼 $3154.9 m^2$(部分采用竹筋混凝土结构,规划今后翻建),"七五"扩建病房楼等 $4102 m^2$,拟结合三个居住小区的改扩建在燕北园,中关园,燕东园,承泽园或蔚秀园各设一卫生室。

(5) 商业服务业

现有总面积 0.95 万 m^2,市规划要求按居住面积 3%—5% 补充约需增加 1.73 万 m^2,拟结合各旧区改造规划方案适当添补完善。取消西区蔚秀园入口处集市,改为花坛绿化,以保持西校门的环境和改善蔚秀园交通。在畅春园北开辟西小区农贸市场。(附表三)

(6) 食堂

现有学生食堂 $16621 m^2$,教职工食堂 $1388 m^2$。规划分别按 $1.3 m^2$/生,$0.23 m^2$/生计,应有学生食堂 $21100 m^2$(留学生 $3 m^2$/生),尚缺 $4479 m^2$;应有教工食堂 $3653 m^2$,尚缺 $2266 m^2$。"七五"已建学生食堂 $2323 m^2$,规划拟拆建 31 楼西食堂和燕春园:在中关园翻建一公寓食堂,在条件具备时,在燕北园和畅春园各建一员工食堂。(附表三)

(7) 美化、绿化居住环境

对各居住小区和组团的改造作出具体绿化规划方案,如在畅春园、蔚秀园、中关园、燕东园增辟集中绿地及小游园,为老年人和儿童休息活动创造优美环境,使现有居住区绿地基本能达到 20% 以上。

(8) 海淀区政府派驻机构

燕园派出所和街道办事处,安排在中关园和校园内。

(五) 行政后勤管理、校办工厂用地

规划拟将校行政和现分散在 26 处的后勤、工厂用房用地按功能要求尽可能相对集中于几个较完整的区域,既便于实行现代化管理,更好为教学、科研、生活服务,又避免相互干扰,同时开辟后勤运输路线,减少人车混流。

（1）校级行政管理部门基本集中在未名湖北现办公楼和德、才、均、备、体、健斋内,居于文理科中间,规划扩建一个2000 m²会议楼,以满足各种会议和外事活动用。(位置方案在才斋与均斋中北部)。

（2）后勤管理用房用地基本集中于二处:① 现总务楼南与48楼间扩建管理用房自成四合院,底层为库房上层办公,内院为场地。② 结合总能工程在西侧扩建后勤设备维修和管理部门用房;近期保留北材料场、木工厂和大锅炉房后勤用地,待实现朗镜区改造时再撤销（此二处用地涉及成府区改造和体制改革,有待再研究),加速器楼北侧空地和体院西用地临时可作料场料库使用。

（3）在新建燕北园居住小区内与锅炉房组建后勤管理维修用房,并单建配电室、电话室、水泵房等服务用房。(图总规-15)

（4）校办工厂、仪器厂、电子仪器厂和无线电厂以及物资设备管理贮存和回收等集中安排在物理楼东北侧和技物大楼北侧二处。

三、历史文化遗产的保护

对于北大这样一座具有优秀建筑传统和园林特色的校园,如何保护历史文化遗产,使扩建工程既能保持原有特色又具有时代特征,从而造就一座和谐的校园环境,需要不断推敲,统一认识。

北大占地范围内有明清皇家园林和私人花园遗址共九处,大多集中在校园北部,包括:(1) 淑春园（又名十笏园现未名湖区),(2) 春熙院（后分成镜春园和鸣鹤园),(3) 春和园（又称庆王园后称朗润园),(4) 含芳园（又称定王园后称蔚秀园),(5) 承泽园,(6) 勺园（又名风烟里,后重建称"弘雅园"又改名"集贤院"),(7) 冶贝子园（又称农园现五四运动场北部),(8) 畅春园,(9) 王家花园（现附小)。这些园林中勺园、畅春园早在1860年已被英法联军烧为灰烬,仅剩下现海淀西路原畅春园的"建思佑寺"和"建思慕寺"的庙门;淑春园、鸣鹤园西部、蔚秀园北部、承泽园南部,在清末和民国时期大部分建筑也已拆毁。淑春园和蔚秀园、农园、王家花园、鸣鹤园大部分空地已分别在燕大、北大建校时使用,尚存镜春园、朗润园、鸣鹤园三园和蔚秀园中部承泽园北部的园林水系依故,园中旧宅院虽然部分尚存,但大多数已几经修缮改观,一部分被列入危房急待修整。根据上述情况规划原则是重点保护园林水系风景区和对具有文物保护价值的优秀建筑、旧宅院,分别按整体保护、环境保护、特色保护三种类型进行维护和修缮:(图总规-14)

（1）整体保护:原燕大校园坐落在皇家园林遗址上,用了传统的中国古代建筑与西方建筑相结合的设计方法,具有独特风格,当时被称赞为"世界上最美丽的校园""中国文化和现代知识精华的象征"。规划将未名湖区（原燕大淑春园）整体列入保护区（1990年已被北京市列入重点保护区)。

（2）环境保护:朗润园、镜春园、蔚秀园的南湖岛区,承泽园的湖北区列为园林环境保护区,严格限制砍伐树木,填湖挖山。对今后园内旧建筑翻改修缮,须具体作出改造方案后再研定。在改造中要注意保留原有格局,修饰完善现有环境。

（3）特色保护:园林中有一些建筑物因地震破坏较大,本身不具备保护价值又不适用,使用效率很低,但在某一方面却具有特色,如燕南园、燕东园的绿化,1—6院的建筑布局和形式等,规划拟在总体和谐协调原则下作部分原位改建。

(4) 景观景点保护：未名湖风景区列为景观保护，控制四周建筑高度，要求谐调，结合总能工程投产，拆除水塔东侧大烟囱，改善景观。重点保护校内一些景点：例如"校景亭""钟亭""李大钊、蔡元培铜像""埃德加·斯诺墓""三一八烈士纪念碑"等。(图总规-14)

四、交通、道路、广场规划

(一) 校内外交通关系

市政现状和规划将北大校园分割成七块，东部有城市红线分别为宽60米、50米的西颐路和成府路把化学楼和中关园小区、物理楼和工厂区、新教学楼群分成三足鼎立之势，西部分别有颐和园路、万泉河路、西苑南路将西门教学区、蔚秀园、畅春园、承泽园分割成三段。现状校园中部在东、南、西方向设有校门共六处，其他地区可以自由穿行。

(二) 校内交通概况

北大校内道路是随校园不断扩展，逐步延伸而形成的。道路总占地面积10.8公顷，道路网密度平均15 km/km²，路面最宽6.5 m，最窄1.5 m。道路形式：北部未名湖区为结合山水地形的自由式园林化道路，南部则是无规则的方格网状道路(图总规-8)。校内交通特点是：人流、车流混杂，阵发性流量大，规律性强，个别地段能达到540辆自行车＋2500人/小时，流量高峰成周期性变化，集中在上下课时间里；另一特点是自行车数量多，校园内共有2万余辆，平均0.7辆/学生，教职工2～3辆/户，自由停放，杂乱无章。机动车除校汽车队外不少单位也有，但现校内除中关村车库外别无机动车辆集中停放场地，各单位的机动车只能分散存放在校园内26处(图总规-8)。

(三) 现状中存在的问题

综合现状，从总体上看，存在着大量师生员工频繁穿行城市干道，有安全保障问题；城市交通对校园特别是教学区，存在噪音、振动的干扰；校门出入口位置是否合理等问题。从校内道路系统分析，存在着：(1) 干道不完整，宽度不够，现有的道路网不适应现有人车流量；(2) 交通组织不合理；(3) 无步行区；(4) 主要车流和人流方向严重冲突，交通效率不能提高，安全无法保障等问题。如：南校门至一教干道上，每日7:15—7:50密度极高的学生人流自西南居住区向东北教学区方向流动与东、西北向西南方向流动的教职工、中小学生上班、上学的人流形成多个交通流向交叉点。另外校内自行车和机动车的存放和管理极为混乱。

(四) 规划

1. 穿越城市干道措施

1987年4月在审查北大新教学楼群设计方案时，万里同志指示：北大校园和化学楼、物理楼之间人流大，要用地下通道联系，可以和地下铁一起搞，地铁走地上不能从这里走，有安全问题，干扰问题。1988年市地铁公司来函答复我校政协委员提案表示：高架地铁穿越北大的方案取消。希望市政府有关部门在解决师生穿越城市干道和控制车辆噪声等方面能给予帮助。建筑规划拟在新教学楼群东侧和化学物理楼西侧及南、北侧设置绿化隔声带以保护环境。

2. 对城市规划路建议

(1) 考虑城市交通现状，仍保留化学楼和物理楼之间的成府路，建议取消横穿中关园新规划路。

(2) 西侧的颐和园路现已由海淀体育馆北向西拓宽与万泉河路相交，建议由海淀体育馆往北保留现状不再拓宽,以便保护蔚秀园和鸣鹤园园林不遭破坏也减少对校园环境的干扰。

3. 改变部分校门方位

(1) 关闭小南门,改造西栅栏四号现教委仓库门为西南校门,由此门向东在学生居住区中部拉通并拓宽一条东西干道,东至体育活动中心和五四运动场(拆除原出版社平房);由此门向北拓宽一条南北干道,经文化活动中心北至文科教学区,并与通往西门、东门的主干道相交,形成校内主环路。(图总规-10)

(2) 在勺园北部新开西便门与新建的 5 号楼北新开设的东校门形成东西主要车流干道,重新组织校内机动车行车流向,此路拟与二体北、健斋北路形成车流环路,控制未名湖区机动车流量。

(3) 各居住小区在详细改扩建规划设计中,调整、确定各园出入口位置。

4. 调整部分道路系统,开设步行区

(1) 将校园内主环路逐步拓宽至 7~10 米,调整支路至 4~6 米,小路 1.5~3 米,保持风景绿化区自由式的园林小道风格。

(2) 规划拟将物理楼东侧现有道路拓宽并向北穿过力学大院开通一条经燕东园直达清华西路的南北向主路,以改变燕东园内有 600 余户居民,二所托幼,一所小学的人流仅有一 3 米宽的出入口,严重堵塞的现状。

(3) 配合将蔚秀园南湖小岛开辟为小游园的规划,将此区改为步行区,从入口处把人流引向东侧,开通一条新路。

(4) 将二体西侧道路向南拉通至大浴室东部,减少大量学生人流穿行校医院而产生的干扰和交叉感染。

(5) 新教学楼群落成后,拓宽文史地学楼中间道路,开辟一条由图书馆向东至3#—4#号楼西侧庭院的步行区。在未名湖风景区和学生、教职工居住区内结合绿地开辟一部分步行区。(图总规-10)

5. 重新组织车辆停放场地

(1) 结合道路布局和建筑物入口方位,重新调整自行车停车场地和车棚位置,采用相对集中方式分别设立。改变在绿地中央设置车棚,使绿地遭破坏得不到充分利用,车棚也不便管理的现状。结合小区改扩建详细规划再划定。

(2) 机动车停放场地,结合集会、外事、校级机构等所在地考虑。

五、校园绿化规划

校园绿化建设目的是为师生员工提供一个整洁、优美、宁静、舒适的学习、工作、生活环境。参照绿化定额,校园应有集中绿地 45.84 公顷,目前尚缺 17.02 公顷,按此要求绿化规划拟逐步开辟集中绿地;建立以"绿"为主的校园绿化系统;改造目前缺乏乔灌木、草木植物合理搭配单薄的绿化结构,具体运用草坪或地被植物进行地面覆盖,建立稳定、高效多层次的人工群落;有计划地逐步做到校园内黄土不见天;按常绿树和落叶树 4∶6 比例进行调整补植以达到夏季浓荫蔽日、冬季阳光充足的绿化效果;随季节的变化使校园形成丰富多彩的季相景观,运用春色叶、秋色叶、花期、果期,常绿树做到三季有花四季常青,时移景易,校容长新。同时北大现有古树名木约 1096 株占乔木总数 9.1%,其中 300 年以上古树有 23 株,100

年以上有 1073 株,这是校园内宝贵文化遗产,要注意保护和养护管理。

分区绿化规划要点:

(一)学生生活区:学生生活区占地 21.74 公顷,应有集中绿地 5.44 公顷,现仅有 1.09 公顷,尚缺 4.35 公顷。学生区尚未形成完整绿化系统,常绿树所占比例偏低,大部分地段土壤裸露,尘土飞扬,缺乏适量的绿篱以组织交通和防范对绿化的损坏,环境质量较差。拟综合治理,包括合理安排绿化设施,精心管理,建立公共秩序。对学生区内外部环境等进行整体调整,以改善环境质量,建立一个比较完整的绿化系统。按总布局开辟几处集中绿地,用草坪,地被植物覆盖裸露地面,增加灌木,建立一些乔、灌、草相结合的高效能人工群落,形成有层次的立体绿化结构,以更好地发挥绿化改善环境的功能。对位于学生区内的校医院周围,配合道路规划的实现,建立防护污染源的绿化带。

(二)教学区:教学功能要求绿化能为其创造一个宁静清新的环境。如开阔的草坪,局部茂密的树丛,依山面水的堤岸,小山环抱的幽谷,隔开环境的干扰,提供一个能安静深入思考和休息的环境。北部教学区坐落在三个老园旧址上是校园绿化精华所在,在这里山环水、水绕山,山媚水活为各种植物创造了良好的生长环境。绿化任务主要是充实提高绿地质量和增加绿地的面积,从布置形式上说未名湖和朗镜区属自然式园林不宜做规则式栽植。理科楼群、六院、南北阁、生物楼等与未名湖山水风景区接壤是规则式布局与自然式布局的过渡地段,绿化形式可以活泼些,如教学楼群在空间环境设计上利用西北部内庭院的绿地与水面与未名湖沟通取得整体和谐的效果。而各教室楼、实验楼等建筑附近的绿地则适宜以规则式布局为主要形式。具体绿化规划:(1)改建六院果园,恢复为开放的游憩绿地,可设座椅、步道、花架、花坛、草坪、山石建筑小品等。(2)风景点和纪念性构筑物如水塔、钟亭、校景亭、石屏风、李大钊和蔡元培铜像、三一八烈士纪念碑、斯诺墓等作为重点绿化地段,成为校园内观赏性纪念性较强,引人逗留的热点。这些点的绿化要各具特色,又要总揽全局与总体绿化氛围相协调,选用丰富多彩的园林植物衬托景点,烘托和强调其内涵,在道路入口种植具有指示引导作用的园林植物;如三一八烈士纪念碑附近可广植野菊、小菊,每当秋天菊花怒放,用"战地黄花分外香"反映烈士们忘我斗争精神和浩然正气。(3)泊岸的整修要注重改变过去观赏效果较差的做法,忌千篇一律垒墙砌池毫无变化。在北方园林中水体难觅,故应尽可能降低泊岸高度便于进水,师法自然水体泊岸富于变化,有起有伏,参差错落、有进有退,曲折多致,或平直徐缓或蜿蜒曲折,各保其妙,同时选用俯垂或附石植物使它自然得体,富有生气。泊岸上土坡栽植草坪或地被植物。(4)按总体布局,在红湖(原鸣鹤园旧址)新开辟生物学科动植物园地,内种植各种教学需要的树木花草,饲养一些教学、科研用鸟兽和水生动物。

(三)教职工住宅区:按规划要求住宅区应集中绿地 11.28 公顷,现有 1.46 公顷尚缺 9.82 公顷,严重短缺。规划拟结合旧住宅区改造,对各住宅组团详细规划,增加集中绿地面积,挖潜改造现有环境。新建住宅在保证楼前楼后环境绿化基础上,留足绿地面积,建设好供居民游憩,活动的集中绿地。(图总规-13)

第四章 给排水、供暖、天然气、供电、通读系统

一、给排水系统

(一) 给水(图总规-21、22)

(1) 水源：

全校供水除一附中、科学院内五座楼为城市系统供水外其余均为自备深水井水源。现有水源井 8 口(其中一口井深较浅作为游泳池专用井不作饮用,另一口位于 44 楼南侧因井斜,深井泵无法安装已停止使用)实际可用为 6 口井,出水量为 780 m³/时。此水量近期可满足学校现有教学、科研、生产生活需要。考虑到北京地区地下水位逐年下降,城市水源又难以提供。为此规划考虑在校园增加水源井一口,以代替实际已不能使用的 44 楼南侧井。由于学校扩建在海淀骚子营新征建设用地 9.68 公顷(可建住宅近 10 万 m²,距校园 2.0 km),当地无城市给水系统,需新打水源井一口,作为该住宅小区生活用水源井。

(2) 用水量参照规范及学校用水量实际调查结果确定：

学生生活用水	150 升/人/日	2250 m²/日
(专科、本科、研究生)		
住宅	150 升/人/日	2700 m³/日
中、小学	30 升/人/日	70 m³/日
托幼	50 升/人/日	25 m³/日
食堂	15 升/人/日	300 m³/日
浴室	80 升/人/次	224 m³/日
医院	200 升/床	54 m³/日
留学生及专家	500 升/人	500 m³/日
招待所	200 升/人	120 m³/日
冬季采暖补充水	35 m³/万 m²×1% 小时 ×24 小时/日 ×72 万 m²	250 m³/日(供暖期间)
公共建筑	4 升/m²/日	1320 m³/日
游泳池补充水	按容积10%	375 m³/日
绿化	按89年用水量计	650 m³/日
	小计：	8838 m³/日
漏水率	5%	
未预见水量	10%	
	合计：	9929 m³/日

因无调节构筑物,考虑时变化系数 1.5   供水量为 14893 m³/日

(3) 管网

现有管网树枝状为主,局部形成环网,干管管径 D = 100～300 mm。存在问题是管网逐年敷设,缺乏统一规划,水力平衡差,又没有调节构筑物。规划拟对管网进行改造调整,形成环网,改善全校各供水点压力均衡问题。

(4) 消防水

学校无单独消防供水系统,室外消火栓直接接入学校给水管网,除个别大型建筑物楼内设专用消防加压系统外,发生火灾时均由消防车加压供给。

(二) 排水(图总规-23、24)

(1) 污水

目前缺少准确的全校排水量数据,污水量按给水量80%考虑,绝大多数为生活污水。学校原仅有一条D300东西流向污水干管,长年承压运行,个别是就近排入河道、水沟。近几年结合万泉河水系及市政管道改造,对校内排水管道进行调整,增加进入市政管道的排放点,使全校污水排放状况有极大改善,规划将继续对校内污水管道不合理管段进行调整。

在控制排放污水水质上,规划将着重解决医院污水消毒处理,结合医院新病房楼建设将医院污水集中消毒。另外结合天然气工程将实验室改用天然气作为热源,取消现学校煤气厂(干馏),以根除煤气生产过程中的含酚废水。

(2) 雨水

校内现仅有二条不完整的雨水管,其他全部采取路面排水。因道路两侧覆盖不好,雨后径流造成冲刷、沉积。近期内校内尚无条件新建雨水系统,只能采取结合新建工程项目按规划逐步形成系统,同时加强绿化,增加植被的覆盖面。

(三) 湖泊水面

北京大学校园内有湖泊水面近11公顷。这是形成北京大学校园景观特色的因素之一,因此保护现有湖泊面积和水质十分重要。历史上湖泊水源来自玉泉山经万泉河贯穿校园,现已水源枯竭。万泉河水系改造后,已不能对校内湖泊提供经常性水源,为了使湖水水质不致极度恶化形成死水,准备在万泉河河道上开设两个引水口,经提升后定期引水流经承泽园和未名湖后再流回万泉河。

二、供热系统

1. 热源

多年来,通过合并管网,取消小型锅炉房,逐步在校园形成了东、西、南、北区四个供暖锅炉房。东区锅炉房承担中关园、燕东园教工宿舍和校园东面新建教学实验楼区等供暖任务,南区和北区为学生宿舍和教学办公区,西区锅炉房为蔚秀园、畅春园和承泽园教工宿舍区供暖。四个区的供暖半径均为一公里左右。正在建设的新教学楼群面积为11.3万平方米,需扩大东区供暖热源。为适应这一需要,亦为进一步改善校园环境,减少污染,正在东区锅炉房东侧建设一个热—电联运厂(即总能工程,工程完成后为热—电—冷联运),目前为第一期工程,建成投产后,发电量为1500千瓦/小时,同时供热能力约1000万大卡/时,热电联运厂提供的115℃~120℃高温水经过换热站的热交换器,把供暖系统的供水加热到80℃~85℃,然后用水泵送往用户,经热交换器的高温水降温后又回到热—电联运厂加热,这样形成两个水循环管道系统。为了节省投资,正在筹建的高温水管将引至北区锅炉房,利用原北区锅炉房改建为北区换热站,把北区锅炉房取消,同时在东区锅炉房附近再新建一个东区换热站,承担东区和新建的教学楼群的供暖。由于新教学楼群楼层高,静压大和东区供暖系统不宜合并,需从东区换热站另敷管道系统。总能工程的第一期工程供热能力还不足以供应北区和东区全部建筑面积,原东区锅炉房3台600万大卡/时的热水锅炉可作补充、调节热源。随着新教学楼群建设进度对供暖面积要求不断增加以及基本建设投资能力,总能工程将逐步扩建直至完全竣工。勺园留学生区,因供暖期较长,故设有一台360万大卡/时快装锅炉,装于蒸汽锅炉房内,对勺园供暖。北大附中及技物系大楼远离校园,各另设2台240万大卡/时热水锅炉,自成供暖系统。新居住区燕北园,远离校园,需新建锅炉房。全校供暖热源的规模和主要设备情况如下:

表5　全校供暖热源的规模和主要设备情况表

序号	名称	主要设备	供暖能力 万大卡/时	供暖面积 平方米	备　注
1	东区锅炉房	600万大卡/时 热水锅炉3台	1800	230000	
2	南区锅炉房	360万大卡/时 热水锅炉4台	1440	180000	
3	西区锅炉房	600万大卡/时 热水锅炉2台	1200	120000	
4	北区锅炉房	600万大卡/时 热水锅炉2台	1200	140000	总能第一期工程投产后将取消
5	燕北园锅炉房	600万大卡/时 热水锅炉2台	1200	110000	根据北京市环保部门对该区联片供暖要求,总体扩建到5×600万大卡/时
6	总能第一期工程	1500千瓦发电机组1套 20吨/时蒸汽锅炉1台	～1000		正在施工,1991年年底投产试运行
7	北大附中锅炉房	240万大卡/时热水锅	480	31000	
8	技物大楼锅炉房	240万大卡/时热水锅炉2台	480	12000	

注:新建教学楼群共11.3万平方米靠近东区锅炉房。全部建成后将超过东区锅炉房供暖能力,只能新增热源来解决。

2. 室外管网

室外管网呈枝状分布,在锅炉房内可分片调节、控制。

室外管网一般均为半通行地沟。

3. 规划

"八五"期间,总能厂将逐步扩建。最终规模为1500千瓦发电机组2套,20吨/时蒸汽锅炉2台,1200万大卡/时高温热水锅炉3台,供热能力约7400万大卡/时,将承担东、南、北区以及全部新教学楼群的供暖。校园内将取消供暖锅炉房。适时增设蒸汽制冷设施,以实现电—冷联运。

根据校园建设远期规划要求,中关园平房将改建为一片高层建筑,供暖规划已考虑把高温水管引至高楼附近的换热站,经交换器后的供暖管道对高楼群单独供暖。(图总规-25、26)

三、天然气系统

根据"北京市区煤气近期规划"北京大学定为天然气供应区。为此规划委托市煤气公司承担,内容包括全部住宅(含平房)4639户,及教学、科研、生产用气24处,食堂15处,其他公房用气21处。高峰负荷为889 m^3/时。

中关园、镜春园、承泽园(供住宅用气)及大讲堂(供公共用房用气)设有四个调压站。由于在海淀骚子营新征住宅小区用地,根据小区规划将再建一调压站。(图总规-27)

四、供电系统

1. 供电系统现状(图总规-28、30)

(1) 35/10 KV 主变电站,有一台 5000 KVA 变压器运行,引出 4 路 10 KV 出线：

  a. 力物路：力学系、燕东园、东区锅炉房等共 5 台变压器 2495 KVA

  b. 加速器路：加速器楼 1 台变压器 800 KVA

  c. 新北路：中关园、校园内北侧、蔚秀园、畅春园、承泽园共 15 台变压器 3240 KVA

  d. 学南路：校园内南半部共 16 台变压器 4014 KVA

(2) 采用单回路树干式供电方法,故障时影响面大,供电可靠性差。

(3) 校园内外 10 KV 均为架空线,各配电点均由架空引下,经避雷器跌落保险接到变压器,变压器投切困难。低压也大部分为架空线、压降大、供电半径小,有些变压器不在负荷中心,致使供电末端电压太低。

(4) 各配电点低压侧没有无功补偿,无功损耗大,浪费电能。

2. 供电规划(图总规-29、31)

(1) 电源:本规划是按电源现状,即电源引自市电文教和肖庄 110/35/10 KV 电站,进线电压为 35 KV,由电缆引至本校。

(2) 供配电系统构成

以 35/10 KV 主变电站为中心,内设二台 5000 KVA 35/10 KV 变压器,校内以高压 10 KV 向各 10/0.4/0.23 KV 变配电所供电,各变配电所以低压 0.4/0.23 KV 三相四线制向各建筑物供电,建筑物内应采用三相五线制配电,即低压为 TN—C—S 系统。

8 条 10 KV 出线引至全校 20 个 10/0.4/0.23 KV 变配电点,其中:二路供主楼;一路力物路(包括物理楼、力学、燕东园);一路中关园路(包括加速器、新化学楼、中关园东区、中关园西区);一路学北路(包括北材料库、考古博物馆、蔚秀园、承泽园、畅春园);一路学中路(包括水塔、电话室、化学北楼、勺园);一路学南路(包括电教、商店、31 楼锅炉房、校医院);一路热电联网。已有的 16 个变配电点只需部分改扩建,尚需新建 4 个。

力物路、中关园路将用单回路树干式供电,其余将用开路环式供电。主楼群二路自成一环,学北路和学中路成一环路,学中路和学南路成一环路,正常情况下开环运行。各变电点一般采用环网供电开关。

各变配电点低压侧将用电力电容器补偿,使 10 KV 侧功率因数大于 0.9,35 KV 变电站已装补偿电容器 2250 千乏,35 KV 侧功率因数为 0.95。

(3) 电力负荷

A. 电力负荷设计标准

a. 各教室、实验室、车间负荷按各单位提供的负荷数并考虑到 1995 年以前的发展。

b. 学生宿舍、职工宿舍平均电力负荷按 6.6 W/m^2 计(即变压器负荷按 10 VA/m^2)其中 m^2 是按建筑面积计。

B. 负荷分级

全校电力负荷的分级：

Ⅰ级:主楼内一部分、临湖轩、校医院、计算中心等
Ⅱ级:办公楼、图书馆、电教、勺园等
Ⅲ级:宿舍区等其他
C. 各级负荷的供电方式

Ⅰ级负荷采用双线路放射供电方式,从 35/10 KV 变电站的 10 KV 两段母线上各引一路专用线。或从两个 10 KV 变电点引独立的 380 V 专用线。

Ⅱ级负荷将用 10 KV 环形供电的 10/0.4 KV 变电室的低压系统供电。

Ⅲ级负荷将采用 10 KV 高压 T 接(架空线)或 π 接(电缆)方式的变电室,单路低压供电。

五、通讯系统

1. 通讯系统现状(图总规-32)

(1) 电话系统:现有步进交换机 1600 门电话,供电式交换机 1700 门电话(居住区)。

(2) 计算机网络系统

我校目前有三个分别囿于不同建筑物(哲学楼、图书馆、俄文楼)内的以太网,另有三个即将建成并投入运行的以太网(计算中心、加速器楼、南北阁)还有通过电话线连接的远程终端 6 台(物资处、图书馆、电镜室、力学实验室,体斋,地球物理,物理系微机实验室),其中 2 台接在 ELXSI 机上,4 台接在 DPS8 机上。

2. 通讯系统规划

(1) 电话系统:近期新添程控电话 2000 门,随后逐步增加至规划量 12500 门。

(2) 计算机网络:

我校拟建成校园网,并与中关村地区教育科技示范网(连接科学院院网,清华、北大网)联网共享资源。

校园网从地域上可分为东西两个区:

西区:以哲学楼、图书馆、俄文楼、南北阁、才斋为主体,利用网桥、延续器等和光缆连成一个局域网,以后再逐步将遥感、化学、电教等其他建筑物就近扩连起来。

东区:以加速器楼,物理大楼,新化学楼为主体,用光缆连成一局域网,以后逐步将力学实验室、印刷大楼、技物楼、新教学楼群等其他建筑物就近扩连起来。另利用 2000 线程控交换机一台提供 294 个计算机数据通讯接口,用于校内分散微机连入校园网内,共享资源。

需要扩充校园网主机资源,拟在 ELXSI 原有基础上扩充 Ⅱ 型 CPU 一台,磁盘容量 800 m,同时近年力争再购 fx/40 一台,解决向量计算的问题。

第五章 环境保护

一、大气

为了搞清北大校园大气质量,校环保办公室于 1985 年暑假组织了一次大气污染物监测工作。在校园内布点 4 个,合理安排了取样时间和取样频率,按标准监测方法,对气态二氧化硫(SO_2),氮氧化物(NO_X),臭氧(O_3)和碳氢化合物(HC)以及总颗粒物(TSP)进行监测。

以表6所列的我国大气质量标准对照,发现在监测期间大气中 SO_2、NO_X、O_3、TPS 的超标情况如表7、表8、表9。

表6 我国大气质量标准 mg/m³

项 目	时 间	一级标准	二级标准	三级标准
SO_2	日平均	0.05	0.15	0.25
	任何一次	0.15	0.50	0.70
NO_X	日平均	0.05	0.10	0.15
	任何一次	0.10	0.15	0.30
O_3	小时平均	0.12	0.16	0.20
	任何一次			
TPS	日平均	0.15	0.30	0.50
	任何一次	0.30		

表7 NO_1、SO_2、O_3 超标次数(一次测定)

项 目	测定总次数	超过一级标准次数	超过二级标准次数
NO_1	201	0	0
SO_2	211	5	0
O_3	179	0	0

表8 SO_2 日平均值超标次数

项 目	测定次数	超过一级标准次数	超过二级标准次数
SO_2	24	2	0

表9 TPS 超标次数(总测定次数=10)

类 别	超一级标准	超二级标准	超三级标准
任何一次	2	0	0
日平均	10	4	0

可以看出,北大校园内大气质量还是较好的。气体污染物 O_3、NO_X 没有超标,SO_2 按一级标准(自然保护区,风景游览区标准)超标率约2.5%,按二级标准(居民区标准)不超标,但是,SO_2 在冬季采暖期间浓度会增大,目前还未得到冬季校园大气质量的监测数据。

按日平均计算,TSP 全部超过国家环境质量一级标准。超过二级标准的占40%,但都未超过三级国家标准(工业区标准)。

二、锅炉房烟尘、噪声及治理措施

1. 现状

1988年10月供暖前,对校园内四个供暖锅炉房测量了本底噪声(即锅炉未运行锅炉房内的噪声值),并对其中两个临近家属和学生宿舍的南区和西区锅炉房进行了环境噪声测量,结果列于表10、表11。

表 10　供暖锅炉房本底噪声 dB(A)

时间 名称	早　晨 6:30—7:30	中　午 12:00—13:00	晚　间 21:30—22:30
东区锅炉房	45.6	52.6	44.8
南区锅炉房	45.0	51.5	47.5
西区锅炉房	46.0	50.4	45.6
北区锅炉房	46.4	56.9	44.7

表 11　两个锅炉房室外环境噪声 dB(A)

时间 名称	上午 10:10—11:00	下午 17:30—18:30
南区锅炉房	71.1	63.0
西区锅炉房	55.2	52.5

注：南区锅炉房上午 10—11 时正值学生下课回宿舍，加之周围学生食堂，所以噪声较大。

1988 年 11 月供暖期间，对上述锅炉房室外环境噪声再进行测量，并同时测量了烟气黑度，结果列于表 12，其中烟尘浓度等部分数据系以前所测或计算值。

表 12　供暖期间锅炉房测定值

名　称	室外环境噪声 dB(A)	除尘器		烟　气	
		型号	效率	浓度 MG/HM^6	黑度　级
东区锅炉房		XS-10	85%	380.5	0—1
南区锅炉房	72、61	XS-6	~85%	~380	1.5
西区锅炉房	60、64、79、55	GQX-10	~93%	~260	0—1
北区锅炉房		XS-10	86%	366.8	0—1

2. 治理措施

对校园四个供暖锅炉房测定表明，烟尘和噪声基本符合北京市环保部门规定的要求，由于现有锅炉房系五六十年代所建，锅炉设备几经更换，但都是利用原有烟囱，其高度均为 33～38 米，不能满足目前对烟尘排放的高度，这只能利用今后改建或新建锅炉房时重新建烟囱来逐步解决。

第六章　技术经济指标及附表

（略）

北京大学总体计划任务书

1981年12月,时任北大党委书记韩天石、校长张龙翔向中共中央书记处和国务院反映北大校舍困难,希望加大投资、解决北大急需用房。根据国务院领导的要求,北大编制了《北京大学扩建工程总体计划任务书》,并于1982年9月经过教育部党组讨论后上报国家计划委员会。其后,北大根据国家计委的要求多次修改,并于1985年获得正式批复。本书收录的是1984年12月修改编制的文本。文本虽着眼于校园建设,同时还包含了北大学科发展规划等其他方面的宝贵资料。时任书记王学珍、校长丁石孙,具体编制人员不详。

一、建设项目:北京大学扩建工程

二、在校学生规模、专业设置、学制

根据高教事业发展规划和北京大学的历史和现状,其发展规模为:大学生10000人,研究生3000人,进修生1000人,留学生500人,干部专修科500人,共计15000人。

学制:文理科本科生为四年,外语科本科生为四至五年,硕士、博士研究生各为二至三年。

专业设置及在校生人数见附表一。

三、建设地点及用地

扩建工程地点在海淀区校址。现校园占地约150公顷,其中山湖绿地约占43公顷,运动场地7公顷,建筑物46万平方米,占地70公顷。校园东、南、北三面已无发展余地,仅西面畅春园规划路以东可征用土地130亩,另外校园本部与物理楼、化学楼之间有耕地及果园55亩(有一半为市政道路代征土地)。本扩建工程需征用上述185亩用地,并搬迁校园西南角的"地铁汽车连"及校园以东成府村居民350户。

上述情况实现后,校园用地为170公顷,但体育用地按15000人的发展规模计算,尚差3公顷,拟另行设法解决。

四、建设的根据和目的

北京大学是重点大学,应在八十年代内建设成为与社会主义现代化建设相适应的教育中心和科研中心。当前,要着重于提高质量,适当发展数量。在教学上,应培养质量较高的本科生和大批合格的硕士和博士研究生。在科学研究方面,应尽快赶上世界先进水平。为此必须扩建一批现代化的实验室和教学、科研用房。

北京大学于一九五二年院系调整时迁至原燕京大学旧址。为适应工作需要,50年代兴建了教学用房 5.4 万平方米,教工宿舍 4.1 万平方米,学生宿舍 6.6 万平方米。

一九六〇年周总理亲自批示,经教育部报国家计委批准在昌平地区建设理科教学科研用房 35 万平方米,后因经济调整而停建。已建设成的 5 万平方米校舍经教育部指示于 1981 年借给中央教育行政学院使用。一九六五年在建设"大小三线"的指示下,又在陕西汉中兴建了北大分校,共建成 9 万余平方米校舍,一九七八年经中央批准撤销汉中分校,校舍移交给陕西工学院使用。因此,近廿年来,在海淀区校址仅建筑了一栋图书馆和部分生活用房,造成现有校舍十分紧张,教室和实验室数量大大低于一般高等学校的标准,特别是地质、地理、计算机、无线电、地球物理、心理六个系因种种原因没有永久性的教学、科研用房,有些实验现在只能在学生宿舍和其他临时木板房中进行工作,严重影响了教学、科研工作的开展和教育质量的提高。在生活用房方面,近年已有不少改善,但仍然十分困难,尚有 1500 余户中、青年教职工没有住房或住房过于拥挤。学生宿舍中,面积 14 平方米的房间住六七人,自修和生活条件都很差。为了教学、科研工作的正常开展和教学、科研质量的提高,为逐步扩大招收研究生的规模,使北京大学尽快成为既是教育中心,又是科研中心,急需在海淀区校址进行扩建工程。

五、北京大学学科发展规划

北京大学于"六五"和"七五"期间将进一步加强基础学科的建设,并集中力量发展新兴、边缘和应用学科,以期把学校建成真正能代表我国最先进水平,并能列入国际先进行列包括自然科学、技术科学、人文科学、社会科学、管理科学等多种学科的社会主义大学。

北京大学学科发展规划大致如下:

(1) 加强基础学科的建设

北京大学拥有全国高等学校中人文科学、社会科学、自然科学各基础学科方面最强的师资队伍;有 25 个系和 34 所研究所(室)(见附表三);有最多的授权硕士、博士点;有经教育部确定的 61 个重点发展学科点。根据有关规划,北京大学将进一步加强上述自然科学和人文、社会科学的重点发展学科点的建设,注意大力发展文科,包括文史哲等基础学科、外国语言文学及经济、法律、政治、国际关系等重要领域。北京大学还将努力开展自然科学的基础理论研究,务期在若干重要课题上有所突破。为此将用现代化的手段与工具根本改造学校现有的学术情报信息系统(包括图书馆等);在重点发展方向包括文科方面引进现代化的研究方法与设施(计算机、新型测试、工艺设备等)。

(2) 大力发展新兴边缘、应用科学,迎接新的技术革命的挑战

北京大学将重点发展以下学科:

A. 管理科学:北京大学已有 6 个系(所)承担了有关的科研任务,进行了管理科学的数学理论与经济理论,数量经济学,经济控制论,管理信息系统,以及地区、城市规划与管理,现场管理,质量管理,外资管理,高等教育管理等方面的研究,并取得了一定的成果。计划从 1985 年开始,正式培养管理科学的人才,包括科学研究人员、高等学校师资,各级战略研究和政策分析人员以及各级管理和决策人员。重点发展的方向是:管理科学的理论实验和应用研究,包括管理科学的数学理论(控制理论、决策理论、规划理论),比较经济模式,计算机模拟理论与方法管理信息系统,城市规划与管理,高等教育以及有关业务部门的管理等。预期用 5—10 年的时间在管理科学的理论和实验、应用方面提出自己的见解,为建立有我国社

主义特色的管理科学体系,并把它应用到四化建设中以作出贡献。与此同时,还将在前5年建立北京大学管理信息系统,实现学校管理的全面计算机化。为了实现上述规划,将建立管理科学研究中心(包括计算机模拟室),并在适当的时候扩建为管理学院。

B. 信息科学:北京大学有9个系、所在本学科领域内进行了长期的研究工作;形成了一支有讲师以上200余人的研究队伍;在本学科的理论和应用方面,做出了一些水平相当高的成果。今后将重点发展信息科学的基本理论,基本技术研究(包括:模式识别自然语言理解,视觉图像感知,知识库及其推理机制,图像及语声信息压缩、传输与存储管理,新一代基于知识的信息处理系统等);加强信息科学技术的应用研究(包括建立图像数据库,开发图像处理与存储专用的信息处理部件,建立光导纤维分布式信息管理系统等);并将开展其他一些基础研究(包括:语言合成与识别、认知心理学;人机对话,视觉特性与视觉细胞的生理机制,仿生元件等)。准备经过7—10年的努力,形成一个具有相当实力和影响的学派;能够解决国家向信息社会前进过程中提出的重大理论和实际问题;能够为开发新型信息传输、处理、存储管理系统提供理论与技术基础。为此,将建立北京大学信息科学研究中心。

C. 微电子学:微电子学是发展信息科学的最重要的技术基础。北京大学过去曾研制成功我国第一支大规模集成电路,在我国首先发展了硅栅N沟道技术。目前有微电子学研究室等3个系(室)开展本学科的研究工作。今后将进一步开展超大规模集成电路的新工艺,新技术及其理论基础的研究(包括:1—2微米沟道技术、亚微米技术,计算机工艺模拟与计算机控制生产技术等);发展高速CMOS电路技术;发展新型电路结构(如三维立体集成电路),并开展计算机辅助设计的研究(包括:新器件模型,电路设计和布局软件,最优化的拓扑学理论等)。近期目标是为微处理机、存储器、通信电路等提供高速、低功耗的新电路设计;实现微处理机全部芯片设计的计算机化。远期目标是为2000年及其以后我国的微电子产品的生产与发展提供新的技术基础。

D. 材料科学:北京大学已有5个系(所)在本学科的理论与应用方面开展了长期的科学研究工作。在半导体材料、固体激光材料、超导材料、磁性材料、发光材料、高分子材料以及核技术应用于材料学等方面,现有40名教授、副教授指导下的各个科研集体,有比较先进的设备,做出了在全国处于领先的成果。今后将集中力量进行信息材料的研究(包括:微电子学用基础材料、光纤通信用固体激光材料、磁记录材料、发光材料等);能源和节能材料的研究(包括:超导材料、太阳能电池材料、稀土和过渡金属合金永磁材料、储氢材料等);生物医用高分子材料的研究(包括人工器官用抗凝血材料,外科手术用降解材料,控制释放药物材料等);某些军用材料的研究(航空用铝合金材料及其焊接);以及核技术在材料科学中的应用研究(包括:离子束掺杂与表面处理,离子束技术用于材料结构分析与测试等)。围绕上述各种材料的研究,将重点开展材料的电子结构与电磁性能,材料的结构,相变与相图材料中的微缺陷及其运动,固体化学,高分子材料的聚合机理等基础研究工作。通过上述研究,将在提高现有材料的性能和探索新的功能材料方面做出具有国际先进水平的成果。

E. 环境科学:北京大学十余年来有文、理科共7个系(所)约80余名讲师以上研究人员进行了环境科学的研究工作,并于1982年成立了环境科学中心,已经完成了十余项国家和有关部门下达的环境保护科研任务以及为国家有关部门和单位培训和指导专业人员任务,有些人在国际、国内环境科学界已有相当的成就与影响。今后计划将重点进行污染物迁移转化过程的研究(包括:污染物在空间、时间范围内的动力学扩散迁移规律,物理和化学转化规律,污染物对生物链和食物链的生化、生理影响,毒理、病理和遗传反映环境过程的模拟等);生态系统的研究(包括:人类干预对动植物生态系统的影响,及其对人类社会生活及经济发展的反馈等);环境规划与管理的研究(包括环境质量评价与预测,环境经济学,环境法学,环境规划与管理等);以及环境数学的研究(包括:环境数学模型的建立,环境系统公理化体系的建立等)。通过上述工作,将为制定我国环境标准,进行环境管理提供科学依据,并为制定合理政策,建立我国环境与经济发展的最佳关系打好理论基础。

F. 生命科学:北京大学现有3个系(所)约300余名教师从事本学科的研究工作,在分子生物学、遗传工程、细胞工程以及动植物研究等方面取得了国内先进水平的成果,已经建立了生命科学中心。今后将重点进行分子生物学包括生物工程(基因重组,体细胞融合,细胞及组织培养)及其应用(蛋白质工程、细胞工程、微生物工程)的研究;神经生物学的研究(集中在神经元的细胞生物学方面);环境及生态生物学的研究;生物数学、生物物理学、计算机用于生物科学等跨学科的研究等。通过上述工作,将在上述诸方面特别是细胞工程遗传工程等方面有所突破,使我国生命科学的研究和应用水平提到一个新的高度。

六、重点实验室建设规划

根据我校已有学科的成就和条件,在基础学科领域以及在拟发展的新兴边缘、应用学科领域,在1985年以及"七五"期间拟建立、建成一批相应的重点实验室,其中有的属于国家级,可向国内同行开放,并创造条件逐步向国外开放。经过一个时期的努力,有的学科领域可望在"七五"期间形成我国的学派(例如信息科学),有的学科领域可望培养出一批我国第一流的可在国际学术界有影响的杰出人才、并为在本世纪末造就相当于诺贝尔奖金获得者的大科学家奠定基础,与此同时为在本世纪末我国国民经济工农业生产总值翻二番作出重要贡献。

拟建立、建成的重点实验室有十二个,其中,列入本总体计划任务书的有五个,(其中三个见附件一)其余的实验室正向国家计委(科技局)及中关村开发区申请列入1985年计划或"七五"计划。这十二个重点建设的实验室是:

1. 考古学方面

建立考古年代测定实验室

2. 现代汉语方面

建立语言实验室(也是信息科学方面的人脑仿生信息处理实验室的一部分)

3. 国民经济计划与管理科学方面

建立计算机管理模拟实验室

4. 法律方面(刑法)

建立法医及司法精神病学实验室

5. 信息科学方面

建立人脑仿生信息处理实验室,已另向国家计委申请列入1985年计划,建成国家级开放实验室。

6. 固体物理学方面

建立低维导体、超晶格物理实验室,另向国家计委申请列入"七五"计划,建成国家级开放实验室。

7. 生命科学方面

建立(1) 生物大分子实验室。另向国家计委申请列入"七五"计划,建成国家级开放实验室。

(2) 基因表达的调控结构与改造途径实验室。另申请列入中关园开发区计划,可对外开放。

8. 材料科学方面

建立材料中心实验室,下分:

(1) 光信息材料实验室

(2) 功能性材料实验室(包括有机高分子材料及无机功能性材料)

9. 微电子学方面

建立(1) 微电子学实验室,另申请列入中关园开发区计划。

建成(2) 重离子束分析技术实验室,另申请列入中关园开发区计划。

10. 建立环境科学中心实验室

11. 建立湍流实验室,另向国家计委申请列入"七五"计划,建成国家级重点实验室。

上述十二个重点实验室与之相对应的重点学科、主要发展方向等见附表六。

七、建设规模及步骤

根据北京大学发展规模,参照教育部颁发的定额标准,"六五""七五"期间至少需要各类用房79万平方米,我校现有各类用房为47.4万平方米(1983年底)扩建工程需拆除危险房及影响规划的临时平房1.43万平方米,1984年在施工程为4.47万平方米。

本扩建工程各类用房总面积为29万平方米,投资12500万元。其中:

1. 教学用房科研用房:14.8万平方米(包括已批准计划服务书并已开工的化学楼、静电加速器实验室、不包括1983年前已开工的实验动物房,电教楼、元件车间);本计划"理科楼群"含无线电,计算机,数学,统计,地球物理,地理,地质,生物(部分),心理九个系,及二个研究所。

2. 生活用房:12.6万平方米。

3. 附属用房:1.6万平方米。

另外,搬迁成府居民350户需迁建用房2万平方米,五万元以上设备费1424.5万元。

本扩建工程可分两期进行:

A. "六五"期间主要安排的项目:

教学用房:完成已开工的化学楼、静电加速器实验室、实验动物房,并完成理科教学楼群的设计及拆迁、征地,挪腾市政管线,修建室外干线工程,为"七五"期间开工做好准备。

生活用房:完成学生宿舍的一部分。

B. "七五"期间主要安排的项目:

完成理科教学楼群及其附属用房,室外配套工程,住宅和生活服务设施及五万元以上设备购置费,共需投资11800万元。

上述投资计划不包括1984年结转工程所需投资。

建设计划及投资安排见附表四。

八、工程的勘测及设计任务

勘测任务全部委托北京市规划局勘测处进行。理科教学科研楼的设计将广泛征集设计方案后再正式委托,其余生活用房,附属配套用房由我校基建处设计室设计。建筑标准,生活用房依据北京市同类用房有关规定执行(考虑到我校知名教授较多,现住房均很拥挤,还需批准建筑少量标准稍高的住房),教学科研用房应适应现代化的需要,拟根据实际情况报部审批。抗震设防一律按北京地区八度设防的规定执行。单项工程总投资中包括土建及土建设备费用,不包括购置仪器设备及家具等费用。1984年已开工项目的结转工程的投资未包括在总投资内。

按上述扩建工程建设规划要求,在学校附近征用的185亩用地及成府居民迁建问题,希能批转北京市政府有关部门予以解决,施工力量也请批转北京市建委根据国家重点建设项目的要求予以保证。

九、"总体计划任务书"修改本编制说明

本总体计划任务书,是在1984年5月上报教育部"北京大学总体计划任务书"的基础上,根据教育部审查意见进行调整制订。但我校要实现"七五"计划还有以下几点困难:

(1) 关于用地规划

校园最大问题是用地十分紧张,现有占地面积仅为清华大学的2/3,校内已无发展余地和可建空地。为此,我校曾多次向区、市规划部门上报用地规划,申请征地,当前为实现"七五"计划,必须兴建理科教学楼群113000 m^2,按我校总体规划和校园的实际情况,需要征用自我校东南校门往东至城市干道红线,北至成府居民区、南至果园南端耕地55亩,另外请将成府居民区,化工五厂保留为北京大学教学科研区规划用地,作为"七五"后新建科研教学楼、科研图书馆等用。

根据"七五"计划,学校尚需建造80000 m^2住宅,现在校园内已无空地可用,近期需要征用畅春园耕地130亩。

上述用地如不解决,中央指示的北京大学至1990年发展为15000名学生规模根本无法实现。

(2) 关于施工力量

当前由于基建施工力量不足,工期长,困难较多,北京大学基建工程如不按国家重点项目给予安排落实,"七五"计划将完全不可能实现。

(3) 关于专职科研人员编制

北京大学科学研究工作面广,力量也较雄厚,当前研究项目迅速增加,与校外合作研究的项目更为繁多,如科研人员限为1800人确实偏低,我校建议"专职科研编制"仍按2200人规划。

(4) 关于设备投资

为了保证15000学生规模,实现"七五"计划,必须解决房屋不足的严重困难,我校不得不将"七五"计划中原设备投资费用自2100万元调整为1424.5万元。设备投资问题拟在"七五"期间通过各种渠道(如世界银行贷款、科学基金等)解决,并望得到领导支持。

附表一：专业设置及在校学生人数

科类	系	专业	在校学生人数													
			一九八四年底						一九八五年						一九九〇年					
			合计	本科生	研究生	进修生	干训生	留学生	合计	本科生	研究生	进修生	干训生	留学生	合计	本科生	研究生	进修生	干训生	留学生
	总计		12245	9192	1802	527	439	285	12839	9085	2549	400	405	400	15015	10010	3005	1000	500	500
	数学		592	144	22			2	561	217				10	600	185				
		数学	103						99											
		计算数学	119						105											
		应用数学	86						80											
		信息	33						33											
		概率论	100						93											
		（未分专业）	151						151											
	力学		326	53	4				315	73					280	80				
		力学	326						315											
	计算机科学技术		399	136	13			1	412	203				1	480	200				
		计算机软件	318						332											
		微电子学	81						80											
	物理学		578	113	42			10	547	170				15	640	180				
		物理学	578						547											
	无线电电子学		366	56	5				369	67					480	101				
		无线电物理学	120						86											
		物理学	32						57											
		声学	50						25											
		波谱及电子学	16																	
		电子物理学	50																	
		（未分专业）	98						201											
	技术物理学		413	56	2				437	68					480	95				
		原子核物理	165						171											
		应用化学	218						266											
		放射化学																			
	地球物理学		439	64	4				433	99					420	95				

(续表)

科类	系	专业	在校学生人数															
			一九八四年底						一九八五年						一九九〇年					
			合计	本科生	研究生	进修生	干训生	留学生	合计	本科生	研究生	进修生	干训生	留学生	合计	本科生	研究生	进修生	干训生	留学生
		地球物理学	120						116											
		大气物理学	33						82											
		气象学	135						135											
		天体物理学	39						49											
		空间物理学	62						51											
	化学		715	184	22		1		716	234			2		840	230				
		化学	715						716											
	生物学		535	124	28		2		571	156			5		760	160				
		生物化学	148						153											
		应用化学	71						71											
		生理及生物物理	83						82											
		细胞生物学																		
		动物学																		
		植物学	37						52											
		植物生理	79																		
		生态学	25						40											
		生理学																		
		细胞及遗传学	92						92											
		植物生理及植物生物化学							81												
	心理学		81	15	4				81	27					80	55				
		心理学	81						81											
	地质学		430	68	3				444	70					440	101				
		地震地质学	74						80											
		古生物及地层学	76						82											
		构造地质及地质力学	137						139											

(续表)

科类	系	专业	在校学生人数													
			一九八四年底						一九八五年						一九九〇年			
			合计	本科生	研究生	进修生	干训生	留学生	合计	本科生	研究生	进修生	干训生	留学生	合计	本科生	研究生	进修生	干训生	留学生
		岩矿及地球化学	143						143											
	地理学		334	93	3				328	100				2	300	95				
		自然地理	138						132											
		经济地理	124						127											
		地貌学及第四纪学	72						69											
	图书馆学		250	34	34				245	54										
		(文科)	124						123						150					
		(理科)	126						122						150	70				
	中国语言文学		411	56	77		124		415	106			150		520	145				
		中国语言文学	196						175											
		编辑							20											
		汉语	114						110											
		古典文献	101						110											
	历史学		264	86	16		55		249	81			85		240	109				
		中国历史	174						169											
		世界历史	90						80											
	考古学		103	27	1		7		95	37			20		120	47				
		考古	103						95											
	哲学		278	57	121		32		254	73			30		360	65				
		哲学	247						213											
		宗教学	31						41											
	经济学		477	77	47		20		478	149			30		600	215				
		政治经济学	181						163											
		世界经济学	114						122											
		国民经济管理	182						193											
	国际政治		392	52	12		19		425	64			30		520	74				
		国际政治	124						126											

(续表)

科类	系	专业	在校学生人数															
			一九八四年底						一九八五年						一九九〇年					
			合计	本科生	研究生	进修生	干训生	留学生	合计	本科生	研究生	进修生	干训生	留学生	合计	本科生	研究生	进修生	干训生	留学生
		国际共产主义运动		117						113										
		政治学		84						119										
		国际文化		67						67										
	法律学		853	529	157	12		9	786	473	224			15	760		185			
		法律学		529						473										
		国际法		92						83										
		经济法		232						230										
	社会学		61		14	3			91		36				120		62			
		社会学		61						91										
	马列主义教研室				21	6					35						53			
	东方语言文学		152		10	13		3	197		36			5	200		50			
		阿拉伯语言文学		10						20										
		印度尼西亚文学语言		9						9										
		日本语言文学		53						53										
		蒙古语言文学		7						7										
		希伯来语言文学								8										
		他伽禄语言文学								7										
		缅甸语言文学		13						13										
		泰国语言文学		6						6										
		印地语言文学								10										
		梵文巴利语言文学		8						8										
		波斯语言文学		12						12										

(续表)

科类	系	专业	在校学生人数													
			一九八四年底					一九八五年					一九九〇年				
			合计	本科生	研究生	进修生	干训生	留学生	合计	本科生	研究生	进修生	干训生	留学生	合计	本科生	研究生	进修生	干训生	留学生
		越南语言文学	29						29											
		乌尔都语言文学							10											
		朝鲜语言文学	5						5											
	英语语言文学		228	37	22				223	67					230	113				
		英语语言文学	228						223											
	西方语言文学		190	20	6				161	26					180	47				
		德国语言文学	77						74											
		法国语言文学	85						73											
		西班牙语言文学	28						14											
	俄罗斯语言文学		59	10	5				61	10					60	35				
		俄罗斯语言文学	59						61											
	外国哲学研究所				8						8						20			
	亚非研究所				4						4						29			
	南亚研究所				1						6						23			
	高等教育研究所				4						7						15			
	自然辩证法教研室				10						19						30			
	环境科学中心				11						23						41			
		中国首都医大预科	90						90											

(续表)

科类	系	专业	在校学生人数													
			一九八四年底					一九八五年					一九九〇年				
			合计	本科生	研究生	进修生	干训生	留学生	合计	本科生	研究生	进修生	干训生	留学生	合计	本科生	研究生	进修生	干训生	留学生
		实验技术专科（物理类）	74						41											
		实验技术专科（化学类）	40						40											
		实验技术专科（生物类）	20						20											
		秘书专修科	42																	

注：一九九〇年全校专业总数计划达到87个，其中，理科41个，文科26个，语言科20个。

附表二：教职工人员编制表

人员名称	一九八四年底实有人数	一九八五年到达数	一九九〇年到达数	备注
合计	7,103		9,680	说明
一、教学人员	2570		2583	一、一九九〇年，在校学生总数为15,000人，其中研究生、进修生、外国留学生等根据《全国普通高等学校机构设置和人员编制的试行规定》折算成本科生，再按教职工：学生为1：3.6；教员与学生比为1：8计算，即直接与学生挂钩的人员数为5740人。 二、其他附设机构人员系指附中、附小、幼儿园、出版社及学校街道办事处等等。 三、教师总数中，包括80名外国专家。 四、科研人员数系指完全脱离教学的专职科研人员，还有相当一部分搞科研的人员兼做教学工作，故统计在教学人员内。
教学辅助人员	698		1300	
二、行政人员	771		1060	
三、工勤人员	1285		797	
四、校办工厂（农场）人员	492		812	
五、专职科研人员	414		2200	
六、其他附设机构人员	873		928	
七、外籍专家				

附表三：研究机构

序号	名称	编制		序号	名称	编制	
		批准数	控制数			批准数	控制数
1	数学研究所			21	微电子学研究室		
2	理论物理研究所			22	力学研究所		
3	固体物理研究所			23	中国诗歌研究室	10人	
4	重离子物理研究所		共800人	24	马列主义哲学研究室	15人	
5	物理化学研究所			25	中国哲学史研究室	10人	
6	分子生物学研究所			26	国际政治研究室	12人	
7	计算机科学技术研究所			27	中国社会主义经济问题研究室	15人	
8	遥感技术应用研究所			28	苏联东欧经济研究室	8人	

(续表)

序号	名　称	编制		序号	名　称	编制	
		批准数	控制数			批准数	控制数
9	亚非研究所	40人		29	西方文学研究室	15人	
10	外国哲学研究所	20人		30	俄苏文学研究室	10人	
11	马列主义、毛泽东思想研究所	40人		31	社会学调查研究室	10人	
12	中国中古史研究中心	50人	共420人	32	中国古文字研究室		
13	南亚研究所	14人		33	东方文学研究室		
14	国际法研究所	34人		34	英语文学研究室		
15	世界近现代史研究室	12人		35	法语中心		
16	人口研究室	20人		36	美国问题研究中心		
17	高等教育科学研究所	20人		37	比较文学研究中心		
18	古文献研究所	25人		38	环境科学研究中心		
19	经济法研究所	30人		注:序号1至8:教育部(83)教技字013号文批准,序号9至19教育部(84)教高一字007号文批准,序号20至38校长办公会批准			
20	无线电电子学研究室						

附表四:扩建工程项目投资及分期建设计划

工程项目	结构	层数	建筑面积 m²	单价元	总投资万元	85年底前完成	"七五"投资计划						备注
							合计	86年	87年	88年	89年	90年	
1	2	3	4	5	6	7	8	9	10	11	12	13	总投资数系偏低拟通过
总　计			290000		12500	700	11800	2390	2870	3120	2870	550	各种渠道自筹补足
一、教学、科研用房			148000		6880	220	6660						
1. 化学楼			20000		555	120	435	435					
2. 加速器实验室			6000		265	100	165	165					
3. 风雨操场			4000	400	160		160			60	60	40	
4. 理科教学楼群			116000	500	5800		5800	200	1500	2000	2100		即原报理科1,2,3号楼
5. 陈列馆、文化中心			2000	500	100		100		40	60			重点科研用房、另加理物
二、生活用房			126000		2520	320	2200						低温和力学实验室
1. 学生宿舍			40000	200	800	160	640	200	200	240			
2. 学生食堂			6000	200	120	20	100	40	60				
3. 教工住宅			80000	200	1600	140	1460	300	300	300	300	260	
三、福利及附属用房			16000		570	40	530						
1. 出版社、印刷厂仪器库			8000	250	200	20	180	160	20				
2. 校医院病房			3000	200	60	10	50	50					

(续表)

工程项目	结构	层数	建筑面积 m²	单价元	总投资 万元	85年底前完成	"七五"投资计划						备注
							合计	86年	87年	88年	89年	90年	
3. 东区锅炉房			1000		120	10	110	110					
4. 西区锅炉房			1000		120		120		120				
5. 危险药品库			1000		20		20		20				
6. 附中阶梯教室			2000	250	50		50			50			
四、室外工程					280	60	220	50	50	50	50	20	
五、其他基建					820	60	760	380	300	80			
六、五万元以上设备					1430		1430	300	300	300	300	230	

附表五:各类用房总表

校舍分类	1983年底实有面积	根据规划应拆除面积	1984年在建面积（任务书外）	1985—1990新建面积	1990校舍总面积	计算依据			备注
						以学生为基数定额面积	补充定额面积	定额外	
总 计	474300	14316	46980	290000	796964	526250	267727	22806	
一、校本部	444443	11897	38700	278000	749246	526250	238900	22806	
教 室	10757			11000	12000	33757	33900		
图书馆	26035			12000	38035	29400	12000		补充藏书及阅览座位定额
各系教学、科研、行政	85180	1881	7510	106000	196809	117800	61300	17709	补充科研面积和大型专用设备用房
风雨操场	4530			4000	8530	6000		2530	
校行政	3560			14000	17560	11700	3600	2260	定额外为陈列馆、补充定额为会堂
学生宿舍	66000			40000	106000	106250			不舍留学生宿舍
学生食堂	13807			6000	19807	19500		307	
教工宿舍、住宅	200022	4048	15800	80000	291774	163100	162000		到1990年住宅按定额差3.4万m²，再加上外调户等因素1990年后尚需建住宅9.3万m²
教工食堂	3400				3400	3400			
附属用房	31152	5968	4390	4000	33574	35200			
二、附属单位	29857	2419	8280	12000	47718		28827		
留学生用房	16600				16600		16000		包括地下室、锅炉房1200 m²
专家招待所	2800				2800				
附 中				4180	2000	6180		8982	36个班，另外重点高中18班未计入
附 小								3845	24个班
派出所、办事处	600					600			
锅炉房				1200	2000	3200			
出版社					1000	1000			

(续表)

校舍分类	1983年底实有面积	根据规划应拆除面积	1984年在建面积（任务书外）	1985—1990新建面积	1990校舍总面积	计算依据			备注
						以学生为基数定额面积	补充定额面积	定额外	
商店及配套				2900	2900				
校办厂	9857	2419		4000	11438				根据住宅面积5%安排
校医院				3000	3000				

附表六：重点学科、重点实验室建设计划简表

学校：北京大学　　　　　　　　　　　　　　　　　　　　　　　　　　　　1984年12月26日

序号	重点学科名称	发展主要方向	拟重点建设实验名称	主要学术领导人			经费预算（万元）	备注
				姓名	年龄	职称		
1	*考古学	考古发掘与测定	考古年代测定实验室	宿　白	62	教　授（博士导师）	人民币90万元	在本校总体计划经费中解决
				严文明	61	副教授		
2	现代汉语	汉语、普通语、方言语音的合成与分析	语音实验室（人脑仿生信息处理实验室之一）	朱德熙	63	教　授（博士导师）	人民币75万元	与整个"大脑仿生信息处理实验室"一起向国家计委（科技局）申请列入一九八五年计划
				林　焘	63	教授		
3	*国民经济计划与管理	经济计量模型研究、经济预测等	计算机管理模拟实验室	陈岱孙	84	教　授（博士导师）	人民币354万元	列本校总体计划经费中解决
				陈良焜	52	副教授		
4	*刑　法	犯罪心理学、法医学研究	法医及司法精神病学实验室	甘雨沛	71	教　授	人民币175万元	在本校总体计划经费中解决
				杨春洗	53	副教授		
5	固体物理	半导体超晶格的制备、半导体超晶格及其界面的二维载流子、一维通道的各种物理性质等，金属超晶格、薄膜、多层调制膜的磁性、超导性、低温物性及有关器件	低维导体、超晶格物理实验室	甘子钊	47	教　授（博士导师）	人民币920万元	向国家计委（科技局）申请列入"七五"计划，建立国家级开放实验室
				尹道乐	51	同上		
6	流体力学	湍流机理与结构、湍流理论、湍流边界层分离实验研究、环境保护及大气、水域污染的湍流扩散规律	湍流实验室	是熏刚	49	副教授（获西德博士学位）	人民币540万元	向国家计委（科技局）申请列入"七·五"计划，建立国家级开放实验室
7	结构化学	研究生物大分子结构和形态、研究其应用并发展相应的实验和理论、探求生物大分子构象规律等	生物大分子结构和形态实验室	唐有祺	63	教　授（博士导师）	人民币750万元	向国家计委（科技局）申请列入"七五"计划，建立国家级开放实验室
				陈忠国	41	讲师（获西德博士学位）		
8	信息与计算机科学	视觉听觉认知的深层结构，综合智能知识系统与大脑仿生学	人脑仿生信息处理实验室	程民德	65	教　授（博士导师）	人民币800万元	向国家计委（科技局）申请列入一九八五年计划，建立国家级开放实验室
				王　楚	51	教授		

(续表)

序号	重点学科名称	发展主要方向	拟重点建设实验名称	主要学术领导人 姓名	主要学术领导人 年龄	主要学术领导人 职称	经费预算（万元）	备注
9	生物化学	真核细胞在生长发育过程中，其基因表达的调控系统、包括基因的重排、加工、转录水平调控等过程	基因表达调控结构与改造途径实验室	朱圣庚	50	副教授	人民币500万元	向国家计委申请列入中关村开发区计划
10	*材料科学（包括光信息材料；有机化学，无机化学三个重点学科）	1. 光信息记录材料：集中研究可擦除的记录介质。研究非线性光学材料 2. 功能高分子材料研究 3. 无机功能材料研究	材料中心实验室 1. 光信息存贮记录介质材料实验室 2. 功能高分子材料实验室 3. 无机功能材料实验室	刘弘度 冯新德 徐光宪	45 65 64	讲师 教授（博士导师） 教授（博士导师）	人民币387万元 人民币100万元	在本校总体计划经费中解决
11	*环境科学	能源（煤、石油）结构引起污染研究，重点经济开发区生态的最佳模式、环境质量评价	环境中心实验室	王恩涌	55	副教授	人民币318.5万元	在本校总体计划经费中解决
12	微电子学	研制1—2微米和亚微米超人规模集成电阻新工艺等，尤其是各种薄膜技术研究	微分电子实验室	王阳元	48	副教授	人民币1000万元	向国家计委申请列入中关村开发区计划
13	重离子物理学	以离子束流技术作材料分析	重离子束分析技术实验室	陈佳耳 江栋兴	49 45	教授 副教授	人民币600万元	向国家计委申请列入中关村开发区计划

*注 ① 序号1,3,4,10,11 五个重点学科建立的重点实验室共计经费1424.5万元人民币，由本校总体计划中解决。
② 其余重点学科相应的重点实验室均拟在校外求得解决，如不能解决时，则对上述序号1,3,4,10,11 五个重点学科建设经费作调整。

附表七：基建设备费购置设备清单

申请单位：北京大学（管理科学）

序号	产品名称	型号规格	单位	数量	单价（万元）	金额（万元）	用途说明	是否需要安装
	合　计					354		
	电子计算机	美 IBM-4341 型	台	1	300	300	管理模拟实验	
	办公室投影片绘制生成系统	美 Genegraphic 公司	套	1	24	24		
	静电硬拷贝机	Tektronlx4612	台	1	15	15		
	光盘	英 Pioneer 公司	套	1	15	15		

申请单位：北京大学（材料科学）

序号	产品名称	型号规格	单位	数量	单价（万元）	金额（万元）	用途说明	是否需要安装
	合　计					487		
	Instron 材料试验机	美 Instron 500 型	台	1	30	30	高分子材料性能测试	
	裂解色谱仪	日、岛津 GC-9A	台	1	9	9	高分子材料性能测试	

（续表）

序号	产品名称	型号规格	单位	数量	单价（万元）	金额（万元）	用途说明	是否需要安装
	小角激光光散射仪	美 KMX 系列	台	1	21	21	高分子材料性能测试	
	电弧炉	科学院金属所	个	1	9	9	节能材料制备用	
	常规分析用 X 光衍射仪	日、岛津或理学	台	1	15	15	节能材料测试用	
	高温粘度计	美	台	1	6	6	高分子材料性能测试	
	高温材料试验机	日	台	1	10	10		
	转距仪		台	1	36	36	观测各向异性	
	Kerr 效应观察磁畴设备		台	1	15	15	观测微磁畴	
	Ae$^+$ 激光泵浦连续可调杂料	激光器 400 A°—1μ，分段连续可调	台	1	36	36	测量材料的光学性质	
	YAG 连续激光器	CW100 瓦，附二倍，四倍频元件	台	1	24	24	测量材料的光学性质	
	双单色仪及信号接收处理系统	分辨率 0.1 A°，可见及近红外区工作，附光子计数器	套	1	36	36	测量材料光学性质及激光效应	
	大面积溅射台		台	1	60	60	制备磁膜	要安装
	合　计							
	分子束外延设备		台	1	180	180	制备光学薄膜*	要安装

＊ 分子束外延设备用于生长和制备非晶硫系和Ⅱ-Ⅵ族光学薄膜及多层结构，为研究可擦除光盘记录材料提供样品（也可获较大面积试验用样品）。

申请单位：北京大学（环境科学）

产品名称	型号规格	单位	数量	单价（万元）	金额（万元）	用途说明	是否需要安装
合　计					318.5		
离子色谱仪	2000 系列 2120 型	台	1	18	18	环境样品分析	
X 射线衍射仪	待定（国产）	台	1	5	5	环境样品分析	
X 光荧光光谱仪	待定	台	1	30	30	环境样品分析	
都卜勒声雷达	Bertin 型	套	1	60	60	大气湍流结构测量	需安装
低空控空系统	ADSA	套	1	20	20	大气边界层测量	
微处理数据采集系统	MDRZ-80	套	1	7.5	7.5	野外数据采集与储存	
计算机绘图仪	HP-26S	台	1	5	5	与上项配套	
容器及真空装置	待定	套	1	15	15	大气化学模拟实验装置	需安装
气溶胶粒子质量谱测定系统	待定	套	1	30	30	气溶胶测试	
标准粒子发生系统	待定	套	1	6	6	烟雾模拟实验装置	
气流加热及调节装置	待定	套	1	14	14	3×2×32 环境风洞完善	需安装
底板冷却及调节装置	待定	套	11	16	16	3×2×32 环境风洞完善	需安装
噪音消除装置	待定	套	1	15	15	3×2×32 环境风洞完善	需安装
浓度测量装置	自己组装	套	1	12	12	环境空气、水动力学仪器	

(续表)

产品名称	型号规格	单位	数量	单价(万元)	金额(万元)	用途说明	是否需要安装
多点温度测量仪	横河公司(B)	台	1	7.5	7.5	环境空气、水动力学仪器	
微处理机	待定	台	1	5	5	环境空气、水动力学实验仪器	
A/D变换及磁带机	待定	套	1	9	9	环境空气、水动力学实验仪器	
信号分析仪	SC—2000	台	1	7.5	7.5	环境空气、水动力学实验仪器	
体视显微镜	WILD M8	台	2	3.75	7.5	生物、生理生化观测	
气相色谱仪	TC—9A	台	1	21	21	环境样品分析	
录像设备	待定	套	1	7.5	7.5	生物行为观测	

申请单位:北京大学(办公管理信息系统工程)

序号	产品名称	型号规格	单位	数量	单价(万元)	金额(万元)	用途说明
	合 计					270	
	中型计算机	VAX/780	台	1	240	240	
	微型计算机	MICRO-VAX	台	5	6	30	

申请单位:北京大学(刑法)

序号	产品名称	型号规格	单位	数量	单价(万元)	金额(万元)	用途说明	是否需要安装
	合 计					175		
	超高速离心机	美	台	1	21	21		
	生物显微镜	西德	台	1	8	8		
	比对显微镜	西德	台	1	3	3		
	工具显微镜	西德	台	1	3	3		
	小型电子扫描显微镜	西德	台	1	33	33		
	立体显微镜	西德	台	1	1.5	1.5		
	电脑图仪	美	台	1				
	脑群图仪	美	台	1				
	多脑图仪	美	台	1				
	连续闪光刺激器	美	台	1	50	50		
	荧光分光度计	美	台	1				
	原子吸收光谱	美	台	1				
	紫外线分光光度计	美	台	1				
	哈萨相机	瑞典	套	1	4	4		
	红外线摄影机	西德	台	1	1.5	1.5		
	彩色放大、冲洗、打印设备	西德	套	1	7	7		
	三管摄像机	日本	套	1	9	9		
	微型电子计算机	美	台	1	24	24		
	便携式录放机(各类型)	日本	台	1	6	6		
	编辑纪录器	日本	台	1	2	2		
	自动编译器	日本	台	1	2	2		

申请单位:北京大学(考古学)

序号	产品名称	型号规格	单位	数量	单价(万元)	金额(万元)	用途说明	是否需要安装
	合　计					90		
	仿DYS-1型机	国产	套	1	12	12	测定考古年代(碳14更新设备)	
	多功能谱分析仪	美	台	1	8	8	文物成分分析中(微量元素分析)	
	硅锂探测器	美	台	1	3	3	(同上)	
	自动测绘仪	美	台	1	37	37	测量人体骨骼	
	微观显微镜	瑞士	台	1	30	30	人类骨骼测试照相	
	宏观显微镜	瑞士	台	1				
	宏外观显微镜	瑞士	台	1				

重点学科设备投资总计
1. 考古学　90.0万元
2. 法律　175.0万元
3. 管理科学　354.0万元
4. 材料科学　487万元
5. 环境科学　318.5万元
总计1424.5万元

北京大学总体计划任务书附件:
1. 北京大学材料中心实验室发展规划要点(略)
2. 北京大学环境科学中心实验室发展规划要点(略)
3. 北京大学计算机管理模拟实验室发展规划要点(略)

北京大学规划说明书

  1952 年北京大学在院系调整中迁址燕园，1953 年至 1957 年基本完成了改扩建工程。为了实现有序发展，据长期从事北大基建工作的王希祜同志回忆，1958 年秋北大委托清华大学建筑系毕业班同学来编制校园总体规划。当时，北京市规划局有一个工作组同时在做北大、中科院、海淀镇地区的详细规划，小组负责人是陶宗震。毕业班同学在规划局工作组和北京大学的指导下完成了《北京大学规划草案》，并起草了《关于北京大学的发展规模和五年基本建设计划的报告》，提出北大缺地 57 公顷，缺房 46 万平方米。1959 年 12 月 7 日通过校党委上报政府部门。本书收录的是 1959 年 7 月修改编制的文本。市委讨论时认为海淀地区用地紧张，成府村搬迁困难，建议在北京郊区择地另建理科分校，后经教育部批准北大在昌平建立了理科分校，这一规划没有实施。时任校长马寅初、党委书记陆平。

一、序言

  北京大学自 1898 年建校以来已有 60 多年的历史，解放前它始终是清朝北洋军阀和蒋介石国民党直接控制下的教育机关，因而不论在教学内容或形式不论它的组织机构，都具有半封建半殖民地旧大学的特点。科系杂乱，校址分散。解放后在党的领导下，经过院系调整，北大迁到燕大校址，它成为一个多科性的综合大学，是全国最高学府之一，并有着悠久的光荣的革命传统，在国际国内都有很高的声望。特别是在 1958 年党提出了教育与生产劳动相结合的教育方针之后，不论在事业规模上，教学内容与形式上，教学用房与用地上，都不能满足新形势的要求，基本建设赶不上教学的发展，为了适应这新发展的要求，本着多快好省的建设方针和为教学服务的原则，我们在规划局与北大校领导的直接领导下，以及各有关科室的积极协助下从 3 月 24 日到 8 月 15 日，用了四个月的时间，基本上完成了北京大学的总体规划和部分的详细规划工作。

二、现状简要介绍

1. 现状科系及人口规模

科系：共分二科，十七个系，四个独立的教研室。
二科：文科、理科。
系别：文科：中文系、历史系、哲学系、经济系、法律系、图书馆学系、东语系、西语系、俄语系。

理科：数学力学系、物理系、化学系、无线电电子学系、地球物理系、原子能系、生物系、地质地理系。

　　独立教研室：外国留学生班、政治理论课教研室、教育学教研室、体育教研室。

＊人口：

Ⅰ　学生：本科生：8108
　　　　　研究生：131
　　　　　进修生：218
　　　　　培训生：310
　　　　　留学生：217

小计：8984人

Ⅱ　教职员及家属

＊职　别	人数	与学生比较
教　授	184	1：49
讲　师	297	1：32
助　教	939	1：9.6
小　计	1420	1：6.3
教学辅助人员	1050	1：8.5
行政管理人员	643	1：14
工勤人员及其他	977	1：9.2
小　计	2670	1：3.4
共　计	4090	1：2.2

＊单身：2112

本户：1273

家属：5192

教职工及家属共：8577人

＊全校现状总人口：17561人

"注"人口资料详细数字见现状调查资料。

2. 现状地理位置及占地情况

Ⅰ　地理位置：东邻清华、科学院与成府；南接海甸镇；西邻西苑；北为圆明园。

Ⅱ　占地：共计 145 Ha，其中：

教学用地	14.2 Ha	16 m²/人	
行政办公	1.38 Ha	1.5 Ha	
工厂用地	3.39 Ha	3.6 Ha	
公共建筑	2.14 Ha	2.4 Ha	
公共福利	4.33 Ha	4.8 Ha	
居住建筑	40.96 Ha	48 Ha	注：全校用地分析见现状分析图纸。
公用设备	1.24 Ha	1.4 Ha	
仓库用地	1.98 Ha	2.2 Ha	
运动场地	6.35 Ha	7.2 Ha	
儿童机构	3.24 Ha		
河湖绿化	42.2 Ha		
其　他	22 Ha		
共　计	145 Ha	平均 161 m²/人	

3. 各期建筑发展及现状建筑使用情况

Ⅰ　"五四"以前：总建筑面积为 25000 m²，主要有蔚秀、朗润、燕勺、燕农等几个旧园。

Ⅱ　"五四"以后、抗战前：总建筑量为 55000 m²，主要有物理南北楼、办公楼、南北阁等旧教学区，以及才德均备等几个斋和 1、2、4、5 院学生宿舍，以及体育馆和燕南、燕东园等。

Ⅲ　敌伪占领时期：总建筑量为 3900 m²。

Ⅳ　解放后至 1952 年：总建筑量为 52000 m²，主要为中部教学楼和南部 1—15,16—21 等学生宿舍，以及其他福利设施。

Ⅴ　53—57 年：总建筑量为 130000 m²。主要是继续扩建中部教学区和南部学生宿舍 28—37 斋，25—27 斋，以及 2—7 公寓等。

Ⅵ　58—59 年总建筑量约为 30000—40000 m²，尚有部分未建成者，如新建五层学生宿舍。

＊＊　总之，全校总建筑面积为 290000 m²。解放以前为 80000 m²，解放以后共建 210000 m²，比解放以前增加两倍多。

＊　现状建筑使用情况：

分　类	建筑面积 m²	平均 m²/人	
教学面积	78919	8.8	
行政面积	5855	0.65	
工厂面积	6217	0.7	
公共建筑	11376	1.27	注：
居住建筑	162011	18.66	1. 公共建筑包括办公楼的礼堂，图书馆及体育馆。
公共福利	15496	1.73	2. 现状质量调查及使用性质等见现状资料及图纸分析。
公用设备	4239	0.42	
仓库面积	3398	0.38	
儿童机构	3265		
共　计	290776 m²	33.6 m²/人	

4. 现状交通、工程管网等方面

见现状分析图纸及结合规划部分说明。

三、现状存在的主要问题

1. 用地不足

Ⅰ 由于教学和生产相结合的需要,试验室及工厂用房成倍的增加。而在校内并没有该项的保留用地,则不得已只好有空地就安插,造成校内分区混乱。同时由于工厂厂址分布不合理,在安全卫生、交通供应、厂际之间协作关系等方面也产生了一系列的不合理的现象。

如化学系的一些工厂。单体厂、氧化铁厂、硫酸厂等,有易燃爆炸的特点,而厂址却放在汽车库的附近,是极不安全的。同时这些厂排出的 SO_2 等有害气体,对其周围的空气也有很大污染,这都是由于分区不合理所造成。

Ⅱ 由于全国生产大跃进,科学技术的大发展,北大教学方面相应的建立了新的专业,如原子能系、无线电电子学系,都是新成立之不久的尖端系,又物理系也由一个专业发展到四个专业。这些新的专业建立,并没有新的教学用地,只好有房就挤,造成系址分配不合理。

Ⅲ 由于北大校址周围都已成为建成区,如海甸成府,只要北大扩建一部分都涉及拆旧房的问题,因而在目前用地显得更是紧张。

2. 分区混乱

Ⅰ 文科、理科,分布混乱,教学区不集中,系际之间协作不方便。

Ⅱ 工厂及试验场地和本专业教学楼远离,分布不合理不集中。

Ⅲ 学生宿舍和单身教职工宿舍不分区,互相有一定的干扰,而且学生宿舍离教学区较远。

Ⅳ 教职工住宅由于用地不够,分布零散。

总之,由于分区不明确,又各区的功能要求不一样,造成交通混乱管理不便,工程管网的铺设也不经济。

3. 用房不足

基建跟不上教学的发展,学校用房特别紧张,旧的教学楼都不能满足新教学的要求,如房间小光线暗,每幢楼放不下一个系;工程管网设施不全,不适于理科系的应用。而新建的很多临时性的教室、试验室及厂房,占地大,使用率低,也是一种浪费,所以有必要进行合理的系间调整与安排。

4. 交通功能不分

Ⅰ 北大旧区地形比较复杂,没有主要干路与东区很好联系,路曲也都很窄,一般在3M左右。东西区的交通运输供应也存在问题。

Ⅱ 学生宿舍区,内部道路没有合理组织,福利设施又过分集中,人流的特点也是集中。这样在休息时间里,大饭厅的附近有如市场,对附近的宿舍干扰厉害,同学不能保证很好休息。

5. 绿化分布不均

由于北京大学是在旧园林的基础上扩建的,所以旧区绿地水平很多,环境优美,空气新鲜,而新扩建的学生宿舍区与教学区缺乏绿地及水面,显得干燥无味没有户外活动场地。

四、规划部分说明

（一）总体规划原则

1. 根据清华、北大、科学院、海甸镇地区总体规划的要求，在北大的总体规划中注意要有明确的分区，基本分教学、科研、生活三结合中心区，学生宿舍区和教职工住宅区，三者之间有方便的交通联系，既保证各区独特的要求，又避免了各区之间的互相干扰。

2. 在用地安排上，首先以教学为主，充分满足教学科研用地的要求和发展的可能性。适当的照顾生产工厂的用房用地；其次是尽量将学生宿舍和单身教职工宿舍与相应的生活福利用地按发展需要在校内解决。最后在校内，在可能的条件下最大限度地安排教职工家属住宅用地及相应的福利设施用地，不足时在校外由规划局统一安排做北大的住宅区。

3. 在规划中注意保留旧园林的风格，适当地加以改建，充分地利用这优美的环境。

4. 在基本建设方面：在充分利用原有设备的基础上，集中的扩建和新建，并注意每期建筑体系的完整性。

（二）规模问题

北京大学发展规模大小是规划的根本依据，根据各系提供的发展资料，以及现状资料，并参考了国内外各大学的一般标准。经校领导同志的讨论，同意后，制定如下规模，作为规划的基本根据。见下页表格：

表1 人数发展规模一览表

	分 类	现 状		近 期		远 期	
学生	1. 本科生	8108		11000		12000	
	2. 研究生	131		1000		3000	
	3. 进修教师	218		500		500	
	4. 留学生	217		500		500	
	5. 干部班	310					
		8984		13000		16000	
教员	1. 教 授	184	1:49				
	2. 讲 师	297	1:32				
	3. 助 教	939	1:9.6				
		1420	1:6.3	2100	1:6.5	2750	1:58
职工	1. 教学辅助人员	1050	1:8.5				
	2. 行政管理人员	643	1:14				
	3. 工勤人员	977	1:9.2				
		2670	1:3.4	3240	1:4	3200	1:5
	总计	4090	1:2.2	5340	1:2.4	5950	1:2.68

带眷系数	教职工及家人数	全校总人口数
近期：2.5	13500 人	26500 人
远期：3.0	18000 人	33000 人

表2　国内外综合大学同学与教员比数的参考资料

美　国	加利福尼亚大学	1:6.7
	佛罗里达大学	1:11.6
	印第安纳大学	1:9
	美国纽约大学	1:9.5
西德综合大学	自由大学	1:18
	非烈特亚烈大学	1:4.7
	汉堡大学	1:14.7
	柯伦大学	1:24
我国综合大学	南京大学	1:7.8
	复旦大学	1:6.3
	南开大学	1:8.05
	中山大学	1:6.2
	武汉大学	1:7.3
	清华大学	1:7.9

(三) 规划中几个重点问题的说明

1. 发展方向的问题

北京大学用地很紧,向南发展不可能,因海甸区中心居住很多居民涉及社会问题很大。向西发展,是城市的规划绿地,地质尚好但地下水位特高,且为压力水不宜作为教学用地。向北发展也不可能,因是圆明园。只有向东发展尚有可能,因成府一带居民中很多为北大职工家属住宅,另外化工厂占了相当大的用地;本厂存在,对这个地区又很不适宜,对空气和水的污染很大,规划局意见也希望该厂迁移。又新物理楼已建成,在这个基础上向东发展是现实可行的,这样近期规划用地可发展到177 Ha,远期规划用地可发展到210 Ha;基本能满足教学和单身宿舍及部分家属用地。

2. 功能分区的问题

＊远期　人口规模将达30000人左右的北京大学,实际像一个小的文化城市一样。因而明确的功能分区,合理的组织教学与生活是十分必要的。现状由于分区不清产生了很多的问题,而有了合理分区之后其优点在于:

(1) 为教学和休息创造良好的条件,联系方便,节约时间,保证休息。

(2) 有利于组织管理,尤其是对同学来讲更为重要,比如,组织政治活动,以及共产主义教育,系际之间的联系等方面。

(3) 减少交通上的混乱,减少逆流互不干扰。

(4) 在工程设施上也是经济的。

＊在北大的规划中基本分为三区。教学区在中间部分。南部为学生宿舍区。北部为教职工住宅区。并与清华教职工区紧紧相连,对今后的城市统一管理和福利设施的集中安放却是有好处的。

3. 道路网的组织问题

很好的解决分区之间的交通联系,与供应方便的问题,在道路交通的组织上要求有明确的分工。又由于学校有集中人流的特点,在考虑道路断面时,是以最大交通量来设计的。以便能在很短时间内联系方便,疏散迅速的可能性的。在规划道路走向同时也适当的注意了北大的自然地形的特点和园林化的风格。

＊基本干路有如下几条:见规划总图及道路断面设计图。

(1) 第一教学环路:以各系之间联系为主的干路。

(2) 第二供应环路:沿教学区与教职工住宅区之间和沿教学区,工厂区与学生宿舍区之间以解决各区供应为主的干路。

(3) 南北双条滨河路:由两条干路中有绿地及小河而形成,它是教职工上班,同学上课的很好步行路(通车也可以)。同时北部以绿地和未名湖相连南部的绿地和学生俱乐部及运动场地相接,它亦是一条很好的休息绿带。

(4) 南北校内外干路:在主接广场之前,平行于滨河路,一则是城市交通网的要求,二则是北大南北联系的主干路,必要时也满足校外的使用。

(5) 学生宿舍区之干路:Ⅰ一条是南至海甸区中心,北至教学区之路。Ⅱ一条是东至运动场,西至俱乐部之路。

其他次要干路与区内小路均按各区的特殊要求合理的布置,并与干路很好相接,形成北京大学的交通道路网。

停车场及车库的布置:

(1) 东校门入口处(主要校门入口)、结合交通广场有一个主要服务于学校的停车场及车库等附属设施。停车量为大小不计共30～40车位。并可以和城市的公共汽车站相结合。

(2) 南校门入口处亦可结合公共汽车站设一露天停车场,约20车位。主要为教学和同学服务。

(3) 西校门路西结合地区规划设一个20车位左右的露天停车场。主要服务于西郊教职工住宅区。私人汽车在住宅区内部也考虑部分分散小型汽车库。

(4) 北校门结合圆明园的商业中心和北大教职工住宅区设一较大的停车场和□车库,主要服务于教职工住宅区。

4. 绿化系统

为了使北大成为一个美丽的花园,给全校师生创造良好的工作与学习环境,因此要求全校的绿化成为一个完整的系统,有统一的规划,这样不但能为校园争妍,亦可改善卫生条件。

＊现状绿化的特点是:部分地区较好,但不成系统,旧有园林基础好,但新辟的教学区及学生宿舍区绿化较差。例如旧教学区——办公楼附近一组,六院及未名湖周围的绿化基础是相当好的,无论在树种选择与树量的安排上都有很多独到之处,做到浓淡相衬,参差有致,并且利用水面和周围零星点着一些建筑:"湖光塔影、星月辉映"使得空间既开阔而又亲切。另外朗润、镜春、蔚秀、承泽园等苍松古柏、翠槐粉柳,很有一种自然的风韵和中国园林的特色。给校园增添了不少妩媚的景色。可是在新辟教学区及学生宿舍区不仅没有公共绿地而宅旁绿化也很差。

规划上的意图:

由于上述因素,所以一方面在(1) 学生宿舍区辟出一些小型的公共绿地(并可与饭厅或合作社等结合)供同学休息之用,在(2) 教学区也安排了一些较为整形绿地与各广场结合起来,(3) 在各区之间,河旁及湖周围都有绿带把全校的绿地(新的、旧的)联系起来成一完整系统。并且也考虑了绿化与适终系统(尤其是步行道)结合,使人们能多与绿荫接触。
(4) 河湖在绿地内通过,公共建筑也与绿地结合起来。

可见集团规划:——河湖绿化系统规划图。

5. 教学区规划中的几个问题与中心广场的设计

1)教学区部分

(1)规划原则

Ⅰ 满足教学上三结合的需要,为了适应发展要求,除满足各系提出用地及建筑面积以外。尚保留一定的发展可能性。尤其是理科。

Ⅱ 文科系与理科系基本上分二区,一则满足教学要求,二则工程管网供应设施等集中而经济。

Ⅲ 科学研究部分结合各系的专业特点分设于各系之内,不用单设一科研中心。各系所有实验场地和工厂在可能条件下都放在各系附近。

Ⅳ 各系的安排:

a. 满足各系教学用地的需要,并照顾到各系之间的协作要求。

b. 满足各系工厂、试验室,以及专业用地的特殊要求,如防尘、防震、防噪音、防易燃及防止对水及空气污染等问题。

b. 远近期各系的安排,尽量统一,避免过多的调动。

(2)各系远期近期发展规模

Ⅰ 学生远近期发展规模。

	系别	本科生		研究生		进修教师
		近期	远期	近期	远期	近远期
理科	数学力学系	1200	1200	100	300	50
	物理系	850	1000	70	200	35
	无线电电子学系	800	1000	50	150	25
	地球物理系	700	800	50	150	25
	原子能系	1200	1200	80	240	40
	化学系	1200	1200	120	360	60
	生物系	1000	1000	100	300	50
	地质地理系	850	1000	100	300	50
	小 计	7600	8400	670	2000	335

(续表)

系别		本科生		研究生		进修教师
		近期	远期	近期	远期	近远期
文科	中文系	600	650	70	225	35
	历史系	600	650	70	225	35
	哲学系	400	450	50	125	25
	经济系	250	300	40	125	20
	法律系	400	400	20	60	10
	图书馆学系	250	200	20	60	10
	东语系	400	400	20	60	10
	西语系	400	400	20	60	10
	俄语系	150	150	20	60	10
	小 计	3400	3600	330	1000	165
	总 计	11000	12000	1000	3000	500

"注"1. 留学生近远期均按500名考虑。

2. 文科与理科规模之比以3:7—4:6左右。

3. 各系近远期教职工的发展规模有些系已提出，但有些系尚提不出，也未经校领导的讨论，故不入此表内。可查各系规模的资料。

4. 此数字是根据各系提出的发展规模经北大校领导讨论而确定的。

Ⅱ 教学用建筑面积远近期发展规模

科 别	系 别	教学楼建筑面积		工厂建筑面积	
		近期 m²	远期 m²	近期 m²	远期 m²
理 科	数学力学系	9000	12000	1700	2200
	物理系	10330	19000	2361	3375
	无线电电子学系	8000	17000	3000	3000
	地球物理系	4380	8400		
	原子能系	12000	30000	3000	7000
	化学系	14000	14000	3100	5000
	生物系	15000	28000		1800
	地质地理系	10000	10000		
	小 计	82630	138400	13161	22375
文 科	中文系	3300	3900		
	历史系	3300	3900		
	哲学系	2200	2700		
	经济系	1375	1800		
	法律系	2200	2200		
	图书馆学系	1375	1200		
	东语系	2200	2200		
	西语系	2200	2200		
	俄语系	825	825		
	留学生班	2750	2750		
	小 计	20725	23675		
	总 计	103355	162075	13161	22375

"注"1. 理科系的建筑面积由各系提出经校领导同意的。

2. 文科系由于提不出发展规模，则我们按高教部对文科学院的定额和本校的特点，假定近期 5.5 m²/人教学用房面积，远期 6 m²/人教学用房面积估算的(高教部对文学院的定额是 4.5 m²/人)。

3. 教学用房面积包括教室、实验室及系的行政办公用房。

（3）各系的特殊要求与位置安排

Ⅰ 各系特殊要求：主要是理科各系，文科无特殊要求。

① 物理系

a. 和各系联系广泛。如，生物系、地质地理系、地球物理系等都要上普通物理课，并做两年的实验。

b. 光栅室、低温实验室、原子核实验室、半导体和金磁部分厂房要求清洁度高，需在教学楼附近。

② 数学力学系

a. 数学力学系的计算中心和无线电电子学系有协作关系。

b. 力学实验室一般都有噪音，对教学楼有干扰，故需加以处理及有一定的防护距离。

b. 计算中心，要防尘而且保密，希望与教学楼分开单设一址。

③ 无线电电子学系

a. 全系保密性很高，要求与他系分开，并设在较背静之地。

b. 所有实验室，都要求清洁无尘，要求电隔离和磁隔离。

b. 工程设施上要求电、水、煤气及压缩空气。

④ 地球物理系

a. 有自己的气象园，10亩地左右。

⑤ 原子能系

a. 保密性强，并设自己的金工厂房。

b. 放射性的实验室，对下水污染很厉害，必须严格的处理。另外由于放射性气溶胶性生，虽然有较高的送风"烟囱"，但对空气也有污染，所以在其下风处不宜放居住区。

原子能系的化学部分能否放在校内将由专家鉴定而确定。

b. 生物系和化学系也有部分同位素实验室将同原子能化学部分安在一处，以统一处理污染问题。

d. 工程设施上要大量的水、电及煤气等。

⑥ 化学系

a. 化学系的工厂有易燃特点，部分原料有爆炸的可能，要求地下贮藏。

b. 工厂产生的 SO_2 和 NO_2 对空气有污染。

b. 实验室要求清洁无尘，防震。

d. 工程设施方面要大量的压力水、电和煤气等。

⑦ 生物系

a. 主楼附近要附设一定量的专业用地。

b. 大量的实验田可与农业社订合同。

b. 同位素和原子能系统一安排。

d. 工程设施上要水电、蒸汽、煤气及高压空气等。

⑧ 地质地理系

a. 要 5000—7000 m^2 的博物展览室。

b. 新专业的发展可能性大要有发展保留地。

Ⅱ 系级安排：见规划总图或分析图。

理科基本按各系的要求规划在新教学区内，中设图书馆，西部旧教学区分设文科各系。

* 理科部分：

Ⅰ 入口干路以北分设数学力学系和物理系，实验室和工厂安排教学楼之后。

Ⅱ 入口干路以南分设生物系及化学系，其后为化学系的工厂区，在生物系教学楼以东为本系的专业用地。

Ⅲ 主楼以北为地球物理系，其后为无线电电子学系，无线电电子学系工厂部分设在教学楼之后。水塔附近的绿地可作为地球物理系、气象园。

Ⅳ 主楼以南为原子能系，原子物理部分靠近主楼，原子化学部分设在其后，周围有小山及绿地环绕可同时作为防护绿地又满足保密要求。现状燕农园绿地部分作为生物系有关放射性部分试验的专业用地。

Ⅴ 原子能系以西，大饭厅以东之教学楼作为原子能系发展教学用地。

假如原子能的化学部分不设在校内时，则作为地质地理系的教学楼。

Ⅵ 主楼：主要是校领导的行政中心，并附设 5000—7000 m^2 的博物馆。和学校的大礼堂，展览室共 20000 m^2 左右。假如大饭厅以东的原子能发展用地必要保留的话，在主楼内安置地质地理系的教学科研部分并结合博览部分也很适用。人流也不会交叉。行政入东入口；教学博览入南北入口。大礼堂集会或疏散走西入口。这样主楼建筑面积在 35000—40000 m^2 可以在体量上更加雄伟壮观。

Ⅶ 原化学楼和生物楼可作为公用教学用房，同时也可作为理科系发展的教学楼。

* 文科教学区的安排

文科教学区在总图的西部和理科教学区分开但又联系在一起，而文科各系本身也成一个比较独立完整的教学区（以图书馆为界），主要是利用旧有教学区建筑。

系级的安排

A. 原办公楼附近一组：——包括办公楼，南北物理楼，旧图书馆，东语、西语系——民主楼及新添一幢为中文系、历史系、哲学系。其中办公楼可作全文科系的办公及公共活动用。

B. 新盖一组：——为东语、西语、俄语系用楼。这样可便于教学。

C. 经济与法律系利用原来二楼即图书馆二边。

D. 图书馆学系在大图书馆内或在旧图书馆及高级神经试验馆。

E. 留学生班，用俄文楼及鸳鸯楼。

各组教学楼面积与各系提出的远景所需建筑面积出入不大。

见表：——教学用房用地计算表

近期的调配：新的一组先不盖，而盖上民主楼西北空的一幢，作为俄文楼，这样东、西、俄——语言系成为一组，南北物理楼及旧图书馆为文、史系用，俄文楼作留学生班用房，教室楼、哲学楼仍为哲学、法律、经济系。图书馆学系用新闻馆。

（4）近期系级调整的初步意见

近期 3—5 年之内希望建成无线电子学系教学楼和原子能系教学楼、化学楼，这样在目前 1、2 年内可按下面意见安排：

物理系	近期需要建筑面积 10000 m²	二系共同占新建物理楼共 19000 m²
数学力学系	9000 m²	
无线电电子学系	8000 m²	占物理南北楼共 8000 m²
地球物理系	4500 m²	占即将建的新化学楼 4500 m²
原子能系	12000 m²	1—3 年内建自己教学楼
生物系	15000 m²	占生物楼文史楼新闻楼等约 10000 m²
化学系	14000 m²	占即将建的新化学楼 14000 m²
地质地理系	1000 m²	占地学楼及化学楼 8000 m²

文科系基本占用旧有教学楼，不足时希望在外交楼北建一新教学楼补足。

（5）教学区工厂部分的具体安排：由于资料得到的较晚没能进行具体厂址的安排，但在规划中保留了足够的用地。有关各厂的资料见资料收集部分。

（6）公用教室的安排

现状公用教室建筑面积为 5575 m²，根据学校提出的计划是远近期均按 0.71 m²/人计算，则近期需要 9230 m²，远期需要 11360 m²，近期由于基建任务不能满足要求，故不好做具体的安排，而远期文科利用现状的办公楼，礼堂部分可做历史系的展览室用。理科的公共教室可在化学楼和生物楼以及新规划的干道南北的二阶级教室，建筑面积共 13900 m² 满足要求。

（7）大型公共建筑：主要为学校的主楼，其内容包括行政办公的学校领导核心。公共集会和文娱演出的大礼堂；两侧可为地质地理系的教学用房，行政办公的上层可为地质地理系的博览部分，并可两侧的教学用房相通满足教学科研相结合的要求。人流：行政办公走东入口，教学走南北侧入口，集会走西入口，互相间可通可隔人流分行既方便又不干扰。总建筑面积约 27000 到 35000 m² 左右。层属在 5—9 层，其中面积分配行政办公 10000 m²，大礼堂 5000 m²，地质地理系 15000 m²，博物馆 5000 m²，共 35000 m² 左右组成主楼。

图书馆：藏书 400 万册，其中藏书部分在 17000—22000 m² 左右为 6—8 层，阅览部分按 4 层计建筑面积约为 12100 m²，共 34000—30000 m²，若由发展藏书不够时，可以主楼内放部分理科图书或将不经常用的书藏在他处。

体育馆：第一体育馆考虑供给单身教职工及家属子弟用，靠近住宅区服务方便，第二体育馆考虑可供给留学生用。

同学可用五四运动场建起的体育馆，远期尚可增加二个可以满足同学们的要求，功能的区分由学校规定之。总的建筑面积约 8000—8500 m²，学校外西部的大体育馆考虑和海淀区中心共用，虽然利用上是经济的，但使用上尚得很好研究。

（8）教学区总用地平衡（远期）

号别	名称	建筑面积 m²	建筑用地 Ha	建筑面积 m²/人	用地 m²/人
1	教学小计	253325	40.1	15.8	24
	公用教室	13900	3.6		
	专用教室	217050	23.8		
	工 厂	22375	12.7		
2	行政及公建	78500	9.0	4.9	5.65
	总 计	331825	49.1	20.8	30.7

说明：1. 远期学生按 16000 人计
2. 公共建筑主要为主楼、图书馆及体育馆

表 3　教学用房用地计算表

系　别	教学楼建筑面积 m²	层数	基底面积	占地面积(Ha) 教学楼	占地面积(Ha) 工厂	教学楼建筑密度	建筑面积 m²/人	占地 m²/人
数学力学系	主要教学楼 15300 待发展 8000	4 4	3850 1980	1.7	2.75			
物理系	主教学楼 19000 待发展楼 9000	4 5	2240	2.1	2			
无线电电子学系	22000	4	5620	1.8	3.2			
地球物理系	14100	4	3500	1.38				
原子能系	原子物理楼 17900 原子化学楼 13380 待发展楼 13100	4	4450 3360 3270	5.0	0.5			
化学系	主教学楼 18200 待发展 6000	4 5	4000 1500	1.74	2.8			
生物系	25000	4 5	5530	1.73	专业用地 1.45			
地质地理系	主楼内有 10000 m² (7000 不计在内,待发展化学楼 5000)			在主楼内 0.84				
小　计	189980		39400	16.5 29.2	12.7	13.5%	7.7	36.8
中文系 历史系 哲学系	10900	2 1 3	5195	2.2				
经济系 法律系	5350	3	1788	1.5				
图书馆学系	1300	2	817	0.6				
东语系 西语系 俄语系	6540	2	3270	1.65				
留学生班	2980	2	1432	0.9				
小　计	27070		12502	6.95		18%	5.7	145
总　计	217050		51900	36.15		144%	13.5	22.6

注:远期理科学生为 10735 人,文科学生为 4765 人,共 16000 人。

2) 中心广场的布局说明

(1) 广场总的要求:在功能上要很好地满足公共集会、人流疏散要求,此外在艺术布局上要求庄严、雄伟,像松柏一样万年常青,美观朴实,像五四前辈那样永远富有革命的朝气。

总的建筑空间组合是采用的广场群的布置手法,从入口以绿带逐步引入直达主楼,四周松柏环抱,再深入至图书馆,使绿化和建筑空间很好的结合,以达上述的要求。

(2) 艺术和功能要求相结合

① 校门入口干路的断面设计(见道路断面图),中间为车行路,两边有较宽的绿带其中

布有人行路,一则中部空间较大,直迎主楼正面,二则两边设有绿带可以隔音防尘、防震,可以满足两边教学楼实验室的特殊要求,也很美观大方。初设计为中间为水池,两边车行路当然壮丽,但土方过多冬天池干难以处理,极不美观,再加上不能满足教学楼的要求,故而弃之。

② 结合地势步步由东向西高升,主楼建在高台之上,在建筑艺术上是很必要的。另外主楼前往往是集会的地方,因而以高台作为主席台更为适宜,高台入口分设两边,有步行及车行两种,车行的坡道平时亦可人行,当个别情况下,如高级首长、国家贵宾来校参观、开会欢迎等可将汽车直接开到平台之上也是需要的。另外平台入口也很好的同其左右前后各楼入口有直接呼应,交通尤为方便。平台之下前后都有存放汽车的场地,供停车之用。

(3) 广场群的安排:主要由三个广场组成,并在一轴线上,其间以绿地相连形成全校的中心。

① 交通广场

在校门入口处,主要解决校内外交通、车辆停放等问题。一般集体乘车可由此开车或停车,然后步行入校园,入口处同时附设公共汽车站和传达室等附属建筑。

② 公共集会广场

由入口交通广场经过绿带至主楼前广场。主楼是全校的领导核心,广场是公共集会的活动场地。主楼对面设一座"五四群象"与主楼很好呼应,要年轻人永远在党的领导下继承"五四"革命传统献身于党的事业。广场四周松柏环抱,其外是教学楼,整个构成一个完整的壮观的中心广场。

在松柏绿带的两端人行路的两旁,可能条件下可安放一些祖国和世界上的伟大科学家的雕像,意味着他们事业永垂不朽,同时也更意味着我们要不断地向前辈虚心学习,继续跃进,向世界的科学顶峰进军,更增加了教研的气氛。

在交通方面,人行车行四面畅通,集中或疏散极为方便(见人流分析图)。

③ 文化休息的绿化广场

在主楼后,大礼堂与图书馆二入口之前中央地带,远期取消地学楼与文史楼形成一个绿化广场,并与滨河绿带相通,在树种配置上以观赏树为主,四季颜色丰富,花开不停,环境优美,空气清新,不但是大礼堂集会和图书馆同学休息的地方,而且是学习的好地方。两边用绿带相通引入西部园林化的文科教学区。

(4) 交通人流组织与疏散

见分析图。

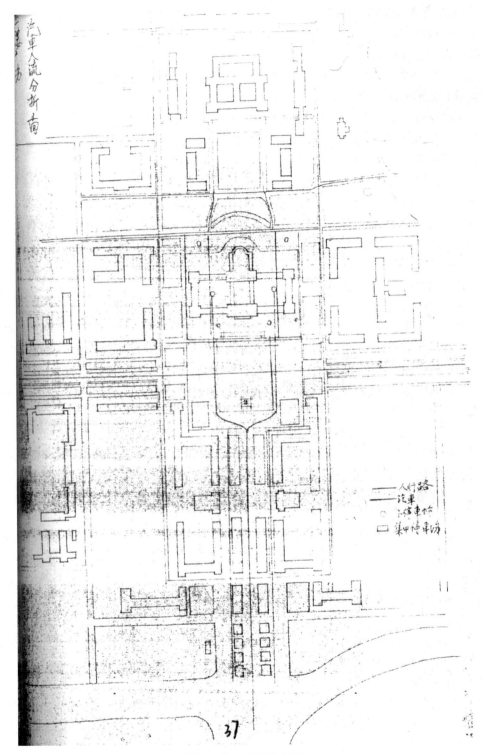

图1 汽车人流分析图

6. 学生宿舍区详细规划说明

Ⅰ 现状存在的问题

（1）人口过分集中

虽然建筑密度是19.5%，但每公顷住2000多人；在3.6 Ha的用地上住8100多同学，所以在生活上互相干扰，学习与休息不安宁。

在福利设施上如食堂、合作社、服务行业等过于集中，而且量少，在供应方面显得特别紧张。尤其是在休息时间里大食堂和合作社附近犹如市场，其附近的宿舍根本不能保证休息。

（2）绿化很少：无户外休息用地。

（3）文化娱乐与体育用地不足，不能保证活动的很好开展，宿舍由于住的问题过于紧张，一些工友室红角和组织办公室等被挤掉。

（4）福利设施不够：如自行车棚、晒衣场地、垃圾堆放等都没有足够的地方，或者位置不好，服务不良。

"详细的问题见学生宿舍调查报告，留学生宿舍部分亦在其内"。

Ⅱ 规划中解决的几个问题

（1）学生宿舍区的总安排

根据现状存在的问题，学生宿舍最好是集中又适当的分散，区内有足够的文化、体育及福利设施，在生活组织上为同学的全面发展创造良好的物质条件。北京大学的学生宿舍区基本在学校的南部，并与教学区平行发展，保证同学基本在10分钟内到达教学区，学生宿舍区内基本分旧区和新区，中间有五四运动场相隔，做到既集中又分散的要求，并满足分期建设可能性。

（2）学生宿舍区内经济指标

学生宿舍的经济指标共分三大部分，一部分是住的定额指标，一部分是福利设施的定额指标及运动场地。由于北京大学用地很紧，为了保证发展规模的需要，在保证生活适用的基础上居住水平在远期稍少于规划局的定额（北大远期为5.5 m^2/人居住面积，规划局的为6 m^2/人居住面积）。

在福利设施的定额指标方面也没有完全按北京市关于居住小区的一般定额，而是根据现状调查和实际需要参考市里定额而制定的，另外北京大学靠近海淀区中心，在消费品供给方面在校内做了适当的减少，而在服务业方面为了保证服务方便，以免浪费时间则保证足够的供应。如浴室、食堂、理发、修鞋，等等……

在文化娱乐方面：现状尽有的只是两间乐器贮藏室，社团活动和办公没有固定的房屋和场地，为了满足同学们的要求并增加同学各方面的知识，近远期都考虑了增加学生俱乐部，以展开各种的文娱活动如台球、乒乓球、音乐、舞蹈、戏剧、绘画、电影、电视、无线电研究等等，以丰富同学的生活。另外在宿舍内部也考虑一定数量的红角。

在体育活动方面：为祖国健康的工作50年的号召和保卫祖国的号召，学校内大力开展着劳卫制与国防体育的活动，在体育设施上要求增加很多新的内容，因而在定额上也比规定的为多。

表4 居住用房的经济指标

类别	现状		近期5年		远期15年	
	每房间人数	居面 m²/人	每房间人数	居面 m²/人	每房间人数	居面 m²/人
本科生	4—6	2.3	3—4	4	2—3	5.5
研究生进教师	2—3	5.5	2—3	5.5	2	7
留学生	1—2	10	1—2	9	1—2	9

层数	四层或五层(本科生按五层计算)
平面系数	平均按52%计算
建筑密度	基本按20%考虑

Ⅲ 福利设施方面的指标确定:现状详细问题见"北大学生宿舍区福利设施调查报告"

(1) 食堂:现状只一个大食堂过分集中,目前根本装不下同学,都书包带碗筷,吃饭在户外,冬冷夏热,服务质量不好。因而近期考虑是结合宿舍成团的分散布置,规模近期2000—2500人一个食堂,远期1500人左右一个食堂。

(2) 浴室:现状是分散在宿舍内,存在的问题是干扰,空气不良,锅炉房在宿舍内则存煤,煤渣都堆在宿舍周围既脏又乱不卫生。规划中考虑,基本分散,适当集中,分设于宿舍楼之外,可以提高使用率,管理与用煤全都更为经济。

夏季:每人每天一次,每日开放时间中午1小时,下午锻炼时间2小时,晚上1小时。每小时服务洗4人则每喷头每天服务16人。

冬季:每人每2~3天一次,每日开放2.5小时,每小时洗2~3人,每喷头服务7人。如每喷头需要建筑面积3 m² 时,则共需建筑面积2250 m²,平均16人一喷头。

(3) 自行车停放:现状据不准确统计约每7~8人一辆,远期考虑生活水平的提高校园的扩大,按每5人一辆自行车考虑,每辆车按1.5 m² 建筑面积计算车棚。

(4) 晒衣场:现状是有地方就设晒衣场因而分布不均,远期考虑楼上几层可用平屋顶或凉台、过廊等,楼下可用晒衣场,按每人二天一套,晒衣量计算则每人0.5 M 长亦可满足。

(5) 商业服务业系统:考虑的几个原则

① 学生主要还是个消费者,所以在经济上不能像市里居民一样购买力特大,所以在消费量上做了一定量的减少,如市区级是3.5岗/1000人,学校则按2岗/1000人,另外由于购买时间比较集中,完全按3.5岗/1000人,在人员上也有一定的浪费。

② 接近海淀区中心在校内可减少。

③ 服务系统,相反由于同学时间宝贵,在理发、缝纫、邮电、书店等,在校内给以充分满足,保证服务方便,也可适当减少区中心的负担。

(6) 医院:考虑同学病号比市民一般减少些又特殊病号送入城里,故定额比市级稍低,另外在宿舍内部设立一定量的卫生站。

表5 福利设施等定额指标

	名称	现状建筑面积	定额	规划建筑面积	注
商业	百货	322.6 m²	2岗/1000人	1000 m²	
	糖果及副食品		1岗/1000人	800 m²	由于主要吃食堂减少一岗
	银行	38.4 m²	15 m²/岗 1岗/1000人	180 m²	
	邮局	115.2 m²	15 m²/岗 1岗/1000	180 m²	
	外文书店	76.8 m²		200 m²	
	新华书店	200 m²		600 m²	
	办公及其他	76.8 m²		60 m²	
	小计	830 m²		3020 m²	
服务业	缝纫	57.6 m²	2岗/1000人	150 m²	
	修鞋	36 m²		100 m²	
	理发	134.4 m²	5座/1000人 12 m²/座	720 m²	每人每月二次理发
	修车	76.8 m²		200 m²	按需要估算
	洗染	76.8 m²		300 m²	
	照相			150 m²	
	修钟表	38.4 m²		100 m²	
	小计	420 m²		1720 m²	
	食堂	4020 m²	500座/1000人 25 m²/座	15000 m²	现状4.9 m²/人规划1.25 m²/人规划的定额少于规范
	浴室	934 m²	16人/喷头 3 m²/喷头	2250 m²	现状27人/1喷头
俱乐部	音乐室			1500 m²	
	小演奏厅			400 m²	
	球类室			100 m²	
	期刊室			80 m²	
	科研讲作室			200 m²	
	棋牌室			80 m²	
	资料室及办公			60 m²	
	厕所及其他			180 m²	
	共			2600 m²	
	按		50座/1000人	3000 m²	尚欠400 m²放在宿舍内作为红角用
	医院	3155 m²	5床位/1000人 50 m²/床位	7750 m²	和校医院提出规模相符
		9359 m² 1.15 m²/人		32740 m² 2.73 m²/人	

Ⅳ 运动场地：现状与近期　　定为 8—9 m²/人用地
　　　　　　　远期　　　　　　定为 10 m²/人用地

（3）生活组织的特点

总的目的是为同学创造良好的学习与休息的环境，同时有足够的丰富多彩的文化福利设施，做到以宿舍为家的要求。见"学生宿舍区详细规划图"。

① 尽量组织宿舍内院有绿化及空地，作为同学课下户外安静休息文娱之用，绿地内可以安放石桌下棋、读书都很方便，尤其是夏天更为必要，自行车不入内院，在院入口处，一般都安放自行车棚。

晒衣场地和垃圾存放处，均组织在宿舍的外院，用绿化包围既卫生又美观。在宿舍内保留红角，接待室，组织办公室电话间，工友室等。

② 食堂和浴室，一般是大分散小集中，在宿舍院子之外的单纯地段上既方便适用，又不干扰同学的生活，食堂附近并设有小吃部等为同学服务，在交通供应上都是接近汽车路。

③ 旧区新区内部尽量组织公共绿地，并都接近俱乐部和运动场地。

④ 在人流组织上，道路都有合理的分工。见规划分析图。

⑤ 福利设施的安排及服务半径均见分析图。

（4）近远期学生宿舍安排的两个方案

第一方案：成府迁出盖单身教职工宿舍，空出的 16—27 斋给同学居住，则近期可不盖新宿舍即能满足。

第二方案：迁出中关园教职工住宅，改建旧园，新建学生宿舍。

二者比较第一方案是可行的，因成府主要是化工厂搬家的问题，而且在卫生要求上它始终是待不长的，因而早搬更为有利，旧园改建建筑工程量过大，在教学用房紧张的情况下更为不可能。

（5）留学生住宿的问题

留学生的规模的大小是随形势的发展而定，规划中以 500 为依据，其生活与学习都具有自己的特点，与本科生不发生任何关系，故在规划中只作了现状的调查，并根据生活的需要只作了用地的估算，目前住在六院，远期生活提高人数增加可以住到燕南园，其文化、体育、活动、食堂等等都在自己区内解决。

现状存在问题可见"北大学生宿舍调查报告"。

（6）进修教师和研究生的居住问题

考虑其学习的特点基本与教师相同，因而住的问题和单身教职工宿舍考虑，其福利设施也是如此。理科的多分布成府区，文科的分布在才德均备斋以及蔚秀园之内。

（7）学生宿舍区建筑面积及用地总计算

① 原有学生宿舍，现状、近期、远期可住人数计算。（见表4）

② 东西区新建学生宿舍的建筑面积占地及可住人数计算。（见表5）

③ 福利设施的建筑面积与用地的平衡。

④ 学生宿舍区总用地平衡。

7．教职工眷属居住区规划

（1）现状介绍

A．问题

① 现状居住区分布比较分散、混乱，校园内除了有九大园之外，尚有很多散居的。如佟

府、冰窖、旧东门邮局等处在总体布局上和教学互相穿插，分区不明确。另外在校园外也有北大的教职工住宅及宿舍及包租和自租的房子，其中最多为成府地区。这样对教学、生产及生活都有很多的不方便。

② 建筑用地不够紧凑，由于校内各园、湖面及树木较多，建筑密度则较低，下面列举些园作例子：

燕东园：用地：5.5 Ha
　　　　建筑面积：7640 m^2
　　　　层数：1—层（以平均1.5层计）
　　　　则，建密：10%弱

朗润园及镜春园：
　　　　用地：19.5 Ha（毛）
　　　　可建筑用地：11 Ha（去掉湖河绿化）
　　　　建筑面积：5910＋2534＝8444 m^2
　　　　层数：1层
　　　　建筑密度：4.8%（毛）
　　　　　　　　7.7%（净）

中关园：用地：13.5 Ha
　　　　建筑面积：17780 m^2
　　　　层数：1层
　　　　建筑密度：13%强

人口密度：燕东园 33 人/Ha
　　　　　朗润园、镜春园：24 人/Ha
　　　　　中关园：132 人/Ha
　　　　　学生宿舍区：2000 人/Ha

这说明住宅区的人口密度是很稀的。

③ 公共福利设施少且分布不合理

* 商业：百货主副食在镜春园内有一个点规模很小
* 服务业：与学生宿舍区合用，另外在成府与海淀
* 俱乐部：校内办公楼及岛亭远不够使用
* 幼托：服务半径大，有些达 600 m 以上
* 小学校：在大学教学区内嘈杂、混乱，互相影响

B. 居住情况

① 人口调查

* 各类人口的数目及其比

	人 数	占总数%
教　授	184	4.5
讲　师	169	4.13
教　员	128	3.12
助　教	939	22.9
教学辅助	1050	25.6
行政管理	643	15.7

(续表)

	人数	占总数%
工勤人员	845	20.6
其他	132	3.25
	4090	100

* 各类人口的带眷系数：

	带眷教职工		单身	合计	带眷系数
	本户	家属			
教 授	154	674	8	836	5.16
讲 师	76	327	44	447	3.725
教 员	132	486	74	692	3.35
助 教	94	305	680	1079	1.79
职 工	817	3400	1306	5523	2.6
合 计	1273	5192	2112	8577	2.6

说明：根据表内求出全校教职工总的眷属系数为2.6，其中，本户一项并非实有带眷教职工人数（即一户有二人以上在校内工作而只算了一户）。

本户 + 单身 = 1273 + 2112 = 3385 人，并非全校教职工人数，而是小于教职工总人数。

如以全校教职工人数，4090 计则。

带眷系数 $\frac{8577}{4090} = 2.1$

* 单身与带眷教职工家属之比：

	总人数	带眷教职工及家属	单身
人 数	8577	6465	2112
%	100%	76%	24%

说明：夫妇二人都在校内工作者按两个单身计

* 各种带眷系数的户数：此项调查的目的是了解在带眷教职工中以几口户为最多，这样在居住单元设计及建筑安排上，可以充分考虑户室比，来满足这方面的居住要求。

带 眷	带眷系数	户 数	占总户数%	其 中
1:1	2	47	5.35	
1:2	3	127	14.46	
1:3	4	172	19.58	
1:4	5	168	19.35	
1:5	6	146	16.62	* 带眷系数 2——即为 2 口人一户
1:6	7	111	12.64	* 3~7 口人的户占83%
1:7	8	52	5.94	2 与 8 口人的户占11%
1:8	9	32	3.64	9~13 口人的户占6%
1:9	10	15	1.72	
1:10	11	3	0.34	
1:11	12	3	0.34	
1:12	13	2	0.2	

② 建筑调查

北大教职工居住建筑约可分成五部分:(校内占三部分)

园林住宅:包括几大园:燕东园、燕南园、朗润园、镜春园、蔚秀园、承泽园、中关园、燕农园、燕勺园及佟府冰窖等处。

  户数:684 户　人数:3479 人

  建筑面积:50901.57 m²

  每人平均建筑面积:14.63 m²/人。

公寓式:包括 1—7 公寓及科学院内 23 号楼。

  户数:174 户　人数:744 人

  建筑面积:18653.36 m²

  每人平均建筑面积:25 m²/人

单身公寓及宿舍:包括第四公寓、才、德、均、备、体、全斋及 16、17、18、19、20、21、22、23、24 斋。

  人数:1870。(实有人数为 2112 人,因其中有 242 人为下放劳动)

  建筑面积 23236 m²

  平均建筑面积:12.5 m²/人

校外住房:包括碓房居、槐树街、喜洋胡同、蒋家胡同、北河沿、大成坊、书铺胡同、桑树园、太平庄等地。

  户数:145 户

  人数:776 人

  建筑面积:8377 m²

  平均建筑面积:10.88 m²/人

其他:包括城内城外其他散居及遗留的无案可查者、包租、自租者。

  户数:271

  人数:1466 人

  共有人数:8577 人,其中实可住人数 6869 人

  建筑面积:101168 m²(中有 8377 m² 属校外)

  * 关于各园各公寓的用地面积、建筑类型、建筑面积、建筑层数、建筑质量、所住人数及每人定额,可见现状调查资料有关建筑调查部分。

③ 居住水平

  * 居住水平的调查主要是以校内各园及公寓为主,把校内居住建筑,按设备、质量、定额等分成几级。(可见附注)居住建筑的分级是和居住对象有关的。

居住水平	居住人数	占%	建筑面积	m²/人(面积)	m²/人(面积)
一级住宅	1061	12.36%	22260	20.98	10.5
二级住宅	2787	32.5%	38904.93	13.96	7
三级住宅	475	5.6%	2739	5.77	2.9

(续表)

居住水平	居住人数	占%	建筑面积	m²/人(面积)	m²/人(面积)
单身公寓	1796	20.94%	21630	12.04	6
校外住宅	2142	24.9%			
其他	316	3.7%			
平 均					7 m²

附注：

一级住宅包括：燕东、燕南及中关园每户居住面积100及75 m²的住宅。

二级住宅是除了燕东、燕南之外校内各园及佟府、冰窖及中关园50及35 m²的住宅。

三级住宅指的是中关园24 m²的新平房。

平均居住水平，是根据校内住宅为标准，不包括校外及其他。

（2）规划部分

A. 特点与意图

① 总体规划用地紧张的矛盾对居住地区的影响

按照远近期学校发展的规模以及总图规划中，首先保证教学、生产、科研的用地与发展的原则，远期教职工学属居住区的规划用地范围远远不能满足远期人口规模的需要，根据计算：

近期教职工人数：		根据定额所需用地
远期教职工人数：	15000人	70 Ha
居住区用地范围	46 Ha（毛）	实有用地 30 Ha
尚缺用地：	45 Ha左右	

② 地形特点：——规划居住区用地特点是：河湖多，完整用地少（见用地分析图及附表），如朗润园、镜春园河湖绿化占去一半，蔚秀园占2/3；另一方面又要解决能住得更多的人的问题，并要保持旧有园林的风格，在这个问题上产生二种对立意见的争论：a. 改建，b. 不改建——保持旧园林风格。二者的比较：

a. 改建

① 可解决住得多的问题，可住6000～7000人。

② 居住区接近工作、教学区，符合规划原则。

③ 从总的集团分区来看也合理。

④ 可积极园林化。

b. 不改建：则住的人少，只住930人。可保留旧有园林风格，但有些房子已破旧不堪尚应改建修整。

所以根据以上比较，按改建考虑较为妥善。

编号	地 区	用 地	绿 化	可建用地	
				公 共	居 住
1	成府区	7.8	0	1.3	6.5
2	朗润园	19.5	8.5	3.8	7.2
3	镜春园				
4	蔚秀园	9	6.2	1.0	1.8
5	承泽园	2.5	1.5	0	1.0

(续表)

编号	地 区	用 地	绿 化	可建用地	
				公 共	居 住
6	燕东园北	2.0	0	5.0	1.5
7	燕东园	5.5			5.5
	合 计	46.3	16.2	6.6	23.5
		可建用地 =		30	

其中：燕东园全部保留，则可建用地实际上为 30 - 5.5 = 24.5 Ha

B. 规划结构

在确定定额进行估算时，是考虑到地形条件：去掉公共绿地——河湖绿化，按可建用地计，每人的定额内扣除了绿化和体育用地面积（因有现成的体育场）按 $4.0\,m^2/$ 人考虑。

① 分区：结合学校居住人口的特点，总图布置的要求——与工作区教学区方便的联系出发，合理地分布，单身宿舍区与眷属教职工住宅区（这里也把多室户与少室户适当地区分开来）及公共福利设施，这样的优点是工作上下班方便，生活上不相干扰，道路分工合理（考虑人流量），可与园林化结合。

具体要按区：

成府地区用地比较完整些，二边都有主要道路（校内）通向教学区故宜于安放单身教职工宿舍。

朗润园、镜春园、蔚秀园、承泽园都为眷属教职工住宅。其中少室户，层数高故有校内主要道路联系教学区，在蔚秀园、承泽园居住水平一般可更高些（结合园林化特点）多放单家连排式的住宅为宜。

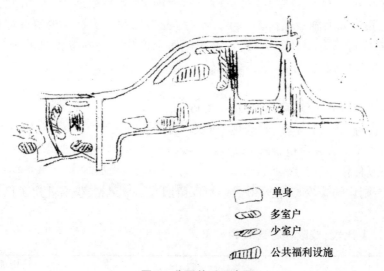

　　　　　　　　🟦 单身
　　　　　　　　🟨 多室户
　　　　　　　　🟩 少室户
　　　　　　　　▭ 公共福利设施

图 2　分区关系示意图

② 道路系统

居住区道路系统分布所考虑的因素：

a. 根据总图布置要求生活区与教学区的关系，结合全校道路系统一起考虑。

b. 根据建筑布局的特点及从组织生活方便出发合理地分布道路系统。

b. 结合地形特点:如河湖多,道路可能会曲折些,道路的走向如何结合园林化,建筑空间的变化,增加园林建筑的风趣。

d. 道路本身的经济性(如何保证满足以上条件下最短及尽量地利用现状道路)。

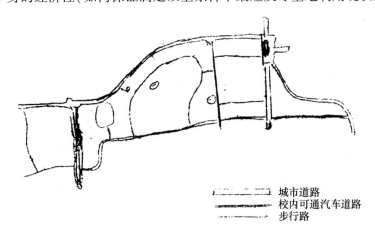

　　　　　城市道路
　　　　　校内可通汽车道路
　　　　　步行路

图3　道路系统示意图

由于建筑布局靠近边缘所以大量交通可由城市道路解决,很为方便:(1)一可为服务性道路,(2)一方面考虑了与教学区联系方便,另外丰富了园林空间效果,并且平时车流不大。

道路断面——见道路断面图,二条车道 5.5 m²,单行 3 m²。

(3) 建筑布局:应充分利用地形特点,并结合园林化风格的要求来布置:

以湖河为中心。建筑围绕着湖边放,同时这样的布局也使建筑都靠近主要道路,中间部分作为公共绿地及公共福利设施用地,这样的布局是结合了地形特点的,它还有下列一些优点:

a. 在交通上好解决,因有主要道路或汽车路与教学区居住区之间联系起来。

b. 在空间感觉上,比较开阔,不会有墙死的感觉。

b. 中间空出部分可作小型花园,为居住区内居民服务。且服务半径较短人们进入公共绿地很方便。

d. 拐角处塔式的朝向、视野好。

＊ 在建筑物的体形与体量的选择上:

要求有变化、轻巧、精缀、体量不能太大呆板并且结合地块零碎的特点,所以不宜放大板式或四、五、六层的建筑,而安放了一些二三层的单元住宅。建筑长度也较短,一般为 30 M—46 M,另外在居住区边缘靠近城市道路安放了一些底面积较小的塔式建筑,它的作用是:(1)可解决多住人的问题;(2)可丰富城市、街景;(3)点缀了园林风景。

在建筑类型上可多样化一些,但也不是每幢都不一样而是互相有所呼应,并利用地形的变化作一些高低的错落,其他一些公共建筑及桥亭榭等小建筑星点在绿荫中就显得丰富和变化有致了。

(4) 生活组织原则

由于地形的特点,不能组成规模,布局相同的成团布置的街坊(如清华居住地区规划)。而是根据了地形、住户类型分区分组的布置。每区布置是完整的,但其规模大小是随着地形而决定的。如：

	用地	可住人
1. 成府区	7.3 Ha	3400
2. 朗润园、镜春园	19.5 Ha	2011
3. 蔚秀园、承泽园	11.5 Ha	1888
4. 燕东园北	2.0 Ha	504

各组的建筑形式与布局也随着地形与各类居住人口对生活要求而有所不同，一般少室户，层数高些组成一组，单身区酌情可分成二组，低层多室的也可分组布置在各区。

A. 住户类型

根据现状各类眷属户数的比例确定近远期，住户的户室比，并根据现状的居住建筑户室比的情况，确定每期建设的单元设计。

居住水平：根据北大、清华及科学院的现状居住水平的调查并参考了北京市远期的定额制定了，近远期的各类居住水平（可见清华居住区规划说明及附表）

在住户分配上考虑：

a. 远期居住水平较高的18～20 m²左右，可住在校园外，有方便的现代交通解决。在校园内可以11～12 m²到14 m²左右为主，另外燕东园及有部分单元，为18～20 m²尚可满足一部分居住水平较高的户。

b. 由于考虑多住人的问题所以一般家庭人口较多的户，在9口人以上的也可在校外解决。

b. 高层建筑住家庭人口较少的住户。

表6　成府地区——单身宿舍　　　　　　　　单教按9 m²/人
进、研7 m²/人

建筑类型	层数	幢数	平面 纵度	平面 长度	平面 底面积	基底面积	建筑面积	每人定额	可住人数
(1) 单身宿舍	×3	5	13	64	830	4170	12500	按9 m²/人 7 m²/人	700 890
(1) 单身宿舍	7	3	13	64	830	2480	17400	按9 m²/人 7 m²/人	960 1240
(2) 单身宿舍	8 5	3 1	13	36	468	1400 468	11200 2340	9 m²/人 9 m²/人	620 130
(3) 旅馆式	×8	1	13	114		1480	11800		540
						10000	55240		

两种情况：1. 全部住单身教职工：700 + 960 + 130 + 540 + 620 = 2950人。
　　　　　研究生进修教师：在西苑开辟宿舍区（此方案要在用地条件允许下才成立）。
　　　　2. 单教及研究生进修教师都住：A 单教：620 + 130 + 540 = 1290人　　共3420　　平均8 m²/人
　　　　　　　　　　　　　　　　　进修：890 + 1240 = 2130人

表 7　公共福利设施

项　　目	建面	共计(建筑面积)	
影剧院 俱乐部 阅览室	1000 1600 250	2850	
幼儿园 托儿所	3600 2520	6120	
小学校	1600	1600	
商　业		2200	
服务业： 　服务加工 　洗　染 　照　相 　理　发 　公共浴室 　修理作坊	224 200 160 278 384 640	1886	旅馆式单身公寓食堂不计在内
门　诊	760	760	
书　店 邮　局 银　行		300	
食　堂		4400	
共　计		20116 m²	

B. 公共福利设施

公共福利设施的分布是从满足居民各方面的生活要求出发并且考虑到方面，而有一定的服务半径。(可见分析图)

各类设施分述于下：

(1) 商业服务业系统及文化娱乐设施

商业可分成两级：小区中心、2 个商业服务点和 3 个文化娱乐设施集中在一个区中心，另外分散有一些点。

① 小区中心：由于居住区的地块东西向狭长，因此设置了两个中心但有主次之分。

中心 A——不仅是商业服务中心而且是文化娱乐中心，设有：

* 影剧院、俱乐部——不仅为居住区服务而且是全校"教职工之家"。
* 商业——百货商店、专业商店、主副食。
* 服务业——照相、理发、浴室、锅炉房、食堂(可参阅清华居住区规划"定额制度")及服务加工业(如缝纫、上鞋、洗衣、修理……)。
* 邮局、银行、书店。

以上三类除食堂外都组成一组。

* 门诊——居住区设置一个

中心区的位置是在居住区与教学区的分界处，这样一方面联系了这二区并且能更好地为教职工服务。

中心 B——是商业服务业的辅助中心，布置在蔚秀园、承泽园入口处，为该二园服务，规模比中心 A 小,利用板式底层一部分及食堂组成一组,有百货主副食、理发、食堂及简单的服务加工业,另外在蔚秀园的中心绿地内放一小型文化娱乐设施——(利用旧房改建)阅览棋牌及乒乓球……

② 商业服务点——为满足居民一般最日常的用品需要及一定的服务距离而设置,商品种类比较简单,服务半径。

儿童机构:根据定额计算共需安放三对幼儿园托儿所。每对幼儿园四班 100 人,托儿所四班 80 人,位置的确定结合分区的特点:(1) 在燕东园部分放置一对,用旧有住房改建之。(2) 朗润园中心绿岛上放置一对,利用较好的住房改建较差的住房远期拆除作为活动场地。

③ 在蔚秀园中心岛上新建一对幼儿园、托儿所用地在规划中按全托考虑,实际上可能有些出入。

儿童机构都放置在绿地内。

服务半径 300 m

教学机构:由于居住区用地紧张及地块本身不大(不能算是一个完整居住区)而教学机构的规模受管理的影响所以不能都放在居住区内。

小学:在居住区的中心位置规模:按远景定额计算为 400 人,小学有自己独立的运动场及生产园地。

中学:初中与清华合并在一起
　　　高中与 101 中学合在一起

私人车库:考虑有两种形式,集中与分散相结合

集中车库位置(可见公共建筑分布图)——布置在各园的出入口处,分散车库放在塔式底层(因有错落结合地形特点放置)及居住建筑的山墙头上。

私人车库定额是按 30 辆/4 人

* 运动场地:现有东校门操场远期作为教职工运动场地,此外在居住区绿地内分布有一些小型球场面。

附录:——居住区各项指标:

* 人数:可住 8000 人,其中包括 2000 人研究生、进修教师,单身教职工 1400 人
* 建筑面积:居住建筑面积 148000 m²,如包括才德均备斋则为 154000 m²,公共建筑面积 20000 m²
* 每人居住标准:

类　型	人　数	建筑面积	每人居住面积
带眷住宅	4600 人	93000 m²	10 m²/人
单身宿舍	3400 人	55000 m²	8 m²/人
共　计	8000	148000 m²	9.25 m²/人

* 每人用地:居住区总用地　　46 Ha　　57.5 m²/人
　　　　　　实有用地　　　　30 Ha　　37.5 m²/人
　　　　　　绿化用地　　　　23.5 Ha　 20 m²/人

* 建筑密度	基底面积(居住建筑)		33000 m²
	毛密度	按点用地 46 Ha 计	7%
		按实有用地 30 Ha 计	11%
	静密度	按居住用地 23.5 Ha 计	14%

(5) 绿化系统

居住区绿化系统是结合全校系统统一考虑的。

系统的分布,可见(绿化系统分析图)。

绿化结合道路及建筑布局统一考虑。

居住区内各区都是以绿地区为中心建筑在周围,如:蔚秀园、朗润园等,并且为了使绿化成为完整系统将小学的位置与原来方案作了移动,使朗润园的中心绿地与未名湖沟通起来,另外成府的单身宿舍区也分成南北二组,中间用公共绿地分割并与朗润园中心绿地相连。

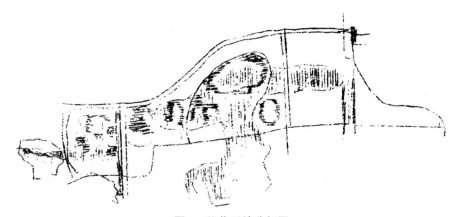

图 4 绿化系统分析图

绿化结合生产的问题:北大原有一些绿化基础较好的地区都以观赏为佳,结合生产做得不够。今后应重视这个问题,把观赏和生产结合起来,多植果树及有经济价值的花草,湖面可植荷养鱼等。

绿地面积:16 Ha 占总居住区面积 $\frac{16}{46}$ = 35%

(6) 对园林化的一些看法与体会

居住区旧有园林基础较好,因此适当地保留旧园林的风格亦加以利用改造,这是在规划中很重要的因素之一,在解决这个问题的过程中考虑了以下各个方面(其中①—④已经分节叙述过)

① 分区上的合理性——合理地安排单身宿舍区与多室少室户及按居住水平相应地分组,这使得生活组织上也合理,避免道路交通及人流的混乱。

② 建筑布局与地形密切结合——根据地形特点要放各类居住建筑及公共福利设施。

③ 个体建筑及单元设计的灵活性及多墙统一性来丰富园林艺术效果。

④ 绿地系统互助贯连,形成完整系统,使得空间开阔,园景无尽。

⑤ 公共建筑应与绿地结合起来,即建筑用绿荫衬托,绿丛靠建筑来点缀达到相互映辉的效果。尤其如幼儿园、托儿所、小学校、食堂等公共福利设施与绿地结合,不但美化了环境而且大大地改善了卫生条件。

⑥ 小建筑的处理与风景点的设计,来丰富园林艺术效果;结合风景点与视线巧妙地安放亭、榭、桥台,用花架、廊子、院墙、绿篱等来分割开丰富了生活,美化了环境。

⑦ 培植各种树木花草这是很重要的一环,在树种的选择、树景的设计上都应经过仔细考虑,原有的大树好树应结合建筑布局予以保留,另外还应考虑到结合生产,增加经济收入。

⑧ 园林化中的风族风格问题:

在规划上吸取中国园林的特色,采用较为自然的布局,因地制宜。很好地利用水面,以水面为中心(这在我国园林中是很多的)建筑根据地形的起伏高低有所错落,另外在个体建筑上及一些小建筑的处理上也应更多体现中国民族风格的特色。

* 改建后的居住区将是一个新型的园林住宅区,是一个既满足现代化生活要求(摒弃了那种零碎不平的封建式的庄园)又体现一定民族风格的居住区。让新时代的气魄抹去那些守旧怀古的没落色彩吧!

表 8 总体规划用地总平衡表

号别	名称	建筑面积 m²	m²/人	用地面积 Ha	m²/人	占地%
1	教学行政区	309450	19.3	38.9	24.2	
	专用教室	217050	13.5	23.8	22.6	
	公用教室	13900	0.87	3.6	2.24	
	行政及公建	78500	4.9	9.0	5.63	
	仓库及汽车库			2.5	1.56	
2	工厂及实验室	22375	1.24	12.7	7.9	
3	学生宿舍区	184988	14.8	48.8	39	
	宿舍	140854	11.7	17.55	14.6	
	福利设施	32480	2.7	2.11	1.76	
	运动场			18.4	11.5	
4	教职工住宅区	174000	21	32.7	39.5	
	住宅	154000	18.6	23.5	26.9	
	福利设施	20000	2.41	6.6	8	
	运动场地			2.6	3.13	
5	河湖绿化			约50		
6	道路及其他			26		
	总计			210		

注:1. 研究生、进修教师住宿部分在住宅区内考虑,未计在学生宿舍区内。
   2. 留学生的宿舍部分包括在学生宿舍区内计算。

8. 存在问题

(1) 学校发展规模是发展着、变化着的,因而规划必然亦是变化的。

(2) 北大规划根据校领导所提出的规模在用地上是不能满足需要的。

远景人口规模中:教职工家属18000人   研究生进修教师3000人

而在规划中能够解决的,教职工家属6000人,研究生进修教师2300人的住的问题,所以尚缺用地:

12000 人 × 45 m²/人 = 54 Ha
700 人 × 40 m²/人 = 2.8 Ha
总需用地   57 Ha

（3）全校及各系的工厂位置的安排由于资料得到较晚没进行具体的安排，但其用地已在规划中考虑。

（4）原子系如经专家鉴定不能放在规划位置时，则希望该地区作为学生宿舍用地。

（5）仓库区在规划中只考虑了集中仓库区的位置，如基建堆料等，一般供应方面的仓库或小型的加工修理场所可以在各分区内找零碎用地，在规划中没有做具体的安排。

（6）消防站设在北京大学主要入口处的汽车房一带。

（7）近期修建的问题由于每年需要建的量很多，而真正能建成的则不能全部建足，所以在时间短促的情况下考虑不够细致。

9. 工程管网

北大工程管网的设计，主要是配合总图规划进行的，它包括了给水、排水、暖气、煤气等管网系统的规划。在工作内容上：只是管网的走向，系统结构形式作了安排，而一些计算、平衡、经济比较等工作都没做，所以只能算是一个很粗的粗线条规划。

A. 给水管网

* 现状情况

现有供水设备基础尚好，有水塔和蓄水池，但由于学校发展很快，这些设备也不能满足要求了。

水源：目前使用，三口井（校内）及城市供水一部分，现有三口水井其中一口最近已从自来水公司收回，如果有较好的抽水设备供全校近期使用是足够的。

1 号井　　出水量　　80 吨/πac

2 号井　　出水量　　60 吨/πac

3 号井　　出水量　　60～200 吨/πac

共为 200～340 吨/πac

每月出水量：可达 14.4～24.4 万吨/月

而目前需用水量是 9～10 万公吨/月

水井供全校教学、工厂及教职工住宅区和部分学生宿舍区，城市供水：主要是调剂学生宿舍的用水不足——每天供水四次（定时供水）共四小时半。

管网：由于学校发展快规模大，所以旧有管网的管径太小了不能满足水量水压的要求，尤其是在学生宿舍区供水只能到达 2 层楼，所以采用城市水来补充，另外管网系统也较混乱应作适当修改。

* 规划

① 根据学校的分区分别考虑各区供水，如旧有三口井可考虑供给文科教学区及所有居住区，理科新辟教学区及第二学生宿舍区，刚因有城市过境水管故可利用城市供水第一宿舍区，仍可考虑各机动调节区，当校内供水足时尽量利用本校的水。

另外有一方案，即利用旧西门物理楼旁的探井作为水井，水深、质好，只要解决管子问题即可实现，则在管网上可成起系统，学生宿舍的供水也可全部解决了。

② 管网的走向，根据各区供水需要并且与道路结合，且考虑管子最短最经济。

③ 旧有管网有些与道路（规划不算）要废除，有些要加粗或改道，管网系统规划可见"北京大学综合管网图"。

④ 居住区内的高层住宅采用局部加压设备，由于建筑的成组布置所以高层每组有一个

加压设备即可。

B. 排水管网

＊现状介绍：现有排水设备主要是排除污水，雨水靠自然排水。

① 排水设备

a. 排水管网：一个主要系统横贯东西，二个较为次要，系统为树枝出。问题：管直小，排水量大不太能满足要求。

b. 污水处理场：在西南角（总平面）燕勺园北，旧气象园南，但由于规模小地势低设备老的，所起作用也不大，每天处理量只占全天排水量的10%—20%。很大部分水未经处理就排入河内对周围环境卫生影响很大，尤其清华园处在下游更加不利。

c. 抽水库：有三个主要由于排水区地势低，二个次要系统都有水泵抽入处理场，然后再用水泵抽入河内排除。

附：目前排水量的 40～50 吨/πac，能处理 5～10 吨/πac

② 规划说明

考虑了2个方案比较：

共同点：在远期排水管网建起后，次要系统可去掉水泵直接排入水管。

不同点：

方案1：利用城市保留道和东北高西南低的地势埋一条校内的南北干管问题，城市排水管不知在哪年。

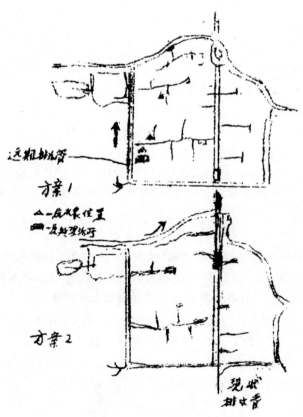

图5　方案1和方案2

修而新的理科教学区马上就要兴建,近远期矛盾如何解决。

方案2:排入城市排水管(远期的)除了旧系统外只有一小部分(靠近清华园西门部分)。另外在南门附近,即四环路上已有现状城市排水道管径600埋深4 M多,所以利用这特点先在理科教学区向南,修一条排水管,与现状城市排水道接上,这样虽然排水管排水方向与地势相反,但因反差小,且城市干管埋深大故可解决之,这样也解决了近远期的矛盾。

C. 供暖系统

* 供暖的主要问题是供热中心比较分散,煤的供应和管理不方便又不经济。高压锅炉房位置不在负荷中心,管网蔓延很长,管路极不经济。基建任务逐年增加,旧管路有必要按规划加以合理的调整。

* 规划原则与计算指标:

a. 远近期结合,统一考虑。近期市热力网不能形成,学校以自己形成供热系统为主,按高压低压的服务半径分区性质布置的特点是集中与分散相结合,随基建任务逐年的分期形成。

b. 远期为了减轻城市热负荷量,并充分利用学校原有设备,教学区的供热仍由学校自给,而生活住宅区等以干管与市热力网相接由城市供应。

b. 燕东、燕南二园以自供为主,或者远期燕东由高压锅炉房供热,燕南由37斋附近的锅炉房供热。

d. 主楼教学区,负荷量大,若采用低压用服务半径太短,热中心多,烟囱林立极不壮观,故将高压中心迁到燕东园的西北部,自己有独立的场地供应方便又可以保证原有的清洁,但位置偏些。

e. 每个负荷中心除近期保证满足以外,尚保留远期的发展和逐步扩大的可能性。

f 热负荷的估算标准:

Ⅰ 一般均按80大卡/小时 m^2。生活用房的热水供应按供热的15%计之。

Ⅱ 试验室和大型的公共场所,由于通风要求较高,所以供热按100大卡/小时 m^2 计之。

Ⅲ 锅炉台专按火锅式20片,供热50万大卡,计算锅炉房的面积。

* 热中心的分布:见综合管网图:

Ⅰ 16—27斋部分:需供热380万大卡左右,估计8台锅炉(低压)。

Ⅱ 28—37斋及新建宿舍区部分。需热量约为650万大卡,13台左右(低压)。

Ⅲ 东区学生宿舍部分:供热约550万大卡左右,需11台(低压)。

Ⅳ 六院区:需供热150万大卡左右,3台低压。

"说明":图书馆的供热问题:如果六院或文史楼有再扩大的可能,最好由他作其中的一个供热,假如没有扩大的可能,近期图书馆只好自供。远期按高压供热,需热量270万大卡,约6台左右。

Ⅴ 文史锅炉房:需热390万大卡,约8台左右(低压)。

Ⅵ 风洞附近的供热中心:主要供该区的教学用房及工厂用房的供热。供热680万大卡左右,约14台(低压)。

Ⅶ 化学楼附近锅炉中心:主要供该区的教学与工厂所需的热。供热570万大卡,约11—12台(低压)。

Ⅷ 高压供热中心:供主楼无线电电子楼,地球物理楼,原子能楼及成府宿舍区。供热约 1400—1500 万大卡左右。

Ⅸ 旧教学区供热:在德、均斋之间新建一中心供附近所需之热,大小由其居住区建筑量的多少而调整之。约 10 台以内(低压)。

D. 煤气供应

* 煤气按现状看主要供给教学,占总煤气量的 95%,而远期由于生活水平的提高是可能在住宅区内供煤气的。在规划中只是重点的教学区的供应问题。

按规划理科基本在东部新教学区,原有的煤气发生站和管子的走向不能满足教学的要求,故建议近期将煤气罐迁到化学系的后边,引管子供给各系教学楼。远期市里在我们这区有两条管子,一条是高压的 450 mm 水柱,一条是 400 mm 水柱的中压管。在中关村设有高中压的调压站,由北大东边直到清华南校门有 3 kg 压力的管子,见图。远期市有了煤气管之后,北大煤气站取消,煤气管与市管相接,即可见综合管网图,生活区的供应,也可由干管内北引出。

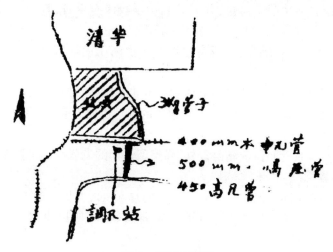

图 6 煤气管网图

关于北京大学的发展规模和五年基本建设计划的报告

1952年北京大学在院系调整中迁址燕园,1953年至1957年基本完成了改扩建工程。为了实现有序发展,据长期从事北大基建工作的王希祜同志回忆,1958年秋北大委托清华大学建筑系毕业班同学来编制校园总体规划。当时,北京市规划局有一个工作组同时在做北大、中科院、海淀镇地区的详细规划,小组负责人是陶宗震。毕业班同学在规划局工作组和北京大学的指导下完成了《北京大学规划草案》,并起草了《关于北京大学的发展规模和五年基本建设计划的报告》,提出北大缺地57公顷,缺房46万平方米。1959年12月7日通过校党委上报政府部门。本书收录的是1959年12月修改编制的文本。市委讨论时认为海淀地区用地紧张,成府村搬迁困难,建议在北京郊区择地另建理科分校,后经教育部批准北大在昌平建立了理科分校,这一规划没有实施。时任校长马寅初、党委书记陆平。

一、情况和问题

我校自一九五二年院系调整进入原燕京大学旧址以来,在上级党和政府的领导与关怀之下,学校的规模有了巨大发展,教学质量和科学水平也有了很大提高。特别是经过整风、反右和教育大革命、科研大跃进等运动以后,取得了政治、思想战线上社会主义革命的决定性胜利,加强了党的领导,全面贯彻执行了党的教育方针和社会主义的科学工作路线,从而使学校整个面貌产生了深刻的变化,使学校的工作获得全面跃进。在一九五二年我校有十二个系,三十三个专业,没有专门化。而现在已有十七个系、四十七个专业,82个专门化。一九五二年,我校共有学生3815人(包括专修科642人),教师521人,现学生已经增加到一万零四百余人,教师已增加到一千六百余人,一九五二年全校共开课261门,科学研究工作则几乎没有进行,而今年全校共开课461门,从1958年8月到1959年6月共完成科学研究项目3464项。今年我们又总结一九五八年教育革命和科研大跃进经验的基础上制订了新的教育计划、三年的科学研究规划和师资培养提高规划,这些计划和规划的贯彻执行将使我们培养出来的学生能够符合教育方针的要求,成为又红又专的全面发展的人;使我们的科学研究工作,能够在三年之内,巩固地确立马列主义、毛泽东思想的领导地位,为开展系统的创造性的科学研究打下巩固的基础,同时并能做出先进的科学研究成果,重点突破某些有基础的学科,使它们追赶上或接近国内,或国际上的先进水平。使我们的师资队伍,在三年之后,在各主要专业中都有一支又红又专的骨干队伍,目前,我们正根据八中全会的精神,反右倾、鼓干劲,调动一切积极因素来贯彻执行这三个计划和规划。

为使上述计划和规划能顺利地贯彻执行,除了必须继续加强党的领导,实行政治挂帅和充分发挥群众的积极性和创造性以外,还必须有基本建设等物质条件的保证,没有基本建设工作的巨大跃进要想实现这些计划是不可能的。在这方面,近八年来,发展也是迅速的,成绩也是很大的，以建筑面积为例，一九五二年以前，原燕京大学仅有八万平方米，而现在已达二十九万多平方米（包括即将完成的物理大楼和三栋学生宿舍），增加了二点六倍。但是，尽管如此，它却远远跟不上学校发展的需要，现在在房屋建筑、公用设备和仪器设备等重要的物质条件方面，已形成全面紧张的局势，矛盾异常尖锐。

（一）关于房屋建筑：在房屋建筑中当前最突出的问题是教学和科学研究的用房极为不足，八年来，我们新建的二十一万多平方米的建筑面积中，极大部分都是因学生和教职员人数增加而不得不增建的宿舍用房，教学、科学研究以及工厂用房仅为五万平方米，只占新建面积的 23.8%，而五万平方米中还包括目前尚未完工的一万九千多平方米的物理大楼。如果不计物理大楼，即只有三万一千多平方米，为新建总面积十九万多平方米的 16.3%，这显然是极不合理的，从全校总的用房情况看，二十九万多建筑面积中，教学、科学研究用房也只有七万八千多平方米，约占 27%，如果不计物理大楼，则只有五万九千多平方米，约占 20%，也是极不合理的。在教学和科学研究用房中，问题最严重的又是与尖端科学的发展密切联系的理科各系，据我们初步计算，一九五二年理科各系共有本科和专修科学生 1443 人（不包括当时住在城内的医预班 318 人），理科用房面积为 8700 平方米（包括实验室一部分教室和系教研室等行政用房），平均每人约六平方米，而当时学制都是四年，没有专门化课和专门化实验，没有做毕业论文，科学研究工作也几乎没有进行。现在，理科学生近 7000 人理科用房面积 31361 平方米，平均每人不到四点五平方米，比五二年减少了四分之一，而现在学制都是五年或五年半，有大量专门化课和专门化实验，学生要做毕业论文，科学研究工作也已大量开展。这就可以看出矛盾的尖锐了。例如，现在我校物理系，无线电电子学系及地球物理系一部分，挤在原物理南北两楼，建筑总面积仅为 3980 平方米，而三系共有学生 2042 人，教师 208 人，平均每人才一平方米多，很多工作都无法进行。

教学和科学研究用房除数量极为不足之外，质量也有问题，其中原燕大旧房主要是管道、通风等设备太差，潮气太大，不合应用；新建的房子，主要是单价太低，结构不够坚实容易震动不能使用精密仪器，如五五年才建成的生物楼就不能用高级的天平。

我校现有的图书馆是原燕大 800 学生用的，只能藏书 35 万册，阅览座位 380 个，以致不得不将一百多万册书分散放在各楼楼顶，不但不能很好利用，而且极易损坏，严重影响教学、科学研究工作的开展。

近八年来，我们新建的房子虽有极大部分是生活用房，但这方面也还是很不足的，如现在我校尚有一千四百多学生，因宿舍不够，只能将原来住六人的房间，改住八人，勉强挤着，又如眷属宿舍，目前已有四百余家，无法解决，有的人已结婚生了孩子还只能挤在单身宿舍中。

（二）关于公用设备：在这方面，当前矛盾最尖锐的是电、煤气和水问题：电的问题主要有三个：第一，电容不足，现学生比原燕大增加了十二倍半而电容只增加三倍多，即从 300 千瓦增加到 1320 千瓦，据初步计算明年至少需增加到 2500 千瓦，才够用。第二，高压配电能力太差，在正常情况下，动力用电的配电能力应为电容量的三倍，而我校现有的配电能力仅为 1000 千瓦，反而少于电容量，这就使得许多动力设备不能充分使用，如力学专业的风洞，需电容 360 千瓦，当它开动时，所有电动的动力设备都得停摆，所有实验都得停止，因此它只能在晚上十一时以后，才能使用。这是很大的浪费。不仅如此配电能力低，负荷很大，还有引起火灾的危险。因此这是当前解决电力问题的关键所在。第三，电压太低，近来送到北大的电常不到5000伏特,最低时只有4500伏特,因而从学校变电后,送出去的电压只有150伏特,远的地方甚至只有130伏特,连日光灯也不亮了,做实验、上课、照明都成问题。

我校现有煤气的生产能力是每天两万立方尺,目前已感不足,明后年非增加一倍不能满足需要,更重要的是煤气的储存罐太小(只7000立方尺)。每日下午,用煤气的量增加时,储存罐中煤气的储存量急剧减少,压力也就相应下降,使输出的煤气无法使用,急需加以解决。

水有上水和下水的问题,上水主要是随着学生和教职工人数的增加,随着新教学区、生活区的开辟,急需增加自来水的水源、抽升设备和设计与铺设新区的地下管线。下水即污水的处理与排泄问题,在这方面八年来我们并未增加新的设备。而燕大的旧设备,原来只供800人规模学校用的,因而现在处理污水的能力只及污水总量的20%,出水量每小时只有200吨,污水不能及时排出去,就常冒出地面,到处流漫,影响工作与健康,排出去了,由于未能处理,也影响市民的健康。

(三)关于仪器设备:去年我们新设了三个系和不少专业、专门化,开辟了一些新的研究方向。而它们的实验设备都较差。目前有些重要的科学方向,由于缺乏基本设备,几乎无法进行工作。例如我校没有成套的微波测试设备,因而无线电系的重点方向超高频、物理系的晶体管、微波铁氧体等研究工作就很难开展,我们没有红外和紫外光谱仪,因而物理系的晶体光谱,化学、生物系的分子结构等研究工作就几乎无法进行,我们缺乏一些标准计量设备,因而有关时间、温度、长度、重量、电阻等测量都不标准,影响很多工作的开展。由于缺乏必要的仪器,它已严重地影响到教育计划的贯彻执行,现在我们因缺仪器设备而根本不能开的课有三门,只能讲理论,完全不能做实验的十六门,只能做部分实验的16门。至于因实验设备不足,学生的实验编组大,独立工作能力的训练差,实验的准确性差等情况则是比较普遍的。

综上所述,问题是严重的,它已阻碍我们当前的教学和科学研究工作的顺利进行,北京大学是我国规模最大的一所重点综合大学,从发展上看它在培养干部的质量和科学水平方面都不仅应该是国内最先进的而且也应该是国际上第一流的。这个问题如不立即着手解决,将给国家培养高质量的干部和发展科学的事业带来严重的损失。

产生这个问题的原因一方面是由于学校的发展很快,特别是一九五八年的大跃进,使许多物资设备都不能满足要求需要急起直追,这是个好现象。但另一方面我们在主观上也应负很大责任。由于我们过去有右倾保守思想,眼光短浅,对于学校的发展规模缺乏长远考虑,对于基本建设没有长远规划,年年是被动应付,盲目性很大,这样,问题愈积愈多,矛盾愈来愈深。教育革命以来右倾思想虽然有所克服,但党委主要精力是放在政治思想工作与教学、科学研究方面,对基本建设仍注意不够,了解不深,抓得不紧,由于以上原因我校历年的基本建设计划都只能完成25%到50%,使他们与学校迅速发展的需要之间距离愈来愈大。为了迅速解决上述矛盾,彻底改变目前的状况和被动的局面,保证教育计划,科学研究规划和师资培养规划的贯彻执行,并保证我校能够适应党和政府随着我国社会主义建设事业的飞跃发展对我们提出的愈来愈高的要求,我们研究并提出了学校发展规模的初步意见,拟订了基本建设的总体规划草案和五年的基本建设计划。

二、发展规模和基本建设总体规划草案

我校规模从长远看必将有所发展。这是因为:第一,根据"教育为无产阶级政治服务,教

育与生产劳动结合"的方针,我校在今后几年内,为了适应国家建设和科学发展的需要,还需增设一些新的系和专业。例如在理科方面,要增设天文专业、海洋物理专业并考虑将数学力学系和地质地理系各分为两个系;在文科方面要增设逻辑专业、美学专业与语言学专业等。第二,根据重点大学以提高为主的精神,我校除了培养质量较高的大学生外,还必须扩大研究生的名额成立研究院,并为兄弟院校培养进修教师。同时为了提高大学生的入学水平,还要开办附属中学。第三,由于我国巨大的经济建设和国防建设的迅速发展,国家在相当长的时期内都迫切需要数量较多的理科方面的专门人才,但是作为一所综合大学,从方针上思想上我们必须十分重视文科的发展。结合目前我校的实际情况,文科与理科学生人数的比例定为三与七之比。第四,随着国家建设事业的飞跃发展与我国国际地位的日益提高,我校在国际文化交流活动中,亦将担负更多的任务,今后将会有更多的国家派遣更多的留学生来我国学习,因此必须扩大留学生的名额。

但是为了切实贯彻执行中央关于重点大学的指示,认真提高教学工作和科学研究工作的质量。提高各门学科的水平,同时为了便于管理,我校规模也不宜定得过大。根据这些情况和现行学制,我校的发展规模初步定为:大学生 13500 人,研究生 1500 人,进修教师 500 人,留学生 1000 人,机动数字 500 人,共计 17000 人。

在制订基本建设总体规划时,除了根据学校发展规模外,还必须考虑到学校是一个教学、科学研究、生产劳动的联合基地。我校的基本建设规划必须为进一步贯彻执行党的教育方针和新的教育计划服务,使学校有必需的教室与实验室,能够开出完备的课程,正常地进行各种教学工作。在科学研究方面,为了使我校的科学研究工作踏入世界先进行列,必须有必备的现代化仪器武装起来的实验室与附属用房。在生产劳动方面,我校还要举办一些应用新技术,试制新产品的现代化工厂,我校在制订基本建设总体规划时,对于上述各项事业所需的建筑和设备,也必须统筹兼顾,合理安排。

现将我校的基本建设总体规划的主要内容说明如下(参考附图):

(一)用地范围。我校目前占地 145 公顷。(其中教学用地 14.2 公顷,行政办公 1.38 公顷,工厂用地 3.39 公顷,公共建筑 2.44 公顷,居住建筑 40.96 公顷,公用设备及仓库 3.22 公顷,公共福利 7.57 公顷,河湖绿化 42.2 公顷,其他 22 公顷)平均每一学生占地 161 平方米。我校地理位置东邻清华大学、中国科学院与成府,南接海甸镇、西临西苑稻田,北为圆明园。发展用地显得十分紧张。西北两面为城市规划绿地,西面地下水位特高,不宜发展为教学用地。东南两面都是建成区,尤其海甸区居民人口密度很高,不可能向南发展,只有向东发展,改建成府地区,尚有可能。

规划中在用地安排上首先是以满足教学、科学研究、生产劳动的用房为主,其次是将学生宿舍和单身教职工宿舍与相应的生活福利用地安排在校内解决。最后尽量在校内安排教职工家属住宅及相应的福利设施用地,不足时在校外解决。根据向东发展的计划,在近期内规划用地可发展到 177 公顷。在改建成府区后,远期规划用地可发展到 210 公顷,根据规划草案的初步计算,大体能满足教学、科研、生产劳动以及学生、单身教职工宿舍的发展需要。教职工家属住宅用地除部分在校内解决外,尚缺用地 57 公顷,须由规划局统一安排拨地解决。

(二)校舍建筑。在总体规划中要有明确的分区,以便合理地组织教学、科学研究、生产劳动与生活。在规划中教学、科学研究、生产劳动三结合区安排在学校中心,东半为理科教学中心,西半为文科教学中心,南部为学生宿舍区,北部为教职工住宅区。

在考虑基本建设任务时,为适应新的尖端科学的要求,节省管网,供应方便,联系便利。在第一期建筑工程中,必须首先集中扩建新的理科教学区。这样,从长远看,对人力、物力、财力、时间都是最大的节约,原有房屋由于质量较差,工程管网设施不全,不适于理科各系的应用,可改为文科各系及公用教室之用。

根据规划定额计算,共需建筑约 750000 平方米,除现有建筑 290000 平方米外,今后尚需增建 460000 平方米。在第一个五年基本建筑计划期间(1960—1964 年)拟扩建 268436 平方米。

(三)仪器设备及公用设备。根据规划的要求,为了加速发展尖端科学和基础自然科学,我们必须建立起一批具有现代化仪器设备的实验室,使我们的教学和科学研究工作能够在先进的水平上进行。

科学研究工作的日益发展将对自制仪器设备的工作提出愈来愈多的要求。根据自力更生的精神,我们有必要建立一批能够设计、试制和生产新材料,新元件,新仪器的工厂,逐步形成比较完备的高级精密仪器生产基地。

在公用设备方面,要增加水源、电源、扩建煤气厂,以保证满足教学、科学研究和生产劳动等各项事业不断发展的需要。

三、五年基本建设计划

根据学校发展规模和基本建设的总体规划,并考虑到我校今后五年内教学和科学研究工作迅速发展的需要,我们制订了五年的基本建设计划。制定这个计划遵循的原则有以下几点:

第一,根据学校必须建设成为教学、科学研究和生产劳动的联合基地的要求和我校教学、科学研究用房突出紧张的具体情况,近五年内的基本建设应以解决教学、科研以及与之相适应的工厂、公用设备的用房为主,同时保证必要的生活用房,并适当的照顾福利设施等其他用房;

第二,由于我校目前的基本建设与学校当前需要和发展需要之间距离很远,因此五年内的基本建设工作应以可能的最快的速度前进;

第三,贯彻勤俭办学的方针,新建的房屋设备在质量上必须符合现代科学的教学和科学研究的实用,还应适当注意,国家不断提高人民生活的要求,同时原有的房屋设备必须充分利用;

第四,应该贯彻自力更生的精神,充分发挥主观能动性,积极创造条件,力争外援。

五年基本建设计划的主要要求如下:

(一)房屋建筑:五年内共建房屋 268436 m^2,其中公共建筑 19400 m^2,教学用房 107076 m^2;工厂 19160 m^2;公用设备 2900 m^2;生活用房 72800 m^2;福利设施 11100 m^2,周转房 36000 m^2(详见北京大学 1960—1964 年基本建设计划表)。

公共建筑的 19400 m^2 是建设新图书馆用的,图书馆是屡经上级批准,多年列入建筑计划而终因各种原因未能实现的,因而计划于 60 年建成。

教学用房中主要是理科的用房:无线电电子楼、化学楼、同位素楼以及数学力学楼和原子楼、生物楼等的一部分。无线电电子楼和化学楼计划于 60 年开始修建,62 年全部完成。

这是因为无线电电子学系和化学系的不少专业和专门化都是与国家经济、国防建设密切联系的尖端科学或空白部门，急需大力发展，同时它们又必须有现代化的实验室，否则就不能很好进行教学和科学研究工作。而这两个系现在的用房不仅面积太小而且质量太差，根本无法在其中建立现代化实验室，必须及早另建新楼。同位素楼计划于 62 年至迟于 63 年建成，这个楼是原子能、化学、生物等四五个系合用的，这些系目前都正在开展同位素应用的研究工作，如不速建大楼，不但影响工作而且防护安全污物处理都有困难。其他，由于考虑到国家投资，施工力量等情况都分别安排在最后两年即 63 或 64 年建成，但计划中的这部分也不能再往后推延了，例如计划于 64 年完成的原子能大楼的那一部分，是安置大型加速器用的，如再推延，对该系的教学和科学研究工作影响就很大。

工厂用房主要为了新建一些自制仪器的工厂用的，它不仅为贯彻党的教育方针建立三联合基地所必需，而且也是贯彻在仪器设备上应有自力更生精神的原则所必需的，至于公用设备和生活用房则是根据教学和科学研究的发展及学生和教职工人数的增加而需相应增建的。它们的修建时间，根据前述原则和实际需要的情况，工厂和公用设备用房列在前几年，生活用房则较多的列在后几年。

根据以上考虑五年内，各年的基建面积分别为：60 年 52932 m^2；61 年 58536 m^2；62 年 58900 m^2；63 年 59560 m^2；64 年 48300 m^2。

（二）建立一批近代化的实验室，制造和购置仪器设备：

1. 迅速扭转因无设备不能开实验或实验不足的局面，基本解决新建和扩建实验室的器材设备，建成一批具有近代化仪器设备的实验室。

2. 五年内基本解决目前我校各项尖端学科必不可少的基本设备，如高速风洞，红外光谱仪，低温设备，电子显微镜，质谱仪，近代金相 X 光高温设备及成套的微波测试设备等。

3. 根据自力更生同时力争外援的原则，建立精密的比较完备的近代化器材设备生产基地，大搞自制设备。

4. 基本解决学生劳动工厂必需的基本设备及原材料，提高生产水平，保证学生劳动及产品质量。

（三）新建或扩建公用设备，主要是：

1. 改善电力供应：电容增至 5000 千瓦，配电能力增至 10000 千瓦以上。
2. 提高煤气发生及储存量：日产煤气 60000 立方公尺，储气量经常保持在 20000 立方公尺。
3. 新建氢气、氧气发生站各一座，日产氢气 45 立方公尺，日产氧气 90 立方公尺。
4. 添置一套标准计量设备：包括计算时间、长度、重量、温度、电阻、电容等标准计量设备。并建立大型精密公用设备实验室。

四、主要措施

第一，学校党委必须加强对基本建设工作的领导，把该项工作作为保证我校贯彻党的教育方针的一个重要方面，经常督促，定期检查，同时指定一位党员副校长领导该项工作。

第二，加强基本建设的工作机构和工作队伍：

1. 成立基本建设处；加强对基建工作的管理。
2. 适当扩充我校基建公司的队伍，提高自营施工能力。
3. 建立一支仪器设备制造、维护修理、采购和管理工作的专业队伍。

第三,建立精密的比较完备的生产近代化器材设备的工厂。这些工厂要既能制造仪器设备所必需的精密元件和特殊材料。同时也能进行各种精密金属加工安装的工作,它们不仅能不断地给学校科研工作提供最新的仪器设备,同时也能为本市的生产和科研服务。

1. 以我校无线电工厂为基础,建立近代电子仪器实验工厂。
2. 以我校物理工厂为基础,建立新型固体材料及元件工厂。
3. 以我校的仪器工厂为基础建立精密仪器工厂。

五、请求领导帮助事项

(一)请教育部党组和市委审批我校的发展规模,基本建设的总体规划,特别是1960年基建计划应按52932 m²予以批准。不然明年无线电大楼、化学大楼均不能施工,影响到教学计划和推迟了三年科研规划。另外明年要增加200留学生,亦无食宿用房。

(二)为使每年的基本建设能够早日开工,按期完成,请准予按我校五年基本建设计划提前设计并指示有关部门保证材料特别是钢材的供应和施工力量的配备,我们认为基建排队从我国和全局来看,高等学校列为第四是恰当的,高等学校中有些特别重要而急需的项目,是否也应列为重点,予以照顾。

(三)我校今后每盖新楼均须拆除较多民房,市规划局规定迁移民房必须为居民建筑楼房,但教育部却因无此项投资和材料而不好解决,希市委和教育部能早日商定解决办法,以便遵照执行。

(四)到目前为止,我校今年尚未完工的工程有物理楼及学生宿舍三栋。公寓六栋公寓工程因材料等问题,进展很慢,而公寓是为明年由化学楼无线电电子楼工地迁出的我校教职工修建的,如不能完成,势必影响化学楼无线电电子楼的开工,为此,希望市委督促基建部门和三建公司,大力协助,早日完工。

(五)希市委和教育部帮助我们解决新建和扩建公用设备所必需的器材问题,同时并请市政部门协助我们解决雨水的排泄和下水管道的铺设等问题。

(六)为迅速建立器材设备生产基地,希望能拨给我们几个规模小,而技术配备较好的工厂或拨给一批技工,机床设备。

(七)104中学已改为我校附中,请市规划部门迅速解决该校规划扩建用地,以保证明年暑假招高中学生。

(八)教职工眷属住宅所缺少的57公顷用地,请市规划部门在较近地区及早拨给,以便建设。

北京大学党委会
1959年12月7日